KB064941

북한의 조세정치와 세금제도의 폐지, 1945-1974

A Tax-Free Country: Tax Politics in North Korea, 1945-1974

북한의 조세정치와 세금제도의 폐지, 1945–1974

초판 1쇄 발행 2018년 10월 22일

지은이 | 박유현
펴낸이 | 윤관백
펴낸곳 | 도서출판 선인

등록 | 제5－77호(1998.11.4)
주소 | 서울시 마포구 마포대로 4다길 4 곶마루 B/D 1층
전화 | 02)718－6252 / 6257 팩스 | 02)718－6253
E-mail | sunin72@chol.com
Homepage | www.suninbook.com

정가 65,000원
ISBN 979-11-6068-216-8 93300

· 잘못된 책은 바꿔 드립니다.

북한의 조세정치와 세금제도의 폐지, 1945－1974

A Tax-Free Country: Tax Politics in North Korea, 1945－1974

박유현

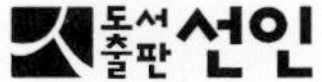

책머리에

이명박 정부 초기에 박사과정에 진학해서 박근혜 정부 초기에 취득한 학위논문을, 문재인 정부 초기에 책 형태로 출판하게 되었다. 1974년 세금제도를 폐지한 이래 북한은 현재 주민 대상 세금의 형태로 정부 수입을 확보하고 있지 않지만 앞으로 경제개혁이 진행되는 방향에 따라 조세제도가 부활할 가능성이 충분하다. 40년 이상 중단했던 주민에 대한 과세권 행사를 재개하게 될 경우, 북한은 첫 29년의 경험이 제공하는 제도적 기억에서 납세의식을 끌어와야 할 것이다. 이 책의 목표는 북한 조세정치의 제도적 기억을 복원하는 데 있다. 힐러리 어펠(Hilary Appel)은 조세정치를 "조세정책 결정과정에서의 정치"로 정의하고 있다. 필자는 세금의 문제를 본질적으로 정치적인 문제로서 연구했으며, 경제학적 관점에서 다룬 연구물이 추후 출간되어 이 분야가 더욱 깊이 있게 조명되기를 기대할 뿐이다. 오랜 기간 논문을 지도해주신 북한대학원대학교의 최완규 전 총장님과 구갑우 교수님, 그리고 많은 분량에도 불구하고 박사논문과 함께 북한 세법을 한데 묶어 출판하는데 동의해주신 선인출판사에 감사드린다.

저자
박 유 현

목차

책머리에 / 5

제1장
서론 ········· 11
제1절_ 연구 목적 11
제2절_ 선행연구 17
제3절_ 연구방법 및 논문의 구성 20

제2장
이론 및 분석틀 : 탈식민 사회주의 조세제도와 국가건설 ········· 25
제1절_ 탈식민주의와 고전적 사회주의 그리고 조세 25
제2절_ 조세정치와 세입창출 제약요인 39
제3절_ 사회주의 체제의 시기구분과 리비 모델 45

제3장
식민지의 유산과 소련형 사회주의 조세제도 ········· 57
제1절_ 조선총독부의 조세제도 60
제2절_ 소련의 조세제도 82
제3절_ 소결 97

제4장

북한적 세입창출 국가장치 …… 101

제1절_ 세입창출 국가장치의 발전 102

제2절_ 세금의 징수 109

제3절_ 납부세액 사정(査定) 116

제4절_ 북한 조세의 분류 127

제5절_ 소결 131

제5장

'민주개혁'과 탈식민적 조세제도, 1945-1949 …… 133

제1절_ '민주개혁'과 주민세금 137

제2절_ '민주개혁'과 사회주의 경리수입 174

제3절_ 임시세 201

제4절_ 소결 219

제6장

전란기와 '사회주의 기초 건설기'의 조세제도, 1950-1960 …… 223

제1절_ 전쟁과 침략자 – 지배자의 조세정치 224

제2절_ 전후복구와 조세개혁 255

제3절_ 소결 297

제7장
'사회주의 전면 건설기'와 세금제도의 폐지, 1961-1974 ········· 301
제1절_ '승리자 대회'와 그 이후 301
제2절_ 세금제도의 폐지 324
제3절_ 소결 342

제8장
결론 ········· 349

참고문헌 / 355
부록 : 세법연혁집 / 453
찾아보기 / 835

제1장
서론

제1절_ 연구 목적

북한은 1974년 세금제도를 폐지했다. 왜 폐지했을까. 어떻게 가능했는가. 그리고 그 의미는 무엇인가. 본 연구는 북한의 조세정치사 연구를 통해 이 질문에 대한 답을 제시하고자 한다. 사회주의 세금제도 폐지의 핵심은 소득세의 폐지에 있다. 소득세의 폐지는 사회주의 국가의 지배자에게 이데올로기적 정당성의 '남다른' 근거가 되고, 사회주의 경리수입(社會主義 經理收入, revenues from the socialist economy)의 '충분한' 장성(長成)을 요구한다.[1) 재정은 "한 나라 정치의 물적 표현"이고,[2) 세금제도의 폐지는 사회주의 이

1) 사회주의 경리수입은 김일성이 "국가 생활의 표준이며 준칙"으로 규정한 국가예산의 비조세수입 항목에 해당하며, 거래세와 이익공제금을 포함한다. 「국가 수입 계획 집행에서 청산리 방법을 관철하여」, 『재정금융』 1962년 2월 제63권 제2호, 42쪽.

2) "재정은 이것을 단적으로 표현하면 한나라 정치의 물적 표현이라고 할 수 있다". 인용은 북한의 초대 재정국장 리봉수의 것으로, 소련의 경제학자 보골레포프

데올로기의 북한적 방식의 물질화이다. 사회주의 국가는 조세수입의 전부를 하나의 조세에 의해서 징수하는 단세제도(單稅制度, single-tax system)를 채택하고 있다.[3] 사회주의 국가 정부수입(政府收入, government receipts)의 양대 축은 주민세금과 사회주의 경리수입이며, 단세제도 아래서 주민에게 부과하는 유일한 국세는 소득세이다. 따라서 사회주의 국가는 소득세를 폐지하는 것으로 '세금이 없는 나라'이면서 중앙집중적 국가순소득, 즉 국가가 소유자-경영자가 되는 국유산업으로부터의 소득이 충분한 나라가 된다.[4]

(M.I. Bogolepov)로부터 차용한 것으로 보인다. 재정을 "Finances are essentially an economic expression of state activity"로 규정한 보골레포프는 모스크바 대학 경제학과 교수 출신으로 국가계획위원회 고위관료를 지냈다. 리봉수(1992), 「완전독립과 자립재정」, 『인민』 1946년 창간호 제1권 제1호, 국사편찬위원회 엮음, 『북한관계사료집 13』(과천: 국사편찬 위원회), 41쪽; The American Russian Institute ed.(1943), *The Soviet Union Today: An Outline Study*(New York: The American Russian Institute, p. 46.

3) 국세청은 단세제도를 "조세수입의 전부를 보통 하나의 조세에 의해서 징수하는 조세제도"로 정의하고 있다. 북한은 1947년, 소련은 1930년 세제개혁을 통해 단세제도로 전환했다. 「단세제도」, 『국세법령정보시스템 용어사전』. https://txsi.hometax.go.kr/docs/customer/dictionary/wordList.jsp (2016년 11월 23일 접속); 반대로 소득세 - 재산세 - 유통세 등으로 나누어 징수하는 것을 복세제도(複稅制度, multiple tax system)라고 한다. 남한 · 미국 · 일본 등 대다수의 자본주의 국가는 복세제도를 채택하고 있으며, 이들은 다시 일본 등 직접세 중심의 복세제도 국가와 한국 등 간접세 중심의 복세제도 국가로 나눌 수 있다. 2차대전 종전 후 일본과 남한이 다른 방식의 제도로 진화한 것은 점령경험의 차이 때문이다. 미국은 간접점령 방식으로 일본에 진주했고, 맥아더의 지시로 1949년 샤우프(Carl S. Shoup) 교수를 대표로 한 사절단을 파견해 일본 조세행정을 시찰한 후 직접세 중심의 개혁을 권고하는 샤우프 보고서(Shoup Report)를 2차에 걸쳐 일본 측에 제공했다. 한편 미국은 한국에서 직접점령을 실시한 관계로 입법권을 스스로 행사했고, 세제개혁 실시에 있어 '간접세 중심'의 전시세제(戰時稅制)를 '간접세 중심'의 평시세제(平時稅制)로 전환시키는 것을 목표로 했으며 그 결과 "조세비중을 높였지만 나중에는 세제개혁에도 불구하고 조세비중은 낮아"지는 결과를 초래했다. http://contents.archives.go.kr (2013년 5월 15일 접속)

4) "중앙 집중적 국가 순 소득은 사회주의 기업소 소득 중에서 각종 공제금의 형태로 국가 예산에 들어간다. 그 기본적 부분은 □□에서의 ≪거래세≫이다. ≪거래세≫는 고정된 비률로 제정되고 있으며 미리 제정한 액수로 공업생산물 가격에 포함된다. 그런데 중앙 집중적 국가 순소득은 비록 ≪거래세≫라는 명칭을 가지

세입 창출의 문제에 있어, 사회주의 국가의 지배자들은 근대국가의 그 어느 지배자보다 우위에 선다. '생산수단의 국유화'와 '민주집중제(民主集中制, democratic centralism)'는 사회주의 국가 지배자들의 강력한 무기이다.[5] 이들은 생산수단을 손에 쥠으로써 자본주의 국가의 골칫거리인 법인세 납세 회피와의 전쟁으로부터 해방되며, 행정부 · 입법부에 대한 당적 지배를 통해 정치적 반대파들과의 투쟁에 소요되는 시간을 절약할 수 있다. 나아가 민주집중제는 당내의 민주적 토론을 통한 주요 문제의 결정과, 결정사항에 대한 무조건적인 집행을 요구하지만, 현실 속에서는 집중(centralism)이 민주주의(democracy)를 압도한다. 그 결과 "공식적으로 상향식 조직건설의 원리를 따르고 있지만, 실천적으로는 하향식의 작동이 지배적으로 나타나게 된다".[6] 더구나 누군가 유일지배체제를 통해 단독의 지배자 지위를 확보할 수 있다면, 세입창출 여건은 지배자에게 보다 우호적으로 변한다. 김일성이 그 대표적인 예가 된다.

모든 세입은 세출을 전제로 이루어지는 것이고, 지배자가 세입을 창출하는 목적은 자신의 정책을 실현에 옮길 수 있는 재원을 마련하는 것이다. 그

고 있지만 본질상 주민으로부터의 조세가 아니다. 생산 부분에서 생산된 잉여생산물의 일부이다. 그러므로 우리나라에서는 로임의 실질 수준을 체계적으로 장성시킬 필요성으로부터 출발하여 ≪거래세≫한 소비재 가격을 고려하면서 로임의 크기를 결정한다". 김일성 종합 대학 정치 경제학 강좌(1959), 「≪정치 경제학 교과서≫ 제30장: 독립채산제와 수익성, 원가와 가격」, 『경제건설』 1959년 12월 제79호 제12호, 41쪽. 이하 결자(缺字)는 □으로 표시한다.

5) '민주집중제'는 남한식 번역어로, 북한에서는 '민주주의중앙집권제'로 번역된다. 김일성은 민주주의중앙집권제에 대해 "대중의 지혜를 발휘하여 계획을 작성하는 데서도 아래사람들의 의견을 들어가지고 그 의견을 기업소를 거쳐서 종합한 다음에는 중앙에서 다시 토론해가지고 아래에 내려보내는것과 같이 민주주의적으로 아래사람들의 의견을 존중하면서도 동시에 중앙집권제를 실시하는 것"이라고 설명한 바 있다. 주체사상연구소 엮음(1975), 『주체사상에 기초한 사회주의경제관리리론』(평양: 사회과학출판사), 84쪽.

6) Janos Kornai(1992), *The Socialist System: The Political Economy of Communism* (Princeton: Princeton University Press), pp. 34-35.

렇지만 일단 확보한 재원을 어떻게 활용할 것인가는 지배자의 가치선호의 문제이다. 지배자의 선택에 의해 중공업 우선, 경공업 병진 발전, 호화로운 수상관저 건설, 그리고/또는 인민보건의 증진 등이 추진된다. 대의민주주의 국가에서도 재원의 주요 용처를 둘러싼 매번의 의사결정에 국민이 능동적으로 참여하는 방법은 마련되어 있지 않다. 구성원들은 대의제 또는 공청회를 매개로 피동적-간접적 참여를 할 뿐이고, '결과에 대한 평가'를 내리는 부분에서만 능동적인 참여가 가능하다.

그러나 평가를 내리는 시점에서 구성원들은 능동적인 입장으로 전환한다. 지배자는 자신의 선택이 야기한 결과에 대해 구성원으로부터 - 긍정적인 경우 암묵적 지지에서 열렬한 환호, 그리고 부정적인 경우에는 소극적 저항에서 유혈혁명에 이르는 - 다양한 피드백을 받게 될 것이다. 그리고 이 피드백은 이후의 세입창출에 영향을 미치는 방향으로 선순환 또는 악순환 구조를 완성할 것이다.

세입과 세출을 하나의 순환 구조로 그려볼 때, 세출의 반원이 역동적인 만큼 세입의 반원은 탈력적(脫力的)이다. 지배자의 지출 선택과 관련한 부분에 대해서는 많은 연구가 존재하는 데 반해, 지배자의 세입 창출에 대한 연구가 희소한 것은 세입에 결락(缺落)되어 있는 역동성이 연구자들을 끌어당기지 못하는 요인으로 작용하기 때문이다. 범위를 38도선 이북 지역의 지배자로 좁혀보면 세입 창출에 대한 연구는 더욱 희소하다. 상술한 조건에 더해, 고질적인 자료의 부족 문제가 연구의 장애요인이 되기 때문이다.

본 연구는 이 같은 한계에도 불구하고, '세계 최초'의 세금제도 철폐를 가능하게 한 북한의 조세정치를 검토할 것이다.[7] 북한의 조세제도는 식민지

---

7) 여기서 세금제도는 조세수입을 말하는 것으로, 조세수입은 일반적으로 세입에 해당하는 공채, 수수료 또는 국영기업소로부터의 수입을 포함하지 않는다. 「조세수입」, 『국세법령정보시스템 용어사전』. https://txsi.hometax.go.kr/docs/customer/dictionary/wordList.jsp (2016년 11월 23일 접속); 다음에서 보듯 북한에서는 주민세금, 공채수입 등에 대해 '예산자금의 원

경험, 유격근거지 경험, 소련군의 점령, 소련형 조세제도 등 제반 환경의 고려 속에서 내려진 지배자의 선택에 의해 형성되었다. 북한은 1947년의 '빅뱅개혁'과 한국전쟁, 사회주의 기초 건설 작업 등을 통해 조세제도의 식민적 유산을 없애 나가면서 소련 제도를 받아들이는 작업을 병행했다. 그러나 북한이 소련의 길을 무조건 추수(追隨)한 것은 아니다. 세금제도 철폐의 공약은 1960년 5월 최고소비에트 연설을 통해 흐루쇼프(N. Khrushchev) 수상이 먼저 발의한 것을 같은 해 8월의 광복절 기념사에서 김일성이 3개월의 시차를 두고 따라간 것이다. 하지만 실천의 방법에서 흐루쇼프는 단계적 철폐를 그리고 김일성은 일괄 폐지를 약속한 점이, 이행의 영역에서는 흐루쇼프가 재정성을 중심으로 한 관료집단의 저항에 밀려 실시를 보류했지만 김일성은 공약 후 14년만인 1974년 3월 세금제도를 폐지했다는 점이 다르다.[8)]

본 연구에서는 북한에서의 소득세제의 철폐와 국가수입 수취구조의 완성을 대비시키는 가운데, 고전적 사회주의 체제의 원형인 구 소련의 경험을 참조하여 분석을 수행하는 과정에서 1945년에서 1974년의 기간을 대상으로 한 기존의 북한 연구에서 조세 부분의 공백을 채우는 것을 목표로 한다.

나아가 향후 북한체제의 전환 가능성을 염두에 둘 때, 개인영리활동의 장려가 소득세 과세의 부활로 이어질 가능성을 배제할 수 없다. 가족농을

천으로 된다'는 표현이 더 선호된다. "주민의 소득의 일부도 화폐적 형태로(즉 소득세, 사회 보험료, 지방자치세) 그리고 또한 주민의 축적 자료의 일부도 국가 공채 형태로 예산자금의 원천으로 된다". 김종완(1956), 「공화국 북반부에서의 사회주의 건설과 축적 문제」, 『김일성 종합대학 창립 10주년 기념 론문집』(평양: 김일성 종합대학), 26쪽.

8) 선도주자인 소련이 포기한 과업을 후발주자인 북한이 성공한 현실은 거셴크론(A. Gerschenkron)의 '후발자의 이익론(theory of late-comer's benefit)'을 빗대 설명할 수 있을 것이다. 사회주의 국가의 조세제도로 한정한다면, 북한은 낙후성(backwardness)에도 불구하고 선진국인 소련을 상대로 한 경로개척형 후발추격을 달성한 국가에 해당한다고 할 수 있다. 강효석 · 송재용 · 이근(2012), 「경로개척형 추격 전략을 가능케 하는 조건에 관한 연구」, 『전략경영연구』 제15권 제3호, 95-135쪽.

용인하고 농민에게 30%의 작물처분권을 부여하는 것이 70%의 과세로 해석되어서도 안 되지만,[9] 소득세 과세가 재개되는 시점이 오면 북한은 제도적 기억(制度的 記憶, institutional memory)에서 새로운 조세제도를 끌어오게 될 것임을 유념할 필요가 있다.[10] 그렇게 되면 해방에서 1974년까지의 29년간 축적된 납세의식의 기억이 체제전환 과정에서 납세의식을 고양하는 데 이용될 것이다. 이러한 맥락에서 본 연구는 북한의 미래가 될 수 있는 과거 조세제도의 제도적 기억을 부분적으로 복원한다는 데서도 그 의의가 있을 것이다.

9) "이명박 대통령은 지난 4월 통일연구원 특별 강연에서 "북한도 집단농장을 할 게 아니고 '쪼개 바칠 것은 (정부에) 바치고 네가 가져라'하면 쌀밥 먹는 것은 2-3년 안에 가능할 것'이라며 "젊은 지도자(김정은)가 그것 하나 하면 되는 것"이라고 말했다". 인용문 안의 특강은 2012년 4월 20일 통일부 통일교육원 통일정책 최고위 과정에서 진행된 『통일철학과 통일의 과제』 강연을 말한다. 「북농업, 4중 수탈구조, 주민들 몫은 거의 없어」, 『조선일보』 2012. 7. 25.

10) 제도적 기억의 정치학적 정의는 다음과 같다. "제도적 기억은 제도적 기억과 개인의 기억 사이의 상호작용을 인식하고 이를 하향식 프로세스로 프레이밍한다: 엘리트층의 기억 구성이 개인 또는 집단의 기억을 형성한다". Richard Ned Lebow(2006), "The Memory of Politics in Postwar Europe", in Richard Ned Lebow, Wulf Kansteiner and Claudio Fogu eds., *The Politics of Memory in Postwar Europe* (Durham: Duke University Press), p. 10; 경영학에서는 제도적 기억을 부정적으로 평가하는 것이 일반적이다. 경영학에서의 정의는 다음과 같다. "개인은 명멸(明滅)하겠지만 제도로서의 조직은 존속한다. 나아가, 그 전의 사건과 그 사건이 조직에 미친 영향에 대한 회상은 (제도적 기억의 '소프트웨어'로 묘사되기도 하는) 가장 오랜 가신(家臣)의 머릿속의 기억, 공식/비공식 정책, 절차, 업무분장 및 경영규칙 등에 체현(體現)된 제도적 기억을 통해 존속하게 된다". William J. Rothwell and H.C. Kazanas(2003), *Planning and Managing Human Resources: Strategic Planning for Personnel Management*(Amherst: HRD Press), p. 374; "(제도적 기억은) 점진적으로 사고를 편협화시켜 궁극적으로는 개인과 조직이 과거 경험의 테두리를 벗어난 사고를 할 수 없게 만든다". Adrian J. Slywotsky(1996), *Value Migration: How to Think Several Moves ahead of the Competition*(Boston: Harvard Business School Press), p. 267.

제2절_ 선행연구

1945-1974년 기간의 북한의 조세제도에 대한 선행연구는 차병권의 연구가 유일하다. 차병권은 최고인민회의 제5기 제3차 전원회의 내용분석에서 북한의 세금제도 폐지는 "보잘 것 없는 세금을 없앤 대신 다른 종류의 세금이나 공과금, 그리고 부역을 대대적으로 강화한 것"에 불과하고, 동시에 실시된 인민소비품 가격의 인하는 지나친 거래세 및 이익공제금의 수취로 낮아진 북한 주민들의 노동의욕을 고취시키기 위한 조치라고 분석하고 있다.[11)]

이 같은 평가는 냉전 시기 비사회주의권의 경제학자에게서 종종 발견할 수 있으며, 실제 차병권의 분석 흐름은 흐루쇼프 소련 수상이 최고소비에트회의에서 세금제도 철폐안을 발표하고 3년 후인 1962년 허먼(L. Herman)이 발표한 연구의 분석 흐름과 동일하다.[12)] 그렇지만 이들의 연구는 같은 내용으로 상이한 결과를 설명한 것이 되었다. 김일성과 달리 흐루쇼프는 7년에 걸친 단계별 폐지를 약속했고 2년 만에 이를 포기했기 때문이다. 따라서 허먼과 차병권이 가지는 설명력의 한계를 인식하는 가운데, 본 연구는 거래세 중시의 관점을 부분적으로 반영했다.

그 외의 북한 조세제도에 대한 연구는 1985년의 「합영회사소득세법」의 제정을 계기로 시작된 외국인투자자 과세에 대한 연구로 본 연구의 선행연구에 해당되지 않는다.[13)]

개별 세목에 대한 선행연구는 농업현물세에 집중되어 있다. 바꾸어 말하면 개별 세목 중 거래세, 이익공제금 및 소득세에 관한 본격적인 선행연구

---

11) 차병권(1974), 「북괴최고인민회의 5기3차 전원회의 내용분석: 세금제도의 폐지」, 『北韓』 29호, 159-164쪽.

12) Leon M. Herman(1962), "Taxes and the Soviet Citizen", in Abraham Brumberd ed., *Russia Under Khrushchev*(New York: Frederick A. Praeger Inc.), pp. 176-188.

13) 관련 연구로는 이계만(1996), 「북한의 조세제도에 관한 연구」, 『한국동북아논총』 제2호 및 안창남(2010), 「북한세법 연구: 조세조약과 개성공업지구 세금규정을 중심으로」, 『조세법연구』 제16권 제3호 등이 있다.

는 부재하다. 농업현물세의 경우도 해당시기 농업정책의 한 부분으로서의 농업현물세를 검토한 연구가 대부분이다. 이중 농업현물세 단일 세목에 대한 연구자로는 김재웅이, 토지개혁과 연계해서 검토한 연구자로는 김광운, 양곡유통정책과 연계해서 검토한 연구자로는 김성보, 한국전쟁과 연계해서 검토한 연구자로는 박명림, 농업집단화와 연계해서 검토한 연구자로는 기무라 미쓰히코(木村光彦) 등이 있다.

김재웅은 현물세의 과당징수를 둘러싼 기존의 논쟁을 정리하고 현물세 징수와 납부에 있어 국가-인민관계, 즉 국가의 과당징수에 대해 농민들이 '부실납부'로 맞서는 체제 내 역동성이 존재했다는 점에 주목했다.[14] 김재웅의 관점에는 동의하지만 이를 확장해서 1945-1974년 기간을 다룰 수 있을 만한 북한 문헌은 존재하지 않는다. 본 연구에서는 1947-1949년 기간에 대해 김재웅이 사용한 강원도 인제군당 관련 미군노획문서를 참고했으며, 추가적으로 1945-1953년 기간의 미군 정보보고서를 활용했다. 물론, 미군 정보보고서에는 북한에서 생산된 문헌과 마찬가지로 사료의 신뢰성 문제가 있다. 그러나 연구에서 활용한 정보보고서는 북한의 신문과 라디오 방송 내용을 중심으로 기록한 것이어서 정보원의 풍문을 취합하는 정치동향 보고와는 다르다고 판단하여 분석 대상에 포함시켰다.

양곡유통정책과 관련, 김성보는 농업잉여의 처분권을 중심으로 국가-인민관계를 검토했다. 김성보는 해방 후 추진되었던 일제 강점기의 식량통제기구인 식량영단을 계승한 식량성출제가 가지는, '자발성에 근거한 성출'과 '자유시장의 허용' 등 탈식민적 성격에 주목하고 있다. 또 성출-배급구조가 가지는 근본적 한계에 대한 해결방안이 토지개혁 · 농업현물세의 실시 및 북조선소비조합을 통한 식량수매사업을 통해 모색되었다고 분석했다.[15]

---

14) 김재웅(2010),「북한의 농업현물세 징수체계를 둘러싼 국가와 농민의 갈등」,『역사와 현실』 제75호, 279-318쪽.

15) 김성보(1993),「해방 초기 한에서의 양곡유통정책과 농민」,『동방학지』 제77-79 합

김광운은 김성보의 문제의식을 계승해 농업현물세제와 양곡수매사업을 중심으로 정권과 농민의 관계를 분석했다.[16)]

남한 점령지역에서의 현물세제 실시에 대해, 박명림은 급진적 토지개혁으로 남한 농민들의 북한 지지가 일시적으로 끌어올려졌다가, 현물세제의 '철저성'과 '비인간성'으로 농민의 지지가 급격히 떨어지게 되었다고 평가하고 있다.[17)] 그러나 박명림의 연구에서 근거로 이용된 문헌들은 당과 내각의 결정서 등이고, 북한은 유엔군의 북진으로 실제 징수에 들어가기 전에 남한 내 대부분의 점령지역에서 퇴각했다는 점을 볼 때 양자의 인과관계가 명확히 설명되지 않는다. 오히려 남한 점령지역에서 북한 지지가 감소한 것은, 전쟁 기간 유엔군과 조중연합군 사이에서 점령지역의 통제권이 수차례 바뀌면서 농민들이 토지개혁의 유효성을 신뢰할 수 없었기 때문인 것으로 보인다.

기무라 미쓰히코는 농업집단화의 목적을 양곡의 '국가선취체제(國家先取體制)' 구축으로 보고, 현물세 제도의 폐지에는 이 체제가 완전히 확립되었다는 의미가 있다고 해석했다.[18)] 기무라의 견해는 북한을 약탈국가로 간주하고 북한이 농업집단화를 통해 '세입 극대화' 전략을 완성했다고 해석했다고 볼 수 있는 측면에서 제2장에서 후술하는 리비(M. Levi)의 이론과 같은 맥락에 서있다.

집, 861-890쪽.

16) 김광운(2003), 『북한정치사연구 I: 건당 · 건국 · 건군의 역사』(서울: 선인), 279-304쪽.

17) 박명림(2003), 『한국 1950: 전쟁과 평화』(서울: 나남출판), 263-293쪽.

18) 기무라 미쓰히코(2001), 김현숙 옮김, 『북한의 경제: 기원 · 형성 · 붕괴』(서울: 도서출판 혜안), 157-193쪽.

제3절_ 연구방법 및 논문의 구성

1. 역사적 사례 연구

본 연구는 역사적 사례연구의 방법을 취해, 북한의 조세제도라는 단일사례연구(single subject design)를 지향한다. 사례연구는 "특정한 사건에 중점을 둔 역사"로 "어떠한 현상의 '사례'이며, 그 연구 대상이 되는 현상은 보다 이론적인 관심사, 혹은 특정한 연구 설계를 목적으로 하고 있기 때문에 흥미롭고 적실성이 높은 대상에 '초점'이 맞춰져 있다".[19] 소련, 조선총독부 및 일본의 세제는 맥락의 대조(contrast of contexts)를 부분적으로 염두에 두고 기술한다.[20] 나아가 역사 기술의 목적을 "과거의 실제 있었던 일에 대한 믿을 만한 지식을 생산하는 것"에 두고 상식으로 기술적인 측면을 보충하는 역사적 연구 방법을 취할 것이다.[21]

2. 문헌 분석

북한 연구에 있어 자료의 부족은 항시 제기될 수밖에 없는 문제이다. 이는 조세제도를 연구함에 있어서도 마찬가지이다. 분단 후의 북한 지역에 관련된 자료는 빈약하고, 설사 자료를 입수한다 하더라도 자료의 신뢰성의 문제는 여전히 남는다.

---

19) 요나톤 모세스 · 투르뵨 크누트센(2011), 신욱희 · 이왕휘 · 이용욱 · 조동준 옮김, 『정치학 연구방법론: 자연주의와 구성주의』, (서울: 을유문화사), 202쪽.

20) 스카치폴과 소머스는 맥락의 대조는 개별적인 사례들을 대상으로 한고, 테마 혹은 질문, 이념형(ideal type)을 통해 사례와 사례간의 차이를 찾아내는 준거의 틀(framework)로 삼되, 연구의 모두에 제시하거나 역사적 논의의 전개에 따라 부상시키는 방법을 취할 수 있다고 설명했다. Theda Skocpol and Margaret Somers(1980), "The Uses of Comparative History in Macrosocial Inquiry", *Comparative Studies in Society and History*, vol. 22, no. 2, p. 178.

21) 요나톤 모세스 외(2011), 『정치학 연구방법론』, 225쪽.

이 같은 제약 속에 논문에서 사용한 자료는 북한에서 간행된 공간문헌을 중심으로 북한의 세법 및 관련법을 중심에 둔 분석을 수행하고, 소련군 보고서, 북한의 정기간행물 등을 통해 보완하며, 북한적 세입창출 구조의 선례가 되는 소련을 준거의 틀(frame of reference)로 활용한다. 우선 『김일성저작집』, 『김정일선집』, 『김정일선집(증보판)』 등의 공간문헌과 『근로자』, 『경제건설』, 『경제연구』, 『인민』, 『재정금융』, 『정로』, 『조선중앙년감』, 『천리마』 등의 정기간행물, 『농촌조세문제의 빛나는 해결』(1993), 『세금문제 해결 경험』(1988), 『우리 나라 인민 경제에서의 사회주의적 축적』(1964), 『재정사업경험』(1988) 등 각종 단행본, 그리고 국사편찬위원회의 『북한관계 사료집』 등 남한의 출판물에 수록된 세법 관련 각종 결정서, 회의록 등의 문헌들을 검토했다.[22)]

미국의 북한 관련 문서로는 미 국립문서보관소의 기밀해제자료 중 한림대학교 아시아문화연구소에서 출간한 각종 영인본 자료와 국회도서관 및 국립중앙도서관의 마이크로필름을 검토했다. 이 중 국회도서관에 비치된 『한국전쟁시 미군노획문서 49』에 수록된 일명 『재정성 문서』는, 『재정금융』 1949년 3호에 개제된 광고 속의 서적과 목차구성이 일치하는 점을 고려할 때 재정성기관지편집부가 1950년 1월 중 간행한 『재정법규집』으로 추정된

22) 김덕윤(1988), 『재정사업경험』(평양: 사회과학출판사). 김영희(1988), 『세금문제 해결 경험』(평양: 사회과학출판사). 안광즙(1964), 『우리 나라 인민 경제에서의 사회주의적 축적』(평양: 사회 과학원 출판사). 최창진(1993), 『농촌조세문제의 빛나는 해결』(평양: 사회과학출판사); 한편 북한 문헌의 표기와 관련하여, 북한의 띄어쓰기는 지금까지 수차례 개정되었다. "북한의 "띄어쓰기"와 "조선어외래어적기법"은 김일성 · 김정일의 "교시"와 "지적"의 대상일 정도다. 북한에서도 띄어쓰기와 외래어표기법이 쟁점이었다. 1954년 발행한 『조선어 철자법』은, 예를 들어 "조선 민주주의 인민 공화국"이나 "김 일성"과 같은 "띄여 쓰기"를 사용했다. 그러나 1990년대(?)부터는 붙여 쓰려 한다(『조선문화어건설리론』, 2005)". 구갑우(2012), 「정치에 전범(典範)을 제시한 어느 출판사의 편집 매뉴얼」, 『교수신문』 2012. 5. 7. 북한 문헌 인용에 있어 띄어쓰기의 표기는 해당 문헌이 출간되었을 당시의 기준을 따른다.

다.[23] 이 문헌은 한국전쟁 이전까지의 조세 · 금융 · 기업회계 등 경제활동 전반을 규율하는 "법령 정령 내각 결정 지시 재정성규칙 지시 등을 세입 예산 기업자금 및 기구정□□별로 구분채록"한 것으로, 1946-1949년 기간 중 제정된 세법 및 하위규정 일체가 수록되어 있어 사료적 가치가 높다.[24]

소련 관련 문서 중 국문 자료는 박종효의『러시아 연방 외무성 대한정책 자료』(2010), 일문 자료는 기무라 미쓰히코 공편의『旧ソ連の北朝鮮経済資料集 1946-1965年』, 영문 자료로는 "Intelligence Summary Northern Korea", "G-2 Weekly Summary", "G-2 Periodic Report" 등 미군 정보보고서를 참고했으며 1917-1974년 기간에 대한 소련법을 영문으로 검토했다.

일제 강점기에 대한 국문 및 일문 자료는 법제처 법령정보센터 아카이브의 근대법령 정보를 중심으로 조선총독부 재무국(朝鮮總督府財務局), 일본 재정경제학회(財政経済学会), 미즈타 나오마사 외(水田直昌 外), 일본 대장성(大藏省)과 대한민국 재무부 등의 발간물을 참고했으며, 보조적으로 국사편찬위원회 한국사 아카이브의 신문 · 잡지 자료 검색을 이용했다.[25]

3. 논문의 구성

논문은 총 8장으로 구성되어 있다. 우선 제1장 서론과 제2장 이론 및 분석틀: 탈식민 사회주의 조세제도와 국가건설은 서론 및 이론에 각각 해당

23) 이하 '재정성 문서'는 다음과 같이 표기한다. 재정성기관지편집부 엮음(1950),『재정법규집』(평양: 재정성출판사).

24) 「근간예고 · 예약모집: 재정법규집」,『재정금융』1949년 12월 제3호, 79쪽. http://nl.go.kr (2017년 5월 9일 접속)

25) 朝鮮總督府財務局(1935),『朝鮮ニ於ケル稅制整理經過槪要』(京城: 朝鮮總督府); 財政経済学会(1939),『明治大正財政史(朝鮮編)』(東京: 大蔵省). 水田直昌 · 棟居俊一 · 杉原恵(1959),『昭和財政史: 旧外地財政 下』(東京: 大蔵省); 大藏省昭和財政史編集室 編(1961),『昭和財政史 16: 旧外地財政』(東京: 東洋経済新報社); 재무부(1979),『한국세제사 상』(서울: 재무부). 저자 중 미즈타 나오마사(水田直昌)는 조선총독부 재무국장을 지냈다.

하며, 수립에서 폐지까지의 기간에 대한 북한적 조세제도의 연구 계획을 제시한다.

제3장 식민지의 유산과 소련형 사회주의 조세제도는 북한의 조세제도에 있어서 전사(前史)에 해당한다. 외세지배자의 통치, 즉 점령을 규율하는 국제법 규범을 살펴보고, 점령자-지배자인 일본과 소련이 한일합방에서 해방 전까지 조선에서, 그리고 10월 혁명 이후부터 2차대전 종전까지 소련에서 운영한 조세제도의 개요를 짚은 후 다시 세목별, 시기별로 개관한다.

제4장 세입창출 국가장치의 건설은 자본주의 국가의 세무관리기구와 사회주의 국가의 세입창출 국가장치가 가지는 유사점과 차이점을 중심으로 북한과 소련에 공통되는 세입창출 국가장치의 구성요소를 정의하고, 북한의 세금에 대한 연구에 들어가기에 앞서 연구에 적용될 조세 분류를 제시한다.

이후의 3개 장은 본 연구에 해당한다. 조선로동당사를 기준으로 1945년 해방 이후 1974년까지의 기간을 3개 시기로 구분해, 조세제도의 발전과 소멸의 과정을 추적한다. 우선 제5장과 제6장에서는 북한의 세목이 일제 및 소련 세목에 대해서 가지는 유사성과 차별성을 중심으로 지배자의 세입창출 구조 선택을 결정하는 3대 요소인 상대적 협상력, 거래비용, 할인율이 어떻게 나타나는지 검토하고, 제7장에서는 조세제도 폐지를 둘러싼 북한 내부의 논의를 다룬다.

제5장은 1947년의 '빅뱅개혁'을 중심으로 하고 1945년 해방에서 한국전쟁 발발 전까지의 민주개혁 기간을 포함한다. 내용적으로 식민지 유산의 승계에 해당하는 물품세(후의 거래세)와 취득세 등의 개편을, 그리고 민주개혁 조치의 조세적 집행에 해당하는 소득세(도시민 대상의 소득세와 농민 대상의 농업현물세), 이익공제금, 거래세 제정을 다룬다.

'사회주의 기초 건설기'의 조세제도를 다룬 제6장에서는 한국전쟁 발발 후부터 1961년의 조선로동당 제4차 당대회 기간까지를 소득세와 거래세를 중심으로 북한 조세제도를 분석한다.

제7장은 '사회주의 전면 건설기'와 세금제도의 폐지를 담고 있다. 북한이 조세의 영역에서 소련으로부터 분기했다고 평가할 수 있는 1961년의 '승리자 대회' 이후 어떤 논의를 통해 세금제도의 폐지에 도달했는지 검토한다.

제8장 결론에서는 전개된 논의의 요약과 함께 지배자가 협상력 행사, 거래비용 계산 및 할인율의 조정을 거쳐 발전시킨 북한의 세입 제도를 총괄한다.

—

제2장

이론 및 분석틀

탈식민 사회주의 조세제도와 국가건설

—

제1절_ 탈식민주의와 고전적 사회주의 그리고 조세

핀리(M. Finley)는 16세기에서 19세기까지 식민지(colony)의 동의어로 쓰인 농장(plantation)이 작물을 식재(植栽)하는 장소라는 의미가 아니라 사람을 이식하는 장소라는 의미로 쓰였음을 주목했다. 즉 식민지는 이식된 정착지(implanted settlement)로서 그 의미가 있다는 것이다. 핀리에 따르면 식민지는 "자국민들을 대규모로 이주시켜, 현지의 토지(천연자원)를 징발하고, 현지의 노동력을 지배하고, 이식된 정착지 또는 본국 정부가 행사하는 공식적인 정치적 · 경제적 지배가 확립된 곳"을 말한다.[1)]

식민지 통치의 유형은 크게 자치주의의 영국형과 동화주의의 프랑스형의 두 가지로 나눌 수 있다. 우선 영국형에는 자국민의 이주에 의한 식민지

1) M.I. Finley(1976), "Colonies: An Attempt at a Typology", *Transactions of the Royal Society*, vol. 26, pp. 170-186.

건설의 '이주형(移住形)'과, 자원 수탈의 목적을 달성하기 위한 식민지 건설의 '이민족지배형(異民族支配形)'이 있다. 영국은 자치적 대의 정부를 인정하는 이주형이나 전제적 통치를 하는 이민족지배형 식민지 모두를 본국으로부터 분리된 '별개의 실체'로 간주한다. 반면 프랑스는 관료에 의한 직접 통치와 본국으로의 동화를 추구한다. 식민지 주민의 동화 정도에 따라 프랑스 국적을 선별적으로 부여하고, 본국 의회에 참여시켰다.[2)]

내선일체(內鮮一體)를 지향한 일본의 통치 방식은 일견 프랑스형 모델과 유사하다. 일제는 조선에서 폭압적인 통치기구를 운영했으며, 한상룡 등 7인을 일본 귀족원 의원에 칙선(勅選) 시켰다.[3)] 조선 거주 일본인의 숫자는 조선 전체 인구의 2.5%에 해당하는 규모였다. 하지만 프랑스가 '프랑스식 보편주의(French universalism)'를 지향하면서도 식민지의 민족문화를 인정했던 것과 달리 일제는 강력한 동화정책을 취했고, 식민지 조선에서 실제 지향했던 바는 영토병합, 즉 영국식 연합왕국(United Kingdom) 모델로 보인다. 미나미 지로(南次郎) 총독 시대의 정무총감 오노 로쿠이치로(大野綠一郎)는 다음과 같은 회고를 남겼다.[4)]

> 당시에는 '식민'라는 용어 같은 건 별로 사용되지 않았어요. '식민지는 과일과 같은 것이므로, 여물면 떨어지는 것이다'라는 식의 이야기는 있었지만, 어느 쪽으로든 될 수밖에 없게 되죠. 정말로 하나가 되어 버리

---

2) 김낙년(2003), 『일제하 한국경제』(서울: 해남), 24-28쪽.

3) 근대사연표 「박중양(朴重陽). 한상룡(韓相龍). 윤치호(尹致昊). 박상준(朴相駿). 김명준(金明濬). 이종헌(李鍾憲). 이기용(李琦鎔) 등이 일본의 칙임 귀 족원 의원이 됨」, 『원호처 독립운동사 9』, 1945. 4. 3. http://db.history.go.kr (2017년 3월 31일 접속)

4) 미야타 세쓰코 엮음(2002), 정재정 옮김, 『식민통치의 허상과 실상: 조선총독부 고위 관리의 육성 증언』(서울: 도서출판 혜안), 99쪽. 오노의 재임기간은 1936-1942년이며, 인용된 구술사는 구 조선총독부 관료를 대상으로 우방협회(友邦協會)와 중앙일한협회(中央日韓協會)가 수집하고 일본 가쿠슈인대학(学習院大學)에 소장된 우방문고(友邦文庫)의 일부이다.

면. 스코틀랜드와 영국처럼 대영제국으로 하나가 되든가, 혹은 다른 나라로 되어 버리든가. 우리는 스코틀랜드와 영국 같은 경우를 생각하고 있었습니다. 여러 가지 잘못이 일어났죠, 그 때문에.

결국, 1945년 8월의 패전으로 일본은 "생각건대 조선에는 아직 일본과 사정이 서로 같지 않은 자가 있는" 상태를 해소하지 못한 채 물러나게 되었다.[5)] 연합국은 남북한을 형식적으로 해방시키고 내용적으로는 군을 진주시켜 점령했다. 이 점에서 1950-1960년대 기간 중 독립전쟁을 통해 또는 식민제국과의 협상을 통해 독립을 달성한 아시아와 아프리카의 구 식민지들과 남북한의 처지는 다르다. 즉, 탈식민지화(decolonization)는 주로 오랜 기간 식민제국(이자 2차대전 승전국)들의 통치를 받아온 구 식민지들의 분리 경험을 일컫는 것으로, 그 시점이 한반도에서의 국가건설이 진행된 시점보다 늦다.

따라서 서구 문헌에서 다루는 탈식민지화는 주로 남아시아와 아프리카권을 대상으로 하고 유럽국가들(주로 영국)의 후퇴와 미국의 약진 과정을 그린다. 이들 지역에서 미국이 공산권과 경쟁에서 이기기 위해 원조를 투하하면 할수록 영국의 구 식민지들은 미국의 영향권 아래 강고하게 편입되었다. 미국은 이념적으로는 식민지배보다는 자치독립을 (더불어 신설독립국에 대한 은밀한 영향력 행사를) 선호했지만, 실천에서는 반식민주의보다 반공주의를 중시했다.[6)]

---

5) 원문은 "惟컨ᄃᆡ 朝鮮은 아즉 內地와 事情이 不同ᄒᆞᆫ 者이 有ᄒᆞᆫ"이며, 메이지 천황(明治天皇)의 「교육에 관한 칙어(教育ニ関スル勅語)」하달의 후속조치로 제정된 「조선교육령」 공포일(1911. 11. 1)에 데라우치 마사타케(寺内正毅) 총독이 발표한 유고(諭告)에서 인용했다. 「朝鮮總督寺內正毅는 韓國民을 日本 臣民化하려는 植民地 教育에 대한 朝鮮教育令 公布에 즈음하여 韓國 교육의 방침과 시설의 要項 등에 관한 諭告를 한 바 그 내용은 다음과 같다」, 『일제침략하한국36년사 1』 http://db.history.go.kr (2016년 12월 14일 접속).

6) 미국은 한국전쟁을 통해 아시아에서 일어나는 분쟁에 지상군의 발을 들이지 않아야 한다는 교훈을 얻었다. 미국은 냉전 초기의 기간 중 프랑스와 영국이 반공세력을 진압할 수 있는 한 그들의 편을 들었다. 영국은 1957년 맥밀런(H. Macmillan) 내각의 등장과 함께 식민지 제국의 우방화 방침으로 전환하고 제국의 시대에 종

그러나 위와 같은 맥락에서 전후 한반도의 특수성만을 강조하는 것은 탈식민주의를 '일시성(temporality)', 즉 시간의 의미로 한정하는 것과 같을 것이다. 페니쿡(A. Pennycook)의 말대로 탈식민주의는 단지 시간적인 진화를 말하는 것이 아니라 "식민주의를 재해석하고, 식민주의 효과의 지속에 반대 입장을 취하며, 탈식민적 목적을 위해 식민적 도구를 전취하는 것"을 말하기 때문이다.7)

맑스주의에서 영향을 받은 탈식민주의 이론 중 한국에서 가장 주목받은 것으로는 알라비(H. Alavi)의 과대성장국가 이론(over-developed state theory)을 들 수 있다. 알라비는 "토착 부르주아의 기반이 취약한 상태에서 식민지가 독립하는 경우, 독립 시점에서 메트로폴리탄 부르주아들이 지배권을 행사한 상대적으로 발전된 식민지 국가기구를 단독으로 접수하는 것은 불가능하지만, 자산계급 내의 3대 경쟁세력인 관료-군부-부르주아의 이해가 결합될 경우 군부-관료적 과두제(bureaucratic-military oligarchy)가 등장 가능하다"고 설명하고 있다.8)

언을 고했다. William Roger Louis and Ronald Robinson(2003), "The Imperialism of Decolonization", in James D. Le Sueur ed., *The Decolonization Reader*(New York: Routledge), pp. 57-58, 65, 73.

7) Alastair Pennycook(2001), *Critical Applied Linguistics: A Critical Introduction*(Mahwah: Lawrence Erlbaum Associates, Inc.), p. 55.

8) Hamza Alavi(1972), "The State in Post-Colonial Societies: Pakistan and Bangladesh", *New Left Review*, vol. 74, pp. 61-62; 최장집은 같은 시기 남한에서 수립된 정권에 대해 알라비 이론을 적용했다. "(이승만 정권은) 국가가 자본(외국원조 및 자본)을 배분, 관리하고 자본가를 창출해냈으며, 식민지 관료기구를 전수받고, 국내안전보다는 진영간 군사대결을 외표화한 현대식 군부의 성장으로 장비된 '과대성장국가'의 특징에 부합한다". 최장집(1990), 「국가론: 한국국가와 그 형태변화에 대한 이론적 접근」, 『경제와 사회』 4권, 76쪽. 유석춘은 "제3세계 사회내의 계급적 미분화현상을 논의의 출발점으로 하고 있"는 알라비의 과대성장국가론의 등장 배경으로 (1) 국가의 '상대적 자율성' 개념의 등장과 (2) 민족주의 국가의 역할 부각을 든다. 유석춘(1989), 「제3세계 발전론의 현황과 전망」, 『연세사회학』 9권, 108-111쪽.

알라비의 과대성장국가 이론과 제2절에서 검토할 리비의 세입창출 모델은 모두 맑스주의 국가론을 둘러싼 논쟁에 뿌리를 두고 있다. 맑스의 국가관에는 '하부구조가 상부구조를 궁극적으로 결정한다'는 견해와,[9] '상부구조는 하부구조에 대해 상대적 자율성을 가진다'는 견해가 모두 들어 있다.[10] 리비와 마찬가지로 알라비는 상부구조, 그중에서도 메트로폴리탄 부르주아 · 군부-관료 · 토착 부르주아 등 지배자의 상대적 자율성을 강조하고 있다.

그러나 알라비가 주 연구 대상으로 삼은 영국령 인도 제국(British Raj)은 이민족지배형의 영국 식민지로, 본국이 전제적인 통치권을 행사하면서도 1935년 이래 「신인도통치법(Government of India Act of 1935)」의 제정을 통해 인도인들에게 일정한 자치권을 부여한 점, 그리고 과도한 규모의 조세수입을 본국으로 이전시킨 점에서 식민지 조선과 다르다. 인도 제국의 정부는 영국인들로 채워지는 대신 영국 관리들이 현지의 조력자들의 힘을 통해 인도를 지배했고, 현지세력에 권력을 부분적으로 이양하는 한편 이들을 분열시키는 방법으로 통치력을 유지했다. 영국령 인도 제국은 이후 인도, 파키스탄, 방글라데시로 독립했고 이 과정에서 알라비가 말한 '군부-관료적 과두제'가 등장하게 되었다.

그런데 식민지 조선의 경영을 폭압적 직접통치, 강력한 동화정책의 추진, 참정권의 불허, 제한된 조세권의 행사로 특징지을 수 있다면, 현지의 토착

---

9) "이 생산 제관계 전체가 사회의 경제적 구조, 현실적 토대를 이루며, 이 위에 법적이고 정치적인 상부구조가 세워지고 일정한 사회적 의식형태들이 그 토대에 조응한다". 칼 마르크스(2007), 『정치경제학 비판을 위하여』(서울: 중원문화), 7쪽.

10) 맑스의 문헌에서 '상부구조의 상대적 자율성'은 암시적으로 표현되어 있다. "경제적 기초의 변화와 더불어 전체의 거대한 상부구조가 조만간 변혁된다. 그러한 변혁을 고찰함에 있어서는 항상 물적인, 자연과학적으로 엄정하게 확인될 수 있는 경제적 생산제조건의 변혁과, 인간들이 그 안에서 갈등을 의식하게 되고 싸움으로 해결하게 되는 법률적, 정치적, 종교적, 예술적 또는 철학적, 간단히 말해 이데올로기적 제형태의 변혁을 구분해야 한다". 위의 책, 7쪽.

세력이 분열 또는 단결하여 관료기구에 참여할 수 부분은 지극히 제한된다. 조선총독부가 징병제를 실시하기 전 까지 조선인의 군 입대는 왕공족 등 예외적인 경우에 한정되었으며, 조선인의 공직 진출은 하급관리직이 대부분이었다. 당시 조선인이 진출할 수 있는 최고위직인 도지사에는 일제 36년의 전 기간을 보더라도 김관현(金寬鉉: 충남, 1921; 함남, 1924) 등 24명이 임명되었을 뿐이며, 전시체제 돌입 이후인 1937년 이후에는 강필성(姜弼成: 황해, 1937) 등 4명에 지나지 않았다.[11)]

나아가 조선의 조세수입은 총독부 행정에 충당되었고, 일제는 세외수입을 통해 조선의 자원을 수탈했다. 해방 후의 북한에서 일본인 메트로폴리탄 부르주아들은 본국으로 송환되었고, 한국인 군부-관료 그룹은 그 수가 극히 적었을 뿐 아니라 지주 부르주아와 함께 대부분 월남의 길을 택했다는 점을 고려해 본다면, 영국령 인도 제국의 탈식민적 국가건설에서 주요 세력으로 부상한 군부와 관료 그룹이 해방 후의 한반도에도 존재했다고는 볼 수 없다.

---

11) 일제 기간 중 임용된 조선인 도지사 명단은 다음과 같으며 괄호 안은 부임지와 부임년도를 가리킨다. 강필성(姜弼成: 황해, 1937), 고원훈(高元勳: 전북, 1932), 김관현(金寬鉉: 충남, 1921; 함남, 1924), 김동훈(金東勳: 충북, 1935), 김서규(金瑞圭: 전남 1929, 경북, 1931), 김시권(金時權: 전북, 1936; 강원, 1937), 김윤창(金潤昌: 충북, 1925), 유진순(劉鎭淳: 충남, 1929), 박상준(朴相駿: 강원, 1926; 함북, 1927; 황해, 1928), 박영철(朴榮喆: 강원, 1924; 함북, 1926), 박중양(朴重陽: 황해, 1921; 충북, 1923), 석진형(石鎭衡: 충남, 1924; 전남, 1926), 손영목(孫永穆: 강원, 1935; 전북, 1937), 신석린(申錫麟: 강원, 1921; 충남, 1927), 원응상(元應常: 강원, 1918; 전남, 1921), 유만겸(兪萬兼: 충북, 1939), 유성준(兪星濬: 충남, 1926), 윤갑병(尹甲炳: 강원, 1923), 이범익(李範益: 강원, 1929; 충남, 1935), 이진호(李軫鎬: 전남, 1919), 장헌식(張憲植: 충북 1917, 전남, 1924), 정교원(鄭僑源: 황해, 1933), 한규복(韓圭復: 충북, 1926; 황해, 1929), 홍승균(洪承均: 충북, 1929; 전북, 1931), 『조선총독부관보』 1921. 2. 18, 1921. 2. 19, 1921. 8. 10, 1923. 3. 2, 1923. 3. 3, 1924. 12. 8, 1925. 4. 8, 1926. 8. 10, 1929. 12. 3, 1932. 10. 3, 1933. 4. 12, 1935. 4. 5, 1936. 5. 26, 1937. 4. 7, 1938. 6. 29, 1939. 5. 3. 『국사편찬위원회 한국사데이터베이스』 http://db.history.go.kr/ (2012년 5월 12일 접속)

한편, 통치구조의 측면에서 생각한다면, 탈식민주의에는 식민지 기구의 후행자라는 의미에서의 후기식민주의(after colonialism) 통치구조와 식민지 기구의 극복이라는 의미에서의 후기식민주의(beyond colonialism) 통치구조가 공존한다.[12] 즉, 탈식민주의에는 연속성과 변화가 함께 나타나는 것이다. 맥러드(J. McLeod)가 주장하듯, 탈식민주의는 "한편으로 식민주의와 마찬가지의 물질적 현실(material realities)과 대표수단(modes of representation)이 존재함을 인정하면서도, 다른 한편으로 이미 일어난 변화를 인식하는 가운데 변화의 가능성 및 지속적 필요성을 제기하는 것"을 말한다.[13]

해방 이후의 국가건설기에 있어 물품세는 식민주의의 연속성을, 농업현물세는 변화를 대표한다. 일제세제의 대표적인 간접세인 물품세는 1938년 신설되어 1941년 개정되었는데, 1947년 2월 「거래세법」의 제정으로 폐지될 때까지 기본 골격이 그대로 유지되었다. 농업현물세의 경우 토지개혁의 후속조치로 실시된 새로운 제도이다. 농민들에게 농업현물세의 납부 의무가 소작료의 감하와 본질적으로 다른 것임을 깨우치기 위해 세금의 부과, 징수를 위한 조세행정 제도 정비 이상의 전방위적인 노력이 요구되었다.

해방 후 수립된 북한 조세정책의 이론적 자양분은 맑스, 그리고 레닌에게서 나왔다. 우선 맑스는 "고대 블레셋에서 근대 영국에 이르기까지, 주된 투쟁은 조세를 둘러싸고 일어났으며 부르주아 경제개혁에는 조세개혁이 반드시 포함 된다"고 해석했다. 그러나 조세제도 자체에 대해서는 "과세 형태의 어떠한 변형도 노동과 자본 사이의 관계에 중요한 변화를 낳을 수 없

12) 박종성은 포스트콜러니얼리즘(post-colonialism)을 '~이후에 오는(coming after)'라는 의미로 사용하는 경우에는 식민주의 유산의 지속성을 뜻하는 의미에서 신식민주의로, '~를 넘어서는(going beyond)'의 극복이라는 의미로 사용하는 경우에는 식민주의의 유산에서 벗어남을 강조하는 의미에서 탈식민주의로 번역하고 있다. 박종성(2011), 『탈식민주의에 대한 성찰: 푸코, 파농, 사이드, 바바, 스피박』(파주: 살림출판사), 7-8쪽.

13) John McLeod(2000), *Beginning Postcolonialism*(Manchester: Manchester University Press), p. 33.

다"고 보았다. 조세의 철폐는 궁극적으로 국가의 철폐로 이어져야 하는데, 이는 한 계급의 조직화된 힘이 다른 계급들은 짓누를 필요가 사라진 상태를 말하는 것으로 계급 일소의 필연적인 결과로서 나타난다는 것이다.[14)]

혁명에서 조세는 '사유재산에 대한 공격의 형태'로 사용될 수 있지만 그럴 경우에도 "새로운 혁명적 조치를 위한 인센티브가 되거나 구 부르주아 관계를 전복시키도록 사용해야 한다"는 것이 맑스의 혁명기 조세정책의 핵심이다.[15)] 1848년 프랑스 2월 혁명을 전후한 시기, 맑스는 조세에 대해 납세자가 (1) 공공재를 향유할 권리 확보, (2) 평시 군사징집으로부터의 제외, (3) 결핍(destitution)으로부터의 보호, (4) 자연재해 손실의 보전을 목적으로 보험가입자로서 보험료를 납부한 것에 불과하다는 해석을 남겼다. 맑스는 예산의 원천을 조세수입으로 규정하고, 따라서 보통선거권이 예산에 미치는 효과는 예산이 조세에 미치는 효과와 같으며, 후자를 통해 '좋은' 사회주의의 실현 여부를 가릴 수 있다고 주장했다.[16)]

혁명세력은 조세권의 확립을 통해 지배자로서의 정당성을 확보한다. 혁명군은 구성원들에게 조세수탈에 반대한 투쟁에 동참할 것을 호소하지만, 일단 권력을 장악한 이후에는 구성원이 감내할만한 수준의 '적절한' 과세권을 행사하는 것으로 정당성을 확보해야 한다. 이 같은 의미에서 항일무장투쟁시기의 김일성은 중국공산당 당원이자 혁명 지도자로 활동했음에도 불구하고, 지배자로서의 정당성 확보에 대한 자각은 없었던 것으로 보인다.

---

14) Karl Marx(1978), "Reviews from the Neue Rheinische Zeitung Politisch-ökonomische Revue No. 4"(1850. 1. 16), *Marx and Engels: 1849-1851*(Moscow: Progress Publishers), p. 331.

15) 위의 책, 331쪽.

16) 좋은 사회주의(good socialism)는 지라르댕(Émile de Girardin)이 주창한 개념이다. 맑스는 지라르댕의 좋은 사회주의는 사회주의에 해당하지 않는다는 비판을 담은 서평에서 "감세는 평범한 부르주아 개혁이고 조세 폐지는 부르주아 사회주의이다. 부르주아 사회주의는 상공업종의 중산층과 농민들에게 특히 호소력이 있"다면서 감세와 조세 폐지를 구분하여 설명했다. 위의 책, 326쪽.

김일성은 조세의 법제화에 반대했으며, 무기는 적들에게 탈취하고 식량은 인민의 자발성에 기대어 조달하는 방식으로 유격대를 유지했다고 주장한다.

다음은 김일성 회고록의 일부로, 1986년 3월 평양에서 개최된 북-쿠바 정상회담에서 오간 대화이다.[17]

> 나는 언제인가 평양에서 까스뜨로동지를 만났을 때 그와 함께 항일혁명시기의 투쟁경험을 두고 장시간 이야기를 나눈 적이 있다. 그때 까스뜨로동지는 나에게 많은 질문을 하였는데 그 질문들 가운데 하나가 무장투쟁을 하면서 식량문제를 어떻게 해결하였는가 하는 것이였다.
>
> 나는 그에게 적의 식량을 빼앗아 해결하는 방법도 있었지만 인민이 시종일관 우리에게 식량을 대주었다고 하였다. 청년학생운동과 지하활동을 할 때에도 인민이 우리에게 밥을 먹여주고 잠자리를 마련해주었다.
>
> 상해림시정부나 정의부, 신민부, 참의부와 같은 독립군단체들은 저마다 법을 만들어내여 동포들에게서 의연금도 받아내고 군자금도 모집했지만 우리는 그러지 않았다. 혁명활동에 돈이 필요할 때도 있었지만 우리는 세금을 받아내기 위하여 법을 제정할수 없었다. 인민을 그 어떤 법이나 규정에 얽어매놓고 장부책을 끼고 다니며 누구네 집에서는 얼마, 누구네 집에서는 몇원 하는 식으로 돈을 받아내는것은 원래 우리의 리념에 맞지 않았다. 인민이 주면 먹고 주지 않아도 무방하다는 것이 우리의 립장이였다.

김일성의 의식은 일제 조세제도에 대한 비판을 농민에 대한 정치교양사업에서 활용하는 수준에 머물렀다. 카스트로 대담 시기로부터 20여 년 전까지 거슬러 올라가더라도 김일성의 입장은 일관되게 나타난다.

> 우리가 해방전에 일제를 반대하여 투쟁할 때에도 빨찌산대원들에게

17) 김일성(1992),『세기와 더불어 2』(평양: 조선로동당출판사), 176쪽.

일본놈이 조선사람들을 어떻게 착취하고있으며 지주가 농민들을 어떻게 착취하고있는가를 구체적으로 알려주었습니다. 우리는 지주놈들이 소작료를 얼마나 받으며 일본놈이 조선사람의 땅을 어떻게 빼앗고 세금을 어떻게 받아가는가, 심지어 전매제도라는것이 무엇인가까지 다 해설해주었습니다.[18]

그때 우리는 늘 농촌마을에 들려 농민들을 모여놓고 반동통치배들이 인민들에게서 긁어가는 세금종류들을 하나하나 들어가면서 지주, 자본가놈들의 착취적본성과 일제놈들의 침략적죄행을 폭로하였습니다. 그렇게 하면 농민들과 청년들은 불타는 적개심을 가지고 혁명을 하겠다고 떨쳐나섰습니다.[19]

김일성의 회고는 같은 시기 중국혁명을 지도한 마오쩌둥(毛澤東)의 조세정책을 근거로 추론할 때 두 가지의 해석이 가능하다. 김일성은 노령으로 기억에 착오를 일으켰거나, 항일유격근거지에서 조세정책이 집행될 당시 단지 하위급 간부였던 관계로 중국공산당 중앙위원회(中國共產黨中央委員會, 이하 중공 중앙)의 방침을 정확히 숙지할 입장에 있지 않았을 것으로 보인다. 당시 김일성과 그의 부대원들은 중화소비에트공화국(中華蘇維埃共和國)의 과세권 행사를 통해 국가로서의 지배력을 행사한 중국공산당의 지도 아래 동북 유격근거지에서 활동하고 있었다.[20] 이와 관련된 김일성의 경험과 북한의 제도적 기억(institutional memory)에 대해서는 제7장에서 자세히 다루기로 한다.

---

18) 김일성(1969), 「우리의 인민군대는 로동계급의 군대, 혁명의 군대이다. 계급적정치교양사업을 계속 강화하여야 한다」(1963. 2. 8), 『김일성저작선집 3』(평양: 인문과학사), 288쪽.

19) 김일성(1983), 「교육과 문학예술은 사람들의 혁명적세계관을 세우는데 이바지하여야 한다」(1970. 2. 17), 『김일성저작집 25』(평양: 조선로동당출판사), 11쪽.

20) "소구[소비에트구 - 인용자]의 재정수입은 지주와 부농에 대한 몰수 등의 방법에서 소비에트중앙정부가 수립된 이후에는 점차 토지세 등 각종 세금과 공차판매 등으로 수입원이 전환되었다고 한다". 김지훈(2002), 「1930년대 중앙소비에트구의 금융정책과 통화팽창」, 『동양사학연구』 16권, 216쪽.

마오쩌둥은 1927년 10월 징강산(井岡山)에서 "유랑농민을 끌어 모으고 근처 산적 두목들의 군대와 연합함으로써 작은 군사기지를 건설해 나갔다".[21] 1928년 11월 당시 홍군은 후난성(湖南省)에서 신사-지주층의 재산 징발을 통해 군 유지비용을 전액 조달했고, 난캉(南康)에서는 작물의 20% 또는 중공 중앙이 확정한 세율에 5%를 가산해 토지세 징수를 개시했으며, 쒜이촨(遂川) 등의 지역에서는 빈곤한 산악지대 농민의 사정을 고려하여 백구 지대 토호의 재산을 몰수하는 방식을 택했다.[22]

1931년 11월 마오는 루이진(瑞金)을 수도로 장시성 남부에 중화소비에트공화국 임시중앙정부(이하 소비에트중앙정부)를 설립하고, 경제적 낙후성의 조건 속에서도 대중과세를 추구했다.[23] 1931년의 상업세, 토지세(농업세)와 공업세 징수가 실시되었다. 상업세는 "상업자본의 이익이 아닌 자본금에 대해 누진시켜 부과"했고, 토지세의 경우 더 많은 토지를 불하받은 농민과 부농에게 더 무거운 세금을 물리는 누진세를 적용했다. 김지훈에 의하면, "토지세는 1932년 73만여 원, 1933-34년 곡식 20여만 담(擔) 등으로 소구의 재정에서 예상보다 비중이 크지 않았고 관세 등이 상당한 비중을 차지"했으며, 소비에트중앙정부는 "정규적인 세입만으로는 홍군과 정부기구

---

21) 모리스 마이스너(2007), 김수영 옮김, 『마오의 중국과 그 이후 1』(서울: 이산), 63쪽.

22) 후난성당위원회의 요청으로 마오가 작성한 홍군의 물질적 조건에 관한 보고서의 인용문에 대해 마오쩌둥선집 편집위원회가 각주에서 "재산몰수는 일시적 조치로서 군대 비용의 일부를 해결했을 뿐이며, 군사 기지의 확장과 홍군의 성장을 통해 조세 부과를 통한 비용의 조달이 가능하고 또 필요해졌다"고 부연하고 있는 것은 정당성 마련을 위해서이다. Mao Zedong(1978), "The Struggle in the Chingkang Mountains"(1928. 11. 25), *Collected Works of Mao Tse-Tung 1-2*(Springfield: National Technical Information Service), pp. 130-160.

23) 장시 소비에트 정부는 계급과 혁명의 원칙에 따라 (1) 봉건적 착취자의 재산 몰수 또는 징발, (2) 조세수입, (3) 국가경제의 발전으로부터 재원을 조달할 것을 선언했다. Mao Zedong(1978), "Report of the Central Executive Committee and the People's Committee of the Chinese Soviet Republic to the Second All-Soviet Congress"(1934. 1. 25), *Collected Works of Mao Tse-Tung 4-1*(Springfield: National Technical Information Service), pp. 155-207.

를 유지하기 힘들"어 공채를 세 차례 판매했다.[24)]

비록 소비에트 실험은 곧 실패했지만 마오는 조세정책에 대한 중요한 교훈을 얻었다. 1940년 중공 중앙 명의의 당내 지시에서, 마오는 소득에 따라 세금을 차등 부과하도록 하고 극빈층은 면세하되 그 외 전원이 국가에 세금을 납부하게 하도록 지시했다. 마오는 과세기반의 목표를 지주나 자본가만이 아닌 노동자 농민 등 전 인구의 80%이상으로 삼았고, 징세기구를 마련하기 전까지는 국민당의 기존 기구를 적절히 수정해 사용해야 한다고 주장했다.[25)]

마오의 정책 변화는 혁명세력은 구성원의 저항을 끌어내어 조세권의 무력화를 추구하지만, 혁명의 성공으로 지배자로 전환하게 되면 반대의 입장에서 구성원을 대상으로 과세권의 행사를 추구해야 함을 시사한다. 이 과정에서 새로이 구성되는 조세제도는 노동과 자본의 관계에 근본적인 변화가 수반될 경우 폐지 가능한, 과도기적 제도에 해당한다.[26)]

국가의 조세권 행사로 돌아와, 혁명 후의 조세권 행사에 대해 맑스는 간접세의 완전한 폐지와 직접세로의 전반적 대체를 권고했다.[27)] 간접세는 상

---

24) 김지훈(2002), 「1930년대 중앙소비에트구의 금융정책과 통화팽창」, 221-244쪽. 1 담은 100 근 또는 60 킬로그램이다.

25) 토지문제에 대해서는 소작료를 인하하여 급진적인 토지개혁이 야기할 수 있는 중농층의 붕괴로 인한 생산성의 저하 및 경제의 낙후성 심화를 피하고자 했다. Mao Zedong(1965), "On Policy"(1940. 12. 25), *Selected Works of Mao Tsetung 2*(Beijing: Foreign Languages Press), p. 446.

26) 이와 관련해 김일성에게서는 별도의 언급이 없지만, 1990년대 출간된 공간문헌에서 유격구에서의 인민적조세제도에 대한 언급이 발견된다. 주 내용은 중국공산당의 공식입장과 대동소이하다. "유격구에 수립된 인민적조세제도에서 기본을 이루는 것은 농민들이 혁명을 위하여 정성담아 바치는 농업현물세와 그외 개인기업가, 수공업자들의 소득액에 따라 적용되는 루진세제가 있었다. 그리하여 인민혁명정부는 유격구인민들에게 정권의 주인으로 되게 하고 땅을 무상으로 나누어주었을 뿐 아니라 모든 가렴잡세까지 폐지하고 인민적 세금제도를 마련하여줌으로써 그들은 난생 처음으로 진정한 정치적권리와 자유를 지니고 자주적이며 창조적인 생활을 마음껏 누릴수 있게 되었다". 최창진(1993), 『농촌조세문제의 빛나는 해결』, 13쪽.

품가격을 높이는데, 이는 상인이 상품가격에 간접세 금액 뿐 아니라 자본에 대한 이자와 이윤까지 추가하기 때문이라는 것이다. 맑스는 '자치를 향하는 모든 경향'을 파괴하는 간접세의 역진적 성격을 경계했다.[28]

레닌은 10월 혁명 이전부터 맑스의 직접세 중심 과세원칙을 여러 차례 강조한 바 있다. 이르게는 1913년 사회민주주의자들에게 간접세의 전면 철폐 및 실질적인 누진적 소득세로의 대체는 "자본주의의 토대를 건드리지 않는 상태에서도 인구의 90%는 부담을 덜 수 있는 방법이며, 국내시장의 확대를 촉진하고 국가의 경제활동에의 개입을 배제해 사회의 생산력 발전에 거대한 촉매제로 작용할 것"이라고 말했다.[29] 하지만 혁명 직후의 소련은 이 같은 급진적 세제개혁을 수용할 수 있는 토대가 마련되어 있지 않았다. 첫 5년간의 누진소득세 중심의 전환 노력은 오히려 징수율을 10% 수준으로 급감시켰다.

그러나 레닌의 조세정책의 핵심은 직·간접세의 구분 또는 세금의 명칭에 있지 않았다. 레닌은 생산수단의 국유화 등 사회주의 개혁의 진전을 이끌 수 있는 기구의 마련에 있어서 조세가 차지하는 역할에 주목했다. 즉, 현실 사회주의 조세제도의 핵심을 사회주의 금융제도에서 찾은 것이다. 레닌은 "공장마다 지점을 내고 운영되는 대형의 단일 국영은행은 사회주의를 실현하기 위한 국가의 주요 기구"로 "사회주의 국가장치(socialist apparatus)의 최대 9할을 차지하게 될 것"이며 "자본주의에서 기성품을 가져와 그 악

27) 이 같은 입장은 레닌에게 그대로 승계되었다. "간접세를 누진소득세 및 재산세로 대체하라". V.I. Lenin(1981), "Extraordinary Seventh Congress of the R.C.P"(1918. 3. 6), *Lenin Collected Works 27*(London: Progress Publishers), pp. 85-158.

28) 한편 직접세에 대해서는 납세자의 정부 견제권을 강화한다는 의미를 부여했다. Karl Marx(1987), "Instructions for the Delegates of the Provisional General Council. The Different Questions"(1866. 10. 10), *Marx and Engels: 1864-1868*(Moscow: Progress Publishers), p. 192.

29) V.I. Lenin(1981), "Capitalism and Taxation"(1913. 6. 7), *Lenin Collected Works 19*(London: Progress Publishers), pp. 197-200.

성 요소를 제거한 후 더 크고, 더 민주적이며 더 포괄적인 기구로 발전시켜야한다"고 주장했다.[30)]

납부세액 사정 및 징수 업무는 조세행정의 비용을 높이는 주범이다. 사회주의 개혁은 생산수단의 국유화를 통해 거래세, 이익공제금 등 세액산정의 주된 부분을 국영기업과 협동조합의 장부처리(book-keeping)의 문제로 돌릴 수 있으며, 이들 기관의 계정(debit account)에서 국가예산 계정(credit account)으로 조세수입을 바로 이체시켜 징세업무를 회계처리의 문제(accounting exercise)로 축소시킬 수 있다.[31)] 이같이 금융제도를 통한 조세행정이 원활히 수행되기 위해서는 국유화의 진전을 통해 국가예산 수입에서 주민세금 비중의 축소와 기업 경리의 발전이 있어야 한다. 이 같은 맥락에서 지방 소비에트의 징세기구로서의 역할 수행은 세무기구의 폐지와 사회주의 금융제도의 수립 사이의 과도기적 조치에 해당한다.

정리하면, 탈식민적 국가건설기 북한의 지배자가 직면한 조건은 탈식민주의 이론으로, 그리고 지향점은 맑스와 레닌의 조세정책으로 설명할 수 있다. 이 시기 북한은 (1) 간접세 중심의 왜곡된 전시재정의 조건과 (2) 지방행정의 마비로 인한 징수능력의 부재 상태에서 출발했으며, (3) 서남아시

---

30) 이 문구가 레닌의 유명한 인용문인 "사회주의의 90%는 국영은행이다"의 원문에 해당한다. "대규모적 은행들은 우리가 자본주의로부터 완성된 것으로 전취하여 사회주의의 건설을 위하여 리용할 수 있는 '국가적 기구'이다. 그런데 우리들의 과업이 이 훌륭한 기구의 자본주의적 불구화를 퇴치하고 그를 더욱더 대규모화하며, 더 민주주의화하며, 더 일반화할 것 뿐이다. 량은 질로 변할 것이다. 매개 구역, 매개 공장 내에 지점을 가진 대규모적인 유일한 국립 은행 - 이것은 벌써 10분의 9의 사회주의적 기구이다. 이것은 전국적 회계인것이며, 생산물의 생산 및 분배의 전국적 계산이다. 이것은 말하자면 사회주의 사회의 골격과 류사한것이다" V.I. Lenin(1981), "Can the Bolsheviks Retain State Power?"(1917. 10. 1). 김찬(2008), 「인민경제에 있어서의 금융의 역할」, 『근로자』 1953년 12월 25일 제12호, 국사편찬위원회 엮음, 『북한관계사료집 56』(과천: 국사편찬위원회), 341-342쪽 재인용.

31) Scott Gehlbach(2008), *Representation through Taxation: Revenue, Politics, and Development in Postcommunist States*(New York: Cambridge University Press), e-book location 593 of 3804.

아 또는 아프리카의 신생국에서 발견되는 군부-관료적 과두제의 토대 또한 빈약했다. 한편 북한 지배자의 지향점인 고전적 사회주의 체제 성립을 위한 기초적인 조건을 요약하면 (1) 간접세의 철폐와 직접세로의 대체, (2) 누진적 소득세의 부과, (3) 생산수단의 국유화를 통한 국가수입의 국가예산 전입, (4) 예산 납부를 용이하게 할 국영은행의 창설을 들 수 있다.

제2절_ 조세정치와 세입창출 제약요인

조세정치는 "조세정책 결정 과정에서의 정치(politics in tax policy-making)"를 말한다.[32] 조세정치에 주목함으로서 연구자는 조세정책을 둘러싼 지배자, 즉 '정치적 정책결정자'의 선호를 설명할 수 있다. 지배자는 조세정책을 통해 조세부담의 주 전가대상을 정하고, 부과할 조세의 수준과 구조를 조정한다. 자본주의 국가의 조세연구에서 집권정당은 정치적 정책결정자이다. 이 경우, 조세정치는 정치적 경쟁 및 정파성에 의해 움직이는 정치의 영역과 집권정당이 수립한 조세전략에 의해 조세정책을 수립하는 영역을 포괄하게 된다. 집권정당의 선호는 조세정책이 집행되는 과정에서 형성되는 복지 레짐을 결정하고, 이 레짐에 대한 피드백이 선거를 통해 조세정치에 투입되는 환원구조를 이룬다.[33] 그러나 사회주의 국가의 조세정치는 다당제 경쟁구조에 의해 작동하지 않아, 지배자의 담론생산 및 유통 과정에서 유추할 수밖에 없다.

한편 세입창출은 단지 세금의 부과 및 징수에 한정되지 않는다. 지배자

---

32) Hilary Appel(2011), *Tax Politics in Eastern Europe: Globalization, Regional Integration, and the Democratic Compromise*(Ann Arbor: University of Michigan Press), e-book location 309 of 4440.

33) 은민수(2012), 「복지국가의 조세정치: 영국과 스웨덴의 조세개혁을 중심으로」, 『사회복지정책』 제39권 제2호, 125-155쪽.

가 구성원을 수탈하는 방법은 다양하다. 지배자는 구성원들의 소득에서 일정 부분을 취할 수도 있고(소득세), 구성원들의 지출에 자신의 수입을 얹을 수도 있으며(거래세), 구성원들의 투자에 제약을 부과하거나(공채), 구성원들 대신 소유자-겸-경영자가 되어 소득 전체를 오롯이 자기 것으로 가져갈 수도 있다(이익공제금). 이러한 점에서 지배자의 세입창출 능력은 세금징수능력의 문제로 축소시킬 수 없다.[34]

물론 세금 그 자체도 중요하다. 국가예산에서 차지하는 비중이 아무리 낮다 하더라도 세금 수입을 다른 세원으로 대체한다는 것은 손쉬운 과업이 아니다. 간단히 말해, 세금이 없는 나라에는 '세금이 없거나, 모든 것이 세금이거나'로 볼 수 있다. 하지만 그렇게 해서는 소련의 실패를 설명할 수 없다. 김일성은 1974년 세금 폐지를 달성했지만, 흐루쇼프는 세금 폐지를 공언한 다음 해인 1961년 재정성의 반대에 밀려 스스로 실패를 인정했다.[35] 국가의 수입은 제로섬이 아니어서, 총량적으로 소득세의 비중을 거래세로 이전하면 세금제도가 자연히 폐지되는 것은 아니다.[36] 이 성공과 실패의 차이는 대체 세원을 어떻게 확보하는가, 그리고 세원의 파이를 어떻게 키워나가는가에 달려 있다. 지배자에게는 세입구성(revenue mix)의 비율을 조정하면서도, 구성원의 불만이 저항으로 터져 나올만한 한계선 직전에서 멈

---

34) 본 연구에서는 소득세, 거래세, 공채, 이익공제금 등을 세입에 해당되는 모든 부분을 영구세 또는 임시세의 형태로 분류해 조세로 간주하고 있다.

35) 1961년은 농업개혁의 잇단 실패, 인플레이션 압력 등으로 소련 정부의 재정이 지극히 취약한 상태였다. 1959년 제21차 당대회이래 진행된 흐루쇼프 개혁에 대한 피로감이 최고조에 달한 것은 그 1년 후인 1962년이다. "갖은 불만 내용 중에서도 식료품의 공급 및 가격 문제가 늘 전면에 나타났는데, 1962년 여름 상당수의 도시에 불어 닥쳤던 소요사태도 같은 원인에서 발생된 것으로서 정부가 육류와 낙농품의 가격을 단번에 3분의 1 가량 인상했던 것이 계기가 됐었다". 제프리 호스킹(1990), 김영석 옮김, 『소련사』(서울: 홍익사), 382쪽.

36) 흐루쇼프의 1960년 소득세 폐지 연설이 나왔을 때, 영미권의 학자들은 소련이 소득세를 철폐한다 하더라도 이 같은 맥락에서 눈속임에 불과하게 될 뿐이라고 비판했다. Leon M. Herman(1962), "Taxes and the Soviet Citizen", pp. 176-188.

추어 가면서 세원기반을 늘려 나갈 수 있는 판단력이 필요하다.

그러나 그렇다고 해서 세입창출의 문제를 지배자 개인의 능력 문제로 환원시킬 수는 없다. 지배자가 만드는 제도는 지배자가 존재하기 훨씬 전부터 존재한, 과거로부터의 경험이 만든다. 또는 이식된 외부의 경험이 만든다. 하지만 이것은 1대1의 대응관계가 아니다. 레닌기의 산업진흥채권은 1700년에 시작해 제정 러시아에서 선풍적인 인기를 끌었던 복권제도가 대기근에 시달린 소련 실정에 맞게 1927년 변환된 것이고, 다시 북한에 이식되어 1950년 인민경제발전채권이 되었다. 소련에서 3년밖에 실시되지 않은 농업현물세는 쌀로 소작료를 납부하던 것에 익숙했던 북한에 도입되어 1956년 철폐될 때까지 10년간 존속했다. 지배자는 자신이 속한 국가 또는 모델로 삼은 국가의 경험에 구애되지만, 그 가운데에서도 자율성을 행사한다.

리비(M. Levi)는 정치학의 영역에서 세입창출과 국가의 관계를 연구하는 드문 연구자이다. 리비가 1988년 출간한『지배와 세입(Of Rule and Revenue)』은 "경제학과 세법의 분야의 광범한 문헌과는 대조적으로 공백 상태로 남아있던, 국가의 발전 및 정책수단 집행의 영역에서 조세가 담당하는 역할에 대한 이론화 작업을 수행한 의미 있는 연구물"로 평가된다.[37)]

한편 리비의 지배자와 세입의 관계 연구에 대해, 세출을 배제한 세입의 연구가 가지는 한계를 지적하는 시각도 존재한다. 즉, 리비 모델은 세출에 대한 고려 없이 합리적 선택 이론에서 출발해 지배자의 세입창출을 제약하는 구조적 요인에 대한 분석으로 귀착하고 있다는 것이다.[38)] 이 점에서 리비의

---

37) 서평에 함께 다루어진 R. Rose and T. Karan(1987)의 논문 *Taxation by Political Inertia: Financing the Growth of Government in Britain*(London: Allen & Unwin)은 "조세를 정치문제로 간주하고 조세정책을 정치문제를 해결하기 위한 정치인의 해법으로 이해해야 한다"는 관점 아래서 영국의 조세사를 기술했다. James L. Curtis(1989), "Of Rule and Revenue by Margaret Levi; Taxation by Political Inertia: Financing the Growth of Government in Britain by Richard Rose; Terrence Karran. Review by James L. Curtis", *American Political Science Review*, vol. 83, no. 4, pp. 1424-1426.

연구는 본 연구에 부분적으로 반영된 틸리(C. Tilly)의 국가론과 구별된다.[39]

본 연구가 채용한 리비의 이론에 의하면 "한 국가의 세입창출 역사는 그 국가의 진화의 역사"이다. 국가는 규모, 기능, 조직에 있어 여러 차례 변화를 겪은 복합적 기관으로, 국가의 특성은 영토가 한정되고 사회적 삶의 주요 측면들을 중앙에서 규제한다는데 있다. 모든 국가는 재산권, 그리고 징세권을 포함하는 공식적 규칙을 시행 및 강제한다.[40]

여기서 국가 연구의 출발점은 지배자가 된다. 지배자는 "지배하는 자, 즉 국가기구의 정점에 서서 그 정치체(polity)에 영향을 미치고 국가의 공공재 공급에 영향을 미치는 정책과 규정을 집행하는 자"로 정의된다. 리비는 연구자가 지배자에서 출발할 때 지배자가 "단지 특정 사회 구조물의 대리인이 아니라, 여러 대안 사이에서 선택하는 행위자임"을 강조할 수 있다고 주장한다.[41]

---

38) "합리적 선택 이론은 사회적 구조물의 대리자(agent) 역할을 수행하는 구조주의적 맑스주의적 모델(structural Marxist models)의 행위자와 비교할 때 행위자(이 경우 지배자)들에게 더 많은 자율성을 부과한다고 주장한다. 그러나 리비의 행위자들이 구조의 포로가 아니라면, 자기이익의 포로로 해석할 수밖에 없다". Samir Soliman(2011), *The Autumn of Dictatorship: Fiscal Crisis and Political Change in Egypt under Mubarak*(Stanford: Stanford University Press), pp. 4-7.

39) 틸리가 편집한 『서유럽의 국민국가 형성』에 조세부문 저자로 참여한 브라운(R. Braun)은 세입과 세출의 관계를 다음과 같이 해석했다. "새로운 세금을 신설하거나 낡은 부과금을 세금의 형태로 전환시키는 권리를 확보하기 위한 투쟁은 그 세입의 지출 대상을 결정할 권리 및 분배 방식을 통제할 권리와 긴밀하게 연계되어 있다. 세입의 배분과 관련된 이 같은 측면은 우리가 지출 측면에 대한 고려 없이 조세의 문제를 고민할 수 없다는 점을 시사한다". Rudolf Braun(1975), "Taxation in Britain and Prussia", in Charles Tilly ed., *The Formation of National States in Western Europe*(Princeton: Princeton University Press), p. 245.

40) Margaret Levi(1988), *Of Rule and Revenue*(Berkeley: University of California Press), pp. 1-3.

41) 위의 책, 2쪽. 리비 모델이 행위자를 중심에 세우고 있다는 점은 대단히 중요하다. 식민, 유격근거지, 점령, 소련형 조세제도 등의 요인이 환경으로서 지배자를 통과하고 지배자가 결정을 하는 방식이기 때문이다. 따라서 리비에게 있어 지배자가 가장 중요하며, 리비 모델은 지배자가 선택을 내릴 때 세가지 요소가 작동을 하는 방식으로 설계되어 있다.

나아가 지배자는 "국가 기구의 CEO 역할을 수행하는 행위자들 또는 일단의 행위자들"로 정의된다. 지배자의 자격은 정부의 외부에서 영향력을 행사하는 것이 아닌 실제로 참여해 정부의 통제권을 보유하고 있을 때 충족된다.[42] 리비가 지배자를 강조하는 것은 국가제도에서 출발하지 않기 위해서이고, 지배자는 행위자들 또는 행위자들의 집합이라는 점을 주목하기 위해서이다. 한 국가의 지배자는 세입을 통해 국가기구를 정교하게 설계하고, 국가기구의 영역에 더 많은 사람들을 끌어들이고, 국가를 통해 제공하는 집합재의 숫자 및 종류를 늘릴 수 있다.[43]

이 연구에 적용된 약탈자 지배 이론의 주요 시사점은 "지배자는 협상력을 높이는 구조를 고안, 공식화하고, 이를 통해 자신의 거래 비용과 할인율을 낮추어 정치 거래가 주는 이익을 포착 하고 있다"는 것이다. 지배자들은 지배계급의 이익 또는 일반 복리와 중복될 수도 있지만 반드시 일치할 필요는 없는 자신의 이익을 도모하는데 가장 효율적인 제도를 설계하는데, 더 구체적으로 말해 주어진 제약 요인의 범위 안에서 국가의 세입을 극대화할 수 있는 세입창출 정책을 설계한다. 그러나 상대적 가격이 바뀌면 거래 활성화를 가능하게 했던 제도가 거래를 방해하거나 수익을 낮추게 될 수도 있다. 그렇게 되면 지배자들은 국가 구조를 재설계하고 국가 정책을 새롭게 입안하게 된다.[44]

따라서 지배자의 세입창출능력을 저해하는 제약요인이 바뀌면 세입창출 정책이 바뀌게 된다. 이들 제약요인은 크게 3가지로 구분된다.

첫째, 지배자의 상대적 협상력(相對的 協商力, relative bargaining power)

42) Kanchan Chandara(2008), "Ethnic Invention: A New Principle for Institutional Design in Divided Democracies", in Margaret Levi, James Johnson, Jack Knight, and Susan Stokes eds., *Designing Democratic Government: Making Institutions Work*(New York: Russel Sage Foundation), p. 94.

43) Levi(1988), *Of Rule and Revenue*, p. 2.

44) 위의 책, 16쪽.

이다. 강제적, 경제적, 정치적 재원의 통제 정도가 지배자가 가지는 상대적 협상력의 크기를 결정한다. 지배자는 모든 자원의 거래에서 자신이 당사자가 되거나, 경쟁자를 제거하는 방식으로 자원 공급의 통제권을 확보하기 위해 노력할 것이다. 지배자는 때때로 협상력과 거래비용을 상쇄시키는 결정을 내리는데, 협상 자원을 동원하거나 강력한 동맹세력을 고립시킬 수 있을 때 낮은 거래비용으로 정책을 추진할 수 있다. 반대로, 지배자들은 자신이 의존해야 하는 구성원 또는 대리인을 실망시키지 않기 위해 높은 거래 비용을 감수할 수도 있다. 지배자는 세입 극대화를 추구하지만, 권력유지에 장애가 될 경우 최대 세입을 실현하는 정책을 택하지 않는다.[45]

둘째, 거래비용(去來費用, transaction cost)이다. 정책 합의의 도출비용 및 정책 집행비용이 거래비용의 크기를 결정한다. 거래비용은 코즈(R. Coase)에 의해 사용이 확산된 개념으로 (1) (대상에 대한) 가격을 결정하는 비용 및 (2) 협상과 계약 체결에 소요되는 비용으로 구성되어 있다.[46] 리비의 모델에서 거래 비용은 구성원의 납세 순응을 측정, 감시, 창조, 실행하는데 소요되는 제반 비용을 말한다. 지배자가 충족시켜야 할 요구가 늘어나면 거래 비용은 높아진다. 행정 경험 지식은 거래비용을 낮춘다. 통치자가 중재·협상·충족해야 할 요구가 늘어나면 거래 비용은 높아진다.[47]

셋째, 할인율(割引率, discount rate)이다. 할인율은 의사결정권자의 시간 지평(時間地平, time horizon), 즉 앞으로 얼마간 더 통치 가능한가에 대한 지배자의 판단에 관련되어 있다. 지배자가 내리는 현재에 대한 미래의 가

---

45) 상대적 협상력은 경영학적 개념어로서, 가격민감도와 함께 구매자의 힘을 결정하는 2대 요소의 하나이다. Krishna G. Palepu, Paul M. Healy, Victor Lewis Bernard, and Erik Peek eds.(2007), *Business Analysis and Valuation*(London: Thomson Learning), p. 74; 위의 책, 17-23쪽.

46) Michael Dietrich(1997), *Transaction Cost Economics and Beyond: Towards a New Economics of the Firm*(New York: Routledge), p. 15.

47) Levi(1988), *Of Rule and Revenue*, pp. 23-30.

치평가가 할인율의 수준을 결정한다. 지배자가 미래를 안정적으로 평가할수록 할인율은 낮게 형성된다. 그러나 지배자가 (1) 미래의 지배를 낙관하지 않을수록, (2) 미래에 대한 정보가 부실할수록 할인율이 높아진다. 할인율이 낮으면 통치의 안정성이, 높으면 불안정성과 치열한 경쟁이 나타난다.[48]

한편 틸리는 지배자들이 사용하는 자본과 강압의 조합을 (1) 강압집약적 양식(coercion-intensive mode) (2) 자본집약적 양식(capital-intensive mode), (3) 자본화된 강압 양식(capitalized coercion mode)의 3개 유형으로 정의하고 있다. 이중 자본화된 강압 양식은 국민국가의 생성으로 이어졌다는 것인데, 이에 대한 설명은 다음과 같다. "자본과 강압을 쥐고 있는 사람들은 비교적 평등에 입각해서 상호 교섭했다. 프랑스와 잉글랜드는 점차 자본화된 강압 양식을 따랐으며 그 양식은 강압 집약적인 양식과 자본집약적인 양식보다 더 일찍 완전히 발전한 국민 국가들을 생성해 냈다". 틸리의 해석을 대입해 볼 때, 리비 모델은 통치자가 조세정치의 영역에서 자본과 강압을 조합하는 방식에 영향을 미치는 요소를 구조화 했다는 점에서 그 이론적 의의가 있다 하겠다.[49]

제3절_ 사회주의 체제의 시기구분과 리비 모델

리비의 연구가 포함시킨 사례는 BC 3세기의 고대 로마, 18세기의 프랑스, 18-19세기의 영국과 20세기의 호주이다. 리비는 이들 사례연구를 통해 18세기 프랑스에서 지배자(국왕)가 귀족과의 협상을 통해 국가조세제도를 수립하는 과정을 통해 지배자는 자신의 행동을 제약하는 결정적인 제약요인에

48) 위의 책, 32-37쪽.
49) 찰스 틸리(1994), 이향순 옮김, 『국민국가의 형성과 계보: 강압, 자본과 유럽국가의 발전』(서울: 학문과 사상사), 50쪽.

구애받는 가운데 세입을 극대화했다는 것을 논증하고, 조세징수 도급(租稅徵收 都給, tax farming)의 부상과 쇄락을 통해 국가의 제도가 생성, 유지되는 메커니즘을 조명하며, 영국에서의 세계 최초의 소득세 부과과정을 통해 국가 구조가 협상력, 거래비용, 할인율의 변화에 대응하여 진화하는 과정을 보여주고 있다.

리비의 세입창출 모델을 그림으로 축약해 보면 다음의 〈그림 2-1〉과 같다. 지배자는 상대적 협상력이 높으면서 거래비용과 할인율이 낮으면 세입 극대화 정책을 강행하고, 반대의 경우 세입 극대화 정책에서 한 발 물러서게 된다. 세입 극대화 정책의 실시는 구성원에게 불리한 제도로의 전환을, 유보 또는 철회는 유리한 제도로의 전환을 의미한다.

〈그림 2-1〉 리비의 세입창출 모델

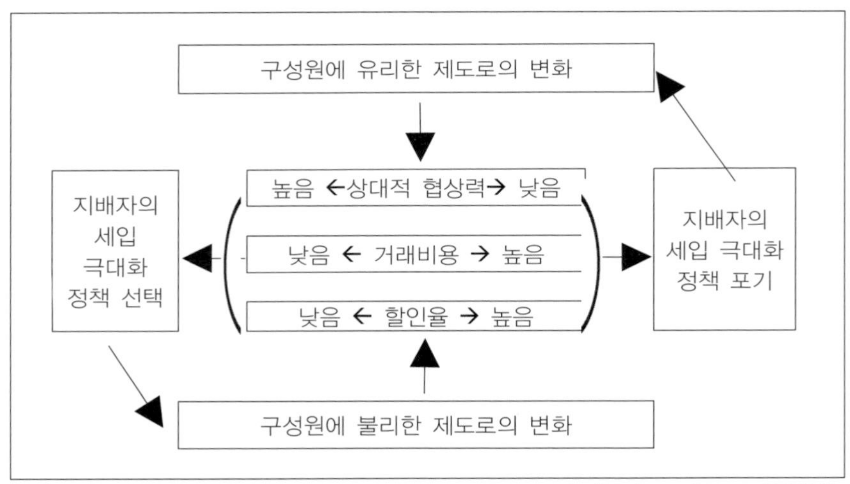

출처: Margaret Levi(1988), *Of Rule and Revenue*, pp. 10-17의 내용을 그림으로 재구성함.

리비는 자신의 연구를 점령지, 구 식민지, 또는 사회주의 국가를 대상으로 확대하지는 않았다. 하지만 리비는 자신의 모델이 "고대 중국에서 근대 서구사회를 망라하는" 모든 사회의 분석에 적용될 수 있다고 주장한 바 있다.[50] 리비 모델을 사회주의권으로 확장 가능한가에 대해서는 사회주의 국가들도 자본주의 국가들과 같은 유형의 국민국가에 분류할 수 있다고 주장한 틸리의 연구에서 시사점을 얻을 수 있을 것이다.[51]

리비 이론을 북한의 연구에 확장시키기 위해서 우선 연구기간 중 이질적 성격의 지배자 간의 '평화적인' 교체가 있었음에 주목해야 한다.[52] 북한의 지배자는 1948년 9월 건국을 기점으로 소련군에서 김일성으로 바뀌는데, 외세지배자에 해당하는 소련은 영토의 병합을 목적으로 하지 않는 일시적 점령자에 해당하기 때문에 지배자로서의 세입창출 제도 수립 및 실행에 있어서 일반적인 지배자와는 다른 행태를 보이게 된다.

소련으로부터 1948년 9월 통치권을 이양받아 북한을 지배한 김일성의 경

50) Levi(1988), *Of Rule and Revenue*, p. 5.

51) "사회주의 국가들은 보통 생산과 분배에 대해 한층 더 직접적이고 주도면밀한 통제권을 행사한다는 점에서 자본주의 국가들과 다르다. 그럼에도 불구하고 지나간 일천여년에 걸쳐서 유럽에 존재했던 국가들의 분포 범위를 비교해 보면 사회주의 국가들은 분명하게 자본주의적인 이웃 국가들과 같은 유형에 속한다. 사회주의 국가들도 역시 국민국가이다". 찰스 틸리(1994), 『국민국가의 형성과 계보』, 51쪽.

52) 지배자로서의 김일성의 부상 시기에 대해서는 다양한 견해가 존재한다. 시모토마이 노부오는 김일성이 임시인민위원장 취임을 통해 "북한에 대한 통제의 중심이 되었"으며 당-국가의 원형은 1946년 2월 개최된 조선공산당 북조선 분국의 제4차 확대집행위원회에서 만들어졌다고 평가한다. 시모토마이 노부오(2012), 이종국 옮김, 『모스크바와 김일성: 냉전기의 북한 1945-1961』(서울: 논형), 45쪽; 암스트롱은 북조선임시위원회의 등장으로 소련 민정은 "자문기구로 지위가 현저하게 축소"된 것으로 해석하고 있으며 이 시기 "일련의 상황에서 궁극적인 결정은 조선인이 담당했다"는 밴 리(E. Van Ree)의 견해에 동의한다. 찰스 암스트롱(2004), 김연철 · 이정우 옮김, 『북조선 탄생』(파주: 서해문집 2007), 119쪽; 서동만은 임시인민위원회 설립에 대해 남한의 통일전선체 건설 노력에 대응해 "일거에 통일전선체로서의 성격을 겸한 정권기관을 만들어 나"간 것이며, 김일성이 "임시인민위원회 수립을 통하여 서울중앙파를 '종파주의'라고 규정할 수 있을 정도로 당내 헤게모니를 굳혔다"고 해석하고 있다. 서동만(2011), 『북조선사회주의체제성립사 1945-1961』(서울: 선인), 139-144쪽; 백학순은 1945-1953년 기간을 파벌경쟁과 패권적 연합기간으로 규정하고, 이중 1945-1950년 기간에 대해서는 김일성이 오기섭, 박헌영, 조만식 등과 함께 '당-국가건설자'로서 "소련의 점령과 군정이라는 구조적 영향력과 결정력" 아래 놓여 낮은 자율성을 행사했다고 평가하고 있다. 백학순(2010), 『북한 권력의 역사: 사상 · 정체성 · 구조』(파주: 한울 아카데미), 92쪽.

우, 1945년 9월 19일 항일빨치산 동지들과 원산을 통해 귀국해 조선공산당 북조선분국의 책임자(1945. 10. 12), 북조선공산당 책임비서(1945. 12. 17)로 당권을 장악했으며, 조선신민당과의 합당으로 당수로서의 형식적 지위는 김두봉에게 내주었으나 북조선로동당 부위원장(1946. 8. 28) 직을 유지하며, '통일정부가 수립될 때까지의 일시적인 중앙주권기관'인 임시인민위원장(1946. 2. 8)과 '과도내각'이자 '북한의 첫 프롤레타리아 독재정권'인 인민위원회 위원장(1947. 2. 21)을 거쳐 내각 초대수상(1948. 9. 9)에 올랐다.

그 이래 김일성의 지배자로서의 성격은 (1) 1948-1950년 기간의 신 지배자, (2) 1950-1953년 기간의 점령자-지배자, (3) 1953-1961년 기간의 유일체제 구축기의 지배자, (4) 1961-1974년 기간의 유일체제 지배자로 구분할 수 있다. 김일성은 항일빨치산파를 대표하는 '집합적' 지배자의 지위에 올랐지만, 유일체제 구축기를 거쳐 1961년부터 '단독의' 지배자가 되었다.

한편, 북한의 지배자가 통치한 체제의 시기구분을 표로 정리하면 다음의 〈표 2-1〉과 같다. 북한정치경제사의 주요 분기점이 되는 당대회(슬로건 포함) 개최 및 경제계획 실시 연도를 회색으로 표시하고, 조선로동당 당사의 시기구분을 중심으로 북한 자료 및 연구자들의 시기구분을 연도별로 구분해 표시했다.

체제를 중심으로 한 시기의 구분에는 코르나이(J. Kornai)의 실증주의적 분석이 유용하다. 코르나이는 사회주의 체제를 (1) 혁명기-이행기 체제(revolutionary-transitional system), (2) 고전적 사회주의 체제(classical socialism), (3) 개혁 사회주의 체제 (reform socialism) 3가지 원형(prototype)으로 구분하고 있다. 한 체제는 반드시 순차적으로 다른 체제로 이행하는 것은 아니어서 역진, 속진 또는 비약이 가능하다.[53] 코르나이 분류를 구 소련과 북한의 시기구분에 적용하면 다음과 같으며, 이 중 북한의 세부적인 시기구분은 〈표 2-1〉에 포함된 당사의 분류에 따른 것이다.

---

53) Kornai(1992), *The Socialist System*, p. 21.

〈표 2-1〉 북한의 사회주의 건설 단계 시기구분, 1945-1974 (계속)

	45	6	7	8	9	50	1	2	3	4	5	6	7	8
당대회		1차		2차								3차		
	46.8 반제반봉건민주주의혁명			48.3 반제반봉건민주주의혁명							56.4 전국적 반제반봉건민주주의혁명			
경제계획			47	48	49-50					54-56		57-61		
당사 (1979)	45.8-47.2 공산당의 창건과 근로인민의 대중적당, 로동당으로의 발전. 반제반봉건민주주의혁명과업 수행을 위한 당의 투쟁		47.2-50.6 북반부에서 사회주의혁명단계로의 이행 인민경제의 부흥발전과 조국의 자주적평화통일을 위한 당의 투쟁 당의 령도적 기능의 확대강화			50.6-53.7 조국해방전쟁승리를 위한 투쟁 당대렬의 확대와 당의 조직사상적 강화			53.7-60 전후인민경제복구발전과 사회주의 기초 건설을 위한 당의 투쟁 력사적으로 내려오던 종파의 분쇄					
당사 (1991)	45.8-47.2 주체형의 혁명적당 공산당의 창건과 근로인민의 대중적당, 로동당으로의 발전 반제반봉건민주주의혁명과업 수행을 위한 당의 투쟁		47.2-50.6 북반부에서 사회주의혁명단계로의 이행. 인민경제의 부흥발전과 조국의 자주적평화통일을 위한 당의 투쟁. 당의 질적공고화와 당의 영도적 기능의 강화			50.6-53.7 조국해방전쟁승리를 위한 당의 투쟁, 당대렬의 확대와 당의 조직사상적강화			53.7-60 전후인민경제복구발전과 사회주의 기초 건설을 위한 당의 투쟁 력사적으로 내려오던 종파의 청산					
당사 (2004)	45.8-47.2. 상동		47.2-50.6 사회주의에로의 과도기 첫시기 과업수행과 조국의 자주적평화통일을 위한 당의 투쟁, 장의 질적공고화			50.6-53.7 상동			53.7-60 전후인민경제복구발전과 사회주의기초건설을 위한 당의 투쟁 당사업에서 주체 확립, 력사적으로 내려오던 종파의 청산					
심지연	45-46 반제반봉건 민주주의 혁명 단계		47-53 사회주의 과도기 단계						53-61사회주의 기초 건설 단계					
서동만	45-46 해방과 인민위		46-50 인민민주주의국가 수립과 당=국가			50-53 6.25전쟁과 전시체제			53-58 전후경제복구건설과 사회주의적 개조					
타카세키요시 (高瀨淨)	45-56 사회주의의 계획적 발전											57-61 제1차 5개년계획		
		47-49 국민경제계획 도입								54-56 경제부흥3개년계획				
백학순	45-53 파벌 경쟁과 패권적 연합								53-58 8월종파사건과 반종파투쟁					
이종석	45.8-47.2 반제반봉건 혁명시기		47.2-53.7 프롤레타리아 독재정권 성립과 한국전쟁						53.7-61.9 전후복구 건설과 반종파투쟁					
	지도체계 기준) 45-50 정치연합					50-56.2 단일지도체계 지향 시기					56-60 사이비 집단지도 체계			
	경제발전단계) 45-47.2 반봉건적 요소의 퇴치와 반사회주의적 경제형태로의 전환 시기		47-49 계획경제의 도입 시기			50-53 전시산업체제 시기			53-60 전후복구건설시기					

자료: 당사의 비교를 위해 주제어를 강조함. 고뢰정(高瀨淨) 지음, 이남현 옮김, 『북한경제입문』(서울: 청년사, 1988); 백학순, 『북한 권력의 역사』; 서동만, 『북조선사회주의체제성립사 1945-1961』; 심지연, "북한연구에 대한 역사적 접근," 경남대학교 북한대학원 엮음, 『북한연구방법론』(파주: 도서출판 한울, 2003); 이종석, 『현대북한의 이해』(서울: 역사비평사, 2000); (계속)

〈표 2-1〉 북한의 사회주의 건설 단계 시기구분, 1945-1974

<table>
<tr><td></td><td>59</td><td>60</td><td>1</td><td>2</td><td>3</td><td>4</td><td>5</td><td>6</td><td>7</td><td>8</td><td>9</td><td>70</td><td>1</td><td>2</td><td>3</td><td>4</td></tr>
<tr><td rowspan="2">당대회</td><td></td><td></td><td>4차</td><td></td><td></td><td></td><td></td><td></td><td></td><td></td><td></td><td>5차</td><td></td><td></td><td></td><td></td></tr>
<tr><td colspan="2"></td><td colspan="9">61.9 승리자 대회, 반종파투쟁, 사회주의적 개조 총결</td><td colspan="5">70.11 사회주의 공업국가 선포</td></tr>
<tr><td>경제 계획</td><td colspan="2"></td><td colspan="7">61-67</td><td colspan="3">67-70 (3년연장)</td><td colspan="4">71-76</td></tr>
<tr><td>당사 (1979)</td><td colspan="2"></td><td colspan="9">61-70 사회주의의 전면적 건설 단계에로의 이행, 나라의 공업화를 실현하며 온 사회의 혁명화, 로동계급화를 다그치기 위한 당의 투쟁, 유일한 주체의 사상체계에 기초한 당의 통일단결의 빛나는 실현</td><td colspan="5">70- 사상, 기술, 문화의 3대혁명을 추진하여 온 사회의 주체사상화를 다그치며 혁명의 전국적승리를 앞당기기 위한 당의 투쟁. 당사업에서의 새로운 전환.</td></tr>
<tr><td>당사 (1991)</td><td colspan="2"></td><td colspan="9">61-70 사회주의의 전면적 건설에로의 이행, 나라의 공업화를 실현하며 온 사회의 혁명화, 로동계급화를 다그치기 위한 당의 투쟁, 당의 유일사상체계의 확립</td><td colspan="5">70- 온 사회의 주체사상화의 기치밑에 사상, 기술, 문화의 3대혁명을 다그치기 위한 당의 투쟁, 주체위업계승문제의 빛나는 해결, 당사업의 획기적 발전</td></tr>
<tr><td rowspan="2">당사 (2004)</td><td colspan="2" rowspan="2"></td><td colspan="9" rowspan="2">61.1-70.11 사회주의의 전면적 건설에로의 이행, 나라의 공업화를 실현하기 위한 당의 투쟁, 당의 유일사상체계 확립</td><td colspan="5">70.11-74.2 사상, 기술, 문화의 3대혁명을 다그치기 위한 당의 투쟁, 당사업의 참신한 발전</td></tr>
<tr><td colspan="5">74.2- 당의 령도계승문제의 빛나는 해결, 당사업에서의 일대전환을 일으키기 위한 투쟁</td></tr>
<tr><td>심지연</td><td colspan="2"></td><td colspan="9">61-70
사회주의의 전면적 건설 단계</td><td colspan="5">70-
사회주의 완전 승리를 위한 투쟁단계</td></tr>
<tr><td>서동만</td><td colspan="2"></td><td colspan="14">61- 고전적 사회주의 체제</td></tr>
<tr><td>타카세 키요시 (高瀨淨)</td><td colspan="2"></td><td colspan="10">61-70 7개년계획 시기 (3년 연장 포함)</td><td colspan="4">71-76 6개년계획</td></tr>
<tr><td>백학순</td><td colspan="16">58- 단일지도체계, 유일사상체계</td></tr>
<tr><td rowspan="3">이종석</td><td colspan="2"></td><td colspan="9">61.9-70.11
주체, 자립의 고창과 유일체제의 대두</td><td colspan="5">70.11-
김정일 후계체제의 등장</td></tr>
<tr><td colspan="2"></td><td colspan="6">61-67 단일지도체계</td><td colspan="8">67- 유일지도체계</td></tr>
<tr><td></td><td colspan="15">60- 자립적 민족경제노선추구 시기</td></tr>
</table>

출처: 이종석(2000), 『현대북한의 이해』; 조선로동당 중앙위원회 당력사연구소 엮음(1979), 『조선로동당략사』; 조선로동당 중앙위원회 당력사연구소 엮음(1991), 『조선로동당력사』; 조선로동당 중앙위원회 당력사연구소 엮음(2006), 『조선로동당력사』; 통일문제연구소 엮음(1989), 『북한경제자료집』.

〈표 2-2〉 소련(1917-1974)과 북한(1945-1974)의 사회주의 체제 시기구분

시기구분	소련		북한	
(1) 혁명기 - 이행기	1918-1921	전시공산주의	1945-1961	1945-1947 반제반봉건민주주의혁명 수행 1947-1950 사회주의 혁명단계로의 이행 1950-1953 전쟁 승리를 위한 투쟁 1953-1960 사회주의 혁명기
(2) 고전적 사회주의	1928-1953	스탈린 집권기	1961-1974	1961-1970 사회주의의 전면적 건설 1970- 3대혁명 추진
	1964-1974	브레즈네프 집권기		
(3) 개혁 사회주의	1921-1928	신경제정책		
	1953-1964	흐루쇼프 집권기		

출처: Kornai(1992), *The Socialist System*, 21쪽과 조선로동당 중앙위원회 당력사연구소 엮음(1991), 『조선로동당력사』(평양: 조선로동당출판사), 1-13쪽의 내용을 표로 재구성함.

맑스-레닌의 조세 구상은 사회주의 조세제도의 이념형(ideal type)에, 코르나이 분류의 고전적 사회주의 체제에서의 조세제도는 현실태(real type)에 해당한다. 코르나이는 고전적 사회주의 체제의 주요 속성을 구 소련의 사회-정치-경제 체제에서 찾고 있으며, 구체적으로 스탈린(J. Stalin) 집권기인 1928-1953년의 초 · 중 · 후반과 브레즈네프(L. Brezhnev) 집권기인 1964-1984년 전 기간에서 공통되는 요소로 규정하고, 이 중 브레즈네프 기간은 흐루쇼프(N. Khrushchev)의 개혁을 무위로 돌리고 스탈린 체제로 회귀한 기간으로 평가되고 있다. 따라서 1917-1974 기간 중 브레즈네프 기간을 제외한 전 기간에 대한 소련 조세제도의 특성은 코르나이의 구분에 의해 3개 기간으로 나누어 다음과 같이 정리할 수 있다.

〈표 2-3〉 **소련 조세제도의 특성**, 1917-1953

<table>
<tr><th colspan="3" rowspan="2">시기구분</th><th colspan="2">레닌 시기</th><th>스탈린 시기</th></tr>
<tr><th>1917-1922
혁명기-이행기</th><th>1922-1928
개혁기</th><th>1928-1953
고전적 사회주의 체제</th></tr>
<tr><td colspan="3">조세제도</td><td>복세제도</td><td>복세제도</td><td>단세제도</td></tr>
<tr><td colspan="3">지방의 과세권</td><td>O</td><td>O</td><td>X</td></tr>
<tr><td colspan="3">징세기구</td><td>지방 소비에트</td><td>국영은행</td><td>국영은행</td></tr>
<tr><td rowspan="5">조세수입</td><td rowspan="3">주민세금</td><td>소득세</td><td>도시민: 소득세
농민: 농업세</td><td>도시민: 소득세
농민: 농업현물세</td><td>도시민: 소득세
농민: 농업세</td></tr>
<tr><td>재산세</td><td>O</td><td>O</td><td>X</td></tr>
<tr><td>소비세</td><td>O</td><td>O</td><td>X</td></tr>
<tr><td rowspan="2">사회주의 경리부문</td><td>이익공제금</td><td>X</td><td>X</td><td>O</td></tr>
<tr><td>거래세</td><td>X</td><td>X</td><td>O</td></tr>
<tr><td rowspan="2">세외부담</td><td colspan="2">인민공채</td><td>O</td><td>O</td><td>O</td></tr>
<tr><td colspan="2">강제저축</td><td>O</td><td>O</td><td>O</td></tr>
</table>

요약하면, 고전적 사회주의 체제, 즉 스탈린 시기의 초·중·후반기에 공통적으로 발견되는 조세제도의 특성은 (1) 조세수입의 전부를 하나의 세목에 의해서 징수하는 단세제도를 채택하고 있으며, (2) 지방정부의 과세권을 인정하지 않고, (3) 국유산업의 이익을 직접 수취하며, (4) 주민세금 및 사회주의 경리수입을 국영은행을 통해 징수하고, (5) 인민공채·강제저축 등의 세외 수단을 사용해 납세부담을 조정하는 것이다.

마지막으로, 코르나이의 체제 구분을 바탕으로 리비 모델을 적용해 북한의 조세정치를 분석하기 위해서는 점령자-지배자의 특수한 지위를 반영한 리비 모델의 수정이 필요하다. 거액의 주둔비 지출을 요하는 지배자(소련군)는 김일성을 통해 납세자와 협상했다.[54] 점령군은 주둔에 소요되는 비

54) 리비는 국가재정의 양면인 세입과 세출을 모두 다루는 대신 지배자의 세입만을

용을 '가능한대로(as far as is possible)' 점령지에서 조달하는 것이 원칙이다.[55] 일반적인 경우 점령군의 주요 수입은 조세수입과 부과금이 되겠지만 소련군의 점령 기간에 비해 지배자로서의 기간이 짧아 조세수입을 조성하고 활용할 입장에 있지 않았다. 소련군은 대량의 금을 약탈하고 군표를 발행해 군비의 상당 부분을 조달했다.[56] 이 중 점령군의 군표 발행은 점령지의 경제에 미치는 부정적인 영향에도 불구하고 일반적으로 실시되는 조치이다.[57] 화폐개혁을 통해 흡수된 군표는 정부계정의 대변과 차변 중 후자에 해당해 지배자의 세입에 마이너스 효과를 미쳤을 것이다. 따라서 본 연구는 리비의 세입모델을 북한에 적용하되 4장의 '지배자의 협상력과 조세' 절에서 군표 문제를 추가하여 검토할 것이다.

점령지-구 식민지의 조세제도 수립에 있어, 점령자-지배자가 가지는 상대적 협상력이 높고 거래비용과 할인율이 낮은 경우 점령자-지배자는 국가건설 의지가 고양되어 자신의 제도를 이식한 신 조세제도를 수립할 가능성이 높다. 반대로 점령자-지배자가 가지는 상대적 협상력이 낮고 거래비용과 할인율이 높을 경우, 점령자-지배자는 현상유지 의지가 강화되어 구 식민지

연구 대상으로 삼았다. 리비가 검토한 국가들의 지배자들이 자신의 정책을 실현하기 위한 수단으로 세입을 일으켰다면, 북한 지역의 점령자인 소련군은 정책 실현과 더불어 점령군의 주둔비용을 마련하기 위한 재원이 필요했다.

55) '가능한대로(as far as is possible)'는 국제법적으로 허용된 범위 내에서 조달하는 것을 의미한다. "만약 점령지에서 점령군이 국가의 이익을 위해 세금 및 부과금을 징수하고자 한다면 기존의 세액결정규칙에 따라 가능한 범위에서 징수하고 합법적인 정부가 제약받는 범위 내에서 점령지의 행정 비용 지출에 사용할 수 있다(헤이그 제협약 제48조)". U.S. Department of Army(1934), *FM 27-10*(Washington D.C.: U.S. Government Printing Office), p. 73.

56) 소련군이 약탈한 금은 주둔비용 충당 목적의 징발이 아닌 전리품(war booty)의 취득으로 분류해야 할 것이다. 동유럽에서도 유사한 약탈행위가 있었다. 소련군이 반출한 금속의 목록 및 규모는 다음을 참조하라. 기무라 미쓰히코 · 아베 게이지(2009), 차문석 · 박정진 옮김, 『전쟁이 만든 나라, 북한의 군사공업화』(서울: 도서출판 미지북스), 226-228쪽.

57) 전후의 오스트리아 · 이탈리아 · 독일 · 일본 오키나와 지역과 남한에서도 미군 그리고/또는 소련군의 군표가 발행되었다.

의 제도를 유지할 가능성이 높다. 그리고 이 과정을 반복해 수립되는 새로운 조세제도는 탈식민적 성격, 즉 '~이후에 오는(coming after)'라는 의미의 성격과 '~를 넘어서는(going beyond)'의 극복이라는 의미의 성격을 모두 담게 될 것이다.

리비의 모델을 국가건설기의 북한에 맞추어 변용, 그림으로 축약해 보면 다음의 〈그림 2-2〉과 같다. 단, 〈그림 2-2〉는 점령지의 특수성을 반영한 것이고, 북한 건국 이후의 기간에 대해서는 〈그림 2-3〉, 〈그림 2-4〉와 〈그림 2-5〉를 사용할 것이다. 본 연구는 북한 조세제도의 형성과 폐지의 과정을 통해 세입 극대화 추구자인 지배자의 세입창출 제도를 고찰한다는 점에서 리비 이론의 확장을 시도한다.

〈그림 2-2〉 점령지 북한의 세입창출 모델

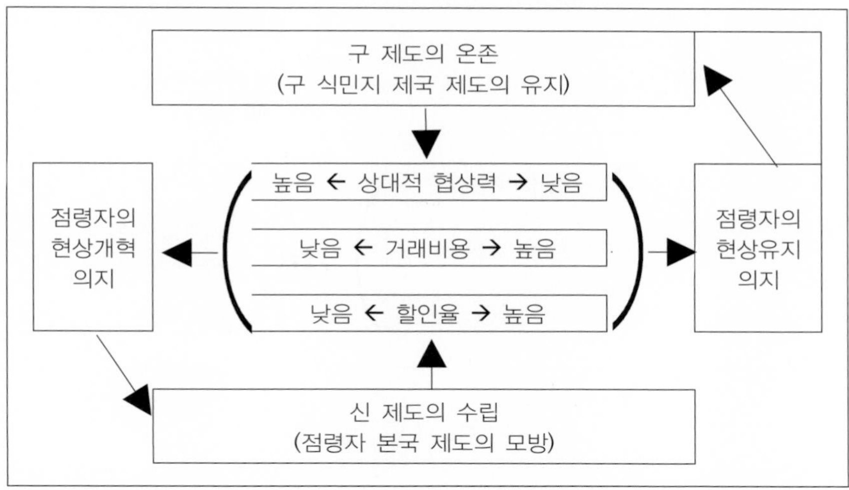

출처: Levi(1988), *Of Rule and Revenue*, pp. 10-17의 내용을 점령지를 대상으로 수정해 그림으로 재구성함.

〈그림 2-3〉 민주개혁 지향의 세입창출 모델

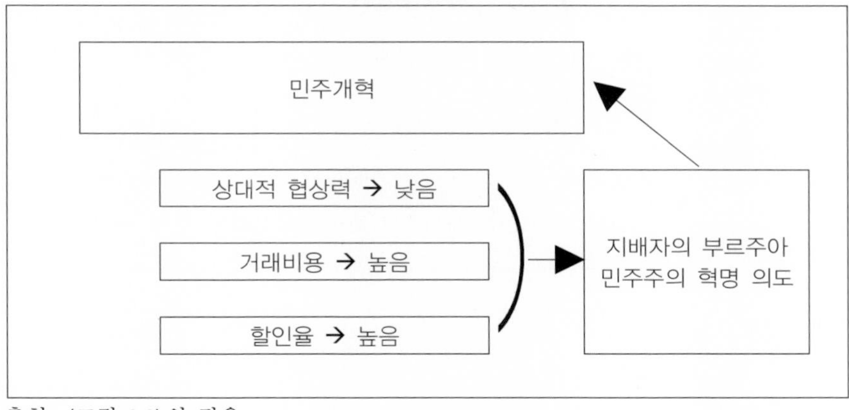

출처: 〈그림 2-2〉와 같음.

〈그림 2-4〉 농업현물세 중시의 세입창출 모델

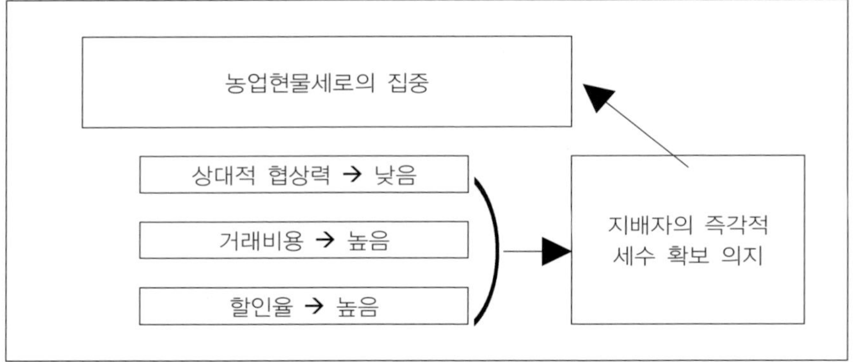

출처: 〈그림 2-2〉와 같음.

〈그림 2-5〉 고전적 사회주의 체제 지향의 세입창출 모델

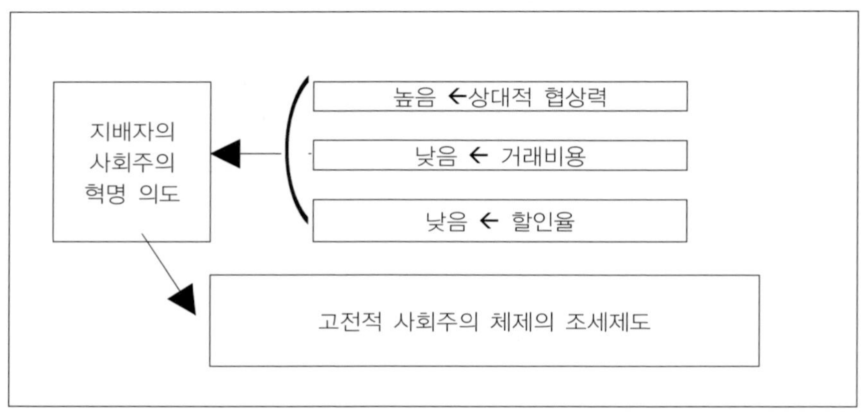

출처: 〈그림 2-2〉와 같음.

—

제3장

식민지의 유산과 소련형 사회주의 조세제도

—

대한제국의 멸망과 북한의 건국 사이에 한반도 이북지역에 주둔한 외국군으로는 일제 기간의 조선군과 해방공간의 소련군이 있다. 이중 1919년에 조직되어 1945년 8월까지 주둔한 조선군은 영토 병합이 완료된 식민지의 주둔군이었다는 점에서 소련군만이 점령군에 해당한다.

진주 당시 소련군이 점령군으로서의 조직구조(형식)를 갖추지 않았고 조선에서 해방군을 자임했다는 점에서, 38선의 획정으로 소련군이 주둔하게 된 '해방공간' 전 기간을 군사점령의 기간으로 간주할 수 있을 것인가에 관해서는 다양한 해석이 존재한다.[1] 김광운은 소련군이 비록 '소군정'의 형식

1) 해방공간의 북한에 대해, 당시 '북조선'으로 알려졌고, 이후 사학계에서 정확성을 추구하기 위해 '38선 이북' 등의 지칭되는 경우가 있지만 일반적으로는 건국 후의 명칭인 '북한'으로 통칭하는 것과 마찬가지로, 북한지역 주둔 소련군에 대해서는 여러 방식의 명칭이 존재한다. 서동만의 경우 소군정이라는 표현을 쓰지 않은 것은 아니지만 대체로 '소련군사령부'로 용어를 통일시키는 경향을 보인다. 공동연

은 아니었지만 "지휘 체계 내에서 나름대로 북한 정치에 개입하고 영향을 미칠 수 있는 기구들을 마련해놓고 있었으며, 일정 기간 최고위 수준에서 소련의 정책목표를 북한에서 관철시킬 수 있는 조직과 기구를 유지"했다고 해석하고 있다.[2)]

일방적으로 진주했고 전지역 점령을 완수했으며 자의로 주둔과 철군을 결정했다는 점에서 소련군에게는 군정당국까지는 아니겠지만 점령자(occupier)로서의 지위는 성립한다 하겠다.

점령자는 현지세력에 지위를 이양·반환하기 전까지 지배자의 위치에 선다. 그런 의미에서 소련군은 해방 직후 북한의 점령자-지배자이다. 점령지에서의 점령자-지배자의 새로운 조세제도 연구를 위해서는 점령지의 기존제도와 점령자의 조세제도 검토가 필요하다. 만약 점령자-지배자인 소련군이 북한 주민에 대한 높은 수준의 상대적 협상력을 보유한 상태에서 충분한 기간을 두고 낮은 거래비용 및 할인율을 적용시킬 수 있었다면, 소련군은 소련의 제도를 그대로 이식한 새로운 제도를 북한에 수립했을 것이다. 그러나 지배자로서의 짧은 기간 동안 소련군은 자국의 조세제도를 북한에 그대로 이식할 수 있는 여건에 있지 않았다. 따라서 '인민전선정부 수립노선' 아래 북한에서의 '부르주아민주주의정권 확립의 방조'를 목표로 했던 소

구의 저자들에게 있어서도 소련군의 지위에 대한 표현은 상이하다. 예컨대 해방3년사를 다룬 공동연구에서 이정식은 소련군을 소련군정(15쪽)으로, 심지연은 소련군(100쪽)으로, 한용원은 소련 군정당국(155쪽) 및 소민정(176쪽)으로, 이철순은 소군정(295쪽)으로 각각 표기하고 있다. 이철순 엮음(2010),『남북한 정부수립 과정 비교, 1945-1948』(고양: 도서출판 인간사랑); 명시적으로 '군정'을 강조하는 경우도 있다. 김학준은 소련군의 점령을 3기, 즉 (1) 1945. 8-1946. 1 기간의 소련점령군-민족주의자-공산주의자 간의 '순수형 연립,' (2) 1946. 1-1947. 2 기간의 소련점령군-공산주의자 간의 '사이비형 연립,' 그리고 (3) 1947. 2-1948. 9 기간의 소련점령군-북조선인민위원회 간의 '공산당 단독정권'으로 구분하고 있다. 김학준(2008),『북한의 역사, 제2권: 미소냉전과 소련군정 아래서의 조선민주주의 인민공화국 건국, 1946년 1월-1948년 9월』(서울: 서울대학교 출판부), xxiii-xxiv쪽.

2) 김광운(2003),『북한정치사연구 I』, 56쪽.

련군은 일제제도에서 파시즘적 요소를 가능한대로 탈각(脫却)시키고 운영하는 방침을 취했다.[3)]

이 장에서는 소련군과 북한의 새로운 지배자가 어떠한 조세제도를 수립하게 되었는가를 파악하기 위해, 소련군이 인수한 제도, 즉 2차대전에의 동원을 목표로 최적화된 조선총독부 전시세제의 특성과 소련군에게 비교의 준거가 되는 소련 본국의 조세제도를 개관한다. 우선 제1절에서는 국제법을 중심으로 소련의 점령 기간(1945.8-1948.12) 중의 점령군 조세제도 문제를 개괄적으로 짚어 보고, 제2절과 제3절에서는 이후 북한의 조세제도 수립 및 운영에 영향을 주었거나 주게 될 일소(日蘇)의 조세제도를 검토한다. 연구기간은 점령군 조세제도의 경우 헤이그 제협약(Hague Conventions)의 체결에서 2차대전 종전까지인 1907-1945년의 기간, 조선총독부 조세제도의 경우 한일합병에서 해방까지인 1910-1945년의 기간, 그리고 소련 조세제도의 경우 10월 혁명에서 북한 진주까지인 1917-1945년의 기간이 해당된다. 연구범위는 국세의 변천을 중심으로 검토하되, 연구에서 조세로 분류하고 있는 공채 등의 항목을 필요시 포함하고 지방세는 제외하기로 한다.[4)]

---

3) 「스탈린이 북조선 점령과 관련하여 하달한 지시」, 『마이니치신문(毎日新聞)』 1945. 9. 20. 김광운(2003), 『북한정치사연구 I』, 61쪽 재인용.

4) 지방세는 "지방자치단체가 재원을 조달하기 위해 지방주민으로부터 응익원칙(應益原則, benefit principle), 응능원칙(應能原則, ability-to-pay principle), 공평원칙(公平原則, equity (impartiality) principle)에 입각하여 반대납부가 없이 강제적으로 징수하는 것"으로 "지방재정수입의 특징은 재정자립도가 낮아 의존수입의 비중이 크게 나타날 수 있다"는데 있다. 조세의 연구에 있어서 국세와 지방세를 분리하는 것이 일반적이다. 주노종(2007), 『고급조세론』(파주: 한국학술정보), 426쪽.

제1절_ 조선총독부의 조세제도

1. 조선총독부 조세제도의 개요

일본의 세금과 정치는 긴밀하게 연계되어 있었다. 일본의 국민들은 근대국가의 탄생과 함께 투표권을 인정받았다. 성인남성 납세자들은 1890년의 초대 제국의회선거 이래 투표권을 행사했고, 고액납세자들은 비례대표 자격으로 제국의회에 진출했다. 이후 투표권 자격은 1900년, 1919년 및 1925년 세 차례에 걸쳐 완화되었고 일본 정부가 1919년 세법 개정으로 기존의 10엔에서 3엔 이상의 직접세를 납세한 남성으로 투표권자의 기준을 낮춘 결과 투표권자는 두 배로 늘어났다. 1925년 남성들에게 보통선거권 부여되기 전까지 대부분의 도시민들은 선거에서 소외되었다. 결과적으로 보통선거가 실시될 무렵 일본 농민들의 정치적 조직화 및 선거 참여 경험은 도시민보다 더 풍부하게 축적되어 있었고, 전후에도 이들의 투표율이 더 높았다.[5)]

조선에서 세금과 정치와의 상관관계는 낮았다. 조선총독부 특별회계는 일본정부 일반회계의 한 부분으로 편입되어 있었다. 식민지 조선의 입법권과 행정권은 총독이 단독으로 행사했는데, 2차대전의 확전으로 조선인 징병이 확정되자 조선에서도 참정권을 인정해야 한다는 의견이 개진되기 시작했다. 아래는 조선총독부 말기의 한 고위급 재무관료의 증언이다.[6)]

> 우선 납세문제는 뭐 지방정치 문제로서도 그렇습니다만, 대개 조선에서 거둔 세금은 일본 쪽에서 쓰이기보다 조선의 지방개발을 위해 대부분

---

5) 1920년 실시된 선거에서 입헌정우회는 하원에서 다수당 지위를 확보하여 하라내각(原內閣, 1918. 9-1921. 11)의 지지기반을 확고히 했다. Edwin O. Reischauer and Marius B. Jansen(2003), *The Japanese Today: Changes and Continuity*(Cambridge: Harvard University Press), pp. 93, 263.

6) 구술자 야마나 미키오(山名酒喜男)는 총독부 재무국 관세과장(1938년), 세무과장(1940년) 등을 지냈다. 미야타 세쓰코(2002), 『식민통치의 허상과 실상』, 211-212쪽.

사용되고, 게다가 일본으로부터도 아직 일종의 원조금이라 합니까, 그런 것이 상당히 나오고 있었습니다.[7] 그러므로 납세의무라 하더라도, 즉 지방생활을 하는 데 당연히 필요하나 세금의 범위를 보면, 아직 일본과 운명공동체라는 의미에서의 국세를 납부하는 그런 관념에까지는 도달해 있지 못했던 셈입니다. 그러던 차에 전쟁은 점점 더 격심해지고, 이에 따라 운명공동체로서의 역의무가 부분적으로 지원병 제도로서 솟구쳐 오른 것이지요. 그렇다면 동시에 나라의 운명을 좌우하는 정치면에서도, 역시 공동체다운 하나의 현상으로서 참정이 나오는 된 것이 아닐까, 하고 보았던 것입니다.

조선총독부의 세입은 관업수입, 조세(인지수입 포함), 공채, 보충금 등 네 부분으로 구분되고, 이는 1910-1937년 기간의 평균으로 환산했을 때, 각각 44.1%, 26.1%, 10.1%, 6.6%에 해당했다.[8] 이중 외견상 관업수입이 세입의 절대적 비중을 차지하고 있는 것으로 보이지만, 세입 대비 적자 상태인 관업사업비가 총독부 재정에 오히려 악화시킨 주범이 되었다.

해방 당시의 조선총독부 국세 체계는 직접세 3 계통과 간접세 2 계통으로 나뉘고, 직접세는 다시 3개 세목의 소득세 계통, 5개 세목의 수익세 계통, 6개 세목의 특별수득세 계통으로 구성되며, 간접세는 9개 세목의 유통세 계통과 12개 세목의 소비세 계통으로 구성되어 있었다. 최대 세입은 지세로서 최고 66.2%(1910), 최저 3.9%(1937) 그리고 평균 33.7%를 기록했다. 조선총독부는 1910년대에는 지세, 1920년대에는 소비세, 그리고 1930년대 이후부터는 소득세와 소비세를 중심으로 과세했다.

---

7) “일종의 원조금”, 즉 보충금은 일본 일반회계로부터의 전입금을 말하는 것으로 1919년 한해를 제외하고 계속 실시되었으며, 일본 관리들의 급여 지불에 사용되었다. 정태헌(1995), 「일제하 자금유출 구조와 조세정책」, 『역사와 현실』 제18호, 219쪽.

8) 관업(官業)에는 소금 홍삼, 담배, 아편 등의 전매사업 및 철도통신 등의 서비스 제공 등이 포함된다. 김옥근(1994), 『일제하조선재정사논고』(서울: 일조각), 112쪽.

〈표 3-1〉 일본 정부와 조선총독부의 국세체계의 구성, 1940

구분		일본 정부	조선총독부	
수득세	소득세	소득세	소득세	16.00.00 제
		법인세	법인자본세	37.03.31 제
		특별법인세	특별법인세	40.03.31 제
	수익세	지조	지세	14.03.16 제
		가옥세	가옥세	
		영업세	사업세	27.03.31 제
			자본이자세	27.03.31 제
		취인소특별세	취인소세	21.04.15 제
		광구세	광구세	16.04.01 제
	특별수득세	상속세	상속세	34.06.22 제
		임시이득세	임시이득세	38.03.31 제
		배당이자 특별세	이익배당세	38.03.31 제
			공사채이자세	38.03.31 제
		외화채특별세	외화채특별세	37.03.31 제
		마권세(상금)	마권세(상금)	42.02.28 제
유통세		건축세	건축세	40.03.31 제
		유가증권 이전세	(없음)	

구분	일본정부	조선총독부	
유통세	취인세	취인세	21.00.00 제
	마권세 (매상)	마권세 (매상)	42.00.00 제
	톤세	톤세	10.08.29 제
	통행세	통행세	40.03.31 제
	광고세	광고세	42.03.24 제
	인지세	인지세	19.03.27 제
	수렵면허세	(수수료부과)	
소비세	전기가스세	전기가스세	42.03.24 제
	주세	주세	16.07.25 제
	청량음료세	청량음료세	34.03.30 제
	설탕소비세	설탕소비세	19.03.24 제
	직물소비세	직물세	43.04.02 제
	골패세	골패세	31.04.15 제
		조은권발행세	11.00.00 제
	입장세	입장세	38.03.31 제
	특별행위세	특별행위세	43.03.31 제
기타	관세	관세	10.08.29 제
	(없음)	출항세	20.08.26 제

주: '제'는 제정을 의미함, 총 56개 세목에서 지방세 21개를 제외한 국세 35 세목만을 포함함.
출처: 水田直昌 · 棟居俊一 · 杉原恵(1959), 『昭和財政史: 旧外地財政(下)』의 내용을 표로 재구성함.

조세행정의 측면에서 보자면, 일본의 식민지 조세정책의 뿌리는 한일합병 전인 1904년으로 거슬러 올라간다. 러일전쟁 승리로 러시아 세력의 제거에 성공한 일본은 동년 8월 대한제국과 제1차 한일협약(韓日協約)을 체결하고 대장성 수세국장인 메가다 슈타로(目賀田種太郎)를 재정고문으로 대한제국에 파견했다. 메가다가 1906년 설립한 재무감독국은 종래의 지방징세기관을 대체한 첫 전국적 내국세무 감독기관이 되었고, 이후 전시총동원체제 아래인 1943년 재무국으로 개편되었다.[9]

조세징수절차의 법제화를 위해 한일 합병 직전인 1909년 제정된 국세징수법은 일본의 1897년 국세징수법(國稅徵収法)을 그대로 이식한 것으로 "벌칙을 제외하고 현행의 국세징수법과 거의 동일한 체제와 내용"으로 구성되어 있다.[10]

중앙정부와 지방정부의 관계를 보면, 1919년의 3.1 운동 직후 부임한 사이토 마코토(齋藤實) 총독이 총독부의 재정 자립을 위해 다수 국세를 지방으로 이양한 이래 전비조달을 위한 광범한 증세가 뒤따랐다.[11] 조선총독부는 조세제도를 일본과 일치시키기 위해 그리고 필요에 따라 수시로 개편했는데, 가장 주요한 변화는 1929년, 1934년, 1940년 총 3차에 걸친 세제정리를 통해 나타났다. 그 결과 김일성이 1945년 10월 '가렴잡세'로 통칭한 조선총독부의 세목은 총 56개의 세목으로 구성되어 있었다.[12]

---

9) 재무부(1979), 『한국세제사 상』, 17쪽. 일본은 "1943년 조세를 전시체제로 개편하면서 이제까지의 조세감독국을 폐지하고 각 도마다 재무국을 설치하여 세무행정을 관장하게 하였다". 이은택(1995) 「조세행정의 회고와 정책과제」, 『조세연구원 개원 3주년 기념 심포지엄』(서울: 조세연구원), 21쪽.

10) 차병권(1998), 『일정하 조선의 조세정책』(서울: 한국조세연구원), 67쪽.

11) 3.1운동은 일본의 대 조선 조세정책에 있어 큰 전환점으로 작용했다. "1919년 3월에 발표된 수많은 독립운동 문서 가운데 조세저항과 관련된 사례가 많았다. 1919년 4월의 임시정부령 제1호는 조선인들에게 "납세를 거절하라 …… 납세는 …… 국민의 국가에 대한 의무이므로 이미 정식으로 적의 통치권을 부인한 이상 적에게 厘毛의 조세도 與하지 마라. 완전히 국토를 敵兵의 手에서 구출할 시까지 일체의 조세를 면제한다. 가령 적의 관리가 납세를 강요하는 일이 있어도 "아등(我等)은 조선국민이며 일본의 노예가 아니다"라고 강편이 거절할 것을 촉구했다". 국사편찬위 엮음(1971), 『한국독립운동사 3』(서울: 탐구당), 6쪽. 이은택(1995), 「조세행정의 회고와 정책과제」, 21쪽 재인용.

12) "(각계각층의 인민의 처지를 개선하기 위해) 우리는 가렴잡세를 없애고 단일하고 공정한 세금제도를 실시하며 합리적인 소득세제를 제정하여 근로대중을 무거운 세금부담에서 벗어나게 하여야 합니다". 김일성(1979), 「진보적민주주의에 대하여」(1945. 10. 3), 『김일성저작집 1』(평양: 조선로동당출판사), 296쪽.

2. 조선총독부 세입구조의 시기별 변천

한일합병 후의 조선총독부의 세입구조에는 2회의 분기점이 있었다. 첫 번째가 1919년의 3.1운동이고 두 번째가 2차대전이다. 일본 정부는 3.1운동을 계기로 조선의 재정독립을 위한 세제정리 작업에 들어갔고, 2차대전의 전시동원을 극대화하기 위해 조선에서 소득세 · 소비세 중심의 무차별 증징(增徵)을 실시했다.

〈표 3-2〉 조선총독부 세입구조의 시기별 변천, 1910-1945

시기구분	내용
전기, 1904-1909	1904 메가다 슈타로 재정고문 착임 1906 재무감독국 설치, 재무서 231개소 설치 1909 제1차 재정정리: 연초세 · 가옥세 · 주세의 신삼세 신설
형성기, 1910-1919	1910 경비보충금제도 실시, 1919 폐지 1913-1917 재정독립계획 실시 1916 소득세 신설 (법인 대상)
정비기, 1919-1937	1920 경비보충금제도 재개 1923-1924 조선재정조사위원회 운영, 1926 세제조사위원회 운영, 1927 제1차 세제정리 (국세), 1934 제2차 세제정리 (국세), 제1차 지방세 세제정리, 1936 제2차 지방세 세제 정리
동원기, 1937-1945	1940 제3차 세제정리 (국세, 지방세) 1941-1945 소득세 · 소비세 중심의 무차별 증징

출처: 재무부(1979), 『한국세제사 상』의 내용을 양차대전과 재정대응을 중심으로 시기를 구분하여 표로 재구성함.

조선총독부 세입구조의 변천 시기는 (1) 한일합병 이전인 1904-1909년 기간의 전기(前期), (2) 한일합병부터 3.1운동 발발 이전까지인 1910-1919년 기간의 형성기, (3) 3.1운동부터 1937년 노구교사건(盧溝橋事件) 이전까지인

1919-1937년 기간의 정비기, 그리고 (4) 노구교사건 이후부터 일본의 2차대전 패전까지인 1937-1945년 기간의 동원기로 구분할 수 있는데, 이를 표로 나타내면 위의 〈표 3-2〉와 같다.

가. 전기(前期), 1904-1910

식민지 조선의 조세정책에서 전기는 일본이 제1차 한일협약을 근거로 대장성 수세국장인 메가다 슈타로(目賀田種太郎)를 재정고문으로 대한제국 정부에 파견한 1904년부터 한일합병조약(韓日併合條約)이 체결된 1910년까지의 기간을 말한다. 이 시기는 본격적 식민지 경영을 위한 준비단계로서 메가다 고문은 전국적 징세기구인 재무감독국을 설립했으며 1919년 첫 재정정리(財政整理)를 단행, 연초세 · 가옥세 · 주세의 신삼세(新三稅)를 도입하고 지방비법(地方費法) 제정을 통해 지방세 부과 근거를 마련했다.[13]

나. 형성기, 1910-1919

1910년부터 1919년까지의 기간은 조세정책 형성기에 해당한다. 한국통감부(韓國統監府)를 전신으로 하여 1910년 설립된 조선총독부는 기존제도를 그대로 인수한 뒤 종래의 예산, 즉 '습용예산(襲用豫算)'을 병합 약 1개월 뒤 일본정부의 일반회계에 부속되는 특별회계로 전환했다.[14] 1910년-1918년 기간 중에는 경비부족분을 일본정부 일반회계의 보충금으로 충당하기 위한 경비보충금제도가 실시되었다

---

13) 이승연(1995), 「1905년-1930년대초 일제의 주조업 정책과 조선 주조업의 전개」, 『한국사론』 32권, 69쪽.

14) 박노보(1991), 「조선총독부특별회계 분석을 통한 일본의 조선통치정책연구: 재정의 변천과정과 세입구조 분석을 중심으로」, 『일본학연보』 제3권, 114쪽.

〈표 3-3〉 대한제국의 국세체계, 1894-1910

	대한제국 세목		세목 상의 변경 내용		조선총독부 세목	
수익세	광세		광구세	1906 신설	1915(改)	(〃)
			사금채취세	1906 신설	1915(廢)	(x)
	지세		1894 통합 신설, 1900, 02, 08 증징		1918(改)	(〃)
	잡세	모곽세	1911 어업세로 통합		1911(廢)	(x)
		수산세	1907 수산세로, 1910 어업세로 개칭		1911(改)	(x)
		연강세	1907 국세 전환(평안북도 산림 도벌하는 자에게 과세		1913(廢)	(x)
		전당포세	1899 신설		1912(廢)	(x)
유통세	돈세		1907 항세에서 분리		1920(改)	(〃)
소비세	잡세	수철세	1907 잡세에 편입		1912(廢)	(x)
		화물세	1908 진출구세를 화물세로 개칭		1913(廢)	(x)
	관세		1907 항세에서 분리		1920(改)	(〃)
	연초세		1909 신설		1914(改)	(x)
	염세		1894 신설, 1906 잡세에서 독립		1920(廢)	(x)
	인삼세		1908 인삼을 전매로 전환, 홍삼에 계속 과세		1920(廢)	(x)
	주세		1909 주세 신설		1911(改)	(〃)
지방세	가옥세		1909 신설, 시가지 가옥 대상 과세		1919(改)	(〃)
	호세		1907 가옥세 비부과지역 대상 과세		1912(改)	호별세
	잡세	선세	1894 신설, 1899 무게 기준 정률과세		1920(改)	(〃)
		어업세	1907 잡세를 수산세로, 1910 어업세로 개정		1911(改)	(〃)

주: (改) 표시는 개정, (廢)와 (x)는 폐지, (〃)는 세목이 존치된 경우를 나타냄.
출처: 재무부(1979), 『한국세제사 상』의 자료를 표로 재구성함.

1916년부터 실시된 소득세는 법인에 대해서만 과세했다. 이는 일본에서 제국의회 개원을 앞두고 도시민의 참정권을 높이기 위해 개인 대상의 소득세를 실시해야 했던 사정이 총독에게 입법·행정·사법의 전권을 부여한 조선의 사정과는 달랐기 때문이고[15], 더불어 농업사회였던 당시 조선에서

지세 개혁만으로도 소득에 대한 과세를 대부분 흡수할 수 있었기 때문으로 생각된다.[16)]

다. 정비기, 1919-1936

조세정책의 정비기는 조선에서 3.1운동이 일어난 1919년부터 일본 군국주의의 시발이 된 일본 소장파 장교들의 2.26 반란 사건이 발생한 1936년까지의 기간에 해당한다. 3.1운동은 재정 운영에서의 조선총독부의 실패의 결과물로 인식되었다. 비록 1919년 보충금을 전폐할 수 있었지만, 총독부는 "전기의 무모한 재정독립계획 실패에 대한 반성, 즉 '지금까지 제국정부의 보조를 받게 되어 있던 것을 조선재정의 독립이라는 것으로 공을 쌓고자 했기 때문에 독립운동이 발생했다'는 관점"에서 재정제도 재건을 추구했다.[17)] 보충금제도는 1920년 다시 재개되어 1945년 패전 당시까지 계속 유지되었다.[18)]

---

15) 한편 일본의 소득세는 납세 실적이 없어 1890년 초대 제국의회 의원 선거에 참여할 수 없었던 도시 자산가들에게 투표권 자격을 부여하기 위해 1887년 실시되었다. 프러시아 제도를 모델로 하였고 과세 대상은 개인 남성(가구주)이었으며 5개 과표 구간으로 구분하여 1-3%의 세율을 부과하는 누진세가 적용되었다. Taichiro Mitani(1989), "The Establishment of Party Cabinets, 1898-1932", in Peter Duus ed., *The Cambridge History of Japan 6*(Cambridge: Cambridge University Press), p. 85; Hiromitsu Ishi(1989), *The Japanese Tax System*(New York: Oxford University Press), p. 31.

16) 1940년 최종적으로 개편되어 1935년 이래 일본 정부수입에서 최대 비중을 유지하고 있는 소득세는 개인 소득에 대해 효율적인 반면 법인의 소득에 대해서는 미진했다. 법인세의 비중은 (초과이득세를 감안하더라도) 미국의 절반에도 미치지 못했다. 미국의 경우, 비슷한 시기인 1947년의 법인세 비중은 19%를 기록했다. Carl S. Shoup(1949), *Report on Japanese Taxation by the Shoup Mission*(Tokyo: GHQ-SCAP).

17) 友邦協会 編(1981), 『朝鮮財政余話』(東京: 友邦協会), 16쪽. 박노보(1991), 「조선총독부특별회계 분석을 통한 일본의 조선통치정책연구」, 3쪽 재인용.

18) 그러나 식민지 근무 관리들의 오지 수당 성격의 가봉(加奉)을 지불하는데 대부분이 이용된 보충금이 "조선재정에 '기여'한 것은 전혀 없"었고, "보충금보다 훨씬 큰 본봉은 조선재정에서 충당되었다". 정태헌(1995), 「일제하 자금유출 구조와 조세정책」, 201쪽.

3.1운동 직후 부임한 사이토 마코토 총독은 "중앙집권적 통치체제 확립, 동화정책, 민족운동의 억압, 식민적 산업기반확립"을 추구했다.[19] 호세 · 가옥세와 같이 인두세(poll tax)적인 성격으로 인해 징수에 대한 제약이 있고, 재원조달에 대한 기여도가 낮을 수밖에 없는 국세는 바로 지방으로 이관되었다.[20]

한편, 사이토 총독이 표방한 문화정치는 '문화의 발달과 민력의 충실'을 위한 재정수요의 급속한 팽창을 일으켰다. 이에 대응하기 위해 조선총독부는 1923년-1924년 기간 중 '조선재정조사위원회'를, 그리고 1926년에는 '세제조사위원회'를 운영했다. 전자는 "조선의 조세체계 정비와 재정팽창에 상응하는 재원을 조사 · 연구하는 한편 동시에 지방세제도와 국세 및 지방세간의 재원배분"을 자체적으로 연구했지만 이를 정책에 반영하지 못하고 폐지되었고, 후자는 1925년-1926년 기간 중 일본에서 운영된 '세제조사위원회'의 국세와 지방세 세제정리방안을 조선의 상황에 맞게 이식하는 역할을 수행했다.[21]

1927년의 제1차 세제정리로 영업세, 자본이자세 등의 수익세가 창설되고 법인소득세가 강화되었다.[22] 영업세의 경우 조선에 도입되는 것과 같은 시기에 일본에서는 기업의 수익을 기준으로 하는 영업수익세로 개편되었다.[23] 제1차 세제정리를 계기로 식민지 조선의 조세제도는 지세를 중심으로 한

19) 박노보(1991), 「조선총독부특별회계 분석을 통한 일본의 조선통치정책연구」, 3쪽.

20) 재무부(1979), 『한국세제사 상』, 49쪽.

21) 1927년의 제1차 세제정리와 1934년의 제2차 세제정리는 이 기간 중 작성된 세제조사위원회의제1차 실행안에 기초를 둔 것이다. 차병권(2000), 「일본통치하 조선의 조세부담」, 2-3쪽.

22) 재무부(1979), 『한국세제사 상』, 66-68쪽.

23) 일본의 영업세(営業税, enterprise tax)는 자영업자와 중소기업 대상으로 과세하며, 1878년 지방세로 신설되어 1896년 국세로 전환되었다. 납세자들은 기업의 자본규모와 부동산 평가액 등의 간접적 평가기준을 근거로 단일세율이 부과되는 영업세에 30여 년간 조직적으로 저항했으며, 1926년 헌정회 소속 와카츠키 레이지로(若槻禮次郎)가 이끄는 제1차 와카츠키 내각(若槻内閣, 1926.1-1927.4)에 의해 영업수익세로 개편되었다. Andrew Gordon(1993), *Postwar Japan as History*(Los Angeles: University of California Press), p. 149.

수익세를 중심으로 하고 주세 등의 소비세로 보완하는 구조로 개편된다.[24)]

1934년의 제2차 국세정리로 일반소득세가 창설되었다. 이를 통해 식민지 조선의 세제는 소득세를 중심으로 과세하고 상속세 등 수익세와 소비세로 보완하는 조세체계로 전환하게 되었다.[25)] 세무행정기구 또한 개편되어 종래 지방행정기관이 세무행정을 담당하던 것을 세무서와 세무감독국을 신설하여 세무행정을 전담시키도록 했다.[26)] 2년 후인 1936년에는 지방세의 2차 정리가 실시되었다. 1935년 구성된 '지방세제조사위원회'가 1926년 세제조사위원회안을 수정한 조선총독부 내무국의 정리안을 심의한 내용을 기반으로 실시된 것으로 호별세, 지세, 가옥세, 영업세 계열의 지방세 증징(增徵)이 있었다.[27)]

---

24) 같은 시기 일본에서는 양세위양(両税委譲) 논쟁이 치열했다. 내무성 자문기관인 임시재정경제조사위원회(臨時財政経済調査会)의 수임을 받아 독일인 요하네스 폰 미켈(Johannes von Miquel)의 권고안을 두고 일어난 논쟁을 말한다. 폰 미켈은 지방분권 정책의 일환으로 지조(地租) 및 영업세의 지방이양을 통한 지방재정 강화와 농촌지역 감세를 권고했다. 이후 도시민의 이해를 대표하는 헌정회와 농민의 이해를 대표하는 정우회 간의 정치적 대립, 다이쇼 민주주의 시기의 분권화 요구 등이 겹쳐하면서 세원 이양의 시비가 격렬히 일었으나, 재산세 창설을 우려한 재계의 반대와 1차대전 전후의 불황으로 시행이 보류되었다. 양세위양이 빠진 가운데 추진된 1920년대 말의 조세개혁에는 자본이자세, 청량음료세 신설 등이 포함되었다. 한편, 곧이어 일어난 만주사변과 군비증강 부담 등은 일본 정부에 조세제도의 전면 재검토 필요성을 제기했다. 井手英策(2010), 「マクロ・バジェッティングと増税なき財政再建: 高橋財政の歴史的教訓」, 『経済研究所年報』 23号, p. 46.

25) 그러나 당시 조선의 실정에 비추어 소득세의 도입은 시기상조였던 것으로 평가된다. "1920년대까지 무차별적 대중과세 체제인 소비세 중심의 조세구조를 계속 유지한다는 것은 불가능했다. 1934년에 조선경제의 실정에 비추어 무리하게 개인소득세제를 도입하여 조세수탈의 중심을 소득세로 채워야 했던 이유도 이 때문이었다". 정태헌(1995), 「일제하 자금유출 구조와 조세정책」, 203쪽; 무리한 조건 속에서 개인납세자에게 지워질 소득세와 지세의 이중과세 부담을 감경하기 위해 1934년 지세의 면세범위가 확대되었다. 차병권(1998), 『일정하 조선의 조세정책』, 94쪽.

26) 기존 세목의 경우 "지세의 지위는 점차 후퇴하였던 반면에 계속적인 세율인상의 결과로 주세, 설탕소비세 등 간접소비세 우위의 조세체계가 유지되었다". 재무부(1979), 『한국세제사 상』, 74쪽.

라. 동원기, 1937-1945

일본 육군의 황도파(皇道派) 청년장교들이 일으킨 2 · 26 반란 사건은 일본에 있어서 다이쇼 데모크라시(大正デモクラシー)에서 군사파시즘으로 이행의 분기점이 되었다. 1937년의 중일전쟁 발발 후 일본은 전시체제로 개편되었고, 조선총독부재정도 이에 발맞추어 전시재정으로 전환했다. 1936년 부임한 미나미 지로(南次郎) 총독은 제국의 대륙 병참기지로서의 조선의 사명을 강조했다. 조선총독부의 세입증대를 위해 주로 (1) 공채의 발행, (2) 관영요금인상 및 국유재산수입증대 (3) 조세의 증징(增徵) 등의 방법에 의존했다.[28] 재정적으로 2 · 26 사건은 종래의 긴축재정을 군비확장을 위한 적극재정으로 전환시켜, 이 시기 조선재정은 "전례 없는 적극재정으로 편성"되었다.[29] 1937년-1945년의 기간 중 조선총독부는 전비조달을 위해 매년 특별세 신설 또는 임시조세증징령(臨時租稅增徵令) 등을 통해 일본과 동시에 조세를 증징했다. 이 기간 중 신설된 북지사건특별세(北支事件特別稅)와 지나사변특별세(支那事變特別稅)의 수입은 모두 일본의 임시군사비특별회계에 직접 전입되었다.[30]

---

27) 차병권(2000), 「일본통치하 조선의 조세부담」, 3-4쪽.

28) 재무부(1979), 『한국세제사 상』, 75쪽.

29) 박노보(1991), 「조선총독부특별회계 분석을 통한 일본의 조선통치정책연구」, 4쪽.

30) 북지사건특별세령의 제정은 일제의 조세정책의 전반과 후반을 가르는 분기점이 되었다. 이에 대해 총독부 식산국장을 지낸 호즈미는 다음과 같은 회고를 남겼다. "그 점에서 나는 그것이 대단히 커다란 하나의 전기(epoch)가 되었다고 봅니다. …… 일본 쪽에서는 조선이 아직 다 큰 것은 아니지만 그래도 시세의 흐름상 '같은 일본이 아닌가'라고 하는 거야. 그래서 '지금까지 이만큼 키워준 게 우리 일본이 아닌가,' '지금 같은 국난을 당해 너도 부담을 하는 것이 당연하지 않은가'라고요. 그건 오노 씨 등이 부임한 지 얼마 되지 않았고, 그러니까 일본 전체라고 하는 방면에서 '이제 이놈을 어떻게든 키우지 않으면 진짜배기가 되지 못한다'라고 생각한 터이고 …… 그러다 보니 이번에는 조선을 어떻게 독자적으로 발달시킬 것인가 하는 방법을 가지고 많은 주장이 나왔어요. 그 중 하나가 진정한 전환(epoch)에 해당하는 세금이 아닌가 생각합니다". 미야타 세쓰코(2002), 『식민통치의 허상과 실상』, 138-139쪽. 차병권(2000), 「일본통치하 조선의 조세부담」, 2-5쪽.

1940년에는 국세, 지방세의 3차 세제정리가 있었다. 1940년의 조세개혁은 직접세를 중심으로 한 근대적 조세제도의 시작을 알렸다. 전시경제 체제 아래서 전체 조세제도가 전면 개편되었고, 직접세의 중요성이 강조되었다. 법인세가 신설되어 소득세에서 분리되었고 개인소득세는 분류소득세와 종합소득세로 이원화되었다.[31] 조선총독부는 일본의 포괄적 누진과세 원칙을 식민지 조선에서는 적용하지 않은 대신 지세 개편을 위한 임대가격 조사를 실시하기로 결정했다.[32] 이 외에도 소득세 등 15개 세목의 증징이 있었다.[33] 임대가격 조사는 1943년 반영되어 토지는 임대가격을 과세표준으로 하여 부과하는 것으로 개편되었다.

31) 재무부(1979), 『한국세제사 상』, 75쪽.

32) 일본은 소득세 이원화와 함께 근로소득 원천징수제도 새로이 도입했다. Hiromitsu Ishi (1989), *The Japanese Tax System*, p. 4.

33) 언론에서는 총독부의 증징안을 다음과 같이 평가했다. "이번 증세는 세수입의 증가도 기하려니와 그 보다도 부동구매력을 흡수하여 소비를 억제하고 악성인풀레를 방지하자는데 그 목표가 있는 만큼 국민생활의 절하가 절대 필요한 것이다. 물론 국민생활의 최저한도를 확보한다는 것은 국방국가체제상 불가피의 조건이니만치 이번 증세에 있어서도 이 점을 고려해서 행한 것이다". 이건혁(1941), 「대증세(大增稅)와 조선: 유흥사치의 금압(禁壓)과 국민생활의 절하」, 『삼천리 1941년 제13권 제12호』. http://db.history.go.kr (2016년 12월 14일 접속).

〈그림 3-1〉 일본 정부 세입구조의 세목별 변천, 1868-1945

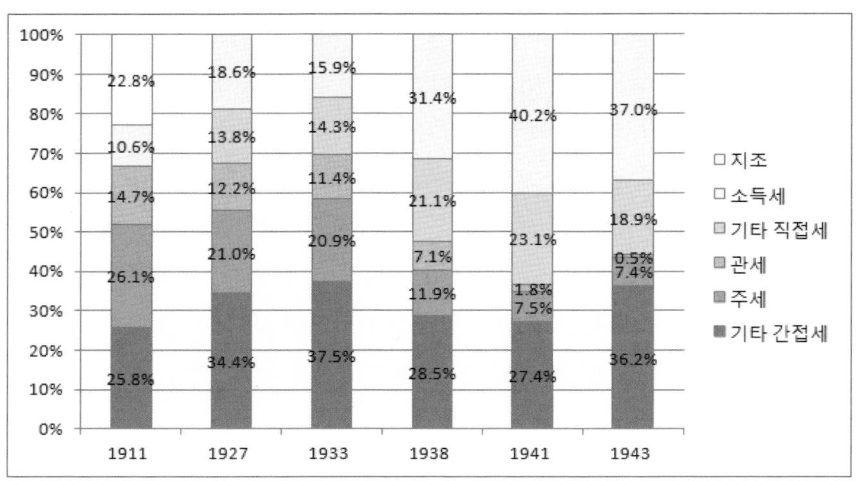

출처: 総務省 統計局(2016), 『財政統計』의 내용을 백분율로 환산하여 그림으로 재구성함. http://www.stat.go.jp/english/data/chouki/05.htm (2016년 12월 13일 접속)

〈그림 3-2〉 조선총독부 세입구조의 세목별 변천, 1910-1945

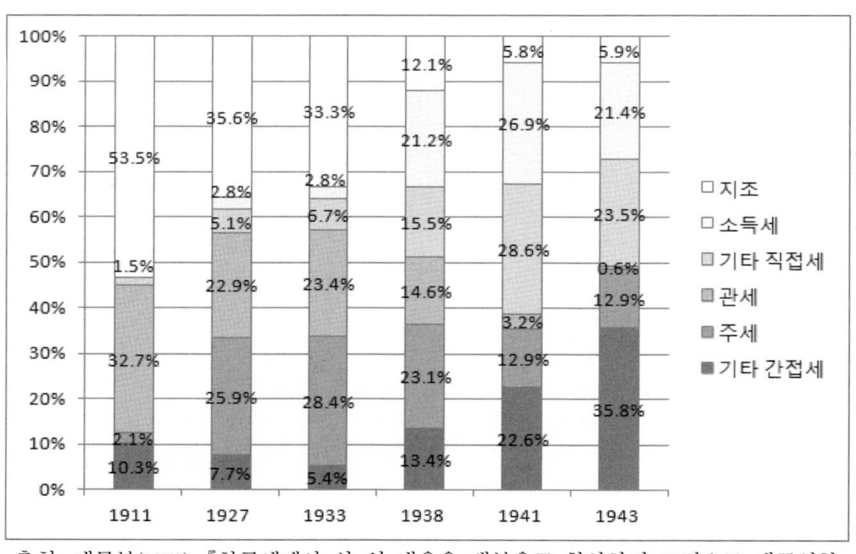

출처: 재무부(1979), 『한국세제사 상』의 내용을 백분율로 환산하여 그림으로 재구성함.

3. 조선총독부 세입구조의 세목별 변천

〈그림 3-2〉는 국세를 중심으로 한 조선총독부의 세입구조의 변천을 나타낸다. 비교를 위해 동 기간의 일본 통계자료 〈그림 3-1〉를 병기했다. 패전 직전인 1943년경에는 일본과의 동조화가 높은 수준으로 진행된 것이 확인된다. 조선총독부 국세는 크게 수득세, 유통세, 소비세로 나눌 수 있는데, 각각의 계통 별 주요한 변화는 다음과 같다. 본국과 식민지의 대조를 위해 일본 내의 세목에 대한 설명도 포함시켰다.

가. 수득세(収得税, profits tax) 계통

수득세는 소득 및 수익에 대한 조세를 말한다. 〈표 3-4〉의 분류는 일본 대장성의 구분은 기준으로 한 것으로, 대장성은 수득세에 재산세를 포함시키고 있지만 세금의 종류는 수득세와 재산세, 유통세, 소비세로 나누는 것이 보다 일반적이다.[34] 수득세는 직접세에 해당하며 소득세, 수익세, 특별수득세를 포함했다. 수득세 계통은 전시체제 아래서 계속 증세되어, 1945년 현재 세입에서 차지하는 비중이 21.4%로 가장 크게 나타났다. 이중 가장 비중이 큰 소득세 군에는 소득세, 법인자본세와 특별법인세가 있었다.

소득세는 1916년 신설되어 법인만을 대상으로 과세하다가 1934년 개인으로 과세대상이 확대되었다.[35] 1945년 현재 조선총독부는 제1종소득세(구

---

34) 『국세법령정보시스템 용어사전』. http://taxinfo.nts.go.kr/docs/customer/dictionary/view.jsp?word=&word_id=3853 (2012년 4월 2일 접속)

35) 일본의 법인세는 1916-1934년 기간 중의 조선총독부의 소득세에 해당하며, 소득세 도입 12년 후인 1899년 소득세에 포함되는 형태로 신설되었다. 1905년 조슈 군벌 가츠라 타로(桂太郎)가 이끄는 제1차 가츠라 내각(桂内閣, 1901.6-1906.1)은 가족기업·비상장기업 등의 이익잉여금(retained earnings)에 추가 과세했다. 2차대전 개전을 앞두고 1937년 예산은 전년 대비 40% 증액되었고, 히로타 내각(広田内閣, 1936.3-1937.2)은 큰 폭의 지출 증가에 소득세 등의 세율 인상과 국채 발행으로 대응했다. 그러나 조세인상을 둘러싼 재계와의 갈등으로 히로타 내각은 곧 붕괴했고 육군 출

법인소득세) · 제2종소득세(원천과세소득) · 제3종소득세(개인소득세)로 나누어 과세했다. 동 시기 일본은 소득세를 분류소득세와 종합소득세로 구분해 과세했다.[36)]

이 외 중일전쟁 발발 이후 전비마련을 위한 '당분간'의 조치로서 1937년 법인자본세가, 그리고 1940년 특별법인세가 신설되었다.[37)] 자기 자본에 대하여 1,000분의 1의 세율을 적용한 법인자본세의 신설로 법인은 소득세, 임시이득세에 부가되는 추가적인 부담을 지게 되었다. 특별법인세는 지금까지 소득세 부과대상에서 제외되어 온 금융조합 등의 특별법인을 대상으로 했다.

수익세 계통에는 지세, 사업세, 자본이자세, 취인소세와 광구세가 있었다. 이중 지세는 1918년 이래 지가표준에 의해, 1943년부터는 임대가격기준에 의해 과세했다. 지세는 1934년의 개인소득세 도입 전까지 조선총독부 세입에서 가장 큰 비중을 차지했다. 1910-1934년 기간 중의 평균은 38.7%이며, 1910년의 비중(66.0%)이 가장 높고 1919년의 비중(29.0%)이 가장 낮았다.[38)] 사업세

신 하야시 산주로(林銑十郞) 신임 총리는 재계를 달래기 위해 조세인상 폭을 낮추었다. 이후 일본의 법인세는 1940년 소득세에서 분리, 신설되었고 정부는 기업들에게 18%의 단일세율을 부과했다. 기업 대상의 소득세 그 이후에도 몇 차례의 부분 조정을 거쳐 1940년 조세개혁을 통해 소득세로부터 분리되었다. Takafusa Nakamura(1989), "Depression, Recovery, and War, 1920-1945", in Peter Duus ed., *The Cambridge History of Japan 6*(Cambridge: Cambridge University Press), p. 477; Hiromitsu Ishi(1989), *The Japanese Tax System,* pp. 2-4.

36) 3종 소득세로 나누는 방식은 일본의 구분 방식과 다르다. 일본은 1940년 조세개혁에서 개인 납세자를 분류소득세와 종합소득세 과세대상으로 이원화하여 포괄적 누진과세 원칙을 처음으로 실현하고, 근로소득 원천징수제도 함께 도입했다. Hiromitsu Ishi(1989), *The Japanese Tax System,* p. 4.

37) '당분간'은 중일전쟁이 종료하는 이듬해까지를 말한다. 재무부(1979), 『한국세제사 상』, 106쪽.

38) 지세는 일본의 지조(地租)에 해당한다. 메이지 정부는 1871년 폐번치현(廢藩置県)과 1873년의 지조개정(地租改正)을 통해 토지세 수입 확보를 통한 안정적 세입기반의 구축을 꾀했다. 메이지 정부는 무츠 무네미츠(陸奥宗光), 이노우에 가오루(井上馨)와 오쿠마 시게노부(大隈重信)의 지조안을 토대로 전국적 토지조사를 실시, 토지의 생산성과 소유관계 등을 평가하고 지조의 세율을 확정했다. 도쿠가와 막부와 다이묘를 대신해 토지의 소유자로 등장한 지주들은 농지가의 3%를 현금세로

의 전신은 물품판매업, 은행업, 보험업, 금전대부업 등 25종의 영업에 대해 과세한 영업세이다. 영업세는 시세, 면세 또는 면부과금으로 과세되다가 1927년 제1차 세제정리에서 국세에 편입되었고, 1944년 사업세로 개칭되었다. 자본이자세는 기업의 외형을 기준으로 과세했다. 1927년 신설되어 1933년 과세 범위가 확대되었고 1941년 증설되었다. 미두(米豆) 거래 등에 대해 부과하는 취인소세(取引所稅)는 1921년 신설되어 전시기간 중 집중적으로 증징된 세목이며, 광산의 면적에 따라 매기던 광구세(鑛區稅)는 구한말인 1906년 창설된 세금으로 1915년 증징되었고 1944년 광세를 흡수하여 확대되었다.

특별수득세는 군수산업의 전시이익 환수 목적의 임시이득세와 상속세를 중심으로 하고, 이익배당세, 공사채이자세, 외화채특별세, 마권세를 포함했다. 임시이득세는 군수산업의 전시 초과이득을 흡수하기 위한 세제로 1938년

납세했고, 세금은 소작인들에게 전가되어 정부예산의 부담이 농민층에 전적으로 지워졌으며 소작제의 현물납부제는 유지되었다. 수확기가 되면 정부는 사정관들을 현지로 파견해 지가 3% 기준으로 평균 수확량과 곡물가에 근거해서 지조를 부과했다. 그러나 지조개정에 반대하는 봉기가 빈번히 일어났고 1877년 정부는 세율의 2.5% 인하, 흉년에 세율 재조정, 산간벽지 농민들의 현물세 납부를 약속하고 농민들을 진정시킬 수밖에 없었다. 1878년 지조는 전체 국세와 지방세의 78.6%를 차지했는데, 이는 정부가 다른 대체 세목을 발굴하지 못했고 상공업 진흥을 위해 농업을 억압하는 식산흥업(殖産興業) 정책을 취했던 데 기인한다. 1908년 증세법 제정 후 1차대전 전까지 지조는 전체 수입의 30%에 미치지 못하는 수준으로 떨어졌고, 정부 수입이 줄어든 만큼 수익이 늘어난 지주층은 여유 자금을 산업에 투자했다. 지조의 하락분은 소비세 특히 주세의 증가로 보충되었다. 1918년 등장한 하라내각(原內閣, 1918.9-1921.11)은 농민당으로 알려진 입헌정우회(立憲政友會) 소속이었지만 친산업정책을 취한 가운데 납세자들의 지조 인하 요구는 높아졌다. 지조의 과세기준은 1926년 농지가에서 임대가로 전환되었으며, 1940년 조세개혁으로 지방에 환급되는 국세로 변경되어 1949년까지 부과되었다. Louis G. Perez(1998), *The History of Japan*, (Westport: Greenwood Publishing Group), p. 96; Ann Waswo(1989), "The Transformation of Rural Society, 1900-1950", E. Sydney Crawcour(1989), "Industrialization and Technological Change, 1885-1920", in Peter Duus ed., *The Cambridge History of Japan 6*(Cambridge: Cambridge University Press), pp. 413, 542, 592; Marius B. Jansen(2002), *The Making of Modern Japan*(Cambridge: Harvard University Press), p. 367; Hiromitsu Ishi(1989), *The Japanese Tax System*, p. 1.

북지사건특별세(北支事件特別稅)로 첫 신설된 이래 계속 증징되었다.[39] 상속세는 1934년제3차 세제정리로 신설되었고 신설 초기에는 조선의 고유한 풍습인 가독상속을 감안한 세율을 적용했다.[40] 외화채특별세는 1937년, 이익배당세·공사채이자세는 1938년 각각 신설되었다. 1942년 신설된 마권세 중 상금에 대한 과세 부분이 특별수득세에 분류되었다.

〈표 3-4〉 **일본 정부의 수득세 개정**, 1868-1945

구분		세목	법 개정	조선
수득세	소득세	법인세, 특별법인세	1940 소득세에서 법인세 분리, 1940 특별법인세 신설	법인자본세
		소득세	1887 실시, 1899 법인 과세, 1913 소득공제, 1940 분류·종합으로 이원화, 근로소득 원천징수 실시	(〃)
	수익세	광구세		(〃)
		영업세	1878 영업세(지) 신설, 1926 영업수익세(국), 1940 영업세(국)로 전환	사업세
		지조	1873 개정: 농지가의 3% 과세, 현금세 납부, 1926 과세기준을 임대가로, 1940-1947 지방환급 국세로 전환	지세
		취인소특별세	1940 신설	(〃)
	특별수득세	마권세(상금)	1942 신설	(〃)
		배당이자특별세	1942 신설	이익배당세
		상속세	1905 신설, 1910 개정	(〃)
		외화채특별세	1937 신설	(〃)
		임시이득세	1918-1919 전시이득세, 1935-1946 임시이득세	(〃)

주: (〃)는 일본과 조선에서의 명칭이 동일한 경우를 나타냄. 광구세의 개정 내용은 파악되지 않음.
출처: 大蔵財務協会(1964), 『日本の財政: 大蔵省百年の歩み』의 내용을 표로 재구성함.

39) 임시이득세가 일본과 조선에서 동시에 실시된 반면, 1918-1919년 기간 중 실시된 전시이득세(戦時利得稅)는 일본에서만 과세되었다.

40) 일본의 상속세는 러일전쟁 중이던 1905년 제2차 비상특별세의 세목 중 하나로 신설되었다. 이후 영구세화 된 상속세는 유산세 방식을 따르고 있다. 유산세와 상속세의 차이는 다음과 같다. "유산세(estate tax)는 사망자로부터 재산이 이전되는 특권에 대하여 과세하는 세금이며 상속세(inheritance tax)는 고인으로부터 재산을 물려받을 때 이에 대하여 과세하는 세금(tax on receipt)이다. 미국 연방정부와 일본 정부가 유산세를, 미국의 주정부가 상속세를 과세하고 있다". 장근호(2004), 『주요국의 조세제도: 미국편』(서울: 한국조세연구원), 475쪽.

〈표 3-5〉 조선총독부의 수득세 개정, 1910-1945

	세목	1910-1920	1920-1930	1931-1940		1941-1943		1944-1945
소득세	소득세	16.00.00제	20.07.31제 21.04.21개 24.12.01개 26.02.01개 26.07.13개 27.03.31개 29.08.23개	33.07.17개 33.09.07개 34.04.30개 35.01.10개	36.06.13개 37.03.31개 38.01.24개 38.03.31개 39.09.20개	41.01.07개 41.03.07개 41.08.09개 42.03.24개 42.03.31개 42.03.25개 42.12.07개	43.06.09개 43.06.29개 43.07.01개 43.07.26개 43.08.16개 43.12.01개 43.12.18개	44.02.14일 44.03.31개 44.06.08개
	법인자본세			37.03.31제	40.03.31개			44.03.31타
	특별법인세				40.03.3 제	41.01.22개 41.03.10타 42.03.23타	42.03.24개 42.06.18타 43.03.31타	44.03.31타 45.03.15타
수익세	광구세	16.04.01제 18.01.01개	21.12.28개 26.06.01개	33.01.10개 38.09.01개	40.12.01개			44.03.31개
	사업세		27.03.31제			42.03.25타 42.03.24개 42.03.25타 42.06.18타	43.03.30타 43.06.09타 43.06.29타 43.07.26타	43.08.16개 43.12.14타 44.03.31폐
	자본이자세		27.03.31제	33.08.17개 34.04.30개 37.03.31개	38.03.31개 40.03.31개	42.03.24개 43.03.31개 43.06.09개	43.06.29개 43.07.26개 43.12.18개	44.03.31개 45.03.15개
	지세	14.03.16제 18.06.18개	22.03.31개 28.12.29개	34.04.30개	40.03.31개	42.03.24개 43.03.31폐	43.04.01제 43.06.10타	44.04.01타 45.04.01타
	취인소세		21.04.15제	31.10.10개 39.11.20개	40.03.31개		43.03.31개 43.07.01타	44.03.31타
특별수득세	공사채 이자세			38.03.31제	40.03.31제			44.03.31개
	마권세					42.02.28제	43.03.31개	
	상속세			34.06.22제 37.03.31타	38.03.31개 40.03.31개	42.03.24개	43.06.09타	44.02.14일 44.03.31타
	임시이득세			38.03.31제 39.03.31개	40.03.31개	41.03.31개 42.02.28타 42.03.24개	43.03.31개 43.09.10타 43.12.15개	44.03.31타 45.03.15타
	이익배당세			38.03.31제	40.03.31제			44.03.31타
	외화채 특별세			37.03.31제 38.03.31개	40.03.31개			

주: '제'는 제정, '개'는 전문개정, '타'는 타법개정을 말함.
출처: 법제처 국가법령정보센터 근대법령 자료를 표로 재구성함. http://law.go.kr/main.html (2012년 1월 15일 접속)

나. 유통세(流通稅, transfer tax) 계통

유통세는 “재화의 유통, 즉 재화의 이전이 있을 때에 이를 통하여 담세능력이 있다고 추정되어 과세되는 조세”를 말한다.[41] 유통세 계통을 시기별로 나누어보면 우선 한말 세제가 승계된 톤세가 있다. 운항한 선박의 톤수를 기준으로 산출한 추정이익에 대해 세금을 매기는 것이다. 톤세는 관세와 마찬가지로 한일합병 후 10년간 개정이 유예되었다.

〈표 3-6〉 조선총독부의 유통세 개정, 1910-1945

	세목	1910-1920	1920-1930	1931-1940		1941-1943		1944-1945
유통세	건축세				40.03.31제	41.11.29개		
	광고세					42.03.24제		44.03.31개
	등록세	12.03.22제 14.05.01개 15.09.21개 16.03.23개 18.03.07개 19.04.21개	26.02.01개 27.02.10개 28.07.07개 29.12.05개	31.06.09개 31.07.17개 32.12.29개 33.05.24개 33.08.17개 33.09.07개 34.06.22개 35.08.30개	36.06.04타 37.05.26개 38.03.31개 38.08.01타 39.04.05개 39.11.20개 39.12.29개 40.03.31개 40.12.21개	41.01.22개 41.03.07개 41.03.10타 41.06.14타 41.12.20타 42.02.14타 42.03.23타	42.06.18타 42.12.08타 43.03.30타 43.07.01타 43.08.09타 43.12.14타	44.03.31타 44.08.18타 44.10.28개 45.01.11타 45.03.15타
	마권세					42.02.28제	43.03.31개	
	인지세	19.03.27제	23.05.23개 26.02.01개	33.08.17개		41.06.14타 42.12.08타	43.07.01타 43.08.09타 43.12.14타	
	조선은행권 발행세	11.00.00제						
	취인세		21.00.00제					
	톤세	10.08.29제 12.03.28제 20.08.26개						
	통행세				40.03.31제	41.11.29타		44.03.31개

출처: 〈표 3-5〉과 같음.

41) 「유통세」, 『국세법령정보시스템 용어사전』. https://txsi.hometax.go.kr/docs/customer/dictionary/wordList.jsp (2016년 11월 23일 접속)

한일합병 직후인 1910년대에는 조선은행발권세(1911), 등록세(1911), 인지세(1916), 등이 신설되었고, 1920년대에는 취인세(거래세, 1921)가 새로 도입되었다. 취인세는 재화의 유통거래를 포착하여 과세하는 것이며, 인지세와 등록세는 재산권의 이전에 수반하는 문서의 작성 및 등기 · 등록을 포착하여 과세하는 것이다. 1937년의 중일전쟁 발발 후 통행세(1938), 건축세(1939), 마권세(매상에 대한 부분, 1942), 광고세(1942)가 신설되었다.

다. 소비세(消費稅, consumption tax) 계통

소비세 계통으로 가장 오랫동안 구 제도가 유지된 세목은 관세이다. 일본은 조선의 관세와 관련, 대한제국 시절 열강들과 체결한 관세조약의 제약을 받았다. 그 결과 조선총독부는 구한말의 제도를 일단 승계하여 10년간 유예시킨 후 1920년에 들어서야 통일관세제도를 실시하여 자국과 일치시켰다. 신 제도 하에서 실시된 출항세는 일본에는 존재하지 않는 세목으로 조일 간의 상품교역에 적용되던 일본 측의 이입세 철폐에 따른 보완책으로 신설했다.[42)]

소비세 계통에서 가장 비중이 큰 대중과세는 주세이다. 1909년과 1911년 개정되었고, 경미한 세율로 시작했지만 양차대전 기간을 거치면서 거듭 증징되었다.[43)] 주세와 마찬가지로 서민 대상의 세목인 설탕소비세는 1919년

---

42) 차병권(1998), 『일정하 조선의 조세정책』, 80-81쪽; 김옥근은 출항세의 신설 목적을 다음과 같이 설명하고 있다. “출항세는 조선측에서 보면 일종의 수출세이며 일본측에서 보면 일종의 수입세이다. 이러한 출항세를 창설한 이유는 (1) 조선과 일본에 있어서 소비세제도가 각각 다른 상황에서 일본이 이입세를 철폐하는데 따른 조일간의 수입세 부담면에 생기게 되는 불균형을 조절하는 것과 (2) 출항세를 부과함으로써 조선으로부터 소비재이입을 규제하여 일본국내의 소비재산업을 보호하려는 데 그 목적이 있었다고 할 수 있다”. 김옥근(1994), 『일제하 조선재정사논고』, 104쪽.

43) 일본에서 간접세 중 주세의 비중이 두드러진 이유는 지주층인 다수의 제국의회 의원들이 주조를 개정하는 대신 대중기호품인 주세의 증징을 통한 재정확대에 동의했기 때문이다. Osamu Ito(1999), “The Transformation of the Japanese Economy”,

신설되었다. 1922년과 1927년 증징된 후 1932년 감세되었다가 전시체제에 들어서면서 다시 증징되었지만, 설탕의 절대적 공급량이 부족하여 세입에서 차지하는 비중은 미미했다.[44]

일본과 거의 동시에 실시된 소비세 세목인 물품세는 특정 물품에 대해 부과하는 제조업체대상의 소비세이며,[45] 직물세는 일본에서 1905년 이래 실시된 직물소비세를 1943년 조선에 도입한 것이다.

패전 직전에는 사치품의 소비 억제를 위한 세목이 다수 등장했다. 유흥음식세는 조흥세(助興稅)라는 이름으로 1920년대부터 지방세로 과세하다가 1939년 국세 세목으로 신설되었다. 특별행위세는 고급서비스의 제공자를 대상으로 영업세에 추가해 과세했다.

---

in Erich Pauer ed., *Japan's War Economy*(London: Routledge), p. 181.

44) 일본의 소비세에서 주목할 만한 세목은 '설탕소비세'이다. 일본은 설탕 순수입국으로 1894년 이미 공급을 5배 상회하는 수요량을 보였다. 다이니혼제당(大日本製糖) 등 일본의 기업들은 1900년 식민지로 병합된 대만에 제당소를 설립해 설탕의 주 공급기지로 삼았고 1890-1894년 기간 중에는 대만 수출 물량의 98.2%를 가져갔다. 설탕소비세는 1901년 실시되었고, 설탕소비세가 정부 수입에서 차지하는 비중은 1903-1904년도에 3.0%, 1906-1907년도에 4.2%를 차지했다. 설탕소비세는 1941년부터 설탕이 배급물자로 전환되면서 세목으로서 의미를 상실했다. G.C. Allen(2003), A Short Economic History of Modern Japan, 1867-1937(London: Routledge), p. 80; Gary Marvin Davison(2003), A Short History of Taiwan: The Case for Independence (Westport: Praeger Publishers), p. 40.

45) 물품세를 소비세 계통의 세목으로 분류한 것은 일본 재무성의 분류를 따른 것이지만 다른 해석도 존재한다. "물품세를 소비세라고 분류한 것은 엄밀히 말하면 정확한 것은 아니다. 소비재 이외의 중간재에 광범하게 과세되었기 때문이다. 흔히 소비세로 분류되지만 엄밀한 의미의 소비세가 아닌 거래세의 성격을 상당히 가지고 있는 것이 물품세라고 할 수 있다". 곽태원(1997), 「국가 및 경제재건시대의 조세정책 (광복이후 1950년대까지)」, 조세연구원 엮음, 『한국조세정책 50년』(서울: 조세연구원), 23쪽n; 소비세가 물품세 형식으로 첫 도입된 것은 1937년으로, 사치품으로 간주되는 품목 10종에 대해 부과했는데 1944년에는 107종으로 늘어났다. Hiromitsu Ishi(1989), *The Japanese Tax System,* p. 4.

〈표 3-7〉 일본의 소비세 개정, 1868-1945

구분	세목	법 개정	조선
소비세	골패세	1902 신설	(〃)
	면허세		(x)
	물품세	1932, 1940-1989 물품세 실시	(〃)
	설탕소비세	1901 설탕소비세 신설, 1941 배급제로 전환	(〃)
	유흥음식세	1938 신설	(〃)
	입장세	1940-1948 입장세 실시	(〃)
	전기가스세	1932 신설	(〃)
	주조세	1880 주조세로 개편, 1908, 18, 20, 25 증징, 1940 공업용 알콜도 포함	주세
	직물소비세	1905 직물소비세 실시 (영구세)	직물세
	청량음료세	1926 청량음료세 신설,	(〃)
	특별행위세	1943 신설	(〃)

주: 세목 중 (〃)는 일본과 같은 경우, (x)는 대체 세목 없이 폐지된 경우를 나타냄.
출처: 大蔵財務協会(1964), 『日本の財政』의 내용을 표로 재구성함.

〈표 3-8〉 조선총독부의 소비세 개정, 1910-1945

구분	세목	1910-1920	1920-1930	1931-1940		1941-1943		1944-1945
소비세	골패세			31.04.15제 34.04.30개	40.03.31개	41.11.29타		44.03.31개
	물품세				38.03.31제 40.03.31제	41.11.29타 42.03.24개	43.02.28개	44.02.16개
	설탕소비세	19.03.24제	22.03.27개 23.01.16개 27.03.31개	31.12.28개	40.03.31개	41.11.29타	43.03.31개	44.04.01개
	유흥음식세				40.03.31제	41.11.29타	43.02.28개	44.02.16개 45.03.15타
	입장세				38.03.31제 40.03.31제	41.11.29타	43.02.28개	44.02.16개 45.03.15타
	전기가스세					42.03.24제		
	주세	16.07.25제 19.03.27개 20.08.27개	22.04.21개 27.03.31개	34.06.25개	36.08.31개 38.06.21개 40.03.31개	41.05.31개 41.12.01일	43.04.01개	44.04.01타 45.03.15타
	직물세						43.04.02제	
	청량음료세			34.03.30제	40.03.31개	41.11.29타	43.04.01개	44.04.01개
	특별행위세						43.03.31제	44.02.16개

출처: 〈표 3-5〉과 같음.

제2절_ 소련의 조세제도

1. 소련 조세제도의 개요

세금 없는 사회는 사회주의의 이상이다. 그 점에서 소련의 조세제도는 한시적 제도로 볼 수 있겠지만, 현실 속에서 소련 붕괴까지 90여 년간 제도 자체가 폐지된 일은 없다. 1945년 현재 소련의 조세제도는 재화와 서비스를 중심으로 과세하고 개인소득세(income tax), 재산세(property tax) 등 직접세보다는 이익공제금(profit from enterprises), 거래세(turnover tax), 사회보장세(payroll tax) 등 간접세의 비중이 높다는 특징이 있다. 소련 경제정책에서 계획과 통제가 가지는 중요성을 고려할 때, 현금세가 가지는 우선순위는 낮고 현금세 중 거래세의 비중이 가장 높다. 따라서 소련 조세의 1차적 기능은 소비재 시장의 인플레이션 억제에 있다고 볼 수 있으며,[46] 미국 등의 시장경제 조세제도와 비교할 때 소득재분배 기능은 상대적으로 낮다.

소련 연방정부의 세입구조는 1941년 현재 총 세입 2,168.4억 루블 중 거래세 수입의 비중이 가장 높은 57.5%, 그 외 이익공제금이 312.4억 루블 14.4%, 조세외수입이 7.9%를 차지하고 있으며 소득세와 농업세의 비율은 각각 2.1%와 2.4%에 지나지 않는다.

조세행정의 측면에서 자본주의 제도와 가장 크게 다른 점은 별도의 징세기구가 없고 은행의 역할이 크다는 것이다. 이는 레닌의 구상에 따른 것이다. 레닌은 10월 혁명을 두 달 앞두고 발표한 팸플릿에서 "은행의 업무를 하나의 국영은행에 집중시켜 통제할 수 있을 때서야, 재산 및 소득의 은닉을 방지하는 가운데, 지금으로서는 허구에 가까운 소득세를 징수하게 될 수 있을 것"이라고 말한 바 있다.[47]

---

46) Franklyn D. Holzman(1944), *Soviet Taxation: The Fiscal and Monetary Problems of a Planned Economy*(Cambridge: Harvard University Press), p. 3.

〈그림 3-3〉 소련 정부의 국세 체계, 1917-1945

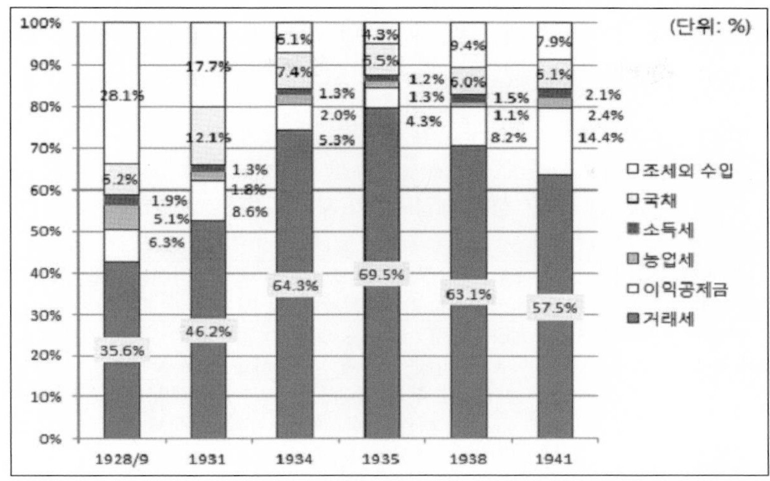

출처: R.W. Davies(1958), *The Development of the Soviet Budgetary System*, pp. 295-296의 자료를 그림으로 재구성함.

소련은 징세기구를 별도로 설립하는 대신 지방 소비에트를 통해 과세했고, 이전 지출의 형식으로 지방 정부에 세입을 교부하는 대신 지방정부에서 일정 금액을 제하고 연방정부의 재정국에 차액을 상납했다. 한편 정부 수입의 큰 부분을 점하는 이익공제금에 대해서는 국영은행을 이용해서 기업의 계정에서 수익금을 차감해 정부의 계정으로 이전시키는 방법을 취했다. 그 결과, 소련에서의 조세행정은 회계 처리의 문제(accounting exercise)로 축소되었다.[48]

2. 소련 정부 세입구조의 시기별 변천

소련의 시기는 (1) 10월혁명에서 전시공산주의의 종료까지인 1917-1921년

47) V.I. Lenin(1977), "The Impending Catastrophe and How to Combat It"(1917. 10), *Lenin Collected Works 25*(Moscow: Progress Publishers), p. 335.

48) Gehlbach(2008), *Representation through Taxation*, e-book line 1584 of 3804.

기간의 혼란기, (2) 신경제정책(NEP)의 개혁기에 대응하는 1921-1928년 기간의 형성기, (3) 경제개발 제1, 제2차 5개년 계획의 실시와 함께한 1928-1938년 기간의 정착기, 그리고 (4) 2차대전에 참전한 1938-1945년 기간의 동원기로 아래의 〈표 3-9〉와 같이 구분할 수 있다.

〈표 3-9〉 **소련 정부 세입구조의 시기별 변천**, 1917-1945

시기구분	내용
1. 혼란기 1917-1921	1918-1921 전시공산주의: 화폐경제 무력화, 잉여농산물 징발제 실시, 부유층 대상 과세 강화 (징세 실적 저조)
2. 형성기 1921-1928	1921-1928 NEP: 농민 소득에 대해 농업현물세-단일농업세-소득세로 순차적 실시, 소비세·거래세 등 간접세 강화, 각종 공채 발행
3. 정착기 1928-1938	1928-1932 경제개발 제1차 5개년 계획: 농업국에서 공업국으로 변모. 경제개발 5개년 채권 발행, 물품세 등 간접세 확대, 기업장 기금 신설 (근로자복지 개선에 사용) 1933-1937 경제개발 제2차 5개년 계획: 공업생산이 유럽 1위, 세계 2위로 도약. 주민소득세 과표 세분화 (1932-1933 대기근으로) 협동농장 농민 소득세를 인두세로 전환, 주요작물에 대한 현물세 신설, MTS 사용료 현물 납부
4. 동원기 1938-1945	1938-1941 경제개발 제3차 5개년 계획: 전시 생산물 중심 농업활동 합산 과세 1941-1945 2차대전: 소득세에 100% 가산, 독신세·전쟁세 신설

출처: 〈그림 3-3〉과 같음.

가. 혼란기, 1917-1921

소비에트 정부가 승계한 세입구조를 살펴보면, 우선 제정 러시아는 1861년 농노를 해방하고 구 농노에게 해방세(redemption payment)를 부과하여 지주에 대한 정부의 해방비용의 부담을 전가했다.[49] 1724년에 신설되어 기타 모든 직접세를 대체한 인두세(soul tax)는 1885년 폐지되었고 1907년 조세개혁으로 생필품에 대한 소비세, 상공업 소득에 대한 소득세, 도시부동산 및 토지에 대한 재산세 부과가 개시되었으며, 주류전매제를 계기로 간접세

49) 해방세는 1905년 피의 일요일 사태로 부과가 중단되었지만 일부 지역에서는 1917년까지 계속되었다 Michael A. Newcity(1986), *Taxation in the Soviet Union*(New York: Praeger Publishers), p. 2.

를 중심으로 한 세입구조가 설계되었다.[50] 혁명 직전 편성된 1917년 예산에서 총 수입은 총액 40억7천7백만 루블이며 이중 소득세(1억3천만 루블) 등 직접세가 5억6천6백만 루블(13.9%), 간접세가 1억9천9백만 루블(27.0%), 관업 수입 17억2천5백만 루블(42.3%), 기타 수입이 2억4천5백만 루블(6.0%)을 차지했다.[51]

10월혁명으로 등장한 레닌 정부는 1918년 전시공산주의(War Communism) 공식화를 계기로 생산수단의 국유화를 추진하는 가운데 러시아 내전(1917-1922), 대기근(1921)과 싸웠다. 당시 레닌은 농민을 빈농, 중농, 부농으로 나누어 빈농에 세금을 면제하고 중농에 낮은 세율을 부과했지만, 그렇다고 부농을 자본가와 같은 착취적 계급으로 간주한 것은 아니었다.[52] 1918년 소공 중앙위원회는 농민에 대한 현물세 부과를 결정했지만 징수는 원활히 이루어 지지 않았고, 정부는 잉여농산물을 강제적으로 징발해야 했다. 또한 이 기간 중 악성 인플레로 통화가치가 상실되어 정부가 나서 유통되는 현금을 줄이고 식량 배급제를 실시했다. 한편 부유층의 현금 흡수를 위해 신설된 특별혁명세(extraordinary revolutionary tax)의 징수 실적은 지극히 저조했다. 이 기간 중 소련에서는 물물교환경제(barter economy)가 작동했고, 1919년 말 국가의 현금세 수입은 거의 전무 한 상태였으며, 조세수입이 예산에서 차지하는 비중은 1917년 40.8%에서 1919년 하반기에는 10%, 그리고 1920년에는 0.003%로 수직낙하했다.[53]

---

50) Newcity(1986), *Taxation in the Soviet Union*, p. 3; Nicholas Risanovsky and Mark Steinberg(2010), *A History of Russia*(New York: Oxford University Press), p. 432.

51) R.W. Davies(1958), *The Development of the Soviet Budgetary System,* p. 42.

52) V.I. Lenin(1981), "Re the Decree on the Imposition of a Tax in Kind on Farmers"(1918. 9. 21), *Lenin Collected Works 42*(London: Progress Publishers), pp. 107-108.

53) K. Shmelev(1931), "Public Finances during the Civil War, 1917-1921", in G.Y. Sokolnikov ed., *Soviet Policy in Public Finance*(Stanford: Stanford University Press), pp. 112, 116. https://archive.org/download/in.ernet.dli.2015.89870/2015.89870.Soviet-Policy- In-Public-Finance-1917-1928.pdf (2016년 11월 23일 접속); R.W. Davies(1958), *The Development of the Soviet Budgetary System*, p. 28.

나. 형성기, 1921-1928

1920년의 흉작이 가져온 농촌에서의 민심 악화와 1921년 혁명의 지지세력인 크론슈타트 해군수병대가 일으킨 반란으로 소련 지도부는 전시공산주의를 포기하고 NEP를 채택했다. 농산물 징발제는 농업현물세(tax in kind)로 대체되었고 잉여농산물의 자유 거래가 허용되었다. 농업현물세는 1921년 현물세로 출발해 일반공민세(general citizen's tax), 단일농지세(single natural tax) 등과 통합하여 1923년 단일농업세(single agricultural tax)로 개편되었다. 1924년의 개정 세법은 농업세의 세율을 인상하고 누진적 성격을 강화했으며 빈농의 농업세 면세 비율을 확대했다.[54] 1924년 농업세가 국가 수입에서 차지하는 비중은 14%였으며 농민들은 농업세의 50% 이상을 현금, 25%를 채권, 25%를 현물로 납부했다. 농업세는 큰 폭의 감세가 이루어진 1925년을 기준으로 전액 현금으로 징수되기 시작했다.[55]

비록 NEP 기간 중 농업현물세가 가장 잘 알려지긴 했지만, 소련 정부에 가장 많은 수입을 가져온 세목은 소비세(excise tax)였다. 간접세인 소비세는 역진적(regressive)인 성격으로 노동계급에 해가 된다는 것이 사회주의 이론가들의 공통된 견해였기 때문에, 소비세의 도입은 소련에게 민망한 상황이었다.[56] 그러나 별도의 세입창출 국가장치의 강화 없이 정부의 지출을 뒷받침할 안정적 현금 흐름을 확보할 수 있다는 점에서 소비세는 정책입안

---

54) 농업세 감세의 혜택은 납세액이 큰 부농인 쿨라크에게 주로 돌아갔으며 가축에 대한 변환비율이 낮아지고 특수작물이 과세대상에서 제외되는 등의 조치는 중농의 하위소득계층에게는 이익이 되지 않았다. E.H. Carr(1972), *A History of Soviet Russia: Socialism in One Country, 1924-1926 1*(London: Macmillan), p. 318.

55) E.H. Carr(1978), *A History of Soviet Russia: Foundations of a Planned Economy, 1926-1929 1-2*(London: Macmillan), pp. 13-14.

56) 대표적으로 레닌은 소비세를 이렇게 비판하고 있다. "대중소비품에 들어있는 간접세는 극도의 부정을 그 특징으로 한다. 빈자는 그것을 전부 부담하지만 부자들에게는 오히려 그것이 하나의 특권을 제공한다. 가난할수록 간접세의 형태로 국가에 이전되는 소득 몫은 더욱 커진다". V.I. Lenin(1981), "To the Rural Poor: An Explanation for the Peasants of What the Social-Democrats Want"(1903. 3), *Lenin Collected Works 6*(London: Progress Publishers), pp. 398-407.

자들의 선호를 받았으며, 소련의 세입구조는 1927년을 계기로 소득세(직접세)에서 물품세(간접세) 중심으로 전환했다.[57]

다. 정착기, 1928-1941

경제개발 제1차 5개년 계획(1928-1932)을 계기로 소련은 농업국에서 공업국으로 변모하게 된다. 소련은 경제 분야의 지각변동을 지탱할 수 있는 대규모 조세개혁을 1930년 실시했다. 사회주의 경제 부문 기업 대상의 이익공제금(profit from enterprises)이 신설되었다. 소비세는 1929년에 폐지되어 공예품세(craft tax)로, 1930년 다시 거래세(turnover tax)로 개편되었다. 간접세 세입구조는 상품 중심에서 매출 중심 과세로 전환했다.

소련 정부는 제1차 5개년 계획을 4년 3개월 만에 조기 달성하고 곧바로 제2차 5개년 계획(1933-1937)에 돌입했다. 이 기간 중 소련의 공업생산은 유럽 1위, 세계 2위로 도약했다. 그러나 공업생산의 비약적 발전에도 불구하고 동 기간 중 이익공제금이 정부 수입에서 차지하는 비중은 평균 6.2%에 지나지 않았으며 농업세의 비중도 평균 0.9%의 미미한 수준으로 떨어졌다.[58] 1928년 35.6%를 기록한 거래세는 제2차 5개년 계획 기간 중 평균 66.2%의 비중을 유지하고 소련의 산업화 도약을 위한 물적 기초를 제공했다.

라. 동원기, 1941-1945

1945년 현재의 소련 조세제도는 1930년대에 그 골간이 완성된 것으로 평가 된다. 2차대전 기간 중 조세제도는 수입금액 산정, 세율 등의 부분적 조정을 제외한다면 1930년대 말의 기본 골격을 유지했다. 예외적 전시조치로는 독신세(tax on bachelors, single citizens, and citizens with smaller families)와 전쟁세(war tax)를 들 수 있다. 독신세는 1937-1940년의 출산율 급락에 대

57) Newcity(1986), *Taxation in the Soviet Union*, p. 13.
58) R.W. Davies(1958), *The Development of the Soviet Budgetary System*, p. 295.

응하기 위해 정부가 마련한 출산장려정책의 일환으로 부과되었다. 전쟁세는 18세 이상의 민간인을 대상으로 하고, 업종에 따라 다른 세율이 적용되었으며 1946년 폐지되기 까지 소련 정부에 거래세 다음으로 높은 세수를 안겨 주었다. 소득세와 농업세는 1941년과 1943년 재차 인상되었고 소득세에서의 고세율정책은 전후에도 상당 기간 유지되었으며 1953년에야 전전 수준으로 복귀할 수 있었다. 독신세는 1960년 폐지되었다.[59]

3. 소련 정부 세입구조의 세목별 변천

〈표 3-10〉 **소련 정부 세입구조의 세목별 변천**, 1917-1945

<table>
<tr><th colspan="3">세목</th><th>비고</th></tr>
<tr><td rowspan="2">사회주의경리수입</td><td colspan="2">거래세</td><td>1921 소비세 신설, 1922 세목 확대, 1928 과세 대상을 신디케이트 및 트러스트로 전환, 1929 소비세 폐지하고 개인기업에 대해서 공산품세로 전환, 1930년 폐지
1930 국영기업소 등 재화에 거래세 부과, 1931 서비스에 거래세 부과, 1932 국영농장 재화 및 서비스에 부과, 1933 확대</td></tr>
<tr><td colspan="2">이익공제금</td><td>1923 국영기업 및 집체기업에 대한 법인세 신설,
1930 법인세 중 국영기업 대상 분을 이익공제금으로 전환
1930 세제개혁: 이익공제금 신설하고 1931 세율 차등화
1936 기업장 기금 신설, 1939-1946 일시 중단</td></tr>
<tr><td rowspan="2">주민세금</td><td colspan="2">도시민대상</td><td>1918 부유층 대상 특별혁명세 과세
1922 개인 대상의 소득세 신설하고 1923, 1930, 1941 세율 조정,
1941 독신세 신설, 1942 전쟁세 신설
1943 소득세와 도시민 대상의 문화세(kul'tsbor) 통합</td></tr>
<tr><td>농민대상</td><td>농업세</td><td>1921-1923 농업현물세 실시, 1922-1923 단일농지세 실시,
1923 단일농업세로 통합
1930 협동농장 대상 소득세 과세, 1933-1939 인두세로 전환,
1939-1952 생산물 중심 과세, 1941-1946 누진율 적용</td></tr>
<tr><td colspan="3">인민공채</td><td>1922 곡물 대상 첫 공채 발행, 1927 3년 만기 1차 산업화 채권 발행,
1930 경제개발 5개년 채권 발행</td></tr>
</table>

출처: Holzman(1944), *Soviet Taxation*의 내용을 표로 재구성함.

59) Newcity(1986), *Taxation in the Soviet Union*, pp. 22-26.

가. 물품세(commodity tax)

물품세는 국영기업소 전체 수입에서 상업적인 제 비용을 차감한 금액에 대해 과세하는 것으로 정의되어, 자본주의 체제 아래서 일반적으로 기업의 비용에 들어가는 자본비용 · 감가상각비용 · 임대료 등은 포함하지 않는다. 홀즈먼(F. Holzman)의 분류에 의하면 물품세는 거래세, 사회보장세와 이익공제금으로 나눌 수 있다.[60]

우선 거래세(turnover tax)는 당시 유럽의 소비재에 주로 부과되던 판매세(sales tax)와 유사한 세목으로 1932년의 수입이 150.0억 루블에 달해 전체 조세수입 274.7억 루블 중 가장 큰 비중인 54.7%를 차지했다. 소련의 거래세은 국영기업 및 집체기업에 부과되는 것으로 "가격결정요소(price-decreeing factor)가 아니므로 대중과세로 간주하지 않는다"는 것이 당시 소련 국영은행의 입장이었다.[61]

이익공제금(profit from enterprises)의 경우 임금인상, 비효율성 등으로 생산 단가가 상승할 경우 세입은 급감하고 거래세과 비교할 때 납기가 길어, 기간 세목으로서 거래세가 선호되었다. 1930년대까지 공업제품에 대한 납세는 공장 단위에서, 농업제품에 대한 납세는 수매기관에서 담당했으나 1940년대에 들어서면서 납세 주체가 대규모 도매상(wholesale trading organizations)으로 바뀌었으며, 납기일은 규모에 따라 1일에서 월 1회까지 다양했다. 거래세 수입은 1928/1929년부터 1935년까지 꾸준한 증가세(35.6%-69.5%)를 보였고, 이익공제금 과세 강화로 1937년부터 1940년까지 감소(69.4%-58.7%)한

60) Holzman(1944), *Soviet Taxation*, p. 90.

61) Jerome Davis(1968), *The New Russia between the First and Second Five Year Plans* (Freeport: Books for Libraries Press), pp. 9-10; "세율은 별도의 세법에서 규정하는 대신 중앙계획당국이 소비자가격과 생산자 가격을 결정할 때 암묵적으로 결정된다". 최준욱 · 이명헌 · 전택승 · 한상국(2011), 『체제전환국 조세정책 분석과 시사점: 남북경협 및 경제통합 관련 조세 · 재정분야 기초연구 (I)』(서울: 조세연구원), 33쪽.

후 군비 지출 수요가 늘어난 1941년에 다시 반등(70.5%)했으며, 2차대전 종전 후 급속한 감소세를 보였다.[62)]

두 번째로 노령연금, 산재보험 등 사회보장제도의 재원으로 이용되는 사회보장세(payroll tax)가 있다. 사회보장세는 급여에 가산(mark-up)하는 형태로 수취하며 자본주의 제도에서라면 원가-가격구조의 구성요소에 해당하지만, 본 연구는 홀즈먼의 분류에 따라 조세로 간주한다.[63)] 자본주의 경제에서는 일반적으로 근로자가 급여에서 세금을 납부하지만 사회주의 경제에서는 일정 기간에 대한 국가의 수익을 재분배(redistribution of earnings over time undertaken by the state)하여 임금과 별도로 기업의 회계장부에 비용 항목으로 기재한다.[64)] 사회보장세 세율은 급여에 비례해 최소 3.7%에서 최대 10.7% 사이의 구간에서 산업의 따라 다르게 결정되었으며 세입이 세출보다 컸다.[65)] 예컨대 1934년의 경우, 사회보장세 수입은 연금 등 사회보장비용 지출 20억 루블을 상회하는 69억 루블로 집계되었고, 차액분은 보건, 주택 건설과 교육비 등으로도 지출되었다.[66)]

물품세 중 마지막으로 이익공제금(profit from enterprises)은 기업이 생산에 소요되는 제 비용을 지불하고 사회보장세를 차감한 후 거래세를 납부하고 남은 이윤에 대해 부과했으며 높은 누진율이 적용되었다.[67)] "사회주의 경제의 이익공제금은 이윤에 대한 과세와 기업의 소유주인 국가에 대한 이윤배당이라는 두 가지 성격을 혼합되어 있으며, 실질적으로 계획경제의 한 부분으로 작동하는 것으로 이해할 수 있다. 즉, 잉여가 발생한 기업 및 산

62) Holzman(1944), *Soviet Taxation*, pp. 91-93, 143.

63) 위의 책, 261쪽.

64) Abram Bergman(1944), *The Structure of Soviet Wages: A Study in Socialist Economics*(Oxford: Oxford University Press), p. 35.

65) Holzman(1944), *Soviet Taxation*, p. 92.

66) 이 같은 세입-세출의 불일치를 근거로 Bergman은 사회보장세를 소득세로 간주해야 한다고 주장한다. Bergman(1944), *The Structure of Soviet Wages*, p. 35.

67) Holzman(1944), *Soviet Taxation*, p. 91.

업으로부터 이를 흡수하여, 투자가 필요한 기업에 이전시키는 기능을 했다".[68] 이윤은 다시 계획 이윤과 계획 외 이윤으로 나눌 수 있는데, 전자는 계획에 따라 제조, 판매하고 비용을 차감한 후의 이윤을 말하며 후자는 계획 대비 비용을 줄이고 생산을 늘려서 얻은 추가적인 이윤을 말한다. 국영기업소는 기업장 기금(director's fund)에 계획 및 계획 외 이윤의 일정 금액을 적립한 후 잔액에서 신규투자금을 제외한 잔액을 전액 이익공제금으로 납부했다. 신규투자금이 이익공제금 납부 최소금액(총 이윤의 10%)을 상회하는 경우 기업이 일단 납부한 후 정부예산에서 보조금으로 보전받는 형식을 취했다.[69]

나. 소득세

소련의 소득세는 도시민 대상의 소득세와 농민 대상의 농업세 등으로 구분된다. '소득에 대한 고율의 누진세'는 맑스(K. Marx)와 엥겔스(F. Engels)의 공산당 선언 10대 강령에 포함되는 중요 원칙이다. 고율의 누진과세 원칙은 10월혁명 이후 부유층 대상의 특별혁명세 형식으로 처음 시도되었으나 2년간의 징세 실적이 10%에 미치지 못하면서 좌초했다.

NEP 기간 중 소득세와 재산세가 결합된 개념의 소득세가 처음 도입되었는데, 최고세율이 15%로 제정 러시아 시대의 12.5%와 케렌스키 임시정부의 30.5%에 비교해 볼 때 높은 수준은 아니었다.[70] 1930년 조세개혁은 국유화된 생산체계에 속하지 않고 자유업 또는 개인생산수단으로 재화와 서비스를 생산하는 5개 업종에 대해 각각 다른 세율을 적용했다.[71]

한편 소련의 농업세는 과세 대상을 집단농장과 자영농의 농민가구를 대

68) 최준욱 외(2011), 『체제전환국 조세정책 분석과 시사점』, 34쪽.
69) Holzman(1944), *Soviet Taxation*, pp. 91-92.
70) Newcity(1986), *Taxation in the Soviet Union*, p. 14.
71) 최준욱 외(2011), 『체제전환국 조세정책 분석과 시사점』, 35-36쪽.

상으로 하며, 도시민 대상의 소득세에 대응되는 세금이다. 농업세는 한 가구에 배정된 경작지의 크기에 따라 부과했다. 농업세는 1918-1919년 기간 중 현물세로 1차 과세되었으나 징수 실적이 저조해 흐지부지되었던 것이 1921-1923년 기간 중에 다시 농업현물세의 이름으로 부과되었으며 1923년에는 단일농업세(Edinyy Selkhoz Nalog, Single Agricultural Tax)로 통합되어 현금과 현물을 혼합해 징수했다가 1924년 이후부터는 전액 현금으로 징수되었다. 이후 농업집단화가 진전되면서 소련 정부는 1936년 집단농장 조합원에 대해 농업세를 면제하고 그 대신 소득세를 부과했다.72) NEP 기간 중 농업세는 부농인 쿨라크(kulak)보다 빈농 및 중농에게 낮은 세율을 적용했고, 계급으로서의 쿨라크가 일소된 후인 1945년을 기준으로 자영농보다 집단농장의 농가에 더 낮은 세율을 적용했다.73)

다. 공채

공채는 국가가 원금과 이자에 대한 상환의무를 진다는 점에서 엄밀히 말해 조세는 아니다. 그러나 스탈린 정권은 준 강제적인 공채 매입대금을 근로자의 급여에서 원천징수했으며, 채권의 상환 만기를 종종 연기했다. 이 같은 성격은 소련의 공채를 조세수입으로 간주할 수 있게 한다.74) 소련 공민들은 물가가 불안정해 채권 투자가 매력적이지 않은 상황 속에서 중도 환매가 불가능하고 연 2-4주 분의 급여에 해당하는 공채의 매입 압력을 받았다.75) 공채에는 월 일정금액을 납입하는 인민공채(mass-subscription loans)와 현금공채(cash-purchase loans)가 있다. 소련 정부는 전통적인 채권수익

72) Alexander Baykov(1970), *The Development of the Soviet Economic System: An Essay on the Experience of Planning in the U.S.S.R.*(New York: Cambridge University Press), p. 281.

73) Holzman(1944), *Soviet Taxation*, pp. 186-196.

74) Newcity(1986), *Taxation in the Soviet Union*, p. 31.

75) Holzman(1944), *Soviet Taxation*, pp. 200-202.

률 계산 방식으로 만기 상환하거나 복권식(lottery)으로 추첨을 해 당첨 상환금을 일시에 되돌려 주는 방식을 택했다.[76] 공채는 전체 정부 수입에서 최고 12.1%(30.4억 루블), 최저 5.2%(48.9억 루블)의 비중을 차지했다.[77]

라. 기타

1945년 현재 소련은 재산세와 상속세를 과세하지 않는다. 재산세는 NEP 기간 중 사적 부문의 활동을 독려하기 위해 개인영리자(Nepman)를 대상으로 1921년 신설되었다가 1924년 폐지되었다. 상속세의 경우, 1918년 가족법 제정으로 상속제도가 폐지되면서 함께 폐지되었다가 1926년 가족법 개정으로 상속제도가 부활하면서 1926-1942년 기간 동안 고누진율로 과세되었다.

4. 점령군의 조세제도

군사점령이 교전중인 국가들이 승인한 국제법에 의해 규율되어야 한다는 인식은 20세기 초반 헤이그 제협약의 등장과 함께 제기되어 1차대전을 거치면서 확립되었다. 점령은 한 국가(또는 여러 국가)가 자국군을 진주시켜 해외의 영토를 통제하는 것으로 시작되어 철군과 함께 종료된다. 군사점령을 전쟁법의 관할로 간주하는 규범적 접근인 국제법은 체약국 점령자가 “점령지를 합병하거나 다른 방법으로 정치적 지위(political status)에 변경을 가하는 것”을 금지하고, 나아가 점령자가 “해당 영토에 존재하는 정치적

76) 소련식 추첨식 상환 제도의 인민공채는 2003년부터 북한이 실시한 인민생활공채의 모델이 되었다. 북한은 1950년과 2003년 총 2차에 걸쳐 국공채를 발행했다.

77) 국공채의 중요성은 스탈린 집권기에 특히 강조되었던 것으로 보인다. 1926-1941 기간 중 집계가 가능한 1928/1929년부터 1941년까지의 기간의 평균은 6.9%인 반면 1983년의 정부수입에서 국공채의 비율은 0.28%에 지나지 않았다. R.W. Davies(1958), *The Development of the Soviet Budgetary System*, p. 295; Newcity(1986), *Taxation in the Soviet Union*, p. 32.

및 기타 제도를 존중하고 유지할 것"을 요구한다.[78] 따라서 궁극적인 군사적 목표를 점령지의 병합 또는 식민화에 두고 있지 않는 한, 점령자는 희망컨대 "장 · 단기적으로 자국에 위협이 되거나 자국의 이해를 침해하지 않는" 우호적인 정부의 수립과 함께 철군하는 경로를 밟을 수밖에 없다.[79]

그러나 2차대전 승전국이 모두 국제법의 체약국인 것은 아니다. 미국과 달리 소련은 구 러시아정부가 체결한 헤이그 제협약을 승계하지 않은 채 2차대전 종전을 맞았다. 설사, 전후 뉘른베르크 나치 전범재판(Nuremberg Trials) 중 몰로토프(V. Molotov) 외상이 공언한 것처럼 소련이 국제법을 '승인한 것과 다름없다'고 했을지라도, 소련이 국제법을 북한에 적용해야만 하는 것은 아니다.[80]

즉, 전쟁법은 주권국가간의 적대행위를 규율하는 규범인데 반해, 미소의 한반도 점령은 일본이 주권이 포기하지 않은 상태에서 '임자 없는 땅(no man's island)'에 '모든 행정권을 인수하여' 진주한, 국제법적 의미에서의 전시점령도 평시점령도 아닌 독자적 점령(occupatio sui generis)에 해당하는 것이다.[81] 이렇게 볼 때 한반도 점령에서는 점령자의 국내규범, 다시 말해

---

78) Eyal Benvenisti(1993), *The International Law of Occupation*(Princeton: Princeton University Press), p. 3.

79) David M. Edelstein(2008), *Occupational Hazards: Successes and Failures in Military Occupation*(Ithaca: Cornell University Press), p. 6; 또는, 점령자가 현지 정부와 주둔군 지위 협정(Status of Forces Agreement)의 체결을 통한 영구적 주둔 지위를 꾀할 수도 있다. 그러나 이 경우 점령자-점령지 관계는 해외주둔군과 호스트국의 관계로 전환된다. 어떤 경우든 영구 점령은 존재하지 않으며, 모든 군사점령은 영구적인 듯 보일지라도 어느 시점에서는 종료될 수밖에 없다.

80) '승인한 것과 다름없다'는 표현은 다음의 해석에 근거한 것이다. "2차대전 전후의 기간 중 소련의 법률가와 정치가들은 1899년과 1907년의 헤이그 제협약은 보편적으로 인정된 전쟁법과 관습을 법제화한 것에 불과하며, 그 결과 전통적인 육전규칙과 관습규정은 조약을 체결하거나 비준서를 기탁하지 않았더라도 모든 나라에 구속력이 있다고 일관되게 주장했다". George Ginsburgs(1996), *Moscow's Road to Nuremberg: The Soviet Background to the Trial*(Hague: Kluwer Law International), p. 27.

81) 나인균(2003), 「한반도 점령정책의 국제법적 고찰: 연합국에 의한 한반도점령의 법적 성격을 중심으로」, 『국제법학회논총』 제48권 제1호, 110-114쪽.

국내법과 야전교범(field manual)이 국제법을 우선했다. 그 결과, 국제법, 국내법, 국내규범과 현지 지도부의 임의적 판단이 뒤섞이며 내려진 결정이 한반도에서의 두 개의 국가건설에 영향을 미쳤다는데 한반도의 특수성이 있다고 하겠다.

한반도의 점령을 가장 강력하게 규율한 것은 국제법이 아닌 연합국간의 합의이다. 연합국 정상들은 2차대전 종전 직전 열린 얄타 회담에서 한반도의 해방을 앞두고 세 가지의 느슨한 합의를 도출했다. 한반도에서의 일본군 무장해제, 식민지와 전장으로부터의 일본국민 송환, 그리고 한국인들에 대한 "적절한 시점(in due course)"의 독립 부여가 이 세 가지 합의사항이다.[82] 이 중 세 번째 합의가 한반도 점령의 근거가 되었다. 미소는 한반도를 38도선을 기준으로 분할해 점령하고 한국인을 '훈련(training)'했는데, 이는 미국 대통령 루스벨트(F.D. Roosevelt)의 '30년에서 50년' 또는 소련 수상 스탈린의 '빠를수록 좋다'의 사이의 어디쯤에 있을 3년이라는 기간 동안 진행되었다.

점령은 군정의 수립을 동반하지만 반드시 그런 것은 아니다. 우선, 군정(military government)과 민정(civil government)이 다르다. 군정이 군사업무(military affairs)를 전담한다면 민정은 점령지 주민들과 관련된 민사업무(civil affairs)와 민사행정(civil administration)을 다룬다. 민간인에 노출되는 군정의 활동은 대부분 점령군 내 민정 조직의 몫이다.[83]

38선 이북 지역은 군정 없는 점령에 해당한다. 소련은 1945년 8월 9일, 일본의 패전이 임박한 상태에서 이 지역에 진주했고, 해방군 역할을 자임하며 1948년 12월 26일 최종적으로 철군할 때까지 제25군을 주둔시켰다. 이는

82) GHQ-SCAP(1945), *Summation No. 1 Non-Military Activities in Japan and Korea for the Months of September-October 1945*(Tokyo: GHQ-SCAP), p. 175.

83) War Department(1940), *FM 27-5: Military Government*(Washington D.C.: U.S. Government Printing Office), pp. 1-10.

"전쟁의 정당성 및 정의와 진보성이 가지는 깊은 연관성"을 주장한 레닌(V.I. Lenin)의 '정의의 전쟁론(just war theory)'에 기반을 두고 있다.[84] 따라서 소련은 원칙적으로 점령 지역에 군정을 설치하지 않는다.[85] 소련 제25군 사령부는 38도선 이북 지역[86]에 민정관리총국(Directorate of Soviet Civil Administration)을 설치하고 주민들의 자치활동을 지원했다.

정리하자면 소련군은 국제법의 조세관련 조항에는 '비체약국'으로서도 구속력이 있다고 '간주'되는 상태이지만 반드시 매일 필요가 없는 상태에서 외세지배자로서 북한의 조세정책을 운영했다. 국제법 중 적국영토에 대한 점령군의 권력 행사를 규율하는 헤이그 제4협약 아래 점령군은 (1) 정당한 정부가 지출하는 정도로 점령지의 행정비를 지출하기 위해 조세, 부과금과 통행료를 징수할 수 있고(48조), (2) 군대 및 행정상의 필요에 의해서만 추가적인 조세를 부과할 수 있으며(49조), (3) 총사령관의 명령서에 의해서, 그리고 가능한 한 현행의 규칙과 조세평가에 따라서만 징수할 수 있다(51조). 다음은 헤이그 제4협약에서 조세와 관련된 부분만을 발췌한 것이다.

84) 전후의 소비에트 이론가들은 현대전을 4가지 유형, 즉 대적하는 사회주의와 자본주의 체제간의 전쟁, 프롤레타리아와 부르주아지 간의 내전, 식민지 제국과 식민지 민중 간의 독립전쟁, 그리고 자본주의 국가 간의 전쟁으로 구분하고 있다. 이 같은 구분은 한국전쟁을 국제전으로 바라보는 소련의 해석으로 이어진다. B. Byely ed.(1974), *Marxism-Leninism on War and Army*(Washington D.C.: U.S. Government Printing Office), pp. 62, 70.

85) 예외적으로 러시아내전 경험을 들 수 있다. 하지만 이는 적대적 점령이 아닌 평정작전(pacification exercise)에 해당한다.

86) 38도선 이북 지역은 아직 건설되지 않은 '국가로서의 북한'이 아니라 '한반도의 북쪽'을 의미하는 뜻에서 이후 건국 이전에 대해서도 북한으로 통칭한다. 같은 맥락에서 38도선 이남 지역은 이후 남한으로 통칭한다.

1907년 육전의 법 및 관습에 관한 협약

제3관 적군영토에 대한 군의 권력
제48조 점령군이 점령지역에서 그 국가의 이익을 위하여 부과하는 조세 부과금(dues) 및 통과세(tolls)를 징수할 때에는 가능한 한 현행 규칙과 평가에 따라 이를 징수하며, 점령군은 정당한 정부가 지출하는 정도로 점령지의 행정비를 지출하여야 한다. 제49조 점령군이 점령지에서 전조에 규정된 세금 이외의 다른 조세를 부과하는 것은 군대 또는 점령지 행정상의 필요를 위한 경우에 한한다. 제51조 조세는 총지휘관의 명령서에 의하여 또한 그 책임으로서만 징수될 수 있다. 조세는 가능한 한 현행의 규칙과 조세평가에 따라서만 징수되어야 한다. 모든 조세에 대하여 납세자에게 영수증이 교부되어야 한다. 제53조 점령군은 국가의 소유에 속하는 현금, 기금 및 징발 가능한 재산, 비축무기, 운송수단, 재고품 및 식량과 군사작전에 사용될 수 있는 모든 국유동산을 압수할 수 있다. 제55조 점령국은 적국에 속하며 또한 점령지내에 있는 공공건물, 부동산, 삼림 및 농장에 대하여 그 관리자 및 용익권자로서만 간주되며, 이러한 재산의 기본을 보호하고, 용익권의 규칙에 따라 이를 관리하여야 한다.

출처: 「육전의 법 및 관습에 관한 협약(Convention with Respect to the Laws and Customs of War on Land)」(1986. 8. 8). http://www.law.go.kr (2016년 11월 23일 접속)

제3절_ 소결

조세정책에 있어 소득의 포괄적 누진과세(broad-based progressive income

taxation)를 옹호하고, 조세평등(tax equalitarianism)을 지향한다는 점은 일본이 군사파시즘, 소련이 사회주의 국가였다는 차이점에도 불구하고 양국이 동일하다. 나아가 두 나라 모두 양차대전 참전국이며, 양차대전을 전후한 기간에 한반도에 발을 디뎠다. 일본과 소련이 한반도에 진주한 시점과 조세제도에 끼친 영향은 상이하다.

우선 일본은 토지조사를 통한 지조의 실시와 간접세 중심 과세를 통한 수탈 구조를 한반도에 이식했다. 조선총독부는 일본과 조세제도를 일치시키는 노력을 기울여, 패전 무렵 일본과 가까운 구조를 가지고 있었으며 모두 56개의 세목을 운영했다. 한편 1945년 일본의 패주와 함께 등장한 소련은 북한에서 사회주의 혁명에 선행하는 인민민주주의혁명이 일어날 수 있도록 북한을 생산수단 국유화 및 민주개혁의 추진의 방향으로 이끌었고, 사회주의 경리부문에 대한 거래세 및 이익공제금 중심의 과세원칙을 가지고 전후의 한반도에 진주했다. 당시 소련의 세입구조는 사회주의 경리부문의 수입이 크고, 주민세금의 비중은 미미하며, 전비마련을 위해 공채와 강제저축 제도가 적극 활용되고 있었고 독신세 등의 한시적 전시세제가 부과되고 있는 형태였다.

1945년 점령과 함께 북한이 처한 상황은 1990년대 체제전환기의 동유럽에 빗대어 설명할 수 있을 것이다. 조위트(K. Jowitt)에 의하면 "40년간의 레닌주의 통치의 상속과 유산이 체제전환기의 동유럽에서 새로운 제도적 패턴의 형성을 결정했다".[87] 동유럽 국가들과 소련은 같은 사회주의 경제권에 속해 있었지만, 체제전환 이후의 조세제도에서 큰 차이점을 드러냈다. 대부분의 동유럽 국가들이 유럽연합 가입을 염두에 둔 재정개혁을 추진했고 그 결과 동유럽에 소득세 중심의 누진과세가 자리 잡게 되었다면, 유럽연합 가입 가능성이 전무한 러시아는 지금까지도 대기업(구 국영기업소)과

87) Ken Jowitt(1992), *New World Order: The Leninist Extinction*(Berkeley: University of California Press), pp. 284-285.

의 협상에 의한 법인세(구 이익공제금) 징수와 소비세(구 거래세) 징수에 재정수입의 대부분을 의존하고 있다.[88]

재정건전화를 신규 회원의 가입요건으로 삼는 유럽연합의 존재가 동유럽 국가의 신 지배자들이 자신의 상대적 협상력 · 거래비용 · 할인율을 계산하는데 고려한 주요 외부요인의 하나가 된 것이다. 그러나 유럽연합의 재정건정성 기준이 착취적인 압력요인이었던 것은 아니다. 당시의 동유럽국가들에게는 재정건전성 기준의 준수는 다소의 고통이 수반된다 하더라도 시장경제의 선진적인 제도를 마련하는 길이며, 유럽연합에 가입하는 것이 국가의 이익에 부합한다는 국민적 합의가 있었다.

이를 북한에 대입해 설명하면, 김일성에게 소련의 기존 조세제도는 유럽연합의 재정건전성 기준과 마찬가지의 무게감으로 작용했을 것이다. 소련의 조세제도는 약소국 수탈을 목적으로 소련이 북한에 강요하거나 임의로 이식한 제도가 아니다. 소련의 조세제도를 반영하는 것이 김일성의 통치철학에 부합했고, 김일성이 수립한 조세제도는 일제 강점기의 식민지 경제구조를 개편하고 사회주의 개혁을 추진하기 위해 필요한대로 또 가능한대로 반영한 것이다. 즉 소련의 조세제도는 김일성이 자신의 상대적 협상력 · 거래비용 · 할인율을 계산하는데 고려한 주요 외부요인의 하나가 되었을 것이다.

북한의 지배자에게 있어 민주개혁이란 탈식민과 사회주의로 가는 길을 의미한다. 일제 통치로 대표되는 구체제의 착취적 성격을 제거하고 활용하되, 소련의 새로운 제도를 북한사회의 발전단계에 맞게 선택적으로 취하는 것이다. 일본과 소련의 조세제도 경험에 관한 제3장의 내용을 토대로, 제5장과 제6장에서는 외세 지배자(소련)와 신 지배자(김일성)가 북한에서 세입창출 구조를 어떻게 함께 조합해 나갔고, 소련이 철군한 1948년 12월 후에는 지배자 단독으로 어떻게 세입창출 구조를 발전시켜 나갔는지, 북한적

88) Gehlbach(2008), *Representation through Taxation*, e-book location 2543 of 3804.

조세제도의 수립에서 폐지까지의 기간에 대해 검토할 것이다.

제4장

북한적 세입창출 국가장치

피어슨(C. Pierson)에 의하면 "한 국가가 번영하기 위해서는, 그 국가의 관할 권 내 인적, 물적 자원과, 이 자원을 추출할 수 있는 역량이 필요하며, 이를 위해 국가는 부를 창출할 수 있는 경제와 지속가능한 조세 시스템에 의존한다".[1] 근대국가가 지속가능한 조세 시스템, 즉 세출을 목적으로 한 세입이 안정적으로 이루어지는 시스템을 보유한다는 것은 소득세의 의무가 국민에게서 확고히 자리 잡을 때 가능하다. 근대국가 세입의 핵심은 소득세이고, 소득세의 성공은 효율적인 세입창출 국가장치의 구축에 달려 있다. 다음은 리비(M. Levi)의 인용이다.[2]

> 국민 복종(citizen acquiescence)이 부재할 때, 소득세의 비용은 지나치게 높아진다. 국민은 준-자발적 순응(quasi-voluntary compliance)은 국가기관이 '공정한' 세금이 평등하게 사정되고 징수되어, 공통선을 위해 지출된다는 것을 보장하는 방향으로 진화할 때 비로소 가능하다.

1) Christopher Pierson(2004), *The Modern State*(New York: Routledge), p. 39.
2) Levi(1988), *Of Rule and Revenue*, p. 123.

근대 자본주의 국가에서라면 세원정보 파악과 징수관리는 세무서의 몫이다. 그런데 북한과 소련은 모두 세무서를 폐쇄하는 선택을 했다. '자본주의의 착취적 억압 도구'이기 때문에 이를 폐지했다고 하더라도, 사회주의 국가에도 개인영리자들이 있기 때문에 이들로부터 세입을 창출할 수단이 필요하다. 그리고 사회주의 경리부문의 수입 흐름을 통제할 수단도 필요하다.

소련은 재정성(구 재무인민위원부) 행정령을 통해 세법의 시행세칙, 기업 및 단체의 회계 기준 등 제반 재정정책에 대한 입법권을 행사했고, 공화국 재정성에 징세 업무를 지시했다. 세금의 징수 작업은 국영은행을 매개로 공화국 성에 의해 이루어졌으며 공화국 성은 납입 세금에서 지방교부금 몫으로 일정 비율의 제한 후 잔액을 연방공화국 재정성에 납입했다. 소련군은 북한 진주 후 일제의 세무서 기구를 일단 유지시켰으며, 임시인민위원회 발족 후 반년이 지난 1946년 8월에서야 세무서 폐쇄의 결정을 채택했다. 전체적으로 북한과 소련의 세입창출 국가장치는 유사한 모습을 띄고 있다. 이하 제1절은 세입창출 국가장치의 발전, 제2절은 세금의 징수 기능을 그리고 제3절은 납부세액 사정 기능을 다룬다.

제1절_ 세입창출 국가장치의 발전

소련에 세무서가 존속했다면 그 상급기관이 되었을 기관은 재정성이다. 소련 재정성의 권능은 막강했다. 이미 10월혁명 전부터도 러시아 재정성은 각급 정부의 재정부처로 부터 직접 보고를 받았다. 혁명 후에도 이 같은 전통은 유지되었다. 재정성의 지방 사무소들은 공화국정부(또는 지방정부)와 연방공화국 재무인민위원부 양쪽 모두에게 보고했지만 실제로는 재무인민위원부의 직속이었다.[3] 재무인민위원부의 지방 사무소들은 1925년 폐쇄되었지만, 재무인민위원부는 지방정부의 재정부처를 통해 실제 영향력을 계

속 행사했고, 1946년 3월 재정성으로 개편되었다.[4]

나아가 재정성은 관계부처 사이에서도 강력한 권한을 행사했다. 재정성은 행정령(orders, instructions and directives)을 통해 세법의 시행세칙, 기업 및 단체의 회계 기준 등 제반 재정정책에 대한 입법권을 행사했다. 모든 부처에는 경제적 요소가 포함되게 마련이어서, 재정성은 입법권을 통해 모든 부처를 관장하게 되었고 곧 '정부 안의 정부'로 불리게 되었다.[5]

1802년 설립되어 100년 이상 존속했던 러시아 재정성을 토대로 유추할 때, 이 같은 권한의 부여는 사회주의적 특징이라기보다는 '가능한대로' 경제부처의 지휘체계를 단순화해 집중시키는 것이 광대한 영토를 지배하는 데 용이했기 때문으로 보인다. 재정성이 통제권을 행사했을 때의 장점은 공화국 재정성에 세금을 징수하도록 하고 이 중 상당 부분을 연방공화국 재정성이 확보할 수 있다는 것이다. 물론 이 체계 아래서 의사결정권이 배제된 공화국 정부가 불만을 가질 수 있다. 하지만 이들 위에는 공산당이 있어, 설사 연방정부와 지방정부 사이에서 갈등이 발생하더라도 '민주집중제 원리'를 통해 진압할 수 있었다.[6] 즉, 소련의 세입 창출 체계는 거래비용을

---

3) 1946년 연방-공화국 내각성 제도로 개편된 이후에도 기능면에서 달라진 점은 없었다. Peter B. Maggs(1992), "The Ministry of Finance", in Eugene Huskey ed., *Executive Power and Soviet Politics: The Rise and Decline of the Soviet State*(New York: M.E. Sharpe), pp. 135-136.

4) George Garvy(1977), Money, *Financial Flows, and Credit in the Soviet Union* (Cambridge: Ballinger Publishing Company), p. 30.

5) Maggs(1992), "The Ministry of Finance", pp. 135-136.

6) 민주집중제, 북한 표현으로 민주주의중앙집권제는 북한의 정권수립기에도 중요한 원칙으로 강조되었다. 다음은 민주주조선사에서 간행한 입법 · 행정부의 이중정부 제도에 대한 북한 정권 초기의 설명이다. 김태영(1949), 『조선민주주의인민공화국 최고주권기관과 국가중앙집행기관』(평양: 민주조선사), 72쪽.

"우리인민적민주국가집행의 민주주의중앙집권제의 성격에대하여 본다면 대략 다음과같이 구분할 수 있다.

1. 국가집행기관기구는 하부기관이 상부기관에 복종하는 원리에의하여구성된다.
2. 상부기관의 지시 결정은 하부기관과 그의 공무원들에대하여는 의무적인 것이다.

최소화하면서도 지배자의 내부 경쟁을 차단할 수 있는 효율적인 구조로 설계되어 있었다.

소련군이 1945년 11월 19일 북조선 5도 행정국의 하나로서 설치된 북한의 재정국은 "쏘련군대의 각진실한 원조를 받어서 지방 인민위원회의 분산적인재정을 통제하며 금융을 중앙에 통일하기 위한 시책을 강구"했다.[7] 임시인민위 재정국의 주관직무는 "예산 · 결산 · 회계 · 조세 · 국채 · 통화 · 금융 · 은행 · 기타 금융기관 · 국유자산관리에 관한 사업"으로 정의되었다.[8] 재정국은 일선 세무서 지휘를 포함하는 세무행정을 담당했으며, 1946년 2월 북조선임시인민위원회 출범 이후에도 명칭을 유지했다.

북한은 반년 후인 1946년 8월 2일 「세무서 페쇄에 관한 결정서」가 채택될 때까지 재정국 산하의 세무서들을 운영했다. '당분간의 조치'로 일제의 복세제도(複稅制度)를 없애기 전까지는 세리(稅吏)들의 '기술'이 필요했기 때문이다.[9] 결정서는 복세제도에 대해 "필연적으로 조세부과 · 감시 · 검사에 복잡한 기술을 요하며 또 조세징수사무를 강화하지 않으면 아니된다"고

---

3. 개별적인 기관과 기업소에 의무적으로 집행하여야할 계획과 과제를 부과한다 그 계획과 과제들은 그기관이나 기업소가 망라되는 체계의 총계획의 일부분으로된다.
4. 상급기관들은 하급기관활동을 감독하며 또는 상급기관의 지시를 어떻게집행하는가함에 관한 검열을 할 수 있다."

7) 리장춘(1949), 「조선민주주의인민공화국의 재정발전 에관하여」, 재정성 엮음, 『조선민주주의인민공화국 국가종합예산에관한문헌집』(평양: 국가계획위원회출판사), 58-66쪽.

8) 「북조선림시인민위원회구성에 관한 규정 실시요강」(1946. 3. 6), 『법령공보』 1946년 증간1호, 5-6쪽.

9) 북한에서 복세제도는 다음과 같이 정의된다. "착취사회에서 근로자들에 대한 조세수탈을 강화하기 위하여 하나의 세금원천에 대하여 여러가지 세금을 부과하는 조세제도. 단세제도에 대치되는 개념이다. 복세제도는 하나의 세금원천에 대하여 한 종류의 세금을 부과하면서 세률을 높게 설정하는 것보다는 여러가지 세금을 부과함으로써 세률을 낮추는듯이 납세자들을 속여넘기며 무거운 세금부담을 반대하는 근로자들의 투쟁을 무마하기 위한 것이다." 사회과학원 주체경제학연구소 엮음(1985), 『경제사전 2』(평양: 사회과학출판사), 616쪽.

설명했다.[10]

임시인민위의 출범과 세무서의 폐쇄 결정서 채택 사이인 3월 7일, 임시인민위 제4차 회의는 「친일파, 민족반역자에 대한 규정」을 채택했다. 이 규정은 김일성의 지시에 의해 "사상과 행동의 두 측면을 다 고려하여" 제국주의의 주구(走狗)를 "의식적, 소극적으로가 아니라 적극적으로 협력한 자"로 특정했다. 이렇듯, "일제의 행정, 사법, 경찰 부문의 관공리로서 인민들의 원한의 대상으로 된 악질분자"[11]들이 정권기관에서 배제되었지만 여기 세무관리들이 포함되었다는 기록은 없다. 오히려 각급 임시인민위는 "그 창기(創期)에 있어서 세무행정에 혼란을 야기하야 세입감퇴를 초래하야 재정에 문란(紊亂) 혹은 파탄을 일으킬 우(憂) 가 있음으로 잠정적으로 일본제국주의시대의 세무서기구를 그대로 답습"했다고 기록하고 있으므로, 일제의 하급 세무관리들은 5도 행정국 및 임시인민위에서 적극적으로 활용되었다고 볼 수 있을 것이다.[12]

다음의 〈표 4-1〉은 북조선인민위원회의 1946년 지출결산표를 발췌한 것으로, 북한에서 세관 및 세무 기능을 유지하는데 들어간 비용의 규모를 가늠케 한다.

---

10) 북조선림시인민위원회결정제56호, 「세무서페쇄에관한결정서」(1946. 8. 2), 『법령공보』 1947년 증간3호, 8-9쪽.
11) 서창섭(1984), 『법건설경험』(평양: 사회과학출판사), 63쪽.
12) 「세무서페쇄에관한결정서」(1946. 8. 2), 8-9쪽.

〈표 4-1〉 북조선인민위원회 세출결산표, 1946

(단위: 원, %)

관 款	항 項	목 目	결산액				지출액 支出額	불용액 不用額
			결정예산 決定豫算	예산비보충 豫算費補充	과목유용 科目流用	계 計		
정무비	세관비	제급여	6,677,900	167,991	-693,103	6,152,788	5,827,951	324,837
		사무비	775,310	1,139,881	744,103	2,659,294	2,653,827	5,467
		청사비	3,290,892	160,000	29,000	3,479,892	3,471,040	8,852
		경비비	154,400		-80,000	74,400	69,536	4,864
세관비 계			10,898,502	1,467,872		12,366,374	12,222,354	344,020
정무비 계			257,080,719	6,535,979		263,616,698	255,622,497	7,994,201
세관비/정무비			4.2%	22.5%		4.7%	4.8%	4.3%

출처: 한림대학교 아시아문화연구소 엮음(1994), 『북한경제통계자료집, 1946 · 1947 · 1948년도』, 115쪽.

1946년 당시 북조선임시인민위원회는 10국체제로 운영되었는데, 총 정무비 257,080,719원 중 세관비는 4.7%를 차지한 반면 예산비보충(豫算費補充)에서는 22.5%를 차지한 것을 확인할 수 있다. 나아가, 제급여와 업무비의 합이 8,812,082원으로 전체 세관비 12,366,374원의 71.2%를 차지하고 있어, 세관비의 2/3를 상회하는 금액이 소득세 사정 및 징수에 소요된 것으로 추정할 수 있다.

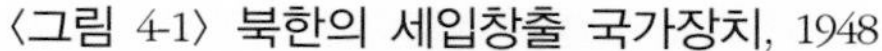

〈그림 4-1〉 북한의 세입창출 국가장치, 1948

조선민주주의인민공화국 (1948.9)
내각
재정성
농림성
평양특별시인민위원회
도인민위원회
도상무위원회
시상무위원회
시인민위원회
군인민위원회
구
군상무위원회
리
시상무위원회
면인민위원회
작물접수소
납부 (면단위)
면상무위원회
리
리인민위원회
은행
중앙은행 본점, 지점 또는 대리점 지점 수납
거래세
이익공제금
자체계산 납부
소득세
(각급 재정기관)
신고 납부
(급여는 원천징수)
상속세, 등록세
(각급 재정기관)
신고 납부
농업현물세
(판정위원회)
판정
사업소
제조업자
생산자
기업소
사업단체
(법인 포함)
개인
(근로자·사무원·자유소득자)
농민
법인 납세자
개인 납세자

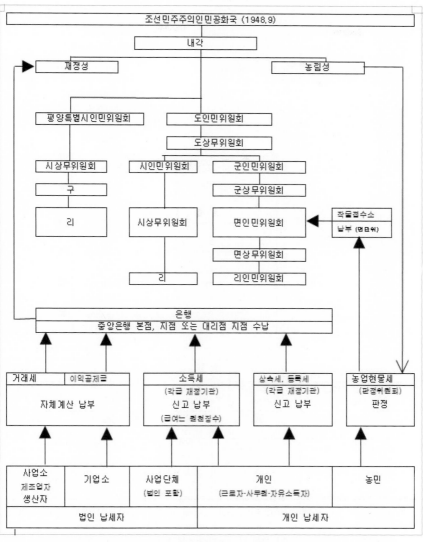

주: (↑)는 세금(현물세)의 국가예산(인민위)으로의 납부 단계를 나타내며, (↓)는 판정위원회의 농업현물세 판정사업에 대한 농림성의 지도를 나타냄.
출처: 김광운(2003), 『북한정치사 연구 I』 및 북한 세법의 내용을 참조해 표로 재구성함.

〈그림 4-2〉 소련의 세입창출 국가장치, 1949

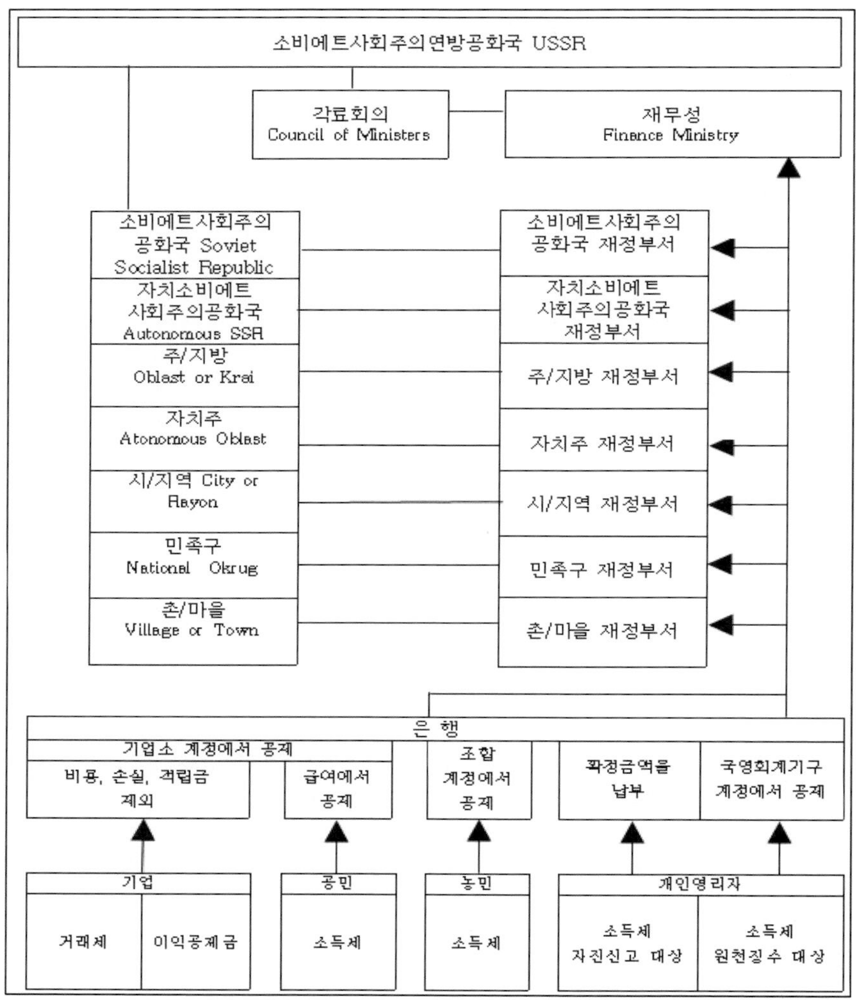

주: (↑)는 기업소 거래세, 이익공제금 및 소득세의 국가예산으로의 납부 단계를 나타냄
출처: Peter B. Maggs(1979), "Characteristics of Soviet Tax and Budgetary Law," p. 97과 Samuel N. Harper and Ronald Thompson(1949), *The Government of the Soviet Union*의 내용을 참조해 표로 재구성함.

〈그림 4-1〉 및 〈그림 4-2〉는 북한과 소련의 세입창출 국가장치 구조를 나타낸다. 북한의 경우, 사업소(법인)는 거래세 · 이익공제금을 자체적으로 계산하여 납부했고, 개인납세자는 각급 재정기관에 소득세 · 상속세 · 등록세의 신고서 양식에 따라 신고한 후 재정기관이 부과한 세금을 납부했다. 농업현물세에 대해서는 지방인민위 단위에 설립되어 농림성의 지도를 받는 판정위원회가 수확고를 판정하면 인민위에서 농민에게 현물세징수서를 수교했고, 농민은 이를 기준으로 수확물을 인민위원회 단위의 작물접수소에서 납부하도록 되어 있다. 현금세는 전액 중앙은행 본점 · 지점 · 대리점에서 수납했고 현물세의 현금 대납은 허용되지 않았다.

소련의 구조는 1946년 내각제로 개편한 이래 1991년의 소련 붕괴 전까지 큰 변화 없이 일관성을 유지했으며, 북한의 경우 협동화의 진척과 함께 구조의 개편이 있었고, 이를 반영한 1974년 기준의 세입창출 국가장치의 구조가 제7장의 〈그림 7-1〉에 제시되어 있다.

제2절_ 세금의 징수

북한 징세기구의 구조는 상대적으로 단순했다. 초기의 징세업무는 지방정권기관과 은행이 담당했다. 해방 직후에는 은행이 제대로 작동하지 않았으므로 일정 기간 납세자들과의 대면접촉을 통해 세금을 징수했지만, 1946년 북조선중앙은행의 창설 및 개편 작업을 통해 기업소, 협동조합, 급여소득자에 대해서는 은행을 통해서 징수하고 오직 농업현물세만을 현장에서 징수하도록 했다.

1. 지방정권기관

우선 해방 직후 세금 징수 업무를 총괄한 5도 행정국 산하의 재정국의 상황은 다음과 같았다. 재정국은 1945년 11월 설립되어 총 22명의 인원으로 사무를 개시했다. 지방에서는 구 조선총독부의 각도 재정과를 존치시키고, 과마다 38-45명 정도의 인원을 두었으며, 시와 군에도 재정과를 두었다. 세무과는 도, 군, 시에 설치되어 있었고 각 촌에는 징세대리인이 있었다. 1946년 2월 1일을 기준으로 징세액은 50,596,496원, 미수 세액은 55,140,000원으로 집계되어 세금징수율은 47.8%를 기록했다.[13] 절반에 못 미치는 저조한 징수율에 비추어 볼 때, 민간인 신분의 징세대리인을 포함한 구 조선총독부의 세리들을 그대로 등용했음에도 불구하고 당시의 세입징수 국가장치는 제대로 작동하지 않은 것으로 보인다.[14]

1946년 10월이 되자 세금징수율은 67%로, 2월에 비해서는 개선되었지만 여전히 미진한 실적을 보였다.[15] 그 사이 (1946년 4월) 세무서는 폐지되었고, 임시인민위는 강력한 세금징수 대책 마련을 위해 강경 방침으로 전환했다. 11월 25일 김일성의 연설에서 징수율은 이보다 조금 낮은 수준인 60%로 확인된다.[16]

> 납세에 있어서 도 책임자들의 무계획성과 무책임성으로 인하여 오늘 국가 재정에 많은 곤난을 가져 오고 있습니다. 년말이 가까워 오는 오늘 세금은 아직 60% 밖에 납부되지 아니하였습니다.

---

13) ロシア公文書館(2011), 木村光彦 翻訳,「1946年2月21日現在の金融状況」,『旧ソ連の北朝鮮経済資料 1946-1965年』(東京: 知泉書館), 3쪽.

14) 한편 남한의 경우 1946년 1-12월 기간 중 서울시에서 세금을 부과한 176,435세대 중 50% 이상이 체납을 한 것으로 나타났다.「납세통계에서 본 시민의 생활상」,『동아일보』1947. 2. 21.

15) ロシア公文書館(2011),「1946年2月21日現在の金融状況」, p. 3.

16) 김일성(1955),「북 조선 민주 선거의 총결과 인민 위원회의 당면 과업」(1946. 11. 25),『김일성선집 1』(평양: 조선 로동당 출판사), 290-291쪽.

같은 날 채택된 임시인민위 결정 제114호는 첫째, 각도 인민위원장들에게 월별 징수상황보고를 매 5일마다 재정국에 보고한 뒤 국세를 중앙은행에 예치시키고, 둘째, 각도 인민위원장들에게 세금징수사업을 위해 도내 정당 · 사회단체와 협력하며, 셋째, 사법 · 보안기관장에게 세금징수사업 방해자들과 세금체납자를 적극 단속 · 처벌하고, 넷째, 선전부장에게 인민의 납세의무에 대한 인식을 제고시키기 위한 선전해설사업을 전개하며, 다섯째, 재정국장에게 도 이하 각급인민위원회의 세금징수사업을 지도 · 독려하며 특히 검열사업을 강력히 실시할 것을 지시했다.[17)]

이 시기 국가건설은 "낡은 토대를 청산하고 새로운 토대를 산생시킴과 함께 그에 상응하게 낡은 상부 구조를 청산하고 새로운 상부 구조를 도입"하는 혁명으로 설명할 수 있다. 주민들은 인민민주주의 국가가 건설되는 과정에서 국가에 납세(納稅)와 혈세(血稅)의 의무를 지며 참정(參政)의 권리를 가진다는 것을 배워나가게 되었다. 이 의무와 권리를 규율하는 인민민주주의제도의 상부 구조로서의 법령은 "제1차적으로는 주권을 공고화하며, 발전시키는데 있어" 큰 역할을 담당하는 것으로 간주되었다. 세법은 소득의 구분과 과세의 기준 및 방법을 결정했고, 형사법령은 "사회 및 국가제도에 대하여 사회적 위험행위를 수행한 자에게 형벌을 적용"했다. 또 주민들의 '혁명적 준법성' 고취가 강조되었는데, 혁명적 준법성은 인민이 "자기의 혁명 과업을 수행함에 있어서 주권을 리용할 수 있게됨에 따라 자기의 주권에 의하여 창조되는 준법성"을 가리켰다.[18)]

결정서가 채택된 임시인민위 제5차 회의에서 김일성은 징수사업의 주체를 재정국과 각도 인민위원회로 적시했다.[19)]

---

17) 이 법령은 세금체납에 대한 처벌을 규정한 첫 법령으로서 그 의미가 크다. 북조선림시인민위원회결정 제114호, 「1946년도 세금징수대책에 관한 건」(1946. 11. 25), 국사편찬위원회 엮음(1987), 『북한관계사료집 5』(과천: 국사편찬위원회, 1987), 423쪽.
18) 한락규(1956), 「공화국에서의 형사 법령의 발전과 인민 민주주의 제도의 공고화」, 『김일성종합대학학보』 제9호, 44-45쪽.

결정서에서 지적된대로 세금을 철저히 받아들여야 합니다. 재정국과 각급인민위원회들에서는 이 결정에 대한 집행대책을 구체적으로 세우고 세금징수사업을 책임적으로 하여야 하겠습니다. 세금을 공정하게 부과하고 그 징수사업을 잘 조직함으로써 인민들속에서 자그마한 불평도 생기지 않게 하며 그들이 제때에 세금을 납부하도록 하여야 하겠습니다.

각도 인민위는 세금과 더불어 적십자회비 등의 징수도 함께 맡았다. 1948년까지도 군민들이 적십자회비와 세금을 구분하지 못하고 있다는 인제군 인민위원회 회의록에 비추어 볼 때, 조세행정상의 혼란이 있었음은 분명하다. 회의석상에서 김순길은 다음과 같이 토론했다.[20]

군인위 당조는 정치적 입장에서 직원을 출장보내지 않고 당에서 시키라니까 하는 경향이다. 실례로는 출장나간 동무가 적십자 사업으로 나왔는지 현물세 독려를 나왔는지 모르는 입장에 있다. 현물세 사업을 위해 나간 동무가 적십자 돈을 바드러 선전실을 도라다니는 이런 작풍에 있어서 사업의 한계를 갈너 출장시키라.

각도 인민위가 징세업무를 담당한 것은 전술한 바와 같이 소련의 경험에서 기인한 것이다. 1917년 10월혁명 후 소련에서는 지방 소비에트가 세입징수국가장치 역할을 수행했다. 지방 소비에트는 국민들로부터 세금을 징수한 후, 지방재정에 필요한 부분을 제하고 이를 상위기관으로 전달하는 방식을 취했으며 국세의 최종적인 도착지는 재정성의 국고가 되었다.[21] 북한이 소련과 다른 점은 북한의 중앙정부는 지방세를 제외한 수입을 국가예산수입으로 편성한 후, 교부금 형식으로 지방에 내려 보내고 있다는 점이다.

---

19) 김일성(1979), 「국가재정운영사업을 잘하며 농민은행을 창설할데 대하여」(1946. 4. 1), 『김일성저작집 2』(평양: 조선로동당출판사), 130쪽.

20) 「북조선로동당 강원도 인제군당 상무위원회 회의록 제19호」(1948. 8. 5), 국사편찬위원회 엮음(1987), 『북한관계사료집 2』(과천: 국사편찬위원회), 455쪽.

21) Gehlbach(2008), *Representation through Taxation*, e-book location 2543 of 3804.

따라서 징세를 담당하는 각도 인민위원회는 소련과 달리 세금 수입이 들어오는 시점에서 지방예산으로 일부를 제하지 못했고, 단지 대리인의 역할만을 수행했을 뿐이다.

현물세는 현금세와 달리 정부가 직접 징수에 나서야 했다. 1946년에서 1950년 까지 각도 인민위원장이 적시 징수의 모든 책임을 졌으며,[22] 한국전쟁이 발발한 후인 1950년 9월 각도인민위원회에 더해 양정국이 책임단위에 추가되었다.[23] 더불어 '책임전권위원'이 추수에서 현물세 부과 · 징수 및 보관에 이르는 전 과정을 지도했다.[24]

농민들이 농업현물세를 납부하는 경로는 다음과 같다. 우선 면 위원장이 리 위원장을 경유하여 각 농호에 현물세징수서를 수교하고, 납부해야 할 작물 종류, 수량, 시일, 장소를 지정했다. 다음으로 농민들이 (원칙적으로 1면 1개소로 설치된) 작물접수소(穀物接收所)에 현물을 가지고 오면, 작물의 근수를 측정하고 곡물검사규칙에 의한 합격품만을 접수하여 영수증을 교부했다. 면 위원장이 임명하는 창고책임자 및 곡물징수요원들은 일일 단위로 수납곡물통계표를 작성할 의무가 있었다.[25]

---

22) 북조선림시인민위원회결정제28호, 「농업현물세에관한결정서」(1946. 6. 27), 『법령공보』 1947년 증간2호, 6-7쪽; 북조선인민위원회법령제24호, 「농업현물세개정에관한결정서」(1947. 5. 12), 『법령공보』 1947년 제27호, 1-2쪽.

23) 조선민주주의인민공화국 내각결정 제153호, 「1950년도 조기작물 현물세 징수정형과 만기작물 현물세 징수준비에관한 결정서」(1950. 9. 1), 『내각공보』 1950년 제15호, 577-582쪽.

24) 조선민주주의인민공화국 내각결정 제325호, 「1951년 만기작물 추수및 농업현물세 징수사업 보장대책에 관하여」(1951. 9. 1), 『내각공보』 1951년 제12호, 264-267쪽; 북한은 개전 직후 남한 각 도에 파견했던 책임전권위원 제도를 일시적 후퇴기의 북조선에서도 다시 활용했다. 서동만(2011), 『북조선사회주의체제성립사』, 460-461쪽.

25) 위원장김일성비준 북조선림시인민위원회농림국지령제_호, 「현물세징수서수교및현물세납부규칙」(1946. 7. 5), 『법령공보』 1946년 증간7호, 10-11쪽.

2. 은행

1920년대 초 샤라포브(S. Sharapov)는 소련 재무인민위원부의 지방 사무소를 폐쇄하고 그 기능을 흡수하도록 해, 국영은행이 재무인민위원부와 면밀한 협조 속에서 '대형국고(Great Treasury)'로서의 기능을 해야 한다고 주장했고, 1925년 재무인민위원부 지방 사무소의 폐지와 함께 실제로도 그렇게 되었다. 1921년 10월 설립된 소련의 국영은행(*Gosbank*, State Bank of the USSR)은 중앙정부의 '집행기관(enforcement agency)' 중의 하나이다. 국영은행의 계정은 (1) 독립채산제(獨立採算制, *khozraschet*) 기업소의 계정, (2) 국고금 계정, (3) 집단농장 및 협동조합 계정, 그리고 (4) 국가기관 계정의 4개로 나뉜다. 사회주의 경리부문의 계정에 예탁금의 2/3가 집중되어 있고, 이 중 농업협동조합 계정은 전체의 1/3의 비중을 차지했다.[26)]

소련과 북한은 세금의 징수에서 은행을 적극 활용했다. 은행은 단순한 수납기관이 아니다. 국가기관과 기업소 사이, 은행의 계정은 연동되어 있다. 기업소의 소득은 별도의 납부절차를 거치지 않고도 기업소 계정에서 차감(debit)하여 바로 국가예산에 이체(credit)된다. 그렇기에 레닌이 전국적, 대규모 국영은행의 역할이 가지는 중요성을 거듭 강조했던 것이다. 국영은행은 국영기업소와 협동조합의 감사인(auditor)이자 징수자였다. 또 국영은행을 통한 징수 방식은 납기일이 1일-1개월로 자본주의 국가의 징수 주기와 비교하면 훨씬 짧게 운영되어, 국가예산의 수입 및 지출 관리 수요에 적극

---

26) Garvy(1977), *Money, Financial Flows, and Credit in the Soviet Union*, p. 19; 김일성은 독립채산제(*khozraschet*)를 "사회주의 적 국영 기업소의 계획적 관리 운영 방법"으로 "기업소에서 계획적 지도와 통제를 강화한다는 것을 의미하며 로력과 자재와 자금을 절약하고 모든 비생산적 지출을 축감하며 생산의 내부 예비들을 합리적으로 동원하여 기업소의 수익성을 보장한다는 것을 의미"하는 것으로 규정한 바 있다. 중국어로는 경제계산제(經濟計算制)로 번역된다. 김일성(1980), 「산업운수부문에서 나타난 결함들과 그 것을 고칠 대책에 대하여」(1954. 3. 21), 『김일성저작집 8』(평양: 조선로동당출판사), 121-122쪽.

대응할 수 있다는 장점이 있었다.[27)]

북한에서 은행의 역할은 소련과 같다. 북조선임시인민위원회는 "인민공화국북반부의재정이 장성발전하는 과정에있어서 금융을 이에적절히결부시키는 것이 절실한문제로서 제기되어 1946년10월에 쏘련주둔군이 조직하였든금융기관을 토대로하고 인민공화국북반부에산재하여있든 국유화된지점은행들을 통합하여" 북조선중앙은행을, 그리고 1946년 4월 1일 포고 8호로 농민은행을 설립했다.[28)] 중앙은행에는 발권은행과 결제은행으로서의 기능이 있었고, 농민은행은 구 총독부 시기의 금융조합의 업무를 이관받았다.[29)] 북조선중앙은행의 모델이 된 기관은 소련국영은행(*Gosbank*)이며, 북조선농민은행의 모델은 중앙농업은행(*Selkhozbank*)이다.

아래의 〈표 4-2〉은 1919-1974년 사이에 영업활동이 있었던 북한과 소련의

---

27) 위의 책, 59쪽; 북한에서 은행일군들은 '은행의 원에 의한 통제'를 실현하기 위해 능동적으로 지도 사업을 실시할 것을 요구받았다. "실속 있는 지도 사업을 하기 위해서는 지도에서 달성하려는 목적과 방법을 똑똑히 인식한 기초 우에서 나가며 기업소에 나가서는 사업에 파고 들어 걸린 문제를 찾아 내여 그를 끝까지 해결해 주는 혁명적 사업 방법과 작풍을 확고히 수렴하여야 한다. …… 중앙은 도를 도와주고 도는 군을 도와주는 지도체계를 철저히 확립함으로써 모든 지점 일'군들이 자립적 활동을 하도록 지도하여야 한다. 은행 상급 기관의 지도 일'군들은 하급 기관에 내려 가 직접 사업을 조직하여 주며 현지에 같이 나가서 기업소, 경제 기관들에 대한 은행 통제에서 걸리고 있는 문제들을 기동성 있게 해결하여 주는 방법으로 사업을 부단히 개선하여야 한다". 정성언(1962), 「6개 고지 점령을 위하여 은행의 원에 의한 통제를 일층 강화하자」, 『재정금융』 1962년 1월, 16쪽.

28) 재정성 엮음(1949), 『조선민주주의인민공화국 국가종합예산에 관한 문헌집』(평양: 국가계획위원회출판사), 62쪽.

29) 3월 5일자 함남인민일보에는 도 금융조합 관계자의 5도 재정일군 회의 참석기가 실렸다. "금융조합(financial association)은 조선중앙은행의 하부기관이 아니다. 임시인민위원회 내부에 애당초 우리를 조선중앙은행에 포함시키려는 시도가 있었으나 업무상의 성격으로 인해 우리 금융조합은 북조선임시인민위원회의 재정국 소속으로 되는 것이 결정되었다. 새로운 금융조합은 농촌의 발전과 농민의 복지를 위해 활동하게 될 것이며, 그 전의 영리추구적인 성격과는 다른 모습으로 변모할 것이다". HQ USAFIK(1990), "G-2 Weekly Summary No. 31"(1946. 4. 17), 한림대학교 아시아문화연구소 엮음, 『주한미군주간정보요약 1』(춘천: 한림대학교 아시아문화연구소), 525-547쪽.

은행 명단이며, 북한의 은행과 동질적인 업무내용을 가진 소련의 은행을 병기했다.

〈표 4-2〉 북한과 소련의 은행 현황, 1919-1974

북한	설립	소련	설립	폐쇄	합병대상
조선 중앙은행	1945	State Bank of USSR (Gosbank)	1921		
		Commercial and Industrial Bank (Prombank)	1932	1959	Stroibank
		Russian Commercial Bank (Roskombank)	1922		
		Savings Bank (Sberbank)	1941		
		Bank for Financing Capital Investments (Stroibank)	1959		
		Trade Bank (Torgbank)	1932	1957	Tsekombank
조선 농민은행	1946	Agriculture Bank (Selkhozbank)	1924	1959	Gosbank
국립건설 자금은행	1951	Central Utilities and Housing Bank (Tsekombank)	1932		
무역은행	1959	Bank for Foreign Trade (Vneshtorgbank)	1924		
농촌신용 협동조합	1957	All-Russian Cooperative Bank (Vsekobank)	1923		
		Consumer's Cooperative Bank (Pokobank)	1922	1923	Vsekobank

출처: George Garvy(1977), *Money, Financial Flows, and Credit in the Soviet Union*; Adam Zwass(1980), *Money, Banking and Credit in the Soviet Union & Eastern Europe*; E.H. Carr(1959), *A History of Soviet Russia: The Bolshevik Revolution 1917-1923 2*; E.H. Carr(1972), *A History of Soviet Russia: Socialism in One Country, 1924-1926 1*의 내용을 표로 재구성함.

제3절_ 납부세액 사정(査定)

일국의 조세를 소득세 · 재산세 · 소비세로 구분한다면, 생산수단을 국가가 독점하고 사유재산권에 제약을 가했던 북한과 소련에서 재산세의 문제는 거의 없었다. 소비세의 경우, 거래세를 소비세로 규정할 것인가 사회주의 순소득으로 규정할 것인가에 따라 달라지겠지만, 전자를 인정한다 하더라도 소비세에서는 '조세부담의 전가'가 가능하기 때문에 거래비용이 미미하다. 사회주의 국가의 세입창출 거래비용은 따라서 소득세 납세자의 소득 파악과 모니터링 활동에 집중되며, 국유화와 협동화의 진전에 비례해 그 규모가 줄어들게 된다.

10월 혁명 직후 제정된 1918년 헌법은 "지방 소비에트는 지방경제의 필요에 의해서만 세금과 부과금을 과세할 수 있다"고 제한적이지만 과세권을 인정했다.[30] 북한과 소련 사이에서 초기의 세입창출 국가장치에 차이가 있다면, 소련은 지방정권기관의 과세권을 상당 기간 인정했지만 북한은 이를 애초부터 임시인민위원회(및 후신인 인민위원회)의 권한으로 못 박았다는 점을 들 수 있다.[31] 이는 김일성은 레닌에 비해 협소한 짧은 기간에, 높은 수준에서 장악했기 때문에 지배자로서 지방정부에 과세권을 양보할 필요

30) Fifth All-Russian Congress of Soviets, "The 1918 Constitution of the Russian Soviet Federated Socialist Republic"(2012. 5. 12), *Soviet History Archive*. http://www.marxists.org/history/ussr/government/constitution/1918/ (2012년 5월 12일 접속)

31) 그러나 초기에는 북한에서도 지방에서 지침을 어기는 경우가 빈번했던 것으로 보인다. "어떤 지방에서는 도 인민 위원회는 물론이고 군 인민 위원회에서도 알지 못하는 세금을 농민들이 물고 있는 현상을 볼 수 있습니다. 그것도 한두가지가 아니고 10여종이 넘습니다. 일례를 들면 함북도 같은 데서는 부담금 종목이 17-22종이나 됩니다. (...) 이 모든 현상은 관료주의자들과 이색 분자들이 의식적으로 인민 정권의 법령을 위반함으로써 인민 위원회의 위신을 인민 가운데서 저락시키며 인민들로 하여금 인민 위원회로부터 멀어지게 하자는 계획적 파괴 공작으로 밖에 인정할 수 없습니다." 김일성(1955), 「북 조선 민주 선거의 총결과 인민 위원회의 당면 과업」(1946. 11. 25), 281쪽; "평안남도인민위원회에서는 법령에 없는 세금을 받아들였으며 지어 농림성에서는 법에 위반되는 지시까지 내려보냈습니다. 법령집행에 대한 검열총화보고를 들어보면 지난 기간 법령을 제대로 집행한 성이 별로 없습니다". 김일성(1980), 「국가의 법령을 철저히 집행하며 국가기밀보장사업을 잘할데 대하여」(1949. 7. 12), 『김일성저작집 5』(평양: 조선로동당출판사), 140쪽.

가 없었기 때문으로 생각된다. 북한에서 중앙정부의 과세권 독점은 지방예산과 중앙예산이 '유일체계'로서 국가종합예산에 편입되도록 규정한 헌법 제7장에 의해 확립되어 있으며 전문은 다음과 같다.[32)]

> 제7장 국가예산
>
> 제95조 제95조 국가예산의 근본목적은 일체 국가재산을 종합하여 위력있는 민족경제를 조직하며 문화 및 인민의 생활을 향상시키며 민족보위를 공고화하는데 있다.
>
> 제96조 국가예산은 매년 내각이 편성하여 최고인민회의의 승인을 받아야 한다.
>
> 제97조 국가의 수입 및 지출은 유일국가예산에 통합된다.
>
> 제98조 일체 주권기관은 국가예산에 규정하지 아니한 지출을 할 수 없다. 일체 주권기관은 재정규율에 복종하며 재정계통을 공고히 하여 야 한다.
>
> 제99조 국가재정의 절약 및 합리적 이용은 재정활동의 근본원칙이다.

예외적으로 국가종합예산에 포함되지 않은 예산도 있다. 재정상 최창익은 1948년도 국가종합예산 총결 보고에서 이에 대해 다음과 같이 설명하고 있다.[33)]

> 교통성 체신성 각성의 관리국 및 그산하 각기업소등 독립채산을 실시하는 경제기관들의 예산은 이종합예산에 포함되어 있지않고 다만 거래세나 리익공제금을 국고에 납부하며 또는 기본건설비와 류동자금을 국고로부터 교부받는 형태로서 종합예산에 결부되었을따름이며 정부기관지 또는 통신사 국립예술극장등 독립적으로 운영되는 문화예술기관들의 예산도 역시 이종합예산에 포함되지않고 다만 그 자체수입으로써 부족되는 부분을 국가예산으로부터 교부받는 형태로서 종합예산에 결부되어 있을 따름입니다

---

32) 「조선민주주의 인민공화국 헌법」(최고인민회의 제1기 제1차회의 1948. 9. 8), 조선중앙통신사 엮음(1949), 『조선중앙년감 1949』, 1-5쪽.

33) 재정성 엮음(1949), 『조선민주주의인민공화국 국가종합예산에관한문헌집』, 18쪽.

1. 소득세

가. 농업현물세

북한의 농업현물세 부과 및 징수는 임시인민위 농림국의 예산안에 의하여 이루어졌다. 농림국은 "지역별, 지질별에 의한" 각종 작물의 정(町)당 수확고에 의해 농업현물세 예산안을 작성하여 북조선임시인민위원회의 비준을 얻어야 했다.34)

일단 제도적으로는 '경작지의 규모, 비옥도와 가축의 수'를 기준으로 농지 또는 실경작지의 면적(데스야틴)을 기준으로 과세한 소련의 1921년 농업현물세법에서 가축 만을 제외한 것이다. 그러나 실무적으로는 차이가 있었다. 농업현물세 도입기의 소련에서는 중앙에서 총액을 확정해서 지역별로 금액을 나누어 보내면 지방정권기관에서 농가별로 적당히 세액을 배분했다. 즉, 소련식 제도는 농민의 실소득에 대해서가 아니라 '납세자의 경작 조건'만을 기준으로 세액을 사정하는 것과 같았다.35)

반면 북한의 중심 기준은 '수확고'이다. 김일성은 1947년 5월 12일 북조선인민위원회 제36차 회의에서 한 결론에서 작년처럼 "농작물이 다 성숙된 다음에 수확고를 판정"하는 대신 8월 20일 이전에 농업현물세징수서를 수교할 수 있도록 판정사업을 앞당겨 현물세량을 정하라고 지시했다.36) 판정업

34) 북조선림시인민위원회결정제28호, 「농업현물세에관한결정서」(1946. 6. 27), 『법령공보』 1947년 증간2호, 6-7쪽.

35) 1 데스야틴(desyatin)은 약 1.1 헥타르 또는 3,327평으로 변환된다. 북한의 기준 단위인 1 정보는 3,025평이다. Peter B. Maggs(1979), "Characteristics of Soviet Tax and Budgetary Law", in Donald D. Barry, F.J.M. Feldbrugge, George Ginsburgs and Peter B. Maggs eds., *Soviet Law after Stalin*(Alphen ann den Rijn: Sijthoff & Noordhoff International Publishers B.V.), p. 97.

36) 수확고 판정방식에 대해서는 북한의 설명을 인용한다. "수확고판정에 의한 농업현물세부과방법은 우리나라 농촌에서 분산된 소농경리가 지배적인 조건에서 리단위로 수확고판정위원회를 조직하고 현물세제의 정확한 집행을 보장하는데서 가장 적절하고 정당한 현물세제였다. 농작물수확고에 기초하여 낮은 세률의 납

무는 판정위원회에 맡기고, 각급 인민위원회 일군들에게 판정위원회사업을 지도검열도록 했다.[37)]

그런데 납세액을 수확고로 판정할 때, 납세자는 과다판정을, 지배자는 과소판정을 우려할 수밖에 없다. 해방 후부터 한국전쟁기간 사이 남한에서는 인민위의 가혹한 판정절차를 비판하는, 북한에서는 인민위 일군들의 착오, 태만 등으로 인한 과소판정 결과를 비판하는 문건이 주류를 이룬다. 양쪽 모두 대리인을 신뢰할 수 없기 때문에 벌어지는 일이다. 공정한 사정은 '관료제의 발달'이 전제되어야 가능하다. 그러나 북한에는 '훈련된 관리'들이 태부족했고, 따라서 사정 담당자들은 종종 서류심사에 의존해 파종면적을 잘못 판정하거나, 현장에서 규격에 맞지 않는 판정용 도량형기를 사용하거나, 현물세 납부통지를 누락시키는 등의 착오를 일으켰다. 이에 대해 김일성은 1950년 9월 김일성은 정권기관 책임일군 및 열성농민으로 '수확고 판정위원회'를 구성하도록 하고, 농림상 및 각도 인민위원장에게 판정위원회 지도책임을 부과했다.[38)] 1951년 9월 1일에는 각급 농작물 생산고 심사위원회에 판정위원회 사업의 지도검열기관 역할을 부여하고 판정위원회 사업에 연대적 책임을 지웠다.[39)]

북한의 실수확고 판정 방식은 평년 수확고를 기준으로 확정세율을 부과

부의무를 규정하는 농업현물세부과는 당시의 조건에서 농민들의 생산의욕을 자극하여 단위당 수확고를 높이는데서 긍정적역할을 놀았으며 농업생산력발전의 추동력으로 되였다". 최창진(1993), 『농촌조세문제의 빛나는 해결』, 217쪽; 김일성(1979), 「1947년인민경제계획을 완수하기 위하여 모든 힘을 다하자」(1947. 5. 12), 『김일성저작집 3』(평양: 조선로동당출판사), 280쪽.

37) 김일성(1979), 「국가량정사업을 개선강화하기 위한 몇가지 문제에 대하여」(1947. 9. 5), 『김일성저작집 4』(평양: 조선로동당출판사), 422쪽.

38) 조선민주주의인민공화국 내각결정 제153호, 「1950년도 조기작물 현물세 징수정형과 만기작물 현물세 징수준비에관한 결정서」(1950. 9. 1), 『내각공보』 1950년 제15호, 577-582쪽.

39) 조선민주주의인민공화국 내각결정 제325호, 「1951년 만기작물 추수및 농업현물세 징수사업 보장대책에 관하여」(1951. 9. 1), 『내각공보』 1951년 제12호, 264-267쪽.

하는 고정현물세 방식에 비해 거래비용이 높다. 국가는 어차피 추수가 끝난 후 수확고의 집계를 낼 것이므로, 고정현물세를 부과하기로 할 경우 인력을 한번만 투입하면 된다. 하지만 북한이 1955년 12월까지 고정현물세로 전환하지 않은 이유는, 관료제를 제 궤도에 올리기 위해서는 정권기관 일군들을 훈련시킬 필요가 있었고, 인민에 대한 장악력을 계속 행사할 필요가 있었기 때문일 것이다. 고정현물세제 실시는 명목상으로는 "인민 생활 안정을 위한 당과 정부의 거듭되는 조치"로서 소득세율 인하와 함께 1956년 동시 실시되었다.[40)]

소련의 경우 1925/6년이 되서야 3년 수확고의 평균을 기준으로 농업세를 부과하는 방식으로 전환했다.[41)] 이렇게 하면 농민은 농업생산의 증가분을 오롯이 자신의 것으로 가져갈 수 있지만 국가는 그만큼 손해를 본다. 여기까지는 제로섬이지만, 한편으로 국가가 거래에 소요되는 비용을 낮추는데서 오는 이익은 지배자만의 것이다. 고정현물세의 장단점을 저울질하던 김일성은 1950년 이에 대한 첫 견해를 밝혔는데, 소련식 제도로 이행하는 것에 '원칙적'으로 동의하면서도 아직은 이르다고 평가했다. 다음은 9월 1일 내각 제24차 전원회의에서 김일성이 내린 결론의 일부이다.[42)]

> 수확고를 판정하지 않고 토지의 비옥도에 따라 현물세를 부과하자는 의견이 제기되였는데 아직 그렇게 하기에는 이르다고 봅니다. 수확고를 판정하여 현물세를 부과하는 것이 좀 복잡하기는 하지만 오늘의 조건에서는 그렇게 하는 것이 좋습니다.

---

40) 「수매 량정 부문의 3개년 계획 총화와 1957년 계획 실행 대책에 대하여: 전국 수매 량정 부문 열성자 회의에서 한 수매 량정상 오기섭 동지의 보고」, 『로동신문』 1957. 3. 28.

41) 나아가 작물을 경작한 농민과 그렇지 않은 농민의 수입금액의 차이를 세율에 반영하기 위해 '공예작물(auxiliary crafts)' 과세 조항을 삽입했다. Maggs(1979), "Characteristics of Soviet Tax and Budgetary Law", p. 97.

42) 김일성(1979), 「지방산업에 대한 지도관리체계를 개편할데 대하여」(1950. 3. 24), 『김일성저작집 5』(평양: 조선로동당출판사), 457쪽.

이 입장은 휴전 후에도 유지되었다. 김일성은 1954년 12월 19일 조선로동당 평안남도위원회 전원회의 연설에서 “지금은 건설을 많이 하여야 하는 것만큼 현물세를 낮출수 없”으니 “농산물수확고판정사업을 잘하여 현물세를 정확히 받도록” 하라고 지시했다.[43] 김일성은 1955년 6월 27일 전국농촌민주선전실장대회에서 입장을 전환하여 농업협동조합들을 대상으로 최근 3년의 평균수확고와 토지의 비옥도를 고려해 고정현물세를 실시하겠다고 언명했다. 김일성은 ‘토지의 비옥도’에 대한 문제의식을 다음과 같이 설명하고 있다.[44]

> 논의 현물세률은 수리안전답이나 수리불안전답이나 할 것없이 27%로 규정되여있고 밭의 현물세률은 평지에 있는 좋은 밭이나 경사지에 있는 나쁜 밭이나 다 23%로 규정되여있습니다. 우리는 이미 전쟁시기부터 농업현물세법령에서 일부 불합리한 점들을 발견하고 그 것을 고치려고 생각하였으나 지금까지 고치지 못하였습니다.

북한이 토지의 비옥도를 추가적으로 고려한 점은 1926/7년의 개혁에서 소련이 평균수확고와 ‘공예작물 경작 여부’를 고려해 세액을 사정하여 고소득작물을 경작한 농민과 그렇지 않은 농민의 수입의 차이를 세율에 반영한 것과 다르다.[45] 이 차이는 1926/7년의 소련은 농업협동화가 시작되기 전의, 개인농민에게 토지의 임대와 농업노동의 고용이 어느 정도 허용된 가운데 고소득 작물의 재배자에게 부가 집중되는 것을 차단해야 했던 소련의 사정

43) 김일성(1980), 「농촌경리의 발전을 위한 평안남도 당단체들의 과업」(1954. 12. 19), 『김일성저작집 9』(평양: 조선로동당출판사), 162쪽.

44) 김일성(1980), 「전후 우리 당의 농촌정책과 농촌민주선전실장들의 과업」(1955. 6. 27), 『김일성저작집 9』(평양: 조선로동당출판사), 336-337쪽.

45) Maggs(1979), “Characteristics of Soviet Tax and Budgetary Law”, p. 97; 소련은 농업집단화가 완수된 후인 1965년, 빈농의 부담을 덜기 위한 조치의 일환으로 농민세의 과세 표준을 총소득에서 순소득 기준으로 전환했다. Jan S. Prybyla(1987), *Market and Plan Under Socialism: The Bird in the Cage*(Stanford: Hoover Press Publication), p. 159.

과, 농업협동화 작업의 완료를 눈앞에 두고 있던 북한의 사정이 다른데서 온다. 즉 소련은 농업세 부과의 거래비용을 낮추면서도 부농을 규제해야 했고, 북한은 협동화의 진전으로 농업소득 세원이 투명하게 포착되어 더 이상 수확고 사정 관련 거래비용을 부담할 필요가 없었던 것이다.[46)]

농업현물세는 1966년 폐지되었고, 폐지될 때까지의 사정 방식은 1955년 12월 이래 바뀌지 않았다.

나. 주민소득세

소련의 소득세는 1930년과 1943년의 법 개정을 거치면서 기본적인 골격이 완성되었다. 소득세는 5개 업종으로 크게 근로자, 사무원 등 국영기업소에 고용된 자의 소득에 대한 세금과, 개인영리자의 소득에 대한 세금으로 나눌 수 있다. 우선 전자에 대한 세금의 부과 절차는 간단하고 거래비용도 낮다. 북한과 소련은 급여소득에 대해 원천징수제도(PAYG, pay-as-you-go)를 활용하고 있다.

소련 개인영리자의 경제 활동은 그 '개인적인' 성격으로 세원정보 파악이 어려웠다. 따라서 이들은 가능한대로 국영회계기구를 통해 세금을 원천징수한 후 수입을 지급받도록 했다. 예를 들면 작가의 원고료를 국영회계기구를 통해 지불하는 것을 말한다.[47)] 원천징수가 가능하지 않은 개인영리자들은 자진신고를 바탕으로 세액을 확정하되, 분기별로 선납하도록 했다. 재

46) 당시 북한은 고정현물세 실시로 인한 현물세 수입 감소분을 주로 양곡 수매 확대 조치로 보충한 것으로 보인다. "오늘 국가 량곡 수입에 있어서 고정 현물세의 실시로 인하여 현물세 부문의 수입이 현저히 감소된 반면에 식량 및 식료품 공업에 대한 량곡의 지출이 매년 증대되고 있는 사정은 국가 량곡을 보장하기 위하여 량곡 수매의 비중을 더욱 증대시킬 필요성을 제기하고 있습니다. 그러므로 우리는 국가와 농민의 리익을 옳게 결합시키는 원칙에서 농업 협동조합들에 대한 국가 수매량을 적절한 방법으로 확대할 필요가 있다고 생각합니다". 국가 수입곡 수납 개선 사업과 양곡 소비 절약 사업이 함께 실시되었다. 「수매 량정 부문의 3개년 계획 총화와 1957년 계획 실행 대책에 대하여」, 『로동신문』 1957. 3. 28.

47) Maggs(1979), "Characteristics of Soviet Tax and Budgetary Law", pp. 97-98.

정기관은 소득세 납세자들로부터 매년 1월 15일까지 자진신고를 받아 세액을 확정하고 선납액 중 부족분에 대해 확정 고지서를 발부하거나 초과분을 환급했다.48) 이 절차를 볼 때, 개인영리자 대상의 소득세 사정은 비사회주의권 국가에서의 업무와 본질적으로 다르지 않다. 북한과 소련에게 다행스러운 일은 이들이 소수에 불과하여 자본주의 국가에 비해 거래비용이 훨씬 적게 소요되었다는 것이다.49)

북한의 소득세 사정 절차는 다음과 같다. 1946년 4월 1일 임시인민위가 해방 후 처음으로 조세행정에 대한 적극적 방침을 피력하면서, 자진신고에 의한 세액 확정 방법이 결정되었다. 노동소득 이외의 납세대상자들은 문기별 첫 달의 5일까지 개인수익세 소득금액을 기재한 신고서를 제출할 의무가 있었고, 세무기관은 신고서를 토대로 납세대상자의 소득금액과 납기를 결정하도록 했다.50)

초기의 소득세 사정 업무에는 많은 혼란이 따랐던 것으로 보인다. 1948년도 국가종합예산 총결 보고에서 재정상 최창익은 소득세 징수와 관련된 예산집행과정의 결점을 다음과 같이 설명했다.51)

> 재정일꾼들중에 자기사업을 옳게 조직하지못하고 세원의 적극적인 탐구와 그의 적절한포착에 노력이부족하여 탈세 과세루락등을 제때에 발견하지 못한 일이 없지않았습니다.
>
> 그실례로서 국세인 소득세징수에있어서 1948년도 3·4반기에 5억원에달하는 1948년도부 루락을 발견하여 재조사 징수하는등의 엄중한 사실을 초래하였으며 이로말미암아 국개재정운영에 적지않은 지장을 주었던것입니다.

---

48) IMF, WB, OECD and EBRD(1991), *A Study of the Soviet Economy 1*, Paris: Organisation for Economic Co-operation and Development, p. 326.

49) Maggs(1979), "Characteristics of Soviet Tax and Budgetary Law", pp. 97-98.

50) 북조선림시인민위원회결정제8호, 「1946년제2기(4월-6월)세금징수에관한건」(1946. 4. 1), 『법령공보』 1946년 증간1호, 14-16쪽.

51) 재정성 엮음(1949), 『조선민주주의인민공화국 국가종합예산에관한문헌집』, 13쪽.

1955년 12월 22일 최고인민회의 제10차 회의에서는 '인정 과세' 금지 원칙이 처음으로 공식화되었다. 사정 담당자의 부정확한 판단을 방지하기 위해서이다. 이에 따라 재정일군들은 과세 소득을 (1) 납세자 본인의 소득실적 보고서, (2) 정부와 재정 기관에 수집된 과세 자료, (3) 기타 제 문건상 자료에 의하여서만 과세하도록 했다. 또한 영세한 상공업자와 수공업자에 대해서는 (1) 정액으로 세금을 부과하고, (2) 영세업자들이 영업상의 필요 경비 범위와 규모를 규정할 권한을 부여했다.[52] 정액 과세의 규정은 재정성에 작성을 위임했는데, 이는 재정성의 권한을 강화한 것이라기보다는 "조세 사업상 수시로 제기되는 적은 문제들을 가지고 일일이 내각의 처리를 바라게 되는 번잡성을 피하게 되는 것"을 의미하는 것으로 해석되었다.[53]

2. 사회주의 경리수입

소련 재무인민위원부는 사회주의 경리수입을 처리하기 위해 세부적이고 엄격한 경비 처리 및 각종 기금의 공제 규정을 마련했다.[54] 자본주의 경제에서 납세불복소송은 빈번하게 일어나고, 많은 경우 '필요경비'의 정의가 쟁점이다. 과세소득의 기준도 다르다. 자본주의 국가에서 기업이 '세후이익'을 놓고 주주 배당을 실시한다면, '지배인유일관리제' 아래서 소련의 기업소들은 생산량, 총수익에 대해 지배인에게 성과금을 지급하고, 제비용을 공제한 후 이익공제금을 납부했다. 북한은 1962년 대안의 사업체계를 수립하기 전까지 소련식 '지배인유일관리제'를 따랐다. 김정일은 지배인유일관리제를 다음과 같이 평가했다.[55]

---

52) 리주연, 「주민소득세에 관한 보고」, 제1기제10차회의(1955. 12. 20-22), 국토통일원 자료조사실 엮음(1988), 『북한최고인민회의자료집 1』(서울: 국토통일원), 752-753쪽.
53) 한상학(1956), 「1956년 인민 경제 계획의 지표 체계에 관하여」, 『경제건설』 1956년 2월, 50쪽.
54) Maggs(1979), "Characteristics of Soviet Tax and Budgetary Law", pp. 94-96.

원래 지배인유일관리제는 레닌이 내놓은 사회주의경제관리리론입니다. 레닌은 로씨야에서 사회주의 혁명이 승리한 다음 경제를 지배인유일관리제원칙에서 관리운영햐여야 한다고 하였습니다. 레닌은 지배인유일관리제를 주장하였지만 그것을 사회주의경제관리의 유일한 형태로는 보지 않았습니다. 그는 사회주의 건설이 심화발전하는데 따라 경제관리에서 지배인유일관리제는 점차 필요없게 될 것이라고 하였습니다. 그러나 레닌의 경우도 그렇고 그후 사회주의건설을 령도한 쓰딸린의 경우에도 지배인유일관리제를 대신할수 있는 그 어떤 합리적인 경제관리체계를 내놓지 못하였습니다. 그리하여 사회주의건설은 멀리 전진하였지만 기업관리에서는 지배인유일관리제원칙이 그대로 적용되여왔습니다. 대안의 사업체계가 창조됨으로써 기업관리에서 지배인유일관리제가 없어지고 사회주의경제관리분야에서 새로운 혁명적전환을 가져오게 되었습니다.

미국 기업의 CEO와 달리 소련의 국영기업소 관리자들에게는 세액을 축소할만한 인센티브가 존재하지 않아, 조세불복절차를 요구하는 의견은 극히 소수에 불과할 수밖에 없었다. 소련의 경비처리 기준이 기업소로부터 납세불복신청이 제기될 가능성을 애초에 많은 부분 차단하고 있다.

이에 대응하는 북한의 규정은 1949년 1월 내각 결정 제1호이다. 급여, 출장비, 사무비, 청사비, 교통비, 비품비, 식대, 피복비, 도서비, 회의비 등의 세부 항목에 대해 최고한도액을 설정하고, 독립채산제를 실시하는 국가경제기관에 대해서 한도를 초과하는 경우 재정상의 승인을 얻도록 했다.[56]

납부세액 사정과 관련, 북한은 1947년 5월의 「리익공제금징수규칙」에 의해서 기업소이익예정금액을 판매금액 또는 징수금액의 10%로 확정하고, 이익공제금은 이익예정금액의 30%를 매월분에 대해 다음달 15일까지 중앙은행 본점, 지점 또는 대리점에 납부하도록 했다.[57] 1949년 12월에는 원가 또

55) 김정일(2009), 「대안의 사업체계는 독창적인 사회주의경제관리체계」(1963. 1. 14), 『김정일선집 1(증보판)』(평양: 조선로동당출판사), 325-326쪽.

56) 조선민주주의인민공화국 내각결정제1호 별지제2, 「각급행정기관국영기업소및소비조합들의경비최고한도에관한규정」(1949. 1. 19), 『내각공보』 1949년 제1호, 3-14쪽.

57) 북조선림시인민위원회위원장김일성비준제15호 재정국명령제2호, 「리익공제금징

는 판매대금을 기준으로 국영기업소의 이익공제금을 직접 산출하는 방식으로 전환해, 생산업의 경우 국정계획원가의 10%, 수리가공업 · 전기가스업 · 운수업의 경우 수입금액의 10%를 납부하도록 했다.[58)]

제4절_ 북한 조세의 분류

수차례 언급한 바와 같이, 사회주의권과 비사회주의권 국가들의 조세 분류에 있어서 상당한 차이가 존재하고, 사회주의권의 조세 분류를 따르게 되면 지나치게 범위가 협소해 진다. 본 연구는 사회주의 경리수입과 '지배자의 정책 실현을 위한 모든 화폐적 자원의 동원'을 조세로 간주하고, 여기 조세 형식으로 부과되는 주민세금을 포함시켜 조세를 분류하는 입장을 취한다. 우선 사회주의권을 대표하는 소련의 조세 분류와 연구 대상인 북한의 자체적 조세의 분류는 〈표 4-3〉와 같으며, 연구자의 분류는 병기한 〈표 4-4〉와 같다.

〈표 4-3〉은 1951년판 조선중앙년감의 세입세출표를 토대로 국가계획위원회 중앙통계국의 발표를 참조해 구성한 것이다. 북한은 예산결산표를 공개하지 않은 해가 많아 더 자세한 내역은 확인되지 않으나, 북한과 소련의 경제구조의 유사성을 볼 때 MTS 임경소 수입 및 농기계 가격차금, 국유자산 수입, 사회보험료 수입 등 북한의 사회주의 경리수입에서 빠진 부분은 실제 예산결산표에 포함되어 있으리라는 추정이 가능하다. 연구에 적용된 북한 조세는 사회주의 경리수입과 주민세금을 모두 포함하며, 위의 〈표 4-4〉와 같이 영구세와 임시세로 나누었다. 공채, 복권, 헌납금으로 구성된 '임시세'는

수규칙」(1947. 5. 2), 『법령공보』 1947년 제31호, 5쪽.

58) 조선민주주의 인민공화국 내각결정 제204호 별지, 「국가 경제기관의 리익 공제금 납부에 관한 규정」(1949. 12. 29), 재정성기관지편집부 엮음(1950), 『재정법규집』 (평양: 재정성출판사), 198-200쪽.

북한이 자금 필요에 따라 준 강제적으로 동원하는 수입의 원천을 말한다.

일제와 소련이 북한의 조세체계에 끼친 영향을 기준으로 분류하면 다음의 〈표 4-5〉와 같다. 북한은 회색으로 표시된 구 일제세제의 대부분을 1945-1946년 기간 중 폐지하고, 1947년 분기점으로 소련형 신 제도를 도입하고 일제 제도를 부분적으로 존치시킨 구조를 유지했다. 구체적으로는 등록세, 상속세와 지방세가 일제세제를 부분적인 수정만으로 운영한 세목에 해당하며, 상속세와 지방세는 한국전쟁과 전후복구기를 거치는 동안 폐지되었고 다수의 지방세가 지방자치세 단일세제로 통합되었다. 소련의 거래세와 일제의 물품세를 절충하여 신설된 거래세는 1957년 4월 소련 세제에 일치하는 방향으로 완성되었으며, 이익공제금은 처음부터 소련형 제도에 맞추어 운영되었다.

〈표 4-3〉 북한과 소련 조세의 분류

구분	소련			북한	
사회주의 경리수입	거래세		1930-	거래세	1947-
	이익공제금		1930-	이익공제금	1947-
	농업·생산·판매·협동조합의 소득세		1930-	생산·판매·협동조합의 소득세	1947-
	MTS 임경소 수입 및 농기계 가격차금		1936-1958	농업협동조합의 농업현물세	
	국유자산 수입		1917-		
	사회보험료 수입				
주민세금	국세	주민소득세	1930-	소득세 (개인)	1945-
		농업세	1918-1919, 1921-	농업현물세 (개인)	1946-1966
		독신세	1941-		
	지방세	가축세		지방자치세	

출처: Daniel Gallik, Cestmir Jesina, and Stephen Rapawy(1968), *The Soviet Financial System: Structure, Operation and Statistics*; 조선중앙통신사 엮음(1952), 『조선중앙년감 1951-1952』; 조선 민주주의 인민 공화국 국가 계획 위원회 중앙 통계국(1961), 『1946-1960 조선 민주주의 인민 공화국 인민 경제 발전 통계집』의 내용을 표로 재구성함.

〈표 4-4〉 북한 조세의 분류

영구세	주민세금	사회주의 경리수입
이익공제금	개인영리자 (1947-1958)	생산기업소 (1947-)
		판매기업소 (1947-)
거래세	개인영리자 (1947-1955)	생산기업소 (1947-)
		판매기업소 (1947-1957)
농업현물세	농민 (1946-1958)	농업협동조합 (1954-1966)
소득세	근로자·사무원	
	개인영리자	
	내무원·군인·자유직업인	

임시세	실시기간
공채	1946, 1950
복권	1946, 1950
헌납금	1946, 1950
강제저축	수시

〈표 4-5〉 일소(日蘇) 조세제도의 북한적 변용

구 분		조선총독부 (지방세 포함 58종)	45.12.14 (국세 13종)	47.02.27 (국세 6종)	49.12.29 (국세6종)	한국전쟁 이후 (54.06.30 국세2종) (56.06.23 국세2종)
수득세	소득세	16.00.00 소득세	소득세	소득세	소득세	74.03.21 폐지
				농업현물세	농업현물세	66.05.23 폐지
		37.03.31 법인자본세	법인자본세	이익공제금	이익공제금	59.00.00 국가기업이익금
		40.03.31 특별법인세	특별법인세			02.00.00 국가기업이득금
	수익세	16.04.01 광구세	광구세	거래세	거래세	59.00.00 거래수입금
		27.03.31 사업세	영업세	(x)	(x)	47.02.27 폐지
		27.03.31 자본이자세	(x)	(x)	(x)	45.12.14 폐지
		14.03.16 지세	지세	(x)	(x)	47.02.27 폐지
		21.04.15 취인소세	(x)	거래세	거래세	59.00.00 거래수입금
	특별수득세	38.03.31 공사채이자세	(x)	(x)	(x)	45.12.14 폐지
		42.02.28 마권세(상금)	(x)	(x)	(x)	45.12.14 폐지
		34.06.22 상속세	상속세	상속세	상속세	56.06.23 폐지
		37.03.31 외화채특별세	(x)	(x)	(x)	45.12.14 폐지

	38.03.31 이익배당세	(x)	(x)	(x)	45.12.14 폐지
	38.03.31 임시이득세	(x)	(x)	(x)	45.12.14 폐지
유통세	40.03.31 건축세	(x)	(x)	(x)	45.12.14 폐지
	42.03.24 광고세	(x)	(x)	(x)	45.12.14 폐지
	11.00.00 등록세	(x)	등록세	등록세	49.12-54.06 기간 중 폐지
	42.00.00 마권세(매상)	(x)	마권세 (지)	(x)	47.12.31 폐지 (지)
	19.03.27 인지세	(x)	(x)	(x)	45.12.14 폐지
	11.00.00 조은권발행세	(x)	(x)	(x)	45.12.14 폐지
	21.00.00 취인세	(x)	거래세	거래세	59.00.00 거래수입금
	10.08.29 톤세	(x)	(x)	(x)	45.12.14 폐지
	40.03.31 통행세	(x)	(x)	(x)	45.12.14 폐지
소비세	31.04.15 골패세	골패세	(x)	(x)	47.02.27 폐지
	38.03.31 물품세	(지)	거래세	거래세	59.00.00 거래수입금
	19.03.24 설탕소비세	(x)	(x)	(x)	45.12.14 폐지
	38.00.00 유흥음식세	(지)	음식세 (지)	(x)	48.02.29 폐지
	38.03.31 입장세	(x)	(x)	(x)	45.12.14 폐지
	42.03.24 전기가스세	(x)	(x)	(x)	45.12.14 폐지
	16.07.25 주세	주세	거래세	거래세	59.00.00 거래수입금
	43.04.02 직물세	(x)	(x)	(x)	45.12.14 폐지
	34.03.30 청량음료세	청량음료세	거래세	거래세	59.00.00 거래수입금
	43.03.31 특별행위세	(x)	(x)	(x)	45.12.14 폐지
관 세	10.00.00 관세	관세	관세	관세	관세

주: (x)는 폐지된 세목을, (지)는 지방세로 분류된 세목을 나타내며 일소제도에서 직접 승계되지 않은 지방세는 분류에서 제외함. 연회색은 일제 제도, 진회색은 소련형 제도를 나타냄. 상속세는 자료 미비로 일본/소련제도의 영향 여부가 확인되지 않음.

출처: 리장춘(1947), 「북조선세금제도개혁해설」 및 조선중앙통신사(1949-1960), 『조선중앙년감』의 내용을 표로 재구성함.

제5절_ 소결

사정과 징수의 문제를 담당하는 세입창출 국가장치는 지배자의 세입창출에 관한 3대 요소, 즉 상대적 협상력, 거래비용 및 할인율 중 거래비용만이 해당되는 기구이다. 북한에서 세입창출 국가장치는 세무전담 관리기구라는 단독의 국가기관에 의해 수행되지 않았다. 그 이유는 첫째, 국가가 생산 및 상업 수단을 거의 독점하고 있어 조세수입의 대부분을 차지하는 세무관리 행정을 위한 별도기구가 필요로 하지 않아 거래비용을 소요로 하지 않았고, 둘째, 다른 부문에서의 적은 수입을 감독하기 위해 전담기구를 유지하는 것은 수입에 비해 훨씬 큰 거래비용을 소요했기 때문이다. 1974년 기준 주민소득세의 비중이 각각 2.1%와 6.6%밖에 되지 않고, 그나마 대부분 소득세가 국영기업소 및 협동조합에서 원천징수로 공제되고 있는 북한과 소련에서, 판정 업무와 징수 업무를 위해 '국가장치'를 운영하는 것은 지배자의 이익에 부합하지 않았다.

북한의 소득세 부과에 있어 주된 역할을 수행한 기관을 살펴보면, 지방정권기관과 내각 양정국이 수확고 판정을 담당했고, 북조선임시인민위원회 재정국(이후의 내각 재정성)이 개인영리자의 소득세 납부세액 사정을 담당했다. 비사회주의권에 대응시켜본다면 국세청의 개인소득세 납부세액 사정 업무와 북조선임시인민위원회 재정국의 업무는 동일하다.

징수에 있어 주된 역할을 수행한 것은 지방정권기관과 중앙은행이다. 지방정권기관은 농민으로부터 현물세를 납입받고 개인영리자로부터의 소득세 징수를 독려하는 역할을 수행했다. 하지만 중앙은행의 역할이 더 중요했다. 중앙은행에는 발권은행으로서의 통화조절 기능과 각종 세금의 결제은행으로서의 기능이 있었다. 소득세 등 주민으로부터 징수한 각종 세금은 각도 인민위에 의해 중앙은행에 입금되었고, 이익공제금과 거래세 등 사회주의 경리부문의 세금은 중앙은행에 개설된 기업의 계정에서 차감해 바로 국가예산 계정으로 이전시키는 방법을 취했다. 거래비용 중에서 현물세 징수와 관련된 비용이 제일 높았으며, 소득세 거래비용은 개인영리자의 협동조합 참여가 늘어남에 따라 점차 줄어들었으며 이익공제금 징수와 관련된 거래비용은 도입 초기부터 낮았다. 그 결과 사회주의 경리부문이 확대될수록, 소련식 제도를 원용한 북한은 세금의 부과 및 징수에 수반된 행정업무를 단순한 회계 처리의 문제(accounting exercise)에 가깝게 축소시키는 것이 가능했다.

—

제5장

'민주개혁'과 탈식민적 조세제도, 1945-1949

—

해방 후의 조세제도에 있어 일제기의 유산은 1947년 2월의 '빅뱅개혁'까지 대체적으로 그대로 작동했다. 김일성이 1945년 8월 20일 귀국을 앞둔 군사정치간부 앞의 연설에서 "인민들의 수입과 생활정도에 의거하는" 누진소득세제의 도입 의사를 피력했고,[1] 10월 3일에는 평양로농정치학교 학생들 앞에서 한 강의에서 근로대중의 처지 개선 방안의 일환으로 가렴잡세의 폐지와 단일하고 공정한 세금제도의 실시를 약속했다.[2] 같은 달 16일, 북조선공산당 중앙조직위원회 제1차 확대집행위원회에서는 지주가 토지소득세의 부담을 소작인에게 전가하는 것을 금지하고 "지주가 생활을 보장할 수 있

1) 이 연설은 1979년판의 김일성저작집에 수록된 것으로, 1945년의 출판물에서는 발견되지 않아 사후적으로 조작되었을 가능성이 있다. 김일성(1979), 「해방된 조국에서의 당, 국가 및 무력 건설에 대하여」(1945. 8. 20), 『김일성저작집 1』(평양: 조선로동당출판사), 263쪽.
2) 김일성(1979), 「진보적민주주의에 대하여」(1945. 10. 3), 296쪽.

을 정도"의 수준으로 새롭게 제정해 납부하도록 하는 결정을 채택했다.[3] 소련군은 간접세 부과 중심의 일제세제의 구조에는 큰 변화 없이, 전시조치로 증징되었던 일부 세목에 대해서만 부분적인 손질을 가했다. 5도 행정국은 1945년 12월의 세제개편에서 소득세를 포함한 10개 세목만을 존치시키는 세제정리 작업을 단행했고, 제4장에서 전술한 바와 같이 1946년 8월까지 각급 세무서 기능은 그대로 유지했다.

5도 행정국은 설립 2개월 만인 1945년 12월에 첫 조세개혁을 실시했다. 후신인 인민위원회 설립으로 2개월 후 소멸되었기 때문에 소련군이 주도한 처음이자 마지막 세제정리(稅制整理)에 해당했다. 소련군은 조선총독부의 국세 세목 34종 중 총 13종의 세목의 존치를 결정했다. 내역별로 보면 수득세 계통의 소득세 · 법인자본세 · 특별법인세 · 지세 · 사업세 · 자본이자세 · 광세 · 상속세 · 이익배당세 · 공사채이자세와, 소비세계통의 주세 · 청량음료세 · 유흥음식세가 해당된다. 이 중 유흥음식세 · 음료세 · 3종 소득세를 제외한 세목은 "기존대로 징수(to be collected in usual manner)"하는 것이 결정되었다. 전시조치로 마구잡이로 추가되었던 임시이득세 · 특별행위세 등의 세목은 징수가 중단되었다. 또 특기할만한 점으로 지방세 세목으로 인민세가 신설되었다는 점을 들 수 있다. 인민세는 소득세로 1만원 이하의 소득에 대해 52.5%, 그 이상에 대해 추가적으로 5.2%를 과세하는 누진적 성격을 띄었다.[4]

3) 이후 1946년 6월 농업현물세가 제정되기 전까지 북한이 지세를 대체하는 '토지소득세'를 제정했거나 지세의 세율을 조정한 기록은 발견되지 않는다.
4) HQ USAFIK(1990), "G-2 Weekly Summary No. 31"(1946. 4. 17), 한림대학교 아시아문화연구소 엮음, 『주한미군주간정보요약 1』, 525-547쪽.

〈표 5-1〉 북한 조세제도의 세목별 변천, 1945.8 - 1945.12

분류		1945.8 (34종)	1945.12	
			폐지 (21종)	유지 (13종)
수득세	소득세	소득세, 법인자본세, 특별법인세 (3종)		개인수익세, 법인자본세, 특별법인세 (3종)
	수익세	지세, 사업세, 자본이자세, 광구세, 취인소세 (5종)	취인소세	광구세, 사업세, 자본이자세, 지세, (4종)
	특별 수득세	공사채이자세, 마권세, 상속세, 외화채특별세, 이익배당세, 임시이득세 (6종)	마권세, 외화채특별세, 임시이득세	공사채이자세, 상속세, 이익배당세, (3종)
유통세		건축세, 광고세, 등록세, 유가증권이전세, 인지세, 조선은행권발행세, 취인세, 톤세, 통행세 (9종)	건축세, 취인세, 톤세, 통행세, 광고세, 인지세, 등록세, 유가증권이전세	
소비세		골패세, 관세, 물품세, 설탕소비세, 유흥음식세, 입장세, 전기가스세, 주세, 직물세, 청량음료세, 출항세, 특별행위세 (12종)	관세, 골패세, 물품세, 설탕소비세, 입장세, 전기가스세, 직물세, 출항세, 특별행위세	유흥음식세, 주세, 청량음료세 (3종)

출처: 리장춘(1947), 「북조선세금제도개혁해설」과 HQ USAFIK(1989), "Intelligence Summary Northern Korea No. 8"(1946. 3. 20)의 내용을 표로 재구성함.

1946년 2월의 임시인민위원회 설립과 함께 실시된 민주개혁 입법 조치로는 (1) 부재지주 토지와 5정보 이상의 사유토지를 대상으로 하는 무상몰수 무상분배 방식의 토지분배를 규정한 3월의 토지개혁법, (2) 8시간 노동을 포함하는 6월의 노동법령, (3) 7월의 남녀평등권법령, (4) 8월의 산업, 교통운수, 체신, 은행 등 중요산업에 대한 산업국유화법령 등이 있다. 토지개혁의 후속조치로 1946년 4월 농업현물세 법령이 제정된데 이어, 1947년 2월에는 민주개혁을 추진하기 위한 세금제도의 전면개혁 조치가 있었다. 소련식 제도인 이익공제금이 처음 등장했고, 물품세가 소련식 거래세로 개편되었으며, 해방 이후 조금씩 개편되어온 소득세가 보다 정교하게 누진과세 방식을 구현하는 방향으로 설계되었다. 일제 강점기의 등록세는 세율이 일부 조정되기는 했지만 대부분의 조항이 그대로 존치되었다.

제1절은 농업현물세와 주민소득세를 검토한다. 토지개혁에 의해 등장한 전혀 새로운 세금인 농업현물세의 납세자층이 어떻게 지배자의 상대적 협상력의 변화요인으로 작용했는지 검토할 것이다. 주민소득세에서는 지배자의 거래비용을 중점적으로 검토하고, 등록세는 1944년 개정 조선등록세령과의 검토를 통해 변화된 부분을 확인한다.

제2절 사회주의 경리수입에서는 이익공제금을 중심으로 사회주의 국가 지배자가 가장 선호하는 세입 극대화의 조건이 무엇인지, 그리고 거래세 분석을 통해 일제 강점기의 물품세가 어떻게 거래세로 진화해 나갔는지 살펴본다.

제3절의 임시세에 해당하는 군표와 공채는 상대적 협상력의 영향을 강하게 받는 세입 수단이다. 상대적 협상력은 지배자와 구성원 간에만 발견되는 요소가 아니다. 신-구 지배자 간의 상대적 협상력 또한 조세정책에 영향을 미친다. 많은 경우 구 지배자가 반란·전쟁 등으로 불시에 퇴출하기 때문에, 신-구 지배자 간의 협상이 가능하지 않다. 통치 기반이 불안한 지배자의 상대적 협상력은 낮고, 패주하는 지배자의 상대적 협상력은 부재하지만, 통치권을 평화적으로 이양하는 지배자의 상대적 협상력은 높다.[5)]군표 회수 과정을 통해 소련군이 김일성에 대해 행사한 협상력의 수준을 검토한다.

---

5) 한 예로, 2차대전 기간 중 홍콩을 점령했던 일본군은 갑작스러운 패전으로 쫓기다시피 점령지를 떠났다. 신 점령자-지배자(이 경우는 식민지를 수복한 영국군에 해당)는 일본군이 발행하고 현지인이 보유한 군표의 태환성을 부인했고, 그 부담은 군표를 보유한 주민에게 전적으로 지워졌다. 조세의 징수를 대신한 군표의 가치를 휴지조각으로 만들어 구성원에게 고통을 전가하는 방식은 점령의 시간지평이 짧을 때 일어난다. F.S.V. Donnison(1956), *British Military Administration in the Far East, 1943-46*(London: Her Majesty's Stationery Office), pp. 222-224.

마지막으로 공채는 지배자 간의 상대적 협상력의 작용을 보여주는 사례이다. 국가건설기의 소련에서는 지방정부의 과세권 인정을 둘러싼 치열한 논쟁이 있었다. 지방 소비에트의 과세권은 헌법 조항으로 인정된 권리였고, 소련은 스탈린 헌법의 제정에 이르러서야 지방의 과세권 조항을 삭제할 수 있었다. 이 같은 경험이 북한에서 처음부터 지방정부의 과세권을 인정하지 않고, 그 급부로서 지방채의 발행을 묵인하는 관행으로 이어졌다.

제1절_ '민주개혁'과 주민세금

1. 토지개혁과 현물납세: 농업현물세

식민지 조선에서의 '인민정부수립의 과업'을 제기한 1936년 5월 5일의 조국광복회 10대 강령은 소득 과세에 대한 입장을 포함하고 있지 않다. 김일성은 10대 강령에서 단지 구 제도의 폐지 의지를 밝혔을 뿐으로, 1946년 3월 23일의 20개조 정강을 발표할 때 과세권 행사자로서의 지배자로서 '단일하고도 공정한 세납제'의 제정 및 '누진적 소득세제'의 실시 방침을 내세웠다. 농업현물세의 실시는 지배자가 자신의 조세정책 구상을 20개조 정강 발표 이후 처음으로 실천에 옮겼다는 데 그 의의가 있다.

해방 이후로부터 토지개혁을 거쳐 「농업현물세에 관한 결정서」가 발표된 1946년 6월 27일까지는 소작농에 대한 조세공백기간이다.[6] 해방 전후의

6) 이 시기의 이론가/정치인들은 '동급'의 소련 인사들에게서 필요한 대로 각종 표현을 차용했다. 드물지만 동급으로 보기 어려운 인사들의 발언을 인용하는 경우도 있었다. 예컨대 최창익은 토지개혁에 대한 논의에서 북한 주민들이 "정치는 사회경제의 집중된 표현이다"는 원리를 이해해야 한다고 주장했는데 이는 레닌의 "Politics is the most concentrated expression of economics"를 변형한 것이다. 최창익(1946), 「토지개혁의 역사적 의의」, 『현대일보』 1946. 4. 26 · 27 · 29. 심지연(2009), 『최창익 연구』(서울: 백산서당), 274쪽 재인용; V.I. Lenin(1965), "The Trade

통계에서 전 인구의 69.5%가 농촌거주자로 분류되고 그 중 절대 다수인 77.7%가 소작농으로 집계된 것을 감안한다면[7], 북한의 지배자(소련군과 김일성)는 지배권 장악 후 1년 가까이 개인에 대한 소득세 과세를 포기한 것으로 간주할 수 있다.

농업현물세가 실시되기 전까지는 지주만이 소득세로 국세인 지조(地租)를 납부했고, 소작농은 지방세와 근로공출에 대해서 부담을 졌다.[8] 지주의 소득에 대해 부과된 국세는 '지세'이다. 소련군은 진주 직후인 9월 21일 3.7제를 발표하고, 1개월 후인 10월 21일 규정세칙을 제정했다. 소작농은 지주에게 수확고의 30%를 소작료로 지불하게 되었고 일본인 지주의 농지를 부치고 있는 경우 국가에 대신 소작료를 납부했다. 지주는 30% 수입에서 지세를 납부했기 때문에 지주의 실제 수입은 30%보다 더 적었다.

이 기간 중 북한 지역의 지주 부르주아들은 조선인의 경우 대거 남한으로 이주하고 일본인의 경우 전원 일본으로 귀국했다. 저항세력의 퇴출을 용이하게 하는 선택은 지배자의 상대적 협상력을 제고시켜 안정적인 통치를 가능하게 하는 효과가 있다.[9] 물론, 일제기의 고율소작제도가 3.7제로 개혁된 이유에서 지주 부르주아들이 북한을 이탈했다고 보는 것은 아니다. 비록 현장에서 그 달리 지켜지지는 않았지만 당시 남한에서도 비슷한 수준에서 소작제의 개혁이 진행되었다.[10] 남한의 경우 10월 5일자 미군정법령

Unions, the Present Situation and Trotsky's Mistakes"(1920. 12. 30), *Lenin Collected Works 32*(Moscow: Progress Publishers), pp. 19-42.

7) 「소작료 3.1제」, 『국가기록원 나라기록』. http://contents.archives.go.kr (2013년 4월 5일 접속)

8) 여기서 소득세는 일반적인 의미에서의 소득에 대한 과세를 말하는 것이다. 일본은 수득세 아래 소득세, 수익세와 특별수득세를 두고 경제활동을 하는 개인의 소득에 대해 소득세 또는 수익세를 과세했다. 따라서 엄밀히 말해 지조는 수익세에 해당된다.

9) 북한의 해방 후와 1990년대 중반의 고난의 행군기 그리고 1989년 시작되어 1990년대 중반까지 계속된 쿠바의 경제위기(Special Period) 시기가 그 예가 된다.

10) 김도현(2004), 「이승만 노선의 재검토」, 송건호 엮음, 『해방전후사의 인식 1』(서

제9호로 3 : 1제를 실시하여 소작료 수입이 최대 3할(33.3%)을 넘지 못하도록 하고 세금에 대해서는 "현행의 계약이나 협정대로" 시행할 것을 규정했다.[11)]

오스본과 루빈스타인(M. Osborne and A. Rubinstein)의 협상 모델에 의하면, 납세자의 상대적 협상력은 퇴출 가능성(possibility of exit)이 있을 때 증대한다.[12)] 납세자가 세금회피를 목적으로 수입을 몰래 숨기는 만큼 지배자의 세원포착능력은 낮아지기 때문에 납세자의 회피능력이 지배자의 상대적 협상력을 제약한다는 것이다. 그런데 납세자의 수입이 아닌 납세자 그 자체가 퇴출하는 경우가 있다. 해방 후 북한의 지주들이 남한으로의 이주를 선택한 경우가 이에 해당한다. 이 경우 지주들이 과세대상의 토지를 들고 이주할 수 없기 때문에, 지배자는 토지개혁 등을 통해 새로운 납세자의 풀(pool)을 만들고 이들에 대해 높은 수준의 상대적 협상력을 행사할 수 있어, 납세자의 '물리적' 퇴출은 지배자에게 오히려 이익이 된다.

중요한 점은 북한의 사정이 중국과 달랐다는 것이다. 중국은 건국(1949)과 토지개혁의 완수(1952)가 북한보다 늦었고, 따라서 농업현물세의 영역에서는 중국이 북한의 제도를 참고로 한 부분이 있었을 것이다. 중국의 국공내전 당시 다수의 산업자본가들은 홍콩과 대만으로 이주한 반면 지주 부르주아들은 현지 잔류를 선택했다. 지주층의 퇴출을 겪지 않은 중국에서는 토지개혁에 대한 저항이 거세게 일어났다. 그 결과 중국은 북한에서 3개월이 걸린 토지개혁을 신해방지구에서 완수하는 데만 3년을 소요했다.[13)]

울: 한길사), 305-306쪽; 김석준(1996), 『미군정 시대의 국가와 행정』(서울: 이화여자대학교 출판부), 376쪽.

11) 군정법령 제1호, 「소작료에관한건」(1945. 11. 12). http://www.law.go.kr/ (2017년 4월 17일 접속)

12) Osborne and Ariel Rubinstein(2007), *Bargaining and Markets*, San Diego: Academic Press, in Gehlbach(2008), *Representation through Taxation*, e-book location 2645 of 3804.

13) 중국인 지주들은 지방의 당간부를 대상으로 한 뇌물 공여 및 협박을 포함한 모든 정치·사회적 수단을 동원해 토지개혁의 진행을 방해했다. Marc Blecher(2010), *China Against the Tides: Restructuring through Revolution, Radicalism and Reform*(New

북한에 이식된 농업현물세는 소련에서 1921년 3월 21일 도입된 것으로, 1920년 2월 제9차 당대회에서 트로츠키가 제안했지만 레닌의 반대로 좌절된 현물세안에서 출발했다. 당시 트로츠키는 생산량의 일정 비율에 대한 과세, 즉 수확고 판정 방식을 주장했다.[14] 레닌의 고유한 창작물인 농업현물세는 레닌에 의해 '파괴와 전쟁'이라는 극한대의 필요의 산물로 정의되었다. 레닌의 발언을 전문 인용하면 다음과 같다.[15]

> 농업현물세는 극한대의 필요, 파괴 및 전쟁이 강요한 전시공산주의의 특수성으로부터 상품의 정규적인 사회주의적 교환으로의 전환의 한 형태이다. 후자는 다시 소농경리의 특수성이 지배하는 사회주의로부터 공산주의로의 전환의 한 형태를 나타낸다.

농업현물세가 도입된 1921년의 소련은 전시공산주의의 실패로 "국유화된 공장에서 대량 생산을 즉각적으로 실시할 수 없는 형편"에 처해 있었고, 따라서 "가내 수공업 중심의 경공업 복구를 위한 조치"가 필요했다.[16] NEP의 중심은 개인경리의 농업과 상공업에 있었으며 국유산업의 차지하는 비중은 낮았다. 도시민을 먹일 식량과 생산시설에 투입될 원재료의 공급이 절실했기 때문이다.

레닌의 농업현물세안는 1년 후인 1921년 2월 8일 당 중앙위원회 정치국 회의에 첫 선을 보였다. 과세 방법에 대해 레닌은 경작자의 "수확 노력에 비례한 세율의 부과"와 "수확고 증가를 위한 노력에 비례한 세율의 인하"가

York: Continuum International Publishing Group), p. 28.

14) Carr(1978), A *History of Soviet Russia: Foundations of a Planned Economy, 1926-1929 1-2*, p. 281.

15) V.I. Lenin(1981), "The Tax in Kind"(1921. 4. 21), *Lenin Collected Works 32*(London: Progress Publishers), pp. 329-365.

16) V.I. Lenin(1981), "Tenth All-Russian Conference of the R.C.P."(1921. 5. 26-28), *Lenin Collected Works 32*(London: Progress Publishers), p. 342.

있어야 할 것이라는 의견을 제시했다.[17] 보름 후인 21일 열린 전 러시아 중앙집행위원회 회의에서는 "군, 도시 근로자 및 사무원과 비농민 인구의 필수적인 수요를 충족시킬 수 있는 범위 내에서" "평균 작황에 근거해" 총액 2억 4천만 푸드(pood)를 산정하고 이를 다시 지역별로 나누어 징수하는 방식이 결정되었다.[18]

소련 농업현물세의 부과 방식은 양정인민위원부를 사령탑으로 지방양정위원회가 지방 소비에트에 납세자 정보 취합 지시를 내리고, 다시 이 지시를 하달받아 말단의 농촌위원회(Village Board)에서 수집한 농장 별 (1) 납세자(농업근로자)의 수, (2) 부양가족의 수, (3) 경작 면적, (4) 가축의 두수, (5) 과세 대상 작물, 납부 마감일 등의 기타 정보를 농장별로 구분해 보고하고 상부의 승인을 받아 집행하는 구조이다.[19] 비록 세법상으로는 수확고를 고려한 누진제를 표방하고 있지만, 실제로 소련이 운영한 제도는 지방 과세 당국의 자의적 판정이 가능한 지역할당제였고, 중앙 정부는 총량적 목표의 달성을 더 중요시했다.

당시 소련은 1921년의 대기근으로 최소 5백만에서 2천2백만이 사망한 것으로 알려진, 전시에 준하는 긴급상황이었다. 따라서 농업현물세 부과 방식

---

17) "농민의 노력에 비례하는 과세 원칙을 승인하여 열심히 노력하는 농민에 대한 세율을 인하하라". V.I. Lenin(1981), "Rough Draft of Theses Concerning the Peasants"(1921. 2. 8), *Lenin Collected Works 32*(London: Progress Publishers), p. 133.

18) 기근으로 인한 수확량 감소로 인해 최종 현물세는 1억 3천 8백만 푸드(2억 2천 6백만 킬로그램)로 확정되었다. 홍웅호(2004), 「신경제정책기 소련의 농촌 조세 정책」, 『史林』 21권, 178쪽; Decree of the Central Executive Committee, "On Replacement of the Surplus Food and Raw Materials Tax in Kind"(1921. 3. 21). http://bestpravo.ru/sssr/gn-pravila/i7n.htm (2012년 5월 2일 접속); E.H. Carr(1959), *A History of Soviet Russia: The Bolshevik Revolution 1917-1923 2*(London: Macmillan), p. 284. 푸드(пуд, pood)는 소련의 계량 단위, 1 푸드는 약 16.38kg이며 2억 4천만 푸드는 39억 3천 1백 2십만 킬로그램으로 환산된다.

19) Decree of the CPC of the RSFSR, "Regulation on the Tax Authorities of the People's Commissariat of Food"(1921. 5. 19). http://bestpravo.ru/sssr/eh-praktika/r5r.htm (2012년 5월 2일 접속)

에 있어서 효율성이 형평성을 우선시 하는 것은 당연한 일이었을 것이다. 카(Carr)에 의하면 이 시기 농민들은 두당 평균 4.41 루블의 세금을 낸데 비해 근로자는 14.2 루블, 그 외 도시민은 40.26 루블의 세금을 납부해 일견 부담을 적게 진 것으로 보이지만, 실제로는 자신들에 불리한 농산물 판매 가격 정책이 실시되어 이익을 누리지 못했다.[20] 즉, 지배자는 조세정책과 가격정책을 통해 농민층으로부터의 잉여를 충분히 수탈할 수 있었다. 이는 북한이 그대로 도입한 방식이기도 하며, 김일성은 다음과 같은 발언을 남겼다.[21]

> 당과 정부는 사회주의공업을 빨리 발전시키며 류통분야에서 국가 및 협동단체 상업을 늘이는 등으로 인민경제의 모든 부문에서 사회주의적 성분을 끊임없이 강화하는 한편, 세금과 가격정책 등을 통하여 자본주의적요소의 발전을 통제하고 제한하였습니다.

이후 소련은 1923년 7월 27일 농업현물세를 폐지하고 현금과 현물을 혼합하여 납부하는 단일농업세(single agricultural household tax)로 전환했다.[22] 이 시기의 특징으로 농민의 토지 임대가 허용되었다. 소련은 부농과의 투쟁을 일시적으로 포기하고 생산성의 증대를 추구했고, 경작 면적과 가축의 두수를 기준으로 공화국별로 상이한 과표에 따라 세액을 산정했다. 단일농업세의 부과 방식은 1931년 3월 29일 개편되었다. 이 시기 농업협동화가 상당히 진전된 결과 정부는 협동농장, 개인농장, 개인농민의 3개 층을 대상으

---

20) Carr(1972), *A History of Soviet Russia: Socialism in One Country, 1924-1926 1,* p. 576.

21) 김일성(1981), 「우리나라에서의 사회주의적 농업협동화의 승리와 농촌경리의 앞으로의 발전에 대하여」(1959. 1. 5), 『김일성저작집 13』(평양: 조선로동당출판사), 15쪽.

22) Decree of the CPC of the USSR, "On the Benefits of Farmers in Connection with the Introduction of a Single Agricultural Household Tax"(1923. 7. 27). http://bestpravo.ru/sssr/eh-gosudarstvo/y6o.htm (2012년 5월 2일 접속).

로 다른 부과 방식을 사용했는데, (1) 협동농장은 회계보고서 상의 총소득을 기준으로, (2) 개인농장은 수확고 · 경작지 · 기타 농업소득 · 비농업소득에 대해 소비에트 인민위원평의회(Sovnarkom)가 확정한 평균수익률을 기준으로 (3) 개인농민은 수확고 · 경작지 · 기타 농업소득 · 비농업소득에 대해 일반 경작지는 파종을 기준으로, 공예작물 경작지는 면적을 기준으로 세액을 산정했다.[23)]

카(E.H. Carr)는 1921년 법령에서 소비에트 정부가 농업생산물의 확보는 "수송과 산업이 복구 되는대로 정상적인 방식, 즉 공업생산물과 가내수공업품과의 교환을 통해 가능하다"고 전망했을 정도로 농업현물세의 비중이 미미했음을 지적하고 있다.[24)] 농업현물세는 "전체 파종면적의 40%를 휩쓴 흉작"이라는 긴급상황에 대한 일시적인 조치였고,[25)] 정상적인 경제가 작동하기 시작하자 금납제(金納制)로 전환되었으며 1932년의 대기근에도 불구하고 부활하지 않았다.[26)]

소련의 농업정책은 NEP 기간 중 조세정책을 중심으로, 그 이후는 농업집

---

23) 소비에트 인민위원평의회((Sovnarkom, Council of People's Commissars)는 10월 혁명 직후 설치된 정부 기구로, 1946년 각료회의(*Sovmin*, Council of Ministers)로 개편되었다.

24) 이 문장은 1921년 농업현물세법령에서 발견되는 '산업'에 대한 유일한 언급이기 때문에 중요하다. 번역에 사용한 문장은 카(E.H. Carr)의 저서에서 인용했다. "The revival of transport and industry would permit the Soviet power to receive the products of agriculture in the normal way, i.e., by exchange for the products of factories and of home industries". Carr, *A History of Soviet Russia: The Bolshevik Revolution 1917-1923 2*, p. 297; 한편, 홍웅호는 같은 문장에 대해 "소비에트 정부는 수송체계를 복구해서 공산품과의 교환을 통해 농업생산물을 징수하는 조치를 취해야 한다"고 번역하고 있다. 홍웅호(2004), 「신경제정책기 소련의 농촌 조세정책」, 175쪽.

25) 홍웅호(2004), 「신경제정책기 소련의 농촌 조세정책」, 176쪽.

26) 앨런은 소련의 대기근이 가용 식량의 부족이 아닌 '잘못된 국가의 식량 분배 방식'이 야기한 사태로 해석했다. Robert C. Allen(1946), *From Farm to Factory: A Reinterpretation of the Soviet Industrial Revolution*(Princeton: Princeton University Press 2003), p. 175.

단화와 가격정책 중심으로 운용되었다. 1924년 레닌의 사망 후 경제정책을 둘러싼 논쟁에서 부하린(N.I. Bukharin)과 프레오브라젠스키(Y.A. Preobrazhensky)는 조세정책에서도 각을 세웠다. 부하린이 농업세 인상에 반대하고 농민의 증산과 저축을 장려하는 인센티브 제공을 지지한 반면, 프레오브라젠스키는 가격정책을 통해 농민의 소득을 산업투자로 전환시켜 자본스톡의 규모를 늘려야 한다고 주장했다. 급진적 좌익이론가였던 프레오브라젠스키는 개인농업이 상당기간 지속될 것으로 전망했는데, 스탈린은 1928년 5개년 계획에서 프레오브라젠스키 이론에서 한걸음 더 나아간 농업집단화 정책을 정식화했다.[27)]

소련이 처했던 당시의 조건은 해방 직후의 북한과 유사했다. 다른 점이 있다면 소련에 비해 북한의 농업현물세 실시 기간이 더 길었고 국가예산에서 차지하는 비중이 더 컸다는 것이다. 김일성은 1946년 8월 28일 열린 북조선노동당창립대회에서 농업현물세에 대해 다음과 같이 말했다.[28)]

> 북조선에서 현재 경제상태에 비추어 농업현물세를 받지 않는다면 도저히 민주주의개혁을 완수할 수 없다. 오늘날 농업현물세는 실로 민주주의개혁과 산업부흥에 있어서 사활문제이다. 우리는 농민들이 제때에 좋은 성적으로 완납하여 로동자 사무원의 생활을 보장하며 민주주의개혁을 위하여 또 산업부흥을 위하여 자발적으로 투쟁하도록 지도해야 한다.

1946년 6월 27일 북한은 도시 지역의 근로자 및 사무원에 대한 식량의 공급 및 예비식량 확보 목적에서 농업현물세를 신설했다. 북한 지배자의 상대적 협상력이 높았다는 것은 농업세 세율을 통해 확인할 수 있다. 임시인민위는 6월 27일 제정된 「농업현물세에관한결정서」에서 농민들에게 쌀

27) Angus Maddison(2006), *Economic Growth in Japan and the USSR*(London: Routledge), p. 97.

28) 김일성(2004), 「질문과 토론에 대한 결론」, 『근로자』 1946년 10월 창간호, 국사편찬위원회 엮음, 『북한관계사료집 42』(과천: 국사편찬위원회), 35-36쪽.

(稻)·잡곡(雜穀)·콩류(豆類)·감자(馬鈴薯) 등 각종 곡물 수확고의 25%에 해당하는 농업현물세만을 납부하고 나머지 75%는 자유재량으로 처분할 수 있도록 했다. 곡물 중 조기작물인 보리·호밀 등 맥류(麥類)와 감자는 8월 15일, 기타 곡물은 12월 15일을 납부 시한으로 결정했다.[29]

농민들은 농업현물세 도입 전까지 어느 정도의 부담을 지고 있었을까. 평안남도, 평안북도, 황해도, 함경남도와 강원도의 보고서를 기준으로 환산했을 때 1946년 4월 현재 징발된 식량은 총 생산량의 약 50%이고, 이 중 30%는 소련군에 의해 전용된 것으로 추정된다.[30] 일제 강점기의 미곡수매율은 최고 86%에 달했다.[31] 그러나 현물세 공납의 방법은 실제 수확고에서 25%를 징수하는 것이 아니라 예정수확고에 따라 배정하는 것이기 때문에 실제 징수액은 25%를 훨씬 상회하는 것도 가능했다.[32] 나아가 「농업현물세에 관한 결정서」 제2조는 "흉작이 드는 경우에도 평년작 수확고에 해당하는 현물세를 바쳐야 하며, 현물세를 제외한 양곡은 국가에 팔아야 하고 자유판매를 금지"해, 국가는 농민으로부터 농업잉여에 대한 처분권을 빼앗으면서도 천재지변 위험(force majeure)을 전가시켰다.[33]

현물 징수를 공정하게 실시하기 위해서는 수확고를 정확하게 추정할 필요가 있었다. 이를 위해 북조선 농림국에게 지역별·지질별 각종 곡물의 정

29) 북조선림시인민위원회결정제28호, 「농업현물세에관한결정서」(1946. 6. 27), 『법령공보』 1947년 증간2호, 6-7쪽.

30) HQ USAFIK(1990), "G-2 Weekly Summary No. 31"(1946. 4. 17), 한림대학교 아시아문화연구소 엮음, 『주한미군주간정보요약 1』, 525-547쪽.

31) HQ USAFIK(1988), "G-2 Periodic Report No. 386"(1946. 11. 22), 한림대학교 아시아문화연구소 엮음, 『주한미군정보일지 3』(춘천: 한림대학교 아시아문화연구소, 262-264쪽.

32) 김성보는 미군노획문서 선천군 자료 분석을 통해 1946년 당시 총 수확고의 60%를 농업잉여로 추정하고, 이중 절반인 30%가 현물조세로, 2%를 양곡수매로 처분되었다고 결론지었다. 김성보(1993), 「해방 초기 한에서의 양곡유통정책과 농민」, 861-890쪽.

33) 북조선림시인민위원회결정제28호, 「농업현물세에관한결정서」(1946. 6. 27), 『법령공보』 1947년 증간2호, 6-7쪽.

량 수확고를 토대로 7월 20일까지 1946년도 농업현물세 예산안을 작성하여 임시인민위의 승인을 얻도록 했다. 농업현물세의 적시 징수 책임은 기타 조세의 징수와 마찬가지로 각도 인민위원장에게 위임되었다. 나아가 곡물 수집 문제와 대 주민 식량공급 문제를 해결하기 위해 임시인민위와 각도 인민위원회에 양정부(식량수급부)가 설치되었다.[34)]

농업현물세와 수리조합 출자금 등을 합한 총액에 대한 추정은 남한의 소작제에서 규정하는 3.7제와 비슷한 수준인 30%에서 최대 72%까지 다양하게 나타났다. 당국의 추정량과 실제 수확량에 따라 달라지는 부분이 많기 때문이다.[35)] 1948년 8월 5일 북조선로동당 강원도 인제군당 상무위원회 제19차 회의에 이 같은 오차에 대한 기록이 있다. 리종빈의 토론에서 "조기작물 판정에 있어 북면은 다른면에 비하여 절반 빳게 되지 않어 검열한 결과 다른 면과 똑같은 숫자가 나왔다. 이런 것으로 보아 만기작물 현물세는 이런 일이 없도록 한다"고 말해, 온정주의식 담합이 만연하고 있음을 보여준다.[36)] 면의 판정과 군 인민위 검열의 차이는 1948년 7월 인제군의 조기작물 현물세 조정 및 판정사업 종결에서 드러난다. 대맥의 경우 면 판정의 평균은 30인 반면 군 검열 물량은 39.4로, 흑맥의 경우 28과 34.7로 각각 나타났다.[37)]

과세방식은 일제기의 지가 기준에서 수확고 기준으로 전환한 것이지만, 대부분의 농민 납세자들은 세금을 처음 납부하게 되어 비교의 준거가 없었다. 다만, 세율이 당시의 3.7제의 소작료에 비해 5% 적었기 때문에 납세자 개인에게는 낮게 체감되었을 것으로 보이지만 건국후의 중국의 농민들에

---

34) 위와 같음.

35) 남한에서 신한공사(구 동양척식)의 관리인을 지낸 미첼(C. Mitchell)은 북한지역 농민들의 납세부담률을 약 70%로 추정하고 있다. Clyde Mitchell(1948), "Korean Farm Tenant Purchase Program", *Land Economics*, vol. 11, p. 405, in George M. McCune(1982), *Korea Today*(Westport: Greenwood Press), p. 208n.

36) 「북조선로동당 강원도 인제군당 상무위원회 회의록 제20호」(1948. 8. 5), 국사편찬위원회 엮음(1987), 『북한관계사료집 2』(과천: 국사편찬위원회), 455쪽.

37) 「북조선로동당 강원도 인제군당 상무위원회 회의록 제16호」(1948. 7. 6), 위의 책, 384쪽.

게 부과된 세율과 비교했을 때는 두 배 수준으로 높았다. 1952년 마오쩌둥은 농업세 세율을 북한의 절반 수준인 총 소출의 12%로 정했고, 북한이 세금제도를 폐지한 1974년에는 5%에 고정해 계속 부과하는 상태였다.[38)]

이 세율은 중화소비에트 기간의 세율보다는 확실히 낮은 것이다. 1931년 11월의 소비에트중앙정부 중앙집행위원회의 결정으로 12월부터 시행된 「중화소비에트공화국잠행세칙(中華蘇維埃共和國暫行稅則)」은 토지세율을 일반 농민의 경우 1.0-16.5%로, 그리고 부농의 경우 1.0-20.5%"로 결정했다. 또 1932년의 세칙 개정을 통해 "계급에 따라 차등을 두어 일반 농민은 인구를 기준으로 과세하였지만 부농의 경우는 노동력을 기준으로 과세하였다".[39)]

토지개혁을 통해 새로이 세원기반에 편입된 북한의 농민들은 다각적으로 진행된 국가의 농업현물세 납세 독려 작업에 성실 납세로 호응했다. 지도부 및 현장의 일군들은 적극적으로 농업현물세의 장점을 홍보했다. 북조선로동당 중앙위원회 위원장 김두봉은 『근로자』 1946년 11월호에서 '쌀과 식량을 위한 투쟁은 민주조선을 위한 투쟁'이라는 구호로서 식량정책의 확보를 위한 투쟁을 전개할 것을 촉구했다.[40)] 각도 인민위는 전방위적인 선전활동을 전개했다. 1946년 12월 7일, 농업현물세 납부를 촉구하는 프로그램에서 청진시 인민위원회 소속의 한 출연자는 "첫째, 납세는 민주조국 건설의 기초가 된다, 둘째, 우리에게는 북조선위인민들의 행복을 위해 세금을

38) Food and Agriculture Organization of the United Nations(1981), "China: Agriculture in Transition. Report of FAO Mission on Agricultural Planning and Policy"(1980. 7. 28-8. 19), *FAO Economic and Social Development Paper*(Rome: Food and Agriculture Organization of the United Nations), p. 21.

39) 김지훈(2002), 「1930년대 중앙소비에트구의 금융정책과 통화팽창」, 223쪽; 한편, 중국이 1949년 17%에서 시작해 1952년 13.2%로 하락한 뒤, 1952년 수준에 가구 단위로 절대액을 고정해 생산성 증가분에 대한 혜택을 중국의 농민들이 누릴 수 있도록 했다는 해석도 있다. Blecher(2010), *China Against the Tides*, p. 35.

40) 김두봉(2004), 「북조선민주선거의 총결과 로동당의 당면과업」, 『근로자』 1946년 11월 제2호, 국사편찬위원회 엮음, 『북한관계사료집 42』(과천: 국사편찬위원회), 148-174쪽.

납부할 의무가 있다, 셋째, 납세를 통해 우리의 애국정신과 충성심을 과시하자, 넷째, 농업현물세 납부 또한 민주조국 건설의 기초가 된다"는 요지의 발언을 했다.[41]

농업현물세에 대한 저항을 누르기 위한 대책도 마련되었다. 우선 1946년 7월 임시인민위원회는 현물세 징수 행정을 지원하기 위해 농림국 지령으로 「현물세징수서수교및현물세납부규칙」을 발표했다.[42] 1946년 7월 22일의 북조선임시인민위원회 결정 제46호 「농업현물세납입에관한결정위반자처벌규칙」과 8월 5일의 재정국 포고 제11호 「농업현물세실시에반한제세면제에관한건」이 채택되었다.[43] 11월 18일의 북조선임시인민위원회 결정 제110호 「농업현물세납입에관한결정위반에대한대책결정서」 등의 결정서에 따라 농민들이 현물세 납부 이전 수확물을 방매(放賣)하는 것이 금지되고, 기한을 넘긴 체납자는 미납현물세 징수를 보안기관에서 강제집행한 후 인민재판에 회부되었다.[44]

12월 15일의 납부 시한을 앞둔 11월 22일, 평양에서 송출된 방송은 11월 20일 기준 함경북도에서 징수된 농업현물세는 총 18,306 톤으로, 예산안의 86.5%를 달성했다고 보도했으며 11월 22일자의 신의주 방송은 각도의 평균 징수 실적이 예산 대비 69%를 기록했다고 전했다.[45] 세금으로 걷힌 곡물의

41) HQ USAFIK(1988), "G-2 Periodic Report No. 400"(1946. 12. 9), 한림대학교 아시아문화연구소 엮음, 『주한미군정보일지 3』(춘천: 한림대학교 아시아문화연구소), 311-314쪽.

42) 위원장김일성비준 북조선림시인민위원회농림국지령제_호, 「현물세징수서수교및현물세납부규칙」(1946. 7. 5), 『법령공보』 1947년 증간7호, 10-11쪽.

43) 북조선림시인민위원회재정국포고제11호, 「농업현물세실시에반한제세면제에관한건」(1946. 8. 5), 『법령공보』 1947년 증간6호, 6쪽.

44) 북조선림시인민위원회결정제110호, 「농업현물세납입에관한 결정위반에대한대책결정서」(1946. 11. 18), 『법령공보』 1947년 제5호, 2-3쪽.

45) HQ USAFIK(1990), "G-2 Weekly Summary No. 63"(1946. 11. 29), 한림대학교 아시아문화연구소 엮음, 『주한미군주간정보요약 2』(춘천: 한림대학교 아시아문화연구소), 390-400쪽.

배급은 12월 중순 경 시작되었다. 청진에서 청취된 방송에 따르면, 12월 14일자로 함경북도 인민위 양정국은 쌀 1,371 톤과 기타 곡물 1,894 톤의 배급을 개시했다.[46] 식량배급 대상은 "국가 기관에서 일하는 사람들과 국가 산업, 운수기관에서 일하는 로동자, 사무원들과 나라를 위하여 일하는 모든 사람"으로 한정했다.[47]

〈표 5-2〉 소련의 단일농업세 부과비율, 1931

<table>
<tr><th>구분</th><th>집단농장</th><th>개인 농장</th><th>개인 농민</th><th>부농</th></tr>
<tr><td>0-25 루블</td><td rowspan="15">아르첼리와 촌락공동체: 3 코펙
토즈: 4 코펙</td><td rowspan="2">4 코펙</td><td>4 코펙</td><td rowspan="9">20 코펙</td></tr>
<tr><td>25-50 루블</td><td rowspan="2">7 코펙</td></tr>
<tr><td>50-100 루블</td><td>5 코펙</td></tr>
<tr><td>100-150 루블</td><td>8 코펙</td><td>10 코펙</td></tr>
<tr><td>150-200 루블</td><td>10 코펙</td><td>15 코펙</td></tr>
<tr><td>200-250 루블</td><td rowspan="2">13 코펙</td><td>20 코펙</td></tr>
<tr><td>250-300 루블</td><td>22 코펙</td></tr>
<tr><td>300-400 루블</td><td>17 코펙</td><td>25 코펙</td></tr>
<tr><td>400-500 루블</td><td>22 코펙</td><td rowspan="2">28 코펙</td></tr>
<tr><td>500-600 루블</td><td rowspan="2">27 코펙</td><td rowspan="2">30 코펙</td></tr>
<tr><td>600-700 루블</td><td rowspan="5">30 코펙</td></tr>
<tr><td>700-1,000 루블</td><td rowspan="4">30 코펙</td><td>40 코펙</td></tr>
<tr><td>1,000-3,000 루블</td><td>50 코펙</td></tr>
<tr><td>3,000-6,000 루블</td><td>60 코펙</td></tr>
<tr><td>+6,000 루블</td><td>70 코펙</td></tr>
<tr><td>기초 공제</td><td>없음</td><td>20 코펙</td><td>20 코펙</td><td>없음</td></tr>
</table>

주: 매 1루블에 대한 과세임. 1 루블(Ruble, P.)은 100 코펙(Kopeck, K.).
출처: "Regulations on the 1931 Single Agricultural Tax"(1931. 3. 29)의 내용을 표로 재구성함.

---

46) HQ USAFIK(1988), "G-2 Periodic Report No. 407"(1946. 12. 17), 한림대학교 아시아문화연구소 엮음, 『주한미군정보일지 3』(춘천: 한림대학교 아시아문화연구소, 336-338쪽.

47) 전 공민이 대상이 아니었던 이유는 강제공출제가 아닌 농업현물세로 납부받은 양곡을 기초로 배급했기 때문이다. 김일성은 "개인기업이라 하여도 국가의 발전과 인민 생활의 안정에 기여하는 기업이라면 그에 대하여 적당히 배급을 실시"하겠다고 약속했다. 김일성(1954), 「민주 조선 건설에 있어서 북 조선 민전 앞에 제기되는 몇가지 당면 임무에 대하여」(1946. 12. 26), 『김일성선집 1』(평양: 조선로동당출판사), 304쪽.

소련의 농업세는 수확고를 금액으로 환산해, 매 1루블에 대해 과표 구간에 따라 누진적으로 과세하는 것이 특징이다. 즉 북한의 농업현물세가 총량에 대한 비례 과세라면, 소련의 농업현물세는 총액에 대한 비례 과세이다. 1931년부터 집단농장, 개인농장, 개인농민과 부농을 대상으로 별도의 과표를 적용했다.[48] 이를 표로 나타내면 다음의 〈표 5-2〉와 같다.

위의 표에서 보듯 집단농장은 2가지 형태로 분류된다. 우선 토즈(*TOZ*, Association for Joint Cultivation of Land)는 "러시아 혁명 이전에 미르로 불렸던 농촌공동체가 꼴호즈로 직접 전화되는" 과정에서 나타나는 "초급 형태의 꼴호즈"로 전답과 수확을 개인이 소유하고 사역 동물과 농기계를 공동 소유로 이용한다.[49] 북한에서서는 협동경리의 제1형태로 번역되며, 사전적 정의는 다음과 같다.[50]

> 협동경리의 제1형태는 작업만을 공동으로 하는 고정적로력협조반이다. 제1형태에서는 토지와 부림소, 농기구를 사적소유로 그대로 두면서 작업을 공동으로 하는 기초우에서 지역단위로 10여호가 년간을 통하여 공동작업을 하며 생산수단의 리용에 대한 보수는 현물 또는 로력으로서 서로 갚는다. 수확물의 분배에서는 각각 자기 토지의 소출을 각자가 소유하기때문에 분배문제가 따로 제기되지 않는다.

집단농장의 2번째 형태인 아르첼리(*Artel*, farming association)는 콜호즈의 기본 형태가 된다. "공동생산을 위해 경작지와 가축, 농기구의 주요한 부분을 공동화한 협동조합"으로 "일반적으로 경작할 토지와 농기계를 공동으로

---

48) 여기서 개인농민(individual farmers)은 부농(kulak)이 아닌 농민을 가리키는 것이지만 빈농은 대부분 대기근 기간 중 면세 혜택을 입었으므로 중농으로 해석해도 무방할 것이다.
49) 이채문(2000), 「러시아 극동지역 한인 농업집단화에 관한 연구 시론(1917-1937)」, 『사회과학』 제12권, 191쪽.
50) 사회과학원 주체경제학연구소 엮음(1970), 『경제사전 1』, 479쪽.

사용하여 경작했고 수확물을 고르게 분배하는 형태였다".[51] 북한에서는 협동경리의 제2형태로 번역되며, 사전적 정의는 다음과 같다.[52]

> 협동경리의 제2형태는 토지를 통합하고 공동경리를 운영하되 로동과 토지에 의하여 분배를 하는 반사회주의적 형태이다. 이 형태에서는 조합에 들여놓은 토지에 대해서는 일정한 기준에 의하여 점수를 정한다. 모든 작업은 공동으로 하고 로력평가는 등급별작업정량에 의한 로력일수로 계산한다.

스탈린은 레닌의 협동조합계획에 의거하여 농촌경제의 집단화 이론을 발전시키면서, 농촌경제의 사회주의적 개편 강화를 위해 집단경제의 아르첼리 형태로의 발전이 필요하다고 주장했다.[53]

> 쓰딸린동지는 농민대중을 사회주의에로 가입시키는 방법을 연구하면서 집단화의 조건과 전제를 밝히었다. 그는 농촌을 사회주의적으로 재편성하는 조직된 형태로서 꼴호즈의 의의를 창시하였다. 그는 꼴호즈원들의 사회적이익과 그들의 개인적이익을 결부시킬 수 있는 가능성을 제공하며 농민들에게 가장정당하며 가장가깝고 이해하기쉬운형태를 제시하는 농업아르째ㄹ리는 사회주의의 각계단에있어서 꼴호즈건설의 기본적인 □라는 것을 표시하였다. 쓰딸린 동지는 꼴호즈를 부유화하는 기본적방도로서 그의조직적 경제적 강화를위한투쟁의 필연성을 창시하면서 집단경제의 아르째ㄹ리형태를 발전시키는데대한 전망을 밝히었다.

한 나라의 조세제도에 있어, 누가 세금으로부터 면제되는가는 중요한 문제이다. 조세부담의 추가 어느 집단에 기울어지는가를 결정하기 때문이다.

---

51) 이채문(2000), 「러시아 극동지역 한인 농업집단화에 관한 연구 시론(1917-1937)」, 191-192쪽.

52) 사회과학원 주체경제학연구소(1970), 『경제사전 1』(평양: 사회과학출판사), 479쪽.

53) 엘 아 레온찌에브(1949), 김명식 옮김, 『레닌-쓰딸린의 노작에 있어서의 사회주의적 정치경제학』(평양: 국립인민출판사), 50-51쪽.

그런데 한국전쟁 개전 전에는 북한의 농민 중 그 누구도 '소득에 의해' 농업현물세의 부과대상에서 제외된 적은 없다.[54]

이 점에서 북한과 소련의 농업현물세가 다르다. 1921년 농업현물세가 도입될 당시, 소련의 양곡생산은 1916년 7천4백만 톤에서 그 절반 이하인 3천만 톤으로 감소한, 재앙 직전의 상태였다. 당시 소련 빈농의 곤궁함은 1922년 1월 21일에서 2월 2일 사이에 열린 제1차 극동피압박민족대표자대회(First Congress of Toilers of the Far East)에 참석하기 위해 소련을 방문한, 조선 농민의 빈곤한 처지를 잘 알고 있던 여운형을 놀라게 했을 정도로 심각한 수준이었다. 여운형의 글을 인용하면 다음과 같다.[55]

> 그러나 정거장마다 눈에 띠우는 것은 이 광대한 나라를 한 가지로 쓸어덮고 있는 처참한 빈궁과 결핍의 상태였다. …… 역사의 새로운 괴도우에 이제야 그 □□□□ 운명을 태워놓기는 하였으나 또 무한한 발전의 가능성과 경탄할 비약의 약속이 이제야 그들의 시야앞에 뚜렷하게 전망되기 시작하기는 하였으나 그럼에도 불구하고 목전에 우뚝서서 그들의 생명을 위협하고 있는 대기근의 검은 그림자는 이 위대한 인민 러시아의 민중에게 확실히 참을 수 없는 고난과 시련인 것을 창밖에 발견하는 하찮은 광경까지도 충분히 엿보여주는 것이었다.

소련의 농촌문제는 이후로도 계속 악화되어, 1932-1933년의 대기근과 급

54) 한국전쟁 개전 전에는 농업현물세 감면혜택을 받은 납세자가 없었다는 뜻은 아니다. 북한은 1947년 5월 간척지에 대한 3년간 세금 부과 면제방침을 결정했고 1949년에는 군인 가족에 대한 15-30%의 현물세 면세 한도를 설정했다. 최창진(1993), 『농촌조세문제의 빛나는 해결』, 132-134쪽; 군인 가족에 대한 면세조치는 중국의 영향으로 보인다. 1930년대 중화소비에트 시기에 제정된 「홍군우대조례」는 홍군과 홍군가족에 토지세를 면제했다. 그 결과 1934년의 대장정이 시작될 무렵, 중앙소구[중앙소비에트구 - 인용자]의 홍군가족은 전체의 반을 차지했을 정도가 되어 중앙소구의 토지세 수입이 급감했다. 김지훈(2002), 「1930년대 중앙소비에트구의 금융정책과 통화팽창」, 221, 229쪽.

55) 몽양여운형선생전집발간위원회 엮음(1991), 『여운형 전집 1』(서울: 도서출판 한울), 70-71쪽.

진적인 농업집단화 정책의 결과, 최소 5백만의 농민이 아사했다. 아사자의 수는 정확하게 집계되지 않았으나, 얄타회담에서 스탈린이 영국의 처칠 수상에게 밝힌 숫자는 약 1천만 명인 것으로 전해진다.[56] 당시 농민들이 겪은 고통에 대해 스탈린은 1918년 도시 노동자들이 겪은 곤란과 고생에 비교해 보자면 "이야기할만한 것도 못 된다"는 인식을 가지고 있었으며, 1950년 북한에서의 배포를 목적으로 소련에서 다음의 연설문이 번역 간행된 것을 볼 때 같은 견해를 계속 유지한 것으로 보인다.[57]

> 여러분들은 레닌그라드와 모쓰크와의 로동자들이 이 여러가지 달성을 얻기 위하여 얼마나 곤난을 당하였으며 그들이 결국 이 여러가지 달성을 얻기 위하여 어떠한 고생을 체험하였는지 아는가? 나는 1918년의 로동자의 생활중에서 어떤 사실을 들어서 여러분에게 이약이 할수있다. 즉 그때에는 고기나 기타의 식료품에 대하여서는 더 말할것도 없거니와 로동자들에게 몇주일동안식 빵 한쪼각도 내주지 못한적이 있었다. 그때에는 레닌그라드와 모쓰크와의 로동자들에게 하루에 대두박이 절만이나 섞인 검은 빵 50그람씩 내주게되는 그러한 날이면 아주 좋은 날이라고 인정되었다. 그런데 그것은 몇 달도 아니오 반년도 아니오 은근 두해 동안이나 계속되었다. 그러나 로동자들은 참었으며 락심하지 않었다. 왜그러냐하면 그들은 좋은 때가 오리라는것과 결정적 성공을 얻으리라는것을 안 까닭이었다. 그리하여 어떻게 되었는가? 여러분은 로동자들이 오해하지 않었든것을 보고 있는것이다. 여러분의 곤란과 고생을 로동자들의 체험한 곤난과 고생에 비교하여 보라. 그런다면 여러분은 여러분의 곤난과 고생에 대하여서는 심지어 신중하게 이약이 할만한것도 못되는 것을 발견할것이다.

---

56) Donald W. Treadgold(1987), *Twentieth Century Russia*(Boulder: Westview Press), p. 253.

57) J.V. Stalin(1954), "Speech Delivered at the Frist All-Union Congress of Collective Farm Shock Brigadiers"(1933. 2. 19), *Stalin Collected Works XIII*(Moscow: Foreign Languages Publishing House). 이. 쓰딸린(1950), 『제1차 전련맹꼴호즈 돌격대원 대회에서한 연설(1933. 2. 19)』(모쓰크와: 외국문서적 출판부), 16쪽 재인용.

소련의 토지 분배 후 농민들의 생산성은 지극히 낮았다. 사역동물이나 농기계를 활용할 수 없었던 빈농은 세금은커녕 먹고 살기에도 부족한 식량밖에 수확하지 못했다.[58] 나아가 소련 조세당국의 세원 포착 및 과세 능력에는 심각한 문제가 있었다. 재무인민위원 소콜니코프(G. Sokolnikov)가 1923년 4월 7일에서 25일 사이에 개최된 소련공산당 제12차 당대회 보고에서 "소련의 조세제도는 종종 응능부담원칙(應能負擔原則, ability-to-pay)에 어긋나는 경우가 있었다"고 인정했을 정도였다.[59] 이에 소련은 과세 원칙으로 설정된 과표와 구간을 현실에 맞추어 조정하는 대신 납세능력이 현저히 떨어지는 층을 대상으로 감면의 폭을 조정하는 방식을 택했다.

소련은 농업현물세 도입 초기부터 빈농의 면세범위를 넓게 설정해, 1923년 기준 총 과세 대상의 2%에 해당하는 소련의 빈농이, 그리고 1924-1925년 회계연도의 경우 전체 2천2백만 농민 중 6백만명(27.2%)에 면세혜택을 받았다. 이 비율은 1926년까지 25%로 상승했다.[60] 이 같은 소련의 방침은 중농과 부농에게 집중적으로 과세하기 위한 것이다. 계급으로서의 쿨라크의 일소 문제가 중요했기 때문이다.

반면 북한은 빈농을 포함하는 전 농민이 농업현물세의 담세자가 되는 제도로 출발했다. 북한의 경우 토지개혁으로 1인이 소유할 수 있는 토지의 규모를 5정보로 제한해 부농이라고 해도 15,000평의 토지를 보유한 것이 고작이었다. 빈농은 토지를 불하받아 끼니거리를 걱정하던 가난에서 벗어날 수 있었다. 북한이 토지개혁과 함께 전 농민을 대상으로 단일세율을 부과한 것은 1921년 당시 소련이 추구했던 '부농의 절멸(絕滅) 문제'가 없었기 때문이다.

세율 부과에 있어 북한은 (1) 누진세율이 아닌 단일 세율로 시작했고 (2)

---

58) Carr(1972), *A History of Soviet Russia: Socialism in One Country, 1924-1926 1*, p. 576.

59) G. Sokolnikov(1926), *Finansovaya Politika Revolyutsii*, 2, p. 109 in Carr, *A History of Soviet Russia: Socialism in One Country, 1924-1926 1*, p. 265n.

60) Newcity(1986), *Taxation in the Soviet Union*, p. 10.

농지의 비옥도가 아닌 작물에 의해 차등을 두었으며 (3) 소득에 의한 면제 대상을 설정하지 않았다는 점에서 소련과의 차별성을 가졌다. 북한의 농업 현물세 부과 비율은 25%의 단일 세율로 출발해서, 작물별로 상이한 세율을 부과하는 방식으로 총 6차에 걸쳐 개편되었다. 3.7제 실시로 '소작료'가 약 55%에서 30%로 낮아진 상태에서 반년 이상의 시간을 보낸 소작인들은, 5% 더 낮은 금액을 '세금'으로 납부하게 되면서 비로소 자경농의 신분을 실감할 수 있었을 것이다. 그런데 농업현물세를 소작료에 등치(等値)시키는 것을 반드시 남한의 비판적 시각으로 치부할 수는 없다. 북한의 문헌에서도 농업현물세 세율을 소작료 요율에 빗대어 설명하는 예가 발견된다.[61]

> 특히 25%의 현물세비률은 해방직후 농민들이 전개한 소작료감면투쟁인 3,7제보다도 더 낮은것으로서 농민들의 생산의욕을 높이며 그들의 물질문화생활을 빨리 향상시킬수 있게 하는 가장 인민적인 세율이었다.

북한의 농민들은 농업현물세 납부에 대한 반대급부로 (1) 지세 · 수익세 등의 국세, (2) 호별세 · 호별세부가세 · 호별세부가금 · 지세 · 지세부가세 · 지세부가금 · 가옥세 · 가옥부가세 · 임야세 · 임야세부가세 등의 지방세, (3) 공출 등을 면제받았다.[62]

그러나 북한 고유의 단일세율에는 형평성의 문제가 있었다. 벼의 경작에서 이익이 다른 작물의 경작에 비해 높았기 때문이다. 이에 따라 1947년 5월 12일의 법령 제24호를 통해 논작물의 부과비율을 2% 높이고 전작물과 공예작물의 비율을 2% 낮추는 조치가 취해졌다. 「농업현물세개정에 관한 결정서」는 작물별 세율을 적용해, 농민들의 농작물 실 수확고의 10-27%를 현물로서 부과했고, 작물 별로 보면 벼 27%, 전작곡물 23%, 인삼 등은 23%,

61) 최창진(1993), 『농촌조세문제의 빛나는 해결』, 60쪽.
62) 북조선림시인민위원회재정국포고제11호, 「농업현물세실시에반한제세면제에관한건」(1946. 8. 5), 『법령공보』 1947년 증간6호, 6쪽.

과일(實果)은 25%, 화전작물은 10%를 적용했다.[63]

같은 일자에 척박임지를 일구어 생활하는 화전민에 대한 세율 10%가 신설되었다. 북한은 "본래의 생산조건과 생활형편에 두고서는" 화전민들의 생활을 개선할 수 없다고 판단하고 있었기 때문에 화전민들에게 한정해 낮은 세율을 부과하고 이들을 공업 노동자로 전환하고자 했다. 로동성 부상 박임선은 화전농민의 노동력 유입에 대해 다음의 내용을 기고했다.[64]

> 첫째로 화전농민들을 산업부문생산직장들에 인입하는문제 즉 국가적 중요성으로보아 또는 인민경제 각부문의 비중으로보아 화전농민들을 공장, 광산등에로 진출시킨다는 것은 무엇보다도 중요한일이다 그것은 화전농민들의 물질문화생활을 더 개선시키는 중요한 방책일뿐만아니라 전인민경제를 윤택하게하는 것으로 되기 때문이다 과거 일본제국주의의 악독한 통치와 봉건지주들의 가혹한 착취로인하여 평지대의 량전과 옥토를 수탈당하고 산간벽지에 축출당하여 원시적인 생활에 신음하던 그들로하여금 공장, 광산등지에 진출시킨다는 것은 그들의 생활을 더한층 빛나게하는것으로되며 그것은 한편 산간경사지대를 개간함으로써 건설사업에 중요한 역할을 놀아야할 림목자재의 육성을 방해하여 사태, 수해등을 나게하는 일들을 없게하는 중요한 의의를 가지는 일로도 되는것이다.

화전민은 소련의 기준에서 보면 빈농에 분류되었을만한 계층인데, 이들에 대한 세금의 부과가 면제되지 않았던 것은 북한 농민들의 농업생산성이 1920년대의 소련 보다 높아, 화전민이 '아무리 해도 기아를 벗어날 수 없는 상태'는 넘어선 소득을 올리고 있었기 때문일 것이다. 1947년 6월 1일에는 농림국 규칙 제8호는 농민과 화전민을 구분하기 위해 「농업현물세개정에관한결정서에대한세칙」을 발표하고 10%의 세율을 적용받는 '반유목민적 화

63) 조선 중앙 통신사 엮음(1954), 『조선 중앙 년감 1954-1955』(평양: 조선 중앙 통신사), 438쪽.

64) 박임선(1949), 「2개년인민경제계획과로력수급 및 정착에관한 몇가지문제」, 『인민』 1949년 12월 제4권 제12호, 64-65쪽.

전민'을 각도 인민위원장의 보고에 의해 46,990호로 확정했다.[65]

〈표 5-3〉 북한 농업현물세 부과비율의 시기별 변천, 1946-1949

(단위: %)

	논작물	전작물	과일	공예작물	기타
1946.6.27	25%	25%	25%	25%	
1947.5.12 (1차 개정)	27%	23%	25%	23%	화전민 10%
1949.7.20 (2차 개정)	27%	23%	25%		화전 10%

주: 김영희(1988), 『세금문제 해결 경험』, 46-62쪽 및 최창진(1993), 『농촌조세문제의 빛나는 해결』, 99-220쪽의 자료를 표로 재구성함.

〈표 5-3〉 중에서, 1947년 5월의 1차 개편은 화전민들에 대한 과세를 23%에서 10%로 낮춘 것이고, 1949년 7월의 2차 개편은 숙전으로 전환하지 않은 일체의 화전에 대해 10%를 과세하고 있다. 즉, 비화전민이 분배받은 전답(숙전) 외의 화전을 추가로 일구는 경우에 23%가 아닌 10%의 세율 적용을 받게 되는 것이다.[66]

1949년 7월 20일 내각은 결정 제92호 「농업현물세 일부개정에관한 결정서」를 채택하고, 개간을 장려하기 위해 일반 농민이 분배받은 전답(숙전) 외의 화전을 추가로 일구는 경우에 10%의 세율을 적용하기로 했다.[67] 개간 토지에 대한 세율 부과에 있어 중국과의 차이점이 발견된다. 중화소비에트 시기 중국공산당은 개간한 토지에 대해서도 계급적 차이를 두었다. "버려진지 1년 이상인 토지의 경우 중농 · 빈농이 개간하면 2년, 부농은 1년간 면세였으나 지주에게는 면세의 혜택을 주지 않았다. 버려진지 2년 이상인 토지를 중농 · 빈농이 개간한 경우는 3년간 면세, 부농은 2년, 지주는 1년간 토

65) 북조선인민위원회위원장김일성비준 농림국규칙제8호, 「농업현물세 개정에관한 결정서에대한세칙」(1947. 6. 1), 『법령공보』 1947년 제29호, 3-4쪽.

66) 송봉욱(1949), 「국가재정과 농업발전에있어서의 농업현물세의 의의」, 『인민』 1949년 11월호 제4권 제11호, 12쪽.

67) 조선민주주의인민공화국 내각결정 제92호, 「농업현물세 일부개정에관한 결정서」(1949. 7. 20), 『내각공보』 1949년 제9호, 299-300쪽.

지세를 면제받았다. 버려진지 3년 이상인 토지를 중농·빈농이 개간한 경우 5년 면세, 부농은 3년, 지주는 2년간 면세혜택을 주었다".[68]

그런데 북한에서는 현물세를 면제받을 목적으로 기존의 농민들이 앞 다투어 산림의 화전화에 나서는 현상이 생겨났다. 김일성은 산림벌목을 막는다는 명분으로 산림 개간을 엄금하라고 지시하기도 했다.[69] 일반농민의 화전 개간은 적어도 1954년까지도 지속된 것이 확인된다. 다음은 1954년 11월 3일의 당 중앙위 전원회의에서 김일성이 내린 결론이다.[70]

> 함북도, 함남도, 자강도, 평남도 지방들에서는 숙전을 화전이라고 하면서 모두 내버리는 습관이 있습니다. 일부 농민들은 현물세를 내지 않기 위하여 개간한 땅을 3년 동안만 부치고는 또 다른 땅을 개간하곤합니다.

한편, 개간으로 인한 '소득의 증가'에 더불어 '노동력의 손실'에 대해서도 농업현물세 감면조치가 내려졌다. 북한 내각은 김일성의 1949년 5월 9일 내각 제14차 전원회의 교시에 따라 5월 9일 내각 결정 제45호「조선인민군대전사및하사관들의부양가족원호에관한결정서」와 5월 26일 시행세칙을 채택하고, 농민의 군 입대로 노력자를 잃게 된 가족에 대해 노력자 1명, 비노력자 4명 이상으로 되었을 경우에 한해 15-30%의 면세 혜택을 부여했다.[71]

후일 김일성은 농업현물세가 "농민들의 생산의욕을 높이고 토지개혁된

---

68) 김지훈(2002),「1930년대 중앙소비에트구의 금융정책과 통화팽창」, 225쪽.

69) 김일성(1979),「2개년인민경제계획의 중심과업에 대하여」(1948. 11. 25),『김일성저작집 4』(평양: 조선로동당출판사), 502쪽.

70) 김일성(1980),「농촌경리의 금후발전을 위한 우리당의 정책에 관하여」(1954. 11. 3),『김일성저작집 9』(평양: 조선로동당출판사), 123쪽.

71) 조선민주주의인민공화국 내각결정제45호,「조선인민군대전사및하사관들의부양가족원호에관한결정서」(1949. 5. 9),『내각공보』1949년 제6호, 214-215쪽; 본문 중 비노력자는 "60세이상의 남자, 55세이상의 여자, 6세미만의 아이를 가진 녀성, 14살미만의 어린이들, 불구자, 정신병자"를 말한다. 김영희(1988),『세금문제해결경험』(평양: 사회과학출판사), 51쪽.

성과를 공고 발전시키는데서 커다란 의의"를 가졌다고 자평했다. 북한의 사가(史家)들은 농업현물세의 실시를 통해 "주민들의 식량문제와 농산물에 대한 공업원료의 수요를 해결할 수 있게 되었으며 국가재정의 튼튼한 원천이 형성"되어, 이후 "농업생산이 발전하고 자립경제의 튼튼한 토대가 마련됨에 따라 농업현물세의 비률과 그 폭을 끊임없이 줄여나감으로써 세금제도의 폐지를 앞당겼다"고 평가했다.[72)]

2. 누진과세의 원칙 구현: 소득세

농업현물세 항목에서 상술한 바와 같이, '사회주의적 축적'은 농민 수탈을 기본 전제로 한다. 산업화와 협동화가 진전됨에 따라 농민은 협동조합에 가입하거나, 이농을 선택하게 된다. 소련에서도 계급으로서의 쿨라크가 일소되면서 부농을 중심으로 도시지역으로 이주하는 인구가 늘었으며, 농업의 기계화 진척은 농업노동의 수요 축소와 빈농들의 도시 이주를 가속화시켰다.[73)] 해방 이후 민주개혁을 추진하던 북한의 입장에서는 소련의 경험에 비추어 볼 때 앞으로 소득세의 부과 대상인 도시 근로자 및 사무원의 비중이 크게 늘어나게 될 것임은 미리 짐작할 수 있었을 것이다. 다음의 〈표 5-4〉과 〈표 5-5〉은 소련과 북한에서의 도농인구 비율의 변천을 보여주고 있다.

소득세 부과와 관련, 소련은 이념형(ideal type)과 현실태(real type)의 간극에 의해서 많은 시행착오를 겪었다. '소득에 대한 고율의 누진세'는 맑스와 엥겔스의 공산당 선언 10대 강령에 포함되는 중요 원칙이다. 소련의 초기 지도자들은 1918년 10월 30일자 정령을 통해 부유층 대상의 특별혁명세 형식으로 소득세 과세를 처음 시도했는데, 높은 거래비용에도 불구하고 징

72) 사회과학원 력사연구소 엮음(1981), 『조선전사 23』(평양: 과학 · 백과사전출판사), 196쪽.

73) R. Allen(1946), *From Farm to Factory*, p. 107.

세 실적은 미진했다.

그러나 특별혁명세가 가지는 의의는 지방 소비에트가 처음으로 독자적인 과세권을 허락받았다는 데 있다. 지방 소비에트는 자체 재정을 충당하기 위한 목적으로 부유층에 중과세했고, 비록 지방 소비에트의 독려에도 불구하고 첫 2년간의 징세 실적이 10%에 미치지 못해 특별혁명세 징수 자체는 곧 포기하게 되었지만 소련의 지도부가 1922년의 레닌 헌법에 규정된 지방정부의 과세권을 오래도록 탈환하지 못했다는 점이 중요하다.[74)]

이후 소련에서 소득세 과세는 1921년의 가구주 단위로 부과한 인두세(poll tax)의 형태로 다시 시도되었다. 인두세는 1922년에는 좀 더 발전된 형태의 소득재산세(income-property tax)로 개편되었으며, NEP 기간 중인 1924년과 1926년의 개편을 통해 1974년 현재의 형태를 갖추게 되었다.[75)] 소득재산세는 최고세율이 15%로 제정 러시아 시대의 12.5%와 케렌스키 임시정부의 30.5%에 비교해 볼 때 높은 수준은 아니었다.[76)]

1930년 조세개혁은 국유화된 생산체계에 속하지 않고 자유업 또는 개인생산수단으로 재화와 서비스를 생산하는 5개 업종에 대해 각각 다른 세율을 적용했다.[77)] 소득세는 1941년과 1943년 재차 인상되었으며, 고세율정책은 전후에도 상당 기간 유지되어 1953년에야 전전 수준으로 복귀할 수 있었다.[78)]

---

74) Baykov(1946), *The Development of the Soviet Economic System*, p. 36.

75) Margaret S. Miller(1927), "Taxation in Soviet Russia", *The Slavonic Review*, vol. 5, no. 15, p. 494.

76) Newcity(1986), *Taxation in the Soviet Union*, p. 14.

77) 최준욱 외(2011), 『체제전환국 조세정책 분석과 시사점』, 35-36쪽.

78) Newcity(1986), *Taxation in the Soviet Union*, pp. 22-26.

〈표 5-4〉 소련의 도농인구 비율 변천, 1913-1956

(단위: %)

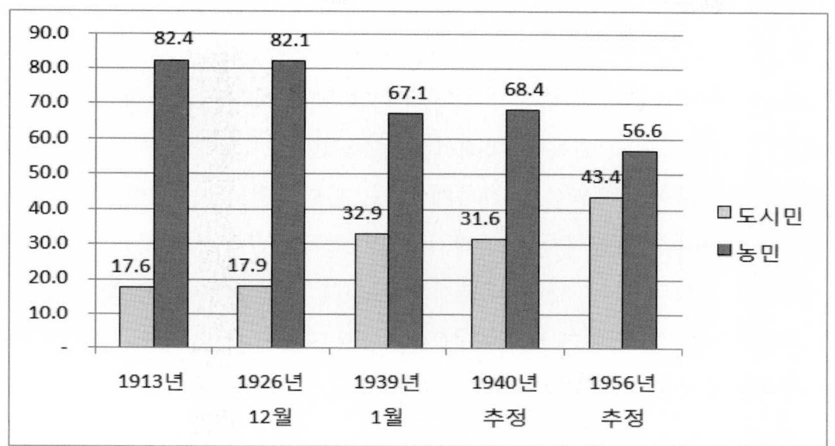

출처: R. Allen(1946), *From Farm to Factory*, p. 107의 표를 그림으로 재구성함.

〈표 5-5〉 북한의 도농인구 비율 변천, 1949-1960

(단위: %)

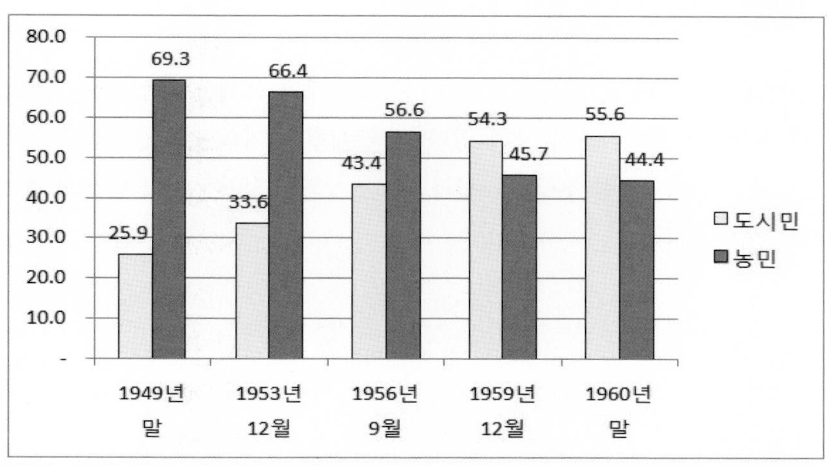

출처: 조선 민주주의 인민 공화국 국가 계획 위원회 중앙 통계국(1961), 『1946-1960 조선 민주주의 인민 공화국 인민 경제 발전 통계집』, 18쪽의 표를 그림으로 재구성함.

북한은 1947년의 세제개혁에서 단세제도(single-tax system, 單稅制度)의 채택을 선언했다. 국세청의 정의에 따르면 단세제도는 "조세수입의 전부를 보통 하나의 조세에 의해서 징수하는 조세제도"를 말하며,[79] 소련의 경우 1930년의 조세개혁이 기준이 되었다.[80] 단세제도에 따라 소득 과세를 할 경우, 국가는 농민의 소득에 대해서는 농업세만을, 그 외 개인납세자의 소득에 대해서는 소득세만을 부과하게 된다. 사회주의 국가의 지배자는 단세제도 아래에서 개인납세자에 대해 '누진적 소득과세'를 실시하기 원하지만, 소득세의 실시는 그리 간단한 문제가 아니다. 높은 거래비용을 소요하기 때문이다. 다음은 레비가 세입창출의 분석적 도구로서 '지대추구'에 대비해 '거래비용'이 갖는 강점을 설명한 것이다.[81]

> 거래비용 분석은 세입창출 정책을 측정, 모니터링, 그리고 강제하는 비용, 그중 특히 대리인(agent)의 유지비용에 관심을 둔다. 소득세와 같은 정책은 그 정책을 가능하게 하는 적절한 경제가 있어 세금 징수에 소요되는 거래 비용을 끌어 내릴 수 있기 전에는 단지 공상에 불과하다.

근대국가의 핵심은 소득세이고, 다시 소득세의 핵심은 세입창출 국가장치의 운영 즉 거래비용에 달려 있다. 민주개혁 시기의 전 기간 중 북한의 소득세는 1945년 12월, 1946년 4월과 1947년 2월의 3차에 걸쳐 다음과 같이 개혁되었다.

---

79) 반대되는 의미에서 "여러 종류의 조세에 의하여 구성되는 조세제도"를 복세제도(複稅制度)라 한다. 자본주의 국가 대부분이 복세제도를 따르고 있다. 「복세제도」, 『국세법령정보시스템 용어사전』.
https://txsi.hometax.go.kr/docs/ customer/dictionary/wordList.jsp (2016년 11월 23일 접속)

80) 소련은 1930년 9월의 세제개혁을 계기로 단세제도로 전환했다. Gallik et al.(1968), *The Soviet Financial System*, p. 88.

81) Levi(1988), *Of Rule and Revenue*, pp. 182-183.

가. 소득세 제1차 개편(1945.12)과 제2차 개편(1946.4)

〈표 5-6〉 조선총독부의 일반소득세와 북한의 수익세 비교

(단위: %)

<table>
<tr><th colspan="2">1934년 일반소득세</th><th>세율</th><th colspan="3">1946년 수익세</th><th>세율</th></tr>
<tr><td rowspan="3">제1종
(법인)</td><td>갑. 보통소득</td><td>15.0-20.0%</td><td rowspan="3">법인</td><td colspan="2">보통수익</td><td>?</td></tr>
<tr><td>을. 초과소득</td><td>25.0-30.0%</td><td colspan="2">초과수익</td><td>?</td></tr>
<tr><td>병. 청산소득</td><td>5.2-16.5%</td><td colspan="2">청산수익</td><td>?</td></tr>
<tr><td>제2종
(원천
과세)</td><td>갑. 거주자: 국공채이자, 사채이자, 조선금융채권 · 은행예금이자 · 대부신탁이익 / 을. 비거주자: 이자, 배당 또는 이익처분으로 받는 상여(賞與)</td><td>1.0-15.0%
6.5%</td><td rowspan="4">개인</td><td colspan="2">기타소득: 이자소득, 영업소득, 산림소득, 지물소득, 수산소득, 광업소득, 이익분배, 이식배당, 잉여물분배, 주식배당소득</td><td>0.6-49.4%</td></tr>
<tr><td rowspan="3">제3종
(개인)</td><td rowspan="3">종합과세 대상</td><td rowspan="3">0.4-34%</td><td rowspan="3">근로
소득</td><td>갑. 급여</td><td rowspan="3">0.5-39%</td></tr>
<tr><td>을. 수당 및 상여</td></tr>
<tr><td>병: 보수(補修)요금</td></tr>
</table>

출처: 재무부(1979), 『한국세제사 상』, 76-103쪽 및 「1946년제2기(4월-6월)세금징수에 관한건」(1946. 4. 1)의 내용을 백분율로 환산하여 표로 재구성함.

북한의 소득세는 조선총독부의 1934년 일반소득세에 뿌리를 두고 있으며, 김일성이 재정국에 내린 '1945년 12월 지시'에 의해 "소득세를 기본으로 하여 도시주민의 각 계층에 따르는 인민적인 세금항목을 설정하고 이 비률을 각각 차이나게" 할 것을 지향했다.[82] 이에 따라 재정국은 수득세 항목에 해당하는 소득세를 개인수익세로 개편하고, 법인자본세와 특별법인세를 법인수익세로 통합했으며 기존의 임시이득세 및 외화채특별세를 폐지했다.[83]

나아가 임시인민위원회는 1946년 4월 1일 후속조치인 결정 제8호를 통해

82) 소득세 개편 외에도 1945년 12월 세제개혁이 가지는 중요한 의미는 국세 32종, 지방세 26종 등 모두 58종의 일제 강점기 세금을 국세 9종, 지방세 12종, 총 21종으로 간소화했다는 것이다. 김광운(2003), 『북한정치사연구 I』, 259쪽.

83) HQ USAFIK(1990), "G-2 Weekly Summary No. 31"(1946. 4. 17), 한림대학교 아시아문화연구소 엮음, 『주한미군주간정보요약 1』, 525-547쪽.

개인수익세에서 “세금의 무게와 세금징수의 시간적차이”를 조절해, 부과 대상과 ‘항목’에 따라 수입세의 4회 분납을 실시하도록 해 “국가재정의 정상적인 공고성을 보장할 수 있게” 했다.[84] 재정당국은 “이렇게 함으로써 수입문제에 있어서 인민의 부담을 공평하게 할 수 있으며 또 세금으로 인한 일본제국주의의 착취와 가렴주구로부터 인민을 해방할 수 있게 되었다”고 자평했다.[85]

〈표 5-7〉 북한의 개인수익세 원천과세율, 1946

(단위: 원, %)

소득계급 구분	세율 (연분할)	납부액	소득계급 구분	세율 (연분할)	납부액
100원 미만	5%	0.5원	1,500원 이상	91%	137원
100원 이상	8%	0.8원	1,700 〃	98%	167원
150 〃	10%	2원	2,000 〃	106%	212원
200 〃	13%	3원	3,000 〃	120%	360원
250 〃	17%	5원	4,000 〃	135%	540원
300 〃	22%	7원	5,000 〃	150%	750원
350 〃	26%	10원	6,000 〃	165%	990원
400 〃	32%	13원	7,000 〃	180%	1,260원
450 〃	36%	17원	8,000 〃	175%	1,400원
500 〃	40%	20원	9,000 〃	201%	1,809원
550 〃	43%	24원	10,000 〃	221%	2,210원
600 〃	47%	29원	15,000 〃	254%	3,810원
650 〃	50%	33원	20,000 〃	274%	5,480원

주: 납부액은 이해를 돕기 위해 연구자가 덧붙인 것으로 650원 이상의 납부액 경우 650원으로 계산한 월 원천징수 금액을 말함.
출처: 「1946년제2기(4월-6월)세금징수에관한건」(1946. 4. 1).

개인수익세의 근로원천 과세율은 위 〈표 5-7〉과 같다. 월수입이 500원인 근로자의 경우, 기업의 지불책임자는 4월 1일부터 노동수익에 대해 650 x 0.050 = 32.5원을 (산출세액이 1원 미만일 때는 1원으로) 반올림하여 월 33원이 공제된 617원을 지불한 후 3일 이내로 지정된 세금수납기관에 납부하

84) 사회과학원 력사연구소 엮음(1981), 『조선전사 23』, 194쪽; 1946년 4월의 개편에서 세종(稅種)은 1945년 12월 개편 시의 21종을 그대로 유지했다. 김영희(1988), 『세금문제해결경험』, 39쪽.

85) 리봉수(1946), 「완전독립과 자립재정」, 40-43쪽.

도록 했다. 최고세율은 274%를 적용받는 20,000원 수입의 근로자는 5,480원의 원천과세 후 14,520원을 지급받았다. 위의 〈표 5-7〉과 아래의 〈표 5-8〉은 이중 개인수익세의 원천과세율과 일반과세율을 표로 나타낸 것이다.

〈표 5-8〉 북한의 개인수익세 일반과세율, 1946

(단위: 원, %)

소득계급 구분	세율 (연분할)	납부액	소득계급 구분	세율 (연분할)	납부액	소득계급 구분	세율 (연분할)	납부액
300원이하	6%	2원	2,550 〃	90%	230원	24,000 〃	276%	6,624원
300원이상	10%	3원	2,700 〃	93%	252원	27,000 〃	287%	7,749원
450 〃	14%	7원	2,850 〃	96%	274원	30,000 〃	296%	8,880원
600 〃	21%	13원	3,000 〃	99%	297원	45,000 〃	337%	15,165원
750 〃	28%	21원	3,300 〃	106%	350원	60,000 〃	365%	21,900원
900 〃	36%	33원	3,600 〃	113%	407원	75,000 〃	384%	28,800원
1,050 〃	43%	46원	3,900 〃	119%	465원	90,000 〃	403%	36,270원
1,200 〃	49%	59원	4,200 〃	124%	521원	105,000 〃	417%	43,785원
1,350 〃	54%	73원	4,500원이상	128%	576원	120,000 〃	427%	51,240원
1,500 〃	60%	90원	5,100 〃	135%	689원	150,000 〃	448%	67,200원
1,650 〃	66%	109원	6,000 〃	150%	900원	180,000 〃	463%	83,340원
1,800 〃	70%	126원	9,000 〃	184%	1,656원	210,000 〃	474%	99,540원
1,950 〃	74%	145원	12,000 〃	208%	2,496원	240,000 〃	482%	115,680원
2,100 〃	77%	162원	15,000 〃	230%	3,450원	270,000 〃	489%	132,030원
2,250 〃	82%	185원	18,000 〃	247%	4,446원	300,000 〃	494%	148,200원
2,400 〃	76%	183원	21,000 〃	261%	5,481원			

출처: 〈표 5-7〉와 같음

노동소득 이외의 소득에 대한 개인수익세 및 영업세는 4회 분납하되 대상자는 매기 첫 달의 5일까지 관할세무기관에 전기중의 소득금액(영업세의 경우 매상고)을 기재한 신고서를 제출하도록 하고 세무기관이 이를 토대로 3개월분 합계소득 금액을 결정, 위의 세율을 적용해 부과하는 방식을 취했다. 개인수익세와 영업세 모두 체납분에 대해서는 1백원마다 매일 5전(日

步五錢)의 연체금을 부과했다.[86)]

같은 날 채택된 결정 제8호 「1946년제2기(4월-6월)세금징수에관한건」은 2/4분기에 징수할 세액을 1억4천5백6십만원으로 정하고, 평양이 포함된 평안남도에 39.6%, 평안북도에 23.1%, 황해도에 19.6%, 기타 지역에 17.7%를 배정했다.[87)] 그러나 이 시기의 조세개혁은 일본의 국세체계에서 전시세제를 배제하고 단순화하여 소련의 제도를 기계적으로 대입한 한계를 지녔다.[88)] 당시에 부과된 실효세율은 낮은 농업생산성과 과도한 징발량을 고려해 볼 때 지나치게 높았던 것으로 평가된다. 이 같은 상황은 생산성의 증가와 징발량의 조정을 거친 후에야 비로소 안정화 될 수 있었다.[89)]

나. 소득세 제3차 개편(1947.2)

1947년 7월 1일자 북로당의 미소공위 답신안은 북한이 통일한국에 대해 구상한 소득세 과세 원칙을 선언적으로 나타내고 있다. 근로소득세는 "노동자, 사무원들이 받는 임금 등의 급료소득에 대하여 원천과세제도를 쓰되 세율을 누진을 할 것"이, 사업소득세는 "개인 및 법인단체의 사업에 의한 총소득에 대하여 누진율로써 과세할 것"이, 그리고 기타 소득세에 대해서는 "저술가, 자유노동자의 직업소득과 건물대부 소득 법인단체로부터의 배당금 등에 대하여 누진율로 부과할 것"이 명시되었다.[90)]

---

86) 「신세제결정에 대하야 평남재정부장 담화발표」, 『정로』 1946. 5. 17.

87) 북조선림시인민위원회결정제8호, 「1946년제2기(4월-6월)세금징수에관한건」(1946. 4. 1), 『법령공보』 1946년 증간1호, 14-16쪽.

88) 북한이 건국 후인 1948년이 되어서야 법규에 대한 재검토에 들어갈 수 있었던 것은 김일성의 다음 연설에서 확인된다. "우리 법규들가운데는 이런 분자들의 영향밑에서 일본놈의 법을 기계적으로 번역해다놓은 문구도 있을수 있습니다. 동무들이 이런 측면에서 법규들을 재검토해볼 필요가 있습니다". 김일성(1981), 「우리당 사법정책을 관철하기 위하여(1958. 4. 29)」, 『김일성저작집 제12권』(평양: 조선로동당출판사), 219쪽.

89) McCune, *Korea Today*, p. 208.

90) 북조선노동당 중앙위원회(1989), 「쏘-미공동위원회 공동결의 제5호, 제6호에 대한

1947년 2월 27일 북조선임시인민위원회 법령 제3호로 제정, 공포된 「소득세법」은 "국가 재정자원 형성의 보충적 수단으로 주민과 기관, 기업소 소득의 재분배가 사회적 · 개인적 이익에 부합"되는 것을 지향했다.[91] 소득세는 "주민 개인소득의 일부를 중앙집중적 화폐자금의 형성에 동원"하는 동시에 그들에게 "수배에 달하는 추가적 혜택"을 베풀어 주도록 설계되었다.[92]

소득세는 주민의 소득을 근로소득, 사업소득, 자유소득의 3종으로 구분하고 북한에 거주하는 개인 및 (법인을 포함하는) 사업단체를 대상으로 과세했다. 사회주의적 제도인 이익공제금과 구분하기 위해 국영, 도영, 시 · 면영기업소의 사업소득과 조선중앙은행, 북조선농민은행 등 국영은행의 사업소득, 그리고 각급 소비조합의 물품판매업에 의한 소득에 대해서는 과세하지 않았다. 소득세의 징수는 각도 인민위가 담당했고, 세금을 징수한 해당 도 · 시 · 면 인민위에는 인민위가 결정한 비례에 의해 지방교부금(地方交付金)의 형태로 소득세분여금(所得稅分與金)을 교부했다.[93]

제1종 근로소득세는 도시근로자의 "임금, 상금, 퇴직급여 기타 모든 급여"에 대해 부과하는 인민적인 조세제도의 핵심이었다. 북한은 "과도기 초기에 대소득자들의 소득을 조절하고 근로자들의 세금부담의 공정성을 보장하기 위해" 제 세금을 소득세로 단일화시키고 누진율을 적용했다.[94] 제1종 근로소득세는 지불장소에 따라 그 달 또는 반달 동안 급료, 임금, 보수, 요금, 수당 등을 과세표준으로 하는 갑종소득과 상금, 퇴직금 등에서 50%를 공제한 금액을 과세표준으로 하는 을종소득으로 나뉘었다. 하급군인, 보안대원 및 소련군 군인 · 군무원 등에게는 1종 근로소득세가 면제되었다.[95]

북조선노동당 해답서」(1947. 7. 1), 심지연 엮음, 『미-소공동위원회 연구』(서울: 청계연구소), 354쪽.

91) 북조선인민위원회법령제3호, 「소득세법」(1947. 2. 27), 『법령공보』 1947년 제22호, 1-5쪽.

92) 사회과학원 경제연구소(1970), 『경제사전 2』, 208쪽.

93) 북조선인민위원회법령제3호, 「소득세법」(1947. 2. 27), 1-5쪽.

94) 사회과학원 경제연구소(1970), 『경제사전 2』, 208쪽.

을종소득과 관련, 소련은 발명에 대해 특허권 대신 저작권증명서(author's certificate)를 발행하고 발명에 대한 성과금에 면세 혜택을 제공했는데, 이 같은 혜택은 북한에 반영되지 않은 것으로 보인다.[96]

〈표 5-9〉 북한의 소득세 2차·3차 개편안 비교, 1946-1947

(단위: 원, %)

1946 개인수익세 세율			1947 갑종·을종 근로소득세 세율		
소득계급 구분 1개월간의 소득	세율	납부액	소득계급 구분 1개월간의 소득	세율	납부액
			1-650원	6%	39원
650-949원	5.0%	33원	651-950원	8%	76원
950-4,999원	6.6%	63원	951-5,000원	10%	500원
5,000-10,000원	15.0%	750원	5,001-10,000원	15%	1,500원
+10,000원	22.1%	2,210원	+10,001원	20%	2,000원

출처: 국사편찬위원회 엮음(1987), 『북한관계사료집 5』의 내용을 표를 재구성함. 납부액은 이해를 돕기 위해 연구자가 덧붙인 것으로 951-5,000원의 경우 5,000원으로 계산한 원천징수 금액을 말함. 개인수익세근로원천과세세율(1946년 4월 채택)은 5,000원 이상의 경우 5,000원으로 계산함.

제2종 사업소득세와 제3종 자유소득세에 대해서는 감시의 눈길을 늦추지 않았다. 제1종 근로소득세에 소요되는 거래비용 집행의 효율성 문제라면, 제2종과 제3종의 소득세에 소요되는 거래비용은 납세자의 수입 퇴출 능력에 비례해서 커지거나 작아져야 하는 집행의 효과성 문제이다. 국가는 세금징수사업을 하면서 검열사업을 함께 강화하였는데, 이는 "어디까지나 각계층 주민들의 리익을 옹호하기 위한것이였으며 세법을 어기는 불순한 극소수의 납세자들에게 제재를 가하기 위한 것"이었다.[97]

95) 북한에서 정규군이 창설된 것은 1948년 2월 8일로, 이 당시 소련군 외 '하급군인'으로 분류될 만한 직군은 존재하지 않는다. 따라서 '하급군인'은 이후의 창군을 염두에 두고 포함시킨 문구로 보인다. 북조선인민위원회법령제3호, 「소득세법」(1947. 2. 27), 1-5쪽.

96) John N. Hazard(1957), *The Soviet System of Government*(Chicago: University of Chicago Press), p. 115.

세금제도 개혁 결정서를 채택한 다음날인 1947년 2월 28일, 김일성은 각 도 재정부장, 시 · 군 재정과장 및 세관장 연석회의를 주재하고 주민들에게 징세에 있어서 개인상공업자에게 부과된 세금 징수를 위한 조직사업이 중요하다고 강조했다. 김일성은 지난 날 과세누락, 탈세, 미납과 같은 현상이 적지 않았음을 지적하면서 다음과 같은 교양사업을 주문했다.[98]

> 아직도 일부 개인상공업자들이 민주주의제도의 우월성을 깊이 깨닫지 못하고 낡은 사상에 물젖어 사리사욕과 개인의 치부만을 일삼으면서 세금을 잘 바치려 하지 않으며 국가의 재정정책 집행에 저해를 주고있습니다. 모든 재정일군들은 개인상공업자들이 창발성을 발휘하고 건국사업에 적극 동원되도록 잘 교양하며 그들에 대한 국가의 과세시책을 철저히 집행하여야 하겠습니다.

이는 소득원천의 파악이 손쉽고 원천징수가 가능한 근로자 · 사무원이나 수확고 추정, 징수, 검열을 통해 감독 가능한 농민의 경우 당국이 직접적으로 개입하여 징세하는 데 반해 상공업자의 경우 납세자의 신고에 의해 납세절차가 진행되는 수동적인 절차로 되어 있어 징수율을 높이기 위해서 특히 주의가 필요한데서 나온 발언으로 보인다. 또한 NEP 기간 중 자영상인(private traders)과 중농 · 부농에 집중 과세한 소련의 경험도 참고가 되었을 것이다.

1947년 2월의 세제개혁은 20개조 정강의 제13조 즉 "단일하고도 공정한 세납제를 규정하여 누진적 소득세제를 실시할 것"이 인민민주주의적 제도의 틀에 맞게 실시되었다는 데 큰 의의가 있다.[99] 김일성은 민주개혁기 기

---

97) 김영희(1988), 『세금문제해결 경험』, 44-45쪽.

98) 김일성(1979), 「국가재정관리를 잘하기 위하여」(1947. 2. 28), 『김일성저작집 3』(평양: 조선로동당출판사), 143쪽.

99) 김일성(1954), 「20개조 정강을 발표하면서 조선 인민에게 고함」, 『김일성선집』, 제1권(평양: 조선로동당출판사), 41-45쪽.

간 중 개혁의 기본 틀로서의 20개조 정강을 계속 강조하고 있다. 다음은 1948년 1월 25일자로 간행된 평북 강계에서의 연설의 일부이다.[100)]

> 어떤 사람은 말하기를 북조선에서는 이제는 20개조정강은 다 실시되었으니까 이 정강은 필요없지 않느냐고 말합니다 이것은 잘못입니다 물론 법적으로는 이 정강이 목표하는바를 모두 보장하게되었습니다 그러나 그렇다고 이 정강이 목표한바가 인민가운데 다 완전히 실현된 것은 아닙니다 앞으로 무한히 발전한 민주주의에 대하여 본다면 우리는 지금 민주주의적인 건설로 자신만만하게 들어가기 시작한 것입니다. 길은 열리었습니다. 앞으로 우리는 이것을 더 철저히 질적으로 발전시켜야겠습니다.

다. 소득세 제4차 개편(1949.8)

1949년 4월 재정상 최창익이 최고인민회의 제1기 제3차 회의 보고에서 공언한 바와 같이, "개인중소상업의 발전을 더욱더 보장하기" 위해 1949년 8월 1일 최고상임위원회 정령으로 소득세 감세 조치가 취해졌다.[101)] 재정상 보고에 이어진 부상 김찬의 보고에 따르면 소득세 인하의 의의는 다음과 같다.[102)]

> 그런데 여기서 또한가지 특기할점은 우리공화국 내각에서 현제 소득세률인하를고려중에 있다는사실이다 소득세률인하의 의도는 인민들의 직접부담을 축감시키고 그들의 소득을 실질적으로 증가시킴으로써 민간

---

100) 김일성(1948), 「우리는 이해에 무엇을 할것이며 어떻게 일할것인가」, 북조선인민위원회 선전국 엮음, 『평북 강계에서 진술한 김일성위원장의 연설』(평양: 조선인민출판사), 10쪽.

101) 재정성 엮음(1949), 『조선민주주의인민공화국 국가종합예산에관한문헌집』(평양: 재정성), 13-14쪽.

102) 김찬(1949), 「최고인민회의 제1기 제3차회의: 1949년도 조선민주주의 인민공화국 국가종합예산심의위원회보고」(1949. 4. 19-23), 재정성 엮음, 『조선민주주의인민공화국 국가종합예산에관한문헌집』(평양: 국가계획위원회출판사), 45-56쪽.

중소상공업가들의 경제활동을 보장하며 헌법에 규정된바 개인경리의 창발력을 적극 장려하려는데 있는 것이다 이 한 개의 사실만보더라도 우리 공화국정부가 항상 인민들의 리익을위한 적절한시책을 강구실천하기위하여 부단히 부심하고 있다는 것을 말하여주는 것이다 물론이러한시책들은 어데서나 그실행이가능한것이아니라 공화국북반부에있어서와같이 제반 민주과업들이 성공적우로수행되고 경제토대의 공고화에따라 예산의 충실성이 강화되는 조건하에서만 가능한것이다

기업가, 상인, 자유업자에 대한 소득세 초과누진율이 12-63%에서 10-55%로 저하되었다.[103] 세율은 그 전보다 19.7% 낮아졌고 노동자·사무원들에 대한 소득세 부과 방식이 6-20%의 단순누진제에서 4-14%의 초과누진제로 개편되었다.[104] 노동자·사무원의 부담액은 평균 39%, 최고 49% 줄어들었다.[105] 소득세율 인하에 대한 북한의 평가는 당시 재정상의 최고인민회의 보고에서 확인할 수 있다. 최창익에 의하면, "국가 종합예산은 그수입원천에 있어서 인민소득을 분배하는 행정에서 조성되는것만큼 국가예산이 장성되었다는 것은 그만큼 인민소득이 장성되었다는 것을 말하는 것"이지만, "국영기업소 및 공리단체의 수입은 년년히 제고되어 그에따라 인민들의 직접부담이 경감되여" 갔고, 그 결과 "소득세율이 평균19.7% 종전보다 인하"되어 "인민소득의 증가를 가져오는 또한개의 요인으로" 되었다.[106] 또 4차 개편은 처음으로 소득세 부과 면제 대상을 지정했는데, 500원 이하의 소득자가 이에 해당되었다.

---

103) 조선민주주의인민공화국 최고인민회의상임위원회 정령, 「소득세개정에관하여」(1949. 8. 1), 『재정금융』 1949년 9월 창간호, 68-73쪽. http://nl.go.kr (2017년 5월 9일 접속)

104) 김일성(1954), 「조선 민주주의 공화국 창립 1주년에 관한 보고」(1949. 9. 9), 『김일성선집 1』(평양: 조선 로동당 출판사), 402쪽.

105) 김영희(1988), 『세금문제해결경험』, 65-66쪽.

106) 최창익(1949), 「공화국북반부의 민주건설과 남반부경제파산및 인민항쟁」(1949. 10. 31), 『10/31 재정상연설문(최고인민회의 대의원 회의)』, 27쪽.

〈표 5-10〉 북한의 소득세 3차 · 4차 개편안 비교, 1947-1949

(단위: 원, %)

갑종·을종 근로소득세 세율	
소득계급 구분	세율
1-650원	6%
651-950원	8%
951-5000원	10%
5,001-10,000원	15%
+10,001원	20%

주민소득세	
소득계급 구분	세율
0-500원	면세
7계단	4-14%

출처: 국사편찬위원회 엮음(1987), 『북한관계사료집 5』 및 김영희(1988), 『세금문제해결경험』의 내용을 표로 재구성함.

3. 일제 제도의 존치: 등록세

1947년 2월 27일 북조선인민위원회 법령 제 4호로 제정, 공포된 「등록세법」은 1945년 3월 15일 개정된 일제 총독부제령 제4호 「조선등록세령」을 일부 수정해 만든 것이다. 새 「등록세법」은 대부분의 조항을 1944년 4월 1일 개정된 조선등록세령에서 그대로 원용했다. 은급채권(恩給債券) 등 채권에 대한 등기와 철도저당, 어업권 · 광업권 등의 등기 등 일제의 유산을 제외하고 단순화시켰을 뿐이다. 부과 세율도 거의 같다. 예를 들면 「등록세법」의 제3조 1의 부동산에 대한 등기에는 조선등록세령의 1조 총 19항 중 2개항을 제외한 17항이 원용되었고, 다시 1항이 두 개로 분할된 총 18항으로 구성되어 있다. 세율의 경우 지상권 또는 임차권의 취득 시 1,000분의 1.5-26.0까지의 세율을 1,000분의 5로 고정시킨 정도의 차이가 있었다. 건당 등록세액으로 확정금액이 부과되는 항목의 경우, 화폐가치 변동 등을 감안해서 전체적으로 상향 조정되었다.[107]

일제의 조선등록세령에 부동산에 관한 등기, 선박에 관한 등기와, 신탁재

107) 북조선인민위원회법령제4호, 「등록세법」(1947. 2. 27), 『법령공보』 1947년 제22호 5-9쪽.

산인 부동산 · 선박의 이전 취득 등기, 공장재단등기부 등 재단등기부에의 등기, 영리목적 법인의 등기, 은급채권 · 조선농지개발채권 · 조선금융채권 등의 채권에 대한 등기, 일본제철주식회사의 자본금 · 주금 관련 등기, 국제전기통신주식회사의 출자에 의한 부동산 권리취득 등기, 조선전업주식회사의 자본금 · 주금관련 등기, 상공경제회의 승계부동산 권리 취득에 대한 등기의 10종이 있었던 것을 「등록세법」에서 부동산에 관한 등기, 선박에 관한 등기, 영리목적 법인의 등기 · 회사이외의 상업등기와 선박관리의 등기 4종으로 단순화했다. 등록의 경우, 선적의 등록과 선원의 관부에의 등록, 철도저당원부 등 저당원부에의 등록, 광업권에 관한 광업원부에의 등록, 어업권에 관한 어업권원부에의 등록 등 총 5종이 있었는데 선적, 어업권, 상공영업 기타 사업에 관한 등록 등 총 3종으로 줄었다.[108)]

새로운 등록세법이 해당되는 모든 활동에 대한 새로운 등록을 요구했던 것은 아니다. 1947년 1월 1일부터 3월 31까지 소련군 사령관 명령 제11호로 상업과 공수(公需)영업의 허가장을 받도록 했고, 이때 허가장을 득한 자는 등록세법 제3조 1항 7호에 의하여 등록한 것으로 인정되었다. 또, 6조가 새로이 삽입되어 각급인민위원회 및 그 소속기관, 국영기업소, 각급소비조합의 자기를 위한 등기 및 등록, 회사의 계리 또는 특별청산에 관하여 재판소의 촉탁으로 하는 등기 및 등록, 그리고 등기 또는 등록의 말소, 착오 또는 유루(遺漏)가 인민재판소 또는 등록공서의 과오에 기인한 경우에 있어서의 회복 또는 개정을 위한 등기 또는 등록의 세 가지 경우에 대해서는 등록세를 면제했다. 등록세는 인민재판소 또는 등록공서에서 부과 · 징수했다.[109)]

등록세는 1949년 12월의 세제개혁과 1954년 6월의 기간 사이에 폐지되었다. 정확한 일자는 확인되지 않는다.

---

108) 조선총독부제령 제4호, 「조선등록세령」(1945. 4. 1). http://www.law.go.kr/ (2017년 4월 17일 접속)

109) 북조선인민위원회법령제4호, 「등록세법」(1947. 2. 27), 『법령공보』 1947년 제22호 5-9쪽.

제2절_ '민주개혁'과 사회주의 경리수입

1. 이익공제금과 신 가격구조

이익공제금은 사회주의 조세제도의 꽃이다. 사회주의 국가의 지배자가 가장 선호할 만한 세입 극대화의 조건들이 모두 들어 있기 때문이다. 이익공제금은 (1) 협상 대상의 부재에서 오는 최고 수준의 상대적 협상력과, (2) 일단 효율적인 은행 시스템이 구축되면 더 이상의 징세비용이 소요되지 않아 가장 낮아진 거래비용, 그리고 (3) 경영손실금 · 기업소기금 · 상금기금 적립액을 제외한 전체 이윤을 취할 수 있어 가장 낮은 할인율로 세입을 극대화 할 수 있는 최적의 세목이다.

설사 즉각적인 세입 극대화가 가능하지 않아 국가예산에서 세수가 차지하는 비중이 작게 되더라도, 지배자의 입장에서는 개인납세자들이 보유하도록 허락하는 것보다 국영기업소를 소유하는 편을 선호한다. 다음은 세금제도가 폐지된 후인 1975년, 외빈들을 접견한 자리에서 김일성의 발언이다.[110)]

> 지금 일부 신생독립국가들에서 국유화하였던 공장, 기업소들을 개인들에게 도로 나누어주는데 그렇게 하면 국가의 발언권이 설수 없습니다. 국가는 경제권을 쥐고있어야 발언권이 있습니다. 국가가 인민들로부터 세금이나 받아서 나라를 유지하려고 하여서는 일이 잘될수 없습니다.

북한은 이익공제금을 "사회주의국영 기업소, 기관들에서 생산 및 판매 활동결과에 조성된 사회순소득의 한 부분인 기업소리윤을 분배하여 국가예산에 동원하는 형태"로 규정하고 있다.[111)] 소련의 이익공제금(прибыле

110) 김일성(1985), 「모잠비끄해방전선 위원장과 한 담화」(1975. 3. 5), 『김일성저작집 30』(평양: 조선로동당출판사), 150쪽.
111) 사회과학원 사회주의 경제관리연구소(1995), 『재정금융사전』(평양: 사회과학출

й государственных предприятий)은 영어로 Deduction from Enterprise Profit, Profit from Enterprises, Transfers from Enterprises와 Profit Tax 등으로 번역되며, 북한에서는 1947년 2월 27일 '리익공제금'으로 제정된 이래 1960-2002년까지 '국가기업리익금'으로 명칭을 개정한 후, 2002-2011년까지 '국가기업리득금'으로 개편했다가 2011년을 기점으로 다시 '국가기업리익금'으로 회귀했다.[112]

이익공제금은 국영기업소 및 국영기관의 '순소득의 일부'에서 취한다. 이익공제금과 거래세가 다른 점은, 이윤의 일부가 기업소의 유동자금 충당 · 기본 건설 · 기타 목적 등을 위해 기업소의 관리 하에 남게 되며, 나머지 부분이 이익공제금으로 국가예산에 납부된다는 점이다.[113] 그렇다면 기업소 입장에서 거래세와 이익공제금이 어떻게 다를까. 그 답은 "이론적으로 다르지 않다"는 것이다. 이들의 구분하는 것은 단지 "실무적인 목적" 때문이다".[114] 이익공제금에 관한 북한측의 설명을 보자.[115]

> 사회순소득의 분배형태라는 의미에서는 거래수입금과 공통성을 가지지만 그 내용에서 일련의 차이를 가진다. 거래수입금은 생산물의 가격속에 일정한 크기로 고착되여있으면서 생산물이 실현되는 즉시로 국가예산에 납부된다. 그러나 국가리익금은 그 크기가 가변적이며 기업소에 조성되는 리윤의 규모와 자체충당몫에 의존한다.

판사), 130쪽.

112) 제1절과 마찬가지 이유에서 '이익공제금,' '국가기업이익금'과 '국가기업이득금'의 용어는 특정시기의 해당 세금을 지칭하는 것이 아니라 일반적인 의미에서 사용할 경우 이익공제금으로 통일한다.

113) 리상언(1958), 「인민경제 계획화 XII: 우리 나라에서의 재정 계획화」, 『경제건설』 1958년 12월, 44쪽.

114) "거래세와 이익공제금은 경제학적 관점에서 본질적으로 동일하다". D.I. Chernomordik et al.(1939), *National Income of the USSR: Its Formation and Estimation*(Moscow: Soviet Academy of Sciences), p. 37 in Jasny(1951), *The Soviet Price System*, p. 79.

115) 사회과학원 사회주의 경제관리연구소(1995), 『재정금융사전』, 130쪽.

〈그림 5-1〉 소련의 가격구조 설계안, 1929-1934

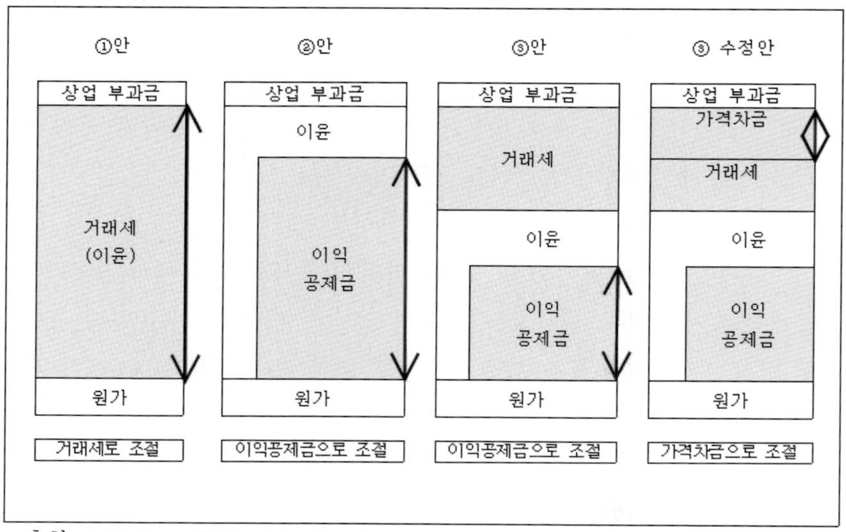

출처: R.W. Davies(1958), *The Development of the Soviet Budgetary System*, pp. 210-213의 내용을 표로 재구성한 것이며, 국가예산 수입을 안정적으로 관리할 목적으로 주로 조정하는 부분을 화살표로 표시했다.

이와 같은 구분은 소련의 1930년 세제개혁에 그 기원을 두고 있다. 고전적 사회주의 조세제도의 원형으로 평가받는 1930년 개혁을 추진하기 위해 소련공산당 중앙위원회는 1929년 겨울 재정인민위원회(NKF)와 국민경제최고회의(VSNKh)에 소비세(Promtax), 법인세 등 기존 세금을 통합한 새로운 예산수입 징수안 마련을 지시했다. 당시 제시된 안은 3가지로, 〈그림 5-1〉의 ①-③안이 이에 해당한다.116)

우선 제①안은 모든 세금을 '원가에 가산되는(a single addition to costs)' 거래세로 개편하는 것이다. 이 안의 장점은 상품의 판매와 함께 세금의 동시적 수취가 가능하다는 것이다. 그러나 만약 같은 종류의 상품을 두개의 기업소에서 만드는데 하나의 평균원가율에 의해 거래세만을 과세하기로

116) R.W. Davies(1958), *The Development of the Soviet Budgetary System*, pp. 210-213.

한다면, 원가율이 낮은 기업이 다른 기업보다 높은 이윤을 가져가게 된다는 단점이 있었다. 이를 피하기 위해서는 기업소들의 유사한 생산품에 대해 각각 다른 세율을 부과해야 하는 번거로움이 있었다.

제②안은 기존 세금을 단일수익세(單一收益稅, single tax on profits)인 이익공제금으로 통합하는 것이다. 기업소는 국가가 제정한 계획에 따라 생산하고 계획의 달성여부에 따라 계획이윤과 초과이윤에 대한 지정된 과표의 공제금을 납부하면 된다. 그런데 이렇게 되면 국가예산안은 원가계획과 생산계획의 달성여부에 연동하는 잠정안으로 전락한다. 예산에 대한 예측가능성이 저하되는 것이다. 원가계획의 달성을 보장할 수 없는 환경에서는 수익세가 세입의 보충적 원천 이상이 될 수 없다는 단점이 있었다.

제③안은 기존 세금을 거래세로 통합하고, 이익공제금을 별도의 수입 원천으로 신설하는 것이다. 이 안의 장점은 기업소의 투자 계획이 변경되는 경우 이에 대응하는 신속한 이윤의 회수가 가능하다는 점이다. 이 안이 소련이 채택한 최종안이며, 북한이 1947년 이래 추구한 가격구조의 원형이 되었다. 단, 제③안은 인플레이션의 압력이 높아지는 경우, 즉 국영상점의 배급품 판매가격과 일반상점의 상품 판매가격간의 가격이 벌어지는 상황에 대해 거래세의 조정을 통해 대응할 것을 요구하기 때문에 대응의 적시성이 문제가 될 수 있었다. 따라서 소련은 가격차금(mark-up)을 얹어 소매가격을 조정하는 방법으로 제③안을 보완했다. 이것이 제③수정안이며, 북한은 1951년 전후에 가격차금 제도를 도입하면서 제③수정안을 채택했고 1957년 4월 개편에서 이를 폐지했다.

이익공제금으로 돌아와, 지배자의 세입 극대화가 실현되기 위해서는 일차적으로 기업소 경리(*koraschet*, business accounting)를 발전시켜 재정규율을 준수하도록 하기 위한 노력이 요구된다. 그다음으로는 국가계획에 따라 유동적으로 계정 간 이체를 일으킬 수 있는 은행의 발전이 함께 요구된다.

이익공제금에는 그런 의미에서 제2장에서 인용한, "대형의 단일 국영은행은 사회주의 국가장치의 최대 9할을 차지하게 될 것"이라는 레닌의 발언이 가지는 시사점이 있다.[117)]

소련에서 이익공제금은 1923년 국영기업 및 집체기업에 대한 법인세의 형태로 첫 실시되었다가 1928년 제1차 경제계획의 실시에 조응하기 위한 세제개혁이 이루어지면서 1930년 거래세와 함께 첫 선을 보였다. 여기서 중요한 것은 이익공제금이 국영기업소만을 대상으로 했다는 것이다. 협동조합의 경우, 생산과 투자의 내부규정을 가지고 움직이며 이익의 일부를 결산의 형태로 조합원들에게 분배할 권리가 있다. 그러나 국영기업소는 이익을 전혀 내부에서 분배할 수 없고, 지배자는 은행을 통해 국영기업소의 이익을 공제해 국가예산으로 이전한다.[118)]

이익공제금은 기업이 생산에 소요되는 제 비용을 지불하고 사회보장세를 차감한 후 거래세를 납부하고 남은 이윤에 대해 부과했으며 높은 누진율이 적용되었다.[119)] "사회주의 경제의 이익공제금은 이윤에 대한 과세와 기업의 소유주인 국가에 대한 이윤배당이라는 두 가지 성격을 혼합되어 있으며, 실질적으로 계획경제의 한 부분으로 작동하는 것으로 이해할 수 있다. 즉, 잉여가 발생한 기업 및 산업으로부터 이를 흡수하여, 투자가 필요한 기업에 이전시키는 기능을 한다".[120)] 이윤은 다시 계획 이윤과 계획 외 이윤으로 나눌 수 있는데, 전자는 계획에 따라 제조, 판매하고 비용을 차감한 후의 이윤을 말하며 후자는 계획 대비 비용을 줄이고 생산을 늘려서 얻은 추가적인 이윤을 말한다. 국영기업소는 기업장 기금(director's fund)에 계획

117) V.I. Lenin(1981), "Can the Bolsheviks Retain State Power?"(1917. 10. 1), *Lenin Collected Works 26*(London: Progress Publishers), p. 106.

118) Franklyn D. Holzman(1944), *Soviet Taxation: The Fiscal and Monetary Problems of a Planned Economy*(Cambridge: Harvard University Press), p. 212.

119) Holzman(1944), *Soviet Taxation*, p. 91.

120) 최준욱 외(2011), 『체제전환국 조세정책 분석과 시사점』, 34쪽.

및 계획 외 이윤의 일정 금액을 적립한 후 잔액에서 신규투자금을 제외한 잔액을 전액 이익공제금으로 납부한다. 신규투자금이 이익공제금 납부 최소금액(총 이윤의 10%)을 상회하는 경우 기업이 일단 납부한 후 정부예산에서 보조금으로 보전받는 형식을 취한다.[121)]

북한의 이익공제금은 1946년 8월 10일 「중요산업국유화법령」으로 공장·광산·철도·통신·은행 등 주요산업을 국유화하여 인민의 소유로 전환시킨 조치에서 출발했다.[122)] 민주개혁 조치의 하나로 실시된 주요산업의 국유화의 목적은, 민주주의 자주독립국가를 건설하기 위해 "인민경제를 계획적으로 부흥·발전시키며 민주주의독립국가의 경제적 토대를 공고히하고 인민의 물질적생활을 보장하며 교육 보건 등 사회문화사업기반을 강화하여 인민의 정신적 생활을 보장"하는 데 있었다.[123)]

사후적으로 북한은 중요 산업의 국유화에 대해 "기본적으로 그가 민주주의적 제 개혁의 일환으로서 실시되었다 하더라도 그는 그 내용으로 보아 부르죠아민주주의 혁명 과업의 범위를 훨씬 벗어나는 것"다고 분석하면서 그 특성으로 (1) 자본 일반의 청산을 당면한 목표로 하지 않은 일본 제국주의자들과 조선인 민족반역자들만을 대상으로 하는 반제 민주화 혁명 과업이었으며, (2) 일제의 소유였던 공업 기업소들은 이미 소련군의 원조 아래 각급 운영위원회들의 관리 아래 놓여 국유화에 선행하여 노동자에 의한 자본가적 기업의 통제를 필요로 하지 않았고, (3) 공업 부문 전체에 걸쳐 일거에 실시했다는 점을 들었다.[124)]

생산수단의 국유화는 임시인민위의 조세정책에 일대 진전을 가져왔다.

---

121) Holzman(1944), *Soviet Taxation*, pp. 91-92.

122) 북조선림시인민위원회결정제58호, 「북조선림시인민위원회의산업철도운송통신은행등의국유화에관한법령」(1946. 8. 10), 『법령공보』 1947년 증간3호, 14쪽.

123) 조선중앙통신사 엮음(1950), 『조선중앙년감 1950』(평양: 조선중앙통신사), 117쪽.

124) 김상학(1957), 「우리나라에서의 사회주의 공업화의 특성」, 『근로자』 1957년 10월 25일 제143권 제10호, 88쪽.

세금은 그 정의상 "국가가 자기의 기능수행에 필요한 재정적수요에 충당하기 위하여 개인 또는 집단의 소득을 재분배하는 형태"이지만, 사회주의 제도에서는 '계급정책 수행의 도구'로 더 중요하게 이용된다.[125] 국가가 '사회주의 경리수입'의 장성을 통해 국가 기능 수행에 필요한 재정 자원을 마련할 수 있게 되면 이후 북한에서 그랬듯이 주민세금이 국가재정수입에서 "보충적 형태"에 불과하게 되는 것이다. 다음은 이 시기의 개인경리 활용 및 조세정책 운용에 관한 해설이다.[126]

> 1946년 공업생산에서 자본주의적 경제형태의 비중은 23.2%, 소매상품류통액에서는 96.5%를 차지하고 있었으며 1953년에는 2.9%, 32.5%를 차지하였다. 이들의 착취적 요소를 제한하면서 긍정적 측면을 리용하는것은 새 사회 건설의 첫시기는 물론 전후에 와서도 여러모로 유익하였고 필요하였다. 우리 나라에서는 세금을 바로 이 요구를 실현하는 수단의 하나로 리용하였다.

이러한 점에서 이익공제금 실시를 규정한 북조선임시인민위원회 법령 제2호 「세금제도개혁에 관한 결정서」가 제정된 다음날인 28일 개최된 각도 재정부장, 시군 재정과장 및 세관장 연석회의에서의 김일성의 발언은 사회주의 국가재정에서 조세정책의 역할이 무엇인지 보여주고 있다.[127]

> 당과 정부는 사회주의공업을 빨리 발전시키며 류통분야에서 국가 및 협동단체상업을 늘이는 등으로 인민경제의 모든 부문에서 사회주의적성분을 끊임없이 강화하는 한편, 세금과 가격정책 등을 통하여 자본주의적 요소의 발전을 통제하고 제한하였습니다.

---

125) 사회과학원 경제연구소(1970), 『경제사전 2』, 337쪽.
126) 김덕윤(1988), 『재정사업경험』(평양: 사회과학출판사), 79쪽.
127) 김일성(1979), 「국가재정관리를 잘하기 위하여」(1947. 2. 28), 143-144쪽.

같은 연설에서 김일성은 국가예산에서 국영기업소가 차지하는 비중이 계속 높아질 것이라고 전망했다.

> 국가기업소들로부터 거래세, 리익공제금, 가격편차금과 같은 형태로 국고에 들어와야 할 자금이 올해 국가예산수입에서 큰 비중을 차지하고 있습니다. … 재정기관들에서는 국가기업소들이 보다 합리적으로 경영활동을 할수 있도록 도와주는 한편 국가기업소들에서 조성된 리익금이 사장되거나 부당하게 처분되는 일이 없어 제때에 국고에 들어오도록 철저히 통제하여야 하겠습니다.

1947년 2월 27일 제정된 북한의 이익공제금 제도는 소련의 제도가 시작되었을 때보다는 낮은 세율로 출발했다. 북한은 '이익금의 평균 30% 이상'을 납부하도록 하고 기업세별 비율을 재정국장이 결정하도록 했는 데 반해 소련이 1930년 9월 첫 부과한 세율은 각 기업소 계획이윤의 81%였다.[128] 1921-1930년의 법인세율이 1923/4년의 15.8%로 시작해 1927/8년도의 40.0%로 늘어났던 것을 이익공제금 제도 실시와 함께 대폭 증징 개편한 것이다.[129] 이후 1931년 9월 3일자의 소련 중앙집행위원회 및 인민위원평의회(Sovnarkom)는 공동 결정으로 국영기업소에 대해서는 이익에 대한 적절한(asx appropriate) 금액을, 그리고 그 외 산업, 농업 기업에 대해서는 총이윤의 10%를 국가예산에 전입시키도록 하고 민영기업의 공제율을 85%, 국영은행의 공제율을 50%에 고정했다.[130]

1948년 제1차 내각을 구성할 때 만들어진 국가계획위원회는 계획경제총괄기구로 소련의 국가계획위원회(Gosplan)를 모델로 했다. 국가계획위원회는 1952년 1월 10일 내각결정 제3호로 권한을 강화할 것이 결정되었다. 서

128) 북조선인민위원회법령제2호, 「북조선세금제도개혁에관한결정서」(1947. 2. 27), 『법령공보』 1947년 제21호, 4쪽; Holzman(1944), *Soviet Taxation*, p. 117.

129) R.W. Davies(1958), *The Development of the Soviet Budgetary System*, p. 220.

130) Resolution of the USSR Central Executive Committee of the Soviet Union, "Regulations on the Deduction of the State Revenue from the Profits of State Enterprises"(1931. 9. 3). http://bestpravo.ru/sssr/eh-akty/p6v.htm (2012년 5월 10일 접속)

동만에 의하면 이는 산업상을 겸임한 김책 전선사령관의 사망으로 산업성이 분할되면서 국가계획위원회가 경제부서의 중추로서 등장했고, 국가계획위원회에 "기존의 경제계획 입안 뿐 아니라 각 경제부문과 부서를 조정하여 파괴된 인민경제의 복구, 건설 상황 및 각 부서의 경제계획 실시상황을 감독, 검열하는 방대한 권한이 주어졌"기 때문에 가능했다.[131)]

재정계획의 수립 및 재정운영을 발전시키기 위해 1948년 10월 12일 내각결정 제24호 「국가기업소 재정운영 및 조절에 관한 결정서」, 1949년 5월 7일 내각 지시 106호 「「국가기업소재정운영및조절에관한결정서」실시에관하여」, 1951년 2월 17일 내각 지시 제618호 「국가기업소들의 재정운영에 관하여」와 1952년 3월 13일 내각 결정 제41호 「산업, 상업 및 기타 부문의 국가기업소·기관들의 독립채산제, 재정계획 및 국가예산과의 호상관계에 관한 규정 승인에 관하여」가 채택되었다.

이익금 공제를 원활하게 하기 위해서는 기업소 경리의 발전이 절실했다. 우선 경비처리와 관련, 재정성은 경비절약에 대한 문제를 1948년도 예산집행에서 가장 중요한 과업으로 제기했으며 이는 (1) 재정의 합리적 이용 및 국가재정운영의 근본원칙 확립, (2) 화폐교환의 성과를 공고히 하기 위한 대책, (3) 1948년도 예산집행을 순조롭게 하기 위한 시책이 된다고 밝혔다.[132)]

북조선인민위는 1948년 1월 16일 결정 제104호를 채택하고 경비절약을 국가기관 일군들의 법적의무로 규정했다. 각 행정기관, 국영기업소 및 소비조합은 재정국장이 지시하는 절차와 양식에 의하여 예산을 편성하고, 북조선 중앙은행과 농민은행은 각급 재정기관의 예산승인서를 접수한 후 예금지불을 허용하도록 했으며, 특히 국가의 재정으로 "연회비 또는 접대비등을 지출하거나 혹은 물품 금품등 선물의 증여"를 엄금했고, 재정규율 위반자는 "법적 또는 물자적 체험"을 지도록 했다. [133)]

---

131) 서동만(2011), 『북조선사회주의체제성립사』, 451-452쪽.
132) 재정성 엮음(1949), 『조선민주주의인민공화국 국가종합예산에관한문헌집』, 11쪽.

최창익은 1948년도 국가종합예산 총결 보고에서 "그결과 1947년도 경비지출정형에비하여 종합예산에 속하는 기관에서 7억1천5백만원 공장기업소 등 국가경제기관에서 7억2천2백만원 합계 44억3천7백만원의 경비가 절약" 되었고, "이러한 절약부분이 인민경제의 축적을 증가하여 국가재정을 튼튼히하는 재원이 되었다"고 평가했다.[134)]

1년 후인 1949년 1월 17일, 경비지출과 관련한 세부적인 지침을 담은 내각결정 제1호 별지「국가경제기관국영기업소협동단체및행정기관의경리책임자의권리와의무에관한규정」이 채택되었다. 급료, 여비, 사무비, 청사비, 의류소모품비, 잡비 등 총 14종의 지출에 대한 세부적인 규정이 수립되었다. 특히 제32조 회의비에서 "여하한 회합을 불구하고 회식은 이를 금지할 것"이라고 명시되어 있는 점이 눈의 띄는데, 이는 해방 직후 지방정권기관 일군들의 접대비 지출이 과도해 물의를 빚었던 점과 관련 있는 것으로 보인다. 독립채산제를 실시하는 국가경제기관이라 하더라도 최고한도를 초과할 경우 재정상의 승인을 받았을 때만 그 실시 최소한도 소요액을 가산할 수 있도록 했다.[135)]

재정상 최창익은 1948년 세입 실적 보고에서 거래세와 이익공제금 수입은 17.9% 초과되었으며 전년도 실적 대비 122% 증가했다고 보고한 후, 이어지는 예산집행과정에 대한 평가에서 다음과 같은 과오를 지적했다.[136)]

---

133) 북조선인민위원회결정제104호,「각급행정기관국영기업소및소비조합들의경비절약에관한결정서」(1948. 1. 16),『법령공보』1948년 제41호.

134) 최창익(1949),「최고인민회의 제1기 제3차회의: 조선민주주의인민공화국 1948년도 종합예산총결과 1949년도 국가종합예산에관한보고」(1949. 4. 19), 재정성 엮음,『조선민주주의인민공화국 국가종합예산에관한문헌집』, 1-44쪽.

135) 조선민주주의인민공화국내각결정제1호 별지제2호,「국가경제기관국영기업소협동단체및행정기관의경리책임자의권리와의무에관한규정」(1949. 1. 19),『내각공보』1949년 제1호, 3-14쪽; 북한에서 독립채산제가 확립된 시기는 1948년 말 경이다. "해방 후 우리나라에서의 독립채산제는 산업 국유화에 의하여 그 전제 조건이 조성된 이후 극히 짧은 기간의 준비기를 거쳐 과도기 경제과업의 수행에로 이행한 초시기에 도입되기 시작하여 1948년 말까지 사회주의 기업소들에서 기본적으로 확립되였다고 말할 수 있다". 리신진(1962),「우리 나라에서 독립 채산제의 발전」,『재정금융』1962년 2월 제63권 제2호, 6쪽.

> 일부 국영기업소들중에는 국고에 납부하여야할 거래세 및 리익공제금을 납부하지 않고 후일 재정기관의 검열에의하여 발견된후에 납부하며 또한 많은 연체료까지 지불한 사실들이 허다히 존재하였던 것입니다. 그 실례로서 1948년5월 함경남도 도내 각국영기업소 납세상황검열결과에의하면 서호수산사업소의 13개기업소에서 1948년3월까지 미납한 거래세 및 리익공제금이 5천9백80여만원에 달하였습니다.

이익공제금 국고납부를 원활히 하기 위해 1949년 12월 28일 내각 결정 제204호 별지 「국가 경제기관의 리익 공제금 납부에 관한 규정」 및 재정성 규칙 제5호 「'국가경제기관의 리익공제금 국고납부에 관한 규정' 시행세칙」이 마련되었다.[137]

2. 거래세의 신설

북한의 거래세는 1947년의 '빅뱅개혁'을 통해 처음부터 소련식으로 출발하게 된 것은 아니다. 북한 거래세의 전신은 1946년 10월 5일 제정된 물품세이다. 거래세가 소비세인 물품세를 대체했다는 것은 1947년 2월 27일 제정된 「거래세법」 제91조 "1946년10월5일북조선림시인민위원회결정제96호물품세법은3월14일한이를페지한다"는 조항에서 확인된다. 1946년의 물품세법은 다시 1941년 11월 29일 타법개정으로 최종 개정된 「조선물품세령」을 대체했다. 민주개혁기 물품세법의 원형이 된 1941년의 「조선물품세령」은 1937년의 「북지사건특별세령」으로 신설된 물품특별세의 세율을 낮추고 과세대상을 확대하여 국세로 개편한 것이다. 제1종은 소판매자에게 판매가격에 대해 과세하고 제2종 및 제3종은 제조장에서 반출할 때 제조업에게 과

136) 재정성 엮음(1949), 『조선민주주의인민공화국 국가종합예산에관한문헌집』, 13쪽.
137) 조선민주주의 인민공화국 내각결정 제204호 별지, 「국가 경제기관의 리익 공제금 납부에 관한 규정」(1949. 12. 29), 재정성기관지편집부 엮음(1950), 『재정법규집』, 198-200쪽.

세했다.[138] 사치품 소비 억제를 위해 중과세했고 일반소비품도 다수 포함되어 있었으며 주류가 포함되어 있긴 하지만 식품의 비중은 적었다.

가. 물품세 제1차 개편(1945.12)

1945년 12월 5도 재정국의 결정으로 잠정적으로 유지되었다가 1946년 10월 5일 부분 개정된 북한의 물품세는 총 32호의 물품에 대해 과세했으며, 1-31호까지의 물품에 대해서는 제조자 판매가격에 대해 제조자로부터 과세했고, 32호의 주요 수산물은 수산조합 또는 중요 수산물 통제조합의 판매가격에 대해 조합으로부터 과세했다.[139]

나. 물품세 제2차 개편(1946.10)

1946년 물품세법은 (1) 사치품 생산 또는 수입이 가능하지 않은 조건을 반영하여 사치품을 다수 제외했고, (2) 취인세(거래세2) 사행산업에 대한 징벌적 성격으로 골패(트럼프, 화투)에 대해 150% 과세했으며, (3) 취인세(거래세3)에 식품을 다수 추가되었다는 점 외에는 기본적으로 일제세제를 그대로 승계한 것으로 보인다. 1941년 조선물품세와 1946년 물품세의세율을 비교해 표로 나타내면 다음의 〈표 5-11〉과 같다.

138) 재무부(1979), 『한국세제사 상』, 87쪽.

139) 북조선림시인민위원회 결정 제96호, 「물품세법」(1946. 10. 5), 국사편찬위원회 엮음(2000), 『북한관계사료집 33』(과천: 국사편찬위원회), 263-267쪽; 「물품세를 국세로 변경」, 『로동신문』 1946. 10. 8.

〈표 5-11〉 조선총독부의 조선물품세와 북한의 물품세 비교

(단위: 원, %)

구분		1941. 12. 1 조선물품세령		1946. 10. 5 물품세법	
		항목	세율	항목	세율
제1종	갑류	1. 귀석 또는 반귀석 또는 이를 이용한 제품, 2. 진주 또는 진주를 이용한 제품, 3. 귀금속제품 또는 금 또는 백금을 이용한 제품, 4. 별갑제품, 5. 산호제품·호박제품·상아제품 및 칠보제품, 6. 모피 또는 모피제품, 7. 우모제품 또는 우모를 이용한 제품	50%	29. 귀금속세공품	50%
	을류	8. 시계, 9. 문방구, 10. 신변용잡화류, 11. 화장용구, 12. 흡연용구, 13. 모자·지팡이·채찍 및 우산, 14. 가방 및 트렁크류 및 행리, 15. 신발, 16. 서화 및 골동품, 17. 실내장식용품, 18. 완구, 유희구, 요람 및 유모차류, 19. 운동기구, 20. 조명기구, 21. 전기기구 및 가스기구, 22. 바둑 및 장기용구, 23. 가구, 24. 칠기·도자기 및 유리제 기구로서 별호에 게기하지 아니한 것, 25. 귀금속을 도금 또는 붙인 제품으로서 별호에 게기하지 아니한 것, 26. 피혁제품으로서 별호에 게기하지 아니한 것, 27. 직물·메리야스·레이스·펠트 및 동제품 및 짜 맞춘 물건, 28. 과일, 29. 과자, 30. 분재·분석 및 화분류, 31. 애완용동물 및 그 용품, 32. 정원목과 정원용 석재 및 석공품, 33. 주렴, 조등롱(조등롱) 및 제등류, 34. 철병과 차도 및 향도용구, 35. 부채 및 단선(단선), 36. 화환 및 꽃다발류, 37. 낚시용구류	20% (제5조의 규정에 의한 경우 30%)	12. 가구, 13. 트렁크류, 14. 유기, 18. 석재 및 석공품,	20%
	병류	38. 신발, 39. 사무용기구	10%	13.양화	20%
				30.고무화	100%
제2종	갑류	1. 사진기, 사진확대기, 영사기 동 부분품 및 부속품, 2. 사진용 건판, 필름 및 감광지, 3. 축음기 및 그 부분품, 4. 축음기용 레코드, 5. 악기, 동 부분품 및 부속품, 6. 쌍안경 및 외눈안경, 7. 총 및 동 부분품, 8. 약협 및 탄환, 9. 골프용구 그 부분품 및 부속품, 10. 오락용 모터보트, 스컬 및 요트, 11. 당구용구, 12. 네온관 및 그 변압기, 13. 흡연용라이타, 14. 승용자동차, 15. 화장품	50%	7. 화장품,	20%

	을류	16. 라디오청취기 및 동 부분품, 17. 수신용진공관, 마이크로폰 확성용증폭기 및 확성기, 18. 선풍기 및 그 부분품, 19. 난방용전기·가스 또는 광유스토브, 20. 냉장고 및 동 부분품, 21. 금고 및 동철제가구, 22. 샴푸 및 세제, 23. 홍차·오룡차, 포종차 커피 및 그 대용품 및 코코아, 24. 기호음료. 다만, 주류 및 청량음료를 제외, 25. 연화류, 26. 훈물(훈물) 및 선향류, 27. 대리석 및 이를 원료로 하는 의석 및 도자기제 타일	20%	8. 비누, 9. 샴푸 및 세제	20%
	병류	28. 전구류, 29. 휴대용 전등, 동 케이스 및 전지, 30. 보온병, 수통류 및 동 부분품, 31. 계산기, 32. 타이프라이터, 동 부분품 및 부속품, 33. 윤전등사기 및 동 부속품, 34. 금전등록기, 35. 타임스탬프 및 동 부속품, 36. 미싱 및 미싱용 바늘, 37. 판유리, 38. 종이 및 셀로판, 39. 치약, 40. 녹차, 41. 조미료	10%	7. 치약	20%
				23. 종이(紙)	10%
제3종		1. 성냥 (1,000개비 당)	5전	11. 성냥	20%
		2. 주류. 다만, 탁주 및 약주를 제외			
		가. 양조주 (1석 당, 원)	25-48.5		
		나. 증류주 (1석 당, 원)	30-95.2		
		다. 재제주 (1석 당, 원)	45.5-48		
		3. 엿, 포도당 및 맥아당 (100근 당, 원)	1.75-2.25	19. 엿, 20. 포도당	20%
		4. 사카린 (1 킬로그램 당)	10원		
1946년 신설		1. 양말, 2. 메리야스, 3. 타올, 4. 군대장갑, 5. 직물, 10. 카바이트, 15. 알루미늄 제품, 16. 소독저, 17. 목제분, 21. 햄, 소세지, 기타 훈제육류 및 어류, 22. 용기에 넣은 식료품			20%
		24. 식초, 25. 식용유, 26. 가성소다, 27. 화학비료, 28. 양초			10%
		30. 기타 고무제품			100%
		31. 골패			150%
		32. 주요 수산물			10%

주: 세율은 판매가격에 대한 %를 말함. 정액 과세는 별도 표기함.
출처: 『조선물품세령』(1941. 11. 29) 및 「물품세를 국세로 변경」, 『로동신문』 1946. 10. 8 기사를 표로 재구성함.

다. 물품세 3차 개편(1946.11)

1946년 11월 25일의 임시인민위결정 제116호「물품세법개정의 건」은 10월 5일부의 결정 제96조 물품세법을 개정했다. 이 결정에 따라 중요수산물 괄호내의「2 북어(乾明太)」가 삭제되었으며, 32호의 물품(주요 수산물)에 대해서는 주요 수산물은 수산조합 또는 중요 수산물 통제조합의 판매가격에 대해 조합으로부터 과세하던 것을 생산지구 수산조합으로부터 징수하도록 개정했다. 물품세법에 의한 과세물품을 해외에서 수입하는 경우 제조자로 간주했다. 납부 시한과 관련, 제3조의 납세의무자는 물품종별 수량 및 가격을 익월 24일에서 20일로 앞당겨 납부하도록 하고 제4조의 납세의무자(수입업자)는 거래(引取)할 때마다 납부하도록 했다.[140]

라. 거래세 제정 (1947.2)

물품세는 1947년 2월 27일 북조선인민위원회 법령 제5호로「거래세법」이 제정·공포되면서 거래세(turnover tax)로 전환되었다. 북한은 거래세를 "일정한 비률로 가격에 고정되어 생산물이 실현되는데 따라 국가예산에 바치게 되는 사회순소득의 한 부분"으로 "기업소에서 조성되어 국가 수중에 동원되는 중앙집중적순소득"으로 정의하고 있다.[141] 거래세는 1947년 북한에 첫 도입되는 시점에는 '거래세'로 표현되었다가, 거래세와 거래수입금이 혼용되는 1958-1959년 기간을 거쳐 1960년을 기점으로 '거래수입금'의 표현으로 고정되었다.

북한 거래세의 모델이 된 소련의 거래세는 유럽의 소비재에 주로 부과되던 판매세(sales tax)에 대응되는 유사 세목으로 1930년에 신설되었으며, 1932년 수입이 150.0억 루블에 달해 전체 조세수입 274.7억 루블 중 가장 큰

---

140) 북조선임시인민위원회 결정 제116호,「물품세법개정의 건」(1946. 11. 25), 정경모·최달곤 엮음(1990),『북한법령집 3』(서울: 대륙연구소), 125쪽.

141) 사회과학원 사회주의 경제관리연구소(1995),『재정금융사전』, 34쪽.

비중인 54.7%를 차지했다. 소련 국영은행에 의하면 국영기업소 및 집체기업에 부과되는 거래세는 "가격결정요소(price-decreeing factor)가 아니므로 대중과세로 간주하지 않는다". 소련의 경우 1930년 신설된 이래 1935년까지는 거래세로, 1936년부터 1991년까지는 거래수입금으로 표시했다.[142)]

소련에 있어 거래세는 국가예산의 조세수입의 한 항목이지만 거래수입금은 사회주의 경리수입의 한 항목이라는 점에서 두 용어의 차이는 크다. 하지만 북한의 경우 애초부터 거래세를 '국영산업 리익수입(1947년 예산),' '거래세 및 리익공제수입(1950년 예산),' '국가 기업소 및 기관들로부터의 수입(1954년 예산)' 등으로 일관되게 조세수입과 분리하고 있다. 소련에서의 혼란이 정리된 이후 이 제도를 수입한 북한이 도입 시점부터 소련과 용어를 일치시키지 않고 거래세로 표현한 이유는 알려지지 않았다.[143)]

거래세는 사회주의 국가의 지배자가 확보할 수 있는 가장 손쉽고도 비중 있는 세입 수단이다. 그 이유는 거래세가 생활필수품에 대해 부과하는 간접세에 가깝기 때문이다. 거래세의 부과는 "간접세 폐지와 누진적 소득세 재산세의 즉각 실시"를 언명한 러시아공산당의 1918년 당 강령에도 어긋난다. 물론 사회주의 경제학자들은 이 같은 비판을 받아들이지 않는다. 1949년 재정성 경영계산연구회에서 간행한 소책자는 거래세를 "생산행정에서 조성되는 인민소득의 일부를 재정제도의 기본부분을 이루는 국가예산에

142) J. Davis(1968), *The New Russia between the First and Second Five Year Plans*, pp. 9-10; 최준욱 외(2011), 『체제전환국 조세정책 분석과 시사점』, 33쪽.

143) 거래세 용어 사용을 폐지한 시점은 확인된다. "국가의 중앙 집중적 순 소득으로서의 거래 수입금의 본성에 비추어 볼 때에 ≪거래세≫라고 부른 종전의 용어는 전혀 불합리한 것이었다. 우리 나라에서 1960년부터 사용하게 된 ≪거래 수입금≫이라는 용어는 상품의 실현과 더불어 국가 예산에 납부되는 국가의 중앙 집중적 순 소득의 특성을 반영하는 것이다". 안광즙(1964), 『우리나라 인민 경제에서의 사회주의적 축적』(평양: 사회 과학원 출판사), 160-161쪽; 본 연구에서 거래세 · 거래수입금의 표현은 거래세로 통일하고, 북한이 특정 기간 중 이를 구체적으로 지칭한 경우 괄호 안에 별도 표기한다.

수입하는 한방식으로되는것"으로 정의하며, 그 근거는 "상품가격의 한개의 중요한 요소로 되여있으며 상품을 처분하는 즉시로 각기업소 기관 단체 및 개인들은 이를 국가에 납부"하기 때문이라고 설명하고 있다.[144)]

자본주의 경제의 간접세에 생산기업(납세의무자)이 아닌 소비자를 수탈한다는 의미가 있다면, 소련의 거래세는 원재료 공급자, 즉 농민을 수탈하기 위해 고안되었다. 『근로자』 1953년 11월호는 축적에 대해 "일찍이 쓰딸린은, 사회주의 공업화를 위하여는 막대한 자금이 필요하며, 이를 해결하기 위하여서는 사회주의적 축적이 유일한 길이라는 것을 지적했다"고 설명하고 있다.[145)] 여기서 말하는 '사회주의의 본원적 축적'은 1926년 프레오브라젠스키가 제시한 개념으로, "사회주의 경제 부문에서 생산된 잉여 상품의 생산이 가지는 기능적 의미에 부가해, 이 생산이 사회주의 생산의 대리인과 국가에 의한 부가적인 분배로 이어지지 않고 확대된 재생산에 복무하도록 하는 것"이며, 다른 한 편으로 "국가경제의 틀 밖에 부분적으로 또는 전적으로 존재하는 자원이 국가의 물적 자원으로 축적되는 것"을 말한다.[146)]

프레오브라젠스키는 국가가 곡물 및 농산품 수매가격을 인하하고 인민소비품 가격을 높여 조성된 자금을 산업투자에 돌릴 것을 제안했고, 거래세는 그의 가격정책을 실현한 수단이 되었다. 1930년 신설된 거래세는 소비재에 판매세를 부과해서 이를 제조업체가 납부하게 하는 것이다. 거래세는 국가수매기관이 매입한 면화, 곡물, 육류를 소비재 산업이 의류, 빵, 소시지

144) 재정성 경영계산연구회(1949), 『조선민주주의인민공화국 북반부의 재정제도』(평양: 재정성 경영계산연구회), 32-33쪽; 재정성 경영계산연구회는 「재정국 경영계산연구회 규정」(1947. 8. 23)에 의해 설립되었으며 「재정성 경영계산연구회에 관한 규정」, 재정성령 제4호(1949. 12. 24)에 의해 선진적 경영계산이론과 실무기술을 연구, 교양 및 보급하는 사업을 실시했다.

145) 김찬(2008), 「축적은 인민경제 복구 발전의 중요한 담보」, 『근로자』 1953년 11월 25일 제11호, 국사편찬위원회 엮음, 『북한관계사료집 56』(과천: 국사편찬위원회), 57-65쪽.

146) エフゲニー・プレオブラジェンスキー(1976), 救仁郷繁 譯, 『新しい経済: ソビエト経済に関する理論的分析の試み』(東京: 現代思潮新社), pp. 113-114.

로 전환해 판매가격에 얹는 형태로 부과했다.

거래세 구조의 이해를 돕기 위해 앨런(R. Allen)의 설명을 간단히 인용한다. 1937년 의류 등 인민소비품의 판매금액은 1,100억 루블이었고, 생산단가는 170억 루블이었다. 여기서 생긴 차액 930억 중 760억 루블이 거래세로 흡수되고 잔액 170억 루블이 농민들의 농기계임경소 수수료를 제한 수익이다. 국가는 소비재 판매를 통해 얻은 차액 830억 중 82%를 거래세로 수취했다. 같은 해 국가예산에서 자본투자액은 560억 루블이었다.[147] 즉, 소련의 지배자는 프레오브라젠스키가 자신한대로 '확대된 재생산'을 위한 자본투자에 거래세 수입을 전부 투입하지 않았으며, 차액으로 한 해에만 270억 루블을 남겼다.

아래 〈그림 5-2〉은 〈그림 5-1〉의 공업생산물 가격구조 제③안을 더 자세히 표시한 것이다. 거래세는 기업소 도매가격에는 반영되지 않고 산업 도매가격과 소매가격에는 포함된다. 기업소 도매가격은 생산물의 원가와 이윤을 합한 개념으로, "상품 또는 상품적 형태를 취하는 생산수단이 국가기업소들간(례컨대 기업소와 자재공급기관사이 또는 기업소와 기업소사이)에 류동"될 때 적용되는 가격이다. 산업 도매가격은 "기관, 기업소들사이에 원료, 자재, 기계설비들을 주고받을 때 적용되는 도매가격의 한 형태"로 기업소 도매가격에 거래세를 더해 계산한다.[148] 북한은 1947년 생산수단의 가

147) R. Allen(1946), *From Farm to Factory*, p. 175.

148) "생산수단의 기업소도매가격은 생산수단생산분야에서 창조된 사회순소득가운데서 국가의 수중에 들어가는 몫을 직접 가격의 구성요소에 포함시키지 않고 그것을 소비재생산부문에 넘겨 국가수중에 집중하는 가격이며 생산수단의 산업도매가격은 생산수단생산부문에서 창조된 사회순소득가운데 국가에 들어가는 몫을 직접 가격의 구성요소에 포함시켜 집중하는 가격이다". 북한은 1994년 이래 산업 도매가격과 가격구성체계가 같은 '도매가격'을 적용하고 있다. 사회과학원 사회주의 경제관리연구소(1995), 『재정금융사전』, 691쪽; 그 결과 1994년을 기점으로 북한의 생산수단 생산부문도 거래세를 납부하게 되었다. 이정철(2002), 『사회주의 북한의 경제동학과 정치체제: 현물동학과 가격동학의 긴장이 정치체제에 미치는 영향을 중심으로』(서울: 서울대학교 박사학위 논문), 174쪽.

격을 제정할 때 산업 도매가격의 형식을 적용하다가, 전후부터 기업소 도매가격 형식으로 전환했다.[149]

산업 도매가격과 더불어 소매가격을 구성하는 상업부가금은 "상업기업소의 류통비를 보상하며 리익금을 보장하는 원천으로 되는 소매가격의 구성부분"이다.[150] 상업부가금은 도매상업부가금과 소매상업부가금으로 구분해 기업소들 사이에서 분배되면, 생산지의 상품이 여러 단계를 거쳐 소비자에게 전달된다 하더라도 '상업부가금 1회 적용원칙'에 따라 한 상품에만 부과되도록 했다. 상업부가금의 수입이 높아지면 "상업기업소들이 자체수입으로 지출을 맞추고 수익성을 보장할수 있게" 되어 국가의 이익공제금 수입이 늘어난다.[151]

재정성의 초기 문헌은 산업 도매가격을 조금 더 단순화시켜 (1) 생산비, 판매비 및 단순재생산비(감가상각비)를 포함하는 원가에 (2) 생산품에 부과하는 기업소의 축적, 즉 거래세와 상품생산원가와 판매가격의 차액으로 형성되는 이윤의 합이고, 이중 거래세의 전액과 이윤의 일부에 해당하는 이익공제금이 국가재정의 수입으로 조성된다고 설명하고 있다. 당시 산업 도매가격은 '기업소 상품가격'으로 표현했으며, 이를 그림으로 나타내면 <그림 5-3>와 같다.[152]

149) 소련은 1930년 거래세 제정 당시 산업 도매가격을 기준으로 과세하던 것을 1938년의 세제개편으로 기업소 도매가격으로 기준을 변경했다. 기업소 도매가격 기준으로 삼을 때 기업소는 보다 간편하게 세액을 계산할 수 있었고, 국가는 보다 빨리 거래세를 수취할 수 있었다. R.W. Davies(1958), *The Development of the Soviet Budgetary System*, p. 283.

150) 사회과학원 사회주의 경제관리연구소(1995), 『재정금융사전』, 56쪽.

151) 사회과학원 사회주의 경제관리연구소(1995), 『재정금융사전』, 691쪽.

152) 재정성 경영계산연구회(1949), 『조선민주주의인민공화국 북반부의 재정제도』, 34쪽.

〈그림 5-2〉 소련의 공업생산물 가격구조, 1930

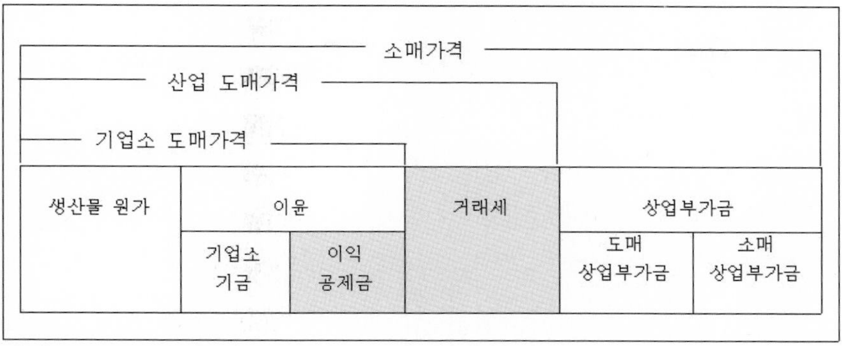

소매가격
산업 도매가격
기업소 도매가격
생산물 원가
이윤
기업소 기금
이익 공제금
거래세
상업부가금
도매 상업부가금
소매 상업부가금

출처: George R. Feiwel(1972), *The Soviet Quest for Economic Efficiency: Issues, Controversies and Reforms*, p. 143의 내용을 1970년 기준의 북한에 대입해 그림으로 재구성함.

〈그림 5-3〉 북한의 기업소 상품 가격구조, 1949

기업소 상품가격
생산원가
기업소의 축적
이윤
이익 공제금
거래세

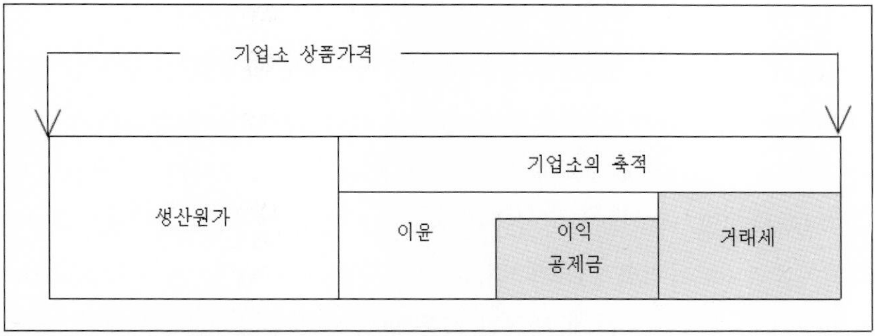

출처: 『조선민주주의인민공화국 북반부의 재정제도』(1949), 34쪽의 내용을 그림으로 재구성함.

건국 초기에는 사회주의 경제 이론을 실무에 적용하는데 있어 이 외에도 상당한 혼란이 있었던 것으로 보인다. 아래의 〈표 5-12〉에 의하면 재정성은 1949년의 생산 및 판매 손익 조서에서 거래세를 계획외손익에서 이익을 차감한 손실의 일부를 구성하는 것으로 분류하고 있으며, 이익공제금은 계획이익과 초과이윤에서 지배인기금을 차감한 금액의 합으로 정의하고 있다.

〈표 5-12〉 북한 국영기업의 생산 및 판매 손익 조서, 1949

구분	구분 품종	구분 단위	계승 및 생산 전기계승 수량	계승 및 생산 전기계승 원가	계승 및 생산 금기생산 수량	계승 및 생산 금기생산 원가	계승 및 생산 합계 수량	계승 및 생산 합계 원가	그중에서 자가소비 수량	그중에서 자가소비 원가	그중에서 차기계승 수량	그중에서 차기계승 원가	차인감액 6-7-8 수량	차인감액 6-7-8 원가	통상판매대금	가격조정금 납부	가격조정금 교부	차인감액 10-9+12-11	판매손익	계획외손익 이익	계획외손익 손실 거래세	계획외손익 손실 기타	준손익	계획이익국고납부	109호 지시에 의한 초과이윤 지배인기금	109호 지시에 의한 초과이윤 국고납부	자체□□결손때에는(-)
1	2	3	4		5		6		7		8		9		10	11	12	13	14	15			16	17	18	19	20

출처: 「1949년도 상업성 상업관리국 북조선 소비조합 및 그 산하 상점들의 류동재산 보유한도에 관하여」(1949. 6. 23).

1950년 작성된 〈표 5-13〉의 경우 거래세와 이익공제금을 상품판매수입·이용사업수입·기타사업수입 등 수입에서 차감되는 요소로 분류하고 있다. 하단의 〈표 5-14〉는 통상판매대금(소매가격)을 (1) 국가생산원가(생산원가), (2) 거래세, (3) 국고납부(이익공제금) 및 자체소유(기업소기금)로 나뉘는 계획이윤과 (4) 가격조정금(가격차금)으로 구분하고 있다. 거래세가 고전적 사회주의 체제에 적합하게 개편된 것은 한국전쟁 휴전 이후, 구체적으로는 1957년 4월의 거래세법 개정 이후로 볼 수 있다.

「세금제도개혁에 관한 결정서」로 돌아와, 결정서는 북한에서 거래세 세종을 처음으로 설정하고, 상품과 서비스에 대해 과세했으며, "동일한 기업의 부문 간 내부거래와 농민의 자기노력에 의한 가내부업 생산품의 판매를 제외한 모든 생산물의 판매"에 부과하도록 해, 한 물품에 대해 한번만 과세하도록 했다.[153] 그러나 이것은 제반 경제 형태 사이에 상품교환이 이루어

153) 조선중앙통신사 엮음(1950), 『조선중앙년감 1950』(평양: 조선중앙통신사), 625쪽.

지는 경제관계를 반영해 물질적 생산 및 분배 부문에서 주로 소비품을 거쳐 조성되는 순소득, 즉 "상업 감가/첨가를 공제한 소매가격과 기업소 도매가격과의 차액"에 대해 과세하는 소련형의 거래세와는 달랐다. 판매금액·운임수입·요금 등 매출액에 대해 정률 과세했기 때문이다. 제1차 5개년계획이 시작되는 1957년 전까지 북한의 거래세는 소련의 거래세를 이식 했다기보다는 일본의 물품세와 소련의 거래세를 중간쯤에서 절충한 형태에 가까웠다.[154)]

1947년의 거래세는 공임산물, 수산물, 주류 및 청량음료에 대한 '물품거래세'와 전기가스업, 운수업, 극장업, 국영산업 및 소비조합물품판매업에 대한 '특별거래세'로 구분했다. 물품거래세 품목은 구 소비세 품목과 다수 중복되지만, 대부분 구 유통세 계통에 소속되었던 품목이다. 대표적인 간접세였던 구 유통세를 승계했다는 점에서 남한당국은 거래세를 "생활필수품 전부에 과세하는 것임으로서 소비대중에게 예외 없이 부과되는 간접세"로 비판했다.[155)]

거래세 품목 중에서는 주류의 세율이 특히 높았다. 제조장/생산자로부터 반출 또는 판매한 물품의 가격 또는 그 수량을 기준으로 제조업자/생산자로부터 징수했다. 거래세법에 의한 과세물품이 해외에서 수입/반입되는 경우 수입자/반입자로부터 징수했다. 납세의무자는 판매가격/요금수입액, 운임수입액, 입장료에 대한 과세표준액에서 각각 해당하는 거래세를 납부해야 하고, 거래세액은 과세 표준액 해당세액의 곱하여 산출했다.

---

154) 리상언(1958), 「인민 경제 계획화 XII」, 44쪽.

155) 대한민국 공보처(1986), 「소련군정의 시말」, 김남식·이정식·한홍구 엮음, 『한국현대사 자료 총서 11』(서울: 돌베개), 717쪽.

〈표 5-13〉 북한 국영기업의 재정계획표: 유통부문, 1950

수입			
과목	적요	신청액	사정액
제1자체사업관계			
1. 상품판매수입	그중에 ㄱ. 이윤 ________ ㄴ. 거래세 ________		
2. 수입수수료	기본량곡 ________에 대하여		
3. 이용사업수입	그중에 ㄱ. 이윤 ________ ㄴ. 거래세 ________		
4. 기타사업수입 5. 부과비조정수입	그중에 ㄱ. 이윤 ________ ㄴ. 거래세 ________		
6. 부담금수입			
7. 유통재산보유 기준액초과분	1950년도 □□□재산보유기준액 ___에 비하여		
8. 감가상각금수입	감가상각적립금중에서 ________		
9. 은행차입금증가분			
10 불용재산매각수입			
11. 사택관리수입			
12. 잡수입			
합계 지출초과액 (1)			

출처: 재정성기관지편집부(1950), 『재정법규집』, 326쪽.

〈표 5-14〉 북한 국영기업의 판매 및 이윤 계획도, 1950

(단위: 천원)

구분			계승 및 생산									그중에서						차인판매(6-7-8)			통상판매대금	동상중					가격조정금	
생산부문	품종별	단위	전년도 계승			금년도 생산			합계			자가소비			익년도 계승							국가생산원가	거래세	계획이윤			납부	교부
			수량	단가	원가	수량	단가	원가	수량	단가	원가	수량	단가	원가	수량	단가	원가	수량	단가	원가				국고납부	자체소유	소계		
1	2	3		4			5			6			7			8			9		10	11	12	13	14	15	16	17
계																												

출처: 재정성기관지편집부(1950), 『재정법규집』, 358쪽.

물품거래세 중 광공임산물세는 제련물품, 석탄(기계류 · 공구류 · 선박 · 차량 등) 금속공업제품(실종류(絲類) · 직유제품(織維製品) · 고무제품 · 지물 · 곡류제품(穀類製品) · 유류 · 목제품 · 석제품 · 귀금속, 보석제품 등) 경공업제품, 건재(화약류 · 산류(酸類) · 전극류 · 비료류 · 유지제유(油脂製油) · 제화학제품 등) 공업물품을 포함한다. 제조업체/생산자 납세의무자는 매월 반출한 물품종별 수량 및 가격을 익월 3일까지 소관 시 · 도인민위 위원장에게 보고해야 했다. 수입업체 납세의무자는 수입/반입한 물품에 대해서는 수입/반입하는 때마다 수입/반입한 물품의 종별수량 및 가격을 소관세관장에게 보고해야 했다. 납세의무자는 신고서를 제출하지 않은 경우, 또는 신고가 부당하다고 도 · 시민위원장/세관장이 판단하는 경우를 제외하고는 신고내역에 의해 매월분의 물품거래세를 익월 10일까지 납부했다.[156]

특별거래세는 전기가스거래세, 운수거래세, 극장거래세로 나뉘었다. 일제 강점기의 영업세(전기가스거래세) 및 입장세(극장거래세)의 항목에 국영상업거래세와 소비조합거래세를 추가해 특별거래세를 신설했다. 특별거래세는 각 사업소로부터 징수했다. 1947년「거래세법」은 동년 5월 2일의 북조선인민위 재정국 명령 제3호「국영거래세징수규칙」으로 보완되었다. 징수규칙은 특별거래세 납세의무자인 국가기업소의 거래세 납부 방법을 규정하고 있다.[157] 국영거래세는 국영상업 및 소비조합의 상품거래에 대하여 그 거래액의 5%를 부과했는데,[158] "국가기업소에서 창출한 순소득의 대부분을 국가에 납부하는 형태로서 국가예산수입의 주요한 원천"이었다.[159] 1947년 거래세 세율을 표로 나타내면 〈표 5-15〉와 같다.

---

156) 북조선인민위원회법령제5호,「거래세법」(1947. 2. 27),『법령공보』1947년 제22호, 9-17쪽.
157) 북조선인민위원회위원장비준 제16호 재정국명령제3호,「국영거래세징수규칙」(1947. 5. 2),『법령공보』1947년 제23호, 6-7쪽.
158) 조선중앙통신사 엮음(1950),『조선중앙년감 1950』(평양: 조선중앙통신사), 361쪽.
159) 최준욱 외(2011),『체제전환국 조세정책 분석과 시사점』, 197쪽.

〈표 5-15〉 북한의 거래세 세율, 1947

구분		내역	1946년 물품세 세율 및 일제 기존세율	1947년 거래세 세율
물품거래세	광공임산물세	건재(建材)	20.0%	1.0-20%
		경공업제품	20.0%	9.1-20.0%
		석탄	20.0%	4.8%
		금속공업제품	20.0%	4.8-16.7%
		제련제품	20.0%	9.1%
	수산물세		10.0%	9.1%
	주세	양조주	25-48.5원	290-4,000원
		재조주	45.5-48원	350-15,000원
		주류원료	20.0%	10%
		증류주	30-95.2원	4,500-12,600원
	청량음료	병에 넣은 것	(1석당) 50원-160원	3,000원
		병에 넣지 않은 것	(탄산가스 사용량 1kg당) 50원	1,000원
특별거래세	국영상업		-	판매금의 5%
	극장거래		입장료의 15-35%	입장료의 15-30%
	소비조합		-	판매금의 5%
	운수		-	운임수입의 3%
	전기가스		요금의 10%	요금의 5%

출처: 「조선입장세령」(1944. 2. 16); 「조선청량음료세령」(1944. 4. 1); 「조선전기와사세령」(1942. 3. 24); 「거래세법」(1947. 2. 27); 「물품세를 국세로 변경」, 『로동신문』 1946. 10. 8의 내용을 표로 재구성함.

(단위: 원, %)

마. 거래세 제1차 개편(1947.8)

거래세의 첫 번째 개정은 1947년 8월 27일 북조선인민위원회 법령 제25호 「북조선세금제도개혁에관한결정서및거래세법중개정에관한결정서」 채택으로 이루어졌다. 철도와 관련된 용어의 통일이 있어 '철도운수'가 '운수'로 개정되었고, 납세의무자는 과세표준액(판매가격 또는 요금수입액 · 운임수입액 · 입장료) 중에서 각각 해당한 거래세를 납부하도록 했고, 광공임산물세 세율을 추가적으로 조정했다.[160]

한편, 거래세를 납부한 물품에 대해서는 1947년 12월부터 납세증지가 사

160) 북조선인민위원회법령제25호, 「북조선세금제도개혁에관한결정서및거래세법중개정에관한결정서」(1947. 8. 27), 『법령공보』 1947년 제33호, 1-10쪽.

용되었다. 12월 평양에서 송출된 방송은 1948년 1월 20일부터 액면가 1, 5, 10, 50, 100, 500, 1,000원의 납세증지 사용이 개시됨을 보도했다. 등록세, 소송비용, 과징금, 벌금, 수수료, 수산물 등 국가검사 대상 물품 및 인허가수수료가 대상으로 했다.[161] 건국 이후인 48년 11월 1일에는 납세증지를 물품거래세 및 관세를 부과한 물품에 첨부하도록 했다. 국가검사를 실시하는 물품에 대하여서는 납세증지를 검사증표로 사용하고, 재정상이 인정하는 물품에 대하여는 증지사용을 면제할 수 있었다.[162] 인민위원회의 행정 부담을 낮추기 위한 조치로 해석된다.

바. 거래세 제2차 개편(1949.12)

제3차의 거래세 개정에서는 상품거래세와 비상품거래세로의 재분류가 이루어졌다. 광공임산물, 주류 등의 상품의 거래에 대해서는 판매가격으로 기준으로 과세하고, 전기가스 등 비상품 서비스의 거래에 대해서는 수입금액을 기준으로 과세하도록 했다. 광공임산물의 상품거래세를 높이는 대신 기타 품목에 대해서는 전체적으로 세율을 낮추었다.[163]

3. 감가상각금의 국고 수납

1948년 12월 23일자 재정성 규칙 제5호로 국영기업소의 감가상각금에 대한 규정을 제정했다. 국영기업소는 매년 재정성과 중앙은행(또는 해당하는

---

161) HQ USAFIK(1989), “G-2 Weekly Summary No. 124”(1948. 1. 23-30), 한림대학교 아시아문화연구소 엮음, 『주한미군북한정보요약 3』, 37-51쪽.

162) 재정성 규칙 제4호, 「납세증지에 관한 규정」(1948. 11. 1), 재정성기관지편집부 엮음(1950), 『재정법규집』(평양: 재정성출판사), 123-124쪽.

163) 조선민주주의 인민공화국 최고인민회의 상임위원회 정령, 「거래세 개정에 관하여」(1949. 12. 29), 재정성기관지편집부 엮음(1950), 『재정법규집』(평양: 재정성출판사), 200-217쪽.

경우 농민은행)에 적립예산서 와 대보수 공사비 예산서를 제출하게 되었다.[164]

감가상각금 국고수납절차는 일반국고 세입금 징수절차에 준하도록 설계했다.[165] 1950년 4월에 개정된 내용을 포함한 고정재산 감가상각금의 적립 및 국고 납부 비율 변동 내역은 다음의 〈표 5-16〉과 같다.

예금 지출 방법과 관련하여, 재정성 규칙 제5호는 감가상각금을 매 월말까지 거래은행의 감가상각 예금구좌에 적립하고 일정 비율은 국고 국영기업 감가상각금 구좌에 납부하도록 했다.[166] 그러나 이같은 관리 방식이 보수공사 실시에 지장을 초래한 점이 인정되어 1분기 후인 1949년 3월 7일에는 제기자 제813호 「재정성 제5호 규칙 실시에 관하여」에 의해 감가상각금을 일반 예금구좌에 적립하고 일반 구좌 행표를 발행하여 지출케 했다. 이는 다시 1949년 10월 22일 제기자 제3421호 「감가상각 적립 예금 지출 방법에 대하여」에 의해 보완되어, 다시 감가상각 적립예금 구좌에서 거래하도록 하고 국영기업소가 예금을 사용해야 하는 경우 감가상각 적립 예금구좌의 행표를 직접 발행하였다.[167]

---

164) 재정성 규칙 제5호, 「국영기업소의 감가상각금에 대한 규정」(1948. 12. 23), 재정성기관지편집부 엮음(1950), 『재정법규집』, 240-249쪽.

165) 내각 지시 제249호, 「국가경제기관들의 고정재산 감가상각금 적립및 그 사용에 대하여」(1950. 4. 24), 국토통일원 엮음(1971), 『북괴법령집 2』, 93-94쪽.

166) 재정성 규칙 제5호, 「국영기업소의 감가상각금에 대한 규정」(1948. 12. 23), 재정성기관지편집부 엮음(1950), 『재정법규집』, 240-249쪽.

167) 제기자 제3421호 중은 총재 농은 총재 앞, 「감가상각 적립 예금 지출 방법에 대하여」(1949. 10. 22), 재정성기관지편집부 엮음(1950), 『재정법규집』, 316-317쪽.

〈표 5-16〉 국영기업소 고정재산 감가상각금 적립 및 국고납부 비율표

1948. 12. 23.			1950. 4. 24.		
부문별	국고납부	자체적립	부문별	국고납부	자체적립
전기	60%	40%	전력	60%	40%
			전기공업	70%	30%
탄광	60%	40%	탄광	60%	40%
광산	70%	30%	유색광업	60%	40%
			흑색광업	60%	40%
제련	70%	30%	금속	70%	30%
철강	70%	30%			
기계	70%	30%	기계	70%	30%
화학	70%	30%	화학	70%	30%
건재	70%	30%	건재	70%	30%
경공업	70%	30%	경공업	70%	30%
림산	70%	30%	림산	70%	30%
			농업	70%	30%
수산	70%	30%	수산	70%	30%
지방산업	70%	30%	지방산업	70%	30%
			수매	70%	30%
			염업	70%	30%
			연초	70%	30%
국영산업	70%	30%	국영사업	70%	30%
철도	60%	40%	철도	60%	40%
륙운	60%	40%	육운	60%	40%
해운	60%	40%	해운	60%	40%
체신	60%	40%	체신	60%	40%
도시경영	70%	30%	도시경영	70%	30%
			시설	70%	30%
기타	70%	30%	기타	70%	30%

출처: 「국영기업소의 감가상각금에 대한 규정」(1948. 12. 23), 재정성기관지편집부 엮음(1950), 『재정법규집』, 240-249쪽; 「국가경제기관들의 고정재산 감가상각금 적립및 그 사용에 대하여」(1950. 4. 24)의 내용을 표로 재구성함.

제3절_ 임시세

1. 중앙정부의 과세권 독점: 인민공채

소련의 인민공채(mass-subscription loans)는 1930-1940년대 적극 활용된 지

배자의 세입창출 수단이다. 복권식으로 운영된 이 공채의 발행 목적은 '산업화기금 조성'이었지만, 실제 기능은 국가의 소비재 공급능력 부족이 야기한 공민들의 유휴자금을 흡수하는 것이었다.[168)]

〈표 5-17〉 북한의 거래세 분류 및 세율, 1949

(단위: 원, %)

	1947 분류	세율	1949 분류	세율
광공임산물세	물품거래세	1-20%	상품거래세	판매가격의 1-50%
수산물세	물품거래세	9.1%	상품거래세	판매가격의 5-10%
주세	물품거래세	290-15,000원, 10%	상품거래세	판매가격의 10-35%
47 청량음료세 49 광공임산물세	물품거래세	1,000-3,000원	상품거래세	판매가격의 25%
수매세			상품거래세	판매가격의 1-5%
전기가스	특별거래세	요금의 5%	비상품거래세	요금의 5%
47 운수세 49 운수거래세	특별거래세	운임수입의 3%	비상품거래세	운임수입의 3%
47 극장거래세 49 기타사업거래세	특별거래세	입장료의 15-30%	비상품거래세	수입금액의 15-20%
기타사업거래세			비상품거래세	수입금액의 5-10%
국영상업	특별거래세	판매금의 5%		
소비조합	특별거래세	판매금의 5%		

출처: 「거래세법」(1947. 2. 27) 및 재정성기관지편집부(1950), 『재정법규집』의 내용을 표로 재구성함.

소련이 공채 발행을 첫 실시한 것은 1922년 5월이다. 당시 중앙정부는 1천만 푸드(pood) 규모의 양곡기금채권(grain loan)을 발행했고, 공민들이 이를 현금으로 매입하게 하고 상환만기 시 현금이나 현물을 선택하게 했다. 또, 농민은 현물세 납입 대신 양곡기금채권의 매입을 선택할 수 있었다. 다시 말해 소련은 농민으로부터 현물로 농업잉여를 확보해 도시민들에게 이를

168) Prybyla(1987), *Market and Plan Under Socialism*, p. 160.

공급할 수 있으면 최선이었겠지만, 그것이 불가능할 경우를 대비해 양곡 매입에 동원할 자금을 농업현물세와 맞바꾸어 동원했던 것으로 해석할 수 있고, 화폐경제를 촉진하고자 한 의도가 있었던 것으로도 볼 수 있다. 그러나 농민들은 대부분 채권을 현물세로 매입하고 현물 상환을 요구했다. 양곡기금채권은 화폐경제 활성화에 기여하지 못했고, 정부는 1923년 11월 15일 3천만 푸드 규모의 양곡기금채권과 1백만 푸드 규모의 설탕기금채권(sugar loan)을 발행하는 것으로 현물공채 제도를 중단했다.[169)]

1922년 10월 소련은 현물 환매 대신 '복권식'의 현금공채 발행으로 전환했다. 액면가 1억 금화 루블, 표면이율 6%, 만기 10년의 현금공채가 첫 발행되었다. 채권의 판매는 미진했고, 정부는 개인 기업, 국영기업소 및 협동조합을 대상으로 강제 판매에 나섰다.[170)] 축적 원천으로서의 공채의 가능성에 처음 주목한 것은 스탈린이다. 스탈린은 1926년 당 중앙위 사업보고를 하는 자리에서 공채를 "국가공업화를 위한 중요한 축적 원천"으로 규정하고 다음과 같은 방향을 제시했다.[171)]

> 국내에서의 축적의 여분을 분산시켜 둘 것이 아니라 그를 무엇보다도 먼저 공업의 수요에 리용하기 위하여 우리들의 크레딧트 기관 또는 대내적 차관의 질서로서 모아두는 것이 필요하다. …… 대내적 차관사업을 조직하는 과업은 우리들이 어떻게 해서라도 해결하여야 할 의심할 바 없는 당면된 과업으로 우리들 앞에 제기되고 있다.

인민공채는 1947-1956년 기간 중 총 11회 발행되어, 258억 루블의 수입을 소련 정부에 안겨 주었다. 1957년 마지막 발행분이 1962년까지 판매분을 소진한 후 인민공채제도를 중단하되, 1957년부터 만기채권을 상환이 20년 연

169) Baykov(1946), *The Development of the Soviet Economic System*, pp. 81-82.
170) 위의 책, 81-82쪽.
171) 홍지방(1950), 「인민경제 부흥발전과 조국전쟁 승리를 보장한 쏘련공채의 역할」, 『재정금융』 1950년 4월 제4호, 21쪽.

기했다. 소련은 1971년 3월 30일 개막된 공산당 제24차 당대회에서 1974년과 1975년은 각각 10억 루블, 1976-1980년 기간은 매년 12억 루블, 1981-1985년 기간은 매년 15억 루블, 1986-1989년 기간은 20억 루불, 그리고 1990년에는 23억 루블을 상환할 것을 결정했다.[172]

반면 북한에서 공채는 집권 초기, 지배자가 조세권을 독점하기 위해 지방정부에 만들어준 숨통 역할을 했다. 북조선 재정국의 1945년 12월 세제개혁 조치는 1절에서 상술한 것처럼 총독부 세목의 '당분간의 승계 방침'을 피력한 것 외에도 북조선임시인민위원회의 출범을 앞두고 조세권을 확립하려는 의도가 있었던 것으로 보인다.[173] 북한은 북조선임시위원회 출범 후인 1946년 4월부터 1947년 2월 27일까지의 세법을 새로이 재정하기 전까지 일종의 과도기를 거쳤다. 북한은 아마도 건국 초기 소련에서 일어난 국가재정과 지방재정간의 '번잡스러움'을 피하기 위해 일찍이 과세권을 중앙정부만이 행사할 수 있는 것으로 확립했을 것이다. 1918년 헌법에서 지방정부의 과세권이 허용되자 이에 격분한 레닌이 "민주집중제 원칙은 혁명정부의 재정 개혁 과업 수행에 있어 필수적인 조건"이라고 반박했지만, 소련의 중앙정부는 1924년 10월이 되서야 과세권을 되찾아올 수 있었다.[174] 북한은 과세권을 빼앗는 대신, 과도기의 잠정적인 조치로 지방정권기관들의 공채

172) George R. Feiwel(1972), *The Soviet Quest for Economic Efficiency: Issues, Controversies and Reforms*(London: Praeger Publishers), p. 601; Abraham Samuel Becker(1969), *Soviet National Income, 1958-1964: National Accounts of the USSR in the Seven Year Plan Period*(Berkeley: University of California Press), p. 436.

173) "당시까지 지방인민위원회들은 당면과업을 수행하는데 소요되는 재정을 확보하기 위해 임의로 새로운 세금을 설정하거나 건국헌금 혹은 복권 발행을 통해 수입을 확보하고 있었"던 것을 "재정국이 설립되면서 당면 재정문제 해결을 목표로 종래의 세금을 경감하는 방향에서 통일적 세금체계를 마련하였다". 김광운(2003), 『북한정치사연구 I』, 258쪽.

174) E.H. Carr(1972), *A History of Soviet Russia: Socialism in One Country, 1924-1926 2*(London: Macmillan), p. 143; R.W. Davies(1958), *The Development of the Soviet Budgetary System*, p. 81.

발행을 허용했던 것으로 보인다.[175] 지방재정과 공채의 관계에 대해 다음의 기록이 남아 있다.[176]

> 지방정권기관들은 자체적인 재정 확보에 나선 것으로 보인다. 이를 위해 기존의 세금 외에도 여러 수단이 강구되었는데, 여기에는 (1) 복권 판매, (2) 채권 발행, (3) 기부금 강요 등이 포함된다. 지방인민위 및 농민단체(북조선농민조합총연맹), 근로자단체(조선노동조합 전국평의회) 등이 총 동원되어 판매 및 '기부금' 모집에 나서고 있다. 대부분의 경우 단체별로 쿼터가 배정되어 있다. 이 같은 조치로 인해 정상적인 조세 징수 절차가 가동하지 않을 뿐 아니라 현금 부족 사태가 빈번히 일어난다. 지방신문들은 세금 징수에 있어 기대 이하의 실적이 나타나고 있다고 보도하고 있다.

물론 위의 글은 미군 정보채널에서 작성한 것으로, 미국의 평가를 액면 그대로 받아들일 수는 없다. 하지만 세금징수율은 4장에서 살펴본 바와 같이 1946년 2월 기준 47.8%로 저조했다. 이 같은 과도기의 혼란은 김일성의 공채와 복권 등의 부가적인 세입 창출 수단은 가능한 한 조심스럽게 사용하는 것이 좋다는 교훈을 얻기 충분했을 것이다. 이 기간 중 함경남도 인민위는 2년 만기, 표면이율 4%의 복권식 양곡기금채권(food bonds) 발행으로

175) 2002년 인민생활공채가 발행되면서 발표된 연구보고서에 의하면, 그 전까지의 국공채 발행 회수에 대해 한국개발연구원은 한 차례, 대외경제정책연구원은 해방 직후 및 한국전쟁 직후의 두 차례로 상이하게 기술하고 있다. 이는 국채와 지방채를 구분하지 않은데서 오는 혼선으로 보이며, 지방정권기관들의 지방채 발행 경험을 묶어서 한차례로 간주한다면, 북한은 1945-1974년의 기간 중 대외경제정책연구원의 분석대로 1946년의 지방채와 1950년의 국채(인민경제부흥발전채권)의 총 2회에 걸쳐 공채를 발행했다. 조동호(2003), 「동향과 분석: 인민생활공채 발행의 배경과 전망」, 『KDI 북한경제리뷰』 2003년 4월, 7쪽; 대외경제정책연구원(2004), 『2003/04 북한경제 백서』(서울: 대외경제정책연구원), 60쪽.

176) HQ USAFIKS(1989), "Intelligence Summary Northern Korea, No. 1"(1945. 12. 1), 한림대학교 아시아문화연구소 엮음, 『주한미군주간정보요약 1』(춘천: 한림대학교 아시아문화연구소), 9-17쪽.

5천만 원을 조성했다.[177] 함남 인민위가 일제 강점기 겪어본 적이 없는 소련의 제도를 활용한 것은 도 위수사령부 재정국의 지도 없이 가능하지 않다. 소련군의 민정사업은 1946년 2월 제1극동전선 군사회의 위원 스티코프(T.F. Stykov) 중장 일행의 입북으로 본격적인 궤도에 올랐고, 〈그림 5-4〉에서 확인되듯 제25군 정치사령부는 위수사령부를 통해 지방정권기관과 밀접한 관계를 유지했다.[178]

소련으로 돌아가, 스탈린은 1930년대 국공채 발행 운동을 적극 실시했고, 애국심을 의심받을까 두려운 공민들은 할당된 채권 쿼터를 매입했다. 1931년 인민공채 선전돌격대(agitprop brigade)가 조직되어 공민들에게 1개월분의 급여액을 인민공채 매입에 지출할 것을 선전했다. 공민들은 매입을 거부할 경우 '애국심'이 의심받을 것을 우려해 매입에 나섰다.[179] 1950년대가 되자 더 이상 애국심에 호소할 수 있는 전시상황의 급박성은 사라졌다. 1952-1954년 기간 중 인민공채의 발행 물량이 절반으로 줄었다.[180] 신규공채의 판매대금과 매입공채의 환매대금이 비슷한 규모로 커지자 인민공채의 매력이 감소해, 흐루쇼프(N. Khrushchev)는 인민공채의 준강제적 판매제도를 중단하는 한편 만기분에 대한 환매일도 수년씩 연기했다.[181]

---

177) 이들 채권 및 복권에 대한 북한측의 명칭은 확인되지 않아 소련의 명칭을 기준으로 임의로 번역한 것이다.

178) 스티코프 중장은 레닌그라드주 당위원회 서기 출신으로 "전반적인 문제 이외에도 조선에서 어떻게 모스크바 외상회의의 결정에 대한 논의가 진행되고 있는가에 관해서 관심이 많았다". I.M. 치스짜코프(1987), 국토통일원 조사연구실 옮김, 「제25군의 전투행로」, 소련과학아카데미 엮음, 『조선의 해방』(서울: 국토통일원), 75쪽.

179) Maggs(1979), "Characteristics of Soviet Tax and Budgetary Law", p. 99; Lynn Mally(2000), *Revolutionary Acts: Amateur Theater and the Soviet State, 1917-1938*(Ithaca: Cornell University Press), p. 159.

180) Prybyla(1987), *Market and Plan Under Socialism*, p. 160.

181) Maggs(1979), "Characteristics of Soviet Tax and Budgetary Law", p. 99.

〈그림 5-4〉 소련군 제25군 정치사령부의 통제 구조

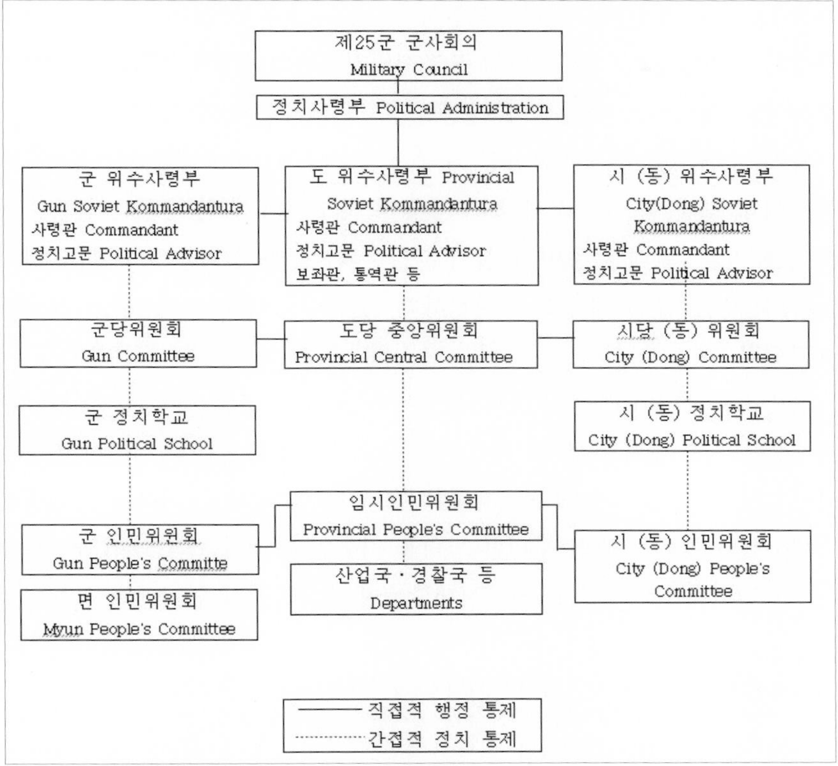

출처: HQ USAFIK, "Intelligence Summary Northern Korea, No. 30"(1947. 2. 16).

2. 점령군의 과세권 불행사: 군표(軍票)

1945년 11월 북조선 5도 행정국의 설립으로 북한 지역에서 대민 행정업무가 개시되었다. 치스챠코프(I.M. Chistyakov) 소련군 사령관은 9월 20일자의 「점령정책 지침」에 따라 10월 8일 북조선 5도 인민위원회 각도 대표자 연합회의를 소집했다.[182] 회의 결정에 따라 11월 19일 창설된 북조선 5도

182) 소련군 총사령관 스탈린과 참모장 안토노프(A. Antonov)의 공동명의로 연해주

행정국(북조선행정10국)은 조세정책을 담당한 재정국을 필두로 산업국, 교통국, 농림국, 상업국, 체신국, 보안국, 사법국, 교육국, 보건국 등 10국으로 구성되어 있었고[183] 1946년 2월 북조선임시인민위원회가 설립되기 전까지 총독부를 대체하는 "부문별 중앙행정기관"으로 기능하였다.[184]

당시 소련군의 총정치국장인 요제프 쉬킨(J. Shikin) 대장은 『몰로토프 동지에게 보낸 북조선 정세보고서』에서 "북조선의 재정 체계는 혼란스러운 상태이다. 화폐 유통이 조절되지 않는다. 공업 업소들은 차관을 받지 못하며, 세금 납부 체계도 무질서하다. 물가는 급등하고 있다"고 본국에 보고했다.[185]

점령군은 점령지에서 기존의 세법이 허용하는 범위 내에서 세금을 부과 · 징수할 수 있다. 그러나 점령군이 진주하는 점령지는 대개 행정기능이 마비상태에 빠져 조세수입을 기대할 수 없는 지역이다. 더욱이 점령군은 조세수입을 늘리기 위한 무리한 노력을 기울일 수 없는 입장에 있다. 오히려 "그 반작용으로 납세자들의 경제활동이 둔화되거나 암거래시장이 활성

군관구 및 제25군 간사회의에 하달된 점령정책 지침에 따르면, 소련군 최고사령부는 첫째, 점령 지역의 소련 기관 설치를 추구하지 않고, 둘째, 부르주아 민주주의 정권 수립을 지원하며, 셋째, 반일적 민주주의 조직 · 정당의 설립 · 활동을 지원하고, 넷째, 주민들에게 점령군으로서 재산보호 역할을 수행하되 영토 합병 의사가 없음을 알리며, 다섯째, 주민들에게 일상 활동을 보장하고 사회 질서 유지 협력을 촉구하며, 여섯째, 적군의 절도 있는 행동을 지시하고, 일곱째, 민정업무 지휘를 연해주군관구 군사회의에 부여했다.
北朝鮮進駐ソ連軍布告「資料：米ソ分断占領政策の方針」
http://www.dce.osaka-sandai.ac.jp/-funtak/kougi/gendai _kyozai/SBundanSen.htm (2012년 3월 15일 접속); 5도 인민위원회 각도 대표자 연합회의를 소집할 무렵만 해도 북한의 국가건설 과정에 직접적으로 관여하는 것으로 비친 소련군 사령부는 1946년 1월의 북조선중앙은행의 설립을 마지막으로 공개적인 관여를 중단했다. 김광운(2003), 『북한정치사연구 I』, 269쪽.

183) 「북조선행정국의 직무와 사업」, 『정로』 1945. 12. 5.

184) 김광운(2003), 『북한정치사연구 I』, 257쪽.

185) 김국후(2008), 『비록 평양의 소련군정: 기록과 증언으로 본 북한정권 탄생비화』(파주: 도서출판 한울), 85쪽.

화될 가능성이 높아지기 때문"이다.[186]

이 경우, 군표 발행은 점령군이 가장 손쉽게 주둔 비용을 점령지에 부담시키는 방법이 된다. 연합군은 제2차대전 종전 후 이탈리아, 독일, 일본 오키나와 및 남북한에서 군표를 발행했다. 군표의 사용은 점령군 총사령관의 공포로 실시되는 것이 원칙이지만 이탈리아의 경우 바돌리오 정부의 공포만으로 실시되었다.[187] 군표는 그 자체는 세입이 아니지만 지출을 통해 세입에 마이너스 효과를 일으키게 된다는데 의미가 있다. 지출과 지불의 주체가 다르기 때문에 지출을 일으키는 입장에서 특히 매력적인 수단이 된다.[188]

연합국 전후점령의 첫 실험대는 이탈리아였다. 미군 주도의 연합군은 1943년 10월 나폴리 점령에 들어가 1946년 1월 철군했다. 이탈리아에서 연합군 소속 재무담당 장교로 복무한 미국인 서더드(F. Southard)의 연구를 요약하면, 연합국은 이탈리아에서 군표(A.M. 리라)를 발행하되 (1) A.M. 리라를 이탈리아 화폐로 가정했고, (2) 모든 지출은 일단 이탈리아 정부 계정을 통해 이루어지도록 했으며, (3) 지출을 승인한 유엔의 개별 주체(one or another)가 외화로 이탈리아 정부에 지급하도록 했다.[189] 이후 미국은 종전협정, 다

186) "이 같은 조건 속에서 조세 수입을 충분한 수준으로 늘리기 위한 노력은 실패로 귀결될 가능성이 높다". James Dobbins(2007), *The Beginner's Guide to Nation-Building* (Santa Monica: RAND Corporation), p. 162.

187) Benvenisti(1993), *The International Law of Occupation*, p. 157n.

188) 세입은 "국가 또는 지방자치단체의 일회연도에 있어서의 재정을 충당하기 위한 재원으로서 국고에 유입되는 조세수입을 말하며, 그 밖에 공채 등에 의한 수입, 국유재산 매각수입, 정부기업구입, 수수료 수입 등도 세입에 포함된다. 세입의 목적은 경비지출의 재원에 충당하는 것으로서 조세 및 조세외제수입(租稅外諸收入) 외에 공채 또는 차입금도 이에 포함된다. 그러나 국고에 수납되더라도 세출의 재원에 충당하지 못하는 것은 세입이라 할 수 없다. 즉, 세입은 항상 세출을 목적으로 하므로 세출은 목적이고, 세입은 그 수단이다". 「세입」, 『국세법령정보시스템 용어사전』. https://txsi.hometax.go.kr/docs/customer/dictionary/ wordList.jsp (2016년 11월 23일 접속)

189) Frank Southard(1979), *The Finances of European Liberation: With Special Reference to Italy*(New York: Arno Press), p. 30.

시 말해 군표 지불부담의 무효화를 앞두고 미 재무성 보류계정(Treasury suspense accounts)에 예치해 두었던 주둔비용을 지불하겠다고 선언했다. 하지만 미국은 이탈리아 국민들에 물자를 제공해야 할 입장이었고, 이탈리아 정부는 이 자금으로 미국으로부터 식량 등 생필품을 수입해야 했으므로 실질적인 효과는 지불하지 않은 것과 같았다.[190)]

주둔 비용의 조달이 아닌 통화정책의 수단, 즉 화폐로서의 군표의 기능에 주목할 경우 다른 해석이 가능하다. 미 점령장교용 재무교육 프로그램을 자문한 블로크와 호설리츠(H. Bloch and B. Hoselitz)에 의하면, 점령군은 가능한 한 현지 통화를 사용하는 것이 원칙이지만, 다음의 세 가지 이유에 의해 '불가피하게' 군표 사용을 선택하게 된다.

첫째, 패주세력이 숨겨두었던 점령군의 화폐를 일시에 방출해 통화체계에 혼란을 일으킬 가능성이 의심될 경우이다. 이 경우, 점령자-지배자의 가격 통제가 불가능해지고, 주민의 불신을 회복하는데 상당한 시간이 소요된다. 실제로 2차대전 당시 북아프리카 상륙을 앞둔 영국군은 독일군이 자유 스털링화[191)]를 대량 비축하고 있다는 정보를 습득하고 모로코에서의 스털링화 사용을 금지했다. 둘째, 중앙은행 국고의 화폐재고가 충분치 않아, 점령군이 현지통화를 지불수단으로 사용할 경우 가정 비축분이 일시에 함께

190) 나폴리는 연합군이 이탈리아에서 가장 오랜 기간 점령한 도시로, 남 이탈리아의 거점이다. 나폴리 시민들은 연합군이 발행한 A.M. 리라(A.M. Lira)를 미군 물자의 암거래 결제 용도로만 사용했다. 군당국이 기대했던 것처럼 군표를 매개로 남 이탈리아의 농업생산물이 나폴리 등 도시 지역에 유통되는 일은 일어나지 않았다. Philip Morgan(2008), *The Fall of Mussolini: Italy, the Italians, and the Second World War*(New York: Oxford University Press), pp. 137-140.

191) 자유 스털링화(free sterling)는 1942-1950년 기간 중 뉴욕과 취리히의 자유 스털링 시장에서 영국의 공식 거래소 환율보다 낮은 할인율에 거래되던 파운드 스털링화(pound sterling)를 말한다. Garrick Hileman(2015), *Sovereign Debt Sustainability, Financial Repression, and Monetary Innovation: Britain and Currency Black Markets in the Mid-20th Century*, Ph.D. thesis, London School of Economics and Political Science, pp. 250-251.
http://etheses.lse.ac.uk/3295/1/Hileman_Sovereign_Debt.pdf (2016년 12월 14일 접속).

방출되어 시장의 혼란이 예상되는 경우이다. 셋째, 점령지 내의 점령군 화폐 유통이 본국의 경제에 부정적 영향을 끼칠 가능성이 우려될 경우이다. 2차대전 기간 중 나치 독일은 이점에 주의를 기울여, 점령지에서의 화폐를 독일 본국에서 사용하거나 제국마르크(Reichsmark)로 환전하는 행위를 금했다.[192] 전후의 남북한과 동서독은 세 번째의 경우에 해당된다.

2차대전 당시 연합국과 추축국 모두 군표를 빈번히 사용했다. 오스트리아의 경우, 소련군은 미군에게서 빌린 동판으로 미군이 사용한 군표(A.M. Mark)를 그대로 인쇄해 사용하기도 했다.[193] 오스트리아에서의 상황은 독일에서도 그대로 반복되어, 미국은 주둔비용 지불을 위해 군표를 발행한 후 사용했던 동판·잉크·인쇄지 등을 별도의 합의 절차 없이 그대로 소련군에게 넘겼다. 소련이 독일에서 1946년 7월까지 발행한 군표는 미군의 군표와 외형상 구분되지 않았지만, 소련이 연합국 3개국을 합한 것 보다 더 많은 물량을 유통시킨 것으로 알려졌다.[194] 소련 군표는 곧 3개국 점령지구로 흘러 들어갔고, 그 결과 영미군은 자국통화로의 환전, 매입 등으로 실제 발행분보다 많은 군표를 흡수하게 되었다.

이 같은 경험이 한반도에서의 미소군의 독자적인 군표 발행으로 이어졌을 것으로 추정된다.[195] 소련군 사령부는 북한 점령 초기에 군표를 발행하

---

192) Henry Simon Bloch and Bert F. Hoselitz(1944), *Economics of Military Occupation* (Chicago: The Foundation Press), p. 8.

193) Southard(1979), *The Finances of European Liberation*, p. 37.

194) Manuel Gottlieb(1960), *The German Peace Settlement and the Berlin Crisis*, (New Brunswick: Transaction Books), p. 117.

195) 소련군의 군표 발행에 대해 독일에서 근무한 한 미군 장교는 다음과 같은 발언을 남겼다. "러시아 군인들은 전쟁 시기 일체 급여를 받지 못했다. 종전이 되자, 소련군은 점령지의 군표로 밀린 급여를 지불했는데, 이를 본국으로 송금하거나 러시아 루블화로 환전하는 것은 금지했다. 즉, 군인들에게는 종이돈을 잔뜩 쥐고 있기는 했으나 막상 살 것은 없는 상황이 계속되는 상태였다". 이 같은 상황은 소련 군인들의 적극적인 물자 반출로 이어졌고 북한에서도 같은 행동이 반복되었을 것으로 추정된다. Rutgers Oral History Project, "An Interview with Mr. Russel W. Cloer"(2001. 9. 11), *Rutgers Oral History Archives*. http://oralhistory.rutg

고, 이를 구 조선은행권과 함께 유통시켰다. 1945년 9월부터 1946년 2월 1일까지 소련군사령부는 소련국립은행(Gosbank) 제48야전지점에서 총 904,408,000원의 군표를 발행했고, 이중 77.9%인 704,576,000원을 제25군의 주둔비용으로 사용한 것으로 기록되어 있다.[196)]

해방 후 3개월간 평양시장을 지내다 월남한 한근조(韓根祖)의 회고에 따르면, 평안남도 인민정치위원회가 조사한 해방 직후 평안남도 은행의 현금 보유 현황은 9천만원, 그리고 도민들의 개인 보유분이 3억원으로 집계되었다. 소련군은 9월 1일자로 평양 소재 조선은행에서 3천만원을 즉시 인출하고 3천만원의 추가 인출을 요구했다. 평양시민들은 소련군의 추가 인출 계획에 반발하여 개인 소유 화폐의 은행 예탁을 거부했고 20일에는 소련군이 군표를 유통시키기 시작했다. 곧 이어 소련군표 유통에 대한 거센 저항이 일어났고, 인민정치위원회의 요청에 따라 열린 별도의 회의에서 소련군은 4천만원 규모의 군표를 추가 발행할 계획을 밝혔다.[197)]

소련군 재정고문관은 주민들을 달래기 위해 재정부장 김병연(金炳淵)을 평양방송국에 출연시켜 "붉은 군표는 조선은행권과 꼭같이 사용되는 것이요 또 이에 대한 전책임은 소련이 지는 것이니 일반시민은 안심하고 군표를 사용하라"는 성명을 발표했다. 그러나 군표 기피현상이 계속되었고, 군헌병사령부 무르친(Morizhin) 대좌는 평양치안서장 송창렴(宋昌濂)에 명하여, "후로 군표를 사용하지 않는 자는 엄벌에 처한다"는 포고문을 시내 곳곳에 게시하는 것으로 대응했다.[198)]

---

ers.edu/donors/31-interviewees/865-cloer-russell (2011년 2월 3일 접속).

196) ロシア公文書館(2011), 「1946年2月21日現在の金融状況」, p. 4.

197) HQ USAFIK(1990), "G-2 Weekly Summary No. 9"(1945. 11. 13), 한림대학교 아시아문화연구소 엮음, 『주한미군주간정보요약 1』, 168-182쪽; 1945년 중 조선은행 원산지점에서 현금 3천만원을 소련 재산화했다는 기록도 있다. 이태욱 (1998), 「북한지역의 사회 · 경제 상황과 소군정」, 한국정신문화연구원 현대사연구소 엮음, 『한국현대사의 재인식 1: 해방정국과 미소군정』(서울: 도서출판 오름), 249쪽.

198) 오영진(1952), 『소군정하의 북한』(서울: 중앙문화사), 81쪽. 오영진은 포고문 게

저항하는 점령지 주민들과 협상하는 대신 소련군은 1946년 1월 통화신용 정책을 관장할 북조선중앙은행(北朝鮮中央銀行)을 창설했다. 북조선중앙은행은 조선식산은행(朝鮮殖産銀行) 평양지점 자리에서 업무를 시작했고, 자본금 1억원은 소련에서 조달했다.[199] 소련군은 일본에 본점을 둔 야스다은행(安田銀行)을 폐쇄하고 건물은 소련군사령부에, 자산 · 부채는 조흥은행(朝興銀行)에 1차 인수시켰다가 다시 조선중앙은행이 인수하도록 했다. 나아가 당시 북한에는 총 81개 은행이 존재하고 있었는데, 조선중앙은행은 이 중 서울에 본점을 둔 은행 79개 지점을 관리하게 되었다. 이 같은 조치를 통해 소련군은 은행 지점에 예탁된 예금 637,989,944원, 대출금 475,968,796원 및 세수 8,576,648원, 그리고 조선은행권 · 소련군표 269,043,518원, 일본은행권 25,300,058원, 대만은행권 5,905,194원, 전신환 119,000원 등 총 300,367,770원의 현금재고를 확보하게 되었다.[200]

소련군표에 대한 주민들의 저항은 상당기간 계속되었다. 군표가 액면가로 받아들여지지 않아, 1946년 1월 11일자의 「자유황해」에는 황해도 재정국장 명의의 "군표 할인에 대한 엄중 단속 경고" 기사가 게재되었다.[201] 2월

시가 언제 있었는지는 명시하고 있지 않다. 무르찐은 미군정 정보보고서에 1946년 3월 16일의 교통사고로 사망한 것으로 기록된 소련군 헌병대장 무르친(Morizhin) 대좌를 가리키는 것으로 보인다. 따라서 사망시점을 바탕으로 추정컨대 포고문의 게시 시점은 1945년 말에서 1946년 초 사이로 생각된다. HQ USAFIK(1989), "Intelligence Summary Northern Korea, No. 22"(1946. 10. 22), 한림대학교 아시아문화연구소 엮음, 『주한미군북한정보요약 1』(춘천: 한림대학교 아시아문화연구소), 311-343쪽.

199) 북조선주둔소련군사령부명령, 「북조선중앙은행설치, 산업운수의 발전촉진」(1946. 1. 15), 국사편찬위원회 엮음(1999), 『북한관계사료집 31』(과천: 국사편찬위원회), 159-160쪽; HQ USAFIK(1989), "Intelligence Summary Northern Korea, No. 5"(1946. 2. 5), 한림대학교 아시아문화연구소 엮음, 『주한미군북한정보요약 1』(춘천: 한림대학교 아시아문화연구소), 45-54쪽.

200) 인수된 79개 지점을 내역별로 보면 조선은행 8개점, 식산은행 24개점, 상업은행 22개점, 조흥은행 12개점, 척식은행 9개점, 주식회사 '트러스트은행' 4개점이 포함된다. ロシア公文書館(2011) 「1946年2月21日現在の金融状況」, pp. 3-4.

201) HQ USAFIK(1989), "Intelligence Summary Northern Korea No. 8"(1946. 3. 20), 한림

중에는 소련 군표 유통의 증가로 북한지역에서 물가인상 압력이 증대되고 있다는 정보가 미 군정당국에 입수되었다.[202] 4월이 되자 소련 군표는 도시 지역에서 유통되는 화폐의 90%를 차지하게 되었다.[203] 소련 군표에 대한 조선은행의 프리미엄은 46년 4월에는 10%, 1년 후인 47년 5월에는 9%대에 형성되었다.[204]

이와 관련 1946년 9월 슈티코프 중장은 레베데프와 "미군정의 군표 발행과 조선 원화의 교환에 대해 논의"하고 "미군정의 군표발행에 대한 전보를 심사숙고"한 후, 재무상 즈베레프(A. Zverev)에게 "조선의 원화를 소련군사령부가 발행하는 군표나 예금통장 혹은 영수증으로 교환하여 재정개혁을 실시할 것을 협의"했다는 기록을 남겼다.[205]

점령지에서 군표를 유통시키면서 동시에 화폐개혁을 진행하면 점령군은 별도의 협의 없이도 지불 부담을 점령지 현지 정부에 전가시킬 수 있다. 이럴 경우 기발행 물량은 현지 정부 입장에서 부채(liability)가 된다. 소련군이 1947년 북한의 제1차 화폐개혁을 통해 군표에 대한 지불 부담을 해소한 방식이다. 북한의 제1차 화폐개혁은 군표의 보유자에게 국영은행에 군표를 제시하고 신화폐로 교환하도록 해, 군표를 보유한 다수의 구성원들에게 고통을 부담시켰다.

소련군표는 1945-1946년에 걸쳐 유통되었고, 1947년 12월의 제1차 화폐개혁 시 조선은행권과 함께 대부분이 회수·소각되었다. 소련군 사령부는 화

대학교 아시아문화연구소 엮음, 『주한미군북한정보요약 1』(춘천: 한림대학교 아시아문화연구소), 79-92쪽.

202) HQ USAFIK(1988), "G-2 Periodic Report No. 155"(1946년. 2. 18), 한림대학교 아시아문화연구소 엮음, 『주한미군정보일지 2』(춘천: 한림대학교 아시아문화연구소, 18-23쪽.

203) HQ USAFIK(1990), "G-2 Weekly Summary No. 31"(1946. 4. 17), 한림대학교 아시아문화연구소 엮음, 『주한미군주간정보요약 1』, 525-547쪽.

204) HQ USAFIK(1990), "G-2 Weekly Summary No. 88"(1947. 5. 22), 한림대학교 아시아문화연구소 엮음, 『주한미군주간정보요약 3』, 112-131쪽.

205) 전현수 엮음(2004), 『쉬띄꼬프 일기 1946-1948』(과천: 국사편찬위원회), 15쪽.

폐개혁을 1947년 8월에 실행하려 했지만 10-11월로 미루었다가 결국 12월에 가서야 실시할 수 있었다. 임시인민위는 12월 1일에 화폐개혁 실시를 발표하고 6-13일 기간 중 구권과 신권을 1대1의 비율로 교환해 주었다. 8일부터는 구화폐의 사용이 금지되었다. 외무성 차관 말리크(J. Malik)는 위조화폐와 남한 지역에서 밀수된 구조선은행권이 화폐시장에 혼란을 일으킬 것을 우려하고, 사법조치를 강화할 것을 소련군 사령부에 지시했다.[206)]

조선민주당 선전부 담화에 따르면 소련 군표의 발행고는 1947년 12월 현재 70억 원에 달했다. 군표는 일반 민간에서도 사용하고 있는데, 소련군은 화폐개혁 조치로 군표를 강제 예금시키고 신 화폐를 매월 1세대에 800원씩 지불했다. 조선민주당은 "소련군이 재목 식량 연금 등을 북조선에서 군표로 대가를 지불하고 반출하여 왔는데 결국 군표를 북조선중앙은행권으로 교환한다면 군표 70억 원에 대한 책임은 소군이 저야 할 것인데도 불구하고 결국 북조선 인민이 그 책임을 지고 있다"고 주장했다.[207)]

조선민주당 뿐 아니라 이 시기 출간된 남한의 자료들은 군표에 대한 지불은 결국 이루어지지 않았다고 일관되게 주장했다. 대한민국 정부 수립 후 출간된 정부 간행물은 북한의 화폐개혁을 다음과 같이 평가하고 있다.[208)]

> 또한 소련군이 「빈당」화폐(홍군표)를 수표 뽀리듯 남발하여 북한물자를 일소(一掃)하여간데서 유래한것이니만큼 이사태를 그대로 방치한다는것은 자기들이 행한 강도행위의 흔적을 그대로남겨두는 것이되는터이나 화폐개혁이라는 일흡을비러서 그 강도질한흔적을 메워버리자는 것이 그실 화폐개혁의 지정한의도엿다. 이러한점으로 볼때 그 화폐개혁은 어느정도에 성과를 걷우었다고 볼 수 있는 것이다.

206) ロシア公文書館(2011), 木村光彦 翻訳, 「貨幣改革関連書簡」, 『旧ソ連の北朝鮮経済資料 1946-1965年』(東京: 知泉書館), pp. 59-60.

207) 「조선민주당, 북조선의 전력문제와 군표문제에 대해 담화 발표」, 『동아일보』, 1947. 12. 10.

208) 대한민국 공보처(1948), 「소련군정의 시말」, 669쪽.

그러나 소련군 측의 설명은 다르다. 소련군 자료에 의하면 당시 북한 지역의 법화(法貨, legal tender)로는 조선은행이 발행한 원화와 소련 군표가 있었는데, 남조선에서 같은 화폐가 유통되는 가운데 미증유의 인플레이션이 발생해, 이남지역의 조선은행권이 종잇조각이 되었다는 것이다. 1947년 11월 1일 남한 측의 공식데이터에 의하면 남한에는 대량의 위폐를 포함해 총 260억원의 화폐가 유통되고 있었다. 따라서 소련군 보고서는 단일화폐의 발행으로 가치가 하락하는 원화가 외부에서 침투해 오는 것을 막고 자립화폐기반으로 국가의 경제전체 특히 인민경제의 강화를 한층 발전시키기 위한 목적으로 화폐개혁을 실시하게 되었다고 주장한다.[209] 북한측의 설명은 소련과 같으며, 재정성 부상 리장춘의 1949년 보고 내용을 인용하면 다음과 같다.[210]

> 그익년12월에는 새로운 유일화페로서북조선중앙은행권을 제장발행하여 인민공화국남반부로부터 무가치한 지페(남반부에서발행하는 조선은행권과위조지페)가 다량으로 투입되어 인푸레를 조장하며 물가를 교란ㅎ든 조건들을 퇴치하였는바이로말미아마 새로운 북조선중아은행권은 유일화페로서 그가치가 제고되었다.

소련군 문서는 강제저축에 대해서는 달리 언급하고 있지 않으나 첫 3일간 총 환전액 1,038,436,000원에 대해 67.3%를 신권으로 내주고 32.7%를 예금으로 받은 것이 확인된다. 이 중 사찰, 교회 등 종교단체의 예금 비율이 가장 높아 92.4%를 기록했지만 금액이 18,947,000원에 지나지 않아 전체 교환금액에서의 비중은 1.8%에 지나지 않는다. 고용인 10인 이상의 사기업은 75.5%를, 농민은 30.8%를, 노동자 · 사무원은 21.6%를 각각 예금했다. 전체

209) ロシア公文書館(2011), 木村光彦 翻訳, 「貨幣交換の手続と意義」, 『旧ソ連の北朝鮮経済資料 1946-1965年』(東京: 知泉書館), p. 66.

210) 재정성 엮음(1949), 『조선민주주의인민공화국 국가종합예산에관한문헌집』, 62쪽.

교환금액을 기준으로 했을 때 농민이 43.3%를, 노동자 · 사무원이 15.5%를, 10인 이상의 사기업이 10.7%를 환전하는 대신 은행에 예금했다.[211)]

화폐개혁은 성공적으로 진행된 것으로 보인다. 민정관리국 대리 이그나티에프 대좌는 슈티코프 중장에게 화폐교환은 주민들의 참여 속에 진행되어, 특히 순조롭게 진행된 황해도의 경우 첫 3일간 도민의 64%인 204,584명이 교환소를 찾아 7,210.6만원을 교환하고 8,377.8만원을 예금했다고 보고했다. 총 7일간의 교환기간 중 주민들은 첫 나흘간 21.0%를, 마지막 사흘간 79.0%를 교환했다. 금액 기준 농민의 참여율이 21.5%로 1위, 노동자 · 사무원이 11.6%로 2위를 차지했고 6-9일간의 교환비율 역시 농민이 29.0%, 노동자 · 사무원이 23.4%로 나타나 농민들의 정권 지지도가 더 높은 것을 확인할 수 있다. 그다음으로 기타(6.9%), 연금생활자(4.3%), 10인 이하 기업(4.1%), 10인이상 기업(2.2%), 종교단체(0.9%), 학생(0.5%) 순으로 높은 참여율을 보였다. 화폐개혁 실시 발표와 함께 폭등했던 물가는 곧 안정세를 찾았다.[212)]

〈표 5-18〉 북한의 첫 3일간 화폐교환 경과, 1947.12.1-3

(단위: 천원, %)

	교환액		예금		합계
10인이상 사업장	9.011	24.5%	27.815	75.5%	36.826
10인이하 사업장	53.955	59.6%	36.517	40.4%	90.462
노동자·사무원	191.216	78.4%	52.621	21.6%	243.887
연금생활자	585	71.3%	235	28.7%	820
농민	331.193	69.2%	147.347	30.8%	478.540
학생	8.513	81.0%	2,004	19.1%	10.514
종교단체, 사찰, 교회	1.554	7.6%	18.947	92.4%	20.501
기타	102.418	65.3%	54.465	34.7%	156.883
계	698.445	67.3%	339.951	32.7%	1.038.433

출처: ロシア公文書館(2011), 『旧ソ連の北朝鮮経済資料集 1946-1965年』.

211) ロシア公文書館(2011), 木村光彦 翻訳, 「北朝鮮における貨幣交換の過程」, 『旧ソ連の北朝鮮経済資料集 1946-1965年』(東京: 知泉書館), p. 76.

212) ロシア公文書館(2011), 木村光彦 翻訳, 「北朝鮮における貨幣交換の準備 · 実施結果」, 『旧ソ連の北朝鮮経済資料集 1946-1965年』(東京: 知泉書館), p. 81.

인민위는 1948년 2월 19일 제59차 회의를 열고 신구권 교환분 중 (현금 교환 한도를 넘긴) 예금의 인출에 관한 결정을 채택했다. 이에 따르면 10만 원을 예탁한 개인은 18,000원의 인출이 가능하고, 인출이 허용된 금액의 50%에 대해 2월 25일부터 환채 또는 현금으로 지불할 수 있도록 했다. 나머지 50%의 인출은 3월 25일 이후에 가능하게 되었다. 한도를 넘긴 금액에 대해서는 무이자 특수동결계좌로 이체시키도록 했다. 미 군정당국은 이같은 조치를 통해 자본금의 50% 이상이 은행에 묶인 사기업과 반대로 국영기업은 자본금의 최대 10배 증가를 누리게 될 것으로 해석했다.[213)]

〈그림 5-5〉 북한의 제1차 화폐개혁 실적, 1947. 12

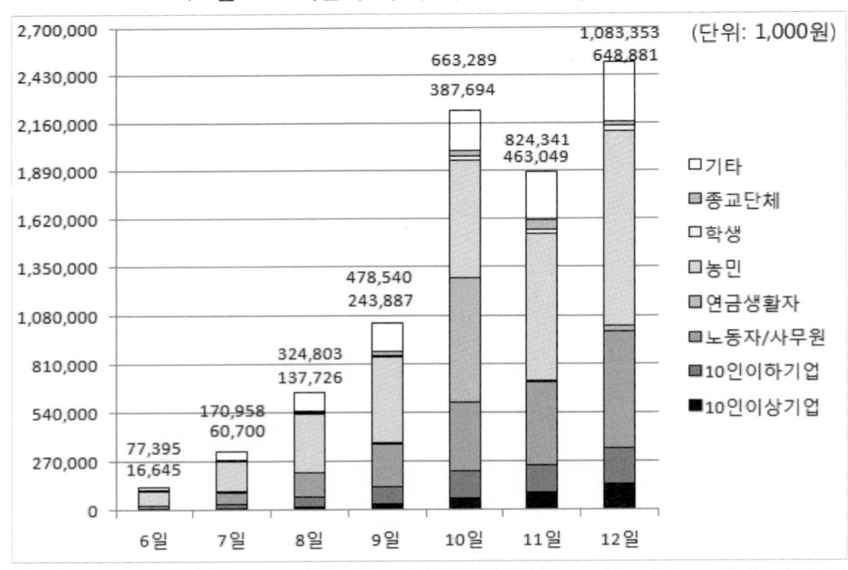

출처: ロシア公文書館(2011), 『旧ソ連の北朝鮮経済資料集 1946-1965年』. 막대 위에 두 줄로 표시된 숫자는 1일 교환액을 나타내는 것으로 상단이 농민층, 하단이 노동자층의 금액임.

---

213) HQ USAFIK(1989), "G-2 Weekly Summary No. 128"(1948. 2. 20-27), 한림대학교 아시아문화연구소 엮음, 『주한미군북한정보요약 3』, 129-142쪽.

1949년 8월 15일을 기점으로 북한에서는 조선중앙은행의 화폐만 통용되었다. 다소 악의적인 과장은 있겠지만, 제1차 화폐개혁에 대해 오영진은 다음과 같은 회고를 남겼다.[214)]

> 군표의 후일담은 주지하는 바와 같이, 1947년 12월의 북조선화폐개혁으로 가장 간단히 해결되었으니, 소련군사령부는 그들이 무제한으로 발행한 군표와 조은권을 일일이 신지폐와 교환하여 주는 번잡한 사무 대신에, 2개월 후에는 신지폐로 반환한다는 성명과 군표와 조선은행권을 그대로 보관하여 두는 자는 반동분자라는 협박으로 이를 완전회수하여 군표만은 소각해 버렸다. 회수에 관하여서는 그들은 백%의 책임을 완수하였으니 동량의 신지폐로 교환하여 준다는 성명은 이행하지 않았다.

화폐개혁과 관련된 추가 조치로, 1947년 12월 평양에서 송출된 방송은 12월 7일까지 우편환을 매입한 소지자는 1948년 2월 10일을 기해 이를 수표로 교환하도록 안내하면서, 해당 일자이후로는 구 우편환을 무효처리하겠다고 전했다. 우편환의 환전율은 화폐개혁 조치에 맞추어 조정되었다.[215)]

제4절_ 소결

이 시기에는 소련군 사령부에서 김일성으로의 지배자 교체가 있었고, 지배자는 높은 수준의 상대적 협상력을 가지고 낮은 할인율과 높은 거래비용을 들여 조세 수입을 확보하려 했다. 사회주의 국가에서 거래비용은 농민과 개인영리자를 대상으로 한 소득세의 부과 및 징수업무에 주로 지출되었다. 만약 이 개인들을 협동조합으로 편입할 수 있다면 기업의 경우와 마찬

214) 오영진(1952), 『소군정하의 북한』, 81쪽.
215) 한림대학교 아시아문화연구소 엮음(1989), 『주한미군북한정보요약 3』, 46쪽.

가지로 지배자는 지도기관과 은행만으로 세금의 부과 및 징수가 가능하게 된다. 그런 면에서 거래비용의 핵심은 개인영리자를 협동조합에 참여시키는데 있었고, 이 기간에 소요된 지배자의 거래비용은 잠정적이지만 높았다.

소득세에서는 세원기반을 늘리고 세원파악을 정확하게 하기 위한 작업이 전개되었다. 우선 농업현물세를 보면, 북한은 소련이 1921-1924년 기간 중 한시적으로 실시한 농업현물세 제도를 1946년 도입해 1966년 폐지하기 전까지 10년간 현물부과 방식을 그대로 유지했다. 당시의 소련에 비해 북한의 경제발전 단계가 낙후했기 때문은 아니다. 김일성은 농민에게 토지를 주고 농업현물세를 받았으며, 토지의 포기(농업협동조합 참여)에 대한 보상으로 부과 비율을 낮추었다. 농업현물세가 폐지된 1966년 무렵의 북한 예산에서 주민세금이 차지하는 비중은 1958년 이래 1.9-2.3%를 유지했고, 북한의 세입구조는 그 외 정부수입이 전액 사회주의 경리부문에서 바로 전입되는 구조를 띠게 되었다.

농업현물세 그 자체에 소요되는 거래비용은 대단히 높았지만, 제비용을 감안하더라도 농업생산물을 손에 넣은 지배자가 이를 통해 도시민인 노동자·사무원 및 개인영리자의 생활을 안정시킬 수 있었고 개인영리자들의 협동조합 참여를 순조롭게 진행시킬 수 있었던 만큼 농업현물세의 실시는 지배자에게 이익이 되었다. 지배자는 농업집단화를 통해 상대적 협상력을 높였으며, 개인경리의 사회주의적 개조 완성 후인 1966년 농업현물세를 정부 수매 방식으로 대체함으로써 농업잉여에서 오는 이익을 사회주의 경리부문으로 전부 흡수할 수 있었다. 개인영리자에 대해서는 1947년 세제개혁으로 소득세, 등록세, 거래세의 세금을 부과했다.

북한에서도 신-구 지배자 간 상대적 협상력의 작용을 발견할 수 있다. 민정 형식의 군사점령의 청산과 평화적인 권력의 이양이 함께 진행되었기 때문이다. 점령자-지배자인 소련군이 조세수입을 대신하여 기발행한 군표에 대해 신 지배자인 김일성은 화폐개혁을 통해 흡수하는 방식을 택했다. 화폐개혁 자체도 소련군의 자문을 따르는 방식으로 진행되었다는 것은 구 지배자에 대해 신 지배자가 보유한 상대적 협상력이 미미했음을 시사한다.

제6장

전란기와 '사회주의 기초 건설기'의 조세제도, 1950-1960

제6장은 한국전쟁 개전부터 1960년까지의 10년 기간을 다룬다. 북한의 지배자는 제1절에 해당하는 전란기(戰亂期)에 대해 사회주의로의 '과도(過渡)'를 개시한 인민민주주의 제도를 확고히 하면서 남한에서 민주개혁 실시의 성과를 쟁취한 기간으로 평가하고 있다.[1] 동시에 이 기간은 유엔군의 점령을 통해 북한의 주민들에게 "토지개혁이라는 혁명에 대하여 뒤늦게 찾아온 반혁명" 경험을 제공한 기간이기도 했다. 조세 정책에서 농업현물세가 무엇보다도 중시되었다. 제2절의 1953-1960년 기간은 사회주의 기초 건설기에 해당한다. 전후복구를 위해 1954-1956년 경제부흥3개년계획이 실시되었고, 공업국가로의 전변과 전 사회의 사회주의적 개조를 위해 1956-1961년 제1차 5개년 계획이 추진되었다. 사회주의 경리수입에서 거래세를 중심으

1) 조재선(1958), 『과도기에 있어서의 조선 로동당의 경제정책』(평양: 조선 로동당 출판사), 16쪽.

로 확대재생산(擴大再生産, expanded reproduction) 법칙을 구현하기 위한 노력이 중점적으로 전개되었다.

제1절_ 전쟁과 침략자 – 지배자의 조세정치

1950년 6월 25일 한국전쟁의 개전으로 김일성은 침략자-지배자로서 지배의 새로운 단계에 진입하게 되었다. 이후 북한군이 4번에 걸쳐 서울에서 진주와 퇴각을 그리고 평양에서 후퇴와 수복을 거듭하면서, 김일성은 지배자로서의 위상에 타격을 입었다. 북한이 법의 제정과 통치기구의 구성을 통해 남한 지역을 통치하고 조세권을 행사한 것은 1950. 6. 25 - 9. 15 기간의 3개월에 한정되었다. 반대로 유엔군은 1950. 10. 19 - 12. 5 기간 중 북한 지역에서 일시적 지배권을 행사했다. 이 기간 중 점령지의 지배자로서 북한군(이후의 조중연합군)과 유엔군은 조세정책에 있어 큰 차이를 보였다.[2)]

북한이 남한 지역에서 추구한 것은 '국토완정'으로, 조선말대사전에 따르면 "한 나라의 령토를 단일한 주권밑에 완전히 통일하는 것"을 말한다. 국토완정론이 처음으로 제기된 것은 1948년 9월 10일 발표된 「공화국 정부 정강」이지만, 국토완정을 실현하기 위한 남한 지역 지배정책에 대해 서용선은 1946년 3월 23일 북조선림시인민위원회가 발표한 「20개조 정강」이, 윤종현은 1948년 9월 8일 제정된 「북한 헌법」이 연장 적용된 것으로 해석하고 있다.[3)] 「20개조 정강」·「헌법」·「정부 정강」 3개문서 모두가 지배정책의

2) 조선전사는 한국전쟁의 시기구분을 4계단으로 나누고 있는데, (1) 제1계단(1950. 6. 25-9. 15)은 개전부터 인천상륙작전까지, (2) 제2계단 (1950. 9. 16-10. 24)은 인천상륙작전부터 중국인민지원군 참전까지, (3) 과천: (1950. 10. 25-1951. 6. 10)은 중국인민지원군 참전부터 정전협상 개시 전까지, 그리고 (4) 제4계단(1951. 6. 11-1953. 7. 27)은 정전의 협상 개시에서 타결까지의 기간을 말한다. 사회과학원 력사연구소 엮음(1991), 『조선전사 (년표 2)』(평양: 과학백과사전종합출판사), 177-199쪽.

기초가 되었다는 장미승의 시각이 가장 포괄적이다.[4] 아래의 〈표 6-1〉는 3개 문헌 중 남한 및 조세관련 문구만을 편집한 것이다.

〈표 6-1〉 북한의 3개 문헌에서의 남한 · 조세정책 관련 문구 비교

구분	남한 관련	조세정책 관련
20개조 정강	없음	제13조 단일하고도 공정한 세납제를 제정하며 누진적 소득세제를 실시할 것.
북한 헌법	제7조 아직 토지개혁이 실시되지 아니한 조선내의 지역에 있어서는 최고인민회의가 규정하는 시일 내에 이를 실시한다.	제33조 입법권은 오직 최고인민회의만이 행사한다. 제37조 다음의 권한은 최고인민회의에만 속한다. …… 7. 국가예산의 승인 제55조 내각은 다음의 임무를 가진다. …… 5. 유일국가예산의 편성 및 국가예산과 지방예산에 들어오는 조세와 수입의 편성
정부 정강	3. 민주개혁들을 더욱 공고발전시킬 것이며 그것을 전조선적으로 실시하기 위하여 투쟁할 것 6. (지방인민위원회들이) 조직되였다가 반동세력에 의하여 해산당한 남조선지역에서는 그것을 복구하위하여 투쟁할 것	없음

출처: 신동아 엮음(1989), 『원자료로 본 북한 1945-1948』의 자료를 표로 재구성함.

북한은 남한 점령지역에서 군정을 실시하는 대신 국가기관인 군사위원회를 통해 지휘했다. 북한의 군사위원회는 소련에서 1941년 설치된 국방위원회(GKO)를 모델로 한 국가최고군사지도기관이다. 소련의 국방위원회는 "산하 행정조직을 따로 두지 않고 기존 정부기관을 활용해 독일침공 저지를 위한 각 기관 간 활동을 조정"하는 기관으로 "내전기 전시동원, 군수지원

3) 서용선(1995), 「한국전쟁시 점령정책 연구」, 서용선 · 양영조 · 신영진 엮음, 『점령정책, 노무운용, 동원』(서울: 국방군사연구소), 37쪽; 윤종현(1977), 『6.25당시의 북괴남한점령정책에 관한 연구』(서울: 백문사), 47쪽.

4) 장미승(1990), 「북한의 남한점령정책」, 한국정치연구회 정치사분과 엮음, 『한국전쟁의 이해』(서울: 역사비평사), 170-203쪽.

기능"의 강화를 위해 설치되어 "전쟁수행과 관련한 모든 사항에 대해 최고 주권"을 행사했다.[5]

미국은 전쟁 발발 직후인 1950년 7월, 전직 경찰의 증언을 인용해 서울에 입성한 북한군의 "조용한 행보"를 보고하면서 서울 거주 학생의 50% 이상이 북한군을 지지하는 가운데 일반적으로 근로대중은 친북, 상인은 중립, 그리고 인텔리계층은 반북적인 성향을 보이는 입장을 가지는 것으로 분석했다.[6] 서울 진출 직후 군사위원회는 일차적으로 1947년 12월에 발행한 북조선은행권을 법정화폐로 하여 무제한 통용하도록 하는 한편, 조선은행권은 남한지역에서 함께 사용하되 북한에서의 유통을 금지시키고[7] 북조선은행권과 한국은행권의 교환율은 1 : 8의 비율로 결정했다.[8] 점령지에서는 군표를 발행하는 편이 지출 부담의 전가를 보다 용이하게 하고 자국 내로의 인플레이션 압력 차단에 보다 효율적이라는 점에서, 북한이 군표 대신 북한 화폐의 유통을 선택한 것은 남한 지역 진출을 전 국토에 대한 지배권의 확립의 기회로 인식했다는 근거가 된다.[9]

---

5) 소련의 군사위원회 모델은 중국에서는 국방위원회(1954-1975)를 거쳐 국가중앙군사위원회(1982-2012 현재)로, 북한에서는 군사위원회를 거쳐 국방위원회(1972-2012 현재)로 발전했다. 이대근(2004), 「북한 국방위원회의 기능: 소련, 중국과의 비교를 통한 시사」, 『국방연구』 제47권 제2호, 3쪽.

6) CIA(1997), "The Korean Situation"(1950. 7. 19), 국방군사연구소 엮음, 『한국전쟁 자료총서 16: 미국중앙정보국 정보보고서』(서울: 국방군사연구소), 43-44쪽.

7) 「조선 군사위원회의 명령, 공화국 화폐가 남부에서 통용되며 인민군은 물건을 구매할 때 반드시 현금만을 사용해야 한다」, 『해방일보』 1950. 7. 10.

8) 노동법령의 실시와 관련, 서용선은 "당분간은 책정된 임금의 8배를 남한 근로자들에게 지급한다"는 북한의 방침에 대해 "남한 근로자들로부터 지지기반을 확보하기 위한 선심공세로 보이나, 그 이면에는 점령지역의 화폐가치가 무척 낮아졌다는 것을 의미하기도 하였다"고 분석하고 있다. 그러나 이는 북한의 선심공세 또는 북한군의 진주로 인한 화폐가치의 급속한 하락이라기보다는 한국전쟁 개전 전의 남한 지역에서의 물가앙등을 고려해 화폐의 교환율을 1대8로 결정했던 것을 그 직후 제정한 노동법령에도 그대로 반영한 것으로 보인다. 서용선(1995), 「한국전쟁시 점령정책 연구」, 37쪽.

9) "소련은 '동지적 원조'를 한 것도 아니었다. 「극동의 제 문제」 1996년 5월호에 게

북한은 국토완정에는 미치지 못했으나, 한 때 부산을 중심으로 한 마산-왜관-영덕 방어선(Busan perimeter cordon) 내 지역을 제외한 전역에서 통제권을 행사했다. 수도를 기준으로 보면 북한의 지배자는 남한 지역에서 1950. 6. 28-9. 28 기간과 1951. 1. 4-3. 15 기간 중 일시적 지배권을 행사했다. '해방지역'인 남한에 진출한 북한군은 강압적인 점령군식 조세제도를 실시하지 않았으며 그 대신 지방인민위원회를 '복구'하기 위해, 그리고 토지개혁 · 산업국유화 · 노동법령 · 남녀평등권 법령과 같은 민주개혁들을 '전조선적으로 실시'하기 위해 '투쟁'했다.

우선 남한 지역 군 · 면 · 리 인민위원회 선거와 관련, 최고인민회의 상임위원회는 7월 14일 선거의 실시를 결정하고, 15일 선거의 방법과 자격을 규정한 후, 해방지역에서 선거를 실시했다.[10] 선거 기간은 7월 25일부터 9월 13일까지였으나, 실제로는 8월초까지 강원도 남부지역을 제외한 모든 "해방지구"에서의 인민위원회 선거를 완료한 것으로 보인다.[11] 나아가 북한은 민주개혁 조치 실시를 위해 7월 4일 최고인민회의 상임위원회 결정 제137호 「공화국 남반부 지역에 토지개혁을 실시함에 관한 정령및 시행세칙」과 8월 19일 내각 결정 제146호 「공화국 남반부 지역에서 로동법령을 실시함에 관한 결정서」 등을 채택했다.[12] 북한에서의 토지개혁이 지방인민위원회를 중심으로 상

재된 바닌의 논문에 따르면, 소련은 군軍 주둔비까지 북한에 요구했을 정도였다". 시모토마이 노부오(2006), 이혁재 옮김, 『북한 정권 탄생의 진실』(서울: 도서출판 기파랑), 81쪽.

10) 장미승(1990), 「북한의 남한점령정책」, 180-181쪽.

11) "공산세력은 (1945년 9월 미군정 당국이 불법화한) '인민위원회'야 말로 정통성 있는 정부 조직이며, 이 '인민위원회'의 '재건'이 남한 지역의 해방계획의 제1단계를 구성할 것이라고 선전하고 있다". CIA Memorandum(1997), ER 1-1767, "The Korean Situation"(1950. 8. 3), 국방군사연구소 엮음, 『한국전쟁 자료총서 16: 미국중앙정보국 정보보고서』(서울: 국방군사연구소), 73-74쪽.

12) 조선 민주주의 인민 공화국 최고 인민회의 상임 위원회 결정 제137호 조선 민주주의 인민 공화국 최고 인민회의 상임위원회 정령, 「공화국 남반부 지역에 토지개혁을 실시함에 관하여」(1950. 7. 4), 조선중앙통신사 엮음(1952), 『조선중앙년감 1951-1952』(평양: 조선중앙통신사), 120쪽; 조선 민주주의 인민공화국 내각결정

향식으로 전개되었다면[13] 한국전쟁기 남한 지역에서는 그 반대인 하향식으로 진행되었는데, 이는 갓 복구된 각급 인민위원회 대신 책임전권위원 지도하의 남반부 토지개혁위원회가 진행 주체가 되었다는 점에서도 확인된다.[14]

1. 초단기 시간지평과 농업현물세로의 집중

가. 한국전쟁 제1계단 기간(1950. 6. 25-9. 15)

최고인민회의 상임위원회는 7월 4일 남한 지역에 토지개혁법령을 실시할 데 대한 정령을 발표했다. 이 정령에서 남한 지역에 대한 조세정책이 처음으로 공개되었는데, 토지에 대한 종래의 지세 기타 일체의 세금과 부담금을 폐지하고(제6조), 북한 지역과 동일한 비율의 현물세를 국가에 납부한다는(제7조) 것이 그 내용이다.[15] 내각은 7월 9일자의 결정 129호 「남한 지역에서의 세금제도 실시 결정」에서 "공평하고 민주적인 세금제도"를 실시하고 인민의 부담을 경감하며 새로운 정권(인민위원회)의 재정제도를 확립하기 위해 북한지역의 민주적 세금제도를 남한지역에서 "마찬가지로" 실행할 것을 공포했다.[16] 실시방법의 결정을 위임받은 재정부장 최창익은 8월 18일 채택된 내각 결정 제148호 『공화국 남반부 지역에 있어서 농업현물세제를

제146호, 「공화국 남반부 지역에서 로동법령을 실시함에 관한 결정서」(1950. 8. 19).

13) 김성보(1995), 「북한의 토지개혁(1946년)과 농촌 계층 구성 변화」, 『동방학지』 제87집, 51-106쪽.

14) 김태우(2005), 「한국전쟁기 북한의 남한 점령지역 토지개혁」, 『역사비평』 70호, 246-247쪽. 북한은 책임전권위원을 남한 각 도에 파견했는데, 이 책임전권위원 제도는 일시적 후퇴기의 북조선에서도 다시 활용되었다. 이에 대해 서동만은 "북조선 지도부의 위기의식"이 컸기 때문으로 분석하고 있다. 서동만(2011), 『북조선사회주의체제성립사』, 460-461쪽.

15) 최고인민회의 상임위원회 정령, 『공화국 남반부 지역에 토지개혁을 실시함에 관한 정령및시행세칙』(1950. 7. 4), 1-5쪽.

16) 「조선에서 새 해방구역의 세금제도를 발표, 인민들의 부담을 경감하고 새 정권의 재정제도를 확립」, 『해방일보』 1950. 7. 13.

실시함에 관한 결정서』를 통해 농업현물세 단독 과세 방침을 구체화시켰다.

8.18 결정에서 제세를 폐지하고 현물세 한 세목에 집중하기로 한 것은 남한에서의 낮은 상대적 협상력을 고려한 '선택과 집중'으로 해석된다. 즉 당시 남한에서는 기존 정부의 조세정책에 대한 불신, 행정력의 미비, 특수·부유층의 납세회피와 '세궁민층'의 생활난으로 인한 체납이 겹쳐 1949년 11월 현재 체납 총액이 56억원에 이르렀다. 특히 전체 산업의 80% 이상에 해당되는 귀속재산의 경우 "빈번한 관리인의 교체와 아울러 부정관리인의 속출"로 납세회피가 속출하는 상태였다.[17] 따라서 소련군 진주 직후 북한에서 일제의 '악행'을 일소하는 과정에서도 조선총독부의 지세에 대해 '당분간' 현행대로 징수할 것을 결정했었던 것을 감안한다면, 김일성은 남한 지역에서의 지지를 확보하기 위해서 더 파격적인 조치가 필요하다는 판단을 내린 것으로 보인다.

거래비용과 관련, 1950년 개전 직후의 북한에서는 농업현물세 실시 4년차를 맞아 고정현물세제 실시를 요구하는 의견이 제기되었다.[18] 고정현물세제는 과표율에 의해 세율을 차등부과하는 것으로 수확고 판정 방식보다 북한인들에게 더 익숙한 제도이다. 조선총독부가 1918-1943년까지 지가 표준에 의해 지세를 과세했기 때문이다.[19] 단, "토지의 비옥도에 따라 세율을 다르게 부과하는" 고정현물세제안은 조선총독부 모델을 따른 것이라기보다는 전시공산주의 체제 아래의 소련에서 1918년 현물세에서 가져온 것으로 보인다. (1918년의 현물세는 도시민을 대상으로 하는 특별혁명세와 대칭을

17) 「세금체납이 심각」, 『서울신문』 1949. 11. 30.

18) 김일성(1980), 「전시농업생산을 보장하기 위한 몇가지 과업」(1950. 9. 1), 『김일성 저작집 6』(평양: 조선로동당출판사), 92쪽.

19) 일본은 지조(地租)에 대해 1783-1926년까지 지가표준에 의해, 1926년 이후로는 임대가격 기준으로 과세했다. 조선총독부는 17년의 시차를 두고 1943년부터 일본과 동일한 임대가격 기준제로 전환했다. Ann Waswo(1989), "The Transformation of Rural Society, 1900-1950", in Peter Duus ed., *The Cambridge History of Japan 6* (Cambridge: Cambridge University Press), p. 542.

이루는 농민 대상의 세금으로, 신경제정책(NEP) 아래서 도입된 1921년의 농업현물세와는 다르다) 당시 소련의 재무인민위원부는 빈농을 면세대상으로 하고 부유층을 중점적으로 과세하되 토지의 면적, 소재지, 농가 가구원수 등을 감안해 현물세의 과표율을 책정했다.[20)]

고정현물세제의 장점은 실수확고 판정사업을 요하지 않기 때문에 조세행정에 소요되는 거래비용을 낮출 수 있다는 것이다. OECD는 정기적으로 회원국의 국세행정 인력 현황을 조사한 결과를 발표하고 있는데, 2004년 보고서에 수록된 19개국만으로 집계를 낼 경우 인력의 60%가 납세행정사무에, 27.8%가 세액확정 등 납세심사사무에 투입되어 있음을 알 수 있다. 2차대전 종전 이래 확정신고, 전자신고 등 관련 사무에서의 혁신이 일어났음을 감안한다면, 1950년 현재 점령자-지배자의 거래비용에서 판정업무가 훨씬 더 높은 비중을 차지한다는 추정이 가능하다.[21)]

소련의 1918년 현물세는 1921년의 농업현물세와 달리 수확고를 기준으로 과세하지 않았다. 1918년의 방식은 농민의 생산량이 아닌 최소한의 '필요'를 기준으로 잉여를 일체 세금으로 징수하여 군과 도시민의 수요를 충족시키는 것이다. 카(Carr)에 의하면 이 같은 징수 방식은 실질적으로는 '강제공출'과 같은 효과를 낳았기 때문에 소련에서 실패할 수밖에 없었다. 거래비용은 낮추었을지 몰라도, 납세순응에 있어 가장 필요한 납세자의 동의를 구하지 못한 것이다.

따라서 1950년 9월 1일 열린 내각 제24차 전원회의에서 김일성이 내린 결론은 이 같은 소련의 실패 경험에서 교훈을 얻은 것으로 보인다. 김일성은 "아직 농촌에 개인농민경리가 지배하고 있고 해마다 농사형편이 같지 않은 조건"에서 실수확고 판정기준 유지 방침을 확인했다. 김일성은 각 도 인민

---

20) 반면 1921년의 농업현물세는 수확고를 기준으로 과세했다. Carr, *A History of Soviet Russia: The Bolshevik Revolution 1917-1923 2*, p. 249.

21) OECD Center for Tax Policy and Administration(2004), *Tax Administration in OECD Countries: Comparative Information Series*, Paris: Organisation for Economic Co-operation and Development, p. 67.

위원회에서는 기일 납부에 관한 정치사업을 잘 하도록 당부하면서 특히 남한 지역에서의 정치사업의 중요성에 대해 다음과 같이 강조했다.[22)]

> 해방된 남반부지역의 농민들은 8.15해방전에는 일본제국주의자들의 강제공출에 시달렸습니다. 게다가 반동분자들이 우리 공화국정부의 농업현물세제에 대하여 외곡선전하였기때문에 그들이 농업현물세제를 강제공출과 같은 것으로 잘못인식하고있을수 있습니다. 그러므로 해방된 남반부지역의 인민정권기관들은 농민들속에서 농업현물세제가 강제공출과는 근본적으로 다른 가장 민주주의적이며 인민적인 세납제도라는것을 널리 해설선전하여 그들이 농업현물세제에 대한 옳은 인식을 가지고 그것을 열렬히 환영하도록 하여야 하겠습니다.

같은 회의에서 채택된 내각 결정 제152호는 "1950년도 농산계획의 성과있는 실행과 1951년도 농산물 증산사업 보장"을 위해 농산물 실수확고의 판정과 현물세 부과사업 완료 등 총 7개의 결정사항을 각도 인민위원장과 농림상에 시달했다. 결정에 따라 남한 지역 각도에 '정권기관 책임일꾼' 및 '열성농민'이 참여하는 수확고 판정위원회가 구성되었고, 위원들을 대상으로 실무강습회가 실시되었다.[23)] 내각은 판정사업에 대해서는 농림성이, 징수사업에 대해서는 내각 양정국이 기본이 되어 농림성에서 협조하도록 사업한계를 분장했고, 판정사업에 판정위원과 함께 면, 리 인민위원회 간부들이 현지지도를 실시하도록 했다.[24)] 판정사업은 공개적으로 진행되어, 납세자

---

22) 김일성(1980), 「전시농업생산을 보장하기 위한 몇가지 과업」(1950. 9. 1), 94쪽.
23) 결정 사항을 요약하면 다음과 같다. (1) 전시체제로의 개편, (2) 농작물 파종면적 확인작업의 실시와 미파종면적에 대한 추기소채(무·파 등)의 적극적인 파종, (3) 추파 맥류면적의 확장 파종, (4) 자급 비료 생산에 대한 긴급대책 수립, (5) 추수 노력동원 조직지도, (6) 추경 계획면적에 따른 전경·심경을 11월 15일까지 실시, (7) 농산물 실수확고의 판정과 현물세 부과사업 완료. 내각 결정 제152호, 「1950년도 농산물 생산계획 실행정형에 관한 결정서」(1950. 9. 30), 『내각공보』 1950년 제15호, 574-576쪽; 조선민주주의인민공화국 내각결정 제153호, 「1950년도 조기작물 현물세 징수정형과 만기작물 현물세 징수준비에 관한 결정서」(1950. 9. 1), 『내각공보』 1950년 제15호, 577-582쪽.

들에게 과세의 공평성을 과시할 수 있는 기회로 삼았다.

농업현물세율은 1950년 8월 18일의 내각 결정 제148호에 의해 결정되었다. 이미 추수가 끝난 조기작물에 대해서는 면세하고, 만기작물 중 쌀 등 수도(논작물)에 대해 수확고의 27%, 전작물(밭작물)과 과실에 대해 25%, 화전재배작물에 대해 10%를 각각 과세했다.[25] 북한 내각은 남한과 북한 지역에서 대체로 같은 세율을 부과했으나, 북한 지역에서는 공예작물을 포함하는 밭작물에 대해 1947년 5월 12일 자로 23%의 세율을 부과한 반면 남한 지역에서는 일괄적으로 25%를 부과한 점이 다르다.

과일의 경우, 몰수과수원의 경영자에게는 내각 결정 제148호에서 정한 25% 보다 5% 많은 세금을 납부하도록 했다. 북한 내각은 같은 날 별도로 채택한 제555호 지시에서 구 소작인들이 위탁 관리하거나 농림성 직영, 또는 도 임시인민위원회 위원장이 선정한 관리자가 관리하는 몰수과수원의 수확물에 대해 '현물세 납부규정에 의한 징수방법'으로 30% 임대료를 부과했다.[26] 과일에 더 높은 세율을 별도로 부과한 이유로는 (1) 과수면적의 상당 부분이 1949년 『농지개혁법』의 적용을 받지 않아 1950년 7월 4일 『토지개혁령』의 몰수대상인 '소작주는 토지'의 형태로 남아있었던 점,[27] 그리고 (2) 전쟁으로 "국가적 수요는 매우 중요하게 격증되였음에도 불구하고" 북한 지역에서의

---

24) 김일성(1980), 「전시농업생산을 보장하기 위한 몇가지 과업」(1950. 9. 1), 93쪽.

25) 조선민주주의인민공화국 내각결정 제148호, 「공화국 남반부지역에 있어서 농업현물세제를 실시함에 관한 결정서」(1950. 8. 18), 『내각공보』 1950년 제14호, 550-552쪽.

26) 조선민주주의인민공화국 내각지시 제555호, 「공화국 남반부 해방지역의 몰수과수원 경영에 관하여」(1950. 8. 13), 『내각공보』 1950년 제14호, 567-568쪽.

27) 토지개혁령 제2조는 이외에도 '미제국주의자와 리승만 괴뢰정부 및 그의 기관(회사를 포함한다)들이 소유하고 있는 토지'를 몰수대상으로 규정하고 있는데, 귀속농지관리국(구 신한공사)이 관리하던 적산과수원 3천여정보가 여기 포함된다. "귀속농지관리국이 관리하고 있는 총면적은 산림까지 포함하여 326만 5,508反步(1정보=10반보=3,000평)인데 …… 경작면적을 경영형태로 보면 다음 제2표와 같다. 과수원 29,537반(1정보=10반보=3,000평)", 「1948년 12월 현재 귀속농지 90% 완료된 것으로 집계」, 『연합신문』 1949. 5. 6.

과일 현물세 판정 징수사업 실적이 낮았던 점을 들 수 있다. 아래의 〈표 6-2〉는 개전 직후 남한 지역에서 부과된 농업현물세 세율을 표로 정리한 것이다.

판정위원회는 “곡식이 여문 밭이나 논에 나가 제일 잘 된 곳 한평을 골라 줄을 치고는 모두 베어내서 곡식알을 일일이 세게” 하는 방식으로 수확고를 산정하여[28], 결과적으로 현물세 비율은 25%를 훨씬 상회했다. 농업현물세의 징수는 9월 25일 시작하도록 되어있었지만 실제로는 8월중에 조기징수에 들어갔다.

〈표 6-2〉 **북한의 농업현물세 세율**, 1950. 8

(단위: %)

<table>
<tr><th>구분</th><th colspan="2">남한 지역 (1950. 8. 18)</th><th colspan="2">북한 지역 (1946. 6. 27-1950. 8. 18)</th></tr>
<tr><td>조기작물</td><td colspan="2">1950년도에 한하여 면세</td><td colspan="2">해당 없음</td></tr>
<tr><td rowspan="6">만기작물</td><td>답작벼「조」</td><td>27%</td><td colspan="2">27% (1947. 5. 12)</td></tr>
<tr><td rowspan="3">전작곡물</td><td rowspan="3">25%</td><td>밭작물</td><td>23% (1947. 5. 12)</td></tr>
<tr><td>공예작물</td><td>23% (1947. 5. 12)</td></tr>
<tr><td>소채 및 기타 공예작물</td><td>23% (1947. 5. 12)</td></tr>
<tr><td>실과 (몰수과수원 생산분)</td><td>25% (30%)</td><td>실과</td><td>25% (1947. 5. 12)</td></tr>
<tr><td>화전재배작물</td><td>10%</td><td colspan="2">10% (1947. 5. 12)</td></tr>
<tr><td>개간지</td><td colspan="2">자력으로 개간한 3년 미만의 신규개간지는 7.4에이커까지 면세</td><td colspan="2">토지개혁법령에 의해 허가된 개간지는 3년간 면세 (1947. 6. 1)</td></tr>
<tr><td>전쟁피해</td><td colspan="2">전쟁피해의 정도에 따라 감세/면세</td><td colspan="2">해당 없음</td></tr>
<tr><td>판정사업</td><td colspan="2">리 농민대회에서 선출된 농작물 관리조정위원회 위원이 집행</td><td colspan="2">농림성 파견 판정위원이 집행</td></tr>
</table>

출처: 「농업현물세개정에 관한 결정서」(1947. 5. 2); 「농업현물세개정에관한결정서」(1947); 「과실현물세징수에관한세칙」(1947. 7. 18); 「공화국 남반부 지역에 있어서 농업현물세제를 실시함에 관한 결정서」(1950. 7. 4)의 내용을 표로 재구성함.[29]

---

28) 「강원도 북산면 원준흥의 증언」, 중앙일보사 엮음(1976), 『민족의 증언 2』(서울: 중앙일보사), 143쪽.

29) 표의 작물 구분 중 공예작물은 “면화, 마류, 연초, 앵속, 인삼 및 홉프”를 말한다. 북조선인민위원회법령제24호, 「농업현물세개정에관한결정서」(1947. 5. 12), 『법령공보』 1947년 제27호, 1-2쪽.

일반적으로 급변사태 등으로 인해 집권 가능 기간의 시간 지평이 급격하게 단축되는 경우 지배자는 할인율을 높여 당장 받을 수 있는 세금을 거두는 방법을 취한다. 9월 하순경 김일성은 남한 지역에서의 지배자 지위가 일거에 박탈되는 긴박한 상황에 놓이게 되었다. 유엔군의 북진으로 전세가 역전되어 전 지역에서 수세로 전환했기 때문이다. 그 결과 북한이 남한 지역에서 수확고 판정을 끝낸 지역에서 징수 사업까지 완수한 경우는 드물었고, 보급이 끊긴 북한군은 일부 지역에서 점령군 방식의 식량 강제징발을 실시했다.[30] 지리산 등에서 무장유격투쟁에 들어간 산악지구 유격대원들이 현물세를 걷기도 했는데, 토벌대는 지서를 견고한 석축 토치카로 에워싸고 인근 주민들의 식량을 그 안에 두게 하여 하루치씩 타가도록 하는 방식으로 여유 곡식을 통제했다.[31]

나. 한국전쟁 제2계단 기간(1950. 9. 16-10. 24)

북한의 '일시적 전략적 후퇴기'는 1950년 9월 중순부터 10월 하순까지의 기간으로 유엔군의 인천상륙과 10월 25일 중국인민지원군의 지원 이전까지

---

30) "한달만 수복이 늦었어도 농촌사회는 들통이 났을겁니다. …… 공산군은 행군하다가 식량이 떨어지면 군(郡)이고 민가고 들러 식량을 압수하고 인수증이란 것을 써주었는데, 그 자들의 말인즉 후일 인수증에 적혀 있는 양만큼 현물세를 감면해 준다고 했지만 모두가 허사로 끝났지요(전남 광주시 정광식의 증언)", "급히 후퇴하는 바람에 빼앗아가지는 못했습니다(전남 완주군 김종기의 증언)", 중앙일보사 엮음(1976), 『민족의 증언 2』, 142-143쪽.

31) 산악지구 유격대원들이 현물세를 걷었다는 기록은 전 전북 순창군 치안대장 박모의 증언에서 확인된다. 박혜강(1989), 「격전지 다시 찾은 빨치산대장(최태환씨의 임실, 순창 답사기)」, 『말』 1989년 6월. 장미승(1990), 「북한의 남한점령정책」, 188쪽 재인용; 남한의 토벌대가 마치 화폐를 강제저축의 형태로 통제하듯 알곡을 관리한 이유는 유격대원들이 현물세로 걷은 곡식을 현지에 맡기고 필요한 대로 찾아 썼기 때문이다. "한편 9.28 후퇴가 마침 추수 때여서 농민들은 현물세를 내기 시작했고, 그것들은 별 저항 없이 수납되었다. 아직은 군경들의 침입이 없었던 때여서 그 일부는 현지에 맡겨놓기도 했다". 정관호(2010), 『전남유격투쟁사』(서울: 선인), 99-104쪽.

가 해당된다. 유엔군은 1950년 9월 28일 서울을 수복한데 이어 10월 1일 38선을 돌파, 북상했다. 인민군이 전국적 인민민주주의혁명의 완수를 목적으로 남진했다면 유엔군의 북진 목적은 "자유롭고 자주적인 한반도 통일을 위한 포석을 놓는 것"이다. 유엔군은 유엔에서 통일을 위한 기구를 설립하기 전까지 군대의 물자조달을 주민들에게 전가하지 않는 상태에서 현상유지 입장을 취했다.

중국군의 공세로 상황이 반전되기 전까지 맥아더 대원수는 이제 북한에는 "소탕작전(mop up operation)"만이 남아있을 뿐이라고 인식하고 있었다.[32] 그럼에도 점령지역 조세 및 통화정책에 있어서 미국은 보수적인 입장을 취했다. 유엔군의 점령지침은 미 육군부의 10.3 명령서와 작전명령 제2호에서 확인된다. 우선 미 육군부는 10월 3일 맥아더 유엔군 총사령관에게 북한에서의 민정 업무 관련 명령서를 수교하고 치안 및 질서 유지를 위한 민정 실시를 지시했다. 조세문제에 대해서는 "남한정부, 유엔의 각종 위원회, 또는 기타 미국의 유관 부처와 자유롭게 의견을 교환할 수 있다"는 해석을 내렸다.[33]

한편 작전명령 제2호는 군정 실시와 관련된 구체적인 행동지침을 담고 있는데, 조세와 관련하여 유엔군이 "유엔군사령관의 명령 이외에는 현금의 군세를 징세하지 않을 것"을 결정했다. 나아가 북한 화폐만을 유일한 법화

32) Michael D. Pearlman(2008), *Truman and MacArthur: Policy, Politics, and the Hunger for Honor and Renown*(Bloomington: Indiana University Press), p. 111. 1950년 10월 15일 트루먼 대통령을 만나기 위해 웨이크섬에 도착한 맥아더는 자신이 "정치적인 이유로 소환"되었다고 분노하면서 자신은 "북한에는 조직된 군사력이 존재하지 않아", 현재 자신은 "소탕작전"을 지휘하고 있다는 발언을 남긴바 있다.

33) 명령서의 주요내용은 (1) 민주개혁 등 북한의 기존 정책은 현상유지, (2) 치안 및 법 질서 유지 등 최소한의 역할 수행, (3) 법률 개정 금지, (4) 신 정부 수립 불가, (5) 점령사령부와 유엔사령부의 분리 등이다. "Draft Paper Prepared in the Department of the Army"(1950. 10. 3), U.S. Department of State(1976), *Foreign Relations of the United States, 1950: Korea VII*(Washington D.C.: U.S. Government Printing Office), pp. 854-857.

로 인정하고, 북한 화폐와 미국 달러 및 다른 나라와의 화폐와의 교환율의 사용을 허락하지 않았다.[34] 흥미로운 점은 오히려 주 한미국대사관에서 남한 화폐의 사용을 주장했다는 것이다. 다음은 이승만 대통령과 통일 한국 통치 계획의 수립 협력 여부를 묻는 질문에 대한 존 J. 무초(John J. Muccio) 당시 주한미국대사의 회고이다.[35]

> 이대통령과 함께 만든 것은 아니었죠. 하지만 당시 여러 문제가 제기되었습니다. 예를 들자면 유엔군이 북한에서 사용할 통화에 대한 건이 있었습니다. 남한 통화를 사용할 것인가, 또는 다른 통화를 사용할 것인가. 이건 유엔군의 북진에 따른 실무적인 문제 중 하나에 불과했습니다. 이승만 대통령은 일단 북한에 진출한 후 한국군에 대한 자신의 통제권이 남한에 있을 때 보다 더 강화되었다고 생각했습니다. 적어도 그런 입장을 확실히 하고 싶어 했어요. 당시 여러 가지 실무적, 기능적 문제가 있었습니다.

CIA 정보 보고서에 의하면, 통화 문제에 대해 미 대사관이 "남한 화폐의 사용은 38선 이북 경제의 붕괴를 저지하고 남북 간의 인위적인 경제 장벽을 제거하기 위한 군사적 필요성이 있어 정당화 될 수 있다"고 주장한 것으로 확인되지만 유엔군 사령부는 이 제안을 받아들이지 않았다.[36] 2주 후의 같은 보고서는 남한 통화가 북한에 유입되고 북한 통화의 가치가 90%까지 하락하면서 북한 지역 내 심각한 물가 앙등이 나타났다고 언급했다.[37]

---

34) 유엔군총사령부(1995), 「유엔군총사령부 작전명령 제2호, 부록 I: 민사분야」(1950. 9. 29), 서용선 · 양영조 · 신영진 엮음, 『점령정책, 노무운용, 동원』(서울: 국방군사연구소), 113-296쪽.

35) "Oral History Interview with John J. Muccio"(1973. 12. 7), *Harry S. Truman Library & Museum*, https://www.trumanlibrary.org/oralhist//muccio3.htm (2017년 4월 20일 접속)

36) CIA, "Daily Korean Summary"(1950. 11. 2), 국방군사연구소 엮음(1997), 『한국전쟁 자료총서 16: 미국중앙정보국 정보보고서』(서울: 국방군사연구소), 300-301쪽.

37) CIA, "Daily Korean Summary"(1950. 11. 15), 위의 책, 322-323쪽.

유엔군의 평양 점령은 인민군의 서울 점령과 마찬가지로 단기에 불과했다. 1950년 10월 25일 중국 인민지원군의 참전으로 전세가 다시 역전되어, 유엔군은 12월 3일 평양을 포기하고 6일 38선까지 퇴각했다. 50여 일간의 점령 기간 중 유엔군은 비록 북한에서 세금을 징수하지는 않았지만, 점령 기간은 북한의 조세수입에 큰 영향을 미쳤다. 우선 북한 점령기간은 시기적으로 추수기와 겹쳐 농업현물세 징수가 그만큼 지연되는 결과를 낳았다. 유엔군은 식량 등의 물자를 징발했을 뿐 아니라 공습으로 현물세 납세를 대기중인 저장고 안의 수확물을 대량 파괴했기 때문에, 세원(tax base) 자체가 크게 축소되었다. 국유화된 주요산업도 노동력 감소로 생산에 차질을 입은 상태에서 공습으로 큰 타격을 입어, 거래세와 이익공제금 등의 사회주의 경리부문으로부터의 수입을 기대할 수 없는 상황이 되었다.[38]

다. 한국전쟁 제3계단 기간(1950. 10. 25-1951. 6. 10)

남한은 북한 지역의 점령기간 중 남한은 주권을 행사하지 못했다.[39] 이승만 정부가 유엔총회 결의안(1948. 12. 12)에 규정된 바와 같이 '한반도의 38선 이남지역에서만' 유엔의 감시하에 선거로 선출된 합법적인 정부였기 때문이다.[40] 그러나 비록 지배자로서의 지위는 배제되었다 하더라도, 남한이 이후 북한의 조세정책에 미친 영향은 지대하다. 유엔군이 천명한 "보복을 하는 군대라기보다는 해방을 시키는 군대의 태도"는 유지되지 않았고,

---

38) 유엔군은 제공권을 장악한 후 8월 31일 남포 폭격을 시작으로 9월 23일 함흥, 24일 원산, 10월 7일 신의주 등을 맹폭했다.

39) 미국은 38선 돌파를 앞두고 남한 정부의 38선 이북에 대한 주권은 "일반적으로 인정되고 있지 않다(has not been generally recognized)"는 해석을 내렸다. "Telegram of the Secretary of State to the Acting Secretary of State"(1950. 9. 26), U.S. Department of State(1976), *Foreign Relations of the United States, 1950: Korea VII*(Washington D.C.: U.S. Government Printing Office), p. 785.

40) 남한은 한국전쟁 기간 뿐 아니라 휴전 후에도 '수복지구'에 대한 주권 행사에 제약을 받았다. 한모니까(2010) 「한국전쟁기 미국의 북한 점령정책과 통치권 문제: 평양과 양양 지역의 행정조직 구성 비교」, 『역사와 현실』 제78호, 161-192쪽.

북한 지역에서는 대량의 보복행위가 일어났다.[41] 서동만에 의하면 점령 경험은 주민들의 이탈을 낳은 "토지개혁이라는 혁명에 대하여 뒤늦게 찾아온 반혁명"이었다.[42] 이 점이 이후 북한 지역에서의 지배자의 조세정책에 가장 중요한 고려사항이 되었을 것이다. 김일성이 농민 내부의 반대세력의 실체를 처음 확인한 계기였기 때문이다. 북한이 서울을 재강점한 다음날인 1951년 1월 5일, 군사위원회는 「적에게 전시 강점당하였던 지역에서 반공단체에 가담한 자들을 처벌할 데 대한 결정」을 채택하고 변절세력에 대한 처벌에 나서면서 이들에게 분배되었던 토지를 몰수하고 국가 소유로 전환했다.

인민지원군의 참전으로 한국전쟁이 제3계단(1950. 10. 25-1951. 6. 10)에 진입하게 되면서, 김일성은 지배자로서의 위상에 타격을 입었다. 김일성은 1950년 12월 3일 열린 마오쩌둥과의 회담에서 조중연합사령부 구성에 합의하고 작전지휘권을 펑더화이(彭德懷) 총사령관에게 이양했다. 4일 설립될 연합사령부가 전선의 제반 작전을 통괄하고, 북한측이 후방동원 · 훈련 · 군정 · 경비를 맡는 것이 결정되었다.[43] 비록 북중간 합의 내용이 북한 주민들에게는 알려지지 않아 김일성의 위상이 대내적으로 추락한 것은 아니었지만 지휘권의 이양이 농업현물세 중심의 조세 제도 아래서의 거래비용 점증에 영향을 미쳤음은 분명하다. 그 이유는 다음과 같다.

41) 「유엔군총사령부 작전명령 제2호, 부록 I: 민사분야」, 유엔군총사령부(1950. 9. 29), 서용선 · 양영조 · 신영진 엮음(1995), 『점령정책, 노무운용, 동원』, 125쪽.

42) 서동만의 분석을 전문 인용하면 다음과 같다. "6.25전쟁 당시, 북조선의 정권과 주민에게 가장 큰 경험은 군사적 피점령과 탈환을 통해서 토지개혁 당시에는 맛볼 수 없었던 '반혁명' 상황에 직면한 것이다. 전면전쟁에 의해 '혁명'을 전 한만도로 확대하려 한 군사적 시도는 국제전으로 확대하여 정규전의 패배로 인한 군사적 피점령으로 반전하였지만, 북조선주민에게 피점령이라는 현실은 단순한 군사적 패배뿐 아니라 토지개혁이라는 혁명에 대하여 뒤늦게 찾아온 반혁명이기도 하였다. 북조선주민 가운데 다수의 협력자가 나온 것은 사실이었다. 단지 피점령은 군사적 패배와 반혁명이라는 양면적 성질을 띠고 있었다. 북조선 체제 아래 억압되어 있던 사람들 이외에 공포감에 사로잡힌 이탈자가 다수 발생하였다". 서동만(2011), 『북조선사회주의체제성립사』, 467-468쪽.

43) 남정옥(2008), 「공산군의 중조연합사 창설과 작전지휘」, 『국방일보』 2008. 1. 28.

우선 전시 기간 중 농업현물세 대상품목 중 채소와 과일 등은 저장이 용이하지 않아 양곡에 비해 징세자의 거래비용이 높았다. 농업현물세로 거둬들인 식량은 도시민의 생활안정과 군부대의 식량물자 공급에 사용되었는데, 유엔군 전투기의 공습이 계속되면서 불을 지펴 밥을 지어먹을 수 없는 상황이어서 말린 음식의 활용도가 높아졌다.[44] 내각은 1950년 10월 5일 말린 사과 · 감자 · 고구마 · 호박 · 무의 현물세 징수비율을 별도로 정했다. 전투식량 수요에 대응하기 위해 구황작물인 건마령서(乾馬鈴薯)와 건고구마의 세율이 각각 25%와 35%로, 건과(15%)와 말린 무(9%) 등 기타 작물의 세율에 비해 높게 설정되었다.[45] 그 전까지 대곡으로 징수하던 채소와 과일의 물량 확보도 중요한 문제로 대두되었다. 소채(蔬菜)의 경우, "군대와 로동자 사무원들에게 부식물 공급을 위해" 현물로 징수하기로 했다.[46] 과일의 경우 건과로 제조하도록 했는데, 과일에 대한 부과비율이 25%이고 건과는 15%인 점을 고려한다면, 물량이 적더라도 저장이 용이한 편을 선호했을 만큼 신선식품 현물세에 대한 거래비용이 높았다는 것을 알 수 있다.[47]

인민지원군은 전시물자를 자력으로 조달하는 것을 원칙으로 했다.[48] 하

---

44) 참전 초기 중국인민지원군은 미숫가루를 전투식량으로 이용했다. 인민지원군의 사기를 높이기 위해 저우언라이 부주석이 직접 미숫가루 빻는 작업에 수차례 참여하기도 했다. 홍학지(1992), 홍인표 옮김, 『중국이 본 한국전쟁』(서울: 고려원), 288-289쪽.

45) 조선민주주의인민공화국 내각지시 제589호, 「건과 건마령서 건고구마및 건채 현물세 징수비률에 대하여」(1950. 10. 5), 『내각공보』 1950년 제16호, 309쪽. 이 중 특히 건고구마의 활용도가 높았다. 인민지원군 부사령관 홍쉐즈(洪學智)는 영양부족으로 집단 야맹증에 걸린 부대도 있었다고 회고했는데, 야맹증은 고구마에 풍부히 들어 있는 비타민 A 부족으로 생기는 병이다. 위의 책, 299-300쪽.

46) 김일성(1980), 「전시인민생활안정을 위한 몇가지 과업」(1951. 1. 21), 『김일성저작집 6』(평양: 조선로동당출판사), 270쪽.

47) 조선민주주의인민공화국 내각결정 제325호, 「1951년 만기작물 추수및 농업현물세 징수사업 보장대책에 관하여」(1951. 9. 1), 『내각공보』 1951년 제12호, 264-267쪽.

48) 이 같은 방침은 마오가 한국전쟁에 참전중인 중국군에 보낸 전문에서 확인된다. "중국과 조선의 동지들은 형제처럼 단결하고, 끝까지 공동의 적에 맞서 싸우라. 풀잎 하나도 소중히 여기고 조선 민중으로부터는 바늘 하나, 실 하나 얻지 말라.

지만 북한 지역의 도로형편이 전시운송에 맞지 않아 미군의 무차별공습 속에서 물자를 수송하는데 큰 어려움을 겪었다. 북한 지역은 산이 많아 철도는 해안선쪽에만 있고, "대부분의 도로는 철도와 병행하고 있어 한군데라도 폭격을 받으면 전체운송망에 차질을 빚"었기 때문이다.[49]

중국의 38만 대군이 미숫가루로 연명하는 가운데 부대에서 영양실조로 야맹증 및 구강염 환자가 속출했고, 1951년 7월 20일부터 시작된 '40년만의 홍수'와 8월 18일부터 재개된 유엔군 하계공세는 보급 상황을 크게 악화시켰다. 중국 인민지원군의 제20병단은 곧 식량 수송이 끊긴 채 동부전선에 고립되었고, 김일성은 9월 18일 제20병단을 시작으로 인민지원군에 대한 식량물자 공급을 약속하고 11월부터 황해도 재령, 평안남도 강서군, 함경남도 함흥 등에서 식량 5만4천 톤을, 함흥에서 절인고기 1천 톤과 평각북쪽농장에서 채소 3천 톤을 제공했다.[50]

계속되는 수송난을 타개하기 위해 김일성은 인민지원군에게 판매점 개설을 제안했다. 현지화폐의 부족으로 물자 조달에 어려움을 겪는 인민지원군이 인민 대상의 판매점에서 생활필수품을 판매하고, 그 대금으로 부대 인근에서 식량과 부식을 사도록 하는 것이다. 중국군은 평양 사리원, 양덕, 선천, 구장, 안주, 정주, 희천, 덕천, 이천 등 8개소에서 일반인 대상의 면세점을 운영했고, 중국 상품이 무관세로 거래되었다. 국세는 "통관절차를 거치는 물품을 대상으로 하는 관세와 관세를 제외한 조세인 내국세로 구분"된다는 점을 고려할 때,[51] 김일성은 이 사례에서 내국세 중 농업현물세에

우리의 인민을 대하듯 하라. 이는 우리 승리의 정치적 기반이 될 것이다". Mao Zedong(1969), "The Chinese People's Volunteers Should Cherish Every Hill, Every River, Every Tree and Every Blade of Grass in Korea"(1951. 1. 19), *Selected Works of Mao Tsetung 5*(Beijing: People's Publishing House), p. 44.

49) 홍학지(1992), 『중국이 본 한국전쟁』, 299-300쪽.

50) 위의 책, 249 · 290쪽.

51) 「국세」, 『국세법령정보시스템 용어사전』. https://txsi.hometax.go.kr/docs/customer/dictionary/wordList.jsp (2016년 11월 23일 접속).

집중하는 것에서 한걸음 더 나아가 국세의 다른 축인 관세에 대한 수입을 포기하기로 결정했음을 알 수 있다. 김일성은 관세 수입과 식량물자 지원을 맞바꿔 시중에 생필품 공급을 늘리면서도 농업현물세 거래비용을 낮출 수 있었다.[52)]

김일성은 제3계단 기간 중 농업현물세 대상 및 부과비율을 수시로 조정했다. 물론 농업현물세에 대해서만 그렇게 한 것은 아니다. 김일성은 1951년 1월 21일 연설에서 북한 주민들에게 일괄적으로 "가옥세와 지대세를 일시 면제하여 주고 그 밖의 다른 세금들도 감면해주어야" 한다고 말했다. 상황에 따라 농민들의 농업현물세와 관개사용료도 일부 면제하고 대여곡의 반환도 면제했다.[53)] 이에 대한 후속조치로 생각되는 연설에서 김두봉은 6대 중심 문제 중 하나로 다음과 같은 주민 대상의 선전사업을 지시했다.[54)]

> 최근 조선민주주의 인민공화국정부는 가혹한 전시조건임에도 불구하고 인민생활을 안정시키기위한 각종 대책 전재민 구호대책 유자녀학원 설치 필수품 생산증가와 상품류통의 강화 춘기 영농사업에 대한 일련의 결정들을 채택하였습니다 우리들은 주민들이 이결정들을 잘인식하며 그들이 이를 리용하도록 온갖 방책들을 강구할 필요가있습니다 군대의 선전원들과 선동원들과 정치일꾼들과 지휘관들은 이에 가장 적극적으로 참가하여야하겠습니다

한편 4일 후 내각이 채택한 결정 제197호의 전문에는 김일성 연설에 대

52) 인민지원군 공급분을 징세에 수반되는 '거래비용'으로 볼 것인가 '세출 항목'으로 볼 것인가에 대해서는 논란의 여지가 있다. 그러나 세입은 항상 세출을 목적으로 하므로 세출은 목적이고, 세입은 그 수단이라고 할 때, 인민지원군 공급물자는 전시라는 특수한 상황에서 세입에서 공제되지만 세출 항목으로 집행되지 않아 굳이 회계에 반영하자면 '손실' 처리되어야 할 것이므로 거래비용의 하나로 해석해야 할 것이다.

53) 김일성(1980), 「전시인민생활안정을 위한 몇가지 과업」(1951. 1. 21), 270쪽.

54) 연설문 일자는 미상이나 김일성과 김두봉의 정치적 위상, 연설문 내의 춘기파종 사업 관련 지시 등을 고려할 때 1951년 2-3월 사이일 것으로 추정된다. 김두봉(1951), 『인민군 각부대 선동원회의에서 진술한 김두봉동지의 연설』(평양: 조선인민군 총정치국), 32쪽.

한 후속조치와 함께 파괴된 공장광산기업소 및 주택이 61만여호에 달한다는 내용이 기술되어 있다.[55] 이는 북한이 피해규모를 집계해 기술한 드문 사례로, 당시 미군은 북한측이 패배주의적 정서를 반전시키기 위해 대규모적인 구호조치를 약속하고 있는 것에 불과하고, 이를 이행하기 위해서는 중국 또는 소련의 원조가 필요할 것이라고 분석했다.[56]

지배자의 상대적 협상력과 관련, 이 시기 조세정책의 특징으로는 북한이 (1) 기타 세목을 포기하고 현물세에만 중점적으로 과세했으며, (2) "군의 무장장비를 강화하기 위한" 새로운 재원 마련 수단으로 공채와 복권제도를 실시했다는 점을 들 수 있다. 현물세로의 집중은 반혁명이 수습되는 과정에서 북한 주민들의 상대적 협상력은 낮아졌지만, 담세능력 또한 함께 낮아졌다는 점을 보여준다. 다시 말해 김일성은 일시적 후퇴기에 북한 지역을 전시동원체제로 확고하게 개편하면서 더 없이 높은 상대적 협상력을 갖게 되었지만, 공장과 기업소의 정상적 운영이 가능하지 않은 상태에서 농민층에 집중할 수밖에 없었다.

라. 한국전쟁 제4계단 기간(1951. 6. 11 - 1953. 7. 27)

한국전쟁 개전과 1951년의 수해로 북한은 농업현물세 정책에서 한걸음 물러서, 빈농과 수재민에 면세 처분을 내릴 수밖에 없는 입장에 놓이게 되었다. 북한은 판정사업을 엄격히 벌이는 방식으로 면세로 인해 높아진 할인율을 다시 낮추었다. 징수사업에서의 현물세 할당식 부과 관행 등 정권기관일군들의 관료주의적 사업작풍을 시정하고(1952년 2월 1일 김일성 연설),[57] 농작물 생산물 판정위원회에서 '불순분자'들을 축출하여 구성을 재

55) 조선 민주주의 인민공화국 내각결정 제197호, 「조국 해방 전쟁 시기에 있어서 인민생활 안정을 위한 제대책에 관한 결정서」(1951. 1. 25), 『내각공보』 1951년 제1호, 6-8쪽.
56) CIA(1997), SIC 8215, "Daily Korean Bulletin"(1951. 2. 6). 국방군사연구소 엮음, 『한국전쟁 자료총서 16: 미국중앙정보국 정보보고서』(서울: 국방군사연구소), 493-494쪽.
57) "우리에게는 사업을 조직 지도함에 있어서 실로 터무니 없는 일이 많이 있다. 세

정비하도록 했으며(1951년 8월 17일 내각 지시 제766호),[58] 지도책임이 있는 각급 농작물 심사위원회를 강화했다(1951년 9월 1일 내각 결정 제325호).[59]

선술한 바와 같이 1951년의 '40년만의 홍수'는 작황에 큰 타격을 입혔다. 소련은 스탈린 대원수의 이름으로 1952년 4월 14일 밀가루 5만톤을 기증했는데, 군사위원회는 이 양곡을 1차적으로 "전재민들과 재해농민들의 영농조건을 보장"하기 위해 무상 분배한 후, 5.1절을 맞아 노동자, 사무원들에게 무상 특별배급의 형식으로 배포하면서 이후 "추수기에 납부할 농업현물세 중에서 1950년도와 그 이전에 미납량은 일체 이를 면세"했다.[60] 이 조치사항은 평양방송으로도 자세히 송출되면서, 농민을 대상으로 한 구제 대책을 중심으로 선전한 것이 오히려 북한이 처한 식량난 사태의 심각성을 외부에 노출하는 결과가 되었다.[61]

북한은 한동안 상당한 식량난에 시달렸으며, 1952년 11월 21일 평양방송이 김일성 명의로 마오쩌둥에게 풍작(bumper crops)으로 거둔 농업특산물을 선물했다는 내용을 송출한 것은 절망적인 식량 사정을 가리기 위한 의도에서 비롯된 것으로 보인다.[62] 내각은 당중앙위원회의 제의를 받아 1952

납을 받을 때에도 일제 관리식으로 하며 일부 경우에 있어서는 수매 사업까지도 외상으로 하는 엉터리 없는 범죄를 감행하고 있다. 일부 일꾼들은 현물세를 받는 것도 일제 시대의 공출식 방법으로 하며 인민의 쌀독이나 농짝을 뒤녀재는 것을 뻐젓한 일로 자랑하고 있다." 김일성(1953), 「현 계단에 있어서의 지방정권기관들의 임무와 역할」(1952. 2. 1), 『김일성선집 4』(평양: 조선로동당출판사), 70-71쪽.

58) 내각 지시 제766호, 「1952년도 조기작물 현물세를 일부 면제함에 관하여」(1951. 8. 17), 『내각공보』 1951년 제11호 251-255쪽.

59) 조선민주주의인민공화국 내각결정 제325호, 「1951년 만기작물 추수및 농업현물세 징수사업 보장대책에 관하여」(1951. 9. 1), 『내각공보』 1951년 제12호, 264-267쪽.

60) 내각 결정 제67호, 「쓰딸린 대원수로 부터 기증한 량곡을 접수 처리할 데 관하여」(1952. 4. 21), 조선중앙통신사 엮음(1953), 『조선중앙년감 1953』(평양: 조선중앙통신사), 106쪽.

61) CIA(1997), "Daily Korean Bulletin"(1952. 4. 22), 국방군사연구소 엮음, 『한국전쟁자료총서 17: 미국 중앙정보국 정보보고서』(서울: 국방군사연구소), 371-372쪽.

62) CIA(1997), "Daily Korean Bulletin"(1952. 11. 24), 국방군사연구소 엮음, 『한국전쟁자료총서 17: 미국 중앙정보국 정보보고서』(서울: 국방군사연구소), 685-686쪽.

년 6월 20일 내각 결정 제114호로 수재민과 빈농의 생활안정을 도모하기 위해 조기작물 현물세를 일부 면제했으며,[63] 9월 30일의 내각 결정 제161호로 인민군대 후방가족과 애국열사 유가족으로 그 대상을 확대했다.[64]

자연재해로 인해 농민들이 감세혜택을 얻었던 것에 비해, 도시 근로자들을 위한 소득세 감세조치는 없어 특히 가혹한 수탈의 대상이 되었음을 짐작할 수 있다. 군무자, 노동자와 사무원들은 매월 1일분의 배급미를 절약하여 전재민과 농민을 위한 구제폰드에 납부하도록 강제되었던 것이 소련의 밀가루 원조가 배부되는 1952년의 5월 1일에서야 중지되었다.[65] 1951년 11월 내각지시 제840호는 과세당국이 국세 및 지방세의 국가예산수입액에 대해 "현존납세 의무자수와 부문별 구릅빠별 납세 의무자에 대한 평균부과률을 기초로하고 그인원수 및 부과률의 장성을 예견하여 결정"하도록 했다.[66] 이 시기 도시 근로자에 대해 감세 조치 없이 강력한 납부 독려에 나섰던 것으로 보인다. 미군 정보보고서에 의하면 재정당국은 라디오 방송을 통해 재정 건전화의 추가 조치를 실시했다고 밝히면서, "전선의 요구"를 이행할 수 있도록 각 징세 담당자는 조세 수입 확보에 매진하고 경비지출 담당자는 자금의 비정상적 지출 또는 과다지출 방지에 최선을 다할 것을 주문했다.[67]

---

63) 가족 매1인당 연평균수확량이 180 킬로그램에 달하지 못하는 자에게는 해당한 현물세의 전량을 면제했다. 내각 결정 제161호, 「식량이 부족한 빈농민들에게 1952년도 농업현물세와 국가대여곡등을 면제할데 관하여」(1952. 9. 30), 조선중앙통신사 엮음(1953), 『조선중앙년감 1953』(평양: 조선중앙통신사), 108쪽.

64) 밀 · 보리는 500평, 조생종 마령서(馬鈴薯)는 300평까지의 면적에 대해 1952년분의 조기작물 현물세를 면제했다. 내각 결정 제114호, 「1952년도 조기작물 현물세를 일부 면제함에 관하여」(1952. 6. 20), 조선중앙통신사 엮음(1953), 『조선중앙년감 1953』(평양: 조선중앙통신사), 107쪽.

65) 군사위원회 결정 제67호, 「스탈린 대원수로부터 기증한 양곡을 노무자 사무원들에게 특배함에 관하여」(1952. 4. 24), 정경모 · 최달곤 엮음(1990), 『북한법령집 3』(서울: 대륙연구소), 96쪽.

66) 조선민주주의인민공화국 내각지시 제840호, 「1952년도 전시 국가예산안 편성에 관하여」(1951. 11. 10), 『내각공보』 1951년 제16호, 254쪽.

67) CIA(1997), "Daily Korean Bulletin"(1951. 11. 3), 국방군사연구소 엮음, 『한국전쟁자료총서 17: 미국 중앙정보국 정보보고서』(서울: 국방군사연구소), 145-146쪽.

이 시기의 주민들은 국세, 지방세의 납부 외에도 세법 상에 드러나지 않는 각종 부담을 졌던 것으로 보인다. 지방세 중 대표적인 세목은 지방자치세이며, 그 전신은 1947년 2월 27일 제정된 인민학교세법과 시면유지세법이다. 농민을 대상으로 한 지방자치세 세율의 변화를 살펴보면 다음과 같다.

〈표 6-3〉 농민 대상 지방자치세 세율의 변화

	세율	기간	사정	징수
1947. 2. 27 인민학교세+ 시면유지세	1등급: 60원(인민학교세 20원 + 시면유지세 40원) 2등급: 45원(15원+30원) 3등급: 30원(10원+20원) 4등급: 20원(5원+15원)	매 4분기	도인민위원회	면인민위원회
1949. 12. 29 지방자치세	제1급: 450원 제2급: 300원 제3급: 180원 제4급: 120원 제5급: 75원 제6급: 45원	매 4분기	도인민위원회	시면인민위원회
1952. 4. 12 지방자치세 (농민)	(영농비+현물세 제외 소득의 %) 1-2,000원: 1.0% 2,000-3,000원: 1.2% 3,000-4,500원: 1.3% 4,500-6,000원: 1.4% 6,000- 9,000원: 1.6% 9,000-12,000원: 1.8% 12,000-15,000원: 2.1% 15,000-21,000원: 2.4% 21,000-30,000원: 2.7% 30,000- 45,000원: 3.0% 45,000-60,000원: 3.3% 60,000-90,000원: 3.6% 90,000-120,000원: 4.0% 120,000-150,000원: 4.5% 150,000-300,000원: 5.0% 300,000원 이상: 6.0%	매 4분기	시 군 구역 재정기관 또는 면 인민위원회	시 군 구역 재정기관 또는 면 인민위원회

출처: 시면유지세법』(1947. 2. 27); 인민학교세법(1947. 2. 27); 「지방자치세에 관하여」(1949. 10. 29); 「지방 자치세 개정에 관하여」(1952. 4. 12)의 내용을 표로 재구성함.

미국 측 기록에 의하면 지방자치세는 소득에 비례해 부과했고, 그 금액은 1952년 9월 현재 최대 3,800원, 최하 2,000원이었다.[68] 한국전쟁 제4계단 기간은 남북이 기동전에서 진지전으로 전환해 38선을 둘러싸고 대치하던 시기였다. 국경선의 변동은 빈번했고, 북한은 개전 전 38도선 이남에 해당하는 지역 주민의 세금에 대해서는 10대 1의 환율을 적용해 남한 화폐로의 납부를 인정했다. 한편 이 보고서에는 충실한 공산주의자 및 협력자는 면세 처분하고, 월남가족 또는 부역자에 대한 징벌적 세율을 부과했다는 언급이 있어, 최고인민회의 상임위원회 정령 「지방자치세 개정에 관하여」(1952. 4. 12)의 "불의의 재변 또는 기타의 원인으로 말미암아 납세능력을 상실한 개별적납세의무자"에 대하여서만 지방자치세의 감면 및 징수 유예을 허용하는 조항과 충돌한다. 한국전쟁 제4계단 기간의 막바지인 1953년 현재 평안북도 청성군(현재의 삭주군) 농민이 부담하는 각종 세금 및 부담금은 다음의 표와 같다.[69]

---

68) "CIA Information Report"(1953. 1. 30), *CIA Freedom of Information Act Electronic Reading Room*. https://www.cia.gov/library/readingroom/docs/CIA-RDP82-00457R016100290001-5.pdf (2017년 4월 20일 접속)

69) "CIA Information Report"(1954. 4. 15), CIA Freedom of Information Act Electronic Reading Room. https://www.cia.gov/library/readingroom/docs/CIA-RDP80-00810A003901010007-9.pdf (2017년 4월 20일 접속); 한편 이 시기 조선중앙연감의 수록 내용은 CIA 보고서의 내용과 다르다. 1954-1955년판 연감에 의하면 북한은 1951년 1월부터 "현재"(1954년 12월)까지 가옥세 · 차량세 · 대지세를 면제했다. 『조선중앙년감 1954-1955』(평양: 조선중앙통신사), 438쪽.

〈표 6-4〉 1953년 기준 평안북도 청성군 농민의 조세부담

구분	명칭	내용
국세	농업현물세	답작벼 조 27%, 전작곡물과 제반저류 23%. (근거법: 「농업현물세개정에관한결정서」(1947. 5. 12.)
지방세	지방자치세	2,000원의 소득까지 영농비 및 현물세를 제외한 소득의 1.0%, 300,000원을 초과하는 소득에는 영농비 및 현물세를 제외한 소득의 6.0%. (근거법: 「지방자치세에 관하여」(1952. 4. 12.)
지방세	차량세	농가전용 하적우마차 4륜차 연 400원, 농가전용 하적우마차 2륜차 연 200원, 농가전용 하적차 우마차 100원. (근거법: 「차량세 개정에 관하여」(1949. 12. 29.)
부담금	*농작물 생산고 판정위원회 기금	농가당 연 50원을 헌납함. (이하 근거법 미상)
부담금	*지방 행정 기금[70]	지방인민위원회 인건비 충당 목적으로 각 농가별로 50-300원을 출연함.
부담금	*육류 수매 기금	조선인민군 지원을 위해 킬로그램당 시가 240원의 돼지고기, 소고기를 킬로그램당 6-70원에 수매동의하고 차액분을 기금에 헌납함.
부담금	*인민학교 기금	100-5,000원 범위 내에서 인민학교장이 농가별로 부과 권고하고 리 단위 인민위원회 당위원회에서 이를 확정함.
부담금	*조선인민군 위로 기금	여맹이 주도하여 2월 7일(건군절), 5월 1일, 8월 15일에 400원에서 1,500원의 범위 내에서 조선인민군 위로기금에 헌납함.
부담금	전재민과 농민을 위한 구제폰드	빈농 구제를 위해 리 단위에서 각 농가별로 주로 현물의 형태로 헌납함.
부담금	*인민위원회(?) 기금	인민위원회(People's Team) 사무자재 비용 충당을 위해 각 농가에 연 50원씩 부과함.
부담금	*모범군인 위로 기금	리 단위를 방문하는 모범군인 선전대 맞이 목적의 기금으로 각 농가가 연 50-500원을 헌납함
부담금	애국미	당원들이 주도하여 각 농가에서 애국미를 헌납함

출처: "CIA Information Report"(1954. 4. 15)의 내용에 근거법령 등을 추가해 표로 정리하였으며 * 표시된 항목은 북한 원문이 확인되지 않아 임의로 번역함.

70) 지방 행정 기금은 village administrative fund를 번역한 것으로 1953년 12월 11일자 CIA 정보보고서에 나와 있는 지방세(local tax for the purpose of financing local government organizations)로 생각되지만 북한의 법령에서 확인되지 않아 일부지역의 지방인민위원회에서 임의 부과했던 것으로 보인다. 더불어 해당 보고서에 인용된 황해도 연백군 농민의 경우, 3천평의 답작벼와 1,000평의 전작곡물을 재배하고 있으나 부과된 지방세의 단위가 쌀 30가마니와 현금 25,000원으로 지나치

한편, 전시기간 중의 소련에서는 세금, 채권, 저금의 수단을 동원해 화폐 유통을 조절했다. 전시경제를 관리하고 전후 복구를 이끈 경제계획위원장 니콜라이 보즈네센스키의 저서는 1949년 북한에서 출간되어 북한의 경제계획 전문가들에게 지침이 되었다.[71] 이 중 위의 표에서 부담금으로 분류한 헌금사업에 대해 다음과 같은 기록이 남아 있다.[72]

> 세금체계를통한 인민의화페자금의 동원과함께 전채에대한응모 및 기타형태의 자발적헌금에서 표현된 쏘련의도시와농촌주민들의 특별한 애국심의앙양을 지적할필요가있다 국방기금으로 인민의 개인적 또는 단체적헌금은 쏘베트인민의 모든 소리를대표한 쓰딸린동지의 서간에서 명백히 표현되여있다 쏘련인민의 자발적헌금은 전쟁경제4년간에있어서 조국전쟁의 수요로 94.5십억루블리를 제공하였다

2. 사회주의 경리수입

공업시설의 집중적인 폭격을 받은 북한에서 사회주의 경리수입이 제대로 징수될 수 없음은 당연한 일일 것이다. 하지만 상술한 바와 같이 북한이 농업현물세 징수에 집중했다는 것이 사회주의 경리수입의 포기를 의미하

게 높아 신뢰하기 어렵다. "CIA Information Report"(1953. 12. 11), *CIA Freedom of Information Act Electronic Reading Room*, https://www.cia.gov/library/readingroom/docs/CIA-RDP80-00810A003100040008-5.pdf (2017년 4월 21일 접속)

71) 니콜라이 보즈네센스키는 전시경제와 전후복구를 이끈 경제계획 전문가로, 1942-1949년 경제계획위원장을 지냈으며 안드레이 즈다노프 계로 분류되어 1950년 레닌그라드 사건으로 처형되었다. 스탈린은 보즈네센스키 정책의 핵심인 1949년 도매가격 개혁안을 비판하는 입장이었고, 뒤이어 집권한 흐루쇼프는 보즈네센스키를 1954년 복권시키면서도 개혁안 승인은 계속 미루어, 1967년 국정가격표가 제정될 때가 돼서야 보즈네센스키의 개혁안이 정책에 반영될 수 있었다. Michael Kaser(2008), "The Debate on the Law of Value in the USSR, 1941-53", Vincent Barnett and Joachim Zweynert eds., *Economics in Russia: Studies in Intellectual History*(New York: Routledge), p. 141.

72) 엔 보즈네센스키(1949), 김광순 · 조영식 옮김, 『조국전쟁 시기에 있어서의 소련의 전시 경제』(평양: 재정성 경영계산연구회), 117-118쪽.

는 것은 아니다. 실례로 1952년 3월 19일의 군사위원회 결정을 보면, 국가기관 부업경리에 대한 거래세는 면제하지만 "이상 각호의 사업이라도 자기 종업원 이외의 판매 또는 봉사 제공수입에 대하여는 해당한 거래세를 징수할 것이다"라고 표시하고 있어 명목상이든 아니든 거래세가 계속 징수되고 있음을 알 수 있다.

사회주의 경리는 은행이 중심 역할을 수행하는 무현금 결제제도와 계약제도의 원칙을 기본으로 한다. 이 원칙은 북조선인민위원회가 1948년 2월 29일 채택한 결정 제120호에 의해 확립된 바 있으며, 그 목적은 "인민 경제계획에 편입된 국가 경제 기관 국영기업소 및 공리단체들의 계획 과업을 구체화 하며 정확히 하고 계획 과업 수행에 있어서의 상호 련관적 통제를 가능케 하며 계획규률 계획수행의 책임을 강화함으로써 인민경제계획의 균형적 수행을 일층 성과적으로 보장하고 독립 채산제를 확립하여 인민경제적 축적을 계획적으로 강화 확보"하는데 있었다.[73] 이에 따라 각종 대금은 북조선인민위 결정 제120호 별지 「결제계산서대금수체규정」에 의해 은행을 매개로 결제계산서에 의해 정산했다.[74]

그러나 초기에는 대금 국가경제기관이 자금회전속도를 늦추어 재정수입 확보와 생산력 증대에 지장을 주는 일이 종종 발생했던 것이 확인된다. 다음은 재정상 최창익의 1948년도 국가종합예산 총결 보고에서 지적한 예산 집행과정에서의 결점의 하나이다.[75]

> 독립채산제를 실시하는 국가경제기관들중에 원료 자재 기타 저장품을 필요이상 보유하고있으며 거액에 달하는 제품을 체화로 보유하고 있

73) 북조선인민위원회 결정 제120호, 국가경제기관 국영기업소 및 공리단체상호간의 계약제도와 결제제도확립에관한결정서」(1948. 2. 29), 『법령공보』 제47호, 1-3쪽.

74) 북조선인민위원회 결정 제120호 별지, 「결제계산서대금수체규정」(1948. 2. 29), 『법령공보』 1948년 제47호, 6-8쪽.

75) 재정성 엮음(1949), 『조선민주주의인민공화국 국가종합예산에관한문헌집』(평양: 재정성), 13-14쪽.

으며 인민경제축적에 조해를 초래한일이 있엇습니다 그실례로서 성진제강소에서는 장기간 1억원의 제품을 보유하고 있었던것입니다

이것은 그기업소자체의 자금회전을 지연시켜 축적에 지장을준 것이 문제로 될뿐만아니라 이로인한 국가재정수입확보와 생산력장성에 지장을 주었다는 것이 더큰문제로 되는것입니다

한국전쟁 개전 후 유엔군의 공습으로 통신과 교통이 크게 파괴되자 내각은 1951년 3월 23일 내각 지시 제653호「국영기업소 소비조합 공리단체 기타 경제기관 호상간에 거래하는 상품대금 결제에 관하여」를 임시적 조치로 채택했다. 이후 38선을 중심으로 전선이 고착되고 공습 등으로 타격을 입은 각종 시설, 통신, 교통 인프라 등의 문제가 조금씩 개선되면서 북한은 5개월 후인 8월 10일 내각 지시 제764호로 1948년의 북조선인민위원회 결정 제120호의 무현금 결제제도와 계약제도의 원칙으로 복귀했다.[76)]

한편, 당시 지방 재정이 심각한 상태였던 것은 지방세 납부 뿐 아니라 국영기업소의 국고납부 내역에서도 확인된다. 일례로 감가상각금은 국영사업의 감가상각금에 대해서 총 생산원가의 5~13% 범위 내에서 상각액을 결정하여 그중 30%는 자체 적립을 하고 70%는 국고에 납부하도록 했는데, 1950년의 내각 지시와 달리 중앙 예산이 아닌 도 예산 수입에 충당하도록 했다.[77)]

3. 공채와 복권

가. 인민경제발전채권의 모집

인민경제발전채권은 북한이 1950년 10월 15억원 규모로 발행한 북한의

76) 조선민주주의인민공화국 내각지시 제764호,「무현금 결제 제도및 계약제도 강화에 대하여」(1951. 8. 10),『내각공보』1951년 제11호, 국사편찬위원회 엮음(1996),『북한관계사료집 24』(과천: 국사편찬위원회), 289쪽.

77) 내각지시 제749호,「1951년에 있어서의 고정재산 감가상각금에 관하여」(1951. 7. 22),「내각공보」1951년 제10호, 240쪽.

첫 국공채이다. 당시 직접세 수입으로 예산법에 61억 6천만원이 계상되었으니, 환산하면 직접세 대비 24.6%의 금액이 공채로 조성된 것이다.[78] 당시 재정성 부상 리장춘은 인민공채에 대해 "새로운 사회에 있어서 국가재산과 개인과의 관계를 혈연적으로 더욱 긴밀히 하는 것"으로 정의했다.[79] 내각은 개전 전인 1950년 5월 15일 수상 김일성과 재정상 최창익의 명의로 공채의 발행 결정을 발표하고, "인민들의 여유자금을 동원하여 새국가기업소 관개시설 및 문화기관들을 신설"할 것을 발행 목적으로 적시했다.[80]

인민공채의 모집을 앞두고 적극적인 홍보가 실시되었다. 해방 전 일제의 「애국공채」 강매를 경험했던 주민들은 인민공채에 대해 우려의 시선을 보냈다. 첫 공채의 발행 시점에 출간된 『재정금융』의 인민공채 홍보 기사는 다음과 같은 선제적인 답변을 제시하고 있다.[81]

> 그런데 여기에 있어 지적하여야 할 것은 쏘련인민들은 공채에서 커다란 리득을 보고 있다는 것이다. 즉 1948년에 인민들은 공채에서 약 14억 루-블리의 리득을 얻었으며 1949년도에는 25억루-블리의 리득을 얻었다. 쏘베트국가는 국가의 부채를 근로자들의 어깨위에 뒤집어 씨우지 않는다. 왜 그러냐하면 공채는 분명히 생산적이기 때문인 것이다. 이와 함께 쏘베트 국가 공채는 노예적인 대외적 차관에 의거하지 않고 내부의 원천과 축적에 의거하는 경제발전의 새로운 사회주의적 로선이 가지는 우월성을 명백하게 보여주는 것이다. 여기에 대하여서는 미국이 제공하는 소위 원조의 대가로서 「마-샬안」화된 파괴되여가는 제국가들의 참상을 보면 충분할 것이다.

78) 「1950년도 조선민주주의 인민공화국 국가 종합예산에 관한 법령」(1950. 3. 1), 조선 중앙 통신사 엮음(1951), 『조선 중앙 년감 1951-1952』(평양: 조선 중앙 통신사), 78-80쪽.

79) 리장춘(2003), 「1950년도 국가종합예산에 관하여」(1950. 2. 25-3. 3), 『인민』 1950년 3월 제5권 제3호, 국사편찬위원회 엮음, 『북한관계사료집 40』(과천: 국사편찬위원회), 69쪽.

80) 조선 민주주의 인민공화국 내각결정 제109호, 「조선 민주주의 인민공화국 인민경제 발전 채권발행에 관한 결정서」(1950. 5. 15), 『내각공보』 1950년 상, 252쪽.

81) 홍지방(1950), 「인민경제 부흥발전과 조국전쟁 승리를 보장한 쏘련공채의 역할」, 24쪽.

응모사업은 성공적으로 진행되어, 응모총액이 27여억원, 수입총액이 23억 800여만 원으로 발행예정액 대비 153.7%의 우수한 실적을 기록했다. 그러나 12월 중 실시하기로 했던 제1차 추첨사업이 전쟁으로 지연이 되어 1951년 5월과 12월에 가서야 복권 추첨을 실시했다.[82] 북한은 당첨금 추첨 및 상환을 총 15차에 걸쳐 1959년까지 실시했고, 1958년에는 1960년 10월 1일부터 1961년 4월 1일 사이에 원금을 완전히 상환하겠다고 발표했다.[83] 공채의 추첨 및 상환내역을 꾸준히 조선중앙년감에 발표해온 북한은 막상 상환 완료가 이루어진 1960년도 활동을 담은 1961년판 연감에서 공채를 언급하고 있지 않아, 실제 상환 작업이 완수되었는지는 확인되지 않는다.

〈표 6-5〉 **소련의 복권식 채권 및 현물공채 발행 실적**, 1922-1928

종류	발행	액면가	표면이율	만기
양곡기금채권 (Grain Loan)	1922.05	1천만 푸드	현물상환	
	1923.03	1억 푸드	현물상환	
복권식 채권 (State Lottery Loan)	1922.10	1억 금화 루블	6%	
	1924.04	1억 루블	6%	
	1926.09	3천만 루블	12%	
설탕기금채권 (State Sugar Loan)	1923.11	1백만 푸드	현물상환	
복권식 농민채권 (Peasant Lottery Loan)	1924.03	5천만 루블	5%	
	1924.04	1억 루블	5%	
	1925.10	1억 루블	12%	
농촌진흥채권 (Lottery Loan for the Reinforcement of Peasant Economy)	1928.02	1억5천만 루블	N/A	
산업진흥채권 (Lottery Loan for the Industrialization of the USSR)	1927.08	2억 루블	6%	
	1928.09	5억 루블	6%	

출처: Gregory Y. Sokolniikov & Associates(1931), *Soviet Policy in Public Finance, 1917-1918*, pp. 266-268의 내용을 표로 재구성함.

82) 조선민주주의인민공화국 내각결정 제261호, 「「조선민주주의인민공화국 인민경제발전채권」추첨 실시에 관하여」(1951. 4. 26), 『내각공보』 1951년 제5호, 115쪽.

83) 조선중앙통신사 엮음(1958), 『조선중앙년감 1958』(평양: 조선중앙통신사), 133쪽.

〈표 6-6〉 북한의 복권식 채권 및 복권 발행 실적, 1946-1951

종류			발행	액면가	표면이율	만기
채권	양곡기금채권 (함경남도)	1차	1946.04.	5천만 원	4%	2년
	인민경제발전채권 (국채)	1차	1950.05	15억 원	4%	10년
복권	산업부흥복권 (함경북도)	1차	1946.	5백만 원		
	조국보위복권	1차	1951.07	5억 원		
		2차	1951.10	5억 원		

출처: 조선 중앙 통신사 엮음(1950-1955), 『조선 중앙 년감』의 자료를 표로 재구성함.

나. 복권의 판매와 복금 관리

지방채 발행과 관련해 인용한 1946년 4월의 미군 정보보고서에는 공채 외에도 복권의 판매 사실이 기록되어 있다. 그런데 여러 사행산업 중 왜 하필 복권이었을까. 복권은 일제 말기 군수자금 조달을 목적으로 승찰(勝札)이라는 이름 아래 발행된 일이 있어 한국인들에게 낯선 사행산업은 아니었다. 그런데 복권이 한국인들에게 보다 익숙한 경마·경륜·경견 대신 북한의 부가적인 세입창출 수단으로 선택된 배경에는 소련이 있었다.

복권은 인민공채와 매우 유사하지만 보다 매력적인 세입창출 수단이다. 우선, 복권은 채권과 달리 국가에 원금 만기 상환의 의무가 없다. 하지만 복권 판매를 통해 창출할 수 있는 수입이 아무리 크다 하더라도, 사회주의 제도 아래서 국가가 사행심을 조장하는 산업을 직접 운영할 수는 없었다. 따라서 사회주의 국가는 '자발적' 단체들이 복권을 발행하게 하고, 이들이 거둔 수익금을 국가가 공공의 이익을 위한 기금으로 사용하는 방법을 취했다.

북한의 복권 제도는 소련의 것을 그대로 이식한 것이다. 소련에서 복권은 국민적 오락산업이다. 일찍이 제정 러시아 표트르 1세 재위기간 중인 1700년 첫 발행되어, 10월 혁명 후 사행사업 폐지방침에 따라 제도가 폐지되었다가 경제난으로 1921년 다시 부활한 바 있다. 당시의 복권기금은 기아구제기금으로 활용되었다. 2차대전 기간 중 조국보위 및 항공화학산업건설후원회(*Osoviakhim*, Society of Friends of Defense and Aero-Chemical Construction)는 복권 수익금으로 전투기 35기, 탱크 30대를 만들어 소련군에 헌납했다.[84]

전후 소련에서는 스포츠복권 붐이 일었다. 1970년 소련 중앙체육위원회(Central Sports Committee)와 중앙스포츠복권집행위원회(NSVL, Central Administrative Board of Sports Lotteries)를 판매 주체로 하여 등장한 스포츠로토(Sports Lotto)[85]는 전국에 3만개의 판매대를 설치하고 매당 30 코펙에 복권을 판매해, 구매자가 49 중에서 6개 번호 선택하게 하고 10일마다 스포츠궁전에서 추첨을 실시했다.[86] 상금은 최대 5천 루블까지 있었고, 스포츠로토의 창시자 이보닌(V.A. Ivonin)에 의하면 1971-1991년 기간 중 소련은 총 5천억 루블의 수익을 거두어 1980년 모스크바 올림픽 경기장 등 체육시설의 건설 기금으로 사용했다.[87]

북한에서도 같은 방식으로 복권이 발행되었다. 북한은 지난 1946년 함경북도 인민위 주관 아래 지방정권기관 차원에서 산업부흥복권(Industrial Revival Lottery)을 장당 10원의 가격에 판매해 5백만원 규모의 지방수입을 올린 경험이 있었다.[88] 하지만 전국 단위의 경험은 1951년의 조국보위복권이 처음이었다. 조국통일민주주의전선 산하단체로 1949년 7월 조직된 조국보위후원회가 발행주체가 되었다.[89] 조국보위후원회는 인민군 원호사업을

---

84) M.A. Prokopets and D.I. Rogachev(2012), "Lotteries, Bookmakers and Sweepstakes in Russia", Paul M. Anderson, Ian S. Blackshaw, Robert C. R. Siekmann and Janwillem Soek eds., *Sports Betting: Law and Policy*(Hague: T.M.C. Asser Press), pp. 650-651.

85) Sergei Tsytsarev and Yakov Gilinsky(2009), "Russia", Gerhard Meyer, Tobias Hayer and Mark Griffiths eds., *Problem Gambling in Europe: Challenges, Prevention, and Interventions*(New York: Springer Science and Business Media LLC), p. 39.

86) Prokopets and Rogachev(2012), "Lotteries, Bookmakers and Sweepstakes in Russia", p. 651.

87) James Riordan(1980), *Sports in Soviet Society: Development of Sport and Physical Education in Russia and the USSR*(Cambridge: Cambridge University Press), p. 259.

88) HQ USAFIK(1990), "G-2 Weekly Summary No. 31"(1946. 4. 17), 한림대학교 아시아문화연구소 엮음, 『주한미군주간정보요약 1』, 525-547쪽.

89) 조선민주주의인민공화국 내각결정 제297호, 「조국보위 복권 발행에 관하여」(1951.

위해 1951년 7월과 1951년 10월의 두 차례에 걸쳐 조국보위복권을 발행하고, 모두 10억원의 기금을 조성해 복금과 발행비용을 제한 금액을 비행기, 탱크, 함선 등 군기재 기금으로 헌납했다. 북한은 복권사업을 통해 전시에 두 차례의 군자금을 조달한 후 1991년까지 복권을 발행하지 않았다.[90]

제2절_ 전후복구와 조세개혁

북한의 전후복구 청사진이 마련된 것은 1953년 8월 5일에서 9일까지 열린 조선로동당 중앙위원회 제2기 제6차 전원회의에서다. 이 회의는 중공업 우선의 전후복구 건설과 사회주의적 개조정책을 통한 전후복구 추진을 결정했으며 박헌영 등의 남로당파를 출당시켰다. 당시 소련계와 연안계의 윤공흠 등은 전쟁으로 피폐해진 인민 생활을 향상시키기 위해 소비재 부문의 우선발전을 주장했지만, 김일성은 중공업 우선과 경공업, 농업의 동시발전 태제를 주장, 관철시켰다.

이 시기에는 세금정책에서 무엇보다 정확한 실천이 요구되었다. 김찬은 『근로자』 1953년 11월 기고문에서 스탈린을 인용, 세금정책의 정확한 실천을 통해 축적의 원천이 부유한 계층에 부당히 축적되지 않도록 해야 함을 강조했다.[91] 한편 당시 전원회의에 제출된 조사 자료는 전쟁의 피해로 농

---

6. 14), 『내각공보』 1951년 제8호, 196-201쪽.

90) 북한은 이후 1989년에 개최된 평양축전의 준비과정에서 많은 자금수요가 있었음에도 불구하고 소련이 모스크바 올림픽 준비과정에서 그랬듯 체육복권을 판매하지 않았다. 그 대신 1991-1992년 기간 중 "인민들의 문화정서 생활을 흥성케 하며 나라의 사회주의 대건설과 통일거리 건설에 보탬을 주자"는 목적 아래 인민복권을 발행했다. 전영선(2016), 『글과 사진으로 보는 북한의 사회와 문화』(서울: 경진), 95쪽. 같은 목적에서였다면 소련은 1925년의 국내경제부흥채권(State Domestic Loan for Internal Economic Reconstruction of 1925)과 같은 공채의 발행을 통해 해결했을 것이다.

91) 김찬(2008), 「축적은 인민경제 복구 발전의 중요한 담보」, 『근로자』 1953년 11월

촌생활이 매우 어려웠던 것으로 기록하고 있다. '생활이 어려운 빈농'이 약 40%, '겨우 먹고 지낼만한 농민'이 50%로 집계되었다.[92] 북한은 상인 등 개인영리자들의 과세누락 · 탈세를 막기 위해 세금정책의 엄격한 집행을 강조하는 한편 전재(戰災)로 담세력을 상실한 비무장지대 인접지역의 농민들을 대상으로는 현물세 · 국가대여곡등의 감면 조치를 취했다.[93]

1955년은 전후의 북한 조세정치에서 분기점이 되는 해이다. 사회주의 경리부문의 계속되는 수입 증가에서 자신감을 얻은 북한이 그 해 12월 소득세와 거래세를 대대적으로 개편했기 때문이다. 1955년의 세제개혁을 살펴보기 이전에 그 전까지의 국가예산 수입 흐름을 표로 나타내면 다음과 같다.

1946년의 첫 예산에 기록된 북한 임시인민위 총 세입 1,406,722,000원 중 조세수입이 차지하는 비중은 51.0%였고 사회주의 경리수입은 9.0%이었다.[94] 주요산업 국유화 조치 등의 성과로 조세수입과 사회주의 경리수입의 비율은 그다음해 바로 역전되었다. 1947년 조세수입의 비중은 37.0%로 낮아진 반면 사회주의 경리수입의 비중은 45.0%로 높아졌다. 1948년에는 그 폭이 더 벌어져 조세수입의 비중은 19.5%로 떨어진 반면 거래세 및 이익공제금 수입의 비중은 50.0%로 더 커졌다.[95]

건국 이후 사회주의 경리수입의 비중은 50%대를 안정적으로 유지하다가

25일 제11호, 국사편찬위원회 엮음, 『북한관계사료집 56』(과천: 국사편찬위원회), 57-65쪽.

92) 김일성(1981), 「당단체를 튼튼히 꾸리며 당의 경제정책을 관철할데 대하여」(1957. 7. 5), 『김일성저작집 11』(평양: 조선로동당출판사), 187쪽.

93) 내각 결정 제161호, 「비 무장 지대 분계선 린접 지역의 전재 농민들에게 1953년도 만기 작물 현물세와 국가 대여곡 등을 감면 할 데 관하여」(1953. 9. 17), 조선 중앙 통신사 엮음(1954), 『조선 중앙 년감 1954-1955』(평양: 조선 중앙 통신사), 67쪽.

94) 북한과 소련의 문헌에서 '조세수입'은 '주민세금'과 혼용된다. 국영기업소 등의 순소득에서 나오는 '사회주의 경리수입'에 잡히지 않는 모든 국세는 조세수입에 해당한다.

95) 러시아연방 대외정책문서보관소 문서군 0480, 목록 3, 문서함 4, 문서철 11, 133-135쪽. 전현수(2007), 「해방 직후 북한의 국가예산(1945-1948)」, 『한국사학보』 제28권 제3호, 193-196쪽 재인용.

1955년 세제개혁을 계기로 1956년에는 74.7%로 큰 폭 상승했다. 1955년에는 조세수입, 즉 개인소득세의 영역에서 개인영리자 및 노동자·사무원 대상의 개인 소득세와 농민 대상의 농업현물세의 세율의 조정이 있었고, 사회주의 경리부문에서는 민영거래세 폐지와 과세방법의 개편 등으로 거래세가 큰 폭으로 개편되었다. 이익공제금의 변화는 확인되지 않는다.

〈표 6-7〉 북한의 국가예산 수입, 1946-1955

(단위: 천 원, %)

년	수입	사회주의 경리수입		조세수입		기타
1946	# 921,659	★ 131,824	★ (9.0%)	★ 722,240	★ (51.0%)	= (40.0%)
1947	〶 9,203,810	★ 2,127,611	★ (45.0%)	★ 1,766,943	★ (37.0%)	= (18.0%)
1948	↯ 15,571,340	★ 3,886,200	★ (50.0%)	★ 1,516,300	★ (19.5%)	= (30.5%)
1949	〶 20,301,000		=(48.8%)	= 5,481,270	(27.0%)	
		⊗ 거래세 (23.4%) ⊗ 이익공제금 (25.4%)				
1950	〶 21,659,000			= 5,566,363	(25.7%)	
1951	〶 27,678,000			= 6,338,262	(22.9%)	
1952	〶 45,521,000			= 11,289,208	(24.8%)	
1953	52,727,081	27,409,366	(52.0%)	10,369,584	(19.7%)	= (28.3%)
		⊗ 거래세 (27.7%) ⊗ 이익공제금 (15.2%)				
1954	〶 90,187,219	45,277,582	(50.2%)	11,392,204	(12.6%)	= (37.2%)
1955	108,157,212	〶 65,218,800	= (69.1%)	9,919,942	(9.2%)	= (30.5%)

출처: (@) 표시는 최창진(1988), 『농촌조세문제의 빛나는 해결』에서, (☆) 표시는 안광즙(1964), 『우리 나라 인민 경제에서의 사회주의적 축적』에서, (⊗) 표시는 조선 민주주의 인민 공화국 국가 계획 위원회 중앙 통계국(1961), 『1946-1960 조선 민주주의 인민 공화국 인민 경제 발전 통계집』에서, (〶) 표시는 통일원 엮음(1996), 『북한경제통계집』에서, (↯) 표시는 국토통일원 자료조사실 엮음(1988), 『북한최고인민회의 자료집 1-3』에서 인용함; (★)표시는 전현수(2007), 「해방 직후 북한의 국가예산」 재인용; (=)는 파악된 데이터를 기준으로 역산함; 그 외 전 기간 조선중앙통신사 엮음(1948-1974), 『조선 중앙 년감』에서 인용함.

1. 보충적 원천의 비중 축소: 농업현물세 및 소득세

북한의 소득세는 1945-1946년의 개인수익세 과세 기간을 거쳐 1947년 개혁으로 기본 골격이 확정되었다. 소득세는 해방 후 한국전쟁 발발 전까지 네 차례, 그리고 다시 전후에 세 차례 개편되었다. 우선 1955년 8월 개인들의 인민생활필수품 생산 증대와 기존의 개인 생산기업의 창발성 제고와 상인들의 생산업 신규참여 장려를 위해 생산기업가에 대해 상인 보다 10% 낮은 세율을 부과했다. 다음으로 같은 해 12월 개정된 주민소득세법은 개인수공업자, 자유직업자, 생산기업가, 상인에 대해 과표구간을 줄이고 납기일을 종전의 연 4회로부터 연 1회(수공업자, 자유직업자) 또는 2회(기업가, 상인)로 단축했다. 마지막으로 1956년 10월에 개인영리자 대상의 추가적 세율 인하 조치가 있었다.

가. 농업현물세

1953-1958년 기간의 농업현물세 정책의 특징은 도시민 대상의 주민소득세율이 지속적으로 낮아진 것과 대조적으로 농민 대상의 소득세는 별 변동 없이 안정적으로 관리되었다는 것이다. 북한의 농업집단화는 1953년 8월 5일 조선로동당 중앙위원회 제2기 제6차 전원회의에서 채택된 전후복구계획에 따라 본격화되어 비교적 단기간인 1958년 8월에는 완성되었다.[96] 이 기간

---

96) 김일성은 농업협동화운동의 발전단계를 (1) 경험적 단계, (2) 대중적 발전단계, (3) 완성단계로 구분했다. 김일성이 독창적으로 설정한 단계에 해당하는 '경험적 단계'는 1953년 8월부터 1954년 말까지의 기간으로, "협동화를 가장 적극적으로 지지하는 빈농들과 농촌의 당핵심들로써 경험적으로 매개 군에 몇개씩의 협동경리를 조직하고 그것을 튼튼히 하는 사업"이 진행되었다. '대중적 발전단계'는 1954년 말-1955년 초부터 1958년 4월까지의 기간으로, 중농을 농업협동경리로 인입하고, 협동경리의 형태는 농민이 스스로 선택하게 하며 규모는 40-100호 정도로 작게 조직하는 사업이 진행되었다. 마지막으로 '완성단계'는 부농, 산간지대 농민 등 아직 농업협동조합에 들어오지 않은 계층들을 모두 농업협동조합

중 농업협동조합에 대한 세율의 변동은 전체 농민에 대한 세율과 다르지 않다. 다만 선술한 바와 같이, 조합원들은 개인경리 농민들과 달리 평년작 수확고를 기준으로 현물세 납부액이 결정되는 혜택을 입었다.

북한은 농업현물세를 세 가지 방법으로 조정했다. 첫째, 판정 방식을 바꾸는 방법이 있다. 현물세는 화폐가 아닌 현물로 표현되는 소득에 대해 비례적으로 부과하는 것이기 때문에 현물의 총량을 어떻게 어림잡는가는 중요하다. 둘째, 부과비율을 조정하는 방법이다. 부과비율이 높으면 조세저항이 일어나고, 낮으면 농민들을 태도를 이완시켜 사회주의적 개조 작업에 차질을 빚을 우려가 있다. 셋째, 면제 혜택의 폭을 조정하는 방법이다. 세금의 감면은 천재지변 등으로 '불가피하게' 납세능력을 상실한 납세자를 대상으로 한다. 그런데 전재(戰災)와 재해(災害)의 경우, 북한과 같이 좁은 국토에서는 그 피해는 전국적이게 마련이다. 감면 조치는 대상자에게는 납세 태만을, 경미한 피해로 대상에서 제외된 자에게는 불만, 심하게는 불복을 야기할 우려가 있다. 이 점에서 면제 처분은 국가-인민관계에 있어 특히 지배자의 주의를 요했다.

첫 번째의 부과 방식 변경의 경우, 북한은 1946년 8월 5일의 북조선임시인민위원회 결정으로 농업현물세를 수확고 판정 방식에 따라 부과한 방식을 전후에도 한동안 그대로 유지했다. 부과 방식은 두 번에 걸쳐 개편되었다.

에 인입하여 농업협동화를 완성하는 단계를 말한다. 농업협동화는 전 기간을 통털어 4-5년밖에 소요되지 않았다. 사회과학원 주체경제학연구소 엮음(1970), 『경제사전 1』, 481-483쪽; 한편, 농업협동조합은 1958년 말에 리 단위로 통합되었지만 '지역적 거점'으로서 군(郡)이 중시되었다. "북한 정부는 군을 단위로 하여 군당위원회를 두고 군인민위원회, 그리고 경제 지도 기관으로서 군협동농장경영위워회, 군지방공업경영위원회, 군계획위원회를 설치하였다. …… 군은 도시와 농촌을 연결하는 경제적 거점으로, 농촌에 대한 공급 기지로 자리잡았다. 중국은 군에 비견되는 향(鄕) 규모로 인민공사를 조직한 반면, 북한에서는 협동경리의 단위는 리로, 그리고 리 단위에서 해결하지 못하는 문제들을 군에서 처리하는 구조를 창출하였던 것이다". 김성보(2002), 「1960년대 초반 북한 농업협동조합 운영체계의 성립과 그 역사적 맥락」, 『충북사학』 13집, 85쪽.

우선 김일성은 농업집단화의 진척이 어느 정도 완성된 1955년 12월 22일에 와서야 다음해부터 농업협동조합을 대상으로 고정현물세 제도를 실시하겠다고 말했다. 최고인민회의 제10차 회의에서 채택된 법령 「농업 현물세에 관하여」는 현물세량을 '평년작 수확고'에 기초하여 토지의 비옥도도 고려해 산정하도록 했다.[97)]

신 제도의 실시 대상을 농업협동조합으로 한정한 것은 개인농민들을 농업협동조합에 인입하기 위해서이다. 즉 개인농민들에 대해서는 풍작과 기계식 농업이 발전하면서 소출이 늘 것이라는 전망이 제기되는 가운데 종전의 수확고 판정 방식은 징벌적 성격을 띠게 되었다. 그러나 증산을 장려하기 위해 개인농민들에게도 정보당 수확고에 대한 일정한 기준량을 주고, 초과분에 대하여 현물세율을 낮추는 방안을 검토하기로 했다.[98)]

다음으로 1959년 2월 19일 최고인민회의 제2기 제5차 회의에서 있었던 김일성의 교시에 따라, 2월 21일의 법령 「농업 현물세에 관하여」가 공포되고 3월 9일 내각결정 제24호 「농업현물세에 관한 법령시행세칙」이 채택되어 농업현물세를 평년작 수확고 대신 1959년의 국가농작물생산계획에 의하여 부과하고 세제를 폐지할 때까지 고정시키기로 했다.[99)] 그 결과 세율이

97) 평년작 수확고는 "최근 3년간 및 그 이전 평균수확고"를 말하는 것으로 다음의 방식으로 평정했다. "평년작수확고의 평정은 당해년도 국가농업생산계획과제, 토지의 비옥도 기타 자연조건에 근거하여 매 작물별 정당 수확고를 추정하여 평정하는 것을 원칙으로 하고 지난 날의 수확고실적, 그 지방의 일반적영농방법 및 기타 수확고에 영향을 주는 제반 영농조건들을 참작하게 되였다". 최창진(1993), 『농촌조세문제의 빛나는 해결』, 215쪽; 김일성은 다음 예를 들어 설명하고 있다. "례를 들어 밭 한정보에서 강냉이를 어떤해에는 1톤 내고 어떤 해에는 1톤 600키로그람 냈다고 하면 1톤 300키로그람을 평년수확으로 보고 거기에 해당한 현물세량을 미리 농민들에게 부과하도록 하려고 합니다" 김일성(1980), 「전후 우리 당의 농촌정책과 농촌민주선전실장들의 과업」(1955. 6. 27), 337쪽.

98) 김일성(1980), 「농촌사업을 강화하기 위한 몇가지 대책에 대하여」(1955. 2. 2), 『김일성저작집 9』(평양: 조선로동당출판사), 226쪽.

99) 법령, 「농업 현물세에 관하여」(1959. 2. 21), 조선 중앙 통신사 엮음(1960), 『조선 중앙 년감 1960』(평양: 조선 중앙 통신사), 149쪽; 조선민주주의인민공화국 내

8.4%로 낮아졌고, 농업현물세가 국가예산에서 차지하는 비율은 1953년의 6%에서 1959년에는 0.8%로 축소되었다.[100] 이는 생산계획을 과세기준으로 해 협동조합의 관리운영을 계획화 하고 차액소득과 관련한 추가적 수입을 조합의 처리에 맡겨 조합원들의 물질복리를 높일 수 있도록 하는데 그 목적이 있었다.[101]

두 번째로 부과비율의 조정과 관련, 1955년 6월 25일 최고인민회의 상임위원회 정령 「농업현물세부과비률을 일부개정함에 관하여」는 '토지의 비옥도'에 따라 (1) 수전에 있어서 수리불안전답에 한하여 수확고의 25%를, (2) 고원지대와 산간지대의 토지가 척박한 밭(준화전)에 한하여 수확고의 15%를 부과 비율로 추가했다.

반년 후인 12월 22일에는 내각결정 제2호로 역시 '토지의 비옥도'에 따라 논에 대해서는 수확고의 20%, 23%, 25%, 27%의 4개 등급과, 밭에 대해서는 수확고의 10%, 12%, 15%, 17%, 20%, 23%의 5개 등급이, 그리고 과수원에 대해서는 수확고의 23%, 25%의 2개 등급이 부여되었다. 최고 등급은 그대로 두는 대신 여러 개의 낮은 등급을 새로 설정한 결과, "농민들은 평년작을 기준하더라도 매년 약 10만 톤 이상의 현물세 부담이 적어지게 되었다".[102] 나아가 내각결정 제2호는 협동화를 장려하기 위해 농업협동조합에게 부과된 현물세에서 5%를 추가로 감하는 특전을 제공했다.[103]

각 결정 제24호, 「농업현물세에 관한 법령 시행 세칙」(1959. 3. 9), 『민주조선』 1959. 3. 22.

100) 김춘점(1964), 「농업 현물세제의 폐지와 그 의의」, 『근로자』 1964년 4월 (상) 제7호, 35쪽.

101) 최창진(1993), 『농촌조세문제의 빛나는 해결』, 221-224쪽.

102) 조선 중앙 통신사 엮음(1958), 『조선 중앙 년감 1958』(평양: 조선 중앙 통신사), 131쪽.

103) 최창진(1993), 『농촌조세문제의 빛나는 해결』, 271쪽.

〈표 6-8〉 북한의 농업현물세 부과비율의 변천, 1946-1955

(단위: %)

	논작물	전작물	과일	공예작물	기타
1946. 6. 27	25%	25%	25%	25%	
1947. 05. 12	27%	23%	25%	23%	화전민 10%
1949. 7. 20	27%	23%	25%		화전 10%
1955. 6. 25	안전답 27% 불안전답 25%	전 23% 준화전 15%	25%		비옥도 기준
1955. 12. 22	20-27%	10-23%	23-25%		비옥도 기준

주: 김영희(1988), 『세금문제 해결 경험』, 46-62쪽 및 최창진(1993), 『농촌조세문제의 빛나는 해결』, 99-220쪽의 자료를 표로 재구성함.

1959년 2월 21일의 개정에서는 농업현물세 폐지를 앞두고 파격적인 세율 인하가 단행되었다. 1958년 당시 북한의 예산에서 조세수입이 차지하는 비중은 2.3%(35,648,000원)으로, 전년도의 5.6%(70,064,800원)에 비해 이미 절반 규모로 떨어진 상태였다. 한편 국가예산총수입액 중에서 공업의 비중은 1957년 82.2%이던 것이 1959년에 95.3%로 늘었다. 이렇게 국가예산수입의 대부분을 국영기업소의 순수익에서 확보할 수 있게 되면서 북한은 논작물에 대해서는 수확고의 11%, 14%의 2개 등급을, 밭작물에는 수확고의 3%, 6%, 15%, 9%의 3개 등급을, 감자, 채소 작물에 대해서는 6%, 9%의 2개 등급을, 공예작물에는 9%의 단일등급을, 그리고 과일 작물에 대해서는 수확고의 14%의 단일등급을 부여했다.[104] 평균부과 비율로 환산하면 알곡 수입은 22.4%에서 10.0%로, 알곡을 제외한 수입은 20.1%에서 8.4%로 각각 인하한 것이다.[105] 조세수입의 감소분이 50% 이상 예상되었지만 1959년 국가예산에서 조세수입이 차지하는 비중은 2.3%로 오히려 늘었다.

세 번째로 과세범위의 조정과 관련, 소련의 면제가 세율의 왜곡을 시정

104) 정성언(1988), 「농업현물세에 대한 보고」(1959. 2. 19-21), 국토통일원 자료조사실 엮음, 『북한최고인민회의자료집 2』(서울: 국토통일원), 394-406쪽.

105) 통일문제연구소 엮음(1989), 『북한경제자료집』(서울: 도서출판 민족통일), 94-95쪽.

하기 위한 조치였다면, 북한의 면제 처분은 전재(戰災)와 빈농의 문제에 대응하기 위한 성격이 강했다. 아래의 〈표 6-9〉는 NEP 기간 중 농업세 감면 혜택을 입은 농민의 비율, 그리고 〈표 6-10〉은 1953년부터 1974년까지의 농민에 대한 농업현물세, 대여곡과 기타 면제 내역을 표로 정리하면 아래와 같다.

전후의 농업현물세 면제 조치는 총 6회 실시되었다. 그중 전재민(戰災民) 또는 DMZ 인접지역 농민에 대한 관련된 조치는 총 3건으로 집계된다. 첫째, 전선교착기에 획득한 DMZ 인접지역의 농민들을 대상으로 한 1953년 9월 37일 내각결정 제161호는 비무장지대 분계선에 인접한 경작지를 가진 농민들 중 연간 총 수확량으로 1년 생계를 유지할 수 없는 농민들과 유엔군이 점령했던 섬 지역의 농민들에게 1953년도의 만기 작물 현물세, 식량 및 종자 대여곡과 1952년도까지의 미납곡(현물세, 식량 및 종자대여곡) 전량을 면제했다. 한편, 개성지구에서 위와 같은 처지의 농민들에 대해서는 1953년도의 만기 작물 현물세 과세를 유지하는 대신 1953년도 식량 및 종자 대여곡과 1952년도까지의 현물세 및 미납곡 전량을 면제했다.[106] 둘째, 1954년 11월 1일 내각 제2차 전원회의는 증산을 통해 식량문제를 해결하고 공업에 필요한 원료를 공급해 전후 인민경제의 복구발전을 달성하기 위해, 그리고 농촌경리의 발전을 위해서는 '사상교양, 물질적 방조'가 중요하다는 인식에서 전쟁 중 실시한 재해를 입은 농민과 빈농에 대해 현물세 납부 면제를 결정했다.[107] 셋째, 1958년 9월 5일 내각비준 제1304호 「군사분계선 비무장지대와 그의 린접도서내의 경작지에 대한 현물세면세를 승인함에 관하여」는 전선인접지역 협동조합의 낙후된 물질적 토대와 농민의 생활수준을 고려,

---

106) 내각 결정 제161호, 「비 무장 지대 분계선 린접 지역의 전재 농민들에게 1953년도 만기 작물 현물세와 국가 대여곡 등을 감면 할 데 관하여」(1953. 9. 17), 조선중앙 통신사 엮음(1954), 『조선 중앙 년감 1954-1955』(평양: 조선 중앙 통신사), 67쪽.

107) 이에 따라 해당 농민들은 1950년에서 1952년까지의 기간에 미납한 현물세, 관개사용료, 임경료, 식량 및 종자 대여곡의 납부를 면제받았다. 김일성(1980), 「령세농민들의 생활을 개선하여 경제사업에 대한 지도를 강화할데 대하여」(1954. 1. 15), 『김일성저작집 8』(평양: 조선로동당출판사), 226-237쪽.

황해남도 강령군에 순위도와 송화군 초도 내의 농민들에게 현물세를 전량 면제했다. 넷째, 1960년 4월 9일 내각결정 제24호 「강원도 내 일부 농업협동조합들의 농업현물세를 면제할데 관하여」는 강원도 평강군, 철원군, 김화군, 금강군, 고성군 등 군사분계선 인접지역의 농업협동조합에 대해 1960년부터의 농업현물세와 미납된 국가납부곡을 면제했다.[108)]

〈표 6-9〉 소련의 농업세 면제 대상자 비중, 1921-1929

(단위: %)

	1923-1924	1924-1925	1925-1926 (9.6%)	1926-1927 (9.5%)	1927-1928 (7.7%)	1928-1929 (8.1%)
완전면제	2%	20%	25%			20%
기금지원						16.7%
부분면제						4.1%

주: 괄호 안은 해당년도 국가예산에서 농업세 수입이 차지하는 비중을 나타냄
출처: 홍웅호(2004), 「신경제정책기 소련의 농촌 조세정책」 및 E.H. Carr(1978), A History of Soviet Russia: Foundations of a Planned Economy, 1926-1929 1-2의 자료를 표로 재구성함.

〈표 6-10〉 북한의 농업현물세 면제 내역, 1953-1974

일시	면제 대상				해당 기간	면제 범위		
	전재민	빈농	후방가족	농업협동조합		농업현물세	대여곡	기타
1953. 9. 17	O				1952	O	O	
					1953	O	O	
	O				1952	O	O	
					1953		O	
1954. 1. 15		O			1950 -1952	O	O	O
1955. 6. 24		O	O		1954	O	O	
1956. 9. 28	O	O		O	1956	O		
1960. 9. 28				O	1959		O	

주: 기타는 관개사용료와 임경료 수입(MTS Income)를 말함.[109)]
출처: 조선중앙통신사 엮음(1954-1961), 『조선중앙년감』 및 『경제건설』 1956년 2월의 자료를 표로 재구성함.

---

108) 최창진(1993), 『농촌조세문제의 빛나는 해결』, 290-291쪽.
109) 농기계 임경소는 스탈린의 창조물이다. 스탈린은 일찍이 농업집단화에서 기계화

빈농민 또는 경제적 토대가 약한 농업협동조합을 위한 조치는 총 6건 취해졌다. 첫째, 1955년 6월 24일 내각 결정 제57호 「농촌경리를 급속히 복구 발전시키기 위한 제 대책에 관하여」는 빈농민들과 후방 가족이 1954년도까지에 미납한 현물세, 대여곡 및 미납곡에 대해 전부 면제 조치를 내렸다. 금액으로 환산하면 4억 8천 6백만원이다. 부채 상환에 어려움을 겪는 농민들은 1953년도까지의 농민은행 대부금, 연체 이자 등 13억 5천 5백만원(13.7%)을 면제 받았다.[110] 금액을 가늠하기 위해 당해년도의 조세수입과 비교하면, 99억1천9백만원에 대해 전자는 4.9%, 후자는 13.7%에 해당한다. 둘째, 1956년 2월 21일 내각명령 제10호 「산지대 빈농민들에 대한 농업현물세 감면에 대하여」로 화전에는 기존 현물세인 실수확고의 10%에서 다시 50%를, 준화전에는 25%를 감면하도록 했다.[111] 셋째, 1956년 9월 28일 내각

가 가지는 중요성을 주목했다. "우리 꼴호즈들은 그들이 비록 백만 장자로 되는 경우에 있어서라고 해도 이 비용을 감당할 수 있겠는가? 그렇게 할 수는 없다. 왜냐 하면 그것들은 6년 내지 8년 후에야 비로소 보상될 수 있는 수십억에 달하는 지출을 자담할 능력은 없기 때문이다. 이러한 지출은 국가만이 부담할 수 있는 것이다". J.V. Stalin(1972), Economic Problems of Socialism in the USSR(1953. 9)(Beijing: Foreign Language Press), pp. 159-160. 박훈일(1955), 「농기계 임경소는 농촌에서의 사회주의 건설의 거점」, 『근로자』 1955년 5월 25일 제114권 제5호, 115쪽 재인용; 북한은 1950년 2월 8일자 내각 결정으로 국영 농기계 임경소를 설치했다. 조선중앙통신사 엮음(1952), 『조선중앙년감 1951-1952』, 356-357쪽; 당시 북한은 안주, 정주, 룡천, 재녕, 함주 등 5개소에 국영농기계임경소를 설치한 바 있으며, 동 시기 '인민민주주의 국가'에서는 폴란드 300개소, 체코슬로바키아 335개소, 헝가리 221개소, 루마니아 100개소, 불가리아 86개소가 설치되었다. 김일호, 2003, 「농기계임경소설치에 대한 정치 경제적 의의」, 『인민』 1950년 3월 제5권 제3호, 국사편찬위원회 엮음, 『북한관계사료집 40』(과천: 국사편찬위원회), 80-85쪽; 한편 조세정책의 측면에서 M. Newcity는 소련의 MTS 수입을 "집단농장 또는 집단농장의 농민이 농산물의 경작에 이용한 농기계에 대해 이용료를 기계-트랙터 관리국(Machine-Tractor Stations)에 납부하는 것"으로 정의하고 세금으로 분류하고 있다. 소련 농민들은 1930-1937년 기간 중에는 현물로, 1938년부터는 현물과 현금으로 나누어 납부했다. Newcity(1986), Taxation in the Soviet Union, p. 31.

110) 내각 결정 제57호, 「농촌경리를 급속히 복구 발전시키기 위한 제 대책에 관하여」(1955. 6. 24), 정경모 · 최달곤 엮음(1990), 『북한법령집 2』(서울: 대륙연구소), 319-322쪽; 한상학(1956), 「1956년 인민 경제 계획의 지도 체계에 관하여」, 『경제건설』 1956년 2월, 46-47쪽.

결정 제100호 「1956년도 농업 현물세와 국가 대여곡 및 과년도 미납곡을 감면할 데 관하여」로 척박한 경지 경작 농민, 빈농, 군사 분계선 비무장 지대 내 경작지 농민 에 대해 세금 감면 처분을 내렸다. 1956년도 만기작물 현물세 면제 대상은 (1) 10% 및 12% 현물세 대상의 농업협동조합, (2) 10% 현물세 대상의 농업협동조합과 개인 농민, (3) 빈농, (4) 군사분계선의 비무장지대 내 경작지 농민이다.[112] 넷째, 1958년 1월 10일 내각 비준 제56호 「빈농민들의 1957년도 농업현물세감면에 대하여」에 의해 감면대상자들의 미납분에 대해서는 감면량을 공제하고, 완납분에 대해서는 감면한 수량만큼을 현물로 반환하게 하는 조치를 취했다.[113] 다섯째, 1959년 10월 31일 내각결정 제63호로 103개 군 내 389개 농업협동조합들이 현물세를 1-3년간 면제받았다.[114] 여섯째, 1960년 9월 28일 내각 결정 제47호는 "협동화된 농민들의 생활을 전반적으로 부유한 중농의 생활수준에까지 급속히 향상시키기 위한 시책"에서 출발해 미납 현물세, 대부금과 미납곡을 면제했다. 전체 농업협동조합들의 1960년 8월 31일 현재 국가 대부금 잔고와 개별적 농민 중 1960년 8월 31일 현재 상환 능력이 없는 자들의 대부금 잔고는 전액 면제했으며 농업협동조합들의 1959년 12월 31일 이전에 대여곡과 미납 현물세, 관개 사용료, 농기계 작업료를 전량 면제했다.[115]

자연재해에 대한 후속조치도 한차례 있었다. 1957년 장마 피해에 대한 만기작물현물세 감면 조치이다. 11월 2일 내각비준 제1174호와 11월 일 지방경리성령 제37호 「재해농민들에게 1957년도 만기현물세를 감면할데 대하여」는

111) 최창진(1993), 『농촌조세문제의 빛나는 해결』, 258쪽.

112) 내각 결정 제100호, 「1956년도 농업 현물세와 국가 대여곡 및 과년도 미납곡을 감면할 데 관하여」(1956. 9. 28), 조선 중앙 통신사 엮음(1957), 『조선 중앙 년감 1957』(평양: 조선 중앙 통신사), 42-43쪽.

113) 최창진(1993), 『농촌조세문제의 빛나는 해결』, 296쪽.

114) 위의 책, 266 · 294쪽.

115) 내각 결정 제47호, 「농업 협동 조합들의 국가 대부금과 미납곡을 면제할 데 관하여」(1960. 9. 28), 조선 중앙 통신사 엮음(1961), 『조선 중앙 년감 1961』(평양: 조선 중앙 통신사), 95-96쪽.

강원도, 함경북도 재해민들에게 총 9,550여 톤의 현물세 혜택을 제공했다.[116)]

마지막으로 생산증대를 목표로 한 면세 조치는 두 차례 있었다. 첫째, 1955년 12월 22일 최고인민회의 제10차 회의에서 채택한 법령 「농업 현물세에 관하여」는 자력으로 농경지를 새로 개간한 경우 1-3년간 농업현물세를 면제하고 자력으로 밭을 개답한 경우 1-3년간 개답하기 전의 수확을 기준하여 현물세를 부과하며 신규 과수원에 대해서는 처음 결실한 해부터 2년간 현물세를 면제했다. 둘째, 1960년 3월 23일 내각결정 제18호 「농업현물세의 일부를 면제 또는 인하할데 대하여」는 경공업원료 확보를 목적으로 1960년부터 공예작물 중 목화 및 담배에 대한 현물세를 면제했다.[117)]

나. 주민소득세

전후 북한은 상공업부문에서 "개인 기업가, 상인들의 이윤 축적의 일부를 제때에 국가 재정에 인입함으로써 국가 재정 수입의 증가를 도모"하는 것을 목표로 했다. 상업에서 개인이 차지하는 비중이 높았기 때문인 것은 아니다. 북한에서는 1954년 3월 경 이미 "상업의 압도적 부분이 국가 및 소비조합 상업의 수중에 장악"되었다.[118)] '낮은 비중'에도 불구하고 김일성은 전후경제복구에서 통일전선 사업이 가지는 중요성에 주목했다. 통일전선은 "당의 정책을 방해하지 않고 지지하는 조건에서" 추구해야 하는 것으로 규정하고, 개인 기업가, 상인들의 착취행위를 엄격히 제한해야 한다고 강조하면서 착취를 제한하는 방법으로 세금을 부과하는 방법을 제시했다.[119)]

북한은 상공업 조세정책을 세우는데 있어 소련을 반면교사로 삼았던 것

---

116) 최창진(1993), 『농촌조세문제의 빛나는 해결』, 265쪽.

117) 위의 책, 255 · 256 · 288쪽.

118) 리장춘(1954), 「공화국 재정의 공고화를 위한 몇가지 문제」, 『근로자』 1954년 3월 25일 제3호, 국사편찬위원회 엮음(2008), 『북한관계사료집 57』(과천: 국사편찬위원회), 43-53쪽.

119) 김일성(1980), 「통일전선사업을 개선강화할데 대하여」(1953. 12. 18), 『김일성저작집 8』(평양: 조선로동당출판사), 202쪽.

으로 보인다. 소련은 개인 기업들을 없애기 위해 강경한 정책을 취해, 1924년 전체 기업에서 12.0%를 차지했던 개인 기업의 비중이 1926년에는 2.6%로 줄어들었고 은행 신용이 경색되면서 1927년 이후 소련 경제에서 자취를 감추었다.[120] 1936년의 스탈린 헌법은 외부인의 고용을 배제한 자영(*chastnotrudovaia*, private-labor ownership) 활동만을 인정했고, 개인 영리활동에 대해서는 브레즈네프 헌법이 제정된 1977년에 와서야 부분적인 허용 조치가 내려졌다.[121] 다음은 북한이 이 기간 소련의 개인상업 정책에 대해 내린 평가이다.[122]

> ≪누가 누구를≫ 하는 투쟁에서 자본주의적 요소를 청산하는 정책을 실시한 쏘련에 있어서는 과도기의 첫 시기부터 개인 상공업자들에 대하여 높은 세률이 적용되었고 세률은 점차 인상되어 가장 고률의 루진세가 적용되였는데, 우리 나라에서는 이와는 반대로 사회주의 혁명과 사회주의 건설이 촉진되고 개인 상공업의 사회주의적 개조가 전면적으로 진행됨에 따라 그들에 대한 세률은 전반적으로 보아 체계적으로 감하되여 갔다.

1920년대 중반 이후, 소련은 개인상인에 대해 '폐업에 약간 못 미치는 수준'까지 이윤을 수탈하기 위해 각종 세금과 수수료를 조정했다.[123] 1926년

---

120) 이후 제정된 1936년 헌법은 민법 항목에서 법인격(legal entities)을 삭제했고, 개인 기업 활동은 1927년 제정되고 1931년 개정된 합영회사법(Joint Stock Company Statute)에 의해 명맥이 유지되다가 1962년 법의 폐지로 완전히 사라지게 되었다. Ferdinand Joseph Maria Feldbrugge, Gerard Pieter Van den Berg and William B. Simons(1985), *Encyclopedia of Soviet Law*(Dordrecht: Martinus Nijhoff Publishers), pp. 198-199.

121) "제17조 수공예, 농업, 인민을 위한 서비스 및 기타 유사한 활동에 대해 공민과 직계가족의 수작업 노동으로 종사하는 경우 이를 법으로 허용한다" Anders Aslund(1995), *How Russia Became a Market Economy*(Washington D.C.: The Brookings Institution), p. 30.

122) 안광즙(1964), 『우리 나라 인민 경제에서의 사회주의적 축적』, 180쪽.

123) Julie Hessler(2004), A Social History of Soviet Trade(Princeton: Princeton University Press), p. 117; 볼에 의하면 당시의 세금 관련 정령은 이들 개인영리자(Nepman)를 '비노동성원(non-labor elements)'으로 칭했는데, 비노동성원의 부담은 소득세, 영업세는 물론이고 지방세인 인민학교세의 부과에 있어서도 노동자 · 사무원보다 높았다. Alan M. Ball(1990), Russia's Last Capitalists: The Nepman, 1921-1929

6월부터는 「초과이윤 할증세에 관한 임시법」을 통해 개인상인에 대한 징벌적 과세를 실시했다.[124] 이로서 중대형 매장을 소유한 상인들에 대해, 최근 6개월간의 이윤이 전기의 이윤을 초과하는 경우 해당분에 대해 과세할 수 있게 되었다.[125] 동년 9월 24일에는 소상인 및 영세 제조업자 대상의 세율이 인상되었다. 1926/27 기간 중 개인상인들은 인구의 1.2%인데 반해, 조세수입의 9%를 납부했다.[126] 상인들은 가파르게 오른 세금을 불만 속에서 겨우 부담할 수 있을 정도의 형편이었다.

소련 정부는 개인기업, 상인들을 소멸시키기 위해 1927년 적극적인 압살정책으로 전환했다. 이 시기 개인영리자(Nepman)들은 국가의 신용이나 상품 공급에 의존하지 않을 정도로 성장한 상태였기 때문에 조세정책이 가장 효과적인 규제수단이 되었다.[127] 동년 6월 초과이윤할증세 증징, 소상인 대상 신규과세 등을 골자로 한 신법(영구법)이 통과되었다.[128] 초과이윤할증세는 1932년 개인 상업 행위가 불법화될 때까지 소련의 개인상인들을 폐업으로 이끈 가장 큰 압력요소로 작용했다.

이 시기 소련의 과격한 농업집단화 등 협동조합화 운동은 부하린-프레오브레진스키 논쟁을 필두로 한 과도기 논쟁의 결과물이다. 논쟁의 중심에 조세정책과 가격정책이 있었다. 소련의 지배자간의 내부 투쟁에서 스탈린이 승기를 잡으면서 소련의 조세정책은 개인상인 및 개인기업가에 대한 압살정책으로 전환하는 것으로 결착 지워졌다.

북한의 경우 개인 상공인들을 생산 및 소비 협동조합에 인입시키는 과정

(Berkeley: University of California Press), p. 68.

124) Resolution of the USSR Central Executive Committee, “On the Temporary State Tax on Profits”(1926. 6. 18). http://bestpravo.ru/sssr/eh-dokumenty/a2n.htm (2012년 4월 2일 접속)

125) Ball(1990), *Russia's Last Capitalists*, p. 69.

126) 이들로부터의 소득세 수입은 1925/1926의 12.9%에서 1926/27의 18.8%로 약 50%로 수직 상승했다. Hessler(2004), *A Social History of Soviet Trade*, p. 141.

127) Ball(1990), *Russia's Last Capitalists*, p. 68.

128) 위의 책, 69쪽.

에서 사회적 압력이 있었지만, 소련처럼 개인상인 및 개인기업가들에게 가혹한 조세정책을 사용했던 것은 아니다. 김일성은 이들의 경제 활동을 장려하면서, 이들이 더 큰 이익을 위해 자발적으로 조합에 투항하도록 독려하는 방향으로 이끌었다. 북한의 생산협동조합은 수공업자 및 가내공업자들을 대상으로 1947년 9월 소비조합 아래 조직되기 시작하여 1950년 3월부터 독자적인 조직체계를 가지고 있었다.[129)]

전후의 생산협동조합은 생산수단에 대한 출자 몫에 대하여 이익 배당을 하는 조합과 하지 않는 조합으로 구별되어 있어, 일반적으로 생산수단에 대한 소유 형태 여하에 기준을 둔 높고 낮은 형태의 생산협동조합과는 달랐다.[130)] 이에 당 중앙위 상무위원회는 1957년 9월 30일 결정 「생산 협동 조합을 조직 경제적으로 공고히 하며 조합원들 속에서 사상 사업을 강화할 데 대하여」를 통해 사회주의적 협동화의 형태와 지도방식에 대한 명확한 규정을 제시했다.[131)] 협동적 경리는 그 속성상 경영활동에 필요한 자금을

129) 조재선(1958), 『과도기에 있어서의 조선 로동당의 경제정책』, 111쪽; 소비조합이 경영하는 사업에 대한 소득세는 각급 소비조합 또는 소비조합이 경영하는 기업소 단위로 그전 4분기 소득실적에 대한 20%의 세율을 적용해 분기말에 납부하도록 했다. 조선민주주의 인민공화국 최고인민회의 상임위원회 정령, 「협동 단체사업에 대한 소득세 부과에 관하여」(1950. 4. 27), 『재정금융』 1950년 5월 1일 제8권 제5호, 117쪽. http://nl.go.kr (2017년 5월 9일 접속)

130) "생산조합의 형태로서는 세 가지 형태가 적용되었다. 제1형태는 생산도구를 공동소유로 하지 않고 작업만을 공동으로 하는 협동경리의 초보적 형태이며, 제2형태는 생산수단에 대한 공동소유와 사적 소유가 함께 있으면서 노동에 의한 사회주의적 분배와 출자몫에 의한 분배가 동시에 적용되는 반사회주의적인 형태이며, 제3형태는 생산수단과 자금을 완전히 공동소유로 하고 오직 사회주의적 분배만을 실시하는 완전한 사회주의적 형태이다. 자본주의적 상공업을 협동화하는데서는 특히 제2형태가 널리 적용되었다. 생산수단에 대한 소유 및 분배관계에서 사회주의적 원칙을 기본으로 하면서 출자몫에 의한 분배도 적용하는 제2형태는 자본가들에게 쉽게 접수될 수 있는 합리적 형태였다. 적지 않은 기업가들이 제2형태를 거쳐 제3형태로 넘어갔다". 사회과학원 역사연구소 엮음(1983), 『현대조선역사』(서울: 일송정 1988), 358-359쪽.

131) 1957년 9월 30일 조선로동당 중앙위 상무위원회 결정 「생산 협동 조합을 조직 경제적으로 공고히 하며 조합원들 속에서 사상 사업을 강화할 데 대하여」; 조재선(1958), 『과도기에 있어서의 조선 로동당의 경제정책』, 111쪽.

이윤에 의하여 자체 충당하고, 국가에 일정한 이익을 분배할 것을 요구했다. 따라서 생산협동조합은 경영활동에 필요한 자체자금을 조합원이 납부한 (1) 가입금 및 (2) 출자금과 (3) 조합에서 창조된 사회순소득의 일부를 적립한 공동축적금에서 충당하고, 화폐축적을 거래수입금과 이윤으로 분배하며, 이윤을 다시 (1) 협동단체 이익금, (2) 자체이용을 위한 기금, 그리고 (3) 중앙적립금으로 분배하는 방식으로 개편되었다.[132)]

① 소득세 제5차 개편(1955.8)과 제6차 개편(1955.12)

1954년과 1955년은 노동자 · 사무원들에게 풍족한 해였다. 국가는 1954년 사회보험 및 사회보장에 의한 보조금과 연말 상금으로 9억5천6백만원을 지급했으며,[133)] 6년동안 낮추지 않던 소득세율을 1955년 두 차례나 인하했다. 1955년 8월 13일, 최고인민회의 상임위원회는 「로동자, 사무원들로부터 징수하는 소득세를 감하함에 관한 정령」을 채택하고 국가 및 협동 단체, 기관, 기업소의 노동자 · 사무원을 대상으로 소득세율을 30% 감하했다.[134)] 또한 "인민생활필수품 생산분야에서 자본주의적 기업의 창발성을 장려하고 상인자본의 생산에로의 인입을 자극하기 위하여" 생산기업가들은 계산된 세금액에서 10%를 차감해 주었다.[135)] 소득세 감세로 국가의 수입은 1955년 8월부터 연말까지의 5개월 간 8천3백만원이 감소했다.

한편, 전후의 소득세 감세 조치에는 인민생활필수품의 가격 인하가 수반되는데, 북한 내각은 최고인민회의 정령 채택 한 달 전인 7월 20일 인민생

132) 사회과학원 사회주의 경제관리연구소 엮음(1995), 『재정금융사전』(평양: 사회과학출판사), 828-830쪽; 낡은 경리의 사회주의적 개조와 협동경리의 물질 · 기술적 토대를 급속히 강화하기 위해 1955년 12월을 기준으로 생산협동조합에는 결산이윤의 10%라는 낮은 비례세율을 적용했다. 김덕윤(1988), 『재정사업경험』, 80쪽.
133) 김원봉 · 김태련(1988), 「주민소득세에 관한 토론」(1955. 12. 20-22), 국토통일원 자료조사실 엮음, 『북한최고인민회의자료집 1』(서울: 국토통일원), 757-769쪽.
134) 한상학(1956), 「1956년 인민 경제 계획의 지도 체계에 관하여」, 46쪽.
135) 김덕윤(1988), 『재정사업경험』, 80쪽.

활필수품의 국정소매가격 인하 결정을 내린 바 있었다.[136] 이는 거래세에서 소비품에 해당하는 부분의 수입도 줄어들었음을 의미한다.

그렇다면 북한의 지배자는 왜 이 같은 손실을 감수했을까.[137] 그 해답은 정치에서 찾을 수 있다. 김일성은 휴전 후 이 무렵까지 쉬지 않고 정적을 제거해 나갔다. 김일성은 1953년 당 중앙위 제2기 제5차 전원회의에서 연안파-소련파-만주파의 연합으로 1953년 남로당파를 숙청하고, 1953-1956년의 기간 중에는 연안파-만주파의 연합으로 소련파를 숙청했다. 소련파의 숙청은 1955년 12월 전원회의에서 최고조에 달했고, 1955년 12월 15일에는 박헌영 특별재판이 개정되어 19일 사형이 판결되었다. 지배자의 관점에서 해석한다면, 이 시기 구성원의 호의를 얻어 지지를 확보하는 것이 세입을 늘리는 것과 비교되지 않을 만큼 중요한 의미가 있었을 것이다.

해방후와 비교했을 때, 이 무렵 기업가 상인의 비중은 절대적으로 줄어들어 있었다. 1946년 공업생산에서 자본주의적 경제형태의 비중은 23.2%, 소매상업에서는 96.4%를 차지하고 있던 것이 1953년에는 2.9%, 32.5%로 수축했다. 지배자는 비적대적인 방식으로 이들 기업가와 상인을 협동경리에 인입했다. 기업가와 상인들이 사회주의적으로 개조되는 형태는 다음과 같았다.[138]

> 기업가들이 협동 조합에 자기의 생산 설비를 가지고 참가하는 경우에 그들은 로동에 의한 분배와 함께 출자에 의한 분배를 받을 수 있다. 그러나

---

136) 김일성(1980), 「증산하고 절약하여 3개년계획을 초과완수하자」(1956. 1. 1), 『김일성저작집 10』(평양: 조선로동당출판사), 2쪽.

137) 물론 엄밀한 의미에서 손실은 아니다. 1955년의 주민세금은 줄었지만 거래세 총액이 줄어든 것은 아니기 때문이다. 거래세를 포함하는 사회주의 경리수입은 1954년 50.2%에서 1955년 69.1%로 상승했고, 같은 기간 주민세금은 12.6%에서 9.2%로 줄었다. 김일성은 거래세 수입의 추가 상승여력을 스스로 차단했다고 보는 것이 맞을 것이다.

138) 당시 북한에서는 중국과 같은 형태의 '자본주의의 과도적 형태를 이용한 사회주의적 개조 방법'은 크게 이용되지 않았는데, 그 이유는 사기업들의 규모와 비중이 보잘 것 없었기 때문이었다. 김상학(1957), 「우리나라에서의 사회주의 공업화의 특성」, 89쪽.

그들은 협동 조합의 지배인 지위에 선입될 수 없다. 국가는 물론 필요에 의하여서는 개인 기업가의 소유이였던 생산 설비를 유상으로 구입하고 그 기업가 자신이 국가 기업소 또는 기타의 근로자로 전환하는 길도 열어 주고 있다. 그러나 이와 같은 방식이 기본적인 것은 아니다. 이것은 오늘 우리 나라에서 기본적인 것은 아니다. 이것은 오늘 우리 나라에서 개인 기업가들의 생산 설비가 중 소 규모이고 이미 낡은 설비들이라는 사실과 관련된다.

조세정책은 개인영리자들의 사회주의적 개조에서 중요한 역할을 수행했다.[139]

이들의 착취적 요소를 제한하면서 긍정적 측면을 리용하는 것은 새 사회 건설의 첫시기는 물론 전후에 와서도 여러모로 유익하였고 필요하였다. 우리 나라에서는 세금을 바로 이 요구를 실현하는 수단의 하나로 리용하였다. 이로부터 우리 나라에서는 다른 나라에서와는 달리 개인 기업가, 상인들에게도 처음부터 낮은 세률을 적용하였으며 국가축적이 늘어남에 따라 점차 세률을 더 낮추어 주는 조치를 취하였다.

개인영리자 대상의 소득세 개편에 있어서도 북한의 협동화 드라이브가 한창이던 1955년 12월에 열린 최고인민회의 제10차 회의 결과는 특히 중요하다. 회의에서 채택된 주민소득세법은 "상공업자들의 생산활동과 중소 상공업자 및 수공업자들의 생산 및 판매 활동의 개선을 도모하며, 영세업자들을 배려하는 조치"가 담겨 있었다.[140] 동시에 당 및 국가기관 일군들의 해이함을 단속하기 위한 노력이 기울여졌다. 일부 국가기관일군들은 "계급적각성이 무딘데로부터 세금을 부과한다는 구실밑에 무원칙하게 영업허가를 내여주어 파산당한 도시중소기업가들을 재생시키면서 결국 착취성분을 증대시키는데 도움을 주고 있"다는 비판이 제기되었다.[141]

회의 첫날 재정상 리주연은 "선진적 협동조합들의 모범적 역할에 의하여

139) 김덕윤(1988), 『재정사업경험』, 70쪽.
140) 한상학(1956), 「1956년 인민 경제 계획의 지도 체계에 관하여」, 49쪽.
141) 김일성(1980), 「당원들속에서 계급교양사업을 더욱 강화할데 대하여」(1955. 4. 1), 『김일성저작집 9』(평양: 조선로동당출판사), 258쪽.

협동 경리의 우월성이 명백하게 됨에 따라 점차 더 많은 자유직업자, 수공업자 및 기타 개인업자들이 자천적으로 자기들의 경리를 협동화하거나 또는 기존단체에 가입함으로써 자신을 사회주의적 근로자로 개편시키고 있"다고 현 상황을 진단한 후 전후 최대 규모의 소득세 개혁안의 개편 원칙에 대해 "소득계단간의 간격은 밑 계층 사이에서는 적고 높은 계층 사이에서는 커지도록 하였으며 소득이 낮은 계층에 대하여는 경감시키는 률을 비교적 적게 하였으며 소득이 많고 실제 대상인원이 적은 상인에 대하여는 대체로 종전대로 줄 것을 예견"하고 있다고 보고했다.[142] 재정상 보고의 토론자로 나선 김태련은 소득세 개편안에 "인민들의 물질적 복리를 더욱 증진시키기 위하여 그들의 세금부담을 계통적으로 저하시키는" 계급정책이 담겨 있음을 높이 평가했다.[143]

아래의 〈표 6-11〉은 1947년 2월 소득세법과 1955년 12월 소득세법에서 상인, 생산기업가, 수공업자 및 자유직업자에게 부과된 소득구간 과표를, 그리고 〈표 6-12〉는 1949년과 1955년의 노동자 · 사무원 대상의 주민소득세율을 비교한 것이다. 새로운 과표구간은 개인 수공업자, 자유직업자의 분기소득을 1,500-450,000원까지의 분기소득에 대해 16개 계단으로 구분하던 것을 연소득 24,000-720,000원까지 14개 계단으로 조정하고, 그 이상의 연소득을 얻는 경우, 생산기업자와 동일한 세율을 적용하기로 했다.[144] 기업가 상인에 대해서는 분기소득1,500-1,500,000원까지 18개 계단으로 구분하던 것을 반기소득 12,000-1,200,000원까지 16개 계단으로 조정했다.[145] 개인 생산업자는 "상인들에 대한 세률에서 10%를 감하하여 납부하던 것을 20% 감하받게 되었다". 개인경리의 협동화를 장려하기 위해 생산 및 수산 협동조합원들을 대

142) 국토통일원 자료조사실 엮음(1988), 『북한최고인민회의자료집 1』, 752쪽.
143) 위의 책, 759쪽.
144) 조선 중앙 년감 편집 위원회 엮음(1956), 『조선중앙년감 1956』(평양: 국제 생활사), 120쪽.
145) 리주연(1988), 「주민소득세에 관한 보고」(1955. 12. 22), 752쪽.

상으로 조합원들의 소득세는 노동자 · 사무원에 10%에서 5%로 낮춰 가산한, 출자 배당금에 대해서는 수공업자에 비해 10% 낮춘 세율을 부과했다.[146)]

〈표 6-11〉 북한의 개인영리자 대상 소득세 소득구간의 변천

(단위: 원, %)

소득구간	1947. 2. 27 사업소득세	1955. 12. 22 주민소득세			
		상인 및 생산기업가		수공업자 및 자유직업자	
0-6000원까지	소득액의 12%	소득액의 9%		소득액의 6%	
6,000-8,000원까지	소득액의 14%				
8,000-9,000원까지	소득액의 20%				
9,000-12,000원까지	소득액의 23%				
12,000-18,000원까지	소득액의 26%				
18,000-24,000원까지	소득액의 31%				
24,000-36,000원까지	소득액의 35%	2,020원	+16%	1,440원	+10%
36,000-48,000원까지	소득액의 38%	4,080원	+19%	2,640원	+12%
48,000-60,000원까지	소득액의 40%	6,360원	+22%	4,080원	+14%
60,000-72,000원까지	소득액의 42%	9,000원	+25%	5,760원	+16%
72,000-96,000원까지		12,000원	+29%	7,680원	+19%
96,000-120,000원까지		18,960원	+33%	12,240원	+22%
120,000-144,000원까지		26,940원	+37%	17,520원	+25%
144,000-168,000원까지		35,760원	+41%	23,520원	+28%
168,000-192,000원까지		45,600원	+45%	30,240원	+32%
192,000-240,000원까지		56,400원	+49%	37,920원	+36%
240,000-360,000원까지		79,920원	154%	55,200원	+40%
360,000-720,000원까지		144,720원	159%	103,200원	+44%
720,000-1,440,000원까지		357,120원	+64%	357,120원	+64%
1,440,000-2,400,000원까지		817,920원	+69%	817,920원	+69%
2,400,000원초과		1,480,320원	+74%	1,480,320원	+74%

주: 1955년 주민소득세는 고정액에 비율을 합산하여 과세하는 것으로 예컨대 24,000 - 36,000원까지의 소득구간의 경우 2,020원에 16%를 가산함. 1955년의 주민소득세는 상인에 대해서는 100%, 생산기업가에 대해서는 80%를 부과함.

출처: 정경모 · 최달곤 엮음(1990), 『북한법령집』 및 법률출판사 엮음(2004), 『조선민주주의인민공화국 법전』의 내용을 생산기업가, 상인의 반기소득에 대해 연소득으로 환산하여 표로 재구성함.

146) 조선 중앙 년감 편집 위원회 엮음(1956), 『조선중앙년감 1956』, 120쪽.

〈표 6-12〉 북한의 소득세 4차 · 5차 개편안 비교, 1949-1955

(단위: 원, %)

1949년 주민소득세		1955년 주민소득세			
소득계급 구분	세율	소득계급 구분		세율	
0-500원	면세	0-700원		면세	
(7계단) 700-10,000원	4-14%	700-1,500원, 1,500-2,000원, 2,000-2,500원, 2,500-3,000원, 3,000-4,000원, 4,000-5,000원		2.6%	
		5,000원	+1-1,500원	39원	
			+1,501-2,000원	39원	+초과금액의 5%
			+2,001-2,500원	64원	+초과금액의 6%
			+2,501+3,000원	94원	+초과금액의 7%
			+3,001-4,000원	129원	+초과금액의 8%
			+4,00115,000원	209원	+초과금액의 9%
			15,001원	299원	+초과금액의 10%

출처: 정경모 · 최달곤 엮음(1990), 『북한법령집 2』, 137-144쪽과 김영희(1988), 『세금문제해결경험』, 99-220쪽의 내용을 표로 재구성함.

새 소득세법의 소득계단 구분은 7개로 1949년의 4차 개편 때와 같지만, 최고 소득 계층을 1만원에서 5천원으로 낮추고 그 안에서 소득 계층의 간격을 더 세분화하고 세율은 2.6%-10%로 낮추었다. 세금 부담은 평균 30%가 낮아졌고, 노동자, 사무원의 97%에 해당하는 계층에 더 많은 혜택을 주었다.[147] 같은 날 정전 후 4 번째인 국정 소매가격 인하 방침을 결정했으며, 노동자, 기술자, 사무원들에 대한 평균 22%의 가급금 제도를 설정했다.[148]

② 소득세 제7차 개편(1956.10)

네 번째 개정인 1956년 10월 6일자의 최고인민회의 상임위원회 정령은 전체 세액을 낮추면서도 협동조합원에 대한 혜택 폭을 더 크게 했다는 점

147) 한상학(1956), 「1956년 인민 경제 계획의 지도 체계에 관하여」, 48쪽.
148) 국토통일원 자료조사실 엮음(1988), 『북한최고인민회의자료집 1』, 758쪽.

에서 중요하다. 월평균 과세소득이 100원 이하인 영세 수공업자, 상공업자 및 자유직업자들을 대상으로 소득세와 지방자치세를 각각 50% 낮추는 정령을 채택했다.[149] 북한은 1957년 중 후속조치로 이들 중 생산판매 또는 판매협동조합원에 대해서는 개별 과세하고 계산된 세액에서 30% 감면하는 혜택을 주어 협동화 참여에 대한 인센티브를 주었다.[150] 김일성은 1957년 2월 14일 전국상업일군열성자회의 연설에서 개인상인, 기업가에 대한 정부 방침을 다음과 같이 설명했다.[151]

> 적당한 리윤을 얻어 생활하여나갈수 있도록 조건을 지어주어야 하겠습니다. 개인상인들에 대한 세금을 너무 높이는것도 잘못입니다. 그들이 바치는 세금원천은 근로자들을 착취한것밖에는 다른것이 있을수 없습니다. 따라서 우리가 세금을 높이면 개인상인들은 그만큼 생산자나 또는 소비자를 더 착취하게 될것은 틀림없습니다. 그러므로 개인상인들이 국가법령의 테두리안에서 상업활동을 하여 자기생활을 해나갈수 있게 하여 그들의 상업활동을 인민들의 리익에 복무하게 하여야 합니다.

내각은 개인 상공업자의 일용품 생산과 유통 활동을 장려하기 위한 대책의 일환으로 세율 인하 뿐 아니라 체납금에 대한 면제 처분도 함께 내렸다. 재정성은 1955년 8월 내각 명령 제42호에 근거해 개인 상공업자들의 1955년 6월 말까지 미납한 인민소득세, 지방자치세, 민영거래세와 그 연체료 및 벌금을 감면 또는 징수 유예했다. 개인 상공업자 41,587명이 1955년 6월 말까지에 미납한 세금, 연체료 및 벌금 472,813천원 감면을 받았으며 개인 상공업자 6,782명이 157,745천원의 징수유예를 받았다.[152]

149) 김덕윤(1988),『재정사업경험』, 80쪽.
150) 조선 중앙 통신사 엮음(1959),『조선 중앙 년감 1959』(평양: 조선 중앙 통신사), 131쪽.
151) 김일성(1981),「상품류통사업을 개선강화할데 대하여」(1957. 2. 14),『김일성저작집 11』(평양: 조선로동당출판사), 59쪽.
152) 방동명(1956),「새로 개정된 주민 소득세법이 가지는 의의」,『경제건설』1956년

제7차 개편에서 1958년 8월의 협동화 완수 선언까지는 약 1년 6개월정도의 시차가 있었다. 이 시기 재정기관 내부에서는 개인상공업자들에 대한 조세정책의 집행에 있어 결함이 제기되었다. 우선 재정상 리주연은『경제건설』1957년 제4호 기고문에서 재정기관에 "반드시 주민들로부터의 세금을 공정하며 정확하게 부과·징수하도록 자기 사업을 일층 개선"하고, 더불어 당과 정부의 "주민들에 대한 세금 정책을 주민들에게 옳게 해설 침투시킴으로써 그들이 당과 정부 주위에 더욱 튼튼이 단결되도록" 하라고 지시했다.153)

『재정금융』1958년 제1호는 1957년 조세수입의 비중이 5.7%로 감소한 조건 속에서도 "재정기관들과 일부 조세 일'군의 사업상 결함과 사상적 나약성으로 말미암아 적지않은 부족점들을 산생시켰다"는 비판기사가 실렸다. 조세일군들의 "소위 ≪인정 부과≫식 관료주의적 사업 방법"이 문제점으로 제기되었다. 이 시기 당은 "자기들의 정당한 경영활동을 통하여 나라의 경제 건설과 인민 생활에 필요한 생산물을 보충적으로 생산 공급하도록 하며 부당하게 많은 리윤을 획책하여 투기 모리를 감행하려는 경향을 억제하면서 그들이 점차 사회주의적으로 개조되도록 하는" 것을 개인 상공업에 대한 정책으로 삼고, 이와 조세정책을 연계시킬 것을 요구했다. 재정일군들은 첫째, 일상적인 영업 활동 동태 파악을 통해 정확한 장부신고를 유도하고, 둘째, 국가 및 협동단체들이 제공하는 과세통보자료를 철저히 이용하도록 하고, 셋째, 당의 정책과 조세정책을 해설 교양할 것을 지시받았다. 조세정책의 기본은 다음과 같이 규정되었다.154)

> 자기들의 정당한 기업활동으로 인민 경제와 인민 생활에 유익하게 복

2월 제33권 제2호, 47쪽.

153) 리주연(1957),「1957년도 국가 예산의 특징과 그의 요구성」,『경제건설』1957년 4월 4월, 17쪽.

154) 최윤수(1958),「개인 상공업자들 속에서 우리 당 조세정책의 정확한 관철을 위하여」,『재정금융』1958년 1월 제14권 제1호, 7-10쪽.

무하고 있는 상공업자들에 대한 소득을 철저히 조사 장악한 기초 우에서 정확한 세금을 계산 부과 · 징수함은 물론 사리 사욕을 탐내여 국가와 인민을 기만하며 투기 모리를 꾀하며 탈세를 기도하며 비법행위를 감행하는 비량심적인 상공업자에 대하여서는 응당 그를 폭로 규탄하며 세법에 규정된 바 그대로 벌칙을 적용하며 제재를 가함으로써 그들의 비도덕적인 행위가 발로될 수 없도록 통제하여야 한다. 이렇게 하면서 그들이 우리의 조세 정책을 정확히 인식하고 국가 앞에서 자기의 응당한 의무들을 성실히 집행하며 점차 사회주의적으로 개조되도록 교양하여야 한다.

상기의 『재정금융』 기사는 제도로서만이 아닌 실제 작동하는 재정기관의 내면을 묘사하고 있다는 점에서 귀중한 자료이다. 당시 국가는 개인 상공업자에 대해 높은 수준의 할인율을 적용했고, 농업과 상공업의 사회주의적 개조 완수를 앞두고 납세자에 대해 보다 큰 상대적 협상력을 행사하고 있음에도 불구하고 재정기관에 엄정한 조세정책의 집행을 요구해 거래비용을 높이는 선택을 했다. 이 같은 환경, 즉 할인율과 상대적 협상력의 수준이 높은 환경이라면 지배자로서는 거래비용을 낮추는 선택을 하는 것이 더 합리적이다.

지배자가 거래비용을 오히려 높인 이유는 정치에 있다. 다시 말해, 『재정금융』 기사는 재정기관 내의 숙청작업이 대외적으로 가시화된 사례라는 점에서 중요하다. 1956년 8월 종파사건에서 전 재정상 최창익이 숙청되면서 최창익 계열의 재정기관 일군들이 내부적으로 책임을 추궁받는 상황에 놓여있던 것이다.[155] 최창익은 8.15 해방 후 북조선에서의 혁명을 사회주의

155) 다음은 최창익에 대한 소련 군사고문단장 라주바예프의 평가이다. "정치적으로 준비되어 있으며 당조직 및 선전선동 사업에 많은 경험을 가지고 있다. 독립동맹 출신 및 이전 신민당원 출신 당원들 사이에서 영향력이 있다.
노동당과 북조선인민위원회의 모든 조치들을 지지하고 실현시키고 있다.
인민회의 제1차 회의에서 북조선인민위원회 위원으로 선출되었으며, 인민검열국장의 직책에 임명되었다. 이러한 사업을 거치면서 자신의 능동성을 나타내었으며, 모든 인민검열국 기구사업을 정확하고도 목적 의식적으로 이끌고 있다.
1948년 9월에 재정상으로 임명되었다.

혁명으로, 민주개혁을 사회주의 개혁으로, 북조선임시인민위원회를 프롤레타리아 독재로 규정했다는 비판을 받았으며,156) 농업협동화와 관련해서도 다음과 같이 비난받았다.157)

> 우리 당이 전후 복구기에 협동화를 제기하였을 때 교조주의자들은 ≪사회주의 공업화를 실현하지 않고는 생산관계의 개조가 불가능≫하며 ≪현대적 농기계가 없이는 농업을 협동화할 수 없다≫고 당 정책에 대하여 의심을 품었다. 이것은 현대적 농기계가 생산되고 기술적 개조를 위한 물질적 토대가 갖추어진 공업화 시기에만 협동화를 시작할 수 있으며 그렇지 못한 경우에는 아무리 생활이 요구하여도 협동화를 할 수 없다는 교조적 도식에 기초한 것이다.

1956년의 8월 종파사건에서 시작되어 1958년 3월 열린 제1차 조선로동당 대표자회에서 총결되기까지 종파주의 투쟁은 다수의 재정금융부기일군들이 철직되는 계기였을 것으로 추정된다. 재정상 리주연은 1958년 1월 기고문에서 조세일군들의 업무행태를 다음과 같이 규탄했다.158)

> 지난해 조세 일군들은 한때 세금을 덜 받는 편향을 범하였다. 조세 사업이 정상하게 진행되지 못하고 좌우로 쏠리는 때가 있는 것은 편향을 방지할 데 대한 노력이 없고 상부의 지시를 생동하는 실정에 적응하게 실천하는 것이 아니라 기계적으로 형식적으로 집행하는 버릇이 있는 까닭이다. 정상적으로 탈세를 방지해야 함에도 불구하고 방치하였다가 깜바니야적으로 일제히 탈세 적발 소동을 일으키는 방식을 그만두어야 할 것이다.

자신의 실천적, 정치적 활동에서 소련을 지향한다." 국방부 군사편찬연구소 엮음(2001), 『소련 군사고문단장 라주바예프의 6 · 25전쟁 보고서』(서울: 국방부 군사편찬연구소), 36-37쪽.

156) 조재선(1958), 『과도기에 있어서의 조선 로동당의 경제정책』, 19쪽.

157) 정태식(1961), 「우리 나라 농촌 경리의 사회주의적 개조에서의 몇 가지 문제」, 『근로자』 1961년 11월 15일 제192권 제11호, 42쪽.

158) 리주연(1958), 「재정 금융 부기 일군들의 새해 과업에 대하여」, 『재정금융』 1958년 1월 제14권 제1호, 5쪽.

당대표자회 한 달 전인 2월에 열린 재정성 총화 회의에서는 "재정 부문에서는 아직 최창익, 윤공흠 등 반당 종파 분자들이 끼친 해독이 완전히 청산되지 못하였기 때문에 재정 사업 발전에 적지않은 저애를 주고 있다"는 내각 부수상 정준택의 발언이 있었다. 나아가 정준택은 "조세 사업 분야에서도 종파분자들이 끼친 여독을 철저히 청 못하고 아직도 일부 좌우경적 오유를 범하고 있다고 지적"하면서 결함을 대담하게 시정할 것을 지시했다.[159]

반종파투쟁 정형은 1958년 3월 조선로동당 대표자회에 이르러서 전반적으로 총화되었는데, 1995년의 문헌은 "당안에서 종파활동은 무조건 금지되여야 하며 어떤 구실 밑에서 감행되든지간에 또한 아무리 사소한 것이라할지라도 단호히 배격되여야한다는데 대하여 특별히 강조하고 종파분자들의 사상여독을 청상하기 위한 투쟁을 반수정주의투쟁과 결부하여 계속 벌릴데 대한 과업을 제시하였다"고 평가하고 있다.[160]

실제로 동년 5월 중 재정성은 재정감독 검열사업 강화를 결정했으며, 최창익, 윤공흠에게 "일방으로는 낡은 사상 잔재 테두리에서 벗어나지 못한 일부 불순한 사무가들을 규합하여 가족주의를 형성하여 자기의 흉악한 목적에 추종하도록 하였으며 타방으로는 당의 정책을 연구하지 않고 겉으로는 받드는 체 하면서 리면에서는 당 정책을 비방하며 복잡하고 까다롭고 현실에 부합되지 않는 잡다한 문서와 규정으로서 대상 기관들의 사업에 지장을 주며 국가적 손실을 초래케 했을 뿐만 아니라 직접 간접으로 국가 재산을 탐오 랑비하는 일까지 서슴치 않고 감행"하는 등 재정사업에서 "적지않은 해독"을 주었다는 비판을 제기했다.[161]

---

159) 재정금융 편집부(1958), 「더 많은 절약과 증산을 위한 방조에로: 재정성 총화 회의에서」, 『재정금융』 1958년 3월 제3호, 64쪽.

160) 고정웅 · 리준항(1995), 『조선로동당의 반수정주의투쟁경험』(평양: 사회과학출판사), 74쪽.

161) 염형진(1958), 「재정 감독 검열 사업을 개선 강화하기 위하여」, 『재정금융』 1958년 5월, 15쪽.

이 시기를 언급하고 있는 『김일성저작선집』을 비롯한 다수의 공간문헌은 개인 상공업자들이 1인 경영에 가까운 소규모 수공업/유통업에 종사하면서 국가의 전국적인 유통망이 미치지 못하는 지역에서 경공업품을 공급하는데 있어 긍정적인 역할을 수행한 것으로 평가하고 있다. 따라서 이들이 협동화에 저항한 중국의 사자본가처럼 의식적으로 조세탈루행위에 가담했을 가능성은 낮아 보인다.[162] 낙후한 생산수단을 소유하고, 소득 자체가 많지 않은 영세사업자인데다가 당의 결정으로 이미 세금인하의 혜택을 받은 상태이기 때문이다. 따라서 이 문헌에서 북한의 지배자는 납세태만자가 아닌 재정기관 내의 최창익 파를 겨냥한 것으로 해석할 수 있다.

2. 기본 원천의 비중 확대: 거래세

가. 거래세 제3차 개편(1955.12)

북한이 1955년 12월 민영거래세를 폐지한 목적은 과세의 '복잡성'을 제거하는 동시에 개인들의 생산활동을 장려하기 위한 것이었다. 거래세의 복잡한 구조로 인해 각급 인민위원회의 신고 접수 처리, 은행의 수납 및 계정간 이체에서 오는 거래비용이 수입에 비해 과도했던 것이다. 북한은 이 같은 인식에서 중소기업가, 수공업자들 대상의 민영거래세를 폐지했다. 광업,

162) 같은 해 출간된 당 경제정책 관련 문헌은 북한에 상인 사자본가는 존재하지 않는다고 단언했다. "현재 우리 나라 북반부에 있는 상인들을 총괄해 볼 때 본래의 의미에서 사자본가로 불리울만한 상인들이란 없거나 거의 없다고 말할 수 있는바 지난해 5월 20일 현재의 자료에 의하면 등록 미등록을 막론하고 고용로동을 리용하는 기업은 하나도 없었다. 또한 그 상업활동의 범위도 주로 소매상업인데 그 내용을 대멸하여 본다면 하나는 그 자신이 직접 생산도 하며 판매 활동도 하는 수공업 또는 가내 공업의 겸업자들이며, 수송과 운반 판매까지 자기 손으로 겸하여 하며 주로 생산자와 소매자 간에서 일정한 리득을 따서 살아가는 그러한 종류의 상인이다". 조재선(1958), 『과도기에 있어서의 조선 로동당의 경제정책』, 114-115쪽.

공업, 임산업과 수산업에 종사하는 생산 기업가들과 수공업자들에 대해 평균 12%대의 거래세를 면제했다.[163] 이는 생산기업가 · 상인들의 자본주의적 요소를 수탈청산하는 대신 제한 · 이용 · 개조하기로 한 방침과 연결된다. 1953년에 공업생산에서 자본주의적 형태의 비중은 2.9%를 차지했고, 민영거래세 폐지 시점에서는 그 비중이 더 낮아졌을 것으로 추정된다.[164]

북한은 제1차 5개년 계획 기간(1957-1961) 중 "기업소 및 경제기관의 수익성 제고에 따라서 리익 공제금 수입이 거래세 수입을 현저히 능가"하게 것을 목표로 했다. 그러나 〈표 7-2〉에서 확인할 수 있듯, 국가예산에서 거래세가 차지하는 비중은 27.0%(1956), 46.8%(1957), 52.7%(1959), 53.1%(1960)인 반면 이익공제금은 23.6%(1956), 14.9%(1957), 14.1%(1959), 14.0%(1960)인 것으로 나타나 목표한 바를 달성하지 못한 것이 확인된다. 다음의 인용문은 민영거래세 폐지 및 거래세 감면이 필요했던 당시 개인경리의 상태를 설명한 것이다.[165]

> 1946년에 우리 나라 주민총수에서 기업가, 상인의 비중은 3.5%에 불과하였고 전쟁이 끝난 1953년에는 1.3%로 급격히 저하되였다. 1957년에 개인기업가 1명당 고용로동자수는 평균 약 1.4명이였으며 5명이상의 고용로동자를 채용하는 기업소수는 전체 개인기업소수의 14%밖에 되지 않았다. 이와 같은 조건 속에서 로동자, 농민들에게 높은 세률을 적용할수 없다는것은 말할것도 없었으며 주민수에서 그 비중이 극히 적고 경리 또한 매우 령세한 기업가, 상인들에게도 높은 세률을 적용할수는 없었다.

참고로 소련은 1949년 1월 1일 부로 민영거래세를 폐지했는데, 당시 생산기업가들과 수공업자의 거래세 납부 비율은 전체의 0.5-1.0% 규모였을 정도

---

163) 한상학(1956), 「1956년 인민 경제 계획의 지도 체계에 관하여」, 『경제건설』 1956년 2월, 48쪽.
164) 김덕윤(1988), 『재정사업경험』, 78쪽.
165) 김덕윤(1988), 『재정사업경험』, 78쪽.

로 미미했다.[166] 북한은 민영거래세를 폐지하고도 거래세가 포함되는 사회주의 경리부문의 수입 비중을 계속 높여, 1958년에는 90%대의 비중을 달성할 수 있었다.

나. 거래세 제4차 개편(1957.4)

전술한 바와 같이 북한의 거래세는 1947년 일제의 물품세와 소련의 거래세를 절충한 형태로 신설된 세목으로, 건국 이후 수차례의 개정을 거쳐 1957년 4월의 제4차 개편을 통해 사회주의적 조세로서의 거래세의 원형을 형성했다. 국가계획위원회 재정계획국 국장 리상언은 1958년 인민경제 계획화 관련 보고에서 거래세를 "물질적 생산 및 분배 부문에서 주로 소비품을 걸쳐 조성되는 순소득 부문이다. 거래세는 상업 감가(또는 첨가)를 공제한 소매가격과 기업소 도매 가격과의 차액이며 이는 국가 화폐 자금의 집중화된 폰드로서 국가 예산에 납부한다"고 정의했다.[167] 이를 그림으로 표현하면 다음과 같다.

〈그림 6-1〉 북한의 공업생산물 가격구조, 1957

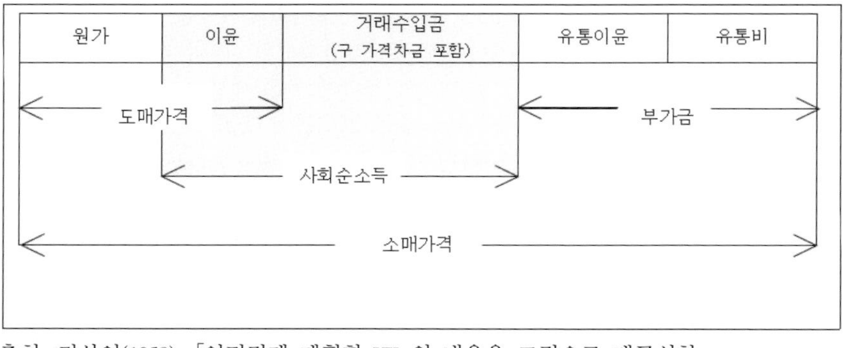

원가	이윤	거래수입금 (구 가격차금 포함)	유통이윤	유통비

도매가격 (원가 + 이윤)
부가금 (유통이윤 + 유통비)
사회순소득 (이윤 + 거래수입금)
소매가격 (원가 ~ 유통비)

출처: 리상언(1958), 「인민경제 계획화 XII」의 내용을 그림으로 재구성함.

166) Naum Jasny(1951), *The Soviet Price System*(Stanford: Stanford University Press), p. 77.

167) 리상언(1958), 「인민경제 계획화 XII」, 44쪽.

1957년 3월 19일 북한의 내각 결정 제27호는 크게 3가지 면에서 거래세를 개편했다. 첫째, 거래세 정액제를 도입했다. 인민경제계획지표와 상품공급지표에 기초해, 대부분의 기본 품종에 대해서는 생산기업소 도매가격에서 상업감가를 공제한 후 소매가격과의 차액으로, 기타 일부 품종에 대해서는 생산기업소 도매가격에서 상업감가를 공제한 소매가격/산업도매가격에 대한 백분율로 계산하게 되었다.[168)]

사회주의 국가는 일반적으로 거래세율을 고시하지 않는다. 북한은 제4차 개편에서 거래세 세율을 '백분율'과 '차액' 등으로 모호하게 제시했는데, 그 이유는 소련과 같은 맥락인 것으로 보인다. 재스니(N. Jasny)에 의하면 소련은 국민순생산(NNP)로부터 간접세와 보조금의 차액을 공제하는 방식의 '요소비용'에 의한 국민소득(national income at factor cost)에 거래세를 포함시키고 있어, 거래세가 간접세로 간주되지 않도록 하기 위해 세율의 고시를 의도적으로 피하고 있다.[169)] 다만 김일성이 거래세율 목표를 공개적으로 제시한 일은 있다. 김일성은 1968년 10월 31일 재정부문일군협의회에서 한 담화에서 거래수입금은 도매가격에서 6-7%내로, 상업부가금의 폭은 소매가격에서 5% 정도로 낮추는 구상을 제시했다.[170)]

> 일반적으로 우리는 천을 비싸게 생산해가지고 거기에 거래수입금을 많이 붙여 값을 올리는 방법으로 국가예산수입을 늘이려는 태도를 결정적으로 없애야 하겠습니다. 일군들의 그릇된 사업태도를 바로잡기 위하여 앞으로 소비품에 대한 거래수입금 부가비률을 정하고 그이상 붙이지 못하도록 엄격한 규률을 세워야 하겠습니다. 앞으로 국가경제가 허락하면 도매가격에서 거래수입금의 폭은 6-7%, 소매가격에서 부가금의 폭은 5% 정도로 하는 것이 좋을것 같습니다.

168) 리상언(1958), 「인민경제 계획화 XII」, 44쪽.
169) Jasny(1951), *The Soviet Price System*, p. 79.
170) 김일성(1983), 「사회주의건설에서 재정의 기능과 역할을 강화할데 대하여」(1968. 10. 31), 『김일성저작집 23』(평양: 조선로동당출판사), 134쪽.

둘째, 생산수단에 대한 거래세 징수를 폐지했다. 과세 거래에서 제외되는 판매 거래로 "공업적 및 건설적 수요를 위하여 국가 및 협동 단체 기업소 호상 간에서 생산 수단 즉 기계 설비 및 기타 로동 도구와 공업적 재가공에 돌려지는 원자재, 연료, 건설 재료 등을 판매한 때의 판매 거래"가 지정되었다.[171] 사회주의적 확대재생산의 기본 원천은 사회주의적 축적이고, 추가적 원천은 내부 예비의 동원이다.[172] 이 기본 원천을 동원하는데 있어 제2부문(소비수단 생산부문)에 대한 제1부문(생산수단 생산부문)의 '우선적 장성'이 당과 정부의 경제정책 수립에서 중요한 의의를 가지며, 생산수단 생산부문의 우선적 장성은 경공업에 비한 중공업의, 그리고 농업 부문에 비한 공업의 우선 성장을 의미했다.

사회주의적 확대재생산 논쟁은 탈스탈린화(De-Stalinization)[173]와 밀접한 관련이 있었다. 1953년 소련에서는 중공업의 발전 속도를 둘러싼 논쟁이 시작되었다. 말렌코프(G. Malenkov) 총리는 중공업-경공업의 동시발전을 주

171) 안광즙(1957), 『공업재정: 공업경제전문학교용』(평양: 교육도서 출판사), 64쪽.

172) 본 장에서는 다루지 않으나 이 기간에는 '마른 걸레 쥐어짜기' 식의 내부 예비의 동원 운동이 열성적으로 전개되었다. 내부 예비의 동원은 "생산 요소들인 로동력가 로동 수단 또는 로동 대상의 해당한 추가적 지출을 수반하지 않는 확대 재생산의 원천"이며 "현존하는 생산 요소들을 합리적으로 배합하는데 귀결"되는 것으로 다음과 같은 의미가 부여되었다. "축적이 확대 재생산의 유일한 원천이라는 일부 명제는 리론적으로 부당하고 실천적으로 유해롭다. 왜냐 하면 이러한 명제는 우선 사회적 재생산의 현실적 과정과 부합되지 않으며 또한 사회주의적 확대재생산에 있어서 내부 예비 동원의 의의를 약화시킬 수 있기 때문이다. 맑스는 ≪소여의 자본은 축적 없이도 어느 한도까지는 자체의 생산 규모를 확대할 수 있다.≫라고 하였으며 ≪사회적 자본을 고정적 작용도(作用度)를 가진 고정적 크기로 고찰≫하는 편견과 ≪교조로서는 생산 과정의 극히 평범한 현상들 례컨대 생산 과정의 돌발적 확장과 수축 아니 축적조차도 전혀 리해할 수 없다.≫라고 하였다". 안광즙(1964), 『우리 나라 인민 경제에서의 사회주의적 축적』, 42쪽.

173) 탈스탈린화(de-Stalinization)현상은 "지도자의 쇠퇴와 집단지도체제의 등장, 테러의 감소, 지배기구로서의 당의 제도적 부활, 당기구와 국가기구의 기능 분화, 이데올로기의 쇠퇴, 제한적 다원주의와 집단간 갈등과 같은 변화 현상"을 말한다. 최완규(2001), 「북한 국가성격의 이론과 쟁점: 비교사회주의적 관점」, 최완규 엮음, 『북한의 국가성격 변용에 관한 연구: '예외국가'의 공고화』(서울: 도서출판 한울), 21쪽.

장했고, 흐루쇼프(N. Khrushchev) 당 제1서기는 중공업 우선의 발전을 통한 농업 강화 방침을 내세웠다.[174] 1955년 2월 말렌코프의 사임과 흐루쇼프의 권력기반 강화로 끝난 이 논쟁은 북한의 문헌에서 확대재생산에 있어서의 북한적 특수성을 강조하는 반향을 일으켰다. 우선 소련 내의 논쟁에 대한 북한의 해석은 다음과 같다.[175]

> 1954년에 쏘련 일부 경제학자들은 출판물들에서 쏘련 인민 경제에서의 제一부문과 제二부문의 호상관계에 관하여 그릇된 견해들을 발표하였다. 이들은 쏘련에서 이미 달성된 중공업의 높은 수준에 기초하여 앞으로는 중공업과 경공업을 동일 속도로 발전시킬 가능성이 있으며 심지어는 경공업의 우선적 장성까지도 가능하다고 주장하였다.

북한은 1957년의 제4차 개편 전까지 북한적 조건에 맞게 '생산수단 생산의 우선적 장성의 원칙'을 구현했다. 제5장에 해당하는 '민주개혁'과 탈식민적 조세제도 운용기간(1945-1949)에 대해서는 중공업을 우선적으로 발전시키면서 경공업도 동시에 상당한 정도로 발전시켜 식민지적 편파성을 시정시키는 방침을 취했다. 북한은 본장에 해당하는 1950-1961년에 대해 3개 기간으로 나누어 접근했는데, (1) 1950-1953년의 전란기 중에는 전선의 수요를 충족시키면서도 인민생활의 안정 향상시키는 것을 목표로 하고 생산수단 부분에서 특히 중요한 기계제작공업의 발전에 주력했으며, (2) 1953-1956년의 전후복구기간에는 일제의 식민지적 편파성을 퇴치하면서 사회주의공업

174) 소련 산업에서의 경공업의 비중을 가늠하기 위해, 러시아 연간총생산물에서 소비재가 차지하는 비율을 인용한다. 크리스 하먼 · 마이크 헤인즈(1995), 이원영 옮김, 『소련의 해체와 그 이후의 동유럽』(서울: 도서출판 갈무리), 83쪽.

(단위: %)

	1928	1940	1960	1985
비율	60.5	39	27.5	25.2

175) 리석심(1956), 「생산수단 생산의 우선적 장성은 확대 재생산의 필수 조건」, 『근로자』 1956년 10월 25일 제131권 제10호, 80쪽.

화의 기초를 마련하기 위한 중공업의 우선적 장성 정책을 추진했고, (3) 1957-1961년의 제1차 5개년 기간에 대해서는 강력한 중공업의 기초 위에서 생산수단 생산부문의 주도적 역할 강화 경공업을 포함하는 전체 생산의 부단한 확대를 추구했다.[176] 이를 표로 나타내면 다음과 같다.

〈표 6-13〉 확대재생산 법칙의 북한적 적용, 1946-1961

	중공업에서의 목표	경공업에서의 목표	비율 (%)	
			생산수단	소비수단
1946-1949	중공업의 우선적 발전	경공업의 상당한 정도로 발전	1946→1949	
			52.1→58.6%	47.9→41.4%
1950-1953	기계제작공업의 발전에 계속 신중한 주의 돌림	인민생활에 필요한 소비품 증산		
1953-1956	중공업의 우선적 장성 보장	경공업과 농업의 급속한 복구발전	1949→1955	
			58.6→51.7%	41.4→48.3%
1957-1961	중공업의 생산수단 생산부문의 주도적 역할 강화	경공업을 포함하는 전체 생산의 부단한 확대		

출처: 리석심(1956), 「생산 수단 생산의 우선적 장성은 확대 재생산의 필수 조건」, 86-90쪽.

조세정책으로 돌아와, 이 같은 맑스주의적 명제를 조세적으로 실현한 것이 생산수단에 대한 거래세 비과세 방침으로의 전환이다. 이정철은 가격동학에 대한 연구에서 이 같은 결정을 도매가격체제의 개편과 연결시켜, 소비재에만 거래세를 부가하는 것을 "중공업 축적의 원천을 경공업 잉여, 즉 주민들의 소득에서 구하는 것"으로 설명하고 있으며,[177] 이영훈은 "생산재

176) 위의 책, 86-90쪽; 이중 전후 3개년에 대해서는 전후 복구와 사회주의 공업화를 해결하기 시작하였다는 것, 즉 사회주의 공업화의 기초 축성을 기본과업으로 삼지 않은 것이 북한 사회주의 공업화 행정에서 특이성의 하나로 지적된다. 김상학(1957), 「우리 나라에서의 사회주의 공업화의 특성」, 86쪽; 사회주의 공업화의 과업은 제1차 5개년 기간으로 이월되었다.

177) "(1957년 4월 개편된) 구 도매가격시에는 사회순소득이 도매가격에 잡히지 않게 되면서 생산수단 가치가 가격보다 낮은 차원에서 형성된다. 그러나 바뀐 도매가격체제[1994년 개편을 말함 - 인용자]는 사회적 필요노동지출에 의거하여 가격

에는 거래수입금이 부과되지 않게 되었으므로, 공업부문에서도 중공업부문의 생산은 과소평가된다"고 평가하고 있다.[178] 그런데 북한에서는 이미 법 개정 전에도 생산수단 생산부문의 생산물에는 통례(通例)적으로 거래세를 과세하지 않았다는 기록이 있다. 다음은『경제건설』1956년 8월 기사의 일부이다.[179]

> 거래세는 원가, 기업소 순소득과 함께 생산물의 가격을 구성하는 바 이 가격기구를 통하여 주로 소비 자료 생산부문들로부터 국가 예산에 들어가며 생산 수단 부문들의 생산물 가격에는 포함시키지 않는 것이 통례이다. 생산 수단 생산부문들에서 창조된 순소득부분은 경공업과 대중 소비 자료를 생산하는 기타 부문들에서 실현된다. 이리하여 공업과 농업 부문에 이용되는 생산수단의 가격을 낮은 수준으로 보장할 수 있으며, 생산의 기계화 템포를 촉진시키며 나아가서는 생산의 급속한 장성과 소비 자료의 계통적 원가 저하를 가능케 한다.

거래세 개편 전에 생산수단의 거래세 문제가 언급된 문헌은 이 기사가 유일하다. 그리고 이 문헌은 시기적으로 1953-1955년 소련에서의 말렌코프-흐루쇼프 권력투쟁기와 1957년 4월 북한에서의 거래세 개편 사이에 놓인다. 이 문헌과 거래세 개편 전후의『경제건설』및『근로자』기사들을 근거로 분석할 때 생산수단에 대한 거래세 비과세에 대해서는 다음의 두 가지 추정이 가능하다.

첫째, 실제로 북한이 통례적으로 비과세를 실시해왔을 가능성이다. 북한

을 제정한다는 방침에 보다 근접해진 것이었다. 이 경우 도매가격의 구성에 국가의 중앙집중적 순소득으로서의 거래수입금이 포함됨으로써 기업소의 경영활동결과를 바로 평가할 수가 없다는 점이 문제가 된다. 이를 해결하기 위해 보충적 방법으로 2-3년만에 변동하는 기업소가격이나 공업원료 계산가격을 활용하고 있다". 이정철(2002),『사회주의 북한의 경제동학과 정치체제』, 174-175쪽.

178) 이영훈(2000),『북한의 경제성장 및 축적체제에 관한 연구(1956-64년): Kaleckian CGE 모델 분석』(서울: 고려대학교 박사학위 논문), 95쪽n.

179) 경제건설 편집부(1956),「거래수입금과 리익공제금」,『경제건설』1956년 8월, 119-120쪽.

은 거래세를 '완성품' 형태로 소련에서 수입해 왔으며, 소련이 중공업 우선 노선을 유지하는 가운데 생산재에 대해 과세하지 않는 방침을 1949년에 법제화한 바 있기 때문에 생산수단을 비과세 방침을 관행적으로 실시하는 데는 그다지 문제가 없었다. 그렇다면 왜 법으로 명문화하지 않았을까? 그 이유는 1945-1957년의 기간 중 북한에 개인경리가 존재하고 있었기 때문이다. 사자본주의의 축적을 막기 위해서 사적 소유의 생산수단에 대한 과세는 계속 필요했을 것이다. 따라서 법으로 모든 생산수단에 과세 가능하게 하고 통례적으로 국영기업소의 생산수단 매입에 대한 과세 부담을 면제하는 방식의 접근을 취했을 가능성이 있다.

둘째, 북한이 소련 내 권력투쟁의 패배자와 거리를 두기 위한 사전작업으로 이들 기사를 게재했을 가능성이다. 즉 북한의 지배자는 법으로도 관행으로도 생산수단에 대한 과세를 해왔지만, 법 개정을 앞두고 선제적으로 소련의 지배자와 방향을 일치시켰을 가능성이 있다. 1956년은 북한과 소련이 동시에 당대회를 치룬 해이다. 비록 흐루쇼프의 2월 비밀연설이 개인숭배에 대한 불편한 심기를 자극했지만, 제1차 5개년계획을 추진하는데 약 10억 루블이 부족했던 김일성은 소련의 지원을 내심 기대하고 있었고 "이전 소련으로부터 제공된 신용의 지불연기와 부분적 말소"를 필요로 했기 때문이다.[180) 『근로자』 1956년 제10호에는 말렌코프 이론에 대한 조선로동당의 강경한 입장이 담겨있다.[181)

> 중공업과 경공업 및 농업의 일정한 동시적 발전은 우리 인민 경제 발전의 구체적 조건하에서 불가결하며 전적으로 정당한 것이다. 그러나 그것은 이상에서 본바와 같이 상대적인 것이며 또 일정한 기간 동안에만 실시될 성질의 것이다. 그것은 우에서 지적한 바와 같은 소위 동시적 발

---

180) 시모토마이 노부오(2012), 『모스크바와 김일성』, 211쪽.

181) 리석심(1956), 「생산 수단 생산의 우선적 장성은 확대 재생산의 필수 조건」, 86-90쪽.

전의 「리론」과는 아무런 공통점도 가지지 않는다. 이 「리론」은 쏘련의 강력한 사회주의 확대 재생산의 조건하에서 두 부문의 동일 속도로의 장성을 주장하는 맑스주의 재생산 이론의 란폭한 외곡이며, 우리 인민 경제에서 중공업의 일정한 우선적 장성을 보장하면서 비교적 큰 속도로 경공업을 발전시키는 것은 우리 인민경제에서 식민지적 편파성, 전쟁에 의한 인민 생활의 파괴와 관련되는 의식적이며 정당한 시책으로 된다. 우리는 이러한 현상이 일반적이며 영구히 계속되여야 할 시책이라고 주장하는 것이 아니라 우리 경제에서도 인민경제의 자립성과 다양성이 보장되여 근로자들의 생활 수준을 부단히 높이면서 동시에 축적을 높은 속도로 보장할 수 있게 되는데 따라 생산 수단 생산의 장성 속도를 소비 수단 생산의 그것에 비하여 더욱 높이면서 보다 빠른 속도에서의 확대 재생산을 진행하게 될 것이다.

하지만 결과적으로 볼 때 소련이 이 같은 노력을 높이 평가하지는 않았던 것으로 보인다. 오히려 소련은 북한의 중공업 중시정책을 부정적으로 평가했다. 당사의 주북한 소련대사 이바노프는 외무성으로 송고한 메모랜덤에서 "1956년은 조선로동당에 있어 중대한 사건의 해였다. 그러나 4월 이루어진 제3차 당대회 결정에는, 소련공산당 제20차 당대회에서의 가장 중요한 결론[개인숭배 문제를 말함 - 인용자]이 반영되지 않았다. 가능성이 없다고 판단된 중공업 중시 정책이 계속되어 주민의 생활수준 향상에 주의가 기울여지지 않았다"고 보고했다.[182]

한편, 1964년의 문헌에서 두 번째 가설을 뒷받침하는 증거가 발견된다. 안광즙은 "같은 상품에 거래수입금이 있거나 없는 가격을 적용하는 현행 체계는 국가수입계획의 작성과 그 집행에 곤란을 초래하여, 거래수입금 계획을 세우거나 집행하는데 있어 부정적 결과를 초래하여 1961년 평양 방직공장의 경우 연간 거래수입금 납부계획의 35.5%에 해당하는 금액이 미달되었다"고 분석했다.[183] 세법 개정 후 이 같은 혼란이 있었던 것이 확인된다

182) 시모토마이 노부오(2012), 『모스크바와 김일성』, 248쪽.

면, 개정 전까지는 생산수단으로 이용되는 제품에 대한 과세가 보편적으로 실시되어 왔다고 해석해도 무방할 것이다.

1957년 4월의 거래세 개편으로 돌아와 마지막인 세 번째로 가격차금제도가 폐지되었다. 거래세는 그 정의상 가격정책 집행 수단이자 예산 수입의 조절 수단이다. 스탈린은 균형예산을 지지했고, 1930년대 소련은 주요 수입원인 거래세의 조정을 통해 균형예산을 달성했다. 그렇지만 거래세를 배급제와 함께 실시할 경우, 도매가격과 소매가격 조정이 용이하지 않다. 예산의 왜곡이 생기기 때문이다. 소련은 배급제로 인해 생겨난 가격차를 거래세에 바로 반영할 수 없어, 가격차금을 통해 거래세를 보완하는 방법을 택했다.[184] 다음의 〈표 6-14〉는 북한과 소련에서 각각 부과하는 가격차금을 비교한 것으로, 북한의 가격차금은 소련의 특별마크업에 가장 가까운 형태임을 알 수 있다.

〈표 6-14〉 북한과 소련의 가격차금 제도 비교

실시	명칭	비고 (북한)		실시	명칭	비고 (소련)
				1931	예산 마크업	기업소 내 직원용매장 판매가격을 조정
1951	가격 차금	유통부문 판매가격을 일반시장가격 수준으로 조정	⇐	1932	특별 마크업	국영상점 판매가격을 일반시장가격 수준으로 조정
				1936	예산 수지차	일반상점 판매가격을 조정

위의 〈표 6-14〉에 제시된 소련의 가격차금 중 예산마크업(byudzhetnye natsenki, budget markups)은 1931년 7월 도입되었다. 정부는 비농업 소비품 가격의 대폭 상승에 맞서기 위해 총 17종의 상품을 지정해 거래세 개정이

183) 안광즙(1964), 『우리 나라 인민 경제에서의 사회주의적 축적』, 164쪽.

184) 앨런에 의하면, 예산마크업·예산수지차·특별마크업의 존재는 소련의 거래세법이 1941년을 기준으로 모두 800종의 재정성 명령을 완독해야 겨우 이해할 수 있을 정도로 복잡한 구조를 띨 수밖에 없었던 이유였다. R. Allen(1946), *From Farm to Factory*, p. 157.

실시되기 전까지 일시적으로 부과했다. 배급대상이 아니면서 기업소내 직원용매장(closed shop)에서 판매하고 있는 소비품 중에서 부과대상이 선택되었다. 다음으로 특별마크업(spetsnatsenki, special markups)은 1932년 도입된 것으로 배급품을 판매하는 국영상점과 같은 물품을 더 높은 가격에 판매하는 일반상점(commercial stores)의 소매가격차를 조정하기 위한 것이다. 일반상점에 판매되는 상품에는 출고공장에서 거래세와 함께 특별마크업이 부과되었다. 국영상점의 배급품에는 거래세만 부과했다. 마지막으로 예산수지차(raznitsy, budget differences)는 1936년 7월 배급제의 종료와 함께 도입되었다. 소비품 가격이 상승하는데 원재료 수매가의 상승이 미처 따라오지 못했던 경우 가격의 차이에 대해 예산수지차를 적용했다. 생산품이 공장에서 소매상점으로 납품되는 경우 거래세와 예산수지차가, 공장에서 공장으로 판매가 이루어지는 경우에는 거래세만이 부과되었다.[185)]

한국전쟁기와 같은 전시 상황의 경우 가격정책의 집행과 예산 수입의 조절 문제는 더 심각해 질 수 있다. 세법 개정에는 시간이 소요되지만 물가앙등은 순식간에 일어나기 때문이다. 북한에서 최초의 가격차금 부과가 확인되는 것은 1951년도로, 소비품인 주류(酒類)를 대상으로 했다. 한 예로서 25도 도수의 본궁소주 18ℓ 의 판매가격 300원에 대해 240원의 가격차금을 부과해 최종판매가격을 540원으로 조정했다. 최종판매가격 대비 44%의 가격차금이 가산된 것이다.[186)] 생산기업소가 국가의 중앙집중적 순소득의 일부를 거래세의 형태로 납부한다면, 유통부문 기업소는 다른 일부를 가격차금의 형태로 국가예산에 납부했다.[187)]

1957년의 4월의 가격체계 개편으로 그 전까지 거래세를 보완하는 수단으

---

185) Holzman(1944), *Soviet Taxation*, pp. 128-130.

186) 1950년대의 세법 자료가 희소한 관계로 이 외의 가격차금 부과 기록은 확인되지 않는다. 1951년 4월 27일 조선민주주의인민공화국 내각수상 김일성 비준「주류에 가격차금을 설정부과함에 관하여」.

187) 안광즙(1964),『우리 나라 인민 경제에서의 사회주의적 축적』, 165쪽.

로 유통부문 기업소가 국가예산에 직접 납부하게 되어 있던 가격차금은 거래세에 통합해 생산단위에서 납부하도록 단일화 되었다.[188] 이 같은 조치는 재정당국의 가격 조절 능력과 북한 기업소들의 독립채산제 적응력이 개선되었다는 증거가 된다. 나아가 판매 단위가 아닌 생산 단위에서 징수하면서 국가는 지연 없는 세수의 확보가 가능하게 되었다. 과세 체계가 단순화되는 만큼 국가는 사회순소득을 더욱 신속하게 동원할 수 있게 되었다.[189]

마지막으로, 1957년 4월을 기준으로 상품별로 부과된 거래세율을 표로 정리하면 다음과 같다.

〈표 6-15〉 북한의 거래세율 부과 형태

공업생산물 가격			거래세율 (택1)
기업소 도매가격	산업 도매가격	소매 가격	
내각 비준	x	내각 비준	상업 감가를 공제한 소매가격과 기업소도매가격과의 차액
			상업 감가를 공제한 소매가격에 대한 백분율의 형태
해당 상(국장)이 제정	내각비준	x	기업소 도매가격과 산업 도매가격간의 차액
			산업 도매가격에 대한 백분율의 형태

요금	거래세율
전기요금 및 자동차화물 수송요금	제정된 요금에 대한 백분율의 형태

출처: 안광즙(1957), 『공업재정』의 내용을 표로 재구성함.

188) 조선 중앙 통신사 엮음(1958), 『조선 중앙 년감 1958』, 130쪽.

189) 안광즙(1964), 『우리 나라 인민 경제에서의 사회주의적 축적』, 166쪽; 이영훈은 같은 글을 인용, 가격차금을 "소비재의 자유시장가격이 국정가격보다 높을 때, 투기를 목적으로 소비재가 사회주의 상업기관으로부터 자유가격이 통용되는 비조직시장(자유시장)으로 유입되는 것을 방지하기 위해 징수했던 세금"으로 정의하고, "가격차금의 간접세로의 통합은 1957년에 접어들면서 국가의 통제가 소비재의 생산뿐 아니라 유통부문까지도 확실하게 미치게 되었음을 반영하는 것이다. 그리고 그 결과 생산과 유통과정에서 중복과세되던 것들의 이 생산과정에서의 과세로 단일화되었다"고 평가하고 있다. 이영훈(2000), 『북한의 경제성장 및 축적체제에 관한 연구(1956-64년)』, 58쪽n.

3. 다다익선(多多益善)의 임시세: 강제저축

강제저축은 '사회주의저금' 또는 '인민저금'으로 불리는데, "근로자들이 나라의 주인으로 되고 은행이 그들의 리익을 위하여 복무하는 사회주의제도" 아래서 "한편으로 인민들의 생활향상을 위해서 복무하며 다른편으로는 인민경제발전을 재정적으로 보장하기 위해서 복무"하는 것으로 규정되며, "근로자들에 대한 봉사성, 자원성의 원칙"에 의해 운영된다.[190] 김일성은 건국 이전인 1946년부터 "선전해설사업과 다른 여러가지 방법으로" 애국적인 저금운동을 전개해 민간의 유휴자금을 산업부흥에 돌리고 금융기관에 저축하도록 했다.[191] 전후 인민경제복구건설과 사회주의 기초 건설작업이 완료되자 국가예산에서 주민세금 수입이 차지하는 비중은 2.1%대로 낮아지게 되었다.

주민세금의 비중이 줄어드는 만큼 주민의 저금에 의한 '유휴화폐자금의 동원'의 필요성은 더욱 증대되었다. 저금은 공업의 내부축적이 높지 못한 시기에 특히 유용했다. "소비생활에 돌려진 화폐자금이 실질적인 소비재로 전환되지 않고 국가수중에 다시 동원되는 만큼 국가는 그 자금을 생산적 건설에 돌릴 수 있게"되기 때문이었다.[192] 북한 내각은 1957년 3월 저금 사업을 강화하기 위해 평안북도 수풍 등 3개 지구에 북조선중앙은행 지점을 설치했으며, 규모가 큰 공장, 사업소 지구 등에는 은행 저금소를 설치했다. 저축을 독려하기 위한 우편 저금 제도는 8월부터 실시되었다.[193] 제1차 5개

190) 전영호(1990), 「조선의 신용사」, 『제3차조선학국제학술토론회 론문요지: 1990년 8월 2일-8월 5일 일본 오사까에서 개최』(베이징: 북경대학 조선문화연구소), 250쪽.

191) "각급 인민 위원회에서는 선전 해설 사업과 기타 모든 방법을 다하여 민간의 유휴 자금을 산업 부흥에 동원할 것이며 금융 기관에 저축하도록 하여야 할 것입니다. 인민들에게 호소하여 나라를 사랑하고 민주 국가를 건설하기 위한 저금 운동을 강력히 전개하여야 하겠습니다." 김일성(1955), 「북 조선 민주 선거의 총결과 인민 위원회의 당면 과업」(1946. 11. 25), 291쪽.

192) 김덕윤(1988), 『재정사업경험』, 83쪽.

년 계획 기간 중 북한이 거둔 강제저축 성과는 다음의 표와 같다.

〈표 6-16〉 북한의 주민 소득 수준과 저금 잔고의 변천, 1956-1960

구분 \ 년도	1956	1957	1958	1959	1960
노동자·사무원의 실질 노임의 장성	100	138.7	162.2	202.0	207.1
농민의 현물 및 화폐 소득의 장성	100	-	-	-	160.0
주민의 저금 잔고의 장성	100	237.4	352.4	436.4	506.3

출처: 김덕윤(1988), 『재정사업경험』, 87쪽.

위의 저금 잔고 중 1957년분의 내역을 더 구체적으로 살펴보면, 1.4분기 말 현재 중앙은행의 저금 총액 중 노동자 · 사무원이 차지하는 비중은 70%이며, 기업가 · 상인이 차지하는 비중은 8.8%로 나타났다. 저금자의 대부분이 근로대중인 것을 알 수 있다. 이 같은 조건 속에서 북한은 도시 주민들 속에서 잠재되어 있는 유휴 화폐를 최대한 동원하는 것을 목표로 하고 저금자의 편리를 도모하기 위해 이들이 근무하는 대기업소, 중앙급 기관에서 저금대리인 사업을 개선 · 강화했다.[194]

북한의 저금사업이 처음 시작된 것은 1947년 11월으로, 인민위원회는 제81호 「저금소설치에관한결정서」로 우편국 내에 저금소를 설치하고 주민들의 저금을 수불(受拂)했다. 우편국 내 저금소가 설치된 이유는 주민들이 가장 단순하고 편리한 방법으로 저금을 맡기고 찾을 수 있게 하기 위해서이다. 인민위원회는 북조선중앙은행 내에 저금관리국을 설치하고 예금소 조

193) 내각명령 제20호, 「저금사업에 관하여」(1957. 3. 12), 국토통일원 엮음(1971), 『북괴법령집 1』(서울: 국토통일원), 156쪽; 「저금 사업의 강화와 관련하여 북조선 중앙 은행 지점 및 저금소를 설치하며 우편 저금 사업을 개시할 데 관한 내각 명령 시달」, 『로동신문』 1957. 3. 14.

194) 저금대리인은 저금사업의 기본적 고리로 규정되며 협동조합 대리인과 은행 지점들을 가리킨다. 리원경(1957), 「인민 경제 계획 수행과 저금」, 『로동신문』 1957. 5. 26.

직 및 사무집행에 관한 책임을 담당했다.[195]

이후 북한의 저금사업은 "한때 국가신용의 형태로 진행되였으며 재정성 산하 저금망을 통하여 동원된 자금은 국가예산자금으로 동원였으나 전쟁 시기에 저금사업이 은행기관에 이관된 다음 저금기관에 예입된 자금은 중앙은행의 대부자원으로 이용되었다".[196]

제3절_ 소결

한국전쟁 기간 중 국가의 세원 확보와 공공재의 제공 기능이 원활히 돌아가지 않는 가운데 북한의 지배자는 남한의 점령지역과 북한의 통치지역에서 농업현물세의 부과 및 징수에 집중했다. 그리고 군용 식량을 원활히 조달하기 위해 채소 등 신선식품과 저장식품 사이의 부과 세율에 차등을 두고, 중국 인민지원군의 현지조달을 원활히 하기 위해 PX에서의 면세품의 일반판매를 허용하는 등 관세 면제의 조치가 있었다. 한국전쟁 기간 중 지배자는 주민세금 중 농업현물세에 집중과세했으며, 사회주의 경리수입에 대해서는 부분적인 조정을 단행했지만 했지만 미군의 공습으로 공업시설 기반이 대부분 파괴되어 거래세와 이익공제금 등의 실제 징수가 가능했는지의 여부는 불확실하다.

지배자는 조세수단 이외에도 소수의 매입자에게 큰 혜택이 돌아가고 다수는 언젠가는 원금을 보전할 수 있는 채권을 발행하거나, 소수의 구입자에게 큰 혜택이 돌아가지만 다수는 원금 손실을 보게 되는 복권을 팔아 추가적인 세입을 창출할 수 있다. 소련이 적극적으로 활용한 채권과 복권은

---

195) 북조선 인민위원회 결정 제81호, 「저금소설치에관한결정서」(1947. 11. 12), 『법령공보』 1947년 제37호, 1-2쪽.

196) 김덕윤(1988), 『재정사업경험』, 90쪽.

북한에서는 소극적으로 활용되었을 뿐이다. 하지만 북한이 애국미 헌납운동을 필두로 한, 기부자에게 전혀 급부가 없고 지배자가 모든 이익을 취할 수 있는 '기부 헌납'을 적극 활용할 수 없는 입장이었다면, 북한은 소련과 같은 선택을 했을 가능성이 높다.

그러나 지배자가 추가적인 세입창출 수단으로 기부금과 채권·복권 중에서 선택할 수 있다고 보는 것은 조국보위복권이 발행된 '건국 초기'를 대상으로 한 것으로, 사회주의 경제가 제 궤도에 올랐다고 가정한다면 지배자는 저축과 채권·복권 중에서 선택할 수 있게 될 것이다. 북한의 공채에 대한 설명을 보면, "사회주의국가의 공채는 본질상 인민 경제발전과 인민생활향상을 위한 국가적 시책을 실시하기위하여 주민의 축적금을 동원하는 한 형태이며 저금의 성격을 띤다. 주민들의 저축을 조직하는 여러 가지 편리한 형태가 발전함에 따라 저금 형태로서의 공채의 의의는 사라진다"고 되어 있다.[197]

한편, 복금(당첨금) 소득에 대한 세금의 징수는 원천징수 방식을 취할 경우 간단하게 처리할 수 있었으나, 내각은 국세와 지방세를 면제하는 선택을 내렸다.[198] 비과세정책은 조세정책의 중요한 한 부분이다. 김일성은 전시동원으로 농업현물세 과세에 대해 높은 상대적 협상력을 보유했던 것과 달리, 주민에게 세외부담으로 작용하게 될 복권제도 운영에 대해서는 상대적 협상력이 낮았다. 북한의 지배자들은 복금 과세 대신 주민의 동의 수준을 높여 헌납기금 자체의 파이를 키우는 편이 이익이 된다고 판단한 것이다.

---

197) 사회과학원 주체경제학연구소 엮음(2003), 『경제사전 1』, 168쪽. 대외경제정책연구원 『2003/04 북한경제 백서』, 48쪽 재인용.

198) 당시 복권의 판매와 복금의 지불 업무는 북조선중앙은행·북조선농민은행·야전은행·국립건설자금은행 및 저금관리국 저금소가 맡았다. 조선민주주의인민공화국 내각결정 제297호, 「조국보위 복권 발행에 관하여」(1951. 6. 14), 『내각공보』 1951년 제8호, 196-201쪽.

전후에는 협동화가 진척 속도에 비례해 비조합원 대상의 소득세와 농업 현물세 세율을 그대로 두고 조합원의 세율을 감하하는 방식의 인센티브를 제공했다. 협동화는 1958년 완수되었고, 그 이래 국가예산에서 소득세의 비중은 불과 2%대로 하락해(같은 기간 소련은 7-8%대 유지), 세금제도 철폐가 보다 용이한 조건을 갖추게 되었다. 한편으로 북한은 거래세를 고전적 사회주의 체제의 거래세 구조와 일치시키는 작업을 진행해, 1957년 4월 개편을 통해 북한 거래세의 원형을 형성했다.

북한에서 기업소와 협동경리에서 세금을 납부하는 과정은 '국민소득이 분배되는 과정'으로 표현된다. 국민소득은 "물건을 직접 생산하는 부문에서 일하는 로동자, 농민, 기술자, 사무원"들에 의해서만 조성되어 "우선 생산부문에서 분배된다".[199] 이들 중 노동자, 기술자, 사무원들이 국영기업소에서 조성한 국민소득의 일부가 거래세, 이익공제금의 형태로, 농민(조합원)들이 농업협동조합에서 조성한 국민소득의 일부는 현물세로, 그리고 조합원들이 생산협동조합에서 조성한 국민소득의 일부는 거래수입금과 소득세의 형태로 "국가 수중에 들어가 국가 예산의 중요한 세입으로 된다". 이 시기 각 생산부문에서 조성된 국민소득의 분배 경로를 표로 나타내면 다음과 같다.[200]

---

199) 칼 맑스의 정의에 의하면 인민소득(국민소득)은 "사회적 총생산물중에서 생산행정에 소모된 생산수단을 보상할 부분을 제외한 잔여생산물"이다. 재정성 경영계산연구회(1949), 『조선민주주의인민공화국 북반부의 재정제도』, 28-29쪽.

200) 반대로 "물건을 직접 생산하지 않는 부문에서 일하는 사람들(국가 행정 관리 부문에서 일하는 기술자, 사무원, 교원, 의사, 예술인, 상점 점원 등등)은 국민 소득을 창조하지 못한다". 홍만기(1960), 『사회주의 하에서의 재생산』(평양: 조선로동당 출판사), 26, 32-36쪽.

〈그림 6-2〉 북한의 국영기업소에서 조성된 국민소득의 분배 경로

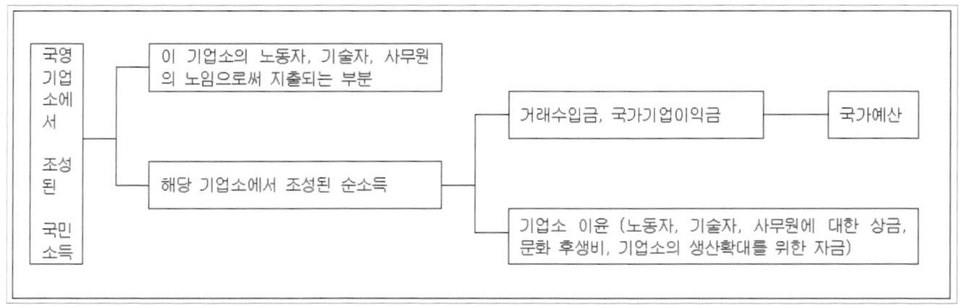

출처: 홍만기(1960), 『사회주의 하에서의 재생산』, 33쪽.

〈그림 6-3〉 북한의 농업협동조합에서 조성된 국민소득의 분배 경로

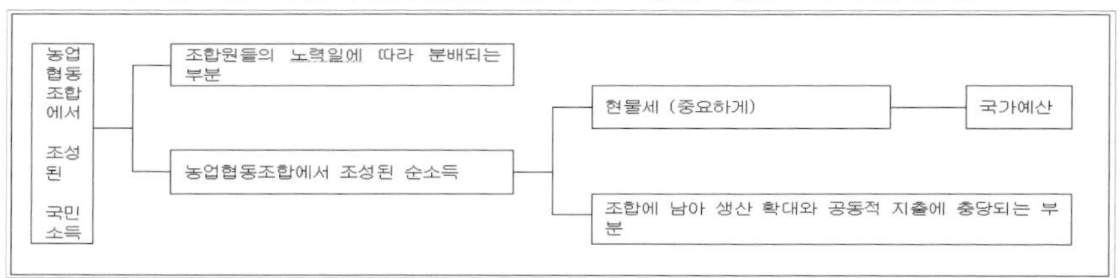

출처: 위의 책, 34쪽.

〈그림 6-4〉 북한의 생산협동조합에서 조성된 국민소득의 분배 경로

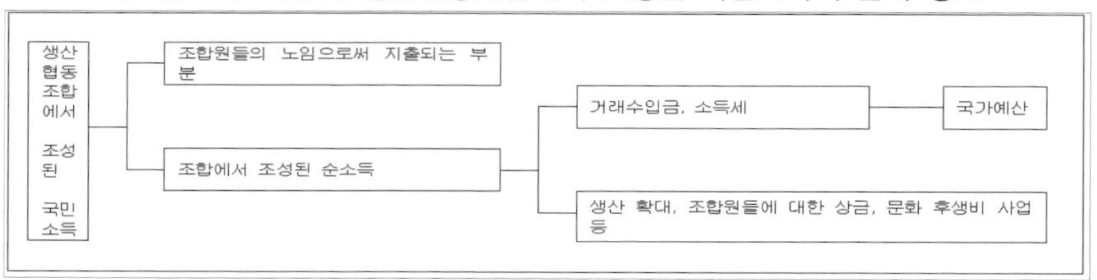

출처: 위의 책, 35쪽.

제7장

'사회주의 전면 건설기'와 세금제도의 폐지, 1961-1974

제7장은 1961년의 승리자 대회 이후부터 1974년 세금제도가 폐지된 최고인민회의 제5기 제3차 회의까지의 기간을 검토한다. 세금제도의 폐지는 제1차 7개년 계획과 함께 추진이 예정되었으나 1962년 12월 국방경제병진노선으로 전환하게 되면서 폐지 일정이 순연되었다. 제1차 7개년 계획이 완충기를 거쳐 10년 만에 종료되고 6개년계획이 실행이 옮겨지는 가운데 농업현물세의 소득세의 폐지가 10여년의 시차를 두고 순차적으로 완수되었다.

제1절_ '승리자 대회'와 그 이후

1934년의 소련공산당 제17차 당대회를 승리자 대회(Congress of the Victors)로 명명한 것은 레닌그라드 당서기 키로프(S. Kirov)였다. 그러나 당대회에 참가한 2천여 명의 승리자들 중 60%의 인원이 1936-1939년의 '대숙청'에서 반혁명 혐의를 받아 희생자(vanquished)로 지위가 전변해, 종국에는 스탈린만이 유일한 승리자(the victor)로 남았다.[1] 스탈린은 승리자 대회에서 영도자(Вождь, *Vozhd*)의 호칭을 받아 개인숭배(personality cult)의 정점을 찍었다.[2] 이에 대해 흐루쇼프(N. Khrushchev)는 1956년의 비밀연설에서 승리자 대회를 계기로 스탈린이 당과 중앙위원회를 무시하고 독자적인 판단에 의해 통치하게 되었으며, 스탈린의 폭주는 승리자 대회와 같은 해 12월에 일어난 키로프 암살 사건에서 시작되었고 당 정치국의 견제기능을 제거한 1936년의 스탈린 헌법에 의해 방조되었다고 주장했다.[3]

---

1) Issac Deutscher(1971), *Ironies of History: Essays on Contemporary Communism*(Berkeley: Ramparts Press), p. 12.

2) Joseph Stalin(1954), "Report to the Seventeenth Party Congress on the Work of the Central Committee of the C.P.S.U.(B.)"(1934. 1. 26), *Stalin Works 13* (Moscow: Foreign Language Publishing House). http://www.marxists.org/ reference/archive/stalin/works/1934/01/26.htm (2013년 4월 10일 접속); 북한에서는 '개인미신'으로 번역되며, 당시 소련이 사회주의 국가의 당들에 개인숭배 문제를 취급할 것을 지시한데 대해 강한 거부감을 드러냈다. "우리 당은 ≪개인미신≫과는 아무런 인연도 없었고 또 ≪개인미신≫의 간판밑에 쓰딸린을 헐뜯는 것을 정치적모략으로 락인하였던 것만큼 이러한 ≪열병≫을 앓지 않았다. 이것은 쉽게 이루어진 것이 아니였다. 현대수정주의자들은 우리 당에 대해서도 ≪개인미신≫문제를 어떻게 취급하였는가 고 독촉하는가 하면 심지어 당안에 숨어있던 종파분자들을 부추겨 당에 도전해나서게까지 하였다. …… 우리 당은 자주적립장과 혁명적원칙을 확고히 견지하면서 현대수정주의자들과 대국주의자들의 심히 불순하고 오만한 내정간섭시도를 제때에 분쇄하였다". 김정일은 수령론에서 개인숭배에 대해 다음과 같이 설명했다. "우리 당은 〈개인미신〉문제를 인정하지 않습니다. 로동계급의 수령을 단순한 개인으로 보는 것은 매우 그릇된 견해입니다. 수령은 혁명의 뇌수이며 당과 인민대중의 리익의 최고체현자입니다. 수령은 로동계급의 혁명투쟁에서 결정적 역할을 합니다". 고정웅 · 리준항(1995), 『조선로동당의 반수정주의투쟁경험』, 94-95 · 135쪽.

3) 스탈린의 조세정책과 관련, 흐루쇼프는 스탈린이 현지지도를 등한시 하여 인민에 대한 이해가 부족한 가운데 콜호즈 농민들에게 농업세를 추가로 400억 루블 더 늘려 받도록 하라는 지시를 내렸는데, 당시 콜호즈 및 콜호즈 농민들이 국가 수매에 넘기는 농업생산물의 총액이 252억8천 루블에 불과했다는 점을 지적하면서 이는 "현실에서 유리된 자의 멋진 아이디어"에 불과하다고 비난했다. N.S. Khrushchev(1970), "Khrushchev's Secret Speech"(1956. 2. 24-25), in Strobe Talbott

스탈린은 당대회 보고에서 1934년의 소련을 더 이상 "증명할 것도 없으며 맞서 투쟁할 대상이 없는(There is nothing to prove and, it seems, no one to fight)" 사회로 묘사했다. 이 같은 사회를 구현한 "완전하고 번복 불가능한(completely and irrevocably)" 당의 노선의 승리는 공업화 및 협동화에서의 승리를 통해 이루어졌다.[4] "2차대전 후 세계에서 두 번째로 큰 경제로 성장하는데 필요한 공업적 토대를 건설"하게 될 제2차 5개년계획은 소련공산당에게 있어 왕관의 보석과도 같았고, 순조롭게 2년차에 접어들고 있었다.[5] 1929년과 1933년을 비교할 때 농업협동화의 진척률은 3.9%에서 65%로 신장했으며, 국영농장 및 집단농장의 경작 규모는 전체 농지의 8.9%에서 84.5%로 늘어났다. 국가경제에서 산업이 차지하는 비율은 54.5%에서 70.4%로 늘어난 반면 농업의 비중은 45.5%에서 29.6%로 줄었다.[6]

소련공산당의 1934년 '승리자 대회'와 조선로동당의 1961년 '승리자 대회'에는 다수의 유사성과 상이성이 존재한다. 유사성이 확인되는 지점은 (1) 단독의 지배자 지위 확립 (2) 농업협동화 완성 (3) 높은 수준의 공업화 달성 (4) 경제계획의 수립 및 추진 등을 들 수 있다. 한편, 상이성으로는 소련이 (1) 당대회 후 반대파 숙청을 단행했고 (2) 절멸 대상의 쿨라크 등 개인영리

---

ed., *Khrushchev Remembers*(Boston: Little, Brown and Company), p. 611; 한편 골리즈키와 클레브뉴크(Y Gorlizki and O. Khlevniuk)는 흐루쇼프가 스탈린의 발언을 일방적으로 날조했다고 주장했다. 1952년의 농업세 총액이 100억 루블에 불과해, 400억 루블을 더 늘리는 것이 불가능하기 때문이다. 다만, 이들은 1928년 이래 농촌 현지지도가 없었던 점을 근거로 1952년 전후로 농촌의 현실에 대한 스탈린의 감각이 떨어졌다는 데는 동의하고 있다. Yoram Gorlizki and Oleg Khlevniuk (2004), *Cold Peace: Stalin and the Soviet Ruling Circle, 1945-1953*(New York: Oxford University Press), p. 140; 스탈린은 그다음 해인 1953년 사망했고, 협동농장 조합원 대상의 농업세 세율은 그 해에만 약 60% 절하되었다. N.S. Khrushchev(1960), *Abolition of Taxes and Other Measures to Advance the Well-Being of the Soviet People*(1960. 5. 6)(London: Sixpence), p. 17.

4) Joseph Stalin(1954), "Report to the Seventeenth Party Congress"(1934. 1. 26).
5) 존 M. 톰슨(2004), 김남섭 옮김, 『20세기 러시아 현대사』(서울: 사회평론), 374-387쪽.
6) Joseph Stalin(1954), "Report to the Seventeenth Party Congress"(1934. 1. 26).

자들에게 적대적 조세정책을 실시한 반면, 북한은 (1) 8월 종파투쟁을 거쳐 당대회 전에 대부분의 반대파 숙청을 완료했고 (2) 조합 가입자들에게 큰 혜택을 제공하는 인센티브 중심의 조세정책을 실시했다는 점을 들 수 있다.

1. 왜 1974년인가: 제1차 7개년계획

김일성이 세금제도 폐지 의사를 첫 피력한 것은 1960년 8월 4일 8.15 해방 15돌 경축대회에서이다. 김일성의 세금의 폐지 일정은 7개년계획과 연동되어 있었고, 이는 다시 흐루쇼프의 7개년계획과 연동되어 있었다. 시모토마이는 북한이 소련을 어느 정도로 의식했는지에 대해, "일단 북한 정부는 59년 3월 61-65년까지의 제 2차 5개년계획을 책정하기로 했음에도 불구하고, 이것을 변경하면서까지 7개년계획을 추진했"으며, "소련식 사회주의로부터의 탈퇴라든지 "자주"라는 선전에도 불구하고, 소련으로부터의 지원은 실제 북한경제에 있어서 필요불가결한 것이었다"고 설명하고 있다.[7)]

소련의 7개년계획을 발표된 것은 1957년 9월의 일이다. 소련은 그 전까지 총 6차에 걸쳐 5년 단위로 경제계획을 수립・집행해왔으며, 개혁 조치를 담은 7개년계획의 실시를 위해 직전의 6차 계획을 책정 2년차에 중도 폐기했다.[8)] 소련에 있어 세금제도의 폐지는 7개년 계획 입안 시점에 확정되어 있던 구상이다. 흐루쇼프는 경제개혁을 통해 소비에트 사회가 공산주의로 이행할 수 있다는 신념을 가지고 '전 인민'[9)] 앞에서 "근로시간이 단축되며 식

---

7) 시모토마이 노부오(2012), 『모스크바와 김일성』, 275쪽.

8) Timothy Sosnovy(1966), "The New Soviet Plan: Guns Still Before Butter", *Foreign Affairs,* vol. 44 no. 4, p. 620.

9) "1951년 소련의 부텐코(A.P.Butenko)를 중심으로 하는 이데올로그들은 당시 소련 사회에서 더 이상 착취계급이 없으므로 모든 계급이 국가에 대해 대표성을 가진다는 의미에서 '전 인민의 국가(All-People's State)'를 제시하였다. 그들은 '전 인민의 국가'는 계급적 잔재를 없앴다는 프롤레타리아 국가와 질적으로 구별된다는 논지를 전개하였다. 이들에 의하면, 착취계급이 존재하지 않는 사회주의에서는

량 공급이 확대된, 세금 없는 세상의 달성"을 약속했다.10)

세금제도 폐지 구상은 1959년 1월 27일에 개막된 소련공산당 제21차 당대회에서 흐루쇼프의 보고를 통해 처음 공개되었고, 그다음해인 1950년 5월 7일 폐막된 최고소비에트 제5기 제5차 회의에서의 법안통과로 공식화되었다. 다음은 흐루쇼프의 제21차 당대회 연설 내용이다.11)

노동계급이 지배할 필요가 없으며, 사회주의 발전을 저해하는 계급적 욕망을 가진 계급 자체가 존재하지 않는다는 논리이다". 김성철(2000), 「김정일의 경제인식에 관한 담화분석: 개혁 · 개방 가능성과 방식을 중심으로」, 『현대북한연구』 제3권 제2호, 67쪽; 전인민의 국가에 대한 북한측의 입장은 다음과 같다. "현대수정주의자들은 1960년대초에 사회주의제도가 수립되면 사회주의완전승리가 이룩된다는 전제밑에 자본주의로부터 사회주의에로의 과도기가 끝났다고 하면서 ≪전인민적국가≫에 대하여 요란하게 선전하였다. …… 우리 당은 이와 관련하여 과도기의 계선을 사회주의제도의 수립까지로 보는 우경적 편향의 부당성을 밝히고 과도기의 계선을 사회주의완전승리까지로 명백히 그었다". 고정웅 · 리준항(1995), 『조선로동당의 반수정주의투쟁경험』, 63쪽.

10) Kitty Newman, Macmillan(2007), *Khrushchev and the Berlin Crisis, 1958-1960*(New York: Routledge), p. 32; "(흐루쇼프가 1961년의 제22차 전당대회에 제출한) 신 강령의 이론에 의하면, 사회 각 계급간의 적대관계는 이미 종식되었으므로 국가도 이제는 어느 특정 사회계급의 이익을 대변하는 것이 아니라 '전(全)인민의 국가'가 되었으며 '인민 전체의 이익과 의지를 표현하는 조직체'로 발전하였다는 것이다. 따라서 신 강령은 국가의 행정업무는 물론 경제적 · 문화적 발전업무, 정부기구의 개혁, 정부기관의 행위에 대한 국민의 감시 이 모든 제 과제를 실천함에 있어서 전 시민이 적극적으로 참여할 것을 요구하였다". 제프리 호스킹(1990), 『소련사』, 343쪽; 북한은 소련에서 현대수정주의가 1956년 소련공산당 제20차대회에서 채택되고 1961년 제22차 대회에서 당강령으로 선포된 것으로 간주하고 있다. "흐루쑈브는 더 나아가서 1961년 10월 쏘련공산당 제22차대회에서 수정주의로선을 ≪쏘련공산당강령≫으로 선포하였다. ≪강령≫의 주요내용은 다름아닌 ≪평화적공존≫, ≪평화적경쟁≫, ≪평화적이행≫과 ≪전인민적국가≫, ≪전인민적당≫ 등이였다. 여기에는 공산주의 건설의 ≪20년계획≫이 제시되여있는데, 인구 1인당 생산에서 미국을 따라잡기만 하면 공산주의가 실현된다는 어처구니없는 주장이 담겨져 있다. 이 ≪강령≫은 혁명투쟁을 거부하는 사상으로 일관된것이였다". 고정웅 · 리준항(1995), 『조선로동당의 반수정주의투쟁경험』, 19쪽.

11) 엔. 에쓰. 흐루쑈브(1959), 「1959-1965년 쏘련 인민 경제 발전 통제 수'자에 관하여」, 『쏘련 공산당 제21차 대회 주요 문헌집』(평양: 조선로동당출판사), 39쪽.

현재 쏘련의 전체 인민 경제와 문화의 발전은 주로 사회주의 기업소들의 축적에 의하여 이룩되고 있다. 7개년 계획이 수행됨에 따라서 이 축적의 규모는 부단히 장성하여 결국에 가서는 사회주의적 확대 재생산을 보장하며 인민의 생활 수준을 가일층 향상시키는 유일한 원천으로 될 것이다.

이러한 조건 하에서 주민들로부터 받는 세금이 존재하는 사실은, 과거에 자본주의적 요소들의 소득을 제한하기 위하여 부과된 데서 표시된 바와 같은 계급적 의의의 관점에서 또는 쏘련의 국가 예산 수입을 보장하는 관점에서 그 필요성이 제기되는 것은 아니다. 주민들로부터 받는 세금의 비중이 이미 보잘 것 없는 것으로 되고 있으며 다만 예산 수입의 7.8%에 불과하게 된 지금 더우기 그러하다.

이 모든 것은 주민들로부터의 세금 징수를 가까운 장래에 폐지할 수 있는 가능성을 우리에게 준다. 물론 이러한 거대한 조치를 실시함에 있어서는 주민들과 국가의 리익을 보호할 것을 고려하면서 그것이 가장 합리적으로 실시될 수 있도록 전면적인 연구와 적절한 준비를 하여야 한다.

흐루쇼프는 제21차 당대회 다음해인 1960년 5월 개막된 최고인민회의 제5기 제5차 회의에서, 세금제도의 단계적 폐지 법안을 통과시켰다. 다음은 최고 소비에트에서의 연설의 일부이다.[12)]

---

12) Khrushchev(1960), *Abolition of Taxes and Other Measures to Advance the Well-Being of the Soviet People*(1960. 5. 6), p. 18; 같은 날 로동신문에 게재된 흐루쇼프 보고 연설은 다음과 같이 요약 게재되었다. "엔.에쓰. 흐루쑈브는 세금의 완전한 철폐는 일정한 기간을 요하는 바, 그것은 국가의 가능성을 참작한 기초 우에서 실시될 것이라고 말하였다. 법령 초안은 계단별로 세금을 철폐할 것과 그것을 금년 10월 1일부터 시작하여 1965년에 끝낼 것을 예견하고 있다. 그런데 세금의 철폐는 우선 비교적 낮은 임금을 받는 로동자, 사무원들로부터 시작할 것과 그다음에 전체 근로자들로부터 받는 세금의 징수를 점차 중지할 것이 고려되고 있다". 「로동자, 사무원들로부터 받는 세금의 철폐와 쏘련 인민의 복리 향상을 위한 기타 조치들에 대하여: 쏘련 최고 쏘베트 제5기 제5차 회의에서 한 엔. 에쓰. 흐루쑈브의 보고」, 『로동신문』 1960. 5. 7.

이에 소련 내각은 모든 가능성을 참작하여 급여 및 소득에 대한 세금의 점진적 폐지안을 최고소비에트에 제출한다. 법령 초안은 세금의 단계적 철폐를 올해 시작하여 1965년에 종료하도록 하고 있다. 상대적으로 임금이 낮은 근로자 및 사무원을 대상으로 세금 철폐를 시작하여 모든 근로자 및 사무원을 대상으로 이를 확대하겠다는 구상을 가지고 있다.

소득세의 철폐 이후 5억9천5백만 명은 기존 납부 세금 규모 만큼의 임금 인상 효과를 누리게 될 것이다. 수백만 명이 기존 납부 세금의 절반 정도의 임금 인상 효과를 누리게 되며, 임금인상 효과가 전혀 없는 근로자 및 사무원의 수는 지극히 미미할 것으로 보인다.

소득세의 철폐와 동시에, 국가의 비용 부담으로 독신세를 철폐하기로 한다. 독신세의 세수 규모는 1964년 기준 65억 루블에 달한다. 기존의 납세자 전원에게 기존의 독신세 부담에 상응하는 월소득의 인상이 있을 것이다.

이 법안은 7개년계획 2년차인 1960년 10월에 시작해 마지막 년도인 1965년에 끝내도록 설계되어 있었다. 군비축소에서 돌려진 자금으로 경공업을 발전시켜 우선적으로 상점 전면에 전시되는 소비품의 가짓수를 늘리고, 그 후 순차적으로 급여봉투 상의 차감액을 줄여서 인민들이 높아진 구매력을 행사할 수 있도록 하는 것이다. 7개년 계획을 통해 (1) 국민소득 및 근로자들의 실질 소득의 향상, (2) 노동시간 단축 및 주간 노동일수 축소, (3) 생활필수품(경공업품) 증산 및 품질 개선, (4) 신규 주택 공급 증가, 그리고 (5) 주민 복리 증진 등을 목표로 했다.[13)]

이 같은 인민 복리의 증진 방안의 정점에 세금제도의 철폐 조치를 놓기

13) 소련은 7개년계획을 통해 국민소득의 연 7.4% 성장, 농업생산물 연 8% 성장 등을 추진했으나 결과는 각각 4.4%와 2%에 그쳤다. 곡물생산의 경우에도 1965년 한 해에만 1억8천만 톤의 생산을 기대했으나, 실제 추수된 곡물은 1억2천50만톤에 지나지 않았다. Sosnovy(1966), "The New Soviet Plan: Guns Still Before Butter", p. 620.

로 한다면 세금은 경제계획의 완수기 즉 마지막 년도에 없애는 것이 합당하다. 하지만 북한의 경로는 소련과 달랐다. 북한은 경제계획을 전기와 후기로 나누고 세금의 점진적 또는 즉각적 철폐를 후기의 출발 기준선으로 삼았다. 이 패턴은 농업현물세 및 소득세의 폐지계획에서 똑같이 나타났다. 소련안과 북한안의 차이는 다음의 〈표 7-1〉과 같이 정리할 수 있다.

〈표 7-1〉 북한과 소련의 세금 폐지 일정

<table>
<tr><th colspan="5">소련</th></tr>
<tr><th>연도</th><th colspan="3">차수</th><th>세금 폐지 일정</th></tr>
<tr><td>1959</td><td rowspan="7">7개년</td><td rowspan="3">전기</td><td>1년차</td><td>폐지 구상 발표</td></tr>
<tr><td>1960</td><td>2년차</td><td>소득세 감면 1/6</td></tr>
<tr><td>1961</td><td>3년차</td><td>소득세 감면 2/6</td></tr>
<tr><td>1962</td><td rowspan="4">후기</td><td>4년차</td><td>소득세 감면 3/6</td></tr>
<tr><td>1963</td><td>5년차</td><td>소득세 감면 4/6</td></tr>
<tr><td>1964</td><td>6년차</td><td>소득세 감면 5/6</td></tr>
<tr><td>1965</td><td>7년차</td><td>소득세 폐지 6/6</td></tr>
<tr><td>1966</td><td rowspan="5">5개년</td><td rowspan="2">전기</td><td>1년차</td><td rowspan="5"></td></tr>
<tr><td>1967</td><td>2년차</td></tr>
<tr><td>1968</td><td rowspan="3">후기</td><td>3년차</td></tr>
<tr><td>1969</td><td>4년차</td></tr>
<tr><td>1970</td><td>5년차</td></tr>
<tr><td>1971</td><td rowspan="5">5개년</td><td rowspan="2">전기</td><td>1년차</td><td rowspan="5"></td></tr>
<tr><td>1972</td><td>2년차</td></tr>
<tr><td>1973</td><td rowspan="3">후기</td><td>3년차</td></tr>
<tr><td>1974</td><td>4년차</td></tr>
<tr><td>1975</td><td>5년차</td></tr>
<tr><td>1976</td><td></td><td></td><td></td><td></td></tr>
</table>

<table>
<tr><th colspan="5">북한</th></tr>
<tr><th>연도</th><th colspan="3">차수</th><th>세금 폐지 일정</th></tr>
<tr><td>1959</td><td rowspan="2"></td><td rowspan="2"></td><td>4년차</td><td></td></tr>
<tr><td>1960</td><td>5년차</td><td>폐지 구상 발표</td></tr>
<tr><td>1961</td><td rowspan="10">7개년</td><td rowspan="3">전기</td><td>1년차</td><td rowspan="3"></td></tr>
<tr><td>1962</td><td>2년차</td></tr>
<tr><td>1963</td><td>3년차</td></tr>
<tr><td>1964</td><td rowspan="4">후기</td><td>4년차</td><td>농업세 감면 1/3</td></tr>
<tr><td>1965</td><td>5년차</td><td>농업세 감면 2/3</td></tr>
<tr><td>1966</td><td>6년차</td><td>농업세 폐지 3/3</td></tr>
<tr><td>1967</td><td>7년차</td><td></td></tr>
<tr><td>1968</td><td rowspan="3">연장기</td><td>8년차</td><td rowspan="3"></td></tr>
<tr><td>1969</td><td>9년차</td></tr>
<tr><td>1970</td><td>10년차</td></tr>
<tr><td>1971</td><td rowspan="6">6개년</td><td rowspan="3">전기</td><td>1년차</td><td></td></tr>
<tr><td>1972</td><td>2년차</td><td>헌법에 폐지 명시</td></tr>
<tr><td>1973</td><td>3년차</td><td></td></tr>
<tr><td>1974</td><td rowspan="3">후기</td><td>4년차</td><td>소득세 폐지</td></tr>
<tr><td>1975</td><td>5년차</td><td rowspan="2"></td></tr>
<tr><td>1976</td><td>6년차</td></tr>
</table>

주: 연도는 계획을 기준으로 함. 농업세는 농업현물세의 줄임말이며 세금이 폐지되는 년도 및 해당되는 기간을 회색 및 진회색으로 강조함.

북한의 7개년계획과 관련, 김일성은 1961년부터 1967년까지를 '사회주의 건설에서의 결정적 시기'로 규정하고 중공업의 우선적 장성과 경공업·농업의 동시발전 노선의 계속 추진을 확인했다. 김일성은 7개년 계획의 실현을 위해서 "인민 경제의 모든 부문에서 부단한 기술 혁신을 일으키며 내부 원천을 남김 없이 동원하며 엄격한 절약 제도를 실시"하도록 교시했으며, 이를 위한 "가장 중요한 담보의 하나"로서 독립채산제와 내부채산제를 강화할 것을 결정했다. 김일성은 1961년 2월 21일 열린 내각 전원회의에서 독립채산제의 강화를 통한 국가예산수입 증대와 관련한 주요 지시를 하달했는데, 이 교시에 따라 "국가 예산 납부 의무를 월별, 분기별로 무조건 집행하며 재정 규률을 더욱 강화하고 국가 예산 수입을 체계적으로 증대시키는 것"이 독립채산제를 강화함에 있어서 무엇보다 중요한 것으로 간주되었다.[14)]

나아가 김일성의 1961년 12월 대안전기공장 현지지도는 북한이 지배인유일관리제에서 집단경영체제로 전환하는 계기가 되었다. 김일성은 대안의 사업체계를 "공장, 기업소들이 당위원회의 집체적지도밑에 모든 경영활동을 진행하며 정치사업을 앞세우고 생산자대중을 발동하여 제기된 경제과업을 수행하며 우가 아래를 책임적으로 도와주며 경제를 과학적으로, 합리적으로 관리운영" 경제관리체계로 규정했다.[15)]

1962년 소련의 리베르만이 주창한 리베르만주의는 "기업활동과 생산에 투입된 총자본과의 관계에서 리윤률을 기업활동을 평가하는 기준"으로 삼았다. 반면 대안의 사업체계는 공업이 일정한 단계에 이르러 예비가 적어지면, 근로자에 대한 물질적 자극을 경제관리의 기본방법으로 삼아야 한다는 소련의 주장에 대한 북한식 대응이다. 다음의 해석은 북한이 대안의 사업체계를 반수정주의 투쟁에 연계시켜 설명한 것이다.[16)]

정치도덕적자극을 위주로 하면서 그에 물질적 자극을 옳게 배합하는

---

14) 리신진(1962), 「우리 나라에서 독립 채산제의 발전」, 『재정금융』 1962년 2월 제63권 제2호, 11-12쪽.
15) 김일성(1983), 「조선로동당 제5차대회에서 한 중앙위원회사업총화보고」(1970. 11. 2), 『김일성저작집 25』(평양: 조선로동당출판사), 259-260쪽.
16) 고정웅 · 리준항(1995), 『조선로동당의 반수정주의투쟁경험』, 168-169쪽.

> 것은 사회주의사회의 공산주의적성격고 과도적성격을 다같이 고려한 경제관리원칙이다. …… 우리 당은 경제관리에서 정치도덕적자극을 앞세우는 기초우에서 물질적자극을 배합하는 원칙을 확고히 견지함으로써 수정주의자들의 책동에 리론적으로뿐아니라 실천적으로 반격을 가하였으며 경제건설과 인간개조사업을 다같이 성과적으로 밀고나갈수 있었다. 우린 당은 경제관리에서 수정주의를 반대하고 대안의 사업체계를 관철하는데서 경제에 대한 국가의 중앙집권적인 계획적 지도를 강화하는데 커다란 힘을 넣었다.

북한은 “기술 혁명이 전면적으로 전개되고 공장의 규모가 커졌으며 모든 부문들과 고리들간의 련계가 더욱 밀접하게 된 새로운 조건”에 알맞게 재정 사업체계를 개선하여 청산리방법의 보다 철저한 구현을 도모했다. 이중 특히 기업소 재정계획화 사업 개선이 중요시되었으며, 각급 재정금융 기관의 일군들은 “산하 기업소 재정 사업에 대하여 직접 책임지고 사업을 조직해 주면 걸린 문제를 풀어주는 사업체계를 확립”할 것을 요구받았다.[17]

1960년의 8.15 기념사에서 김일성은 앞으로 7년 간 공업총생산액은 2.5배 이상, 알곡총수확보는 1.5배 이상으로 늘리는 등 “사회주의적공업화에서 결정적인 전진”을 이룰 것임을, 그리고 7개년계획 추진을 통해 앞으로 “몇해안에” 세금제도를 폐지하는 등 ‘인민 생활수준의 획기적인 향상’이 있을 것임을 공약했다.[18] 이 발언을 기준으로 할 때 애초에 세금제도의 철폐는 이르면 1964년에 실시할 것을 계획했던 것으로 보인다. 그런데 1961년 5.16 쿠데타에 의한 군사정권 등장으로 북한은 중대한 노선 전환을 결정하게 되었다.[19]

---

17) 안광즙(1962), 「기술 혁명과 재정」, 『재정금융』 1962년 4월, 36쪽.

18) 김일성(1981), 「천리마기수들은 우리 시대의 영웅이며 당의 붉은 전사이다」(1960. 8. 22), 『김일성저작집 14』(평양: 조선로동당출판사), 261-262쪽.

19) “그간 북한이 1962년 12월부터 국방경제병진노선으로 전환한 것은, 중소분쟁과 같은 사회주의권내 분열상황으로 인한 방기(abandonment) 우려와 1962년 10월 쿠바미사일 위기에서 소련에 대해 느낀 실망감 등이 크게 작용한 것으로 일반적으로 알려져 왔다. 그러나 (1961년) 5월 17일의 노동당 중앙상임위 회의 내용은 새로운 사실을 전하고 있다. 즉, 북한은 5.16 쿠데타에 대한 충격과 반작용으로,

그리고 이렇게 등장한 국방경제병진노선은 북한 조세정치에 말할 나위 없이 큰 영향을 끼치게 되었다. 국방과 경제발전을 병진한다는 것은 '인민생활수준의 획기적인 향상'을 당분간 유보하는 것을 의미했기 때문이다. 김일성은 세금제도를 완전히 폐지하는 대신 7개년 계획의 후반기를 시작하는 1964년부터 3년에 걸쳐 농업현물세를 단계적으로 폐지하는 방법을 선택했다. 당시 김일성은 7개년 계획의 목적이 남한과 북한간의 격차를 크게 벌리는 데 있다고 단언했을 정도로 남한을 의식하고 있었다.[20]

> 남조선에서는 인민들의 투쟁에 의하여 리승만이가 나가 떨어지고 지금은 장승만(장면을 이렇게 부르시였다)이가 들어앉았소. 그러나 그놈도 오래 가지는 못할 것이요. 우리 북반부 인민들이 다 잘먹고 잘입고 잘살게 되면 남반부인민들의 투쟁을 고무추동하게 될것이며 또 인민들의 압력에 의하여 남북래왕이 실현될 때에 더 빠른 시일 안에 남반부인민들의 민심이 우리에게 쏠리게 될것이요. 남북의 차이를 하늘과 땅처럼 만들어야 하오. 7개년 계획의 목적이 이것이요. 이는 곧 조국통일을 앞당기는 길이요.

북한은 7개년계획을 예정대로 끝내지 못하고 1966년 중 3개년 연장을 결정하면서, "지난 5-6년간 계속 증대된 전쟁의 위협에 대비하여 국방력 강화에 많은 비중을 돌렸기 때문에 7개년계획의 조정이 불가피하였다. 그동안 사회주의 진영의 통일단결의 약화는 7개년계획의 수행에 난관과 장애를 가져왔다"고 주장했다.[21] 1967년 6월말-7월초에는 당중앙위원회 제4기 제16차

이미 5.16 직후에 1차 7개년계획의 공표 연기까지 고려하면서 국방경제병진노선의 골격을 마련하고 채택단계에 있었다는 것이다. 다시 말해 남한에서의 5.16 쿠데타가 정책 전환의 결정적 계기였다는 것이다". 신종대(2010), 「5.16 쿠데타에 대한 북한의 인식과 대응」, 『정신문화연구』 제33권 제1호, 97쪽.

20) 림경학(2005), 「남북의 차이를 하늘과 땅처럼 만들어야 하오」, 조선로동당출판사 엮음, 『인민들속에서 4』(평양: 조선로동당출판사), 116쪽.

21) 공산권문제연구소 엮음(1968), 『북한총람, 1945-1968』(서울: 공산권문제연구소), 322쪽. 박영희(1972), 「북한 예산 소고」, 『교수논단』 제1권 제1호, 52쪽 재인용.

전원회의가 개최되어 “경제건설과 국방건설의 병진로선을 받들고 사회주의 건설에서 다시한번 새로운 혁명적대고조를 일으킬데 대한 방침”을 제시했다.[22) 회의를 주재한 김일성의 결론을 인용하면 다음과 같다.[23)

> 경제건설과 국방건설을 병진시킬데 대한 이 새로운 혁명적로선을 관철하려면 첫째로는 모든부문, 모든 단위의 간부들과 근로자들이 사상적 준비를 철저히 하여야 할 것이며, 둘째로는 인민경제 모든 부문에서 소극성과 보수주의, 락후와 침체를 반대하여 강하게 투쟁하며 지난날보다 몇배, 몇십배의 노력을 하여야 할 것입니다. 그리하여 사회주의경제건설 분야에서나 국방건설분야에서나 할 것없이 모든 분야에서 천리마의 대진군을 계속하며 새로운 혁명적고조를 일으켜야 할 것입니다.

연장기간(1968-1970년)의 첫해에는 “1.21 청와대 기습사건 등 북한의 군사모험주의적인 일련의 무력도발을 상징”하는 1968년 북한요인이 발생해 남한에 국내정치적 영향으로 작용했다.[24) 7개년계획의 연장과 함께 세금제도, 즉 소득세의 폐지 일정도 계획이 종료되는 1970년 이후로 순연(順延) 된 것으로 보인다.

1971년부터는 7개년계획의 후속으로 6개년계획이 추진되었다. 6개년계획 기간을 전기(1971-1973년)와 후기(1974-1976년)로 나눈다면, 전기의 가장 중

---

22) 고정웅 · 리준항(1995), 『조선로동당의 반수정주의투쟁경험』, 89쪽.

23) 김일성(1983), 「당면한 경제사업에서 혁명적 대고조를 일으키며 로동행정사업을 개선강화할데 대하여」(1967. 7. 3), 『김일성저작집 21』(평양: 조선로동당출판사), 351-352쪽.

24) 북한요인은 조세정책과는 다른 의미에서의 제도적 기억(institutional memory)을 불러오는 효과가 있었다. “(위기적 북한요인의 효과) 역사적 ‘기억’ 속에 가물거리고 있던 한국전쟁의 참혹성을 다시 불러내어 그것이 단지 역사와 기억이 아니라 ‘현실’임을 사회 전반에 침투시키는 결과를 낳는다. 그리고 이는 다시 사회 전반에 걸쳐 강화된 기억으로 자리잡는다. …… 이제 이러한 조건에서 정권에 의한 북한요인의 동원비용은 현격히 저하되고 반대세력의 저항비용은 급격히 상승할 수밖에 없다”. 신종대(2004), 「북한요인과 국내정치: 1968년 북한요인의 영향을 중심으로」, 『한국과 국제정치』 제20권 제3호, 122쪽.

요한 정치일정은 1972년의 헌법 개정이고, 후기의 경우는 1974년의 세금제도 폐지이다. 북한은 1972년 '조선민주주의인민공화국 사회주의헌법'(이하 사회주의헌법)제정을 통해 국가주석직과 중앙인민위원회를 창설하고 권력 집중적 국가기관체계를 수립했다.[25] 신 헌법은 세금제도의 폐지를 처음으로 명문화 했고, 북한은 이후 1년의 준비기간을 거쳐 1974년 소득세와 지방자치세, 즉 '세금제도'를 폐지했다. 소득세의 폐지 시점을 6개년계획의 후기의 시작에 해당하는 1974년으로 정했다는 점에서 농업현물세와 마찬가지의 패턴을 보였지만, 단계적 폐지 대신 일괄 폐지를 실시한 점이 다르다.

2. 관건은 세입구성: 거래세와 이익공제금

김일성은 소련과 마찬가지로 생산의 증대가 세금제도의 철폐를 가능하게 할 것으로 보았다.[26] 그러나 소련의 철폐안은 1961년 실시가 연기되었다가 1964년 흐루쇼프가 실각하면서 무위로 돌아갔고, 1960년대 기간 중 북한의 거래세 · 이익공제금 비율의 증대는 김일성의 예상만큼 높아지지 않은 것으로 보인다. 더불어 거래세의 일방적인 증징을 통한 세금제도의 철폐는 김일성이 지향한 바가 아니다. 이 시기 김일성의 발언을 주의 깊게 관찰하면 세금제도의 폐지 또는 세율의 감하는 임금인상 · 생필품 가격인하 등 인민의 생활수준 향상에 대한 동전의 반대면과도 같았다. 이는 다음의 1968년 김일성의 연설에서 확인된다.[27]

---

25) "인민민주주의헌법이 5차례의 부분 개정을 거쳐 1972년 12월 최고인민회의 제5기 제1차 회의에서 '조선민주주의인민공화국 사회주의헌법'(이하 사회주의헌법)으로 전면 개정된다. 사회주의헌법에서의 권력구조는 '집중적 형태'를 띠는데 최고인민회의의 권한이 약화되고 국가주석직이 창설되어 정치 · 군사 · 경제 등 전권을 행사하게 된다". 김갑식(2003), 「북한의 헌법상 국가기관체계 변화」, 『북한연구학회보』 제6권 제2호, 67쪽.

26) 김일성(1981), 「조선인민의 민족적명절 8.15해방 15돐경축대회에서 한 보고」(1960. 8. 14), 『김일성저작집 14』(평양: 조선로동당출판사), 228-229쪽.

그런데 지금 우리의 일군들은 어떻게 하고있습니까? 생산조직을 합리화할 생각은 하지 않으며 따라서 로동생산능률을 높이지 않고 원가를 낮추지 않기 때문에 실지로 사회순소득은 얼마 창조되지 못함으로써 생산적 지출을 공제하고 나면 별반 남는것이 없는데도 물건값을 정할때에는 원가에다 거래수입금을 굉장히 붙이려는 경향이 있습니다. 이것은 아주 옳지 않습니다. 물건을 비싸게 생산하여가지고 국가예산수입을 늘이기 위하여 물건값에 인위적으로 거래수입금을 많이 붙여 판다면 어떻게 되겠습니까? 이것은 첫째로 창조되지도 않고 실지 있지도 않는 ≪순소득≫을 분배하려는 객관적법칙을 어기는 행위이며, 둘째로 인민들의 실질수입을 떨어뜨리는 인민성이 없는 행위입니다.

결국 북한의 세금제도는 김일성의 첫 발언이 나오고 14년이 흐른 뒤에야 폐지되었다. 당시 국가예산 수입에서 거래세와 이익공제금의 합계는 1957년 98.0%에서 1974년 98.1%로 0.1%밖에 늘지 않았으나 금액에 있어 4,024,500,000원에서 8,435,920,000원으로 209% 상승했다.[28] 이 시기 북한의 세입구조는 소련과 상당히 거리를 둔 방향으로 발전해 있었다. 1960년 최종적으로 공개된 거래세와 이익공제금은 전체 예산에서 각각 53.1%와 14.0%를 차지하고 있었다.

이 비율은 소련과 비교하면 그 차이가 확연하다. 소련 사회주의 경리수입의 대부분은 거래세 수입에서 나왔다. 소련이 거래세를 도입한 1930년부터 2차대전에 참전한 1941년까지의 거래세와 이익공제금 성장 추이를 보면, 국가예산 수입에서 거래세가 차지하는 비중이 1930년 45.9%에서 1941년 70.5%로 늘어나는 동안 이익공제금은 동기간 10.9%에서 17.7%로 늘었다.

국가의 거래세 수입이 크면 클수록 개인(담세자인 소비자)의 고통은 늘어나게 된다. 하지만 이익공제금의 증대는 개인에게 체감되는 부분이 상대

27) 김일성(1983), 「사회주의건설에서 재정의 기능과 역할을 강화할데 대하여」(1968. 10. 31), 132-133쪽.
28) 1968년의 예산수입자료는 공간문헌에서 확인되지 않아 1967년 자료로 대체한다.

적으로 적다. 따라서 북한이 소련과 달리 세금제도의 철폐를 달성할 수 있었던 것은, 사회주의 경리수입이 97.9%에 달하면서도 거래세와 이익공제금이 국가예산에서 차지하는 비중이 각각 53.1%와 14.0%인 북한의 세입구성 설계 능력에 있다고 하겠다. 즉, 북한은 거래세와 이익공제금 수입에서 소득세 수입의 감소분만큼, 또는 그 이상으로 수탈할 수 있는 여유분을 보유하고 있었던 것이다. 이중 거래세 수입에서의 여유분의 변천을 나타내는 1974년까지의 국가예산 수입 구조는 〈표 7-2〉와 같다.

한편 이익공제금은 1960년 국가기업이익금으로 명칭을 변경한 이래 1974년 세금제도 폐지 시점까지 그 부과 형태를 계속 유지한 것으로 보인다. 1960년 마지막으로 확인되는 이익공제금 징수 규모는 국가예산 수입의 14.0%를 차지해, 25%정도의 비중을 차지한 소련의 절반밖에 되지 않았다.[29]

거래세와 이익공제금이 보여주는 북한-소련 간의 비중의 차이는 북한에서 소비세 형식으로 국민에게 전가되는 비중이 낮다는 의미이기 때문에, 북한이 세금제도를 폐지하더라도 추가 세입을 보다 용이하게 창출할 수 있는 여력을 가진다는 의미로 해석할 수 있다.

---

29) 안광즙(1964), 『우리 나라 인민 경제에서의 사회주의적 축적』, 168쪽.

〈표 7-2〉 북한 국가예산 수입의 변천, 1956-1974

년	수입	사회주의 경리		주민세금		기타
1956	Ⓢ 99,254,000	74,101,000	⊗ (74.7%)	8,769,117	⊗ (8.8%)	⊗ 16.5%
		⊗ 거래세 (27.0%) ⊗ 이익공제금 (23.6%) = 기타 (24.1%)				
1957	Ⓢ 1,251,000	Ⓢ 1,028,000	Ⓢ (82.2%)	Ⓢ 70,064	Ⓢ (5.6%)	= (12.2%)
		Ⓢ 거래세 (46.8%) Ⓢ 이익공제금 (14.9%) = 기타 (20.5%)				
1958	Ⓢ 1,529,140	Ⓢ 1,429,889	Ⓢ (93.5%)	Ⓢ 35,648	Ⓢ (2.3%)	= (8.8%)
1959	〶 1,715,695	〶 1,593,890	⊗ (97.8%)	〶 37,750	(2.2%)	= (6.0%)
		⊗ 거래수입금 (52.7%) ⊗ 국가기업이익금 (14.1%) = 기타 (31.0%)				
1960	〶 2,019,300	〶 1,936,510	✇ (97.9%)	〶 42,410	(2.1%)	= (2.0%)
		☆ 거래수입금 (53.1%) ☆ 국가기업이익금 (14.0%) = 기타 (30.8%)				
1961	Ⓢ 2,400,000	〶 2,349,600	(97.9%)	〶 50,400	(2.1%)	(0.0%)
1962	Ⓢ 2,896,360	〶 2,838,430	✇ (97.9%)	〶 57,930	(2.1%)	(0.0%)
1963	Ⓢ 3,144,820	〶 3,081,920	✇ (98.0%)	〶 62,900	(2.0%)	(0.0%)
1964	Ⓢ 3,498,780	〶 3,432,300	* (98.1%)	〶 66,480	* (1.9%)	(0.0%)
1965	〶 3,573,840	〶 3,502,360	* (98.0%)	〶 71,480	* (2.0%)	(0.0%)
1966	@ 3,671,500	〶 3,598,070	* (98.0%)	〶 73,430	* (2.0%)	(0.0%)
1967	Ⓢ 4,106,630	〶 4,024,500	* (98.0%)	〶 82,130	* (2.0%)	(0.0%)
1968	Ⓢ 5,023,700					
1969	Ⓢ 5,319,030	〶 5,223,290	* (98.2%)	〶 95,740	* (1.8%)	(0.0%)
1970	Ⓢ 6,232,200	〶 6,120,020	(98.2%)	〶 11,220	* (1.8%)	(0.0%)
1971	Ⓢ 6,357,350	= 6,242,918	(98.2%)	= 114,432	= (1.8%)	(0.0%)
1972	7,430,300	〶 7,281,690	(98.0%)	〶 14,860	* (2.0%)	(0.0%)
1973	Ⓢ 8,599,310	〶 8,435,920	Ⓢ (98.1%)	〶 16,340	Ⓢ (1.9%)	(0.0%)
1974	9,672,190					

출처: (@) 표시는 안광즙(1993), 『농촌조세문제의 빛나는 해결』에서, (☆) 표시는 안광즙(1964), 『우리 나라 인민 경제에서의 사회주의적 축적』에서, (⊗) 표시는 조선 민주주의 인민 공화국 국가 계획 위원회 중앙 통계국(1961), 『1946-1960 조선 민주주의 인민 공화국 인민 경제 발전 통계집』에서, (〶) 표시는 김영희(1988), 『세금문제 해결 경험』에서, (Ⓢ) 표시는 국토통일원 자료조사실 엮음(1988), 『북한최고인민회의 자료집 1-3』에서, (✇) 표시는 김덕윤(1988), 『재정사업경험』에서 인용함; (=)는 파악된 데이터를 기준으로 역산함; (★)표시는 전현수(2007), 「해방 직후 북한의 국가예산(1945-1948)」에서 재인용함; 그 외 전 기간 『조선중앙년감』(1948-1974)에서 인용함.

3. 제도 폐지의 시험대: 농업현물세

1920년대 소련 정부의 일관된 목표는, 부농의 착취계급으로의 성장을 억제하면서도 농업생산성을 높이고, 빈농과 중농의 농업집단화 참여를 독려하는데 있었다. 집단화에 참여하는 농민들은 공동 소유의 농기계를 사용해 더 높은 수확고를 높이면서도, 개인 소유의 토지를 경작할 때보다 더 낮은 세율의 적용을 받게 되었다. 1928년 11월 농업에 대한 강제집단화와 1930년 1월 계급으로서의 쿨라크의 제거가 결정되어 집단화에 박차를 가했고, 정부는 세율을 계속 낮추는 방향으로 세제를 개편했다. 다음의 〈표 7-3〉는 소련 농업세율의 변천을, 그리고 〈표 7-4〉는 북한 농업현물세율의 변천을 나타낸다. 북한 사회의 '사회주의적 개조'는 1958년 8월을 기점으로 완성되었다.[30] 수공업자와 개인 기업가들을 생산협동조합으로, 개인상인들은 판매협동조합으로 조직해 자본주의적 상공업의 사회주의적 개조를 농업집단화와 동시에 완성한 것이다.[31] 해방 직후 농민, 개인 기업가, 상인 계층으로 분류되었던 공민들은 1958년 8월을 말을 기점으로 이들 협동조합으로의 편입을 모두 끝낸 상태였다. 협동조합에는 거래세와 소득세가 부과되고 있었

---

30) 김일성(1984), 「우리나라 사회주의제도를 더욱 강화하자」(1972. 12. 25), 『김일성저작집 27』(평양: 조선로동당출판사), 586쪽.

31) 특기할만한 점은 김일성이 1959년 1월 5일 열린 전국농업협동조합대회의 농업집단화 완수 총화 보고 중 레닌을 인용했다는 점이다. 인용된 레닌의 어록은 1918년 12월 11일의 제1차 농지부, 빈농위원회 및 코뮌 전러시아대회 연설에서 취한 것으로, 전문은 다음과 같다. "소규모 개인농경리로부터 공동적토지경작에로의 이행과 같은 생활과 풍습의 가장 깊은 토대와 관련되는, 수천만 사람들의 생활에서 일어나는 그런 위대한 변혁은 오직 오랜 기간의 노력에 의해서만 이루어질수 있으며 또 이러한 변혁은 일반적으로 필요성이 사람들로 하여금 자기의 생활을 개조하지 않을수 없게 하는 그러한 때에 비로소 실현될 수 있다고 하였습니다". V.I. Lenin(1972), "Speech to the First All-Russia Congress of Land Departments, Poor Peasants' Committees and Communes"(1918. 12. 11), *Lenin Collected Works 28*(Moscow: Progress Publishers), pp. 338-348. 김일성(1981), 「우리나라에서의 사회주의적 농업집단화의 승리와 농촌경리의 앞으로의 발전에 대하여」(1959. 1. 5), 14쪽 재인용.

다. 당시 김일성은 1인에 1년 400kg의 식량을 보장하고 호당 알곡은 2.5-3.0톤, 현금은 300-500원의 분배를 통해 농민 가정의 형편을 중농의 수준으로 끌어올리고자 했다.[32] 다음은 1960년 9월 21일 김일성의 판문군 봉동리 현지지도에서 있었던 대화의 일부이다.[33]

> 위대한 수령님께서는 그의 대답을 들으시고 ≪반장 동무, 그걸 가지고 넉넉하다고 할 수 있소? 여덟가마니는 가져야 하지 않겠소. 어른 아이 할것 없이 한 식구당 400kg씩은 가져야 하오. 400kg≫하시며 우리를 돌아 보시였다. ≪그리고 또 좀 여유가 있어야 시집간 딸이 친정엘 오거나 아들딸들의 잔치를 할 때도 떡말이나 칠게 아니겠소.≫" 중농의 기준은 다음과 같이 제시했다. "위대한 수령님께서는 계속 우리의 생활에 대하여 깊이 관심하시면서 이전에 이 고장에서 얼마나 가지면 잘사는 중농이라 하였느냐고 나에게 물으시였다. ≪그저 제땅이나 가지고 한해 식량이나 대면 잘사는 중농이라고 하였습니다.≫≪그러자면 적어도 분배가 호당 알곡은 2.5t 내지 3t, 현금은 300원 내지 500원은 가져야 할게 아니요. 그런 수준에 올라갈수 있소?≫

1961년의 '승리자 대회' 이후 1964년의 폐지계획 발표 전까지의 3년간, 농업현물세에는 다음의 세 차례 감면 조치만이 확인된다. 첫째, 1962년 10월 15일 내각결정 제56호「일부 협동농장들의 농업현물세 및 국가납부곡을 면제할데 대하여」는 자연재해에 대응하기 위한 협동농장 대상의 감면조치였다. 둘째, 1963년 10월 11일 내각비준 제754호는 북한 내에서 경제토대가 약한 양강도 안의 협동조합들의 농업현물세와 국가납부곡을 면제조치였으며, 마지막으로 같은 해 11월 25일의 내각비준 제897호「일부 과실에 대한 현물세를 폐지할데 대하여」는 과일의 생산증대를 위해 사과, 배, 복숭아를 제외한 모든 과일에 대해 현물세를 면제했다. 이 기간 중 세율의 변동은 없었다.

---

32) 림경학(2005),「남북의 차이를 하늘과 땅처럼 만들어야 하오」, 111쪽.
33) 림경학(2005),「남북의 차이를 하늘과 땅처럼 만들어야 하오」, 111쪽.

〈표 7-3〉 소련의 농업세 부과비율 변천, 1921-1957

(단위: 코펙)

구분	1921. 5. 19	1931. 3. 29	1941. 4. 1	1957. 12. 9
명칭	농업현물세	단일농업세	농장세	농업세
부과비율	-총액 비례 할당제	- 아르첼리와 코뮌: 3 코펙 - 토즈: 4 코펙	- 수매, 내부소비 판매액: 4 코펙 - 기타 판매액: 8 코펙	-콜호즈: 과세 소득의 14%

주: 매 1루블에 대한 과세임. 1 루블(Ruble, p.)은 100 코펙(Kopeck, K.).
출처: "Regulations on the 1931 Single Agricultural Tax"(1931. 3. 29)의 내용을 표로 재구성함. http://bestpravo.ru/sssr/eh-postanovlenija/k8w.htm (2012년 5월 10일 접속)

〈표 7-4〉 북한의 농업현물세 부과비율의 변천, 1946-1966

(단위: %)

	논작물	전작물	과일	공예작물	기타
1차 (1946. 6. 27)	25%	25%	25%	25%	
2차 (1947. 5. 12)	27%	23%	25%	23%	화전민 10%
3차 (1949. 7. 20)	27%	23%	25%		화전 10%
4차 (1955. 6. 25)	안전답 27% 불안전답 25%	전 23% 준화전 15%	25%		비옥도 기준
5차 (1955. 12. 22)	20-27%	10-23%	23-25%		비옥도 기준
6차 (1959. 2. 21)	11-14%	3-9%	14%	9%	

출처: 김영희(1988), 『세금문제 해결 경험』 및 최창진(1993), 『농촌조세문제의 빛나는 해결』의 내용을 표로 재구성함.

1964년 2월 김일성은 『우리 나라 사회주의 농촌문제에 관한 테제(이하 사회주의 농촌문제 테제)』에서 농업현물세를 포함하는 주민세금의 수입이 '보잘것없는 아주 낮은 비중'을 차지하게 되었다고 평가하며 농업세를 폐지하겠다고 공언했다. 방법으로는 1964-1966년의 3개년에 걸친 3단계적 폐지가 선택되었다. 다음은 『사회주의 농촌문제 테제』 내용의 일부이다.34)

> 지금 우리나라에서 현물세를 이미 면제받은 협동농장들을 내놓고 2,400여개의 농장들이 현물세를 바치고있다. 우리는 올해에 이가운데서

34) 김일성(1982), 「우리나라 사회주의 농촌 문제에 관한 테제」(1964. 2. 25), 『김일성 저작집 18』(평양: 조선로동당출판사), 241쪽.

800여개의 협동농장들에 대하여 현물세를 면제하여주고 1965년에 또 약 800개의 농장들을 면제하여주며 마지막해인 1966년에 가서는 나머지 농장들까지 다 면제하여주어 현물세제를 완전히 없애도록 하여야 한다.

김일성의 방침을 실천하기 위해 1964년 3월 26일 「협동 농장들의 경제토대를 강화하며 농민들의 생활을 향상시킬 데 대한 법령」이 제정되었고,[35] 11월 26일에는 후속조치로서 내각 결정 제60호 「협동 농장들의 경제 토대를 강화하며 농민들의 생활을 향상시킬데 대한 법령집행대책에 대하여」가 채택되었다. 수매양정성이 주체가 되어 1964년 12월 말까지 농업현물세 폐지일정을 내각에 제출하도록 했다.[36] 김일성은 경제토대가 약한 농장들로부터 현물세 면제 조치를 시작해서 3단계로 확대할 것을 주문했는데 실제로 1964년 800여개, 1965년 972개, 그리고 마지막 해인 1966년 모든 농장이 면제를 받게 되면서 계획대로 실행이 된 것이 확인된다.[37]

농업현물세를 폐지하기 위해 1966년 4월 27-29일의 3일간 최고인민회의 제3기 제5차 회의가 소집되었다. 회의는 법령 「농업현물세제를 완전히 폐지할데 대하여」를 채택하고 「사회주의 농촌문제 테제」에서 제기한 바에 따라 1964-1966년의 3년간 폐지가 완료되지 않은 잔여분을 면제하고 농업현물세제를 영구히 폐지했다.

최고인민회의 법령에는 「사회주의 농촌문제 테제」에 기초하여 농업현물세가 폐지되었다고 명시하고 있으며, 1947년 2월 세금제도 개혁 결정서와 마찬가지로 일반적으로 알려진 조국광복회 10대 강령(1936), 20개조 정강(1946), 등을 언급하고 있지 않다. 이는 내각 부수상 김광협의 최고인민회의 보고문에서도 확인된다.[38]

---

35) 조선 민주주의 인민 공화국 최고 인민회의 법령, 「협동 농장들의 경제 토대를 강화하며 농민들의 생활을 향상시킬 데 대하여」(1964. 3. 26), 『민주조선』 1964. 3. 27.
36) 최창진(1993), 『농촌조세문제의 빛나는 해결』, 321쪽.
37) 김영희(1988), 『세금문제해결 경험』, 90쪽.

우리는 이제 나머지 800여개의 개인 협동농장들의 현물세 납부를 면제하여 줌으로써 우리나라에서 농업현물세 제도를 영원히 폐지하게 되었습니다. 이것은 농업현물세제에 관한 당 대회의 결정과 테제가 제시한 과업을 영예롭게 완수하는 것으로 됩니다.

이 시기 대남공세를 목적으로 농업현물세 폐지의 혜택을 남한의 농민들과 누리기 위한 '지원포전운동'이 함께 전개되었다.[39] 1966년 농업현물세의 폐지로 북한에는 소득세와 지방자치세만 남게 되었는데, 당시 노동자 · 사무원의 세금 부과율은 소득의 2-10%, 농민의 경우 5-18%로 기록되었다.[40]

농업현물세의 폐지와 관련해서, 1964-1966년의 3년 기간에 걸쳐 대중과 전문가의 글이 고르게 분포되어 개제되어 있는 점에서 세금제도 폐지를 전후한 1974년 전반의 기간과는 다른 방식의 선전 활동이 전개되었음을 알 수 있다.[41] 우선 『근로자』 1964년 4월 (상)은 지난 시기 농업현물세가 "도시와 농촌간의 경제적 련계를 강화하고 전반적인 사회주의 거설을 촉진하는 유력한 수단의 하나"로 그 역할을 수행했으나 이제 "그의 존재를 제약하는 사회경제적 조건들이 사라짐에 따라" 없어지게 되었다고 평가했다. 그리고 세금이 "일정한 제도의 산물"이니 만큼 세금의 폐지는 국가예산수입에서 차지하는 비중을 넘어서서 사회 경제 생활의 전반에 걸친 변화에서 찾아야 한다고 주장했다. 농업현물세의 의의는 (1) 농업발전과 농민생활의 향상에 기여하고, (2) 공업의 지도적 역할 하에 공업과 농업의 균형발전이 가능하

38) 김광협(1966), 「농업현물세제를 완전히 페지할 데 대하여: 내각부수상 김광협 대의원의 보고」, 『로동신문』 1966. 4. 29.

39) 최창진(1993), 『농촌조세문제의 빛나는 해결』, 329쪽. 지원포전운동은 협동농장의 작업반마다 포전을 1-2정보씩 만들고 추가로 소출을 내어 남한의 농민들을 위한 알곡예비를 비축하는 운동을 말한다. 평양시 룡성구역 룡성협동조합에서 시작되었고 강원도 문천군 등으로 확대되었다.

40) 평양출판사 엮음(1994), 『조선의 현실 1』(평양: 평양출판사), 88쪽.

41) 1974년의 경우 『로동신문』 『천리마』 『민주여성』 등 주요 매체에서 사전정지 작업이라고 할 만한 기사는 그다지 발견되지 않는다.

게 하며, (3) 남한의 인민들과 농민들에게 삶과 조국통일을 위한 투쟁을 고무하고 (4) 세계 모든 인민들에게 민족적 자주와 사회주의 투쟁을 고무하는 역할에 있다고 평가되었다.42)

『천리마』 1965년 1월호에는 단계적 폐지의 수혜대상이 된 평안남도 회창군 회운리 협동농장원의 수기가 게재되었다. 협동농장원으로서 '현물세를 정성들여 바쳤으나 생각지도 않았던 조기 면제의 혜택을 입게 되었다'는 내용을 마지막 납부 경험을 1946년 첫 번째 납부 경험의 기억으로 연결시켜, 당과 정부의 거듭되는 배려에 보답하기 위해 더 많은 양곡과 육류를 생산할 것을 다짐하고 있다. 나아가 첫 번째와 마지막의 납부 경험에는 20여년 기간의 차이가 있다. 이를 감안해 수기는 첫 번째 납부경험의 제도적 기억을 기고자의 손위 형제에게서 빌려오고 있다.43)

> "나는 지금도 첫 현물세를 바치러 가던 날 형님이 명절 옷차림에다가 손에는 회초리가 아니라 수기를 들고 나서면서, ≪소에다가도 머 좀 잔뜩 먹였나?!≫ 하던 일을 잊지 않고 있다. 1년 농사 지은 것을 소작료로 다 털리고 마당질한 다음날부터 장리쌀을 먹지 않으면 안 되였던 형님 그리고는 섣달 그믐 날이면 빚받이'군들 때문에 몸을 피해 다니지 않으면 안 되였던 형님! 이런 형님이 소작료며 강제 ≪공출≫, 기타의 그 수를 헤아릴 수 없을 만큼 많은 가렴 잡세들이 다 없어진 세상에서 자기 땅에 농사 지어 현물세를 바치러 가는 날이 어찌 명절 날이 아닐 수가 있겠는가!"

『천리마』 1965년 2월호에는 전문가 좌담회가 게재되었다. 사회과학원 교수인 원사 김광진과 박시형, 재정성 부상 최윤수와 농업위 부위원장 홍연구가 농민 김창준과 함께한 자리에서 「사회주의 농촌문제 테제」와 농업현물세제 폐지의 의의를 토론했다. 경제학자 김광진은 "현물세 그 자체가 커

42) 김춘점(1964), 「농업 현물세제의 폐지와 그 의의」, 34-38쪽.
43) 김병제(1964), 「마지막 현물세」, 『천리마』 1965년 1월 제76호, 45쪽.

서" 역사적 의미를 가지는 것은 아니며 "과거 착취 계급의 국가가 대중을 수탈하기 위한 도구로 써 먹던 세금이란 것과는 근본적으로 다른 즉 새 사회 건설을 촉진한다는 역할을 해 온" 것인데 "이것마저도 농민들의 부담이라고 없애는" 남조선의 농촌수탈정책과 대비되는 큰 국가적 혜택이라고 해설했다. 역사학자 박시형은 "수천년 간을 내려오면서" 농민들이 "피 흘려 싸우며 갈망했던 것이 우리 당에 의해서 비로소 그 열매를 보게 된 것"으로 평가했다.[44)]

『천리마』 1966년 7월호에는 제2차 전문가 좌담회가 게재되었다. 경제학박사 홍달선 · 전석담과 역사학자 홍희유는 역사적인 법령의 폐지를 기념하여 조세제도의 역사를 독자들에게 교양했다. 홍달선은 엥겔스(F. Engels)를 인용하여 "국가가 생기자 경찰과 군대가 생겨나고 관료 통치기구가 나오게 되고 그의 유지에 필요한 재정을 충당하기 위해 조세가 생기는 것"이라고 설명하고, 전석담은 우리 나라에서 첫 계급국가가 등장한 후 2,500년의 역사를 통해 "국가가 발전함에 따라 조세는 점점 무거워지고 가혹해" 진다고 덧붙였다. 농업현물세제의 폐지는 '위대한 사변'으로서 남한의 농민들과 인민들에게 큰 혁명적 역할을 줄 것이 기대되었다.[45)]

농업현물세제 폐지는 1974년의 세금제도 폐지에 앞두고 다시 매체에 등장했다. 『조선녀성』 1974년 제1호는 농민들이 "세금은 고사하고 국가의 크나큰 혜택을 받으며" "아무런 근심도 없이 문명하고 유족한 생활"을 누리게 되었다는 기사를 게재했다.[46)]

---

44) 김광진 · 김창준 · 박시형 · 최윤수 · 홍연구(1965), 「사회주의 국가와 농촌 좌담회」, 『천리마』 1965년 2월 제77호, 6-11쪽.

45) 홍달선 · 진석담 · 홍희유(1966), 「조세와 농민 좌담회」, 『천리마』 1966년 7월 제94호, 26-29쪽.

46) 조선녀성 편집부(1974), 「세금을 모르는 농촌」, 『조선녀성』 1974년 제1호, 36쪽.

제2절_ 세금제도의 폐지

1. 제도적 기억을 찾아서: 유격근거지 경험

김일성의 조세정책은 항일혁명기 중에는 일제와 인민과의 대립을 선명하게 하기 위한 투쟁의 수단이었고, 건국 이후에는 국내적으로 국가의 통치권 확립과 국민의 법치의식 확립을 촉진하는 경제적 수단이었으며, 승리자 대회 이후에는 다른 사회주의 국가들과의 차별화를 선언하기 위한 사상 이론적 수단이었다. 북한은 세금제도를 폐지하는 법령에서 혁명세력 및 지배자로서의 조세정책에 대한 공식입장을 다음과 같이 총결했다.47)

> 우리 혁명이 주체사상에 의하여 지도된 때로부터 비로소 이 투쟁은 제국주의와 착취제도를 반대하는 혁명투쟁의 일환으로 되였으며 세금문제의 근본적인 해결의 길에 들어서게 되였다. 영광스러운 항일혁명투쟁시기에 조선공산주의자들은 조국광복회대강령에서 밝혀진 혁명적이며 인민적인 조세강령을 받들고 투쟁하였으며 항일유격근거지, 해방지구들에서 그 실현의 빛나는 모범을 보여주었다. 우리 당과 인민정권은 항일혁명투쟁시기에 마련되였고 해방후 20개조정강에서 더욱 구체화된 주체적인 조세강령을 구현하여 일제의 략탈적인 조세제도를 철폐하고 인민적이며 민주주의적인 세금제도를 확립하였다.

해방 전까지 북한은 유격근거지에서 징발, 구입 또는 헌납에 의존해 물자를 조달했으며, 1936년 6월의 조국광복회 10대 강령은 김일성 부대의 활동 근거가 되었다. 10대 강령은 경제정책에 있어서 "일본국가 및 일본인 소유의 모든 기업소, 철도, 은행, 선박, 농장, 수리기관 및 매국적친일분자의 전체 재산과 토지를 몰수하여 독립운동의 경비에 충당하며 일부분으로는

47) 조선민주주의인민공화국 최고인민회의 법령, 「세금제도를 완전히 없앨데 대하여」 (1974. 3. 21), 『로동신문』 1974. 3. 22.

빈곤한 인민을 구제"하도록 해 당장의 군비조달, 그리고 앞으로의 토지개혁과 주요산업국유화에 대한 근거를 마련하고 있으며, 조세정책으로는 "일본 및 그 주구들의 인민에 대한 채권, 각종 세금, 전매제도를 취소"할 것을 규정하고 있다. 조세정책에 있어서 일반적인 민주개혁조치에 해당하는 '직접세인 소득세를 중심으로 한 누진과세 방침'은 이 시기 발견되지 않는다.

적어도 유격근거지의 조세정책에 있어서. 북한의 제도적 기억은 빈약하다. 북한의 공간문헌은 김일성이 1930년대 유격구들에 세워진 인민혁명정부와 이후의 유격근거지들에서 다음과 같은 '인민적인 세금정책'을 실천에 옮겼다고 기록했다. 우선 인민혁명정부 기간인 1933년 2월에는 유격근거지-해방지구에서 소비에트 형태의 정권 설립, 프롤레타리아 혁명 및 '즉시 사회주의실현' 등 좌경기회주의적 편향에 반대입장을 피력하고 반제반봉건민주주의혁명의 수행을 과업으로 제시했다. 김일성이 구상했던 유격근거지-해방지구내의 '진정한 인민의 혁명정권'은 "이웃나라들에는 본받을 정권형태가 없었고 우리의 수천년 력사에도 본받을만한 정권형태가 세워진적이 없었다". 김일성은 광범한 근로인민의 이익을 대표하는 정권을 독창적으로 세울 필요 속에서 인민혁명정부 정강으로 "가렴잡세를 페지하고 통일루진세제를 실시할 것"임을 천명했다. 그 외의 민주개혁조치로 산업국유화, 토지개혁, 2.8제 소작제, 8시간 노동제와 최저임금제 등을 약속했다.[48]

북한은 1990년대 들어 항일무장투쟁기를 정교하게 가다듬는 과정에서 신제도의 실시와 관련된 제도적 기억을 강화한 것으로 보인다. 1996년의 한 문헌은 '가렴잡세의 철폐'를 인민혁명정부의 정강의 당면과업으로 제시하고 있는데 이를 "반제반봉건민주주의혁명단계에서 소작료와 세금제도 일반을 다 없애는것이 아니라 봉건적인 가렴잡세와 고률의 소작제를 없앨데 대한 초보적인 요구만을 제기한 것"으로 평가하고 있다. 유격구에서의 조세

48) 김일 · 최현 · 박성철 · 오진우 · 서철 · 림춘추 · 오백룡 · 전문섭 · 한익수 · 박영순(1979), 『붉은 해발아래 항일혁명 20년 2』(평양: 조선로동당출판사), 123-124쪽.

개혁 실시는 "또한 전체 인민들에게 장차 해방된 조국땅우에서 실시할 새로운 조세제도의 원형을 실물로 똑똑히 보여줌으로써 그들에게 명확한 투쟁전망과 혁명승리의 신심을 안겨주고 반일투쟁에로 힘차게 불러일으켜 전반적인 조선혁명을 앙양시키기 위하여서 매우 중요한 문제"로 간주되었다. 인민혁명정부의 '혁명적이며 인민적인 조세개혁'에 의하여 90여종에 달하는 가렴잡세를 폐지하고 농민들에게는 농업현물세를, 수공업자와 개인기업가들에게는 통일누진세를 적용했다.[49] 거두어들인 세금의 용처로는 (1) 반일인민유격대 유지, (2) 학령아동 대상 무상교육 실시, (3) 무상진료병원 건설 등이 언급되었다.[50]

이는 국가의 지배자로서 '손색 없는' 정책과 실천이지만, 역사적 사실로서의 진위 여부에 대해서는 추가적인 검증이 필요하다. 지금으로서는 직접세로 언급되고 있는 통일누진세는 인민혁명정부의 서류에 명목상으로만 존재했을 것으로, 농업현물세는 그 자체가 존재하지 않았던 것을 1990년대 이후 제도적 기억을 조작하는 가운데 등장시켰던 것으로 보인다. 이전까지의 북한 문헌에는 막연한 '통일루진세제'의 표현 대신 농업현물세와 누진세제로의 분리 실시를 명시한 기록이 발견되지 않기 때문이다. 인민혁명정부에서 농업현물세가 실행되었을 가능성은 대단히 낮아 보인다. 유격근거지-해방지구는 중국 내의 일제로부터 고립된 지구이기 때문에 외부, 즉 일제의 영향력 아래 있는 지구와의 물자의 교류가 가능하지 않았다. 당시의 사

49) 김지훈(2002), 「1930년대 중앙소비에트구의 금융정책과 통화팽창」, 228-233쪽. 인민혁명정부 농업현물세가 만약 실시되었다면, 그것은 중국공산당이 소비에트구에서 실시한 토지세와는 그 성격이 다르다. 중국의 토지세는 1931년 제정될 당시 현금이나 현물로 납부하도록 되어 있던 것이 1932년 소비에트국가은행권으로만 납부하도록 개정되었다가, 1933년 현물징수로 다시 개편된 바 있다. 북한이 부과했다는 통일누진세의 경우 중국 소비에트구에서는 상업세와 공업세로 나누어 과세했고, 실제 징수 실적은 낮았던 것으로 알려진다.

50) 최룡섭(1996), 「위대한 수령 김일성동지의 현명한 령도밑에 유격구에서 실시된 혁명적이며 인민적인 세금정책」, 『경제연구』 1996년 제1호, 46-49쪽.

정을 고려한다면 식량의 자급자족은 절대절명의 과제가 된다. 이 기간 중 농민은 현물납세분을 제외한 나머지를 자유재량으로 처분하는 자영농이 되는 대신, 곡식을 유격대원들과 함께 생산하고 함께 소비하는 일종의 '농업공동체'에 편입되었을 가능성이 더 높다. 80년대의 문헌이지만, 다음의 증언을 통해 유추 가능하다.[51]

> 유격구에서 농사를 잘 짓는것은 식량을 해결하기 위한 가장 안전하고 믿음직한 담보였다. 식량을 외부의 지원에만 의거할수 없었으며 또한 적에게서 식량을 빼앗는것으로 식량문제를 원만히 풀수는 없었다. 그러므로 비록 척박한 땅이였지만 유격구에서 농사를 지어 식량문제를 자체로 해결해야 하였다. …… 집단로동과 공동생산을 조직하는것은 식량생산을 위해서 뿐만아니라 적들의 끊임없는 침략으로부터 인민들의 생명재산과 유격구를 보위하기 위해서도 필요하였다. 대중단체들은 조직성원들과 인민들을 집단로동과 공동생산에 적극 참가시키기 위한 조직정치사업을 확발히 벌렸다. 그리하여 어제날까지 혼자힘으로 농사를 짓던 농민들이 집단로동과 공동생산에 주인답게 참가하여 있는 힘과 지혜를 다 바쳐 성실히 일하게 되였다.

그렇다면 통일누진세제와 농업현물세가 이렇듯 뒤늦게 등장하게 되는 이유는 무엇일까. 중국이 그랬듯 사후적인 정당화 작업이 필요했기 때문이다. 보통 법령의 첫째 조항 앞에 위치한 전문(前文, preamble)은 해당 법령의 목적이나 기본원칙을 선언하고 있어, 세법의 전문을 통해 한 국가에서 세법이 가지는 역사와 의미를 파악할 수 있다. 북한의 세법은 법령 · 정령 · 결정 · 포고의 형태로 제정되었는데, 그 시단(始端)에는 1947년 2월의 「북조선세금제도개혁에 관한 결정서」가, 종단(終端)에는 1974년 3월의 「세금제도를 완전히 없앨데 대하여」 법령이 있다고 볼 수 있을 것이다.

그런데 1947년 2월 결정서는 세금제도를 포괄적으로 개혁하고 있음에도

---

51) 리의규(1982), 『항일혁명투쟁시기 대중단체사업』(평양: 근로단체출판사), 467-468쪽.

불구하고 일반적으로 알려진 조국광복회 10대 강령(1936), 20개조 정강(1946), 등을 언급하고 있지 않다. 1947년 2월 결정서에서 확인되는 것은 "일본제국주의잔재를 완전히 청산"하겠다는 탈식민적 정서뿐이다. 중국의 1950년 공상세법도 마찬가지여서, 사후적으로 "중국공산당이 령도하는 혁명근거지 세수 경험 총결과 중화민국시기 세제의 합리적 성분을 흡수하는 기초위에서 전국의 공상세금제도를 통일"한 작업이라는 평가를 덧붙이고 있다.[52] 북한은 세금제도를 폐지하는 과정에서 민주개혁 및 사회주의 건설의지를 고양하는 제도적 기억을 끌어올 필요가 있다고 판단해 1974년의 세금폐지 법령에 이를 포함시킨 것으로 보인다.

한편 인민혁명정부의 세출입과 관련, 세금 징수에 대한 구체적인 기록이 없는 반면 국가가 인민들에게 물자를 공급한 경험은 강조된다. 예컨대 김일성은 1933년 왕청유격근거지에서 적군 군수물자수송부대로 부터 노획한 식량과 피복을, 그리고 목재소에서 노획한 말과 양식을 인민들에게 무상으로 공급했다.[53]

인민혁명정부 해산 이후의 재원 조달 활동은 친일세력의 재산 몰수, 적군의 군사물자 취득과 유격근거지 인민들의 헌납에 집중되어 있다.[54] 몇가지 사례를 보면, 김일성 부대는 1937년 봄 장백일대에서 돈을 주고 식량, 천, 신발 등을 구입해 묻어둔 미싱을 파내어 군복과 군모를 제작했고, 일제

52) 吳鍾錫(2004), 『中國稅制改革研究』(北京: 中國人民大學 博士論文), p. 58.

53) 조선사회주의로동청년동맹중앙위원회(1970), 『위대한 수령을 따라 배우자 2』(평양: 사로청출판사), 58-61쪽.

54) 유격근거지의 개념은 1931년 11월 명월구회의에서 정립되었다. 김일성은 유격근거지에 (1) 항일무장투쟁의 군사전략적 거점, (2) 후방기지, (3) 조선혁명의 책원지 및 보루로서의 의미를 부여하고, 유격근거지를 해방지구 형태인 완전유격근거지와 "낮에는 적들이 통치하고 밤에는 혁명세력이 장악지도하는" 반유격근거지로 나누었다. 김일성은 완전유격근거지와 반유격근거지를 서로 연결 배합해 "유격활동의 경활성과 활동성을 보장하며 항일유격대에 대한 원호사업을 함에 있어서 유리한 조건을 지어"야 한다고 주장했다. 천리마 편집부(1971) 「혁명의 책원지, 보루: 유격근거지 창설」, 『천리마』 1971년 2월 제145호, 14쪽.

가 경영하는 목재소를 공격해 5-6마리의 소를 노획해서 부대원들의 식사를 마련했다.[55] 1939년 봄 백도산 동북부 두만강연안 화룡현에 진출했을 때는 인민들의 '자발성'으로 집집마다 나뉘어 들어 식사를 대접받았다. 이 시기 김일성이 남긴 어록은 1979년에 간행된 구술사에 의한 것으로, 1951년의 마오쩌둥 지시를 윤색한 것으로 보인다. 김일 외에 의하면 김일성은 당시 대원들에게 다음과 같이 지시했다.[56]

> 인민들에게 절대로 페를 끼치는 일이 있어서는 안됩니다. 숟가락 하나, 바늘 한개라도 필요할 때에는 중대장에게 제기하여 값을 치르고 해결받도록 합시다. 그리고 지금 어떤 동무들은 모르고 정주간에 함부로 들어가는데 그런 일이 없도록 해야 하겠습니다. 우리가 이 지방 풍속을 존중하지 않고 행동한다면 인민들에게 좋은 영향을 줄수 없고 군중과 리탈될수 있습니다.

비교를 위해 재수록한 다음의 전문(電文)은 한국전쟁 시기 마오쩌둥이 중국인민지원군에게 보낸 것이다.[57]

> 풀잎 하나도 소중히 여기고 조선 민중으로부터는 바늘 하나, 실 하나 얻지 말라. 우리의 인민을 대하듯 하라. 이는 우리 승리의 정치적 기반이 될 것이다.

같은 시기 김일성은 적구(敵區)의 한 지주의 집에 들어가 "이 집이 잘 사는데 몇달 퍼먹고 가야 하겠다"고 엄포를 놓으면서 대원들에게 "지주놈이

55) 김동규(1972), 「후방사업은 곧 정치사업이다」, 조선로동당중앙위원회당력사연구소 엮음, 『인민의 자유와 해방을 위하여』(도쿄: 구월서방), 297-300쪽.
56) 김일 · 최현 · 박성철 · 오진우 · 서철 · 림춘추 · 오백룡 · 전문섭 · 한익수 · 박영순(1979), 『붉은 해발아래 항일혁명 20년 4』(평양: 조선로동당출판사), 297-300쪽.
57) Mao Zedong(1969), "The Chinese People's Volunteers Should Cherish Every Hill, Every River, Every Tree and Every Blade of Grass in Korea"(1951. 1. 19), *Selected Works of Mao Tsetung 5*(Beijing: People's Publishing House), p. 44.

나쁜놈이니 뽕을 빼놓으라고 말씀하시면서 다른 농민들의 집에 든 대원들의 식사도 다 이 지주놈의 집 쌀을 퍼내서 짓게 하라고 이르"기도 했다.[58)]

정리하면, 중국공산당원인 김일성과 빨치산 세력에게 있어 유격근거지 경험은 중공의 당적 지도의 테두리 안에 포함되어 있었다. 중국공산당은 소비에트 해방구의 재정 관리에 있어 첫째, 친일세력의 재산을 몰수하고 둘째, 토지세(농업세), 상업세, 공업세와 관세를 징수하는 방식으로 맑스의 직접세 중심의 직접세 누진과세 원칙 구현을 추구했다. 동북지역의 유격근거지에서는 활동하던 김일성은 이 같은 방침에 대한 중공 중앙 지시를 전달받았을 것이다. 그러나 김일성은 친일 재산 몰수와 유격구 인민들의 헌납에 의존한 재정 관리를 실시했고, 직접세 누진과세 원칙은 실시하지 않았을 것으로 보인다. 통일누진세는 인민혁명정부의 서류에 명목상으로만 존재했고 농업현물세는 1990년대 이후 조작된 제도적 기억일 가능성이 높다.

2. 1.8%의 공간의 삭제: 소득세

북한의 근로자 · 사무원에 대한 소득세는 1956년의 제7차 개편을 기점으로 큰 변화 없이 운영되다가 1974년 세금제도의 폐지로 사라지게 되었다. 전체 세입에서 소득세가 차지하는 비중은 1963-1973 기간 중 1.8-2.1% 수준을 유지했다. 주민 소득에 큰 영향을 미치는 부동산 취득세 및 상속세가 1956년 6월 23일 폐지되었기 때문에, 1956년 이래 소득세는 근로자 · 사무원 등 도시민 거주자들에게 부과되는 유일한 국세가 되었다.

1956년부터 1974년 기간 중 근로자 · 사무원 등 공민의 소득에 세금보다 더 큰 영향을 미친 요소로는 임금 인상 및 소비품 가격 인하 조치가 있다. 이 기간 중 임금 인상은 조선중앙년감에서 1956년 8월, 1957년 12월, 1958년 10월, 1970년 8월 등 총 네 차례 확인된다. 1956년 8월 14일 전후인민경제복

58) 김일 외(1979), 『붉은 해발아래 항일혁명 20년 2』, 187-189쪽.

구발전 3개년공업생산계획의 총량적 완수 발표에 맞추어 11일의 내각 결정으로 노동자, 기술자, 사무원들의 임금을 11월 1일부터 평균 35% 인상했다. 1957년 12월 31일에는 1957년 제1차 5개년 계획의 첫해인 1957년 인민 경제 계획이 공업, 농업을 비롯한 모든 부문들에서 성과적으로 초과 완수되었음을 선포하고 내각 결정 제128호로 국가 및 협동 단체 기관, 기업소들의 노동자, 기술자, 사무원들에 대해 1958년 1월 1일부터 기본 임금을 평균 10% 인상했다.[59]

1958년 8월 14일에는 내각 결정 제95호로 공화국 창건 10주년을 기념한 상금 지불이 결정되었다. 노동자, 기술자, 사무원, 군부대 근무자 및 내무원들에 대해 기본 임금, 각종 가급금, 임시보조금, 1957년 12월의 임금인상액을 합한 월수입의 100%를 지급하기로 결정했다.[60] 1961년에는 노동자, 사무원들의 실질 임금이 1956년에 비해 2.1배로 늘어났다고 밝혔으며,[61] 1962년에는 설계 일군들에 대한 급수별 임금을 새로 설정했다.[62]

1958년 10월 29일에는 내각 결정 129호로 1959년 1월 1일부터 노동자, 사무원들의 생활비[63]를 평균 40% 올리기로 했다.[64] 마지막으로 확인된 임금

---

59) 내각 결정 제128호, 「로동자, 기술자, 사무원들의 임금을 인상함에 관하여」(1957. 12. 31), 조선 중앙 통신사 엮음(1958), 『조선 중앙 년감 1958』(평양: 조선 중앙 통신사), 73쪽.

60) 내각 결정 제95호, 「조선 민주주의 인민 공화국 창건 10주년에 제하여 로동자, 기술자, 사무원들에게 상금을 지불할 데 관하여」(1958. 8. 14), 조선 중앙 통신사 엮음(1958), 『조선 중앙 년감 1958』(평양: 조선 중앙 통신사), 112-113쪽.

61) 조선 중앙 통신사 엮음(1962), 『조선 중앙 년감 1962』』(평양: 조선 중앙 통신사), 263쪽.

62) 조선 중앙 통신사 엮음(1963), 『조선 중앙 년감 1963』(평양: 조선 중앙 통신사), 234쪽.

63) '생활비'는 노임을 대체한 용어이다. "위대한 수령님께서는 로동자, 사무원들에 대한 로동지불이 그들의 자주적인 생활을 보장하기 위한것이라는 사상을 내놓으시고 생활비라는 새로운 범주를 쓸데 대하여 교시하시였다. 위대한 수령님께서는 로임이라는 말은 우리 말로 하면 로동의 삯전이라는 뜻인데 이 말은 사실 사회주의사회의 현실과 맞지 않으며 공산주의원칙과는 더구나 어울리지 않는다고 하시면서 공산주의 원칙에 맞는 개념으로서 생활비라는 말을 쓰는것이 좋겠다고 교시하시였다". 서재영(1988), 『정치경제학연구의 몇가지 문제』(평양: 사회과학출판사), 127쪽.

인상은 1970년 8월 31일 내각 결정 제70호로 공표되었다. 1970년 9월 1일부터 임금이 평균 31.5% 인상되었으며, 낮은 임금을 받는 근로자들의 임금을 더 많이 올려 "모든 로동자, 기술자, 사무원들의 월평균임금이 70원에 이르게 할것"이 천명되었다.[65]

다른 한편에서는 인민소비품에 대한 가격 인하가 있었다. 조선중앙년감에서 인민소비품은 1956년 8월, 1958년 8월 등 두 차례 인하된 것을 확인할 수 있으며, 그 외에도 1957년 10월 30일의 노동자 사무원들에 대한 생활필수품 공급사업 강화에 대한 내각 결정, 1958년 6월 7일 열린 당 중앙위원회 전원회의에서의 인민소비품 증산 결의, 8월 7일의 생활필수품의 국정소매가격 인하 결정[66] 등이 있었다.

3. 제도적 기억의 완성: 세금제도 폐지의 완수

세금제도 폐지의 구상은 1961년의 제4차 당대회에서 7개년계획의 수립과 함께 확정되었고, 일정은 1972년의 사회주의 헌법 제정으로 구체화 되었다. 세금제도가 폐지되는 이유는 "국가예산수입의 많은 부분이 사회주의적국영기업소들에서의 축적에 의하여 보장되고" 있어 "경제, 문화 건설에 필요한 자금이 국가축적만으로 능히 해결될수 있는 조건에서 이제는 세금의 완전한 폐지를 일정에 올리는 것이 가능하게 되었"기 때문이다. '종국적으로 사

64) 내각 결정 제129호, 「로동자, 기술자, 사무원들의 임금을 인상할 데 관하여」(1958. 10. 29), 조선 중앙 통신사 엮음(1959), 『조선 중앙 년감 1959』(평양: 조선 중앙 통신사), 127쪽.

65) 내각결정 제70호, 「로동자, 기술자, 사무원들의 임금을 올릴데 대하여」(1970. 8. 31), 조선중앙통신사 엮음(1971), 『조선 중앙 년감 1971』(평양: 조선중앙통신사), 180-181쪽.

66) 내각 결정 제93호, 「생활 필수품의 국정 소매 가격을 인하할 데 관하여」(1958. 8. 7), 조선 중앙 통신사 엮음(1959), 『조선 중앙 년감 1959』(평양: 조선 중앙 통신사), 112쪽.

라지게 될' 세금제도의 성격에 대해서는 "로동자, 사무원들의 소득세와 농민들의 소득세"로 구성되어 있다고 규정하여 소득세가 세금제도의 핵심적인 구성요소임을 나타내고 있다.67)

1972년 12월 제정된 사회주의헌법은 제33조에서 "국가는 낡은 사회의 유물인 세금제도를 완전히 없"앨 것을 조문화했다. 나아가 헌법 제25조는 "세금이 없어진 우리 나라에서 끊임없이 늘어나는 사회의 물질적부는 전적으로 근로자들의 복리증진에 돌"려질 것임을 밝히고 있다.68) 근로자가 높아진 실질소득을 통해 더 큰 복리를 누리는 사회를 지향하는 북한에서, 세금폐지 결정과 공업상품 가격 인하를 함께 발표한 것은 세수 부족분을 거래세에서 충당하지 않겠다는 의지의 표현으로 보인다.

그런데 당시의 국내외 조건이 세금제도의 폐지에 우호적이었던 상황이었다고는 볼 수는 없었다. 우선 세금제도의 폐지는 사회주의권 국가들이 일반적으로 지향하는 바가 아니었다. 1964년 흐루쇼프의 축출 후 집권한 브레즈네프는 소련을 고전적 사회주의 체제로 회귀시켰으며 세금제도 폐지 일정의 재개에는 아무런 관심을 보이지 않았다. 농업 발전, 인민복리 증진 등의 흐루쇼프적인 의제는 우선순위에서 벗어난지 오래였다. 브레즈네프, 안드로포프(Y. Andropov), 체르넨코(K. Chernenko) 등 후임 서기장 3대의 집권 기간 중 근로자 · 사무원에게 부과되는 소득세 세율은 1970년 총소득의 7.3%에서 1985년 8.3%로 오히려 상승했다.69)

---

67) 김일성(1981), 「조선로동당 제4차대회에서 한 중앙위원회사업총화보고」(1961. 9. 11), 『김일성저작집 15』(평양: 조선로동당출판사), 236-237쪽.

68) 「조선민주주의인민공화국 사회주의헌법」(1972. 12. 27), 『로동신문』 1972. 12. 28.

69) 이 기간 중 소련의 마지막 세법 개정이 있었다. 소련은 1983년 10월 20일자 세법 개정으로 확정된 조세제도 형태를 크게 벗어나지 않은 틀을 1991년 붕괴하기 전까지 유지했다. 불과 몇년 후인 1988년 고르바초프가 집권했을 때는 측근 경제학자 샤탈린과 그레브니코프(Shatalin and Grebnikov)는 급여생활자 및 개인기업가 대상의 소득세 누진급차(累進級次)를 확대 조정할 필요성을 제기했을 정도로 당국의 세원 파악능력이 떨어진 상태였다. Mervyn Matthews(1989), *Patterns of Deprivation in the Soviet Union Under Brezhnev and Gorbachev*(Stanford: Hoover

북한은 1960년대까지 괄목할만한 경제성장을 이루었기 때문에, 당시의 자신감을 바탕으로 폐지를 선언한 세금제도를 경제가 급속히 침체되기 시작한 1970년대까지 끌고 온 상태에서 제도의 존폐에 대한 양단간의 결정을 내려야 할 입장에 있었다. 1970년대 초 북한이 직면한 위기는 심각한 수준이었다. 해외발 오일쇼크 및 스태그플레이션은 북한을 채무불이행의 위기로 내몰았다. 극동문제연구소는 북한 무역수지의 만성적 적자에 대한 연구에서 그 원인으로 "① 6개년계획의 조기달성에 따른 수입수요의 확대, ② 석유파동과 서방제국의 세계적인 불황 및 스테그플레이션 등에 의한 수출부지과 수입원자재의 코스트 상승, ③ 수출상품의 대종(大宗)을 이루는 비철금속등 1차산품의 국제시세불락(國際時勢不落), ④ 수출확대에 불가결한 수송설비나 항만설비 등 보완시설(補完施設)의 불비(不備), ⑤ 소맥(小麥) 및 소맥분(小麥粉) 등 대량의 곡물수입의 확대, ⑥ 대소련수입원유가(對蘇聯輸入原油價)등 에너지가격의 상승으로 인한 교역조건의 악화, ⑦ 국제경제·무역거래 및 국제금융시장에 대한 경험부족"을 지적하고 있다.[70]

그런데도 왜 북한이 세금제도를 폐지해야 하는가. 이 질문에 대한 열쇠는 김정일이 쥐고 있다. 김정일은 농업현물세의 폐지를 결정한 1964년에도 소련을 직접적으로 비판하면서 김일성의 사상이론활동의 우월성을 강조한 바 있다.[71]

> 사회주의건설에서 농촌문제가 매우 중요합니다. 어떤 나라에서는 사

Press Publication), pp.12-13.

70) "북한이 서방제국(西方諸國)으로부터 차관을 들여오기 시작한 것은 전술한 바와 같이 1980년부터이다. 즉 1970년에 300만불, 1971년에 1,700만불이던 것이 1972년에는 2억4,000만불로 크게 늘어났으며, 다시 1973년에는 3억7,500만불, 1974년에는 4억불로 계속 확대되었다. 1975년의 경우에도 상당했던 것으로 알려지고 있으나 그 내역은 불명이며, 1976년에는 지불 연체문제로 인해 서방제국으로부터는 전혀 도입할 수가 없게 되었다". 경남대학 극동문제연구소 공산권경제연구실(1979), 『북한무역론』(마산: 경남대학출판부), 517-518쪽.

71) 김정일(1992), 「비행사들을 정치군사적으로 튼튼히 준비시키자」(1964. 10. 18), 『김정일선집 1』(평양: 조선로동당출판사), 42-43쪽.

회주의혁명을 한지 50년이 되여오지만 아직 농촌문제를 제대로 해결하지 못하고있습니다. 수령님께서는 올해 2월에 ≪우리나라 사회주의농촌문제에 관한 테제≫를 발표하심으로써 농촌문제해결의 휘황한 길을 밝혀주시었습니다". 였습니다. 수령님께서는 농촌문제를 풀기 위하여 농업현물세도 완전히 면제하고 농민들에게 문화주택도 지어주도록 하시였으며 그지방 소비에트에도 여러가지 대책을 세워주고계십니다. 수령님께서는 농민들의 생활수준을 도시주민들의 생활수준으로 끌어올릴데 대하여 자주 말씀하십니다.

북한은 대내외적으로 어려운 조건에도 불구하고 1974년 2월 열린 당 중앙위 제5기 제8차 전원회의에서 사회주의 헌법 제정 후 1년만에 세금제도 폐지를 의정에 올렸다. 이 회의는 최고인민회의 제5기 제5차 회의의 소집과 세금제도 폐지 법령의 심의를 결정하고, 더 중요하게는 김정일을 처음으로 당내 최고권력기관인 정치위원회에 진출시켰다. 이를 계기로 조직 및 선전선동담당 비서로서 이 시기 "당내의 조직, 선전, 사상분야의 사업을 주로 담당했던 김정일은 활동 영역을 넓혀 경제문제도 직접 관장하기 시작했다".[72)]

김일성 부자는 대내외적으로 어려운 조건 속에서 세금제도의 폐지를 선택했지만, 선술한 바와 같이 소득세의 비중이 국가예산의 1.8-2.1% 수준으로 축소되고 사회주의 경리수입의 국가예산 수납 및 통제 체계가 높은 수준에서 운영되는 세입구조는 이들이 폐지 결정을 내리는데 긍정적인 요인으로 작용했을 것이다. 김정일은 '유력한 후계자(heir apparent)'로서 6여년

72) "1970년대에 들어오면서 김일성의 유일지도체계는 더욱 강화되었으며 1972년 12월 사회주의 신헌법이 발효됨으로서 제도적으로도 보장받게 되었다. 이를 계기로 후계자문제가 자연스럽게 거론되기 시작했다. 이러한 상황에서 김정일의 당내 위상과 역할도 현저하게 강화되었다. 그는 1973년 9월 로동당 제5기 7차전원 회의에서 당 조직, 선전담당 비서로 선출되었고 1974년 2월 당5기 8차전원회의에서는 일약 당내 최고 권력기관인 정치위원회 위원으로 선출되었다. 30대 초반의 김정일이 불과 10여 년 만에 당정치위원이 된 것은 전례가 없는 파격적인것으로 김일성의 후계구도와 떼어 놓고는 이해하기 어려운 일이다". 심지연 · 최완규(1995), 「김정일정권의 내구력(durability)과 북한정치체제의 변화전망」, 『동북아연구』 제1권, 11-12쪽.

의 기간을 더 소요한 후 1980년의 제6차 당대회에서 후계자의 지위를 공식적으로 인정받았는데, 세금제도의 폐지는 김정일에게 있어 이 기간 중 가장 시단(始端)에 놓이는 지도 활동이다. 최고인민회의 제5기 제5차 회의는 김정일의 정치위원회 위원 취임 한 달 만에 소집되었고, 김정일이 공식 위계 아래서 입법기관에 대한 당적 지도를 행사하는 첫 회의가 되었다. 김정일은 사회주의 지도자로서의 김일성의 이론적, 실천적 능력을 과시하는 중요한 사건으로 세금제도의 폐지를 활용했으며, 부친의 사상 이론 활동의 탁월성을 주장하는 다음과 같은 발언을 남겼다.[73)]

> 수령님께서는 이미 오래전에 맑스-레닌주의 창시자들이 내놓은 명제들가운데서 참작할만한 것은 다 참작하였고 사회주의제도를 세운 다음에는 우리 당이 독자적으로 사고하여 모든 문제를 새롭게 풀어왔다고 하시였습니다. 사실상 사회주의제도를 세운 다음 혁명과 건설의 리론실천적문제들은 전적으로 수령님의 독창적인 사상리론활동에 의하여 해명되였습니다.

세금제도 폐지안은 1974년 3월 20일 최고인민회의 제5기 제3차 회의에서 정무원 부총리 리근모의 보고, 대의원 정준기 · 김석형 · 홍시학 · 김정순 · 한영보 · 김후분의 토론을 거쳐 최고인민회의 법령으로 채택되었다. 대의원으로 참석한 청진조선소 지배인 박시형의 회고에 따르면, 회의는 "온 나라 전체 인민뿐 아니라 세계의 수많은 사람들의 커다란 관심속에" 열렸으며, 세금제도 폐지 법령 발포를 앞두고 "상정된 안건에 대한 열정적인 토론"이 3일간 계속되었다.[74)] 김일성은 마지막 날인 22일의 토론에서 세금제도를 완전히 없애는 것은 "논김을 잘 맨 논밭에서 마지막 돌피까지 뽑아낸것과

73) 김정일(1995), 「김일성주의의 독창성을 옳게 인식할데 대하여」(1976. 10. 2), 『김정일선집 5』(평양: 조선로동당출판사), 324쪽.

74) 박시형(2008), 「최고인민회의 제5기 제3차회의의 나날에」, 조선로동당출판사 엮음, 『인민들속에서 72』(평양: 조선로동당출판사), 89쪽.

같다"는 회고를 남겼다.[75)]

「세금제도를 완전히 없앨데 대하여」 법령은 전문이 42 문단이고 본문은 3줄에 불과한, 전문이 두텁고 본문이 단출한 구조를 띠고 있다. 세금제도 폐지의 방법을 규율하는 것 보다는 그 의의를 교양하는 것, 즉 세금제도 폐지를 가능하게 한 북한의 조세사를 총괄하는 것이 목적인 법령인 것이다. 이 법령은 북한에서 조세저항과 혁명의 관계를 처음으로 규정하고 있어, 조세저항 투쟁이 "주체사상에 의하여 지도된 때부터 비로소 이 투쟁은 제국주의와 착취제도를 반대하는 혁명투쟁의 일환으로 되었으며 세금문제의 근본적인 해결의 길에 들어서게 되였다"고 설명하고 있다. 또 폐지된 세금제도는 조국광복회 10대강령에서 밝혀진 "혁명적이며 인민적인 조세강령"을 받들고 전개한 혁명투쟁과 해방후의 20개조 정강에 명시된 "더욱 구체화된 주체적인 조세강령"이 구현된 결과로서 마련된 "인민적이며 민주주의적인 세금제도"라고 주장했다.[76)]

세금제도 폐지에 대한 북한의 평가는 다음과 같다. 첫째, 1981년 출간된 『조선의 현실』은 세금제도 폐지는 (1) 세계 최초의 역사적 사변이고 (2) 착취와 억압으로부터의 해방이라는 프롤레타리아의 염원을 현실화한 것이며, (3) 세금 없이 국가가 존재할 수 있다는 진리를 증명한 것으로 해설하고 있다.[77)]

둘째, 1982년 출간된 『조선전사』는 세금제도 폐지에 대해 (1) 사회주의자립적민족경제의 위력을 과시하고 (2) 노동계급과 전체 근로자들에게 5개년 계획의 조기 달성과 사회주의대건설의 투쟁을 고무추동하며 (3) 파쇼적 폭압에 맞서 투쟁하는 남한 인민들에게 희망과 신심을 안겨주고 (4) 세계 최

75) 평양출판사 편집부(1994), 『조선의 현실 1』, 89쪽.

76) 본문은 다음과 같다. "1. 낡은 사회의 유물인 세금제도를 완전히 없앤다, 2. 조선민주주의인민공화국 정무원은 이 법령을 집행하기 위한 대책을 세울것이다, 3. 이 법령은 1974년 4월 1일부터 실시한다". 조선민주주의인민공화국 최고인민회의 법령, 「세금제도를 완전히 없앨데 대하여」(1974. 3. 21), 『로동신문』 1974. 3. 22.

77) 평양출판사 엮음(1994), 『조선의 현실 1』, 89쪽.

초의 사변으로 전세계 인민들을 고무하는 의의가 있는 것으로 평가했다.[78)]

셋째, 1988년 출간된 『세금문제해결경험』은 (1) 반제반봉건민주주의혁명과 사회주의 혁명에서의 승리로 가능해진, 착취와 압박으로부터의 '인민의 해방' 실현과 (2) 우월한 사회주의 제도와 자립적 민족경제를 통해 '인민의 복리'의 증진이 가능하게 되었다고 분석했다.[79)]

넷째, 『천리마』 1989년 7월호에 게재된 "세금을 모르는 우리 나라"는 김일성이 "사회주의 경리가 급속히 발전하여 국가내부축적만으로도 모든 재정자금수요를 충분히 보장할수 있는 조건"이 마련되면 "국가가 남아있고 상품화폐관계가 있는 조건에서도 세금을 완전히 종국적으로 없앨수 있다"는 이론을 제시했다는 점에 큰 의의를 부여했다.[80)] 한편 동지 1995년 11월호에 게재된 "외국의 벗들은 말한다" 체코 공화국의 신문 『할로 노비늬(Haló Noviny)』를 인용해, "500여 종의 각종 세금을 물고 있는" 남한 국민들의 "엄혹한 현실"과 북한을 대비시키면서, "사호주의가 좌절된 동구라파 나라들과 이전 쏘련사람들이 자기들이 범한 력사적인 실책으로 하여 산생되고있는 후과의 쓴맛을 보고있을 때 사회주의 조선은 자기 전취물을 계속 굳건히 고수하고있다"고 평가했다.[81)]

다섯째, 1990년 8월 일본 오사카경제법과대학 아세아연구소와 중국 베이징대학 조선문화연구소가 공동으로 주최한 제3차조선학국제학술토론회에서 김일성종합대학 박사 허재영은 세금제도가 가능한 사회경제적 전제로는 (1) 사회주의 제도의 수립, (2) 국가의 경제적 기초의 강화, (3) 인민생활수준에서의 균형보장, (4) 근로자들의 사상의식 수준의 제고를 지적하면서

---

78) 사회과학원 력사연구소 엮음(1982), 『조선전사 32』(평양: 과학 · 백과사전출판사), 392-394쪽.

79) 김영희(1988), 『세금문제해결 경험』, 99-100쪽.

80) 최룡섭(1989), 「세금을 모르는 우리 나라」, 『천리마』 1989년 7월 제362호, 52쪽.

81) 천리마 편집부(1995),「지구상에는 세금을 물지 않는 나라가 존재하고 있다」, 『천리마』 1995년 11월 제438호, 98쪽.

세금제도의 폐지는 "사회주의 제도의 본성적요구로부터 제기되는 사회경제 발전의 합법칙적요구"라고 평가했다.[82)]

총괄하면, 세금제도 폐지를 다룬 북한의 공간문헌의 묘사 대상은 3개 그룹으로 구분된다. 첫 번째 그룹은 북한 주민이다. 이들 문헌에서 북한 주민은 수혜자로 모사되며 세금제도 폐지에 따른 (1) 경제적 이득이 주는 만족감을 갖고, (2) 우월한 제도를 누리는 데서 오는 공민으로서의 자부심 속에서, (3) 너그러운 지배자의 조치를 감사하는 내용이 대부분을 차지한다.[83)] 두 번째 그룹은 남한의 대중들이다. 이들은 파쇼적 폭압과 착취적인 조세

---

82) 허재영(1990), 「세금문제에 대한 력사적 고찰」, 『제3차조선학국제학술토론회 론문요지: 1990년 8월 2일-8월 5일 일본 오사까에서 개최』(베이징: 북경대학 조선문화연구소), 248쪽.

83) 김일성의 대국민 연설에서 다음과 같은 발언이 확인된다. "우리의 사회주의조국은 착취와 압박이 없고 세금이 없으며 모든 사람이 다 일하고 배우며 누구나 다 무료로 치료받을수 있는 세상에서 가장 훌륭한 조국입니다". 김일성(1985), 「정치사업을 잘하여 인민군대의 위력을 더욱 강화하자」(1977. 11. 30), 『김일성저작집 32』(평양: 조선로동당출판사), 517쪽; "우리 나라가 모든 학생들을 무료로 교육하며 전체 인민들을 무상으로 치료하는것과 같은 많은 부담을 하면서도 인민들에게서 세금 한푼 받지 않는 첫 번째 나라로 된것은 우리 당의 로선과 정책이 얼마나 위대하며 우리 인민의 투쟁이 얼마나 용감한가 하는것을 잘 말하여줍니다". 김일성(1987), 「재정관리사업을 잘하여 사회주의 건설을 더욱 다그치자」(1978. 12. 23), 『김일성저작집 33』(평양: 조선로동당출판사), 546쪽; "지금 우리 인민들은 먹을 걱정, 입을 걱정, 아들딸들을 공부시킬 걱정, 병치료할 걱정, 세금낼 걱정, 빚물 걱정을 모르고 행복하게 생활하고있습니다. 김일성(1987), 「사회주의로동법을 철저히 관철하자」(1979. 9. 27), 『김일성저작집 34』(평양: 조선로동당출판사), 403쪽; "우리 나라를 방문하는 다른 나라 사람들은 조선에서는 세금도 받지 않고 공부도 무료로 시키고 치료도 무료로 하기때문에 돈이 필요없겠다고 하면서 몹시 부러워하고있습니다". 김일성(1987), 「인민군대를 강화하여 사회주의 조국을 튼튼히 보위하자」(1979. 10. 23), 『김일성저작집 34』(평양: 조선로동당출판사), 433쪽; "세계 진보적인민들도 우리 나라에서 실시하고있는 공산주의적시책들을 높이 찬양하며 부러워하고있습니다. 우리 나라가 세계인민들속에서 ≪사회주의모범의 나라≫, ≪교육의 나라≫, ≪세금없는 나라≫로 널리 칭송되고있는것은 결코 우연한 일이 아닙니다. 우리는 이에 대하여 응당한 긍지와 자부심을 가질수 있습니다". 김일성(1993), 「공산주의적 시책」(1985. 10. 22), 『김일성저작집 39』(평양: 조선로동당출판사), 205쪽.

제도 아래서 고통 받는 대중이자 조국통일 과업의 완수를 통해 구해져야 할 대상으로 묘사된다. 또 세금제도의 폐지는 남북의 체제경쟁 속에서 북한의 우월성을 강조하는 대표적인 사례로 이용되었다. 세 번째 그룹은 북한에 우호적인 외국인들이다. 실제로 김일성은 외국인들을 접견한 자리에서 세금제도 폐지의 업적을 언급하는 경우가 잦았고, 북한은 대외적으로 '세금없는 나라'의 이미지를 적극 홍보했다.[84)]

세금제도 폐지 시점을 기준으로 한 북한의 세입창출 국가장치는 아래의 〈그림 7-1〉과 같을 것으로 추정된다. 북한은 김일성의 1973년 지방예산제 제기에 따라 1975년 4월 8일 최고인민회의 제5기 제5차 회의에서 지방예산제 실천지침을 하달하여 시행토록 했다. 그 이래 지방정권기관들이 자체의 수입으로 지출을 메우고 예산의 지출에 비한 수입초과부분을 중앙예산에 전입시키도록 되어 있어, 중앙에서 지방으로의 화살표가 반대방향으로 진행한다는 점이 소련과 다르다.[85)] 단, 〈그림 7-1〉은 예산수납 중 출납의 기

84) 김일성의 외국인사 면담 발언을 몇가지 인용하면 다음과 같다. "세금제도의 폐지는 국가와 사회의 모든것이 근로자들을 위하여 복무하는 우리 나라 사회주의제도의 우월성과 사회주의적자립적민족경제의 위력의 시위로 됩니다". 김일성(1985), 「오스트랄리아기자들이 제기한 질문에 대한 대답」(1974. 11. 4), 『김일성저작집 29』(평양: 조선로동당출판사), 588쪽; "국가가 중요산업을 틀어쥐지 않고 인민들로부터 세금이나 받아가지고서는 국가기관들과 군대를 제대로 유지해나갈수 없습니다". 김일성(1985), 「모잠비끄해방전선 위원장과 한 담화」(1975. 3. 5), 150쪽; "우리 인민들은 생활에 대한 근심걱정을 하지 않습니다. 우리 나라에는 세금을 내라는 사람도 없고 빚을 지고 사는 사람도 없으며 사람이 사람을 착취하는 현상도 없습니다". 김일성(1987), 「일본자유민주당소속 참의원 의원과 한 담화」(1979. 5. 13), 『김일성저작집 34』(평양: 조선로동당출판사), 191쪽; "우리 나라에서는 자체의 연료와 원료에 기초하여 공업의 주체화를 실현하였기때문에 세계적인 연료위기와 경제파동의 영향을 받지 않았으며 다른 나라에서 물건값이 몇배로 뛰여오를 때 우리는 공업상품의 값을 평균 30%나 낮추었습니다. 그때 우리 나라에 일본경제학자들이 많이 왔댔는데 그들은 세계적으로 물건값이 뛰여오르는데 조선민주주의인민공화국에서는 어떻게 하여 물건값을 낮추며 세금을 없앨수 있는가고 물었습니다. 이 한 가지 사실만 보아도 모든것을 자기 식대로 하여야 한다는 것을 알수 있습니다". 김일성(1987), 「빠나마 인적자원육성 및 리용협회 위원장과 한 담화」(1979. 9. 20), 『김일성저작집 34』(평양: 조선로동당출판사), 360쪽.

〈그림 7-1〉 북한의 세입창출 국가장치, 1974

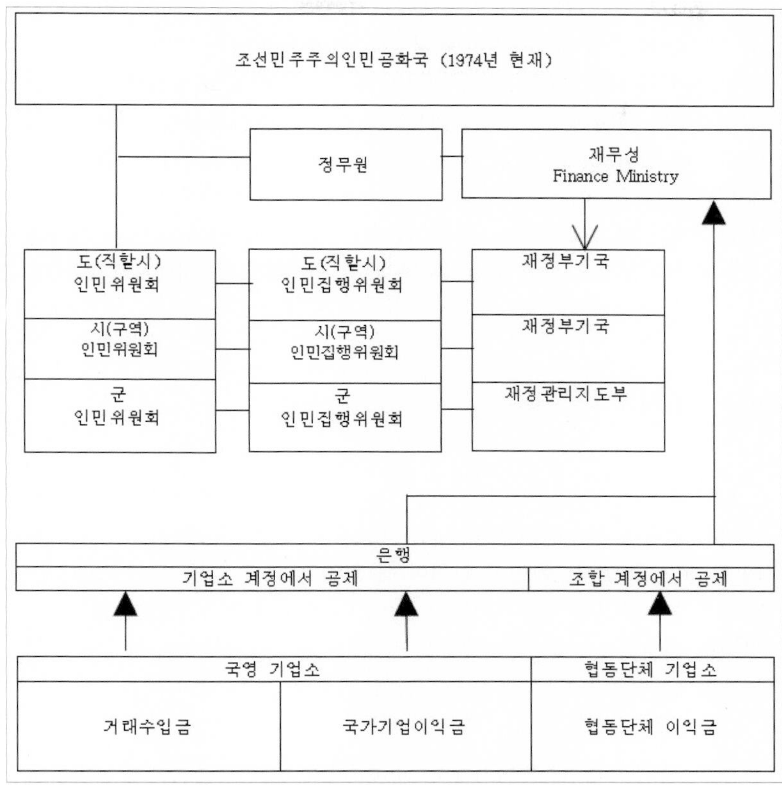

주: (↑)는 거래세 · 이익공제금의 국가예산으로의 납부 단계를 나타내며, (↓)는 중앙정부에서 지방정부로 진행하는 지방예산 수입의 교부를 나타냄.
출처: 사회과학원 사회주의 경제관리연구소 엮음(1995), 『재정금융사전』 및 극동문제연구소 엮음(1974), 『북한전서 상』의 내용을 참조해 그림으로 재구성함.

능을 중심으로 만든 것으로 자칫 국가재정기관의 역할이 간과될 우려가 있어 북한의 문헌을 인용해 부연한다.86)

85) 김명희(1990), 「지방예산제는 우월한 사회주의예산제도」, 『천리마』 1990년 12월, 41쪽.
86) 리봉남(2010), 「국가예산수납체계와 그 합리적인 조직운영이 가지는 의의」, 『김일성종합대학학보: 철학 경제학』 제56권 제4호, 105-106쪽.

국가재정기관에는 재정성과 함께 도, 시, 군인민위원회 재정부서들이 속한다. 이 기관들은 해당 인민위원회의 한개 보서인 동시에 해당 지방의 살림살이를 맡아보는 단위이다. 국가재정기관에는 인민경제부문 재정관리단위들이 위원회, 성, 관리국들의 생산부문 및 비생산부문 재정관리기관들도 속한다. …… 각급재정기관들은 나라살림살이를 책임진 기관으로서 관할소속의 기관, 기업소들이 국가예산납부계획에 따라 수입항목별로 받아들이는 수납업무를 수행한다. 한편 은행도 사회주의기관, 기업소들이 국가에 바치는 화폐자금을 직접받아들이는 출납의 기능을 수행해나간 것으로 하여 재정기관과 함께 국가예산수납사업에 참가한다.

제3절_ 소결

당대회에서 지적된 바대로 국영기업소의 축적은 7개년계획의 달성에 가까이 갈수록 지속적으로 늘어나, 사회주의 재생산의 확대 및 인민생활의 향상을 담보하는 유일한 원천이 될 것입니다. 이 같은 조건 속에서는 주민세금을 부과할 이유가 없게 됩니다. 근로자 및 사무원들의 소득세를 완전히 폐지하는 것과 인민생활을 급격히 향상시키는 실로 커다란 정치경제적 의의를 가지는 시책으로 됩니다.

당과 정부는 생산이 빨리 늘어나는데 따라 앞으로 몇해안에 농민들의 농업현물세와 로동자, 사무원들의 소득세를 완전히 페지할 것을 예견하고 있습니다. (중략) 이러한 시책은 인민생활의 향상을 자기 활동의 최고원칙으로 삼고있는 사회주의국가만이 실시할 수 있는 것이며 생산수단이 사회화되고 생산이 근로자들의 복리증진에 복무하고있는 사회주의제도에서만 실현될수 있는 것입니다.

일견 같은 사람이 한 연설로 보이지만 그렇지 않다. 첫 문단은 흐루쇼프의 1960년 5월 5일의 세금제도 폐지 연설에서 인용한 것이고, 두 번째 문단은 김일성의 1960년 8월 14일 8.15 경축일 기념사이다.[87] 김일성은 7개년계획을 따라 가듯 3개월의 시차를 두고 흐루쇼프의 세금제도 폐지안을 그대로 따라 갔다. 김일성이 흐루쇼프와 달랐던 점은 첫째, 단계적 폐지가 아니라 일괄 폐지를 선택했다는 것, 그리고 두 번째, 실제로 폐지를 했다는 것이다. 북한은 세금제도의 폐지에 대해 다음과 같이 자평했다.88)

> 그것은 첫째로 우리 나라에서 이미 생산 관계의 사회주의적 개조가 가장 철저하게 완수됨으로써 개조 정책의 도구로서의 조세의 의의가 상실되게 된 데 있으며, 둘째로 사회주의 건설의 대고조를 통하여 생산력이 급속히 발전하고 우리 나라가 이미 사회주의 공업-농업 국가로 전변하여 국영 공업의 내부 축적만으로 사화주의 공업화를 더욱 촉진시키며 농업에 대한 국가적 지원을 더욱 강화할 수 있게 됨으로써 조세의 재정적 의의가 상실되게 된 데 있다.

북한이 세금제도의 폐지를 달성할 수 있었던 이유는 북한이 소련의 제도를 이식한 조세제도를 운영하고 있으면서도 세입구성(revenue mix)에 있어 소련보다 더 유리한 고지에 서 있었다는 데 있다. 우선 북한은 소련에 비해 이익공제금이 차지하는 비중이 낮아, 담세자의 소비활동에서 인상폭이 체감되는 거래세의 비중을 높이는 대신 이익공제금의 조정을 통해 소득세 세수의 부족분을 충족시킬 수 있었을 것이다. 두 번째로 북한의 소득세 수입 비중은 소련의 1/3 수준이어서, 국가예산 수입의 감소에 끼치는 비중이 훨씬 낮았다.

북한은 세금제도의 폐지까지 거래세, 국가기업이익금, 소득세는 소련의 제도와 일치시켜 운영했고, 농업현물세는 수매제도와 연결시켜 소련보다 더 큰 비중으로 더 오랜 기간 실시했으며 독신세 등 전전의 임시증징안은

---

87) Khrushchev(1960), *Abolition of Taxes and Other Measures to Advance the Well-Being of the Soviet People*(1960. 5. 6), p. 6; 김일성(1981), 「조선인민의 민족적명절 8.15해방 15돐경축대회에서 한 보고」(1960. 8. 14), 228쪽.

88) 안광즙(1964), 『우리 나라 인민 경제에서의 사회주의적 축적』, 184쪽.

소련에서 전후에도 상당 기간 실시되었음에도 불구하고 도입하지 않았다. 상공업 조세정책에 있어서는 개인영리활동을 완벽히 제약한 소련을 반면교사로 삼아 적당히 풀어주었다가 조금씩 죄어가는 정책을 취했다.

지배자의 세입창출을 결정하는 3대 구성요소는 상대적 협상력, 거래비용과 할인율이 있다. 이중 첫 번째로 상대적 협상력 측면에서, 유일지배체제가 강화되는 정도에 비례해 지배자의 최종 담세자인 구성원에 대한 협상력은 강화되었다. 지배자는 강해진 협상력을 행사해 일방적으로 구성원에 부과하는 세율을 결정하고, 법 제정의 형태로 계약을 체결할 수 있는 힘을 확보했다.

두 번째로 지배자는 거래비용을 낮추기 위해, 구성원들을 사회주의적 경리부문 소속으로 재편했다. 국가건설과정에서 생산수단을 개인에서 국가소유로 전환시켰으며, 농업과 일부 개인경리로 남아있던 부분에 대해서만 전통적인 세무관리업무인 납부세액 사정과 징수를 실시했다. 그 외 사회주의 경리부문에 대해서는 기업소를 통해 수익이 발생하는 원천에서 잉여를 수취했다. 세무당국의 부과를 대신해서 엄격한 당적 지도와 및 회계처리 지침의 강제를 통해, 그리고 징수를 대신해서 국영은행의 네트워크를 이용해 기업소의 계정에서 직접 국가예산으로 이체시켰다.

세 번째로 할인율과 관련, 국가예산의 주요한 원천이 되는 거래세는 북한적 조세제도의 핵심이었다. 북한은 산업 국유화와 개인경리 및 농업경리의 협동화를 1958년 완료했고, 이에 기초해 농산물을 안정적으로 도시민의 식량과 공업생산을 위한 원재료로 조달할 수 있었다. 농민을 수탈해 공업생산에 투자를 집중시키는 프레오브라젠스키(Y.A. Preobrazhensky)의 사회주의 축적론은 북한에서도 유효했다. 북한은 근로자, 사무원에 대한 임금을 인상할 때마다 임금인상 그리고/또는 일부 인민소비품의 인하를 함께 단행해, 일견 높은 할인율을 제시하는 것으로 보였지만, 실제로는 잉여를 거래세로 집중시킬 수 있었고, 거래세와 이익공제금의 공제율을 조정하는 방식으로 할인율을 낮추었다. 북한의 사회주의 경리수입에서 이익공제금 대비 거래세가 차지하는 비중은 소련에 비해 낮아, 사회주의 경리수입의 세목 간 할인율의 조정을 통해 주민세금의 비중을 배제하고도 국가재정을 운영할 수 있는 여력을 확보했다.

세금제도 폐지의 당위성에 대해서는, 첫째, 북한의 세금제도 폐지 계획이 실제로는 소련 흐루쇼프의 철폐안을 따라간 것에 불과했음에도 불구하고, 세금폐지와 함께 사후적으로 국가의 조세정책이 조국광복회 10대 강령과 20개조 정강에 뿌리를 두었다고 주장했으며 기존의 "인민적 세금제도는 파괴된 경제를 복구발전시켜 자립적 민족경제의 토대를 닦으며 도시와 농촌에서 생산관계의 사회주의적개조를 촉진하며 인민들의 복리를 증진시키는 데서 큰 역할을 하였다"고 자평했다.[89] 둘째, 김정일이 정치위원으로서 정치일선의 전면에의 등장하게 된 이후의 첫 최고인민회의 회기 중 세금제도 폐지 법령이 채택되었다는 점은, 세금제도 폐지를 통해 김일성을 현존하는 최고의 맑스-레닌주의의 이론가로 부각시키려는 정치적인 의도가 있었던 것으로 보인다. 셋째, 북한은 1972년 제정된 사회주의 헌법의 세금폐지 조항(제25조 및 제33조)을 가능한 한 빠르게 현실 속에서 구현할 필요가 있었다.

북한의 조세제도는 사회주의 전면 건설 기간 중 세금제도의 폐지 전까지에 해당하는 기간에 대해 국가 세입원천의 보충적인 수단이면서 그 비중이 단계적으로 감소하는 형태를 보였다. 북한의 납세자들은 이전 기간의 제세금의 철폐로 소득세(농업세 · 주민소득세)와 지방세(지방자치세)의 납부의무만을 지는 완전한 단세구조 안에 편입되어 있었다.

이 기간 중 농업협동화의 완료로 조합에서 국가예산으로 순소득의 전입이 가능하게 되어 농업현물세는 1964-1966년의 3단계 감면을 거쳐 폐지되었다. 극소수의 개인영리자와 절대 다수의 근로자 · 사무원이 납부하는 소득

89) 조선민주주의인민공화국 최고인민회의 법령, 「세금제도를 완전히 없앨데 대하여」(1974. 3. 21), 『로동신문』 1974. 3. 22.

세의 비중은 2% 안팎으로, 이후 폐지되더라도 북한의 재정에 큰 부담을 끼치지 않을 수준으로 축소되어 있었다. 7개년계획은 3년의 연장기간을 거쳐 1970년 종료되었고, 북한은 소득세와 지방자치세의 폐지가 가능하도록 '민주개혁기,' '사회주의 기초 건설기' 및 '사회주의 전면 건설기' 전 기간에 걸쳐 주민세금이 국가예산에서 양적인 비중이 사실상 없도록 만들어 갔다.[90)]

1970년 제5차 당대회에서 국방비 지출이 "털어놓고 말하여" "나라와 인구가 적은데 비해서는 너무나 큰 부담"이었던 것을 인정한 이래[91)] 김일성은 지속적으로 세율 인하와 인민생활의 향상을 위한 임금인상 조치와 공업상품의 가격 인하조치를 병행했다. 세금제도의 철폐는 이 같은 향상 노력의 정점에 놓이는 조치로, 북한은 1970년 11월의 당대회의 경제계획 채택과 72년 12월의 최고인민회의 제5기 제1차 회의에서의 사회주의 헌법 공포로 세금제도 폐지의 기반이 조성하고, 1974년 2월 13일 당 중앙위 제5기 제8차 전원회의에서 세금폐지 및 공산품가격 인하를 결정하고 26일 중앙인민위에서 공업상품가격 인하 정령을 채택한 뒤 3월 20일 열린 최고인민회의 제5기 제3차 회의에서 세금제도 폐지를 결정했다.

나아가 세금제도의 철폐는 최고인민회의 법령 「세금제도를 완전히 없앨데 대하여」에서 밝힌 바와 같이 조세수탈에 반대한 항일혁명투쟁, 해방후

---

90) 김일성은 7개년계획의 연장에 대해 다음과 같이 설명했다. "지난 기간 미제국주의자들은 까리브해위기를 조성하였고 웰남침략전쟁을 더욱 확대하면서 정세를 극도로 긴장하게 만들었습니다. 제국주의자들의 침략과 전쟁도발 책동이 더욱 격화되는 조건에서 우리는 자위의 로선을 관철하여 자체의 힘으로 우리의 사회주의전취물과 조선민주주의인민공화국을 보위할수 있도록 국방력을 강화하지 않으면 안되였습니다. 이로부터 우리 당은 경제건설과 국방건설을 병진시킬데 대한 혁명적로선을 내놓았습니다. 이 로선에 따라 국방건설에 많은 자금을 돌리게 됨으로써 인민경제계획수행에서는 더 많은 시일이 요구되게 되였습니다. 그리하여 우리는 7개년계획을 3년동안 연기하기로 하였습니다". 김일성(1984), 「조선로동당과 공화국정부의 대내외정책의 몇가지 문제에 대하여」(1971. 9. 25), 『김일성저작집 26』(평양: 조선로동당출판사), 273쪽.

91) 김일성(1983), 「조선로동당 제5차대회에서 한 중앙위원회사업총화보고」(1970. 11. 2), 259-260쪽.

의 20개조 정강과 1964년 2월의 「사회주의 농촌문제 테제」에 담긴 김일성의 '독창적인 사상이론활동'을 현실에서 구현하는 데 의의가 있었다. 이후 김일성은 외국인사를 접견하는 자리에서 세금제도 폐지에 대해 종종 언급하고 있어, 대남공세를 포함하는 대외적인 과시의 목적이 있었음을 드러내고 있다.

—

제8장
결론

—

본 연구의 질문은 사회주의 국가 북한에서 왜, 어떻게 세금제도가 폐지되었으며 그 의미는 무엇인가였다. 북한은 사회주의 이상의 실현을 위한, 그리고 김일성의 사상이론활동의 탁월성을 증명하여 김정일의 후계자로서의 능력을 과시하기 위한 목적에서 세금제도를 폐지했다. 세금제도 폐지에는 15년간의 준비기간(1960-1974)이 소요되었으며, 3년에 걸친 농업현물세의 점진적 폐지(1964-1966)와 소득세 및 지방세의 일괄 폐지(1974)의 2단계로 진행되었다. 북한의 세금제도 폐지는 1973년 국가예산에서 1.8%의 비중을 차지한 주민세금의 폐지를 말하며, 최적화된 세입구성(revenue mix)을 통해 사회주의 경리수입 중심의 북한적 세입창출 제도를 완성했다는 데 그 의미가 있다.

연구에 적용한 이론틀은 리비의 세입창출 극대화 모델(Levi's revenue-maximizing model)이다. 본 연구는 리비 모델의 적용을 사회주의 국가로 확장시켰으며, 3대 요소, 즉 거래비용(transaction cost)의 감소, 할인율(discount rate)의 축소 및 상대적 협상력(relative bargaining power)의 제고가 세금제도의 폐지에 미친 영향을 검토했다.

3대 요소 중 거래비용과 관련, 북한은 우선 세무서를 폐쇄(1946)하고 조세수입의 전부를 보통 하나의 조세에 의해서 징수하는 단세제도를 채택(1947)했다. 이 같은 조건은 북한의 지배자가 구성원에 대해 최저 수준의 할인율을 적용하면서 최고 수준의 협상력을 발휘할 수 있는 토대가 되었다. 이어지는 세금제도의 폐지를 통해 북한은 조세행정에서 가장 많은 거래비용이 소요되는 소득세의 사정 · 부과 · 징수와 관련된 비용의 지출 없이 세입을 자기계정으로부터 직접 수취하게 되었다. 북한은 1974년을 기점으로 경제활동에서 창출된 '국민순소득'의 대부분을 이익공제금과 거래세의 형태로 수취하는 구조를 완성했다. 이와 같은 구조의 완성을 위해, '민주개혁기(1945-1950)', '전란기(1950-1953),' '사회주의 기초건설기(1953-1960)' 및 '사회주의 건설기(1961-1974)에 각각 다른 조세정책이 실시되었다.

첫째, 민주개혁기(1945-1950)에 지배자는 조세수입의 증대를 위해 일제의 제도를 복구하거나 소련형 인민민주주의적 제도를 새롭게 도입하는 방법을 택했다. 전기에는 지방정권기관들이 멋대로 세금을 징수하거나 지방채를 발행하여 주민들에게 강매하는 등의 폐단이 있었고, 따라서 후기로 가면서 국가재정을 안정화시키는데 많은 노력이 투입되었다.

민주개혁기 초기의 거래비용은 세무서의 폐지(1946)와 기업소 지배인유일관리제의 실시(1946)로 인해 일시적으로 점증했다. 지배자는 세무서 대신 각급 재정기관을 통해 개인영리자의 소득세(수익세)를 사정했다. 나아가 국유산업에 대한 재정경리 기능, 국영은행의 출납 기능, 재정기관의 감독기능 등의 강화를 통해 법인대상 소득세 및 물품세를 대신하여 신설된 이익공제금 및 거래세 제도를 안정화시켰다. 1946년 신설된 농업현물세에 대해서는 인민위의 지도검열을 받는 판정위원회를 별도로 설립하여 현물세량을 사정하고, 징수에 있어서는 양정부에 지도책임을 부과했기 때문에 추가적인 거래비용의 집행이 요구되었다. 나아가 해방 직후의 북한주민들은 일반적으로 낮은 수준의 납세의식과 준법정신을 보였고, 북한 당국은 형법절차의 강력한 집행을 통해 이를 제고할 필요가 있었다. 이 같은 납세의식 및 준법정신의 제고 노력은 다른 측면에서의 거래비용의 점증을 의미했다.

소득세의 세율에 있어, 지배자는 과표구간에 따라 저소득자에게는 낮은 세율을, 고소득자에게는 높은 세율을 부과하는 누진세제를 채택했다. 근로대중에 대해서는 전반적으로 높은 할인율이 적용되었다. 납세자들은 소득세 과표구간의 조정 이외에도, 물품세 개정 및 전시세제의 철폐조치 등으로 간접세 부담에 있어서도 높은 할인율을 적용받았다.

지배자의 상대적 협상력에 있어, 이 시기 산업자본가 및 지주부르주아들은 남한으로의 이주(퇴출)를 선택했고, 지배자는 이들의 생산수단을 수중에 넣은 상태에서 남아 있는 구성원을 대상으로 처음부터 높은 수준의 협상력을 행사했다.

둘째, 한국전쟁 기간(1950-1953) 중 북한의 지배자는 단일 세목, 즉 농업현물세의 부과 및 징수에 집중했다. 한편으로는 후방지원을 위한 물자 공급을 원활히 할 필요가 있었고 다른 한편으로는 산업시설 등의 파괴로 세금의 부과 징수가 불가능할 정도의 수준으로 경제가 마비되었기 때문이다. 전란기 중 유엔군의 공습이 계속되었기 때문에 현물세로 거둔 곡식 및 야채의 보관·운반에 소요되는 거래비용은 대단히 높았다. 농업현물세를 제외한 제세를 면제하는 과정에서 지배자가 구성원에게 적용한 할인율 또한 높았다. 수복과 퇴각을 반복하는 가운데 축적된 주민들의 반혁명 경험은 주민의 협상력을 높여, 이후 이어지는 사회주의 기초 건설 기간 중 지배자는 주민들의 준자발적 순응(quasi-voluntary compliance)을 높이기 위해 교육 및 선전활동에 보다 많은 거래비용을 지출해야 했다.

셋째, 한국전쟁의 휴전 이후부터 1961년의 조선로동당 제4차 대회 기간까지인 사회주의 기초 건설 기간(1953-1960)에는 협동화 완료 선언이 이루어진 1958년이 포함되어 있다. 북한은 1953년부터 불과 5년 남짓한 기간 동안 협동화 사업을 완수했고, 이 기간 중 민영거래세의 폐지 및 가격구조의 개편을 통해 거래세 구조의 기본 골격을 완성했다. 납세자들이 농업협동조합 등 조합으로 인입된 정도에 비례해 지배자의 협상력은 높아졌고, 할인율과 거래비용은 낮아졌다.

넷째, 사회주의 건설 기간(1961-1974) 중 리비의 3대 요소에 대해서는 전 기간의 기조가 그대로 유지되는 가운데 세금제도 폐지의 일정이 결정·집행되었다. 북한은 세금제도의 폐지 일정을 2기로 나누어 농업현물세를 우선적으로 폐지(1966)하고, 이후 후계자의 등장과 맞물려 소득세 및 지방자치세의 폐지(1974)를 단행했다. 이 기간 중 북한의 조세정치에서는 제도적 기억이 중요한 비중을 차지했다. 북한은 고전적 사회주의 체제에서의 세금제도의 폐지가 가지는 당위성을 설명하기 위해 첫째, 1930년대 유격근거지에서의 조세경험, 그리고 둘째, 민주개혁기 및 사회주의 기초기의 납세의식의 형성 과정을 강조했다. 북한은 만29년의 기간 동안 주민들을 대상으로 과세권을 행사했고, 이후 40여년간 자기계정에 대해서만 과세권을 행사했다. 향후 경제개혁·체제전환·통일 등을 이유로 주민에 대한 과세권 행사를 재개하게 될 경우, 북한은 29년의 경험이 제공하는 제도적 기억에서 납세의식을 끌어와야 할 것이다.

제도적 기억 뿐 아니라, 대내외적인 조건 또한 북한의 신 조세제도에 영향을 미칠 것이다. 북한의 변화가 경제개혁 및 체제전환의 형태로 통일을 배제하고 북한 지역 내에서만 일어나는 것으로 한정하더라도, 지배자는 개혁의 과정에서 빈부격차와 고실업의 문제를 피할 수 없다. 따라서 개혁이 일정궤도에 오르게 되는 경우 북한은 소득재분배를 목적으로 주민에 대한 과세를 재개하게 될 것이다. 나아가 통일이 달성되는 경우, 지배자는 남한에서의 납세저항을 일으키지 않기 위해서라도 남한에서 통일세를 걷는 것과 동시에 또는 적어도 근간(近間) 내로 북한에서 세금, 가장 중요하게는 소득세를 징수해야 할 것이다. 이 때 남한의 조세제도는 민주개혁기의 소련법이 그랬듯 직접적인 준거의 역할을 하게 될 것이다. 2013년 현재, 남한은 부농과 빈농의 구분 없이 농민의 농업소득에는 일체 과세하지 않으며, 2007년 현재 소득이 있는 근로자의 57.9%만이 세금을 부담하고 있고, 간접세 부담은 직접세의 4배 규모이다.

대외적으로 신 조세제도의 도입 시점에서 동아시아공동체 등 동아시아 내의 지역협력체가 실현되어 있을 경우, 정책결정의 자율성에 있어 큰 제약이 따르게 될 것이다. 동유럽 및 소련의 체제전환에서 시사점을 얻을 수 있다. 동유럽의 경우, 유럽연합의 경쟁정책이 동유럽 국가들의 직접세 세율에 영향을 미쳤고, 유럽연합 가입조건 요구사항이 국가의 조세정책 결정권을 우선하게 되었으며, 국내정치의 영향을 개인소득세의 세율 조정과 공제기준의 결정에 국한시켰다. 유럽연합 가입전망이 부재했던 동 시기 러시아에서는 국내정치의 영향이 조세정책의 주 결정요인이 되었다. 러시아는 거래세를 소비세로 개편해 소비자에게 간접세 형태로 부과하고, 이익공제금을 법인세로 전환해 대기업 자본가(oligarchs)와의 협상을 통해 징수하는 방향으로 소비에트 조세제도를 개혁했다.

본 연구가 가지는 시사점은 첫째, 북한적 조세제도의 수립에서 폐지까지의 전과정을 고찰해 세입창출의 동학을 묘사했다는 점, 그리고 둘째, 역사적 사례연구를 통해 사회주의적 조세제도의 보편성과 북한적 조세제도의 특수성을 나타냈다는 점을 들 수 있다. 그러나 제도를 중심에 둔 연구의 한계로서 세목 자체에 매몰되어 과장과 과소의 평가를 오간 점은 본 연구를 '북한적' 조세제도의 총화로 자리매김하기에 부족한 결과를 낳았다. 조세정치의 연구를 표방했음에도 불구하고 인민의 생각과 반응을 충분히 규명하지 못한 것도 한계로 지적되며, 사회주의 경리수입 중 이익공제금에 대한 연구, 그리고 오일쇼크 등 대외경제여건이 야기한 인플레이션 압력이 조세정치에 미친 영향에 대한 연구도 미흡하다. 앞으로 더 많은 자료 발굴과 연구자들의 관심으로 북한적 세입창출 제도에 대한 연구가 축적되어야 할 것이다.

참고문헌

1. 북한편

1) 연감 신문 방송

「북조선중앙은행 설치: 산업운수의 발전촉진」, 『정로』 1945. 12. 23.

「북조선행정국의 직무와 사업」, 『정로』 1945. 12. 5.

「사회보험 실시에 대하여」, 『로동신문』 1947. 2. 2.

「사회보험 실시에 대한 일문일답」, 『로동신문』 1947. 2. 6

「신세제결정에 대하야 평남재정부장 담화발표」, 『정로』 1946. 5. 17.

「외화 발란스의 균형을 위한 제 대책」, 『로동신문』 1957. 5. 29.

「은행설립광고요항(要項)」, 『정로』 1946. 5. 19.

「인민 경제 계획 수행과 저금」, 『로동신문』 1957. 5. 26.

「조선 군사위원회의 명령, 공화국 화폐가 남부에서 통용되며 인민군은 물건을 구매할 때 반드시 현금만을 사용해야 한다」, 『해방일보』 1950. 7. 10.

「조선에서 새 해방구역의 세금제도를 발표, 인민들의 부담을 경감하고 새 정권의 재정제도를 확립」, 『해방일보』 1950. 7. 13.

「조은 반□지점 지도하 재정질서를 수립: 소련군사령부 명령」, 『정로』 1945. 12. 20.

「물품세를 국세로 변경」, 『로동신문』 1946. 10. 8.

2) 자료집 사전

- 북한 간행본

사회과학원 사회주의 경제관리연구소, 1995, 『재정금융사전』(평양: 사회과학출판사).

사회과학원 주체경제학연구소, 1970, 『경제사전 1-2』(평양: 사회과학출판사).

______, 1985, 『경제사전 1-2』(평양: 사회과학출판사).

재정성, 1949, 『조선민주주의인민공화국 국가종합예산에 관한 문헌집』(평양: 국가계획위원회출판사).

조선 민주주의 인민 공화국 국가 계획 위원회 중앙 통계국, 1961, 『1946-1960 조선 민주주의 인민 공화국 인민 경제 발전 통계집』(평양: 국립출판사).

조선중앙통신사 엮음, 1949, 『조선 중앙 년감 1949』(평양: 조선 중앙 통신사).
______, 1950, 『조선 중앙 년감 1950』(평양: 조선 중앙 통신사).
______, 1952, 『조선 중앙 년감 1951-1952』(평양: 조선 중앙 통신사).
______, 1953, 『조선 중앙 년감 1953』(평양: 조선 중앙 통신사).
______, 1955, 『조선 중앙 년감 1954-1955』(평양: 조선 중앙 통신사).
______, 1956, 『조선 중앙 년감 1956』(평양: 국제 생활사).
______, 1957, 『조선 중앙 년감 1957』(평양: 조선 중앙 통신사).
______, 1958, 『조선 중앙 년감 1958』(평양: 조선 중앙 통신사).
______, 1959, 『조선 중앙 년감 1959』(평양: 조선 중앙 통신사).
______, 1960, 『조선 중앙 년감 1960』(평양: 조선 중앙 통신사).
______, 1961, 『조선 중앙 년감 1961』(평양: 조선 중앙 통신사).
______, 1962, 『조선 중앙 년감 1962』(평양: 조선 중앙 통신사).
______, 1963, 『조선 중앙 년감 1963』(평양: 조선 중앙 통신사).
______, 1971, 『조선 중앙 년감 1971』(평양: 조선 중앙 통신사).
______, 1975, 『조선 중앙 년감 1975』(평양: 조선 중앙 통신사).

- 남한 간행본

국방군사연구소 엮음, 1997, 『한국전쟁 자료총서 16: 미국중앙정보국 정보보고서』(서울: 국방군사연구소).
국방군사연구소 엮음, 1997, 『한국전쟁 자료총서 17: 미국 중앙정보국 정보보고서』(서울: 국방군사연구소).
국사편찬위원회 엮음, 1987, 『북한관계사료집 2』(과천: 국사편찬위원회).
국사편찬위원회 엮음, 1987, 『북한관계사료집 5』(과천: 국사편찬위원회).
국사편찬위원회 엮음, 1992, 『북한관계사료집 13』(과천: 국사편찬위원회).
국사편찬위원회 엮음, 1992, 『북한관계사료집 14』(과천: 국사편찬위원회).
국사편찬위원회 엮음, 2003, 『북한관계사료집 40』(과천: 국사편찬위원회).
국사편찬위원회 엮음, 2004, 『북한관계사료집 42』(과천: 국사편찬위원회).
국사편찬위원회 엮음, 2005, 『북한관계사료집 46』(과천: 국사편찬위원회).
국사편찬위원회 엮음, 2008, 『북한관계사료집 56』(과천: 국사편찬위원회).
국사편찬위원회 엮음, 2008, 『북한관계사료집 57』(과천: 국사편찬위원회).
국토통일원 엮음, 1986, 『북한경제통계집, 1946-1985년』(서울: 국토통일원).
국토통일원 자료조사실 엮음, 1988, 『북한최고인민회의자료집 1』(서울: 국토통일원).
국토통일원 자료조사실 엮음, 1988, 『북한최고인민회의자료집 2』(서울: 국토통일원).
국토통일원 자료조사실 엮음, 1988, 『북한최고인민회의자료집 3』(서울: 국토통일원).

심지연 엮음, 1989, 『미-소공동위원회 연구』(서울: 청계연구소).
통일문제연구소 엮음, 1989, 『북한경제자료집』, 도서출판 민족통일.
통일원 엮음, 1996, 『북한경제통계집』, 통일원.
한림대학교 아시아문화연구소 엮음, 1994, 『북한경제통계자료집, 1946 · 1947 · 1948년도』(춘천: 한림대학교 출판부).
한림대학교 아시아문화연구소 엮음, 1996, 『북한경제관련문서집 1, 1946-1950』(춘천: 한림대학교 출판부).
서용선 · 양영조 · 신영진, 1995, 『점령정책, 노무운용, 동원』(서울: 국방군사연구소).
· 유엔군총사령부, 「유엔군총사령부 작전명령 제2호, 부록 I: 민사분야」(1950. 9. 29).
한림대학교 아시아문화연구소 엮음, 1988, 『주한미군정보일지 2』(춘천: 한림대학교 아시아문화연구소.
한림대학교 아시아문화연구소 엮음, 1988, 『주한미군정보일지 3』(춘천: 한림대학교 아시아문화연구소.
한림대학교 아시아문화연구소 엮음, 1989, 『주한미군북한정보요약 1』(춘천: 한림대학교 아시아문화연구소).
한림대학교 아시아문화연구소 엮음, 1990, 『주한미군주간정보요약 1』(춘천: 한림대학교 아시아문화연구소).
한림대학교 아시아문화연구소 엮음, 1990, 『주한미군주간정보요약 2』(춘천: 한림대학교 아시아문화연구소).
한림대학교 아시아문화연구소 엮음, 1990, 『주한미군주간정보요약 3』(춘천: 한림대학교 아시아문화연구소).

3) NARA 미군노획문서 및 해외수집자료

- 국사편찬위원회

『재정금융』 1950년 2월 제2호. 마이크로필름 자료 소장문서번호 487(NNGR.80.752.17) 등록번호 MF0003911
『재정금융』 1958년 1월 제14권 제1호.
『재정금융』 1958년 2월 제15권 제2호.
『재정금융』 1958년 3월 제16권 제3호.
『재정금융』 1958년 4월 제17권 제4호.
『재정금융』 1958년 5월 제18권 제5호.
『재정금융』 1958년 6월 제19권 제6호.
『재정금융』 1958년 7월 제20권 제7호.

『재정금융』 1958년 8월 제21권 제8호.
『재정금융』 1958년 9월 제22권 제9호.
『재정금융』 1958년 10월 제23권 제10호.
『재정금융』 1961년 7월 제56권 제7호.
『재정금융』 1962년 1월 제62권 제1호.
『재정금융』 1962년 2월 제63권 제2호.
『재정금융』 1962년 3월 제64권 제3호.
『재정금융』 1962년 4월 제65권 제4호.
『재정금융』 1962년 5월 제66권 제5호.
『재정금융』 1962년 6월 제67권 제6호.
『재정금융』 1962년 7월 제68권 제7호.
『재정금융』 1962년 8월 제69권 제8호.
『재정금융』 1962년 9월 제70권 제9호.
『재정금융』 1962년 10월 제71권 제10호.
『재정금융』 1962년 11월 제72권 제11호.
『재정금융』 1962년 12월 제73권 제12호.

- 국립중앙도서관 http://nl.go.kr (2017년 5월 9일 접속)

김두봉, 1951, 『인민군 각부대 선동원회의에서 진술한 김두봉동지의 연설』(평양: 조선인민군 총정치국, 1951). NARA, RG 242, SA 2012 Series, Box1175.

김 찬, 1949, 『조선민주주의인민공화국 북반부의 재정제도』(평양: 재정성경영계산연구회). NARA, RG 242, SA 2009 II Series, Box819, 문서번호 WAR200702693.

량정국, 1950, 『남반부 만기현물세 징수 준비사업에 대한 지도서』(평양: 량정국). NARA, RG 242, Sa 2009 II Series, Box829, 문서번호 WAR200702922.

재정국경영계산연구회 엮음, 1948, 『경영 계산-계약제도와 결제 제도』(북조선인민위원회 결정 제120호 해설)」(평양: 재정국경영계산연구회). NARA, RG 242, SA 2009 I Series, Box687, 문서번호 WAR200700624,

재정성 엮음, 1946, 『조선민주주의인민공화국 국가종합예산에관한문헌집」(평양: 국가계획위원회출판사). NARA, RG 242, SA 2008 Series, Box629, 문서번호 WAR200602151.

재정성경영계산연구회, 1948, 『국가기업의 재정계획』(평양: 재정성 경영계산연구회). NARA, RG242, SA 2009 Series, Box692, WAR200700724.

______, 1949, 『조선민주주의인민공화국 북반부의 재정제도』(평양: 재정성 경영계산연구회. NARA, RG242, SA 2009 II Series, Box819, WAR200702693

최창익, 1949, 「공화국북반부의 민주건설과 남반부경제파산및 인민항쟁」(1949. 10. 31), 『

10/31 재정상연설문(최고인민회의 대의원 회의)』

Kozlov, Genrikh, 께 까즐로브, 1948, 조영식 옮김, 『사회주의 사회에서의 독립채산(정치경제학연구자료)』(평양: 재정국 경영계산연구회). NARA, RG 242 SA 2007 I Series, Box425, 문서번호 WAR200601714.

Leontiev, L.A. 엘 아 레온찌에브, 1949, 김명식 옮김, 『레닌-쓰딸린의 노작에 있어서의 사회주의적 정치경제학』(평양: 국립인민출판사). NARA, RG 242 SA 2009 I Series, Box689.

Molyakov, D.S., 데 에스 몰랴꼬브, 1949, 김해천 옮김, 『구역 산업의 재정계획화』(평양: 국가계획위원회출판사).

『내각공보』 1948년 제1호-제4호. RG 242, SA 2010 Series, Box866-1, WAR200703502.

『내각공보』 1948년 제4호 부록. RG 242, SA 2007 III Series, Box548, WAR200601951.

『내각공보』 1949년 1월-6월. RG 242, SA 2010 Series, Box866-2, WAR200703516.

『내각공보』 1949년 제1호-제17호. RG 242, SA 2010 Series, Box866-2, WAR200703515.

『내각공보』 1949년 제3호-제5호. RG 242, SA 2009 I Series, Box740, WAR200701836.

『내각공보』 1949년 제4호. RG 242, SA 2007 III Series, Box548, WAR200601953.

『내각공보』 1949년 제5호. RG 242, SA 2007 II Series, Box548, WAR200601954.

『내각공보』 1950년 제2호, 제8호 부록, 제9호 부록. RG 242, SA 2012 Series, Box1177.

『내각공보』 1950년 제14호-16호, 1951년 제1호-제9호, 제16호, 1952년 제1호, 13호. RG 242, SA 2012 Series, Box1122.

『법령공보』 1946년 제3호-제5호, 제7호-제48호, 증간1호-증간8호. RG 242, SA 2006 Series, Box203, WAR200601414.

『인민』 1948년 제7호. RG 242, SA 2007 III Series, Box627, WAR200602102.

『인민』 1948년 제8호. RG 242, SA 2007 III Series, Box627, WAR200602103.

『인민』 1948년 제9호. RG 242 SA 2012 Series, Box1115, WAR200900319.

『인민』 1948년 제10호. RG 242, SA 2007 III Series, Box627, WAR200602104.

『인민』 1948년 제11호. RG 242, SA 2007 III Series, Box627, WAR200602105.

『인민』 1948년 제12호. RG 242, SA 2007 III Series, Box627, WAR200602106.

『인민』 1949년 제2호. RG 242, SA 2007 III Series, Box627, WAR200602108.

『인민』 1949년 제4호. RG 242, SA 2007 III Series, Box624, WAR200602066.

『인민』 1949년 제7호. RG 242, SA 2007 III Series, Box627, WAR200602109.

『인민』 1949년 제10호. RG 242, SA 2009 I Series, Box658, WAR200700472.

『인민』 1949년 12월 제4권 제12호. RG 242, SA 2007 III Series, Box627, WAR200602110.

『인민』 1950년 제6호. RG 242, SA 2007 III Series, Box624, WAR200602068.

『인민』 1950년 제7호. RG 242, SA 2007 III Series, Box624, WAR200602068.

『인민』 1950년 제7호 부록. RG 242, SA 2012 Series, Box1177.
『인민』 1950년 제11호. RG 242, SA 2007 III Series, Box548, WAR200601955.
『인민』 1952년 제2호. RG 242, SA 2012 Series, Box1227.
『재정금융』 1949년 9월 창간호. RG242, SA 2012 Series, Box1137, WAR220900447.
『재정금융』 1949년 10월 제2호. RG242, SA 2012 Series, Box1137, WAR220900448.
『재정금융』 1949년 12월 제3호. RG242, SA 2012 Series, Box1137, WAR220900449.
『재정금융』 1950년 1월 제1호. RG242, SA 2012 Series, Box1137, WAR220900450.
『재정금융』 1950년 4월 제4호. RG242, SA 2009 II Series, Box801, WAR200702594.
『재정금융』 1950년 5월 1일 제8권 제5호. RG242, SA 2012 Series, Box1137, WAR220900451.

- 국회도서관 마이크로필름자료

안광즙, 1952, 『재정에 대한 몇가지문제』(평양: 국립출판사). MF00009040.
재정성기관지편집부 엮음(1950), 『재정법규집』(평양: 재정성출판사). MF00008989 [a.k.a. 재정성 문서]

- 통일부 북한자료센터 마이크로필름자료

『인민』 1949년 제3호. MF132.
『인민』 1949년 제5호. MF132.
『인민』 1949년 제9호. MF132.

4) 김일성 김정일 저작집

- 김일성선집 · 김일성저작집

김일성, 1955, 「북 조선 민주 선거의 총결과 인민 위원회의 당면 과업」(1946. 11. 25), 『김일성선집 1』(평양: 조선로동당출판사).
______, 1969, 「우리의 인민군대는 로동계급의 군대, 혁명의 군대이다. 계급적정치교양사업을 계속 강화하여야 한다」(1963. 2. 8), 『김일성저작선집 3』(평양: 인문과학사).
______, 1979, 「1947년인민경제계획을 완수하기 위하여 모든 힘을 다하자」(1947. 5. 12), 『김일성저작집 3』(평양: 조선로동당출판사).
______, 1979, 「2개년인민경제계획의 중심과업에 대하여」(1948. 11. 25), 『김일성저작집 4』(평양: 조선로동당출판사).
______, 1979, 「국가량정사업을 개선강화하기 위한 몇가지 문제에 대하여」(1947. 9. 5), 『김일성저작집 4』(평양: 조선로동당출판사).

______, 1979, 「국가재정관리를 잘하기 위하여」(1947. 2. 28), 『김일성저작집 3』(평양: 조선로동당출판사).
______, 1979, 「국가재정운영사업을 잘하며 농민은행을 창설할데 대하여」(1946. 4. 1), 『김일성 저작집 2』(평양: 조선로동당출판사).
______, 1979, 「모두 다 공화국정부 주위에 굳게 단결하여 민주조선창건을 위하여 전진하자」(1948. 9. 12), 『김일성저작집 4』(평양: 조선로동당출판사).
______, 1979, 「진보적민주주의에 대하여」(1945. 10. 3), 『김일성저작집 1』(평양: 조선로동당출판사).
______, 1979, 「현시기 민전앞에 나선 몇가지 임무에 대하여」(1946. 12. 26), 『김일성저작집 2』(평양: 조선로동당출판사).
______, 1979. 「해방된 조국에서의 당, 국가 및 무력 건설에 대하여(1945. 8. 20), 『김일성저작집 1』(평양: 조선로동당출판사).
______, 1980 「전시인민생활안정을 위한 몇가지 과업」(1951. 1. 21), 『김일성저작집 6』(평양: 조선로동당출판사).
______, 1980, 「국가의 법령을 철저히 집행하며 국가기밀보장사업을 잘할데 대하여」(1949. 7. 12), 『김일성저작집 5』(평양: 조선로동당출판사).
______, 1980, 「농촌경리의 금후발전을 위한 우리당의 정책에 관하여」(1954. 11. 3), 『김일성저작집 9』(평양: 조선로동당출판사).
______, 1980, 「농촌경리의 발전을 위한 평안남도 당단체들의 과업」(1954. 12. 19), 『김일성저작집 9』(평양: 조선로동당출판사).
______, 1980, 「농촌사업을 강화하기 위한 몇가지 대책에 대하여」(1955. 2. 2), 『김일성저작집 9』(평양: 조선로동당출판사).
______, 1980, 「당원들속에서 계급교양사업을 더욱 강화할데 대하여」(1955. 4. 1), 『김일성저작집 9』(평양: 조선로동당출판사).
______, 1980, 「령세농민들의 생활을 개선하여 경제사업에 대한 지도를 강화할데 대하여」(1954. 1. 15), 『김일성저작집 8』(평양: 조선로동당출판사).
______, 1980, 「산업운수부문에서 나타난 결함들과 그 것을 고칠 대책에 대하여」(1954. 3. 21), 『김일성저작집 8』(평양: 조선로동당출판사).
______, 1980, 「전시농업생산을 보장하기 위한 몇가지 과업」(1950. 9. 1), 『김일성저작집 6』(평양: 조선로동당출판사).
______, 1980, 「전후 우리 당의 농촌정책과 농촌민주선전실장들의 과업」(1955. 6. 27), 『김일성저작집 9』(평양: 조선로동당출판사).
______, 1980, 「조선민주주의공화국 창립 1주년」(1949. 9. 9), 『김일성저작집 5』(평양: 조선로동당출판사).

______, 1980, 「증산하고 절약하여 3개년계획을 초과완수하자」(1956. 1. 1), 『김일성저작집 10』(평양: 조선로동당출판사).
______, 1980, 「지방산업에 대한 지도관리체계를 개편할데 대하여」(1950. 3. 24), 『김일성저작집 5』(평양: 조선로동당출판사).
______, 1980, 「통일전선사업을 개선강화할데 대하여」(1953. 12. 18), 『김일성저작집 8』(평양: 조선로동당출판사).
______, 1980, 「현계단에 있어서의 지방정권기관들의 임무와 역할」(1952. 2. 1), 『김일성저작집 7』(평양: 조선로동당출판사).
______, 1981, 「당단체를 튼튼히 꾸리며 당의 경제정책을 관철할데 대하여」(1957. 7. 5), 『김일성저작집 11』(평양: 조선로동당출판사).
______, 1981, 「상품류통사업을 개선강화할데 대하여」(1957. 2. 14), 『김일성저작집 11』(평양: 조선로동당출판사).
______, 1981, 「우리 당 사법정책을 관철하기 위하여」(1958. 4. 29), 『김일성저작집 제12권』(평양: 조선로동당출판사).
______, 1981, 「우리나라에서의 사회주의적 농업집단화의 승리와 농촌경리의 앞으로의 발전에 대하여」(1959. 1. 5), 『김일성저작집 13』(평양: 조선로동당출판사).
______, 1981, 「조선로동당 제4차대회에서 한 중앙위원회사업총화보고」(1961. 9. 11), 『김일성저작집 15』(평양: 조선로동당출판사).
______, 1981, 「조선인민의 민족적명절 8.15해방 15돐경축대회에서 한 보고」(1960. 8. 14), 『김일성저작집 14』(평양: 조선로동당출판사).
______, 1981, 「천리마기수들은 우리 시대의 영웅이며 당의 붉은 전사이다」(1960. 8. 22), 『김일성저작집 14』(평양: 조선로동당출판사).
______, 1982, 「우리나라 사회주의 농촌 문제에 관한 테제」(1964. 2. 25), 『김일성저작집 18』(평양: 조선로동당출판사).
______, 1983, 「교육과 문학예술은 사람들의 혁명적세계관을 세우는데 이바지하여야 한다」(1970. 2. 17), 『김일성저작집 25』(평양: 조선로동당출판사).
______, 1983, 「당면한 경제사업에서 혁명적 대고조를 일으키며 로동행정사업을 개선강화할데 대하여」(1967. 7. 3), 『김일성저작집 21』(평양: 조선로동당출판사).
______, 1983, 「사회주의건설에서 재정의 기능과 역할을 강화할데 대하여」(1968. 10. 31), 『김일성저작집 23』(평양: 조선로동당출판사).
______, 1983, 「조선로동당 제5차대회에서 한 중앙위원회사업총화보고」(1970. 11. 2), 『김일성저작집 25』(평양: 조선로동당출판사).
______, 1984, 「우리나라 사회주의제도를 더욱 강화하자」(1972. 12. 25), 『김일성저작집 27』(평양: 조선로동당출판사).

______, 1984, 「조선로동당과 공화국정부의 대내외정책의 몇가지 문제에 대하여」(1971. 9. 25), 『김일성저작집 26』(평양: 조선로동당출판사).
______, 1985, 「모잠비끄해방전선 위원장과 한 담화」(1975. 3. 5), 『김일성저작집 30』(평양: 조선로동당출판사).
______, 1985, 「오스트랄리아기자들이 제기한 질문에 대한 대답」(1974. 11. 4), 『김일성저작집 29』(평양: 조선로동당출판사).
______, 1985, 「정치사업을 잘하여 인민군대의 위력을 더욱 강화하자」(1977. 11. 30), 『김일성저작집 32』(평양: 조선로동당출판사).
______, 1987, 「빠나마 인적자원육성 및 리용협회 위원장과 한 담화」(1979. 9. 20), 『김일성저작집 34』(평양: 조선로동당출판사).
______, 1987, 「사회주의로동법을 철저히 관철하자」(1979. 9. 27), 『김일성저작집 34』(평양: 조선로동당출판사).
______, 1987, 「인민군대를 강화하여 사회주의 조국을 튼튼히 보위하자」(1979. 10. 23), 『김일성저작집 34』(평양: 조선로동당출판사).
______, 1987, 「일본자유민주당소속 참의원 의원과 한 담화」(1979. 5. 13), 『김일성저작집 34』(평양: 조선로동당출판사).
______, 1987, 「재정관리사업을 잘하여 사회주의 건설을 더욱 다그치자」(1978. 12. 23), 『김일성저작집 33』(평양: 조선로동당출판사).
______, 1992, 『세기와 더불어 2』(평양: 조선로동당출판사).
______, 1993, 「공산주의적 시책」(1985. 10. 22), 『김일성저작집 39』(평양: 조선로동당출판사).

- 김정일 저작집

김정일, 1963, 「대안의 사업체계는 독창적인 사회주의경제관리체계」(1963. 1. 14), 『김정일선집 1(증보판)』(평양: 조선로동당출판사).
______, 1992, 「비행사들을 정치군사적으로 튼튼히 준비시키자」(1964. 10. 18), 『김정일선집 1』(평양: 조선로동당출판사).
______, 1995, 「김일성주의의 독창성을 옳게 인식할데 대하여」(1976. 10. 2), 『김정일선집 5』(평양: 조선로동당출판사).

5) 논문, 기고, 연설, 토론

강인준, 1989, 「사회순소득의 본질에 관한 주체적 견해」, 『경제연구』 1989년 제3호.
고무운, 1949, 「인민소득의 조성과 그 분배 및 재분배」, 『재정금융』 1949년 10월 1일 제2호.
______, 1949, 「화폐의발생 · 화폐류통의발전 및 그의기능」, 『재정금융』 1949년 12월 1일

제3호. http://nl.go.kr (2017년 5월 9일 접속)

김경련, 1988, 「1971년 국가예산집행에 대한 결산과 1972년 국가예산에 대한 보고」, 제4기 제6차회의(1972. 4. 29-30), 국토통일원 자료조사실 엮음, 『북한최고인민회의자료집 3』(서울: 국토통일원).

______, 1988, 「1972년 국가예산집행에 대한 결산과 1973년 국가예산에 대한 보고」, 제5기 제2차회의(1973. 4. 5-10), 국토통일원 자료조사실 엮음, 『북한최고인민회의자료집 3』(서울: 국토통일원).

______, 1988, 「1973년 국가예산집행에 대한 결산과 1974년 국가예산에 대한 보고」, 제5기 제3차회의(1974. 3. 20-25), 국토통일원 자료조사실 엮음, 『북한최고인민회의자료집 3』(서울: 국토통일원).

김광진 · 김창준 · 박시형 · 최윤수 · 홍연구, 1965, 「사회주의 국가와 농촌 좌담회」, 『천리마』 1965년 2월 제77호.

김광협, 1988, 「농업현물세제를 완전히 폐지할데 대한 보고」(제3기 제5차회의 1966. 4. 27-29), 국토통일원 자료조사실 엮음, 『북한최고인민회의자료집 2』(서울: 국토통일원).

김교영, 1955, 「기업 관리 및 경제 활동에 대한 화폐적 통제의 강화와 은행의 역할」, 『근로자』 1955년 7월 25일 제116권 제7호.

김동규, 1970, 「후방사업은 곧 정치사업이다」, 『인민의 자유와 해방을 위하여』, 구월서방 1972.

김두봉, 2004, 「북조선민주선거의 총결과 로동당의 당면과업」, 『근로자』 1946년 11월 제2호, 국사편찬위원회 엮음, 『북한관계사료집 42』(과천: 국사편찬위원회).

______, 2004, 「질문과 토론에 대한 결론」(1946. 8. 30), 『근로자』 1946년 10월 창간호, 국사편찬위원회 엮음, 『북한관계사료집 42』(과천: 국사편찬위원회).

김락희, 2007, 「사회주의의 씨앗, 농업협동조합」, 『인민들 속에서 70』(평양: 조선로동당출판사).

김만금 · 김병련 · 전태환 · 장윤필 · 유경삼 · 정락선 · 신봉현 · 김득란, 1988, 「농업현물세에 대한 토론」(제2기 제5차회의 1959. 2. 19-21), 국토통일원 자료조사실 엮음, 『북한최고인민회의자료집 2』(서울: 국토통일원).

김명훈, 1988, 「사회주의공업화실현을 위한 자금문제해결의 력사적 경험」, 『경제연구』 제1호.

김명희, 1990, 「지방예산제는 우월한 사회주의예산제도」, 『천리마』 1990년 12월.

김병도, 1958, 「당의 금융 통화 정책 집행에서 혁신을 기하자」, 『재정금융』 1958년 5월.

______, 1959, 「우리 나라에서 사회주의적 화폐 체계의 공고 발전」, 『근로자』 1959년 3월 제160권 제3호.

김병제, 1956, 「마지막 현물세」, 『천리마』 1965년 1월 제76호.

김상학, 1957, 「우리나라에서의 사회주의 공업화의 특성」, 『근로자』 1957년 10월 25일 제143권 제10호.

김순경, 1958, 「상품 판매 수입을 확장하기 위한 은행의 통제」, 『재정금융』 1958년 1월 제14권 제1호.

김오현, 1989, 「조선강점시기 일제의 가렴잡세를 통한 수탈」, 『경제연구』 1989년 제3호.

김원국, 1998, 「상업기업소리윤과 그 리용에서 나서는 몇가지 문제」, 『김일성종합대학학보』 제44권 제2호.

김원봉·김태련, 1988, 「주민소득세에 관한 토론」(제1기제10차회의 1955. 12. 20-22), 국토통일원 자료조사실 엮음, 『북한최고인민회의자료집 1』(서울: 국토통일원).

김 일, 1988, 「농촌경리를 더욱 발전시킬데 대한 보고」(제1기제10차회의 1955. 12. 20-22), 국토통일원 자료조사실 엮음, 『북한최고인민회의자료집 1』(서울: 국토통일원).

______, 1988, 「협동농장들의 경제토대를 강화하며 농민들의 생활을 향상시킬데 대한 보고」(제3기 제3차회의 1964. 3. 26-28), 국토통일원 자료조사실 엮음, 『북한최고인민회의자료집 2』(서울: 국토통일원).

김일성 종합 대학 정치 경제학 강좌, 1959, 「≪정치 경제학 교과서≫ 제30장: 독립채산제와 수익성, 원가와 가격」, 『경제건설』 1959년 12월 제79호 제12호.

김일호, 2003, 「농기계임경소설치에 대한 정치 경제적 의의」, 『인민』 1950년 3월 제5권 제3호, 국사편찬위원회 엮음, 『북한관계사료집 40』(과천: 국사편찬위원회).

김종완, 1956, 「공화국 북반부에서의 사회주의 건설과 축적 문제」, 『김일성 종합대학 창립 10주년 기념 론문집』(평양: 김일성 종합대학).

김진목,. 1948, 「결제제도해설」, 재정국경영계산연구회 엮음, 『경영 계산-계약제도와 결제제도』(북조선인민위원회 결정 제120호 해설)」(평양: 재정국경영계산연구회).

김 찬, 1948, 「계약제도실시에 관한 보고」, 재정국경영계산연구회 엮음, 『경영 계산-계약제도와 결제 제도』(북조선인민위원회 결정 제120호 해설)」(평양: 재정국경영계산연구회).

______, 1948, 「북조선에 적합한 결제방식에 대하여」, 재정국경영계산연구회 엮음, 『경영계산-계약제도와 결제 제도』(북조선인민위원회 결정 제120호 해설)」(평양: 재정국경영계산연구회).

______, 1949, 「1949년도 조선민주주의 인민공화국 국가종합예산심의위원회보고」(1949. 4. 19-23), 재정성 엮음, 『조선민주주의인민공화국 국가종합예산에관한문헌집」(평양: 국가계획위원회출판사).

______, 1949, 「2개년 인민경제 계획과 원의 가치 제고에 대하여」, 『재정금융』 1949년 12월 제3호. http://nl.go.kr (2017년 5월 9일 접속)

______, 1949, 「2개년인민경제계획과재정문제」, 『재정금융』 1949년 9월 1일 창간호. http://nl.go.kr (2017년 5월 9일 접속)
김　찬, 1949, 「인민경제2개년계획과 재정일꾼들의 당면과업」, 재정성 경영계산연구회 엮음, 『국가기업의재정계획』(평양: 재정성 경영계산연구회).
______, 1949, 「조국의 인민경제발전을 위한투쟁에있어서 경리일꾼들의 과업」, 『재정금융』 1949년 12월 1일 제3호.
______, 1949, 「조선민주주의인민공화국 1949년도 국가종합 예산에 대하여」(1949. 4. 19-23), 재정성 엮음, 『조선민주주의인민공화국 국가종합예산에관한문헌집』(평양: 국가계획위원회출판사).
______, 1950, 「우리 공화국의 공채 발행과 재정금융 일꾼들의 당면임무」, 『재정금융』 1950년 4월 제4호.
______, 1952, 「인민경제 발전에 있어서 공화국 은행들의 역할」, 『인민』 1952년 제2호. NARA, RG 242, SA 2012 Series, Box1227. http://nl.go.kr (2017년 4월 22일 접속)
______, 1988, 「1949년도 조선민주주의인민공화국 국가종합예산 심의위원회의 보고」(제1기제3차회의 1949. 4. 19-26), 국토통일원 자료조사실 엮음, 『북한최고인민회의자료집 1』(서울: 국토통일원).
______, 1992, 「산업부흥과 금융」, 『인민』 1947년 4월 제2권 제3호, 국사편찬위원회 엮음, 『북한관계사료집 13』(과천: 국사편찬위원회),
______, 2005, 「만기현물세 징수사업과 1949년도 농산물 증산준비에 대한 당단체의 과업: 북조선로동당 중앙위원회 제3차회의에서 진술한 보고」, 『근로자』 1948년 10월, 국사편찬위원회 엮음, 『북한관계사료집 46』(과천: 국사편찬위원회).
______, 2008, 「인민경제에 있어서의 금융의 역할」, 『근로자』 1953년 12월 25일 제12호, 국사편찬위원회 엮음, 『북한관계사료집 56』(과천: 국사편찬위원회).
______, 2008, 「축적은 인민경제 복구 발전의 중요한 담보」, 『근로자』 1953년 11월 25일 제11호, 국사편찬위원회 엮음, 『북한관계사료집 56』(과천: 국사편찬위원회).
김　책, 1949, 「2개년인민경제 1949년계획실행정형과 1950년도 과업에대하여」, 조선민주주의인민공화국 문화선전성 엮음, 『산업부문경제및직맹열성자대회문헌집』(평양: 조선민주주의인민공화국 문화선전성).
김춘점, 1964, 「농업 현물세제의 폐지와 그 의의」, 『근로자』 1964년 4월 (상) 제7호.
남인호, 1959, 「1960년 완충기의 필연성과 계획 작성에서의 중심 방향」, 『경제건설』 1959년 10월.
남일 · 리주연 · 최영자 · 정준택 · 김만금 · 김기선 · 리연 · 박봉조, 1988, 「협동농장들의 경제토대를 강화하며 농민들의 생활을 향상시킬데 대한 토론」(제3기 제3차회의 1964. 3. 26-28), 국토통일원 자료조사실 엮음, 『북한최고인민회의자료집 2』(서울: 국토통일원).
남일 · 최춘섭 · 리양숙 · 김무회 · 정동철 · 현무광 · 당운실 · 김학순 · 황장엽 · 정준택 · 유재훈 · 한수현 · 박영신, 1988, 「1965년 국가예산집행에 대한 결산과 1965년 국가예산에 대한 보고」(제3기 제5차회의 1966. 4. 27-29), 국토통일원 자료조사실 엮음, 『북한최고인민회의자료집 2』(서울: 국토통일원).
동순모 · 김히준 · 고윤숙 · 박종이 · 김학순 · 김세윤 · 김성근, 「1972년 국가예산집행에 대한 결산과 1973년 국가예산에 대한 토론」, 제5기 제3차회의(1974. 3. 20-25), 국토통일원 자료조사실 엮음, 『북한최고인민회의자료집 3』(서울: 국토통일원).
리근오, 1988, 「세금제도를 완전히 없앨데 대한 보고」, 제5기 제3차회의(1974. 3. 20-25), 국토통일원 자료조사실 엮음, 『북한최고인민회의자료집 3』(서울: 국토통일원).
리기홍, 1950, 「중화인민공화국 재정경제 정책에 대하여」, 『재정금융』 1950년 5월 1일 제8권 제5호. http://www.nl.go.kr (2017년 5월 9일 접속)
리룡승, 1958, 「인민 저금 사업을 이렇게 개변시켰다」, 『재정금융』 1958년 3월.
리명서, 1959, 「제1차 5개년 계획 기간 공업 생산의 높은 장성 속도와 그의 몇 가지 요인」, 『근로자』 1959년 9월 15일 제166권 제9호.
리봉남, 2010, 「지역별예산수납체계의 특징과 우월성」, 『김일성 종합 대학 학보: 철학, 경제학』 제56권 제2호.
______, 2010, 「국가예산수납체계와 그 합리적인 조직운영이 가지는 의의」, 『김일성종합대학학보: 철학 경제학』 제56권 제4호.
리봉수, 1992, 「완전독립과 자립재정」, 『인민』 1946년 창간호 제1권 제1호, 국사편찬위원회 엮음, 『북한관계사료집 13』(과천: 국사편찬위원회).
리상언, 1958, 「인민경제 계획화 XII: 우리 나라에서의 재정 계획화」, 『경제건설』 1958년 12월.
리석심, 1956, 「생산 수단 생산의 우선적 장성은 확대 재생산의 필수 조건」, 『근로자』 1956년 10월 25일 제131권 제10호.
리석채, 1957, 「『공화국 북반부에서의 사회경제적 발전의 력사적 제조건과 맑스-레닌주의 리론의 몇 가지 명제들에 대하여』(『인민』 1956.11)에 대한 몇 가지 의견」, 『근로자』 1957년 1월 25일 제134권 제1호.
리신진, 1962, 「우리 나라에서 독립 채산제의 발전」, 『재정금융』 1962년 2월 제63권 제2호.
리용석, 1952, 「1952년도 농업 증산을 위한 농산 부문 지도 일꾼들의 당면과업」, 『인민』 1952년 제2호. NARA, RG 242, SA 2012 Series, Box1227. http://nl.go.kr (2017년 4월 22일 접속)
리원경, 1957, 「인민 경제 계획 수행과 저금」, 『로동신문』 1957. 5. 26.
______, 1964, 「사회주의 건설과 은행 체계의 개편」, 『근로자』 1964년 6월 (상) 제11호.

리장춘, 1949, 「2개년인민경제계획과 기업재정」, 『인민』 1949년 제4호.

______, 1949, 「해방후4년간의인민공화국북반부재정의발전상」, 『재정금융』 1949년 9월 1일 창간호. http://nl.go.kr (2017년 5월 9일 접속)

______, 1949, 「조선민주주의인민공화국의 재정발전 에관하여」, 재정성 엮음, 『조선민주주의인민공화국 국가종합예산에관한문헌집』(평양: 국가계획위원회출판사).

______, 1992, 「북조선세금제도개혁해설」, 『인민』 1947년 제2권 제3호, 국사편찬위원회 엮음, 『북한관계사료집 13』(과천: 국사편찬위원회), 국사편찬위원회 엮음, 『북한관계사료집 13』(과천: 국사편찬위원회).

______, 2003, 「1950년도 국가종합예산에 관하여」(1950. 2. 25-3. 3), 『인민』 1950년 3월 제5권 제3호, 국사편찬위원회 엮음, 『북한관계사료집 40』(과천: 국사편찬위원회).

______, 2008, 「공화국 재정의 공고화를 위한 몇가지 문제」, 『근로자』 1954년 3월 25일 제3호, 국사편찬위원회 엮음, 『북한관계사료집 57』(과천: 국사편찬위원회).

리정선, 1963, 「로동 행정 사업을 개선 강화하는 데 은행 통제가 어떤 역할을 노는가」, 『근로자』 1963년 1월 (하) 제2호.

리종옥, 1961, 「조선 민주주의 인민 공화국 인민 경제 발전 제1차 5개년(1957~1961) 계획 실행 총화에 대하여(최고 인민 회의 제2기 제8차 회의에서 한 내각 부수상 리종옥 대의원의 보고, 1960년 11월 22일), 조선 중앙 통신사 엮음, 『조선중앙년감 1961』(평양: 조선 중앙 통신사).

______, 1988, 「인민경제발전 제1차 5개년(1957-1961) 계획에 관한 보고」(제2기 제3차회의 1958. 6. 9-11), 국토통일원 자료조사실 엮음, 『북한최고인민회의자료집 2』(서울: 국토통일원).

리종옥 · 김만금 · 현무광 · 문만욱 · 김형삼 · 리일경 · 김원풍 · 주성일 · 김회일 · 정성언 · 김병수 · 김병식 · 황원준 · 김락희 · 배용 · 강칠용 · 리규재, 1988, 「1958년 국가예산집행에 대한 결산과 1960년 국가예산에 관한 토론」(제2기 제7차회의 1960. 2. 25.-27), 국토통일원 자료조사실 엮음, 『북한최고인민회의자료집 2』(서울: 국토통일원).

리종옥 · 김태근 · 리달룡 · 박금옥 · 송복기 · 주성일 · 최만국 · 리학빈 · 강초순 · 리광실 · 송덕훈 · 김영욱 · 임순녀 · 리양숙 · 류병련 · 리응원 · 박영신 · 김병수 · 윤련환, 1988, 「1966년 국가예산집행에 대한 결산과 1967년 국가예산에 대한 토론」(제3기 제7차회의 1967. 4. 24-26), 국토통일원 자료조사실 엮음, 『북한최고인민회의자료집 2』(서울: 국토통일원).

리종옥 · 리재영 · 류명호 · 송관조 · 김동국 · 김철은 · 강희원 · 리정숙 · 김원빈, 1988, 「1964년 국가예산집행에 대한 결산과 1965년 국가예산에 대한 토론」(제3기 제4차회의 1965. 5. 20-24), 국토통일원 자료조사실 엮음, 『북한최고인민회의자료집 2』(서울: 국토통일원).

리종옥 · 림계철 · 김병식 · 조성대 · 리일경 · 백의명 · 김창준 · 최용진 · 정성언 · 남인호 · 김종항 · 장윤필 · 박정애 · 김병한 · 한대영 · 최창석 · 박웅걸, 1988, 「1961년 국가예산집행에 대한 결산과 1962년 국가예산에 관한 토론」(제2기 제10차회의 1962. 4. 5-7), 국토통일원 자료조사실 엮음, 『북한최고인민회의자료집 2』(서울: 국토통일원).

리종옥 · 림계철 · 김원철 · 한대영 · 김만금 · 최용진 · 윤승과 · 리주연 · 김응상 · 주병선 · 김종항 · 정성언 · 최창석 · 림귀녀, 1988, 「1959년 및 1960년 국가예산집행에 대한 결산과 1961년 국가예산에 관한 토론」(제2기 제9차회의 1961. 3. 23-25), 국토통일원 자료조사실 엮음, 『북한최고인민회의자료집 2』(서울: 국토통일원).

리종옥 · 정준택 · 고금순 · 박룡성 · 김만금 · 조동섭 · 김두삼 · 정지환 · 강영창 · 한기창 · 주원생 · 윤기복 · 리상운 · 김승원 · 한찬옥 · 박동관 · 리영구 · 박영신, 1988, 「1962년 국가예산집행에 대한 결산과 1963년 국가예산에 관한 토론」(제3기 제2차회의 1963. 5. 9-11), 국토통일원 자료조사실 엮음, 『북한최고인민회의자료집 2』(서울: 국토통일원).

리주연, 1949, 「해방후 4년간의 인민공화국 북반부재정의 발전상」, 『재정금융』 1949년 9월 1일 창간호. http://nl.go.kr (2017년 5월 9일 접속)

______, 1956, 「독립채산제 강화와 사회주의적 축적의 증대를 위한 제방도」, 『경제건설』 1956년 12월.

______, 1957, 「1957년도 국가 예산의 특징과 그의 요구성」, 『경제건설』 1957년 4월.

______, 1958, 「공화국 국가 예산의 인민적 성격」, 『근로자』 1958년 3월 15일 제148권 제3호.

______, 1958, 「재정 금융 부기 일'군들의 새해 과업에 대하여」, 『재정금융』 1958년 1월 제14권 제1호.

______, 1958, 「조선 민주주의 인민 공화국 1956년 국가 예산 집행에 관한 결산과 1958년 국가 예산안에 관한 보고」, 『재정금융』 1958년 3월.

______, 1988, 「1956년 국가예산 집행에 대한 결산과 1958년 국가예산안에 관한 보고」(제2기 제2차회의 1958. 2. 17-19), 국토통일원 자료조사실 엮음, 『북한최고인민회의자료집 2』(서울: 국토통일원).

______, 1988, 「조선민주주의 인민공화국 1955년 국가예산집행에 관한 결산과 1957년 국가예산에 관한 보고」(제1기 제13차회의 1957. 3. 14-16), 국토통일원 자료조사실 엮음, 『북한최고인민회의자료집 1』(서울: 국토통일원).

______, 1988, 「조선민주주의인민공화국 1956년 국가 예산에 관한 보고」(제1기제11차회의 1956. 3. 13), 국토통일원 자료조사실 엮음, 『북한최고인민회의자료집 1』(서울: 국토통일원).

______, 1988, 「주민소득세에 관한 보고」(제1기제10차회의 1955. 12. 20-22), 국토통일원 자료조사실 엮음, 『북한최고인민회의자료집 1』(서울: 국토통일원).

______, 1992, 「현물세징수사업의 지도경험」, 『인민』 1948년 제4호, 국사편찬위원회 엮음, 『북한관계사료집 14』(과천: 국사편찬위원회)

리중원, 1950, 「우리 공채의 특수성과 그의 성과를 보장하기 위한 몇가지문제」, 『재정금융』 1950년 5월 1일 제8권 제5호. http://www.nl.go.kr (2017년 5월 9일 접속)

리창혁, 1996, 「저금과 인민생활향상」, 『천리마』 1996년 3월 제442호.

리택정, 1949, 「1950년도 조선민주주의인민공화국 국가종합예산편성에관한 제문제」, 『재정금융』 1949년 12월 1일 제3호. http://nl.go.kr (2017년 5월 9일 접속)

______, 1950, 「조국통일과 인민경제 발전을 위하여 전체인민들은 공채 발행을 열렬히 환영한다」, 『재정금융』 1950년 4월 제4호.

리학주, 1958, 「당의 금융 통화 정책 집행에서 일대 혁신을 결의: 중앙 은행 총화 회의에서」, 『재정금융』 1958년 3월.

______, 1958, 「자체 자원을 더 많이 조성하여 당의 농업 정책 관철을 보장: 농민은행 총화 회의에서」, 『재정금융』 1958년 3월.

림승무, 2000, 「인민경제내부예비의 형태와 그것이 재정수입에 주는 영향」, 『경제연구』 2000년 제1호.

림해 · 문만욱 · 리일경 · 한후방녀 · 최재우 · 한관옥 · 김회일 · 악봉 · 김응기 · 김성문 · 리종옥 · 김병식 · 김태근 · 리천호 · 송창렴 · 김두삼, 1988, 「1957년 국가예산집행에 대한 결산과 1959년 국가예산에 관한 토론」(제2기 제5차회의 1959. 2. 19-21), 국토통일원 자료조사실 엮음, 『북한최고인민회의자료집 2』(서울: 국토통일원).

민광찬, 1996, 「지방예산제와 지방의 살림살이」, 『천리마』 1996년 6월 제445호.

박금철 · 림계철 · 현무광 · 정일룡 · 김형삼 · 최사현 · 김회일 · 한상두 · 피창린 · 홍원길 · 윤병권 · 김종항 · 량태근 · 김병수 · 박기석 · 리양숙 · 박차권 · 김병한 · 림경학, 1988, 「인민경제발전 제1차5개년(1957-1961)계획 실행 총화에 대한 토론」(제2기 제8차회의 1960. 11. 19-24), 국토통일원 자료조사실 엮음, 『북한최고인민회의자료집 2』(서울: 국토통일원).

박 성, 1964, 「번영하는 인민중국」, 『천리마』 1964년 6월 제69호.

박시형, 2008, 「최고인민회의 제5기 제3차회의의 나날에」, 『인민들속에서 72』(평양: 조선로동당출판사).

박윤형, 1950, 「1950년도 국가종합예산을 정확히 집행하기위한 몇가지문제」, 『재정금융』 1950년 1월 1일 제4권 제1호. http://www.nl.go.kr (2017년 5월 9일 접속)

______, 1958, 「제1차 5개년 계획 수행에 있어서 재정 일'군들 앞에 제기된 과업」, 『재정금융』 1958년 5월.

박임선, 1949, 「2개년인민경제계획과로력수급 및 정착에관한 몇가지문제」, 『인민』 1949년 12월 제4권 제12호, 64-65쪽. http://nl.go.kr (2017년 5월 9일 접속)

박창옥, 1988, 「1954-1956년 조선민주주의인민공화국 인민경제 복구발전 3개년계획에 관한 보고」(제1기제7차회의 1954. 4. 20-23), 국토통일원 자료조사실 엮음, 『북한최고인민회의자료집 1』(서울: 국토통일원).

박춘화, 2005, 「독립채산제기업소재정관리에서 국가적리익보장에 관한 리론」, 『경제연구』 제126권 제1호.

박헌영, 1952, 「조선소비조합 제10차 중앙 확대위원회에서 진술한 연설」, 『인민』 1952년 제2호. http://nl.go.kr (2017년 4월 22일 접속)

박훈일, 1955, 「농기계 임경소는 농촌에서의 사회주의 건설의 거점」, 『근로자』 1955년 5월 25일 제114권 제5호.

방동명, 1956, 「새로 개정된 주민 소득세법이 가지는 의의」, 『경제건설』 1956년 2월 제33권 제2호.

______, 1958, 「시, 군(구역) 재정부에서 진행한 첫 리익 공제금 재계산 사업에서 얻은 몇 가지 경험」, 『재정금융』 1958년 1월 제14권 제1호.

______, 1958, 「1958년 국가 예산 수입의 정확한 보장을 위하여」, 『재정금융』 1958년 3월.

백금락, 1950, 「1950년도 금융사업의 기본방향」, 『재정금융』 1950년 1월 1일 제4권 제1호. http://www.nl.go.kr (2017년 5월 9일 접속)

______, 1950, 「국가공채 및 저축사업 협조상설 위원회에 대하여」, 『재정금융』 1950년 5월 1일 제8권 제5호. http://www.nl.go.kr (2017년 5월 9일 접속)

______, 1956, 「경제 기관 및 기업소들에 대한 금융 통제의 개선 강화를 위하여」, 『경제건설』 1956년 7월.

______, 1957, 「화폐 체계의 공고화와 원의 구매력 제고를 위한 조선 로동당과 공화국 정부의 경제 정책」, 『경제건설』 1957년 5월.

백문간, 1950, 「사회주의로 전진하는 인민민주주의 나라들에서의 공채」, 『재정금융』 1950년 4월 제4호.

서권혁, 1996, 「사회주의재정의 본질적특성과 우월성」, 『천리마』 1996년 3월 제442호.

______, 1996, 「사회주의국가예산과 그 역할」, 『천리마』 1996년 5월 제444호.

______, 1997, 「우리 나라 국가예산은 인민적이며 공고한 예산」, 『천리마』 1997년 1월 제452호.

선우경, 1950, 「1950년도 세입사업을 성과적으로 집행함에 제기되는 몇가지문제」, 『재정금융』 1950년 1월 1일 제4권 제1호. http://www.nl.go.kr (2017년 5월 9일 접속)

송봉욱, 1949, 「국가재정과 농업발전에있어서의 농업현물세의 의의」, 『인민』 1949년 11월. 통일부 북한자료센터 마이크로필름 MF132.

______, 1959, 「우리 당 정책을 정확히 반영한 인민적 예산」, 『근로자』 1959년 3월 제160권 제3호.

______, 1988, 「1957년 국가예산집행에 대한 결산과 1959년 국가예산에 관한 보고」(제2기 제5차회의 1959. 2. 19-21), 국토통일원 자료조사실 엮음, 『북한최고인민회의자료집 2』(서울: 국토통일원).

______, 1988, 「1958년 국가예산집행에 대한 결산과 1960년 국가예산에 관한 보고」(제2기 제7차회의 1960. 2. 25.-27), 국토통일원 자료조사실 엮음, 『북한최고인민회의자료집 2』(서울: 국토통일원).

신도현, 2006, 「공장, 기업소에서 사회순소득계획작성방법을 개선하는데서 나서는 문제」, 『김일성종합대학학보』 제52권 제1호.

신상훈 · 김일청 · 리호제 · 리용진 · 리유민 · 최성환 · 김민산 · 윤행중 · 남일 · 김영수 · 윤희구 · 송창렴 · 정연표 · 최응려 · 김병문 · 정일룡 · 정준택 · 김원봉 · 리두산 · 박문규 · 김정주 · 김태련 · 허성택 · 하만호, 1988, 「1949년도 조선민주주의인민공화국 국가종합예산 심의위원회 구성에 관하여」(제1기제3차회의 1949. 4. 19-26), 국토통일원 자료조사실 엮음, 『북한최고인민회의자료집 1』(서울: 국토통일원).

신상훈 · 남일 · 리유민 · 리룡진 · 최성환 · 윤행중 · 최응려 · 김일청 · 리호제 · 정일룡 · 정준택 · 하만호 · 김정주 · 김원봉 · 박문규, 1949, 「1948년도 국가종합예산총결과 1949년도 국가종합예산에대한 토론(요지)」(1949. 4. 19-23), 재정성 엮음, 『조선민주주의인민공화국 국가종합예산에관한문헌집」(평양: 국가계획위원회출판사).

안광즙, 1957, 『공업 재정』(평양: 교육 도서 출판사).

______, 1957, 「사회주의 공업화를 위한 자금 원천」, 『근로자』 1957년 9월 25일 제142권 제142권 제9호.

______, 1962, 「기술 혁명과 재정」, 『재정금융』 1962년 4월.

안석창, 1948, 「북조선 계약제도 세칙해설」, 재정국경영계산연구회 엮음, 『경영 계산-계약제도와 결제 제도』(북조선인민위원회 결정 제120호 해설)」(평양: 재정국경영계산연구회).

______, 1950, 「융자의 보장성을 검토하는 원리와 방식」, 『재정금융』 1950년 1월 1일 제4권 제1호. http://www.nl.go.kr (2017년 5월 9일 접속)

염형진, 1958, 「재정 감독 검열 사업을 개선 강화하기 위하여」, 『재정금융』 1958년 5월.

오기섭, 1957, 「수매 량정 부문의 3개년 계획 총화와 1957년 계획 실행 대책에 대하여: 전국 수매 량정 부문 열성자 회의에서 한 수매 량정상 오기섭 동지의 보고」, 『로동신문』 1957. 3. 28.

오선희, 1994, 「거래수입금의 제정 및 적용에서 제기되는 몇가지 문제」, 『경제연구』 1994년 제3호.

______, 2002, 「지방예산편성을 개선하는데 나서는 몇가지 문제」, 『경제연구』 2002년 제2호.

______, 2004, 「사회주의 경제에서 화폐자금의 운동」, 『경제연구』 2004년 제3호.

______, 2004, 「유휴화폐자금과 그 은행자금화」, 『경제연구』 2004년 제4호.
______, 2005, 「사회주의기업소자금의 성격」, 『경제연구』 2005년 제1호.
______, 2006, 「국가재정자금에 대한 수요변동의 합법칙성」, 『경제연구』 2006년 제1호.
윤기복, 1955, 「공화국 북반부에서의 경제 형태들과 계급적 제 관계」, 『근로자』 1955년 11월 25일 제120권 제11호.
______, 1970, 「계획의 일원화, 세부화는 가장 위력한 사회주의계획화방침」, 『근로자』 1970년 제342권 제9호.
______, 1988, 「1967년 국가예산집행에 대한 결산과 1968년 국가예산에 관한 보고」, 제4기 제2차회의(1968. 4. 25-27), 국토통일원 자료조사실 엮음, 『북한최고인민회의자료집 3』(서울: 국토통일원).
______, 1988, 「1968년 국가예산집행에 대한 결산과 1969년 국가예산에 관한 보고」, 제4기 제3차회의(1969. 4. 24-26), 국토통일원 자료조사실 엮음, 『북한최고인민회의자료집 3』(서울: 국토통일원).
윤병권 · 정동철 · 김윤용 · 김재운 · 강영숙 · 김원빈 · 김창복 · 김중녀 · 최용진 · 김인철 · 김병민 · 리락빈 · 김옥심 · 박인수 · 정종기 · 백의명, 1988, 「1969년 국가예산집행에 대한 결산과 1970년 국가예산에 대한 토론」, 제4기 제4차회의(1970. 4. 20-23), 국토통일원 자료조사실 엮음, 『북한최고인민회의자료집 3』(서울: 국토통일원).
윤형석, 1988, 「주민지방자치세에 관한 보고」(제1기제11차회의 1956. 3. 10-13), 국토통일원 자료조사실 엮음, 『북한최고인민회의자료집 1』(서울: 국토통일원).
윤형식, 1949, 「공화국북반부에 있어서의 세입원천에 대하여」, 『재정금융』 1949년 10월 1일 제2호. http://nl.go.kr (2017년 5월 9일 접속)
______, 1949, 「소득세법운영에관한 몇가지문제」, 『재정금융』 1949년 12월 1일 제3호. http://nl.go.kr (2017년 5월 9일 접속)
______, 1950, 「거래세 및 지방세 개정에 대하여, 『재정금융』 1950년 1월 1일 제4권 제1호. http://www.nl.go.kr (2017년 5월 9일 접속)
______, 1950, 「공화국 인민경제 발전에 있어서 공채발행의 의의와 역할」, 『재정금융』 1950년 4월 제4호.
______, 1950, 「인민경제의 부흥발전을 위하여 우리는 선진 쏘련의 재정사업에서 무엇을 배울것인가」, 『재정금융』 1950년 5월 1일 제8권 제5호. http://www.nl.go.kr (2017년 5월 9일 접속)
______, 1961, 「당의 통일 단결은 우리 혁명 승리의 확고한 담보」, 『근로자』 1961년 10월 15일 제191권 제10호.
______, 1962, 「당정책 관철에서 혁명적 사업 기풍의 확립은 하반년 전투 승리의 중요담보」, 『근로자』 1962년 제12호.

인민경제대학 재정금융학 강좌 「공화국 재정의 본질과 사명」, 『재정금융』 1958년 2월.
장성은, 2002, 「공장, 기업소에서 번수입의 본질과 그 분배에서 나서는 원칙적요구」, 『경제연구』 2002년 제4호.
장원성, 1967, 「우리 혁명의 심화발전과 인테리혁명화」, 『근로자』 1967년 제10호.
장윤필, 1971, 「농업생산을 고도로 집약화하는것은 농촌경리발전의 중심과업」, 『근로자』 1971년 제9호.
장윤필 · 로영세 · 강준국 · 리창순, 1988, 「농업현물세제를 완전히 페지할데 대한 토론」(제3기 제5차회의 1966. 4. 27-29), 국토통일원 자료조사실 엮음, 『북한최고인민회의자료집 2』(서울: 국토통일원).
전영설, 1973, 「사회주의경제운영에서 상품화페관계의 경제적공간을 옳게 리용하자」, 『근로자』 1973년 제3호.
전영호, 1990, 「조선의 신용사」, 『제3차조선학국제학술토론회 론문요지: 1990년 8월 2일-8월 5일 일본 오사까에서 개최』(베이징: 북경대학 조선문화연구소).
전인덕, 1958, 『리익 공제금 재계산 사업에서의 판이한 두 현상」, 『재정금융』 1958년 5월.
정광영, 1998, 「사회주의사회에서 봉사료수입금과 그 납부에서 나서는 문제」, 『김일성종합대학학보』 1998년 제44권 제1호.
______, 2008, 「국가예산수입을 늘이는것은 사회주의경제건설의 재정적담보」, 『김일성종합대학학보』 2008년 제54권 제4호.
______, 2012, 「봉사료수입금에 대한 리해」, 『김일성종합대학학보』 2012년 제58권 제3호.
______, 2011, 「거래수입금에 대한 과학적리해에서 제기되는 몇가지 문제」, 『김일성종합대학학보』 2011년 제57권 제3호.
______, 2011, 「국가기업리익금에 대한 과학적해명에서 나서는 중요문제」, 『경제연구』 2011년 제4호.
정성언, 1962, 「6개 고지 점령을 위하여 은행의 원에 의한 통제를 일층 강화하자」, 『재정금융』 1962년 1월.
______, 1988, 「농업현물세에 대한 보고」(제2기 제5차회의 1959. 2. 19-21), 국토통일원 자료조사실 엮음, 『북한최고인민회의자료집 2』(서울: 국토통일원).
정일룡 · 림계철 · 김동연 · 현무광 · 강희원 · 리영순 · 김봉한 · 리재윤, 1988, 「1963년 국가예산집행에 대한 결산과 1964년 국가예산에 대한 토론」(제3기 제3차회의 1964. 3. 26-28), 국토통일원 자료조사실 엮음, 『북한최고인민회의자료집 2』(서울: 국토통일원).
정일룡 · 전태환 · 한전종 · 김기준 · 정두환 · 리남연 · 진반수 · 로영세 · 최재하 · 최승희 · 무만욱 · 계응상 · 추상수 · 유광열 · 리창도 · 한설야, 1988, 「1956년 국가예산 집행에 대한 결산과 1958년 국가예산안에 대한 토론」(제2기 제2차회의 1958. 2. 17-19), 국토통일원 자료조사실 엮음, 『북한최고인민회의자료집 2』(서울: 국토통일원).

정일룡 · 허성택 · 김점권 · 박준언 · 장권 · 김정주 · 백남운 · 리재영 · 장익림 · 리능종 · 리병남 · 김득란 · 채백희 · 리기영 · 최승희 · 리동영 · 허남희 · 강순 · 박치호 · 최선자 · 윤정우 · 박영성 · 라승규 · 김상철, 1988, 「조선민주주의인민공화국 북반부의 인민경제 부흥발전을 위한 1948년 계획실행 총결과 1949년-1950년 계획을 지지하는 토론」(제1기제2차회의, 1949. 1. 28-2.1), 국토통일원 자료조사실 엮음, 『북한최고인민회의자료집 1』(서울: 국토통일원).

정준기 · 리자선 · 김석형 · 홍시학 · 김정순 · 한영보 · 김후분, 「세금제도를 완전히 없앨데 대한 토론」, 1988, 제5기 제3차회의(1974. 3. 20-25), 국토통일원 자료조사실 엮음, 『북한최고인민회의자료집 3』(서울: 국토통일원).

정준택, 1961, 「휘황한 강령적 과업」, 『근로자』 1961년 10월 15일 제191권 제10호.

______, 1988, 「조선민주주의인민공화국 북반부의 인민경제 부흥발전을 위한 1948년 계획실행 총결과 1949년-1950년 계획에 관하여」(제1기제2차회의 1949. 1. 28-2.1), 국토통일원 자료조사실 엮음, 『북한최고인민회의자료집 1』(서울: 국토통일원).

______, 2003, 「조선민주주의 인민공화국 북반부의 인민경제부흥발전을 위한 1949년 1950년 2개년계획의 실행정형」, 『인민』 1950년 3월 제5권 제3호, 국사편찬위원회 엮음, 『북한관계사료집 40』(과천: 국사편찬위원회).

정준택 · 한설야 · 홍면후 · 리유민 · 최금복 · 김한중 · 정연표 · 고히만 · 최한철 · 리지찬 · 진반수 · 김태련 · 김일선 · 류영순 · 김무삼, 1988, 「조선민주주의 인민공화국 1955년 국가예산집행에 관한 결산과 1957년 국가예산에 관한 보고에 대한 토론」(제1기 제13차회의 1957. 3. 14-16), 국토통일원 자료조사실 엮음, 『북한최고인민회의자료집 1』(서울: 국토통일원).

정태식, 1961, 「우리 나라 농촌 경리의 사회주의적 개조에서의 몇 가지 문제」, 『근로자』 1961년 11월 15일 제192권 제11호.

______, 1963, 「우리 당 경제 건설의 기본 로선과 자립적 민족 경제의 건설」, 『근로자』 1963년 8월 (상) 제229권 제15호.

______, 1965, 「사회주의 경제 건설과 균형」, 『근로자』 1965년 12월 (상) 제285권 제23호.

조린성, 1949, 「소득세령 제정과 재정일꾼들의 임무」, 『재정금융』 1949년 9월 창간호.

조재선, 1958, 「우리 당 경제 정책의 위대한 생활력」, 『근로자』 1958년 9월 15일 제154권 제9호.

______, 1959, 「농업 협동 경리 발전에서의 사회주의 공업의 방조」, 『근로자』 1959년 2월 15일 제159권 제2호.

______, 1963, 「도시와 농촌의 균형적 발전을 위한 우리 당의 경제정책」, 『근로자』 1963년 3월 (하) 제220권 제6호.

______, 1965, 「대안의 사업 체계와 혁명적 사업 방법」, 『근로자』 1965년 2월 (하) 제266

권 제4호.
조현제, 1947, 「북조선농민은행의 사명」, 『문명상업과 소비조합』 1947년 제1권 제2호.
천리마 편집부, 1964, 「농촌 경리 발전과 농민 생활 향상을 위한 력사적 조치 (해설)」, 『천리마』 1964년 5월 제68호.
______, 1995, 「지구상에는 세금을 물지 않는 나라가 존재하고 있다」, 『천리마』 1995년 11월 제438호.
______, 1971, 「혁명의 책원지, 보루: 유격근거지 창설」, 『천리마』 1971년 2월 제145호.
최광일, 2008, 「원가를 낮추는 것은 실리보장의 중요한 담보」, 『경제연구』 2008년 제4호.
최룡섭, 1996, 「위대한 수령 김일성동지의 현명한 령도밑에 유격구에서 실시된 혁명적이며 인민적인 세금정책」, 『경제연구』 1996년 제1호.
______, 1989, 「세금을 모르는 우리 나라」, 『천리마』 1989년 7월 제362호.
최용진 · 김능일 · 김병규 · 리준실 · 김갑순 · 진병무 · 리호혁 · 장윤필 · 김태근 · 김성구 · 김중녀 · 리장수 · 김영식 · 김경명 · 장석하 · 신수경 · 장심손, 1988, 「1967년 국가예산집행에 대한 결산과 1968년 국가예산에 관한 토론」, 제4기 제2차회의(1968. 4. 25-27), 국토통일원 자료조사실 엮음, 『북한최고인민회의자료집 3』(서울: 국토통일원).
최윤수, 1958, 「개인 상공업자들 속에서 우리 당 조세정책의 정확한 관철을 위하여」, 『재정금융』 1958년 1월 제14권 제1호,
______, 1962, 「국가 재정 토대의 가일층의 공고화를 위하여」, 『근로자』 1962년 제3호.
______, 1964, 「농촌에 대한 로동 계급의 지원과 국가 예산」, 『근로자』 1964년 제9호.
______, 1988, 「1969년 국가예산집행에 대한 결산과 1970년 국가예산에 대한 보고」, 제4기 제4차회의(1970. 4. 20-23), 국토통일원 자료조사실 엮음, 『북한최고인민회의자료집 3』(서울: 국토통일원).
______, 1988, 「1970년 국가예산집행에 대한 결산과 1971년 국가예산에 대한 보고」, 제4기 제5차회의(1971. 4. 12-14), 국토통일원 자료조사실 엮음, 『북한최고인민회의자료집 3』(서울: 국토통일원).
최재우 · 허정운 · 이계백 · 로태석 · 차기빈 · 윤병권 · 조영무 · 김운용 · 권점두 · 김봉순 · 리응원 · 허백산 · 김창준, 1988, 「1971년 국가예산집행에 대한 결산과 1972년 국가예산에 대한 토론」, 제4기 제6차회의(1972. 4. 29-30), 국토통일원 자료조사실 엮음, 『북한최고인민회의자료집 3』(서울: 국토통일원).
최창익, 1949, 「조선민주주의인민공화국 1948년도 종합예산총결과 1949년도 국가종합예산에관한보고」(1949. 4. 19), 재정성 엮음, 『조선민주주의인민공화국 국가종합예산에관한문헌집』(평양: 국가계획위원회출판사).
______, 1949, 「창간사-「재정금융」 잡지의 창간호를 내면서」, 『재정금융』 1949년 9월 창간호.

______, 1950, 「공화국 공채 발행에 제하여」, 『재정금융』 1950년 5월 1일 제8권 제5호. http://www.nl.go.kr (2017년 5월 9일 접속)

______, 2003, 「조선민주주의 인민공화국 1949년도 국가종합예산 집행총결과 1950년도 국가종합예산에관한 보고」, 『인민』 1950년 3월 제5권 제3호, 국사편찬위원회 엮음, 『북한관계사료집 40』(과천: 국사편찬위원회).

최창익 · 박창식 · 송규환 · 김승현 · 김승화 · 박문규 · 리홍렬, 1988, 「조선민주주의 인민공화국 1956년 국가예산에 관한 보고에 대한 토론」(제1기제11차회의 1956. 3. 10-13), 국토통일원 자료조사실 엮음, 『북한최고인민회의자료집 1』(서울: 국토통일원).

최창진, 1993, 「우리 나라에서 농업협동화가 완성된 이후시기 농업현물세비률을 대폭적으로 낮추기 위한 우리 당의 시책」, 『력사과학』 1993년 제1호.

최한철 · 김성률 · 주만술 · 리유민 · 류형규 · 김병제, 1988, 「주민지방자치세에 관한 보고에 대한 토론」(제1기제11차회의 1956. 3. 10-13), 국토통일원 자료조사실 엮음, 『북한최고인민회의자료집 1』(서울: 국토통일원).

한기룡, 1964, 「국가예산과 인민 생활」, 『천리마』 1964년 5월 제444호.

한락규, 1956, 「공화국에서의 형사 법령의 발전과 인민 민주주의 제도의 공고화」, 『김일성종합대학학보』 1956년 제9호.

한상두, 1988, 「1959년 및 1960년 국가예산집행에 대한 결산과 1961년 국가예산에 관한 보고」(제2기 제9차회의 1961. 3. 23-25), 국토통일원 자료조사실 엮음, 『북한최고인민회의자료집 2』(서울: 국토통일원).

______, 1988, 「1961년 국가예산집행에 대한 결산과 1962년 국가예산에 관한 보고」(제2기 제10차회의 1962. 4. 5-7), 국토통일원 자료조사실 엮음, 『북한최고인민회의자료집 2』(서울: 국토통일원).

______, 1988, 「1962년 국가예산집행에 대한 결산과 1963년 국가예산에 대한 보고」(제3기 제2차회의 1963. 5. 9-11), 국토통일원 자료조사실 엮음, 『북한최고인민회의자료집 2』(서울: 국토통일원).

______, 1988, 「1963년 국가예산집행에 대한 결산과 1964년 국가예산에 대한 보고」(제3기 제3차회의 1964. 3. 26-28), 국토통일원 자료조사실 엮음, 『북한최고인민회의자료집 2』(서울: 국토통일원).

______, 1988, 「1964년 국가예산집행에 대한 결산과 1965년 국가예산에 대한 보고」(제3기 제4차회의 1965. 5. 20-24), 국토통일원 자료조사실 엮음, 『북한최고인민회의자료집 2』(서울: 국토통일원).

______, 1988, 「1965년 국가예산집행에 대한 결산과 1965년 국가예산에 대한 보고」(제3기 제5차회의 1966. 4. 27-29), 국토통일원 자료조사실 엮음, 『북한최고인민회의자료집 2』(서울: 국토통일원).

_____, 1988, 「1966년 국가예산집행에 대한 결산과 1967년 국가예산에 대한 보고」(제3기 제7차회의 1967. 4. 24-26), 국토통일원 자료조사실 엮음, 『북한최고인민회의자료집 2』(서울: 국토통일원).
한상학, 1956, 「1956년 인민 경제 계획의 지표 체계에 관하여」, 『경제건설』 1956년 2월.
허가이, 1950, 「2개년인민경제계획 실행을위한 투쟁에있어서의 산업부문내 당단체들의 사업개선 방침에관하여」(1949. 12. 17), 로동당출판사 엮음, 『로동당중앙위원회 정기회의 문헌집』(평양: 로동당출판사).
허 빈, 1955, 「당내 민주주의와 지도에서의 집체성」, 『근로자』 1955년 11월 25일 제120권 제11호.
허재영, 1990, 「세금문제에 대한 력사적 고찰」, 『제3차조선학국제학술토론회 론문요지: 1990년 8월 2일-8월 5일 일본 오사까에서 개최』, 북경대학 조선문화연구소.
홍달선, 1955, 「농업 협동 조합에서의 로력일과 그 역할 농업 협동 조합에서의 로력일과 그 역할」, 『근로자』 1955년 10월 25일 제119권 제10호.
_____, 1958, 「농업 협동 조합의 통합은 우리 사회 발전의 성숙된 요구 농업 협동 조합의 통합은 우리 사회 발전의 성숙된 요구」, 『근로자』 1958년 11월 15일 제156권 제11호.
_____, 1958, 「우리 나라에서의 농촌 경리의 기술적 개조와 집약화 우리 나라에서의 농촌 경리의 기술적 개조와 집약화」, 『근로자』 1958년 4월 15일 제149권 제4호.
_____, 1959, 「농업의 기계화는 현 시기 농촌 기술 혁명의 중심 과업 농업의 기계화는 현 시기 농촌 기술 혁명의 중심 과업」, 『근로자』 1959년 12월 15일 제169권 제12호.
_____, 1959, 「협동적 소유의 확대 강화는 새 기준 규약의 기본적 요구 협동적 소유의 확대 강화는 새 기준 규약의 기본적 요구」, 『근로자』 1959년 1월 15일 제158권 제1호.
_____, 1959, 「축산업 발전과 농촌 경리의 기계화 축산업 발전과 농촌 경리의 기계화」, 『근로자』 1959년 8월 15일 제165권 제8호.
_____, 1960, 「우리 나라 농촌에서 협동화와 기술, 문화 혁명 우리 나라 농촌에서 협동화와 기술, 문화 혁명」, 『근로자』 1960년 5월 15일 제175권 제6호.
_____, 1960, 「농촌 경리 부문에서 기계화의 실현을 촉진하기 위하여 농촌 경리 부문에서 기계화의 실현을 촉진하기 위하여」, 『근로자』 1960년 9월 15일 제178권 제9호.
_____, 1961, 「100만 톤의 알곡 증산은 농촌 경리 부문 앞에 나선 가장 중요한 전투적 과업」, 『근로자』 1961년 1961년 1월 15일 제182권 제1호.
홍달선 · 진석담 · 홍희유, 1966, 「조세와 농민 좌담회」, 『천리마』 1966년 7월 제94호.
홍명희 · 류현규 · 김영수 · 유광열 · 로익명 · 송봉욱 · 김응상 · 하앙천 · 박형식 · 김명호 · 리승기 · 송정우 · 지충겸 · 김득란 · 박용국, 1988, 「인민경제발전 제1차 5개년

(1957-1961) 계획에 관한 토론」(제2기 제3차회의 1958. 6. 9-11), 국토통일원 자료조사실 엮음, 『북한최고인민회의자료집 2』(서울: 국토통일원).
홍지방, 1950, 「인민경제 부흥 발전과 조국전쟁승리를 보장한 쏘련공채의 역할」, 『재정금융』 1950년 4월 제4호.
황도연, 1948 「계약제도의 인민경제적 의의」, 재정국경영계산연구회 엮음, 『경영 계산-계약제도와 결제 제도』(북조선인민위원회 결정 제120호 해설)」(평양: 재정국경영계산연구회).

6) 단행본

고등교육도서출판사 엮음, 1976, 『재정 및 은행학』(평양: 고등교육도서출판사).
고정웅 · 리준항, 1995, 『조선로동당의 반수정주의투쟁경험』(평양: 사회과학출판사).
김덕윤, 1988, 『재정사업경험』(평양: 사회과학출판사).
김영희, 1988, 『세금문제 해결 경험』(평양: 사회과학출판사).
김용기 · 전복빈, 1981, 『가격제정과 적용』(평양: 공업출판사).
김일 · 최현 · 박성철 · 오진우 · 서철 · 림춘추 · 오백룡 · 전문섭 · 한익수 · 박영순, 1979, 『붉은 해발아래 항일혁명 20년 2』(평양: 조선로동당출판사).
______, 1979, 『붉은 해발아래 항일혁명 20년 4』(평양: 조선로동당출판사).
김전곤, 1960, 『독립 채산제와 수익성, 원가와 가격』(평양: 조선로동당출판사).
김태영, 1949, 『조선민주주의인민공화국 최고주권기관과 국가중앙집행기관』(평양: 민주조선사).
리근환, 1957, 『공업 기업소 경영 활동 분석』(평양: 교육 도서 출판사).
리명서 · 지운섭 · 김혁진, 1959, 『우리 나라에서의 사회주의 건설의 대고조』(평양: 과학원출판사).
리명서 · 정태식, 1960, 『정치경제학상식 2』(평양: 조선로동당출판사).
리석심, 1956, 『자본주의는 왜 근로자들에게 빈궁을 가져 오는가: 정치학습』(평양: 조선로동당출판사).
리의규, 1982, 『항일혁명투쟁시기 대중단체사업』(평양: 근로단체출판사).
림경학, 2005, 「남북의 차이를 하늘과 땅처럼 만들어야 하오」, 『인민들속에서 4』(평양: 조선로동당출판사).
사회과학원 력사연구소, 1979, 『조선전사 2』(평양: 과학백과사전출판사).
______, 1981, 『조선전사 23』(평양: 과학백과출판사).
______, 1982, 『조선전사 32』(평양: 과학백과출판사).
______, 1988, 『현대조선역사』(서울: 일송정).

서재영, 1988, 『정치경제학연구의 몇가지 문제』(평양: 사회과학출판사).
서창섭, 1984, 『법건설경험』(평양: 사회과학출판사).
안광즙, 1957, 『공업재정: 공업경제전문학교용』(평양: 교육도서 출판사).
______, 1964, 『우리 나라 인민 경제에서의 사회주의적 축적』(평양: 사회 과학원 출판사).
안영만 · 리광운, 2004, 『재정학』(평양: 고등교육도서출판사).
장원성, 1960, 『사회주의 기본 경제 법칙』(평양: 조선로동당출판사).
______, 1960, 『사회주의 하에서의 국가 예산, 신용 및 화폐 류통』(평양: 조선로동당출판사).
재정성 기업자금부, 1949, 「국영기업소재정운영및조절에대하여」, 재정성 경영계산연구회 엮음, 『국가기업의재정계획』(평양: 재정성 경영계산연구회).
정태식, 1963, 『우리 당의 자립적 민족경제 건설로선』(평양: 조선로동당출판사).
조선로동당 중앙위원회 당력사연구소, 1979, 『조선로동당력사』(평양: 조선로동당출판사).
______, 1979, 『조선로동당략사』, 구월서방.
______, 1991, 『조선로동당력사』(평양: 조선로동당출판사).
조선사회주의로동청년동맹중앙위원회, 1970, 『위대한 수령을 따라 배우자 2』(평양: 사로청출판사).
조쏘문화협회중앙위원회, 1949, 『조쏘 친선과 쏘베트 문화순간 강연자료집』(평양: 조쏘문화협회중앙위원회).
조재선, 1958, 『과도기에 있어서의 조선 로동당의 경제정책』(평양: 조선 로동당 출판사).
주체사상연구소, 1975, 『주체사상에 기초한 사회주의경제관리리론』(평양: 사회과학출판사).
진영철, 1948, 『거래세에 대한 경제기관들의 임무』. 통일부 북한자료센터 마이크로필름 MF474.
최중극, 1965, 『인민 경제 부문 구조와 경제 발전 속도』(평양: 사회과학원 출판사).
최창진, 1993, 『농촌조세문제의 빛나는 해결』(평양: 사회과학출판사).
평양출판사 편집부, 1994, 『조선의 현실 1』(평양: 평양출판사).
홍만기, 1960, 『사회주의 하에서의 재생산』(평양: 조선 로동당 출판사).

2. 남한 편

1) 신문

「1948년 12월 현재 귀속농지 90% 완료된 것으로 집계」, 『연합신문』 1949. 5. 6.
「납세통계에서 본 시민의 생활상」, 『동아일보』 1947. 2. 21.
「북농업, 4중 수탈구조, 주민들 몫은 거의 없어」, 『조선일보』 2012. 7. 25.
「서울시에 민주질서 착착복구 각 은행 금융기관등 업무개시」, 『민주조선』 1950. 7. 9.

「세금체납이 심각」,『서울신문』 1949. 11. 30.
「조선민주당, 북조선의 전력문제와 군표문제에 대해 담화 발표」,『동아일보』, 1947. 12. 10.
구갑우, 2012,「정치에 전범(典範)을 제시한 어느 출판사의 편집 매뉴얼」,『교수신문』 2012. 5. 7.
남정옥, 2008,「공산군의 중조연합사 창설과 작전지휘」,『국방일보』 2008. 12. 8.
이건혁, 1941,「대증세(大增稅)와 조선: 유흥사치의 금압(禁壓)과 국민생활의 절하」,『삼천리 제13권 제12호, 1941』. http://db.history.go.kr (2016년 12월 14일 접속)

2) 자료집 총서

극동문제연구소, 1974,『북한전서, 상』, 극동문제연구소.
김남식 · 이정식 · 한홍구 엮음, 1986,『한국현대사 자료 총서 11』(서울: 돌베개).
대외경제정책연구원, 2004,『2003/04 북한경제 백서』, 대외경제정책연구원.

3) 잡지 수기 일기 증언 방송자료

김국후, 2008,『비록 평양의 소련군정: 기록과 증언으로 본 북한정권 탄생비화』(서울:도서출판 한울).
박병엽 구술, 유영구 · 정창현 엮음, 2010,『김일성과 박헌영 그리고 여운형: 전 노동당 고위간부가 본 비밀회동』(서울: 선인).
______, 유영구 · 정창현 엮음, 2010,『조선민주주의인민공화국의 탄생: 전 노동당 고위간부가 겪은 건국 비화』(서울: 선인).
오영진, 1952,『소군정하의 북한, 하나의 증언』, 중앙문화사.
이은택, 1995,「조세행정의 회고와 정책과제」,『조세연구원 개원 3주년 기념 심포지엄』(서울: 조세연구원).
중앙일보사 엮음, 1976,『민족의 증언 2』(서울: 중앙일보사).

4) 논문

강구진, 1970,「북한법에 대한 소련 및 중공의 영향」,『국토통일원 원내 연구 생산자료』(서울: 국토통일원).
강효석 · 송재용 · 이근, 2012,「경로개척형 추격 전략을 가능케 하는 조건에 관한 연구」,『전략경영연구』 제15권 제3호.
김갑식, 2003,「북한의 헌법상 국가기관체계 변화」,『북한연구학회보』 제6권 제2호.
김도현, 2004,「이승만 노선의 재검토」, 송건호 엮음,『해방전후사의 인식 1』(서울: 한길사).

김성보, 1993,「해방 초기 한에서의 양곡유통정책과 농민」,『동방학지』 제77-79 합집.
______, 1995,「북한의 토지개혁(1946년)과 농촌 계층 구성 변화」,『동방학지』 제87집.
______, 2004,「1960년대 초반 북한 농업협동조합 운영체계의 성립과 그 역사적 맥락」,『충북사학』 제13권.
김성철, 2000,「김정일의 경제인식에 관한 담화분석: 개혁 · 개방 가능성과 방식을 중심으로」,『현대북한연구』 제3권 제2호.
김재웅, 2010,「북한의 농업현물세 징수체계를 둘러싼 국가와 농민의 갈등」,『역사와 현실』 제75호.
김지훈, 2002,「1930년대 중앙소비에트구의 금융정책과 통화팽창」,『동양사학연구』 16권.
김태우, 2005,「한국전쟁기 북한의 남한 점령지역 토지개혁」,『역사비평』 70호.
나인균, 2003,「한반도 점령정책의 국제법적 고찰: 연합국에 의한 한반도점령의 법적 성격을 중심으로」,『국제법학회논총』 제48권 제1호.
박노보, 1991,「조선총독부특별회계 분석을 통한 일본의 조선통치정책연구: 재정의 변천과정과 세입구조 분석을 중심으로」,『일본학연보』 제3권.
박영희, 1972,「북한 예산 소고」,『교수논단』 제1권 제1호.
박유현, 2017,「북한의 민주개혁과 탈식민적 조세제도의 형성, 1945~1949」,『현대북한연구』 제20권 제2호.
박태균, 2005,『한국전쟁』(서울: 책과함께).
서용선, 1995,「한국전쟁시 점령정책 연구」, 서용선 · 양영조 · 신영진 엮음,『점령정책, 노무운용, 동원』(서울: 국방군사연구소).
심지연, 1989,『미-소공동위원회 연구』(서울: 청계연구소).
______, 2003,「북한연구에 대한 역사적 접근」, 경남대학교 북한대학원 엮음,『북한연구방법론』(파주: 도서출판 한울).
심지연 · 최완규, 1995,「김정일정권의 내구력(durability)과 북한정치체제의 변화전망」,『동북아연구』 제1권.
신종대, 2004,「북한요인과 국내정치: 1968년 북한요인의 영향을 중심으로」,『한국과 국제정치』 제20권 제3호.
______, 2010,「5.16 쿠데타에 대한 북한의 인식과 대응」,『정신문화연구』 제33권 제1호.
유석춘, 1989,「제3세계 발전론의 현황과 전망」,『연세사회학』 제9권.
은민수, 2012,「복지국가의 조세정치: 영국과 스웨덴의 조세개혁을 중심으로」,『사회복지정책』 제39권 제2호.
이대근, 2004,「북한 국방위원회의 기능: 소련, 중국과의 비교를 통한 시사」,『국방연구』 제47권 제2호.
이승연, 1995,「1905년-1930년대초 일제의 주조업 정책과 조선 주조업의 전개」,『한국사론』

제32권.
이영훈, 2000,『북한의 경제성장 및 축적체제에 관한 연구(1956-64년): Kaleckian CGE 모델 분석』(서울: 고려대학교 박사학위 논문).
이정철, 2002,『사회주의 북한의 경제동학과 정치체제: 현물동학과 가격동학의 긴장이 정치체제에 미치는 영향을 중심으로』(서울: 서울대학교 박사학위 논문).
이채문, 2000,「러시아 극동지역 한인 농업집단화에 관한 연구 시론(1917-1937)」,『사회과학』 12권.
이태욱, 1998,「북한지역의 사회 · 경제 상황과 소군정」, 한국정신문화연구원 현대사연구소 엮음,『한국현대사의 재인식 1: 해방정국과 미소군정』(서울: 도서출판 오름).
장미승, 1990,「북한의 남한점령정책」, 한국정치연구회 정치사분과 엮음,『한국전쟁의 이해』(서울: 역사비평사).
전현수, 2007,「해방 직후 북한의 국가예산(1945-1948)」,『한국사학보』 제28권 제3호.
정기현, 2004,「한국 조세정책의 변천과 현황」,『한국행정학회 학술대회 발표논문집』 10권.
정태헌, 1995,「일제하 자금유출 구조와 조세정책」,『역사와 현실』 제18호.
조동호, 2003,「동향과 분석: 인민생활공채 발행의 배경과 전망」,『KDI 북한경제리뷰』 제5권 제4호.
차병권, 1974,「북괴최고인민회의 5기3차 전원회의 내용분석: 세금제도의 폐지」,『北韓』 제29호.
______, 2000,「일본통치하 조선의 조세부담」,『경제논집』 제39권 제1호.
최완규, 2001,「북한의 국가성격의 이론과 쟁점: 비교사회주의적 관점」,『북한의 국가성격 변용에 관한 연구: '예외국가'의 공고화』(서울:도서출판 한울).
최장집, 1990,「국가론: 한국국가와 그 형태변화에 대한 이론적 접근」,『경제와 사회』 4권.
한모니까, 2010,「한국전쟁기 미국의 북한 점령정책과 통치권 문제: 평양과 양양 지역의 행정조직 구성 비교」,『역사와 현실』 제78호.
홍웅호, 2004,「신경제정책기 소련의 농촌 조세정책」,『史林』 21권.

5) 단행본

경남대학 극동문제연구소 공산권경제연구실, 1979,『북한무역론』(마산: 경남대학출판부).
김광운, 2003,『북한정치사연구 I: 건당 · 건국 · 건군의 역사』(서울: 선인).
김낙년, 2003,『일제하 한국경제』(서울: 해남).
김옥근, 1994,『일제하 조선재정사논고』(서울: 일조각).
김학준, 1976,『소련정치론』(서울: 일지사).
______, 2008,『북한의 역사, 제2권: 미소냉전과 소련군정 아래서의 조선민주주의 인민공

화국 건국, 1946년 1월-1948년 9월』(서울: 서울대학교 출판부).
몽양여운형선생전집발간위원회, 1991, 『여운형 전집 1』(서울: 도서출판 한울).
박명림, 2003, 『한국 1950: 전쟁과 평화』(서울: 나남출판).
박종효, 2010, 『러시아 연방 외무성 대한정책 자료 1』(서울: 선인).
박종성, 2011, 『탈식민주의에 대한 성찰: 푸코, 파농, 사이드, 바바, 스피박』(파주: 살림출판사).
백학순, 2010, 『북한 권력의 역사: 사상 · 정체성 · 구조』(파주: 한울 아카데미).
법무실, 1992, 『소련법연구 6: 헌법 · 행정법 · 세법』(서울: 동방문화사).
서동만, 2011, 『북조선사회주의체제성립사 1945-1961』(서울: 선인).
서정익, 2008, 『전시일본경제사』(서울: 도서출판 혜안).
심지연, 1989, 『미-소공동위원회 연구』(서울: 청계연구소).
______, 2009, 『최창익 연구』(서울: 백산서당).
신복룡, 2006, 『한국분단사연구 1943-1953』(서울: 한울아카데미).
윤종현, 1977, 『6.25당시의 북괴남한점령정책에 관한 연구』(서울: 백문사).
이종석, 2000, 『현대북한의 이해』(서울: 역사비평사).
이철순, 2010, 『남북한 정부수립 과정 비교: 1945-1948』(고양: 도서출판 인간사랑).
이형구 · 전승훈, 2003, 『조세 · 재정정책 50년 증언 및 정책평가』(서울: 조세연구원).
장근호, 2004, 『주요국의 조세제도: 미국편』(서울: 한국조세연구원).
정관호, 2010, 『전남유격투쟁사』(서울: 선인).
재무부, 1979, 『한국세제사 상』(서울: 재무부).
정태헌, 2007, 『한국의 식민지적 근대성찰』(서울: 선인).
주노종, 2007, 『고급조세론』(파주: 한국학술정보).
차병권, 1998, 『일정하 조선의 조세정책』(서울: 한국조세연구원).
최완규, 1996, 『북한은 어디로: 전환기 '북한적' 정치현상의 재인식』(마산: 경남대학교 출판부).
최준욱 · 이명헌 · 전택승 · 한상국, 2001, 『체제전환국 조세정책의 분석과 시사점: 남북경협 및 경제통합 관련 조세 · 재정분야 기초연구 (I)』(서울: 조세연구원).
홍범교 · 김진수, 2010, 『자본이득과세제도의 정비에 관한 연구: 금융자산에 대한 자본이득세를 중심으로』(서울: 조세연구원).

3. 외국문헌

1) 조세법규

- 소련법

1921년 3월 21일 Decree of the Central Executive Committee, SNK, "On Replacement of the Surplus Food and Raw Materials Tax in Kind". http://bestpravo.ru/sssr/gn-pravila/i7n.htm (2012년 5월 2일 접속)

1921년 5월 19일 Decree of the CPC of the RSFSR, "Regulation on the Tax Authorities of the People's Commissariat of Food". http://bestpravo.ru/sssr/eh- praktika/r5r.htm (2012년 5월 2일 접속)

1923년 7월 27일 Decree of the CPC of the USSR, "On the Benefits of Farmers in Connection with the Introduction of a Single Agricultural Household Tax". http://bestpravo.ru/sssr/eh-gosudarstvo/y6o.htm (2012년 5월 2일 접속)

1926년 6월 18일 Resolution of the USSR Central Executive Committee, "On the Temporary State Tax on Profits". http://bestpravo.ru/sssr/eh-dokumenty a2n.htm (2012년 5월 2일 접속)

1931년 9월 3일 Resolution of the USSR Central Executive Committee of the Soviet Union, "Regulationson the Deduction of the State Revenue from the Profits of State Enterprises". http://bestpravo.ru/sssr/eh-akty/p6v.htm (2012년 5월 10일 접속)

1949년 3월 14일 최고소비에트 상임위원회 결정, 안광재 옮김, 「1949년도쏘련국가예산에관한법령」, 『재정금융』 1949년 9월 창간호.

- 중국법

Zhèngwùyuàn 政務院, 1949, 「중화인민공화국 중앙인민정부 정무원 공표 전국세정 실시요강 전문」, 『재정금융』 1949년 9월 창간호.

______, 1949, 「중화인민공화국 중앙인민정부 정무원 공표 공상업세 잠정규정」, 『재정금융』 1949년 9월 창간호.

______, 1949, 「중화인민공화국 중앙인민정부 정무원 공표 물품세 잠정규정」, 『재정금융』 1949년 9월 창간호.

2) 자료집 총서

Becker, Abrahan Samuel, 1969, *Soviet National Income, 1958-1964: National Accounts of the*

USSR in the Seven Year Plan Period(Berkeley: University of California Press).

Central Administration of Economic and Social Statistics of the State Planning Commission of the U.S.S.R., 1934, *The U.S.S.R. in Figures*(Moscow: Soyouzorgoutchot).

Chosen Sotokufu 朝鮮總督府, 1934, 『朝鮮總督府統計年報.: 昭和9年)』,(京城 : 朝鮮總督府); 조선총독부, 1987, 『조선총독부통계연보: 소화9년』(서울: 고려서림).

______, 1944, 『朝鮮總督府統計年報.: 昭和19年)』, (京城: 朝鮮總督府); 조선총독부, 1987, 『조선총독부통계연보: 소화19년』(서울: 고려서림).

Food and Agriculture Organization of the United Nations, 1981, "China: Agriculture in Transition. Report of FAO Mission on Agricultural Planning and Policy"(1980. 7. 28-8. 19), *FAO Economic and Social Development Paper*(Rome: Food and Agriculture Organization of the United Nations).

GHQ-SCAP, 1945, *Summation No. 1 Non-Military Activities in Japan and Korea for the Months of September-October 1945*(Tokyo: GHQ-SCAP).

IMF, WB, OECD and EBRD, 1991, *A Study of the Soviet Economy 1*(Paris: Organisation for Economic Co-operation and Development).

Kimura Mitsuhiko 木村光彦, 2011, 『旧ソ連の北朝鮮経済資料集 1946-1965年』(東京: 知泉書館.

Kitachosen Shinchu Soren-gun Fukoku 北朝鮮進駐ソ連軍布告, 1945, 「資料 : 米ソ分断占領政策の方針」, 『朝鮮近現代史の講義ノート』. http://www.dce.osaka-sandai.ac.jp/-funtak/index.html (2016년 12월 14일 접속)

Soviet Foreign Language Publishing House 소련 외국문 서적 출판사, 1958, 『쏘베트 정권의 40년 업적 통계집』(평양: 외국문 서적 출판사).

U.S. Department of Army, 1934, *FM 27-10*(Washington D.C.: U.S. Government Printing Office).

U.S. War Department, 1940, *FM 27-5: Military Government*(Washington D.C.: U.S. Government Printing Office).

3) 맑스, 레닌, 스탈린, 흐루쇼프, 마오쩌둥 저작집

Khrushchev, N.S., 1956, "Khrushchev's Secret Speech"(1959. 9. 28), Strobe Talbott ed., 1970, *Khrushchev Remembers*(Boston: Little, Brown and Company).

______, 1959, 「1959-1965년 쏘련 인민 경제 발전 통계 수'자에 관하여」, 조선로동당출판사 엮음, 『쏘련 공산당 제21차 대회 주요 문헌집』(평양: 조선로동당출판사).

______, 1960, *Abolition of Taxes and Other Measures to Advance the Well-Being of the Soviet People*(1960. 5. 6)(London: Sixpence); 「로동자, 사무원들로부터 받는 세금의 철폐와 쏘련 인민의 복리 향상을 위한 기타 조치들에 대하여: 쏘련 최고 쏘

베트 제5 제5차 회의에서 한 엔. 에쓰. 흐루쑈브의 보고」, 『로동신문』 1960. 5. 7.

______, 1960, "Speech upon his Return to Moscow"(1959. 9. 28), Robert V. Daniels, *A Documentary History of Communism 2: Communism and the World*(London: Vintage Books).

Lenin, V.I., 1965, "The Trade Unions, the Present Situation and Trotsky's Mistakes"(1920. 12. 30), *Lenin Collected Works 32*(Moscow: Progress Publishers).

______, 1972, "Speech to the First All-Russia Congress of Land Departments, Poor Peasants' Committees and Communes"(1918. 12. 11), *Lenin Collected Works 28*(Moscow: Progress Publishers).

______, 1977, "The Impending Catastrophe and How to Combat It"(1917. 10), *Lenin Collected Works 25*(Moscow: Progress Publishers).

______, 1981, "Can the Bolsheviks Retain State Power?"(1917. 10. 1), *Lenin Collected Works 26*(London: Progress Publishers).

______, 1981, "Capitalism and Taxation"(1913. 6. 7), *Lenin Collected Works 19*(London: Progress Publishers).

______, 1981, "Extraordinary Seventh Congress of the R.C.P"(1918. 3. 6), *Lenin Collected Works 27*(London: Progress Publishers).

______, 1981, "Re the Decree on The Imposition of a Tax in Kind on Farmers"(1918. 9. 21), *Lenin Collected Works 42*(London: Progress Publishers).

______, 1981, "Rough Draft of Theses Concerning the Peasants"(1921. 2. 8), *Lenin Collected Works 32*(London: Progress Publishers).

______, 1981, "Tenth All-Russian Conference of the R.C.P."(1921. 5. 26-28), *Lenin Collected Works 32*(London: Progress Publishers).

______, 1981, "The Tax in Kind"(1921. 4. 21), *Lenin Collected Works 32*(London: Progress Publishers).

______, 1981, "To the Rural Poor: An Explanation for the Peasants of What the Social-Democrats Want"(1903. 3), *Lenin Collected Works 6*(London: Progress Publishers).

Mao, Zedong, 1965, "On Policy"(1940. 12. 25), *Selected Works of Mao Tsetung 2*(Beijing: Foreign Languages Press).

______, 1969, "The Chinese People's Volunteers Should Cherish Every Hill, Every River, Every Tree and Every Blade of Grass in Korea"(1951. 1. 19), *Selected Works of Mao Zedong 5*(Beijing: People's Publishing House).

______, 1978, "Report of the Central Executive Committee and the People's Committee of the Chinese Soviet Republic to the Second All-Soviet Congress"(1934. 1. 25), *Collected*

Works of Mao Tse-Tung 4-1(Springfield: National Technical Information Service).
______, 1978, "The Struggle in the Chingkang Mountains"(1928. 11. 25), *Collected Works of Mao Tse-Tung 1-2*(Springfield: National Technical Information Service).
Marx, Karl, 1978, "Reviews from the Neue Rheinische Zeitung Politisch-ökonomische Revue No. 4"(1850. 1. 16), *Marx and Engels: 49-1951*(Moscow: Progress Publishers).
______, 1859, *A Contribution to the Critique of Political Economy*; 칼 마르크스(2007), 김호균 옮김, 『정치경제학 비판을 위하여』(서울: 중원문화).
______, 1987, "Instructions for the Delegates of the Provisional General Council. The Different Questions"(1866. 10. 10), *Marx and Engels: 64-1868*(Moscow: Progress Publishers).
Stalin, J.V., 1954, "Speech Delivered at the Frist All-Union Congress of Collective Farm Shock Brigadiers"(1933. 2. 23), *Stalin Works 13*(Moscow: Foreign Languages Publishing House). 이. 쓰딸린, 1950, 제1차 전련맹꼴호즈 돌격대원 대회에서한 연설(모쓰크와: 외국문서적 출판부).
______, 1954, "Report to the Seventeenth Party Congress on the Work of the Central Committee of the C.P.S.U.(B.)"(1934. 1. 26), *Stalin Works 13*(Moscow: Foreign Language Publishing House).
______, 1972, *Economic Problems of Socialism in the USSR*(1953. 9)(Beijing: Foreign Language Press). 박훈일(1955), 「농기계 임경소는 농촌에서의 사회주의 건설의 거점」, 『근로자』 1955년 5월 25일 제114권 제5호.

4) 잡지 수기 일기 증언 방송자료

Chistyakov, I.M. 이반 치스짜코프, 국토통일원 조사연구실 옮김, 1976, 「제25군의 전투행로」, 소련과학아카데미 엮음, 『조선의 해방』(서울: 국토통일원). [a.k.a. 치스챠코프]
Miyata, Setsuko 宮田節子, 2002, 未公開資料 朝鮮總督府關係者 錄音記錄(1) 十五年戰爭下の朝鮮統治; 미야타 세쓰코 엮음, 2002, 정재정 옮김, 『식민통치의 허상과 실상: 조선총독부 고위 관리의 육성 증언』(서울: 도서출판 혜안).
Rutgers Oral History Project, 2001, "An Interview with Mr. Russel W. Cloer"(2001. 9. 11), Rutgers Oral History Archives. http://oralhistory.rutgers.edu/donors/31-interviewees/865-cloer-russell (2011년 2월 3일 접속).
Stykov, T.F. 테렌티 쉬띄꼬프, 전현수 엮음, 2004, 『쉬띄꼬프 일기 1946-1948』(과천: 국사편찬위원회). [a.k.a. 스티코프]

5) 논문

Alavi, Hamza, 1972, "The State in Post-Colonial Societies: Pakistan and Bangladesh", *New Left Review*, vol. 74.

Appel, Hilary, 2005, "Anti-Communist Justice and Founding the Post-Communist Order: Lustration and Restitution in Central Europe", *East European Politics and Societies*, vol. 379, no. 3.

Braun, Rudolf, 1975, "Taxation in Britain and Prussia", Charles Tilly ed., *The Formation of National States in Western Europe*(Princeton: Princeton University Press.

Chandara, Kanchan, 2008, "Ethnic Invention: A New Principle for Institutional Design in Divided Democracies", *Designing Democratic Government: Making Institutions Work*(New York: Russel Sage Foundation).

Crawcour, E. Sydney, 1989, "Industrialization and Technological Change, 1885-1920", *The Cambridge History of Japan 6*(Cambridge: Cambridge University Press.

Curtis, James L., 1989, "Of Rule and Revenue by Margaret Levi: Review by James L. Curtis", *American Political Science Review*, vol. 83, no. 4.

Finley, M.I., 1976, "Colonies: An Attempt at a Typology", *Transactions of the Royal Society*, vol. 26.

Harman, Chris, 1990, "The Storm Breaks: The Crisis in the Eastern Bloc", *International Socialism*, vol. 46, no. 2. 크리스 하먼·마이크 헤인즈, 1995, 이원영 옮김, 『소련의 해체와 그 이후의 동유럽』(서울: 도서출판 갈무리).

Herman, Leon M., 1962, "Taxes and the Soviet Citizen", in Abraham Brumberd ed., *Russia Under Khrushchev*(New York: Frederick A. Prager Inc).

Hileman, Garrick, 2015, *Sovereign Debt Sustainability, Financial Repression, and Monetary Innovation: Britain and Currency Black Markets in the Mid-20th Century*, Ph.D. thesis, London School of Economics and Political Science.
http://etheses.lse.ac.uk/3295/1/Hileman_Sovereign_Debt.pdf (2016년 12월 14일 접속).

Katsube, Makoto, 勝部眞人, 1988, 「日清戦後経営と国家財政: 税制改革の歴史的意義」, 『史學研究』 179号.

Ide, Eisaku 井手英策, 2010, 「マクロ・バジェッティングと増税なき財政再建: 高橋財政の歴史的教訓」, 『経済研究所年報』 23号.

Ito, Osamu, 1999, "The Transformation of the Japanese Economy", in Erich Pauer ed., *Japan's War Economy*(London: Routledge).

Kaser, Michael, 2008, "The Debate on the Law of Value in the USSR, 1941-53", Vincent

Barnett and Joachim Zweynert eds., *Economics in Russia: Studies in Intellectual History*(New York: Routledge).

Katz, Stanley N., 2006, "Democratic Constitutionalism after Military Occupation: Reflections on the United States' Experience in Japan, Germany, Afghanistan, and Iraq", *Common Knowledge*, vol. 12, no. 2.

Lebow, Richard Ned, 2006, "The Memory of Politics in Postwar Europe", *The Politics of Memory in Postwar Europe*(Durham: Duke University Press).

Louis, WIlliam Roger, and Ronald Robinson, 2003, "The Imperialism of Decolonization", *The Decolonization Reader*(New York: Routledge).

Maggs, Peter B., 1992, "The Ministry of Finance", in Eugene Huskey ed., *Executive Power and Soviet Politics: The Rise and Decline of the Soviet State*(New York: M.E. Sharpe).

______, 1979, "Characteristics of Soviet Tax and Budgetary Law", in Donald D. Barry, F.J.M. Feldbrugge, George Ginsburgs and Peter B. Maggs eds., *Soviet Law after Stalin* (Alphen ann den Rijn: Sijthoff & Noordhoff International Publishers B.V.)

Miller, Margaret S., 1927, "Taxation in Soviet Russia", *Slavonic Review*, vol. 5, no. 15.

Mitani, Taichiro, 1989, "The Establishment of Party Cabinets, 1898-1932", *The Cambridge History of Japan 6*(Cambridge: Cambridge University Press).

Nakamura, Takafusa, 1989, "Depression, Recovery, and War, 1920-1945", *The Cambridge History of Japan 6,* Translated by Jacqueline Kaminsky(Cambridge: Cambridge University Press).

O, Jong Seog, 吳鍾錫, 2004, 『中國稅制改革研究』(北京: 中國人民大學 博士論文).

Pearlman, Michael D., 2008, *Truman and MacArthur: Policy, Politics, and the Hunger for Honor and Renown*(Bloomington: Indiana University Press).

Prokopets, M.A., and D.I. Rogachev, 2012, "Lotteries, Bookmakers and Sweepstakes in Russia", *Sports Betting: Law and Policy*(Hague: T.M.C. Asser Press).

Shmelev, K, 1931, "Public Finances during the Civil War, 1917-1921", in G.Y. Sokolnikov ed., *Soviet Policy in Public Finance*(Stanford: Stanford University Press). https://archive.org/download/in.ernet.dli.2015.89870/2015. 89870.Soviet-Policy-In-Public-Finance-1917-1928.pdf (2016년 11월 23일 접속).

Skocpol, Theda, and Margaret Somers, 1980, "The Uses of Comparative History in Macrosocial Inquiry", *Comparative Studies in Society and History*, vol. 22 no. 2.

Waswo, Ann, 1989, "The Transformation of Rural Society, 1900-1950", in Peter Duus ed., *The Cambridge History of Japan 6*(Cambridge: Cambridge University Press).

Zverev, A.G. 아 즈웨레브, 1950, 「쏘련의 공채」, 『재정금융』 1950년 4월 제4호.

6) 단행본

Allen, G.C., 2003, *A Short Economic History of Modern Japan, 1867-1937*(London: Routledge)

Allen, Robert C., 1946, *From Farm to Factory: A Reinterpretation of the Soviet Industrial Revolution*(Princeton: Princeton University Press 2003).

Appel, Hilary, 2011, *Tax Politics in Eastern Europe: Globalization, Regional Integration, and the Democratic Compromise*(Ann Arbor: University of Michigan Press).

Armstrong, Charles K., 2004, *The North Korean Revolution 1945-1950, Ithaca: Cornell University Press*. 찰스 암스트롱, 2007, 김연철 · 이정우 옮김, 『북조선 탄생』(파주: 서해문집).

Arnold, Arthur Z., 1937, *Banks, Credit and Money in Soviet Russia*(New York: Columbia University Press).

Ball, Alan M., 1990, *Russia's Last Capitalists: The Nepman, 1921-1929*(Berkeley: University of California Press).

Barry Donald D., F.J.M. Feldbrugge, George Ginsburgs and Peter B. Maggs eds., 1979, *Soviet Law after Stalin*(Alphen ann den Rijn: Sijthoff & Noordhoff International Publishers B.V.)

Baykov, Alexander, 1946, *The Development of the Soviet Economic System: An Essay on the Experience of Planning in the U.S.S.R.*(New York: Cambridge University Press, 1970).

Benvenisti, Eyal, 1993, *The International Law of Occupation*(Princeton: Princeton University Press).

Bergman, Abram, 1944, *The Structure of Soviet Wages: A Study in Socialist Economics* (London: Oxford University Press).

Berman, Harold J., and Miroslav Kerner, 1955, *Soviet Military Law and Administration* (Cambridge: Harvard University Press).

Blecher, Marc, 2010, *China Against the Tides: Restructuring through Revolution, Radicalism and Reform*(New York: Continuum International Publishing Group).

Bloch, Henry Simon, and Bert F. Hoselitz, 1944, *Economics of Military Occupation*(Chicago: The Foundation Press).

Boettke, Peter J., 1990, *The Political Economy of Soviet Socialism: The Formative Years, 1918-1928*(Norwell, Kluwer Academic Publishers).

Brautigam, Deborah A., Odd-Helge Fjeldstad, and Mick Moore eds., 2008, *Taxation and*

State-Building in Developing Countries: Capacity and Consent(New York: Cambridge University Press e-book).

Brownlee, W. Elliot, 2004, *Federal Taxation in America: A Short History*(Cambridge: Cambridge University Press).

Butler, W.E., 1988, *Soviet Law 2nd ed.(London: Butterworths*, W.E. 버틀러, 1990, 이윤영 옮김, 『소비에트 법』(서울: 대륙연구소).

Byely, B. ed., 1974, *Marxism-Leninism on War and Army*(Washington D.C.: U.S. Government Printing Office.

Carr, E.H., 1959, *A History of Soviet Russia: The Bolshevik Revolution, 1917-1923 2*(London: Macmillan).

______, 1972, *A History of Soviet Russia: Socialism in One Country, 1924-1926 1-2*(London: Macmillan).

______, 1978, A History of Soviet Russia: Foundations of a Planned Economy 1926-1929 1-2(London: Macmillan).

Chosen Sotokufu Zaimukyoku 朝鮮總督府財務局, 1935, 『朝鮮ニ於ケル稅制整理經過槪要』(京城: 朝鮮總督府).

Churchward, L.G., 1975, *Contemporary Soviet Government*(London: Routlege & Kegan Paul Limited).

Davis, Jerome, 1968, *The New Russia between the First and Second Five Year Plans*(Freeport: Books for Libraries Press).

Davies, R.W., 1958, *The Development of the Soviet Budgetary System*(Cambridge: Cambridge University Press).

Davison, Gary Marvin, 2003, *A Short History of Taiwan: The Case for Independence*(Westport: Praeger Publishers).

Deutscher, Issac, 1971, *Ironies of History: Essays on Contemporary Communism*(Berkeley: Ramparts Press).

Dietrich, Michael, 1997, *Transaction Cost Economics and Beyond: Towards a New Economics of the Firm*(New York: Routledge).

Dobbins, James, 2007, *The Beginner's Guide to Nation-Building*(Santa Monica: RAND Corporation).

Donnison, F.S.V., 1956, *British Military Administration in the Far East, 1943-46*(London: Her Majesty's Stationery Office).

Dower, John W., 2003, *Embracing Defeat: Japan in the Wake of World War II*(New York: W.W. Norton & Company).

Eckstein, Alexander, 1977, *China's Economic Revolution*(New York: Cambridge University Press).

Edelstein, David M., 2008, *Occupational Hazards: Successes and Failures in Military Occupation*(New York: Cornell University Press).

Feiwel, George R., 1972, *The Soviet Quest for Economic Efficiency: Issues, Controversies and Reforms*(London: Praeger Publishers).

Fitzpatrick, Sheila, 1999, *Everyday Stalinism. Ordinary Life in Extraordinary Times: Soviet Russia in the 1930s*(New York: Oxford University Press).

Fraser, Andrew, R.H.P Mason and Philip Mitchell eds., 1995, *Japan's Early Parliaments, 1890-1905: Structure, Issues and Trends*(London: Routledge).

Gallik, Daniel, Cestmir Jesina, and Stephen Rapawy, 1968, *The Soviet Financial System: Structure, Operation and Statistics*(Washington D.C.: U.S. Government Printing Office).

Garvy, George, 1977, *Money, Financial Flows, and Credit in the Soviet Union*(Cambridge: Ballinger Publishing Company).

Gehlbach, Scott, 2008, *Representation Through Taxation*(New York: Cambridge University Press).

Ginsburgs, George, 1996, *Moscow's Road to Nuremberg: The Soviet Background to the Trial*(Hague: Kluwer Law International).

Gordon, Andrew, 1993, *Postwar Japan as History*(Los Angeles: University of California Press).

Gottlieb, Manuel, 1960, *The German Peace Settlement and the Berlin Crisis*(New Brunswick: Transaction Books).

Gorlizki, Yoram, and Oleg Khlevniuk, 2004, *Cold Peace: Stalin and the Soviet Ruling Circle, 1945-1953*(New York: Oxford University Press).

Groves, Harold M., 1946, *Postwar Taxation and Economic Progress*(New York: McGraw-Hill Book Company).

Guójiā Shuìwù Zǒngjú 國家稅務總局 編, 2010, 『中國稅收基本法規彙編 1949. 9-2009. 9』(北京: 中國財政經濟出版社.).

Harper, Samuel N., and Ronald Thompson, 1949, *The Government of the Soviet Union* (Princeton: D. Van Nostrand Company). http://www.grazian-archive.com/politics/PolBehavior/C_06.html (2012년 4월 10일 접속)

Hazard, John N., 1957, *The Soviet System of Government*(Chicago: University of Chicago Press).

Hinton, William, 1966, *Fanshen: A Documentary of Revolution in a Chinese Village*(New York: Vintage Books).

Holzman, Franklyn D., 1944, *Soviet Taxation: The Fiscal and Monetary Problems of a Planned Economy*(Cambridge: Harvard University Press).

Hong, Shezi 洪學智, 1991, 『抗美援朝戰爭回憶, 再版』(北京: 解放軍文藝出版社). 홍학지, 1992, 홍인표 옮김, 『중국이 본 한국전쟁』(서울: 고려원).

Hormats, Robert D., 2007, *The Price of Liberty: Paying for America's Wars*(New York: Time Books).

Hosking, Geoffrey, 1985, *A History of the Soviet Union*(Glasgow: Fontana Press). 제프리 호스킹, 1990, 김영석 옮김, 『소련사』(서울: 홍익사).

Huang, Jing, 2000, *Factionalism in Chinese Communist Politics*(New York: Cambridge University Press).

Huskey Eugene ed., 1992, *Executive Power and Soviet Politics: The Rise and Decline of the Soviet State*(New York: M.E. Sharpe).

Ishi, Hiromitsu, 1989, *The Japanese Tax System*(New York: Oxford University Press).

Jansen, Marius B., 2002, *The Making of Modern Japan*(Cambridge: Harvard University Press).

Jasny, Naum, 1951, *The Soviet Price System*(Stanford: Stanford University Press).

Kimura, Mitsuhiko 木村光彦, 1999, 『北朝鮮の経済—起源・形成・崩壊』(東京: 創文社). 기무라 미쓰히코, 2001, 김현숙 옮김, 『북한의 경제: 기원・형성・붕괴』(서울: 도서출판 혜안).

Kimura, Mitsuhiko and Abe Keiji 木村光彦・安部桂司, 2003, 『北朝鮮の軍事工業化—帝国の戦争から金日成の戦争へ』(東京: 知泉書館). 기무라 미쓰히코・아베 게이지, 2009, 차문석・박정진 옮김, 『전쟁이 만든 나라, 북한의 군사공업화』(서울: 도서출판 미지북스).

Kornai, Janos, 1992, *The Socialist System: The Political Economy of Communism*(Princeton: Princeton University Press).

______, 2001, *Reforming the State: Fiscal and Welfare Reform in Post-Socialist Countries*(New York: Cambridge University Press).

______, 2008, *From Socialism to Capitalism: Eight Essays*(New York: Central European University Press).

Kornicki, Peter F., 1998, *Meiji Japan: Political Economic and Social History, 1868-1912*(New York: Routledge).

Levi, Margaret, 1988, *Of Rule and Revenue*(Berkeley: University of California Press).

Maddison, Angus, 2006, *Economic Growth in Japan and the USSR*(London: Routledge).

Maisenberg, L. 르 마이젠베르그, 1954, 『쏘련 인민경제에 있어서 가격의 형성』(평양: 국립출판사).

Matthews, Mervyn, 1989, *Patterns of Deprivation in the Soviet Union Under Brezhnev and Gorbachev*(Stanford: Hoover Press Publication).

McCune, George M., 1950, *Korea Today*(Westport: Greenwood Press, 1982).

McLeod, John, 2000, *Beginning Postcolonialism*(Manchester: Manchester University Press).

Meisner, Maurice, 1999, *Mao's China and After: A History of the People's Republic*, 모리스 마이스너, 2007, 김수영 옮김, 『마오의 중국과 그 이후 1』(서울: 이산).

Mizuta, Naomasa 水田直昌・棟居俊一・杉原恵, 1959, 『昭和財政史: 旧外地財政 下』(東京: 大蔵省).

Morgan, Philip, 2008, *The Fall of Mussolini: Italy, the Italians, and the Second World War*(New York: Oxford University Press).

Moses, Jonathon, and Torbjørn Knutsen, 2007, *Ways of Knowing: Competing*, 요나톤 모세스・투르본 크누트센, 2011, 신욱희・이왕휘・이용욱・조동준 옮김, 『정치학 연구 방법론: 자연주의와 구성주의』(서울: 을유문화사).

Nagano, Shinichiro 永野慎一郎, 2008, 『相互依存の日韓経済関係』(東京: 勁草書房). 나가노 신이치로, 2009, 『상호의존의 한일경제관계』(서울: 도서출판 이른아침).

Newcity, Michael A., 1986, *Taxation in the Soviet Union*(New York: Praeger Publishers).

Notkin, A.I. 아.이. 노트낀, 1950, 김인 옮김, 「사회주의 사회의 인민소득」, 『재정금융』 1950년 1월 1일 제4권 제1호. http://www.nl.go.kr (2017년 5월 9일 접속)

Newman, Kitty, Macmillan, 2007, *Khrushchev and the Berlin Crisis, 1958-1960*(New York: Routledge).

OECD Center for Tax Policy and Administration, 2004, *Tax Administration in OECD Countries: Comparative Information Series*(Paris: Organisation for Economic Co-operation and Development).

Okurasho Showa Zaiseishi Henshushitsu 大藏省昭和財政史編集室, 1961, 『昭和財政史 16: 旧外地財政』(東京: 東洋経済新報社).

Okurazaimukyokai 大蔵財務協会, 1964, 『日本の財政: 大蔵省百年の歩み』(東京: 日本の財政刊行会).

Palepu, Krishna G., Paul M. Healy, Victor Lewis Bernard, and Erik Peek eds., 2007, *Business Analysis and Valuation*(London: Thomson Learning).

Pennycook, Alastair, 2001, *Critical Applied Linguistics: A Critical Introduction*(Mahwah: Lawrence Erlbaum Associates).

Pierson, Christopher, 2004, The Modern State(New York: Routledge).

Perez, Louis G., 1998, *The History of Japan*(Westport: Greenwood Publishing Group).

Preobrazhensky, Yevgeni Alekseyevich, 1926, *The New Economics: Experience of the Theoretical Analysis of the Soviet Economy*(Moscow: Izdatel'stvo Kommunisticheskoi akademii). プレオブラジェンスキー, エフゲニー, 1976, 救仁郷繁 譯, 『新しい経済:

ソビエト経済に関する理論的分析の試み』(東京: 現代思潮新社.).

Prybyla, Jan S., 1987, *Market and Plan Under Socialism: The Bird in the Cage*(Stanford: Hoover Press Publication).

Rappaport, Helen, 1999, *Joseph Stalin: A Biographical Companion*(Santa Barbara: ABC-CLIO).

Reischauer, Edwin O. and Marius B. Jansen, 2003, *The Japanese Today: Changes and Continuity*(Cambridge: Harvard University Press).

Riordan, James, 1977, *Sports in Soviet Society: Development of Sport and Physical Education in Russia and the USSR*(Cambridge: Cambridge University Press, 1980).

Risanovsky, Nicholas, and Mark Steinberg, 2010, *A History of Russia*(New York: Oxford University Press).

Rothwell, William J., and H.C. Kazanas, 2003, *Planning and Managing Human Resources: Strategic Planning for Personnel Management*(Amherst: HRD Press).

Shimotomai, Nobuo 下斗米伸夫, 2004, 『アジア冷戦史』(東京: 中央公論新社). 시모토마이 노부오, 2006, 이혁재 옮김, 『북한 정권 탄생의 진실』(서울: 기파랑).

______, 2006, 『モスクワと金日成—冷戦の中の北朝鮮1945-1961年』(東京: 岩波書店). 시모토마이 노부오, 2012, 이종국 옮김, 『모스크바와 김일성: 냉전기의 북한 1945-1961』(서울: 논형).

Shirk, Susan L., 1993, *The Political Logic of Economic Reform in China*(Berkeley: University of California Press). 수잔 L. 셜크, 1999, 최완규 옮김, 『중국경제개혁의 정치적 논리』(마산: 경남대학교출판부).

Shoup, Carl, 1949, *Report on Japanese Taxation by the Shoup Mission*(Tokyo: GHQ-SCAP). http://homepage1.nifty.com/kybs/shoup/shoup00.htm (2011년 12월 21일 접속)

Sims, Richard, 2001, *Japanese Political History Since the Meiji Renovation, 1868-2000*(New York: Palgrave).

Slywotsky, Adrian J., 1996, *Value Migration: How to Think Several Moves ahead of the Competition*(Boston: Harvard Business School Press).

Soliman, Samir, 2011, *The Autumn of Dictatorship: Fiscal Crisis and Political Change in Egypt under Mubarak*(Stanford: Stanford University Press).

Smith, H.A., 1920, *Military Government*(Kansas: The General Service Schools Press).

Sokolnikov, G.Y., 1931, *Soviet Policy in Public Finance*(Stanford: Stanford University Press). https://archive.org/download/in.ernet.dli.2015.89870/2015.89870.Soviet-Policy-In-Public-Finance-1917-1928.pdf (2016년 11월 23일 접속).

Southard, Frank Allan, 1946, *The Finances of European Liberation with Special Reference to Italy*(New York: Arno Press, 1979).

Stirk, Peter M., 2009, *The Poltics of Military Occupation*(Edinburgh: Edinburgh University Press).

Takase, Kiyoshi 高瀨淨, 1973, 『朝鮮社會主義經濟の硏究』(東京: 文化書房博文社). 고뢰정, 1988, 이남현 옮김, 『북한경제입문』(서울: 청년사).

Taylor, Brian D., 2011, *State Building in Putin's Russia: Policing and Coercion after Communism*(New York: Cambridge University Press).

Teiwes, Frederick C., 1990, *Politics at Mao's Court: Gao Gang and Party Factionalism in the Early 1950s*(New York: M. E. Sharpe).

Teranishi, Juro, 2005, *Evolution of the Economic System in Japan*(Northampton: Edward Elgar Publishing, Inc.).

Thompson, John M. 1995, *A Vision Unfulfilled: Russia and the Soviet Union in the Twentieth Century*(Boston: Cengage Learning). 존 M. 톰슨, 2004, 김남섭 옮김, 『20세기 러시아 현대사』(서울: 사회평론).

Tilly, Charles, 1990, *Coercion, Capital, and European States, A.D. 990-1990* 찰스 틸리, 1994, 이향순 옮김, 『국민국가의 형성과 계보 :강압, 자본과 유럽국가의 발전』(서울: 학문과사상사).

The American Russian Institute ed., 1943, *The Soviet Union Today: An Outline Study*(New York: The American Russian Institute).

Treadgold, Donald W., 1987, *Twentieth Century Russia*(Boulder: Westview Press).

Tsytsarev, Sergei and Yakov Gilinsky, 2009, *"Russia", Problem Gambling in Europe: Challenges, Prevention, and Interventions*(New York: Springer Science and Business Media, LLC.).

Usoskin, M.M. 므.므. 우쏘우스낀, 1949, 「쏘련신용체계의 조직과발전」, 『재정금융』 1949년 10월 제2호.

Vyshinsky, Andrei 아 위신쓰끼, 1949, 『레닌과 쓰딸린은 쏘베트 국가의 위대한 조직자』(모스크바: 외국문 서적 출판부). [a.k.a. 비신스키]

Voznesensky, Nikolai, 엔 보즈네센스키, 1949, 김광순·조영식 옮김, 『조국전쟁 시기에 있어서의 소련의 전시 경제』(평양: 재정성 경영계산연구회).

Zaiseikeizaigakkai 財政経済学会, 1939, 『明治大正財政史(朝鮮編)』(東京: 大蔵省).

Zwass, Adam, 1979, *Money, Banking and Credit in the Soviet Union & Eastern Europe*(London: Palgrave Macmillan).

7. 북한법령 (볼드체로 표시한 법령은 부록에 본문 수록함)

* 법령을 중심으로 하되 당문헌 등 중요문서를 일부 포함함
* 재정 · 경제 · 산업 관련 제반 법령을 포함하되 임산업, 수산업을 제외함
* 『법령공보』, 『내각공보』, 『조선중앙년감』, 『재정금융』 및 신문기사는 해당 권호/일자와 함께 번호로 축약하고, 그 외 문서는 번호만으로 축약함
* 제목만 알려진 법령의 경우 원문 없음으로 표시함
* 제목의 한자는 한글로 변환하고 띄어쓰기 등의 기준이 되는 문서 번호에 밑줄을 그어 구분함
* 여히→같이, 급→및,
* 조세법령은 전문 게재하되 기타 법령에서 조세 관련 조항만을 발췌한 경우 [일부]로 별도 표시함

① 국사편찬위원회 엮음(1982-2008), 『북한관계사료집 1-57』(과천: 국사편찬위원회). 1982-2008년 간행.

② 김일성(1979-1997), 『김일성저작집 1-48』(평양: 조선로동당출판사).

③ 국토통일원 엮음(1971) 『북괴법령집 2-3』(서울: 국토통일원).

④ 내각사무국 엮음(1947-1952), 『내각공보』(평양: 내각사무국).
1948년 제1호, 제2호, 제3호, 제4호. 1949년 제1호, 제2호, 제3호, 제4호, 제5호, 제6호, 제7호, 제8호, 제9호, 제10호, 제11호, 제12호, 제12호 부록, 제13호, 제14호, 제15호, 제16호, 제17호, 1-6월; 1950년 제1호, 제2호, 제7호 부록, 제8호, 제8호 부록, 제9호, 제10호, 제11호, 제12호, 제12호 부록, 제14호, 제15호, 제16호. 1951년 제1호, 제2호, 제3호, 제4호, 제5호, 제6호, 제7호, 제8호, 제9호, 제13호, 제16호. 1952년 제1호, 제13호.

⑤ 북조선인민위원회 사법국 엮음(1947), 『북조선법령집』(평양: 북조선인민위원회 사법국).

⑥ 북조선인민위원회 외무국 엮음(1947-1951), 『법령공보』(평양: 북조선인민위원회 외무국).
『법령공보』 1946년 제3호, 제4호, 증간1호, 제5호호, 제7호, 제8호, 제9호, 제10호, 제11호, 제12호. 1947년 제13호, 제14호, 증간2호, 제15호, 제16호, 제17호, 제18호, 제19호, 증간3호, 제20호, 제21호, 제증간4호, 제22호, 제23호, 증간5호, 제24호, 제25호, 제26호, 제27호, 증간6호, 제28호, 증간7호, 증간8호, 제29호, 제30호, 제31호, 제32호, 제33호, 제34호, 제35호, 제36호, 제37호, 제38호. 1948년 제39호, 제40호,

제41호, 제42호, 제43호, 제44호, 제45호, 제46호, 제47호, 제48호, 제49호, 제50호, 제51호, 제52호, 제53호, 제54호, 제55호, 제56호, 제57호, 제58호, 제59호, 제60호.
⑦ 아세아문제연구소 엮음(1969), 『북한법령연혁집』(서울: 고려대학교 출판부)
⑧ 재정성기관지편집부 엮음(1950), 『재정법규집』(평양: 재정성출판사)
⑨ 정경모 · 최달곤 엮음(1990), 『북한법령집 1-4』(서울: 대륙연구소).
⑩ 조선중앙통신사 엮음(1949-1974), 『조선중앙년감』(평양: 조선중앙통신사).
⑪ 중앙정보부 엮음(1974), 『북괴법령집』(서울: 중앙정보부)
⑫ 『로동신문』 1946-2017.
⑬ 『민주사법』 1959년 제4호.
⑭ 『민주조선』 1959-1964.
⑮ 『재정금융』 1949-1962.
『재정금융』 1949년 9월 창간호, 제2호, 제3호; 1950년 제1호, 제5호; 1952년 제5호, 1958년 제5호; 1962년 제1호, 제2호, 제3호, 제4호, 제6호, 제7호, 제8호, 제9호, 제10호, 제11호, 제12호.
⑯ 『정로』 1945-1946
⑰ 기타
국토통일원 자료조사실 엮음(1988), 『북한최고인민회의자료집 1-4』(서울: 국토통일원); 최고인민회의 상임위원회 정령 『공화국 남반부 지역에 토지개혁을 실시함에 관하여』(평양: 최고인민회의 상임위원회 1950); 김일성(1979) 『김일성저작집 1』(평양: 조선로동당출판사); 재정국경영계산연구회(1948), 『경영 계산-계약제도와 결제제도』(북조선인민위원회 결정 제120호 해설)」(평양: 재정국경영계산연구회); 최창진(1993), 『농촌조세문제의 빛나는 해결』(평양: 사회과학출판사); 『공업지식』 1949년 제1호.

1945년 11월 16일 북조선사법국포고제2호 「전매관계법령」.
1945년 11월 21일 평남군경무사령부 명령 제6호 「기업은 등록제로」, 『북한관계사료집 31』; 『정로』 1945. 12. 5. ① ⑯
1945년 12월 2일 북조선농림국포고제1호 「북조선농림국립시조치시정요강」, 『법령공보』 1947년 증간7호; 『북한관계사료집 5』. ① ⑥ ⑨ ⑪
1945년 12월 8일 북조선산업국지령제_호 「산업국립시조치시정요강」, 『법령공보』 1947년 증간6호; 『북한관계사료집 5』. ① ⑥
1945년 12월 14일 포고명 미상 (재정국에서 국세 13종, 지방세 1종 유지 방침 발표)
1945년 12월 29일 북조선상업국포고제1호 「상업국립시행정조치요강」, 『북한관계사료집 5』; 『법령공보』 1947년 증간6호. ① ⑥

1945년 12월 29일 북조선상업국지령제_호 「상업국림시행정조치요강에관한시행세칙」, 『북한관계사료집 5』; 『법령공보』 1947년 증간6호. ① ⑥

1946년 1월 1일 북조선사법국포고제7호 「벌금액개정에관한건」, 『법령공보』 1947년 증간6호. ⑥

1946년 1월 1일 북조선사법국포고제8호 「체형과벌금병과에관한건」, 『법령공보』 1947년 증간6호. ⑥

1946년 1월 15일 북조선주둔소련군사령부명령 「북조선중앙은행설치, 산업운수의 발전촉진」, 『북한관계사료집 31』; 『정로』 1946. 1. 23. ① ⑯

1946년 1월 26일 북조선사법국포고제9호 「농산물매상불응등처벌에관한건」, 『북한관계사료집 5』; 『법령공보』 1947년 증간6호. ① ⑥

1946년 1월 26일 북조선사법국포고제11호 「조세체납처벌에관한건」, 『법령공보』 1947년 증간6호; 『북한관계사료집 5』. ① ⑥ ⑧

1946년 2월 4일 북조선농림국포고제2호 「북조선축산자금특별회계규칙」, 『북한관계사료집 5』; 『법령공보』 1947년 증간7호. ① ⑥ ⑨

1946년 2월 5일 북조선농림국포고제3호 「시군축산사업특별회계규정」, 『북한관계사료집 5』; 『법령공보』 1947년 증간7호. ① ⑥ ⑨

1946년 2월 10일 북조선농림국포고제4호 「북조선가축시장령」, 『북한관계사료집 5』; 『법령공보』 1947년 증간7호. ① ⑤ ⑥ ⑨

1946년 2월 27일 북조선림시인민위원회결정제2호 「북조선림시인민위원회의식량대책에대한결정서」, 『법령공보』 1946년 증간1호. ⑥ ⑤ ① 『북한관계사료집 5』

1946년 3월 5일 「북조선토지개혁에대한법령」, 『법령공보』 1946년 증간1호; 『북한관계사료집 5』; 『조선중앙년감 1950』. ① ⑤ ⑥ ⑨ ⑩

1946년 3월 5일 「토지개혁실시에대한림시조치법」, 『법령공보』 1946년 증간1호; 『북한관계사료집 5』. ① ⑤ ⑥ ⑨

1946년 3월 6일 [일부] 북조선림시인민위원회 결정제3호 의1 「북조선림시인민위원회구성에관한규정」, 『법령공보』 1946년 증간1호. ⑤ ⑥

1946년 3월 6일 [일부] 북조선림시인민위원회 결정제3호 의1 참고 「북조선림시인민위원회구성에관한규정실시요강」, 『법령공보』 1946년 증간1호; 『북한관계사료집 5』. ① ⑥

1946년 3월 6일 사법국농림국보안국포고제1호 「북조선림시인민위원회의식량대책에대한결정서시행규칙」, 『법령공보』 1947년 증간5호; 『북한관계사료집 5』. ① ⑤ ⑥

1946년 3월 7일 북조선림시인민위원회결정제4호 「「북조선토지개혁에대한법령」에관한결정」, 『법령공보』 1946년 증간1호; 『북한관계사료집 5』. ① ⑤ ⑥ ⑨

1946년 3월 8일 북조선림시인민위원회위원장김일성비준 「토지개혁법령에관한세칙」, 『법령공보』 1947년 증간7호; 『북한관계사료집 5』. ① ⑤ ⑥ ⑨

1946년 3월 11일 북조선사법국 포고 제13호「과태료개정에관한건」,『법령공보』1947년 증간6호. ⑥
1946년 3월 15일 북조선림시인민위원회결정제7호『춘계파종준비에대한결정서』,『법령공보』1946년 증간1호;『북한관계사료집 5』. ① ⑥ ⑨
1946년 3월 21일 북조선사법국 포고 제14호 조선호적및기유수수료규칙개정에관한건」,『법령공보』1947년 증간6호. ⑥
1946년 4월 1일 북조선림시인민위원회결정제8호「1946년제2기(4월-6월)세금징수에관한건」,『법령공보』1946년 증간1호;『북한관계사료집 5』. ① ⑥ ⑨
1946년 4월 1일 북조선림시인민위원회포고제3호「북조선농민은행설립에관한법령」,『법령공보』1947년 증간5호;『북한관계사료집 5』. ① ⑤ ⑥ ⑧ ⑨
1946년 4월 1일 북조선림시인민위원회 포고 제8호「엽연초배상가격에관한건」,『법령공보』1947년 증간5호. ⑥ ⑨
1946년 4월 4일 위원장 김일성 비준 북조선림시인민위원회재정국지령제_호「북재기제6호 북조선농민은행설립에관한기관및절차」,『법령공보』1947년 증간6호;『북한관계사료집 5』. ① ⑥ ⑨
1946년 4월 13일 북조선림시인민위원회결정제10호「북조선림시인민위원회제1차확대집행위원회에서토지개혁법령실시결산에대한결정서」,『법령공보』1946년 증간1호;『북한관계사료집 5』;『북한관계사료집 31』;『정로』1946. 4. 19. ① ⑥ ⑨ ⑯
1946년 4월 13일 북조선림시인민위원회상업국포고제2호「상업기관에관한명령」,『법령공보』1947년 증간6호;『북한관계사료집 5』. ① ⑤ ⑥
1946년 4월 18일 북조선림시인민위원회농림국포고제5호「북조선유우등록규칙」,『법령공보』1947년 증간7호;『북한관계사료집 5』. ① ⑤ ⑥ ⑨
1946년 4월 30일 북조선림시인민위원회 결정제10호「북조선림시인민위원회제1차확대집행위원회에서토지개혁법령실시결산에대한결정서」,『법령공보』1946년 증간1호. ⑥
1946년 5월 2일 북조선림시인민위원회 포고 제5호「북조선농민은행에대한제세면제에관한건」,『법령공보』1947년 증간5호;『북한관계사료집 5』. ① ⑤ ⑥ ⑧ ⑨
1946년 5월 7일 북조선림시인민위원회포고제6호「석탄관리령」,『법령공보』1947년 증간5호;『북한관계사료집 5』. ① ⑤ ⑥
1946년 5월 22일「토지소유권증명서교부에대한세칙」,『법령공보』1947년 증간7호;『북한관계사료집 5』. ① ⑤ ⑥ ⑨
1946년 5월 25일「상전관리령」,『법령공보』1947년 증간1호. ⑥
1946년 5월 25일 위원장 김일성 비준 북조선림시인민위원회농림국지령제_호「상전관리령 시행세칙」,『법령공보』1947년 증간7호;『북한관계사료집 5』① ⑥ ⑨
1946년 5월 25일 북조선림시인민위원회결정제17호「북조선림시인민위원회의상업관리국폐

쇄결정서」, 『법령공보』 1946년 증간1호; 『북한관계사료집 5』. ① ⑥

1946년 5월 25일 북조선림시인민위원회결정제18호 「북조선림시인민위원회의식량관리국폐쇄에관한결정서」, 『법령공보』 1946년 증간1호; 『북한관계사료집 5』 ① ⑥

1946년 5월 29일 [인용] 북조선림시인민위원회 결정 「북조선의 개간에 관한 법령」, 최창진(1993), 『농촌조세문제의 빛나는 해결』(평양: 사회과학출판사). ⑰

1946년 6월 1일 [인용] 「신세제결정에대하야평남재정부장담화발표」, 『정로』 1946. 5. 17. ⑯ (개인수익세 개편)

1946년 6월 1일 [인용] 「신세제결정에대하야평남재정부장담화발표」, 『정로』 1946. 5. 17. ⑯ (법인수익세 개편)

1946년 6월 1일 [인용] 「신세제결정에대하야평남재정부장담화발표」, 『정로』 1946. 5. 17. ⑯ (지세 개편)

1946년 6월 1일 [인용] 「신세제결정에대하야평남재정부장담화발표」, 『정로』 1946. 5. 17. ⑯ (영업세 개편)

1946년 6월 1일 [인용] 「신세제결정에대하야평남재정부장담화발표」, 『정로』 1946. 5. 17. ⑯ (등록세 개편)

1946년 6월 1일 [인용] 「신세제결정에대하야평남재정부장담화발표」, 『정로』 1946. 5. 17. ⑯ (호별세 개편)

1946년 6월 1일 북조선림시인민위원회포고제9호 「물자반출반입에관한건」, 『법령공보』 1947년 제23호; 『북한관계사료집 5』. ① ⑤ ⑥ ⑨

1946년 6월 4일 북조선림시인민위원회결정제20호 「북조선경리학교개설에관한건」, 『법령공보』 1946년 증간1호. ⑥

1946년 6월 15일 북조선림시인민위원회상업국포고제3호 「「상업기관에관한명령」에관한시행세칙」, 『법령공보』 1947년 증간6호; 『북한관계사료집 5』. ① ⑤ ⑥

1946년 6월 18일 북조선림시인민위원회결정제24호 「적산건물관리에관한결정」, 『법령공보』 1947년 증간2호; 『북한관계사료집 5』. ① ⑥ ⑨

1946년 6월 20일 북조선림시인민위원회결정제22호 「수수료일당등금액개정에관한건」, 『법령공보』 1947년 증간6호. ⑥

1946년 6월 20일 북조선림시인민위원회결정제25호 「북조선림시인민위원회각민주주의정당및사회단체대표자련석회의의북조선로동자및사무원에대한로동법령초안에대한결정서」, 『법령공보』 1947년 증간2호; 『북한관계사료집 5』. ① ⑥

1946년 6월 24일 북조선림시인민위원회 결정 제29호 「제9차북조선림시인민위원회의북조선로동자및사무원에대한로동법령에대한결정서」, 『법령공보』 1947년 증간2호; 『조선중앙년감 1950』; 『북한관계사료집 5』. ① ⑤ ⑥ ⑩ ⑪

1946년 6월 25일 위원장 김일성 비준 북조선림시인민위원회재정국포고제8호 「세금액산정

에관한 건」, 『법령공보』 1947년 증간6호; 『북한관계사료집 5』. ① ⑥ ⑨

1946년 6월 27일 북조선림시인민위원회 결정 제36호 「림야관리령위반자처벌규칙」, 『법령공보』 1947년 증간2호; 『북한관계사료집 5』. ① ⑤ ⑥ ⑨

1946년 6월 27일 북조선림시인민위원회결정제28호 「농업현물세에관한결정서」, 『법령공보』 1947년 증간2호; 『북한관계사료집 5』. ① ③ ⑤ ⑥ ⑧ ⑨

1946년 7월 1일 위원장 김일성 비준 북조선림시인민위원회 재정국 포고 제10호 「아편배상가격인상에관한건」, 『법령공보』 1947년 증간6호; 『북한관계사료집 5』. ① ⑥ ⑨

1946년 7월 1일 북조선림시인민위원회포고제11호 「전매관계법령중단속관계조항에한한림시조치에관한건」, 『법령공보』 1947년 증간5호; 『북한관계사료집 5』. ① ⑤ ⑥ ⑨

1946년 7월 4일 북조선림시인민위원회 결정 제44호 「1946년추파맥준비기에관한결정서」, 『법령공보』 1947년 증간2호; 『북한관계사료집 5』. ① ⑥ ⑨

1946년 7월 4일 북조선림시인민위원회 상업국 지령 제449호 「상사회사설립인가방침에관한건내시」, 『법령공보』 1947년 증간6호; 『북한관계사료집 5』. ① ⑥

1946년 7월 5일 위원장 김일성 비준 북조선림시인민위원회농림국지령제_호 「곡물보관에관한세칙」, 『법령공보』 1947년 증간7호; 『북한관계사료집 5』. ① ⑤ ⑥

1946년 7월 5일 위원장김일성비준 북조선림시인민위원회농림국지령제_호 「현물세징수서수교및현물세납부규칙」, 『법령공보』 1947년 증간7호; 『북한관계사료집 5』. ① ⑥ ⑨

1946년 7월 10일 북조선림시인민위원회 결정 제45호 「량정부기구결정에관한건」, 『법령공보』 1947년 증간2호; 『북한관계사료집 5』. ① ⑥

1946년 7월 13일 북조선림시인민위원회결정제38호 「상업조합령」, 『법령공보』 1947년 증간2호; 『북한관계사료집 5』. ① ⑥ ※1947년 3월 11일 「상업조합령취소에관한결정서」로 폐지.

1946년 7월 13일 북조선림시인민위원회결정제39호 「북조선산업경제협의회령」, 『법령공보』 1947년 증간2호; 『북한관계사료집 5』. ① ⑥

1946년 7월 15일 위원장 김일성 비준 북조선림시인민위원회농림국포고제7호 「평과검사규칙」, 『법령공보』 1947년 증간7호; 『북한관계사료집 5』. ① ⑥ ⑨

1946년 7월 20일 위원장김일성비준 북조선림시인민위원회농림국지령제_호 「과실현물세징수에관한세칙」, 『법령공보』 1947년 증간7호; 『북한관계사료집 5』. ① ⑥ ※1947년 7월 18일 「과실현물세징수에관한세칙」으로 폐지

1946년 7월 20일 위원장 김일성 비준 북조선림시인민위원회 농림국지령제_호 「평과검사규칙시행세칙」, 『법령공보』 1947년 증간7호; 『북한관계사료집 5』. ① ⑥

1946년 7월 20일 위원장 김일성 비준 북조선림시인민위원회재정국포고제9호 「지적사무제수수료개정의건」, 『법령공보』 1947년 증간6호; 『북한관계사료집 5』. ① ⑥ ⑨

1946년 7월 22일 북조선림시인민위원회결정제46호 「농업현물세에관한결정서위반자처벌규칙」, 『법령공보』 1947년 증간2호; 『북한관계사료집 5』. ① ⑤ ⑥ ⑧ ※1946년 11월 18일 「농업현물세납입에관한결정위반에대한대책결정서」로 개정(추가규정 삽입)

1946년 7월 24일 북조선림시인민위원회결정제52호 「공업허가령」, 『법령공보』 1947년 증간2호; 『북한관계사료집 5』. ① ⑤ ⑥ ※1948년 11월 12일 「사업등록에 관한 규정」으로 폐지.

1946년 7월 26일 북조선림시인민위원회결정제48호 「북조선림시인민위원회포고제11호중개정의건」, 『법령공보』 1947년 증간2호. ⑥

1946년 7월 27일 북조선림시인민위원회포고제12호 「북조선곡물검사규칙」, 『법령공보』 1947년 증간5호; 『북한관계사료집 5』. ① ⑤ ⑥

1946년 8월 2일 북조선림시인민위원회결정제22호 「특수금융기관정리에관한결정서」, 『법령공보』 1946년 증간1호; 『북한관계사료집 5』. ① ③ ⑤ ⑥ ⑧ ⑨

1946년 8월 2일 북조선림시인민위원회 결정 제56호 「세무서폐쇄에관한결정서」, 『법령공보』 1947년 증간3호; 『북한관계사료집 5』. ① ⑥ ⑨

1946년 8월 5일 위원장 김일성 비준 북조선림시인민위원회 재정국 포고 제11호 「농업현물세실시에반한제세면제에관한건」, 『법령공보』 1947년 증간6호; 『북한관계사료집 5』. ① ⑤ ⑥ ⑧ ⑨

1946년 8월 8일 북조선림시인민위원회농림국지령제_호 「곡물검사실시에관한세칙」, 『법령공보』 1947년 증간7호; 『북한관계사료집 5』. ① ⑤ ⑥

1946년 8월 10일 북조선림시인민위원회결정제58호 「북조선림시인민위원회의산업철도운송통신은행등의국유화에관한법령」, 『법령공보』 1947년 증간3호; 『북한관계사료집 5』. ① ⑤ ⑥ ⑪

1946년 8월 12일 위원장 김일성 비준 북조선림시인민위원회 농림국포고제9호 재정국포고제14호 「소채및특용작물기타에대한현물세징수에관한건」, 『법령공보』 1947년 증간7호; 『북한관계사료집 5』. ① ⑥

1946년 8월 12일 북조선림시인민위원회결정제60호 「북조선회계규정」, 『법령공보』 1947년 증간3호; 『북한관계사료집 5』. ① ⑤ ⑥ ⑧ ⑨

1946년 8월 12일 북조선림시인민위원회결정제61호 「농업현물세경리사무요강에관한결정서」, 『법령공보』 1947년 증간3호; 『북한관계사료집 5』. ① ⑤ ⑥ ⑧ ※1948년 6월 17일 「농업현물세경리에관한 규정」으로 폐지

1946년 8월 12일 북조선림시인민위원회 결정 제94호 「량곡관리특별회계규정」, 『북한관계사료집 5』. ① ⑤ ⑨

1946년 8월 17일 북조선림시인민위원회결정제62호 「기술자확보에관한결정서」, 『법령공보』 1947년 증간3호; 『북한관계사료집 5』. ① ⑤ ⑥

1946년 8월 17일 북조선림시인민위원회산업국지령제_호 「기술자확보에관한결정서시행에 관한건」, 『법령공보』 1947년 증간6호; 『북한관계사료집 5』. ① ⑥
1946년 8월 18일 북조선림시인민위원회결정제66호 「북조선로동자및사무원봉급에관한결정서」, 『법령공보』 1947년 증간3호; 『북한관계사료집 5』. ① ⑤ ⑥
1946년 8월 20일 북조선림시인민위원회결정제63호 「북조선소비조합의량곡수매에관한결정서」, 『법령공보』 1947년 증간3호; 『북한관계사료집 5』. ① ⑥
1946년 8월 24일 위원장 김일성 비준 북조선림시인민위원회농림국포고제8호 「란곡종마목장직제」, 『법령공보』 1947년 증간7호; 『북한관계사료집 5』. ① ⑥ ⑨
1946년 9월 1일 림시인민위원회 결정 제68호 「파괴된 적산관계축산시설부흥에 관한 결정서」; 『북한관계사료집 5』. ① ⑨
1946년 9월 5일 북조선림시인민위원회결정제69호 「북조선도시군면리인민위원회에관한규정에대한결정서」, 『법령공보』 1947년 증간4호; 『북한관계사료집 5』. ① ⑤ ⑥
1946년 9월 5일 [일부] 북조선림시인민위원회 결정 제69호 별지 「북조선도시군면리인민위원회에관한규정」, 『법령공보』 1947년 증간4호; 『북한관계사료집 5』. ① ⑤ ⑥
1946년 9월 5일 북조선림시인민위원회결정제73호 「밀,보리,감자등조기수확물현물세 징수에관한북조선림시인민위원회제2차확대위원회의결정서」, 『로동신문』 1946. 9. 5; 『법령공보』 1947년 증간4호; 『북한관계사료집 5』; 『북한관계사료집 33』. ① ⑥ ⑫
1946년 9월 9일 북조선림시인민위원회결정제75호 「북조선림시인민위원회관개시설국가경영결정서」, 『법령공보』 1947년 증간4호; 『북한관계사료집 5』. ① ⑤ ⑥ ⑨
1946년 9월 9일 북조선림시인민위원회결정제75호 별지 「북조선관개시설관리령」, 『법령공보』 1947년 증간4호. ⑤ ⑥
1946년 9월 11일 북조선림시인민위원회 농림국 포고 제10호 재정국 포고 제16호 「면화, 아마및소채의현물세징수에관한건, 『법령공보』 1947년 증간7호; 『북한관계사료집 5』. ① ⑥
1946년 9월 11일 북조선림시인민위원회결정제79호 「로동부설치에관한결정서」, 『법령공보』 1947년 증간4호. ⑥
1946년 9월 20일 북조선림시인민위원회사법국포고제25호 「호적관계수수료개정에관한건」, 『법령공보』 1947년 증간6호. ⑥
1946년 9월 20일 북조선림시인민위원회결정제81호 「북조선림시인민위원회무역위원회조직에관한결정서」, 『법령공보』 1947년 증간4호. ⑥
1946년 9월 20일 북조선림시인민위원회결정제82호 「국영정미소및창고운영에관한 결정서」, 『법령공보』 1947년 증간4호; 『북한관계사료집 5』. ① ⑤ ⑥
1946년 9월 26일 북조선림시인민위원회결정제85호 「농업현물세로징수한곡물에대한불하및배급가격에관한결정서」, 『법령공보』 1947년 증간4호; 『북한관계사료집 5』. ① ⑥

1946년 9월 26일 북조선림시인민위원회결정제86호 「비료취체임시조치법령」, 『법령공보』 1947년 증간4호.『북한관계사료집 5』. ① ⑤ ⑥ ⑨

1946년 9월 28일 북조선림시인민위원회결정제87호 「사회보험납부절차에관한규정」, 『법령공보』 1947년 증간4호; 『북한관계사료집 5』. ① ⑥

1946년 9월 28일 북조선림시인민위원회 결정 제87호 참고 「사회보험료납부비률표」, 『법령공보』 1947년 증간4호. ⑥

1946년 10월 1일 북조선림시인민위원회결정제88호 「북조선토지개간법령」, 『법령공보』 1947년 증간4호; 『북한관계사료집 5』.[92] ① ⑤ ⑥ ⑨

1946년 10월 1일 위원장 김일성 비준 북조선림시인민위원회재정국포고제18호 「엽연초매상가격개정에관한건」, 『법령공보』 1947년 증간6호; 『북한관계사료집 5』. ① ⑥ ⑨

1946년 10월 2일 북조선림시인민위원회결정제89호 「공업기술자사정및검정규정에관한건」, 『법령공보』 1947년 증간4호; 『북한관계사료집 5』. ① ⑤ ⑥

1946년 10월 4일 북조선림시인민위원회 결정 제91호 「개인소유권을확보하며 산업및상업활동에 있어서의 개인의창발성을 발휘시키기 위한 대책에 관한 결정서」, 『북조선법령집』 1947; 『북한관계사료집 5』; 『조선중앙년감 1950』. ① ⑤ ⑩

1946년 10월 4일 북조선림시인민위원회 결정 제93호 「곡물의자유매매에관한결정」, 『북한관계사료집 5』. ① ⑤

1946년 10월 4일 위원장 김일성 비준 북조선림시인민위원회재정국포고제16호 「인삼배상가격결정에관한건, 『법령공보』 1947년 증간6호; 『북한관계사료집 5』. ① ⑥ ⑨

1946년 10월 5일 북조선림시인민위원회 결정 제96호 「물품세법」, 『로동신문』 1946. 10. 8; 『북한관계사료집 33』. ① ⑫

1946년 10월 14일 북조선림시인민위원회 위원장 김일성 비준 북조선림시인민위원회 양정부 포고 제1호 「양곡보관창고도정공장및보관양곡에관한재해상호보상요강」, 『법령공보』 1947년 증간8호; 『북한관계사료집 5』. ① ⑤ ⑥

1946년 10월 18일 [일부] 북조선림시인민위원회결정제99호 「북조선도 시 군 면리인민위원회에관한규정실시요강」, 『법령공보』 1946년 제3호; 『북한관계사료집 5』. ① ⑥

1946년 10월 19일 북조선림시인민위원회결정제98호 「영업세과세종목추가에관한결정서」, 『법령공보』 1946년 제3호; 『북한관계사료집 5』. ① ⑥ ⑨

1946년 10월 19일 북조선림시인민위원회 위원장 김일성 비준 북조선림시인민위원회 량정부 포고 제2호 「등급별전표제식량배급제도실시에관한건」; 『법령공보』 1946년 증간8호; 『북한관계사료집 5』. ① ⑥

---

92) 선행법령: 1946년 5월 29일 북조선림시인민위원회 결정 「북조선의 개간에 관한 법령」.

1946년 10월 25일 북조선림시인민위원회결정제101호 「평균임금계산규정」, 『법령공보』 1946년 제4호. ⑥

1946년 10월 25일 북조선림시인민위원회결정제102호 「공업허가령개정의건」, 『법령공보』 1946년 제4호. ⑥

1946년 10월 29일 북조선림시인민위원회결정제103호 「북조선중앙은행에관한결정서」, 『법령공보』 1946년 제4호; 『북한관계사료집 5』. ① ⑤ ⑥ ⑧ ⑨

1946년 10월 29일 북조선림시인민위원회결정서제103호 별지 「북조선중앙은행규정」, 『로동신문』 1946. 11. 5-11. 6; 『법령공보』 1946년 제4호. ⑤ ⑥ ⑫ ※1948년 5월 4일 「북조선 중앙 은행 규정」으로 폐지

1946년 11월 1일 북조선림시인민위원회량정국포고제4호 「식량의 소비절약단속에대한포고」, 『법령공보』 제10호; 『북한관계사료집 5』. ① ⑥

1946년 11월 8일 북조선림시인민위원회결정제108호 「현물세완납렬성대운동에대한결정서」, 『법령공보』 1946년 제5호; 『북한관계사료집 5』. ① ⑥

1946년 11월 8일 북조선림시인민위원회포고제13호 「식량단속포고」, 『법령공보』 1946년 제5호; 『북한관계사료집 5』. ① ⑤ ⑥

1946년 11월 18일 북조선림시인민위원회결정제110호 「농업현물세납입에관한결정위반에대한대책결정서」, 『법령공보』 1946년 제5호; 『북한관계사료집 5』. ① ⑤ ⑥ ⑧

1946년 11월 20일 북조선림시인민위원회 위원장 김일성 비준 북조선림시인민위원회 재정국 포고 제19호 「재제염매상가격및판매가격결정에관한건」, 『법령공보』 제8호. ⑥

1946년 11월 25일 북조선림시인민위원회 결정 제 112호 「북조선산업및상업발전에관한법령」; 『북한관계사료집 5』. ① ⑤ ⑨

1946년 11월 25일 북조선림시인민위원회결정 제114호 「1946년도 세금징수대책에 관한 건」; 『북한관계사료집 5』. ① ⑤ ⑨

1946년 11월 25일 북조선림시인민위원회 결정 제115호 「물품거래 및 현금 절용에 대한 결정서」; 『북한관계사료집 5』. ① ⑤ ⑧ ⑨

1946년 11월 25일 북조선림시인민위원회 결정 제116호 「물품세법개정의 건」, 『북한관계사료집 5』. ① ⑨

1946년 11월 26일 북조선림시인민위원회 결정 제120호 「추기수확물징수에 관한 북조선림시인민위원회 제3차확대위원회 결정서」; 『북한관계사료집 5』. ① ⑤

1946년 11월 27일 북농림제3698호 「북조선토지개간법령오기정정의건」, 『법령공보』 제8호. ⑥

1946년 11월 29일 북조선림시인민위원회 위원장 김일성 비준 북조선림시인민위원회 량정부포고제3호 「농업현물세량곡접수및보관에대한추가지시」, 『로동신문』 1946. 11. 28; 『법령공보』 1947년 증간8호; 『북한관계사료집 5』; 『북한관계사료집 34』. ① ⑤ ⑥ ⑫

1946년 11월 30일 북조선림시인민위원회결정제122호 「생산기업장지배인강습소설치에관한 결정서」, 『법령공보』 제9호; 『북한관계사료집 5』. ① ⑥

1946년 11월 30일 북조선림시인민위원회결정제123호 「산업국기구개정에관한건」, 『법령공보』 제9호. ⑥

1946년 11월 30일 북조선림시인민위원회결정제124호 「국영기업장관리령」, 『법령공보』 제9호; 『북한관계사료집 5』. ① ⑤ ⑥

1946년 12월 3일 북조선림시인민위원회재정국포고제20호 「각행정기관국영기업소및공리단체소요인원정수등록에관한건」, 『법령공보』 1946년 제8호. ⑥

1946년 12월 3일 북조선림시인민위원회결정제127호 「북조선림시인민위원회포고제11호개정의건」, 『법령공보』 1946년 제9호. ⑥

1946년 12월 7일 북조선림시인민위원회결정제132호 「식량배급대상인구의허위보고와이중수배자에대한결정서」, 『법령공보』 제10호; 『북한관계사료집 5』. ① ⑥

1946년 12월 19일 북조선림시인민위원회결정제135호 『사회보험법』, 『법령공보』 1946년 제11호; 『북한관계사료집 5』. ① ⑤ ⑥ ⑪

1946년 12월 23일 북조선림시인민위원회결정제136호 「북조선림시인민위원회기획국설치에관한건」, 법령공보 제12호. ⑥

1946년 12월 23일 북조선림시인민위원회결정제137호 「국영기업체결산및국유재산현재량조사에관한건」, 『법령공보』 1946년 제12호; 『북한관계사료집 5』. ① ⑥ ⑨

1946년 12월 23일 북조선림시인민위원회결정제138호 「행정기관,국유기업장및기타일체국영기관의교제비전폐에관한건」, 『법령공보』 1946년 제12호; 『북한관계사료집 5』. ① ⑥ ⑨

1946년 12월 26일 북조선림시인민위원회결정제140호 「량곡수매사업에관한건」, 『법령공보』 1946년 제12호. 『북한관계사료집 5』. ① ⑥

1946년 12월 26일 북조선림시인민위원회결정제141호 「식량배급에관한건」, 『법령공보』 1946년 제12호; 『북한관계사료집 5』. ① ⑤ ⑥ ⑨

1946년 12월 26일 북조선림시인민위원회결정제142호 「북조선의국가사회단체소비조합재산보호에관한법령」, 『법령공보』 1946년 제12호; 『북한관계사료집 5』. ① ⑥

1946년 12월 26일 북조선림시인민위원회결정제143호 「북조선의뇌물및기타직무태만처벌에관한법령」, 『법령공보』 1946년 제12호; 『북한관계사료집 5』. ① ⑥

1946년 12월 30일 북조선림시인민위원회재정국포고제25호 「각행정기관국영기업소및공리단체정원등록에관한세칙개정의건」, 『법령공보』 1947년 제15호; 『북한관계사료집 5』. ① ⑤ ⑥ ⑨

1947년 1월 3일 북조선인민위원회 결정 제99호 「화폐 류통 조절에 관한 결정서」. ⑧

1947년 1월 6일 북조선림시인민위원회농림국포고제15호 「북조선마적령」, 『법령공보』 1947

년 제15호; 『북한관계사료집 5』. ① ⑤ ⑥ ⑨ ※1947년 8월 19일 「북조선마적령일부개정의건」으로 개정

1947년 1월 6일 북조선림시인민위원회결정제104호 「북조선가마니검사규칙」, 『법령공보』 1946년 제4호; 『북한관계사료집 5』. ① ⑤ ⑥ ⑨

1947년 1월 6일 북조선림시인민위원회결정제145호 「고공품수급조정관리령」, 『법령공보』 1946년 제13호; 『북한관계사료집 5』. ① ⑥ ⑨ ※1947년 11월 12일 「고공품수급조정관리령(북조선림시인민위원회결정제145호)일부개정에관한결정서」로 개정

1947년 1월 6일 북조선림시인민위원회 양정국 포고 제5호 「식량배급조례」, 『북한관계사료집 5』. ① ⑤

1947년 1월 9일 북조선림시인민위원회결정제148호 「면양보호증식에관한결정」, 『법령공보』 1947년 제13호; 『북한관계사료집 5』. ① ⑥ ⑨

1947년 1월 9일 북조선림시인민위원회결정제149호 「북조선도장규칙에관한결정서」, 『법령공보』 1947년 제14호; 『북한관계사료집 5』. ① ⑤ ⑥ ⑨

1947년 1월 9일 북조선림시인민위원회결정제150호 「북조선사료관리림시조치령에관한결정서」, 『법령공보』 1947년 제14호; 『북한관계사료집 5』. ① ⑤ ⑥ ⑨

1947년 1월 9일 북조선림시인민위원회결정제152호 「북조선림시인민위원회무역위원회폐지에관한결정서」, 『법령공보』 1947년 제14호. ⑥

1947년 1월 9일 북조선림시인민위원회결정제153호 「국가량곡운송절차및운송사고책임부담한계에대한결정서」, 『법령공보』 1947년 제14호; 『북한관계사료집 5』. ① ⑤ ⑥

1947년 1월 11일 북조선림시인민위원회결정제156호 「흥남지구인민공장에지령한생산계획완수를위한결정서」, 『법령공보』 1947년 제15호; 『북한관계사료집 5』. ① ⑥

1947년 1월 24일 북조선림시인민위원회결정제161호 「북조선림시인민위원회로동국설치에관한결정서」, 『법령공보』 1947년 제16호. ⑥

1947년 1월 24일 북조선림시인민위원회결정제165호 「개인재산보호에관한법령」, 『법령공보』 1947년 제16호; 『북한관계사료집 5』. ① ⑥

1947년 1월 27일 북조선림시인민위원회결정제166호 「과실현물세체납및탈세자벌칙에관한결정서」, 『로동신문』 1947. 1. 29; 『법령공보』 1947년 제16호; 『북한관계사료집 5』; 『북한관계사료집 35』. ① ⑥ ⑫

1947년 1월 28일 북조선림시인민위원회위원장 김일성비준 상업국포고제4호 「가격표시규정에관한건」, 『법령공보』 1947년 제18호; 『북한관계사료집 5』. ① ⑤ ⑥

1947년 1월 28일 북조선림시인민위원회결정제167호 「1947년제1,4반기산업국산하국영기업소생산계획에관한결정서」, 『법령공보』 1947년 제17호; 『북한관계사료집 5』. ① ⑥

1947년 1월 28일 북조선림시인민위원회지령제6호 「곡물의자유매매및반출입에대한지령」,

『법령공보』 1947년 제18호; 『북한관계사료집 5』. ① ⑥

1947년 2월 3일 북조선림시인민위원회결정제168호 「량곡배급위반자단속에관한법령」, 『법령공보』 1947년 제18호; 『북한관계사료집 5』. ① ⑤ ⑥

1947년 2월 3일 북조선림시인민위원회결정제169호 「상업등기공고료에관한결정서」, 『법령공보』 1947년 제18호; 『북한관계사료집 5』. ① ⑥

1947년 2월 3일 북조선림시인민위원회결정제171호 「금융기관채권소멸시효정지에관한결정서」, 『법령공보』 1947년 제18호; 『북한관계사료집 5』. ① ⑥ ⑧

1947년 2월 3일 북조선림시인민위원회결정제174호 「국가량곡보관단속에관한결정서」, 『법령공보』 1947년 제18호; 『북한관계사료집 5』. ① ⑤ ⑥

1947년 2월 3일 북조선림시인민위원회위원장 김일성 비준 상업국포고제5호 재정국포고제27호 「상점허가제실시에관한포고」, 『법령공보』 1947년 제19호; 『북한관계사료집 5』. ① ⑥ ※1948년 11월 12일 「사업등록에 관한 규정」으로 폐지.

1947년 2월 3일 북조선림시인민위원회위원장 김일성 비준 상업국포고제6호 재정국포고제28호 「인민시장규정실시에관한 포고」, 『법령공보』 1947년 제19호; 『북한관계사료집 5』. ① ⑥

1947년 2월 3일 북조선림시인민위원회량정부포고제7호 「량곡도정단속에대한포고」, 『법령공보』 1947년 제18호; 『북한관계사료집 5』. ① ⑥

1947년 2월 7일 북조선림시인민위원회결정제180호 「사회단체및공리단체(조합련맹등) 기타일절단체의등록에관한결정서」, 『법령공보』 1947년 제18호. ⑥

1947년 2월 18일 「1947년도북조선인민경제부흥과발전에대한예정숫자에관한결정서」, 『법령공보』 1947년 제20호; 『북한관계사료집 5』. ① ⑤ ⑥

1947년 2월 18일 [일부] 「북조선인민회의에관한규정」, 『법령공보』 1947년 제20호. ⑥

1947년 2월 27일 북조선인민위원회법령제1호 「1947년도북조선종합예산안에관한결정서」, 『법령공보』 1947년 제21호; 『북한관계사료집 5』. ① ⑤ ⑥ ⑧ ⑨

1947년 2월 27일 북조선인민위원회법령제2호 「북조선세금제도개혁에관한결정서」, 『법령공보』 1947년 제21호; 『북한관계사료집 5』. ① ⑤ ⑥ ⑧ ⑨ ※1948년 2월 29일 「북조선세금제도개혁에대한결정서및각종세법개폐에관한결정서」로 개정; 1948년 11월 12일 「사업등록에 관한 규정」으로 개정.

1947년 2월 27일 북조선인민위원회법령제3호 「소득세법」, 『법령공보』 1947년 제22호; 『북한관계사료집 5』. ① ⑤ ⑥ ⑧ ⑨

1947년 2월 27일 북조선인민위원회법령제4호 「등록세법」, 『법령공보』 1947년 제22호; 『북한관계사료집 5』. ① ⑤ ⑥ ⑧ ⑨

1947년 2월 27일 북조선인민위원회법령제5호 「거래세법」, 『법령공보』 1947년 제22호; 『북한관계사료집 5』. ① ⑤ ⑥ ⑧ ⑨

1947년 2월 27일 북조선인민위원회법령제6호 「수입인지법」, 『법령공보』 1947년 제22호; 『북한관계사료집 5』. ① ⑤ ⑥ ⑧ ⑨
1947년 2월 27일 북조선인민위원회법령제7호 「가옥세법」, 『법령공보』 1947년 제22호; 『북한관계사료집 5』. ① ⑤ ⑥ ⑧ ⑨
1947년 2월 27일 북조선인민위원회법령제8호 「차량세법」, 『법령공보』 1947년 제22호; 『북한관계사료집 5』. ① ⑤ ⑥ ⑧ ⑨
1947년 2월 27일 북조선인민위원회법령제9호 「부동산취득세법」, 『법령공보』 1947년 제22호; 『북한관계사료집 5』. ① ⑤ ⑥ ⑧ ⑨
1947년 2월 27일 북조선인민위원회법령제10호 「음식세법」, 『법령공보』 1947년 제22호; 『북한관계사료집 5』. ① ⑤ ⑥ ⑧ ⑨ ※1948년 2월 29일 「북조선세금제도개혁에대한결정서및각종세법개페에관한결정서」로 폐지
1947년 2월 27일 북조선인민위원회법령제11호 「마권세법」, 『법령공보』 1947년 제22호; 『북한관계사료집 5』. ① ⑤ ⑥ ⑧ ⑨ ※1948년 2월 29일 「북조선세금제도개혁에대한결정서및각종세법개페에관한결정서」로 폐지
1947년 2월 27일 북조선인민위원회법령제12호 「인민학교세법」, 『법령공보』 1947년 제22호; 『북한관계사료집 5』. ① ⑤ ⑥ ⑧ ⑨
1947년 2월 27일 북조선인민위원회법령제13호 「대지세법」, 『법령공보』 1947년 제22호; 『북한관계사료집 5』. ① ⑤ ⑥ ⑧ ⑨
1947년 2월 27일 북조선인민위원회법령제14호 「시장세법」, 『법령공보』 1947년 제22호; 『북한관계사료집 5』. ① ⑤ ⑥ ⑧ ⑨
1947년 2월 27일 북조선인민위원회법령제15호 「도축세법」, 『법령공보』 1947년 제22호; 『북한관계사료집 5』. ① ⑤ ⑥ ⑧ ⑨
1947년 2월 27일 북조선인민위원회법령제16호 「시·면유지세법」, 『법령공보』 1947년 제22호; 『북한관계사료집 5』. ① ⑤ ⑥ ⑧ ⑨
1947년 3월 1일 재정국 지시 제4호 「매 4반기 자금 요구서에 관한 건 ⑧
1947년 3월 4일 북조선인민위원회결정제1호 「로동소개소설치에관한결정서」, 『법령공보』 1947년 제22호. ⑥
1947년 3월 11일 북조선인민위원회결정제4호 「상업조합령취소에관한결정서」, 『법령공보』 1947년 제23호; 『북한관계사료집 5』. ① ⑥
1947년 3월 11일 북조선인민위원회결정제6호 「농업간부양성소창설에관한결정서」, 『법령공보』 1947년 제23호; 『북한관계사료집 5』. ① ⑥ ⑨
1947년 3월 20일 북조선인민위원회법령제19호 「1947년도예비비보충의건」, 『법령공보』 1947년 제25호; 『북한관계사료집 5』. ① ⑥ ⑨
1947년 3월 20일 북조선인민위원회위원장 김일성 비준 량정부규칙제1호 「국가량곡보관창

고에관한규칙」, 『법령공보』 1947년 제31호; 『북한관계사료집 5』; 『북한관계사료집 20』. ① ⑤ ⑥

1947년 3월 20일 재정국 규칙 제1호 「매 4분기 실행예산 편성에 관한 건 ⑧

1947년 3월 22일 북조선인민위원회결정제13호 「대지및잡종지에관한결정서」, 『법령공보』 1947년 제23호; 『북한관계사료집 5』. ① ⑤ ⑥

1947년 3월 24일 [일부] 북조선인민위원회결정제16호 「북조선시도군면리인민위원회에관한 규정실시요강및정원에관한결정서」, 『법령공보』 1947년 제24호; 『북한관계사료집 5』. ① ⑤ ⑥

1947년 3월 24일 북조선인민위원회법령제18호 「사회보험료수납법」, 『법령공보』 1947년 제25호; 『북한관계사료집 5』. ① ⑤ ⑥

1947년 4월 1일 북조선 인민위원회 위원장 지시 제18호 「재정 경리의 은행 집중제 강화에 관한 건 ⑧

1947년 4월 14일 북조선인민위원회법령제22호 「사회보험법중일부개정에관한법령」, 『법령공보』 1947년 제26호; 『북한관계사료집 5』. ① ⑥

1947년 4월 21일 상업국장 「특수용물자 배급요강 제정의 건」, 『북한관계사료집 20』. ①

1947년 4월 21일 「북조선인민위원회 상업국 상업처 직제 및 사무분장 규정」, 『북한관계사료집 20』. ①

1947년 5월 2일 북조선인민위원회위원장김일성비준제15호 재정국명령 제2호 「리익공제금 징수규칙」, 『법령공보』 1947년 제31호; 『북한관계사료집 5』. ① ⑤ ⑥ ⑧ ⑨

1947년 5월 2일 북조선인민위원회위원장김일성비준제16호 재정국명령 제3호 「국영거래세 징수규칙」, 『법령공보』 1947년 제31호. ⑥ ※1947년 8월 29일 「국영거래세징수규칙」으로 개정

1947년 5월 12일 북조선인민위원회법령제24호 「농업현물세개정에관한결정서」, 『법령공보』 1947년 제27호; 『북한관계사료집 5』. ① ③ ⑤ ⑥ ⑧ ⑨ ※1955년 12월 20일 「농업현물세에 관한 법령」으로 폐지

1947년 5월 15일 북조선인민위원회 위원장 김일성 비준 제6호 농림국 명령 제6호 「수육판매영업단속에 관한 명령」, 『북한관계사료집 5』. ① ⑨

1947년 5월 29일 북조선인민위원회결정제37호 「산업운수부문의도급제및로동능률제고를위한특별배급제와상금제에관한결정서」, 『법령공보』 1947년 제28호; 『북한관계사료집 5』. ① ⑤ ⑥ ※1947년 7월 20일 「북조선인민위원회결정제37호내용일부개정에관한결정서」로 개정; 1948년 6월 8일 「도급임금제 상금제및식량특별배급제에관한결정서」로 폐지.

1947년 5월 29일 북조선인민위원회결정제39호 「비료판매가격에관한결정서」, 『법령공보』 1947년 제28호; 『북한관계사료집 5』. ① ⑥ ⑨

1947년 6월 1일 북조선인민위원회위원장김일성비준 농림국규칙제8호「농업현물세개정에관한결정서에대한세칙」,『법령공보』1947년 제29호. ⑥ ⑤ ⑧ ①『북한관계사료집 5』. ⑨

1947년 6월 1일 북조선인민위원회위원장 김일성 비준 량정부규칙제2호「농업현물세징수규칙」,『법령공보』1947년 제31호;『북한관계사료집 5』. ① ⑤ ⑥ ⑧

1947년 6월 13일 북조선인민위원회위원장김일성비준 북조선인민위원회농림국명령제7호「북조선우적령」,『법령공보』1947년 제30호;『북한관계사료집 5』. ① ⑤ ⑥ ⑨

1947년 6월 27일 북조선인민위원회위원장 김일성 비준 량정국규칙 제4호「특용작물및소채현물세검사규칙」,『법령공보』1947년 제31호;『북한관계사료집 5』. ① ⑤ ⑥

1947년 7월 12일 북조선인민위원회결정제54호「조기작물현물세징수사업진행에관한보고에대한결정서」,『법령공보』1947년 제32호;『북한관계사료집 5』. ① ⑥

1947년 7월 12일 북조선인민위원회결정제55호「민영기업소로동자및사무원에대한량곡배급가격에관한결정서」,『법령공보』1947년 제32호;『북한관계사료집 5』. ① ⑤ ⑥

1947년 7월 18일 북조선인민위원회위원장 김일성비준 농림국규칙제11호「과실현물세징수에관한세칙」,『북한관계사료집 5』. ①

1947년 7월 20일 북조선인민위원회결정제52호「북조선인민위원회결정제37호내용일부개정에관한결정서」,『법령공보』1947년 제32호. ⑥ ※1948년 6월 8일「도급임금제 상금제및식량특별배급제에관한결정서」로 폐지.

1947년 8월 19일 북조선인민위원회위원장 김일성 비준 농림국규칙제13호「북조선국유종빈마대부규칙」;『북한관계사료집 5』. ① ⑤ ⑨

1947년 8월 19일 북조선인민위원회위원장 김일성 비준 농림국규칙제14호「북조선마적령일부개정의건」,『법령공보』1947년 제35호;『북한관계사료집 5』. ① ⑥ ⑨

1947년 8월 20일 로동국 규칙 제8호「기업소·사무소 내부정리 규칙」,『북한관계사료집 5』. ① ⑤

1947년 8월 27일 북조선인민위원회법령제25호「북조선세금제도개혁에관한결정서및거래세법중개정에관한결정서」,『법령공보』1947년 제33호;『북한관계사료집 5』. ① ⑥ ⑨

1947년 8월 29일 재정국명령 제7호「국영거래세징수규칙」,『북한관계사료집 5』. ① ⑤ ⑧ ⑨

1947년 8월 29일 북조선인민위원회위원장 김일성 비준 로동국규정제9호「평균임금계산규정」;『북한관계사료집 5』. ① ⑤

1947년 10월 14일 로동국 명령 제3호「북조선인민위원회로동국 사회보험물자관리소 규칙」;『북한관계사료집 5』. ①

1947년 10월 27일 북조선인민위원회결정제76호「비료배급에관한결정서」.

1947년 11월 12일 북조선인민위원회결정제81호「저금소설치에관한결정서」,『법령공보』1947년 제37호;『북한관계사료집 5』. ① ⑥ ⑧ ⑨

1947년 11월 12일 북조선인민위원회결정제85호「고공품생산증강에관한보고에대한결정서」,『법령공보』1947년 제37호. ⑥

1947년 11월 12일 북조선인민위원회결정제86호「고공품수급조정관리령(북조선림시인민위원회결정제145호)일부개정에관한결정서」,『법령공보』1947년 제37호. ⑥

1947년 12월 1일 북조선인민위원회법령제30호「북조선에통용할신화폐발행과현행화폐교환에관한결정서」,『법령공보』1947년 제38호. ⑥ ⑧

1947년 12월 18일 북재기 제1185호「은행 업무 분야 및 예금 구좌 통일에 관한 건」. ⑧

1948년 _월 _일 재정성 지시 제1호「행정기관에 대한 회계 검사 요강」. ⑧

1948년 _월 _일 재정성 지시 제2호「기업 경리 검사 요령」. ⑧

1948년 1월 3일 북조선인민위원회결정제94호「각급행정기관국영기업소정당사회단체및소비조합들의예금지불에대한결정서」,『법령공보』1948년 제40호. ⑥ ⑧

1948년 1월 16일 북조선인민위원회결정제104호「각급행정기관국영기업소및소비조합들의경비절약에관한결정서」,『법령공보』1948년 제41호. ⑥ ⑧

1948년 1월 16일 재정국규칙 제7호「각급行政기관국영기업소및소비조합들의경비최고한도에관한규정」,『법령공보』1948년 제41호;『내각공보』1949년 제1호;『북한관계사료집 21』. ① ③ ④ ⑥

1948년 1월 23일 북조선인민위원회 위원장 김일성 비준 재정국규칙 제8호「수입인지법세칙」. ⑧

1948년 1월 28일 북조선인민위원회결정제108호「국가및소비조합상점의상비상품과그판매규정」,『법령공보』1948년 제42호. ⑥

1948년 2월 29일 북조선인민위원회법령제36호「북조선세금제도개혁에대한결정서및각종세법개폐에관한결정서」,『법령공보』1948년 제48호. ⑥ ※마권세, 음식세 폐지

1948년 2월 4일 북조선인민위원회결정제111호「로동보호에관한규정」,『법령공보』1948년 제43호. ⑥

1948년 2월 19일 북조선인민위원회 결정제114호「민간저금지불에관한결정서」,『법령공보』1948년 제44호. ⑥ ⑧

1948년 2월 29일 북조선인민위원회결정제118호「1948년도국가가격및료금제도에관한결정서」,『법령공보』1948년 제48호. ⑥

1948년 2월 29일 북조선인민위원회결정제118호 별지「1948년도국가가격료금표」,『법령공보』1948년 제48호. ⑥

1948년 2월 29일 북조선 인민위원회 결정 제120호「국가경제기관 국영기업소및공리단체상호간의계약제도와 결제제도확립에관한결정서」,『법령공보』1948년 제47호; 재정국경영계산연구회(1948),『경영 계산-계약제도와 결제 제도』(평양: 재정국경영계산연구회). ⑥ ⑧ ⑰

1948년 2월 29일 북조선인민위원회결정제120호 별지 「결제계산서대금수체규정」, 『법령공보』 1948년 제47호. ⑥

1948년 2월 29일 북조선인민위원회결정제120호 별지 「북조선계약제도세칙」, 『법령공보』 1948년 제47호. ⑥

1948년 2월 29일 북조선인민위원회결정제120호 별지 「북조선인민위원회계약중재원규정」, 『법령공보』 1948년 제47호. ⑥

1948년 3월 10일 북조선인민위원회결정제125호 「면화및잠산업발전대책에관한결정서」, 『법령공보』 1948년 제47호. ⑥

1948년 3월 19일 북조선인민위원회결정제127호 「건설부문에도급제및상금제를실시하는데관한결정서」, 『법령공보』 1948년 제48호. ⑥ ※1948년 6월 8일 「도급임금제 상금제및식량특별배급제에관한결정서」로 폐지.

1948년 5월 4일 북조선 인민위원회 결정 제135호 「북조선 중앙 은행 규정」. ⑧

1948년 5월 4일 북조선 인민위원회 법령 제37호 「국영 생산기관 국영 상업기관 국영 운수기관 및 소비조합들의 거래세 리익금 및 기타 국고 납부금 확보에 관한 결정서」.

1948년 5월 27일 북조선인민위원회결정 제138호 「1948년도 국가가격일부저하에관한결정서」, 『법령공보』 1948년 제53호. ⑥

1948년 6월 8일 북조선인민위원회 결정제146호 「국가기술자격검정위원회설치에관한결정서」, 『법령공보』 1948년 제54호. ⑥ ※1948년 11월 12일 「국가기술자격검사위원회설치에관한결정서」로 폐지.

1948년 6월 8일 북조선인민위원회 결정제147호 「도급임금제 상금제및식량특별배급제에관한결정서」, 『법령공보』 1948년 제54호. ⑥ ※1952년 3월 13일 「산업, 상업 및 기타 부문의 국영기업소·기관들의 독립채산제, 재정계획 및 국가예산과의 호상관계에 관한 규정」으로 폐지.

1948년 6월 12일 북조선인민위원회위원장 김일성비준 량정부명령 제1호 「량곡검사에관한규정」, 『법령공보』 1948년 제57호. ⑥

1948년 6월 12일 북조선인민위원회 위원장 김일성비준 량정부명령 제2호 「과실검사에관한규정」, 『법령공보』 1948년 제57호. ⑥

1948년 6월 17일 북조선인민위원회결정 제151호 「농업현물세경리에관한 규정」, 『법령공보』 1948년 제54호. ⑥

1948년 7월 1일 북재 제208호 「국고에서 지출한 기본 건설금 잔금 반납 절차에 관한 건」. ⑧

1948년 9월 2일 [인용] 북조선인민위원회 지시 제272호, 「법령명 미상」, 『재정금융』 1950년 1월 1일 제4권 제1호. ⑮ (거래세법 개정)

1948년 9월 8일 [일부] 「조선민주주의인민공화국헌법」, 『조선중앙년감 1949』. ⑩ ⑪

1948년 10월 7일 조선민주주의인민공화국내각결정제18호 「1949-1950년도 조선민주주의인민공화국인민경제발전에관한 2개년계획수립사업진행상황보고에대한 결정서」, 『내각공보』 1948년 제1호; 『북한관계사료집 21』. ① ④

1948년 10월 12일 조선민주주의인민공화국내각결정 제20호 「1948년도인민경제발전계획실행을위한 동계대책진행상황에관한보고에대한 결정서」, 『내각공보』 1948년 제1호; 『북한관계사료집 21』. ① ④

1948년 10월 12일 조선민주주의인민공화국 내각결정제24호 「국영기업소재정운영 및 조절에관한결정서」, 『내각공보』 1948년 제1호; 『북한관계사료집 21』. ① ④ ⑧ ※1952년 3월 13일 「산업, 상업 및 기타 부문의 국영기업소·기관들의 독립채산제, 재정계획 및 국가예산과의 호상관계에 관한 규정」으로 폐지.

1948년 10월 12일 조선민주주의인민공화국 내각결정제25호 「국가계획위원회 구성에관한결정서」, 『내각공보』 1948년 제1호; 『북한관계사료집 21』. ① ④

1948년 10월 12일 조선민주주의인민공화국 내각결정제27호 「로동자 사무원들의생활향상대책에관한결정서」, 『내각공보』 1948년 제1호; 『북한관계사료집 21』. ① ④

1948년 10월 22일 조선민주주의인민공화국내각수상 김일성 비준 량정국규칙제1호 「식량배급규정」, 『내각공보』 1948년 제1호; 『북한관계사료집 21』. ① ④

1948년 10월 24일 조선민주주의인민공화국 내각결정제54호 「관개시설사용료현물수납에관한결정서」, 『내각공보』 1948년 제2호; 『북한관계사료집 21』. ① ③ ④ ⑨

1948년 10월 26일 조선민주주의인민공화국 내각결정제49호 「수출입세에관한규정」, 『내각공보』 1949년 제1호; 『내각공보』 1949년 (1-6월); 『북한관계사료집 21』. ① ③ ④ ⑧ ⑨

1948년 11월 1일 조선민주주의인민공화국 내각수상 김일성 비준 재정성규칙제4호 「납세증지에관한규정」, 『내각공보』 1948년 제2호; 『북한관계사료집 21』. ① ③ ④⑧ ⑨ ※1949년 5월 12일 「「납세증지에관한규정」일부추가에대하여」로 개정.

1948년 11월 3일 조선민주주의인민공화국내각수상 김일성 비준 재정성규칙제1호 「발란스위원회에관한규정」, 『내각공보』 1948년 제2호; 『북한관계사료집 21』. ① ④ ⑧ ⑨

1948년 11월 12일 조선민주주의 인민공화국 내각 결정 제67호 「사업등록에 관한 규정」; 『북한관계사료집 21』. ① ③ ⑧

1948년 11월 12일 조선민주주의인민공화국 내각결정제71호 「국가기술자격검사위원회설치에관한결정서」, 『내각공보』 1948년 제2호; 『북한관계사료집 21』. ① ④

1948년 11월 12일 조선민주주의인민공화국 내각결정제72호 「기술자격심사에관한규정」, 『공업지식』 1949년 제1호; 『내각공보』 1948년 제2호; 『북한관계사료집 21』. ① ④ ⑰

1948년 11월 18일 조선민주주의인민공화국 내각수상 김일성 비준 재정성규칙제2호 「행정기관회계검사에관한규정」, 『내각공보』 1948년 제2호; 『북한관계사료집 21』. ① ④ ⑧ ⑨

1948년 11월 22일 제기자 제74호 산업상 앞「내각 결정 제24호 16항에 의한 간부 및 요원 양성소비 국고부담 한계에 관한 건」. ⑧

1948년 11월 27일 조선민주주의인민공화국 내각수상 김일성 비준 재정성령제1호「사업등록에관한규정시행세칙」,『내각공보』1948년 제2호;『북한관계사료집 21』. ① ③ ④ ⑧

1948년 11월 30일 조선민주주의인민공화국 내각수상 김일성 비준 재정성규칙제3호「기업소경리검사에관한규정」,『내각공보』1948년 제2호;『북한관계사료집 21』. ① ④ ⑧ ⑨

1948년 12월 8일 [인용] 내각 지시 제81호,「법령명 미상」,『재정금융』1950년 1월 1일 제4권 제1호. ⑮ (거래세법 개정)

1948년 12월 16일 조선민주주의인민공화국 내각결정제83호「로동자사무원들에대한생활필수품배급사업에관한결정서」,『내각공보』1948년 제3호;『북한관계사료집 21』. ① ④

1948년 12월 16일 조선민주주의인민공화국 내각결정제84호「비상업기관상품판매금지에관한결정서」,『내각공보』1948년 제3호;『북한관계사료집 21』. ① ④

1948년 12월 16일 조선민주주의인민공화국 내각결정제90호「몰수재산관리에관한규정」,『내각공보』1948년 제3호;『북한관계사료집 21』. ① ④ ⑧ ⑨ ⑪

1948년 12월 18일 조선민주주의인민공화국 내각지시제100호「각기관에서시공하는경우에일공로무자에대한자유소득세원천징수에관하여」,『내각공보』1948년 제3호;『북한관계사료집 21』. ① ④ ⑧ ⑨

1948년 12월 23일 조선민주주의인민공화국 내각수상 김일성 비준 재정성규칙제5호「국영기업소의고정재산감가상각금적립및사용에관한규정」,『내각공보』1948년 제4호;『북한관계사료집 21』. ① ④ ⑧

1948년 12월 25일 조선민주주의인민공화국 내각수상 김일성 비준 재정성규칙제6호「국영기업소건설공사자금에대한국고의교부절차에관한규정」,『내각공보』1948년 제4호;『북한관계사료집 21』. ① ④ ⑧

1948년 12월 29일 조선민주주의인민공화국 내각결정제100호「전력소비절약에 관한 결정서」,『내각공보』1948년 제4호;『북한관계사료집 21』. ① ④

1948년 12월 29일 조선민주주의인민공화국 내각결정제100호「전력소비절약에관한결정서」,『내각공보』1948년 제4호;『북한관계사료집 21』. ① ④

1948년 12월 29일 조선민주주의인민공화국 내각결정제96호「피모류수매에관한결정서」,『내각공보』1948년 제4호;『북한관계사료집 21』. ① ④

1948년 12월 29일 조선민주주의인민공화국 내각결정제97호「1949년국정가격운임및료금제정에관한결정서」,『내각공보』1948년 제4호;『북한관계사료집 21』. ① ④

1948년 12월 29일 조선민주주의인민공화국 내각결정제97호 별지 「1949년국정가격운임및료금표」, 『내각공보』 1948년 제4호 부록; 『북한관계사료집 21』. ① ④

1948년 12월 29일 조선민주주의인민공화국 내각결정제99호 「인민경제및제반경리의통계제도에관한결정서」, 『내각공보』 1948년 제4호; 『북한관계사료집 21』. ① ④

1948년 12월 29일 조선민주주의인민공화국 내각수상 김일성 비준 국가계획위원회규칙제5호 「로동보호물자및작업필수품무상대급여에관한규정」, 『내각공보』 1948년 제4호; 『북한관계사료집 21』. ① ④

1948년 12월 29일 조선민주주의인민공화국 내각수상 김일성 비준 국가계획위원회규칙제6호 「인구동태통계에관한규정」, 『내각공보』 1948년 제4호; 『북한관계사료집 21』. ① ④

1948년 12월 29일 조선민주주의인민공화국 내각수상 김일성 비준 농림성령제5호 「농림과학연구소에관한규정」, 『내각공보』 1948년 제4호; 『북한관계사료집 21』. ① ④

1948년 12월 29일 조선민주주의인민공화국 내각수상 김일성 비준 산업성규칙제7호 「전기수급에관한규정」, 『내각공보』 1948년 제4호; 『북한관계사료집 21』. ① ④

1949년 1월 14일 조선민주주의인민공화국 내각수상 김일성 비준 국가계획위원회규칙제1호 「통계의작성및보고에관한규정」, 『내각공보』 1949년 제1호. ④

1949년 1월 17일 조선민주주의인민공화국 내각결정제1호 「각급행정기관국영기업소및소비조합들의경비절약에관한결정서(1948년1월16일북조선인민위원회결정제104호)집행상황에관한결정서」, 『내각공보』 1949년 제1호; 『내각공보』 1949년 (1-6월). ④

1949년 1월 17일 조선민주주의인민공화국 내각결정제1호 별지제1 「국가경제기관국영기업소협동단체및행정기관의경리책임자의권리와의무에관한규정」, 『내각공보』 1949년 제1호; 『북한관계사료집 21』. ① ④ ⑧ ⑨

1949년 1월 17일 조선민주주의인민공화국 내각결정제1호 별지제2 「각급행정기관국영기업소및소비조합들의경비최고한도에관한규정」, 『내각공보』 1949년 제1호; 『북한관계사료집 21』. ① ④ ⑧ ⑨

1949년 1월 17일 재정성령 제1호 「행정회계림시규정」. ⑧

1949년 1월 22일 재정성 규칙 제5호 「중앙및 지방예산에 소속된 기관들의 복식회계 규정」. ⑧

1949년 2월 1일 「조선민주주의인민공화국북반부의인민경제부흥발전을위한1948년계획 실행총결과 1949년-1950년2개년계획에관한법령」, 『조선 중앙 년감 1950』; 『북한최고인민회의자료집 1』. ③ ⑩ ⑪ ⑰

1949년 2월 9일 조선민주주의인민공화국 내각결정제10호 「1949년농작물파종사업실행대책에관한결정서」, 『내각공보』 1949년 제2호; 『내각공보』 1949년 (1-6월); 『북한관계사료집 21』. ① ④ ⑨

1949년 2월 19일 조선민주주의인민공화국 내각결정제19호 「1949년육류수매에관한결정서」, 『내각공보』 1949년 제3호; 『내각공보』 1949년 (1-6월); 『북한관계사료집 21』. ① ④
1949년 2월 24일 내각 지시 제21호 재정상 중앙은행 총재 앞 「수입인지 판매대리점 설치에 관하여」. ⑧
1949년 2월 25일 제기자 제20□호 중앙은행 총재 농민은행 총재 앞 「국영기업소 건설공사 국고 교부금 취급에 관한 건」. ⑧
1949년 3월 1일 조선민주주의인민공화국 내각수상대리부수상 김책 비준 내각량정국규칙 제3호 「1949년육류수매및공급에관한규정」, 『내각공보』 1949년 제3호; 『내각공보』 1949년 (1-6월); 『북한관계사료집 21』. ① ④ ⑨
1949년 3월 3일 내각 지시 제47호, 「법령명 미상」, 『재정금융』 1950년 1월 1일 제4권 제1호. ⑮ (대지세법 개정)
1949년 3월 5일 조선민주주의인민공화국 내각결정제22호 「공작기계등록에관한결정서」, 『내각공보』 1949년 제4호; 『내각공보』 1949년 (1-6월); 『북한관계사료집 21』. ① ③ ④ ⑨
1949년 3월 5일 조선민주주의인민공화국 내각결정제22호 별지 「공작기계등록에관한규정」, 『내각공보』 1949년 제4호; 『내각공보』 1949년 (1-6월); 『북한관계사료집 21』 ① ③ ④ ⑨
1949년 3월 5일 조선민주주의인민공화국 내각결정제23호 「비료배급에관한결정일부개정에관한결정서」, 『내각공보』 1949년 제4호; 『내각공보』 1949년 (1-6월); 『북한관계사료집 21』. ① ④ ⑨
1949년 3월 5일 조선민주주의인민공화국 내각결정제24호 「1949년제2차국정가격운임및료금에관한결정서」, 『내각공보』 1949년 제4호; 『내각공보』 1949년 (1-6월); 『북한관계사료집 21』. ① ④
1949년 3월 7일 제기자 제813호 산업 교통 상업 농림 체신 도시경영 각상 수매국장 중앙은행 및 농민은행 총재 앞 「재정성 규칙 제5호 실시에 관하여」. ⑧
1949년 3월 11일 조선민주주의인민공화국 내각결정제27호 「축산발전에관한결정서」, 『내각공보』 1949년 제4호; 『내각공보』 1949년 (1-6월); 『북한관계사료집 21』. ① ④
1949년 3월 11일 조선민주주의인민공화국 내각결정제82호 「유휴원료자재및유휴시설동원이용에 관한 결정서」, 『내각공보』 1949년 제4호; 『북한관계사료집 21』. ① ③ ④
1949년 3월 25일 조선민주주의인민공화국 내각수상대리 부수상 김책 비준 「기술자격심사에관한규정시행세칙」, 『내각공보』 1949년 제5호; 『북한관계사료집 21』. ① ④
1949년 3월 27일 재_급 제190호 각상 직속 국장 앞 「임금으로 지불한 현금 인출에 관하여」. ⑧

1949년 3월 29일 제기자 제86□호 산업 상업 농림 교통 체신 도시경영 각상 중앙은행 농민은행 총재 앞 「건설부문에 대한 류동재산 매각에 관하여」. ⑧

1949년 4월 16일 조선민주주의인민공화국 내각지시제80호 「국가경제기관및협동단체등의 자금결제에관하여」, 『내각공보』 1949년 제6호; 『내각공보』 1949년 (1-6월); 『북한관계사료집 21』. ① ④ ⑧ ③

1949년 4월 16일 조선민주주의인민공화국 내각수상 김일성 비준 국가계획위원회규칙제2호 「「통계의작성및보고에관한규정」일부추가및개정에관하여」, 『내각공보』 1949년 제6호; 『내각공보』 1949년 (1-6월). ④

1949년 4월 23일 최고인민회의 법령 「1949년도조선민주주의인민공화국국가종합예산에 관한 법령」, 『조선 중앙 년감 1950』; 『조선민주주의인민공화국 국가종합예산에 관한 문헌집』, 『북한최고인민회의자료집 1』. ⑦ ⑨ ⑩ ⑰

1949년 5월 2일 조선민주주의인민공화국 내각지시제99호 「공예작물수매비률에관하여」, 『내각공보』 1949년 제6호; 『내각공보』 1949년 (1-6월); 『북한관계사료집 21』; 『북한관계사료집 22』. ① ④ ⑨

1949년 5월 2일 조선민주주의인민공화국 내각수상 김일성 비준 내각량정국규칙제4호 「「1949년육류수매및공급에관한규정」 일부개정에 관하여」, 『내각공보』 1949년 제6호; 『북한관계사료집 21』; 『북한관계사료집 22』. ① ④ ⑨

1949년 5월 7일 [일부] 조선민주주의인민공화국 내각지시제106호 「「국영기업소재정운영및조절에관한결정서」실시에관하여」, 『내각공보』 1949년 제6호; 『내각공보』 1949년 (1-6월); 『북한관계사료집 21』. ① ④ ⑧ ⑨ ※1952년 3월 13일 「산업, 상업 및 기타 부문의 국영기업소·기관들의 독립채산제, 재정계획 및 국가예산과의 호상관계에 관한 규정」으로 폐지.

1949년 5월 9일 조선민주주의인민공화국 내각결정제46호 「공화국남반부의토지개혁실시를위한법령기초위원회조직에관한결정서」, 『내각공보』 1949년 제6호; 『내각공보』 1949년 (1-6월); 『북한관계사료집 21』; 『북한관계사료집 22』. ① ④ ⑨

1949년 5월 9일 [일부] 조선민주주의인민공화국 내각결정제45호 「조선인민군대전사및하사관들의부양가족원호에관한결정서」, 『내각공보』 1949년 제6호. ④

1949년 5월 12일 조선민주주의인민공화국 내각수상 김일성 비준 재정성규칙제2호 「「납세증지에관한규정」일부추가에대하여」, 『내각공보』 1949년 제6호; 『내각공보』 1949년 (1-6월); 『북한관계사료집 21』. ① ③ ④ ⑨

1949년 5월 14일 조선민주주의인민공화국 내각결정제50호 「북조선중앙은행의소액지폐발행과일본은행에서발행한보조화를무효로함에관한결정서」, 『내각공보』 1949년 제7호; 『내각공보』 1949년 (1-6월); 『북한관계사료집 21』. ① ④

1949년 5월 16일 제기자 제945호 산업상 앞 「건설 직장 림시 소환자 생활 보조비 지출에

대하여」. ⑧

1949년 5월 17일 조선민주주의인민공화국 내각수상 김일성 비준 「『기술자격심사에관한규정시행세칙』일부개정에관하여」, 『내각공보』 1949년 제7호; 『북한관계사료집 21』. ① ④

1949년 5월 17일 조선민주주의인민공화국 내각지시제123호 「신소액지폐에의한거래결제에관하여」, 『내각공보』 1949년 제7호; 『북한관계사료집 21』. ① ④ ⑧

1949년 5월 19일 내각 지시 제120호, 「법령명 미상」, 『재정금융』 1950년 1월 1일 제4권 제1호. ⑮ (거래세법 개정)

1949년 5월 21일 조선민주주의인민공화국 내각결정제58호 「『도급임금제상금제및식량특별배급제에관한결정서』 일부개정에관한결정서」, 『내각공보』 1949년 제7호; 『북한관계사료집 21』. ① ④

1949년 5월 23일 제기자 제1163호 각성 상 내각 직속국장 중앙은행 농민은행 총재 앞 「재정성 규칙 제6호 실시에 대하여」. ⑧

1949년 5월 27일 제기자 제1020호 각 상 각 도 인민위원장 중앙은행 농민은행 총재 앞 「기본건설 부산물 수입 처리에 관하여」. ⑧

1949년 6월 1일 재정성령 제2호 「중앙 및 지방 예산과목 규정」. ⑧

1949년 6월 7일 내각 지시 제119호 산업상 재정상 앞 「1949년도 산업성 산하 국영기업소 류동기금 보유 기준액 사정 및 그 운용에 관하여」. ⑧

1949년 6월 7일 제기자 제1211호 각 상 내각 직속국장 앞 「각 기업소의 이익공제금 및 거래세 납부에 관하여」. ⑧

1949년 6월 7일 제기자 제1211호 각 상 내각 직속국장 앞 별지 (사본) 제기자 제104호 중은 농은 총재 앞 「각 국영기업소의 이익공제금 및 거래세 미납액 속보 제출에 대하여」. ⑧

1949년 6월 10일 조선민주주의인민공화국 내각수상 김일성 비준 농림성령제19호 「국립잠업시험장에관한규정」, 『내각공보』 1950년 제8호; 『내각공보』 1949년 (1-6월); 『북한관계사료집 21』; 『북한관계사료집 23』. ① ④

1949년 6월 10일 조선민주주의인민공화국 내각수상 김일성 비준 농림성령제20호 「국립작잠시험 및 국립저잠 시험장에 관한 규정」, 『내각공보』 1950년 제8호; 『내각공보』 1949년 (1-6월); 『북한관계사료집 21』; 『북한관계사료집 23』. ① ④

1949년 6월 10일 조선민주주의인민공화국 내각수상 김일성 비준 내각량정국령제5호 「량곡부산물 검사에 관한 규정」, 『내각공보』 1949년 제8호; 『내각공보』 1949년 (1-6월); 『북한관계사료집 21』. ① ④

1949년 6월 14일 조선민주주의인민공화국 내각결정제66호 「식염판매에 관한결정서」, 『내각공보』 1949년 제8호; 『내각공보』 1949년 (1-6월); 『북한관계사료집 21』. ① ④

1949년 6월 18일 조선민주주의인민공화국 내각 결정 제72호「재정금융 규률 강화에 관한 결정서」. ⑧

1949년 6월 18일 조선민주주의인민공화국 내각결정제73호「광산 탄광에서 일하는 로동자 기술자들의 우대에 관한 결정서」,『내각공보』 1949년 제8호;『내각공보』 1949년 (1-6월);『북한관계사료집 21』. ① ④

1949년 6월 20일 조선민주주의인민공화국 내각수상 김일성 비준 상업성규칙제4호「민간 제염에 관한 규정」,『내각공보』 1949년 제8호;『내각공보』 1949년 (1-6월);『북한관계사료집 21』. ① ④

1949년 6월 23일 내각 지시 제156호 상업상 재정상 앞「1949년도 상업성 상업관리국 북조선 소비조합 및 그 산하 상점들의 류동재산 보유한도에 관하여」. ⑧

1949년 7월 4일 조선민주주의인민공화국 내각지시제162호「연맥교역비률에 관하여」,『내각공보』 1949년 제9호;『북한관계사료집 22』. ① ④

1949년 7월 5일 조선민주주의인민공화국 내각결정 제78호「북조선산업및상업발전에 관한 법령(1946년 11월 25일 북조선림시인민위원회 결정제112호) 일부삭제에 관한결정서」,『내각공보』 1949년 제9호;『북한관계사료집 22』. ① ④

1949년 7월 9일 조선 민주주의 인민공화국 최고인민회의 상임위원회 결정「북조선 중앙은행권을 위조 또는 그 위폐를 사용함에 대한 처벌에 관하여」. ⑧

1949년 7월 13일 조선민주주의인민공화국 내각결정 제87호「광산 위탁 경영제 및 분광제를실시함에관한 결정서」,『내각공보』 1949년 제9호;『북한관계사료집 22』. ① ④

1949년 7월 18일 조선민주주의인민공화국 내각결정 제88호「『개인대외무역허가에 관한 규정』 승인에관한 결정서」,『내각공보』 1949년 제9호;『북한관계사료집 22』. ① ④

1949년 7월 18일 조선민주주의인민공화국 내각결정 제88호 별지「개인대외무역허가에 관한 규정」,『내각공보』 1949년 제9호;『북한관계사료집 22』. ① ④

1949년 7월 18일 조선민주주의인민공화국 내각결정 제89호「수출품출하 강화대책에관한 결정서」.

1949년 7월 20일 조선민주주의인민공화국 내각결정 제92호「농업현물세 일부개정에관한 결정서」,『내각공보』 1949년 제9호;『북한관계사료집 22』. ① ④

1949년 7월 20일 조선민주주의인민공화국 내각결정 제93호「1949년도 면양모수매가격 개정에 관한 결정서」,『내각공보』 1949년 제9호;『북한관계사료집 22』. ① ④

1949년 7월 28일 조선민주주의인민공화국 내각지시 제178호「공작기계등록에관하여」,『내각공보』 1949년 제10호;『북한관계사료집 22』. ① ④

1949년 7월 30일 국계위 제34호 재정성 공동지시 각 상 앞「1950년 기본건설 계획서 제출에 대하여 2개년 계획중 1950년 기본건설계획을 하기에 의하여 1949년 10월

10일까지 제출하여 주시기를 무망함」. ⑧

1949년 8월 1일 조선민주주의인민공화국 내각수상 김일성 비준 농림성규칙제19호 「「농업현물세 개정에관한 결정서에대한세칙」 일부개정에 관하여」, 『내각공보』 1949년 제9호; 『북한관계사료집 22』. ① ④

1949년 8월 1일 조선민주주의인민공화국 최고인민회의상임위원회 정령 「소득세개정에관하여」, 『재정금융』 1949년 창간호; 『북한관계사료집 22』. ① ⑧ ⑮

1949년 8월 2일 조선민주주의인민공화국 내각결정 제107호 「『로력수급및정착에관한규정』 승인에 관한 결정서」, 『내각공보』 1949년 제10호; 『북한관계사료집 22』. ① ④

1949년 8월 2일 조선민주주의인민공화국 내각수상 김일성 비준 산업성규칙제1호 「광산탄광에서 일하는 로동자 기술자들의우대에 관한결정서 시행세칙」, 『내각공보』 1949년 제10호; 『북한관계사료집 22』. ① ④

1949년 8월 3일 조선민주주의인민공화국 내각수상 김일성 비준 재정성규칙제3호 「수출입세에관한규정세칙」, 『내각공보』 1949년 제10호; 『북한관계사료집 22』. ① ④ ⑧

1949년 8월 10일 조선민주주의인민공화국 내각수상 김일성 비준 내각림산국 규칙제1호 「림산로동자들에게대한우대규정시행세칙」, 『내각공보』 1949년 제10호; 『북한관계사료집 22』. ① ④

1949년 8월 12일 조선민주주의인민공화국 내각수상 김일성 비준 상업성규칙제5호 「상업검사에관한규정」, 『내각공보』 1949년 제10호; 『북한관계사료집 22』. ① ④

1949년 8월 18일 조선민주주의인민공화국 내각결정 제120호 「『소송료및공증료에관한 규정』 승인에 관한 결정서」, 『내각공보』 1949년 제10호; 『북한관계사료집 22』. ① ④ ⑧

1949년 8월 18일 조선민주주의인민공화국 내각결정 제120호 별지 「소송료및공증료 에관한 규정」, 『내각공보』 1949년 제10호; 『북한관계사료집 22』. ① ④ ⑧

1949년 8월 18일 조선민주주의인민공화국 내각수상 김일성 비준 농림성규칙제25호 「가축시장에관한규정」, 『내각공보』 1949년 제10호; 『북한관계사료집 22』. ① ④

1949년 8월 18일 조선민주주의인민공화국 내각수상 김일성 비준 농림성규칙제26호 「우마적에관한규정」, 『내각공보』 1949년 제10호; 『북한관계사료집 22』. ① ④

1949년 8월 23일 조선민주주의인민공화국 내각결정 제126호 「『재정경리기능자 대우개선에관한규정』승인에관한 결정서」, 『내각공보』 1949년 제11호; 『북한관계사료집 22』. ① ④ ⑧

1949년 8월 23일 조선민주주의인민공화국 내각결정 제126호 별지 「재정경리기능자대우개선에관한규정」, 『내각공보』 1949년 제11호; 『북한관계사료집 22』. ① ④ ⑧

1949년 8월 23일 조선민주주의인민공화국 내각결정 제127호 「재정경리기능자격심사위원회설치에관한 결정서」, 『내각공보』 1949년 제11호; 『북한관계사료집 22』. ① ④ ⑧

1949년 8월 23일 조선민주주의인민공화국 내각 결정 제127호 별지「재정경리 기능자격심사에 관한 규정」,『내각공보』1949년 제11호;『북한관계사료집 22』. ① ④ ⑧

1949년 8월 23일 조선민주주의인민공화국 내각결정 제129호「『제수수료에 관한 규정』승인에 관한 결정서」,『내각공보』1949년 제11호;『북한관계사료집 22』. ① ④ ⑧

1949년 8월 23일 조선민주주의인민공화국 내각결정 제129호 별지「제수수료에 관한 규정」,『내각공보』1949년 제10호;『북한관계사료집 22』. ① ④ ⑧

1949년 9월 7일 조선민주주의인민공화국 내각수상 김일성 비준 산업성규칙 제3호「광산위탁경영제 및 분광제 실시에관한규정」,『내각공보』1949년 제11호;『북한관계사료집 22』. ① ④ ⑧

1949년 9월 7일 조선민주주의인민공화국 내각수상 김일성 비준 재정성규칙 제4호「소득세개정에 관한 정령시행세칙」,『내각공보』1949년 제11호;『북한관계사료집 22』. ① ④ ⑧

1949년 9월 14일 조선민주주의인민공화국 내각결정제135호「1949년도 제3차국정가격운임 및 료금에관한 결정서」,『내각공보』1949년 제12호;『북한관계사료집 22』. ① ④

1949년 9월 20일 조선민주주의인민공화국 내각결정제137호「『조선민주주의인민공화국의 예산권한에관한규정승인에관한결정서」,『내각공보』1949년 제12호;『북한관계사료집 22』;『재정금융』1949년 10월 제2호. ① ④ ⑧ ⑮

1949년 9월 20일 [일부] 조선민주주의인민공화국 내각결정제137호 별지「조선민주주의인민공화국 의 예산권한에 관한 규정」,『내각공보』1949년 제12호;『북한관계사료집 22』;『재정금융』1949년 10월 제2호. ① ④ ⑧ ⑮

1949년 10월 18일 조선민주주의인민공화국내각 수상 김일성 비준 산업성규칙 제7호「긴부 및 기술자 상금제에 관한규정」,『내각공보』1949년 제14호;『북한관계사료집 22』. ① ④

1949년 10월 18일 제기자 제3378호 각상 내각 직속국장 중앙은행 농민은행 총재 앞「1950년도 생산부문 재정계획표 첨부 부표에 대하여」, ⑧

1949년 10월 22일 제기자 제3421호 중은 총재 농은 총재 앞「감가상각 적립 예금 지출 방법에 대하여」, ⑧

1949년 10월 26일 조선민주주의인민공화국내각 수상 김일성 비준 재정경리기능자격심사위원회 규칙 제1호「재정경리기능자격심사에관한 규정시행세칙」,『내각공보』1949년 제14호;『북한관계사료집 22』;『재정금융』1949년 10월 제2호. ① ③ ④ ⑧ ⑨ ⑮

1949년 11월 4일 조선민주주의인민공화국 내각수상 김일성 비준 로동성규칙 제1호「휴가허여 절차에 관한규정」,『내각공보』1949년 제14호. ④

1949년 11월 4일 제기자 제3686호 각 상 내각 직속국장 중앙은행 농민은행 총재 앞「1949

년도 기본건설 결산에 관하여」, ⑧
1949년 11월 17일 조선민주주의인민공화국 내각 결정 제164호 「잠업발전을위한 제대책에 관한 결정서」, 『내각공보』 1949년 제15호; 『북한관계사료집 22』. ① ④ ⑨
1949년 11월 28일 조선민주주의인민공화국 내각수상 김일성 비준 산업성규정 제1호 「(광산 탄광 에서 일하는 로동자 기술자들의 우대에 관한결정서 시행세칙) 일부추가에 관하여」, 『내각공보』 1949년 제15호; 『북한관계사료집 22』. ① ④
1949년 11월 29일 조선민주주의인민공화국 내각결정 제167호 「화전농민의 직장 전출에 관한 결정서」, 『내각공보』 1949년 제15호; 『북한관계사료집 22』. ① ③ ④ ⑨
1949년 11월 29일 조선민주주의인민공화국 내각 결정 제173호 「비료배급에 관한 결정 일부개정에 관한 결정서」, 『내각공보』 1949년 제15호; 『북한관계사료집 22』. ④ ①
1949년 11월 29일 조선민주주의인민공화국 내각수상 김일성 비준 로동성령 제2호 「로동간부양성소 설치에 관하여」, 『내각공보』 1949년 제16호; 『북한관계사료집 22』. ① ④
1949년 12월 5일 내각결정 제178호 「농업현물세 수매양곡 및 기타의 경리에 관한 규정」. ⑧
1949년 12월 5일 조선민주주의인민공화국 내각결정 제181호 「1949년도 제4차 국정가격 추가제정 및 기정가격 일부개정에 관한 결정서」, 『내각공보』 1949년 제16호; 『북한관계사료집 22』. ① ④
1949년 12월 5일 조선민주주의인민공화국 내각결정 제181호 별지 「1949년도 제4차 국정가격 료금표」, 『내각공보』 1949년 제16호; 『북한관계사료집 22』. ① ④
1949년 12월 8일 조선민주주의인민공화국 내각결정 제182호 「증산경쟁운동에 관한 결정서」, 『내각공보』 1949년 제15호; 『북한관계사료집 22』. ① ④
1949년 12월 8일 조선민주주의인민공화국 내각결정 제183호 「「특수기능자 우대에 관한규정」 승인에 관한 결정서」, 『내각공보』 1949년 제16호; 『북한관계사료집 22』. ① ④
1949년 12월 8일 조선민주주의인민공화국 내각결정 제183호 별지 「특수기능자 우대에 관한규정」, 『내각공보』 1949년 제16호; 『북한관계사료집 22』. ① ③ ④
1949년 12월 13일 조선민주주의인민공화국 내각수상 김일성 비준 농림성규칙제28호 「국영농장에 관한 규정」, 『내각공보』 1949년 제16호; 『북한관계사료집 22』 ① ③ ④ ⑨ ⑪
1949년 12월 20일 재 급 제913호 「행표 발행에 대하여」. ⑧
1949년 12월 22일 조선민주주의인민공화국 내각결정 제189호 「육류수매에 관한 결정서」, 『내각공보』 1949년 제17호; 『북한관계사료집 22』. ① ④ ⑨
1949년 12월 22일 조선민주주의인민공화국 내각 지시 제444호 「독립채산제를 실시하는 국가경제기관 및 소비조합들의 1950년도 경비 최고한도에 대하여」, 『내각공보』 1949년 제18호; 『북한관계사료집 22』. ①

1949년 12월 23일 재정성령 제4호 「재정성 경영계산연구회에 관한 규정」, 『내각공보』 1949년 제18호; 『북한관계사료집 22』. ① ③ ⑨

1949년 12월 27일 조선 민주주의 인민공화국 내각 결정 제196호 「로동자 임금 개정에 관한 결정서」, 『내각공보』 1949년 제17호; 『조선 중앙 년감 1951-1952』; 『북한관계사료집 22』. ① ③ ④ ⑨ ⑩

1949년 12월 27일 조선민주주의인민공화국 내각결정 제196호 별지 「로동자 임금적용에 관한 규정」, 『내각공보』 1949년 제17호. ④ ③

1949년 12월 28일 조선민주주의인민공화국 내각결정 제203호 「「공용시설사용료에 관한 규정」 승인에 관한 결정서」, 『내각공보』 1949년 제17호; 『북한관계사료집 22』. ① ④ ⑧ ⑨

1949년 12월 28일 조선민주주의인민공화국 내각결정 제203호 별지 「공용시설사용료에 관한 규정」, 『내각공보』 1949년 제17호. ④ ⑧ 『북한관계사료집 22』. ① ⑨

1949년 12월 29일 조선민주주의 인민공화국 내각결정 제204호 「(국가 경제기관의 리익공제금국고납부에 관한 규정)승인에 관한 결정서」. ⑧ ※1952년 3월 13일 「산업, 상업 및 기타 부문의 국영기업소·기관들의 독립채산제, 재정계획 및 국가예산과의 호상관계에 관한 규정」으로 폐지.

1949년 12월 29일 조선민주주의 인민공화국 내각 결정 제204호 별지 「국가 경제기관의 리익 공제금 납부에 관한 규정」. ⑧

1949년 12월 29일 재정성규칙 제5호 「'국가 경제기관의 리익 공제금 국고납부에 관한 규정' 시행세칙」.

1949년 12월 29일 조선민주주의 인민공화국 최고인민회의 상임위원회 정령 「가옥세 개정에 관하여」. ⑧

1949년 12월 29일 조선민주주의 인민공화국 최고인민회의 상임위원회 정령 「거래세 개정에 관하여」. ⑧

1949년 12월 29일 조선민주주의 인민공화국 최고인민회의 상임위원회 정령 「대지세 개정에 관하여」. ⑧

1949년 12월 29일 조선민주주의 인민공화국 최고인민회의 상임위원회 정령 「부동산취득세 개정에 관하여」. ⑧

1949년 12월 29일 조선민주주의 인민공화국 최고인민회의 상임위원회 정령 「지방자치세에 관하여」. ⑧

1949년 12월 29일 조선민주주의 인민공화국 최고인민회의 상임위원회 정령 「차량세 개정에 관하여」. ⑧

1950년 1월 6일 조선민주주의인민공화국 내각수상 김일성 비준 도시경영성규칙 제1호 「건축설계 도급임금제에관한 규정」, 『내각공보』 1950년 제1호. ④ 『북한관계사료

집 22』. ①
1950년 1월 6일 조선민주주의인민공화국 내각수상 김일성 비준 상업성규칙 제1호 「대외무역상품을 생산또는 가공하는 공장직장(쩨흐)광산들에대한 표창에관한 규정」, 『내각공보』 1950년 제1호. ④ 『북한관계사료집 22』. ①
1950년 1월 7일 조선민주주의인민공화국 내각지시 제2호 「토지행정에 관하여」, 『내각공보』 1950년 제1호. ④ 『북한관계사료집 22』. ① ⑨
1950년 1월 7일 조선민주주의인민공화국 내각지시 제21호 「인민군대 원호가족에대한 육류수매량 감면에 관하여」, 『내각공보』 1950년 제2호. ① ④ 『북한관계사료집 23』. ① ⑨
1950년 1월 9일 「중앙 및 지방예산에 소속된 기관들의 단식회계 규정」. ⑧
1950년 1월 10일 조선민주주의인민공화국 내각결정 제4호 「평양시 계약중재원 신설에관한 결정서」, 『내각공보』 1950년 제1호. ④ 『북한관계사료집 22』. ①
1950년 1월 11일 조선민주주의인민공화국 내각결정 제9호 「농민시장 개설에관한 결정서」, 『내각공보』 1950년 제1호. ④ 『북한관계사료집 22』. ① ⑨
1950년 1월 11일 [일부] 조선민주주의인민공화국 내각결정 제9호 별지 「농민시장에 관한 규정」, 『내각공보』 1950년 제1호. 『북한관계사료집 22』. ① ④ ⑨
1950년 1월 19일 조선민주주의인민공화국 내각수상 김일성 비준 재정성규칙 제2호 「몰수재산 관리에 관한 규정 시행세칙」, 『내각공보』 1950년 제2호; 『북한관계사료집 23』. ① ③ ④ ⑧ ⑨ ⑪
1950년 1월 21일 조선민주주의인민공화국 내각결정 제13호 「엽연초 경작지도 및 수납사업이관에관한 결정서」, 『내각공보』 1950년 제2호; 『북한관계사료집 23』. ① ④ ⑨
1950년 1월 25일 조선민주주의인민공화국 내각수상 김일성 비준 「1950년도 공예작물 수매가격및 잠업부문 판매가격 제정에관하여」, 『내각공보』 1950년 제11호; 『북한관계사료집 23』. ① ④
1950년 1월 25일 조선민주주의인민공화국 내각결정 제20호 「1950년농작물 파종사업실행대책에 관 한 결 정 서」, 『내각공보』 1950년 제2호; 『북한관계사료집 23』. ① ④ ⑨
1950년 1월 25일 조선민주주의인민공화국 내각결정 제22호 「국정가격운임 료금및 부대비의 제정절차에 관한 결 정 서」, 『내각공보』 1950년 제2호; 『북한관계사료집 23』. ① ④ ⑪
1950년 1월 25일 조선민주주의인민공화국 내각결정 제22호 별지 「국정가격운임 료금및 부대비의 제정절차에관한 규정」, 『내각공보』 1950년 제2호; 『북한관계사료집 23』. ① ④ ⑪

1950년 1월 25일 조선 민주주의 인민공화국 내각 결정 제23호 「국립 건설자금은행 설치에 관한결정서」, 『내각공보』 1950년 제2호; 『조선 중앙 년감 1951-1952』; 『북한관계사료집 23』. ① ④ ⑧ ⑨ ⑩ ⑪

1950년 1월 31일 조선민주주의인민공화국 내각결정 제27호 「'국가기관 · 사회단체 · 협동단체 기타 일반기업소 및 사무기관의 로동자 · 사무원에 대한 로동내부질서 표준규정' 승인에 관한 결정서」, 『내각공보』 1950년 제3호; 『북한관계사료집 23』. ①

1950년 1월 31일 내각결정 제27호 별지 「국가기관 사회단체 협동단체 기타 일반기업소 및 사무기관의 노동자 사무원에 대한 노동내부 질서 표준 규정」, 『내각공보』 1950년 제3호; 『북한관계사료집 23』. ① ③

1950년 2월 1일 내각 지시 제36호 「시장물자구입에관하여」, 『내각공보』 1950년 제3호; 『북한관계사료집 23』. ① ⑨

1950년 2월 4일 내각 지시 제45호 「광산위탁경영제 및 분광제 실시에 관하여」, 『내각공보』 1950년 제3호; 『북한관계사료집 23』. ① ⑨

1950년 2월 7일 조선민주주의인민공화국 내각 결정 제28호 「8 · 15해방 5주년을 맞이하면서 2개년 인민경제계획 기간 단축 및 초과 완수를 위한 흥남비료공장, 본궁화학공장, 단천광산, 함흥철도관리국 로동자 · 기술자 · 사무원들의 증산경쟁운동 호소에 관한 결정서」, 『내각공보』 1950년 제3호; 『북한관계사료집 23』. ① ⑨

1950년 2월 7일 내각 결정 제29호 「농기구, 농약생산 및 공급대책에 관한 결정서」, 『내각공보』 1950년 제3호; 『북한관계사료집 23』. ① ⑨

1950년 2월 8일 조선민주주의인민공화국 내각 결정 제36호 「'국영농기계임경소 설치'에 관한 결정서」, 『내각공보』 1950년 제3호; 『북한관계사료집 23』. ① ③ ④

1950년 2월 8일 조선민주주의인민공화국 내각결정 제37호 「조선민주주의인민공화국 북반부의 인민경제부흥발전을위한 1949-1950년 2개년인민경제계획의 1949년 예정수자 실행총화와 1950년예정수자 승인에관한결정서」.

1950년 2월 14일 조선민주주의인민공화국 내각 수상 비준 「≪기술자격 심사에 관한 규정 시행세칙≫ 일부개정에 관하여」, 『내각공보』 1949년 제7호; 『북한관계사료집 23』. ① ④

1950년 2월 16일 조선민주주의인민공화국 내각 수상 비준 「'로동자 임금개정에 관한 결정서'(1949년 12월 27일 조선민주주의인민공화국 내각 결정 제196호) 중 로동자 임금등급표 일부개정에 관하여」, 『내각공보』 1950년 제5호; 『북한관계사료집 23』. ① ④

1950년 2월 21일 조선민주주의인민공화국 내각 결정 제40호 「1950년도 상업부대비에 관한 결정서」, 『내각공보』 1950년 제4호; 『북한관계사료집 23』. ① ④ ⑨

1950년 2월 21일 내각결정 제42호 「'국영농기계임경소에 관한 규정' 승인에 관한 결정서」,

『내각공보』 1950년 제4호; 『북한관계사료집 23』. ①

1950년 2월 21일 내각결정 제42호 별지 「국영 농기계 임경소에 관한 규정」, 『내각공보』 1950년 제4호; 『북한관계사료집 23』. ① ⑨ ⑪

1950년 2월 22일 내각결정 제48호 「1950년 국정가격, 운임 및 료금 제정에 관한 결정서」, 『내각공보』 1950년 제7호; 『북한관계사료집 23』. ① ⑨

1950년 2월 22일 조선민주주의인민공화국 내각 결정 제48호 별지 「1950년제1차국정가격운임및료금표」, 『내각공보』 1950년 제7호부록. ④

1950년 2월 23일 조선민주주의인민공화국 내각 수상 비준 「잠정판매가격 제정에 관하여」, 『내각공보』 1950년 제4호; 『북한관계사료집 23』. ①

1950년 2월 23일 조선민주주의 인민공화국 내각지시 제78호 「국가경제기관 및 협동단체 등의 자금결제에 관하여」, 『내각공보』 1950년 제4호; 『재정금융』 1950년 4월 제4호; 『북한관계사료집 23』. ① ⑨ ⑮

1950년 2월 23일 조선민주주의 인민공화국 내각지시 제79호 「각 국가기관 국영기업소 및 협동단체에 대한 은행의 임금자금 지불일 지정에 대하여」, 『내각공보』 1950년 제4호; 『북한관계사료집 23』; 『재정금융』 1950년 4월 제4호. ① ③ ⑨ ⑮]

1950년 3월 1일 법령 「1950년도 조선 민주주의 인민공화국 국가 종합예산에 관한 법령」, 『조선 중앙 년감 1951-1952』. ⑦ ⑩ ⑰

1950년 3월 2일 내각 지시 제98호 「국가량곡 및 과실저장 창고 신축에 대하여」, 『내각공보』 1950년 제5호; 『북한관계사료집 23』. ① ⑨

1950년 3월 11일 조선민주주의인민공화국 내각지시 제128호 「수출입세 면제물품지정에 관하여」, 『내각공보』 1950년 제6호; 『북한관계사료집 23』. ① ④

1950년 3월 11일 내각 지시 제132호 「수입인지 판매량 확장에 관하여」, 『내각공보』 1950년 제6호; 『북한관계사료집 23』. ① ⑨

1950년 3월 14일 조선민주주의 인민공화국 내각수상 김일성 비준 재정성 규칙 제4호 「거래세 개정에 관한 정령 시행 세칙」, 『내각공보』 1950년 제5호; 『북한관계사료집 23』; 『재정금융』 1950년 4월 제4호. ① ③ ⑨ ⑮

1950년 3월 15일 조선민주주의인민공화국 내각 결정 제56호 「단체계약 체결에 관한 결정서」, 『내각공보』 1950년 제6호; 『북한관계사료집 23』. ①

1950년 3월 15일 조선민주주의인민공화국 내각 결정 제57호 「'국립건설자금은행의 기본건설 및 대보수자금 공급에 관한 규정' 및 '국립건설자금은행 대차업무 리률표 승인에 관한 결정서'」, 『내각공보』 1950년 제6호; 『북한관계사료집 23』. ①

1950년 3월 15일 조선민주주의인민공화국 내각 결정 제57호 별지 「국립건설자금은행의 기본건설 및 대보수 자금공급에 관한 규정」. ③ ⑨ ⑪

1950년 3월 18일 조선민주주의인민공화국 내각 결정 제63호 「국가와 공민간 또는 개인법

인간의 합판회사에 대한 소득세 부과에 관한 결정서」,『내각공보』1950년 제6호; 『북한관계사료집 23』. ① ④

1950년 3월 18일 조선민주주의인민공화국 내각 지시 제148호「특용작물(연초·인삼·앵속) 현물세 징수에 관하여」,『내각공보』1950년 제6호;『북한관계사료집 23』. ① ④

1950년 3월 18일 조선민주주의 인민공화국 내각수상 김일성 비준 재정성 규칙 제5호「국가경제기관의 리익공제금 국고납부에 관한 규정 시행세칙」,『내각공보』1950년 제6호;『북한관계사료집 23』;『재정금융』1950년 4월 제4호. ① ③ ④ ⑨ ⑮ ※1952년 3월 13일「산업, 상업 및 기타 부문의 국영기업소·기관들의 독립채산제, 재정계획 및 국가예산과의 호상관계에 관한 규정」으로 폐지.

1950년 3월 21일 내각결정 제67호「생활필수품 증산에 관한 결정서」,『내각공보』1950년 제6호;『북한관계사료집 23』. ① ⑨ ※1952년 3월 13일「산업, 상업 및 기타 부문의 국영기업소·기관들의 독립채산제, 재정계획 및 국가예산과의 호상관계에 관한 규정」으로 폐지.

1950년 3월 24일 내각 지시 제156호「≪도급임금제 상금제 및 식량특별배급제에 관한 결정서≫(인민위원회 결정 제147호)에 의거한 식량특별배급에 관하여」,『내각공보』1950년 제7호;『북한관계사료집 23』. ① ③ ⑨

1950년 3월 25일 조선민주주의인민공화국 내각결정 제71호「'국유건물 및 대지관리에 관한 규정' 승인에 관한 결정서」,『내각공보』1950년 제7호;『북한관계사료집 23』. ① ③

1950년 3월 25일 조선민주주의인민공화국 내각결정 제71호 별지「국유건물 및 대지관리에 관한 규정」,『내각공보』1950년 제7호;『북한관계사료집 23』. ① ⑨ ⑪

1950년 3월 25일 조선민주주의인민공화국 내각결정 제72호「'의무로력 동원에 관한 규정' 승인에 관한 결정서」,『내각공보』1950년 제7호;『북한관계사료집 23』. ①

1950년 3월 25일 조선민주주의인민공화국 내각결정 제72호 별지「의무로력동원에 관한 규정」,『내각공보』1950년 제7호;『북한관계사료집 23』. ① ⑨ ⑪

1950년 3월 30일 조선민주주의 인민공화국 최고인민회의 상임위원회 정령「상속세에 관하여」,『재정금융』1950년 4월 제4호. ⑮

1950년 4월 3일 내각결정 제83호「제품 검사에 관한 규정」,『내각공보』1950년 제7호;『북한관계사료집 23』. ① ⑨ ⑪

1950년 4월 12일 조선민주주의인민공화국 내각결정 제87호「산업성 산하 기업소들의 로동물자 공급사업을 강화할데 관한 결정서」,『내각공보』1950년 제8호;『북한관계사료집 23』. ①

1950년 4월 12일 내각결정 제93호「뜨락똘 임경료 제정에 관한 결정서」,『내각공보』1950년 제8호;『북한관계사료집 23』. ① ③ ⑨

1950년 4월 15일 농림성령 제6호「국립작잠시험 및 국립저잠시험장에 관한 규정을 ≪국립작잠시험장에 관한 규정≫으로 개정함에 대하여」,『내각공보』1950년 제8호.『북한관계사료집 23』. ① ③ ⑨
1950년 4월 15일 농림성령 제7호「≪국립잠업시험장에 관한 규정≫ 일부개정에 대하여」,『내각공보』1950년 제8호.『북한관계사료집 23』. ① ③ ⑨
1950년 4월 24일 내각지시 제249호「국가경제기관들의 고정재산 감가상각금 적립및 그 사용에 대하여」,『내각공보』1950년 제8호;『북한관계사료집 23』. ① ③ ⑨
1950년 4월 27일 조선민주주의 인민공화국 최고인민회의 상임위원회 정령「협동 단체사업에 대한 소득세 부과에 관하여」,『재정금융』1950년 5월 1일 제8권 제5호. ⑮
1950년 4월 28일 조선민주주의인민공화국 내각 수상 김일성 대리 부수상 김책 비준「잠정적 판매가격 결정에관하여」,『내각공보』1950년 제9호;『북한관계사료집 23』. ① ⑨
1950년 5월 9일 조선민주주의인민공화국 내각 수상 김일성 비준「토지행정에 관한 시행요강」,『내각공보』1950년 제10호;『북한관계사료집 23』. ①
1950년 5월 15일 조선 민주주의 인민공화국 내각결정 제109호「조선 민주주의 인민공화국 인민경제 발전 채권발행에 관한 결정서」,『내각공보』1950년 제10호;『북한관계사료집 23』;『재정금융』1950년 5월 1일 제8권 제5호;『조선중앙년감 1951-1952』. ① ⑨ ⑩ ⑮
1950년 5월 15일 조선 민주주의 인민공화국 내각결정 제109호 별지「조선민주주의 인민공화국 인민경제 발전 채권 발행 조례」,『재정금융』1950년 5월 1일 제8권 제5호. ⑮
1950년 5월 15일 조선 민주주의 인민공화국 내각결정 제109호 별지「국가공채 및 저축사업 협조 상설위원회에 대한 규정」,『재정금융』1950년 5월 1일 제8권 제5호. ⑮
1950년 5월 15일 조선 민주주의 인민공화국 내각결정 제109호 별지「조선민주주의 인민공화국 인민경제 발전을 위한 국내 추첨금 첨부 공채 매급에 관한 규정」,『재정금융』1950년 5월 1일 제8권 제5호. ④ ⑮
1950년 5월 22일 조선민주주의인민공화국 내각 결정 제110호「조선민주주의인민공화국 인민경제발전채권 응모사업에 있어서 예매를 중지함에 관한 결정서」,『내각공보』1950년 제10호;『조선중앙년감 1951-1952』;『북한관계사료집 23』. ① ④ ⑩
1950년 5월 25일 조선민주주의인민공화국 내각 결정 제112호「유색금속류의 절약 및 수급에 관한 결정서」,『내각공보』1950년 제10호;『북한관계사료집 23』. ①
1950년 5월 25일 조선민주주의인민공화국 내각 결정 제113호「고철수집사업 강화에 관한 결정서」,『내각공보』1950년 제10호;『북한관계사료집 23』. ①
1950년 5월 25일 조선민주주의인민공화국 내각 결정 제113호 별지「고철 수급절차에 관

한 규정」, 『내각공보』 1950년 제10호; 『북한관계사료집 23』. ①

1950년 5월 25일 조선민주주의인민공화국 내각 결정 제114호 「사회보험법 개정에 관한 결정서」, 『내각공보』 1950년 제10호; 『북한관계사료집 23』. ①

1950년 5월 25일 조선민주주의인민공화국 내각 결정 제114호 별지 「로동에 참가하고 있는 로동자 · 기술자 · 사무원을 위한 '사회보험에 관한 규정'」, 『내각공보』 1950년 제10호; 『북한관계사료집 23』. ①

1950년 5월 30일 조선민주주의인민공화국 내각지시 제353호 「앵속 재배에 관하여」, 『내각공보』 1950년 제11호; 『북한관계사료집 23』. ① ④

1950년 6월 1일 조선민주주의인민공화국 내각수상 김일성 비준 상업성규칙 제3호 「상품자연 감모량에 관한 규정」, 『내각공보』 1950년 제11호; 『북한관계사료집 23』. ① ④

1950년 6월 3일 조선민주주의인민공화국 내각수상 김일성 대리부수상 박헌영 비준 농림성규칙 제11호 「잠종상묘검사 규정」, 『내각공보』 1950년 제11호; 『북한관계사료집 23』. ① ④

1950년 6월 7일 조선민주주의인민공화국 내각수상 김일성 비준 산업성 규칙 제4호 「「탄광 광산에서일하는 로동자 기술자들의 우대에 관한 결정서」 시행세칙 일부개정에관하여」, 『내각공보』 1950년 제11호; 『북한관계사료집 23』. ① ④

1950년 6월 9일 조선민주주의인민공화국 내각결정 제115호 「연 금 은 동 중석광석을채취하는 광산들의지도간부 기사 기수들과 로동자들의 우대및 집단상금제 실시에관한 결정서」, 『내각공보』 1950년 제11호; 『북한관계사료집 23』. ① ④

1950년 6월 9일 조선민주주의인민공화국 내각결정 제115호 별지1 「연 금 은 동 중석광석을채취하는 광산들의지도간부 및 기사 기수들의 상금제에관한 규정」, 『내각공보』 1950년 제11호; 『북한관계사료집 23』. ① ④

1950년 6월 9일 조선민주주의인민공화국 내각결정 제115호 별지2 「월간계획실행결과에대한 로동자들의 집단상금제에관한 규정」, 『내각공보』 1950년 제11호; 『북한관계사료집 23』. ① ④

1950년 6월 9일 조선민주주의인민공화국 내각결정 제118호 「「국가량곡창고 화재방지대책에관한 규정」승인에관한 결정서」, 『내각공보』 1950년 제11호; 『북한관계사료집 23』. ① ④

1950년 6월 9일 조선민주주의인민공화국 내각결정 제118호 별지 「국가량곡창고 화재방지대책에관한 규정」, 『내각공보』 1950년 제11호; 『북한관계사료집 23』. ① ④

1950년 6월 15일 조선민주주의인민공화국 내각지시 제448호, 「시 군 소재지에 있어서의 공채예약금 수납 방법과 절차에 대하여」, 『내각공보』 1950년 상. ④

1950년 6월 17일 조선민주주의인민공화국 내각수상 김일성 농림성 규칙 제13호 「농업현물세 제정에관한 결정서에 대한 세칙 일부 개정에 관하여」, 『내각공보』 1950년

상. ④

1950년 6월 19일 조선민주주의인민공화국 내각수상 김일성 비준 재정성 규칙 제8호「국가공채 매급사업에 열성적으로 참가한 일꾼들에게대한 표창에관한 규정」,『내각공보』1950년 상. ④

1950년 6월 20일 조선 민주주의 인민공화국 내각결정 제128호「공화국 북반부에 새 인민경제 계획 작성 준비에 관한 결정서」,『조선중앙년감 1951-1952』. ③ ⑩

1950년 6월 22일 조선민주주의인민공화국 내각수상 김일성 비준 재정성규칙 제9호「생활필수품 증산계획 실행에 의한 리익금 처분 규정」,『내각공보』1950년 상. ④ ※1952년 3월 13일「산업, 상업 및 기타 부문의 국영기업소·기관들의 독립채산제, 재정계획 및 국가예산과의 호상관계에 관한 규정」으로 폐지.

1950년 7월 9일 조선민주주의인민공화국 내각결정제_호「공화국 남반부 지역에 토지개혁을 실시함에 관한 정령 시행세칙』을 승인함에 관한 결정서」. ⑰

1950년 7월 4일 [일부] 조선 민주주의 인민공화국 최고인민회의 상임위원회 정령「공화국 남반부 지역에 토지개혁을 실시함에 관하여」,『조선중앙년감 1951-1952』. ⑨ ⑩ ⑪ ⑰

1950년 7월 9일 조선민주주의인민공화국 내각결정제_호 별지「공화국 남반부 지역에 토지개혁을 실시함에 관한 정령 시행 세칙」. ⑰

1950년 7월 9일 조선민주주의인민공화국 내각결정 제139호「조선 민주주의 인민공화국 38도선 이남 해방지역에 있어서 세금제도 실시에관한 결정서」,『내각공보』1950년 상;『민주조선』1950. 7. 11. ④ ⑭

1950년 7월 26일 조선민주주의인민공화국 군사위원회결정 제23호「전시 의무로력동원에 관하여」,『내각공보』1950년 제14호;『북한관계사료집 23』. ① ④

1950년 7월 28일 조선민주주의인민공화국 군사위원회지시 제13호「서울시및 해방지구 도시빈민들에게 대한 식량배급에 관하여」,『내각공보』1950년 제14호;『북한관계사료집 23』. ① ④

1950년 7월 30일 조선민주주의인민공화국 군사위원회명령 제38호「농업 증산및 농업현물세 징수에 관하여」,『내각공보』1950년 제14호;『북한관계사료집 23』. ① ④

1950년 7월 30일 조선민주주의인민공화국 내각지시 제546호「해방지역의 농산지도및 량정지도를위한 간부양성에 관하여」,『내각공보』1950년 제14호;『북한관계사료집 23』. ① ④

1950년 8월 2일 내각 지시 제549호「각도 평양시 도영기업소 재정운영 및 조절에 관한 규정」. ※1952년 3월 13일「산업, 상업 및 기타 부문의 국영기업소·기관들의 독립채산제, 재정계획 및 국가예산과의 호상관계에 관한 규정」으로 폐지.

1950년 8월 8일 조선 민주주의 인민공화국 내각 결정 제146호「공화국 남반부 지역에 로동법령을 실시함에 관한 결정서」, 『내각공보』 1950년 제14호; 『북한관계사료집 23』; 『조선중앙년감 1951-1952』. ① ④ ⑩

1950년 8월 13일 [일부] 조선민주주의인민공화국 내각지시 제555호 「공화국 남반부 해방지역의 몰수과수원 경영에 관하여」, 『내각공보』 1950년 제14호; 『북한관계사료집 23』. ① ④

1950년 8월 16일 조선민주주의인민공화국 내각지시 제560호 「국가 전매기관의 지배인 기금설정에 관하여」, 『내각공보』 1950년 제14호; 『북한관계사료집 23』. ① ④

1950년 8월 18일 조선민주주의인민공화국 내각결정 제148호 「공화국 남반부지역에 있어서 농업현물세제를 실시함에 관한 결정서」, 『내각공보』 1950년 제14호; 『북한관계사료집 23』. ① ④

1950년 8월 19일 조선민주주의인민공화국 내각결정 제151호 「국가 정기 보조금에 관한 결정서」, 『내각공보』 1950년 제14호; 『북한관계사료집 23』. ① ④

1950년 8월 19일 조선민주주의인민공화국 내각결정 제151호 별지 「국가 정기 보조금에 관한규정」, 『내각공보』 1950년 제14호; 『북한관계사료집 23』. ① ④

1950년 8월 20일 조선민주주의인민공화국 내각결정 제146호 「공화국남반부지역에 로동법령을 실시함에 관한 결정서」, 『내각공보』 1950년 제14호; 『북한관계사료집 23』; 『조선중앙년감 1951-1952』. ① ④ ⑩

1950년 8월 21일 조선민주주의인민공화국 군사위원회명령 제64호 「적산 역산접수및 관리자없는 개인재산 관리에 관하여」, 『내각공보』 1950년 제14호; 『북한관계사료집 23』. ① ④

1950년 8월 21일 조선민주주의인민공화국 내각지시 제562호 「국가 소관우 매각처분에 관하여」, 『내각공보』 1950년 제14호; 『북한관계사료집 23』. ① ④

1950년 8월 21일 조선민주주의인민공화국 내각지시 제563호 「국영상점및 소비조합상점들의 상품판매대금처리방식에 대하여」, 『내각공보』 1950년 제14호; 『북한관계사료집 23』. ① ④

1950년 8월 22일 조선민주주의인민공화국 군사위원회명령 제65호 「자급 비료 증산에 관하여」, 『내각공보』 1950년 제14호; 『북한관계사료집 23』. ① ④

1950년 8월 23일 조선민주주의인민공화국 내각지시 제564호 「1950년도 공예작물수매계획 변경실시에 관하여」, 『내각공보』 1950년 제15호; 『북한관계사료집 23』. ① ④

1950년 8월 30일 조선민주주의인민공화국 군사위원회결정 제31호 「조선은행권(1,000원권) 사용에관하여」, 『내각공보』 1950년 제14호; 『북한관계사료집 23』. ① ④

1950년 9월 1일 조선민주주의인민공화국 군사위원회지시 제51호 「전시 의무로력동원에 관하여」, 『내각공보』 1950년 제14호; 『북한관계사료집 23』. ① ④

1950년 9월 1일 [일부] 조선민주주의인민공화국 내각결정 제152호 「1950년도 농산물생산

계획실행 정형에 관한 결정서」,『내각공보』 1950년 제15호;『북한관계사료집 23』. ① ④
1950년 9월 1일 조선민주주의인민공화국 내각결정 제153호「1950년도 조기작물 현물세 징수정형과 만기작물 현물세 징수준비에관한 결정서」,『내각공보』 1950년 제15호;『북한관계사료집 23』. ① ④
1950년 9월 6일 조선민주주의인민공화국 내각지시 제569호「국가률실 및 감 수납에 대하여」,『내각공보』 1950년 제15호.『북한관계사료집 23』. ① ④
1950년 9월 10일 조선민주주의인민공화국 내각지시 제572호「공화국 북반부로부터 남반부해방지역 국가기관에 파견된 로동자 기술자및 사무원들에게 대한 제급여에 관하여」,『내각공보』 1950년 제15호;『북한관계사료집 23』. ① ④
1950년 9월 15일 조선민주주의인민공화국 내각결정 제160호「내각량정국 직속 농산물 검사원제 설치에 관한 결정서」,『내각공보』 1950년 제15호;『북한관계사료집 23』. ① ④
1950년 9월 29일 조선민주주의인민공화국 내각결정 제168호「공화국 남반부 지역에서의 토지개혁 실시 정형에 관한 결정서」,『내각공보』 1950년 제15호;『북한관계사료집 23』. ① ④
1950년 9월 29일 조선민주주의인민공화국 내각결정 제170호「전시 로동임금 지불에 관한 결정서」,『내각공보』 1950년 제15호;『북한관계사료집 23』. ① ④
1950년 10월 5일 조선민주주의인민공화국 내각지시 제588호「상품대금 결제방식 변경에 관하여」,『내각공보』 1950년 제16호;『북한관계사료집 23』. ① ④
1950년 10월 5일 조선민주주의인민공화국 내각지시 제589호「건과 건마령서 건고구마및 건채 현물세 징수비률에 대하여」,『내각공보』 1950년 제16호;『북한관계사료집 23』. ① ④
1950년 10월 5일 조선민주주의인민공화국 내각지시 제590호「1950년도 엽연초 수매가격 제정에관하여」,『내각공보』 1950년 제16호;『북한관계사료집 23』. ① ④
1950년 11월 20일 조선민주주의인민공화국 내각결정 제175호「전재민 구호 대책에관한 결정서」,『내각공보』 1950년 제16호;『북한관계사료집 23』. ① ③ ④
1950년 11월 20일 조선민주주의인민공화국 내각결정 제176호「1951년 고공품수매에 관한 결정서」,『내각공보』 1950년 제16호;『북한관계사료집 23』. ① ④
1950년 11월 20일 조선민주주의인민공화국 내각결정 제178호「역우및 송아지도살 금지에 관한 결정서」,『내각공보』 1950년 제16호;『북한관계사료집 23』. ① ④
1950년 11월 23일 조선민주주의인민공화국 내각지시 제605호「전시하 농림부문 사업강화에 관하여」,『내각공보』 1950년 제16호;『북한관계사료집 23』. ① ④
1950년 12월 6일 조선민주주의인민공화국 내각지시 제607호「적의 침공으로부터 해방된

지역에 있어서의 농업현물세 징수에 관하여」,『내각공보』 1950년 제16호;『북한관계사료집 23』. ① ④

1950년 12월 7일 조선민주주의인민공화국 내각지시 제68호「역축 조사에 대하여」,『내각공보』 1950년 제16호;『북한관계사료집 23』. ① ④

1950년 12월 9일 조선민주주의인민공화국 내각지시 제609호「량곡 도정사업 보장에 관하여」,『내각공보』 1950년 제16호;『북한관계사료집 23』. ① ④

1950년 12월 12일 조선민주주의인민공화국 내각결정 제183호「1951년 농작물 파종사업 실행대책에 관한 결정서」,『내각공보』 1950년 제16호;『북한관계사료집 23』. ① ④

1950년 12월 12일 조선 민주주의 인민공화국 내각결정 제187호「해방지구 인민생활 안정을 위한 대책에 관한 결정서」,『내각공보』 1950년 제16호;『북한관계사료집 23』;『조선중앙년감 1951-1952』. ① ③ ④ ⑩

1950년 12월 26일 조선민주주의인민공화국 내각지시 제612호「경작자 없는 토지조치에 관하여」,『내각공보』 1950년 제16호;『북한관계사료집 23』. ① ④

1951년 _월 _일 조선민주주의인민공화국 내각수상 김일성 비준 민족보위성 내무성 재정성 공동규칙 제1호「국가정기보조금에 관한 규정「국가정기보조금에 관한 결정서(1950년 8월 19일 조선민주주의인민공화국 내각 결정 제151호) 별지」시 행 세칙」,『내각공보』 1951년 제3호;『북한관계사료집 24』. ① ④

1951년 1월 2일 조선민주주의인민공화국 군사위원회결정 제43호「조선민주주의인민공화국 남반부에 있어서의 화폐류통에관하여」,『내각공보』 1951년 제1호;『북한관계사료집 24』. ① ④

1951년 1월 5일 조선민주주의인민공화국 내각결정 제190호「미제국주의자와 그주구 리승만 매국도당들과 결탁하여 그들의 편으로 도주한 민족반역자들의 물산을등록하며 이를 처분할데 관한 결정서」,『내각공보』 1951년 제1호;『북한관계사료집 24』. ① ④

1951년 1월 25일 [일부] 조선 민주주의 인민공화국 내각결정 제197호「조국해방전쟁시기에 있어서 인민생활 안정을위한 제대책에관한 결정서」,『내각공보』 1951년 제1호;『조선중앙년감 1951-1952』;『북한관계사료집 24』. ① ④ ⑩

1951년 2월 6일 조선민주주의인민공화국 내각지시 제630호「국가양곡 도정임금 제정에대하여」,『내각공보』 1951년 제1호;『북한관계사료집 24』. ① ④

1951년 2월 6일 조선민주주의인민공화국 내각지시 제630호 별지「국가양곡도정임금표」,『내각공보』 1951년 제1호;『북한관계사료집 24』. ① ④

1951년 2월 8일 조선민주주의인민공화국 내각지시 제632호「공무원들의 출장여비에 관하여」,『내각공보』 1951년 제1호;『북한관계사료집 24』. ① ④

1951년 2월 8일 [일부] 조선민주주의인민공화국 내각결정 제202호「식량의 소비절약을 위

한 결정서」, 『내각공보』 1951년 제1호; 『북한관계사료집 24』. ① ④

1951년 2월 17일 조선민주주의인민공화국 내각지시 제618호 「국영기업소들의 재정운영에 관하여」, 『내각공보』 1951년 제1호; 『북한관계사료집 24』. ① ④

1951년 2월 19일 조선민주주의인민공화국 내각지시 제638호 「1951년춘기파종준비사업 실시에관하여」, 『내각공보』 1951년 제1호; 『북한관계사료집 24』. ① ④

1951년 2월 19일 조선민주주의인민공화국 내각지시 제638호 별지 「1951년 춘기파종 지도요강」, 『내각공보』 1951년 제1호; 『북한관계사료집 24』. ① ④

1951년 3월 2일 조선민주주의인민공화국 내각결정 제225호 「공화국남반부 해방지구 인삼제염사업에 관한 결정서」, 『내각공보』 1951년 제2호; 『북한관계사료집 24』. ① ④

1951년 3월 3일 조선민주주의인민공화국 내각 지시 제644호 「앵속 경작지 이동에 관하여」, 『내각공보』 1951년 제2호; 『북한관계사료집 24』. ①

1951년 3월 3일 조선민주주의인민공화국 내각지시 제645호 「「미제국주의자와 그주구 리승만 매국 도당들과 결탁하여 그들의편으로 도주한 민족반역자들의 물산을 등록하며 이를 처분할데관한 결정서」 (1951년1월5일 내각 결정 제190호) 시행절차에 관하여」, 『내각공보』 1951년 제2호; 『북한관계사료집 24』. ① ④

1951년 3월 5일 조선민주주의인민공화국 내각수상 김일성 비준 「조선민주주의 인민공화국 국가공채추첨에 관한 규정」, 『내각공보』 1951년 제3호; 『북한관계사료집 24』. ① ④

1951년 3월 22일 조선민주주의인민공화국 내각결정 제233호 「전시하 인민생활 안정을위한 생활 필수품증산과 상품류통강화에 관하여」, 『내각공보』 1951년 제3호; 『북한관계사료집 24』. ① ④

1951년 3월 30일 조선민주주의인민공화국 내각결정 제238호 「1951년도 파종사업준비와 그진행정형에 관하여」, 『내각공보』 1951년 제3호; 『북한관계사료집 24』. ① ④

1951년 3월 30일 조선민주주의인민공화국 내각지시 제662호 「생산가축도살 금지에대하여」, 『내각공보』 1951년 제3호; 『북한관계사료집 24』. ① ④

1951년 3월 30일 조선민주주의인민공화국 내각지시 제663호 「돼지 및 소가축긴급증식에 관하여」, 『내각공보』 1951년 제3호; 『북한관계사료집 24』. ① ④

1951년 3월 30일 조선민주주의인민공화국 내각지시 제663호 별지 「종돈 대부에관한 규칙」, 『내각공보』 1951년 제3호; 『북한관계사료집 24』. ① ④

1951년 4월 1일 조선민주주의인민공화국 내각지시 제665호 「내각지시제638호에의한 1951년춘기파종지도요강중 제1항계획수립정정에 관하여」, 『내각공보』 1951년 제3호; 『북한관계사료집 24』.[93] ① ④

93) 선행법령: 1951년 2월 19일 「1951년춘기파종준비사업 실시에관하여」.

1951년 4월 7일 조선민주주의인민공화국 내각지시 제668호 「적의 일시적 강점지역에 있었던 로동자 기술자 사무원에 대한 사회보험 적용에 관하여」, 『내각공보』 1951년 제4호; 『북한관계사료집 24』. ① ④

1951년 4월 12일 조선민주주의인민공화국 내각지시 제671호 「부업경리농장 경영에 관하여」, 『내각공보』 1951년 제4호; 『북한관계사료집 24』. ① ④

1951년 4월 13일 조선민주주의인민공화국 내각결정 제253호 「농업증산경쟁운동에서 우수한성과를 쟁취한시 (구역) 군 또는 리들에게 「승리의기」를 수여함에 관하여」, 『내각공보』 1951년 제4호; 『북한관계사료집 24』. ① ④

1951년 4월 13일 조선민주주의인민공화국 내각결정 제253호 별지 「농업증산경쟁의 「승리의기」수여에 관한 규정」, 『내각공보』 1951년 제4호; 『북한관계사료집 24』. ① ④

1951년 4월 13일 조선민주주의인민공화국 내각지시 제672호 「전재민구호및 도주한반역자의 물산등록몰수와 그처분 등 중요내각결정 시행에 관하여」, 『내각공보』 1951년 제4호; 『북한관계사료집 24』. ① ④

1951년 4월 15일 조선민주주의인민공화국 내각지시 제673호 「적의 일시적 강점기간에 있어서의 로동자기술자 사무원들에대한 임금지불에 관하여」, 『내각공보』 1951년 제4호; 『북한관계사료집 24』. ① ④

1951년 4월 20일 조선민주주의인민공화국 내각지시 제675호 「춘경 파종 협조주간 설정에 관하여」, 『내각공보』 1951년 제5호; 『북한관계사료집 24』. ① ④

1951년 4월 26일 조선민주주의인민공화국 내각결정 제261호 「「조선민주주의인민공화국 인민경제 발전채권」추첨 실시에 관하여」, 『내각공보』 1951년 제5호; 『북한관계사료집 24』. ① ④

1951년 4월 27일 조선민주주의인민공화국 내각수상 김일성 비준 「「뜸」가격 제정에 관하여」, 『내각공보』 1951년 제5호; 『북한관계사료집 24』. ① ④

1951년 4월 27일 조선민주주의인민공화국 내각수상 비준 「주류에 가격차금을 설정부과함에 관하여」, 『내각공보』 1951년 제5호; 『북한관계사료집 24』. ① ④

1951년 4월 28일 조선민주주의인민공화국 내각지시 제679호 「부업농장 조직및 그발전에 관한 지도서」, 『내각공보』 1951년 제5호; 『북한관계사료집 24』. ① ④

1951년 5월 2일 조선민주주의인민공화국 내각지시 제681호 「해방지역에 종곡을 보장할데 관하여」, 『내각공보』 1951년 제6호; 『북한관계사료집 24』. ① ④

1951년 5월 4일 조선민주주의인민공화국 내각수상 김일성 비준 「담배 및 소곰 판매 가격에 관하여」, 『내각공보』 1951년 제6호; 『북한관계사료집 24』. ① ④

1951년 5월 10일 조선민주주의인민공화국 내각지시 제682호 「농민들이 헌납한 애국미 구제미 및 몰수 량곡 등으로 수입된 일체 량곡을 국가량곡에 편입시킴에 관하여」, 『내각공보』 1951년 제6호; 『북한관계사료집 24』. ① ④

1951년 5월 14일 조선민주주의인민공화국 내각결정 제278호「주류 전매제 실시에 관하여」, 『내각공보』 1951년 제6호; 『북한관계사료집 24』. ① ④
1951년 5월 14일 조선민주주의인민공화국 내각결정 제282호「산업부문 로동자들의 군중 문화사업및 표창 사업을 더욱강화할데 관하여」, 『내각공보』 1951년 제6호; 『북한 관계사료집 24』. ① ④
1951년 5월 17일 조선민주주의인민공화국 내각수상 비준「군기헌납금 국고수납절차」, 『내각공보』 1951년 제7호; 『북한관계사료집 24』. ① ④
1951년 5월 17일 조선민주주의인민공화국 내각지시 제688호「수매협의 위원회에관한규칙을 제정실시할데 관하여」, 『내각공보』 1951년 제7호; 『북한관계사료집 24』. ① ④
1951년 5월 17일 조선민주주의인민공화국 내각지시 제688호 별지「수매협의 위원회에관한 규칙」, 『내각공보』 1951년 제7호; 『북한관계사료집 24』. ① ④
1951년 5월 17일 조선민주주의인민공화국 내각수상 김일성 비준「군기헌납금 국고수납절차」, 『내각공보』 1951년 제7호; 『북한관계사료집 24』. ① ④
1951년 5월 19일 조선민주주의인민공화국 내각수상 김일성 비준「사탕및 비누판매가격 제정에 관하여」, 『내각공보』 1951년 제7호; 『북한관계사료집 24』. ① ④
1951년 5월 22일 조선민주주의인민공화국 내각지시 제690호「전시하 민간저금 흡수사업 강화에 대하여」, 『내각공보』 1951년 제7호; 『북한관계사료집 24』. ① ④
1951년 5월 22일 조선민주주의인민공화국 내각지시 제691호「경작자 없는 토지를 공동경작함에 관하여」, 『내각공보』 1951년 제7호; 『북한관계사료집 24』. ① ④
1951년 5월 25일 조선민주주의인민공화국 내각결정 제695호「1951년에 새로국영농장에 편입되는 과수원 경영에 관하여」, 『내각공보』 1951년 제7호; 『북한관계사료집 24』. ① ④
1951년 5월 30일 조선민주주의인민공화국 내각수상비준 제319호「당삼 판매가격 제정에 관하여」, 『내각공보』 1951년 제8호; 『북한관계사료집 24』. ① ④
1951년 5월 31일 조선민주주의인민공화국 내각결정 제284호「1951년 파종 총결과 당면과업에 관하여」, 『내각공보』 1951년 제7호; 『북한관계사료집 24』. ① ④
1951년 5월 31일 조선민주주의인민공화국 내각결정 제287호「「관개시설 사용료 현물수납에관한 결정서」 일부개정에 관하여」, 『내각공보』 1951년 제7호; 『북한관계사료집 24』. ① ④
1951년 6월 2일 조선민주주의인민공화국 내각지시 제704호「1951년도 농작물 생산고 판정요강과 예상수확고 시달에관하여」, 『내각공보』 1951년 제8호; 『북한관계사료집 24』. ① ④
1951년 6월 2일 조선민주주의인민공화국 내각지시 제724호「이앙과 제초작업을 성과적으로 수행할데대하여」, 『내각공보』 1951년 제9호.『북한관계사료집 24』. ① ④

1951년 6월 4일 조선민주주의인민공화국 내각결정 제291호 「내각량정국 직속농산물 검사원제 실시에관하여」, 『내각공보』 1951년 제8호; 『북한관계사료집 24』. ① ④

1951년 6월 4일 조선민주주의인민공화국 내각지시 제708호 「이앙및 중경제초사업 협조주간 설정에관하여」, 『내각공보』 1951년 제8호; 『북한관계사료집 24』. ① ④

1951년 6월 7일 조선민주주의인민공화국 내각지시 제710호 「농업현물세 부과 징수 절차에 관하여」, 『내각공보』 1951년 제8호; 『북한관계사료집 24』. ① ④

1951년 6월 14일 조선민주주의인민공화국 내각결정 293호 「전매품 단속에 관한규정 승인에 관하여」, 『내각공보』 1951년 제8호; 『북한관계사료집 24』. ① ④

1951년 6월 14일 조선민주주의인민공화국 내각결정 제293호 별지 「전매품 단속에 관한 규정」, 『내각공보』 1951년 제8호; 『북한관계사료집 24』. ① ④

1951년 6월 14일 조선민주주의인민공화국 내각결정 제295호 「도 시 군영 목장 설치에 관하여」, 『내각공보』 1951년 제8호; 『북한관계사료집 24』. ① ④

1951년 6월 14일 조선민주주의인민공화국 내각결정 제296호 「수입물자 대용품 창안 및 수출자원의 개발에대한 상금수여규정 승인에 관하여」, 『내각공보』 1951년 제8호; 『북한관계사료집 24』. ① ④

1951년 6월 14일 조선민주주의인민공화국 내각결정 제296호 별지 「수입물자 대용품 창안 및 수출자원의 개발에 대한 상금수여 규정」, 『내각공보』 1951년 제8호; 『북한관계사료집 24』. ① ④

1951년 6월 14일 조선 민주주의 인민공화국 내각결정 제297호 「조국보위 복권 발행에 관하여」, 『내각공보』 1951년 제8호; 『조선중앙년감 1951-1952』; 『북한관계사료집 24』. ① ④ ⑨ ⑩

1951년 6월 14일 조선민주주의인민공화국 내각결정 제297호 별지 「제1회 조국보위복권 발행에관한 조례」, 『내각공보』 1951년 제8호; 『북한관계사료집 24』. ① ④

1951년 6월 14일 조선민주주의인민공화국 내각결정 제297호 별지 「조국보위 복권 매급 및 추첨에관한 규정」, 『내각공보』 1951년 제8호; 『북한관계사료집 24』. ① ④

1951년 6월 14일 조선민주주의인민공화국 내각지시 제719호 「부업경리농장에대한 농업현물세 부과에관하여」, 『내각공보』 1951년 제8호; 『북한관계사료집 24』. ① ④

1951년 6월 14일 북조선림시인민위원회 「도람관 사용료 제정에 관하여」, 『내각공보』 1950년 제9호; 『북한관계사료집 23』. ① ④

1951년 6월 20일 조선민주주의인민공화국 내각수상비준 제223호 「개성 인삼 수매가격 제정에관하여」, 『내각공보』 1951년 제9호; 『북한관계사료집 24』. ① ④

1951년 6월 21일 군사위원회지시 제93호 「국가자재 출고규률을 강화함에 관하여」, 『내각공보』 1951년 제9호; 『북한관계사료집 24』. ① ④

1951년 6월 21일 조선민주주의인민공화국 내각지시 제725호 「1951년 잠견 및 양모 수매

에 관하여」, 『내각공보』 1951년 제9호; 『북한관계사료집 24』. ① ④
1951년 7월 7일 조선민주주의인민공화국 군사위원회 명령 제157호 「량곡 포장자재 회수사업 강화에 관하여」, 『내각공보』 1951년 제10호; 『북한관계사료집 24』. ① ④
1951년 7월 12일 조선민주주의인민공화국 내각수상 비준 「시가 조절미 및 현물세 과실의 판매가격 제정에 관하여」, 『내각공보』 1951년 제10호; 『북한관계사료집 24』. ① ④
1951년 7월 18일 조선민주주의인민공화국 내각지시 제740호 「전재소개민 으로서 영농하는자의 식량보장에 관하여」, 『내각공보』 1951년 제10호; 『북한관계사료집 24』. ① ④
1951년 7월 19일 조선민주주의인민공화국 내각지시 제743호 「「내각결정 제190호」에의한 몰수토지에있어서 몰수전에 파종한 농작물 처리에 대하여」, 『내각공보』 1951년 제10호; 『북한관계사료집 24』. ① ④
1951년 7월 20일 조선민주주의인민공화국 내각 지시 제747호 「'이앙 및 중경제초사업 협조주간' 설정에 관하여」, 『내각공보』 1951년 제10호; 『북한관계사료집 24』. ① ④
1951년 7월 22일 조선민주주의인민공화국 내각지시 제749호 「1951년에 있어서의 고정재산 감가상각금에 관하여」, 『내각공보』 1951년 제10호; 『북한관계사료집 24』. ① ④
1951년 8월 1일 조선민주주의인민공화국 내각결정 제755호 「부업농장 경영사업 강화에 대하여」, 『내각공보』 1951년 제11호; 『북한관계사료집 24』. ① ④
1951년 8월 6일 조선민주주의인민공화국 내각지시 제760호 「크레딧트수입품 원조물자및 구호물품의 대금처리에 관하여」, 『내각공보』 1951년 제11호; 『북한관계사료집 24』. ① ④
1951년 8월 9일 조선민주주의인민공화국 내각지시 제763호 「1951년도에 새로 국영농장에 편입된 토지 경작에 관하여」, 『내각공보』 1951년 제11호. ④ 『북한관계사료집 24』. ①
1951년 8월 10일 조선민주주의인민공화국 내각지시 제764호 「무현금 결제 제도및 계약제도 강화에 대하여」, 『내각공보』 1951년 제11호.『북한관계사료집 24』. ① ④
1951년 8월 17일 조선민주주의인민공화국 내각지시 제767호 「생산조건의 변동으로 자기 기능직종에 종사하지 못하는 기능로동자들의 임금을보장할데 관하에」, 『내각공보』 1951년 제11호; 『북한관계사료집 24』. ① ④
1951년 8월 17일 조선민주주의인민공화국 내각지시 제766호 「1951년도 농업현물세 징수사업 강화 대책에 관하여」, 『내각공보』 1951년 제11호; 『북한관계사료집 24』. ① ④
1951년 8월 22일 [일부] 조선민주주의인민공화국 내각결정 제312호 「협동단체들의 조직및 사업강화에관하여」, 『내각공보』 1951년 제13호; 『북한관계사료집 24』. ① ④
1951년 8월 22일 조선민주주의인민공화국 내각지시 제762호 「자급비료 증산에 관하여」, 『내각공보』 1951년 제11호; 『북한관계사료집 24』.[94] ① ④
1951년 8월 30일 조선 민주주의 인민공화국 내각 결정 제322호 「국가 사회보장에 관하여」,

『내각공보』 1951년 제12호 부록; 『북한관계사료집 24』; 『조선중앙년감 1951-1952』. ① ③ ④ ⑩

1951년 8월 30일 조선민주주의인민공화국 내각 결정 제322호 별지 「국가사회보장에 관한 규정」, 『내각공보』 1951년 제12호 부록. ④

1951년 9월 1일 조선민주주의인민공화국 내각결정 제325호 「1951년도 만기작물 추수및 농업현물세 징수사업 보장대책에 관하여」, 『내각공보』 1951년 제12호; 『북한관계사료집 24』. ① ④

1951년 9월 10일 [일부] 조선 민주주의 인민공화국 내각결정 제327호 「수해 리재민 구제대책에 관하여」, 『내각공보』 1951년 제13호; 『조선중앙년감 1951-1952』. ③ ④ ⑩

1951년 9월 10일 조선민주주의인민공화국 내각지시 제788호 「1951년만기작물현물세중 조숙종의벼및 조를정곡으로 징수할데대하여」, 『내각공보』 1951년 제13호; 『북한관계사료집 24』. ① ④

1951년 9월 12일 조선민주주의인민공화국 내각지시 제790호 「추파맥류 파종사업 실시에 관하여」, 『내각공보』 1951년 제13호; 『북한관계사료집 24』. ① ④

1951년 9월 28일 [인용] 군사위원회 결정 제54호 「1951년도 농작물추수 및 농업현물세징수보관 사업보장에 관하여」, 최창진(1993), 『농촌조세문제의 빛나는 해결』(평양: 사회과학출판사). ⑰

1951년 11월 5일 조선민주주의인민공화국 내각결정 제360호 「토탄을 공업적으로 리용할데 대하여」, 『내각공보』 1951년 제16호; 『북한관계사료집 24』. ① ④

1951년 11월 10일 조선민주주의인민공화국 내각지시 제840호 「1952년도 전시 국가예산안 편성에 관하여」, 『내각공보』 1951년 제16호; 『북한관계사료집 24』. ① ④

1951년 11월 15일 조선민주주의인민공화국 내각지시 제843호 「동기명태가공 생산에 동원된 림시로력자 우대에 대하여」, 『내각공보』 1951년 제16호; 『북한관계사료집 24』. ① ④

1952년 1월 2일 조선민주주의인민공화국 군사위원회명령 제212호 「화학비료 수송 및 공급에 관하여」, 『내각공보』 1952년 제1호; 『북한관계사료집 24』. ① ④

1952년 1월 10일 조선민주주의인민공화국 내각결정 제3호 「「조선민주주의 인민공화국 국가계획위원회에 관한 규정」 승인에 관하여」, 『내각공보』 1952년 제1호; 『북한관계사료집 24』. ① ④

1952년 1월 10일 조선민주주의인민공화국 내각결정 제3호 별지 「조선민주주의 인민공화국 국가계획위원회에 관한 규정」, 『내각공보』 1952년 제1호; 『북한관계사료집 24』. ① ④

---

94) 선행법령: 1950년 12월 12일 「1951년 농작물 파종사업 실행대책에 관한 결정서」.

1952년 1월 15일 조선민주주의인민공화국 내각부수상 박헌영 비준 「부업경리 융자취급규정, 『내각공보』 1952년 제1호; 『북한관계사료집 24』. ① ④

1952년 2월 17일 내각 지시 제80호 「식염공급사업의 원활한 보장 대책에 관하여」. ⑨

1952년 2월 21일 조선민주주의인민공화국 내각 결정 제24호 「내무성 및 교육성 산하 기관들의 농장에 소요되는 토지해결 대책에 관하여」. ③ ⑨

1952년 2월 21일 내각 결정 제35호 「인민저금사업 강화에 관하여」, 『조선중앙년감 1953』. ③ ⑨ ⑩

1952년 2월 22일 내각 지시 제46호 「연초경작 지도사업을 이관함에 관하여」. ③ ⑨

1952년 2월 26일 조선민주주의인민공화국 내각 지시 제52호 「각 대학 및 각 전문학교의 부업농장 운영에 관하여」. ③ ⑨

1952년 3월 13일 내각 결정 제40호 「재해를 입은 농민들에게 영농을 보장하기 위한 식량을 대여함에 관하여」, 『조선중앙년감 1953』. ③ ⑨ ⑩

1952년 3월 13일 내각 결정 제41호 「산업, 상업 및 기타 부문의 국영기업소·기관들의 독립채산제, 재정계획 및 국가예산과의 호상관계에 관한 규정 승인에 관하여」. ⑨ ⑪

1952년 3월 13일 [일부] 내각 결정 제41호 별지 「산업, 상업 및 기타 부문의 국영기업소·기관들의 독립채산제, 재정계획 및 국가예산과의 호상관계에 관한 규정」. ⑨ ⑪

1952년 3월 13일 내각 량정국장 령 제3호 「1952년도 재해농민에 대한 국가양곡 대여에 관한 규정」. ⑨

1952년 3월 16일 내각 결정 제45호 「농작물 실수확고 판정사업 이관에 관하여」, 『내각공보』 1952년 제6호. ④ ⑨

1952년 3월 16일 내각 결정 제46호 「목축업 발전계획 일부변경에 관하여」. ⑨

1952년 3월 16일 내각 결정 제47호 「엽연초 및 잠견 생산의 개선 발전 대책에 관하여」. ⑨

1952년 3월 19일 군사위원회 결정 제66호 「국가기관 부업경리에 대한 거래세 면제에 관하여」, 『내각공보』 1952년 제6호. ③ ④ ⑨

1952년 3월 27일 내각 결정 제54호 「기업소·경제기관·협동단체 및 사회단체들의 채권채무를 정리하기 위한 제대책에 관하여」. ③ ⑨

1952년 3월 27일 조선민주주의인민공화국 내각결정 제56호 「국가식량 배급규률 강화에 관하여」. ③ ⑨

1952년 3월 27일 조선민주주의인민공화국 내각 결정 제56호 별지 「국가식량배급에 관한 규정」. ③ ⑨

1952년 3월 29일 조선민주주의 인민공화국 내각 협동단체 지도위원회 결정 「협동단체 지도기관들의 1952년도 경비 예산안에 대하여」, 『내각공보』 1952년 제10호; 『북한관계사료집 24』. ① ④

1952년 3월 29일 조선민주주의 인민공화국 내각 협동단체 지도위원회 결정「협동조합 내에서의 로력보수 제도에 대하여」,『내각공보』1952년 제10호;『북한관계사료집 24』. ① ④

1952년 3월 31일 내각 지시 제97호「부업경리 운영에 소요되는 고정자산 자금에 대하여」. ③ ⑨

1952년 4월 1일 군사위원회 명령 제255호「농민들에 대한 노력동원제한에 대하여」. ⑨

1952년 4월 9일 군사위원회 명령 제260호「1952년도 육류 공급에 관하여」. ⑨

1952년 4월 12일 조선 민주주의 인민공화국 최고 인민회의 상임 위원회 정령「지방 자치세 개정에 관하여」, 조선중앙통신사 엮음,『조선중앙년감 1953』(평양: 조선중앙통신사). ③ ⑨ ⑩

1952년 4월 21일 내각 결정 제67호「쓰딸린 대원수로 부터 기증한 량곡을 접수 처리할데 관하여」,『조선중앙년감 1950』. ③ ⑨ ⑩

1952년 4월 24일 군사위원회 결정 제67호「스탈린 대원수로부터 기증한 양곡을 노무자 사무원들에게 특배함에 관하여」. ③ ⑨

1952년 4월 24일 조선민주주의인민공화국 내각 결정 제72호「기술 일꾼들을 우대함에 관하여」. ③ ⑪

1952년 4월 24일 내각결정 제73호「각 예산 소속기관 및 경제기관에 있어서의 내부재정감독과 서류검열에 관하여」. ③ ⑨ ⑪

1952년 4월 24일 조선민주주의인민공화국 내각 결정 제73호 별지「각예산 소속기관 및 경제기관에 있어서의 내부재정감독과 서류검열에 관한규정」. ③ ⑨ ⑪

1952년 4월 27일 내각 수상 비준「피혁류 등급별 가격 제정에 관하여」. ⑨

1952년 5월 7일 내각 결정 제85호「국정가격, 운임, 료금 신규제정 및 일부개정에 관하여」. ⑨

1952년 5월 7일 내각 결정 제92호「1952년 춘기파종 실행 정형에 관하여」. ③ ⑨

1952년 5월 21일 [일부] 조선민주주의 인민공화국 내각결정 제98호「국가 협동 및 기타 기업소 기관 단체들의 부업 경리 발전과 그 생산물 처리에 관하여」,『내각공보』1952년 제10호;『북한관계사료집 24』. ① ④

1952년 5월 21일 [일부] 조선민주주의 인민공화국 내각결정 제98호 별지「국가협동 및 기타 기업소 기관 단체들의 부업경리에 관한 규정」,『내각공보』1952년 제10호;『북한관계사료집 24』. ① ④

1952년 5월 21일 조선민주주의 인민공화국 내각결정 제103호「「파손권 및 무효권에 관한 규정」 승인에 관하여」,『내각공보』1952년 제10호;『북한관계사료집 24』. ① ④

1952년 5월 21일 조선민주주의 인민공화국 내각결정 제103호 별지「파손권 및 무효권에 관한 규정」,『내각공보』1952년 제10호;『북한관계사료집 24』. ① ④

1952년 5월 21일 조선민주주의 인민공화국 내각결정 제104호「국가식량 특배제 변경실시

에 관하여」, 『내각공보』 1952년 제10호; 『북한관계사료집 24』. ① ④
1952년 6월 20일 내각 결정 제114호 「1952년도 조기작물 현물세를 일부 면제함에 관하여」, 『조선중앙년감 1953』. ③ ⑩
1952년 7월 19일 조선민주주의인민공화국 내각결정 제129호 「1953년도 비료대책에 관하여」, 『내각공보』 1952년 제13호; 『북한관계사료집 24』. ① ④
1952년 8월 18일 조선민주주의인민공화국 내각 협동단체지도위원회 결정 「생산 및 수산 협동조합 조합원들을 위한 사회보험제도에 관하여」, 『내각공보』 1952년 제16호; 『북한관계사료집 24』. ① ④
1952년 9월 30일 내각 결정 제160호 「로동자 기술자 사무원 가족들에게 식량 공급을 증가할데 관하여」, 『조선중앙년감 1950』. ③ ⑨ ⑩
1952년 9월 30일 내각 결정 제161호 「식량이 부족한 빈농민들에게 1952년도 농업현물세와 국가대여곡등을 면제할데 관하여」, 『내각공보』 1952년 제16호; 『조선중앙년감 1953』; 『북한관계사료집 24』. ① ③ ⑩
1952년 9월 30일 조선민주주의인민공화국 내각 결정 제164호 「북조선중앙은행 지점을 신설 또는 재배치하며 북조선중앙은행 지점 없는 군들에 있어서 일체 금융사업을 북조선농민은행에서 취급함에 관하여」, 『내각공보』 1952년 제16호; 『북한관계사료집 24』. ①
1952년 9월 30일 조선민주주의인민공화국 내각 결정 제165호 「관개시설 사용료 수납에 관하여」, 『내각공보』 1952년 제16호; 『북한관계사료집 24』. ①
1952년 9월 30일 조선민주주의인민공화국 내각 결정 제166호 「≪증산경쟁운동에 대한 결정서≫(1949년 12월 8일 조선민주주의인민공화국 내각 결정 제182호)를 적용함에 관하여」, 『내각공보』 1952년 제16호; 『북한관계사료집 24』. ① ④
1952년 10월 30일 내각 결정 제188호 「농촌에서 빈민들에 대한 고리대 현상을 제지할데 관하여」, 『조선중앙년감 1953』. ③ ⑩
1953년 1월 10일 최고인민회의 상임위원회 정령 「인민소득세에 관하여」. ※1955년 12월 22일 「주민소득세에 관한 법령」으로 폐지
1953년 2월 28일 내각결정 제26호 「빈농민 및 령세 어민들의 경제 형편 개선 대책에 관하여」, 『조선중앙년감 1954-1955』. ③ ⑩
1953년 5월 1일 내각 결정 제80호 「량정사업강화를 위한 일부 사업정리에 대하여」.
1953년 8월 12일 내각 결정 제141호 「쏘련 정부가 전쟁에 의하여 파괴된 조선의 경제복구 원조비로 10억 루블리를 배당하기로 결정한 데 대하여」. ⑨ ⑩
1953년 8월 24일 [일부] 내각 결정 제152호 「개성 지구 민간 인삼포 운영에 관하여」, 『조선 중앙 년감 1954-1955』. ⑨ ⑩
1953년 9월 17일 내각 결정 제161호 「비 무장 지대 분계선 린접 지역의 전재 농민들에게

1953년도 만기 작물 현물세와 국가 대여곡 등을 감면 할 데 관하여」, 『조선중앙 년감 1954-1955』. ③ ⑩

1953년 11월 7일 내각결정 제180호 「가축 도살 제한을 폐지할 데 관하여」, 『조선 중앙 년감 1954-1955』. ⑨ ⑩

1953년 12월 15일 조선민주주의인민공화국 내각 결정 제200호 「1952년도까지의 현물세의 미납량과 기타 각종 국가 수입곡의 미납량을 면제하며 국가 육류 의무 수매제를 폐지할 데 관하여」, 『조선중앙년감 1954-1955』. ③ ⑩

1954년 1월 15일 내각 결정 제3호 「령세 농민들의 생활 형편을 개선하며 영농 사업을 보장하기 위하여 그들에게 융자적 방조를 줄 데 관하여」, 『조선중앙년감 1954-1955』. ③ ⑩

1954년 2월 5일 내각 결정 제22호 「양잠업 발전 대책에 관하여」, 『조선 중앙 년감 1954-1955』. ⑨ ⑩

1954년 2월 23일 내각 결정 제31호 「로력 기준량을 재 사정 실시할 데 관하여」, 『조선 중앙 년감 1954-1955』. ⑩

1954년 2월 23일 조선민주주의인민공화국 내각 결정 제32호 「전후 로동자 기술자 사무원들의 물질 문화 생활 수준을 향상시키기 위한 가급금 제도 설정에 대하여」, 『조선 중앙 년감 1954-1955』. ③ ⑩

1954년 3월 11일 내각 결정 제40호 「농업 협동 경리의 강화 발전 대책에 관하여」, 『조선 중앙 년감 1954-1955』. ⑨ ⑩ ⑪

1954년 3월 30일 내각 결정 제56호 「『도급 로동 임금제에 관한 규정』 승인에 관하여」, 『조선 중앙 년감 1954-1955』. ⑩ ⑪

1954년 4월 23일 제1차 헌법 개정

1954년 4월 23일 법령 「1954년-1956년 조선 민주주의 인민 공화국 인민 경제 복구 발전 3개년 계획에 관하여」, 『조선 중앙 년감 1954-1955』; 『북한최고인민회의자료집 1』. ③ ⑩ ⑪ ⑰

1954년 9월 _일 내각지시 제117호 「풍수해로 인하여 발생한 강원도 일부 해안지대 리재민들을 구제하며 그들의 생활을 급속히 안정시킬데 대하여」.

1954년 9월 13일 상업성령 제4호 「민영사업허가체 실시에 관한 규정」. ※1955년 8월 『개인상공업 허가에 관한 규정』으로 폐지.

1954년 10월 16일 내각결정 제133호 「함경북도 재배농민들을 구제하며 그들의 생활을 안정시킬데 대하여」.

1954년 10월 30일 제2차 헌법 개정

1954년 10월 30일 [일부] 최고인민회의법령 제72호, 「조선민주주의 인민공화국 지방주권기관 구성법」. ③

1954년 11월 5일 내각결정 제137호「함경남도 및 강원도 일부 지역들에서 풍수해 및 서리로 인한 재해농민들의 생활을 안정시킬데 대하여」.

1955년 _월 _일 내각지시 제11호「1955년산 농산물에 대한 예약수매를 실시할데 대하여」.

1955년 2월 3일 내각결정 제12호「농업협동조합들에 대한 농업현물세의 부과에 관하여」.

1955년 3월 11일 제3차 헌법 개정

1955년 6월 _일 최고 인민 회의 상임 위원회 정령「현물세를 일부 감하할 데 관하여」.

1955년 6월 23일「법령명 미상」,『조선 중앙 년감 1957』. ⑩ (부동산취득세법 폐지)

1955년 6월 23일「법령명 미상」,『조선 중앙 년감 1957』. ⑩ (상속세법 폐지)

1955년 6월 24일 [일부] 내각 결정 제57호「농촌 경리를 급속히 복구 발전시키기 위한 제 대책에 관하여」,『조선 중앙 년감 1956』. ⑨ ⑩

1955년 6월 25일 최고인민회의 상임위원회 정령「농업현물세부과비률을 일부 개정함에 관하여」. ※1955년 12월 20일「농업현물세에 관한 법령」으로 폐지.

1955년 8월 _일『개인상공업 허가에 관한 규정』. ⑨

1955년 8월 11일 조선민주주의인민공화국 내각 결정 제71호「국가 및 사회 협동 단체 기관 기업소 로동자 기술자 사무원들의 생활 향상 대책에 관하여」,『조선 중앙 년감 1956』. ③ ⑩

1955년 8월 13일 [인용] 최고 인민 회의 상임 위원회 정령「로동자, 사무원들로부터 징수하는 소득세를 감하함에 관하여」,『조선 중앙 년감 1957』. ⑩

1955년 12월 20일 최고인민회의 법령「농업현물세에 관한 법령」,『북한최고인민회의자료집 2』. ③ ⑨ ⑪ ⑰ ※1965년 2월 21일「개정된 농업 현물세에 관한 법령」으로 폐지

1955년 12월 22일 상임위원회 법령「주민소득세에 관한 법령」. ③ ⑨ ⑪

1956년 1월 10일 내각결정 제2호「농업현물세에 관한 법령시행세칙을 승인함에 대하여」.

1956년 1월 20일 내각 결정 제11호「농촌 소비 협동 조합 기준 규약」,『조선 중앙 년감 1957』. ⑩

1956년 1월 20일 내각 결정 제9호「가축 도살에 관하여」. ⑨

1956년 2월 3일 내각결정 제10호「국가 공로자에 대한 사회보장 규정 승인에 대하여」. ③ ⑪

1956년 2월 21일 내각명령 제10호「산지대 빈농민들에 대한 농업현물세감면에 대하여」.

1956년 5월 26일 내각 결정 제53호「석탄 공업 부문 사업의 개선 강화 대책에 관하여」,『조선 중앙 년감 1957』. ⑩

1956년 6월 23일 법명 미상 (상속세, 부동산취득세 폐지)

1956년 8월 11일 내각 결정 제75호「로동자, 기술자, 사무원들의 임금을 인상할 데 관하여」,『조선 중앙 년감 1957』. ⑩

1956년 8월 11일 내각 결정 제76호「소비품들의 국정 소매 가격을 인하할 데 관하여」,

『조선 중앙 년감 1957』. ⑩

1956년 9월 4일 내각 결정 제86호 「모범 농업 협동 조합 창조 운동을 광범히 전개할 데 관하여」, 『조선 중앙 년감 1957』. ⑨ ⑩ ⑪

1956년 9월 4일 내각 결정 제86호 별지 「모범 농업 협동 조합에 관한 규정」, 『조선 중앙 년감 1957』. ⑩

1956년 9월 28일 내각 결정 제100호 「1956년도 농업 현물세와 국가 대여곡 및 과년도 미납곡을 감면할 데 관하여」, 『조선 중앙 년감 1957』. ⑩

1956년 9월 28일 내각 결정 제99호 「로동자, 기술자, 사무원들의 임금 개정에 관하여」, 『조선 중앙 년감 1957』. ⑩

1956년 11월 3일 최고인민회의 상임위원회 정령 「내무원들로부터 징수하는 주민소득세를 면제함에 관하여」.

1956년 11월 7일 제4차 헌법 개정

1956년 11월 7일 내각 명령 제99호 「저금사업을 강화시킬 데 대하여」. ③ ⑨

1956년 11월 7일 결정 「≪주민소득세에 관하여≫의 제3조 제2항에 수정 및 보충을 가함에 관하여」. ⑨

1956년 11월 10일 수매량정성령 제47호 「재해농민들에게 1956년도 농업현물세를 감면할 데 대하여」.

1957년 3월 2일 내각 결정 제18호 「평양시 주민들에 대한 상품 공급 사업을 개선 강화할 데 관하여」.

1957년 3월 6일 내각결정 제17호 「국영 및 협동단체상업의 급속한 발전과 그 역할을 일층 높임으로써 인민의 물질적 문화적 생활을 향상시키며 국가 축적을 증대하기 위해 상품유통 사업을 개선 강화할 데 대하여」. ⑨ ⑪

1957년 3월 12일 내각명령 제20호 「저금사업에 관하여」. ③ ⑨

1957년 4월 1일 [인용] 「법령명 미상」, 『조선 중앙 년감 1958』. ⑩ (거래세법 개정)

1957년 7월 1일 「법령명 미상」, 『조선 중앙 년감 1958』. ⑩ (기업소 기금에 관한 규정의 개정)

1957년 7월 6일 내각 명령 제46호 「중공업 기업소들과 생산재 생산을 기본 과업으로 하는 기업소들에 생활필수품 직장을 조직할 데 관하여」, 『조선 중앙 년감 1958』. ③ ⑨ ⑩ ⑪

1957년 8월 4일 내각 결정 제73호 「량곡가공사업의 개선, 강화 대책에 대한 결정」. ③ ⑨

1957년 9월 23일 내각 결정 제90호 「생활 필수품 증산 대책에 관하여」. ③ ⑩ ⑪

1957년 10월 1일 [인용] 「법령명 미상」, 『조선 중앙 년감 1958』. ⑩ (리익 공제금 납부 제도의 개편)

1957년 10월 12일 내각 결정 제95호 「면화 및 기타 공예작물을 증산할 데 관하여」, 『조선 중앙 년감 1958』. ⑨ ⑩

1957년 11월 2일 내각 결정 제108호 「기양 및 어지돈 관개건설 공사를 성과적으로 보장할 데 관하여」. ⑨ ⑩
1957년 11월 3일 내각 결정 제102호 「식량판매를 국가적 유일체계로 할 데 관하여」. ③ ⑨
1957년 11월 8일 지방경리성령 제37호 「재해농민들에게 1957년도 만기현물세를 감면할데 대하여」.
1957년 11월 14일 내각결정 제104호 「개인 상공업의 사회주의적 개조를 촉진할 데 대하여」. ⑨ ⑪
1957년 11월 15일 내각 결정 제111호 「관개하천관리사업의 개선조치를 강구할 데 관하여」. ⑨
1957년 12월 7일 내각 결정 제123호 「중소규모의 관개하천·사방공사를 전인민적으로 전개할 데 관하여」. ⑨
1957년 12월 31일 내각 결정 제128호 「로동자, 기술자, 사무원들의 임금을 인상함에 관하여」, 『조선 중앙 년감 1958』. ⑩
1958년 1월 10일 내각비준 제56호 「빈농민들의 1957년도 농업현물세감면에 대하여」.
1958년 1월 18일 지방경리성령 제6호 「빈농민들의 농업현물세감면승인에 대하여」.
1958년 1월 24일 지방경리성령 제11호 「면화예약수매계약을 체결한 농업협동조합에 면화현물세를 면제할데 대하여」.
1958년 2월 10일 상임위원회 정령 「국가사회보험 및 노동보호관계사업에 대한 관리기능을 조선직업총동맹 중앙위원회에 부여함에 관하여」. ⑪
1958년 2월 19일 내각결정 제18호 「양잠업 발전대책에 관하여」. ⑨
1958년 5월 7일 내각 결정 제48호 「과수업을 급속히 발전시킬 데 관하여」. ⑨ ⑩
1958년 5월 24일 내각결정 제59호 「평양시 상업을 개선 강화할 데 대하여」. ⑨ ⑪
1958년 6월 11일 「조선 민주주의 인민 공화국 인민 경제 발전 제1차 5개년(1957-1961)계획에 관한 법령」, 『조선 중앙 년감 1959』; 『최고인민회의자료집 2』. ③ ⑩ ⑪ ⑰
1958년 7월 10일 내각 결정 제81호 「식료품 가공 및 일용품 생산을 개선 강화할 데 관하여」, 『조선 중앙 년감 1959』. ③ ⑨ ⑩
1958년 7월 19일 내각결정 제84호 「인민경제 각 부문에 여성들을 더욱 인입 시킬 데 대하여」. ⑪
1958년 8월 7일 내각 결정 제93호 「생활 필수품의 국정 소매 가격을 인하할 데 관하여」, 『조선 중앙 년감 1959』. ⑩ ⑪
1958년 8월 14일 내각 결정 제95호 「조선 민주주의 인민 공화국 창건 10주년에 제하여 로동자, 기술자, 사무원들에게 상금을 지불할 데 관하여」, 『조선 중앙 년감 1959』. ⑨ ⑩ ⑪
1958년 8월 29일 내각 결정 제102호 「신의주 로초인견, 팔프, 스프, 방직, 염색 종합공장을 건설할 데 대하여」. ③ ⑨

1958년 9월 5일 내각비준 제1304호 「군사분계선 비무장지대와 그의 린접도서내의 경작지에 대한 현물세면세를 승인함에 관하여」.

1958년 9월 24일 내각 결정 제112호 「채소의 생산 및 공급 사업을 개선 강화할 데 대하여」, 『조선 중앙 년감 1959』. ⑨ ⑩

1958년 10월 9일 조선민주주의인민공화국 내각 결정 제122호 「비닐론 및 염화비닐 공장 건설을 촉진시킬 데 관하여」, 『조선 중앙 년감 1959』. ③ ⑨ ⑩

1958년 10월 11일 내각 결정 제125호 「농업 협동 조합을 통합하여 그의 규모를 확장 할 데 관하여」, 『조선 중앙 년감 1959』. ⑨ ⑩ ⑪

1958년 10월 18일 내각결정 제127호 「생산 및 수산협동조합들에 대한 지도사업을 경공업성, 수산성 및 각 도(평양시, 개성시) 인민위원회들에 이관할 데 대하여」. ⑨

1958년 10월 18일 내각결정 제128호 「농촌 상업에 대한 지도와 상품공급 및 수매체계를 일부 개편할 데 대하여」. ⑨ ⑪

1958년 10월 29일 내각 결정 제129호 「로동자, 기술자, 사무원들의 임금을 인상할 데 관하여」, 『조선 중앙 년감 1959』. ⑩]

1958년 11월 24일 농업협동조합 기준규약작성위원회 「농업협동조합 기준규약(잠정)초안」. ⑨ ⑪

1958년 11월 24일 당중앙위원회 상무위원회 내각 공동결정 「식용유의 증산과 식물성유의 생산을 급속히 증대시킬 데 관하여」, 『조선 중앙 년감 1959』. ⑨ ⑩

1959년 2월 12일 내각 결정 제11호 「새로운 화폐를 발행할 데 대하여」, 『조선 중앙 년감 1960』. ⑨ ⑩

1959년 2월 12일 내각 결정 제11호 별지 「화폐교환에 관한 규정」.

1959년 2월 21일 조선 민주주의 인민 공화국 최고 인민 회의 법령 「농업 현물세에 관하여」, 『로동신문』 1959. 2. 22; 『민주조선』 1959. 2. 22; 『조선 중앙 년감 1960』. ③ ⑨ ⑩ ⑪ ⑫ ⑭

1959년 3월 9일 내각 결정 24호 「농업현물세에 관한 법령 시행세칙」, 『로동신문』 1959. 3. 21; 『민주사법』 1959년 제4호. ③ ⑨ ⑪ ⑫ ⑬

1959년 4월 12일 내각 결정 제29호 「유용한 동물과 식물을 보호하며 증식시킬 데 대한 정령을 성과적으로 진행할 데 대하여」. ⑨

1959년 5월 30일 내각 결정 제42호 「은행사업을 개선 강화할 데 관하여」. ⑨

1959년 6월 30일 내각 결정 제48호 「도시 원림화 사업을 개선 강화할 데 관하여』, 『조선 중앙 년감 1960』. ⑨ ⑩

1959년 8월 31일 내각 결정 제55호 「지방 공업 체계를 확립하며 중앙 성(국)들의 기구와 관리 체계를 개편할 데 관하여」, 『조선 중앙 년감 1960』. ⑩

1959년 8월 31일 내각 결정 제56호 「축산업 발전을 촉진시킬데 관하여」, 『조선 중앙 년

감 1960』. ⑩

1959년 10월 10일 내각 명령 제86호「주민수입향상과 외화획득을 위해 개인들에게 사금채굴을 허가할 데 대하여」. ③ ⑨

1959년 10월 31일 내각결정 제63호「경제토대가 약한 농업협동조합들의 현물세를 면제할 데 대하여」.

1960년 1월 6일 내각 결정 제2호「생산 혁신자들에게 국가 기술 자격을 수여할데 관하여」,『조선 중앙 년감 1960』. ⑩

1960년 3월 15일 내각 결정 제14호「국가 수매 체계와 그 경영 조직을 개편하며 수매활동을 강화할 데 관하여」,『조선 중앙 년감 1960』. ⑩

1960년 3월 23일 내각결정 제18호「농업현물세의 일부를 면제 또는 인하할데 대하여」.

1960년 4월 9일 내각결정 제24호「강원도내 일부 농업협동조합들의 농업현물세를 면제할 데 관하여」.

1960년 5월 9일 내각 결정 제30호「비날론을 비롯한 경공업 원료 생산을 급속히 증대시킬 데 관하여」,『조선 중앙 년감 1960』. ⑩

1960년 6월 13일 내각 결정 제35호「국가 농목장 작업반들에 독립채산제를 도입할 데 대하여」,『조선 중앙 년감 1961』. ⑨ ⑩ ⑪

1960년 7월 5일 내각 결정 제37호「토지 관리 사업을 일층 강화할 데 관하여」;『조선 중앙 년감 1961』. ⑨ ⑩ ⑪

1960년 7월 5일 내각결정 제37호 별지「토지관리규정」,『조선 중앙 년감 1961』. ⑩ ⑪

1960년 9월 28일 [일부] 내각 결정 제47호「농업 협동 조합들의 국가 대부금과 미납곡을 면제할 데 관하여」,『로동신문』 1960. 10. 1;『조선 중앙 년감 1961』. ⑨ ⑩

1961년 1월 28일 내각결정 제20호「국가기술 및 경제자격 심사에 관한 규정」. ③ ⑪

1961년 3월 30일 내각 결정 제51호「농업 협동 조합들에서 천리마 작업반 운동을 조직 전개할 데 관하여」,『조선 중앙 년감 1962』. ⑨ ⑩ ⑪

1961년 3월 30일 내각 결정 제51호 별지「농업 협동 조합 천리마 작업반 칭호 수여에 관한 규정(잠정)」,『조선 중앙 년감 1962』. ⑨ ⑩ ⑪

1961년 4월 14일 내각 결정 제61호「농촌 경리의 화학화를 촉진시킬 데 관하여」;『조선 중앙 년감 1962』. ⑨ ⑩

1961년 6월 12일 내각 결정 제99호「화학 공업을 비롯한 인민 경제 모든 부문에 무연탄 가스화를 시급히 도입할 데 관하여」,『조선 중앙 년감 1962』. ⑩

1961년 7월 20일 내각 결정 제116호「국가에 더 많은 알곡을 비롯한 농업 생산물을 판매한 농업 협동 조합 및 시, 군(구역)에 영예 칭호를 수여함에 관하여」,『조선 중앙 년감 1962』. ⑩

1961년 7월 20일 내각 결정 제116호 별지「국가에 더 많은 알곡을 비롯한 농업 생산물을

판매한 농업 협동 조합 및 시, 군(구역)에 대한 영예 칭호 수여에 관한 규정」, 『조선 중앙 년감 1962』. ⑩

1961년 7월 28일 내각 결정 제127호 「기술 인재 양성 사업을 추진시킬 데 관하여」, 『조선 중앙 년감 1962』. ⑩

1961년 12월 22일 내각 결정 제157호 「농업 협동 조합 경영 위원회를 조직할 데 관하여」, 『조선 중앙 년감 1962』. ⑨ ⑩ ⑪

1962년 10월 15일 내각결정 제56호 「일부 협동농장들의 현물세 및 국가납부곡을 면제할 데 대하여」.

1962년 10월 18일 제5차 헌법 개정

1963년 2월 20일 내각 결정 제8호 「설비감독규정」. ⑪

1963년 6월 20일 내각 결정 제34호 「물자감독규정」. ⑪

1963년 10월 10일 내각 비준 제776호 「공장, 기업소 재정 검열 위원회 조직 운영에 관한 규정」. ⑪

1963년 12월 7일 수매량정성령 제27호 「일부 과실에 대한 현물세를 페지할데 대하여」.

1964년 2월 12일 상업성령 제7호 「농민 시장 관리 운영에 대한 (림시) 규정」. ⑪

1964년 3월 26일 조선 민주주의 인민 공화국 최고 인민회의 법령 「협동 농장들의 경제 토대를 강화하며 농민들의 생활을 향상시킬 데 대하여」, 『민주조선』 1964. 3. 27; 『조선 중앙 년감 1965』; 『북한최고인민회의자료집 2』. ⑨ ⑩ ⑪ ⑭ ⑰

1964년 11월 26일 내각 결정 제61호 「일부 협동농장들의 농업현물세를 면제할 데 대하여」. ⑨

1965년 2월 21일 「개정된 농업 현물세에 관한 법령」. ③ ⑪

1965년 3월 27일 조선농업근로자동맹 「농업근로자동맹 규약」. ⑨

1966년 4월 28일 조선 민주주의 인민 공화국 최고 인민회의 법령 「농업 현물세제를 완전히 폐지할데 대하여」, 『로동신문』 1966. 4. 30; 『조선중앙년감 1966-1967』; 『북한최고인민회의자료집 2』. ③ ⑨ ⑩ ⑫ ⑰

1970년 8월 31일 내각결정 제70호 「로동자, 기술자, 사무원들의 임금을 올릴데 대하여」, 『조선중앙년감 1971』. ⑩

1962년 10월 18일 제5차 헌법 개정

1972년 12월 27일 [일부] 「조선민주주의인민공화국 사회주의헌법」, 『김일성저작집 27』, 『로동신문』 1972. 12. 28; 『조선중앙년감 1973』. ② ⑩ ⑪ ⑫ (제6차 헌법 개정)

1974년 2월 26일 조선민주주의인민공화국 중앙인민위원회 정령 「공업상품의 값을 낮출 데 대하여」, 『조선중앙년감 1975』. ⑨ ⑩

1974년 3월 21일 조선민주주의인민공화국 최고인민회의법령 「세금제도를 완전히 없앨데 대하여」, 『김일성저작집 29』; 『로동신문』 1974. 3. 22; 『북한최고인민회의자료집 2』; 『조선중앙년감 1975』. ② ⑨ ⑩ ⑫ ⑰

부 록 : 세 법 연 혁 집

① 세금정책 관련 당 주요문헌 및 세법 관련 공간문헌(연감 등, 세법 본문 없는 경우에 해당)는 박스 안에 표기함
② 띄어쓰기 및 두음법칙은 원문 형식 유지함
③ 한자어는 한글로 표기하고 각주에 일부 한자 병기함
④ 한자어 중 '及'은 '및'으로, '基'는 '그'로, '又'는 '또'로('又난'은 '또는')로, '如히'는 '같이'로, '此'를 이로 표시함

1946년 1월 26일

북조선사법국포고제11호[1]

조세체납처벌에관한건

일, 인민위원회또는북조선각국에서결정한조세를악의적으로체납한자는 2년이하의금고또는1만원이하의벌금에처함

이, 본포고는공포일부터이를시행함

1946년 1월 26일

북조선사법국장 조송파

—≪ ≫—

1946년 3월 6일 [일부]

북조선림시인민위원회 결정제3호의 1[2]

북조선림시인민위원회구성에관한규정

제6조 북조선림시인민위원회는구성은다음과같다

1, 북조선림시인민위원회

북조선림시인민위원회는전체인민위원(23명)으로서성립된다

2, 상무위원회

북조선림시인민위원회에는5인의위원으로서조직된상무위원회를둔다 상무위원은다음과 같다

가, 북조선림시인민위원회장

나, 북조선림시인민위원회부위원장

다, 서기장

라, 위원2인

상무위원은북조선림시인민위원회에서선정한다

---

1) 『법령공보』 1947년 증간6호, 2-3쪽.

2) 『법령공보』 1946년 증간1호, 4-5쪽.

3, 북조선림시인민위원회의각국과각부

북조선림시인민위원회는다음과같은각국과각부를둔다

(1) 국

가, 산업국

나, 교통국

다, 농림국

라, 재정국 (...)

—≪ ≫—

1946년 3월 6일 [일부]

북조선림시인민위원회 결정제3호의 1 (참고)[3)]

북조선림시인민위원회구성에관한규정실시요강

제19조 각국장은각기국의직제규정을조속히작성하야상무위원회의승인을받어야 한다

(별지) 각국3부의주관직무

일, 산업국 공광국 지질 로동(토목)에관한사업

이, 교통국 철도및기부대사업관리기타의육해운과수운선박선원에관한사업

삼, 농림국 농림, 잠[蚕], 축산, 수산업및식량에관한사업

사, 체신국 우편, 우편예금, 전신, 전화에관한사업

오, 재정국 예산, 결산, 회계, 조세, 국채통화, 금융, 은행, 기타금융기관, 국유자산관리에관한사업 (...)

—≪ ≫—

3) 『법령공보』 1946년 증간1호, 5-6쪽.

1946년 4월 1일

북조선림시인민위원회결정제8호[4)]

1946년제2기(4월-6월)세금징수에관한건

1946년도현물세수입을확보하며세입세출예산의원활한집행을기하기위하야좌와같이결정한다

제1조 1946년제2기(4, 5, 6월)에북조선에서징수할세액은145,600,000원으로결정하고좌와같이각도별세액을결정한다

평안남도	57,650천원
평안북도	33,700천원
황해도	28,550천원
강원도	6,720천원
함경남도	14,320천원
함경북도	4,660천원

내역은 별지 부록 제1호 참조

제2조 각도인민위원장은제1조세액징수의책임을완수하며그세액의증가를도할것이다

재정국장은

1, 제2기매15일간에징수한세액을각징수기관을통하야전신으로보고를받어통계하여야한다

2, 세금징수계획실행상황에대하야각직장과각기관을검열할것이다

3, 세금징수실행상황및그대책에대하야북조선림시인민위원회에상시보고하여야한다

제3조 근로소득자의개인수익세는별표(제2호)과세율에의하야1946년4월1일부터각개인각기관및각직장에서각개인에게지불하는급여금액에서공제하야그지불책임자가급여지불후3일이내에별도지정하는세금수납기관에납부할의무를부담한다

4) 『법령공보』 1946년 증간1호, 14-16쪽.

각지불책임자가고의로세금계산을기만하거나또는급여에서공제치아니하거나공제한세금을급여지불후3일이내에납붙이아니한시는2백원이하의벌금에처하고재차위반할시는검찰당국에고발하야처벌케한다

제4조 근로소득이외의소득에대한개인수익세는년4기로분하야부과징수한다 (세율표는별표제3호와같다) 근로소득이외의소득이있는자는매기초월5일까지소관세무기관에전기중의소득금액을기재한신고서를제출할의무가있다

세무기관은각개인이제출한신고서및기타방법에의하야소득금액을결정하고잡기를지정하야납세케한다

전항신고서를제출치아니하거나또는소득금액을기만한자에대하야는2백만원이하의벌금또는탈세액에상당한벌금에처한다

제5조 영업세는법인과개인을물론하고기정한영업세과세율에의하야년4기로분하야부과징수한다

각영업자는매기초월5일까지소관세무기관에전기분 (제1기는전년10월-12월실적제2기는1월-3월의실적과같함) 매상고또는수입고등을기재한신고서를제출할의무가있다세무기관은전항에의한신고서와기타방법에의하야영업세를사정하고납기를지정하야납세케할 것이다

전항신고서를제출치아니하거나또는매상고등을기만한자에대하야는2백원이하의벌금또는탈세액의배액에상당한벌금에처한다

제6조 본결정서에지적치아니한각종세금의징수는현행법령및재정국포고에의한다

재정국은각세의징수및미징수상황을감독하며본결정에지정한제반실시상황을검열할 것이다

납세의무자가납기내에납부치아니한경우에는납기경과익일부터매일당체납세금에대하야100원에일보[日步]5전에상당한연체금을징수하며경우에의하야는그소유자산을차압한다

납세의무자가세금을과납한시에는그과납금액은익월납세액에서공제납부하거나또는반환한다

제7조 재정국은본규정을실행함에대한세칙을작성하여야한다

1946년 4월 1일

북조선임시인민위원회 위원장 김일성

서기장 강량욱

(별표제1호) 북조선조세징수계획 1946년제24반기(4월-6월)천원단위

세목		북조선 1946년도 (9개월예산)	동상중 제24반기수납 예산	동상도별내역					
				평남	평북	황해	강원	함남	함북
1	수세익	84,500	20,700	6,000	5,000	5,000	500	3,700	600
2	지세	36,500	−	−	−	−	−	−	−
	지세부가세	14,500	−	−	−	−	−	−	−
3	영업세	67,500	18,000	4,000	3,500	3,500	1,800	3,300	1,800
	영업세부가세	20,200	5,400	1,300	1,000	1,100	550	850	600
4	주세	270,500	80,000	30,000	19,000	16,000	2,800	4,000	200
5	물품세	20,000	6,000	2,000	1,700	50	20	70	10
6	유흥음식세및입장세	20,000	6,000	2,500	2,000	1,000	250	500	550
7	기타	40,000	10,000	2,500	2,000	1,800	700	1,900	900
계		573,700	145,600	57,650	33,700	28,550	6,720	14,320	4,660

(별표제2호) 개인수익세근로원천과세세율 (제3조해당)

소득계급구분			세율(연분율)	소득계급구분			세율(연분율)
월액	100	원미만	5	월액	1,500	원미만	91
〃	100	원이상	8	〃	1,700	원이상	98
〃	150	〃	10	〃	2,000	〃	106
〃	200	〃	13	〃	3,000	〃	120
〃	250	〃	17	〃	4,000	〃	135
〃	300	〃	22	〃	5,000	〃	150
〃	350	〃	26	〃	6,000	〃	165
〃	400	〃	32	〃	7,000	〃	180
〃	450	〃	36	〃	8,000	〃	195
〃	500	〃	40	〃	9,000	〃	211
〃	550	〃	43	〃	10,000	〃	221
〃	600	〃	47	〃	15,000	〃	254
〃	650	〃	50	〃	20,000	〃	274
〃	700	〃	54	〃	25,000	〃	292
〃	750	〃	56	〃	30,000	〃	305
〃	800	〃	59	〃	35,000	〃	317
〃	850	〃	61	〃	40,000	〃	327
〃	900	〃	64	〃	50,000	〃	342
〃	950	〃	66	〃	60,000	〃	356
〃	1,000	〃	69	〃	70,000	〃	367
〃	1,100	〃	74	〃	80,000	〃	375
〃	1,200	〃	78	〃	90,000	〃	381
〃	1,300	〃	82	〃	100,000	〃	390
〃	1,400	〃	86				

비고 세액산출방법

1, 1개월의소득금액에본표의각급에해당하는세율을승하야산출한다
(일급또는주급순급에대한것은1개월분을합산하야본세률을적용한다)
(예월수입 450원인때의세금은 450 x 0.036 = 16.20전 세액17원이된다
2, 산출한전세액이1원미만인때는1원으로하고1원이하의단수는원위로인상한다

(별표제3호) 개인수익세일반부과과세율 (제4조해당)

소득계급구분			세율(연분율)	소득계급구분			세율(연분율)
3개월간				3개월			
소득	300	원미만	6	간소득	4,500	원미만	128
〃	300	원이상	10	〃	5,100	원이상	135
〃	450	〃	14	〃	6,000	〃	150
〃	600	〃	21	〃	9,000	〃	184
〃	750	〃	28	〃	12,000	〃	208
〃	900	〃	36	〃	15,000	〃	230
〃	1,050	〃	43	〃	18,000	〃	247
〃	1,200	〃	49	〃	21,000	〃	261
〃	1,350	〃	54	〃	24,000	〃	276
〃	1,500	〃	60	〃	27,000	〃	287
〃	1,650	〃	66	〃	30,000	〃	296
〃	1,800	〃	70	〃	45,000	〃	337
〃	1,950	〃	74	〃	60,000	〃	365
〃	2,100	〃	77	〃	75,000	〃	384
〃	2,250	〃	82	〃	90,000	〃	403
〃	2,400	〃	86	〃	105,000	〃	417
〃	2,550	〃	90	〃	120,000	〃	427
〃	2,700	〃	93	〃	150,000	〃	448
〃	2,850	〃	96	〃	180,000	〃	463
〃	3,000	〃	99	〃	210,000	〃	474
〃	3,300	〃	106	〃	240,000	〃	482
〃	3,600	〃	113	〃	270,000	〃	489
〃	3,900	〃	119	〃	300,000	〃	494
〃	4,200	〃	124				

비고

1, 세액산출은3개월분합계소득금액을본표의각급에해당하는세율을승한다

2, 산출한전세액이1원미만인때는1원으로하고1원이하의단수는원위로인상한다

1946년 4월 1일

북조선림시인민위원회 위원장 김일성

≪ ≫

1946년 5월 2일

북조선림시인민위원회포고제5호[5)]

북조선농민은행에대한제세면제에관한건

북조선농민은행에대한등록세, 영업세, 법인수익세, 부동산취득세, 가옥세는이를과세치않는다

부칙
본령은1946년5월1일부터시행한다

1946년 5월 2일
북조선림시인민위원회 위원장 김일성
서기장 강량욱

—≪ ≫—

5) 『법령공보』 1947년 증간5호, 7쪽.

1946년 6월 1일 [인용]

신세제결정에대하야평남재정부장담화발표6)

개인수익세

개인수익세는 부과징수의 편의상 근로소득과 기타소득으로 분하야 과세하게 되었는데 근로소득에 대하야는 원천과세로하고 기타 소득에는 일반부과과세로 한 것이다 근로소득종류는 이것을 갑을 병 3종으로 구분하야 과세하는데 갑은 급료지불자 즉 각관청 각회사 각조합 각공장 또는 고용인을둔 상점이나 개인의 봉급 급료 물가수당 가족수당 기타 제수당 급 상여 및 차등의 성질을 가진 급여를 지불할 때 병은 공장 광산 조합등에서 보수료금 임금 등을 지불할 때 세금에 상당한 금액을 공제징수하야 □일 이내에 납부서와 계산서를 첨부하야 시 읍 면에 납부하게된 것이다 이것은 봉급지불자의 노력도 크지만은 납세에 협조정신하에 정부에 대행기관이 되는 것이다 그리고 일반부과과세라는것은 근로소득 이외의 소득 즉 영업소득 공업소득 토지소득 산림소득 지물소득 수산소득 광업소득 이자소득 법인으로 받는 이익분배 이식배당 잉여금분배 주식배당소득 □□소득 등에 대하야 각 소득자의 신고에 의하야 연 4기에 분하야 세무서에서 부가징수하는것이다 연 4기라 함은 제1기분(전년 10, 11, 12월중의 실적에 대한 것) 은 3월이 납기이며, 제2기분(1, 2, 3월중의 실적에 대한 것)은 6월이 납기이며 제3기분(4, 5, 6월중의 실적에 대한 것)은 9월이 납기이며, 제4기분(7, 8, 9월중의 실적에‘ 대한 것)은 12월이 납기이다 그러므로 일반개인소득에 대하야 납세의무가 있는 납기초월(즉 4월, 7월, 10월, 1월) 5일까지 전기중 소득의 종류, 수입금액등을 상기하야 소활세무서장에게 신고하여야 한다 (...)

이상 신세제는 1946년 4월 1일부터 시행하게된바 특히 개인수익세 원천과세에 대하야는 관내 각세무서에서 시 읍 면과 협조하야 적극적으로 주지중이니 신설제도인 관계로 의문되는 점이 적지 않을 줄로 사료한 원천과세징수책임자는 소활세무서 시 옵 면에 연락하야 징수책임을 완수하야서 건국사업에 이바지하야 주기를 바라는 바이다

1946년 6월 1일 [인용]

신세제결정에대하야평남재정부장담화발표[7)]

법인수익세

법인수익세는 북조선에 본점 또는사무소가 있는 법인 또는 자산 또는영업이 있는 법인에 대하야 그 법인의 보통수익 초과수익 청산수익에 부과하는 것이다 납세의무있는 법인은 재산목록 대차대조표 손익계산서 또는청산 혹은합병에 관한계산서와 소득금액을 산출한 명세서를 첨부한다 매사업년도 결산확정의날 또는 합병의날 혹은청산에 착수한날부터 30일이내에 소활세무서장에게 신고 하여야한다

1946년 6월 1일 [인용]

신세제결정에대하야평남재정부장담화발표[8)]

지세

지세는 자작농지 면세지 규정및 면제임대 가격규정을 폐지한 이외는 종래의 조선지세령에 기의[基依]함을 원칙으로하되 토지의 임대가격은 사배로 인상하고 세률은 임대가격 백분지6에 의하야 과세하게 한것이다

6) 「신세제결정에 대하야 평남재정부장 담화발표」, 『정로』 1946. 5. 17.
7) 『정로』 1946. 5. 17.
8) 『정로』 1946. 5. 17.

1946년 6월 1일 [인용]

신세제결정에대하야평남재정부장담화발표[9)]

영업세

영업세는 1945년12월19일 북조선 쏘련사령관 명령 제11호 상업□□수영업과세절차지도서에 의한 세률에 의하야 연4기에 분하야 매기부과징수한다 연4기라함은 제1기분(전년10, 11, 12월중의 실적에 대한것)은 3월이 납기이며 제2기분(1, 2, 3월중의실적에 대한 것)은 6월이 납기이며 제3기분(4, 5, 6월중의 실적에 대한것)은 9월이 납기이며 제4기분(7, 8, 9월중의 실적에 대한것)은 12월이 납기이며 영업세 납세의무가 있는자는 매기초월(즉 4월, 7월, 10월, 1월) 5일까지 전기중에 영업한 업적을 상기하야 소할세무서장에게 신고하여야 한다

1946년 6월 1일 [인용]

신세제결정에대하야평남재정부장담화발표[10)]

등록세

등록세는 종래의 세률에 기의하되 그 등록세는 경리의 필요에 의하야 당분간 인민위원회에서 수납 경리한다

9) 『정로』 1946. 5. 17.
10) 『정로』 1946. 5. 17.

1946년 6월 1일 [인용]

신세제결정에대하야평남재정부장담화발표[11)]

호별세

호별세, 동부가세, 동부가금은 종전대로 호별세라 칭하고 그 부과 징수는 개인수익세에 관한 규정을 준용하는데 그 방법은 개인수익세액을 기본으로 하나 개인수익세 백에 대하야 도세호별세는 20 시 읍면세 호별세 부가세는 15, 학교비 호별세 부가금은 50의 비례로 산출한다 즉 개인수익세액의 세액을 징수하는 것이다

1946년 6월 25일

위원장김일성비준 · 북조선임시인민위원회재정국포고제8호[12)]

세금액산정에관한건

일, 국세도세시면세세금액산정에대하여는산출한세금액이1원미만인때는1원으로하고1원이하의단수는원위로인상한다

본포고는공포일부터이를시행함

1946년 6월 25일

북조선림시인민위원회 재정국장 리봉수

≪ ≫

11) 『정로』 1946. 5. 17.

12) 『법령공보』 1947년 증간6호, 5쪽.

1946년 6월 27일

북조선림시인민위원회결정제28호[13)]

농업현물세에관한결정서

북조선임시인민위원회는북조선노동자및사무원에대한식량의공급및예비식량을 확보하기위하여다음과같이결정한다

제1조 북조선농민들에대하여토지에관한세금(지세및수익세등)을면제하고다만매농호로부터각종곡물(벼잡곡두류및마령서)수확고의25%에해당한농업현물세를징수한다 일절공출제도를폐지한다

제2조 각농호의농업현물세납부책임은징세서의지정에의하여다만현물로이행한다 맥류와마령서는8월15일전으로기타곡물은12월15일이전으로곡물검사규칙에의하여납부한다 (곡물검사규칙은곡물의품질과건습도에관하여별도로이것을규정한다

현물을납부한농민에게는내용을상기한령수증을발급한다

제3조 농민은징세서에지정한수량의곡물을완납한후에는이여의곡물은자유로판매할수있다

제4조 각인민위원회는곡물수확의25%의현물세이외에는의무적으로곡물을공출시키지못한다

제5조 북조선농림국은금년7월20일이전으로지역별지질별에의한각종곡물의정당수확고에의하여1946년도농업현물세예산안을작성하여북조선임시인민위원회의비준을얻어야한다

제6조 농업현물세적시징수의책임을각도인민위원회장에게위임한다

제7조 식량의수집에관한모든문제와주민에대한식량공급에관한문제를해결하기위하여다음의부서를설치한다

가, 북조선임시인민위원회내에량정부 (식량수급부)

나, 각도인민위원회내에량정부 (식량수급부)

제8조 각도인민위원회위원장은

---

13) 『법령공보』 1947년 증간2호, 6-7쪽.

가, 농업현물세징수의의의와적시납부의의무에대하여농민들에게널리해설하여야한다

나, 금년7월20일이전에

ㄱ, 곡물및마령서창고를준비하되수선과소독및해충구제에특히류의할것이다

ㄴ, 저울가마니한온계삼테기기타모든기구를준비하며

ㄷ, 곡물및마령서의접수와보관에대한경험이있는기술자를선정할것이다

다, 농업현물세징수준비사업 (징수부를작성하며징세서를농민들에게분배하는 공작) 과징세서에의한곡물및마령서의적시납부에대한통계및검열사업을실행하기위하여징세원을사용할것이다

제9조 농림국은금년7월5일이전으로곡물및마령서보관에대한창고준비에관한지시서와곡물및마령서의접수보관에관한규칙을작성하여각도인민위원회에발송할것이다

제10조 각도인민위원회위원장은본결정서의실행여부에대하여일상적으로직접검열하여야한다

제11조 소채원과수원기타잡종지에관하여서는이상에준하여별도로규정할것이다

1946년 6월 27일

북조선임시인민위원회 위원장 김일성

서기장 강량욱

≺« »≻

1946년 7월 5일

위원장김일성비준 북조선림시인민위원회농림국지령제_호[14)]

현물세징수서수교및현물세납부규칙

일, 면위원장이리위원장을경유하여매농호에현물징수서를수교할것 (부칙제1호)

이, 면위원장은리사무원및리위원장과협의한후매농호에대하여납부하여야할곡물, 종류, 수량, 시일, 장소를 규정할것

14) 『법령공보』 1947년 증간7호, 10-11쪽.

삼, 현물세납부진행조직및감독은리위원장에게이를일임함
사, 리위원장은매농호의현물세납부장부를작성하고납입곡물령수증에의거하여기입할것
오, 매농호는현물징수서에지시한수량의현물을일정한기한내에납부하여야할것 (곡물검사규칙에의한포장자재는농민이이를부담함)
륙, 군위원장은보관시설교통사정을고려하여곡물수납장소를결정할것 (원칙적으로1면1개소를설치할것)
칠, 곡물접수소에서는곡물을정확히검근하고필히곡물검사규칙에의한합격품을접수하여령수증을교부할것 (부칙제2호)
팔, 각리위원장은필히현물세및창고규칙을이해하여이를매농호에전달할것
구, 창고책임자및곡물접수요원은면위원장이이를임명함
십, 창고책임자는퇴근시필히당일령수증에의하여수납곡물통계표를작성할 것 (부칙제3호)
십일, 부칙제1, 2, 3호는도위원장이이를준비하여배부할것
십이, 곡물접수소는게시판에곡물접수시일및기타주의사항을게시할것

농업현물세징수통지서 (부칙제1호양식)

주소 도 군시 면
성명

1946년 농업현물세법령에 의하여 하기 곡물징수함을 요함

곡물종류	납부중량	납부기한	적요
	립근[叺斤] ( )	자 월 일	
		자 월 일	
계			

년 월 일 면인민위원장

용지는 복사용으로 하되 원본은 면에 보존케하고 용지의 대소는 여하함 종4촌, 횡5,5촌

(부칙제2호양식)

번호　　　　호　　　　농업현물세령수증
군　　　　면　　　　리
성명

곡물종류	중량 (　입)근

납부　　　　년　　　　월　　　　일
납부장소
우와같이령수함
령수자　　　　인

복사용으로 3통을 작성하여 1통은 본인에게, 1통은 창고책임자, 1통은 면위원장이 보관할것

(부칙제3호)

령수한 수량 (가마니 단위)

곡물명 년월일					총계	비고

1946년 7월 5일
북조선림시인민위원회 농림국장 리순근

-《 》-

1946년 7월 20일

위원장김일성비준 북조선림시인민위원회농림국지령제_호[15)]

과실현물세징수에관한세칙

일, 농경지 (산림, 림야개간지를포함) 를리용하여재식한과수의과실에대하여 현물세를부과한다

15)『법령공보』1947년 증간7호, 13-14쪽.

이, 현물의징수률은생산고의25%로함단국유과수원에대하여는30%로함

삼, 평과수9년생리도수6년생이하및이상각과수노폐원의간작물에대하여는그실정에의하여일반농작물에의한현물세와과실에대한현물세를같이부과한

사, 평과수10년생이상및리도수7년생이상의과수원에대하여는과실의현물세민을부과하고간작물에대한현물세는이를면제함

오, 시면위원장은1개리혹은수개리를구역으로하는과실생산고조사위원회를조직하여야함

륙, 조사위원은평과검사원산업조합역직원농민위원및그지방과수사정에정통한자중에서시면위원장이이를선임하되그인원은5명이상으로함

칠, 조사위원회는그지구내의각생산업자의생산량 (이미수확이끝난부분에있어서는그실수량)을 조사 (부칙제1호) 하여8월말일까지소속지구시면인민위원장에게보고할것

팔, 시면인민위원장은전항보고가정확합을인정하는시에는즉시징수통지서를발부할것 (부칙제2호)

구, 시면인민위원장필요로인정하는시에는직접조사또는조사위원회에재조사를명할수있음

십, 시면위원장이결정한세액에대하여는납부의무자이에불복할수없음
단시면위원장의소정한기한내에는 이의를진술할수있음

십일, 과실의현물세취급은북조선산업조합련맹 (이하대행기관이라칭함) 으로이를대행케함

십이, 현물납부를원칙으로하되지방혹은시기적으로부득이한사정이있다고 시면인민위원장및대행기관에서인정하는시는대금으로납부할수있음전항의대금을납부함에있어서는 그납부당시의시가가좌기표준가격이하인시에는그표준가격으로환산할것이고 납부당시의시가가좌기표준시가이상이될시에는그당시의시가로환산하여야함
각과실의실당표준가격
평과38원 리40원 포도50원 도45원 단기타과물에있어서 그지방사정에의하여시군인민위원회및대행기관의결정하는가격으로함

십삼, 납부하는현물은북조선림시인민위원회평과검사규칙에의한합격품으로하되
일등품3할 2등품7할이상으로함
단품종별에있어서는품종별생산량의비례로함

십사, 포장비는그의공인실비를대행기관으로부터납부자에게이를지불함

십오, 대행기관에서는현물은정확히검사하여령수한후령수증을교부할 것 (부칙제3호)

십륙, 현물의납기는11월말일이내로함

십칠, 현물의납부장소는대행기관이지정하는장소로함

십팔, 시면인민위원회장은현물세의인정결과를9월15일이내로군도인민위원회를경유하여북조신임시인민위원회에보고하여야한다

십구, 대행기관은그의납부상황을시, 면, 군, 도인민위원회를경유하여북조선림시인민위원회에보고하여야한다

이십, 체납자에대한처분에있어서는대행기관의신고에의하여시면위원장이를처분함

이십일, 부칙제1제2제3호양식은대행기관이이를준비하여배부할 것

부칙제1호양식

<table>
<tr><td colspan="5">생산수량조사서</td><td colspan="4">생산조합명</td></tr>
<tr><td colspan="2">주소지</td><td colspan="7">시면 리 번지 평내과수원 평</td></tr>
<tr><td colspan="2"></td><td colspan="7"></td></tr>
<tr><td colspan="2"></td><td colspan="7">계 평내 평</td></tr>
<tr><td colspan="2" rowspan="2">소유자또는
관리자</td><td>주소</td><td colspan="6"></td></tr>
<tr><td>성명</td><td colspan="6"></td></tr>
<tr><td colspan="2">과수원면적</td><td>평
반 무</td><td>원명</td><td colspan="2"></td><td>적요</td><td colspan="2"></td></tr>
<tr><td rowspan="2">종류</td><td rowspan="2">품종</td><td rowspan="2">재식년월</td><td rowspan="2">본수</td><td rowspan="2">면적 평</td><td colspan="2">수간거리</td><td rowspan="2">수확
예상고</td><td rowspan="2">비고</td></tr>
<tr><td colspan="2">횡종</td></tr>
<tr><td></td><td></td><td></td><td></td><td></td><td></td><td></td><td></td><td></td></tr>
<tr><td>계</td><td></td><td></td><td></td><td></td><td></td><td></td><td></td><td></td></tr>
</table>

우와같이[如히]상위[相違]가없음으로자이[玆以]신고함

1946년 월 일

군 면 리

과실생산수량조사위원회 위원장 인

시면위원장 귀하

부칙제2호양식

과실선물세징수통지서

주소		도		시 군		면		동 리
성명				납부장소				

1946년농업현물세법령에의하여하기과실납부함을요함

품종	납 부 중 량 관	납부기한	적요
		자 월 일 지 월 일	관입 상자 관입 입
계			

1946년 월 일 면위원장

용지는복사용으로하되3매작성하여원본은면에보존케하고1부는취급기관에두고본인에게 보내기로함용지의대소는종4촌 횡5.5촌

부칙제3호양식

번호 호

과실현물세령수증

군 면 리

성명

종류	품종	중량 상입 관수

납부 년 월 일

납부장소 OO산업조합

우와같이[如히]령수함

령수자 인

용지대소는 종 4촌 횡5.5촌

복사용으로3통을작성하여1매는본인에게1매는면위원장1매는보관책임자가보관할것

1946년 7월 20일
북조선림시인민위원회 농림국장 리순근

-≪ ≫-

1946년 7월 22일

북조선임시인민위원회결정제46호[16)]

농업현물세에관한결정서위반자처벌규칙

북조선임시인민위원회구성에관한규정제3호의규정에의하여이를공포한다

1946년 7월 22일
북조선임시인민위원회 위원장 김일성
서기장 강량욱

농업현물세에관한결정서위반자처벌규칙

제1조 농업현물세의납부를고의적으로해태하거나타인의납부를방해하는자는이년이하의징역또는그납부하여야할현물의시장가격의3배이상에해당한벌금에처한다

제2조 여러사람이모의하여제1조에해당한행위를한자에대하여는그모의에참여한정도와행위의정도에의하여5년이하의징역에처한다

제3조 여러사람이모의하여폭행이나협박으로서징세원또는검사원의직무수행을방해하였을때에는그참여한정도에따라10년이하의징역에처한다

제4조 곡물보관의책임을맡은자직무에대한부주의또는불성실에의하여보관의삽체[澁滯]혹은보관에대한시설부족으로보관된곡물이나마령서[馬鈴薯]에손해를끼쳤을때에는3년이하의징역에처한다 보관에대한준비의책임을맡은자가그의무를태만하여전항에해당한결과를낼때에는2년이하의징역에처한다

제5조 보관에대한책임을진경험있는기술자가고의적으로그의무를해태하여보관물

16)『법령공보』1947년 증간2호, 23-24쪽.

에손해를끼친경우에는5년이하의징역에처한다

제6조 농업현물세납부수량의기초가될수확고의사정의책임을가진자가사심으로서 정당하지못한사정을하였을때에는5년이하의징역에처한다

농업현물세징수의책임을담당한자가고의로그사무를태만한경우에는2년이하의징역에처한다

곡물검사규칙에의하여검사의의무를가진자가사심으로서정당하지못한검사를 하였을때에는3년이하의징역에처한다

제7조 북조선의식량사정을혼란시켜건국을방해할목적으로제1조제4조및제6조에 해당한행위를하였을때에는2년이상의유기징역에처한다

전항의목적으로제2조제3조에해당한행위를하였을때에는사형무기또는3년이 상의유기징역에처한다

제8조 보관된곡물또는마령서에방화나침수를하였을때에는사형무기또는5년이상 의유기징역에처한다

전조의목적으로방화나또는침수를하였을때에는사형에처한다,

제9조 본규칙은공포한날부터시행한다

(비고) 1946년도11월16일부북조선림시인민위원회결정제110호로제46호본결정서 에대한추가규정이있었다 법령공보제5호참조(편집자)[17]

≪ ≫

1946년 8월 2일

북조선림시인민위원회결정제56호[18]

세무서폐쇄에관한결정서

세무서는과거에있어서일본제국주의의재정팽창을극복하기위하야략탈적인번쇄[煩瑣]한복세제도를규정하고이조세제도를인민에게강요할것을목적으로설치되였든

17) 법령공보를 대조해 볼 때 1946년도 11월 16일은 1946년 11월 18일의 오타로 추정됨. 1946년 11월 18일 북조선림시인민위원회결정제110호, 「농업현물세납입에관한결정위반에대한대책결정서」, 『법령공보』 1947년 제5호, 2-3쪽.

18) 『법령공보』 1947년 증간3호, 8-9쪽.

것이다 그번쇄한복세제도는필연적으로조세부과감시검사등에복잡한기술을요하며 또조세징수사무를강화하지아니하면아니된다 이런문제를해결하기위하야는세무전담기관으로서의세무서의설치가절대적으로필요하였든것이다

해방후각급인민위원회는그 창기[創期]에있어서 세무행정에혼란을야기하야세입 감퇴를초래하야재정에문란혹은파탄을일으킬 우려가있음으로 잠정적으로일본제국주의시대의세무서기구를그대로답습하였든 것이다

그러나기간세종목을정리통합하여조세징수부과사무를간소화함으로써종래의번잡다단[煩雜多端]한세무기술을극복하였으며 타면세무서는지방에있어서인민과유리되는경향을다분히가지고있기때문에강력하고적극적인세무행정을전개치못하였고따라서항상재정수입확보에있어서불안을초래하고있다

이에세무행정기관을통합간소화하며인민과의접촉밑에서민주주의적조세제도를 수립하야세무행정을강화하며재정수입을확보할목적으로세무서폐쇄에관하야좌와 같이[如히]조치한다

기[期]

제1 세무서는1946년8월10일한이를폐쇄한다

제2 각도인민위원회는도재정부세무과를확충하야종래의세무행정을강화할것이다

제3 각군인민위원회에재정과를설[設]하고종래세무서소관이든세무행정과군인민위원회총무과소관의회계사무를이에이관할것이다

제4 각시인민위원회재정과는확충강화하고이에종래세무서소관의세무행정을이관할것이며면은종전과같이[如히]재정계에서세무행정을취급할것이다

제5 도재정부시군재정과및면재정과의조직및그정원수는별표와같이결정한다

제6 각도인민위원회위원장은도재정부장의내신에의하야세무서폐쇄와동시에그세무서직원을심사선발하야도시군면을각급인민위원회관계과혹은계에적정배치할 것이다

도인민위원회위원장은본항직원배치를8월10일까지종료하고그상황을8월15일까지재정국장에게보고할것이다

제7 도시군재정관계직원의임면출척[任免黜陟]은당분간도재정부장의내신에의하야도인민위원회위원장이이를행한다

제8 1946년도세무서에관한예산잔액은도시및군인민위원회세무관계예산으로경정하야집행할 것이다 단시인민위원회에대한예산배부는시재정보조의형식으로

할것이다

제9 각도인민위원회위원장은관내세무서를폐쇄함에제하야사무인계건물비품소모품등일체물건의이관등절차를작성하야세무행정에혼란을야기하지아니하도록만반의조처를할것이다

제10 각도인민위원회위원장은세무서폐쇄와이에수반되는모든사무상황을8월15일까지재정국장에게보고할것이다

1946년 8월 2일
북조선림시인민위원회 위원장 김일성
서기장 강량욱

별표생략

≪ ≫

1946년 8월 5일

위원장 김일성 비준 북조선림시인민위원회재정국포고제11호[19)]

농업현물세실시에반한제세면제에관한건

일, 농업현물세에관한결정서제1항에의하여농업현물세를납부하는농민에한하여좌의세종에대한세금은이를면제한다

개인수익세	(국세)
호별세	(도세)
호별세부가세	(시면세)
호별세부가금	(학교비)
지세	(국세)
지세부가세	(도세)
지세부가금	(시면세)
가옥세	(도세)

19) 『법령공보』 1947년 증간 제6호, 6쪽.

가옥부가세　　　　(시면세)
임야세　　　　　　(도세)
임야세부가세　　　(시면세)

일, 본령은농업현물세에관한결정서공포일부터시행한다

1946년 8월 5일
북조선림시인민위원회 재정국장 리봉수

-≪ ≫-

1946년 8월 12일

위원장 김일성 비준 북조선림시인민위원회 농림국포고제9호 재정국포고제14호[20)]

소채및특용작물기타에대한현물세징수에관한건

농업현물세에관한결정서제11조에대한소채[蔬菜]및특용작물기타에관하여서는좌와같이[如히]규정한다

일, 과수원은별도로규정한다
이, 소채의종류
소채는저류[藷類]를제한일반소채를지칭한다.
삼, 특용작물의종류
특용작물은면, 연초, 마류, 앵속[罌粟], 인삼, 호마[胡麻]기타 (화훼도포함) 공예작물을지칭한다
사, 현물세의결정방법
각도위원장은그관내소채및특용작물의종류별표준수확량과그표준가격에의하여각그지방별전작주요작물의표준수확고및그표준가격에비준하여수납할환산곡물의수량을결정할것이다
소채작의반당표준수확량이500관그표준가격이2,500원이라하면25%즉625원

20) 『법령공보』 1947년 증간7호, 17쪽.

전작주요작물인속의반당표준수확량이1석그표준가격이1,200원이라하면25%즉300원이된다따라서소채작은전작속1에대하여2,08에상당함으로동일한지질에동일면적의전작의현물세가속1석이라하면환산현물세는속으로2석8승에해당한다

오, 현물세의수납방법

소채및특용작물기타에대하여도일반곡물과같이[如히]징세서를발부하여환산곡물로수납할 것이다 농가에부득한형편에의하여현금납부를반드시하여야될때에는시면위원장은현금으로이를수납하여그금액을국고에불입할책임이있다

륙, 수익이있는잡종지에대하여도역시제4항및제5항에준하여적의이를결정수납할 것이다.

1946년 8월 12일
북조선림시인민위원회 농림국장 리순근
재정국장 리봉수

≪ ≫

1946년 8월 12일

북조선림시인민위원회결정제61호[21)]

농업현물세경리사무요강에관한결정서

1946년6월27일부「농업현물세에관한결정서」에의하야실시되는농업현물세에관한경리사무는이요강에의한다

제1조 농업현물세는징수와동시에그소유권은국고에속한다 단그관리는각도인민위원회가그 자체의계산과책임밑에서이를행한다

제2조 북조선림시인민위원회는농업현물세로징수한량곡을필요에응하야각도인민위원회에불하한다

불하가격과량곡배급가격은북조선림시인민위원회가이를결정하되불하가격결

---

21)『법령공보』1947년 증간3호, 16-17쪽.

정에있어서는 양곡배급가격에서징수비운반보관비(징수시로부터배급할때까지)의가공도정비일반관리비를제한금액을기준으로한다

제3조 각도인민위원회는전조의량곡불하가있을시는북조선림시인민위원회의지정하는기한내에그대금을북조선량정부를경유하여재정국에납부하여야한다 도인민위원회는특별한지령이없는한불하대금납부전에는그량곡의도정또는배급을하지못한다

제4조 재정국장은농업현물세실시로인하여폐지되는토지에관한세금중도세시세면세학교비를기정예산액에준하야보급하여야한다

제5조 재정국장은북조선량정부장과협의하여농업현물세에관한수입지출을사정하여북조선림시인민위원회예산에편입할것이다

제6조 각도인민위원회위원장은농업현물세의징수로부터량곡배급에이르기까지의전체수입지출을경리하기위하야특별회계로서「량곡관리회계」를설할 것이다 량곡관리회계의형성은복식부기영업회계식으로한다

제7조 량곡관리회계의범위는다음과같다

수입의부

1, 량곡배급대금

2, 량곡관리에부대되는제잡수입지출의부

3, 국유량곡의불하대금

4, 북조위결제45호「량정부기구결정에관한건」에의하여신설되는기구운영에수반하는인건비기타일반사무비

5, 량정제비

6, 량곡의징수로부터배급에이르기까지의운반및보관비

7, 량곡가공도정비

8, 량곡배급제비

제8조 각인민위원회위원장은전조제4호내지제8호에관한예산(1946년7월1일-1946년12월말)과제4조의폐지되는지방세의세목별기정예산액을편성조사하여8월31일까지북조선량정부를경유하여재정국장에게제출할것이다

제9조 각도인민위원회위원장은농업현물세징수에관하야재정부이하각급인민위원회재정직원을동원협력(겸무시키는등)케함으로써신설되는량정기구의인원을극력절약할것이다

제10조 각도인민위원회위원장은매10일마다시군별징세상황(곡종별)및소재지별(시군별)현재수량(곡종별)을북조선재정국장및량정부장에게각각보고하여야한다

제11조 본요강은공포한날부터실시한다

1946년 8월 12일
북조선림시인민위원회 위원장 김일성
서기장 강량욱

≪ ≫

1946년 9월 5일 [일부]

북조선임시인민위원회결정서제69호 별지[22)]

북조선도시군면리인민위원회에관한규정

제3장 도, 시, 군, 면, 리인민위원회의직무

제16조 도, 시, 군인민위원회는 다음의직무를집행하여야한다

가, 북조선주민의권리와 그들의사유재산을 옹호할것

나, 지방인민위원회와 북조선림시인민위원회의 소유로되어있는 국유재산을 옹호할것

다, 인민의사회적안정과 질서를옹호하며보안기관을 지도할것

라, 북조선림시인민위원회에서 발표하는법령의실시와 상급정권기관에서발표하는기타행정에대한 결의실시를 보장할것

마, 인민위원회가 관리하고있는 지방산업을 회복발전시킬것

바, 지방의교통수단 (철도, 운수, 자동차, 마차, 우차, 강하운수[江河運輸], 통신, 우편, 전보전화)를 회복발달시킬것

사, 지방주민을 도로공사에 의무적으로참가시키며 도로수축사업[道路修築事業]을 지도할것

아, 지방예산안을 작성 채택실행하며 북조선림시인민위원회가 설정한국세및기타세금을 징수할것

자, 인민교육과 북조선림시인민위원회와 도인민위원회의 정책의선전사업을전개할것

---

22)『법령공보』 제47년 증간4호, 1-3쪽.

차, 보건사업을 지도하며 국립병원 치료소망을조직히며 주민에게 의료상원조를할것

카, 도시및기타주택지에 후생과제반시설에관한계획과 도안을강구하며주택건축 수도사업 도시및부락의 청결사업을지도할것

타, 토지및경작지면적조사와 토지개혁법령에 해당하게 토지를옳게사용하며 소유하는여부를감시할것

파, 농업현물세를 징수할것

하, 자연재해 (홍수기타) 과 주민들속에 퍼지는 전염병과의투쟁을 조직할것
(…)

≪ ≫

1946년 9월 5일

북조선림시인민위원회결정제73호[23)]

밀,보리,감자등조기수확물현물세징수에관한 북조선림시인민위원회제2차확대위원회의결정서

북조선임시인민위원회제2차확대위원회는밀, 보리, 감자등조기수확물 현물세징수에관한농림국장리순근의보고를듣고 신중히토론한결과 이것을전폭적으로 찬동하면서 아래와같이결정한다.

일, 농업현물세제의실시는 농민의부담을경감하야 그물질적생활형편을 급진적으로 향상시키며 로동자 사무원의식량을확보하며 산업의발전을촉진하며 재정적기초를확고히하야 북조선의민주주의발전을 추진시키는 중대한의의를 갖는 것이다

그럼에도불구하고 농업현물세제 실시이후 2개월간의 징수성적은 부분적지방을제외하고 대체로 양호하지못하였다는 것을 지적한다

이, 농업현물세 징수과정에서 발견된약점을 다음과같이지적한다

1, 각도인민위원회는 하급인민위원회에대한 장악지도력이부족하다
그러기 때문에 상부의지시가 하부에서완전히집행되지못한다

2, 농업현물세 징수에대한 계획성이결핍하다 각도에서는 미리 경작면적과

---

23) 『법령공보』 제47년 증간4호, 9-10쪽.

예상수확고에대한 기본조사를실시하야 징수서를발급하며 징세기한 징세방법 운반방법 보관등에대한 세밀주도한 계획안의작성이없이 징세사업을 진행하는무계획성을 폭로하였다 특히 강원도에서 수확예상량사정도없이 부락에징세를 일임한 것은 가장 옳지못한처리이다

3, 각도에서는자유주의적경향이농후하야북조선임시인민위원회의통일적지시에위반한사실이있다특히함남에있어서징수위원회를조직하야응당인민위원회가하여야할사업을징수위원회로하여금하게한사실은그중에서가장옳지못한처리이다

4, 급인민위원회는 관료주의적경향이농후하야 일꾼들이 책상머리에앉어서 명령만할줄알고 직접대중속에들어가서 자기가내린 명령의집행여하적부등을 검토검열할줄모른다

5, 농업현물세에대한 선전사업이 불충분하야 아즉도 농민중에는 과거왜정하의공출과 현물세와혼동하는경향이있어 경작면적 수확고의허위보고 세납의태만등의 사실이있다

6, 각급인민위원회내부에는 아즉도 비민주주의내지반 민주주의적반동분자 동요분자태업분자등이 침입하여 징수사업을방해하고 또는태업하고 있다 (특히 함남 평북)

삼, 금반실시한 조기수확물에대한 현물세징수는 농업현물세제 창설이후 첫사업으로앞으로의 해징세사업에대한 토대가되는 중대한의의를갖는 것이다 그러므로 현물세징수의 결정적시기인 추수기를앞두고 더욱징세의만전을 기하기위하야이상의약점에빛우어 각급인민위원회는 아래와같은임무를 수행하여야한다

1, 자유주의적경향을 절대배격하고 하부기관은 상부기관의지시를정확하게 또소정의기간에 완수하여야한다 그러기위하야 상부기관은하부기관에대한 장악지도를강화하며 하부기관은 상부기관에대하여 항상보고및연락을 긴밀히하여야한다

2, 반드시 주도세밀한 징수계획안을작성하야 그계획을정확하게 수행하며 일상그검열사업을 게을리하지않아야한다

3, 일절관료주의적행동은 우리인민의정권을 좀먹는이적행위라는것을 알어야한다 인민위원회의일꾼들은 충실한인민의복무자로서 대중속에들어가서 사업할줄알어야한다

4, 각급인민위원회 내부에 침입한 비민주주의내지내지반민주주의적반동분자

및태업분자들을 대중앞에폭로하야 속히기일내에숙청하여야한다

5, 각정당 사회단체 및기타열성분자들을 동원하야 농업현물세에대한 선전사업을 가강히전개하여야한다

6, 아즉까지 완수하지못한 밀, 보리, 감자등 조기수확물에대한징수를 9월20일까지완료하여야한다

7, 현물로징수하기 곤란한감자는 다른잡곡으로대용징수하여도 무방하다

8, 추기수확물에대한 현물세징수를위하야

가, 징수서를 9월15일 (함남함북은 9월25일) 까지발급완료할것

나, 창고 포장재료 계량기 운반수단의준비 철로의수선등의 철저를기할것

1946년 9월 5일

북조선임시인민위원회 위원장 김일성

서기장 강량욱

—≪ ≫—

1946년 9월 11일

북조선림시인민위원회 농림국포고제10호 재정국포고제16호[24)]

면화,아마및소채의현물세징수에관한건

북조선림시인민위원회농림국포고제9호및재정국포고제14호로써공포한소채및특용작물에대한현물세징수규정중면화아마및소채에대하여는환산곡물또는현금수납제를페하고각그실물로써현물세를징수하기로이를변경한다

단, 소채현물세징수시기및방법은별로이를지시한다

1946년 9월 11일

북조선림시인민위원회 농림국장 리순근

재정국장 리봉수

—≪ ≫—

24)『법령공보』1947년 증간7호, 18쪽.

1946년 9월 26일

북조선림시인민위원회결정제85호[25)]

농업현물세로징수한곡물에대한불하및배급가격에관한결정서

1946년 6월 27일부『농업현물세에관한결정서』에의하여 징수한곡물에대한 불하및배급가격을 별표와같이결정한다

1946년 9월 26일
북조선림시인민위원회 위원장 김일성
서기장 강량욱

별표 곡물의가격표 (단위1석당저류는1관당)

품종	배급가격	불하가격	1석당중량
	원	원	
갱천[粳籼]	356, 00	250, 00	108
점천[粘籼]	378, 00	272, 00	108
갱백미[粳白米]	750, 00	538, 00	150
점백미[粘白米]	815, 00	603, 00	150
대맥[大麥]	306, 00	179, 00	105
라맥[裸麥]	434, 00	253, 00	135
정맥[精麥]	548, 00	326, 00	135
흑맥[黑麥]	405, 00	193, 00	126
소맥[小麥]	563, 00	350, 00	135
연맥[燕麥]	144, 00	80, 00	82
교맥[蕎麥]	367, 00	240, 00	102
정교맥[精蕎麥]	650, 00	438, 00	132
속[粟]	189, 00	172, 00	113
정속[精粟]	363, 00	351, 00	144
패[稗]	147, 00	88, 00	81
정패[精稗]	563, 00	351, 00	129
서[黍]	315, 00	188, 00	117
정서[精黍]	563, 00	351, 00	141

25) 『법령공보』 1947년 증간4호, 17-18쪽.

촉서[蜀黍]	393, 00	155, 00	120
정촉서[精蜀黍]	487, 00	275, 00	141
옥촉서[玉蜀黍]	450, 00	238, 00	132
대두[大豆]	473, 00	260, 00	135
소두[小豆]	600, 00	388, 00	147
록두[綠豆]	735, 00	523, 00	144
마령서[馬鈴薯]	1관당 5, 65	4, 75	
감자[甘藷]	1관당 10, 20	9, 30	

곡물의가격표 (단위1석당단저류는1관당)

≪ ≫

1946년 10월 1일 [일부]

북조선림시인민위원회결정제88호[26)]

북조선토지개간법령

북조선림시인민위원회구성에관한규정제7조의규정에의하여이를공포한다

1946년 10월 1일
북조선림시인민위원회 위원장 김일성
서기장 강량욱

북조선토지개간법령

제5조 개간의허가를얻은자에게는 그의사회신분과 자산의유무와 개간지의호불호에불구하고경작한년도부터 3년간일절조세를면제한다 (...)

26)『법령공보』1947년 증간4호, 22-23쪽.

1946년 10월 5일

북조선임시인민위원회 결정 제96호[27)]

물품세법

북조선림시인민위원회 구성에 관한 규정 제7조의 규정에 의하야 이를 공포한다

1946년 10월 5일
북조선림시인민위원회
위원장 김일성
서기장 강량욱

물품세법

제1조 좌기의 물품에 대하야는 본법에 의하야 물품세를 부과한다.

일. 양말
이. 메리야스
삼. 타올
사. 군대장갑
오. 직물
륙. 치마분[齒摩粉]
칠. 화장품
팔. 비누
구. 샴푸 및 세분
십일. 성냥
십이. 가구
십삼. 양화 및 트렁크류
십사. 유기
십오. 아루미늄제품

27) 『로동신문』 1946. 10. 8. 「물품세를 국세로 변경」, 국사편찬위원회 엮음(2000), 『북한관계사료집 33』(과천: 국사편찬위원회), 263-265쪽.

십륙. 소독저
십칠. 목제분
십팔. 석재 및 석공품
십구. 황금태[黃金飴], 엿
이십. 포도당
이십일. 햄, 쏘세이지 기타 훈제육류 및 어류
이십이. 관[罐], 병[甁], 호[壺] 기타 류사의 용기에 넣은 식료품(통조림, 병조림)
이십삼. 지
이십사. 식초초
이십오. 식용유
이십륙. 가성소다
이십칠. 화학비료
이십팔. 양촉[洋燭]
이십구. 귀금속세공품
삼십. 고무화 및 기타 고무제품
삼십일. 골패
삼십이. 중요 수산물
1. 생명태 2. 건명태 3. 염명란 4. 고등어 5. 청어 6. 조구 7. 방어

제2조 물품의 세률은 다음과 같이 규정한다.

일. 양말	생산자 판매가격 백분지 20
이. 에리야스	〃
삼. 타올	〃
사. 군대장갑	〃
오. 직물	〃
륙. 치분	〃
칠. 화장품	〃
팔. 비누	〃
구. 샴푸 및 세분	〃
십. 카바이트	〃
십일. 성냥	〃

십이. 가구 〃
십삼. 양화 및 트렁크류 〃
십사. 유기 〃
십오. 아루미늄 제품 〃
십육. 소독저 〃
십칠. 목제분 〃
십팔. 석재 및 석공품 〃
십구. 황금태[黃金飴], 엿 〃
이십. 포도당 생산자 판매가격 백분지 20
이십일. 햄, 쏘세이지 기타 훈제육류 및 어류 〃
이십이. 관[罐], 병[甁], 호[壺] 기타 류사의 용기에 넣은 식료품 (통조림, 병조림류) 백분지 20
이십삼. 지 생산자 판매가격 백분지 10
이십사. 식초
이십오. 식용유
이십륙. 가성소다
이십칠. 화학비료
이심팔. 양촉[洋燭]
이십구. 귀금속세공품 생산자 판매가격 백분지 50
삼십. 고무화 및 기타고무제품 생산자 판매가격 백분지 100
삽십일. 골패 생산자 판매가격 백분지 150
삼십이. 중요 수산물 생산자 판매가격 백분지 10
1. 생명태 2. 건명태 3. 염명난 4. 고등어 5. 청어 6. 조구 7. 방어

제3조 물품세는 전조 제1호 내지 제31호의 물품에 대하야는 제조장으로부터 제출한 물품의 가격에 응하야 제조자로부터 징수하며 제32호의 물품에 대하여서는 수산조합 또는 중요 수산물 통제조합으로부터 판매한 물품의 가격에 응하야 수부조합 또는 중요 수산물 통제조합으로부터 이를 징수한다.

제4조 본법령에 의한 과세물품을 보세지역으로부터 인취[引取]하는 자는 제조자로 인정한다.

제5조 제3조 및 제4조의 납세의무자는 매월 그 제조장으로부터 반출 또는 판매

한 물품종별 수량 및 가격을 익월 5일까지 소관 시 · 군인민위원회 위원장에게 신고하여야 한다.

신고서를 제출하지 않거나 또는 시 · 군인민위원회 위원장이 신고를 부적당하다고 인정할 때에 □□□□□□□□□□□을 결정한다.

제6조 물품세는 매월분을 익월 24일까지 납부하여야 한다.

제7조 물품세의 납세 의무자는 좌기 사항을 기장하여야 한다.

일. 수입한 재료, 사용한 재료의 종류 · 수량 · 가격 및 수입 또는 사용한 일자

이. 제조한 물품의 품명 · 수량 · 제조일자

삼. 반출 또는 판매한 품명 · 수량 · 가격 및 반출 또는 판매한 일자

제8조 관계 직원은 과세물 제조업자 등에 대하야 □문 · 검사할 수 있다. 그러나 강 □□□□□□□□□□□ 에는 반드시 □□□□ 가치하여야 한다.

제9조 사기 기타 부정행위로 인하야 물품세를 탈세하거나 또는 탈세하려는 자는 2년 이하의 징역에 처하던가 탈세한 또는 탈세하려던 세액의 5배 이하의 상당한 벌금에 처한다.

제10호 좌기 각호에 해당하는 자는 3천원 이하의 벌금에 처한다.

일. 제5조의 규정에 의한 신고를 제출치 않거나 신고를 태만한 자

이. 제7조의 규정에 의한 기재를 태만하거나 기만하거나 또는 장부를 은닉한 자

삼. 제8조의 규정에 의한 관계직원의 □□□□□□□□□□그 하거나 또는 기□무의 집행을 거부 방해 또는 기피한 자

제11조 제9조, 제10조에 위반한 자는 시 · 군인민위원회 위원장이 범칙사실을 심리한 후 조서 · 의견서 및 증거품을 첨부하여 검사의 승인을 얻어 인민재판소에 회부한다.

제12조 도 · 시 · 군 · 면 기타 공공단체에서는 물품세의 부가세를 부과할 수 없다.

부 칙

본법은 1946년 10월 10일부터 시행한다. 종래 지방세이던 본물품세는 1946년 10월 10일부터 국세로 변경한다.

≪ ≫

1946년 10월 18일 [일부]

북조선림시인민위원회결정제99호[28]

「북조선도 시 군 면리인민위원회에관한규정실시요강

북조선인민위원회구성에관한규정제7조에의하야이를공포한다

1946년 10월 18일
북조선림시인민위원회
위원장 김일성
서기장 강량욱

북조선 도 · 시 · 군 · 면 · 리

제2장 도행정

제12조인위규정제8조에의거하야각기행정부는다음과같이그사무를분담한다

다, 재정부에는사계과세무과관재과회계과를둔다

이, 세무과에서는다음의사무를장리한다

1, 직세간세지방세의부과징수에관한사항

2, 세외제수입및제대대금에관한사항

3, 지적에관한사항

4, 주류에관한사항 (...)

파, 량정부

량정부에는수납과배급과관리과회계과를둔다

일, 수납과에서는다음의사무를장리한다

1, 농업현물세에관한사항 (...)

사, 회계과에서는다음이사무를장리한다

1, 현물세령수증발행에관한사항

2, 현물세징수회계에관한사항

---

28) 『법령공보』 1946년 제3호, 2-13쪽.

3, 곡물배급회계에관한사항
4, 곡물운반가공보관자재등일반사업회계에관한사항
5, 량곡관리특별회계에관한사항 (...)

제3장 시행정

제16조 인위규정제9조에의거하야인민위원회각그행정부는다음과같이그사무를 분담한다 (...)

다, 재정과에는부과계, 징수계, 관재계경리계를둔다

일, 부과계에서는다음의사항을분장한다

1, 시세부과에관한사항
2, 사용료수수료기타세의제수입의조정에관한사항
3, 제세명기장및지적약도에관한사항
4, 세원조사에관한사항
5, 현주조사에관한사항
6, 재무에관한제증명에관한사항

이, 징수계에서는다음의사무를분장한다

1, 국세도세및시세징수에관한사항
2, 사용료수수료기타세제수입에관한사항
3, 납세시설에관한사항
4, 체납처분에관한사항
5, 징수처분촉탁및수탁에관한사항 (...)

바, 량정과에는수납계, 배급계, 조사계, 검사관리계를둔다

이, 수납계에서는다음의사무를분장한다

1, 농업현물세에관한사항 (...)

제4장 군행정

제20조 인위규정제10조에의거하야군인민위원회행정사무분장은다음과같다

다, 재정과에는세무계, 감리계, 경리계를둔다

일, 세무계에서는다음의사무를분장한다

1, 직세에관한사항
2, 간세에관한사항
3, 징수에관한사항 (...)

—≪ ≫—

1946년 10월 19일

북조선림시인민위원회결정제98호[29)]

영업세과세종목추가에관한결정서

북조선림시인민위원회구성에관한규정제7조에의하야상업및공수영업에대한과세절차지도서의상공영업과세표준중에좌의영업종목을추가하기로결정한다

기

십칠 출판업

십팔, 영화배급업

십구, 전기공급업

이십, 와사공급업

이상영업에대하야는

3등급 2만원까지 2등급 2만원초과액 1등급 10만원초과액	수입금액의 천분지10

이십일, 금전대부업

이상영업에대하야는

3등급 5천원까지 2등급 5천원초과액 1등급 1만원초과액	수입금액의 천분지75

이십이, 창고업

이상영업에대하야는

3등급 2만원까지 2등급 2만원초과액 1등급 10만원초과액	수입금액의 천분지15

이십삼, 보험업

29) 『법령공보』 1946년 제3호, 1쪽.

이상영업에대하야는

3등급 2만원까지		
2등급 2만원초과액	수입금액의	천분지3
1등급 10만원초과액		

이십사, 변호사업

이십오, 계리사업

이상영업에대하야는

3등급 5천원까지		
2등급 5천원초과액	수입금액의	천분지13
1등급 만원초과액		

본결정은1946년제2기분부터소급실시한다

1946년 10월 19일
북조선림시인민위원회 위원장 김일성
서기장 강량욱

≪ ≫

1946년 11월 8일

북조선림시인민위원회결정제108호[30)]

현물세완납렬성대운동에대한결정서

각도의현물세징수사업이지지부진함에감하야각도가이징수사업을소정한기한내에완수하도록하기위하여현물세완납열성대운동을전개할것을다음과같이결정한다

일, 각도인민위원장은소정한기한내에현물세징수사업을완수하기위하야각정당사회단체의방조를얻어서11월15일까지소관각시군면리에현물세완납열성대

30) 『법령공보』 1946년 제5호, 1쪽.

를조직할것이며구체적인계획을수립하야이열성대운동을전개시킬것이다

이, 각도민위원장은각시군면리의실정에비추어각부락에열성대원을배치하되매개대원으로하여금기호농가식책임완납시킬책임제를시행할것이다

삼, 각도인민위원장은곡물검사원의적정배치와포장자재의조달에완벽을기함으로써본열성대운동에지장이없도록할것이다

사, 각도인민위원장은가장공정하고정확한25%에해당한현물세징수의철저를기할것이며이열성대운동을통하야가장적실한생산고를알아내는동시에하급인민위원회에대한검열사업을강력하게전개할것이다

오, 각도보안부장각도검찰소장은현물세징수사업의철저적완수를위하야소유의전력량을총동원할것이다

륙, 이징수사업의원활을기하기위하야교통국장허남희동지와교통국송성실동지에게량곡및포장자재의우선수송의책임을부과시킨다

칠, 각급인민위원장은현물세징수상필요할시에는무상으로수시우마차및화물자동차등을동원시킬 수 있다 단사료와연료대만은납세자의부담으로한다

팔, 이열성대운동올강력하게검열지도하기위하야아래의동무들을각도에파견한다
리순근동지최용달동지장해우동지현칠경동지임해동지문회표동지

구, 각급인민위원장은본현물세완납열성대운동을전개함과동시에소비조합의양곡수매사업을방조하며고공품[藁工品]생산장려와추경운동을전개할것이다

1946년 11월 8일
북조선림시인민위원회 위원장 김일성
서기장 강량욱

≪ ≫

1946년 11월 18일

북조선림시인민위원회결정제110호[31]

농업현물세납입에관한결정위반에대한대책결정서

농업현물세납입에관한결정을위반하는자에대한조치를강화하기위하야1946년7

31) 『법령공보』 1947년 제5호, 2-3쪽.

월22일북조선림시인민위원회결정제46호「농업현물세에관한결정위반자처벌규칙」에첨가하야다음과같이결정한다.

농업현물세납입에관한결정위반에대한대책결정서

일, 매개농민들은타곡한량곡중에서현물세를우선납입하여야한다.
현물세를완납하기전에는곡물을방매하는것을금지한다.
단현물세완납에대한시면인민위원장의증명서가있는농민에게한하여는곡물방매를허가한다.
전항의증명서가없이방매하는자의곡물은량정기관이이를몰수하여지정한창고에보관한다.

이, 소정기일내에현물세를완납하지아니한자에대하여는연체일매일에대하여미납곡물에대한부과수량의0,5파센트식을계산하야현물세체납배상을받는다.
예 속을완납하고조는부과식량합십석중8석을미납하였을시는율은체납배상이없고조는체납1일에대하야부과량십석의0, 5파센트식을배상으로받는다.
연체기간은15일을넘지못하며이기간경과후에도완납하지아니한자에대하여는미납현물세징수를보안기관에서강제집행하고당해자는인민재판에부한다.

삼, 농업현물세를적게납입할목적으로서파종면적과수확량을기만하여징세사업을혼란케한농민에게대하야는정상을참작하야실수확량의50파-센트까지몰수한다.
단 자기과오를자백한자에대하야는실수확량의25파-센트상당수량까지만추징한다.

1946년 11월 18일
북조선림시인민위원회 위원장 김일성
서기장 강량욱

≪ ≫

1946년 11월 25일

북조선림시인민위원회결정 제114호[32)]

1946년도 세금징수대책에 관한 건

북조선림시인민위원회와 각도인민위원회의 예산을 통산하야 9억2천8백만원의 세출에 대하야 조세수입액이 총액 2억8천5백만원으로서 63%의 큰 비률을 가지고 있다.

국가재정운영 상 세금징수 여부가 이렇듯 중요한 문제임에도 부구하고 별표에 표시된 바와 같이 십월 말일 현재의 세금징수율은 67%로서 좋지 못한 성적이다 이에 조세수입을 확보함으로써 1946년도 예산집행에 지장을 초래하지 아니하도록 하며 나아가서 1947년도 재정을 튼튼히 준비하기 위하야 세금징수사업을 전면적으로 전개할 것을 좌와 같이 결정한다.

제1, 각 도인민위원회에게 1946년 12월 말일까지 별표 세금징수상황을 12월 1일부터 매 5일마다 전보로 재정국에 보고하며 그 징수된 국세금액은 그때마다 중앙은행에 불입할 것을 명한다

제2, 각도 인민위원장은 각 정당 사회단체의 적극 협력을 요구하야 세금징수사업을 힘차게 전개할 것이며 일방 각 시 군 면 인민위원회에 대하야 세금의 조정부과 및 상태를 늘상 강력히 검열할 것이다

제3, 사법기관 보안기관은 재정기관에 적극 협력하야 본 운동을 조해[阻害]하는 온갖 악질분자 및 세금체납자의 단속 처벌을 가강[加强]할 것이다

제4, 선전부장은 각 언론 출판기관을 총동원하야 인민의 납세의식에 대한 인식을 제고시키며 본운동의 취지를 전체인민에게 삼투[滲透]시키기 위한 선전해설사업을 전개할 것이다

제5, 재정국장은 도 이하 각급 인민위원회의 세금징수사업을 지도 독려하며 특히 그 검열사업을 강력히 실시할 것이다

1946년 11월 25일

---

32) 국사편찬위원회 엮음(1987), 『북한관계사료집 5』, 423쪽.

북조선림시인민위원회
위원장 김일성
서기장 강량욱

—≪ ≫—

1946년 11월 25일

북조선림시인민위원회 결정 제116호[33)]

물품세법개정의 건

10월 5일부 결정 제96호 물품세법 좌와 같이 개정한다

제1조 및 제2조의 32호 중요수산물 괄호내의 「2 건명태」를 삭제한다

제3조 물품세는 전조 제1호 내지 제3호의 물품에 대하야는 제조장으로부터 반출한 물품의 가격에 응하야 제조자로부터 징수하여 제32호의 물품에 대하야는 생산지구 수산조합으로부터 이를 징수한다

제4조 본법에 의한 과세물품을 국외로부터 수입하는 자는 제조자로 인정한다

제5조 제3조의 납세의무자는 매월 반출 또는 판매한 물품종별 수량 및 가격을 익월 5일까지 소관시군인민위원회 위원장에게 신고하여야 한다

제4조의 납세 의무자는 국외로부터 수입하는 때마다 수입물품종별 수량 및 가격을 소관 세관장에게 신고하여야 한다

제6조 물품세는 제3조의 납세의무자는 매월분을 익월 20일까지에 제4조의 납세의무자는 인취[引取]하는 때마다 납부하여야 한다.

북조선림시인민위원회 위원장 김일성
서기장 강량욱

—≪ ≫—

33) 정경모 · 최달곤 엮음(1990), 『북한법령집 3』(서울: 대륙연구소), 125쪽.

1946년 11월 26일

북조선림시인민위원회결정 제120호34)

추기수확물징수에 관한 북조선림시인민위원회 제3차확대위원회 결정서

북조선림시인민위원회 제3차 확대위원회는 추기수확물 농업현물세 징수에 관한 농림국장 리순근 동지의 보고를 듣고 진중히 토론한 결과 아래와 같이 결정한다.

일. 북조선의 모-든 민주건설에 있어서 절대적 조건이 되는 세곡을 어김없이 확보하기 위하야 각급인민위원회는 농업현물세완납운동을 더욱 강화추진함으로써 농업현물세전체예산량의 징수사업을 소정한 기일내에 승리적으로 완수하여야 한다.

이. 각급인민위원회는 농업현물세징수곡물에 대한 보관사업을 엄밀히 하는 동시에 전인민에게 일치협력하야 보관의 임에 당하여야 한다는 경각성을 제고시킬 것이며 또한 보안기관은 있는힘을 다하야 이에 대한 경비감독을 책임지고 끝까지 수행하여야 한다.

삼. 각급인민위원회는 현물세징수사업에 있어서 일부농민들을 부정당한 것이 않이라 정당한 길로 지도하야 현물세에 대한 정확한 수량을 빠짐없이 다 징수하야 국가건설에 기초를 공고히 하여야 한다.

사. 각급인민위원회는 이 현물세징수사업을 통하야 나타난 바 내부에 잠재하고 있는 반민주주의적 반동분자 및 태업분자들을 시급히 숙청하여야 한다

오. 소채현물세[蔬菜現物稅]는 11월 말일까지, 면화·아마[亞麻] 등 특용작물에 대한 현물세는 각 기 소정한 기일내에 그 징수사업을 완수하여야 하며 부패 등 손실이 없도록 특히 취급에 류의하여야 할 것이다.

륙. 각급인민위원회는 현물세징수사업과 아울러 비교적 현물세부과율이 경하게 된 평야지대를 중심으로 한 현물세계획초과운동을 대중적으로 활발하게 전개함으로써 농민들의 애국심을 제고시켜 자율납부하는 운동을 대대적으로 진행할 것이다.

---

34) 국사편찬위원회 엮음(1987), 『북한관계사료집 5』, 425-427쪽.

칠. 각급인민위원회는 소비조합의 량곡수매사업을 적극방조하여서 1947년 1월 말일까지 계획수량의 수매완수를 달성케 하기 위하여 「가마니 · 색기 · 창고 · 수수」 등의 편의와 조달을 해줄 것이다.

팔. 각급인민위원회는 국가건설을 좀먹는 식량낭비를 방지하기 위하야 총력량을 다하야 민족적으로 식량절약운동을 강력하게 전개할 것이다. 이러하기 위하야 식량절약운동 및 유령인구 및 2중수배자 처벌규정초안을 오는 11월 말일까지 작성할 것을 북조선림시인민위원회 량정부장 문회표 동지에게 지운다.

구. 각급인민위원회는 북조선림시인민위원회 량정부장의 지시가 없는 한 현물세징수량곡은 물론 소비조합의 수매량곡까지지도 임의로 이동 · 도정 · 소비를 하지 못한다.

십. 각급인민위원회는 곡물의 운반 · 보관을 원활히 하기위하야 고공품[藁工品] 생산독려운동과 명년도 량곡증산을 보장하기 위한 추경운동을 힘있게 전개할 것이다.

십일. 함경남도인민위원장 문태화 동지와 강원도인민위원장 최봉수 동지는 업무에 태만한 것을 지적하면서 문책처분을 주며, 함경남도농산부장 주문정은 직권을 남용하여 현물세징수수량을 임의로 감면한 사실이 확실함으로 파직시킨다. 리원군 리원면 문리 농민위원장 리성국외 3인과 영흥군 진평면인민위원회 총무계장과 고원군인민위원장 조흠교와 영흥군 진평면 룡천리위원장 박태헌과 장진군 서한면 류표리 류영학 등의 보고서에 지적한 불순분자들을 각각 처벌할 것을 함경남도인민위원장에게 지시한다. 평강군위원장과 동농산과장과 진양군인민위원장과 동농산과장외 동농산과장외 보고서에 지적한 불순분자들을 각각 처벌할 것을 강원도인민위원장에게 지시한다.

십이. 각도인민위원회는 불순분자의 처벌상황을 12월 15일내로 북조선림시인민위원회에 보고 보고할 것을 각각 책임을 지운다.

1946년 11월 26일

북조선임시인민위원회 제3차 확대위원회

≪ ≫

1946년 11월 29일

북조선림시인민위원회위원장 김일성 비준 북조선림시인민위원회량정부포고제3호[35)]

농업현물세량곡접수및보관에대한추가지시

농업현물세는완납기일수순을앞으로남기고북조선의전체농민의완납필수의열성은극도로고조되어있으며따라서접수원들도불철주야하고접수에전력량을다하고있다그런데완납필기와접수돌파에몰두하는반면에가장중대한수납후의보관문제에대하여서는너무도등한시하는경향이적지않기때문에금후보관상불가항력으로생기는주관적객관적모든제조건들을고려하고지난7월3일에발표한곡물보관에대한세칙에추가하야다시다음과같이추가지시한다

일, 검사실시에대하여

1, 곡물의검사에있어서는수차그의의를강조하고있음에도불구하고지방에있어서는군혹은면인민위원회정당사회단체가총동원하여완납운동에참가함에있어서곡물의품질이나포장재료가검사규격에비추어용인할수없는격외품임에도불구하고이를검사강요하는경향이적지않다이는수납후의변질운송중도의손실을전연생각지못한소행이므로반드시검사규격에맞도록로력하는동시에검사의근본의의를몰각[沒却]치않도록다시금강조하는바이다

2, 검사원들이검사한량곡이습기과다 이품종의혼입 조제불량 가마니고품[古品]사용 결박색이과세[過細]한것도적지않다
금후이유여하를불구하고검사규격에비추어엄격하게제정검사하여야한다

이, 창고에입고하는량곡에대하여

1, 고상[庫床]은어떠한구조를물론하고건조한양곡을3촌이상을깔고그우에「발판」을놓고정적[正積]하는것을원칙으로할것

2, 각지의입고상황을보건대태반은무질서하여난잡하게산적[散積]하였기때문에재고수량을계산할수없으며만일책임자의이동이있을경우에는무용한시간과경비를허비하여다시계산치않으면안될실정에있다 이는창고책임자가자기의임무를전연몰각한일종태업으로발생되는사실이다시급히다시정적하여야한다

---

35)『법령공보』1947년 증간8호, 3-4쪽.

3, 정적방법은질서정연하여야할것이며곡물보관세칙에명시한사항을엄수실행할뿐만아니라창고100평이상에한하여는중앙에다십자의통로를남길것

4, 창고정문에는기도를통한창고번호판과책임자의주소씨명을기재한문찰을부치고정문안에는반드시출입고상황과현재고를기입하는「가-드」를달아둘것

삼, 야적하는경우에는

1, 위치는곡물보관에대한세칙에명시한바와같이인가에서50미돌은상거시킬 것

2, 야적위치의배치는야적예상량과구내를측량하고한무지에정적할수량을결정하고갑[甲]무지와을[乙]무지와에거리는적어도10미돌이상으로하고그주위에는반드시15도내외의완경사를가진소구를둘것

3, 적상[積床]은지대에따라적선성토한후인곡을3촌이상깔고그위에다「발판」을놓을것

4, 적고[積高]는곡물보관세칙에의할것이다특히형상은60도이상의급경사로하여고의적방화투물이적체상에걸처있지않도록류의할것

5, 「집웅」 은고고[藁苫]의(미눌)을1척내외의거리를확보하도록하고 곱새는완전히씨우고물새지않도록하는동시에폭풍에도빠서지지않도록장승[張繩]할것

6, 야적장소별로무지를표시하는번호판과현재수를표시하는「가-도」를보기좋은장소에다라둘 것

사, 창고와야적에대한설비는

1, 1구내2개소이상의창고및야적이있을경우에는경비실또는사무실에최소한도다음과같이비품을비치할것

1, 소방용까꾸리는10본내외

2, 바게쯔는10개내외

3, 삽은5본내외

4, 광이는5본내외

5, 한란계[寒暖計] 형기 색대 기[箕]는각1개이상

6, 물탕크는장내를통하여적당히배치할것

7, 소방사는물탕크주위에적당량을퇴적하여둘것

8, 제(사다리)는1개이상

단1구내1개창고있는경우에는상기의종류의적당한수량을창고에비치할것

오, 창고및야적구내에대한경비는

1, 주위에는반드시구내의한계를명시하기위하여창고및야적「무지」로부터원칙적으로20미돌이원의 거리에다 4척간격의철소오본의본책 (철선이없으면경

사분이상의고승[菰繩]도무방함) 을설치할것

2.구내에 하수도의설비가 무한 경우에는주위의조건이허하는한 저수지 (경2미돌반심2미돌) 를파고상시로 얼지않도록 (지상에다태목을깔고초연을펜후인곡을얼지않을정도까지퇴적함) 저수에로력할것.

3, 구내가광범하여전체조명키 어려운 경우에는 요소에전등을가설할것

4, 경비원은 보안대와 자위대원으로 조직하되구내의보관수량에의하여 주야2교대제로 감시 부족없도록인원을배치할것

5, 감시는구내정황에따라사변에간역한감시초를설치하고정각적으로 피차진로를취할것이며 특히 대규모의보관장소에는주야불문하고정문에보초를세울것

륙, 기타주의할사항은

1, 창고구내에는직접창고에볼일없는사람은출입을엄금할것

2, 창고구내에설치하고있는인민위원회식량배급소는즉시다른장소로이전할것

3, 창고에는도인민위원회위원장의허가없는현물세이외의양곡은일절입고치말것

4, 면량정계직원에게창고책임자를겸임시키고있는곳은지급전임창고책임자를임명배치할것

1946년 11월 29일

북조선림시인민위원회 량정부장 문희표

≪ ≫

<u>1947년 1월 27일</u>

북조선림시인민위원회결정제166호36)

과실현물세체납및탈세자처벌에관한결정서

북조선림시인민위원회구성에관한결정제7조에의하여이를공포한다.

1947년 1월 27일

36) 『법령공보』 1947년 제16호, 4쪽.

북조선림시인민위원회위원장 김일성
서기장 강량욱

현물세납입기일이경과하였음에도불구하고과실현물세납부성적이부진함에감하야북조선림시인민위원회는다음과같이결정한다

일, 각도인민위원회장은과실현물세를본년2월20일까지완납시켜야한다

이, 과실현물세를아직납부하지아니한자와탈세행위로서아직납부하지아니한자는 본년2월20일까지완납하여야한다

삼, 우기일까지완납하지아니한자는해세액의배액에해당한벌금을과하며탈세한자는인민재판에회부하야엄중처벌한다

사, 탈세를묵인하거나조사하지않고2월20일을경과시킨해당인민위원장과산업조합장은처벌한다

≪ ≫

1947년 2월 18일 [일부]

북조선인민회의에관한규정[37)]

제6조 인민회의는다음의 문제들을 해결하는 권한을 가진다.

4. 국가의 통일적 예산안 세납안및수입안의 승인 (...)

≪ ≫

1947년 2월 27일

북조선인민위원회법령제2호[38)]

북조선세금제도개혁에관한결정서

북조선인민위원회에관한규정제4조에의하여이를제정공포한다

37) 『법령공보』 1947년 제20호, 5-6쪽.

38) 『법령공보』 1947년 제21호, 3-10쪽.

1947년 2월 27일
북조선림시인민위원회 위원장 김일성
사무장 한병옥

북조선세금제도개혁에관한결정서

일본제국주의는 조선을그의식민지로강점한이래 다른모든착취방법과더부러가렴주구적인세금제도로서 조선인민을착취하였다

1945년도이전에는 국세, 도세, 시면세를합하야 58종목의고률의세금이있었으며 그중에심한 것은 소득세와호별세및그부가세를합하야 최고로소득액의86%대에까지달하였든 것이다 뿐만아니라 조선총독부직속의세무기관을설치하고 그러한복잡하고도고률인식민지적세금제도를 강력히집행하였든것이다

이제본위원회는 재정국장리봉수동지의 재정에관한보고를듣고 이것을옳다고인정하면서 세금제도에있어서의 일본제국주의잔재를완전히청산하며 동시에새로히 인민들의부담을공정히하며 인민경제부흥과 사회문화발전의재원을 조성할수있는 민주주의적세금제도를 수립할목적으로 아래와같이결정한다

제1조 북조선에거주하는인민들과 북조선에서사업하는단체들은 각자수입과능력에의하야 다음에렬기하는세금들을 부담할의무를갖인다

일, 국세

1, 소득세

개인과사업단체(법인을포함함)의소득을로동소득(급료소득)사업소득(농업소득을제외함)기타소득의3종으로분류하야과세하되별표제1호및제2호루진비률에의하야매월징수한다 그러나국영(도영 시영 면영을포함함)기업소 북조선중앙은행 북조선농민은행 각급소비조합및극장의사업소득과 학생들의장학금 보험에서나오는급여 하급의군인및보안대원의급여에대하야는 이것을부과하지않는다

2, 농업현물세

농민들의농업수확물에대하야는 그25%를북조선인민위원회의농업현물세에관한제28호결정서에의하여부과한다

3, 등록세

북조선에있는인민 또는법인들의재산에관한권리의무의취득상실 또는변경등의이동을포함하야 행정기관공부에등록할때에별표(제3호)세률에의하야부과한다

4, 상속세

재산의상속 또는유증이있을시에상속또는유증을받을자로부터 상속등의사실이발생할때마다이를징수한다 상속세법안을속한시일내로 인민위원회에 제출할 것을 재정국장리봉수동지에게 위임한다

1947년1월1일이후 발생한상속등에대한상속세는 새세법이결정될때까지 징수를유예한다

5, 거래세

거래세는 이를물품거래세 국영상업및소비조합거래세 철도운수거래세 및 극장거래세의4종으로분류한다

가, 물품거래세

국영산업 및 민간산업의주류및청량음료이외의 생산품거래액에대하야 평균10%를부과하되 매월1회혹은2회식 이를징수한다주류및청량음료에 대하야는 생산원가의100%이상으로하고 매월2회식이를징수한다

나, 국영상업및소비조합거래세

국영상업 및 소비조합의상품거래에대하야그거래액의5%를부과하되 매월1회혹은2회식이를징수한다

다, 철도운수거래세

철도운임의3%를부과하되 매월1회식 이를징수한다

라, 극장거래세

극장입장료의30%(시에소재한극장)와15%(시이외에소재한극장)로부과하되 매일이를징수한다

6, 관세

불요불급한 상품의침입을방어하며 중요물자의유출을제거하야 국내산업의발전을도모할목적으로 외국에대한반입반출물자에대하야 일정한비률에 의하여부과한다

새로히관세법을제정할때까지는 현행세율과규정에의하야 부과한다

7, 리익공제수입

각국영기업소는 각각그리익금중으로부터 좌의비률에의하야산출한금액을

공제하야 국고에수납할것이다

가, 국영기업소는 그리익금의평균30%이상을 매월국고에납부할 것이다 기업소별비률은 재정국장이이를결정한다

나, 중앙은행은 그리익금의50%를 농민은행은25%를 매년2회결산때마다 국고에납부할것이다

이, 도세(특별시세를포함함)

1, 가옥세

국가소유(도시면소유를포함함)를제외한일절주택, 점포, 창고, 공장등건물에대하야과세하되 과세표준1단위(1개)당 년8원으로하고매년2회로분하야징수한다

2, 차량세

도내에거주하는인민및기관들이 소유하는차량에대하야 별표제4호세률에의하야 과세하되 매월혹은년1회또는2회에분하야 징수한다차량세는 북조선인민위원회이하 각급인민위원회 및 기소속행정기관, 사법기관, 철도기관, 체신기관이 소유하는차량에대하야는이를과세하지않는다

3, 부동산취득세

부동산의소유권을 취득하였을때에그취득가격의백분지2를 부과징수한다

4, 음식세

음식영업집에서 1인당150원이상의음식의 회식이있었을때에는 그음식대금의백분지30에해당하는세금을 회식자로부터징수한다

영업주는 음식대금을계산할시에 음식세를같이계산징수하야 매월재정기관에납부할의무를갖인다

5, 마권세

경마경견에있어서 판매하는마권 견권 경견복권에대하야 그대금의 백분지30의률로서과세하되 경마 경견관리자에게위탁하야징수한다그관리자가징수한마권세는 매익일마다 재정기관에납부하여야한다

6, 인민학교세

북조선에거주하는 전체인민들은 각자가현주하는도의 인민학교를유지하기위하야 별표제5호에의하야 세대단위로 그경비를부담한다

이부담액은그도전체총세대에대하야 1세대1개월당최고40원평균18원을초과할수없는것을원칙으로한다

삼, 시면세

1, 대지세

농지와농민의주택지 및 림야를제외한토지로써 건물기타공작물의부지로 사용되고있는토지(현재지목여하를불문)에대하야 부과하되세률은별표제6호임대가격에대하야년백분지12로하고 매년6월에이를징수한다단국가소유토지에대하야는 이를부과하지않는다

2, 시장세

시면에서특설한시장(매5일또는격일개시하는시장을포함함)에서영업하는 상공업자로서영업등록이없는자에게 그실제판매금액에대하야 그100분의3을부과하야 시장관리자로하여금 매일징수케한다

그시장의상황으로 이상에의거하기 어려울경우에는 매일입시와동시에 그영업자의형편을참작하야 1일5원이상의세금을징수할수있다

3, 도축세

도축이있을시에 별표제7호에의하야 부과한다

4, 시면유지세

시면에거주하는 전체인민들은별표제8호에의하야 세대단위로시면경비부족을부담한다 이부담액은그도전체총세대에대하야 1세대1개월당최고20원평균7원을초과할수없는 것을 원칙으로하되 도인민위원회는 그한도내에서관내각시면인민의경제형편을참작하야 시면별로그률을결정하여야한다

제2조 재정국장리봉수동지가제출한 다음의세법을승인한다

1, 소득세법

2, 거래세법

3, 등록세법

4, 수입인지세법

이상국세법

5, 가옥세법

6, 차량세법

7, 부동산취득세법

8, 음식세법

9, 마권세법

10, 인민학교세법

이상도(특별시세법)

11, 대지세법
12, 시장세법
13, 도축세법
14, 시면유지세법
이상시면세

제3조 제1조에규정한각종목의 국세, 도세시면세의종목과 세률은 북조선인민회의의결정이아니면 이를변경할수없다

제4조 납세의무자로서탈세하거나 또는체납한자는 각각법령의규정에의거하여 인민재판으로써 처벌할것이다

제5조 세금을 제기간에납부하지않이할때는 기간경과후매일당1%의연체료를 미납세금에첨가하여 징수한다

제6조 각급재정기관에서 인민들로부터 세금부과조정에대한리의또는 세금의과오납에관한신립을 접수한때는 5일이내에 이를해결하여야한다

제7조 북조선검찰소장은 본법령및본법령에의거한세에관한법령시행되는형편을 항상검열할것이다

제8조 본결정서의실시와동시에 임이발표한세에관한법령중본결정서와저촉되는 일절법령은이를폐지한다

1947년 2월 27일
북조선인민위원회 위원장 김일성
사무장 한병옥

(제1호)

근로소득세률

소득액구분				세율
월소득금액		반월소득금액		
1원-650	원	1원-325	원	백분지 6
651-950	〃	326-475	〃	백분지 8
951-5,000	〃	476-2,500	〃	백분지10
5,001-10,000	〃	2,501-5,000	〃	백분지15
10,000	원이상	5,000	원이상	백분지20

(제2호)

사업소득세및기타소득세률

소득금액구분 (년소득)		세률
6,000	원 이하의 금액	백분지12
6,000	원을 초과하는 금액	〃 14
8,000	〃	〃 20
9,000	〃	〃 23
12,000	〃	〃 26
18,000	〃	〃 31
24,000	〃	〃 35
36,000	〃	〃 38
48,000	〃	〃 40
60,000	〃	〃 42
84,000	〃	〃 44
120,000	〃	〃 46
180,000	〃	〃 48
240,000	〃	〃 50
360,000	〃	〃 52
600,000	〃	〃 56
1,200,000	〃	〃 58
5,000,000	〃	〃 62
10,000,000	〃	〃 63

(제3호)

등록세세률표

일, 부동산에관한등기

1, 상속에인한소유권의취득	부동산가격의	천분지5
2, 증여유증기타무상에인한소유권취득	부동산가격의	천분지50
3, 전각호이외의인한소유권취득	부동산가격의	천분지40
4, 소유권의보존	부동산가격의	천분지5
5, 공유물의분할 분할에의하여취득하는	부동산가격의	천분지5
6, 지상권또는임대권의취득	부동산가격의	천분지5
7, 선취특권의보존또는취득	채권금액또는부동산 공사비용예산금액의	천분지5,5
8, 질권또는저당권의취득,	채권금액의	천분지5,5

9, 신탁등기		
소유권에대하여는	부동산가격의	천분지2
소유권이외의권리에대하여는	〃	천분지1
10, 경매또는강제관리에신립	채권금액의	천분지5,5
11, 가차압또는가처분	채권금액의	천분지4
12, 저당있는채권의차압	채권금액의	천분지2,2
13, 상속재산의분리		
소유권에대하여는	부동산가격의	천분지5,5
소유권이외의권리에대하여는	부동산가격의	천분지1
14, 체납처분이외의원인으로인한권리의처분의제한으로써특게치않은것	채권금액의	천분지4
15, 말소한등기의회복	부동산1개마다	100원
16, 가등기	부동산1개마다	100원
17, 부기등기	부동산1개마다	50원
18, 등기의경정변경또는말소	부동산1개마다	50원

이, 선박에관한등기

1, 상속에인한소유권의취득	선박가격의	천분지3
2, 증여유증기타무상에의한소유권취득	선박가격의	천분지45
3, 전각호이외의원인에인한소유권취득	선박가격의	천분지23
4, 소유장의보존	선박가격의	천분지3
5, 임차권의취득	선박가격의	천분지1
6, 저당권의취득	채권금액의	천분지5,5
7, 신탁의등기 소유권에대하여는	선박가격의	천분지1,5
소유권이외의권리에대하여는	선박가격의	천분지0,5
8, 경매의신립	채권금액의	천분지5,5
9, 가차압또는가처분	채권금액의	천분지4
10, 저당있는채권의차압	채권금액의	천분지5,5
11, 체납처분이외의원인에인한권리의처분의제한으로써특게치않은것	채권금액의	천분지4
12, 말소한등기의회복	선박1개마다	50원
13, 가등기	선박1개마다	50원
14, 부기등기	선박1개마다	20원
15, 등기의경정변경또는말소	선박1개다	20원

삼, 선적에관한등록

1, 신규등기	매10톤마다	50원

2, 전적	〃	10원
3, 제적	〃	10원
4, 등기변경	선박 1개마다	50원

사, 상사회사기타영리법인에관한등기

1, 합명회사 합자회사설립	재산을목적으로하는출자가격의	천분지4
2, 합명회사 합자회사출자증가	재산을목적으로하는증자가격의	천분지4
3, 주식회사 주식합자회사의설립	불입주금액또는재산을목적으로하는주금이외의출자금액의	천분지4
4, 주식회사 주식합자회사의자본증가	증자불입주금액또는재산을목적으로하는주금이외의출자금액의	천분지4
5, 주식회사 주식합자회사의제2회이후의주금불입	매회불입주금액의	천분지4
6, 유한회사설립	출자가격의	천분지4
7, 유한회사의 자본증가	증자가격의	천분지4
8, 합병또는조직개편에인한회사의설립	불입주금액및재산을목적으로하는주금이외의출자가격의	천분지0,5
	합병에인하여소멸한회사또는조직개편을한회사의합병당시또는조직개편당시의불입주금액및재산을목적으로한주금이외의출자의가격을초과하는금액에대하여는	천분지4
9, 합병에인한회사자본의증가	증자불입주금액및재산을목적으로하는자금이외의출자가격의	천분지0,5
	합병에인하여소멸한회사의합병당시의불입주금액및재산을목적으로하는자금이외의출자의가격을초과하는회사에대하여는	천분지4
10, 지점설치	1개소마다	5백원
11, 본점또는지점의이전	1건마다	5백원
12, 지배인의선임또는대리권의소멸	1건마다	5백원
13, 사원의업무집행권의상실	1건마다	5백원
14, 취체역또는감사역의직무집행정지	〃	5백원

15, 취체역또는감사역의직무대항자의선임	〃	5백원
16, 취체역또는무한책임사원의직무를행하는감사역의 선임	〃	5백원
17, 등기사항의변경소멸또는폐지	〃	5백원
18, 등기의변경또는말소	〃	5백원
19, 회사조직의등기	〃	5백원
20, 합병을무효로하는판결이확정한경우에합병에인하여 소멸한회사에대한회복등기	〃	5백원
21, 회사설립의무효또는취소	〃	5백원
22, 해산	〃	5백원
23, 업무집행사원이청산인으로된때의등기	〃	5백원
24, 청산인의직무집행의정지 그취소또는변경	〃	5백원
25, 청산인의직무대행자의선임해임또는변경	〃	5백원
26, 청산인의직무를행하는 감사역의선임해임또는변경	〃	5백원
27, 청산의종료	1건마다	5백원
지점소재지에서전각호의등기를할때는	1건마다	3백원

오, 회사이외의 상업등기 선박관리등기

1, 상호의설정또는취득	1건마다	2백원
2, 지배인의선임또는대리권의소멸	〃	5백원
3, 선박관리인의선임또는대리권의소멸	〃	5백원
4, 미성년자가영업을할때또는법정대리인이친족회의동의를얻어무능력자를위하여영업을할 때의등록	〃	5백원
5, 영업의양수인이양도인의상호를속용할때에양수인이양도인의채무에대하여책임을지지않는지의등기	1건마다	5백원

6, 등기사항의변조소멸또는폐지	1건마다	5백원
7, 등기의경정또는말소	1건마다	5백원
지점소재지에서전 각호의등기를할때는	1건마다	3백원

륙, 어업권에 관한 등록

1, 어업권의설정	1건마다	5백원
2, 어업권의이전 상속의경우는	1건마다	2백원
상속이외의원인에의한이전의경우는	1건마다	5백원
3, 어업권의지분의이전 상속의경우는	1건마다	2백원
상속이외의원인에의한이전의경우는	1건마다	5백원
4, 대차권의취득 상속의경우는	1건마다	백원
상속이외의원인에인한취득의경우는	1건마다	3백원
5, 선취득권의보존또는취득	채권금액또는공사비용예산금액의	십분지4,5
6, 저당권의설정또는이전	설정 채권금액의	천분지4,5
상속의경우는	1건마다	백원
상속이외의원인에인한이전의경우는	1건마다	3백원
7, 신탁의등록	1건마다	2백원
8, 경매또는강제관리의신립	채권금액의	천분지4,5
9, 가차압또는가처분	채권금액의	천분지4
10, 저당있는채권의차압	채권금액의	천분지4,5
11, 체납처분이외의원인에인한권리의처분에대한제한으로써특히등기치않은것	채권금액의	천분지4
12, 말소한등록의회복	1건마다	2백원
13, 가등록	1건마다	2백원
14, 부기등록	1건마다	백원
15, 등록의경정변경또는말소	1건마다	백원

칠, 상공영업기타사업에관한등록

좌기사업개업등록에대하여영업장소마다

3급	자본금 10만원미만	2백원
2급	자본금 10만원이상	6백원
1급	자본금 50만원이상	1천원

물품판매업 제조업 청부업 운송업 인쇄업 출판업 보험업 목욕탕업 연극장업및 영화관업 영화제작업 영화배급업 려관업 사진업 리발미용업 의약업 중개업 창고업 위탁업 물품대부업 대서업 대리업 류목장업 금전대부업 계리사업

(제4호)

차량세세률

일, 전차 가동차	월1대	7천5백원
이, 소형자동차	년1대	1천2백원
삼, 소형을제외한화물및승용자동차	년1대	3천원
사, 승용마차	년1대	6백원
오, 자동자전차	년1대	6백원
륙, 하적우마차	〃	6백원
칠, 하적거 (리야카포함)		1백20원
팔, 자전차	〃	1백20원

(제5호)

인민학교세률

등 급	부 과 세	
1등	1세대당	40원
2등	〃	30원
3등	〃	20원
4등	〃	15원

(제6호)

임대가격표 (대 는1평당) (전답은백평당)

등급	임대가격		등급	임대가격		등급	임대가격	
	원	리		원	리		원	리
1		016	2		024	3		32
4		048	5		064	6		080
7		096	8		112	9		128
10		144	11		160	12		180
13		200	14		220	15		240
16		260	17		280	18		320
19		360	20		400	21		480
22		560	23		640	24		720
25		800	26		920	27	1	040
28	1	200	29		400	30	1	600
31	1	800	32		000	33	2	200
34	2	400	35		600	36	2	800
37	3	000	38	3	200	39	3	400
40	3	600	41	3	800	42	4	000
43	4	400	44	4	800	45	5	200
46	5	600	47	6	000	48	6	400
49	6	800	50	7	200	51	7	600
52	8	000	53	8	800	54	9	600
55	10	400	56	11	200	57	12	000
58	13	000	59	14	400	60	16	000
61	18	000	62	20	000	63	22	000
64	24	000	65	26	000	66	28	000
67	30	000	68	32	000	69	34	000
70	36	000	71	38	000	72	40	000
73	42	000	74	44	000	75	46	000
76	48	000	77	50	000	78	52	000
79	54	000	80	56	000	81	58	000
82	60	000	83	64	000	84	68	000
85	72	000	86	78	000	87	80	000
88	88	000	89	98	000	90	104	000
91	112	000	92	120	000	93	132	000
94	144	000	95	156	000	96	168	000
97	180	000	98	192	000	99	204	000
100	216	000	101	228	000	102	240	000
103	260	000	104	280	000	105	300	000
106	320	000	107	340	000	108	360	000
109	380	000	110	400	000			

(제7호)

도축세세률

1. 도우	1두에 대하야	300원
2. 도마 려라	1두에 대하야	200원
3. 도돈	〃	100원
4. 도양	〃	50원

(제8호)

시면유지세세률

등 급		부 과 세
1등	1세대당	20원
2등	〃	15원
3등	〃	10원
4등	〃	5원

≺« »≻

1947년 2월 27일

북조선인민위원회법령제3호[39)]

소득세법

북조선인민위원회에관한규정제4조에의하여이를제정공포한다

1947년 2월 27일
북조선림시인민위원회
위원장 김일성
사무장 한병옥

39) 『법령공보』 1947년 제22호, 1-5쪽.

소득세법

제1장 총칙

제1조 북조선에거주하는개인및사업단체 (법인을포함한다) 는본법에의하여소득세를납부할의무가있다

제2조 전조의규정에해당치않은자가좌의각호의1에해당할때는그소득에만소득세를납부할의무가있다

일, 북조선에자산또는사업이있을때

이, 북조선에본점또는주되는사업소가있는법인으로부터리익또는리식의배당혹은잉여금의분배를받을때

제3조 인민의소득을근로소득사업소득자유소득의3종으로분류하여각각그소득에대하야개별적으로좌의소득세를부과한다

일, 근로소득세

이, 사업소득세

삼, 자유소득세

제4조 동일인으로서전조에규정한소득중그2종또는3종의소득이아울러있을때는각별히이를부과한다

제5조 국영도영시(특별시를포함함이하동양)면영기업소북조선중앙은행북조선농민은행의사업소득과각급소비조합의물품판매업에의한소득에대하야서는소득세를부과치않는다

제6조 본법에의하여세금을징수한당해도시면에대하야는일정한비률에의하여소득세분여금을교부한다

전항비률은매년도마다북조선인민위원회가이를결정한다

제2장 근로소득세

제7조 근로소득세는임금상금퇴직급여기타모-든급여에대하야이를부과한다

제8조 좌의각호1에해당하는급여에는근로소득세를부과치않는다

일, 려비기타실비변상의성질을가진급여

이, 질병또는상해에인하여받는특별급여또는사회보험금급여

삼, 하급군인및보안대원이받는급여

사, 북조선에주둔한련합국군인기타동군에근무하는자가받는후의급여

오, 본인이사망한후그유족에게급여하는퇴직금

제9조 근로소득세는소득금액을과세표준으로하고지불장소를달리하는것마다다음과같이구분하야이를비부과한다

갑종소득 급료 임금 보수 료금 수당 및 이들의성질을갖인모-든급여

을종소득 상금 퇴직금 및 그성질을갖인급여

제10조 과세표준액산출은다음에의한다

갑종소득 그달또는반달동안에지급을받는금액

을종소득 지급을받은금액에서십분지5의금액을공제한금액

제11조 급여가금전이외의것일때는그급여물을국가협정가격또는생산자판매가격으로환산한금액을급여금액으로본다

제12조 근로소득세는갑종을종의소득을각별히구분하여그소득금액을좌의등급에해당하는세률을적용하야부과한다

소 득 계 및 구 분		세 률
1 개 월 간 의 소 득	반 개 월 간 의 소 득	
원	원	
1원-650	1원-325	백분지6
651원-950	326원-475	8
951원-5000	476원-2500	10
5001원-10000	2501원-5000	15
10001원이상	5001원이상	20

제13조 급여의지불자 (유관기관및그소속기관, 공장, 광산, 기업소, 정당, 사회단체, 회사, 개인사업장등일절급료를지불하는직장) 는제급여를지불할때마다급여금액중에서근로소득세에해당하는금액을공제하여3일이내에제1호양식에의한납부서와계산서를첨부하여시면에납부할의무가있다

일급여합또는순급으로지급하는급여에대한근로소득세는반개월분또는1개월분을모아서전항에준하여시면에납부할 수 있다

면인민위원회위원장은전2항에의한세금수납과동시에납부통지서와계산서를소관군인민위원회위원장에게송부하여야한다

제14조 제급여지불자는근로소득세에관한장부를비치하고기장은정확히하여야한다

제15조 제13조에규정된급여의지불자가근로소득세를납부치않거나또는그납부한세액에부족이있을때는시군인민위원회위원장은그세액을조사결정하고그자에

대하야그납부를명한다

전항에있어서국세징수법의적용에대하야는급여의지불자를납세의무자로본다

제16조 세무직원은근로소득세에관하여조사또는단속상필요하다고인정할때는급여의지불자에대하야보고를요구하고또는관계장부서류를검사할수있다

제3장 사업소득세

제17조 사업소득세부과는좌에의한다

일, 개인에있어서는사업에대한총소득에대하야그거주지에서부과한다

이, 북조선에본점또는주되는사업소가있는법인에있어서는본지점을통한총소득에대하야부과한다

삼, 북조선내에본점또는주되는사업소가없는법인에있어서는그사업소마다그소재지에서그총소득에대하야부과한다

사, 각급소비조합의물품판매업이외의사업체에대하야는각사업소마다그소득에대하여대표자의명의로자사업소소재지에서부과한다

전항제1호제2호의경우에있어서소득액결정은본점소재지또는거주지에서결정하되세금징수는본점소재지또는거주지시군인민위원회위원장의통보에의하야그사업소의소득의비률에의해서각사업소소재지에서부과한다

제8조 사업소득세는좌의사업소득에대하야이를부과한다

일, 물품판매업 (동식물기타보통으로물품이라고칭하지않는것의판매도포함한다)

이, 제조업 (물품의가공수리를포함한다)

삼, 청부업

사, 운수업

오, 인쇄업

륙, 출판업

칠, 영화배급업

팔, 사진업

구, 중개업

십, 위탁업

십일, 대리업

십이, 물품대부업 (동식물기타보통으로물품이라고칭하지않는것의대부도포

함한다)

십삼, 금전대부업

십사, 료리점업

십오, 음식점업

십륙, 려관업 (하숙업을포함한다)

십칠, 오락장업

십팔, 창고업

십구, 목탕업

이십, 리발미용업

이십일, 보험업

이십이, 수산업

이십삼, 림산업

이십사, 목축업 (농가부업을제외한다)

이십오, 의약업

이십륙, 계리사업

이십칠, 대서사업

第19조 사업소득세를부과할소득은전년중 (전전년11월1일부터전년10월31일까지) 의총수입금액으로부터필요경비를공제한금액을기초로당년도의물가기타경제현황을참작하여산출한1년간의소득예정액으로한다

第20조 전조의필요경비는매입품의원가원료품의대가노동자의급료토지또는가옥의림차료및수선료기계기구의수선비또는사용료업무에관한공과(제소득세)사업상의부채리자기타수입을얻는데필요한것에한한다가사상비용및이에관련되는것은경비로보지않는다

第21조 사업소득세는사업소득금액을좌의각급에구분하여체차로각세률을적용하여이를부과한다

소득계급구분 (연소득)		세 률
6,000원	이하의금액	백분지12
6,000원	을초과하는금액	〃 14
8,000원	〃	〃 20
9,000원	〃	〃 23
12,000원	〃	〃 26
18,000원	〃	〃 31
24,000원	〃	〃 35
36,000원	〃	〃 38
48,000원	〃	〃 40
60,000원	〃	〃 42
84,000원	〃	〃 44
120,000원	〃	〃 46
180,000원	〃	〃 48
240,000원	〃	〃 50
360,000원	〃	〃 52
600,000원	〃	〃 56
1200,000원	〃	〃 58
5000,000원	〃	〃 62
10,000,000원	〃	〃 63

제22조 납세의무자는매년사업소득예정액을전년11월30일까지시군인민위원회위원장에게신고할 것이다

전항의신고는별지제2호양식에의하야사업의종류종목소득금액및소득금액산출기초사업소소재지거주지및성명을기재한신고서를제출하여야한다

제23조 소득금액은전조의신고에의하여결정하되신고가없을때또는신고가부당하다고인정할때는시군인민위원회위원장이조사하여이를결정한다

제24조 시군인민위원회에서는매년1월10일까지소득금액을사정하여별지제3호양식에의하여그소득액과년간세액매월분세액및납기를각납세의무자에통자한다

제25조 납세의무자는매월소정기한내에시면인민위원회에납세하고그통장면에납세완료증인을받을것이다

제26조 사업소득세는년액을12분하야매월이를징수한다

제27조 시군인민위원회위원장은소득금액의사정에대하야필요하다고인정할때는그사업의사정에정통한자로부터그의견을받을수있다

제28조 재해사업변경기타불가피한사유로인하야납세의무자의소득예정액에현저한증감이발생하였을때는본인은그사유를구신하야사업소득세증감또는면제신

청을시군인민위원회위원장에게제출할수있다

第29조 시군인민위원회위원장은전조의신청을접수하였을때또는납세의무자의소득예정액에현저한증감이있었다고인정하였을때는그조사사정에의하여소득세액을증감또는면제할수있다

第30조 납세의무자로서납세지에거주치않는자는사업소득세에관한사항을처리하기위하여납세관리인을정하여시군인민위원회위원장에게신고하여야한다

第31조 납세의무자로서좌의각호의1에해당할때는당해사실이있는날부터10일이내에그사실을시군인민위원회위원장에게신고하여야한다

일, 거주지를변경하였을때

이, 성명또는명칭을변경하였을때

삼, 사업소를증설폐지또는이전하였을때

사, 사업을변경할 때

상속개시또는법인이합병한때는상속인또는합병후존속하는법인혹은합병에인하여설립한법인은상속개시또는합병의날부터10일이내에그사실을시군인민위원회위원장에게신고하여야한다

第32조 상속개시또는법인합병이있을경우에피상속인또는합병에인하여소멸한법인이경영하던사업은이를상속인또는합병후존속하는법인혹은합병에인하여설립된법인이경영하는사업으로인정한다

전항의경우에상속인의유무가분명치못할때는그유산관리인을상속인으로인정한다

第33조 법인이해산한경우에해산전에사업소득에대한사업소득세를납부치않고잔여재산을분배한때는청산인은련대하야이를납부할의무가있다

第34조 세무직원은사업소득에관한조사또는단속상필요할때는납세의무자그종업자혹은납세의무가있다고인정되는자또는그들과거래관계가있다고인정되는자에대하야보고를받고또는사업에관한장부서류기타물건을검열할수있다

제4장 자유소득세

第25조 자유소득세는좌의소득에대하야부과한다

그러나근로소득세를부과하는급료생활자에대하야는부과치않는다

갑종 직업소득

일, 저술 번역 예술 기술또는제예에관한업

예술가
번역가
서가
화가
원예가
조각가
음악가
무용가
연출지도가
배우
측량가
설계제도가
시공감독가
속기가
감정가
수로안내인

이, 자유노동직업에관한업
석공장
토공
지게꾼
차부
선부
어부
목도꾼
떼꾼
구두수선자
사환
부르-카
기타

삼, 종교에관한업
승려
선교사

목사

기타

을종 자본소득

일, 토지야건물대부소득(창고업에해당한것은제외한다)

이, 법인으로부터받는리익분배리식배당잉여금분배주식배당소득

제36조 좌의금액은이를법인으로부터받는리익배당으로보아본법을적용한다

일, 감자등에의한주식의소각으로지불을받는금액또는퇴사혹은출자의감소에일하여지분의반환으로써받는금액이그주식의불신한금액또는출자금액을초과하는경우에그초과금액

이, 법인이해산한때잔여재산의분배로써주주또는사원이받는금액이그주식의불입한금액또는출자금액을초과할경우에그초과금액

삼, 법인이합병한때에합병에인하여소멸한법인의주주또는사원이합병후존속하는법인또는합병에인하여설립한법인으로부티합병에인하여취득한주식의불입금액또는출자금액및금전의총액이그주주또는사원의소유하였던주식의불입한금액또는출자금액을초과할경우에그초과금액

제37조 자유소득세를부과할소득의계산등에대하야는제19조제20조및제22조내지제29조제31조제34조에소정한규정을준용한다

제38조 자유소득세세률은사업소득세세률을적용한다 제35조을종제2호소득에대한세률을그소득금액의백분지10으로한다

제39조 법인은사업년도마다제35조을종제2호에규정된법인리익분배리식배당금잉여금분배금주식배당금이확정되면그지불할금액에대한자유소득세를결산확정일부터10일이내에소관시군인민위원회에납부하여야한다

제5장 벌칙

제40조 근로소득세사업소득세자유소득세를탈세한자또는탈세하려는목적으로좌의각호의1에해당하는행위를한자는5천원이하의벌금에처한다

일, 제13조의계산서를제출치않거나또는제22조의신고를하지않을때

이, 전호의계산서와신고서에허위를기재한때

삼, 징수한근로소득세및리식배당에대한자유소득세를그기한내에납부치않을때

사, 세무직원에게대하야소득세에관한조사를기만키위하여허위의장부서류를제시하거나또는허위의답변을한때

부칙

제41조 본법령은1947년4월1일부터실시한다

제42조 사업소득세및자유소득세의소득예정액신고는1947년에한하야전년1개년분을계산하야3월10일까지제출하여야한다

제43조 시군인민위원회는전조신고서에의하여1947년4월부터12월까지9개월간의소득예정액을산출한다

전조소득예정액을1947년도의과세표준으로하되그액의9분지12에해당한금액에대한세액을산출하야그12분지9를실제징수할세액으로하여4월부터징수한다

제44조 구법령에의하여징수한호별세부가금(학교비)은이를도인민위원회의수입으로한다

제45조 영업세및수익세에관한종래의부과규정은1947년3월31일을한도로이를폐지한다 그러나국영기업소및소비조합에대하야는1946년1월1일부터종래의규정을적용하지아니한다

1947년 2월 27일

북조선인민위원회법령제4호[40]

등록세법

북조선인민위원회에관한규정제4조에의하여이를제정공포한다

1947년 2월 27일
북조선인민위원회 위원장 김일성
사무장 한병옥

등록세법

제1조 법령에의한등기를하거나또는공부에등록을할때는본법에의하여등록세를부과한다

40)『법령공보』1947년 제22호, 5-9쪽.

第2조 등록세는인민재판소또는등록공서에서부과징수한다

第3조 등록세의과세종목및세률은다음과같이구분한다

일, 부동산에관한등기

1, 상속에인한소유권의취득	부동산가격의	천분지5
2, 증여,견증기타무상에인한소유권취득	부동산가격의	천분지50
3, 전각호이외의원인에인한소유권취득	부동산가격의	천분지40
5, 소유권의보존	부동산가격의	천분지5
6, 공유물의분할	부동산가격의	천분지5
분할에의하여취득하는		
6, 지상권또는임차권의취득	부동산가격의	천분지15
7, 선취특권의보존또는취득	채권금액또는 부동산공사비용 예산금액의	천분지5,5
8, 채권또는저당권의이추튼	채권금액의	천분지5,5
9, 신탁등기 소유권에대하야는	부동산가격	천분지2
소유권이외의권리에대하야는	부동산가격	천분지1
10, 경매또는강제관리의신립	채권금액의	천분지5,5
11, 가차압또는가처분	채권금액의	천분지4
12, 저당있는채권의차압	채권금액의	천분지5,5
13, 상속재산의분리소유권에대하야는	부동산가격	천분지5,5
소유권이외의권리에대하야는	〃	천분지1
14, 체납처분이외의원인으로인한권리의처분의제한으로써특게치않은것	채권금액	천분지4
15, 말소한등기의회복	부동산1개마다	백원
16, 가등기	부동산1개마다	백원
17, 부기등기	〃	50원
18, 등기의경정변경또는말소	부동산1개마다	50원

제1호내지제3호의경우에공유물소유분의취득에대하야는그소유지분의가격에의한다

제18호의경우에건물의건평증가에대하야는증가부분에대한소유권보존으로인정하며부동산가격은증가부분에의한다

이, 선박에관한등기

1, 상속에인한소유권의취득	선박가격	천분지3
2, 증여유증기타무상에의한소유권취득	〃	천분지45
3, 전각호이외의원인에의한소유권취득	〃	천분지23
4, 소유권의보존	〃	천분지3
5, 임차권의취득	〃	천분지1
6, 저당권의취득	〃	천분지5,5
7, 신탁의등기	선박가격의	천분지1,5
소유권에대하야는		
소유권이외의권리에대하야는	선박가격의	천분지1,5
8, 경매의신립 채권금액		천분지5,5
9, 가차압또는가처분	〃	천분지4
10, 저당있는채권의차압	〃	천분지5,5
11, 체납처분이외의원인에인한권리처분의제한으로써특게치않은것	〃	천분지4
12, 말소한등기의 회복	선박1개마다	50원
13, 가등기	〃	50원
14, 부기등기	〃	20원
15, 등기의경정변경또는말소	〃	20원

제1호내지제3호의경우에공유물소유분의취득에대하야는그소유물지분의가격에의한다

삼, 선적에관한등록

1, 신규등록	매10톤마다	50원
2, 전적	매10톤마다	10원
3, 제적	매10톤마다	10원
4, 등록변경	선박 1개마다	50원

선박의톤수는총톤수에의한다단10톤미만의단수는10톤으로계산한다

석수로써적재량을표시하는선박에있어서는적재량백석마다10톤으로계산한다

사, 상사회사기타영리법인에관한등기

1, 합명회사 합자회사설립 재산을목적으로하는 출자가격의	천분지4
2, 합명회사 합자회사 출자증가재산을목적으로하는 증자가격의	천분지4
3, 주식회사 주식합자회사설립 불입주금액또는재산을목적으로하는주금이외의 출자금액의	천분지4

4, 주식회사 주식합자회사의자본증가 증자불입주금액또는자산을목적으로하는주금이외의 출자금액의		천분지4
5, 주식회사 주식합자회사제2회이후의주금불입 매회불입주금액의		천분지4
6, 유한회사설립 출자가격		천분지4
7, 유한회사자본증가 증출자의가격		천분지4
8, 합병또는조직변경에인한회사의설립 불입주금액및재산을목적으로하는주금이외의출자의가격		천분지0,5
합병에인하야소멸한회사또는조직변경을한회사의합병당시또는조직변경당시의불입주금액및재산을목적으로한자금이외의출자의가격을초과하는금액에대하야는		천분지4
9, 합병에인한회사자본의증가 증자불입주금액및재산을목적으로하는주금이외의출자의가격		천분지0,5
합병에인하야소멸한회사의합병당시의불입주금액및재산을목적으로하는주금이외의출자의가격을초과하는금액에대하야는		천분지4
10, 지점설치	1개소마다	5백원
11, 본점또는지점의이전	1건마다	5백원
12, 지배인의선임또는대리권의소멸	〃	5백원
13, 사원의업무집행권의상실	〃	5백원
14, 취체역또는감사역의직무집행정지	〃	5백원
15, 취체역또는감사역의직무대행자의선임	〃	5백원
16, 취체역또는무한책임사원의직무를행하는감사역의선임	〃	5백원
17, 등기사항의변경 소멸또는폐지	〃	5백원
18, 등기의경정또는말소	〃	5백원
19, 회사계속의 등기	〃	5백원
20, 합병을무효로하는판결이확정한경우에합병에인하야소멸한회사에대한회복등기	1건마다	5백원
21, 회사설립의무효또는취소	〃	5백원
22, 해산	〃	5백원
23, 업무집행사원이청산인으로된때의등기	〃	5백원
24, 청산인의직무집행의정지그취소또는변경	〃	5백원
25, 청산인의직무대행자의선임해임또는변경	〃	5백원
26, 청산인의직무를행하는감사역의선임해임또는변경	〃	5백원
27, 청산의종료	〃	5백원
지점소재지에서전각호의등기를할때는	〃	3백원

오, 회사이외의상업등기 선박관리인등기

1, 상호의설정또는취득	〃	5백원
2, 지배인의선임또는대리권의소멸	〃	5백원
3, 선박관리인선임또는대리권의소멸	〃	5백원
4, 미성년자가영업을할때또는법정대리인이친족회의동의를얻어무능력자를위하여영업을할때의등록	〃	5백원
5, 영업의양수인이양도인의상호를속용할때에양수인이양도인의채무에대하야책임을지지않는내용의등기	〃	5백원
6, 등기사항의변경소멸또는폐지	〃	5백원
7, 등기의경정또는말소	〃	5백원

지점소재지에서전각호의등기를할때는매 1건마다 3백원

륙, 어업권에 관한 등록

1, 어업권의설정	1건마다	5백원
2, 어업권의이전 상속	〃	2백원
상속이외의원인에인한이전	〃	5백원
3, 어업권의지분의이전		
상속	1건마다	2백원
상속이외의원인에인한이전	1건마다	5백원
4, 임차권의취득		
상속	〃	백원
상속이외의원인에인한취득	〃	3백원
5, 선취득권의보존또는취득		
채권금액또는공사비용예산금액		천분지4,5
6, 저당권의설정또는이전설정		
설정	채권금액	천분지4,5
상속	1건마다	백원
7, 신탁의등록	〃	2백원
8, 경매또는강제관리의*신립	채권금액	천분지4,5
9, 가차압또는가처분	채권금액	천분지4,5
10, 저당있는채권의차압	〃	천분지4,5
11, 체납처분이외의원인에인한권리의처분에대한제한으로써특히등기치않는것	〃	천분지4
12, 말소한등록의회복	1건마다	2백원

13, 가등록 〃 2백원
14, 부기등록 〃 백원
15, 등록의경정변경또는말소 〃 백원

칠, 상공영업기타사업에관한등록

좌기사업개업호에대하야영업장소마다

3급	자본금	10만원미만	2백원
2급	〃	10만원이상	6백원
1급	〃	50만원이상	천원

물품판매업 제조업 청부업 운송업 인쇄업 출판업 보험업 목욕탕업 연극장업및영화관업 영화제작업 영화배급업 려관업 사진업 이발미용업 의약업 중개업 창고업 위탁업 물품대부업 대서업 대리업 유목장업 금전대부업 계리사업

전항에지정한사업을개시한때는시 (특별시를포함함) 군인민위원회에등록할것이여매년등록을갱신하여야한다

동일인이2종이상의사업을경영하는때는사업종목마다등록할것이며보험업은주되는사업장1개소만등록할것이다

제4조 채권금액에의하여과세액을결정하는경우에일정한채권금액이없을때는채권의목적가격또는처분제한의목적가격을채권금액으로인정하며선취특권채권저당권또는처분제한의목적된가격을채권금액으로인정한다

다만저당된채권의차압을등기할경우에차압당할채권의액또는질권이나저당권의목적된가격이채권금액보다소액인때는최소액을채권액으로인정한다

제5조 관할이상이한인민재판소에있어서순차로수개의부동산에관한권리의등기를받을경우에각인민재판소에서받는등기는채권금액에서기등기한가격을공제한잔액을채권액으로인정한다

동일한채권을위한선취특권,질권또는저당권에관하여종류를달리하는2이상의등기또는등록을받을때는전항에준한다

제6조 다음에해당한경우에는등록세를부과치않는다

일, 각급인민위원회및그소속기관,국영기업소,각급소비조합의자기를위한등기및등록

이, 회사의정리또는특별청산에관하여재판소의촉탁으로하는등기및등록

삼, 등기또는등록의말소착오또는유루가인민재판소또는등록공서의과오에기인

한경우에있어서의회복또는경정을위한등기또는등록

제7조 등록세는수입인지를등기또는등록에관한서류에첨부하여납부하여야한다
등록세액2만원이상인때는시 · 군인민위원회에신청하여현금으로납세할 수 있다
전항에의하여현금으로납세한때는그령수증을등기또는등록관계서류에첨부하여야한다

제8조 본법은1947년4월1일부터실시한다

제9조 북조선주둔소련군사령관의명령제11호는페지한다
1947년1월1일부터동3월31일까지에북조선주둔소련군사령관명령제11호에의한상업과공수영업의특허장을받은자는본법제3조제1항제7호에의하여등록한것으로인정한다

≪ ≫

1947년 2월 27일

북조선인민위원회법령제5호[41]

거래세법

북조선인민위원회에관한규정제4조에의하여이를제정공포한다.

1947년 2월 27일
북조선인민위원회 위원장 김일성
사무장 한병옥

거래세법

제1장 총칙

제1조 광공림산물 수산물 주류 및 청량음료에대하야는물품거래세를부과한다
전기와사업 철도운수업 극장업 국영상업및소비조합물품판매업에대하야는특별거래세를부과한다

41)『법령공보』1947년 제22호, 9-13쪽.

제2조 물품거래세는제조장또는생산자로부터반출또는판매한물품의가격또는그.수량에응하야제조업자또는생산자로부터징수한다

본법에의한과세물품을국외로부터수입하거나또는북조선지역외로부터반입할때는그물품의가격또는그수량에응하야수입자또는반입자로부터이를징수한다

제3조 물품거래세의과세표준은다음에의한다

일, 광공림산물및수산물은제조자또는생산자가그물품을판매할때의가격

이, 주류및청량음료는제조장으로부터반출한수량

삼, 제2조제2항에해당하는물품은수입또는반입당시의가격또는수량

제4조 특별거래세는다음과세표준에의하야각사업소로부터징수한다

일, 전기와사거래세는전기또는와사를공급하고수요자로부터령수할료금수입액

이, 철도운수거래세는철도려객운임및철도화물운임수입액

삼, 극장거래세는영화연극기타흥행에공하는설비장소의경영자가령수하는입장료관람료기타일절료금수입

사, 국영상업거래세는국영상사기관이국영상사기관및소비조합이외에대하야판매한금액

오, 소비조합거래세는소비조합이각급소비조합이외에대하야판매한금액

제5조 제조장으로부터반출하였든물품을동제조장내에반환한경우에시군인민위원회위원정이인정하는물품은다시제조장으로부터반출할때는물품거래세를징수치않는다

제6조 국영기업소에서납부하는물품거래세또는특별거래세의징수절차에관하야는북조선인민위원회재정국장 (이하재정국장이라략칭한다) 이따로규정할수있다.

제2장 광공림산물세

제2조 광공림산물에대하야물품거래세를부과할품목및세률온다음과같다.

광공림산세률

제1류 제련물품

제제련물품	생산자판매가격	백분지10

제2류 석탄

유연탄	생산자판매가격	백분지5

무연탄	〃	〃
연탄	〃	〃
해탄	〃	〃
토탄	〃	〃

제3류 금속공업제품

일, 금속재료	〃	백분지5
제련재	〃	〃
제철재	〃	〃
주철	〃	〃
동괴	〃	〃
이, 금속제품 (기계류공구류는본물품세를부과치않는것에한한다)		
동제품	〃	백분지10
철제품	〃	〃
주제품	〃	〃
주동품	〃	〃
주철품	〃	〃
단조품	〃	〃
유기	〃	백분지20
아루미늄제품	〃	〃
삼, 기계류	〃	백분지10
제종기계		〃
(선반보-부반 추진기 권양기 공기압축기 탈곡기 기타제종기계)		
사, 공구류	생산자판매가격	백분지10
제공구		
(바이트 우라이스캇다 드릴 리-마 탑다이스거인 벤치 함마 바이스 메리야스제품용침 기타)		
오, 선박	생산자판매가격	백분지5

제4류 경공업품물

일, 사류	〃	백분지10
제면	〃	〃
생사	〃	〃
작잠사	〃	〃
면사	〃	〃
방모사	〃	〃

	품목	과세표준	세율
	소모사	〃	〃
	인견사	〃	〃
	마선	〃	〃
	아선	〃	〃
	기타사류	〃	〃
이.	섬유제품	생산자판매가격	백분지20
	메리야스	〃	〃
	양말	〃	〃
	타올	〃	〃
	군대장갑	〃	〃
	직물	〃	〃
	모포	〃	〃
	기타섬유제품	〃	〃
삼.	고무제품	생산자판매가격	백분지백
	총고무화	〃	〃
	고무장화	〃	〃
	로동화	〃	백분지50
	운동화	〃	백분지백
	정미로-푸	〃	〃
	벨트	〃	〃
	기타고무제품	〃	〃
사.	지물	생산자판매가격	백분지10
	양지	〃	〃
	팔프	〃	〃
	판지	〃	〃
	제지팔프	〃	〃
	인견팔프	〃	〃
	기타지물	〃	〃
오.	곡류제품		
	소맥분[小麥粉]	생산자판매가격	백분지5
	전분	〃	〃
	황금태[黃金飴]	〃	〃
	포도당	〃	백분지30
	대두박	〃	백분지30
	장유 (아미노산장유를포함)	〃	백분지5
륙.	유류	생산자판매가격	백분지10
	각종유류 (송탄유 중유 휘발유 경유대용차축유 차축유 와니스 디-젤유 모빌유 대두유 기타유)		

칠. 목제품	생산자판매가격	백분지50
가구 (사무용품을포함함)	〃	〃
소독저	〃	〃
목제점심곽	〃	〃
합판	〃	〃
팔. 석제품	생산자판매가격	백분지20
석공품		
구. 귀금속보석제품	생산자판매가격	백분지30
십. 기타		
하무 소-세-지 기타 훈제육류및어류 관병[罐甁] 호[壺] 기타류사의용기에 넣은 식료품(관힐[罐詰], 병힐[甁詰]류) 인조빙		
십일, 골패	생산자판매가격	백분지150
십이, 도자기풍로	〃	백분지10
십삼, 양화트렁크류	〃	백분지20

제5류 건재

원목 (일갱목궤목을포함함)	생산자판매가격	백분지1
제재	〃	백분지5
제재업자가자기생산원목을원료료한제재는립과할 것		
세멘트	〃	〃
생석회	〃	〃
소석회	〃	〃
련와류	〃	〃
타이루	생산자판매가격	〃
스레-트	〃	〃
석재	〃	〃

제6류 화학공업물품

다이나마이트	〃	백분지5
도화선	〃	〃
초안폭약	〃	〃
뇌관	〃	〃
엽용화약	〃	〃
흑색화약	〃	〃
시동약	〃	〃
희초산	〃	〃

산화연	〃	〃
아-크가-본	〃	〃
건전지	〃	〃
발연류산	〃	〃
액체염소	〃	〃
그리골	〃	〃
렴화석회	〃	〃
아세돈	〃	〃
아세치렌부랙	〃	〃
아니린	〃	〃
훼부린	〃	〃
스르화민	〃	〃
초자제품	〃	〃
그라인다	〃	백분지5
중조	〃	〃
염소산바룸	〃	〃
염화가리	〃	〃
초산	〃	〃
카-릿	〃	〃
적린	〃	〃
염화제이철	〃	〃
중크롬산소-다	〃	〃
아루미나	〃	〃
에―텔	〃	〃
절록와니쓰	〃	〃
산소	〃	〃
벤졸	〃	〃
콤파운트	〃	〃
안트라센	〃	〃
마그네크린카	〃	〃
타-루	〃	〃
나후타링	〃	〃
류안	〃	백분지10
류린안	〃	〃
아비산	〃	〃
석탄질소	〃	〃
염안 비료용	〃	〃
공업용	〃	〃

아란담	〃	〃
초안	〃	〃
과인산석회	〃	〃
염소산가리	〃	〃
류산	〃	백분지15
린산	〃	〃
그리세린	〃	〃
규산소-다	〃	〃
천연전극	〃	〃
인조 〃	〃	〃
탄소쇄자	〃	〃
동분 〃	〃	〃
카-바이트	〃	〃
소다탄	〃	〃
가성소-다	〃	〃
염산	〃	〃
쇄분	〃	〃
세탁비누	〃	백분지25
화장비누	〃	〃
치분	〃	〃
화장품	〃	〃
샴푸-및세분	〃	〃
양초	〃	〃
인촌[燐寸]	〃	〃
서슬	〃	백분지25
기타화학공업제품	〃	백분지15

제8조 납세의무자는매월반출한물품종검수량및가격을익월3월까지소관시군인민위원회위원장에게신고하여야한다

제2조제2항에해당하는국외로부터수입한것또는북조선지역외로부터반입한것에대하야는수입또는반입하는때마다수입또는반입한물품의종별수량및가격을소관기관장에게신고하여야한다

제9조 전조에규정한신고서를제출치않거나또는시군인민위원회위원장또는세관장이신고를부당하다고인정할때는시군인민위원회위원장또는세관장이과세표준액을결정한다

제10조 납세의무자는매월분물품거래세를익월10일까지납부하여야한다

국외로부터수입하는자또는북조선지역외로부터반입하는자는그물품을인취할 때마다납부하여야한다

제11조 광공림산물세의납세의무자는좌기사항으로기장하여야한다

일, 수입한재료 사용한재료의종류수량가격및수입또는사용한일자

이, 제조한물품의품명수량및제조일자

삼, 반출또는판매한품명수량가격및반출또는판매한일자

제12조 광업임산물세를과할물품을제조또는생산할물품의종목주소및성명또는명칭을기재한신고서를소관시군인민위원회위원장에게제출하여야한다

전항의사실의변경또는제조업의폐지가있은때에는그사실을신고하여야한다

제13조 세무직원은과세물품제조업자에대하야보고의요구또는검사를할수있다

제14조 시군인민위원회위원장은필요하다고인정할때는광공림산물세를과할물품의제조자에대하야제조장의도면및제조용기구의목록을제출시킬수있다

제15조 광공림산물세를부과할물품의제조업을상속한자는그사실을소관시군인민위원회위원장에게신고하여야한다

전항의제조장을양수한자는양도인과련서하여소관시군인민위원회위원장에게 신고하여야한다

합병후존속하는법인또는합병에대하여신설된법인은합병으로인하여소멸된법인의제1항의제조업을계승한때는그사실은소관시군인민위원회위원장에게신고하여야한다

제16조 시군인민위원회위원장은광공림산물세를부과할물품제조업자들이조직한단체에대하야징수상필요한시설을하고또는징수사무의보조를할것을명할수있다

제17조 전조의명령을받은징수보조단체의대표자는적어도다음의사항을기장하여야한다

일, 단체원마다매월분의과세표준액및세액

이, 물품거래세를일괄납부하는단체에있어서는단체원마다의납부세액및납부월일

삼, 물품거래세의납부자금을관리하는단체에있어서는단체원마다의납부자금의수불액현재액납부세액및납부의일자

제18조 세무직원은징수보조단체의대표자에대하야해당사업에관하야보고의요구또는장부서류기타의물건의검사를할수있다

제19조 수산물에대하여물품거래세를부과할종류및세률은다음과같다

1, 생명태	생산자판매가격	백분지10
2, 고등어	〃	〃
3, 청어	〃	〃
4, 조기	〃	〃
5, 방어	〃	〃
6, 가재미	〃	〃
7, 공치	〃	〃
8, 갈치	〃	〃
9, 도뚜모기	〃	〃
10, 새우	〃	〃
11, 헛드기	〃	〃
12, 이면수	〃	〃
13, 멱류 (김을포함한다)	〃	〃
14, 편포	〃	〃

제20조 수산물세는생산지구수산조합으로하여금수산업자로부터그판매한물품의가격에응하야이것을징수케한다

수산조합을통하지않은수산물에대한물품거래세는세무기관이직접징수한다

제21조 제8조내지제11조및제13조는수산물세에준용한다

본법에서주류라함은원용량백분중순주정의용량85도이상의것을지칭한다

본법에서주정분1도라함은섭씨15도때에원용량백분중에함유된(환), 7947의비중을가진주정을지칭한다

제23조 주류의종류는다음과같다

일, 양조주 탁주 약주 청주 맥주과실주라칭하는류로서발효액으로제성한것

이, 증류주 주정 소주 고량주 사과부란데라칭하는류로서료[醪]기타의발효액주류 주백 기타의물을증치하야제성한것

삼, 재제주[再製酒] 부란데 - 위스키 - 리강주 인삼주라칭하는류로서양조주또는증기주의1종과타의양조주혹은증류주또는재제주기타의물을혼화하여제성한것

사, 주류원료 주모[酒母] 료[醪] 국[麴] 곡자[麯子]

비제주의1종과타의재제주기타의물을혼화하여제성한음료는재제주로인정한다.

주류에물을혼화하는것은새로운주류의제조로보지않는다

주류제조자가아닌자가소관시도인민위원회위원장의승인을받아주류제조의원료로서제조또는반입한주정에물로희석한것은소주로인정한다.

제24조 주류제조자가아닌자가 주모 료 국 곡자 종국[種麴]을제조하려할때는제조장1개소마다재정국장의허가를받어야한다

전항의허가를받으려는자는제1호양식에의한서허가신청서를소관시군인민위원회를경유하여재정국장에게제출하여야한다

주모 료 국 곡자 종국 제조자그제조를페지하려는때는제2호양식에의한취소신청서를소관시군인민위원회를경유하여재정국장에게제출하여야한다

제25조 주정 주모 료 국 곡자 종국제조의허가를받은자가그제조장을이전하려할때는재정국장의승인을받어야한다

제26조 주류제조업자의상속인또는허가를취소한자에대하야는주세완납전에있어서는본법을적용한다

제27조 주세의세률은다음과같다

일,	양조주		
	탁주	(매석당)	800원
	약주		2,500원
	청주		4,000원
	맥주	(매석당)	4,000원
	과실주	12도기준	3,480원
	포도주	〃	3,000원
	순주정의용량	1개마다	250원
	〃	〃	250원
이,	증류주	(매석당)	
	소주및고량주	12도이하	4,500원
		30도 〃	8,100원
		35도 〃	9,900원
		40도 〃	12,600원
	순주정용량40을초과하는것12,600원에순주정의용량40을초과하는1개마다315원을가한다		
	주정	94도기준	32,900원
	순주정의용량1개마다		350원
	사과부란데	40도기준	15,000원
	〃 〃	1개마다	375원
	기타증류주	〃 〃 1개마다	350원
삼,	재제주[再製酒]	(매석당)	
	부란데	40도기준	15,000원
	위스키		
	〃 〃	1개마다	375원

기타재제주	20도	5,000원
〃 〃	1개마다	250원

사, 주정원료

주모 료 국 곡자 종국	생산자판매가격	백분지10

주정원료에대한주세는주류제조자가아닌자에한하여적용한다

제28조 주세는제조장으로부터반출한또는국외로부터수입한또는북조선지역외로부터반입한주류의석수및주정용량에응하여주류제조자수입자또는반입자에대하여이것을징수한다

제29조 주류가다음각호에해당하는경우에는주류를제조장으로부터반출한것으로인정한다

일, 제조장에서음용한때

이, 주류제조허가를취소한경우에그제조장내에주류가현존할때

삼, 제조장에현존하는것으로공매또는경매된때또는파산수속으로환가되었을때

제30조 주류제조자는매월2회제조장으로부터반출한주류의종류마다석수주정도수를기재한신청서를그달1일부터12일까지의분을그달18일까지그달16일부터말일까지의분을익월3일까지소관시군인민위원회위원장에게반출하여야한다

다음각호에해당하는경우에는즉시로그반출한주류에대하여신고서를제버하여야한다

일, 주류제조를폐지한때

이, 주류제조허가를취소한때

삼, 주류가공매또는경매되었을때또는파산수속으로환가되었을때 주류를수입혹은반입한자는수입혹은반입한때

전항에준한신고서를소관세관장에게제출하여야한다

전2항의신고가없을때또는시군인민위원장세관장이신고가부당하다고인정할때는시군인민위원회위원장또는세관장은반출수입또는반입한석수를사정한다

제31조 주세는매반월분을다음의기간내에납부하여야한다

그러나주세법에상당한담보물을제공한때에는1월이내주세의징수를유예할 수 있다

그달1일부터15일까지고출한것에대한주세는그달말일까지

수입또는반입한주류에대하여는수입또는반입한때이것을납부하여야한다

전조제2항의경우에는범칙주류에대한주세는본조에불구하고즉시로그주세를

징수한다

제32조 주류제조장에서제조한주류를타종주류제조의원료로사용할경우에는그원료용주류에대하야는주세를부과치않는다전항의원료용주류에대하여는그주류를제성한때그석수및순주정용량을사정받어야한다

전항의원료용주류는시군인민위원회위원장의승인없이이것을주류제조용이외의용도에사용할수없다

제33조 전조의원료용주류가다음의각호의해당할때는전조제2항에의한검정내용에의하야즉시그주세를징수한다

일, 전조제3항의승인을얻어그용도를변경할때

이, 주류제조허가를취소할경우가제조장내에현존할때

삼, 공매또는경매또는파산수속으로서환가케된때

제34조 다음의주류에대하야는주세를면제할수있다 그러나제조장외에반출한주류에대하야는면제하지않는다

일, 불가항력으로인하야멸실한것

이, 부패또는기타사유로인하여관계당국이주류로음용치못하게된것으로인정한것

삼, 부패한주정또는재해로인하여음용치못하게된주류로써증류주의제조원료로 사용한것

제35조 주류를공업용또는의약용에사용할때에는재정국장의승인을얻어주세를면제할수있다

제36조 주류 주모[酒母] 료[醪] 국[麴] 곡자[麯子] 종국[種麴]의제조자는매년도개시전다음사항을기재한신고서를소관시군인민위원회에제출하여야한다

일, 제조기간

이, 제조예정석수

삼, 제조방법의상세및비저넣는회수(사입수)

년도개시후제조의허가를받은자는제조개시전전항에준한신고서를제출하여야한다

전2항의신고서에기재한사항에변경이생긴때는즉시소관시군인민위원회에신고하여야한다

3개월이상제조를휴지하려는때는그사실을신고하여야한다

제37조 민간주류제조자는납세보증으로1년간의제조예상조석수에대한주세상당액의십분지1이상의담보물을제공하여야한다 그러나상당한납세보증인을세운때는담보물의제공을면제할 수 있다

전항의담보물은금전대지화재보험에인한상품또는건물에한한다

제38조 납세보증인은주류제조자가주세를완납할수없을경우에납세의무자와련대하여그의무를부담한다

제39조 시군인민위원회위원장은주세보전상필요하다고인정할때는주모 료 국 곡자 종국 제조자에대하야금액및기간을지정하여주세에대한담보를제공할것과 또는납세의담보로써주류를보존할것을명할수있다

전항의보존명령을받은자는보존할주류및보존방법을정하여소관시군인민위원회위원장의승인을받어야한다

내용이시군인민위원회위원장은납세의담보로써보존할주류에봉함을할수있다

제40조 본법에의하여담보를제공하며또는납세의담보로써주류를보존한경우에납세의무자가기한내에세금을납부치않을때는그담보물인금전을즉시세금에충당하고금전이외의담보물또는납세의담보로써보존하는주류를공매에부하여세금및공매비용에충당하고또는부증인으로써세금을납부케할수있다

제41조 전조의경우에담보물또는납세의담보로보존하는주류의가격이징수할세금및공매비용에부족하다고인정할때는납세의무자소유의다른재산에대하여체납처분을할수있다 납세의무자에대하여체납처분을한경우에그재산의가격이징수할세금독촉수수료연체금및체납처분비용에부족하다고인정할때는보증인에대하여체납처분을할수있다

제42조 주류를제조한때에는제성시1용기마다그석수및주정분을검정하여야한다 범칙기타사유에인하야제조석수또는주정분을검정하기에인난한경우에는전항에불구하고주류또는증빙물건에의거하야제조석수또는주정분을검정한다

제43조 주류제조자는조석수를검정하기전에주류를타인에게양도하거나전당하거나주류제조용외에소비하거나또는제조장외에반출하지못한다

제44조 주류 주모 료 국 곡자 종국의제조업자또는주류판매자는장부를조제하고 다음의사항을기재하여야한다

일, 사용한원료의종류수량및그사용일원료용으로반입한주류또는주모 료 국 곡자 종국의종류및그수량

이, 주류기타제품의종류제성의일자그수량및순주정용량등

삼, 술비저넣을때마다그일자및방법

사, 타에인도한주류또는또는주모 료 국 곡자 종국의종류수량가격과그인도한 일자및인도한곳

오, 주류판매자는주류를매입한곳판매한곳및수량금액일자등

륙, 전각호이외제조저장또는판매에인하야시군인민위원회위원장이지정한사항

第45조 주류제조자는그허가를받었을때에각제조장마다토지건물의상세한도면제조용용기기구기계의목록을작성하야시군인민위원회위원장에게제출하여야한다
전항용기기구기계를수리증설하거나또는그배치를변경한때는즉시신고를하여야한다
第46조 주류제조자가전조목적의제출또는신고를하였을때는시군인민위원회위원장은기용기기구기계의지정을한다
전항검정을받지않고는용기기구기계를사용치못한다
第47조 주류제조자는다음사항이있을때마다즉시로시군인민위원회위원장에게신고하야그지시를받어야한다
일, 재해에의하여주류가폐기된때
이, 부패로인하야주류를음용치옷하게된때
삼, 용기의손상또는색전의자연탈거로인하여주류가감실한때
사, 국 곡자 종국등및주류를공매경매또는파산수속으로의하여환가된때
오, 국 곡자 종국등및주류를제조장내에반입할때
륙, 국 곡자 종국등폐기멸실기타이상이있을때
第48조 주류제조자가다음행위를할때는시군인민위원회위원장에신청하야그승인을받어야한다
일, 주류의혼화또는첨수
이, 주류보존필요로인한소주주정및기타물품의혼화
삼, 제조용 국 곡자 종국등및주류의사용
사, 제조장외로부터반입한원료용국 곡자 종국 등및주류의사용목적변경
오, 제조장외에반출한주류의제조장내로의반입
륙, 국 곡자 종국 등및주류의반입
第49조 세무직원은주류에대한과세징수상필요한경우에는주류의제조장저장장판매장기타의장소를림검하고주류또는그원료품반제품제조또는판매에필요한건축물용기기계기타의물건을검사하고또는봉인기타필요한조처를할수있다
第50조 세무직원은주류에대한과세징수상필요한경우에는주류의제조자판매자기타관계자에대하여보고의요구주류운송의정지기타필요한조처를할수있다

第5장 청량음료세법

第51조 본법에청량음료라함은탄산와사를함유한음료를지칭하다

그러나주정분1도이상함유한것은이에속하지않는다

제52조 청량음료세의세률은다음과같다

제1종 병에넣은 것 1석당 3,000원

제2종 병에넣지않은 것 탄와사사용량 1천당 1,000원

제53조 천연으로용출하는청량음료를용기에충전하는것은전조제1종의청량음료제조로인정한다

천연으로용출하는청량음료를원료로하야제2종의청량음료를제조할때도적시한다

제54조 청량음료세는제1종및제1종의청량음료에대하야는제조장외에반출한석수에응하야제2종의청량음료에대하야는제조장외에반출한청량음료에사용한탄산와사의량에응하여청량음료제조자로부터이것을징수한다

국외로부터수입한청량음료에대하야는그량에응하여수입자로부터이것을징수한다

제55조 제28조내지제31조제34조제36조내지제47조제48조제5호제49조및제50조의규정은청량음료세에준용한다

제6장 전기와사세

제56조 전기와사세는전기또는와사(瓦斯)를각개인각기업소각기관에공급한때전기사업자또는와사사업자의전기공급또는와사공급에대하여그사용한자로부터받을전기또는와사용에응하여부과한다

제57조 전기와사세세률은다음과같다

전기사업자또는와사사업자의전기공급또는와사공급에대하야받은료금의 백분지5

제58조 본법에료금이라함은전기료와사료기본료기타명의의여하를불문하고전기또는와사의사용에대하야전기사업자또는와사사업자에지불할금액을지칭한다

제59조 전기와사세의과세표준액은전기사업자또는와사사업자가그달에수납할료금으로조정한금액으로한다

전항의조정료금이수납되지못하는경우라도전기와사세는면제치않는다

제60조 전기사업자또는와사사업자는매일분의전기또는와사의사용료와전기와사세액을기재한신고서를익월5일까지시군인민위원회위원장에게제출하여야한다

제61조 전조의신고서를제출하지않은때또는신고가부당하다고인정할때는시군인민위원회위원장은기과세표준액을결정한다

제62조 전기사업자또는와사사업자는매월분의전기와사세를익월15일까지소관시군인민위원회에납부하여야한다

제63조 전기사업자또는와사사업자는매월수용자별료금의조정수납상태를기장하여야한다

제64조 제6장에있어서전기사업자또는와사사업자라함은전기료금또는와사료금을조정수납하는영업장소의책임자를지칭한다

제65조 제13조의규정은전기와사세에이를준용한다

제7장 철도운수거래세

제66조 철도운수거래세는철도부에서수납한철동려객운임및철도화물운임수입에대하여부과한다

제67조 철도운수거래세의세률은운임수입액의백분지3으로한다

제68조 지방철도부는매월수입한운임수입액을익월10일까지소재지시군인민위원회위원장에게신고하여야한다

제69조 철도운수거래세는매월분을익월15일까지수납하여야한다

제8장 극장거래세

제70조 연예기타흥행에공하는장소설비를경영하는자(이하극장경영자라략칭한다)이극장거래세를부과한다

제71조 극장거래세는전조의경영자가입장료관람료기타명의여하를불문하고관람자로부터령수하는료금에대하야부과한다

제72조 극장거래세의세률은다음과같다시에소재하는극장입장권판매액의백분지30 시이외에소재하는극장입장권판매액의백분지15

제73조 극장경영자는매월극장거래세를수납한료금액계산서를첨부하야익월중으로시군인민위원회에납부하여야한다

제74조 극장경영에는장부를비치하고좌기사항을일별로기재하여야한다

일, 입장한인원

일, 입장료총액

일, 입장권의수불

일, 극장거래세

제75조 제13조의규정은극장가래세에이를준용한다

제9장 국영상업거래세

제96조 본법에있어서국영상업기관이라함은다음에게기한것을말한다

일, 상업물자관리소

이, 국영백화점

삼, 기타국영상업기관

제77조 국영상업거래세는국영상업기관이물품을판매한금액에대하여부과한다

제78조 국영상업거래세의세률은물품판매액의백분지5로한다

제79조 다음의물품판매에대하여는국영상업거래세를부과치않는다

일, 상업물자관리소에서국영백화점기타국영상업기관또는소비조합에판매한것

이, 국영백화점간에거래한것

삼, 국영백화점과소비조합간에거래한것

제80조 다음의물품판매에대하여는재정국장은세률을증감할수있다

일, 전매품

이, 량곡

제81조 제103조및제16조내지제63조의규정은국영상업거래세에이를준용한다

제10장 소비조합거래세

제82조 본법에있어서소비조합이라함은다음에게기[揭記]한것을말한다

일, 북조선소비조합

이, 도소비조합

삼, 시소비조합

제83조 소비조합거래세는소비조합이물품을판매한금액에대하여부과한다 그러나소비조합간에거래한금액에대하여는이를부과하지않는다

제84조 소비조합거래세의세률은물품판매액의백분지5로한다

제85조 제79조내지제81조는소비조합거래세에이를준용한다

제11장 벌칙

제86조 사기기타부정행위로인하야물품거래세를탈세한자는2년이하의징역또는과세액의5배이하의벌금에처한다

제87조 다음각호에해당하는자는5천원이하의벌금에처한다

일, 제8조제21조제30조제55조제60조제67조제73조제71조및제85조의규정에의한

신고를제출치않거나태만하거나또는허위의신신고를한자

이, 제36조의규정에의한신고서를제출치않을때

삼, 제11조제17조제21조제44조제55조제62조제74조제71조및제85조의규정에의한장부의개재를태만하거나위조하거나또는허위의신고를한자

사, 제45조의규정의한목적및신고를제출치않는자

오, 제43조규정의검정을받지않고주류를양도소비또는반출한자

륙, 제46조의규정에의한검정을받지않고용기기구기계를사용한자

칠, 제47조의규정에의한지시명령을받지않는자

팔, 제48조의규정에의한주류기타에대한승인을받지않은자

제88조 제39조에의한명령또는동명령에기한처분에위반한자는그명령또는처분의목적물가격의2배이하의벌금에처한다

제89조 허가없이주류주모료국곡자종국청량음료를제조한자는1년이하의징역또는1년이하의강제노동또는만원이하의벌금에처하며그제품제조용구를몰수한다.

부칙

제90조 본법은1947년3월15일부터시행한다그러나국영기업소소비조합에대하여는1947년1월1일부터본법을적용한다.

제91조 1946년10월5일북조선림시인민위원회결정제96호물품세법은3월14일한이를폐지한다

≪ ≫

1947년 2월 27일

북조선인민위원회법령제6호[42]

수입인지법

북조선인민위원회에관한규정제4조에의하여이를제정공포한다

1947년 2월 27일

42) 『법령공보』 1947년 제22호 13쪽.

북조선인민위원회 위원장 김일성
사무장 한병옥

수입인지법

제1조 수입인지는재정국장이제조하되별지와같이7종으로결정한다
제2조 국고세입금중 등록세 벌금 과료 소송비용 비송사건의비용 형사추징금 기타법령으로지정된세입금및재정국장이지정한수수료는수입인지로써납부하여야한다다만법령에의하여현금으로납부할수있는세입금은제외한다
제3조 수입인지로세입금을납부할때에는관계서류에수입인지를첨부하여제출하여야한다
제4조 공무원이전조에의한서류를수리한때는관계서류의지면과수입인지채문에걸쳐서소인하여야한다 소인의형태는별지와같다
제5조 수입인지는북조선중앙은행 본점 지점 대리점을통하여판매한다
제6조 북조선중앙은행본점은매월판매한수입인지대금을통합하여익월10일까지재정국에납부하여야한다
전항대금납부에는매월판매명세서를첨부하여야한다
수입인지판매수수료는판매금액의천분지5로하고매월판매대금납부와동시에교부한다
제7조 수입인지또는수입인지를제작할인판에근사외관을가진것을제조이입판매또는사용할때는재정국장의허가를받어야한다
제8조 본법은1947년4월1일부터실시한다

별지
1, 수입인지종류
천원권
5백원권
백원권
50원권
10원권
5원권
1원권

2, 소인의형태

직경3강

중앙부는소공으로지면을착통하는장치일것

≪ ≫

<u>1947년 2월 27일</u>

북조선인민위원회법령제7호[43)]

가옥세법

북조선인민위원회에관한규정제4조에의하여이를제정공포한다

1947년 2월 27일
북조선인민위원회 위원장 김일성
사무장 한병옥

가옥세법

제1조 도내 (평양특별시를포함함) 에있는가옥에는본규칙에의하여가옥세를부과한다

제2조 본규정에가옥이라하는 것은주가 점포 공장 창고기타건물을이름이다

제3조 다음에렬거한가옥에는가옥세를부과치않는다 유료차가는그렇치않다

일, 각급인민위원회및그소속기관에서공용에쓰는가옥

이, 국영기업소에서업무에쓰는가옥

삼, 농민의주택

사, 사원교회당

오, 국보보존령또는사적명승천연기념물보존령에의하야국보또는사적혹은명승으로써지정된가옥

륙, 각학교 도서관 유치원등보육또는교육에쓰는가옥

43)『법령공보』1947년 제22호, 18-20쪽.

칠, 적산또는역산가옥

팔, 일시의사용에공하는가옥

제4조 가옥세는가옥의평수를표준하여부과하되가옥기지의등급가옥의구조종별 및용도에의하여차봄을두어서부과한다

제5조 가옥기타등급은대지세법에규정된임대가격 (토지대장에등록된임대가격) 에의하여정한다

제6조 가옥구조종별은다음의구분에의한다

갑종

석조 연와조 철골조 철근 철판또는번 철망콩구리-트및이에류사한 것

을종

목조와즙[木造瓦葺] 동수레-트즙[同slate葺] 동석면판즙[同石綿板葺] 동동판즙[同銅板葺] 동아연판즙[同亞鉛板葺] 및이에류사한 것

병종

갑종및을종에속하지않는 것

전항목별이판연치않을때에는시 (특별시를포함함이하동양) 군인민위원회위원장이판정한다

1동의가옥으로그종별이수량으로된가옥은주되는부분의종별에의한다

제7조 가옥의용도는다음과같이구분하다

제1류

사무소 영업소 병원 별장으로사용하는가옥및그부속건물과이에류사한 것

제2류

주택으로사용하는가옥및그부속건물

제3류

제1류제2류에속하지않는가옥

전항의용도가판연치않을때에는시군인민위원회위원장이판정한다

제8조 가옥평수계산은다음에의한다

가옥건평면적은각층의면적의합계액에의한다지하또는2층이상의평수는2평을 1평으로계측한다1평미만의단수는사사오입한다

제9조 가옥세의세률은다음과같다

과세표준단위인별표부과개수1개에8원

제10조 가옥세는납기개시의때에가옥대장에소유자로서등록된자로부터징수한다

제11조 가옥세는년액으로2분하야다음의납기에징수한다

제1기 3월1일부터3월31일까지

제2기 9월1일부터9월31일까지

일, 시면내에서1인의가옥세납세액이20원이하인때는제1기에서년액을일시징수한다

제12조 전조제2항에의하야가옥세의년액징수후제2기납기개시전에그과세의대상인가옥을취득한데대하여는제2기분가옥세는징수치않는다

제13조 가옥세를부과치않는가옥이가옥세를부과하는가옥으로된때또는신축한가옥에대하야는다음에개시되는납기부터가옥세를징수한다

제14조 가옥세를부과하는가옥이가옥세를부과치않을가옥으로된때와가옥이멸실또는사용치못하게된때는그사실이신고가있은후개시되는납기일부터그징수를면제한다

제15조 시군인민위원회에는가옥대장을비치하고다음의사항을등록할것이다

일, 가옥의소재

이, 종류구조및건평

삼, 소유자의주소및성명또는명칭

사, 기타가옥세를부과하는데필요한사항

제16조 가옥에대하야다음의각호에해당하는사유가생긴때에는가옥소유자는그사실발생일부터10일이내에그사실을소관시군인민위원회위원장에게신고하여야한다

일, 가옥을신축또는이축한때

이, 가옥의멸실또는사용치못하게된때

삼, 가옥세를부과치않는가옥이가옥세를부과할가옥으로된때

사, 가옥세를부과하는가옥이가옥세를부과치않이할가옥으로된때

오, 가옥의구조종별또는용도를변경할때

륙, 가옥개축으로인하야평수에이동이있을때

칠, 가옥을양수한때또는소유자의주소성명혹은명칭을변경한때

제17조 납세의무자가그가옥소재의시면에현주치않을때는그는가옥세에관한사항을처리키기위하야그지방에납세관리인을정하야당해시면인민위원회에신고하여야한다

제18조 시군인민위원회위원장은조사상필요할때는가옥의소유자점유자기타리해관계인에대하야보고를요구할수있고또는그거주인의승인을얻어가옥을조사할수있다

제19조 본법에의하야세금을징수한그당해시면에대하야는일정한비률에의하여가옥세분여금을교부한다
전항비률은매년도인민위원회가이를결정한다

부칙
제20조 본법에의하여징수한세금은도 (특별시를포함한다) 세입으로한다
제21조 본법은1947년4월1일부터시행한다
1947년도에한하야는제11조제1기의납기를5월1일부터동31일까지로한다

≪ ≫

1947년 2월 27일

조선인민위원회법령제8호[44)]

차량세법

북조선인민위원회에관한규정제4조에의하여이를제정공포한다

1947년 2월 27일
북조선인민위원회 위원장 김일성
사무장 한병옥

차량세법

제1조 차량세는도내 (특별시를포함이하동일하다) 에거주하는인민및각기관들이소유하고사용하는차에대하야부과한다 그러나타도에서소차량세부과를받는차에대하야는부과치않는다
제2조 본법에서차라고하는것은전차 자동차 자동자전차 승용마차 하적우마차 하적차 자전차를말한다

44)『법령공보』1947년 제22호, 20쪽.

제3조 다음의차에는차량세를부과치않는다

일, 련합국군용차

이, 북조선인민위원회이하각급인민위원회및그소속행정기관사법기관 철도기관체신기관이소유하고공용에전용하는차그러나통운국소속으로운송업에쓰는차는차량세를부과한다

제4조 차량세의세률은다음과같다

일, 전차 (사용가능한차) 1대월7천5백원

이, 소형자동차 1대년당천이백원

삼, 소형을제외한화물및승용자동차 1대년 삼천원

사, 자동자전차 1대년 6백원

오, 승용마차 1대년 6백원

룩, 하적우마차[荷積牛馬車] 1대년 6백원

칠, 하적차 (리야카를포함한다) 1대년 백이십원

팔, 자전차 1대 년백이십원

제5조 차량세는좌의납기에납기초일현재에차의소유자로부터징수한다

일, 전차는매월분을매월1일부터매월말일까지

이, 전차이외의차는년액을4월1일부터4월30일까지

제6조 차량세를부과하는차가부과치않는차로된때또는차가멸실혹은사용치못함에이를때는그사유의신고가있은후에개시하는납기부터차량세를징수치않는다

제7조 차량세를부과치않는차가차량세를부과하는차로될때새로취득한때또는도외에서차적을전입한차에대하야는차기개시하는납기부터차량세를징수한다

제8조 전조의사유가발생한 차량소유이전상치장이동및기타이동사항이있을때에는그사실발생의날로부터7일이내에다음의사항을차의상치장소재지관할시군인민위원회위원장에게신고하여야한다

일, 차의소유자의주소및성명또는명칭

이, 차의종류 대수및상치장

삼, 자동차에대하야승용차 화적차의 구별승용차에있어서는승용정원화물자동차에있어서는적재량

사, 사실이발생한년월일

전항의경우에차를취득한때는전소유자의주소성명또는명칭전상치장을기재할것이다

제9조 시군인민위원회는차량대장을비치하고거차량세에관한사항을등록하여야

한다

제10조 본법에의하야세금을징수한그당해시면에대하야는일정한비률에의하여차량세분여금을교부한다

전항비률은매년도도인민위원회가이를결정한다

부칙

제11조 본법에의하야징수한세금은도세입으로한다

제12조 본법은1947년4월1일부터실시한다

≪ ≫

1947년 2월 27일

북조선인민위원회법령제9호[45)]

부동산취득세법

북조선인민위원회에관한규정제4조에의하여이를제정공포한다

1947년 2월 27일
북조선인민위원회 위원장 김일성
사무장 한병옥

부동산취득세법

제1조 부동산취득세는토지건물취득자에대하야취득물건의가격을표준으로하여부과한다

제2조 과세표준인물건의가격은취득당시의시가에의한다건물을신축증축또는개축한자에있어서는신축비또는개축비를시가로인정한다

전2항의시가는토지건물취득자의신고에의한다다만신고를하지않거나또는신

45)『법령공보』1947년 제22호, 21쪽.

고가부당하다고인정될때는시 (특별시를포함함이하동양) 군인민위원회위원장이 (인정한가격에의한다)

제3조 부동산취득세세률은부동산의가격의백분지2로한다

제4조 건물을신축 증축또는개축한때는그공사의준공한때를소유권취득의때로본다

제5조 다음의각호에해당하는것에대하야는부동산취득세를부과치않는다

일, 상속으로인한부동산취득

이, 북조선인민위원회이하각급인민위원회소속기관의부동산취득

삼, 법인합병또는공유권의분할에인한부동산의취득

사, 사원교회당으로사용할건물의취득

제6조 제1조에규정한토지건물을취득한때는그취득한날로부터7일이내에다음의사항을부동산소재지의소관시군인민위원회위원장에게신고하여야한다

일, 취득물건의소재

이, 토지에대하야는지목및평수건물에대하야는종류구조용도및평수

삼, 취득물건의가격

사, 취득물건의전권리자의주소및성명또는명칭

오, 취득년월일및원인

제7조 본법에의하여세금을징수한그당해시면에대하야는일정한비률에의하여부동산취득세분여금을교부한다

전항비률은매년도도인민위원회가이를결정한다

부칙

제8조 본법에의하야징수한세금은도세입으로한다

—≪ ≫—

1947년 2월 27일

북조선인민위원회법령제10호[46)]

음식세법

북조선인민위원회에관한규정제4조에의하여이를제정공포한다

1947년 2월 27일
북조선인민위원회 위원장 김일성
사무장 한병옥

음식세법

제1조 료리점카페 빠 카바레 음식점기타음식물을조리하여판매하는장소에서판매하는음식에는본법에의하여음식세를부과한다

제2조 음식세의세률은다음과같다
음식료금의백분지30

제3조 음식료금은영업자가음식한자로부터령수할합계금액으로한다

제4조 음식의료금이1인1회백50원미만인때는음식세를부과하지않는다

제5조 음식의료금은다음에의하여계산한다
일, 영업장소에서음식하지아니한판매음식에대하야는보통1인분으로인정되는음식의료금에의한다
이, 2인이상이공동하여음식할때는료금을음식한인원으로제한금액에의한다

제6조 음식세는영업자로부터징수한다

제7조 영업자는매월분의음식료금을기재한신고서를익월3일까지소관시군인민위원회위원장에게제출하여야한다 그러나영업을폐지한경우에는즉시제출하여야한다 신고서의제출이없을때또는신고가부당하다고인정할때는시군인민위원회위원장은그과세표준을결정한다

제8조 음식세는매월분을익월10일까지시군인민위원회에납부하여야한다

---

46)『법령공보』1947년 제22호, 21-22쪽.

제9조 제1조에규정한영업을경영하려는자는그영업장소마다다음사항을기재한신고서를소관시군인민위원회위원장에게제출하여야한다

일, 경영자의주소및성명또는명칭

이, 음식점의종류명칭및소재지

삼, 영업하는장소의구조기타설비

사, 개업년월일

제10조 영업자는그업무에관한사항을장부에기재하여야한다

일, 음식년월일

이, 음식자수

삼, 음식요금

사, 2인이상공동으로음식한경우에는1인1회의음식료금

제11조 시군인민위원회위원장은영업자에대하야료금령수서의발행장부서류작성또는보존기타단속상필요한사항을명령할수있다

제12조 영업자가다음각호에해당할때는소관시군인민위원회위원장에신고하여야한다

일, 제9조의규정에의한신고사항에리동이생겼을때

이, 영업을상속한때

삼, 영업을계승한때

사, 영업장소를이전한때

오, 영업을폐지한때

제13조 세무직원은영업자에대하야보고를요구하고또는그업무에관한장부서류를검사할수있다

부칙

제14조 본법에의하여징수한세금은도 (특별시) 세입금으로한다

제15조 본법은1947년4월1일부터실시한다

≪ ≫

1947년 2월 27일

북조선인민위원회법령제11호[47)]

마권세법

북조선인민위원회에관한규정제4조에의하여이를제정공포한다

1947년 2월 27일
북조선인민위원회 위원장 김일성
사무장 한병옥

마권세법

제1조 경마경견을개최하는자(마사진흥회등이하동양[同樣])는본규칙에의하야마권세를부과한다

제2조 마권세는경마경견투표권의발매에의하야얻은금액에과세한다

제3조 마권세의세율은다음과같다
경마경견투표권의발매에의하여얻은금액의백분지30

제4조 경마경견을개최한자는매일제2조의금액과세금을기록한신고서와세금을아울러소관시군인민위원회에납부하여야한다

제5조 경마, 경견을개최하는자는경마경견에대하야경주또는경기와다음의사항을장부에기재하고또는필요한사항을시도인민위원회에신고하여야한다

제6조 세무직원은경마경견을개최하는자에대하야신고를요구하고또는그업무에관한장부서류를검사할수있다

부칙

제7조 본법에의하여징수한세금은도 (특별시를포함한다) 세입금으로한다

제8조 본법은1947년4월1일부터실시한다

≪ ≫

---

47) 『법령공보』 1947년 제22호, 22쪽.

1947년 2월 27일

북조선인민위원회법령제12호[48)]

인민학교세법

북조선인민위원회에관한규정제4조에의하여이를제정공포한다

1947년 2월 27일
북조선인민위원회 위원장 김일성
사무장 한병옥

인민학교세법

제1조 도 (특별시를포함한다이하동일한다) 에거주하는인민은인민학교세를부담할의무를갖인다

제2조 인민학교세는다음의표에의하야도내전세대에부과한다세액은1세대당1개월최고40원평균18원을초과할 수 없다

1등 40원
2등 30원
3등 20원
4등 15원

제3조 전조의등급사정은인민의경제사정을고려하여도인민위원회가결정한다

제4조 인민학교세는매월시면인민위원회에서징수한다

제5조 도인민위원회는그특별규정으로써부담력이특히미약한자에대하야본세를경감또는면제할수있다

부칙

제6조 본법에의하여징수한세금은도 (특별시를포함한다) 세입으로한다

제7조 본법은1947년1월1일부터소급실시한다

—《 》—

48) 『법령공보』 1947년 제22호, 22-23쪽.

1947년 2월 27일

북조선인민위원회법령제13호[49)]

대지세법

북조선인민위원회에관한규정제4조에의하여이를제정공포한다

1947년 2월 27일
북조선인민위원회 위원장 김일성
사무장 한병옥

대지세법

제1조 시면내에있는대지에는본법에의하여대지세를부과한다
본법에서대지라함은건물기타공작물의기지 (지목여하를불문) 로사용되고있는 토지를이른다
제2조 다음각호에해당하는토지에는대지세를부과하지않는다
일, 국유토지
이, 북조선각급인민위원회및그소속기관의소유토지
삼, 농민의주택지
사, 교회사원의기지(사사지)
제3조 시면인민위원회에대지세대장을비치하고다음의사항을등록하여야한다대지세대장은시군인민위원회에비치한토지대장에의거할것이다
일, 토지의소재
이, 지번
삼, 지목
사, 지적
오, 임대가격
륙, 임대가격에의한등급

49) 『법령공보』 1947년 제22호, 23쪽.

칠, 소유자의주소성명또는명칭

제4조 대지세의과세표준은대지세대장에등록된임대가격으로한다

임대가격은시군에비치한토지대장에등록된등급에의하야별표등급별임대가격에의한다

제5조 대지세의세률은임대가격의백분지12로한다

제6조 대지세는각납세의무자에대하여동일시면내에있는임대가격의합계금액에의하야산출하야이것을징수한다

제7조 납기는매년6월1일부터6월30일까지로한다

제8조 대지세는납기개시의날에대지세대장에소유자로써등록된자로부터이것을징수한다

제9조 비과세지가과세지로된때과세지가비과지로된때는토지소유자는15일이내에시면인민위원회위원장에게신고하여야한다

제10조 납세의무자가그토지소재의시면내에현주하기싫을때는대지세에관한사항을처리키위하여그시면내에현주하는자를납세관리인으로지정하야당해면인민위원회위원장에게신고하여야한다그납세관리인을변경한때는례에의한다

부칙

제11조 본법에의하여징수한세금은시면세입으로한다

제12조 본법은1947년1월1일에소급실시한다

≪ ≫

1947년 2월 27일

북조선인민위원회법령제14호[50)]

시장세법

북조선인민위원회에관한규정제4조에의하여이를제정공포한다

1947년 2월 27일

50) 『법령공보』 1947년 제22호, 23-24쪽.

북조선인민위원회 위원장 김일성
사무장 한병옥

시장세법

제1조 시 (특별시를포함함이하동일하다) 면에서특설한시장 (매5일또는격일기타정기적으로개시하는시장을포함한다) 에서영업하는자로서영업등록이없는자에게부과한다

제2조 시장세의세률은다음과같다

매일판매금액에대하야 백분지3

시장의상황에따라전항의세류에의하기곤란한경우에는매일입시와동시에그영업자의형편을참작하야1일5원이상의세금을징수할수있다

제3조 시장세는시장관리자가이것을매일징수한다

제4조 시장관리자가전조에의하여징수한세금은징수한날인원세액등의계산서를첨부하여시면인민위원회에납부하여야한다

제5조 시장관리자가징수한시장세를납부치않커나그금액을기만하거나또는징수할시장세를고의로징수하지않은때는3년이하의징역에처한다

부칙

제6조 본법에의하여징수하세금은시면세입으로한다

제7조 본법은1974년4월1일부터실시한다

—《 》—

1947년 2월 27일

북조선인민위원회법령제15호[51]

도축세법

북조선인민위원회에관한규정제4조에의하여이를제정공포한다

1947년 2월 27일
북조선인민위원회 위원장 김일성
사무장 한병옥

도축세법

북조선인민위원회에관한규정제4조에의하여이를제정공포한다

제1조 도축세는제2조의도축에대하야도축자에게부과한다
제2조 도축세의세률은다음과같다

일, 소	1두에대하여	3백원
이, 말 려[驢] 라[騾]	〃	2백원
삼, 도야지	〃	백원
사, 양	〃	50원

제3조 도축세는도살과동시에시면인민위원회위원장이이것을징수한다

부칙
제4조 본법에의하여징수한세금은시면인민위원회세입금으로한다
제5조 본법은1947년4월1일부터실시한다

—≪ ≫—

51) 『법령공보』 1947년 제22호, 24쪽.

1947년 2월 27일

북조선인민위원회법령제16호[52)]

시면유지세법

북조선인민위원회에관한규정제4조에의하여이를제정공포한다

1947년 2월 27일
북조선인민위원회 위원장 김일성
사무장 한병옥

시면유지세법

제1조 시 (특별시를포함함이하동일하다) 면에거주하는인민은시면유지세를부담할의무를가진다

제2조 시면유지세는다음의등급의하야부과하되도전체총세대에대하야1세대당1개월최고20원평균7원을초과할 수 없다

1등 20원

2등 15원

3등 10원

4등 5원

제3조 전조의등급사정은인민의경제사정을고려하여도인민위원회위원장이각시면별로이것을결정한다

제4조 시면유지세는매월시면인민위원회에서이것을징수한다

제5조 도 (특별시를포함한다) 인민위원회는그특별사정으로써부담력이특히미약한자에대하야는본세를경감또는면제할수있다

부칙

제6조 본법에의하여징수한세금은시면인민위원회세입금으로한다

---

52) 『법령공보』 1947년 제22호, 24쪽.

제7조 본법은1947년1월1일부터소급실시한다

≪ ≫

1947년 3월 24일 [일부]

북조선인민위원회 결정 제16호[53)]

북조선도시군면리인민위원회에관한결정서실시요강및정원에관한결정서

제13차북조선인민이원회는 북조선도, 시, 군, 면, 리인민위원회에관한 결정실시요강및기구와정원에관한기획국장정준택동지의보고를듯고진중히토론한결과다음1, 2,를통과하기로결정한다

일, 북조선도시군면리인민위원회에관한결정실시요강

이, 북조선도시군인민위원회정원

1947년 3월 24일

북조선인민위원회 위원장 김일성

사무장 한병옥

북조선 시도군면리 인민위원회에 관한 규정 실시요강

제2장 도행정

제12조 인위규정제8조에규정한 각기행정부는 동규정제16조의직무를시행하기위하여 다음과같이그사무를분장한다 (...)

오, 재정부

재정부에는 사계과, 세무과, 관재과, 회계과를 둔다 (...)

나, 세무과에서는다음의사무를장리한다

1, 직세, 간세, 지방세의부과징수에관한사항

2, 세외제수입제대부금에관한사항

53) 『법령공보』 1947년 제24호, 1-14쪽.

3, 주세에관한사항 (...)

십사, 량정부

량정부에서는 수납과배급과관리과회계과조사과를둔다

가, 수납과에서는다음의사무를장리한다

1, 현물세징수에관한사항 (...)

라, 회계과에서는다음의사무를장리한다

1, 현물세령수증발행에관한사항

2, 현물세징수회계에관한사항

3, 곡물운반가공보관자재등일반사무회에게관한사항

4, 량곡관리특별회계에관한사항 (...)

제3장 시행정

제16조 인위규정제9조에규정한각기행정부는동규정제16조의직무를시행하기위하여다음과같이그사무를분장한다 (...)

오, 재정과

재정과에서는 직세계간세계징수계관재계경리계를둔다

가, 직세계에서는다음의사무를장리한다

1, 직접세및지적사무에관한사항

나, 간세계에서는다음의사무를장리한다

1, 간접세및주류생산배급에관한사항

다, 징수계에서는다음의사무를장리한다

1, 국세도세및시세징수에관한사항

2, 사용료수수료기타제세수입에관한사항

3, 납세시설에관한사항

4, 체납처분에관한사항

5, 징수처분촉탁및수임에관한사항 (...)

칠, 량정과

량정과에는수납계배급계조사계검사관리계회계계를둔다

가, 수납계에서는다음의사무를장리한다

1, 농업현물세에관한사항 (...)

제4장 군행정

제20조 인위규정제10조에규정한각기행정부는동규정제16조의직무를시행하기위하여 다음과같이그사무를분장한다 (...)

륙, 재정과

재정과에는부과계징수계경리계를둔다

가, 부과계에서는다음의사무를장리한다

1, 직접세및지적사무에관한사항

2, 간접세및주류생산배급에관한사항

나, 징수계에서는다음의사무를장리한다

1, 국세도세및군세징수에관한사항

2, 사용료수수료기타제세수입에관한사항

3, 납세시설에관한사항

4, 체납처분에관한사항

5, 징수처분촉탁및수임에관한사항 (...)

십, 량정과

량정과에는수납계배급계조사계검사감리계회계계를둔다

가, 수납계에서는다음의사무를장리한다

1, 농업현물세에관한사항

2, 수입곡류에관한사항 (...)

부칙

제29조 이 요강은 공포일로부터효력을가진다

1947년10월18일북조선림시인민위원회결정제99호북조선시군면리인민위원회에관한규정실시요강은무효로한다

(북조선림시인민위원회정원생략[54])

—≪ ≫—

54) 1947. 8. 27. 북인위 결정65호로일부개정.

1947년 5월 2일

북조선인민위원회위원장김일성비준(제15호) 재정국명령제2호[55]

리익공제금징수규칙

제1조 북조선인민위원회법령제2호제1조에규정한리익공제금은본징수규칙에의하여징수한다

제2조 본규칙에있어서 기업소라함은 공장 광산 석탄관리국 목촌기업소 축산기업소 수산기업소 기타국영기업소를 칭한다 그러나 전기처 통운처 국영상사기관은 제외한다

제3조 리익공제금은기업소리익예정금액에대하야매월징수한다

제4조 기업소리익예정금액은판매금액또는징수금액의백분의10으로추정한다

제5조 리익공제금은리익예정금액의백분의30의비률로매월분을익월15일까지납부하여야한다

제6조 기업소책임자는매월분판매금액또는수입금액에대한리익공제금계산서를작성하여익월5일까지소관시군인민위원회위원장에게제출하여야한다

전항계산서에는월말현재시산표를첨부하여야한다

제7조 전조에규정한시산서를제출치않거나또는그시산서의내용이부당하다고인정을할때에는시군인민위원회위원장은리익공제금을그조사에의하여결정할수있다

제8조 기업소책임자는사업년도결산일로부터20일이내에결산서와리익공제금납부명세서를소관시군인민위원회위원장을경유하여재정국장에게보고하여야한다

제9조 재정국장은전조에규정한결산서에의하여리익공제금을추가또는감액할 수 있다

재정국장이전항의조치를할때에는시군인민위원회위원장으로하여금징수또는환부케한다

제10조 기업소책임자는사업년도개시일부터5일이내에거래하는은행명예금구좌번호기업소명및명의인의직명및성명을소관시군인민위원회위원장에게신고하여야한다 이를변경한때에도동일하다

---

55) 『법령공보』 1947년 제31호, 5쪽.

제11조 시군인민위원회위원장이제7조에의하여리익공제금액을결정할때에는제1호양식의납입고지서를기업소책임자에게발행하여야한다

제12조 시군인민위원회위원장은기업소책임자가리익공제금을소정기일까지납부치않을때에는제2호양식의환치납부통지서를기업소의거래은행지배인에게발행하여야한다

제13조 은행지배인이전조의통고서를받은때에는기업소예금에서이를환치하여납부하여야한다

제14조 은행지배인이리익공제금을환치납부할때에는기업소책임자에게통지하여해당금액의소절수또는예금령수증발행을요구하여야한다

제15조 기업소책임자가전조의요구를받을때에는지체없이이를리행하여야한다

부칙

본규칙은1947년1월1일이후의기업소의판매또는수입에소급하여적용한다

1947년1월부터4월까지의리익공제금은5월15일까지납부하여야한다

1947년 5월 2일

북조선인민위원회 재정국장 리봉수

(양식생략)

—« »—

1947년 5월 2일

북조선인민위원회위원장김일성비준(제16호) 재정국명령제3호[56)]

국영거래세징수규칙

제1조 거래세법제6조의규정에의한국영기업소의거래세는본징수규칙에의하여징수한다

제2조 본규칙에있어서기업소라함은거래세법에의하여과세를받는국영기관을총칭한다

---

56)『법령공보』1947년 제31호, 5-6쪽.

제3조 다음의국영기관은거래세법소정의납세의무자로한다

1, 목재기업에있어서는목재기업소본소및지소

2, 석탄채굴사업에있어서는석탄관리국

3, 수산기업에있어서는수산기업소본소및지소

4, 전기사업에있어서는전기처중앙전업부배전부및배전부지부

5, 철도운수사업에있어서는교통국경리부

6, 전각호이외에있어서는공장 백화점 상업물자관리소및기타기업소

제4조 기업소책임자는거래세법에규정한보고신고장부기재및납세의의무를진다

제5조 기업소책임자는사업년도개시일부터5일이내에거래하는은행명예금구좌번호기업소명및명의인의직명및성명을소관인민위원회위원장에게신고하여야한다 이를변경한때에도동일하다

제6조 매월거래세액은국영기업소판매금액또는수입액에대하여거래세률을기초로산정한다 시도인민위원회위원장이거래세법에의하여국영기업소의거래세액을결정한때에는제2호양식의납세고지서를기업소책임자에게발행하여야한다

제7조 시군인민위원회위원장은기업소책임자가거래세를소정기일까지납부치않을때에는제2호양식의환치납부통고서를기업소의거래은행지배인에게발행하여야한다

제8조 은행지배인이전조의통고서를받을때에는기업소예금에서소정거래세액을환치하여납부하여야한다

제9조 은행지배인이거래세를환치납부한때에는기업소책임자에게통지하여해당금액의소절수또는예금령수증발행을요구하여야한다

제10조 기업소책임자는전조의요구를받은때에는지체없이이를이행하여야한다

부칙

본규칙은 1947년 5월 1일부터 실시한다

1947년 5월 2일

북조선인민위원회 재정국장 리봉수

(양식생략)

≪ ≫

1947년 5월 12일

북조선인민위원회법령제24호[57]

농업현물세개정에관한결정서

1946년6월27일에 북조선림시인민위원회결정제28호로공포실시한 농업현물세에 관한 결정서는 완전히정당하다는것을실증하였다

대다수의농민들이 국가에곡물을납부하는데있어서 자기의의무를 제때에실행한 것은 전체전체인민들이 이결정서를 접수한것이며 또찬성한것임을 표시하는것이다

이결정서의실시로 말미암아 농민에게는 이전에없던 경제적우월성이 부여되었고 농민들은 수확고의 75%의 완전한주인이되었다

농업현물세의징수는 북조선인민위원회로하여금 새수확까지의 로동자사무원 및 그부양가족의 식량공급을 보장하게하였으며 종자를 요구하는 농민들에게 종자를 원조하게하였다

북조선인민위원회는 농업현물세의 부과징수를더욱공평하게하며 전작하는농호에대한과세의경감을기하기위하여북조선림시인민위원회결정제28호 농업현물세에 관한 결정서를 다음과같이개정한다

일, 농업현물세부과의비률은아래와같이개정한다

가, 답작「조」에있어서는수확의27%

나, 전작곡물과제반저류[諸類]에있어서는수확의23%

다, 면화, 마류, 연초, 앵속[罌粟], 인삼 및 홉프등에있어서는 수확의23%

라, 소채[蔬菜]와기타공예작물에있어서는이작물의파종면적매단보에10kg의곡물(정곡[精穀])마, 실과에있어서의수확의25%

이, 산간지대에서반유목민적곤란한생활을하는화전농호를위하여는그작물에대한과세률을10%로한다

삼, 경작면적을확장하기위하여개간하는황무지에대하여는토지개간법령에의하여 3년간농업현물세과세를완전히면제한다

사, 농업현물세납부에있어서는각개농민은그가첫번탈곡한곡물로징세서에의하여 이를납부하여야한다농업현물세는조기작물 (밀, 보리 감자, 기타) 에있어서

57) 『법령공보』 1947년 제27호, 1-2쪽.

는8월말일까지만기작물 (벼, 기타작물) 에있어서는12월15일까지이를납부완료하여야한다

오, 농업현물세납부의의무를완전히실행한농민은 나머지곡물과기타작물을의사의사대로처리하며 시장에서 자유매매할권리권리를가진다

륙, 농업현물세를과세할파종면적또는실지수확을허위보고한자자는이를재판에부친다

칠, 농업현물세징수를제때에하며또정당하게할책임을각도및평양특별시 (이하각도라략칭함) 에는각도인민위원회위원장에게북조선전체에대하여는북조선인민위원회량정부장에게지운다

팔, 북조선인민위원회량정부장은다음의임무를실행하여야한다

가, 농업현물세징수사업의조직과징수되는곡물의엄정한통계와옳은보관

나, 곡물을징수한때각개농민에게령수증의발급

다, 창고준비곡물과저류[諸類]의징수통계보관에대한제규정징수서령수증창고명세부의양식을작성하여6월1일까지각도인민위원회에배부할것

구, 각도인민위원회위원장과북조선인민위원회량정부장은농업현물세징수준비를위하여다음각항항을급속히실행하여야한다

가, 각개농민들에게징세서를발부하되조기작물에있어서는6월20일까지기타작물에있어서는8월20일까지이를완료할것

나, 7월20일까지창고의수리와준비및소독과창고에필요한기구를준비하여창고에서곡물을취급할경험있는기술자를선정할것

다, 준비상황 (납세대장및징세서발부등) 통계조직농업현물세징수사업등을검열하기위하여재정기관과일치협력할것

십, 농림국장에게는다음의책임을지운다

가, 지역별지질별에의하여예상되는농작물의수확고의판정을제때에할것

나, 농업현물세예산안을작성하여북조선인민위원회에제출하되조기작물에대하여는6월1일까지기타작물에대하여는8월1일까지북조선인민위원회위원장의비준을얻을것

1947년 5월 12일
북조선인민위원회 위원장 김일성
사무장 한병옥

—≪ ≫—

1947년 6월 1일

북조선임시인민위원회위원장김일성비준 농림국규칙제8호[58)]

농업현물세개정에관한결정서에대한세칙

제1장 농업현물세의부과절차

제1조 농업현물세 징수서의 발부는 농업현물세개정에 대한 결정서 (이하 결정서라략칭한다) 에의거하여엄정히 이를실행하여야한다

제2조 매농호에대한 농업현물세부과량은 파종면적과 지질별에의하여 곡종별로이를정하여야한다

제3조 결정서 (1) 의 (라) 항에규정한 기타공예작물이라함은 결정서 (1) 의 (다) 항에규정한면화대마아마[亞麻]연초앵속[罌粟]인삼 및 홉프를제외한일절특용작물을포함한다

제4조 결정서 (2) 에 규정한 반유목민적 화전민이라함은 순화전에의하여 영농하는 순화전민을 지칭하는바 이는 각도인민위원회위원장의보고에의한 46, 990호의 66, 684정보에한한다

각도별화전민농호삭및그화전면적은다음과같다

황해도호수4, 088호면적8, 233정

평안남도호수4,037호면적4, 736정

평안북도호수16, 866호면적19, 289정

강원도호수3, 831호면적3, 488정

함경남도호수17, 187호면적29, 469정

함경북도호수981호면적1, 469정

제5조 결정서 (3) 에규정한 황무지의개간은 5년이상경작을 계속할 가능성이 있는 토지에한하여 이를허가한다

제6조 각종채소를합하여1반보이상의채소를경작하는 농호에대하여야는결정서 (1) 의 (라) 항단서에규정한특수채소전업에 준하여 현물세를징수한다

제7조 연초 앵속[罌粟] 및 인삼등전매품에한하여는 농업현물세부과량을완납한 후의 나머지작물도 북조선림시인민위원회사법국포고제2호및재정국포고제11호

58) 『법령공보』 1947년 제29호, 3-4쪽.

에의하여 북조선전매국에매도하여야한다

제8조 농업현물세징세서를발부할때에는반드시매농호로부터 이를착실히접수하였다는령수증증을받아야한다

제2장 농업현물세의징수절차

제9조 농업현물세는반드시 농업현물세징세에의하여검사합격품을징수한다

제10조 농업현물세납부곡물은반드시실파한곡물을납부하여야하며북조선인민위원회량정부장의승인이없는한대곡으로이를납부할수없다

제11조 농업현물세납부저류[藷類]는두류를제외한기타곡물로서대납할수있으되그환곡비률은저류400와[瓦]에정곡[精穀]100와[瓦]으로정한다 ;

제12조 결정서 (1) 의 (라) 항단서에규정한채소는국가의필요에따라서현물로징수할수있다

제13조 결정서 (5) 에의하여 농민은기업현물세를 완납한후에 나머지 곡물과기타작물 (연초. 앵속[罌粟]및인삼을제외)을 시장에서자유매매할수있으되북조선림시인민위원회결정서제110호 (1) 에의하여시면인민위원장애발행한 농업현물세완납증명서를 가진자에게한하여 동증명서가없이자유매매하는자에대하여서는량정기관 또는보안기관이 그현품을몰수하여 지정한창고에보관한다 (단채소류는렬외로취급할 수 있다)

전항의증명서를 조기작물과 만기작물의2회에 나누어 발부하여야한다

제14조 결정서 (4) 에 규정한납부기일내에 농업현물세징수를 완필하기위하여 소정한 기일내에 농업현물세를 납부하지아니한자에 대하여는 북조선림시인민위원회결정서 제110호 (2) 에의하여 연체일매일에대하여 미납수량에대한 부과수량의0, 5%씩을 계산하여 현물세체납배상을 받는다

연체기일은 15일을 넘지못하며 이기간경과후에도완납하지않는 자에게대하여는미납현물세징수를 보안기관에서 강제집행하고당해자는 인민재판에 붙이어야한다

제15조 결정서 (4) 에규정한농업현물세의납부기일은 각도산간지대의조기작물에 한하여북조선인민위원회량정부장은 그수확기를참작하여납부기일을변경할수있다

제3장 농업현물세징수에있어서의리인민위원회위원장의책임

제16조 리인민위원회위원장은 일상적으로관내매농호의파종면적과 지질별차리를 정확히파악하여 매농호에대한농산물의공정한수획고를사정하여야한다

제17조 리인민위원회위원장은 일상적으로 매농호의농업현물세납부상황을 감독하여야하며 소정한기일내에 완납하도록제대책을강구하여야한다

제18조 리인민위원회위원장은 제때에매농호별농업현물세징세대장을정리할것이며농업현물세징세서를정확하게또급속히매농호에배부하여야하고수확 탈곡 조제 포장 자재운반 및도로수선등을제때에조직하고실행하여야한다

1947년 6월 1일

북조선인민위원회 농림국장 리순근

≪ ≫

1947년 6월 1일

북조선인민위원회위원장 김일성 비준 량정부규칙제2호[59)]

농업현물세징수규칙

제1장 총칙

제1조 농업현물세징수사업의취급은북조선인민위원회법령제24호농업현물세개정에관한결정서및그세칙과관계결정서지시규칙이외에별도로규정이없는한본규칙에의하여처리한다.

제2장 현물세부과

제2조 농업현물세는소정한징세률에의하여각종농산물의매호당수확고에이를부과한다농업현물세는중량에의하여부과한다

제3조 북조선인민위원회위원장은각도및특별시 (이하각도라략칭함) 농업현물세예산량을조기작물 (밀 보리 올감자 아마[亞麻]등이하같음) 에있어서는6월1일까지만기작물 (조기작물을제외한일절농작물이하같음) 에있어서는8월1일까

59) 『법령공보』 1947년 제31호, 9-10쪽.

지각도에통지한다

제4조 각도인민위원회량정부장은각시군별농업현물세예산량을각시군에통지하는동시에농업현물세징수대장 (양식1) 에등기정리하여야한다

전항의시군별현물세예산량부과상황을조기작물에있어서는6월10일까지만기작물에있어서는8월10일까지북조선인민위원회량정부장에게보고하여야한다

제5조 각군량정과장은각면별농업현물세예산량을각면에통지하는동시에농업현물세징수대장 (양식1) 에등기정리하여야한다

전항의각면별현물세예산량부과상황을조기작물에있어서는6월15일까지만기작물에있어서는8월15일까지도량정부장에게보고하여야한다.

제6조 각시군량정책인자 (평양특별시구사무소장포함이하같다) 는매농호별현물세부과징수량의사정이끝나는대로이를매농호별징수대장 (양식1) 에등기정리하고동시에매농호별농업현물세징세서 (양식2) 를작성하여리인민위원장을경유 (리인민위원장은매농호별징수대장 (양식1) 에등기정리하여야함) 하여조기작물에있어서는6월20일까지만기작물에있어서는8월20일까지매농호에배포하여야한다

리인민위원장은징세서를배부함과동시에매농호로부터징세서를확실히받았다는령수인을징수대장성명란아래에받어야한다

전항의현물세부과상황 (리별) 을조기작물에있어서는6월25일까지만기작물에있어서는8월22일까지군량정과장 (시에있어서는도량부장에게) 보고하여야한다징세서는시면단위로계속번호를사용발행한다

제7조 각급인민위원회량정계통책임자는각하부인민위원회현물세부과사업을적극지도할것이며특히시면인민위원회의매농호별현물세부과징수량의사정산출을책임지고지도하기위하여지도반을조직하여야한다

제3장 현물세징수

제8조 각급인민위원회량정계통책임자는지역별시기별품종별징수계획을작성하고이에따라소정한기일이내에징수사업을완수하여야한다전항의징수기일은품종별또는징수상의필요에따라이를단축할수있다

제9조 시군량정과장은면별 (리별) 품종별징수계획과검사배급상태창고설비상태운반상태농민의납부상편리보관시설의조절수급관계등을고려하여농업현물세징수장소 (이하징수장소라략칭한다) 를6월20일까지선정하여서도량정부장

의승인을얻어야한다
징수장소는결정되는대로이를일반농민에게널리선전하여주지시키어야한다징수장소는1면1개소설치를원칙적으로한다
제10조 각종농업현물세는전조의지정징수장소이외의장소에서징수하지못한다.
제11조 각급인민위원회량정계통책임자는각정당사회단체의계획적방조를얻어매농호의수확 탈곡조제포장자재운반도로수선등의조직적지도와로력적방조를적극실행하며현물세납부에대한선전해석사업을적극추진시키어농민으로하여금최우량품을소정한기일이내에완납하도록조직공작하여야한다
제12조 각급인민위원회량정계통책임자는징수장소에소정한접수요원 (수납원검사원창고책임자및노동자등) 을납부개시일이전에배치하며기타징수사업상필요한일절준비와징수사업의질서를확보하기위한시설을완비하여야한다
제13조 각급인만위원회량정계통책임자는자는각하급인민위원회의징수사업을방조검열하기위한공작을지역별로조직지도하여야한다
제14조 각급인민위원회량정계통책임자는농업현물세징수고련락망을조직하여보자책임자를지정하여옳은통계를작성하여야한다.
제15조 접수원은현물세징수서와납부현품을대사하고예비검사 (중량포장등) 을실시한후검사서 (양식3) 에품종별수량을기입하여납부자에게발부한다
전항의납부현품의포장에는반드시납부자의주소성명을기재한표포[標布]를결부하어야한다
제16조 검사원은검사서와현품을대사하고북조선량곡검사규칙및북조선특용작물검사규칙에제정한검사를실시한후검사서에품종별검사합격품수량을기입날인하여납부자에게수교한다
제17조 창고책임자는검사서의품종별수량과현품수량과를대사한후창고내의보관규칙에따라서적치하는동시에현물세수불일기장 (양식4) 에등기정리하고검사서검수완필인과창고책임자인을날인하여수납원에게회부한다
창고책임자는절대로검사불합격품을검수할 수 없다
창고책임자는반드시종전부터계속보관하고있는곡물 (구곡) 과징수곡물 (신곡) 을분간하여적치하여야한다
제18조 수납원은전조의검사서를접수하고그내용의정확여부를검토한후현물세수납부 (양식5) 에등기정리하고현물세령수증 (양식6) 을발행하여1매는시면에보관하고1매는리인민위원장을경유하여납부자에게수교한다
리인민위원장은전항의현물세령수증에의거하여농업현물세징수대장에등기정

리하여야한다

검사서는령수증발행인과수납원인을날인하여검사원에게환부한다

제19조 수납원검사원및창고책임자는매일현물세접수가끝나는대로품종별집계수량을상호대사하에합치됨을확인한후현물세징수일보 (양식7) 를작성하여3인날인하여당일중에시군인민위원장에게보고하여야한다면인민위원장은제18조현물세수납부에의하여농업현물세징수대장에등기정리하여야한다

제20조 각시군량정과장 (특별시에서는구사무소장) 은전조의보고에의거하에현물세징수대장에각면별 (시에있어서는리별) 품종별징수수량을등기정리하는동시에시군징수일보 (양식8) 를작성하여위선전보또는전화로매일도량정부장에게보고하고일보를즉시제출하여야한다

제21조 각도량정부장은전조의보고에의전하여징수대장에시군별품종별징수수량을등기정리한후징수일보를작성하여즉시전보또는전화로북조선인민위원회량정부장에게보고하고매5일마다징수기보 (양식8) 를제출하여야한다

전항의전보또는전화보고는매일징수한누계를보고한다

제22조 북조선인민위원회량정부장은전조의보고에의거하여징수일보를작성하고기보에의하여징수대장의각도별품종별징수량을등기정리하여야한다

전조의전보보고와문서보고와의내용이상위있을경에는해당량정부장의사유서를제출시킨다

제23조 각시면인민위원회에서현물세완납증명서를발부할시에는반드시징수대장과대조하여완납한사실이확인된연후에발행할것이며발행의사유를징수대장비고란에기입하여야한다

제24조 각급인민위원회량정계통책임자가각각상급인민위원회에징수보고를제출하여야할제정소요기한은다음과같다

면-(1일)-군-(1일)-도(3일)-북조선

제4장 현물세량곡보관관리

제25조 각급인민위원회량정계통책임자는징수한현물세량곡을반드시창고에수용보관하여야한다

만약전항대로실행하기곤란할경우에는각상급인민위원회의승인을받어야한다

제26조 각급인민위원회량정계통책임자는6월20일까지창고분포상태의조사창고의선정창고수용력의조절등을조직실행하여야한다

제27조 각급인민위원회량정계통책임자는7월20일까지보관창고의수리및소독을 실시하고창고보관의필요한기구자재등을완비하여서보관준비에만전을기하여야한다

제28조 제25조 제2항에의하여만부득로적보관올실시하게되는경우에는우복용자재대목등을납기개시전20일이내로완비하여야한다

제29조 각급인민위원회량정계통책임자는1946년7월5일부량곡보관에대한세칙및 1946년11월26일부북조선량정부포고제3호농업현물세량곡의접수및보관에대한추가지시1947년2월3일부북조위결정제174호국가량곡보관단속에관한결정서및 1947년3월20일북조위량정부규칙제1호국가량곡보관창고에관한규칙등에의거하여국가량곡보관에만전을기하여야한다

제30조 창고책임자및시군곡물검사원은입고된량곡과로적의부패변질충해조류의피해등을미연방지하기위한대책을확립하여사고방지에로력하여야한다

제31조 각급인민위원회량정계통책임자는정기적또는수시보관관리의현상을직접검열지도할것이며창고책임자및관계직원의동태를파악하며일상적으로지도교양하여야한다

제32조 창고책임자는현물세보관월보 (양식9) 를작성하여각소속인민위원장에게보고하여야한다

제33조 보관량곡에화재기타재해도난변질부패등의사고발생시는즉시소속인민위원장에게통보하는동시에보관량곡사고보고서 (양식10) 를작성하여서보고하여야한다

제34조 현물세보관창고에는현물세수불일기장창고관리일지 (양식11) 현물세수불원부 (양식12) 현금출납부 (양식13) 소모품대장 (양식14) 비품대장 (양식15) 창고대장 (양식16) 출근부 (양식17) 를비치하여야한다

제35조 본규칙은공포일부터시행한다

1947년 6월 1일
북조선인민위원회 량정부장 송봉욱

(양식생략)

≪ ≫

1947년 6월 27일

북조선인민위원장김일성비준 량정부규칙제4호[60)]

특용작물및소채현물세검사규칙

제1장 총 칙

제1조 특용작물및소채현물세[蔬菜現物稅]의현물검사는본칙에의한다

제2장 아마[亞麻]

제2조 아마는별지제1호표에설정한3등품규격이상에상당한것을합격품으로정한다

제3조 아마의포장방법은한짝중량25키로내외로하되근단을좌우로하고3분5리내지4분색 로서1개소두벌식횡3개소를결속하여야한다

제3장 대마[大麻]

제4조 대마는피마로서별지제2호표에설정한3등품규격이상에상당한합격품으로정한다

제5조 대마의포장방식은한짝실중량30kg로하되장4척고와폭은각2척이내로하고3분5리내지4분색기로서1개소2벌식횡3개소종1개소를결속하여야한다
그러나한짝미만의중량을납부하는경우에는장을4척으로겹치고횡은3개소를결속하여야한다

제4장 실면및홉뿌

제6조 실면은별지제3호표에설정한3등품규격이상에상당한것을합격품으로정한다

제7조 홉뿌는별지제4호표에설정한2등품규격이상에상당한것을합격품으로정한다

제5장 소채[蔬菜]

제8조 춘기및하기소채류중현물로서징수할소채는다음의조건을구유하고일반시장에서매매하는현물품질의중등이상에상당한것을합격품으로정한다

---

60) 『법령공보』 1947년 제31호, 11-13쪽.

일, 신선한것

이, 생육이양호하고병충해의피해없는것

삼, 숙도적당하고품질이양호한것

제9조 추기소채류중현물로서징수할종류별합격품은다음과같다

종류	매개의최저중량	포장단위	품질
무	130문이상일것	가마니혹은곤포[梱包]10매	엽을제거하고충해없는것
백채[白菜]	400문이상일것	10 〃	결구적당하고떡입과근부를제거하고충해없는것
감람[甘藍]	400문이상일것	10 〃	완전결구한것으로서충해없고외채4매를제거한것
원근[圓根]	30문이상일것	10 〃	엽은2촌내외로잔치[殘置]하고근단할것
총[葱]		1관식결속하고5관한짝식곤포할것	토사를제거하고신선한것
고초[苦椒]			잘성숙하고광택이좋은것
우방[苦椒]	30문이상일것	1관식결속하고5관한짝식곤포할것	토사를제거하고신선한것

제10조 소채의포장방법은현물이손상루실되지않을정도로적당히포장하여야한다

부칙

본규칙은공포일부터실시한다

1947년 6월 27일

북조선인민위원회 량정부장 송봉욱

제1호양식(제2조관계)

아마채등급별규격표

등급	경장[莖長]	세도1촌 중에병렬 한본수	색 채	병충해 피해경혼 합비률	비고
1	26촌이상	20본이상	담황갈색을띠고광택이좋은것	5%	
2	24촌이상	16본이상	담록 담황 담갈색을띠고 광택 보통인것	8%	
3	22촌이상	12본이상 30본이내	색택[色澤]2등품에미급[未及]한 것담록색품은제외함	11%	
4	20촌이상	10본이상 30목이내	색택3등품에미급한것	13%	
등외	18촌이상	10목이상 30목이내	색택4등품에미급한것	16%	

제2호양식(제4조관계)

피마[皮麻]등급별규격

등급	장	유분	광택	경질 [莖質]	수촉 [手觸]	조제	건조
1	4척이상	풍부	청등[靑燈]한광택으로서 대록[帶綠] 또는암황록	가량 [佳良]	가량	가량	13%
2	4척이상	보통	대황[帶黃] 록색 또는 암황색	대체 가량	〃	〃	13
3	4척이상	〃	대황록색 또는 대갈록색 [帶褐綠色]	보통	대체 가량	대체 가량	13
4	4척이상	〃	암황록색 또는 대갈록색	불량	불량	불량	13
5	3척이상	〃	4등다음에가는것	상동	상동	상동	13

제3호양식(제6조관계)

실면[實棉]등급별규격표

구분 품종명	건조	색택[色澤]					조면보합[繰綿步合]									
		1등	2등	3등	4등	5등	1등	2등	3등	4등	5등	1등	2등	3등	4등	5등
육지면[陸地棉]	15%	순백색	담황색5이내	담황색10%이내	담황색20%이내	용면蛹棉	3%	3%	3%	2%	용면蛹棉	혼입치아는것	2%	5%	1%	용면蛹棉
재래면	15	〃	〃	〃	〃	〃	30	28	26	25	〃	〃	2	5	10	〃

제4호양식(제7조관계)

홉뿌등급별규격표

종목 등급	색택[色澤]	루푸링 함유정도	구과[毬果]의 형태	향기	숙도[熟度]	건조정도	협잡물[挾雜物] 혼입정도
1	황록색으로서광택량호한것	함유량이많은것	품종고유의형태를가지고화변탈락치않은것	품종고유의방향이있는것	균일한것	건조적당한것	협잡물이없는것
2	황록갈색으로서1등다음에가는것	1등다음에가는것	품종고유의형태를가지고화변탈락이적은것	1등다음에가는것	1등다음에가는것	〃	협잡물이적은것
등외	갈색으로서2등다음에가는것	2등다음에가는것	2등다음에가는것	2등다음에가는것	2등다음에가는것	〃	2등다음에가는것

≪ ≫

1947년 7월 12일

북조선인민위원회결정제54호[61]

조기작물현물세징수사업진행에관한보고에대한결정서

제42차북조선인민위원회는 조기작물현물세징수사업진행에관한 량정부송봉욱동지의보고를듣고 아래와같이 지적한다

개정된 농업현물세법령은 반유목민생활을하는 화전민으로부터 수전지대의농민에이르기까지 북조선전농민들의 생활수준을급진적으로향상시킬수있 는기본조건으로된 것이다 그렇기 때문에 북조선전농민들은 이를절대적인환호로서 접수하였으며 전인민적참가와각정당,사회단체의 적극적인방조밑에서 조기작물현물세징수사업을 진행시킨결과 아래와같은우점들을 가져오게되었다

첫째...각급인민위원회는 현물세징수사업의중대성을 더욱깊이인식하고 이에대한 일층높은조직성과계획성을보여주었다

그실례로 황해도에서는 농업현물세개정에관한결정서가발표되자 곧5월20일부터각정당사회단체의협력을얻어 각리와부락에서 면적조사와작황사정을위한 리민대회또는부락민대회를개최하여 부락농민전체의총의로서 면적과작황을확인하였으며 또 안악군룡순면류순리, 안곡면마암리같은농촌에서는 이미7월9일까지에 조기현물세를완납한사실이있다

둘째...각급인민위원회는 농업현물세조정에있어서 루차이검열과조사사업을통하여 정확과공평을기하기위하여 꾸준히 로력한결과 면별리별또는개인별의불공평이없게되었다

셋째...이사업을통하여 리인민위원회의 주동적역할과 렬성적인활동에의하여 리인민위원회의위신이농민가운데 제고되었으며 리인민위원회자체가자기사업에대하여 자신을가지게되었다

그러나 이상과같은우점들이있는반면에 아래와같은 결점들을지적아니할수없다

첫째...각급인민위원회일꾼들중에는 아직도농민의 옳지못한여론을따르는추수주의적경향이있다

그실례로 황해도에서는 농림국이알선한함남산대맥종자를 도착즉시4월12일경

61) 『법령공보』 1947년 제32호, 1-3쪽.

에파종한 것이 정상적발육과성장을 보이고있음에도불구하고 황해도산대맥보다 성숙기가다소늦다는것을리유로 파종도 다하지않는대맥면적을 실제로 정확한시찰과조사도없이□□하게 중앙에대하여 감세청원을제출하였든사실이있다

둘째…부과방법과 사업작풍에있어서 아직도책상머리에만 앉아서 기계적으로 또는관료주의적으로사업하는경향이있다

그실례 황해도봉산군과황주군에서는 농업현물세의부과기준이 지역지질별이라는것을기계적으로해석하여 그부과등급을 토지대장의임대가격에의하여산출한사실이있다

셋째…조사통계사업이미숙하며 보고에대한책임감이미약하기 때문에 정확한보고를얻지못하여 혼란을 이르키는례가적지않다

그실례로 평북, 함북, 강원도에있어서는 책임지고보고한 화전면적이중간에변동되었으며 함남도에서는 5월20일과5월30일의파종면적상황보고를 1944년파종면적에서 5,500정보를감한수자를보고하였으며 강원도에서는 부정확한면적보고를한 결과 부과사업을혼란시키고 지연시킨사실이있다

넷째…선전해석사업이부족하여 아직까지개정된부과률을 모르는농민이있고 농민가운데 면적과작황을 속이려는경향이있다

다섯째…부과와검열사업에있어서 맥류에만치중하고 마령서[馬鈴薯]와양돈에는 비교적등한하였으며 더욱기 조기소채[蔬菜]의배급사업을 옳게조직하지못하였다

이상과같은 조기작물현물세징수사업진행에있어서의 우점과결점들을지적하면서 조기작물현물세징수와 나아가 만기작물현물세징수사업을 옳게추진시키기위하여 다음과같은 제과업을결정한다

첫째…조기작물현물세징수사업에 정확성을보지[保持]하는 것은 조기작물현물세징수에만 관계가있는것이아니라 만기작물현물세징수사업에도 지대한영향을주는 것이다 그렇기 때문에 현물세판정위원회사업을 강력히추진시킴으로써 지금까지의사업상 과오를시급히시정하여 조기작물현물세징수에 정확성을보지하며 징수사업을 기일내에 반드시완수할것이다

둘째…농민들로하여금 면적작황판정사업에 자발적으로협력하는동시에 좋은품질의현물세를기일내에 납부하도록 광범한선전해석사업을전개할것과 특히 해방2주년기념을앞두고 8.15이전에 완납하는현물세기일전납부운동을 전북조선적으로 전개할 것을 선전부장, 량정부장에게책임지운다

셋째…각급인민위원회량정계통일군들에게 아직도 숨어있는 일제잔여사상을숙청하고 참으로나라를사랑하는 인민을위하여 복무하는 사업작풍을수립함으로써 일

절관로주의분자 태만분자 동요분자들과 투쟁할것이며 특히 검사원과창고책임자들은 견실한농민들중에서 용감하게선출할 것을 량정부장 간부부장에게위임한다

넷째… 현물세통계사업의정확성을기하기하여 각급량정계통에 자기보고에절대책임을지며보고책임자를선정하여둘 것을 량정부장에게위임한다

다섯째… 현물세곡보관시설을완비하기위하여 10월30일까지 169동(면적합계33,825평방미)의창고를신설할 것을 기획국장 산업국장 재정국장및량정부장에게위임한다

여섯째… 현물세포장자재의부족을 보충하기위하여 고공품(藁工品)생산의장려와 그 생산품수집사업을 강력히진행할책임을 농림국장에게위임한다

일곱째… 징수한현물세곡을 소요지대에 신속한시일내에이동시킬 수 있는 운반력의동원을 교통국장에게책임지운다

어덟째… 장기간보관이 불가능한 서류(薯類)및소채류등은 다른곡물로 대납시키거나 또는징수하였을때는 이것을납부즉시로배급할수있는대책을세워 징수된현물에 대하여 부패손실이없도록 만반조치를강구할책임을 량정부장에게위임한다

아홉째… 만기작물현물세징수서를 기일내(8월20일)로 반드시발부할 것을 농림국장 량정부장에게 책임지운다

열째… 명년도조기작물의 종곡(種穀)을 확보하기위하여 지금부터 상당한종곡을 보관하는대책을강구할책임을 량정부장에게위임한다

1947년 7월 12일
북조선인민위원회 위원장 김일성
사무장 한병옥

≪ ≫

<u>1947년 7월 18일</u>

북조선인민위원회위원장 김일성비준 농림국규칙 제11호[62)]

과실현물세징수에관한세칙

제1조 전체과수원의 현물세는 종류별 · 품목별로 부과한다.

---

62) 국사편찬위원회 엮음(1987), 『북한관계사료집 5』, 389-390쪽.

제2조 과실현물세의 징수률은 수확고의 25%로 한다.

제3조 과수원의 간작[間作]에 대하여는 과수의 수령여하를 불구하고 그 실정에 의하여 현물세를 부과한다.

제4조 시 · 면인민위원은 그 지구내의 각 생산업자의 수확고를 조사하여 좌기에 의하여 상급 인민위원장에게 보고하여야 한다.

일. 조사사항 및 조사기일

기별	조 사 사 항	동상조사기일
1기	조생도[早生桃] (기타 조생과실류)	6월 5일 현재
2기	중만생도[中晩生桃]·조생평과[早生苹果]·조생리[早生梨]·조생포도 (기타 조생과실류)	7월 5일 현재
3기	1, 2기에 조사하지 않은 일절 과실류	8월 20일 현재

이. 보고기일

기별	보고사항	면에서 군에 보고	시군에서 도에	도에서 북위에
1기	조생도 (기타 조생과실류)	6월 10일까지	6월 15일까지	6월 20일까지
2기	중만생도·조생평과·조생리·조생포도 (기타 조생과실류)	7월 10일까지	7월 15일까지	7월 20일까지
3기	1, 2기에 보고하지 않은 일절 과실	8월 30일까지	9월 5일까지	9월 10일까지

제5조 징수서의 발급은 북조선인민위원회에서 예산안을 발표한 후 20일이내에 완결하여야한다.

제6조 현물세과실의 수납 · 보관은 북조선특산기업소가 이[此]를 대행한다.

제7조 과실현물세는 북조선인민위원회 농림국 과실검사규칙(1947년 7월 18일 개정 농림국 규칙 제12호)에 의한 검사품으로 1등 2할, 2등 4할, 3등 4할 비률로 납입함을 허한다. 단, 특별한 재해로 인하여 1등품이나 2등품의 생산량이 전항의 비률에 달치 못할 시는 북조선인민위원회 량정부장의 승인을 얻어 차등급으로 대납함을 허한다.

제8조 저장 또는 보관이 곤란한 조기과실(도리[桃李] · 딸기 기타)은 북조선인민위원회 량정부장의 승인을 얻어 저장 또는 보관이 쉬운 과실(사과 · 리[梨] 기타)로써 가격비률에 의하여 교환할 수 있다.

제9조 과실현물세의 포장비는 입[叺]을 사용하였을 경우에는 납세자가 부담하고 목상[木箱]을 사용하였을 경우에는 매개에 30원식[參拾圓式] 보상한다.

제10조 과실현물세의 마강은 11월 20일이내로 하되 각종 조·중·만생별납기는 징수서발급일로부터 40일이내로 한다.

제11조 징수장소는 검사장소와 보관장소의 관계를 고려하여 결정하되 북조선특산기업소 지소장이 도인민위원장의 승인을 얻어 결정한다.

제12조 면·시·군에서는 상급 인민위원회에 매일 징수일보를 제출하고 도에서는 매 5일마다 징수기보를 중앙에 제출하는 외에 별표 의한 정기보고서를 제출하여야 한다.

제13조 본 규칙 시행상 필요한 수확량조사서·징세서 및 동령수서는 별표양식에 의한다.

제14조 1946년 7월 20일부 공보에 과실현물세징수에 관한 세칙은 이를 폐지하고 본 세칙을 본일부터 시행한다.

1947년 7월 18일
북조선인민위원회 농림국장 리순근

1947년 8월 27일

북조선인민위원회법령제25호[63)]

북조선세금제도개혁에관한결정서및거래세법중개정에관한결정서

북조선인민위원회법령제2호북조선세금제도개혁에관한결정서및법령제5호거래세법중다음과같이개정한다

본개정조항은1947년9월1일부터실시한다

1947년 8월 27일
북조신인민위원회
위원장 김일성
사무장 한병옥

63)『법령공보』1947년 제33호, 1-10쪽.

법령 제2호

제1조

일, 국세

5, 거래세중

『다철도운수거래세』를

다『운수거래세』로개정한다

법령 제5호

거래세법목차중 제7장 『철도운수거래세』를

『운수거래세』로

제1조중『철도운수업』을『운수업』으로

제4조『2, 철도운수거래세는철도려객운임및철도화물운임수입액』을

『2, 운수거래세는운수업에대한운임수입액』으로각각개정한다

『제4조의2』를다음과같이첨가한다

제4조의2 납세의무자는과세표준액(판매가격또는료금수입액, 운임수입액 입장료)중에서각각해당한거래세를납부하여야한다

전항거래세액은과세표준액에해당세율을승하여산출한다

제7조중 광공림산물세세률을 다음과같이개정한다

광공림산물세세률

개정률		『○인은변경을표시함』 구세률	
제1류 제련제품		제1류 제련제품	
o전기제련품 (금은동알미늄, 마구네슘, 기타유색금속)	판매가격 o천분지91	○제제련물품	○생산자판매가격 ○백분지10
〃 청금	〃		
제2류 석탄	o판매가격	제2류 석탄	생산자판매가격
유연탄	o천분지48	유연탄	○백분지5
무연탄	〃	무연탄	〃
연탄	〃	연탄	〃
해탄	〃	해탄	〃
토탄	〃	토탄	〃
제3류 금속공업제품			

일, 금속재료	o판매가격	일, 금속재료	○생산자판매가격
o압연동재	o천분지48	o제련재	o백분지5
o주철	〃	제철재	〃
o강괴	〃	주철	〃
o합금철	〃	동괴	〃
o특수동	〃		
o저도연철	〃		
o기타금속재료	〃		
이, 금속제품 (기계류, 공구류는본물품세를부과치않는것에한한다)		이, 금속제품 (기계류, 공구류는본물품세를부과치않는것에한한다)	
주동품	판매가격 ○천분지91	o동제품	생산자판매가격 o백분지10
주철품	〃	o철제품	〃
단조품	〃	주제품	〃
주제품	〃	주동품	〃
o판제품	〃	주철품	〃
유기	○천분지167	단조품	〃
알미늄제품	〃	유기	○백분지20
o기타금속제품	○천분지91	아루미늄제품	〃
삼, 기계류		삼, 기계류	
제종기계 (선반보-부반기, 추진기, 권양기, 공기압축기, 탈곡기, 기타제종기계)	○천분지91	제종기계 (선반보-부반 추진기 권양기 공기압축기 탈곡기 기타제종기계)	생산자판매가격 ○백분지10
사, 공구류		공구류	
제공구 (바이트, 우라이스캇다, 뜨릴, 리-마 탑다이스, 거인[鋸찌], 뻰치, 함마, 바이스, 메리야스제품용침, 기타)	○천분지91	제공구 (바이트 우라이스캇다 드릴 리-마 탑다이스거인 벤치 함마 바이스 메리야스제품용침 기타)	생산자판매가격 ○백분지10
오, 선박	판매가격 ○천분지48	오, 선박	생산자판매가격 ○백분지5
륙, 차량	판매가격 ○천분지48	륙, 차량	
제4류 경공업품물	판매가격	제4류 경공업품물	생산자판매가격
일, 사류	○천분지91	일, 사류	○백분지10
제면	〃	제면	〃
생사	〃	생사	〃

작잠사	〃	작잠사	〃
면사	〃	면사	〃
방모사	〃	방모사	〃
소모사	〃	소모사	〃
인견사	〃	인견사	〃
마선	〃	마선	〃
아선	〃	아선	〃
기타사류	〃	기타사류	〃
이, 섬유제품		이, 섬유제품	생산자판매가격 백분지20
메리야스	○천분지167	메리야스	〃
양말	〃	양말	〃
타올	〃	타올	〃
군대장갑	〃	군대장갑	〃
o면직물	〃	직물	〃
o견인견직물	〃	모포	〃
모포	〃	기타섬유제품	〃
기타섬유제품	〃		
삼, 고무제품	판매가격	삼, 고무제품	생산자판매가격
총고무화	o천분지2백	총고무	백분지백
고무장화	〃	고무장화	〃
방한화	〃	로동화	생산자판매가격 백분지50
로동화	○천분지백	운동화	백분지백
운동화	〃	정미로-푸	〃
정미로-푸	〃	벨트	〃
벨트	〃	기타고무제품	〃
o의약용고무병마개	〃		
o차량용에야호-쓰	〃		
o카스케드박킹	〃		
o고무차량	〃		
기타고무제품	○천분지150		
사, 지물	생산자판매가격	사, 지물	백분지10
군지[群紙]	천분지91	군지	〃
팔프	〃	팔프	〃
판지	〃	판지	〃
제지팔프	〃	제지팔프	〃
인견팔프	〃	인견팔프	〃
기타지물	〃	기타지물	〃

오, 곡류제품	판매가격	오, 곡류제품	생산자판매가격
소맥분[小麥粉]	천분지48	소맥분	백분지5
전분	〃	전분	〃
황금태[黃金飴]	천분지231	황금태	〃
포도당 (○의약용포도당분포도당주사약을 제외)	〃	포도당	백분지30
대두박	천분지48	대두박	백분지30
o면실유박	〃	장유 (아미노산장유를포함)	백분지5
장유 (아미노산장유를포함)	〃		〃
륙, 유류	판매가격	륙, 유류	생산자판매가격
각종유류 (송탄유, 중유, 휘발유, 경유대용차축유, 차축유, 와니스 디-젤유, 모빌유, 그리스유, 대두유, 윤활유, 기타유)	o천분지91	각종유류 (송탄유, 중유, 휘발유, 경유대용차 와니쓰 디-젤유, 모빌유, 대두유, 기타유)	o백분지10
칠, 목제품	판매가격	칠, 목제품	생산자판매가격
가구 (사무용품을포함함)	o천분지131	가구 (사무용품을포함함)	o백분지50
소독저	〃	소독저	〃
목제점심곽	〃	목제점심곽	〃
합판	〃	합판	〃
팔, 석제품	판매가격	팔, 석제품	생산자판매가격
석공품	천분지167	석공품	○백분지20
구, 귀금속, 보석제품	판매가격 o천분지231	구, 귀금속보석제품	생산자판매가격 o백분지30
십, 기타	판매가격	십, 기타	생산자판매가격
하무, 소-세-지기타훈제륙류및어류관병[罐甁], 호[壺]기타류사의룡기에 넣은식료품 (관힐[罐詰]병힐[甁詰]류)	o천분지167	하무, 소-세-지기타훈제륙류및어류관병호기타류사의룡기에넣은식료품(관힐병힐등)	o백분지20
인조빙	〃	인조빙	〃
십일, 골패	판매가격	십일, 골패	생산자판매가격
화투, 투전, 마작, 골패	o천분지6백		o백분지150
십이, 도자기류	판매가격	십이, 도자기풍로	생산자판매가격

o도자기	o천분지167		o백분지20
o풍로	〃		
o독	〃		
십삼, 양화트렁크류		십삼, ○양화, 트랑크류	생산자판매가격 o백분지10
제5류 건재	판매가격	제5류 건재	생산자판매가격
원목 (일갱목궤목을포함함)	o천분지10	원목 (갱목, 궤목을, 포함함)	o백분지1
제재 제재업자가자기생산원목을원료로한제재는립과할 것	o천분지48	제재 (제재업자가자기생산원목을원료로한제재는립과할것)	o백분지5
세멘트	o천분지48	세멘트	〃
생석회	판매가격 〃	생석회	생산자판매가격 〃
소석회	〃	소석회	o백분지5
련와류 (내화련와, 마구네슘련와, 적련와, 세멘, 련와등)	〃	련와류	〃
o기와(개와)병	〃	타이루	〃
타이루	〃	스레-트	〃
스레-트	〃	석재	〃
석재	〃		
제6류 화학공업물품		제6류 화학공업물품	
일, 화약류	판매가격 o천분지48	다이나마이트	백분지5
다이나마이트	〃	도화선	〃
도화선	〃	초안폭약	〃
초안폭약	〃	뇌관	〃
뇌관	〃	엽용화약	〃
엽용화약	〃	흑색화약	〃
흑색화약	〃	시동약	〃
시동약	〃	희초산	〃
그리골	〃	산화연	〃
이, 산류	판매가격	아-크가-본	〃
초	o천분지48	건전지	〃
인산	〃	발연류산	〃
류산	〃	액체염소	〃
렴산	〃	그리골	〃
아류산	〃	렴화석회	〃
액체염계	〃	아세돈	〃

	발무연류산	〃	아세치렌부랙	〃
삼	전극류	판매가격	아니린	〃
	천연천극	○천분지131	훼부린	〃
	인조전극	〃	스르화민	〃
	탄소쇄자(카본부라시)	〃	초자제품	〃
	동분쇄자	〃	그라인다	백분지5
	아-크카-본	〃	중조	〃
	건전지	〃	렴소산바륨	〃
			렴화가리	〃
			초산	〃
	o탄소흑연전극	판매가격 o천분지131	카-릿	〃
	o카-붕링구	〃	적린	〃
	o카-본푸레-도	〃	염화제이철	〃
	o기타전극류	〃	중크롬산소-다	〃
사,	사료계	판매가격	아루미나	〃
	류안	o천분지91	에—텔	〃
	류인안	〃	절록와니쓰	〃
	석회질소	〃	산소	〃
	초안	〃	벤졸	〃
	과인산석회	〃	콤파운트	〃
	염안 비료용 공업용	〃	안트라센	〃
오,	류지제유	판매가격	마그네크린카	〃
	비누 (세탁, 화장, 세푸동, 기타)	○천분지2백	타-루	〃
	양초	〃	나후타링	〃
	o대두유경화유	천분지48	류안	o백분지10
	o스테아린산 (대두유 지방산, 대두유스테아린산 등)	〃	류린안	〃
륙,	제화학제품	판매가격	아비산	〃
	o산화연	○천분지48	석탄질소	〃
	o류산동	〃	염안 비료용 공업용	〃
	o카바이트산소철	〃	아란담	〃
	o아람담산소철	〃	초안	〃
	o렴화바륨	〃	과인산석회	〃
	렴화제2철	〃	염소산가리	〃
	렴화석회	〃	류산	o백분지15

렴화가리	〃
렴소산가리	〃
렴소산바룸	〃
아세톤	〃
아세치렌 랙	〃
아니린	〃
아루미나	〃
안트타셀	〃
아란담	〃
훼부린	〃
슬화민	판매가격 ○천분지 48
초자제품	〃
그라인다	〃
카-릴	〃
적린	〃
중크름산소-다	〃
에-텔	〃
벤졸	〃
마그네크린카 (마그냐세크린카)	〃
타-루	〃
나후타링	〃
o불화아루미나	〃
o탄산 바 륨	〃
o목탄화아루미늄	〃
o액체 암모니야	〃
o중탄산 안 모	〃
o수소	〃
콤파운트	판매가격 ○천분지 91
그리세린	〃
규산 소-다	〃
카-바이트	판매가격 ○천분지131
중조	〃
소-다회	〃
가성소-다	〃
린산	〃
그리세린	〃
규산소-다	〃
천연전극	〃
인조 〃	〃
탄소쇄자	〃
동분 〃	〃
카-바이트	〃
소다탄	〃
가성소-다	〃
염산	〃
쇄분	〃
세탁비누	○ 백분지25
화장비누	〃
치분	〃
화장품	생산자판매가격 ○ 백분지25
샴푸-및세분	〃
양초	〃
인촌[燐寸]	〃
서슬	〃
기타화학공업 제품	○ 백분지15

절록와니쓰varnish 〃 산소 〃 쇄분 〃 o메치루-알콜 〃 o옥시훌 〃 o세푸통 〃 o안치 헤부링 〃 o토로리 호이루 〃 o명반[明礬] 〃 o도료 〃 o염료 〃 o안료 판매가격 ○천분지131 o고무촉진제 〃 치분 판매가격 ○천분지2백 화장품 샴푸-및세분 성냥 서슬 염화마구네슘, 염화가루슘 기타화학공업제품 판매가격 ○천분지131 염소산바룸 염화가리 초산 카-릿 적린 염화제이철	

제19조중 수산물세종류 및세률을 다음과같이 개정한다

수산물세률 개정안 o수산물일절 판매가격 ○ 천분지91 o어류 (도부어류, 해 삼을포함함) o곤포류 (김을포함함) o게류 (해류)	현행 1 생명태 2 고등어 3 청어

o새우류 (백하, 를포 함함) o패류 (굴, 소라 기타 패류) 기타수산물	4 조기 5 방어 6 가재미 7 공치 8 칼치 9 도루베기 10 새우 11 헛드기 12 이면서 13 멱류 (김을포함함) 14 편포

제27조 제1항제1호『청주』다음에 『맥주(매석당)4,000원』을추가한다

제7장 철도운수거래세를 다음과 같이 개정한다

제7장 운수거래세

제66조 운수거래세는 다음의각항의여객운임 및 화물운임수입에대하여부과한다

일, 철도운수

이, 선박운수(개인사업을제외한다)

삼, 자동차운수

제67조 운수거래세의세률은운임수입의백분지3으로한다

제68조 교통국,조소해운주식회사및 기타자동차운수업자는 매월분운수거래세를익월10일까지(운임수입액계산서를첨부하여)시군인민위원회에 납부하여야한다

제69조 제13조의 규정은 운수거래세에 이를준용한다

≪ ≫

※ *5월 12일로 기록되어 있으나 제6조 2~4가 추가된 8월 29일의 개정 규칙으로 판단됨*

1947년 8월 29일

재정국명령제7호64)

국영거래세징수규칙

제1조 거래세법 제6조의 규정에 의한 국영기업소의 거래세는 본 징수규칙에 의하여 징수한다.

제2조 본 규칙에 있어서 기업소라 함은 거래세법에 의하여 과세를 받는 국영기관을 총칭한다.

제3호 다음의 국영기관은 거래세법소정의 납세의무자로 한다.

1, 목재기업에 있어서는 목재기업소 본소 및 지소

2, 석탄채굴사업에 있어서는 석탄관리국

3, 수산기업에 있어서는 수산기업소 본소 및 지소

4, 전기사업에 있어서는 전기처, 중앙전업부, 배전부 및 배전부지부

5, 철도운수사업에 있어서는 교통국경리부

6, 전 각호 이외에 있어서는 공장, 백화점, 상업물자관리소 및 기타 기업소

제4조 기업소책임자는 거래세법에 규정한 보고, 신고, 장부기재 및 납세의 의무를 진다.

제5조 기업소책임자는 사업년도 개시일부터 5일이내에 거래하는 은행명, 예금구좌번호, 기업소명 및 명의인의 직명 및 성명을 소관인민위원회 위원장에게 신고하여야 한다. 이를 변경한 때에도 동일하다

제6조 기업소책임자는 매월분 거래세를 익월 5일까지 거래세신고서를 제3양식의 납부서에 첨부하여 중앙은행본점, 지점 또는 대리점에 납부하여야 한다.

제6조의 2 중앙은행본점, 지점 또는 대리점이 전조에 의하여 거래세를 령수한 때는 거래세신고서를 령수통지서에 첨부하여 지체없이 소관 시 · 군인민위원회에 송부하여야 한다.

제6조의 3 기업소책임자가 제6조에 의하여 거래세를 납부치 않거나 또는 그 신

64) 국사편찬위원회 엮음(1987), 『북한관계사료집 5』, 497-498쪽.

고가 부당하다고 인정할 때는 시·군인민위원회 위원장은 거래세를 그 조정에 의하여 결정할 수 있다.

제6조의 4 시·군인민위원회 위원장이 전조에 의하여 거래세를 결정한 때는 제1호 양식의 납부고지서를 기업소 책임자에게 발행하여야 한다.

제7조 시·군인민위원회 위원장은 기업소 책임자가 거래세를 소정 기일까지 납불이 않을 때에는 제2호 양식의 환치납부통고서를 기업소의 거래은행지배인에게 발행하여야 한다.

제8조 은행지배인이 전조의 통고서를 받을 때에는 기업소예금에서 소정거래세액을 환치하여 납부하여야 한다.

제9조 은행지배인이 거래세를 환치납부한 때에는 기업소 책임자에게 통지하여 해당금액의 소절수[小切手] 또는 예금령수증발행을 요구하여야 한다.

제10조 기업소책임자는 전조의 요구를 받은 때에는 지체없이 이를 이행하여야 한다.

부칙

본규칙은 1947년 5월 1일부터 실시한다.

1947년 5월 2일

북조선인민위원회 재정국장 리봉수

(양식생략)

(1947. 8. 29. 재정국 명령 제7호 개정)

≪ ≫

1948년 2월 29일

북조선인민위원회법령제36호[65)]

북조선세금제도개혁에대한결정서및각종세법개폐에관한결정서

북조선인민위원회법령제2호북조선세금제도개혁에관한결정서및각종세법중 다음과같이개정한다

일, 북조선세금제도에관한결정서

북조선인민위원회법령제2호 북조선세금제도개혁에관한결정서중다음과같이 개정한다

제1조 제1호국세5거래세중

가. 물품거래세

「국영산업및민간산업의주류및청량음료이외의생산품거래액에대하여평균 10%를부과하되매월1회혹은2회식이를징수한다 주류및청량음료에대하여는 생산원가의100%이상으로하고 매월2회식이를징수한다」를

「국영산업및민간산업의주류및청량음료이외의생산품거래액에대하여평균 10%를부과하되 매월1회혹은2회식이를징수한다 주류및청량음료에대하여는판매액의평균50%이상으로하고 매월2회식이를징수한다」로

라, 극장거래세

「극장입장료의30%(시에소재한극장)와15%(시이외에소재한극장)로부과하되매일이를징수한다」를

「극장입장료요금및극장임대료의20%(시에소재한극장)와15%(시이외에소재한극장)로부과하되매일이를징수한다」로

각각개정한다

제1조 제2호 도세(특별시세를포함)

중

「4 음식세

5 마권세」를 삭제한다

---

65) 『법령공보』 1948년 제48호, 1-3쪽.

별표제4호 차량세 세률중

「6 하적우마차6백원」를

「6 하적우마차

1, 4륜차 600원

2, 2륜차(농가전용을 제외) 400원

3, 농가전용 2륜차 200원

으로 개정한다

이, 각종세법

(일) 북조선인민위원회법령제3호소득세법중다음과같이개정한다

본개정조항은1948년1월1일부터소급실시한다

「제26조의2」를다음과같이추가한다

「제26조의2 수산소득기타계절사업소득에대하여서는 본법제19조동제22조동제24조동제26조의규정에불구하고 소관도(특별시)인민위원회위원장이각지방의실정에비추어 그에적당한부과및징수절차(소득계산방법 소득신고소득금액결정납기등)을특정할수있다 전항의경우에는사전에북조선인민위원회재정국장의승인을얻은후에실시하여야한다」

제35조 갑종직업소득 중

「일저술 번역 예술 기술또는제예에관한업」을

「일기예에관한업」으로개정하고

「저술가 를삭제한다

예술가」

제38조 제2항 다음에

「제35조 병종소득에대한세률은백분지5로한다」를추가한다

제39조중제1항다음에

「제35조병종문예소득의대상인원고료등의지불자(정권기관및 그소득기관신문사 출판사 사회단체등일체원고료를지불하는자)는원고료등을지불할때마다 지불전액중에서 자유소득세에해당하는금액을공제하여 전월분을익월3일까지별지양식에의한납부서와계산서를첨부하여소관시도인민위원회에납부하여야한다」를 추가한다

(제4호양식) 령 수 증 서

제 호	납부인 (주소기관명및책임자성명)							
년도								
월분	주관처	시도인민위원회						
국세	자유 소득세	문예 소득세		만	천	백	십	원
월 일 령수 시도인민위원회								

비고
1 납부인이정권기관또는법인사회단체일때는그기관명을쓰고책임대표자의성명을기재할 것
2 번호년도시군인민위원회세금종및납부자주소성명은납부자가기재할 것
3 번호년도세액은아라비아수자로명확히기재할 것
4 년도는납부일로써구별하여기재할것

납 부 서

제 호	납부인 (주소기관명및책임자성명)							
년도								
월분	주관처	시도인민위원회						
국세	자유 소득세	문예 소득세		만	천	백	십	원

◆ 세액계산방법
원고료등을지불하는때마다그지불하는전액에세율(백분지5을승하여산출한다 산출한세금액이1원미만인때는1원으로하고1원이하의단수는원위로인상한다

자유소득세 (문예소득세) 징수계산서 월분

원고료지출내역					세액					
지출월일	주소	성명	작품명및계약총금액	지출금액						
				원		만	천	백	십	원
합계		인		원						

상기분에대한세금을첨부하여제출함
년 월 일
납부인 (주소기관명및책임자성명)

비고
1 그달중에동일인에게수회에나누어지불하였을때도지출날자마다기재할 것
2 1작품에대한원고료등을수회에분할하여지불할때는작품및계약총금액란에그사유를기재할 것
3 세금은원고료를지불할때마다이를공제징수하여1개월분을취전[取纏]하여익월3일까지납부할 것
◆원고료등을지불하는책임자가문예소득에대한자유소득세를징수치않이하든가 또는세금계산을기만하든가 또는징수한세금을익월3일이내에납부치않을때는엄벌에처한다

(이) 북조선인민위원회법령제5호 거래세법중 다음과같이개정한다 본개정조항은 1948년1월1일부터소급실시한다 그러나극장거래세는본법공포일부터실시한다

제4조 주세

제27조 중 주세의세률을다음과같이개정한다

일, 양조주

독주	(매석당)	800원
과주[菓酒]	(매석당)	2,500원
청주	〃	4,000원
맥주	〃	4,000원
과실주	〃	2,000원

이, 증류주

소주 고량주및기타증류주

25도이하	(매석당)	4,500원

주정분25도를초과하는것은주정분25도를 초과하는1도마다180원을가한다

주정

94도기준	(매석당)	16,920원
주정분1도마다		180원

삼, 재제주[再製酒]

재제주 40도기준(매석당)	8,000원
주정분1도마다	200원

사, 주류원료

주모[酒母] 료[醪] 국[麴] 곡자[麯子] 종국[種麴]

판매가격 백분지10

주류원료에대한주세는 주류제조업자가자기의주류제조용으로사용하기위하여제조하는것에대하여는과세치않는다

제52조 중 청량음료세의세률을다음과같이개정한다

사이다 - (1석당) 1,500원

제8장 극장거래세

제72조 중 극장거래세의 서률을다음과같이개정한다

극장입장권판매액및극장임대료입금의백분지20(시에소재하는극장)와 백분지15(시이외에소재하는극장)

삼, 북조선인민위원회법령제8호 차량세법 중 다음과같이개정한다

본개정조항은1948년1월1일부터소급실시한다

제4조중 6호하적우마차를다음과같이개정한다

육, 하적우마차

1, 4륜차 600원

2, 2륜차(농가전용을 제외) 400원

3, 농가전용 2륜차 200원

제5조중제2호를다음과같이개정한다

이, 전차이외의차는년액을3월1일부터3월말일까지

사, 북조선인민위원회법령제10호음식세법은1948년2월19일한이를폐지한다

오, 북조선인민위원회법령제11호마권세법은1947년12월31일한이를폐지한다

륙, 북조선인민위원회법령제12호인민학교세법중다음과같이개정한다

본개정조항은1948년1월1일부터소급실시한다

제4조

「인민학교세는매월시 면 인민위원회에서 징수한다」다음에 「그러나납세자의편익과징수사무의간첩[簡捷]등을고려하여매3개월분세금을 다음과같이구분하여징수할 수 있다

제1기 1월1일부터1월31일까지

제2기 4월1일부터4월30일까지

제3기 7월1일부터7월31일까지

제4기 10월1일부터10월31일까지를추가한다

칠, 북조선인민위원회법령제16호시 면 유지세법중다음과같이개정한다

본개정조항은1948년1월1일부터소급실시한다

제4조

「시면유지세는 매월시면인민위원회에서이것을징수한다 다음에

「그러나납세자의편익과징수사무의간첩등을고려하여매3개월분세금을다음과같이구분하여징수할수있다」

제1기 1월1일부터1월31일까지

제2기 4월1일부터4월30일까지

제3기 7월1일부터7월31일까지

제4기 10월1일부터10월31일까지

를추가한다

1948년 2월 29일

북조선인민위원회

위원장 김일성

사무장 한병옥

≪ ≫

1948년 6월 17일

북조선인민위원회결정제151호[66)]

농업현물세경리에관한 규정

제1조 농업현물세경리의 사업을 통일개편함으로서 그사업을간소화하기 위하여 북조선인민위원회량정부에 농업현물세관리특별회계를 둔다

제2조 농업현물세관리특별회계는 북조신인민위원회량정부장이 책임지고 이를 경리한다

제3조 농업현물세관리특별회계년도는 매년1월1일부터12월31일까지로한다

제4조 농업현물세관리특별회계의 범위는 다음과 같다

일, 수입

1, 농업현물세량곡, 서류[薯類], 소채[蔬菜], 과실및기타특용작물의 판매대금

2, 농업현물세이외의 량곡판매대금

66) 『법령공보』 1948년 제54호, 5-6쪽.

3, 농업현물세관리에 납부되는 제잡수입

이, 지출

1, 농업현물세판매수입금의 국고납부

2, 농업현물세이외의 량곡매입대금지출

3, 각도평양특별시및각시군인민위원회량정계통의 인건비및일반사무비

4, 농업현물세징수제비

5, 농업현물세의 징수로부터 판매에 이르가까지의 운반및보관비

6, 량곡도정가공임금

7, 량곡판매제비

제5조 농업현물세관리특별회계예금구좌는북조선중앙은행중앙지점에두고 북조선중앙은행지방지점 및 북조선농민은행본지점에 농업현물세 판매대금납부를위한 동회계분구좌를둔다 농업현물세관리특별회계에 불입하는예금은 무이자로하며 그예금으로부터의송금에 대하여서는 수수료를 면제한다

제6조 농업현물세관리특별회계예산은 북조선인민위원회재정국장의 승인을 받아야한다

제7조 일절농업현물세량곡서류, 과실 소채 특용작물 및기타의판매대금수납은 북조선인민위원회량정국장이 그전책임을진다

제8조 각도 및 평양특별시인민위원회위원장과 각시군인민위원회위원장은 농업현물세관리특별회계에 소속되는 일절 판매대금을소정한 기한내에 농업현물세관리특별회계구좌에수납할 책임을 진다

제9조 시군소비조합위원장은 시군인민위원회의 출고지시에의하여는인수한 매월분량곡배급대금을 상반기분은 그달 30일까지 하반기분은 그다음달 5일까지 농업현물세관리특별회계구좌에 불입하여야한다

전항기한을 초과할때는 1일1%의 연체금을 징수한다

제10조 북조선인민위원회량정부장은 농업현물세관리특별회계에 수입된 판매대금중에서 일정한 관리비를 제한이외의 금액을 매월별계획에 의하여 국고에 수납하여야한다

월별국고납부금액및관리비한도는 매년도예산수립시에이를 결정한다

제11조 북조선인민위원회량정부장은 농업현물세관리특별회계의 매월말정부[正負]대조표를 익월10일까지 재정국장에게 제출하여야한다

제12조 북조선인민위원회량정부장은 농업현물세관리특별회계세칙을 1948년 6월20일까지 작성하여 북조선인민위원회위원장의 비준을 받아야한다

제13조 농업현물세관리특별회계의 적정한 경리를 위하여 북조선인민위원회 량정부 경리과는 정원8명으로 동수급과[需給課]는정원9명으로 이를구성한다

부칙

(일) 평양특별시 및 각도인민위원회 량정관리특별회계는 1949년 6월말일한이를폐지할것이며 동7월1일부터의 농업현물세관리에 대한경비는 농업현물세관리특별회계로서 이를경리한다

(이) 평양특별시 각도인민위원회위원장은 그소관량정관리특별회계를 1948년 6월말일로 마감하여 결산을 시행하여 8월말일까지 북조선인민위원회량정부장에게 보고할것이며 동시에 결산잔금전부를 농업현물세관리특별회계에 납입하여야한다

(삼) 본결정은 1948년 7월1일부터 이를 실시한다

(사) 북조선인민위원회결정제61호 농업현물세경리사무요강에관한결정서 및 북조선인민위원회결정제94호량곡관리특별회계규정은 이를 폐지한다

1948년 6월17일
북조선인민위원회
위원장 김일성
사무장 한병옥

1948년 9월 2일 [인용]

북조선인민위원회 지시 제272호[67)]

법령명 미상 [거래세법 개정]

1949년 9월 2일 북조선인민위원회 지시 제 272호로써 광공림산물세에 과세 되지않던 물품을 추가 설정하는 동시에 그 세률을 제정하였으며 국영상업거래세의 부과범위를 확대하였다 (...)

67) 윤형식(1950),「거래세 및 지방세 개정에 대하여」,『재정금융』1950년 1월 1일 제4권 제1호, 9-14쪽.

1948년 9월 8일 [일부]

최고인민회의 법령[68]

조선민주주의인민공화국 헌법

제2장 공민의 권리 및 의무

제29조 공민은 그 경제적 형편에 따라서 조세를 납입하여야 한다. (...)

≪ ≫

1948년 10월 26일

북조선민주주의인민공화국 내각결정제49호[69]

수출입세에관한규정

제1조 수출또는수입하는물품에대하여는별표에의하여수출세또는수입세를부과한다 그러나국제조약에수출입세에관한특별한협정이있는경우에는그협정에의한다

제2조 다음에해당하는물품에대하여는수출세또는수입세를부과하지않는다

1 국가사절또는통상대표의공용품및사용품

2 외국왕래려객이휴대하는일용품및직업용품또는이사[移舍]물품으로서세관에서적당하다고인정하는물품

3 외국왕래선박에사용하기위하여적재한식료품연,기타소모품으로서세관에서인정하는물품

4 기타내각에서지정하는물품

제3조 수출입세는물품을수출또는수입할때에세관에서수출입품의성질수량및국내생산자판매가격을기준으로하여수출입자또는신고자로부터이를징수한다. 그러나전항국내생산자판매가격이없는물품에대하여는수출품에있어서는그수매원가수입품에있어서는그국경도착가격을기준으로하여세관이과세기준액을

68) 조선중앙통신사 엮음(1949), 『조선중앙년감 1949』(평양: 조선중앙통신사), 2쪽.
69) 『내각공보』 1949년 제1호, 14-25쪽.

결정한다
제4조 수리할목적으로수출또는수입하는물품에대한수출입세는그수리내용을과세표준액으로하여수리후다시수출입할때에이를징수한다
제5조 국가대외무역기관에서납부할수출입세의납기는따로규정한바에의한다
제6조 일단징수한수출입세는세관의책임에기인한경우이외에는그리유여하를불구하고이를반환하지않는다
제7조 다음에해당한물품은그수출또는수입을금지한다
1 민주주의적사싱에해로운영향을주는조각품(彫刻品)기타의물품
2 국가기밀에속하는물품
3 법령기타규칙으로수출입을금지한물품
다른법령또는규칙에그수출입에관하여특별한규정이있는물품은그규정에의한절차를밟은후수출입하여야한다
제8조 외국물품또는수출하려고하는물품은일단보세지역에장치하여세관의통관수속을밟아야한다 그러나다음의물품은보세지역이아니라도장치할수있다
1 검역을요하는물품
2 류치물품
3 거대한중량또는특수한사정에의하여보세지역에장치할수없는물품으로서세관의승인을받은물품
제9조 보세지역은다음과같다
1 통관역구내
2 개항의부두구내중세관이지정한장소
3 통관우체국의외국왕래우편물보관장소
4 세관구내
5 기타세관에서지정또는승인한통관수속물품을장치하는장소통관역및통관우편국은따로규정한바에의한다
제10조 보세지역내에서물품을취급할때에는소관세관의지시를받아야하여통관수속을완필하지않고는보세지역으로부터반출할수없다
제11조 보세지역에장치한물품또는제8조제2항각호에해당한물품을수출또는수입혹은퇴송하려고하는자는그품명수량및가격등을소관세관에신고하여검사를받아야한다
제12조 통관우편국은외국왕래의우편물이도착하였을때에는이를지체없이소관세관에통보하여야한다

제13조 보세지역에장치한외국물품을다른보세지역으로이송하려고할때에는그화주는소관세관에보세이송신고를하고그승인을받아야한다 보세이송은철도에의하여서만할수있다

제14조 대외무역선박의선장또는선박운용기관은그선박이개항에입항또는출항할때마다적재품목록을입항후12시간이내출항후12시간이전에각각소관세관에제출하여검사를받어야한다

제15조 국경통관역에외국으로부터열차가도착하였을때또는외국으로출발하려고할때에는당해역은지체없이그적재품목록을소관세관에제출하여검사를받아야한다 보세이송물품을탁송받은역및도착역은그발송또는도착품목록을소관세관에제출하여야한다

제16조 전2조에의한검사를받은후가아니면운수기관은선박또는열차를출항또는발차시킬수없으며물품을양륙하거나하차또는적재할수없다

제17조 국경근방수로를경유하여국내물품을국내간에수송하려고할때에는화주는이를소관세관 (세관이없는곳에서는내무기관또는국경경비기관) 에신고하여그승인을받아야한다 전항의수송물품이예정지점에도착되지않을때에는이를밀수출로인정한다

제18조 세관은국가대외무역기관국가감독하의대외무역기관또는개인및운수기관의관계자에대하여검사에필요한보고의제출및관계장부의열람을요구할수있으며경우에따라운송의정지기타필요한조치를할수있다

제19조 세관원은대외무역선박외국왕래렬차의적재물품또는외국을왕래하는려객의휴대품혹은탈세의혐의가있는물품을검사할 수 있다 이경우에세관원은자기의신분에관한증명서를제출하여야한다

제20조 세관원의밀수출입물품또는본규정에위반되는물품을발견하였을때에는이를압수한후즉시법적수속을밟아해결하여야한다재판소검찰소및내무기관에서밀수출입또는본규정을위반함에관한사건을해결한후만약그[基]물품을본인에게환부할경우에는사전에이를소관세관에통보하여야한다

조선민주주의인민공화국 내각

수상 김일성

재정상 최창익

1948년 10월 26일

평양시

수 출 입 세 률 표

번호	품명	단위	수출세률	수입세률
	제1류 금속및동제품		%	%
1	백금·금·은및동제품			
	가. 은	종가	10	50
	나. 기타	〃	50	10
2	수은	〃	30	5
3	철강의 괴편[塊片]	〃		
	가. 선철[銑鐵]	〃	10	50
	나. 기타	〃	50	15
4	철강재 (봉·선재·형강·판·관·선·등)	〃	15	15
5	고철및파철 (재룡해에만소용될 것)	〃	50	무세
6	동	〃		
	가. 선	〃	30	15
	나. 기타	〃	10	50
7	전호이외의금속재료	〃		
	가. 연[鉛]	〃	5	50
	나. 아연	〃	10	30
	다. 알미늄	〃	30	10
	라. 동과아연또는석[錫]과의합금 (청동황동등)	〃	50	10
	마. 바비트메탈기타감마합금[減摩合金]	〃	50	10
	바. 활자합금[活字合金]	〃	50	5
	사. 기타	〃	50	10
8	양정나사[洋釘螺糸]못볼-트낫트왓샤-및리벳트	〃	30	15
9	강삭[鋼索]및련선[撚線]	〃	30	15
10	금속 강	〃		
	가. 제지용또는팔프제조용	〃	50	5
	나. 기타	〃	30	15
	절연전선	〃		
11	가. 고무를사용한것	〃	50	10
	나. 기타	〃	30	15
12	발브 콕크 류	〃	30	15
13	방열기	〃	30	15
14	수공구류	〃	30	15
15	농기류	〃	30	15
16	별호이외의철강제품	〃	30	15
17	별호이외의금속제품	종가	30%	20%
	제2류과학기기악기전기기기및기계류			
18	도량형기온도계압력계전기용계기기타류사한계기류	종가	50%	10%
19	시계·안경·사진기·영사기및동부분품	〃	50	20

수 출 입 세 률 표

번호	품명	단위	수출세률	수입세률
20	의료용기기및동부분품	〃	50	10
21	별호이외의리화학기기및동부분품	〃	50	10
22	축음기·악기류및동부분품	〃	50	30
23	전기통신장치확성장치및별호이외의동부분품	〃	50	10
24	쏘켓트프라그기타류사한전기배선용기및전기조명기	〃	50	10
25	전구류			
	가. 소요전력110V이상및공칭왓트[公稱]100W이상의백열전구	〃	50	10
	나. 기타	〃	30	15
26	진공관류	〃	50	10
27	전지및동부분품	〃	30	10
28	기관[汽罐]및동부분품	〃	50	10
29	내연기관	〃	50	10
30	발전기전동기위전[圍轉]변류기및주파수변환기	종가	50%	10%
31	변압기및변류기	〃	50	10
32	자동차량자전차및별호이외의동부분품	〃	50	10
33	철도차량및동부분품	〃	50	10
34	차량용고무다이야및내피	〃	50	10
35	선박류	〃	50	10
36	농업기계	〃	50	10
37	인쇄기계및동부분품	〃	50	10
38	방직기계및동부분품	〃	50	10
39	채광[採鑛]쇄광[碎鑛]선광[選鑛]용기계장치및동부분품	〃	50	10
40	공작기계및동부분품	〃	50	10
41	재봉기계·메리야스기및동부분품	〃	50	16
42	전기선전기[電氣扇電氣]대리미기타류사한전동전열기기	〃	50	20
43	별호이외의전기기기기계류및동부분품	〃	50	15
	제3류광물□□산품및동부분품			
44	금속광			
	가. 망강광및크롬광	〃	30%	무세%
	나. 기타	〃	10	5
45	흑연및동제품	〃	10	30
46	석탄·연탄 및 코-크스	〃	20	5
47	수경성[水硬性]세멘트및동제품	〃	10	30
48	연와[煉瓦]및와류	〃	10	30
49	별호이외의도자기	〃		
	가. 전기절연용	〃	30	15
	나. 기타	〃	20	20
50	초자[硝子]및별호이외의초자제품	〃	50	5

수 출 입 세 률 표

번호	품명	단위	수출세률	수입세률
51	운모[雲母]및동제품	〃	5	20
52	별호이외의광물및동제품	〃		
	가. 귀석[貴石]반귀석및동제품	〃	10	30
	나. 기타	〃	20	20
	제4류 유지·랍[蠟]및동제품			
53	광물성유	종가	30%	5%
54	와세린및그리-스	〃	30	5
55	파리핀	〃	30	5
56	식물성유지	〃	30	5
57	동물성유지	〃	15	5
58	랍촉[蠟燭]	〃	10	50
59	비누	〃	10	50
60	경화유	〃	20	5
61	별호이외의유지랍및동제품	〃	30	50
	제5류 식량·음식물및연초[煙草]			
62	곡물·곡분[穀粉]및전분류	〃		
	가. 곡분	종가	10%	50%
	나. 기타	〃	50	無세
63	면류[麵類]	〃	10	10
64	소채류및해조류	〃	7	30
65	과실류식용핵자[核子]및종자	〃	5	30
66	어개류[魚介類] (어란어장[魚腸]등을포함)	〃	7	30
			%	%
67	조수육[鳥獸肉]및어란류	종가	20	30
68	유[乳]및유제품	〃		
	가. 분유·기타유아식료	〃	20	
	나. 기타	〃	10	10
69	포도당	〃	10	30
70	사탕류. 맥아당이[飴]봉밀[蜂蜜]및과자	〃		
	가. 이[飴]	〃	10	30
	나. 기타	〃	20	30
71	식염[食塩]	〃	50	無세
72	구루타민산소-다를주성분으로한 말조미료[末調味料]	〃	20	50
73	건당초[乾唐草]·호초[胡椒]·개자[芥子]·기타향신료	〃	20	30
74	차	〃	30	10
75	커피-코코-cocoa및초코레-트	〃	20	50
76	과즙·당수[糖水]·류산성음료및청량음료	〃	20	30

수 출 입 세 률 표

번호	품명	단위	수출세률	수입세률
77	주류	〃	20	60
78	별호이외의음식물	〃	30	30
79	연초류	〃		
	가. 엽연초	〃	50	무세
	나. 기타	〃	20	50
	제6류 약품·화장품·폭발물및도료류			
80	인삼	종가	10%	50%
81	식물성탄닌재료및탄닌엑스트락트	〃	30	무세
82	별호이외의동물성성조약재및향료	〃	30	5
83	류황	〃	30	무세
84	요-드및요-드가리	〃	30	무세
85	염산·초산[硝酸]·류산및초산[醋酸]	〃	10	30
86	인산·붕산주석산[酒石酸]및구연산	〃	30	5
87	탄산소-다	〃		
	가. 소다회[灰]	〃	10	30
	나. 기타	〃	20	30
88	중탄산소-다	〃	5	20
89	가성소-다	〃	10	30
90	가성가리·염화가리및류산가리	〃	30	무세
			%	%
91	규산소-다	종가	30	20
92	류산암모니아	〃	10	30
93	염화암모니아및붕산암모니아	〃		
	가. 비료용	〃	10	30
	나. 기타	〃	20	30
94	별호이외의화학비료	〃		
	가 석회폭약	〃	무세	30
	나. 과인산석회	〃	5	30
	다. 기타	〃	10	30
95	염화석회	〃		
	가. 정제품	〃	30	25
	나. 기타	〃	10	30
96	탄화칼슘 (카-바이트)	〃	5	30
97	표백분	〃	10	30
98	명반[明礬]	〃		
	가. 카리명반및크롬명반	〃	30	5
	나. 기타	〃	10	30
99	염소산바륨	〃	10	30

수 출 입 세 률 표

번호	품명	단위	수출세률	수입세률
100	주정	〃	10	60
101	그리세린	〃	30	10
102	삭카린.기타유사한감미물	〃	30	20
103	장뇌[樟腦]	〃	30	무세
104	아스피린훼나세친및아미노피린	〃	30	〃
105	키닌-렴류	〃	30	〃
106	알제노벨졸-류 (살발산류)	〃	30	〃
107	슬파민류및페니시린류	〃	30	〃
108	산토닌	〃	30	〃
109	렴산프로카인	〃	30	〃
110	카훼인	〃	30	〃
111	에틸에-텔	〃	30	〃
112	크로로훰롬	〃	30	〃
113	염산에훼드린	〃	30	〃
114	염산에□□	〃	30	〃
115	마-큐로크롬	〃	30	무세
116	훨마린	〃	30	〃
117	석회산	〃	30	〃
118	별호이외의약품류	〃	30	5
119	화장품류	〃	10	50
120	인촌[燐寸]	〃	10	50
121	화약류및화공품	〃	10	30
122	함성염료	〃	30	10
123	연단[鉛丹]및일산화연	〃	10	30
124	카-본브랙크	〃	10	30
125	잉크류	〃		
	가. 인쇄용잉크	〃	30	10
	나. 기타	〃	20	30
126	크레용.회구[繪具]및연필	〃	20	10
127	흑백묵[黑白墨]및구두약류	〃	20	20
128	수성도료	〃	10	
129	와니스·페인트및직유소도료[織維素塗料]	〃	30	10
130	전호이외의 염료·안료및도료류	〃	20	20
	제7류 피복류및장신용품			
131	장갑·양말목돌이류			
	가. 피혁또는모피제품	종가	20%	30%
	나. 견[絹]제품	〃	20	30
	다. 기타	〃	30	20

수 출 입 세 률 표

번호	품명	단위	수출세률	수입세률
132	모자류및동부분품	〃	20	30
133	양화·기타신발류및동부분품	〃		
	가. 피혁화	〃	20	10
	나. 고무화(바닥만고무인것도포함함)	〃	10	50
	다. 기타	〃	20	30
134	별호이외의 피복류·피복류부문품및장신용품	〃		
	가. 단추류	〃	20	20
	나. 피혁또는모피제품	〃	20	30
	다. 견[絹]제품	〃	20	30
	라. 기타	〃	30	20
	제8류 지·지제품·서적및인쇄물			
135	권연초[卷煙草]용지	종가	50%	5%
136	기타각종지	〃	30	15
137	지제품각종	〃	30	20
138	서적·신문·지도·기타인쇄물	〃	무세	무세
	제9류 유기성직유[織維]및동제품			
139	팔프	종가	10%	50%
140	면화및면직계[綿織系]	〃	30	10
141	아마[亞麻]	〃	20	20
142	전호이외의식물직유	〃	30	15
143	모및모계류	〃	30	15
144	견[繭]·생계및견계류	〃	30	15
145	인조직유및동계류	〃	15	30
146	전호이외의직유	〃	15	30
147	전호이외의계류및승삭[繩索]류	〃	30	15
148	직물류	〃		
	가. 견직물및인견직물	〃	30	25
	나. 면·마·기타식물직유제직물	〃	50	10
	다. 모직물또는모와타직유와의교직물	〃	50	20
	라. 기타	〃	30	25
149	메리야스지[地]	〃	30	15
150	방수포[防水布]트레-심포전기절연포및전기절연용테-프	〃	50	10
151	휄트및모포	〃		
	가. 제지용또는팔프제조용	〃	50	10
	나. 기타	〃	50	25
152	타올	〃	30	30
153	별호이외의직유제품	〃	30	25

수 출 입 세 률 표

번호	품명	단위	수출세률	수입세률
154	남루[襤褸]	〃	50	10
	제10류 동식 동식물산품및동제품			
155	동물			
	가. 잠종[蠶種]	종가	25%	5%
	나. 기타	〃	50	10
156	모피및별호이외의모피제품	〃	15	30
157	피혁류및별호이외의피혁제품	〃		
	가. □계용벨트및박킹	〃	50	10
	나. 기타	〃	30	10
158	별호이외의종자및묘목	〃	30	5
159	합판·경목[經木]및 성냥축목[軸木]	〃	20	30
160	원목및제재[製材]류	〃	50	5
161	가구류	〃	20	50
162	별호이외의목제품	〃	10	25
163	신재[薪材]및목탄	〃	20	50
164	로초[蘆草]	〃	20	5
165	고무및별호이외의고무제품	〃		
	가 생고무	〃	50	무세
	나. 고무제품	〃	20	10
166	사료및비료	〃		
	가. 유박[油粕]류	〃	10	30
	나. 기타	〃	15	30
167	수지[樹脂]류	〃	30	15
168	별호이외의동식물산품및동제품	〃	30	30
	제11류 전각류이외의물품			
169	세로판및동제품	종가	30%	10%
170	세루로이드베-크라이트기타합성수지제품	〃	30	20
171	사진용필름및건판[乾板]	〃	50	10
172	만년필샤-프펜실복사필[複寫筆]및동부분품	〃	20	50
173	끽연[喫煙]용구류	〃	20	50
174	산[傘]및선[扇]류	〃	20	30
175	완구및유희구	〃	20	60
176	운동기및경기용구	종가	20%	50%
177	화장용구류	〃	20	50
178	별호이외의물품	〃	30	30

주) 본세률은국가대외무역기관의무역에한하여적용하며기타무역에대하여는본세률의1.5배로한다

—≪ ≫—

1948년 11월 1일

조선민주주의인민공화국 내각수상 김일성 비준 재정성규칙제4호[70)]

납세증지에관한규정

제1조 납세증지는물품거래세및관세를부과한물품에첨부하여과세표준액사정의정확을기함을목적으로한다

제2조 납세증지를사용한과세물품의종류는별표와같다

제3조 물품거래세를과세할물품에대하여서는제조장또는생산자로부터그물품을반출또는판매할때에납세증지를부처야한다

국가검사를실시하는물품에대하여서는납세증지를검사증표로사용한다

제4조 세관을통하여수입또는반입하는물품에대하여서는세관에서세금을징수하는동시에납세증지를부처야한다

그러나납세증지를사용하기곤란한물품에대하여서는납세증명서를발행하여이에대신할수있다

제5조 과세물품에납세증지를부칫을때에는납세증지사용자의실인또는일부인으로물품과증지면에걸쳐서소인하여야한다

제6조 납세증지는재정성에서제조하여시군인민위원회재정과및세관에비치하고사용자의신청에의하여이를교부한다.

전항에의하여교부받은납세증지는이를타인에게대여하거나양도할수없다

제7조 납세증지를교부받은자는장부를비치하고수불상황을정확히기장하는동시에매월그상황을다음달3일까지시군인민위원회에보고하여야한다

제8조 오손된납세증지는사용할수없다

부칙

본규정은공포일부터이를실시한다

1948년 11월 1일

조선민주주의인민공화국 내각

70) 『내각공보』 1948년 제2호, 60-61쪽.

재정상 최창익
평양시

별표

납세증지를사용한과세물품의종류

1. 고무제품
2. 견직물
3. 세관을통하여반입되는물품 (그러나재정상이인정하는물품에대하여는증지사용을면제할수 있다)

—≪ ≫—

1948년 12월 8일 [인용]

내각 지시 제81호[71]

법령명 미상 [거래세법 개정]

1948년 12월 8일 내각지시 제81호로써 거래세률을 개정하여 종래에 1000분률을 100분률로 개정하였으며 외국으로부터의 수입품은 거래세를 부과하지 않도록 결정하였다 (...)

—≪ ≫—

71) 윤형식(1950), 「거래세 및 지방세 개정에 대하여」, 9-14쪽.

1948년 12월 18일

내각 지시 제100호[72]

각 기관에서 시공하는 경우에 일공노무자에 대한 자유소득세 원천징수에 관하여

과세누락을방지하며국고세입을제때에확보하기위하여국가기관및그소속기관국영기업소정딩사회단체및협동단체들이일공로무자를사용하고그임금료금보수수당또는수수료등을지불하는책임자는다음각항에의하여자유소득세를공제징수하여국고에납부할것을지시한다 본지시는1949년1월1일부터실시할것이다

제1 국가기관및그소속기관국영기업소정당사회단체협동단체에있어서일공로무자를사용하여 시공사업을하였을때는그공사비또는임금료금보수수당수수료 (이상근로소득세를과세치않은것에한한다) 등을지불할때는그지불금액중에서자유소득세를공제징수하여시군인민위원회에납부할것이다

제2 전항에있어서시공사업이라함은다음각호에해당하는것을이름이다

1. 영조물[營造物]건축수리
2. 도로교량건축수리
3. 사무용집기수리
4. 행사시의도장공사 (부랑카-트 초상화등제작)
5. 의자카-바피복등수리 세탁 난방장치 전기공사 기타기구기계장치
6. 차량 선박 기구기계수리
7. 운반 (륙해운기타운반을포함함)
8. 화목패는것기타작업

제3 제1항에규정한공사비또는임금료금보수수당수수료등의지불금의명목여하를불문하고그 금액을지불할때마다 그금액을과세표준액으로하여 100분지10의자유소득세를공제징수하여전월분을익월3일까지별지양식에의한납부서와계산서를첨부하여소관시군인민위원회에납부할 것이다

제4 시군인민위원회에서자유소득세를정기적으로사정할때는원천으로과세된세액을공제하여이를부과할것이다

72)『내각공보』1948년 제3호, 90-97쪽.

1948년 12월 18일
북조선민주주의인민공화국 내각
수상 김일성
평양시

(양식)

자유소득세(시공소득세)
령수증표

(납부자에게교부할 것)

제 호	납부인 (주소기관명및책임자성명)		
년도			
월분	주관청	시군인민위원회	
국 세	자유소득세	시공소득세	만 천 백 십 원
년 월 일령수 시군인민위원회			

비고 1 납부인이정권기관또는국영기업소정당사회단체협동조합등에있어서는그기관영을쓰고책임대표자의성명을기재할것
2 번호년도는시군인민위원회가기재할것 납부자주소성명년도는 납부자가기재할것
3 번호년도금액을아라비아숫자로명료히기재할것
4 년도는납부일로써구별하여기재할 것

납 부 서

(소관시군인민위원회에보관할것)

제 호	납부인 (주소기관명및책임자성명)		
년도			
월분	주관청	시군인민위원회	
국 세	자유소득세	시공소득세	만 천 백 십 원

세액산출방법

료금등을지불하는때마다그지불하는금액에세률100분지10을승하여산출한다
산출한금액이1원미만일때는1원으로하고1원이하의단수는원위로인상한다

(소관시군인민위원회에보관할 것)

자유소득세(시공소득세) 징수계산서										월분
지출월일	주소	성명	공사명및계약총금액	지출금액	세액					
	구반					만	천	백	십	원
합계										
상기분에대한세금을첨부하여제출함 년 월 일 납부인 (주소기관명및책임자성명) 인										

비고 1 그달중에동일인에게수회로나누어지불하였을때는지출날자마다기재할것

2 공사에대한료금등을수회에분할하여지불할때는공사각급계약총금액란에그 사유를기재할것

3 세금은료금을지불할때마다이를공제징수하여1개월분을취전[取纒]하여익월3 일까지 납부할 것

4 료금등을지불하는책임자가시공소득에대한자유소득세를징수치아니하든가 또는세금계산을기만하든가또는징수한세금을익월 3일까지납부치않을때는 엄벌에 처한다

1949년 3월 3일 [인용]

내각 지시 제47호[73]

법령명 미상 [대지세법 개정]

1949년 3월 3일 내각지시 제47호로써 대지세의 세률이 종래에 100분지12이던 것을 100분지 20으로 또는 그 과세표준이 되던 토지임대가격을 4배로 개정하였다 이외에도 부분적인 개정이 있었으나 대체로 큰 변동이 없었다 (...)

---

73) 윤형식(1950), 「거래세 및 지방세 개정에 대하여」, 9-14쪽.

1949년 5월 7일 [일부]

내각 지시 제106호[74)]

국영기업소 재정운영 및 조절에 관한 결정서 실시에 관하여

(2) 류통부문

(가) 판매계획을 달성하지 못한 경우에는 지배인기금을 적립하지 못한다.

(나) 판매계획을 100%로 달성하였거나 또는 초과 달성하였을 때에는 판매상품에 대한 도매 또는 소매경비 (부과비 중 리익 공제금 및 거래세 등 국고납부금을 제외한다) 를 절약하여 소정된 도매 또는 소매경비의 리률을 저하시킴으로써 얻은 부분을 초과리익으로 인정하고 그 50%를 국고에 납부하고 잔여분 50%를 지배인 기금으로 적립할 것.

그러므로 판매계획 초과분에 대한 계획리윤의 90% 및 거래세 전액은 이를 국고에 납부할 것.

(다) 전호에 의하여 적립된 국고에 납부할 초과리윤은 적립과 동시에 소관 재정기관 (그 상업기관 소재지의 시 군 인민위원회 재정과) 에 통지하여야 하며 그 납부기일은 적립한 때로부터 15일을 초과하지 못한다

(라) 류통부문 중 상업성 상업관리국 자체 및 무역부문에 대하여는 초과리윤으로 지배인기금을 척립하지 않는다 (...)

1949년 5월 9일 [일부]

조선민주주의인민공화국 내각결정제45호[75)]

조선인민군대전사및하사관들의부양가족원호에관한결정서

민족보위를튼튼히하며국가와리익을옹호하기위하여인민군대에복무하는전사및하사관들의부양가족을원호하기위하여조선민주주의인민공화국내각은다음과같이

74) 재정성기관지편집부 엮음(1950),『재정법규집』(평양: 재정성출판사), 277-281쪽.
75)『내각공보』1949년 제6호, 214-215쪽.

결정한다 (...)

2. 농촌에거주하는농민이조선인민군대에전사또는하사관으로입대하였을때에는 그부양가족에대하여농업현물세를14내지40%의한도네에서감면한다
전조1.2에의한국가보조금및농업현물세의감면은다음과같은경우에한하여이를실시한다 (...)

나. 농민이조선인민군대에입대함으로써
ㄱ. 로력자를전히잃게되었을 경우
ㄴ. 로력자1명비로력자45명이상으로되었을 경우
에한하여농업현물세를감면한다 (...)

1949년 5월 19일 [인용]

내각 지시 제120호[76]

법령명 미상 [거래세법 개정]

1949년 5월 19일 내각지시 제120호로써 도서출판물에 대한 거래세를 상세히 제정하였으며 국가수매기관에서 수매하는 물품에 대한 거래세를 제정하였다 이외에도 세률 세종 납기 등의 조항들의 개정을 보게 되었던 것이다 (...)

76) 윤형식(1950), 「거래세 및 지방세 개정에 대하여」, 9-14쪽.

1949년 6월 7일

제기자제1211호 각상내각직속국장앞[77]

각 기업소의 리익공제금 및 거래세 납부에 관하여

각 국영기업소가 국고에 납부하는 리익공제금 및 거래세를 제때에 납부하지 않고 많은 미납액을 보유하고 있는 관계로 국고에서 방출하는 건설자금 기타 자금조건에 지장을 초래하고 있으므로 금번 별지와 같이 은행을 통하여 각 국영기업소의 거래세 및 리익공제금 미납상황을 매월보고케 하고 그 미납 정형에 따라서는 국고에서 각 기업소에대한 기본건설자금 방출을 제한 또는 조절하는 량도를 취하기로 하였사오니 량지하시고 귀성(국)산하 각 기업소에 대하여 리익공제금 및 거래세를 제때에 납부하도록 지급 조치 하여 주심을 바랍니다

조선민주주의 인민공화국
내각 재정상 최창익
1949년 6월 7일
평양시

—≪ ≫—

1949년 6월 7일

제기자 제1211호 별지 · 제기자 제104호 · 중은 농은 총재 앞[78]

각 국영기업소의 리익공제금 및 거래세 미납액 속보 제출에 대하여

□□의 전 국고에서 방출하는 자금 조절상 필요하오니 1949년 5월부터 매 월말 현재 각 국영기업소 리익공제금 및 거래세 미납액(재정기관의 통보액중 매월말 현재 미납으로 되어있는 등)을 별지 양식에 의하여 익월 5일까지(본점 경유 총 지

77) 재정성기관지편집부 엮음(1950), 『재정법규집』, 287쪽.
78) 재정성기관지편집부 엮음(1950), 『재정법규집』, 287-288쪽.

점은 경유치 말것) 재정성에 필착(5월분은 6월 15일까지)하도록 제출하여 주심을 바랍니다

「추이」 본건은 전화로 각 총지점에 련락하여 또 그아래 지점에도 전화 기타 속한 련락편으로 이첩하시기를 바랍니다

조선민주주의 인민공화국
내각 재정상 최창익
1949년 6월 7일
평양시

재정상 앞

본 점 경 유 19 년 월 일	경 유 (인)

국영기업소 리익공제금 거래세 미납액 속보

19 년 월말현재

OO은행 OO지점 인

관리국명	기업소명	리 익 공 제 금		거 래 세		합 계	
		동월중 납부액	월말현재 미납액	동월중 납부액	월말현재 미납액	동월중 납부액	월말현재 미납액
		원	원	원	원	원	원
합 계							

주. 본 속보는 미납액 유무를 불문하고 매월말 정기적으로 보고하여야 함

≪ ≫

1949년 7월 20일

조선민주주의인민공화국 내각결정 제92호[79]

농업현물세 일부개정에관한 결정서

각종 농작물의 예상수확고 판정 및 농업현물세의 부과징수를 제때에 정확히 수행하기위하여 조선민주주의인민공화국 내각은 「농업현물세 개정에관한결정서」(1947년 5월12일 북조선인민위원회 법령제24호)의 일부를 다음과같이 개정 할 것을 결정한다

1. 결정서 제2를 다음과같이 개정한다
   「화전에 재배하는 작물에대한 현물세률은 그실수확고의 10%로 한다
   그러나 화전이 숙전으로전환되었을때에는 숙전에 해당하는 소정의 과세률을 적용한다」
2. 결정서 제9의 (가)를 다음과같이 개정한다
   각개 농민들에게 징세서를 년4기에 나누어 발부하되
   제1기작물은 7월15일까지
   제2기작물은 8월10일까지
   제3기작물은 9월15일까지
   제4기작물은 10월5일까지 이를 완필할 것
3. 결정서 제10의 (나)를 다음과같이 개정한다

「농업현물세 예산안을 작성하여 제1기작물은 6월25일까지 제2기작물은 7월20일까지 제3기작물은 8월 25일까지 제4기작물은 9월15일까지 내각에 이를 제출할 것」

조선민주주의인민공화국 내각
수상 김일성
농림상 박문규
1949년 7월 20일
평양시

≪ ≫

79) 『내각공보』 1949년 제9호, 299-300쪽.

1949년 8월 1일

조선민주주의인민공화국 내각수상 김일성 비준 농림성규칙제19호[80)]

「농업현물세 개정에관한 결정서에대한세칙」 일부개정에 관하여

「농업현물세 개정에관한 결정서에대한세칙」(1947년6월1일 농림국규칙 제8호) 의일부를 다음과같이 개정한다

1. 제1조 제2항으로서 다음과같이 삽입한다
   작물별 징세서 발부기일은 다음과같다

조만기별	조사기별	작물명	징세서 발부기한	비 고
조기작물	제1기	대맥[大麥]·소맥[小麥]·흑맥[黑麥]·아마[亞麻]·춘소채[春蔬菜]·마령서[馬鈴薯](조생종)	7월 15일	자강·함남·함북도의 맥류아마·마령서(조생종)를 제외함
	제2기	대맥·소맥·흑맥·아마·춘소채·마령서(조생종)대마	8월 10일	맥류·아마·마령서(조생종)는자강·함남·함북도에한함
만기작물	제3기	조·피·기장이·연맥·옥수수·기타두류·연초·앵속[罌粟]·홉부	9월 15일	연초·앵속에대한징세서발부는제외함
	제4기	수도[水稻]·육도[陸稻]·수수·모밀·록두[綠豆]·대두[大豆]·소두[小豆]·락화생[落花生]·감자[甘藷]·마령서 (만생종)면화·인삼기타특작·추소채[秋蔬菜]	10월 5일	인삼에 대한 징세서발부는 제외함

2. 제4조를 다음과같이 개정한다
   「결정서제2에 규정한 화전은 1948년말현재로 각도인민위원회 위원장이 보고한 158.112정보의 전체화전면적에 한한다
   각도별 화전면적은 다음과같다

평안남도 14.005 정보

80) 『내각공보』 1949년 제9호, 305-306쪽.

평안북도	9.650	정보
자강도	49.119	정보
황해도	7.719	정보
강원도	8.247	정보
함경남도	54.295	정보
함경북도	15.077	정보

화전이 숙전이 될 때는 그면적은 매년 이를 공제하여야한다」

3. 제18조 다음에 새로 제19조를 다음과같이 첨가한다

「농작물생산고 판정위원들에 대하여는 국가의무로력동원에서 면제한다」

조선민주주의인민공화국 내각
농림상 박문규
1949년 8월 1일
평양시

≪ ≫

<u>1949년 8월 1일</u>

최고인민회의 상임위원회 정령[81)]

소득세개정에 관하여

제1장 총 칙

제1조 조선민주주의인민공화국공민 또는 개인법인및 기업체로서 조선민주주의인민공화국 령토내에서 소득이있는자에 대하여는 그거주여하를 불구하고 본법에의하여 소득세를부과한다

제2조 다음각호에 해당하는자에 대하여는 소득세를 부과하지않는다

1, 월500원이하의 임금을받는 로동자 사무원

81)『재정금융』1949년 9월 창간호, 68-73쪽.

2, 월500원이하의 장학금을받는 학생및 연구생

3, 3개월소득이 1,200원이하 되는 기업가 수공업자및 자유업자

4, 농업현물세를 납부하며 농업을 전업으로하는 농민

5, 군인(내무성보안대원을 포함한다)및 군 복무자

6, 사회보험의 년금 받는자

7, 정부의 초빙에의하여 국가기간에 근무하는 외국인전문가

제3조 다음의소득에 대하여는 소득세를 부과하지않는다

1, 은행및 저금소의 리자

2, 보험회사에서 받는 보험보상금

3, 상속 및 증여에의하여 취득한 수입

4, 국가보조금

5, 국가훈장에대한 년금

제4조 외국공관 및 외국상사 대표기관에 근무하는 외국인에대한 소득세는 국제관례에의하여 이를부과한다

제5조 조선민주주의인민공화국 령토내에 거주하는 외국인에대하여는 제2조 제7호 및 제4조의경우를 제외하고는 그소득에대하여 조선민주주의인민공화국 공민과 동일한 소득세를 부과한다

외국으로부터 림시파견되어 외국상사기관에 근무하여 지급받는 급여에한하여는 소득세를 면제한다

제6조 외국 국가기관에서 경영하는 상사기관및 문화기관 또는국가와 국가간 국가와 공민간 및 국가와개인법인간의 합판회사에대한 소득세는 별도결정에의하여 부과한다

제7조 직조업및 양잠업에 대하여는 그소득액의 10%를 경감하여 소득세를 부과한다

제8조 개별적 납세의무자에게 대하여 소득세를 경감할 권한을 재정성에 부여한다

제2장 로동자 사무원에대한 소득세 과세방법

제9조 국가기관 협동단체 및 개인기업체에서 근무하는 로동자 사무원이 받는 제급여에대하여서는 다음세율에의하여 매월 소득세를 부과한다

월 소 득 세	세 률
500원을 초과하여 900원까지	20원에 500원을 초과하는금액의 6%를가함
900원을 초과하여 1,500원까지	44원에 900원을 초과하는금액의 7%를가함
1,500원을 초과하여 2,000원까지	86원에 1,500원을 초과하는금액의 8%를가함
2,000원을 초과하여 3,000원까지	126원에 2,000원을 초과하는금액의 9%를가함
3,000원을 초과하여 4,000원까지	216원에 3,000원을 초과하는금액의 10%를가함
4,000원을 초과하여 5,000원까지	316원에 4,000원을 초과하는금액의 12%를가함
5,000원을 초과한때	436원에 5,000원을 초과하는금액의 14%를가함

제10조 로동자 사무원이 과세대상으로되는 급여에는 다음과같은 것이 포함된다

기본임금 사간외 및 도급임금가급(가급)로력보수의 성질을가진 상금휴가보상금

제11조 다음의 소득은 로동사자무원에대하여 과세하는 제급여에 포함되지않는다

1, 정부 성 및 기타 국가기관에서 급여하는 로력보수의 성질을 가지지않은 상금

2, 출장려비 및 부임려비

3, 퇴직금

4, 로동자 사무원이 소유하고있는 피복 및 기구의상각(상각)을 위하여 지불하는금액

제12조 소득세는 급여의 지불자가 이를 지불할때마다 그 급여중에서 계산공제하여 지불일로부터 5일이내에 납부하여야 한다

은행거래를하는 급여지불자가 급여지불에 충당할금액을 은행으로부터 령수할때에는 그와동시에 소득세를 환치납부 하여야한다

제13조 급여의지불자는 재정성에서 정한양식에위한 계산서를 소득세납부의 동시에 소관 시 면재정기관에 제출하여야한다

제14조 로동자 사무원과 동일한 기초에서 소득세를 부과하는자는 다음과같다

1, 월5백원을 초과하는 장학금을받는 학생및 연구생

2, 법률적활동에대한 보수를받는 변호사

3, 수매기관에 모필월로 파철 기타폐물을 수집인도하고 보수를 받는자

제15조 다음의 소득대하여는 로동자 사무원과 동일한%를 가산하여 소득세를 부과한다

1, 합작사의 공동작업장 또는 기타에서 작업하는 동사원이받은 작업수입

2, 소운송사입단체의 단체원이 받는 작업수입

제3장 문화인 예술가 번역가 발명가에대한 소득세 과세방법

세16조 문화인 예술가 번역가의 제급여(봉급을제외한다)및 발명에위한 보수등에 대하여는 5%의세율로서 소득세를 부과한다 전항의소득에 대하여는 본법 제2조의면세점을 적용하지않는다.

제17조 문화인 예술가 번역가 및 발명가의 소득세는 급여의지불자가 그급여 또는 보수를지불할때에 계산공제하여 지불일로부터 5일이내에 납부하여야 한다

제4장 기업가 상인 자유업자 및 기타공민의 소득에대한 과세방법

제18조 개인법인 자유업자 목사 및 기타에대하여는 매4분기별로 다음세율에의하여 소득세를 부과한다

한 4 분 그 소 득 액	세 률
1,500까지	소득금액의 10%
1,500원을 초과하여 2,000원까지	150원에 1,500원을 초과하는금액의 12%를가함
2,000원을 초과하여 3,000원까지	210원에 2,000원을 초과하는금액의 16%를가함
3,000원을 초과하여 4,500원까지	360원에 3,000원을 초과하는금액의 20%를가함
4,500원을 초과하여 6,000원까지	670원에 4,500원을 초과하는금액의 24%를가함
6,000원을 초과하여 9,000원까지	1,030원에 6,000원을 초과하는금액의 28%를가함
9,000원을 초과하여 12,000원까지	1,870원에 9,000원을 초과하는금액의 31%를가함
12,000원을 초과하여 15,000원까지	2,830원에 12,000원을 초과하는금액의 35%를가함
15,000원을 초과하여 21,000원까지	3,880원에 15,000원을 초과하는금액의 38%를가함
21,000원을 초과하여 30,000원까지	6,160원에 21,000원을 초과하는금액의 40%를가함
30,000원을 초과하여 45,000원까지	9,760원에 30,000원을 초과하는금액의 42%를가함
45,000원을 초과하여 60,000원까지	16,060원에 45,000원을 초과하는금액의 44%를가함
60,000원을 초과하여 90,000원까지	22,660원에 60,000원을 초과하는금액의 46%를가함
90,000원을 초과하여 150,000원까지	36,860원에 150,000원을 49초과하는금액의 52%를가함
150,000원을 초과하여 300,000원까지	65,960원에 150,000원을 초과하는금액의 52%를가함
300,000원을 초과할때	142,860원에 300,000원을 초과하는금액의 55%를가함

제19조 소득세는 총수입액에서 그수입을얻기에 소요된필요경비를 공제한 잔여금액을 과세표준으로한다

현물형태로 수입하는 소득은 그 지방시가에 의하여 계산한다

제20조 소득세는 납세의무자의 거주소에서 그소득을 종합하여 부과한다

소득세는 전4분기 실적에의하여 매기마다 부과하되 다음에의하여 이를사정한다

일, 납세의무자의 소득액보고서

이, 납세의무자의 전4분기 소득실적보고서

삼, 재정기관의 소득조사자료

제21조 본법 제18조내지 제20조의 소득세납세의무자는 그기분세액의 3분지1에 해당하는 금액을 매월20일 이내로 납부하여야한다

제22조 소득세의 과세루락이 있을때에는 그전년도이후의 루락분에한하여 소득세를 추가하여 부과할 수 있다 소득세부과 오세에대한 재사정은 그오유를 발견한때로부터 1년이상 소급지못한다

제23조 납세의무자는 재정성에서 정한 기일내에 전4분기 소득실적보고서를 소관재정기관에 제출하여야한다

제24조 납세의무자는 다음에 사실이 발생한때에는 5일이내에 소관재정기관에 보고하여야한다

일, 거주소 또는 사업장소를 변경한때

이, 납세의무자의 성명 또는 명칭을 변경한때

삼, 자업체를 합병 양도 또는 폐지한때

제25조 납세의무자는 사업의 수자관계를 명확히 기재하는 장부를 비치하여야한다

제26조 자유로력자에 대한 소득세는 본법 제18조 내지 제25조에 의하여 부과하되 그 세액의 15%를 경감한다

제5장 재정기관의 권한

제27조 재정기관 및 재정기관직원에게 다음의 권한을 부여한다.

일, 소득세를 계산공제하여 납부하는 국가기관 협동단체 및 개인경제주체에 대한 장부서류의 검사

이, 과세상 필요한 보고 계산서 및 자료통보서를 제출할 의무가 있는자에대한 보고의요구 및 장부서류의 검사

삼, 영업을 경영하는 장소에 자유로이 출입하여 영업및직업에 관계가 있는 문서의 검사 원료 재료 제품의 조사

사, 체납세금을 징수하기위한 소송 제기

제6장 본법위반에 대한 처벌및 납세자의 의무

제28조 소득세를 공제하는 기관이이를 공제하지않거나 불정확한 공제를하거나

또는 공제한금액을 기일 내에 납부하지않을때에는 그지불기간 경리책임자에 대하여 1천원이하의 과태료를 과한다

제29조 소득세를 공제하는기관이 그계산서를 기일내에 제출하지않거나 불정확한 계산서를 제출할때에는 그보고의 책임자에대하여 1천원 이하의 과태료를 과한다

제30조 납세의무자가 소득액보고서및 소득실적보고서를 기일내에 제출하지않을때에는 2천원 이하의 과태료를과한다

제31조 고의로 허위신고를 또는 보고서를 제출한자는 법에의하여 처단한다

제32조 본법위반에대한 과태료의 부과징수및 체납자에대한 소송제기는 소관 시 군 구역인민위원회 제정과장이 이를 집행한다

제33조 소정한 기일내에 소득세및 과태료를 납부하지않는자에게는 다음에 벌칙을 적용한다

일, 납기일을 경과한때에는 기일경과후 미납액에대하여 매일 1%의 연체료를 징수한다

이, 납기일을 경과한 소득세및 연체료를 준수하기위하여 필요할때에는 인민재판에 회부하여 체납액에 해당하는 재산을 차압한다

삼, 고의로 소득세를 납부하지않거나 상습적으로 체납하는자는 법에의하여 처벌한다

제34조 소득세부과 또는 과태료 부과에대한 이의 신청은 고지서를 받은때로부터 1개월이내에 한하여 소관 시군 구역 인민위원회 재정과장에게 제출할 수 있다

전항 이의신청에 대한 결정이 부당하다고 인정할때에는 1개월이내에 한하여 그상급재정기관에 다시 신청할수있다재정 기관이 이의신청을 접수한때에는 반드시 15일이내로 해결하여야한다

제35조 전조의 이의신청이 있드라도 소득세 및 과태료 징수는 유예하지않는다 소득세 또는 과태료를 과납 또는 오납하였을때에는 그후에 징수할세액에서 공제하거나 또는 10일이내 반환한다

제36조 본정령적용에 관한규칙은 재정성에서 이를 공포한다

제37조 본정령은 1949년 10월 1일부터 실시한다

제38조 본정령실시와 동시에 「소득세법」(1947년2월27일 북조선인민위원회 법령 제3호)은 이를 폐지하며 「북조선세금제도 개혁에 관한 결정서」(1947년2월 27일 북조선인민위원회 법령 제2호)중 일, 국세 일 1. 소득세에관한 조항및

「북조선세금제도 개혁에관한 결정서및 각종세법개폐에관한결정서」(1948년2월29일 북조선인민위원회 법령 제36호 중 2의(1)소득세법에관한 조항은 이를 각 삭제한다

조선민주주의인민공화국 최고인민회의 상임위원회
위원장 김두봉
조선민주주의인민공화국 최고인민회의 상임위원회
서기장 강량욱
1949년 8월 1일
평양시

—《 》—

1949년 8월 3일

조선민주주의인민공화국 내각수상 김일성 비준 재정성규칙제3호[82)]

수출입세에관한규정세칙

제1장 총칙

제1조 수출입세에 관한 규정(1946년 10월 26일 내각결정 제49호) (이하 규정이라고 략칭한다)에 있어서 수출입이라함은 국경선을 경유하여 물품 반출입을 하는 것을 말한다

제2조 다음 각호에 해당하는 경우에는 이를 수출입으로 인정하지 않는다

1. 보세지역에 장치하였던 외국물품을 다시 외국으로 회송하는 경우
2. 외국물품을 령해내에서 이선하여 다시 외국으로 반출하는 경우
3. 수입 물품을 포장하기 위하여 국내 포장 재료를 미리 외국에 반출하는 경우

제3조 규정 및 본 세칙에 있어서 외국 물품이라함은 수입수속을 완결하지 않은 물품을 말한다 일단 수출한 물품은 외국 물품으로 인정하며 수입수속을 완필하고 보세지역으로부터 반출한 물품은 국내물품으로 인정한다

제4조 규정 제3조 제2항에 있어서 수입품에 대한 국경도착 가격은 다음과같이 산출한다

82) 재정성기관지편집부 엮음(1950), 『재정법규집』, 149-161쪽.

1. 그물품의 원산지 또는 제조지에 있어서의 정산적인 도매가격에 포장비 보험료 수출지의 수출세 운임 기타 국경에까지 도착함에 지출된 제 비용을 가산하여 산출한다
2. 원산지 또는 제조지의 정상적인 도매가격이 분명하지 않을 때에는 대상수출 물자 가격을 기준으로하여 산출한다
3. 전 각호에 의하여 산출하기 곤란할 때에는 시가를 참작하여 산출한다
4. 국가 직접 무역에 있어서는 그 대상수출 물자를 확정한후 전호에 의한 과부족을 조절한다

제5조 규정 제4조를 적용할 수 있는 물품은 다음 각호에 해당하는 것이라야 한다
1. 제수출 또는 재수입 할 때에 당초의 원형을 보유할 것
2. 수리부분을 확인할 수 있는 것
3. 수출 또는 수입한 후 3개월 이내에 다시 수입 또는 수출할것

제6조 규정 제4조 적용을 받으려는 자는 수리 예산서 또는 수리계약서를 첨부한 수출 또는 수입 신고서를 세관에 제출하여 그 승인을 받아야 한다
수리 후 다시 수출 또는 수입할 때에는 전항승인을 받은 세관을 경유하여야 한다

제2장 부과 및 징수

제7조 세관에서 일반 수출입품에 대하여 수출입세를 징수하려고 할때에는 납부 금액 및 납부 은행명을 기재한 납세 고지서로서 납세의무자에게 통고하여야 한다

제8조 다음 경우의 수출입세는 세관에서 이를 수납한다
1. 려행자의 휴대품
2. 은행 소재지 이외의 지역에서의 수출입세
3. 은행의 □□시간외에 수출입세를 징수하는 경우
전항 제1호에 대한 수출입세는 세관원이 검사하는 장소에서 이를 수납할 수 있다

제9조 세관에서 외국 왕래 우편물에 대한 수출입세를 징수하려고 할때에는 납부액을 결정하여 해당 통관우편국에 통지하여야 하며 해당 통관 우편국은 전항의 통지에 의하여 국내에 있는 우편물 발송인 또는 수화인에게 그 세액을 통지하여야 한다

제10조 전조 제2항의 통지를 받은 자는 세금액에 해당하는 수입인지를 통지서에 첨부하여 해당 우편국에 제출하여야 한다

통관우편국에서 전항의 세류를 수리하였을 때에는 이를 세관에 송부하여야 한다

제11조 해난 기타 부득이한 사유로 인하여 재정국장 통보 이외의 지점으로 양륙하는 외국 물품에 대한 수입세는 당해 시 군면 인민위원회 재정부서에서 이를 징수한다

제12조 국가 대외무역 기관에서 납부한 수출입세는 매월2회씩 일괄하여 납부할 수 있으며 상반월분은 그달20일까지 하반월분은 그다음달 5일까지 납부하여야 한다

그러나 12월하반기분은 12월30일까지 납부하여야한다

제3장 보세지역

제13조 규정 제8조 제3호에 의하여 보세지역이 아닌 장소에 물품을 장치하려고 할 때에는 다음 사항을 기재한「보세지역의 장치승인신청서」2통을 세관에 제출하여야 한다

1. 장치장소 및 장치기간
2. 내외국 물품의 구별
3. 기호 및 번호
4. 포장의 종류 및 개수
5. 품명
6. 수량
7. 가격
8. 신청의 리유

제14조 규정 제9조의 통관역 및 통관 우편국은 다음과같다

1. 통관역

   신의주역 만포역 남양역 회령역

2. 통관우편국

   평양중앙우편국 신의주중앙우편국 만포우편국 남양우편국 원산중앙우편국 남포우편국 흥남우편국 라진우편국 청진중앙우편국

제15조 규정 제9조 제3호에 있어서 세관에서 승인할 보세지역은 다음의 2종에 한한다

1. 국가 대외무역기관의 그 수출입하는 물품을 장치하기 위하여 설치하는 전용 보세창고
2. 국가기관이 업으로서 경영하는 공용보세창고

제16조 전용보세창고 또는 공용보세창고로서의 승인을 받으려고 할 때에는 다음 사항을 기재한「보세지역승인신청소」2통을 세관에 제출하여야 한다

1. 설치의 목적(전용 공용의 구별)
2. 지역의 위치(략도를 첨부할 것)
3. 건물의 구조 동수 및 면적
4. 장치할 물품의 종류
5. 설치 기관

제17조 규정 제9조 제3호 이외의 보세 지역에 물품을 반입하려고 할 때에는 화주 또는 그 대리인은 다음 사항을 기재한「반입신고서」에 당해 보세지역 □□기관 또는 관리기관의 증명을 받아 이를 세관에 제출하여야 한다

1. 장치 장소 및 반입 연월일
2. □외□ 물품의 구별
3. 기호 및 번호
4. 포장의 종류 및 개수
5. 물품
6. 수량

보세지역으로부터의 반출은 세관에서 발급한 승인서에 의거하여야 한다

제18조 보세지역의 관리기관 또는 설치자는 물품에 관한 장부를 비치하고 다음 사항을 기재하여야 한다

1. 반출입 물품에 대한 □□국 물품의 구별
2. 기호 및 번호
3. 포장의 종류 및 개수
4. 품종
5. 수량
6. 반출입년월일 및 반출승인서 번호

제19조 보세 지역중에 특별한 설비를 하지 않은 창고에는 다음의 물품을 장치할 수 없다

1. 탈화질 또는 폭발질 물품

2. 부패한 물품 또는 부패하기 쉬운 물품
3. 생활력 있는 동물 및 식물

제20조 외국 물품과 수출하려고 하는 물품은 이를 구별하여 장치하며야 하며 다른 물품을 손상하기 쉬운 물품은 다른 물품과 혼동하여 장치하지 말아야 한다

제21조 보세지역에는 세관의 승인을 받아 수출하지 않은 다른 국내 물품을 장치할 수 있으며 그 장소를 명확히 구분하여야 한다

제22조 수입세를 납부하지 않은 외국 물품으로서 보세지역 장치중 (규정 제호 제3호에 의하여 보세지역 이외에 장치한 물품을 포함한다) 또는 보세 이송중에 부패 손상 기타의 사고로서 폐기 또는 소각하려고 할 때에는 다음 사항을 기재한「폐기(소각)신청서」를 세관에 제출하여 그 승인을 받아야 한다

1. 장치장소
2. 기호 및 번호
3. 포장의 품목 및 개수
4. 품명
5. 수량
6. 처분의 리유 및 방법
7. 보세 지역 장치중의 물품일 때에는 반입신고서 번호
   규정 제8조 제3호에 의하여 보세지역 이외에 장치한 물품일 때에는 수입서 번호
   보세 이송증거 물품일 때에는 보세 이송승인서 번호 및 승인발급 세관명

제23조 보세 지역에 장치한 물품은 다음 구분에 의한 기한내에 각각 세관에 대한 수출 수입 회송 또는 보세 이송수속을 완필하고 반출하여야 한다.

1. 통관역 구내 부두구내 및 동용 보세창고 반입일부터 3주일 이내
2. 세관 구내 반입일부터 3월이내
3. 전용 보세 창고 반입일부터 2개월 이내

제4장 통관수속

제24조 규정 11조에 의한 수출 또는 수입 혹은 회송신고는 별지 양식(제1호 내지 제3호)에 의한 신고서를 사용하여야 한다

제25조 수출 또는 수입 신고서에는 송장 또는 명세서 혹은 계약조건을 기재한 서류를 첨부하여야 한다

제26조 규정 제12조에 의한 해당 통관 우편국의 세관에 대한 통보서에는 다음 사항을 기재하여야 한다
1. 수출입별
2. 수출입 상대 국명 및 지명
3. 발송인 및 수화인(국내에 있는 발송인 및 수화인에 있어서는 그주소)
4. 품명
5. 수량
6. 가격

제27조 규정 제13조에 의한 보세 이송경로는 별지 양식(제4호 및 제5호)에 의한 신고서를 사용하여야 한다

제28조 보세 이송 물품을 역에 탁송할 때에는 화주는 세관에서 발급한 보세이송 승인설르 역에 제시하여야 한다

제29조 보세이송 물품이 목적지에 도착하였을 때에는 화주는 보세 이송 승인서를 도착지 세관에 제출하여야 한다

제30조 물품에 대하여 세관검사를 받으려고 할 때엔느 화주 또는 신고자는 검사에 입회하고 물품의 포장 개페에 대한 책임을 져야 한다
그러나 우편물에 대하여는 해당 통관우체국에서 화주를 대라하여야 한다

제5장 운수기관

제31조 규정 제14호에 의하여 대외무역 선박의 선장 또는 선박운행기관이 세관에 제출할 적재 물품의 목록은 화물 목록 및 실용품 목록의 2층으로 하고 다음의 사항을 각각 기재하여야 한다
1. 화물목록
ㄱ. 선박의 종류 명칭 국적 및 입항 연월일
출하시에는 출하예정 연월일
ㄴ. □화물의 선적 증권번호 출항시에는 선적 지도서 번호 출발지 목적지 기호 및 번호 포장의 종류 및 개수 중량 수량 가격 발송인 수화인
2. 선용품 목록
ㄱ. 선박의 종류 명칭 국적 및 입항 연월일
출항시에는 출항예정 년월일
ㄴ. 선용품의 품명 수량 및 가격

제32조 규정 제15호 제1항에 의하여 통관역에서 세관에 제출할 적제물품의 목록은 별지양식(제6호 및 제7호)에 의하여야 한다

제33조 규정 제15조 제2항에 의하여 보세 이송물품은 탁송□□ 역은 세관에서 증명한 별지양식(제5호)의 목록을 도착역에 송부하여야 한다

도착역은 전항의 목록에 의하여 도착 현품을 확인한 후에 그 목록을 도착지 소관 세관에 지체없이 제출하여야 한다

제6조 연안이동

제34조 규□ □□□□ □□□ □□ □□ 수로를 경유하는 경우

1. 국경 하천만 경유하여 수송하는 경우
2. 국경 하천을 경유하여 해로로 수송하는 경우

제35조 규정 제17조에 의하여 □□간 화물 이동에 관한 승인을 받으려고 할때에는 화주는 다음 사항을 기재한「연안이동 화물신고서」2통을 세관(세관 없는 곳에는 내무기관 또는 국경 경비기관)에 제출하여야 한다

1. 출발지 도착지
2. 적재한 선박명 및 선장명
3. 품명 수량 및 가격

전항의 신고에 의하여 화물 수송을 승인한 기관은 그 신고서1통에 □□하여 화주에게 교부하여야 한다

제36조 수송 물품의 목적지에 도착하였을 때에는 화주는 전조 제2항의 서류를 도착지 세관(세관이없는곳은 내무기관 또는 국가경비기관)에 제출하여 도착 확인을 받아야 한다

도착□□ 확인한 기관은 전항 서류에 다시증명하여 이를 탁송기관에 송부하여야 한다

조선민주주의 인민공화국 내각
재정상 최창익
1949년 8월 3일
평양시

별지양식 제1호

반출승인서 (수입)

신고자 주소성명 　　　　신고 번호

번호 및 기호	포장 종류	개수	품명	수량 숫자단위

총개수

본건보세지역으로부터 반출함을 승인함

OO세관 OO분관장
OOO

년 월 일

수입신고서

장치장소 | 세접수관인 | ※ 신고번호 | ※ 고지번호

운수기관	국적 분류		적하증권번호	신고년월일	년월일	화주	세관명	
			도착년월일	신고일				
	명번 칭호		년 월 일					

기호및번호	포장종류	개수	원산지 또는 제조지	품명	(※)세률표번호및통제번호		※세률	수량		가격		세 액
					세번	부호		숫자	단위	신고	※사정	

총개수		※ 세액계		
		※조 정 년 월 일		
	※감사□□자 인	※수 납 년 월 일		
첨부서류 통	년 월 일	세관장	세무과	검사과

비고 1. (※)인개소에는 신고인이 기입하지말것 　　　검사립회자 인
2. 용지는 종18cm 횡39cm 인쇄는 흑색

별지양식 제2호

반출승인서 (수출)

신고자 주소성명　　　　신고 번호

기호 및 번호	포장 종류	개수	품명	수량	
				숫자	단위
총개수					

본□보세지역으로부터 반출함을 승인함

OO세관 OO분관장

OOO

년 월 일

수출신고서

장치장소		세접수관인		※ 신고번호
				※ 고지번호

운수기관	국적 분류	목적지			신고년월일		년월일	화주		세관명	
	명칭 번호	출발 예정	년 월 일		신고일						
기호 및 번호	포장 종류	원산지 또는 제조지	품명	(※)세률표번호및통제번호		세률	수량		가격		(※) 세 액
				세번	부호		숫자	단위	신고	(※)사정	
총개수											

첨부서류 통	(※) 감사□ □ ※감 사 □ □ 자 인 년 월 일	(※) 세액계		
		(※) 조정	년 월 일	
		(※) 수납	년 월 일	
		세관장	세무과	검사과

비고 1. (※)인개소에는 신고인이 기입하지말것　　　　검사립회자 인

2. 용지는 종18cm 횡39cm 인쇄는 적색

별지양식 제3호

ㅁ 승 인 서

신고자 주소성명　　　　신고 번호

기호 및 번호	포장 종류 개수	품명	수량	
			숫자	단위

본건보세지역으로부터반출함을승인함

OO세관 OO분관장

OOO

년 월 일

신고번호:

신고년월일

O송신고서

세인관접수	

적화증 번호	원산지	목적지	기호 및 번호	포장 종류 매수	품　명	수량		가격
						숫자	단위	

신고인주소성명	검사과	

비고 용지는 종18cm 횡39cm 인쇄는흑색

별지양식 제4호

보세이송승인서

신고자 승인번호

주소성명

기호 및 번호	포장 등록	개수	품명	수량	
				숫자	단위

본건이송하기위하여 보세지역으로부터 반출함을승인함

제OO세관 OO분관장

OOO 년 월 일

신고번호

신고년월일

보세이송신고서

OO번호

시발지 보세지역	도착지 보세지역	포장 종류	개수	품명	수량	
					숫자	단위

OOO일도착 OOO		이송경로	이송기한
검사과	신고자주소성명 비고 년 월 일 세관으로부터도착 확인증도착		

별지양식 제5호

보세이송물품도착확인서

이송번호

시발지	도착지	포장종류	개수	품명	수량	
					숫자	단위

제OO세관 OO분관으로부터보세이송해온상기한보세물품의도착함을확인함
제OO세관 OO분관장
OOO 년 월 일

이송번호:

보세이송품목록

신고자
주소성명

화차번호	이송통지서번호	시발지	도착지	기호및번호	포장종류	매수	품명	수량	
								숫자	단위

연월일 일발송 OO역장인	이송경로	검사과	
	이송기관		
연월일 일도착 OO역장인	비고		

상기한보세물품을 OOO세관OO분관에 이송하였음을통지함
OO세관OO분관장 OOO
년 월 일

별지양식 제6호

렬차적재품목록 (수입)

렬차도착 일시 년 월 일

ㅇㅇ역 인
년 월 일

시발지	화차번호	기호 및 번호	포장의 종류	개수	품명	수량	발송인	수화인	비고

확인한 세관검사원 수표

별지양식 제7호

렬차적재품목록 (수출)

렬차발 예정 일시 년 월 일

ㅇㅇ역 인
년 월 일

목적지	화차번호	반출승인서번호	기호 및 번호	포장의 종류	개수	품명	수량	발송인	수화인	비고

확인한 세관검사원 수표

≪ ≫

1949년 9월 7일

조선민주주의인민공화국 내각수상 김일성 비준 재정성규칙 제4호[83)]

소득세개정에 관한 정령시행세칙

제1장 총칙

제1조 소득세는「소득세 개정에 관한 정령」(이하세법이라고 략칭한다)및 본세칙에 의하여 부과한다

제2조 세법제2조 제1호에의한 소득세의 면제는 기본임금 시간외 및 도급임금 가급 로력보수의 성질을가진 상금휴가 보상금등을 합한 금액이월액 500원 이하인 경우에 한한다

제3조 세법제2조 제3호의 소득이 3개월미만으로 인하여 1200원 이하가 되는경우에는 이를 일수 계산에 의하여 월액으로 환산한 금액이 400원이하인 경우에 한하여 소득세를 부과하지않는다

제4조 세법제2조 제4호에 해당하는 농민에 대하여는 다음의 소득이에 한하여 소득세를 부과하지않는다

1. 농업현물세를 납부하는 농업소득
2. 농가 부업으로하는 목축 양잠 양계등에의한 소득
3. 농가 부업으로하논 고공품[藁工品] 및 기타 생산품 판매에 의한 소득
4. 주로 농업에 사용하는 우마차 소득

전항이외의 소득이 있을때에는 해당한 소득세를 부과한다

제5조 세법 제2조제5호의 군복무자라고함은 군적을 가지고 민족보위성 내무성 경비국 및 각그산하 기관에 복무하는 자에 한한다

군인 및 군 복무자로서 세법제10조 이외의 소득이있을때에는 해당한 소득세를 부과한다

제6조 세법 제3조 제4호에 의하여 소득세를 부과하지않는 국가원조금의 범위는 다음과 같다

1. 군인 가족에 대한 국가보조금
2. 국가에서 지불하는 일시적 원조금
3. 국가 년금

83)『내각공보』1949년 제11호, 388-401쪽.

제7조 세법 제3조 제5호의 국가훈장에는 외국으로부터 받는훈장을포함한다
제8조 세법 제3조의 외국공관이라고함은 대사관 공사관 영사관을 말한다
제9조 외국공관 및 외국상사 대표 기관에 근무하는 조선공민에 대하여는 소득세를 부과한다
제10조 세법 제7조에 의하여 소득세를 경감하는 직조업및 양잠업은 다음과 같다

1. 제사업 (생사 면사 모사 인조섬유등)
2. 직물제조업 (견직물 면직물 모직물 인견직물 교직물등)
3. 작잠 가잠 저잠등 생견의 생산업
4. 잠종제조업

제2장 로동자 사무원에 대한 소득세 과세방법

제11조 로동자 사무원의 소득(이하 근로소득이라고량칭한다)에대한 소득세는 1개월중에받은 제급여금의 합산액을 과세표준으로한다

1개월 에2회이상 제급여금을 지불하는경우에는 그달 최종분제급여금을 지불할 때에 전항 과세표준에 의하여 1개월분의 소득세를 공제한다

(산출례)

상반월분 제급여금 450원50전 하반월급분제급여금 550원70전 인때

450원50전1550원70전=1.001원20전(과세표준)900원을 초과하는 금액 101원20전

그러므로 세액은

101원 20전 x $\frac{7}{100}$ (세율)+44.00원=51원08전 소액지폐에의한 거래결제에 관하여(1949년

5월 17일 내각지시 제123호)에 의하여 세액은 51원10전이 된다

제12조 세법 제10조에의한 급여의 전부 또는 일부를 현물로 지급하거나 또는 국가 배급기준량을 초과하여 량곡 기타 필수품을 배급할때에는 그 현물 급여량과 초과 배급량을 시가로 환산한 금액에서 로동자 사무원이 부담한 금액을 공제한 차액을 급여액으로 인정하고 소득세를 부과한다

전항의 금액은 그달중 다른 급여와 합산하여 소득세를 부과한다

제13조 다음의 수입은 근로소득에 산입하지않는다

1. 최고인민회의 및 각급 인민위원회 대의원이 받는사업비
2. 사회보험 보조금

제14조 세법 제11조 제1호의 상금의 범위는 다음과같다

1. 모범로동자 사무원에 대한 표창금
2. 상장 또는 우승기등에 대한 부상
3. 국가에 공헌이 있는자에 대한 일시적 상금

제15조 세법 제14조 각호의 소득세를 계산 공제하여 납부할 의무자는 다음과 같다

1. 각급학교 경리책임자
2. 변호사회 경리책임자
3. 수매기관 경리책임자

세법 제14조 제3호에 보수라고함은 수매기관에서 지불하는 일정한 급료 또는 수수료의 형식을 가진 것을 말하고 매매형식으로 받는 대가는 이에포함하지않는다

제16조 세법 제15조 제2호의 소운송사업단체는 소비조합이 지도 감독하는 우마차 및 기타 인력에의한 소운송단체에 한한다

제17조 근로소득에 대한 소득세는 제1호 양식의 납부서에 제2호 양식에 계산서를 첨부하여 납부하여야한다

은행에서 전항 소득세를 수납하였을 때에는 령수통지서와 계산서를 그날중으로 속관 시 구역 면 재정기관에 보내야한다

제18조 본칙이외에 겸직 또는 림시로 근무하는 자에 대한 소득세는 급여지불장소마다 이를 부과한다 전항에 급여액이 월500원 이하인 경우에는 소득세를 부과하지 않는다

제3장 문화인 예술가 번역가 발명가 에대한 소득세 과세 방법

제19조 세법 제16조에 의하여 소득세를 부과하는 제급여보수등(이하 문예소득이라고 략칭한다)은 다음과 같다

1. 원고료 번역료 창작료 편찬료 수정료 출판권리금
2. 연금 무용 음악 영화등 부문에서 받는 로력보수
3. 미술 조각 도안등 부문에서 받는 로력보수
4. 방송료 강연료 강의료
5. 발명 기술개선 조직개량 등에 대한 보수
6. 속기료 심사료 감정료등

제20조 전조의 문예소득에 대한 소득세 징수에 있어서는 본세칙 제17 조를 이에 적용한다

제4장 기업가 상인 자영업자 및 기타 공민의 소득에 대한 과세 방법

제21조「사업등록에 관한」 규정(1948년11월12일 내각결정제67호)제1조에 해당하는 사업(개업 의사 및 조산부를 제외한다)을 경영하는 공민 기업체 개인 법인 합작사들의 근로소득및문예소득을 제외한 일체 소득(이하 사업소득이라고 략칭한다)은 이를 종합하여 세법제18조에 의한 소득세를 부과한다

2인 이상이 공동으로 경영하는 사업에 대하여는 그사업체 단위로 소득세를 부과한다

제22조 세법제19조의 필요 경비는 수매 상품의 원가 제조품의원료대 종업원의 제급여 사회보험료의 고용주부담금 화재보험료 토지 가옥등의 임대료 기계 기구등의 사용료 및 손모상각비 수선료사업에 관한 제공과금(소득세를 제외한다 사업상 부채의 리자 등 기타 수입을 얻는데 필요한 것들에 한한다)가 사실상비용 및 이와 관련되는것은 필요경비 산입하지않는다

제23조 영리를 목적으로하지않는한 납세무자의 소유 부동산 동산 매각수입은 이를 소득에 산입하지않는다

제24조 납세의무자가 수개 시 군에 사업소를 가지고 있는 경우에는 그 주되는 사업소에서 소득을 종합하여 소득세를 부과한다

제25조 사업소득에 대한 소득세는 매사가독서 분기마다 다음의 소득실적에 의하여 그4분기초에 이를 부과하고 납기일 10일전으로 제3호 양식에의한 고지서를 납세의무자에게 발부하여야한다

1. 제1 · 4분기-전년9월 내지 11월간의 실적
2. 제2 · 4분기-전년12월 내지 그해2월간의 실적
3. 제3 · 4분기-그해2월 내지 5월간의 실적
4. 제4 · 4분기-그해6월 내지 8월간의 실적

제26조 수산업 및 기타계절적사업에 소득에 대하여는 각도(평양시)재정기관이 그 지방 실정에 적합한 부과 징수 방법을 특정할 수 있다

전항의 경우에는 사전에 재정성의 승인을 받아야 한다

제27조 신규개업자의 대하여는 개업월부터 그 소득액을 예상하여 소득_를 부과한다

제28조 공민 또는 기업체(개인법인을 포함한다이하도이와같다)가 사업을 폐지한경우에는 폐업한달분까지의 소득에대한소득세를 징수한다

제29조 납세의의무자는 제4호양식에 의하여 매4분기소득 실적보고서를 각각다음 기일내에 소관 시군 구역 재정기관에 제출하여야 한다

1. 제1 · 4분기분(전년9월내지11월간의 실적)은 전년12월 10일까지
2. 제2 · 4분기분(전년12월내지 그해 2월간의 실적)은 그해 3월10일까지
3. 제3 · 4분기분(그해3월내지 5월간의 실적)은 그해 6월10일까지
4. 제4 · 4분기분(그해6월내지 8월간의 실적)은 그해 9월10일까지

신규사업자는 제5호양식에 의한 소득액보고서를 등록신청과 동시에 제출하여야한다

제30조 전조의 소득실적보고서 또는 소득액보고서의 내용이 부정확하거나 또는 기일내에 제출하지않은 경우에는 소관 시 군 구역과 재정기관이 조사한 자료에 의하여 소득세를 부과한다

제31조 상속개시 또는 법인(법인이 아닌 개인기업체의 합병이 있을경우에 피상속인 또는 합병으로 인하여 소멸한 기업체가 경영하든사업은 이를 상속인 또는 합병후 존속하는 기업체가 경영하는사업으로 인정하고 소득세를 부과징수한다

상속인이 없거나 또는 분명치않을 경우에는 그 유산관리인을 상속인으로 인정한다

제32조 사업을 계승한 경우에는 그 사업에 대한 소득세는 계승자가 이를 납부하여야 한다

기업체가 해산한 경우에는 그 사업에 부과된 소득세는 청산인이 납부하여야한다

제33조 시 군 구역 재정기관은 징세상필요한 경우에는 소득세를 납기전에 징수하거나 또는 납세보증인의 설정을 요구할 수 있다

납세보증인은 소득세 납부에있어서 납세의무자와 련대하여 그 책임을 진다

제34조 납세의무자의 자산이 재판에 의하여 공매되거나 또는 기업체가 해산한 경우에는 그에 부과된 소득세는 그 재산중에서 모든 채권에 우선하여 징수한다

제35조 납세의무자가 제해 기타 불가피한 사정으로 인하여 소득이 현저하게 감소된 경우에는 그 신청에 의하여 소관 시군 구역 재정기관은 소득세를 경감 또는 면제할 수 있다

전항의 경우에는 소득세 면제는 재정성 소득세 경감은 소관 도재정기관의 승인을 각각 받아야한다

제36조 납세의무자가 사업소소재지 시군 구역에 거주하지 않을 때는 사업소 소재지를 납세지로하고 납세관리인을 설정하여 소관 시 면 구역 재정기관에 보고하여야한다

납세관리인은 납세의무자를 대리하여 납세에 관한 사무를 처리하여야한다

제37조 세법 제22조 제1항의 그 전년도라고함은 력년[曆年]을 말한다

제38조 세법 제24조의 각종 이동보고서는 사업등록에 관한 규정에의한 이동보고서로써 이를 대응할 수 있다

제39조 국가기관 협동단체들이 개인경제주체가 다음과 같은거래를 하였을때에는 그 매월분 거래상황을 다음달5일까지 제6호양식에 의하여 해당 시 군 구역 재정기관에 통보하여야 한다

1. 수매 또는 판매한때는 그 내용
2. 공사를 청부 주었을때에는 그 내용
3. 영업을 목적으로하는 화물 또는 소포우편물에 발송 및도착 내용
4. 기타 개인경제주체와의 거래 내용

제40조 각시군 구역 재정기관은 타시군 구역에 해당하는 과세라료를 알았을때에는 이를 호상간에 즉시로 통보하여야한다

제41조 전 각조에 해당하지않는 기타소득(이하 자유소득이라고 약칭한다)에 대하여는 이를 종합하여 세법 제18조에 의한 소득세를 부과하되 본 세칙 제22조 제23조 제25조 내지 제31조 제34조 내지 제 37조를 준용한다

제42조 자유소득중 세법 제26조에 의하여 소득을 15% 경감하는 자유로력자의 범위는 다음과 같다

1. 개업의사(한의 치과의 수련의 등을 포함한다)조산부
2. 측량가 설계제도가
3. 수렵업자
4. 석공 목공 도공 기타 각종 일공 자유로동자

산출례

1. 한 4분기중 소득액이 1,600원인데 1,500원을 초과하는 금액 100원

$$100\text{원} \times \frac{12}{100}\ (\text{세률}) + 150\text{원} = 162\text{원}$$

$$162원 \times \quad 1-\frac{15}{100} \quad 137원70전 \text{ (세액)}$$

2. 한4분기중 소득액이 3,400원인때
   3,000원을 초과하는 금액 400원

$$400원 \times \frac{20}{100} \text{ (세률)}+370원=450원$$

$$450원 \times \quad 1-\frac{15}{100} \quad 382원50전 \text{ (세액)}$$

제43조 국가기관 협동단체 정당 및 사회단체에서는 일공로동자를 사용하여 시공사업을하고 그공사비 임근 료금 보수 수수료등을 지불할때에는 이에 대하여 그 지불금액을 과세표준으로하고 소득세를 부가한다
전항의 소득세는 면세점을 적용하지않는다
(산출례)

1. 지불금액이 300원인 때

$$300원 \times \frac{10}{100} \text{ (세률)}=30원$$

$$30원 \times \quad 1-\frac{15}{100} \quad 25원50전 \text{ (세액)}$$

2. 지불금액이 2.700원 인 때
   2,000원을 초과하는 금액 700원

$$700원 \times \frac{16}{100} \text{ (세률)}+210원=322원$$

$$322원 \times \quad 1-\frac{15}{100} \quad 273원70전 \text{ (세액)}$$

제44조 전조에 의하여 징수한 소득세액은 본세칙 제41조에 의하여 부과 징수할 매4분기 소득세중에서 이를 공제한다

전항의 공제를 받으려고하는자는 매4분기 소득실적보고서에 증빙서류를 첨부하여 소관 시 군 구역 재정기관에 신청하여야한다

제45조 외국에 거주하는자로 조선내에서 다음의 배당소득이 있을때에는그 소득에 대하여 세법제18조에 세률에의하여 소득세를 부과한다

1. 법인 또는 사업단체로부터 받는 리익배당 리식분배 잉여금분배 주식배당 등의 소득
2. 법인 또는 사업단체의 감자등으로 인하여 지불받는 금액 또는 퇴사혹은 출자의 반환등으로 인하여 지불받는 금액이 그 주식 또는 출자금액을 초과하는 경우 그 초과금액
3. 법인 또는 사업단체의 해산 등으로 인하여 지불받는 잔여재산분배액이 주식 또는 출자금액을 초과하는 경우에는 그 초과금액
4. 법인 또는 사업단체가 합병한 때에 합병전에 소유하든 주식 또는 출자금액 보다 합병후에 취득한 주식 또는 출자금액이 초과하는 경우에는 그 초과금액 전항의 소득세에는 세법 제2조 제3호의 면세점을 적용하지 않는다

제46조 본세칙 제43조 및 제45조의 소득세는 그금액 지불자가 그 금액을 지불할때에 계산 공제하여 지불일로부터 5일이내에 본세칙 제17조 에 준하여 납부하여야한다

제47조 국내 거주하는자로서 본세칙 제15조에 해당하는 배당소득이 있을때에는 이를 그 이외의 소득과 합산하여 소득세를 부과한다

제48조 법인 또는 사업단체가 본세칙 제45조 각호중 그 어느 하나에 해당하는 사실을 결정할 때에는 5일이내에 다음에 의하여 소관 시군 구역 재정기관에 보고하여야한다

1. 외국에 거주하는자에 대하여는 배당소득납부계산서(제7호 양식에 의할것)
2. 국내에 거주하는자에 대하여는 배당금 지불조서(제8호 양식에 의할것)

제5장 재정기관의 권한

제49조 세법 제28조 내지 제30조의 과태료를 과할때에는 제9호양식의 통고서를 발부하여 7일이내에 이를 징수하여야한다

제50조 세법 제33조 제2호에 의하여 체납자의 재산을 차압할때에는 이를 매각하여 차압비용 체납세금과태료 연체료의 순서로 이에 충당하고 잔액이 있을때에는 이를 본인에게 환부한다

부칙

제51조 본세칙은 1949년10월1일부터 이를 실시한다 본세칙 제29조 제4호의 1949년 4·4분기소득 실적보고서는 1949년9월10일까지 일을제출하여야한다

제52조 1949년 9월 이전에 납세의무가 발생된 각종소득을 1949년 10월 이후에 발견하였을 때에는 종전 소득세법에 의하여 이를 부과 징수한다 그러나 전항의 경우에 있어서도 세법 제22조의 규정을 적용한다

제53조 1949년 9월분까지에 지불 확정된 제급여금에 대하여는 그 지불이 1949년 10월 이후라도 종전 소득세법에의하여 근로소득세를 부과 징수한다 급여 지불 일자 관계로 9월에 속하는 분과 10월에 속하는 분을 합하여 10월이후에 지불할때에는 세법을 적용한다

제54조 종전 소득세법에 의하여 부과된 1949년도 자유소득세는 1949년 9월분까지 이를 징수한다

제55조 시공사업에 대하여 1949년 8월까지 원천 징수한 자유소득세로서 9월분까지의 소득세에서 공제하지못한것은 납세의무자의 신청에 의하여 1949년 제4·4분기 소득세에서 이를 공제한다

조선민주주의인민공화국 내각
재정상 최창익
1949년 9월 7일
평양시

양식 제1호

근로소득에대한소득세납부서

령 수 증

제호	납부인 주소성명							
년도								
월분	소관 기관	시구역면인민위원회						
국세								
	년 월 일령수 시 구역면							

령 수 제 통 지 서

제호	납부인 주소성명							
년도								
월분	소관 기관	시구역면인민위원회						
국세								
	년 월 일 령 수 구면							

납 부 서

제호	납부인 주소성명							
년도								
월분	소관 기관	시구역면인민위원회						
국세								

비고 문예소득 시공소득 및외국거주자배당소득에대한소득세는본납부서로대용한다

양식 제2호

(월분)근로소득에
대한소득세계산서

소득구분	인원	지급총액	세액	비고
원 원 501-900				
901-1.500				
1.501-2.000				
2.001-3.000				
3.001-4.000				
4.001-5.000				
5.001-이상				
계				

비고 문예소득 시공소득 및 외국거주자배당 소득에대한소득세는 본납부서로대용한다

소득구분	세률
원 원	20원에500원을초과하는 금액의6%를가함
501-900	44원에900원을초과하는 금액의7%를가함
901-1.500	86원에1500원을초과하는 금액의8%를가함
1.501-2.000	126원에2.000원을초과하는 금액의9%를가함
2.001-3.000	216원에3.000원을초과하는 금액의 10를가함
3.001-4.000	216원에3.000원을초과하는 금액의10%를가함
4.001-5.000	316원에4.000원을초과하는 금액의12%를가함
5.001 이상	436원에5.000원을초과하는 금액의14%를가함

세액산출계산방법

상반월분 450원50전이고
하반월분 550원70전으로 2회이상지불할때450*501550.70=1.001.20(과세표준)900원을초과하는 금액101.20

그러므로101.20x $\frac{7}{100}$ (세률)+44 원=51.08전

내각지시제123호에의하여

(납부액 51원10전

양식 제3호

소득세액결정고지서 및 령수장

제 호	월별	월세액	령수년월 일인	연체료	개인	제 호	
소득세액						시 면 유 지 세 인 민 학 교 세	
원	월	원	년 월 일	원		기분	
						월	
기 세 액						납기	월 일
원	월	원	년 월 일	원		령수년 월 일	년 월 일
납기			년			연체료	원
매월 일	월	원	월 일	원		계 인	

입 금 증

번호	제 호
성명	
소득세	월 분
	원
연체료	일 분
	원
령수	년 월 일
계인	

입 금 증

번호	제 호
성명	
소득세	월 분
	원
연체료	일 분
	원
령수	년 월 일
계인	

입 금 증

번호	제 호
성명	
소득세	월 분
	원
연체료	일 분
	원
령수	년 월 일
계인	

입 금 증

번호	제 호
성명	
소득세	월 분
	원
연체료	일 분
	원
령수	년 월 일
계인	

양식 제4호

시군구역재정과장 앞

소 득 실 적 보 고 서

년 기분 년 월 일제출

현주소				
본적지				
사업장소				
상호또는 명 칭	(전화번호)		성명	인
소 득 금 액 의 내 역				
소득의종류	수입또는판매금액	필요경비	소득액	비 고
재정기관에 대한 요망사항				

비고 1. 필요경비란에는 수매상품의 원가 제품원료대 종업원의급여 사회보험료고용주부담 화재보험료 토지가옥등의 손모상각비 사업상부채리자 사업상의 제공과금(소득세제외)를 합산하여기입한다

2. 가사상비용은 필요경비로인정하지않는다

3. 보고서는 제1·4분기는 12월10일 제2·4분기는3월10일제3·4분기는6월10일제4·4분기는9월10일까지 각각기일을엄수하여제출하여야한다

양식 제5호

시군구역인민위원회
재 정 과 장 앞

소 득 액 보 고 서

년 기분 년 월 일제출

현주소				
본적지				
사업장소				
상호또는 명 칭	(전화번호)		성명	인

소 득 액 예 정 내 역

소득의종류	수입또는판매금액	필요경비	소득액	비 고

비고 1. 필요경비란에는 수매상품의 원가 제품원료대 종업원의급여 사회보험료고용주부담 화재보험료 토지가옥등의임대료 손모상각비 사업상부채리자 사업상의제공과금(소득세제외)를합산하여기입한다

2. 가사상비용은 필요경비로 인정하지않는다

양식 제6호

과세자료통보서

<u>시군구역인민위원회재정과장 앞</u>

<u>과세자료통보</u>

<u>자료건수 매</u>

본건별지와같이통보함
년 월 일
기과명 인

수매판매청부거래통보서

<table>
<tr><td rowspan="2">거
래
한
자</td><td colspan="4">도 시 면 리 번지
군</td><td rowspan="7">기
관
명</td></tr>
<tr><td colspan="4">상호 성명
명칭</td></tr>
<tr><td>월
일</td><td>수매판매
청부구분</td><td>품명</td><td>수량</td><td>금액</td></tr>
<tr><td></td><td></td><td></td><td></td><td></td></tr>
<tr><td></td><td></td><td></td><td></td><td></td></tr>
<tr><td></td><td></td><td></td><td></td><td></td></tr>
<tr><td></td><td></td><td></td><td></td><td></td></tr>
</table>

비고 개인경제주체에대한수매판매청부거래사항을본양식에의하여해당시군재정기관에통보할것

양식 제7호

시군구역인민위원회
재정과장 앞

<u>외국거주자배당소득계산서</u>

월 일	주식수	배당금액	세액	지불받는자 주소 성명	비고

회사명
년 월 일 대표자성명 인

양식 제8호

시군구역인민위원회
재정과장 앞

국내거주자배당소득지불조서

월 일	주식수	배당금액	지불월일	지불받는자 주소 성명	비고

년 월 일 회사명
대표자성명 인

양식 제9호

과 태 료 통 고 서

주소
기관명
책임자성명
기업소명칭
사업종류
사업장소
개업년월일

소득세개정에관한정령 제 조에위반하였으므로 제 조에 해당하는
과태료 원을 년 월 일까지 시 군구역인민위원회
재정과에납부할것을 통고함
(만일기한내에리행하지않는 때에는검찰기관에고발한다)
년 월 일
시 군 구역인민위원회 재정과장 인

상기통고를확인하고 과태료를 납부함
년 월 일
인
납부자 성명

―≪ ≫―

1949년 9월 20일 [일부]

조선민주주의인민공화국 내각결정제137호 별지[84)]

조선민주주의인민공화국의 예산권한에 관한 규정

제1장 총칙

제4조 독립채산제를실시하는 각 국가경제기관 및 독립회계를 가진 각국가기관은 각기 수입 지출 예산에 의하여 그 재정을 운영하되 거래세 리익공제금등을 국가예산에 납부하거나 또는 고정기금 류동기금 사업비 보조비등을 국가예산으로부터 교부또는 보급받음으로써 국가예산에 긴밀히 결부되며 그의 조정을 받는다. (...)

제2장 국가예산의 세입 세출

제6조 중앙예산에 속하는세입종목은 다음과같다

1. 국세
   소득세 상속세 농업현물세 관세 거래세 인지수입
2. 중앙정부가 직활하는 각경제기관이 납부하는 리익공제수입
3. 가격차금수입
4. 벌금 몰수금품수입
5. 내각에서 지정하는 국유재산수입
6. 중앙예산에 속하는 각기관에서 징수하는 세외수입

제7조 지방예산에 속하는 자체재원으로 부터의 세입종목은 다음과같다

1. 지방세
   가옥세 차량세 부동산취득세 인민학교유지세 시면유지세 대지세 시장세 도축세
2. 각급인민위원회가 직활하는 각경제기관이 납부하는 리익공제금수입
3. 내각에서 지정하는 국유재산수입
4. 지방예산에 속하는 각기관에서 징수하는 세외수입

84) 『재정금융』 1949년 10월 제2호, 416-422쪽.

제5장 예산집행 및 결산

제42조 재정성은 그 예산을 경리하기위하여 중앙은행에 중앙예산구좌를 설치하며 각급인민위원회는 각 그 예산을 경리하기위하여 그 소재지 중앙은행에 지방예산구좌(도예산구좌 시예산구좌 구역예산구좌 군예산구좌 면예산구좌)를 설치한다

중앙은행이 없는경우에는 농민은행에 예산구좌를 설치한다

제43조 예산 집행에의한 일체수입은 이를 각 그 소관 예산구좌에 불입하며 일체지출은 각그 예산구좌를 통하여 집행한다

제44조 예산 집행에대한 경리조직및 그 절차는 재정상이 이를규정한다 (...)

≪ ≫

<u>1949년 12월 5일</u>

내각결정 제178호[85)]

농업현물세 수매량곡 및 기타의 경리에 관한 규정

제1조 내각 량정국은 농업 현물세 수매량곡 및 기타를 관리운영하며 그 경리는 재정성이 정한바에 의하여 이를 실행한다

제2조 량정기관은 다음의 수입을 수납하며 해당 세입 □□하에 의하여 전액을 국고에 납부하여야 하며 이를 따로히 보유하거나 직접 사용 하지 못한다

1. 농업 현물세 량곡 저류[藷類] 소채[蔬菜] 과실 및 특용작물 세곡을 도정가공한 제품 및 그 부산물의 판매대금
2. 농업 현물세 이□□ □□ 도정 가공한 제품 및 그 부산물 포함)및 □□□ 판매대금
3. 농업 현물세 관리 운영에 부대되는 포장 자재 매각수입 및 제 잡수입

제3조 전조의 판매대금 결제 및 국고 납부 방법은 다음과 같다

1. 량정 기관이 국영상업 소비조합 및 기타 기관에 대하여 량곡 저류 소채 과실 및 특용 작물을 □□ 할때에는 현물 출고 지도서에 대한 인수□에 의하여 그 인수기관 거래 은행에 국고 납부서(계산서 첨부)를 발행하여 그

85) 재정성기관지편집부 엮음(1950), 『재정법규집』, 445-446쪽.

대금을 국고에 납부케 한다

2. 량정 기관이 전항 이외의 물품을 판매할 때에는 □납 또는 수매에 의하여 매입 □□를 하여야 하며 이를 □□□□ 국고에 납부하여야 한다

제4조 제3조 제1호 국고 납부서에 의한 대금 납부 기한은 납부서 발행일로부터 5일 이내로 하며 그 기일이 경과할 때는 1일 1%의 연체료를 □□ 하여야 한다

제5조 중앙은행 및 농민은행은 제4조 제1호 국고 납부서에 의하여 대□ □□를 □□하는 □를 해당 □□ 과목에 한하야 국고에 환치 정리하고 그 결과를 량정기관 및 □□□에 통지 하여야 한다

제6조 중앙은행은 제3조 제1호에 의한 량곡 저류 소채 과실 특용작물의 대금정책 및 그 결제에 소요되는 자금 대부를 우선적으로 취급 하여야 한다

제7조 제2조 내지 제5조에 의한 국고 납부금의 □□□은 다음과 같다

1. 시 군 량정기관이 납부하는 세입금은 시 군 재정부
2. 도 평양시 량정부가 납부하는 세입금은 도 평양시 재정부
3. 내각 량정국이 납부하는 세입금은 재정성

제8조 내각 량정 국장은 매월 국고 납부 금액을 통합 정리 하여 다음달 20일까지 재정성에 제출하여야 한다

제9조 내각 량정 국장은 매년도 수확 추산에 의한 농업 현물세 세입 예산서를 작성하여 그 전년 11월 말일까지 재정성에 제출하여야 한다

제10조 내각 량정국장은 농업 현물세 □□□□ 및 기타 관리운영에 대한 다음의 사업비를 국구에서 교부 받는다

1. 농업 현물세 징수 대리
2. 농업 현물세의 징수로부터 판매에 이르기까지의 운반 및 보관비
3. 량곡 도정 가공 임금
4. 량곡 판매제비
5. 농업 현물세 관리 운영에 필요한 기본 □□□
6. 수매 량곡 □□ □□□□ 및 에에 □□ 제경리

제11조 재정상은 □□□ 의한 사업비 □□들을 매 4분기별 재정계획에 의하여 내각 량정 국장에게 교부하여야 한다

제12조 사업비 □□ □에 의하여 각급 량정 기관에 시좌예금[時座預金] 구좌를 설치하고 □□□ □□ □□는 □□ 한다

1. 중앙은 내각 량정 국장 및 경리 부장
2. 도 평양시는 량정부장 및 경리과장

3. 시 군은 량정과장 및 경리책임자

제13조 내각 량정 국장은 농업 현물세 수매량곡 및 기타의 정산을 □□□□ □□□□에 의하여 매 분기 별로 작성하여 다음을 내각 재정성에 재출하여야 한다

제14조 본 규정은 1950년 1월 1일부터 이를 실시한다

1949년 12월 29일 [인용]

미상[86)]

공용시설 사용료에 관한 규정

다음에 공용시설 사용료에 관한 규정은 지방세법중에서 시장세와 도축세를 폐지한데 따르는 과세대상을 시장사용료와 도살장 사용료에 적당히 조절한 점과 공설시장 사용료에 균형상 모순이 있던점을 시정하여 등급과 시설정도에 따라 각각 적당한 사용료의 기준을 제정한 것이다. (...)

1949년 12월 29일

조선민주주의 인민공화국 내각결정 제204호[87)]

(국가 경제기관의 리익공제금 국고납부에 관한 규정)승인에 관한 결정서

조선민주주의 인민공화국 내각은 별지(국가 경제기관의 리익공제금 국고 납부에 관한규정)을 승인한다

조선민주주의 인민공화국 내각
수상 김일성

86) 윤형식(1950), 「거래세 및 지방세 개정에 대하여」, 9-14쪽.
87) 재정성기관지편집부 엮음(1950), 『재정법규집』, 198쪽.

재정상 최창익
1949년 12월 29일
평양시

≪ ≫

<u>1949년 12월 29일</u>

조선민주주의 인민공화국 내각결정 제204호 별지[88)]

국가 경제기관의 리익 공제금 납부에 관한 규정

제1조 국가 경제기관은 본 규정에 의하여 그 리익 공제금을 국고에 납부하여야 한다.

제2조 국가 경제기관의 계획 리윤은 다음의 비률에 의한다

1. 국영농장 국정 계획 원가의 25%
2. 국영기업소
   (1) 생산업 국정 계획 원가의 10%
   (2) 수리가공업 수입금액의 10%
   (3) 전기 와사 업 수입금액의 10%
   (4) 운수업 및 이에부대하는 사입 수입금액의 10%
3. 수도 사업소 수입 금액의 5%
4. 국영 상업기관 상품수매 원가의 5%
   다만 량곡 및 저류[藷類]는 수매원가의 3%
   전매품은 수매 원가의 1%로하며 로동자 사무원용 배급품에는 계획리윤을 계상하지 않는다
5. 국가 수매기관 사품 수매원가의 5%
   다만 량곡 및 저류는 수매 원가의 10%로 하며 고공품[藁工品] 및 원피류는 수매원가의 3%로 한다
   전 각호 이외의 사업(극장 사업을 제외함) 수입금액의 5%

제3조 국가 경제 기관은 다음의 비률에 의하여 그 리익금을 공제하여 국고에 납부하여야 한다

88) 같은 책, 198-200쪽.

1. 계획 리윤의 90%
다만 산업성 산하 국영 기업소 및 로동성 산하 운수 사업에 있어서는 80%로 한다

2. 초과 리윤의 50%
3. 국가 은행에 대하여는 그 결산 리익금의 50%
4. 국가 상업기관의 소정 부과비 초과로 인한 잉여금의 100%
5. 전 각호 이외의 부산물 수입 잡수입 기타 부대 수입등으로 인한 잉여금의 90%

제4조 국가 전매기관 및 국가 무역기관은 재정성에서 정하는 별도 규정에 의하여 그 리익금 전액을 국고에 납부하여야 한다

제5조 제3조 제1호의 계획 리윤에 대한 리익 공제금은 국가 경제 기관의 매 월별 판매 계획료금 수납계획에 의하여 그달 25일까지 이를 납부하여야 한다
전항에 의하여 납부한 리익 공제금이 그달 실적에 의하여 납부할 금액 보다 적을 때에는 그 차액은 다음 달에 이를 납부하여야 한다

제1항에 의하여 초과 납부된 금액은 그다음 달에 납부할 리익 공제금에서 이를 조절한다

제6조 제3조 제2조의 초과 리윤에 대한 리익 공제금은 매분기 마다 그 결산이 끝난후 2개월 이내에 이를 납부하여야 한다

제7조 국가 은행은 년도 결산이 끝난후 28일 이내에 그 리익 공제금을 납부하여야 한다

제8조 제3조 제4호 및 제5호에 의한 리익 공제금은 매분기 마다 그 결산이 끝난후 25일이내에 이를 납부하여야 한다

제9조 국가 경제기관의 리익 공제금은 그 거래 은행에 납부 할때에는 리익 공제금 납부 계산서를 납부서에 첨부하여야 한다
거래 은행은 소정 기일내에 리익 공제금을 납부하지 않는 국가 경제기관에 대하여는 이를 그 예금에서 환치 납부하여야 한다

제10조 제6조내지 제8조에 정한 기일내에 리익 공제금을 납부 하지 않은 때에는 그 미납액에 대하여 매일1%의 연체료를 징수한다

제11조 본 결정은 1950년 1월 1일부터 이를 실시한다

제12조 본 결정 실시와 동시에 「국영 생산기관 국영 상업기관 국영 운수기관 및 소비조합들의 거래세 리익금 및 기타 국고 납부금 확보에 관한 결정서」(1948년 5월 4일 북조선 인민위원회 법령 제37호)는 이를 폐지한다

≪ ≫

1949년 12월 29일

최고인민회의 상임위원회 정령[89)]

가옥세 개정에 관하여

제1조 가옥을 소유하는 자는 본 정령에 의하여 가옥세를 납부하여야 한다

제2조 다음 각항에 해당하는 가옥에는 가옥세를 부과하지않는다

1. 국유건물
2. 농민의 주택
3. 외국공관 및 그 사택
4. 국보 사적 또는 명승으로 지정된 가옥
5. 림시적으로 사용하기 위하여 건축한 가옥

제3조 가옥세는 다음의 세률표에 의하여 이를 부과한다

가옥세률표 (단위 평당)

대지의 공급		갑 종			을 종			병 종		
		제1류	제2류	제3류	제1류	제2류	제3류	제1류	제2류	제3류
1	19평 이상	원 전	원 전	원 전	원 전	원 전	원 전	원 전	원 전	원 전
	110	160.00	70.00	60.00	70.00	49.00	43.00	50.00	35.00	38.00
2	97-98	60.90	63.70	54.60	68.70	44.60	38.20	45.80	31.50	27.30
3	96	81.80	57.30	49.10	37.30	40.10	34.40	40.90	28.70	24.60
4	94-95	72.70	50.00	43.70	50.20	35.70	30.60	36.40	25.50	21.90
5	92-93	83.60	44.60	38.20	44.60	31.20	26.88	31.80	22.30	19.10
6	90-91	54.50	38.20	32.70	33.20	26.80	22.90	27.30	19.10	16.40
7	87-89	45.40	31.x0	27.30	31.80	22.30	19.10	22.70	15.90	13.70
8	83-85	38.00	26.x0	22.80	26.60	18.70	16.00	19.00	13.30	11.40
9	78-82	32.30	22.70	19.40	22.70	15.90	13.x0	16.20	11.40	9.70
10	72-77	26.60	18.70	16.00	18.70	13.10	11.20	13.30	9.40	8.60
11	66-71	20.90	14.70	12.00	14.70	10.30	8.80	10.50	7.40	6.30
12	62-65	17.30	12.20	10.40	12.20	8.50	7.20	8.70	6.10	5.20

89) 재정성기관지편집부 엮음(1950), 『재정법규집』, 218-222쪽.

13	60-61	15.50	10.90	9.30	10.90	7.60	6.60	7.80	5.50	4.70
14	57-59	13.70	9.60	8.30	9.□0	6.80	5.60	6.50	4.80	4.20
15	55-56	12.70	8.90	7.70	8.90	6.30	5.40	6.40	4.50	3.90
16	52-54	11.70	8.20	7.10	8.20	5.80	5.00	5.90	4.10	3.60
17	47-51	10.70	7.50	6.50	7.50	5.30	4.50	5.40	3.60	3.30
18	42-46	9.70	6.80	5.90	6.80	4.80	4.10	4.90	3.40	3.00
19	36-41	9.30	6.60	5.60	6.60	4.60	4.00	4.70	3.30	2.90
20	32-35	8.90	6.30	5.40	6.30	4.40	3.80	4.50	3.20	2.80
21	29-31	8.70	6.10	5.30	6.10	4.30	3.70	4.40	3.10	2.70
22	25-28	8.50	6.08	5.10	6.00	4.20	3.60	4.30	3.00	2.60
23	1-24	8.30	5.90	5.00	5.90	4.10	3.50	4.20	2.90	2.50

비고 1. 대지의 등급은 대지세 개정에 관한 정령에 규정한 임대 가격 등급에 의한다

2. 가옥의 구조는 다음의 종류에 의하여 이를 구분한다

(1) 갑 종

석조 연와조 철근 콩크리트조 및 이에 류사한 건물

(2) 을 종

목조와가 목조아연판가 및 이에 유사한 건물

(3) 병 종

초가 및 이에 류사한 건물

3. 가옥의 용도는 다음의 류별[類別]에 의하여 이를 구분한다

(1) 제1류

사무소 영업소 병원 공장 또는 영업용 사용하는 가옥 및 이에 류사한 용도를 가진 건물

(2) 제2류

주택으로 사용하는 가옥

(3) 제3류

제1류 및 제2류에 속하지 않는 가옥

4. 가옥의 구조 또는 용도의 구분이 뚜렷하지 않을 때에는 소관 시 군 구역 재정기관이 이를 사정한다

5. 1동의 가옥이 수종의 구조 또는 수개의 용도를 가진 가옥은 그 주되는 구조 또는 용도에 의한다

제4조 가옥세는 납기개시일 현재의 가옥 소유자로부터 이를 징수한다

제5조 가옥세는 년세액을 상반년 하반년으로 2등분하여 다음의 납기에 이를 징수한다

1. 상반년분 3월 1일부터 3월 25일까지

2. 하반년분 9월 1일부터 9월 25일까지

한 시 면 구역내에서 동일인이 납부할 가옥세의 합계액이 400원 이하인 해에는 상반년 납기에 이를 일시에 징수할 수 있다. 가옥세액이 10원 미만인 때

에는 이를 징수하지 않는다
제6조 비과세 가옥이 과세가옥으로 된때 또는 과세가옥을 신축한 때에는 그다음에 오는 납기부터 가옥세를 부과한다
가옥의 증축 개축등으로 인하여 세액이 증가된 때에도 그 증가액에 대하여는 전항에 준한다
제7조 과세가옥이 비과세가옥으로 된때 또는 가옥이 멸실 등 기타 사용하지 못하게 된 때에는 그 사유의 보고가 있은 다음에 개시되는 납기일부터 가옥세를 부과하지 않는다
제8조 가옥을 취득한자 또는 가옥을 신축 증축 개축한 자는 그 취득 또는 공사를 준공한 때로부터 10일 이내에 가옥소재지 시 면 구역 재정 기관에 다음의 사항을 보고하여야 한다
1. 가옥의 소재지
2. 대지의 면적
3. 가옥의 건평 중류 구조 및 용도
4. 전 소유자의 주소 성명
5. 취득 연월일 및 그 원인
제9조 가옥소유자는 다음 각항에 해당하는 사유가 발생할 경우에는 그 발생일로부터 10일 이내에 소관 시 면 구역 재정기관에 이를 보고하여야 한다
1. 과세가옥이 비과세 가옥으로 된때 또는 비과세가옥이 과세 가옥으로 된때
2. 가옥이 멸실 파괴등 기타 사용하지 못하게 된때
3. 가옥의 건평 구조 또는 용도의 이동이 있을 때
제10조 가옥세의 납세의무자가 가옥 소재지 시 면 구역 내에 거주하지 않을 때에는 가옥세에 관한 사항을 처리하기 위하여 납세관리인을 설정하여야 한다
납세 관리인을 설정하거나 또는 변경할 때에는 10일 이내에 소관 시 면 구역 재정 기관의 일을 보고하여야 한다
제11조 납세의무자가 제8조 및 제9조의 보고를 소정 기일내데 제출하지 않을 때에는 500원 이하의 벌금을 과한다
제12조 납세의무자가 소정한 기일내에 가옥세 또는 벌금을 납부하지 않을 때에는 납기일 경과 후 미납액에 대하여 매일 1%의 연체료를 징수한다
제13조 본 정령 위반에 대한 벌금의 부과 징수 및 체납자에 대한 소송제기는 속한 시 군 구역 재정 기관이 이를 집행한다
제14조 본 정령은 1950년 1월 1일부터 이를 실시한다

제15조 본 정령 실시와 동시에 「가옥세법」(1947년 2월 27일 북조선 인민위원회 법령 제7조)은 이를 폐지한다

조선민주주의 인민공화국 최고인민회의 상임위원회
위원장 김두봉
조선민주주의 인민공화국 최고인민회의 상임위원회
서기장 강량욱
1949년 12월 29일
평양시

≪ ≫

1949년 12월 29일

조선민주주의 인민공화국 최고인민회의 상임위원회 정령90)

거래세 개정에 관하여

제1장 총칙

제1조 조선민주주의 인민공화국 령토내에서 다음 각 항에 해당하는 거래를 하는 자는 본 정령에 의하여 거래세를 납부하여야 한다

1. 상품을 생산 또는 제조하여 판매하는 거래
2. 수매 기관의 수매품 판매거래
3. 기타 본 정량 제3조에서 지정한 비상품 거래

제2조 전조 제1항 및 제2항에 해당하는 거래에 대하여는 상품 거래세를 부과한다 상품 거래세는 이를 다음과 같이 분류한다

1. 광공림산물세
2. 수산물세
3. 주세
4. 수매세

제3조 다음 각 항에 해당하는 거래에 대하여는 비상품 거래세를 부과한다

90) 재정성기관지편집부 엮음(1950), 『재정법규집』, 200-217쪽.

1. 전기와사 사업
2. 운수사업
3. 기타 본 정령 제32조에서 지정한사업

제4조 비상품 거래세는 이를 다음과 같이 분류한다
1. 전기와사세
2. 운수거래세
3. 기타 사업거래세

제5조 다음 각 항의 판매가격 및 사업수입 중에는 거래세가 포함된 것으로 인정한다
1. 본 정령에 의하여 과세대상으로 되는 일체 상품의 생산자 판매가격
2. 본 정령에 의하여 과세대상으로 되는 수매품 판매가격
3. 본 정령에 의하여 과세대상으로 되는 비상품 사업수입

제2장 광공림산물세

제6조 광공림산물세를 부과할 물품의 종목 및 그 세률은 다음과같다

※ *마이크로필름 화질 문제로 세율표 생략함*

제7조 광공림산물세의 납세 의무자는 과세 물품을 생산 또는 제조하여 판매 하는자로 한다

제8조 광공 림산물세는 생산자 또는 제조자가 판매하는 그 물품의 판매가격을 과세 표준으로 한다

수요자가 제공하는 재료 또는 원료로 가공료만 받고 과세 물품을 제조하여 인도하는 경우에는 그 수입금액을 과세 표준으로 한다

제9조 다음 각항에 해당하는 경우에는 광공 림산물세를 부과하지 않는다
1. 종일재조장 또는 일관 작업한느 부문 제조장내에서 과세 물품의 생산원료로 사용되는 자가 생산제품의 생산과소비
2. 시작품으로서 견본으로 반출되는 물품
3. 신문 및 공보

제10조 재정성은 광공림산물세 단속상 필요 하다고 인정할 경우에는 물품의 종목을 지정하여 제조자로 하여금 납세증지를 첨부시킬 수 있다

제3장 수산물세

제11조 수산물세를 부과할 수산물의 품목 및 세률은

1. 어패류 ..... 생산자판매가격의 10%
2. 해초류 ..... 생산자 판매가격의 10%
3. 염장 또는 건조한 어패류 및 해초류 ..... 생산자 판매가격의 20%
4. 어비 ..... 생산자 판매 가격의 5%

제12조 다음 각항에 해당하는 경우에는 수산물세를 부과하지 않는다

1. 수산 업자가 염장 건조등 간단한 가공을 겸할 경우에 업장 건조용 원료로 자가소비하는 수산물
2. 전항 원료의 국영 수산 사업소 상호간 거래

제13조 수산물세의 납세의무자는 제11조의 수산물을 생산 또는 가공하여 판매하는 자로 한다

제14조 수산물세는 생산자 또는 가공하는자가 판매하는 그 물품의 판매가격을 과세 표준으로 한다

제4장 주세

제15조 주세를 부과하는 주정 주류 및 주조 원료와 그 세률은 다음과 같다

1. 양조주

   탁주 ..... 판매가격의 20%

   약주 ..... 판매가격의 25%

   맥주 ..... 판매가격의 10%

   기타양조주 ..... 판매가격의 30%

2. 주정 및 증류주 ..... 판매가격의 35% 및 주정 1개당(주류1석에함 유된 주정문 1도를 1개라칭함) 60원

   다만 공업용 주정에대한 주세는판매가격의 10%로 한다

3. 재제주[再製酒] ..... 판매가격의 35%
4. 주조원료

   곡자 ..... 판매가격의 20%

   종국[種麴] ..... 판매가격의 30%

   국 ..... 판매가격의 20%

제16조 주정 및 증류주를 다음 용도에 판매할 경우에는 이에 대하여 주정 1개

당 60원의 주세만을 부과한다

1. 재제주원료용
2. 증류주원료용

제17조 주정 및 증류주와 재제주를 일관작업으로 제조 판매하는 경우에는 주정1개당 60원 및 그 재제주 판매가격의 35%의 주세를 부과한다

제18조 주정 및 증류주를 재증류하여 증류주를 제조판매할 때에는 판매가격의 35%의 주세만을 부과한다

공업용 주정을 재증류하여 증류주 또는 재제주를 제조 판매할 때에는 새로운 주류를 제조한 것으로 인정하고 해당한 주세를 부과한다

제19조 다음의 경우에는 사전에 재정기관의 승인을 받아야 한다

1. 제16조의 경우에 있어서 주정 또는 증류주를 재제주 또는 증류주의 원료용도로 판매할 때
2. 제17조의 경우에 있어서 주정 또는 증류주와 재제주를 일관작업으로 제조하는 자가 그 증류주를 재제주 원료용으로 사용할 때
3. 제18조 제1항의 경우에 있어서 주정 또는 증류주를 원료로 사용하여 증류주를 제조하려 할 때

제20조 주세의 납세 의무자는 재정성에서 규정하는 바에 의하여 원료제품 생산기구 및 생산방법에 대하여 소관 재정기관의 사정 또는 검정을 받아야 한다

제5장 수매세

제21조 수매세를 부과할 물품의 종류 및 그 세률은 다음과 같다

1. 곡물 및 저류[藷類] ..... 수매자 판매가격의 1%
2. 섬유원료 ..... 수매자 판매가격의 1%
3. 고공품[藁工品] ..... 수매자 판매가격의 2%
4. 원피 ..... 수매자 판매가격의 1%
5. 기타 수매품 ..... 수매자 판매가격의 5%

제22조 수매세는 전조의 산물을 수매하여 판매하는 국가 수매 기관에 대하여 부과한다

국영 상업 기관 및 소비조합에서 제21조의 산물을 자체 수매하여 판매할 경우에도 수매세를 부과한다

제23조 다음 각항에 해당하는 수매품 판매에 대하여는 수매세를 부과하지 않

는다

1. 수매 기관 자체의 상호간 거래
2. 본 정령에 의하여 거래세가 부과된 물품을 수매 기관에서 수매하여 판매할 때

제24조 수매세는 수매자 판매가격을 과세 표준으로 한다

제6장 전기와사세

제25조 전기와사세의 세률은 전기와사 사업자가 전기 또는 와사를 공급함으로써 수납하는 료금의 5%로 한다

제26조 다음 각항에 해당하는 경우에는 전기와사세를 부과하지 않는다

1. 전기를 순전히 자가 소비용으로 발전하여 사용할 때
2. 발전소에서 발전 용으로 사용하는 자가소비

제27조 전기와사세의 납세의무는 전기와사 사업자가 전기 또는 와사를 공급하고 그 료금을 조정함으로부터 발생한다

제28조 전기와사세의 납세의무자는 전기 또는 와사 공급과 료금수납을 집행하는 독립채산 전기와사 사업자로 한다

제7장 운수거래세

제29조 운수 거래세의 세률은 국가 운수 사업 기관에서 려객과 물품의 운수 및 이에 부대되는 작업제공과 매상으로 수납하는 운임 및 기타 일체 료금의 3%로 한다

제30조 운수 거래세의 납세 의무는 운수사업자가 수납하는 운임 및 기타 료금을 조정 함으로부터 발생한다

제31조 운수 거래세의 납세 의무자는 독립채산 운수사업자로 한다

제8장 기타 사업거래세

제32조 기타 사업거래세를 부과할 사업종류 및 그 세률은 다음과 같다

1. 극장사업
   시소재지극장 ..... 수입 금액의 20%
   시 소재지 이외의 극장 ..... 수입 금액의 15%
2. 인쇄 및 제본업 ..... 수입 금액의 10%

3. 도장 표장 및 광고업 ..... 수입 금액의 10%
4. 사진 미용 유기장업 □□□ 대여 및 구락부업 ..... 수입 금액의 10%
5. 식당 및 기타 음식점 ..... 수입 금액의 5%
6. 려관 목욕 및 리발업 수입 금액의 5%
7. 수리 및 수선업 ..... 수입 금액의 5%
8. 전 각항이외의 사업으로서 본 정령에 의하여 거래세가 과세되지 않는 국가기관의 일절 비상품 사업 ..... 수입 금액의 5%

제33조 기타 사업거래세는 전조의 사업을 경영하는 국가 기관에 한하여 이를 부과한다

다만 전조 제1항의 사업에 대한 거래세는 일체 극장 경영자에게 이를 부과한다

제34조 기타 사업거래세는 제32조의 사업을 하는 자가 수입하는 수입금액을 과세 표준으로 한다

제9장 징수방법 및 납기

제35조 납세 의무자는 다음 각항에 의하여 거래세를 납부 하여야 한다

1. 수매세 기타 사업 거래세는 전월중 과세 거래 실적에 대하여 매월 30일까지 다만, 극장 사업에 대한 기타 사업 거래세는 배5일간 과세 거래실적에 대하여 그 다음날 중
2. 국가 기관이 납부하는 전1항 및 주세 이외의 거래세는 매월 상품판매 계획 또는 료금 수납 계획에 의하여 그 달 25일까지
3. 주세는 상반월(1일부터 15일까지) 과세 표준에 대하여 그 달 말일까지 하반월(16일부터 말일까지)과세 표준에 대하여 다음달 15일까지
4. 협동단체 및 개인이 납부하는 주세이외의 거래세는 전월분 과세거래 실적에 대하여 매월 15일까지

   재정 기관이 필요하다고 인정할 때에는 개인이 납부하는 수산물세는 수산물을 양륙할 때마 징수할 수 있다

제36조 전조 제 2항에 의하여 납부한 거래세가 그 납부 실적에 의하여 납부할 세액에 대하여 과부족이 있을 경우에는 그 차액은 다음달에 조절한다

제37조 납세 의무자가 사업을 폐지할 때에는 폐업한 날부터 5일이내에 폐업한 날까지의 거래세를 납부하여야 한다

제38조 과세누락 및 기타에 의하여 추가되는 거래세는 그 사실을 발견한 날부

터 5일 이내에 납부 하여야한다

제39조 재정 기관은 거래세 징수상 필요한 경우에는 납기전에 이를 징수 하거나 또는 납세 보증인과 □□을 요구 할수있다

제40조 국가 기관 및 협동단체 이외의 주세의 납세 의무자는 1년간 주세액의 10%이상에 해당하는 납세 담보물을 제공 하여야한다

그러나 □□한 납세 보증인을 세운 때에는 납세 담보물 제공을 면제할 수 있다

제41조 거래세 또는 제50조 제1항에 의한 연체료를 과납 또는 오납 하였을 경우에는 그후 징수할 세액에서 공제한다

제42조 거래세의 징수는 각 시 군 구역 재정 기관이 이를 집행한다

국가 기관이 납부하는 거래세에 한하여는 그 거래은행으로 하여금 징수를 대행시킬 수 있다

제10장 재정기관의 권한

제43조 재정기관 및 재정기관 직원은 다음의 권한을 가진다

1. 거래세 납세 의무자에 대한 장부서류의 검사
2. 과세상 필요한 조사 및 문헌의 제출요구
3. 원료 재료 제품 생산기구 및 생산공정의 조사 및 검정
4. 납세 의무자의 신고 기타가 과세상 부당하다고 인정될 때의 과세표준 확정
5. 체납 세금을 징수 하기 위한 소송제기

제11장 납세의무자의 의무 및 권리

제44조 납세 의무자는 본 정령 각 장에서 규정된 의무이외에 다음과 같은 의무를 가진다

1. 사업의 개시 변경 양도 상속 이동 및 폐지신고
2. 과세 거래 계획서 및 실적 보고서의 제출
3. 제35조에 의한 과세 표준신고
4. 재정기관에서 제정하는 장부의 정확한 기장 비치
5. 제정 기관에서 과세상 필요에 의하여 특히 지정하는 데에 과세 물품 및 이에 관계되는 물건 또는 문건의 보□

제45조 거래세 부과 또는 제47조 및 제48조에 의한 벌금 부과에 대한 이의 신청은 고지서를 받은 날로부터5일이내에 한하여 소관 시군구역 인민위원회

재정 과장에게 제출할 수 있다

이의 신청에 대한 결정이 부당하다고 인정할 때에는 10일이내에 그 상급 재정기관에 다시 신청할 수 있다

재정 기관이 이의 신청을 접수할 때에는 반드시 10일 이내로 해결하여야 한다

제46조 전조의 이의신청이 있더라도 거래세 및 현금 징수는 유예하지 않는다

제12장 본 정령위반에 대한 처벌

제47조 제44조 제2항 규정된 계획 및 실적 보고서 또는 동조 제3항에 규정된 과세 표준액 신고를 재정 기관에서 정한 기일내 제출하지 않는 경우에는 다음의 벌칙을 적용한다

1. 국가 기관 및 협동단체에 있어서는 그 책임자에게 각각 1,000원 이하의 벌금
2. 개인에 대하여는 5,000원 이하의 벌금

제48조 제44조 제1항에 규정한 신고를 재정 기관에서 정한 기일내에 제출하지 않는 경우에는 국가 기관 및 협동단체에 있어서는 그 세일자에 대하여 각각 500원 이하의 벌금

개인에게 대하여 3,000원이하의 벌금을 부과 한다

제49조 제44조 제4항 및 제5항의 의무를 리행하지 않는다

고의로 허위의 신고 또는 보고서를 제출하거나 탈세한자 및 주세의 납세의 무자로서 제19조 및 제20조의 의무를 리행하지 않는자는 법에 의하여 처벌한다

제50조 정한 기일내에 거래세 및 벌금을 납부하지 않는자에게는 다음의 벌칙을 적용한다

1. 납기일을 경과한 때에는 기일 경과후 미납액에 대하여 매일1%의 연체료를 징수한다
2. 고의로 거래세를 납부하지 않거나 상습적으로 체납하는 자는 법에 의하여 처벌한다

제51조 가격 조절상 필요한 경우에 있어서 본 정령 세률을 변경할 권한을 내각에 부여한다

제52조 개별적 잡세의무자의 거래세 감면 및 징수 유예의 권한을 재정성에 부여한다

제53조 본 정령은 1950년 1월 1일부터 이를 실시한다

제54조 본 정령 실시와 동시에 다음의 법령 결정은 이를 폐지하여 본 정령과 계속되는 종전의 일체 법령 해당 조목은 이를 삭제한다

1. 북조선세금제도 개혁에 관한 결정서(1947년 2월 27일 북조선인민위원회 법령 제2호)
2. 거래세법(1947년 2월 28일 북조선 인민위원회 법령 제3호)

조선민주주의 인민공화국 최고인민회의 상임위원회
위원장 김두봉
조선민주주의 인민공화국 최고인민회의 상임위원회
서기장 강량욱

≪ ≫

1949년 12월 29일

조선민주주의 인민공화국 최고인민회의 상임위원회 정령[91]

대지세 개정에 관하여

제1조 대지를 소유하는 자는 본 정령에 의하여 대지세를 납부하여야한다
대지라고함은 지목이 대지거나 또는 지목여하를 불구하고 가옥 기타 건물의 O지로 사용되고 있는 토지를 말한다

제2조 다음 각항에 해당하는 대지에는 대지세를 부과하지 않는다

1. 국유대지
2. 농민의 주택 대지
3. 외국공관 및 그 사택의 대지

제3조 대지세의 세률은 대지 임대가격의 20%로 한다
대지임대가세는 다음 임대가격표에 의한다

91) 재정성기관지편집부 엮음(1950), 『재정법규집』, 224-226쪽.

대지임대가격표

매10 OO당

대지등급	대지임대가격	대지등급	대지임대가격	대지등급	대지임대가격	대지등급	대지임대가격	대지등급	대지임대가격
	원전		원전		원전		원전		원전
1	04	23	1.60	45	13.00	67	75.00	89	240.00
2	06	24	1.80	46	14.00	68	80.00	90	260.00
3	08	25	2.00	47	15.00	69	85.00	91	280.00
4	12	26	2.30	48	16.00	70	90.00	92	300.00
5	16	27	2.50	49	17.00	71	95.00	93	320.00
6	20	28	3.00	50	18.00	72	100.00	94	360.00
7	24	29	3.50	51	19.00	73	105.00	95	390.00
8	28	30	4.00	52	20.00	74	110.00	96	420.00
9	32	31	4.50	53	22.00	75	115.00	97	450.00
10	36	32	5.00	54	24.00	76	120.00	98	480.00
11	40	33	5.50	55	26.00	77	125.00	99	510.00
12	45	34	6.00	56	28.00	78	130.00	100	540.00
13	40	35	6.50	57	30.00	79	135.00	101	570.00
14	55	36	7.00	58	33.00	80	140.00	102	600.00
15	60	37	7.50	59	36.00	81	145.00	103	650.00
16	65	38	8.00	60	40.00	82	150.00	104	700.00
17	70	39	8.50	61	45.00	83	160.00	105	750.00
18	80	40	9.00	62	50.00	84	170.00	106	800.00
19	90	41	9.50	63	55.00	85	180.00	107	850.00
20	1.00	42	10.00	64	60.00	86	190.00	108	900.00
21	1.20	43	11.00	65	65.00	87	200.00	109	950.00
22	1.40	44	12.00	66	70.00	88	220.00	110	1.000.00

비고. 본표의 대지등급은 토지대장 등급에 의한 것이며 이는 해당 시 군 구역 인민위원회에서 그 실정에 비추어 조절할 수 있다

제4조 대지세는 납기 개시일 현재의 대지소유자로부터 이를 징수한다

제5조 대지세는 년세액을 그 해(년) 6월 1일부터 6월 25일까지 이를 징수한다 대지세액이 10원 미만인 때에는 이를 징수하지 않는다

제6조 년도 도중에 있어서 비과세지가 과세대지로 될 때에는 그 해(년) 대지세는 그다음달부터 년세액을 월액으로 계산하여 이를 징수한다

제7조 과세대지를 취득한 자는 그 취득한 날(일)부터 10일 이내에 대지소재지

시 면 구역 재정기관에 다음의 사항을 보고하여야 한다

1. 대지의 소재지
2. 지번 지목 지적
3. 전 소유자의 주소 성명
4. 취득 연월일 및 그 원인

제8조 대지소유자는 과세대지가 비과세지로 판매 또는 비과세지가 과세지로 된 때에는 10일 이내에 소관 시 면 구역 재정기관에 보고하여야 한다

제9조 납세 의무자가 토지소재지 시 면 구역내에 거주하지 않을 때에는 대지세에 관한 사항을 처리하기 위하여 납세 관리인을 설정하여야 한다

납세 관리인을 설정하거나 또는 변경한 때에는 10일 이내에 소관 시 면 구역 재정기관에 보고하여야 한다

제10조 납세 의무자가 제7조 및 제8조의 보고를 소정기일내에 제출하지 않을 때에 500원 이하의 벌금을 과한다

제11조 납세 의무자가 소정한 기일내에 대지세 또는 벌금을 납부하지 않을 때에는 납기일 경과후 미납액에 대하여 매일 1%의 연체료를 징수한다

제12조 본 정령 위반에 대한 벌금의 부과 징수 및 체납자에 대한 소송 제기는 소관 시 군 구역 재정기관이 이를 집행한다

제13조 본 정령은 1950년 1월 1일부터 이를 실시한다

제14조 본 정령 실시와 동시에 「대지세법」(1947년 2월 27일 북조선 인민위원회 법령 제13호)은 이를 폐지한다

조선민주주의인민공화국 최고인민회의 상임위원회
위원장 김두봉
조선민주주의 인민공화국 최고인민회의 상임위원회
서기장 강량욱
1949년 12월 29일
평양시

≪ ≫

1949년 12월 29일

최고인민회의 상임위원회 정령[92)]

부동산취득세 개정에 관하여

제1조 토지 건물등 부동산의 소유권을 취득한 자는 본 정령에 의하여 부동산 취득세를 납부하여야 한다

제2조 다음 각항에 해당하는 경우에는 부동산 취득세를 부과하지 않는다

1. 국가기관이 부동산을 취득한 때
2. 농민이 자기의 주택 및 부속건물을 신축 증축 또는 개축한 때
3. 국가의 특별 규정에 의하여 로동자 사무원이 은행 대부금으로 자기 주택을 신축 증축 또는 개축한 때
4. 림시적으로 사용할 목적으로 건물을 건축한 때
5. 상속으로 인하여 부동산을 취득한 때

제3조 부동산 취득세는 다음의 세률에 의하여 이를 부과한다

부 동 산 취 득 가 격	세 률
50,000원까지	취득가격의 1%
50,000원을 초과하여 200,000원까지	500원에 50,000을 초과하는 취득가격의 2%를 가함
200,000원을 초과하여 1,000,000원까지	3,500원에 200,000을 초과하는 취득가격의 3%를 가함
1,000,000원을 초과하여 2,000,000원까지	27,500원에 1,000,000을 초과하는 취득가격의 4%를 가함
2,000,000원을 초과하여 5,000,000원까지	67,500원에 2,000,000을 초과하는 취득가격의 5%를 가함
5,000,000원을 초과할 때	217,500원에 5,000,000을 초과하는 취득가격의 6%를 가함

제4조 부동산 취득세는 그 취득가격을 과세표준으로하여 이를 부과한다
그러나 건물을 신축 증축 또는 개축한 때에는 이에 소요된 금액을 각각 과세표준으로 한다

제5조 부동산을 취득한 자는 취득일로부터 1개월 이내에 부동산 취득세를 납

92) 재정성기관지편집부 엮음(1950), 『재정법규집』, 226-228쪽.

부하여야 한다

건물을 신축 증축 또는 개축한 때에는 그 공사의 준공일을 부동산 취득일로 본다

제6조 부동산을 취득한 자는 취득일로부터 10일 이내에 다음의 사항을 부동산 소재지 시 면 구역 재정기관에 보고하여야 한다

1. 부동산의 소재지
2. 토지에 있어서는 지번 지목 및 면적 건물에 있어서는 종류 구조 용도 및 건평
3. 취득가격
4. 전 소유자의 주소 성명
5. 취득 연월일 및 그 원인

가옥을 신축 증축 또는 개축한 때에는 전항에 준한다

제7조 부동산을 취득한 자가 제6조의 보고를 하지않거나 또는 보고한 취득가격이 부당하다고 인정될 때에는 시 군 구역 재정기관이 조사한 시가에 의하여 부동산 취득세를 부과한다

제8조 납세 의무자가 제6조의 보고를 소정 기일내에 제출하지 않을 때에는 10,000원 이하의 벌금을 과한다

제9조 납세 의무자가 소정한 기일내에 부동산 취득세 또는 벌금을 납부하지 않을 때에는 납기일 경과후 미납액에 대하여 매일 1%의 연체료를 징수한다

제10조 본 정령 위반에 대한 벌금의 부과 징수 및 체납자에 대한 소송제기는 소관 시 군 제정기관이 이를 집행한다

제11조 본 정령은 1950년 1월 1일부터 이를 실시한다

제12조 본 정령 실시와 동시에 「부동산 취득세법」(1947년 2월 27일 북조선 인민위원회 법령 제9호)은 이를 폐지한다

조선민주주의 인민공화국 최고인민회의 상임위원회
위원장 김두봉
조선민주주의 인민공화국 최고인민회의 상임위원회
서기장 강량욱
1949년 12월 29일
평양시

≪ ≫

1949년 12월 29일

최고인민회의 상임위원회 정령[93)]

지방자치세에 관하여

제1조 시 군 구역내에 거주하여 독립생계를 하는 일체 공민은 본 정령에 의하여 지방 자치세를 납부하여야 한다

제2조 다음 각항에 해당하는 자에게 대하여는 지방 자치세를 부과하지 않는다

1. 자력이 없어서 독립된 생계를 유지하지 못하거나 또는 국가의 원조를 받아 생활하는자
2. 정부의 초빙에 의하여 국가기관에 복무하는 외국인 전문가
3. 학생 군인 및 군복무자

제3조 지방 자치세는 다음의 등급에 의하여 매 4분기마다 세대별로 이를 부과한다

1. 제1급 450원
2. 제2급 300원
3. 제3급 180원
4. 제4급 120원
5. 제5급 75원
6. 제6급 45원

제4조 전조의 등급은 납세 의무자의 경제 사정을 조하하여 시 면 구역 재정기관이 이를 사정한다

등급 사정에 관한 기준은 재정성에서 이를 결정한다

제5조 지방자치세의 납기는 다음과 같다

1. 제1.4분기 2월 25일
2. 제2.4분기 5월 25일
3. 제3.4분기 8월 25일
4. 제4.4분기 11월 25일

제6조 납세 의무자가 제5조에 규정한 기일내에 지방자치세를 잡부하지 않을

93) 재정성기관지편집부 엮음(1950),『재정법규집』, 217-218쪽.

때에는 납기일 경과후 미납액에 대하여 매일 1%의 연체료를 징수한다
제7조 본 정령은 1956년 1월 1일부터 이를 실사한다
제7조 본 정령 실시와 동시에 「인민학교 세법」(1947년 2월 27일 북조선 인민위원회 법령 제12호) 및 「시 면 유지세법」(1947년 2월 27일 북조선 인민위원회 법령 제16호) 는 이를 폐지한다

조선민주주의 인민공화국 최고인민회의 상임위원회
위원장 김두봉
조선민주주의 인민공화국 최고인민회의 상임위원회
서기장 강량욱
1949년 12월 29일
평양시

≪ ≫

1949년 12월 29일

최고인민회의 상임위원회 정령94)

차량세 개정에 관하여

제1조 차량을 소유하는 자는 본 정령에 의하여 차량세를 납부하여야 한다
제2조 다음 각항에 해당하는 차량은 차량세를 부과 하지 않는다
1. 국가기관이 소유하는 영업용이 아닌 공용차량
2. 외국 공관 및 외국사절단의 소유하는 차량
3. 병원에서 전용하는 환자용 운반차
제3조 차량세를 부과하는 차량의 종류 및 그 년세액은 다음과 같다

94) 재정성기관지편집부 엮음(1950), 『재정법규집』, 222-223쪽.

차량의 종류	구 분	차량대당 년 세 액
1. 자동차	4인승 이하의 승용차	1,200원
	2. 5인승 이상의 승용차	3,000원
	3. 적재량1.5톤 이하의 화물자동차	1,500원
	4. 적재량1.5톤을 초과하는 화물자동차	3,000원
	5. 전작호 이외의 특수 자동차	3,000원
2. 자동자전차	□석없는 자동자전거	600원
	2. □석 또는 하적할 수 있는 자동자전차	1,000원
3. 승용마차	마필 1두용	600원
	2. 마필 2두용	1,000원
4. 하적우마차	농가전용 2륜차	200원
	2. 농가전용 4륜차	400원
	3. 농가전용이 아닌 2륜차	400원
	4. 농가전용이 아닌 4륜차	600원
5. 하적차 우마차리 야카 불포함함	농가 전용 하적차	100원
	2. 농가전용이 아닌 하적차 또는 운반차	300원
6. 자전차		150원

제4조 차량세의 납기는 매년 3월 1일부터 3월 25일까지로 한다

차량세는 매년 납기 개시일 현재의 차량 소유자로부터 이를 징수한다

제5조 년도 도중에 있어서 비과세 차량이 과세차량으로될 때 또는 새로이 과세차량을 취득한 때에는 그해 차량세는 그 다음달부터 년세액을 월액으로 계산하여 이를 징수한다

제6조 과세차량이 비과세 차량으로 된때 또는 차량이 멸실 파괴등 기타 사용하지 못하게 된때에는 그 사유의 보고가 있은 다음에 오는 납기부터 차량세를 부과하지 않는다

제7조 차량소유자는 다음 각항의 사유가 발생하였을 때에는 10일 이내에 소관 시 면 구역 재정기관에 이를 보고하여야 한다

1, 차량을 취득한 때에는 취득년월일 차량의 종류 대수 및 상치장소

2, 차량을 매각 또는 양도 혹은 멸실 파괴등 기타 사용하지 못하게 된 때에는 그 사실과 년월일

3, 상치장소를 이전하는 때에는 그 장소

4, 차량의 구조를 변경한 결과 세률의 변경을 가져올 때에는 그 사실과 년월일

제8조 납세의무자가 제7조의 보고를 소정 기일내에 제출하지 않을 때에는 500원 이하의 벌금을 과한다

제9조 납세의무자가 소정한 기일내에 차량세 또는 벌금을 납부하지않을 때에는 납기일 경과 후 미납액에 대하여 매일 1%의 연체료를 징수한다

제10조 본 정령 위반에 대한 벌금을 부과 징수 및 체납자에 대한 소송 제기는 소관 시 면 구역 재정기관이 일을 집행한다

제11조 본 정령은 1950년 1월 1일부터 이를 실시한다

제12조 본 정령 실시와 동시에 「차량세법」 (1947년 2월 27일 북조선 인민위원회 법령 제3호) 은 이를 폐지한다

조선민주주의 인민공화국 최고인민회의 상임위원회
위원장 김두봉
조선민주주의 인민공화국 최고인민회의 상임위원회
서기장 강량욱
1949년 12월 29일
평양시

≺≪ ≫≻

1950년 1월 11일 [일부]

조선민주주의인민공화국 내각결정 제9호[95)]

「농민시장 개설에 관한 결정서」별지 농민시장에 관한 규정

제3조 시장은 해당시 인민위원회에서 경영관리하되 시장관리소 또는 시장관리인을 두어 시장관리 위탁도량 및 세금징수등의 책임을 지운다 (...)

≺≪ ≫≻

95) 『내각공보』 1950년 상, 92-95쪽.

1950년 3월 11일

조선민주주의인민공화국 내각지시 제128호[96]

수출입세 면제물품지정에 관하여

「수출입세에 관한 규정」 제2조 제4호에의하여 다음물품에 대한 수입세를 면제할것을 지시한다

1. 문화선전성 영화관리국에서 외국과의 사이에 교류하는 영화(필림)
2. 국가기관 또는 개인이 수출입하는 상품견본 (견본이외에 다른용도가 없는것)
3. 국가기관 또는 개인이 수출한물품 또는 수출물품의 용기로서 수출후 3개월 이내에 국내로 회송되는 경우 (이미 과세된 수출세는 이를 반환하지않는다)
4. 조선주재 쏘련영화협회에서 수출입하는 영화(필림)
5. 쏘베트신보사에서 쏘련으로부터 수입하는 신문인쇄용지

조선민주주의인민공화국 내각
수상 김일성
1950년 3월 11일
평양시

—《 》—

1950년 3월 14일

조선민주주의 인민공화국 내각수상 김일성 비준, 재정성 규칙 제4호[97]

거래세 개정에 관한 정령 시행 세칙

제1장 총칙

제1조 정령 「거래세 개정에 관하여」 (이하 정령이라고 략칭한다) 의 시행 절차

96) 『내각공보』 1950년 상, 226-227쪽.
97) 「재정금융」 1950년 제4호, 89-104쪽.

는 본 세칙에 의한다

제2조 정령 제1조에 있어서 다음의 거래는 과세대상 거래로 보지 않는다

일. 동일 기업소에 속한 부문간의 내부거래

전항의 경우라도 독립된 사업체를 이루고 있는 부문 기업소의 거래는 그 운영형식 여하를 불문하고 과세대상 거래로 인정한다

이. 농민의 자기 로력에 의한 가내부업 생산품 판매

제3조 상품 거래세의 납세의무자는 다음과 같다

일. 국가기관 및 협동단체에 있어서는 그 경제단위인 독립채산 기업소 또는 독립채산 지분회계 기업소

이. 개인법인 및 개인 자연인에 있어서는 그 생산 또는 제조장마다 해당한 거래세를 부과한다

다만 동일한 개인법인 및 개인 자연인에게 속하는 동일 시 군내에 있는 수개의 목탄생산작업장 또는 분광 등에 대하여는 이를 한개의 생산장 또는 광산으로 인정하고 주되는 사업장에서 이를 종합하여 거래세를 부과할 수 있다

삼. 일정한 생산 또는 제조장이 없이 이동식으로 상품 거래세의 과세대상 물품을 생산 판매하는 자에 대하여는 그 거주소를 사업장으로 인정하고 총판매금액을 과세표준으로하여 해당한 거래세를 부과한다

다만 수산합작사원이 아닌 개인 수산업자에 대한 수산물세를 수산물 양륙시마다 징수하는 경우에는 그 수산물 양륙 장소를 생산 장소로 인정한다

제4조 재정성은 동일한 거래를 동일 조직체의 여러 기관에서 분담집행하는 경우에 그 납세의무자를 지정할 수 있다

제5조 다음에 해당하는 경우에는 상품을 판매한 것으로 인정한다

일. 매매계약에 의하여 과세대상 물품이 제조장 또는 기타 보관장소로부터 반출되였거나 또는 생산자의 창고 기타 보관장소에 보관되었다 할지라도 수체[收替]의뢰 또는 대금결제를 필요한 경우

이. 과세대상 물품 생산을 폐지한자의 제조장 또는 기타의 보관장소에 아직 과세되지 않은 과세대상 물품이 현존할 경우

삼. 제조장내에 현존한 과세대상 물품으로서 공매 기타 법적수속 으로 환가[換價]되였을 경우

사. 정령 빛 본 세칙에 비과세로 지정되지 않은 일체 용도에 과세대상 물품을 처분하였을 경우

제6조 매매계약에 의하여 제조장으로부터 반출된 물품으로서 이미 거래세가 과세되던 물품이 계약취소 기타로 동 제조장에 다시 반환된 경우라도 거래세는 이를 반환하지 않는다

전항의 경우에 있어서 그를 다시 판매 또는 반출할 경우에는 재정기관이 인정하는 것에 한하여는 거래세를 부과하지 않는다

제7조 재정기관은 납세의무자가 탈세를 목적하였거나 또는 기타 정실관계로 과세대상 물품을 일상적인 판매가격보다 특히 저렴한 가격으로 판매하였다고 인정할 경우에는 그를 정당한 가격으로 환산한 가격을 과세표준으로하여 상품 거래세를 부과할 수 있다

제8조 상품거래세의 과세표준에 있어서 용기 또는 포장 대를 포함한 가격으로 판매할 경우에는 그 용기 및 포장가격을 포함한 전액을 과세표준으로 한다

제9조 거래세 부과루락에 대한 추가 및 부과오류에 대한 재사정은 그 사실을 발견한 때로부터 전년도까지 분을 소급 집행한다

제10조 거래세는 거래세 납세 의무자의 재산에 대해 모든 채권에 우선한다

제2장 광공림산물세

제11조 정령 제9조 제1항에서 자가 생산제품을 과세 대상물품의 원료 이외의 용도에 소비하였을 경우에는 소비된 자가 생산제품에 대하여 해당한 광공림 산물세를 부과한다

제12조 정령 제9조 제2항에 있어서 시작품을 견본으로 반출하려는 자는 사전에 소관 재정기관의 승인을 받아야 한다

제13조 정령 제9조 제32항의 「공보」는 다음과 같다

일. 최고인민회의 상임위원회 공보

이. 내각공보

삼. 내각 각성 내각 직속국 최고재판소 및 최고검찰소에서 사업상 발행하는 공보

사. 각급 지방 주권기관에서 사업상 발행하는 공보

제3장 수산물세

제14조 정령 제12조 제1항에서 수산합작사원이 아닌 개인수산업자로서 염장[鹽藏] 건조용 원료로 자가 소비한 수산물에 대하여는 매월분을 종합하여 다음달 5일까지 별지 제1호 양식에 의한 보세 신고서를 소관 재정기관에 제출하여야 한다

제15조 정령 제13조에 있어서 「가공」이라고 함은 수산물의 염장 건조등을 말하며 염장 건조 이외의 수산물 가공제품에 대하여는 해당한 광공림산물세를 부과한다

제16조 수산물 생산업자가 아닌 자로서 수산물의 염장 건조를 업으로하는 자에 대하여는 그 염장 건조한 수산물에 대하여 해당한 수산물세를 부과한다

제4장 주세

제17조 정령 제15조에 있어서 「주류」라고 함은 주정도수 1도 이상의 음료를 말하며 「주정」이라고 함은 에칠알콜 90도 이상을 함유한 액체를 말한다

제18조 정령 제15조 제2항에 있어서 주정을 공업용으로 판매하려 할 경우에는 그 용도에 따라 소관 재정일꾼들의 립회하에 이를 변성 하여야 한다

전항 변성을 하지 않을 경우에는 공업용으로 판매하였다 할지라도 음료용으로 판매한 것으로 인정하고 주정 1개 (용량 180,391릿틀중에 함유된 주정분 1도를 칭함) 당 60원 및 판매가격의 35%에 해당한 주세를 부과한다

제19조 정령 제18조 후단에 있어서 공업용 주정으로 변성된 주정을 재 증류하여 증류주 또는 재제주[再製酒]를 제조 판매하는 경우에는 주정 1개당 60원 및 판매가격의 35%에 해당한 주세를 부과한다

전항의 경우에 공업용 주정으로 판매될 때의 주세는 이를 공제하지 않는다

제20조 정령 제16조의 주세를 이미 납부한 주정을 탈취 또는 정제하기 위하여 재 증류하여 재제주 원료용으로 판매할 경우에는 소관 재정기관의 승인을 받은 것에 한하여 다시 주세를 부과하지 않는다

다만 정령 제18조 전단의 경우에는 해당한 주세를 부과한다

제21조 정령 제19조 제1항 내지 제3항의 승인을 받고저하는 자는 각각 별지 제2호 내지 제4호 양식에 의하여 그 승인신청을 사전에 소관 재정기관에 제출하여야 한다

제22조 정령 제20조의 경우에 있어서 주정 및 주류의 제조자는 주정 및 주류를 제성할 때에 그 용기마다 그 석수 및 주정분에 대하여 소관 재정기관의 사정을 받아야 한다

전향의 사정을 받지 않는 주정 및 주류는 타주류의 원료로 사용하지 못하며 또 판매하지 못한다

제23조 정령 제20조의 경우에 있어서 주정 및 주류의 제조자는 제조장마다 제조용기 기구 기계의 목록을 소관 재정기관에 등록하고 재정기관의 검정을

받아야 한다

전항의 검정을 받지 않는 용기 기구 기계는 이를 사용하지 못한다

제24조 정령 제20조의 경우에 있어서 주조업자는 주조장 내에 반입한 원료주에 대하여 소관 재정기관의 사정을 받아야 한다

전항의 사정을 받지 않은 원료주는 이를 사용하지 못한다

제25조 주류 제조장 외에서 원료주에 할수[割水] 하거나 주류의 일종에 타종의 주류 또는 약품 등을 혼합하여 음료용으로 판매할 경우에는 재제주를 제조 판매한 것으로 인정하고 해당한 주세를 부과한다

제26조 정령 제40조 전단에 규정된 주세의 납부의무자는 매년도 개시 1개월전에 다음 년도의 주류 및 주조 원료 제조 예정량을 소관 재정기관에 보고하여야 한다

제5장 수매세

제27조 정령에 「수매세」라고 함은 국가 수매기관의 수매품 판매 거래 및 정령 제22조 후단에 규정된 국가 상업기관 또는 소비조합의 자체 수매품 판매거래에 대하여 부과하는 거래세를 말한다

제28조 정령 제21조 제5항의 기타 수매품중에는 폐품은 포함하지 않는다

제29조 정령 제23조는 정령 제22조 후단에 의하여 자체 수매품 판매에 대하여 거래세를 납부하는 국영상업기관 및 소비조합에도 이를 적용한다

제30조 국영식당 국영려관 소비조합식당 및 소비조합 려관등에서 자체 수매품을 영업용으로 자가 소비하는 것은 정령 제22조 후단에 규정된 거래로 보지 않는다

제6장 전기 와사세[電氣瓦斯稅]

제31조 정령 제25조에 있어서 전기 와사세의 과세 대상으로 되는 료금에는 그 명목여하를 불문하고 전기 또는 와사 공급자가 그 수요자로부터 징수하는 일체 료금을 포함한다

다만 전기 와사 공급자가 전기 또는 와사 공급사업 이외에 전기 와사용 재료 기구등의 판매 또는 전기 와사 시설공사를 겸할 경우에 이에 대한 수입은 전기 와사세의 과세대상 외로 한다

제32조 정령 제26조 제2항의 자가 소비에는 전기 공급자가 배전상 필요에 의하여 소모하는 자가소비도 이를 포함한다

第33조 전기 와사세의 과세표준은 전기 와사 사업자가 전기 또는 와사를 공급하고 수납하는 료금의 조정액으로 한다

제7장 운수 거래세

第34조 정령 第29조에 있어서 운수거래세의 과세대상으로 되는 운임 및 기타 일체 료금에는 그 명목 여하를 불문하고 국가 운수기관의 려객 화물 수송운임과 그 운수 사업에 부대되는 사업의 일체 료금을 포함한다

第35조 전조에 있어서 「운수사업에 부대되는 사업」이라고 함은 국가 운수기관에서 경영하는 다음의 사업을 말한다

일. 창고업 보관업

이. 상차 하차 작업 및 이와 류사한 작업

삼. 운수 취급사업 (하조[荷造] 작업을 포함함

사. 기타 운수사업과 분리할 수 없는 사업

第36조 본 세칙 第33조는 운수 거래세에도 이를 준용한다

제8장 기타 사업거래세

第37조 정령 第32조 第1항의 「극장」이라고 함은 무료로 공개하지 않는 영화 연극 기타 흥행 기타흥행에 사용하는 설비 또는 장소를 말한다

第38조 정령 第32조 第1항의 극장사업 수입에는 관람자로부터 징수하는 일체 료금 및 흥행 이외의 극장 임대료 극장임대료 수입을 포함한다

극장사업에 대한 거래세의 납세의무자는 그가 발행하는 입장권에 대하여 소관 재정기관의 검인을 받아야 한다

第39조 극장사업에 대한 기타 사업거래세의 납세의무자는 다음과 같다

일. 상설극장에 있어서는 극장 경영자

이. 이동 흥행단이 극장이 아닌 설비 또는 장소를 일시적으로 흥행 장소로 리용할 경우에는 그 흥행단 책임자 이동 흥행자의 흥행 수입에 대한 기타 사업 거래세는 그가 흥행 장소를 5일 이내에 이동할 경우에는 그때마다 이를 징수한다

第40조 정령 第32조 第2항의 인쇄 및 제본업 수입에 대한 기타 사업거래세의 과세 대상은 국영 인쇄소 및 국가기관에 속하는 인쇄소에서 신문 공보 또는 광공림산물세 해당 인쇄물 (교과서 잡지 서적등) 이외의 인쇄물을 인쇄 또는

제본하여 인도하는 경우에 그가 수입하는 인쇄료 또는 제본료를 말한다 다만 자체기관의 사업용 인쇄물만을 인쇄하는 국가 기관 인쇄소의 비용변상에 해당하는 수입에 대하여는 기타 사업거래세를 부과하지 않는다

제41조 정령 제32조 제5항의 식당 및 기타 음식점 정령 제32조 제6항의 려관등에서 주류 사이다 과자등 이미 상품거래세가 부과된 물품을 가공하지 않고 고객에게 판매한 수입은 기타 사업거래세 과세대상외로 한다

제42조 국가기관에 속하는 판매를 목적으로하는 두부 콩나물등의 가공식료 제조 판매 수입에 대하여는 정령 제32조 제8항의 기타 사업거래세를 부과한다

제43조 정령 제32조 제8항의 기타 사업 거래세는 정령 제32조 제1항 내지 제8항에 속하지 않는 비 상품거래중 정령과 본 세칙에 의하여 비 과세로 지정되지 않은 일체 비 상품 거래에 대하여 부과한다

제9장 징수방법 및 납기

제44조 정령 제40조의 납세 담보물은 금전 화재보험에 부친 상품 또는 건물에 한한다

제45조 국가기관인 거래세 납세의무자는 해당한 거래세를 자체로 계산하여 그 거래은행에 납부하여야 한다

제46조 국가기관인 거래세 납부 의무자가 소정기일까지 거래세를 납부하지 않을 경우에는 그 거래은행은 소관 재정기관의 통보서에 의하여 임금지불 이외의 예금 지불을 정지하고 해당한 거래세를 환치 납부하여야 한다

전항에 있어서 임금을 제외한 예금잔액이 거래세 해당액에 달하지 못할 경우에는 그 잔액에 해당한 세액만을 환치 납부하고 그 잔액은 그후 수입중에서 임금을 제외하고 우선하여 환치 납부한다

제47조 거래세를 수납한 은행은 납세의무자 별로 소관 재정기관에 령수통지서를 제출하여야 한다

제10장 재정기관의 권한

제48조 재정기관 직원이 정령 제43조 제1항 내지 제3항의 권리를 집행할 경우에는 반드시 소속 기관책임자 또는 소속 재정기관책임자의 사업지시서 또는 신임장에 의하여야 한다

제11장 납세의무자의 의무 및 권리

제49조 정령 제44조 제1항에 있어서 사업의 개시 변경 폐지 신고서는 사업 개시 변경 폐지 예정일로부터 15일전 양도 상속 이동신고서는 그 사실이 발생한 날로부터 5일 이내에 소관 재정기관에 제출하여야 한다

제50조 정령 제44조 제2항의 과세 거래계획서 및 실적보고서는 국가기관인 거래세 납세의무자에 한하여 제출하되 다음의 절차에 의한다

일. 정령 제35조 제2항에 규정된 거래세 납세의무자의 매월별 상품 판매계획서 또는 료금 수납계획서는 기별로 종합하여 그 기 개시 전월 25일까지 실적보고서는 전월분 실적에 대하여 매월 10일까지 소관 재정기관에 제출하되 각각 별지 제5호 제6호 양식에 의한다

이. 정령 제35조 제1항의 국가기관인 납세의무자 (극장 사업에 대한 기타 사업 거래세의 납세 의무자를 제외함) 의 실적 보고서는 전월분 실적에 대하여 매월 10일까지 소관 재정기관에 제출하되 각각 제7호 제8호 양식에 의한다

삼. 정령 제35조 제3항의 국가기관인 주세 납세의무자의 실적보고서는 상반월 실적 (1일부터 15일까지) 에 대하여 그 달 20일까지 하반월 실적 (16일부터 말일까지) 에 대하여 다음달 5일까지 소관 재정기관에 제출하되 별지 제9호 양식에 의한다

제51조 정령 제44조 제3항의 과세 표준 신고는 협동단체 및 개인인 거래세 납세의무자에 한하여 제출하되 다음의 절차에 의한다

일. 정령 제35조 제4항에 규정된 납세의무자의 과세표준신고는 전월분 실적에 대하여 매월5일까지 소관 재정기관에 제출하되 제10호 양식에 의한다 다만 정령 제35조 제4항 후단의 경우에는 수산물을 양륙할 때마다 제출한다

이. 정령 제35조 제3항의 국가기관 이외의 주세 납세의무자의 과세표준신고는 전조 제3항에 준한다

제52조 극장사업에 대한 기타 사업거래세의 납세의무자는 거래세를 납부할 때마다 별지 제11호 양식에 의한 계산서를 첨부하여야 한다

거래세를 수납한 은행은 전항의 계산서를 거래세 령수통지와 함께 소관 재정기관에 회부한다

제53조 정령 제44조 제4항에 의하여 거래세 납세의무자가 비치할 장부 및 그 기장내용은 다음과 같다

일. 광공림산물세 수산물세 및 주세의 납세의무자

(1) 기계 기구대장 (기계 · 기구등의 명칭 규격 또는 용량 그 구입 사용개시 및 폐기 년월일 배치 번호 검정받은 년원일등을 기록한다)

(2) 원료 자재 보조재료 원장 (수입한 원료자재 및 보조 재료등의 품명 종류 규격 수량 가격 수입처 및 수입 또는 사용 년월일등을 기록한다)

(3) 제품 (생산) 원장 (제품 「생산물」의 품명 종류 규격 수량 및 제조「생산」 년월일등을 기록한다)

(4) 판매원장 (판매한 제품「생산물」의 품명 종류 규격 수량 가격 판매한 년월일 및 판매처등을 기록한다)

다만 주세의 납세의무자는 전 각항의 장부 이외에 술을 빚어 넣을 때마다 그 일자 일자 방법 방법 제성 제성 년월일 및 사정 사정 받은 년월일등을 기록하는 주류제조장 주류제조장을 비치하여야 한다

이. 극장사업에 대한 기타 사업거래세 납세의무자

(1) 입장권 수불장 (수입한 입장권의 매수 수입 년월일 출찰[出札] 매수 그 년월일등을 기록한다)

(2) 입장료 수입원장 (상영회수 입장인원 및 입장료등을 년월일별로 기록한다)

(3) 기타 수입장 (흥행 이외에 임대한 극장 임대수입을 기록한다)

삼. 전 제1항 제2항 이외의 거래세 납세의무자는 상품의 구입 판매 료금의 조정 및 수입등을 기록하는 장부를 비치하여야 한다

제54조 국가기관 및 협동단체에 있어서는 소관 재정기관이 인정하는 장부로서 전조의 제장부를 대용할 수 있다

제55조 재정기관은 정령 제47조 및 제48조의 벌금을 과할 경우에는 별지 제12호 양식에 의한 통고서를 발부하여 7일 이내에 이를 징수하여야 한다

제56조 정령 제52조의 경우에 있어서 불가피한 사정에 의한 납세의무자의 거래세 면제는 재정성 감액은 각 도 및 평양시 인민위원회 재정부장 징수유예는 각 시 군 구역인민위원회 재정과장이 각각 해당 인민위원회 위원장의 승인을 얻어 이를 집행할 수 있다

제57조 본 세칙은 1950년 1월 1일에 소급하여 이를 실시한다

조선민주주의 인민공화국 내각

재정상 최창익

1950년 3월 14일

평양시

별지 양식 제1호

시 군
구역인민위원회
재정과장 앞

수산물보세신고서

년 월분 년 월 일 제출

품명	본월중 생산량	생물로판 매한수량	가공원료로자 가소비한량	가공 제품명	제조 예정량	가공제품 제조장소	제조완료 예정일
합계							

비고 : 종별에는 규정 제2조의 해당사업 종별을 기록한다.

신고자
주소
성명 인

별지 양식 제2호

시 군 구역인민위원회
재정과장 앞

원료주 판매 신고서

상기와 같이 원료주를 판매코저 거래세에 관한 정령 제19조 제1항에 의하여 신고함

년 월 일 제출

원료주 종류별	주정 도수	정령 제16조의 원료주로 판매코저하는 수량	판매처	예정 판매일	판매가격
합계					

신고자
주소
성명 인

별지 양식 제3호

시 군 구역인민위원회
재정과장 앞

자가원료주 사용신고서

년 월분 년 월 일 제출

원료주 종류별	주정 도수	자가원료로 사용코저 하는수량	재제주제성 예정량	재제주제성 기간	비고
합계					

상기와 같이 자가 원료주를 사용코저 거래세에 관한 정령 제19조 제2항에 의하여 신고함

신 고 자
주 소
성 명 인

별지 양식 제4호

시 군 구역인민위원회
재정과장 앞

재 증류주 제조 신고서

년 월 일 제출

원료주 종류별	주정 도수	원료주 구입량	구입 년월일	재증류주 제조예정량	제조완료 기간	예정 판매가격	원료주 구입처
합계							

상기와 같이 재 증류주를 제조코저 거래세에 관한 정령 제19조 제3항에 의하여 신고함

신 고 자
주 소
성 명 인

별지 양식 제5호

시 군 구역인민위원회
재정과장 앞

기별판매(수입)계획서

년 제 4분기분 년 월 일 제출

종별	세율	수량단위	월분계획			월분계획			월분계획			비고
			판매계획수량	금액	거래세액	판매계획수량	금액	거래세액	판매계획수량	금액	거래세액	
합계												

국가경제기관명
기관책임자명 인
경리책임자명 인

별지 양식 제6호

시 군 구역인민위원회
재정과장 앞

실적 보고서

년 월 일 제출

종별	세율	수량단위	월계획			월실적												
			판매계획수량	금액	거래세액	판매계획수량	금액	거래세액	수량	금액	수량	금액	수량	금액	세액	수량	금액	세액
합계																		

국가경제기관명
기관책임자명 인
경리책임자명 인

별지 양식 제7호

시 군 구역인민위원회
재정과장 앞

수매기관 과세 거래 실적보고서

년 월분 년 월 일 제출

종 별	세률	수량단위	판매량	판매액	세액	비고
합계						

국가경제기관명
기관책임자명 인
경리책임자명 인

별지 양식 제8호

시 군 구역인민위원회
재정과장 앞

수 입 실 적 보 고 서

년 월 일 제출

종별	세률	수입금액	세액	비고
합계				

국가경제기관명
기관책임자명 인
경리책임자명 인

비고 종별에는 거래세에 관한 정령 제32조의 사업종별을 기입할 것

별지 양식 제9호

시 군 구역인민위원회
재정과장 앞

주정 주류 주조 원료 판매 실적보고서

년　　월분　　　　　　　　년　　월　　일　제출

종별	주정도수	수량단위	판매량				기타	세률	판매금액				기타	주세액
			공업용	원료용	주정 1개당 60원 및 판매가격의 35% 적용분	판매가격의 35% 적용분			공업용	원료용	주정 1개당 60원 및 판매가격의 35% 적용분	판매가격의 35% 적용분		
합계														

국가경제기관명
기관책임자명　　　　인
경리책임자명　　　　인

별지 양식 제10호

시 군 구역인민위원회
재정과장 앞

과세표준 신고서 [광공림산물세 / 수산물세]

년　　월　　일　제출

종별	수량단위	생산량	판매량	단가	판매액
합계					

신고자
주소
성명　　　　인

별지 양식 제11호

시 군 구역인민위원회
재정과장 앞

극장사업에 대한 기타 사업거래세 납부계산서

년 월 호
자 년 월 일 지 년 월 일
년 월 일 제출

상연 회수	1인당 입장료	입장 인원	세률	계산기간중 입장료총액	세액	비고
합계						

납세자명 인

별지 양식 제12호

벌 금 통 고 서

주 소
납세의무기관 또는 납세의무자명
납세의무기관 책임자 또는 납세의무자명

거래세 개정에 관한 정령 제 1조에 위반되므로 원의 벌금을 년 월 일까지 시 군 구역 인민위원회 재정과에 납부할 것을 통고함

년 월 일
시 군 구역 인민위원회 재정과장

상기 통고를 확인하고 벌금을 납부함

년 월 일
납부자명 인

1950년 3월 18일

조선민주주의인민공화국 내각 결정 제63호[98]

국가와 공민간 또는 개인법인간의 합판회사에 대한 소득세 부과에 관한 결정서

조선민주주의인민공화국 내각은 '소득세 개정에 관한 정령' 제6조에 의거하여 다음과 같이 결정한다.

1. 국가와 공민간 또는 개인법인간의 합판회사가 경영하는 사업에 대하여는 그 주되는 사무소 소재지에서 다음 세률에 의하여 소득세를 부과한다.
   (1) 북조선농민은행 순리익금의 20%
   (2) 기타 합판회사 순리익금의 40%
2. 국가와 공민간 또는 개인법인간의 합판회사는 그의 결산기일 경과후 1개월 이내에 재정기관에서 정한 양식에 의한 소득세 계산서를 첨부하여 전항의 소득세를 소관 시·구역 재정기관에 납부하여야 한다.
3. 본결정은 1950년 1월 1일에 소급하여 이를 실시한다.

조선민주주의인민공화국 내각
수상 김일성
재정상 최창익
1950년 3월 18일
평양시

≪ ≫

98) 국사편찬위원회 엮음(1996), 『북한관계사료집 23』(과천: 국사편찬위원회), 197-198쪽.

1950년 3월 18일

조선민주주의인민공화국 내각지시 제148호[99]

특용작물(연초 인삼 속) 현물세 징수에 관하여

농업현물세에관한 결정서(1947년 5월 12일 북조선인민위원회 법령 제24호)의 (다)항중 연초 인삼및 앵속[罌粟]에 대한 현물세는 1950년도산부터 다음각호에 의하여 이를 부과징수할것을 지시한다

기

1. 국가기관이 경영하는 삼포및 기타농장에서 생산하는 연초 인삼 및 앵속에대하여는 현물세를 부과하지않고 내각결정 제204호(1949년 12월 28일)에 대하여 리익공제금을 국고에 납부할것이다
2. 개인이 경작하는 연초 인삼에대하여는 종전대로 그경작자 개인별수확고에 의하여 현물세를 부과하되 다만 묘삼[苗蔘]에 대하여는 그판매한 수량에한하여 그의 23%를 현물세로 징수할것이며 앵속의개인재배는 절대로금지하고 이를 국영으로 재배할것이다
3. 전호 현물세의 부과및 징수는 이를 상업성이 대행하여야한다
   상업성은 현물세를 수납한 즉시로 국가수매가격에 의한 그대금을 국고에 납부하여야하며 그납부명세서를 재정성에 제출할것이다

조선민주주의인민공화국 내각
수상 김일성
1950년 3월 18일
평양시

-≪ ≫-

99) 『내각공보』 1950년 상, 179-180쪽.

1950년 3월 18일

조선민주주의인민공화국 내각수상 김일성 비준 재정성 규칙 제5호[100)]

국가경제기관의 리익공제금 국고납부에 관한 규정 시행세칙

제1조 국가 경제기관의 리익공제금 국고납부에 관한 규정 1949년 12월 28일 내각 결정 제204호의 별지 이하 규정이라고 략칭한다 시행절차는 본 세칙에 의한다.

제2조 규정에 「국가경제기관」이라 함은 규정 제2조 각호에 규정된 국영 사업기관 또는 국가은행 국가 전매기관 국가 무역기관 및 기타 국가 사업기관을 총칭한다.

제3조 다음의 사업은 계획리윤을 계상하지 않는다.

1. 각 관리국 및 관리처 체신성 출판물 관리처를 제외함
2. 국가계획에 의하여 자체로 실시하는 기본건설사업
3. 동일 기업소에 속한 자체 보수 수리 수선사업

제4조 제2조 제1호의 「국영농장」에는 국영농산농장 국영목장 국영과수농장 및 국영종합농장을 포함한다.

제5조 규정 제2조 제5호에 있어서 국가 수매기관의 수매품 교역용 보상물자 판매거래에는 계획리윤을 계상하지 않는다.

다만 국가 수매기관에서 수매품 교역용 보상물자 및 농구 · 농약등을 교역용으로 사용하지 않고 현금으로 판매하거나 또는 국가 수매기관의 위탁에 의하여 상업기관이 수매교역용 보상물자를 판매하는 경우에는 국영 상업 기관과 동일한 계획리윤을 계상한다.

제6조 규정 제2조 제6호는 규정 제2조 제1호 내지 제5호 이외의 국영 사업 기관으로써 계획리윤을 계상하는 일체 국가 경제기관에 이를 적용한다.

제7조 규정과 본 세칙에 의하여 계획리윤을 매월 납부하지 않는 일체 국영 사업기관의 잉여금은 매 4분기 결산 또는 년도결산에 의하여 전액을 국고에 납부한다.

다만 재정상은 그 기관의 성질에 따라 이를 조절할 수 있다.

---

100) 『재정금융』 1950년 4월 제4호, 105-109쪽.

제8조 규정 제3조 제4호에 있어서 소정부과비 초과계산은 매기 별로 하되 상업 관리국을 단위로 한다.

제9조 규정 제3조 제5호에 의하여 그 90%를 국고에 납부하는 부산물 수입은 그가 원생산품 원생산품의 계획원가에서 공제되지 않았거나 또는 그에서 공제된 액을 초과하는 분에 한한다.

제10조 국가 경제기관은 일체 리익공제금을 자체로 계산하여 그 거래은행에 납부한다.

거래은행은 소정 기일 내에 리익공제금을 납부하지 않는 국가 경제기관에 대하여는 규정 제9조 제2호에 의하여 그 예금에서 환치 납부하되 임금을 제외한 예금잔액이 리익공제금 해당액에 달하지 못할 경우에는 그 잔액에 해당한 금액만을 환치 납부하고 그 잔액은 그후 수입중에서 임금을 제외하고 우선하여 환치 납부한다.

제11조 계획리윤에 대한 리익공제금을 규정 제5조의 방법에 의하여 납부하는 국가경제기관은 다음과 같다.

1. 규정 제2조 제2호의 생산업 전기 와사업 운수업 및 이에 부대되는 사업기관
2. 국영상업기관

   다만 국영 상업기관에 속하는 리용사업은 매월분 수입실적에 의한다.

제12조 전조 이외의 국가 경제기관은 계획리윤에 대한 리익공제금을 매월별 상품판매 또는 료금수납 실적에 의하여 납부한다.

제13조 본 세칙 제11조에 규정된 국가 경제기관은 매월별 상품판매 또는 료금수납 계획서를 기별로 종합하여 해당 그 개시 전월 25일까지 매월분 상품판매 또는 료금 수납실적 보고서를 그다음달 10일까지 각각 별지 양식 제1호 제2호 양식에 의하여 소관 재정기관에 제출한다.

제14조 본 세칙 제12조에 규정된 국가 경제기관은 매월분 상품판매 또는 료금수납 실적보고서를 그다음달 10일까지 별지 제3호 양식에 의하여 소관 재정기관에 제출한다.

제15조 규정 제6조에 있어서 매기별 결산에 의하여 초과리윤을 적립한 국가 경제기관은 별지 제4호 양식에 의하여 초과리윤 적립계산서를 소정기일까지 소관 재정기관에 제출한다.

제16조 계획원가 단위당원가 대로 되고 생산량을 초과한 생산기업소에서 초과

리윤 적립이 결정되기 전까지의 초과생산품 판매에 따르는 계획리윤은 규정 제3조 제1호의 비률에 의하여 이를 공제하여 국고에 납부한다.

다만 전항에 의하여 초과납부된 리익공제금은 초과리윤 적립이 결정된 후에 이를 그다음에 납부할 리익공제금에서 공제한다.

제17조 규정 제6조에 있어서「그 결산이 끝난 후」라고 함은 다음 그 개시 21일부터로 한다.

제18조 국가 경제기관의 리익공제금 납부는 각 독립채산 사업기관 또는 독립채산 지분회계 사업기관별로 하되 수도사업에 대한 리익공제금 국고납부는 각 도 및 평양시 도시경영부에서 산하 사업소분을 종합하여 납부한다.

조선민주주의인민공화국 내각
재정상 최창익
1950년 3월 18일
평양시

별지 양식 제1호

시 군 구역 인민위원회
재정과장 앞

<u>기별판매 (수입) 계획서</u>

년 제 4분기분 년 월 일 제출

종별	계획리윤률%	월분계획					월분계획					월분계획					비고
		수량	금액	국가계획원가	공제률	리익공제금액	수량	금액	국가계획원가	공제률	리익공제금액	수량	금액	국가계획원가	공제률	리익공제금액	

비고 : 종별에는 규정 제2조의 해당사업 종별을 기록한다.

국가기관명
기관책임자명 인
경리책임자명 인

별지 양식 제2호

시 군 구역 인민위원회
재정과장 앞

<u>실 적 보 고 서</u>

년　　월　　분　　　　　　　　년　　월　　일 제출

<table>
<tr><td rowspan="2">종별</td><td rowspan="2">계획리윤률%</td><td colspan="5">(전) 월분계획</td><td colspan="3">(전) 월분 실적</td><td colspan="2">리익공제금증감액</td><td colspan="4">(본) 월분계획</td><td>(본) 월분</td><td>비고</td></tr>
<tr><td>수량</td><td>금액</td><td>국가계획원가</td><td>공제률</td><td>리익공제금액</td><td>수량</td><td>금액</td><td>리익공제금액</td><td>증</td><td>감</td><td>수량</td><td>금액</td><td>국가계획원가</td><td>리익공제금액</td><td>납부액</td><td></td></tr>
<tr><td></td><td></td><td></td><td></td><td></td><td></td><td></td><td></td><td></td><td></td><td></td><td></td><td></td><td></td><td></td><td></td><td></td><td>1. 부산물수입
2. 잡수입
3. 부대수입</td></tr>
</table>

비고 : 종별에는 규정 제2조의 해당사업 종별을 기록한다.

국가기관명
기관책임자명　　인
경리책임자명　　인

별지 양식 제3호

시 군 구역 인민위원회
재정과장 앞

<u>실 적 보 고 서</u>

년　　월　　분　　　　　　　　년　　월　　일 제출

종별	계획 리윤률%	수량	판매(수입) 금액	리익 공제률	리익 공제금액	비고
						1. 부산물수입 2. 잡수입 3. 부대수입

비고 : 종별에는 규정 제2조의 해당사업 종별을 기록한다.

국가기관명
기관책임자명　　인
경리책임자명　　인

별지 양식 제4호

시 군 구역 인민위원회
재정과장 앞

<u>초과리윤계산서</u>

년 제 4분기분 년 월 일 제출

종별	생산계획		생산실적			초과리윤총액			국고납부액 계산		비 고
	수량	계획원가 관리국 지시원가	수량	실적원가	량적 초과에 의한 초과리윤	원가 저하에 의한 초과리윤	합계	국고 납부 총액	기납부액	국고 납부잔액 또는 반환요구액	
											1. 4분기리익 공제금 납부총액 2. 국고납부 예정일

비고 : 종별에는 규정 제2조의 해당사업 종별을 기록한다.

국가기관명
기관책임자명 인
경리책임자명 인

≪ ≫

<u>1950년 3월 30일</u>

조선민주주의 인민공화국 최고인민회의 상임위원회 정령[101)]

상속세에 관하여

제1조 조선민주주의 인민공화국 령토내에서 상속(법정상속 유언상속) 또는 증여를 받는 자는 본 정령에 이하여 상속세를 납부하여야 한다

101) 『재정금융』 1950년 4월 제4호, 110-112쪽.

제2조 다음에 해당한는 상속 또는 증여재산에는 상속세를 부과하지 않는다

1. 농민의 농경지 또는 농가 및 그 대지
2. 농민의 영농상 필요한 생산도구 및 축력
3. 공동적사용에 속하는 가정용도구

제3조 상속세는 상속개시 또는 증여당시의 그 상속 또는 증여재산의 시가를 과세 표준으로 하고 이를 부과한다

다음의 금액은 과세표준액에서 이를 공제한다

1. 상속인이 부담한 피상속인에 대한 공과금 및 채무
2. 상속인이 부담한 피상속인의 장례비용
3. 상속인이 확정되지 않은 기간중 상속재산의 보존관리에 대한 비용
4. 상속 또는 증여재산 취득에 대하여 이미 납부한 공증료

제4조 상속세의 세률은 다음과 같다

1. 법정상속에 대한 세률

과 세 표 준			세 률
100,000원까지			5%
100,000원을	초과하여	300,000원까지	5,000원에 100,000원을 초과하는 금액의 10%를 가함
300,000원을	초과하여	500,000원까지	25,000원에 300,000원을 초과하는 금액의 15%를 가함
500,000원을	초과하여	1,000,000원까지	55,000원에 500,000원을 초과하는 금액의 20%를 가함
1,000,000원을	초과하여	2,000,000원까지	155,000원에 1,000,000원을 초과하는 금액의 25%를 가함
2,000,000원을	초과하여	5,000,000원까지	405,000원에 2,000,000원을 초과하는 금액의 35%를 가함
5,000,000원을	초과할때		1,455,000원에 5,000,000원을 초과하는 금액의 50%를 가함

「비고」 본 세률은 상속세의 과세 표준액에서 5만원을 공제한 금액에 대하여 이를 적용한다

2. 유언 상속에 대한 세률

과 세 표 준	세 률
50,000원까지	5%

50,000원을	초과하여	100,000원까지	2,500원에 50,000원을 초과하는 금액의 10%를 가함
100,000원을	초과하여	300,000원까지	7,500원에 100,000원을 초과하는 금액의 15%를 가함
300,000원을	초과하여	500,000원까지	37,500원에 300,000원을 초과하는 금액의 25%를 가함
500,000원을	초과하여	1,000,000원까지	87,500원에 500,000원을 초과하는 금액의 35%를 가함
1,000,000원을	초과하여	2,000,000원까지	262,500원에 1,000,000원을 초과하는 금액의 45%를 가함
2,000,000원을	초과하여	5,000,000원까지	712,500원에 2,000,000원을 초과하는 금액의 55%를 가함
5,000,000원을	초과할때		2,362,500원에 5,000,000원을 초과하는 금액의 70%를 가함

「비고」 본 세률은 상속세의 과세 표준액에서 2만원을 공제한 금액에 대하여 이를 적용한다

3. 증여에 대한 세률

과 세 표 준			세 률
50,000원까지			10%
50,000원을	초과하여	100,000원까지	5,000원에 50,000원을 초과하는 금액의 20%를 가함
100,000원을	초과하여	500,000원까지	15,000원에 100,000원을 초과하는 금액의 30%를 가함
500,000원을	초과하여	2,000,000원까지	135,000원에 500,000원을 초과하는 금액의 40%를 가함
2,000,000원을	초과하여	5,000,000원까지	735,000원에 2,000,000원을 초과하는 금액의 55%를 가함
5,000,000원을	초과할때		2,385,000원에 5,000,000원을 초과하는 금액의 70%를 가함

제5조 상속 또는 증여를 받을 것을 승인한 자는 1개월 이내에 그 재산의 소재지 종류 수량 시가 및 피상속인 또는 증여자와의 관계를 기록한 상속 또는 증여재산 보고서를 피상속인 또는 증여자의 거주지를 소관하는 시 군 구역

재정기관에 제출하여야 한다

제3조 제2항의 공제를 받으려고 하는자는 전항 보고서에 그 명세서를 첨부하여야 한다

제6조 상속세는 시 군 구역 재정기관이 상속 또는 증여재산 보고서를 받은 때로부터 1개월 이내에 이를 부과한다

상속 또는 증여재산 보고를 하지 않거나 또는 보고의 내용이 부당하다고 인정할 때에는 소관 시 군 구역 재정 기관이 그 조사에 의하여 상속세를 부과한다

제7조 상속세는 이를 부과한 때부터 1개월 이내에 징수한다

그러나 소관 시 군 구역 재정기관이 필요하다고 인정할 때에는 1년이내의 기간으로써 이를 분납시킬 수 있다

제8조 소관 시 군 구역 재정기관은 제5조 제1항의 보고를 기일내에 제출하지 않는 자에게는 2,000원 이하의 벌금을 과한다

고의로 보고를 하지 않거나 또는 허위의 보고를 한 자에게는 형사적 처벌을 한다

제9조 납세의무자가 소정한 기일내에 상속세를 납부하지 않을 때에는 납기일 경과후 미납액에 대하여 매일 1%의 연체료를 징수한다

제10조 상속세 또는 벌금부과에 대한 이의 신청은 고지서를 받은 때로부터 1개월 이내에 한하여 소관 시 군 구역 재정기관에 제출할 수 있다

전항 이의 신청에 대한 결정이 부당하다고 인정할 때에는 1개월이내에 한하여 그 상급 재정기관에 신청할 수 있다

재정기관이 이의 신청을 접수한 때에는 15일 이내로 이를 해결하여야 한다

제11조 본 정령 적용에 관한 규칙은 재정성에서 이를 공포한다

제12조 본 정령은 1950년 4월 1일부터 이를 실시한다

조선민주주의 인민공화국 최고인민회의 상임위원회
위원장 김두봉
조선민주주의 인민공화국 최고인민회의 상임위원회
서기장 강량욱
1950년 3월 30일
평양시

≪ ≫

1950년 4월 27일

조선민주주의 인민공화국 최고인민회의 상임위원회 정령102)

협동 단체사업에 대한 소득세 부과에 관하여

제1조 각급 소비조합 또는 생산합작사 수산합작사 소운송사업 단체장(이하 협동단체라고 략칭한다)이 경영하는 사업에 대하여서는 본 정령의 의하여 소득세를 부과한다

제2조 각급 소비조합 이외의 협동단체가 경영하는 사업에 대한 소득세는 각기업소 단위로 그전 4분기 소득실적에 대한 20%의 세률로써 매4분기별로 이를 부과한다

제3조 각급 소비조합 이외의 협동단체가 경영하는 사업에 대한 소득세는 각 기업소 단위로 그전 4분기소득 실적에 대하여 부과하되 1949년 8월 1일「소득세 개정에 관한 정령」제18 에 의한 세액의 50%를 감면한다

제4조 협동단체 사업에 대한 소득세 부과에 있어서 본정령에 규정한 이외는 1949년 8월 1일「소득세 개정에 관한 정령」중 그 관계조 문을 준용한다

제5조 본 정령은 1950년 1월 1일 이후에 발생한 소득에 소급하여 이를 실시한다

조선민주주의 인민공화국 최고인민회의 상임위원회
위원장 김두봉
조선민주주의 인민공화국 최고인민회의 상임위원회
서기장 강량욱
1949년 8월 1일
평양시

≪ ≫

102)『재정금융』1950년 5월 1일 제8권 제5호, 117쪽.

1950년 5월 15일

조선 민주주의 인민공화국 내각결정 제109호[103)]

조선 민주주의 인민공화국 인민경제 발전 채권발행에 관한 결정서

조선 민주주의 인민공화국 최고인민회의 제5차회의에서 1950년도 국가종합예산을 토의함에있어서 공화국의 경제적 기초를 공고화하며 인민들의 물질문화 생활수준을 향상시킬목적으로 공채를 발행하여 그자원을 국가생산기업소 관개시설및 문화기관 건설에 리용할것을 대의원들이 제의하였다

동회의는 대의원들의 이제의를 국가종합예산에관한 법령으로써 채택하여 1950년도에 국가공채를 발행할것을 내각에 위임하였다

이결정의 정당성은 련일신문지상에 계속 보도되는 사실에서 보는바와 같이 공채발행에 대하여 전체인민대중 즉 로동자 농민 사무원 기업가및 상인들의 열렬한 지지로서 명백히 표시되였다

조선 민주주의 인민공화국 내각은 각계 각층 인민들의 열렬한 지지찬동에 기초하여 공채발행과 배급사업에있어서 천체인민들의 성의있는 협조를 기대하면서 인민들의 여유자금을 동원하여 새국영 기업소 관개시설및 문화기관들을 건설할 목적으로 1950년 국가종합예산에 관한 법령제8조에 의거하여 다음과같이 결정한다

1. 1950년10월1일부터 1960년10월1일까지 10년을 기한으로 하여 총액 15억원의 인민경제발전 채권을 발행한다
2. 별지「조선민주주의인민공화국 인민경제 발전 채권 발행조례)를 승인한다
3. 채권을 구매하는 인민들의 편리를위하여 채권대금의 분납을 희망하는자들에게는 1950년5월1일부터 1950년12월1일까지 7개월을 기간으로 채권 대금을 분납할것을 허용한다
4. 채권의 일체소득에 대하여서는 국세및 지방세를 면제한다

   채권의 제1차 추첨을 1950년1212월에 실시할것을 재정성에 위임한다

   인민들에대한 공채 매급사업을 조직실시할것을 재정성 각급인민위원회및

103) 『내각공보』 1950년 상, 252-254쪽; 별지 출처는 국사편찬위원회 엮음(1996), 『북한관계사료집』, 338-339쪽.

각급재정기관 금융기관에 책임지운다

조선민주주의인민공화국 내각
수상 김일성
재정상 최창익
1950년 5월 15일 평양시

—≪ ≫—

<u>1950년 5월 15일</u>

「조선민주주의인민공화국 인민경제발전 채권발행에 관한 결정서」
(1950년5월15일 내각결정 제109호) 별지

조선민주주의인민공화국 인민경제발전 채권발행 조례

제1조 조선민주주의인민공화국 정부는 인민경제발전채권(이하 채권이라고 략칭함)을 1950년10월1일부터 1960년10월1일까지 10년을 기한으로 하여 발행한다
제2조 채권은 조선민주주의인민공화국 인민에게 한하여 매급한다
제3조 채권은 50원 100원 500원권으로 총액 1.500.000.000원을 발행한다
제4조 채권은 15등급으로 구분하되 각각 1억원 단위로 한다
매개등급은 20.000조로 하고 000001부터 020000까지의 번호를 가지며 매개조는 0.1부터 50까지의 번호를 가진다
제5조 채권의일체소득은 당첨금으로 보상한다
당첨된 채권은 회수하여 그이후의 추첨에서 제외한다
제6조 당첨금액은 100원권에 준하여 50.000원 25.000원 10.000원 5.000원 1.000원 500원 150원으로한다
단 50원권채권은 100원권의 반액의 당첨금을 취득하고 500원권 채권은 1조에 다섯개의 번호를가지는것으로 100원권의 5배를 취득한다
당첨금액에는 채권의 본가격까지 포함한다
제7조 채권의 총발행액중 10년동안에 반액이 당첨된다
남어지 당첨되지않은반액은 조선민주주의인민공화국 정부로부터 원가격으

로 매상한다
제8조 채권의 추첨은 매8개월에 1회식하고 전발행기간 10년동안에 15회를한다
채권의 추첨은 재정성이 제정하는 규정에의하여 실시하되 1950년12월부터 이를 개시한다
제9조 당첨되지 않은 채권의 매상기한은 1955년12월1일부터 채권의 기한말까지 5년간으로한다
전항기간에 매상하는채권은 매년추첨에의하여 결정한다
매상하기위한 추첨의 실시기일은 재정성이 이를 설정한다
제10조 당첨된채권및 당첨되지않은 채권을 보상하는기한은 1961년4월1일까지로 한다
이기한내로 신청이없을때에는 무효로하고 보상하지않는다
제11조 매회추첨에있어서 당첨되는 채권수는 다음과같다

채권의 가격을 포함한 1.00원권채권의당첨금액	매회추첨에있어서 각1억원의 채권중 당첨되는 채권수	전25회의 추첨에있어서 매 1억원에 당첨되는 채권수
50.000원	1	15
25.000원	2	30
10.000원	5	75
5.000원	10	150
1.000원	100	1.500
500원	300	4.500
150원	20.482	307.230
총당첨되는 채권수	20.900	313.500
총당첨금액	3.522.300	52.834.500

제12조 채권의 일체소득에 대하여서는 국세및 지방세를면제한다

1950년 5월 15일

≪ ≫

1950년 5월 15일

「조선민주주의인민공화국 인민경제발전 채권발행에 관한 결정서」

(1950년5월15일 내각결정 제109호) 별지[104)]

조선민주주의 인민공화국 인민경제 발전을 위한 국내 추첨금 첨부 공채매급에 관한 규정

제1장 총칙

제1조 공채는 조선민주주의 인민공화국 내각 결정에 의하여 1950년 10월 1일부터 1960년 10월 1일까지의 10년을 기한으로 한 공채 15억원을 발행하며 이를 전부 조선민주주의 인민공화국 인민들에게 매급한다

제2조 공채의 매급은 엄격한 자원적 원칙에 의하여 실시한다

공채의 금액과 권종은 자기의 능력과 공채에 대한 개인적 리익 및 공화국 인민경제 발전에 있어서 국가에 자금적 원조를 주는 애국적 열성에 의하여 구매자 자신이 결정한다

제3조 공채의 발행 매급 추첨 실시 및 그 상환에 관련되는 모든 사업은 조선민주주의 인민공화국 재정성 및 지방 재정금융 기관에 부과한다

이 사업의 실지집 행은 북조선 중앙은행이 한다

농민은행 및 그의 지점 또는 저금소들은 북조선 중앙은행과의 특별한 계약에 의하여 북조선 중앙은행의 명의로써 공채 매급에 관한 사업을 집행한다

제4조 공채 매급기한은 재정성이 설정하며 신문에 게재하여 이를 보도한다

제5조 공채에 관련되는 모든 문제의 법적 해석은 재정성만이 한다

제6조 공채의 매급에 참가한 협조위원 전권위원 및 기타 우수한 일꾼들을 표창하기 위하여 재정성에 특별 자금을 제공한다

표창하는 절차는 재정성이 따로 이를 제정한다

제2장 현금에 의한 공채매급

제7조 공채 발행에 대한 내각 결정이 발표되면 북조선 중앙은행은 그 지점 농

104) 『재정금융』 1950년 5월 1일 제8권 제5호, 102-116쪽.

민은행 지점 및 저금소를 통하여 공채의 현금판매 사업을 조직하여야 한다 공채 판매는 재정성의 지시에 의하여서만 중지한다

제8조 북조선 중앙은행은 각 기업소 기관들에서 그 재정 경리부문을 통하여 현금에 의한 공채 판매사업을 조직하여야 한다

동 은행은 인민들에게 아모런 제한 또는 지체 없이 현금으로 공채를 구매할 수 있는 모든 대책을 취하여야 한다

제3장 공채 대금을 기한부로 지불하는 방법에 의한 예약

제9조 공채대금의 _개월간 월부 납부에 의한 예약은 (이하 공채예 약이라고 략칭함) 국가기관 국영기업소 소비조합과 그 산하 기업소 및 개인 기업소의 로동자 사무원들과 농민 기타 시민들에게 실시한다

제10조 공채 예약은 양식 제1호의 예약서에 의하여 실시한다

제11조 예약서는 중앙은행이 통일적으로 인쇄 작성한다

국가공채 및 저축사업 협조위원회 (이하 협조위원회라 략칭함) 는 인근 은행 또는 저금소에서 필요한 예약서를 교부받는다

제12조 개별적 로동자 사무원 또는 기타 공민들은 전체적인 예약 기한이 끝난 후에도 예약할 수 있다

제13조 공채 예약에 대한 예약금 납부 기한은 1950년 12월 1일을 최종 기일로 한다

공채 예약자는 예약금 납부 기간을 단축하여 기한전에 공채를 교부 받을 수 있다

제14조 예약금을 완납한 공채 예약자들에게 대한 공채 교부 최종 기일은 1951년 12월 1일로한다

이 기한이 경과한 후에는 공채를 교부하지 않는다

제4장 국영 및 개인 기업소와 소비조합 및 그 산하 기업소 생산 합작사 기관의 로동자 사무원들에 대한 예약

제15조 국영 기업소 소비조합 및 그 산하 기업소 생산합작사 기관들에서 근무하는 로동자 사무원들과의 예약은 직업동맹 직장위원회 (이하 직장위원회라고 략칭함) 의 지도밑에서 협조위원회가 집행한다

제16조 직접적인 예약사업을 진행하기 위하여 협조위원회는 쩨흐 부 및 국 들

에 공채 예약 기간까지 특별 전권위원을 선출한다

제17조 전권 위원들은 예약서에의하여 공채 예약을 한 후 이 예약서는 협조위원회에 제출한다

협조위원회는 예약서의 내용을 검토하고 위원장이 이에 수표한후 예약금과 함께 그 가속하는 단위의 경리 부문에 이관한다

제18조 기업소 기관 또는 생산합작사의 경리부는 공채 예약 및 계산 사업이 끝날때까지 예약 진행 정형보고서 (양식제4호) 를 은행 혹은 저금소에 정기적으로 제출하여야 한다

공채 매급 초기에는 매일 16시까지 제출하며 예약이 끝난 후에는 매월 1차식 월말까지 제출하여야 한다 허위의 사실을 보고 하거나 혹은 제출 기한을 지속적으로 위반하는 자는 법에 의하여 처단한다

제19조 기업소 기관 또는 생산합작사의 경리부는 예약자의 통계 및 예약자들과의 모든 계산을 특별한 장부 (양식제6호) 에 의하여 처리한다

제20조 예약자들의 위임에 의하여 경리부는 그들의 임금에서 순차적으로 예약금을 통제하며 또 예약자의 요구에 따라서는 현금을 받는다

예약금 납부를 위하여 임금에서 공제한 금액은 무현금 방법으로써 은행 혹은 저금소에 환치한다

제21조 전조의 경우에 경리부는 양식 제5호에 의한 보고서를 제출하여야 한다

제22조 예약자들에게 공채를 교부할 책임은 그 단위의 경리부가 진다

예약자들에게 공채를 교부하는 경우는 다음과 같다

1, 예약자가 공채 예약금을 기한전에 완납하였을 때

2, 예약자가 직장에서 해임 당하였을 때 (예약금 납부액에 해당하는 공채를 교부한다)

3, 예약 기간이 경과하였을 때

제23조 경리부가 예약자에게 공채를 교부할 수 없는 경우에는 공채와 명부를 첨부하여 은행 또는 저금소에 반환한다

명부에는 예약자의 성명과 납부한 예약금을 기입한다

협조위원회는 반드시 전항의 명부에 예약자에게 공채를 교부하기 위하여 취한 대책과 그 실정을 증명하여야 한다

제24조 예약장소에서 공채를 받지 못한 예약자들은 예약금을 납부한 단위의 경리부가 증명하는 문건에 의하여 중앙은행 지점에서 그를 교부받을 수 있다.

제25조 전직 기타 사정으로 인하여 다른 단위에 이동하는 예약자는 그 단위의 이전 증명서에 의하여 공채 교부의 권리를 보존할 수 있다

제26조 협조위원회는 새로 취직한 로동자 사무원에대하여 공채 예약의 유무 및 그 요구의 여하를 알어야 한다

이 경우에 있어서 협조위원회는 일반적 방법에 의하여 그가 히망하는 정도에 따라 예약을 받을 수 있다

제27조 예약금 및 공채의 수수는 특수한 계시과목을 설정하여 그 단위의 발란스에 계상하여야 한다

제28조 전조의 경우에 있어서 그 단위의 경리부는 공채 및 예약금에 관한 일체 계산을 완료한 후 총결 보고서 (양식 제7호)를 은행 또는 저금소에 제출하여야 한다

제29조 본 규정 제15조 내지 제28조는 전문 대학생들과의 공채 예약에 적용한다

제5장 농민들과의 공채 예약

제30조 농민 및 기타 농촌 주민들에게 대한 공채 매급은 협조위원회와 농민동맹의 원조밑에서 면 및 리 인민위원회가 조직 실시한다

제31조 공채 예약이 실시되기 전에 리 인민위원회는 공채 예약을 실지 집행하기 위하여 전권위원을 선출하고 그 명부를 면 인민위원회에 제출하여 승인을 받는다

면 인민위원회가 승인한 전권위원들은 공채 매급의 시초부터 마지막까지 자기의 임무를 수행할 책임을 진다

전권위원들은 면 인민위원회의 허가에 의하여서만 그 책임이 해제된다

제32조 매개 전권위원들은 20세대 내지 40세대의 단위를 대상으로하여 사업한다

전권위원들은 리 인민위원회의 위임에 의하여 공채 예약 예약금 수납 공채 교부 등의 사업을 집행한다

제33조 전권위원들은 예약금으로 수납한 현금의 보관 및 예약자들에게 교부하기 위하여 받은 공채에 대하여 물질적 책임을 진다

제34조 공채 예약이 시작되기 전에 면 인민위원회는 공채에 대한 모든 계산을 실시할 은행 혹은 저금소에서 공채 예약에 관한 규정 양식 제3호에 의한 예약금 계산 령수증 예약서 및 기타 문서들을 받어 이를 전권위원들에게 배부하여야 한다

제35조 전권위원들은 자기가 맡은 지역에서 예약서에 의하여 공채 예약을 실시하고 예약자에게는 반드시 예약 즉시로 계산 령수증 (양식 제3호) 를 교부하여야 한다

전권위원은 예약자들 과의 계산을 통계하기 위하여 계산 령수증 원부를 보관한다

제36조 공채 예약금의 제1차납부금은 예약자의 희망에 따라 이를 령수하고 그 잔여는 월부 납부방법을 취한다

전권위원들은 예약자들의 창발력을 발휘하게하여 예약금의 기한전납부를 백방으로 원조하여야한다

제37조 전권위원은 작성된 예약서를 리 인민위원회에 제출하고 리 인민위원회는 그 내용을검토한 후 리 인민위원회 위원장 및 협조위원회 위원장이 각각 수표하여 면 인민위원회에 제출한다

면 인민위원회는 예약자들을 통계하여 예약금의 수납 및 공채 교부에 관한 모든 계산을 리 인민위원회 전권위원들과 더부러 이를 실시한다

제38조 면 인민위원회는 전권위원들과의 모든 계산을 정확하게 하기 위하여 매개 전권위원들에 대하여 인명계시 (양식 제2호) 를 설정하여 이를 처리한다

인명계시의 사본은 전권위원들에게 교부한다

제39조 예약자들의 순차적인 예약금납부는 전권위원이 계산 령수증에 기입하고 자기의 수표로서 이를 증명하는 동시에 계산령수증 원부에 동일한 기장을 한다

전권위원들은 현금으로 받은 예약금을 즉시 면 인민위원회에 납부한다

면 인민위원회는 전권위원으로부터 현금을 받은 후 계산령수증 원부와 대조하고 해당 전권위원회 인명 계시에 기입하며 수표로써 이를 증명한다

제40조 면 인민위원회는 전권위원들로부터 받은 현금을 그 결산보고서 (양식 제5호) 와 함께 그가 거래하는 은행 혹은 저금소에 납부한다

결산보고서는 전권위원들의 인명계시 및 예약서에 의하여 작성한다

제41조 면 인민위원회는 전권위원들의 신청서에 의하여 예약금을 납부한 은행 혹은 저금소에서 공채를 받는다

제42조 전권위원들은 자기가 납부한 금액에 해당한 공채를 면 인민위원회에서 받는다

이 경우에 있어서 공채 교부는 인명 계시기장에 근거하여 50원을 단위로 한다

제43조 예약자들은 예약금의 계산령수증을 전권위원들에게 반환하는 동시에 공채를 교부 받는다

만일 예약자들의 납부한 금액이 50원 단위가 되지 못할 때에는 부족액을 보충 납부하여 해당한 공채를 받을 수 있다

제44조 전권위원이 예약자들에게 교부하지 못한 공채는 면 인민위원회에 반환하고 면 인민위원회는 본 규정 제23조의 절차에 의하여 그를 교부받은 은행 혹은 저금소에 반환한다

제45조 예약자들에 대한 공채 교부와 공채에 대한 모든 계산을 완결한 후 면 인민위원회는 인명계시 계산령수증 및 그 원부에 의하여 전권위원들과의 계산을 호상 대조하여 청산한다

면 인민위원회는 1950년 12월 20일 이내로 공채사업에 대한 총결 보고서 (양식제7호) 를 공채 관계로 거래한 은행 혹은 저금소에 제출하여야 한다

제46조 공채 매급 사업에 참가한 우수한 전권위원 협조위원 및 기타 활동적인 일꾼들을 표창하기 위한 상급기관과 공채 매급에 관계되는 일체 비용은 재정기관으로부터 인민위원회가 받는다

제6장 시민들과의 공채 예약

제47조 국영 기업소 기관 소비조합 및 그 산하 기업소 생산 합작사 개인기업소 민간 단체들에서 근무하지 않는 시민들과의 공채 예약은 해당 인민위원회 (리 사무소를 포함한다 이하도 이와 같다) 내의 협조위원회 전권위원들이 이를 실시한다

제48조 협조위원회가 선출한 전권위원들은 그가 속하는 시 구역 인민위원회가 이를 승인하여야 한다

제49조 협조위원회는 매개 전권위원들에게 40 내지 50세대 수를 단위로 한 일정한 지역을 선정하여 주어야한다

제50조 협조위원회는 공채 예약이 시작되기 전에 다음과 같은 준비사업을 실시하여야 한다

1, 전권위원 선출

2, 전권위원들의 담당 지역 설정

3, 공채 예약에 필요한 일체 서류를 은행 혹은 저금소에서 받을 것

4, 전권위원들에게 대한 지도사업

협조위원회는 공채 발행에 대한 조선민주주의 인민공화국 내각결 정서가 발표되면 곧 예약서를 전권위원들에게 교부하여야한다

제51조 시민들과의 공채 예약은 전권위원이 본 규정에의하여 실시하고 그 예약서는 그 가선출된 협조위원회에 제출한다

제52조 협조위원회는 전조의 예약서를 검토한 후 위원장이 이에 수표하고 그 소재지 은행 혹은 저금소에 이를 제출한다

제53조 은행 지점 또는 저금소는 협조위원회가 제출한 예약서에 의하여 예약자의 통계 예약금의 수납 및 기타 모든 계산을 조직 처리한다

이 경우에 있어서 은행 및 저금소 직원들은 자기의 전권위원을 선출하여 이를 집행한다

제54조 은행 및 저금소 전권위원들은 리 인민위원회 전권위원과동일한 직능을 수행한다

제55조 은행 및 저금소는 예약자와 전권위원들과의 사이에 본 규정 제5장에 규정된 면 인민위원회와 전권위원회과의 사이의 계산에 관한 절차에 의하여 계산을 실시한다

제7장 중앙은행에 있어서의 공채에 관한 사무

제56조 공채에 관한 회계방법 공채기금 공채 예비권의 관리 보관 공채 공급 및 농민은행과 저금소와의 공채에 대한 일체 계산 절차는 재정성이 승인한 북조선 중앙은행의 특별 규정에 의한다

제57조 공채는 세금 혹은 기타 지불계산에 사용하는 것을 엄금한다

제58조 은행 및 저금소는 예약자들에게 교부할 공채를 별지양식 제9호에 의한 신청서와 양식 제9호에 의한 신임증에 근거하여 인민위원회 기업소 및 기관들에게 교부한다

조선민주주의인민공화국
재정상 최창익
1950년 4월 3일
평양시

양식 제1호

전권위원은 예약을 하기 전에 반드시 예약자들에게 공채 발행 조건 및 월부 납부에 의한 공채 예약금의 계산 절차를 알리워야 한다

1950년 _월 _일까지 _개월을 기한으로 하는 공채대금 월부 납부 방법에 의한 조선민주주의 인민공화국 인민경제 발전 국내 추첨금 첨부 공채 구입에 관한

예 약 서

명칭 (기업소 기관)

주소

번호	성명	예약금 (단위.원)	요구하는 공채의 권종별 및 수량				개월 기간을 통하여 공채금액을 납부할 것을 서약함 수표.인
			50	100	500	1.000	
1			매	매	매	매	
2			원	매	매	매	
3			매	매	매	매	
4			매	매	매	매	
5			매	매	매	매	
6			매	매	매	매	
7			매	매	매	매	
8			매	매	매	매	
9			매	매	매	매	
10			매	매	매	매	
	개		매	매	매	매	

전권위원 수표 ____________

증명자의 수표 ____________

1950년 _월 _일

양식 제2호

인 명 계 시

No

전권위원

전권위원이 맡은 인원수 명
예약서에 의
하여
1. 공채 예약자수 명
2. 공채 에약금 원

공채 매급 계산에 대한

1. 현 금 출 납

번호	기장 1950년 _월)일		요기	단 위 (월)												현금 출납자의 수표.인
				수입				지출				잔고				

공채 예약금을 완전히 납부하였고 전권위원 및
은행과의 계산을 완결하였음 수표

2. 공 채 출 납

번호	기장 1950년 _월)일		요기	단 위 (월)												현금 출납자의 수표.인
				수입				지출				잔고				

공채매급에 관한 예약자들과의 계산을 완결하였으며 계산
령수증 ____매 No. ____으로부터 No. ____으로까지
를 전권위원으로부터 령수하였음 수 표

양식 제3호

계산령수증 *(월부)* No

1950년 월 일
에게 지불기한을
개월로 한
월부 방법에 의한
공채 예약금 원
(1.2.3.4로)
(금 원)을 확실히
(한자로)
령수하였음

번호	1950년 월 일		요기	금액(단위. 원)	
				납부액	미납액
1					
2					
3					
4					
5					
6					
7					
8					
9					
10					
납부액 계					
전권위원의 수표					

비고
계산령수증 원부는 전권위원이 보관하고 공채 예약자와의 예약금 납부 계산에 사용한다

절단 전권위원계인 직인 절단

계산령수증 No

1950년 월 일
앞
지불 기한을
개월로한 월부 방
법에 의한 공채 예약금
(금 원)을 확실히
1.2.3.4.로 (한자로)
확실히 령수하였음

번호	1950년 월 일		금액 (단위. 원)		현금을 령수한전권위원의 수표
			납부액	미납액	
1					
2					
3					
4					
5					
6					
7					
8					
9					
10					
납부액 계					
전권위원의 수표					

비고
본 령수증은 재정성 규정에 의하여공채를 교부할때까지 예약자가 보관한다 공채를 교부할 시에는 본 령수증에 의하여 교환 교부한다

양식 제4호　　　　　　　　　　　1950년　　월　　일 접수　　　　　No.

보고서 번호 No.

예약진행 정형보고

1950년　　　월　　　일분

지점
저금소　앞

구좌 번호	

(기업소 기관명)

번호	명 칭	전반 결산 이후 분	공채 매급시초부터의 분
1	로동자 사무원의 총수	명	명
2	로동자 사무원의 총 임금기금	원	원
3	공채 예약자 수	명	명
4	예약자들의 로임기금	원	원
5	공채예약금액	원	원
6	로등임금기금에 대한 예약금의 비율	%	%
7	현금으로 납부한 예약금액	원	원
8	예약자들에게 교부한 공채액	원	원

수표

1950년　　월　　일

양식 제5호

1950년　　월　　일　접수

No.

앞

공 채 매 급　결 산　보 고 서

1950년　　월　　일부터 1950년　　월　　일까지의 분

구좌 번호	

(기업소 기관명)

본 결산 보고서는 공채 예약금을 납부할 때 마다 은행 혹은 저금소 에　제 출 할　것 임

번호	명 칭	전반 결산 이후 분	공채 매급시초부터의 분
1	예 약 자 수	명	명
2	예 약 금 액	원	원
3	총 수 금 액	명	명
4	은행지점 에서 받은 저금소 금액	원	원
5	예약자들에게 교부한 공채	원	원

수표

1950년　　월　　일

양식 제6호

공채예약자들과의 계산원장

기업소 기관명 ____________________

번호	예약자의 성명	월부로 납부할 금액	임금공제 및 현금납부액							합계	단위 (원)	
			월	월	월	월	월	월	월		요 교부 공채액	교부 공채액
1												
2												
3												
4												
5												
6												
7												
8												
9												
0												
1												
2												
3												
4												
5												
6												
7												
8												
9												
0												
합 계												

양식 제7호

앞

(은행 혹은 저금소)

공채매급에 관한 총결보고서

1950년 월 일부터 1950년 월 일까지의 분

(기업소 기관 명)

번호	명칭	공채매급시초부터 최종기간의 분
1	공채예약자수	명
2	예약자들의 입금기금	원
3	예약금액	원
4	예약금으로 납부한 금액	원
5	예약금에 대한 납부금의 비률	%
6	은행으로부터 교부받은 공채액	원
7	예약자들에게 교부한 공채액	원
8	교부하지 못한 공채액 (은행에 반환한 공채액)	원
9	표창하기 위하여 수수한 금액	원
10	공채매급에 열성적으로 참가한 전권위원 및 기타 인원	명

수표

1950년 월 일

양식 제8호

앞

____
(은행 혹은 저금소명)

예약자들에게 1950년 월에 교부하기 위한 공채 신청서

(신청 기업소 기관명) ______________________

번호	내 용	금 액
1	예약금으로 납부한 금액	
2	교부받은 공채액	
3	예약자들에게 교부할 공채 소요액	
	권종별 (3의 내역 ㄱ. 50원권공채 ______________원 ㄴ. 100원권공채 ______________원 ㄷ. 500원권공채 ______________원 ㄹ. 1,000원권공채 ______________원	

수표 ______________________
1950년 월 일

상기 상위없이 령수하였음
수표
년 월 일

은행지령 출납과 (계) 장 앞

상기 교부할 것을 지령함

년 월 일

____

감시원	계원

교부계	
출납	

양식 제9호

유효기간 1950년 월 일까지

신 임 장

예약자들에게 교부할 공채 ______________________ 원
(1.2.3.4.로)
(금 ______________________ 원)
(한문자로)

을 __________ 은행 __________ 지점에서 교부받음에 있어서 공민

__________ 을 선임한다

수표 및 직인으로서 본인 ______________________
사인 (혹은 수표) ______________ 을 확인한다

기 관 인

수 표 ______________

1950년 월 일

—《 》—

1950년 5월 22일

조선민주주의인민공화국 내각 결정 제110호[105)]

조선민주주의 인민공화국 인민경제발전 채권응모사업에 있어서 예매를 중지함에 관한 결정서

조선민주주의인민공화국 내각은 인민경제발전채권 응모사업에대한 진행정형보고를 듣고 다음과같이 지적한다

1. 조선민주주의인민공화국 인민경제발전채권발행에 관한결정 (1950년5월15일 내각결정 제109호)으로서 총액 1.500.000.000원의 인민경제발전채권을 발행하였는바 발행후 7일동안 즉 5월15일부터 동월21일까지의 기간에 인민들이 응모한 금액은 2.504.730.000원에 달하였다
   이는 총발행액의 166.98%로된다
   그중현금매급액은 597.858.000원이고 예약에의한 매급액은 1.906.872.000원이된다 그럼으로 이는 총발행액보다 1.004.730.000원을 초과하였다
2. 인민경제발전채권 응모사업에 공화국북반부 전체인민대중 즉 로동자 농민 사무원 기업가 상인 자유업자및 기타 모든인민들은 높은 애국적 열정으로 참가하여 공화국북반부 전지역에서 3.322.189명이 채권을 구매하였으며 공화국정부주위에 굳게결속된 자기들의 정치적 조직적력량을 다시한번 시위하였다
   조선 민주주의 인민공화국 내각은 인민경제발전채권 응모사업이 이상과같이 승리적으로 진행된것을 지적하면서 다음과같이 결정한다

1. 1950년5월23일부터 공화국북반부 전지역에서 인민경제발전채권 예매사업을 중지한다
   이에대하여 전체인민들에게 공포할 것을 재정상 최창익동지에게 위임한다
2. 예약에의한 응모자들에게 채권을 전부보장하여 주기위하여 인민경제발전채권 초과응모분을 추가발행할것을 재정상에게 위임한다
3. 인민경제발전채권 응모사업을 열성적으로 집행한 일꾼들을 표창하기 위하여 그상금기금으로 재정성에 채권수입총액의 1%에 해당하는 특별기금을 설정할것을 허여한다

---

105) 『내각공보』 1950년 상, 254-255쪽.

상금은 재정성에서 제정하는 규정에 의하여 지급한다

조선민주주의인민공화국 내각
수상 김일성
재정상 최창익
1950년 5월 22일
평양시

―≪ ≫―

1950년 6월 15일

조선민주주의인민공화국 내각지시 제448호[106)]

시 군 소재지에 있어서의 공채예약금 수납 방법과 절차에 대하여

시민들에대한 공채예약금 수납방법과 절차는「조선 민주주의 인민공화국 인민경제 발전을위한 국내추첨금 첨부 공채매급에관한 규정」(1950년4월3일 내각결정 제85호) (이하 매급규정이라고 략칭한다) 제53조에의하되 인민들의 편리를 도모하며 공채예약금 수납사업을 성과적으로 보장하기 위하여 각급인민위원회와 재정금융기관들은 다음과같은 방법과 절차에의하여 이를 협조 집행할것을 지시한다

1. 각시및 군소재지 면에있어서의 예약금수납은 매급규정에의하여 시에있어서는 은행(저금소) 군소재면에있어서는 리전권위원이 직접 집행한다.
   그러나 이미 선출된 전권위원이 다른직장에 근부하는자로서 이사업을 집행할수없다고 인정되는 경우에는 각은행지점일꾼 시 면 인민위원회 재정일꾼 소관지역내의 리인민위원회(리사무소를 포함한다 이하도 이와같다) 일꾼 및 협조위원들중에서 전임수납원을 선출하여 이사무를 집행시킬 수 있다 전임수납원은 해당시 또는 면인민위원회와 은행지점이 협의하여 이를 결정한다
2. 제1호에의하여 선출한 전임수납원은 해당시 또는 군소재지 면협조 위원회의 동의를 받아야한다

---

106)『내각공보』1950년 상, 255-257쪽.

3. 리전권위원 및 제1호의 전임수납원은 해당지역내의 은행지점 지배인의 지도와 감독밑에서 예약금수납 수납금의 은행납부 및 예약자들에게 대한 채권교부등의 모든사무를 집행하며 그가집행한 일체사항에 대하여는 은행앞에 물질적책임을진다
4. 전수납원에게는 은행지점지배인의 신임장을 교부한다
   전임수납원은 자기의명의로써 계산령수증을 발행하고 모든계산을한다
5. 전임수납원에 대하여서는 그가수납한 예약금액에대하여 소정의 상금을 지급한다
   상금비률은 별도 재정성 규정에의한다
6. 「국가공채및 저축사업협조상설위원회」(이하 협조위원회라고 략칭한다)는 그관리지역내의 예약자들에게대한 예약금 수납사업을 적극 추진시키며 이 사업을 방조하여야한다
   협조위원회는 예약자들의 에약금 납부에대하여 끝까지 책임을진다
7. 각리협조 위원회는 별지양식 제1호에의한 「예약금수납정형보고」를 매월말 현재로 작성하여 다음달 5일까지 상급협조위원회에 제출하여야 한다
   전항보고를 접수한 해당 상급협조위원회는 이를 검토한후 위원장이 수표하여 해당리를 담당한 은행지점에 제출하여야 한다.
8. 예약자가 예약금 월부 납부기한중에 다른지방으로 전출하는 경우에는 예약금을 완불하게할 것이다 부득이한 사정이있을 경우에한하여 다음과같이 처리할 수 있다
   리인민위원회와 리협조위원회는 전출하는 예약자에게 별지 양식제2호 「공채예약금 납부증명서」를 교부하는 동시에 이미 예약금으로 수납한 금액에 해단한 공채를 교부한다
9. 「공채예약금 납부증명서」는 예약이 전혀없거나 예약금을 완납한자에게도 발급하여야한다
   리인민위원회와 리협조위원회는 새로 전입한 리인민들에 대하여 공채구매에대한 예약유무를 「공채예약금 납부증명서 에의하여 반드시 확인하여야하며 미납금액이 있을 경우에는 즉시로 소관지역내 은행(저금소)와 련락하여 이를 순차적으로 수납하도록 조처하여야한다
10. 시(구역)면 인민위원회 또는 은행지점(저금소)은 매개 전권위원들의 예약금수납 정형을 수시로 검열하여야한다
11. 본지시는 각직장 기업소 및 기관단체에는 적용하지않는다

조선민주주의인민공화국 내각
수상 김일
1950년 6월 15일
평양시

별지양식 제1호

예약금 수납 정형보고
1950년 월 일 현 재

시 군 면 리협조위원장 인

총자 예 약수	예총 약 금액	전지금 월수액 말납루 까한계	본수금 월납 중 에할액	본실한 월지인 중수 에납원	본실한 월지금 중수 에납액	비 률 (6:4)	미 납 액	비 률 (8:4)	비 고
1	2	3	4	5	6	7	8	9	10

1950년 월 일

(비고) 「본월중에 수납할금액란」에는 전월까지 미납액과 본월분 수납예정액을 합하여 기입한다

별지양식 제2호

공채예약금 납부증명서

주소

직업 성명

공민증 호

1. 예약금액 원
2. 월까지 납부한금액 원
3. 미납액 원

상기와같이 틀림없음을 증명함

시 면 리 인민위원장(리장) 인

시 면 리 협조위원장 인

1950년 월 일

(비고) 예약이 전혀없거나 예약금을 완납한 경우에도 본증명서를 발급한다

—《 》—

1950년 6월 17일

조선민주주의인민공화국 내각수상 김일성 농림성 규칙 제13호[107)]

농업현물세 제정에관한 결정서에 대한 세칙 일부 개정에 관하여

(1949년 8월 1일 농림성규칙 제19호의 일부개정에 관하여)

농림성규칙 제19호(농업현물세 제정에관한 결정서에 대한세칙 일부개정에 관하여)의 일부를 다음과같이 개정한다

제1조 제2항을 다음과같이 개정한다

조만기별	조사기별	작물명	징세서 발부 기한	비고
조기작물	제1기	소맥[小麥] 대맥[大麥] 홍맥[紅麥] 아마[亞麻] 춘소채[春蔬菜] 마령서[馬鈴薯](조생종)	7.15	자강 함남 함북 3개도는 춘소채만해당함
	제2기	소맥 대맥 홍맥 아마 춘소채 마령서(조생종) 대마기타두류(조생종)	8.10	평양시와 평남 평북 황해 강원 4개도는기타두류와 대마만해당함
만기작물	제3기	조 피 기장 연맥[燕麥] 수수 옥수수 연초 앵속[罌粟] 홉뿌	9.15	각도및 평양시
	제4기	수도[水稻] 륙도[陸稻] 교맥[蕎麥] 대두[大豆](소두[小豆])록두[綠豆] 락화생[落花生]기타두류(만생종)감자[甘藷] 마령서(만생종)면화 인삼기타특작	10.5	각도및 평양시
		추소채[秋蔬菜]	10.25	각도및 평양시

다만 농림상과 내각량정국장은 당년농작물 작황에 따라서 그해에 한한 징세서 발부기일을 변경할 수 있다

조선민주주의인민공화국 내각

107) 『내각공보』 1950년 상, 158쪽.

농림상 박문규
1950년 6월 17일
평양시

≪ ≫

1950년 7월 4일 [일부]

조선 민주 주의 인민 공화국 최고인민회의 상임 위원회 결정 제137호

조선 민주주의 인민 공화국 최고 인민회의 상임 위원회 정령[108]

공화국 남반부 지역에 토지개혁을 실시함에 관하여

제6조 토지에 대한 종래의 지세 기타 일체 세금과 부담금은 이를 페기한다 농민들은 다만 공화국 북반부와 동일한 비률의 현물세를 국가에 납부한다 그러나 1950년이 있어서는 피페한 남반부 농민들의 생활을 급속히 개선시킬 목적으로 이를 현저히 경감할것을 공화국 내각에 위임한다

제7조 현물세를 납부한 나머지의 농작물은 농민들의 자유 처분에 맡긴다 공출제도는 일체 페지한다.

조선민주주의 인민공화국 내각은 로력농민의 리익을 특히 보호하며 경제적 정책이 허하는 여러가지 방법으로 그들을 방조한다. (...)

조선민주주의 인민공화국 최고인민회의 상임위원회
위원장 김두봉
조선민주주의 인민공화국 최고인민회의 상임위원회
서기장 강량욱

≪ ≫

108) 최고 인민회의 상임 위원회(1950), 『공화국 남반부 지역에 토지개혁을 실시함에 관한 정령및시행세칙』(평양: 최고인민회의 상임위원회), 1-5쪽.

1950년 7월 9일

내각 결정 제139호[109)]

조선 민주주의 인민공화국 38도선 이남 해방지역에 있어서 세금제도 실시에관한 결정서

조선 민주주의 인민공화국 내각은 공화국 38도선이남 해방지역에 있어서 공정한 민주주의적 세금제도를 실시함으로서 인민들의 부담을 경감하며 또한 복구된 인민정권기관들의 재정을 확립하기위하여 다음과같이 결정한다

1. 공화국 38도선 이남지역에서 매국노 리승만 괴뢰정권이 실시하고있든 반인민적 략탈적 세금제도를 페지한다
2. 공화국 38도선 이북지역에서 현재 실시하고있는 민주주의적 세금제도를 공화국 38도선 이남 해방지역에 실시할것이며 일체 세외부담을 인민에게 부과하는것을 엄금한다
3. 해방지역에서의 본세금제도의 실시방법은 그특수정형을 참작하여 집행할것을 재정상에게 위임한다

조선민주주의인민공화국 내각

수상 김일성

재정상 최창익

1950년 7월 9일

평양시

≪ ≫

109) 『내각공보』 1950년 상, 265쪽.

1950년 7월 30일

조선민주주의인민공화국 군사위원회명령 제38호[110)]

농업 증산 및 농업현물세 징수에 관하여

조국 통일과 완전 자주독립의 성스러운 과업달성을 목전에 두고 치렬한 정의의 전쟁에 전체 인민들은 한결같이 동원되고 있다

이엄중한 시기에 있어서 일부 지방정권기관들에서는 행정 규률이 해이한 형편에 있으며 농업증산및 농업현물세 징수사업들은 완전한 전시태세로 개편되지 않고 있다

자강도에서는 작년도 7월21일 현재의 파종면적이 86.9%이였다면 금년도 동기실적은 74.4%로서 12.4% 저하된 락후한 상태에 있으며 황해도 역시 7월 10일현재 파종실적은 1949년도 동기에 비하여 0.5% 더 적게 파종하였다

더욱히 평안남도 중화군에서는 7월중순 파종에 적당한 우량이 있었음에도 불구하고 맥류 후작면적의 대부분을 파종하지 않었으며 또한 파종된 면적조차 추파하지않는 까닭에 많은 면적을 휴한시키고 있다

함경남도 단천군 인민위원회 위원장과 동군 농산과장은 대맥의 수확고 판정에 있어서 동군 하다면의 평균수확고가 반당 64.6kg에 대하여 군에서는 하등의 검열도 없이 45.0kg로 사정하여 허위장부 2통을 작성 교부하였다 또한 조기 작물 수확이 끝난지 이미 오래 되었음에도 불구하고 그현물세 징수 실적은 각도 공통히 극히 락후한 형편에 있다

각급 인민위원회 위원장들은 자기 책임으로 이같은 결점들을 급속히 퇴치하고 다음의과업을 엄격히 수행할것을 명령한다

1. 전시 로동에 관한 군사위원회 결정 제6호에 의하여 행정 규률을 더욱 강화할것
2. 농산물 증산을 위하여 아직까지 파종하지못한 밭및 이앙 하지못한 논에 메밀 소채[蔬菜]등의 개작을 실시케 할것이며 이를 늦어도 8월10일까지에 파종완료케 함으로서 한평의 땅도 묵이지말것
3. 녀자 로력및 로소 로력을 적극 리용하여 군사및 국가 동원으로인한 로력부

110) 『내각공보』 1950년 제14호, 566-567쪽.

족을보충함으로서 농작물의 중경 제초 수확등 작업을 제때에 보장 할것이며 특히 로력이 부족한 군무자가정의 농산작업을 협조 보장 할것

4. 조기작물 현물세의 부과징수에 있어서 고이적으로 실수확고를 실제보다 적게 판정하여 도량기구를 위조하는등 부정사실들을 제때에 적발 시정 함으로서 정확한 판정 부과로 이를 기한전에 질적으로 우량한 세곡을 반드시 완납하도록 전력을 다할것
5. 농업생산및 현물세 징수사업에 있어서 농촌의 부족 로력은 이를 군사상으로 동원되지않는 도시주민 및 학생들로서 동원보장할것

조선민주주의인민공화국 군사위원회
위원장 김일성
1950년 7월 20일
평양시

≪ ≫

<u>1950년 8월 13일</u> [일부]

조선민주주의인민공화국 내각지시 제555호[111)]

「공화국 남반부 해방지역의 몰수과수원 경영에 관하여」

2. 몰수과수원의 수확물취급에 있어서
 (1) 1의 (1)항에 의하여 소작인에게 위탁관리한 과수원에 대하여는 과수원 임대료로 총수확량의 10%를 현물세 납부규정에의한 방법으로 징수한다. 그러나 경우에따라서는 현물세에 해당한량을 산지가격으로 환산하여 현금으로 징수할 수 있다
 (2) 정령에의하여 몰수되는 과수원중 관리인을 배치하여 경영한 과수원에 대하여는 과수원 수확물 전량을 국가수입으로한다
 단 관리비는 농림성직영 과수원의 경비지출 기준에 의하여 지출한다
 (3) 각급인민위원회는 몰수과수원에 대한 수확고 판정사업을 실시하여 9월10

111) 『내각공보』 1950년 상, 162-163쪽.

일전으로 몰수과수원 임대료 납부고지서를 발부할 것이다

(4) 내각량정국장은 과실검수규정에의하여 몰수과수원 임대료와 국가수입으로 되는 과수원의 수확물을 검수할 것이다
단 조기과실은 만기과실로 대납할수있으며 현금으로 대납할수있다 (...)

—《 》—

1950년 8월 18일

조선민주주의인민공화국 내각결정 제148호[112]

공화국 남반부지역에 있어서 농업현물세제를 실시함에 관한 결정서

리승만 반동정훤통치와 지주의 압박으로부터 해방된 공화국남반부 농민들의 경제적 문화적 락후성을 급속히 퇴치하고 새로운 민주주의토대우에서 자기생활을 시급히 향상시키며 농민들이 국가 경제건설에 적극적으로 참가할수있는 가능성을 부여할목적으로 조선민주주의인민공화국내각은 「공화국남부지역에 토지계획을 실시함에관하여」 조선민주주의인민공화국 최고인민회의 상임위원회 결정 제137호의 제6조에 의거하여 해방된 공화국 남반부지역에있어서 1950년도에 농업현물세부과징수는 다음에 의하여 실시할것을 결정한다

1. 조기작물(소맥[小麥] 대맥[大麥] 라맥[裸麥] 흑맥[黑麥] 조기소채[蔬菜] 조기과실)에 대한 농업현물세는 1950년도에 한하여 이를 면세한다
2. 만기작물에 대한 현물세는 다음의세률에의하여 이를 징수한다
(농업현물세 개정에관한결정서 북조선인민위원회 법령제24호에의함)
   (1) 수도에있어서는 그수확고의 27%를 부과징수한다
   (2) 전작물에있어서는 그수확고의 23%로하며 소채현물세[蔬菜現物稅]를 대곡으로 징수할때의 정당 대곡량은 일반업자에 대하여는 100kg 전업자에대하여는 200kg식 각각 정곡[精穀]으로 징수한다
   (3) 과실에있어서는 그수확고의 25%
   (4) 화전에 재배하는 작물에있어서는 그수확고의 10%
3. 농민이 자력으로 개간한 3년미만의 신규 개간지에 대하여는 농업현물세를

112) 『내각공보』 1950년 제14호, 550-552쪽.

면세한다

4. 전쟁에의하여 피해를입은 농작물에있어서는 그정도에 따라서 농업현물세를 경감 또는 면제할 수 있다
5. 농작물의 판정사업을 정확히 실행하기위하여 각리에 농작물판정위원회를 조직하되 그위원들은 리농민대회에서 선출한다
   농업현물세는 농작물판정위원들이 「농림성의 농작물 생산고 판정요강」에 의하여 판정한 수확고를기준으로하여 부과징수한다
6. 각급인민위원회 위원장은 농작물판정위원회의 사업을 일상적으로 조직지도 하여야하며 면 구역 인민위원회 위원장은 판정위원회가 판정한 수확고 판정 절차를 시 군인민위원회 위원장을 경유하여 도인민위원회 위원장의 비준을 받은후 이에의하여 농업현물세를 부과징수한다
7. 각도(서울시)인민위원회위원장들은 농업현물세 징세서를 제3기작물(조 피 기장 수수 옥수수 연초 앵속[罌粟] 연맥등)에 있어서는 9월25일까지 제4기작물(수도[水稻] 륙도[陸稻] 교맥[蕎麥] 대두[大豆] 소두[小豆] 록두[綠豆] 락화생[落花生] 기타두류 저류[藷類] 면화 기타특작 만기과실 추파소채[秋播蔬菜])에 있어서는 10월10일까지 농민들에게 각각 발부케할것이며 현물세징수는 제2기작물은 10월15일까지 제4기작물은 12월15일까지에 각각 징수완료할것이다
8. 공화국 남반부의 공정한 농업현물세 부과 및 그징수를 보장하기위하여 다음 통지들을 각도의 책임전권위원으로 각각 임명한다

서울시	경기도	박경수	(로동당중앙위원회 농민부 부부장)
충남도		김정일	(로동당중앙위원회 농민부 부부장)
충북도		김관식	(농림성 산림국장)
전남도		한흥국	(북조선농민동맹중앙위원회 부위원장)
전북도		문석구	(농림성부상)
경남도		김일호	(농림성 농산국 부국장)
경북도		현칠종	(북조선농민동맹중앙위원회 부위원장)
남강원도		최민산	(국가검열성 농림수산 검열처장)

각도(서울시)인민위원회위원장들은 상기 전권위원들에게 승용자동차 1매식을 각각 배정하여줄것이다

9. 농림상은

(1) 수확고 판정방법에대한 요강을 8월25일까지 작성하여 남반부 각도에 배부할것

(2) 농작물 생산고 판정에대한 단기강습회를 공화국남반부에 파견하는 농산지도일꾼들에게는 8월20일까지 남반부 시 군 면 농산지도일꾼들의 군 단위 강습회는 9월3일까지 리판정위원들의 면 단위강습회는 9월3일까지 리판정위원들의 면 단위강습회는 9월5일까지 조직실시할것

(3) 남반부토지개혁 사업지도로 파견한 농산부문일꾼들을 현물세수납이 완료될때까지 공화국남반부에 계속주재시키여 농업현물세부과 및 그 접수사업을 협조케할것이다

10. 내각 량정국장은

(1) 세곡의징수 및 보관절차에대한 세칙을 8월25일까지 작성하여 남반부 각도에 배부할것

(2) 적의 공습 피해 또는 곡물의부패 화재 도난등의피해를 방지하기위한 국가량곡의 완전한보관대책을 철저히강구실시할것

(3) 세곡의질적향상과 지정기일내에 징수사업을 보장할 목적으로 남반부 도 시 군 량정지도일꾼들과 리 예비검사원들의 단기강습회를 9월말일까지 조직실시할것

11. 문화선전상은 농업현물세에대한 선전요강을 8월25일까지 각도에 작성배부하는동시에 신문 잡지 라디오 포스타-를 통하여 이에대한 선전해설사업을 광범히 조직실시할 것이다

조선민주주의인민공화국 내각
수상 김일성
1950년 8월 18일
평양시

―≪ ≫―

1950년 9월 1일 [일부]

조선민주주의인민공화국 내각결정 제152호[113)]

1950년도 농산물생산 계획실행 정형에 관한 결정서

일곱째 수확고 판정사업에있어 매년 되푸리하는 결함을 없이하고 금년도에는 반드시 지정기일내에 농산물 실수확고의 판정과 현물세 부과 사업을 완료할것이며 현재 결원중에있는 판정 위원들을 급속히 보선함과 동시에 판정 요강에의한 실무 강습회를 실수확고 판정 기 전으로 충분히 실시하고 이를 옳게 조직 지도함으로서 농림성은 현물세 징수사업에대한 협조보장의 책임을 질 것이다

특히 공화국 남반부 각도들에서는 국가적 의식이강한 정권기관 책임일꾼 및 열성 농민들로서 수확고 판정 위원회를 시급히 구성하고 이들에 대한 실무 강습회를 전반적으로 실시하여 판정사업의 정확을 기하도록 할 것이다 (...)

조선민주주의인민공화국 내각
수상 김일성
1950년 9월 1일
평양시

≪ ≫

1950년 9월 1일

조선민주주의인민공화국 내각결정 제153호[114)]

1950년도 조기작물 현물세 징수정형과 만기작물 현물세 징수준비에관한 결정서

조선민주주의인민공화국 내각은 1950년도 조기작물(제1기 및 제2기작물) 현물

113) 『내각공보』 1950년 제15호, 574-577쪽.
114) 『내각공보』 1950년 제15호, 577-582쪽.

세 징수정형과 만기작물(제3기및 제4기작물)현물세 징수 준비사업에 대하여 다음 과같이 지적한다

1950년도 조기작물 현물세는 1950년8월25일현재로서 1949년도 조기작물 현물세 총징수량에비하여 127.9%의 징수를 보았다

금년도의 욱심한 한재에도 불구하고 이와같은 성과를 걷운것도 공화국 북반부 전체 농민들이 인민정권의 옳은시책을 바뜨러 영농법의 개선 및 한해와의 투쟁에서 애국적 열성을 다하였으며 각급 인민위원회 지도일꾼들이 또한 이사업을 적절하게 조직 지도한 결과임을 인정한다

그러나 금년도 조기작물 현물세 징수및 그보관사업에 있어서 아직도 허다한 결점들이 남어있어 본사업 수행에 적지않게 저해하였으며 국가에 많은 손실을 기치게 하였음을 엄격히 지적한다

첫째 수확고 판정 부과사업에 있어서

1. 수확고 판정위원들에 대한 정치 실무 교양과 그지도사업이 미약하였을 뿐만 아니라 농산부문 지도일꾼들은 이를 제때에 검열 지도하지않고 판정위원들에게 일임하므로서 실수확고 판정사업은 정확하게 진행되지못한 사실들이 있다

   황해도 장연군 해안면 신안리에서는 파종면적 확인사업을 전혀 실시하지않고 이미수립된 생산계획 면적으로서 이를 대신하였기 때문에 밀 보리 마령서[馬鈴薯]의 파종면적은 2.527반보다 적어 졌으며 강원도 연천군에서는 파종면적을 토지대장 면적에 기계적으로 마춘 까닭에 많은 실 파종면적을 누락시킨 반면에 파종하지 않은 휴한지까지 포함시켰다

2. 금년도 한재로 인하여 수확이 나쁠것이라는 옳지않은 견해와 무원칙하게 농민들에게 추종하는 경향들로부터 부분적 판정 위원회들에서는 불정확한 도량형기를 사용하여 평애[平刈]하는등 수확고를 실제보다 적게 판정 하였다

   평안북도 의주군 정주군 영변군 1부지방에서는 실수확에 대하여 26.2%나 적게 판정하였으며 강원도 연천군에서는 불정확한 자[尺]를 사용하여 평애[平刈] 함으로서 보리밭4.241평에 대하여 50만키로 160그람을 적게 판정하였다

둘째 현하 조국에 조성된 정세에따라 소채[蔬菜] 과실의 국가적수요는 매우 중요하게 격증되였음에도 불구하고 소채 과실에 대한 현물세 판정 징수사업은 이를 극히 등한시한 경향들이 있다

1950년8월25일 현재 중앙 예산안에 대하여 소채 현물세는 77.5% 과실 현물세는 25.2%에 해당한 수량밖에 징수하지못하였고 평안남도 대동군 순안면에서 8월25일에 이르기까지 가지 감람등 소채에 대하여 수확고 판정및 그 부과를 하지않었으며 강서군에서는 소채 전업자의 배추 수확고가 반당 1.480kg라면 일반농민의 수확고는 2.000kg로 오이는 전업자에 대하여 2.038kg 일반농민에 대하여는 2.500kg로 판정하는 등 소채전업자의 실수확고를 일반 농민에 비하여 매우적게 판정하며 그징수에 있어서도 소채 전업자의 현물세 징수 실적이 극히 락후한 형편에 있다

3. 현물세 부과사업은 정확한 농작물 실수확고 판정에 근거하여 실시되어야 할 대신에 다만 상부예산에 마추어 할당 부과 함으로서 판정 부과사업은 제 시기를 잃고 그정확을 기할수 없게되였으며 나아가서는 국가적 손실까지 초래한 사실이 있다

함경남도 단천군 홍원군에서는 조기작물 현물세를 대부분 등급별로 인정 부과하였으며 상부예산안에 맞지 않는다고하여 실수확고 판정결과를 확인 하지못하고 징수기일이 박두함에따라 예납 방법으로서 이를 징수한 사실이 있으며 평안남도 강서군 보림면에서는 마령서[馬鈴薯] 실수확고 판정량이 18.031kg인데 대하여 군예산량이 12.791kg라 하여 군예산안대로 부과하였으며 배추 무 파등 소채 실수확고 판정량이 70.280kg인데 불구하고 군예산량이 17.000kg라고하여 군예산안에 마추어 의식적으로 이를 적게 조정 부과하였다

세째 현물세 징수사업에 있어서는 특히 전시 체제하에서 가장 치밀한 계획으로서 조직 집행되여야할대신에 현물세는 농민들이 자진하여 납부한다는 안일성과 무계획적 사업태도에서 금년도 조기작물 현물세 징수는 극히 지연되였으며 귀중한 로력의 랑비와 인민정권의 위신을 저락시키는 결과를 초래한 사실이 있다

평안남도 평원군 순천군에서는 적의 폭격 위험이 있어 이미 들어있은 량곡을 소개시킨 창고에 다시 금년도 조기작물 현물세를 징수하여 입고시켰기 때문에 다시금 막대한 로력을 드려 이를 소개하지 않으면 않되게되였으며 자강도 위원군 서래면에서는 8월13일 현물세 징수일에 검사원이 현장에 출두하지않었기 때문에 현물세를 납부하려고 모인 300여명의 농민들이 이를 당일에 납부하지못하고 그대로 도라가게한 엄중한 사실까지 있다

네째 국가 량곡 보관사업에 있어 적의 야만적 폭격으로부터 이를 완전히 보위하기위한 투쟁이 극히 미약하였든 결과에 많은 국가 량곡을 손실케하였다

량정 부문 지도일꾼들은 적기의 맹폭하에서 국가량곡의 분산 보관사업이 가장 긴급히 중요하게 제기되였음에도 블구하고 이를 제때에 신속히 조직 집행하지 못하였기 때문에 남포시 원산시를 비롯한 기타 지역들에서 거대한 국가량곡의 손실을 보았으며 더욱히 함경남도 함주군 황해도 사리원시 및 기타 지방들에서 량곡의 분산 보관장소를 옳게 선정하지 못하고 철도 중요한 간선도로 변전소 주변 또는 산봉오리등 적의 폭격목표로 되기 쉬운 장소에 다량으로 이를 적치하고 방화용수및 방화도구설비가 충분하지 못하였기 때문에 지금까지(8월20일 현재) 10.469톤의 국가량곡이 적의 공습피해를 받았으며 황해도 평남도 평북도들에서는 많은 량곡을 비에 젖게하여 변질 또는 부패케 하였다

다섯째 만기작물 현믈세 징수준비 사업에 있어서

기설 량곡 창고들이 대부분 적기공습 위험으로 인하여 리용하기곤난한 형편에 있음에도 불구하고 만기작물 현물세 징수시기가 림박한 현재에 이르기까지 적기공습위험이 적은 지역에있는 일부 량곡 창고의 수리가 불완전하여 기존건물들을 개조 수리하여 량곡창고로 리용할데대한 대책 지방적 자원을 동원하여 가설 량곡창고를 건축할 계획 및 야적에 필요한 침목 우복등 준비가 되어있지않을뿐만 아니라 각급 인민위원회 및 내각량정국 지도일꾼들은 각각 상급기관에서 이를 해결지여 줄것이라고 자기 사업을 타에 의존하는 경향들이있다

이상과 같은 결함을 낳게한 원인은 농산부문 일꾼들과 내각 량정국 및 각급 인민위원회 일부 지도일꾼들이 아직까지도 조국전챙의 치렬한 불길속에서 자기사업을 전시 체제로 개편하지못하고 평온한 시기와같이 사업하려고 하는 안일 무사한 사상적 경향과 전쟁승리에 도취하여 허영과 기분으로서 이사업을 면밀하게 계획하지못하고 조직적으로 지도하지못한데 기인되였음을 지적하면서 이모든 결점들을 급속히 시정하고 앞으로의 농업현물세를 반드시 기한전에 우량한 량곡으로서 완납하도록하며 그보관을 완전히 함으로서 정의의전쟁에 궐기한 공화국 군대 및 근로인민들의 식량을 충분히 보장하기위하여 조선민주주의인민공화국 내각은 다음과 같이 결정한다

첫째 농림상 및 각도(평양시) 인민위원회 위원장들에게 다음의 과업을 책임지운다.

1. 조기 작물 중에서 아직그수확고 판정이 완필되지못한 과실 소채 대마 아마에대한 실수확고 판정을 1950년9월5일전으로 각각 이를 완료할것
2. 판정위원회 사업에 대한 지도 검열사업을 구체적으로 조직 실시하여 만기작물 실수확고 판정사업을 법정 기일인 9월25일까지 반드시 완필하는 동시에

출입 경작지 통로사업을 징세서 발부기일전으로 완전히 정리할것이며 내각량정국은 농업현물세 판정사업에 대하여 협조 보장의책임을 질것

둘째 내각량정국장및 각도(평양시)인민위원회 위원장들에게 다음의 과업을 책임지운다

1. 조기작물 현물세로서 부과 징수하지못한 과실 소채 특용작물등에 대하여서는 1950년9월5일 이전으로 징수 완필할것이며 대곡 건과 건채로 부과한 분에 대한 징수는 10월20일까지 이를 완료할것 또한 만기 소채 과실 현물세는 농민들로 하여금 이를 예납케하여 그수요에 수응하도록 할것이며 국가적 수요에 따라 이를(무 호박) 건과와 건채로서 징수할것
2. 조기작물 현물세 징수량에대한 입고 확인사업을 10월20일까지 완료하여 이를 10월말일까지 내각에 보고할것
3. 과년도에 미납되였든 현물세 대여곡 및 관개시설 사용곡과 금년도에징수하여야할 각종 대곡 임경료등은 현물세 징수에 앞서 이를 징수할것
4. 현물세 징수장소 및 야적장소를 9월15일 이전으로 적기 공습을 피하여 적당히 선택지정하고 순회 검사를 실시하여 그 징수사업에 지장을 주지않도록 할것이며 분산보관된 국가 량곡은 국가의 수요에 의하여 언제든지 수송에 응할수 있도록 준비하여둘것
5. 현물세 징수 장소및 보관 장소에는 적당한 방공호를 설치할것이며 방화용수 저장및 방화도구를 완비할것
6. 현물세 징수사업은 일별 곡종별 부락별로 구체적 계획을 수립하여 집행할것이며 부족되는 예비검사원에 녀자 로력을 보충하며 현물세 징수 보관에 필요한 검사 도구 등을 완비하여 단시일내에 전 현물세 곡을 징수 완필하도록 조직 할것
7. 적기 공습 위험으로 인하여 사용하기 곤난한 기설국가 량곡창고에대한 보충대책으로 기존 유휴 건물등을 개조수리하여 국가 량곡창고로 리용하며 지방적 자원을 동원하여 다량적으로 가설 량곡창고를 건축함으로서 야적 수량을 적게 할것이며 내각량정국장은 9월15일까지 국가량 곡의 보관세칙을 제정 할것

세째 현하 부족한 농촌 로력에 대하여는 도시민 부녀자 및 학생 등을 동원하여 추수 깜빠니야를 조직함으로서 금년도 추수를 반드시 제시기를 놓치지말고 이를 완필하는 동시에 추수가 끝나는 대로 곧 탈곡 조제하도록 지도하여 현물세 징수에 지장을 주지않도록 할것을 각도(서울시 평양시)인민위원회 위원장들에게 책임지운다

네째 현재 부족되는 국가 량곡 야적용 침목 소요량에 대하여는 수송력 부족등을 고려하여 지방소비재의 추가로서 각도에서 자체 생산하여 이를 보장하도록 할것을 국가계획위원회 위원장 농림상및 각도(서울시 평양시)인민위원회 위원장들에게 책임지운다

다섯째 국가 량곡의 변질 부패 충해 등 감모를 방지함에 대한 대책을 일층 강화할것이며 구곡(벼 조를 제외)으로부터 우선 소비할것을 내각 량정국장에게 책임지운다

여섯째 산지대의 만기 마령서[馬鈴薯] 현물세는 특수 공급용과 지도내의 배급량을 제외한 전량을 전분 또는 건마령서로 징수할것을 내각량정국장및 해당도 인민위원회 위원장에게 이에 소요되는 면대 167.400매 제작에 필요한 광목 142.290m와 만기과실 포장용 상자 용재 3.900m3 양정 90톤을 9월20일이전으로 활당 보장할것을 국가계획위원회 위원장및 내각림산국장에게 이를 9월30일 이전으로 수송할것을 교통상에게 각각 책임지운다

일곱째 과실 현물세는 중요한 수출 대상으로서 기설저장굴(개인을 포함함) 및 간이저장굴을10월 15일까지 수리 또는 구축하여 이를 저장하도록 할것을 내각량정국장및 해당도 인민위원회 위원장에게 책임지운다

여덟째 국가 량곡의 분산 보관에의하여 야적장및 그보관장소가 확장됨에 따라서 창고 자위대사업을 일층강화할것이며 부족되는 유급무장경비원을 1950년9월30일까지 배치할것을 내무상 내각량정국장 및 각도(평양시)인민위뭔회 위원장들에게 책임지운다

아홉째 해방된 공화국 남반부 지역에있어서 만기작물 현물세 징수준비 및 그 사업지도를 위하여 경험있는 농산 및 량정지도일꾼들을 파견하여 공화국 북반부 농업현물세 징수및 그보관사업에 준하여 공화국 남반부 각도들에서는 1950년 만기작물 현물세 부과징수및 그보관에 만전을 기하도록 긴급히 조치할 것을 농림상 내각량정국장 및 해방지구 각도(서울시) 림시인민위원회 위원장들에게 책임지운다.

열째 공화국 남반부 지역에 농업현물세제를 실시함에관하여 그정치경제적 의의를 농민군중속에 넓이 선전 침투시킴으로서 해방지역에 전체 농민들로 하여금 공화국정부주의에 일층 공고히 뭉치도록하며 농업현물세를 우량곡으로서 자진납부하도록 추동할것을 문화선전상 및 해방지구 각도(서울시) 림시인민위원회 위원장들에게 책임지운다

열한째 (생략)

조선민주주의인민공화국 내각
수상 김일성
1950년 9월 1일
평양시

≪ ≫

1950년 10월 5일

조선민주주의인민공화국 내각지시 第589호[115)]

건과 건마령서 건고구마및 건채 현물세 징수비률에 대하여

1950년도 건과 건마령서[乾馬鈴薯] 건고구마 및 건채의 비률은 아래와 같이 승인한다

종별	사과	마령서	고구마	호박	무
비률	15.0	25.0	35.0	6.5	9.0

조선민주주의인민공화국 내각
수상 김일성
1950년 10월 5일
평양시

≪ ≫

115) 『내각공보』 1950년 第16호, 309쪽.

1950년 12월 6일

조선민주주의인민공화국 내각 지시 제607호[116)]

적의 침공으로부터 해방된 지역에 있어서의 농업현물세 징수에 관하여

조선 민주주의 인민공화국 내각은 적의 침공으로부터 해방된지역에 있어서의 1950년도 농업현물세를 다음에의하여 징수할것을 지시한다

(1) 적의침공으로부터 해방된지역에있어서의 각급인민위원회 및 리판정위원희를 급속히 회복시키어 농업현물세 징수에 관한 기본서류들을 정비하고 신속히 그징수에착수하여야한다

(2) 농업현물세징수관계 기본서류를 적의침공으로인하여 소각 또는 분실당하였을때에는 리인민위원회 위원장과 지방열성농민들로서 판정위원회를 구성하고 븐인의 합의를얻어서(본인이없을때를제외한다) 파종면적과 1950년도 작황을 참작하여 판정서를 다시 작성하여야한다

(3) 리인민위원회 위원장은 매개 농호별로 적의 침공을받기전에 임이 납부한 현물세량을 조사공제하고 앞으로 징수할 현물세량에 대한 확인서를 작성하여 면인민위원회 위원장에게 제츨하여야한다

(4) 면인민위원희 위원장은 전항의 확인서에 의하여 매농흐별로 납부통지서를 발부하여야한다

(5) 농업현믈세 납부기일은 납부통지서 발부일부터15일을 경과하지못한다

(6) 현물세 징수장소는 리적으로 선정하고 징수한 국가량곡은 폭격 또는 기타 전재의위험으로부터 완전히 방지할수있도록 분산보관하여야한다

(7) 면인민위원희 위원장은 각종『법령공보』 1946년 증간1 관개시설사용료 비료대곡등을 현물세조정과함께 이를 조정하여 납부통지서를 발부하고 현물세 징수기일내에 징수완료하여야한다

(8) 전재를입은 농민에게 대하여서는 해당도 인민위원희 위원장의 비준을 얻어 그피해정도에 따라서 현물세를 감면할 수 있다

현물세감세에 대하여서는 총수확고에서 피해당한량을 공제하고 그 잔량

116)『내각공보』 1950년 제16호, 611-612쪽.

에대하여 법정세률을 적용할것 이 경우에 있어서 각도인민위원회 위원장은 현물세 감세량에 대하여 내각의 승인을 받아야한다

전재를 입은농민이라 함은 다음과같다

ㄱ 적기의 폭격 또는 화재로 인하여 피해당한자

ㄴ 적군 및 반동분자 지주에게 식량을 략탈당한자

(9) 포장자재는 회수고 가마니는 믈른 량곡이 루락되지않은 정도 의 기타용기도 사용할수있다

(10) 각도 인민위원회 위원장은 현물세 징수보고를 순보로서 내각에 제출할것이다

조선민주주의인민공화국 내각
수 상 김일성
1950년 12월 6일
평양시

≪ ≫

1951년 1월 25일 [일부]

조선 민주주의 인민공화국 내각결정 제197호117)

조국해방전쟁시기에 있어서 인민생활 안정을위한 제대책에관한 결정서

미제국주의자와 리승만역도들의 야수적침공을 반대하는 위대한 조국해방전쟁에서 조국의독립과 자유를위하여 조선인민들은 무한한용감성과 최대의헌신성을 발휘하였다

조선전쟁에서 패배의일로를 걷고있는 후안무치한 미제강도놈들의 야만적폭격과 살륙으로말미아마 우리의평화스러운 도시와농촌은 무참히파괴되고 황페되어 공장광산기업소및 주택들의 파괴수는 61만여호에 달하였다

이와같이 조국해방전쟁행정에서 막대한피해를입은 전재민들을 시급히 구제하며 로동자농민및 기타근로인민들의 생활안정을 도모하기위하여 조선민주주의인

117) 『내각공보』 1951년 제1호, 6-8쪽.

민공화국 내각은 다음과같이 결정한다

전재민 구제 및 그들의 생활안정을위하여 (...)

(5) 전시하에 있어서 빈농민들의 생활형편을고려하여 1949년 도까지의 미납된 현물세대여곡 관개시설사용료및 기타는 이를 면제할것이며 각도(평양시) 인민위원회 위원장은 1951년3월말일까지 전항의면제량을 내각에 보고할것이다 (...)

(8) 전시하에 인민들의 부담을 경감하기위하여 가옥세 대지세및 차량세(이들세액 년평균 약8.000만원)의징수를 림시중지할것이며 전재민들에게대하여는 각종세법에 의한 감면제도를 철저히실시하고 지금까지의미징수세금은 그 정상에 따라서 이를 감면하도록 조치할것을 재정상에게 책임지운다 (...)

조선민주주의인민공화국 내각
수 상 김일성
1951년 1월 25일
평양시

—« »—

<u>1951년 2월 8일</u> [일부]

조선민주주의인민공화국 내각결정 제202호[118)]

식량의 소비절약을 위한 결정서

미제귀축들의 야만적폭격과 방화로말미아마 우리인민의피와땀으로 이루어진 흥남비료공장을 위시한 많은 화학비료공장들이 파괴되였으며 무수한 로력농민들이 살상되여 금년도 농업생산에 막대한지장을 초래하고있을뿐만아니라 많은 량

118) 『내각공보』 1951년 제1호, 10-12쪽.

곡이 손실 또는 략탈당하였다

이같은 실정은 식량의여유있는지역으로 전변되였든 공화국북반부지역으로하여금 식량사정이 매우 곤난한형편에 처하게하였다

조선민주주의인민공화국 내각은 현하의식량사정에 비추어 량곡의 소비절약에 대한 전인민적군중운동을 이르켜 고도로 이를 절약함으로써 전선과 후방에더많은 식량을 공급하기위하여 다음과같이결정한다 (...)

2. 내각량정국장 및 각도(평양시)인민위원회 위원장들에게 다음의과업을 책임지운다 (...)

(2) 금년도의 현물세곡징수에있어 포장자재가 매우불충분한까닭에 량곡의적치장 또는 운반도중에 적지않은량곡이 류실되는 사실을 볼 수 있다.
각리에 분산보관되여있는 국가량곡의포장을 엄밀히 검열하고 류실의 우려있는 포장은반드시 1951년2월말까지에 이를완전히 재포장할 것 (...)

조선민주주의인민공화국 내각
수 상 김일성
1951년 2월 8일
평양시

≪ ≫

1951년 6월 7일

조선민주주의인민공화국 내각지시 제710호[119)]

농업현물세 부과 징수 절차에 관하여

1951년도 농업현물세 부과징수에있어 그징수장소가 고정되여 있지않고 로력과 용지류가 부족한 조건을 고려하여 농업현물세를 일층신속하게 정확히 부과징수하기위한 절차로서 잠정적으로 다음과 같이 실시할것을 지시한다

119)『내각공보』1951년 제8호, 207-209쪽.

첫째 부과사업

1. 면인민위원회 위원장은 리인민위원회 위원장으로부터 판정서의 제출이 있을때에는 군인민위원회 위원장의 승인을얻어 별지양식 제1.2.3호를 작성하여 양식제2호는 면인민위원회에 비치하고 양식제3호는 리인민위원회 위원장에게 회부한다
2. 리인민위원회 위원장은 면인민위원회 위원장으로부터 전항의 양식 제1.3호를 접수하였을때에는 양식제1호는 리인민위원회에 비치하고 양식제3호는 지체없이 인민반장을 통하여 매개납부자에게 회람시켜 주지시킴과동시에 납부자인란에 날인케하여 반장이 이를 보관한다

둘째 징수사업

1. 각급인민위원회 위원장은 현물세징수장소 징수량 및 수납원 검사원의 인원등을 참작하여 미리 구체적인 징수계획을 수립하고 그계획에의하여 수납원 검사원 창고장은 매징수장소를 순회하면서 정확히 징수하여야한다
2. 리인민위원회 위원장은 면인민위원회의 징수계획에 의하여 전항의 순회징수사업을 효과적으로 보장하기위하여 리내납부자들을 인민반단위로 옳게 조직동원하여 신속히 납부하도록 적극추동하여야한다
3. 리인민위원회 위원장은 매일 납부할 수량을 양식제1호에 기입정리하여 매개 납부자의 납부정형을 명확히 하므로써 매개 납부자들로 하여금 기한전에 현물세를 완납하도록 독려하여야한다
4. 면인민위원회 위원장은 매일 수납원으로부터 징수보고를받어 양식제2호에 기입정리한 후 징수일보를작성하여 군인민위원회위원장에게 제출할것이다
5. 군인민위원회 량정과장은 소정한 양식에 의해 5일보를 작성하여 도인민위원회 량정부장에게 제출할것이며 도인민위원회 량정부장은 전항의 보고에 의하여 5일보를 작성하여 이를 내각량정국에 제출할것이다

조선민주주의인민공화국 내각
부 수 상 박헌영
1951년 6월 7일
평양시

양식 제1호

현물세 부과 징수대장

군 면 리

반별	성 명	부과량	징 수 량										징 수 계
			월	일	월	일	월	일	월	일	월	일	

1. 면인민위원회 위원장은 리판정위원회에서 제출한 판정서를 군인민위원회의 승인을 얻었을때에는 본양식에의하여 성명 부과량을 기입하여 리인민위원회 위원장에게 회부한다
2. 리인민위원회 위원장은 본양식을 리인민위원회에 비치하고 징수수량을 기입정리하여야 한다
3. 본표는 곡종별로 작성하여야한다

양식 제2호

현물세 부과 징수대장

군 면 리

년 월 일	부 과 량	징 수 량	잔 량	비 률	비 고

1. 본대장은 면인민위원회에서 비치하고 곡종별 리별로 작성하여 수납원의 징수보고에 의하여 기입정리한다
2. 비고란에는 정수정형에서의 우점 단점 등을 간명하게 기입하여 징수 독려의 참고재료로하며 대곡을 징수할 때는 곡종수량을 명기할것

양식 제3호

<u>농업현물세 납부통지서</u>

<u>면 리 반장</u>

부과	부과량					
곡종 성명						
1951년 월 일까지 납부할것						

1951년 월 일

군 면인민위원장 인

≪ ≫

<u>1951년 6월 14일</u>

조선민주주의인민공화국 내각결정 제297호[120)]

조국보위 복권 발행에 관하여

미영제국주의 침략군대와 그의 주구 리승만매국역도들을 격멸소탕하고 정의의 조국해방전쟁의 최후승리를 하루속히 쟁취하며 조국의 완전자주독립을 획득하려는 전체인민들은 우리 인민군대의 무력을 더욱 강화하기위하여 비행기 땅크 함선등 군기재자금 헌납운동에 총궐기하고있다

이와같은 인민들의 애국적열성에 호응하여 금번 조국보위후원회 중앙위원회에서는 비행기 탱크 함선 등 군기재 헌납기금을 조성할목적으로 복권을 발행할것을 내각에제의하여왔다 조선민주주의인민공화국 내각은 이를 심의하고 다음과같

120) 『내각공보』 1951년 제8호, 196-197쪽.

이 결정한다

1. 복금이붙는 복권을 제1회는 1951년7월중에 제2회를 1951년10월중에 각 5억원식 조국보위후원회 중앙위원회에서 자기 명의로 발행할것을 승인한다
2. 조국보위후원회 중앙위원회에서 제출한별지 조국보위복권발행에관한조례 및 조국보위복권매급 및 추첨에관한규정을 승인한다
3. 재정상은 복권의 인쇄 매급 추첨 및 복금 지불등 조국보위후원회의 사업을 지도하며 각금융기관들로하여금 이사업을 협조보장하도록 조처할것이다
4. 국가계획위원회 위원장은 복권의인쇄 및 선전사업과 기타 이사업에 관련하여 필요한 일체 용지를 제때에 보장하여줄것이다
5. 문화선전상 및 각 도 (평양시) 인민위원회 위원장은 각정당 사회단체와 협력하여 복권발행 및 매급사업에 대하여 광범한 선전사업을 조직전개하여 이사업의 승리적 성과를 보장할것이다

조선민주주의인민공화국 내각
수상 김일성
재정상 최창익
1951년 6월 14일
평양시

—《 》—

1951년 6월 14일

「조국보위 복권 발행에 관한 결정서」 (1951년 6월 14일 내각결정 제297호 별지[121])

제1회 조국보위복권 발행에 관한 조례

제1조 조국보위후원회중앙위원회는 비행기 땅크 함선 등 헌납기금 조성을위한 제1회 조국보위복권(이하 복권이라고 략칭한다)을 100원권으로 총액 500.000.000원을 1951년 7월중에 발행한다

제2조 본복권은 매급완료후에 추첨을실시하고 당첨된 복권에대하여 복금을 지

121) 『내각공보』 1951년 제8호, 196-197쪽.

불한다

추첨에당첨되지않은 복권은 보상하지않으며 조국전쟁의 완전승리를 촉진시키기위한 비행기 땅크 함선기금으로 국고에 납입한다

제3조 복금은 50.000원 20.000원 10.000원 5.000원 2.000원 300원 150원의 7등급으로하며 추첨에서 당첨되는 복금액과 복권개수는 다음(생략)과같다

제4조 본복권의 추첨은 1951년8월중에 실시한다

제5조 복금지불기한은 추첨이끝난후부터 1952년2월28일까지로하며 이기한내에 복금청구가 없을때에는 리유여하를 막론하고 이를 무효로하며 보상하지않는다

제6조 복금은 북조선중앙은행과 북조선농민은행 각급지점 및 각야전은행에서 당첨된 복권지참자에게 이를 지블한다

제7조 복금소득에대하여는 국세 및 지방세를 면제한다

≪ ≫

1951년 6월 14일

「조국보위복권 발행에 관한결정서」(1951년6월14일 내각결정제297호) 별지[122)]

조국보위 복권 매급및 추첨에관한 규정

제1장 총칙

제1조 조국보위복권(이하 복권이라고 략칭한다)의 발행 매급추첨및 복금지불은 본규정에의하여 실시하되 본규정에 없는것은「국가공채추첨에 관한 규정」(1951년3월5일 조선민주주의인민공화국 내각수상 김일성 비준 제267호 재정성규칙 제1호)을 준용한다

제2조 복권발행 및 매급과 이에 관련되는 일체사업에 대하여는 조국보위후원회의 중앙위원회(이하 조국보위후원회라고 략칭한다)가 책임지며 복권의 보관 및 발행에 수반되는 일체부기적처리에 대하여는 북조선중앙은행이 책임진다

제3조 복권은 엄격한 자원적 원칙에의하여 조선민주주의인민공화국내의 전체

122)『내각공보』1951년 제8호, 197-201쪽.

주민들에게 매급한다

제4조 (략함)

제5조 복권의 발행매급추첨 및 복금지불에 관련되는 일체 경비는 북조선중앙은행이 재정상의 승인을받어 이를지출한다

제2장 복권매급

제6조 복권은 북조선중앙은행 북조선농민은행 야전은행 국립건설자금은행 및 저금관리국 저금소(이하 각은행이라고 략칭한다)에서 매급한다

제7조 조국보위후원회는 복권을 구매하는 인민들의 편의를도모하기위하여 각은행과 협의하여 각급국가공채 및 저축사업협조 상설위원회와 각국영상점 소비조합상점등에 림시 복권매급소를 설치하며 가두에서도 이를 매급할수 있도록 조치하여야한다

제8조 복권매급사업에 관련되는 부기적처리 및 각은행간 계산처리방법은 재정성의 승인을받은 북조선중앙은행의 별도규정에 의한다

제3장 추첨절차

제9조 추첨은 조국보위복권 발행에관한 조례에의하여 조국보위후원회가 지정하는 시일과 장소에서 이를 실시한다

제10조 추첨을 실시하기 위하여 복권추첨위원회를 조직한다

추첨위원회는 조국보위후원회 위원장이 조직임명하되 각정권기관 및 정당사회단체 대표들로서 구성하며 위원장 1명 부위원장 2명 서기장 1명 및 위원 약간명으로한다

제11조 추첨위원희는 추첨사업을 공정하게 실시하기위하여 학령에 도달하지않은 아동(이하 아동이라고 략칭한다) 6명과 경비대원 약간명을 추첨장소에 배치한다

제12조 추첨실시에 필요한 일체준비사업은 조국보위후원회와 북조선중앙은행이 공동책임으로 각정당 사회단체와 협력하여 수행한다

제13조 추첨은 공개적으로 넓은 장소에서 실시한다

추첨위원회는 관람자들에게 추첨절차를 설명하여주며 그들이 질문할 수있는 여유를준다

제14조 추첨을 실시하기 위하여 3대의 추첨기와 3종의 표들이 사용된다

추첨표의 종류는 다음과 같다

1. 당첨되는 복권수와 그 당첨액을 표시한 표(이하 복금표라고 략칭한다)
2. 복권번호의 천 만 십만단위를 표시한표 000부터 099까지 100매
3. 복권번호의 일 십 백단위를 표시한표 000부터 999까지 1.000매

제15조 전조에 의한 각종표들은 다음순서에 의하여 추첨기에 투입한다

1. 첫째번 추첨기에는 복금표
2. 둘째번 추첨기에는 복금번호의 천 만 십만단위를 표시한 복금번호표
3. 셋째번 추첨기에는 복권번호의 일 십 백단위를 표시한 복금번호표

전항 각종표들은 케-스에 끼워 투입하며 이들을 충분히 교환하여 혼합한후에 아동들로 하여금 1개식 적출케 한다

제16조 복권번호표의 추첨은 첫째번 추첨기에서 적출된 복금표에 기재된 내용에따라 진행한다

당첨된 복권번호 는 각조공통으로 한다

복권번호는 둘쩨번 추첨기와 셋째번 추첨기에서 적출된 두종류의 복금번호표의 수자를 호상련결시킴으로써 형성된다

이번호가 000.000인 경우에는 이를 100.000으로 인정한다

제17조 6등 및 7등은 특히 따로 추첨하지않고 복권번호의 십 일 단위가 1등 당첨번호의 십 일 단위와 각각 동일한것중에서 1등당첨번호를 제외한 복권전부를 6등으로 하고 복권번호의 일 단위가 1등 당첨번호의 일 단위와 동일한 것 중에서 1등 및 6등의 당첨번호를 제외한 복권 전부를 7등으로한다

2등 내지 5등에 당첨된 복권번호가 동시에 6등 혹은 7등에도 해당할 경우에는 이복권에대하여 2등내지 5등의 해당복금과 6등 혹은 7등의 해당복금을 2중으로 보상한다

제18조 추첨실시에 필요한 일체기구및 표들은 북조선중앙은행이 보관하며 추첨을 실시할때에 추첨장소까지 운반하여야한다

제19조 당첨된 복권에대한 제반통계 및 계산은 다음에의한다

1. 복금추첨카-드(양식제1호)와
2. 복권당첨번호 공시일람표(양식제2호) 3통을 각각 다른위원들이 작성한다

전기 제1.2호의 표는 절대정정을 용인치않는다

제4장 복금 지불절차

第20조 추첨에서 당첨된복권의 당첨번호 공시일람표는 정부기관지 「민주조선」에 게재한다 조국보위후원회는 그다음호에 그공시의 수정사항 유무를 재차 공시하여야하며 복금은 이재차 공시이후에 지불을 개시한다

전금은 다음구분에따라 지불한다

1. 50.000원 및 20.000원의 복금은 북조선중앙은행 중앙지점 및 각야전은행
2. 20.000원 이하의 복금은 북조선중앙은행 및 북조선농민은행의 각급지점과 각야전은행

第22조 복금지불에관한 부기적처리는 재정상의승인을 얻은 북조선 중앙은행의 별도규정에 의한다

第23조 본규정은 1951년6월1일부터 이를 실시한다

1951년 6월 14일

양식 제1호

제 회 조국보위복권

복 금 추 첨 카 - 트

복 권 번 호	No. No.	한 자 로

(복 금 표 를 붙 일 것)

추 첨 실 시	년 월 일	
위 원 장	인	
부위원장	〃	
부위원장	〃	
서 기 장	〃	
위 원	〃	
위 원	〃	
위 원	〃	기입자 인
위 원	〃	
위 원	〃	

양식 제2호

제　　회조국보위복권복금공시일람표

No.	등급	복금	복금당첨번호	비고
1				
2				

추첨년월일 1951년　　　월　　　일

추첨장소

추첨위원회　　　　위원장

부위원장

기입자　　인　　　　부위원장

서기장

년　월　일　　　　　위원

—《 》—

1951년 6월 14일

조선민주주의인민공화국 내각지시 제719호[123]

부업경리농장에대한 농업현물세 부과에관하여

각국가기관 정당 사회단체 및 기타 기관들에서 경영하는 부업농장에 대하여 농민들의 경작지와 동일하게 농업현물세를 부과징수할것을 지시한다

부업농장 채소재배지에 대하여는 농민들의 자가용채소 재배지에 준하여 대곡 또는 그에 해당한 금액을 징수할것이다

123) 『내각공보』 1951년 제8호, 211쪽.

조선민주주의인민공화국 내각
부수상 박헌영
1951년 6월 14일
평양시

≪ ≫

1951년 7월 12일

조선민주주의인민공화국 내각수상 김일성 비준[124)]

시가조절미 및 현물세 과실의 판매가격 제정에 관하여

내각 결정 제259호「1950년도 국가종합예산 집행총결과 1951년도 국가종합예산에 관하여」결정서 여덟째제 5항에의하여 판매할 시가조절미및 현물세 과실의 판매가격을 다음과 같이 제정합니다.

1. 류통부문 시가조절미 판매가격

번호	곡 종	단위	판매가격(최저)	비고
1	수수	대두	63000	
2	옥수수	〃	45000	

2. 류통부문 과실 판매가격

번호	곡 종	단위	판매가격(최저)	비고
1	사과	kg	3500	
2	기타과실	〃	3500	

1 본가격은 시가조절미 및 현물세 과실의 최저판매가격임
2 내각 량정국은 량곡을 배급가격으로, 현물세 과실은 국정가격으로각각 상업기관에 인도할것
3 상업기관의 시가조절미에대한 부대비는 톤당 4000원으로 할 것.
4 각도(평양시를 포함함)인민위원회 위원장은 판매지의 시장가격을 참작하여 도적인 시가조절미 및 현물세 과실의 판매가격을 제정실시할것

124)『내각공보』1951년 제10호, 241-242쪽.

5 가격차금은 상업기관이 판매실적에의하여 다음달 20일까지 국고에 납부할것

조선민주주의인민공화국 내각
국가계획위원회 위원장 정준택
1951년 7월 12일
평양시

-≪ ≫-

<u>1951년 8월 17일</u>

조선민주주의인민공화국 내각지시 제766호[125)]

1951년 농업현물세 징수사업 강화 대책에 관하여

전시하 농업현물세를 정확신속히 부과 징수하며 이를 엄밀히 보관관리하는 사업은 국가적으로 가장중요한 사업의 하나이다.

이에 공화국 내각에서는 1951년농업현물세 징수사업을 성과적으로 보장하기위하여 수차에걸처 구체적 실행대책을 제시하였다

그러매도불구하고 각급정권기관 지도일꾼들과 관계일꾼들이 이사업수행에대한 주밀[周密]한계획과 준비가없이 무책임하게 사업한결과로 금년도 조기작물현물세 징수사업및 만기작물현물세 징수준비사업에있어 소기의 성과를 걷우지못하고있으며 따라서 많은지방들에서 다음과같은결함들을 갖이고있다

첫째 농작물생산고 판정위원회 구성에있어서

내각지시 제704호(1951년6월2일) 농작물생산고 판정요강에 의한 농작물생산고 판정위원회 구성에대하여 심각한고려를 돌리지않는결과에 불순분자들이 잠입하여 판정사업에 막대한 해독을주고있는 사실이있다

황해도 ○○군 ○○면○○리에서는 전리 서기장으로서 적의강점당시에 적반동단체에 가담하였으며 현재는 면지도간부살해음모를하는 반동테로분자 ○○○을 리판정위원으로 선정하였으며

평안북도 정주군 마산면신오리에서는 치안대에 가담하였던 남근제를 판정위

---

218) 『내각공보』 1951년 제11호, 251-255쪽.

원으로 선정한결과 자기경작지의 밀 평당수확고 460g을 260g으로 줄여서 판정하였다

둘째 농작물생산고 판정심사위원회 사업에있어서

농작물판정사업을 제때에 정확히 실행하도록 이를 보장할책임을 각인 각급심사위원회는 이를 형식적으로 구성하였을뿐이고 판정당시에 현지를 답사하여 판정위원회사업을 제때에 지도 검열하지않고 다만책상머리에서 판정결과를 보고받거나 또는 사무적으로 이를 처리하는데끝이며 심한경우에있어서는 자기사업을 전혀 포기하고있는 사실들이 허다하다

황해도연백군 적암면 생산고 판정심사위원회는 면내 록등리 송암리 및 해정리들의 판정위원회 사업을 전혀 지도검열하지않은결과에 29$840kg을 적게판정한 것을 시정하지못하였으며

평안북도 의주군및 동군옥상면 생산고 판정심사위원회는 농민회의에 통과없시 제출한 리판정위원회의 판정 결과를 아무런 검토도없이 면에서 군으로 군에서 도에 각각 기계적으로 전달하는등으로 면 군심사위원회는 자기에게맡겨진 국가적임무를 망각하고 전혀 이사업을 포기하였다

셋째 파종면적확인사업에 있어서

농작물 생산고 판정및 현물세부과사업의 기본적출발점으로되는것은 파종면적의 확인사업임에도불구하고 고이적으로 실파면적 확인사업을 태공하거나 또는 등한히한결과에 실파하지 않는 면적에 대하여 부과하거나 또는 많은실파면적을 루락시키고있다

함경북도 명천군 항가리 판정위원회에서는 실파면적을 확인하지 않고 본래의 토지대장에만 의거하므로서 5.100평의 면적을 휴한지로 취급하여 수확고판정에서 제외하였으며

황해도 벽성군 하덕면 일공리판정위원회에서는 박증식농민의 밭 2.904평중 1.800평을 미파면적으로 그릇확인하였다

넷째 수근건조률 계산에있어서

완전히 성숙한 작물에 대하여 수분건조률시험을 실기하고 이에근거하여 적당히 수분건조률을 산출하여야함에도 불구하고 아무런근거도없이 다만 추측으로 수분건조률을 공제함으로서 국가세입에 큰 손실을 초래케하는 사실이있다

평안남도 강동군 승호면 제2리에서는 수분건조률을 5%로부터 40%까지 보았으며, 황해도금천군 우복면대오리에서는 평당수확고 463g에 대하여 수분건조량을 140g쯤 될것이라고 추측하여 수확고의 30% 이상에 해당한량을 부당하게 공제하였다

다섯째 판정방법에있어서

매 필지마다 작황의 중요지점을 선택하여 평애[平刈] 판정하는방법을 실행하지 않고있으며 또는 판정용 도량형기는 규격에 맞지않는것과 부정한것을 사용하고 있다

평안남도 중화국 양정명 신이리에서는 작황의 중심이하되는 지점을 선택한 결과에 수확고를 현저히 적게 판정하였으며

평안북도 의주군 위원면 성화리에서는 평애 판정을 실시하지 않고 달관식 판정을 실시하므로서 김기수농민의 보리 평당 262g을 118g으로 로지문농민의 보리 평당 712g을 294g으로 각각 적게판정하였다

평안북도 정주군 마산면 원동리에서는 가름이맞지않는 저울을 사용한결과 리내맥류면적 79반보에 대하여 1.449kg을 적게판정하였다

여섯째 검사 및 징수사업에 있어서

수납원과 검사원의 로력을 합리적으로 조직하여 순회식으로 일별계획에의하여 징수하는 사업이 옳게 진행되지 못하고 있다

평안북도 의주군 옥상면 당목리에서는 밀 12가마니 보리 200가마니에 대하여 예비검사를 철저히 실행하지 못하여 협잡물이 규정 이상으로 혼입된 것을 징수하였으며, 동군 의주면 및 송장면에서는 현물세 납부량에 대하여 30%-50%의 불합격품을 내고 있다

평안남도 평원군 평원면에서는 검사계획을 불합리하게 수립한 결과 농민들이 납부한 현물세를 제때에 검사 수납하지 못하고 도리혀 농민들의 애국적열성을 저하고있다

평안북도 의주군 옥상면에서는 제때에 현물세 납세통지를 발급하지 않은 결과에 현물세 선납운동을 실시하고있었다

일곱째 판정원들의 기능제고를 위한 강습조직에 있어서

현재 많은 면리급 간부들과 리판정위원들이 교체된 실정을 고려하여 농작물 수확고 판정요강에 대한 실무강습을 충분히 실시하여야할데 반하여 이를 불충분하게 또는 전혀 실시하지않은관계로 많은 지방들에서 실파면적 확인사업과 판정방법을 그릇치게하여 국가에 손실을 끼친사실이 있으며 특히 수확고 판정의 정확을 보장해야할 일부 면 군심사위원들이 전혀판정요강을 알지못할뿐만아니라 도리혀 수수 방관하는 현상들을 볼수있다

여덟째 만기작물 현물세 징수준비에있어서

조기작물현물세 징수사업과 아울러 이미 박두한 만기작물현물세 징수를 위한 준비사업은 아직 원만히 진행되지못하고있다

침목 우복및 포장자재준비에있어 내각량정국에서는 지방적으로 해결할것이라고 지시하는데 끝이고 그에대한 실행대책을 강구해주지못하고있으며, 많은 지방들에서는 자체적으로 해결할데 대한 관심이 부족하다 또한 만기작물현물세량은 조기작물현물세량에 비하여 그수량이 극히 많음에도 불구하고 그보관대책과 창고준비가 되지못하였다

평안북도 칠산군에서는 군적으로 가마니소요량 (　)만매 새끼(　)$ 침목부족량(　)본에 대하여 이를준비할 하등의 대책을 강구하지 않고있으며, 동군○면 인민위원회 위원장 김상국동무는 만기작물현물세 징수준비사업을 아직 생각조차 돌리지않고있었다

이상과 같이 조기작물현물세징수 및 만기작물 현물세 징수준비과정에서 나타난 허다한결함들을 시급히퇴치하고 조기작물현물세 징수사업을 급속히 결속 총화하며 만기작물현물세 징수사업을 성과적으로 보장하기위하여 농림상 내각량정국장 및 각도(평양시)인민위원회 위원장들에게 다음의과업을 실행할것을 지시한다

1. 아직판정부과를 완료하지못한 조기작물에대하여 이를 급속히 판정부과하여 법정기일인 8월30일까지 징수완료할것
2. 생산고판정위원회 및 생산고판정심사위원회의 구성을 일제히 재검토하여 리급책임간부들과 리내의 애국적열성농민들로써 판정위원회를 8월말까지 재정비할것이며 면 군심사위원회는 꼭 해당기관책임자로 구성할것이아니라 해당기관의 열성책임일꾼들로서 구성하여 반드시 판정위원들의 수확고판정과 병행하여 판정심사사업을 진행하므로서 그정확을 기할것
3. 만기작물현물세 징수에있어서는 관계부문일꾼들을 동원하여 미리 필지별 측정에의하여 한평의땅도 루락없이할것이며 통보사업을 정확신속히하여 9월10일전으로 실파면적 확인사업을 정확히 실시완필할것
4. 농작물의 수분건조률을 공제함에있어서는 일률적으로 공제하거나 추측으로 할것이아니라 성숙한 농작물에대하여 수분건조률시험을 실시하여 그건조률을 산출할것
5. 매개판정위원회에서는 판정도구를 사전에 준비하되 반드시 면인민위원회 위원장의 승인을얻어 사용하도록할것이며 판정방법에 있어서는 달관식 판정을할것이아니라 반드시 성숙되는대로 매필지마다 작황이 평균되는 중요

한지점을 선택하여 정확한 평애(平刈)방법에의하여 수확고를 판정하되 해당 경작농민을 참가시킬것

6. 현물세의 검사 및 징수계획은 징수장소 출하거리 현물세수량보관장소등을 신중히 고려하여 그실정에 알맞도록 합리적으로 수립할것이며 예비검사원 및 검사원 수납원의 역활을 높이여 농민들이 납부한 현물세를 제때에 정확하게 징수하도록할것
7. 각급인민위원회들에서는 판정결과를 신속히 상급기관에 제출하여야하며 도인민위원회위원장은 이를 지체없이 비준하여 시달할것이며 면인민위원회에서는 비준받은 즉시로 현물세 납부통지서를 발부하므로서 리에서 부과하는 경향과 선납운동으로 징수사업에 혼란을 초래하는 사실이 없도록할것
8. 만기작물현물세 징수준비를 위하여
   ㄱ 현재 농민들이 보유하고있는 포장자재를 1951년8월30일내로 일제히 조사하여 그부족량에대한 해결대책을 강구할것이며 특히 산간지대에 소요되는 포장자재를 제때에 확보할것
   ㄴ 우복 침목 위장자재들을 세밀한계획밑에 충분히 확보할것이며 현재파괴된 현물세곡 창고는 수리가능한 범위에서 일체수리정비 하였다가 언제든지 사용할수있도록 준비할것이며 금년도 현물세곡을 피해없이 보관할수있는 보관장소 선정과 창고준비에 특별한 관심을 돌릴것
   ㄷ 도 시 군 면인민위원회들에서는 농작물 파종면적 확인으로부터 부과 징수 보관 관리에 이르기까지의 제반사업들에 대하여 농산량정일꾼 심사위원 판정위원 및 수납원 기타 관계기관 일꾼들을 빠짐없이 망라하여 기술강습을 철저히 시행할것
9. 각급 정권기관들에서는 각급정당 사회단체들과의 련석회의를 갖이고 금년도 농업현물세 징수 보관사업을 성과있게 보장하기위한 제반대책을 토의 강구할것

조선민주주의인민공화국 내각

수상 김일성

1951년 8월 17일

평양시

—《 》—

1951년 8월 22일 [일부]

조선민주주의인민공화국 내각결정 제312호[126)]

협동단체들의 조직및 사업 강화에관하여

공화국 인민경제에있어서 생산 및 수산합작사와 소비조합들은 중요한 자리를 차지하고 있다

조선 민주주의 인민공화국 내각은 도시와 농촌간의 경제적 련계를 강화하며 식료품 및 공업상품들에대한 근로자들의 요구를 충족시키는 사업에있어서 협동단체들의 거대한의의를 강조하면서 그의조직 및 사업상 결점들을 제거하고 앞으로의 발전을 보장하기위하여 다음과같이 결정한다 (...)

18. 생산합작사 및 수산합작사 사원들과 합작사지도기관들은 수출용 상품의 생산확장 및 반전의 필요성에대하여 특별한 주의를 돌릴 것이다
    수출을 장려하기 위하여 생산합작사 및 수산합작사들에서 수출용으로 제조하는 상품에 대하여는 거래세(생산)를 면제한다 (...)
32. 새로조직되는 생산합작사와 수산합작사에 대하여는 6개월간 소득세를 면제한다
33. 생산합작사 및 수산합작사들에서 영예군인로력을 광범히 리용할목적으로 다음의 특혜를 부여한다
    ㄱ 사원총수의 10%범위에 달하는 영예군인 로력을 적용하는 합작사들에 대하여는 거래세의 5%를감면한다
    ㄴ 사원총수의 11%-20%범위의 영예군인로력을 적용하는 합작사들에대하여는 거래세의 10%를 감면한다 (...)

조선민주주의인민공화국 내각
수상 김일성
1951년 8월 22일
평양시

≪ ≫

126) 『내각공보』 1951년 제13호, 172-178쪽.

1951년 9월 1일

조선민주주의인민공화국 내각결정 제325호[127)]

1951년 만기작물 추수및 농업현물세 징수사업 보장대책에 관하여

미제의 야수적 무력침범자들과 그의 주구 리승만 괴리군을 격멸구축하는 위대한 조국해방전쟁을 수행함에있어서 전선과 후방에 식량의 수요를 충족시키기위한 식량증산투쟁은 전선승리를 보장하는 유력한 조건의 하나로된다

이에 공화국 정부에서는 이미 「1951년 농작물 파종사업실행 대책에관한 결정서」(1950년12월12일 내각결정 제183호)을 비롯하여 수차에걸친 내각결정 지시등으로 금년도 식량전선에서의 승리를 보장함에 필요한 온갖 국가적대책을 제때에 채택하고 식량증산투쟁을 전인민적 운동으로 조직보장한결과에 전체애국적 농민들과 인민들이 이에 총동원하므로서 금년도 파종및 이앙은 례년에 비하여 훨신 좋은 성과로 일찌기 완료하였고 전북반부적으로 농작물 작황은 풍작을 예견할수 있는 토대를 지어놓았다

그러나 이같은 기본적 성과는 때를놓지지말고 농작물을 수확하며 농업현물세를 신속 정확하게 징수하여 이를 완전히 보관 관리하므로서만이 식량증산투쟁에서의 종국적성과를 보장하게되는것이다

그러메도불구하고 금년도 조기작물현물세의 부과및 징수는 오늘에 이르기까지 총결하지못하고있으며내각 지시 제766호(1951년8월17일)에 지적된 바와같이 조기작물현물세 징수및 만기작물현물세 징수 준비사업에는 다음과같은 엄중한 결함들을 나타내고있었다

첫째 면적확인사업에 있어서

적들의 일시적 강점시기에 지적부 도부들이 분실 소각된 조건하에 경지면적 확인사업은 특히 중요한 의의를갖이며 이는 또한 농작물 생산고 판정및 현물세부과사업의 기본적 토대로된다

그러나 농림성 내각량정국 및 각도(평양시)인민위원회들에게서는 1951년7월까지 완료하여야할 경지면적 조사사업을 불철저하게 실행한결과에 많은 기본면적과 파종면적을 루락시키고있는 반면에 파종하지않은 면적에 부과하는 그릇된 사

127) 『내각공보』 1951년 제12호, 264-267쪽.

실들까지있었다

둘째 농작물생산고 판정위원회 구성에 있어서

농작물생산고 판정위원회는 리내의 가장애국적 열성농민들로서 구성하여야하겠음에도 불구하고 황해도와 평안남도를 비롯한 많은 지방들에서는 이를 구성함에 심각한 주의를 돌리지못한결과에 판정위원회에 불순분자 비열성분자들이 잠입하여 판정사업에 적지않은 해독을주었다

셋째 농작물생산고 심사위원회 역할에있어서

각급 농작물생산고 심사위원회는 해당판정위원회 사업에대한 련대적 책임을 갖이고 직접 이를 지도방조하는 기관이다

그러므로 판정 현지를 답사하면서 제때에 판정위원회 사업들을 지도 검열 하므로서 그 정확성을 기하여야할 대신에 많은 지방들에서는 이를 형식적으로 구성하고 자기역할을 전혀 포기하였거나 또는 자기책임을 타에 위탁하며 실제 판정사업에는 참가하지않고 다만 판정위원회의 판정문건들을 사무적으로 처리하는데 끝이는 엄중한 사실들이 있었다

네째 농작물생산고 판정사업에있어서

농업현물세의 정확한 부과 징수는 농작물생산고의 정확한 판정으로서만 보장될수있음에도 불구하고 많은 판정위원들은 생산고 판정사업의 국가적 의의를 망각하고 오직 사업을 쉽게하려고하며 무원칙하게 락후한 농민들에 추종하는데로부터 매필지 마다 작황의 중심되는 지점을 선택하여 평애[平刈]하는방법을 실시하지않고 달관식으로 판정하는 사실과 수분건조률에 대하여 정확한 실험과 과학적 근거없이 부당하게 높게 공제하는사실들을 현물세징수사업에 지장을 주었을뿐만 아니라 국가수입에 적지않은 손실을 주게하였다

다섯째 소채[蔬菜] 특용작물 생산고 판정에있어서

매년농작물 생산고 판정사업에서 시정하지못하고 번복하는 결함의하나로서 주곡판정에만 치중하고 주곡외의 소채 및 특용작물의 판정 징수에는 관계부문 시도일꾼들의 관심이 극히 히박하여 부식물공급사업은 원만히 보장되지못하였다

여섯째, 현물세징수사업에 있어서 농업현물세의 부과및 징수에 있어 사무적 처리등으로 인하여 공연히 이를 지연시키며 징수사업에 대한 적의한 계획이없이 수납원과 검사원의 로력을 합리적으로 조직하지못하고 일별징수계획에 의하여 순회식으로 검사징수하는 사업을 옳게실행하지못한 결과에 농민들이 납부한 현물세를 제때에 검사 수납하지못하고 오히려 농민들의 열성을 마비시킨 사실까지있었다

일곱째, 만기작물 현물세 징수 준비사업에 있어서

이미 추수기가 닥쳐오고 만기작물현물세 징수사업이 목전에 박두하였음에도 불구하고 이에대한 준비와 대책이 극히 미약하게 진행되며 침목 우목및 포장자재가 소요수량대로 확보되지못하였으며 특히 다량의 만기작물현물세곡을 피해없이 보관할 창고들이 준비되지 못하였다 조기작물현물세 징수과정에서 나타난 이상과같은 제반 결함들을 근본적으로 퇴치하고 만기작물 추수기가 박두한 오늘 농작물의 수확 및 현물세 징수사업에 적지않은 곤난이 예견되는 실정에 비추어 각급 정권 일꾼들과 관계일꾼들은 자기의 책임성을 더높이며 만기작물 수확 및 현물세 징수사업을 전인민적 운동으로 성과있게 실행하기위하여 조선 민주주의 인민공화국 내각은 다음과같이 결정한다

1. 농림상 내각량정국장 및 각도(평양시)인민위원회 위원장들에게 다음의 과업을 실행할것을 책임지운다

(1) 아직 종결하지못한 조기작물현물세의 부과및 징수사업을 1951년9월15일 이내로 반드시 총결완료할 것

(2) 금년도 만기작물 현물세는 두류를제외한 일절작물에 대하여 례년보다 15일 단축하여 1951년11월말일까지 이를 징수완료할 것
그러나 조숙종의 조및 벼에 대하여는 다른작물의 수확기를 기다릴것이아니라 황숙되는차례로 지체없이 수확하여 그 현물세를 1951년10월10일까지 완납하도록하며 조숙종 벼 짚은 그전량을 만기현물세곡 포장용 가마니와 새끼생산에 리용하도록 지도할것 이를위하여 내각지시 제766호(1951년8월17일)에 지적된 제과업들을 일절농산 량정일꾼 및 관계일꾼들에게 철저히 주지시키므로서 이를 충실하게 집행할구체적 대책을 세울 것

(3) 1950년도의 농업현물세와 관개시설사용료 임경료및 각종 대여곡으로서 아직까지 징수완료하지못한분에대하여 그징수가능여부를 정확히 조사한후 그중 징수불가능량에 대하여는 내각의 비준을얻어 처리할것이며 징수가능분에대하여는 1951년 만기작물현물세와 동시에 이를 징수완료할 것
이와아울러 농민들로부터 대차한 량곡은 금년도에 납부할 현물세에서 공제반환할것

(4) 경작지면적조사사업과 만기작물실파면적 확인사업을 반드시 농작물 생산고 판정사업이 개시되기전에 일절량곡에대하여 확인완료할것

(5) 금년도추수에있어서는 로력불족과 적기폭격피해에대처하여 전체농촌 남녀로력과 각기관단체들의 로동자 사무원 교원 학생 내무원 및 후방군인들로서 추수 깜빠니야를 광범히 조직동원함으로서 수확기를 놓치지말고 이

를 단시일내에 수확하여 탈곡하도록 조직할것

(6) 곡물이 황숙되는대로 곡종별 필지별로 평예[平刈]방법에의하여 수확고판정 사업을 정확하게 실행하고 최단기간내에 부과징수사업을 종결할 것 특히 리 예비검사원을 증원함과동시에 예비검사원및 성검사원들의 책임성과 그의기술수준을 높일데대한 가능한 대책을 취할것이며 그들로하여금 대 지방의 실정에맞도록 수납계획을 합리적으로 수립하여 추수탈곡이 완료되는 즉시로 농촌의 전체로력과 운수수단을 총동원하여 단시일내에 농업현물세를 징수완료하도록 조직할것

(7) 농작물수확 및 농업현물세 징수사업에 필요한 탈곡기 풍기 도량형기 등 일절 소요도구및 기재들을 조사하여 9월말일까지 확보정비할것

(8) 생략

(9) 생략

(10) 국가량곡의 보관관리사업을 전인민적으로 철저히 보장하기위하여 각급인민위원회 위원장및 지방자위대의 책임하에 관내보관량곡의 경비를 강화할것

(11) 군대와 로동자 사무원들에게 부식물공급을위하여 금년도 소채현물세[蔬菜現物稅]는 대곡으로 징수할것이 아니라 일절현물로 징수할것이며, 과실을 저장에편리하도록 견과실을 제조하며 특히 밤 저장에 특별한 주의를 돌릴것

2. 재정상은 국가량곡을 보관하기위한 토굴식 보관창고의 굴설에 소요되는 자금을 지출보장할 것이다

3. 민족보위상 사회안전상 내무상 교통상 산업상은 1952년도 량곡바란스에의하여 인민군대에 소요되는 수량의 량곡을 1951년 12월말까지 인수하여 자체로 운송 보관관리할 것이다

4. (생략)

5. 만기작물에 추수로부터 현물세의 부과징수및 보관에 이르기까지의 사업을 성과적으로 보장하기위하여 각도(평양시) 및 각 시 군 에 각각 내각전권대표를 파견할것을 내각사무국장에게 위임한다

조선민주주의인민공화국 내각

수상 김일성

1951년 9월 1일

평양시

≪ ≫

1951년 9월 10일 [일부]

조선민주주의인민공화국 내각 결정 제327호[128)]

수해 리재민 구제대책에 관하여

1. 수해로 인하여 농작물의 피해를 입은 농민중 농작물 전부를 류실당한 농민들에게는 금년도 만기작물 농업현물세 전량을 면제하며 자기 경작지 3분의 1이상을 류실당한 농민들에게는 농업현물세를 감면하되 전작물에 대하여는 15% 답 작물에 대하여는 20%로 각각 감세한다. (...)

조선 민주주의 인민 공화국 내각
수상 김일성
1951년 9월 10일 평양시

≪ ≫

1951년 9월 10일

조선민주주의인민공화국 내각지시 제788호[129)]

1951년만기작물현물세중 조숙종의벼및 조를정곡으로 징수할데대하여

긴급한 전선식량을위하여 다음에지적된 군들에서는 농민들의 애국적열정에 호소하여 금년도 만기작물현물세 중에서 조숙종의벼 및 조는 이를 정곡[精穀]으로 징수할것이되 그정곡비률은 엄밀한 도정실험에 근거하여 정확하게 제정할 것을 지시한다

함경남도 .... 단천군 북청군 홍원군 함주군 신흥군 정평군 영흥군 고원군 리원군

강 원 도 .... 문천군 안변군 통천군 고성군 회양군

128) 조선중앙통신사 엮음(1952), 『조선중앙년감 1951-1952』(평양: 조선중앙통신사), 123쪽.

129) 『내각공보』 1951년 제13호, 186쪽.

조선민주주의인민공화국 내각
수상 김일성
1951년 9월 10일
평양시

≪ ≫

1952년 3월 13일 [일부]

내각 결정 제41호[130)]

산업 상업 및 기타 부문의 국영기업소 기관들의 독립채산제, 재정계획 및 국가예산과의 호상관계에 관한 규정 승인에 관하여

6. 본 결정실시에 따라 국영기업소와 기관들이 이미 종전법규에 의하여 국고에 납부한 1952년 1월 및 2월분 이익공제금과 감가 상각금은 1952년 3월분 이후 국고납부액에서 조절하여 줄것이며 이들 기업소와 기관들의 월별 회계결산 및 바란스의 작성제출은 1952년 3월분부터 적용한다.

≪ ≫

1952년 3월 13일 [일부]

내각 결정 제41호 별지[131)]

산업 상업 및 기타 부문의 국영기업소 기관들의 독립채산제, 재정계획 및 국가예산과의 호상관계에 관한 규정

제2장 재정계획에 관한 일반적 규정

제5조 기업소의 수입지출 바란스에는 다음과 같은 지표들이 반영된다.

1. 제품판매 및 우스루-가 제공에 의한 수입

---

130) 중앙정보부 엮음(1974), 『북괴법령집』(서울: 중앙정보부), 337-339쪽.
131) 중앙정보부 엮음(1974), 『북괴법령집』, 339-347쪽.

2. 제품생산비 우스루-가 제공을 위한 지출 농산물 기타 상품수매비 및 상품판매비
3. 자체유동 재산의 증가 또는 감소
4. 신 기본건설 투자 및 고청재산에 내한 대보수비
5. 감가 상각금의 분배
6. 거래세 이윤축척 및 그 분배
7. 기타 수입지출에 관한 지표
8. 국가예산과 기업소와의 호상관계 (...)

제7조 수입지출 바란스(재정계획)의 매개과목에는 다음과 같은 해당부표가 첨부된다.

1. 생산 및 우스루-가 제공에 대한 지출예산 (원가요소별)
2. 제품별 원가에 관한 자료 및 원가제고, 또는 저하의 요인에 관한 설명을 첨부한 요소별 생산
   원가 저하계획 (종합재정 계획에는 품종별 또는 중요 제품별로 한다)
3. 상품판매수입 (상품 혹은 우스루-가 제공)에 대한 계산서
4. 자체유동재산 조성의 원천을 명기한 자체유동자금 및 은행 차입금의 수요계산서
5. 감가상각금에 대한 계산서
6. 거래세 납부에 대한 계산서
7. 기본건설에 있어서의 내부재원 동원계획
8. 종업원의 수 평균노임 노임폰드에 관한 증빙문건
9. 수입지출 바란스에 포함하여야 할 기타 지출에 대한 예산서
10. 수입지출 바란스에 내한 설명서 (...)

제3장 생산비지출 제품판매수입
(우스루-가 제공에 의한 수입을 포함) 및 이윤계획

제13조 생산비 예산이 편성된 후에는 이에 기초하여 기업소의 이윤이 산출된다. 기업소의 이윤은 제품판매 수입에서 거래세를 제외하고 생산비와 판매비를 제한 잔액과 동일하다.

판매수입계획은 상품판매 계획량과 상품인도 가격에 의하여 이를 작성한다. (...)

제8장 국영기업소의 국가예산과의 상호관계

제33조 국영기업소의 국가예산에 대한 납부는 다음과 같다.

1. 거래세
2. 이익공제금
3. 잉여유동자금 납부
4. 계획연도에 있어서 기본건설 및 대보수의 리밋트가 걸정되지 않은 국영기업소의 감가상각금 납부

제34조 국영기업소의 전체수입 지출의 방향 및 국가예산과의 상호관계는 싸흐마트 바란스(별지양식 수입지출 바란스부표 제1호)의 방식에 의하여 이를 계산한다.

제35조 국영기업소의 국가예산에 대한 이익공제금은 총이윤과 그 이윤으로써 충당되는 지출과의 차액으로써 수입지출 바란스에 계상하여 재정성에서 이를 결정한다. 도영기업소에 대하여서는 도 (평양시) 인민위원회 재정부에서 이를 결정한다.

제36조 각성 및 내각직속국은 전조에 의하여 제정성에서 결정한 이익공제금 범위내에서 각 그 산하 기업소별 이익공제금을 배분전달하며 그 사본을 재정성에 제출한다.

재정성에서는 전항에 의하여 각성 및 내각직속국에서 제출된 기업소 이익공제액을 각 기업소 소재지 지방 재정기관에 통지한다.

제37조 국영기업소의 국가 예산에 대한 이익공제액은 매분기별로 이를 설정한다. 분기 첫달에는 계획에 예견된 분기공제액의 30%를 둘째 및 세째 달에는 각각 분기 공제액의 35%를 공제하되 매월분을 2회에 구분하여 15일과 25일에 각각 동일한 액을 납부한다.

제38조 국영기업소의 이익납부는 매월말 매분기말 및 년말결산 바란스에 기초하여 실제 이윤에 관한 재계산을 실시한다.

전항 실제이윤 계산에 있어서는 각 그 결산 기간에 있어서 실현된 실제이윤과 국가예산에 납부한 전불 이윤과 대조하고 미납이윤 공제액 또는 이운과 납액을 결정하여 조절한다.

제39조 이윤 재계산에 있어서는 매월분은 분기초부터 누계로써 매분기분은 년초부터의 누계로서 실시한다.

제40조 실제이윤에 내한 월별 재계산을 실시함에 있어서는 계획에 의한 분기별 증수율을 적용한다.

제41조 기업소의 초과이윤으로 부터 국가 예산에 대한 납부는 매분기마다 지배인 기금 적립을 제한 잔액의 75%를 납부하고 나머지 25%는 년말까지 기업의 관리에 남겨두고 년말 결산심의후 국가예산에 회수된다. (...)

1952년 3월 16일

조선민주주의 인민공화국 내각결정 제45호[132)]

농작물 실수확고 판정사업 이관에 관하여

현재 농림부문에서 담당하고 있는 농작물 실수확고 판정사업은 원칙적으로 농업현물세를 징수하는 량정부문에서 담당하는 것이 합리적인 것이므로 이를 량정부문에 이관함으로써 현물세 징수사업에 있어서 신속정확성을 보장하며 책임성을 강화하기 위하여 조선민주주의 인민공화국 내각은 다음과같이 결정한다

1. 농림상은 현재 농림부문에서 담당하고있는 농작물 실수확고 판정사업을 1952년 3월말일까지 내각량정국장에게 인계할 것
2. 각급 농림부문 책임자들은 각종 농작물 파종면적 조사사업과 예정수확고 판정사업을 제때에 정확히 실시하고 이에 대한 통계를 별표에의 한 기일전으로 각급 량정부문에 통보하것이다
3. 내각량정국장은 2에 의하여 통보받은 작물별 파종면적을 기초로 전체농작물에대한 실수확골르 정확히 판정하여 조기작물은 8월31일까지 만기작물은 11월 30일까지 각각 그 실수확고를 내각에 보고할것이다
4. 농림상 내각간부국장 및 각도 평양시 인민위원회 위원장은 농림부문에서 농작물 실수확고 판정사업에 유능한 기술일꾼들을 량정부문에 조동배치하되 중앙 및 도 평양시 군인민위원회에서는 2명씩 시 구역인민위원회에서는 1명씩을 3월말일까지 배치할것이며 면인민위원회에선느 농촌경리지도원이 2명이상될때에는 그중 1명을 전임농작물 수확고 판정지도원으로 지정하고 농촌경리지도원이 1명인 경우에는 량정지도원이 농작물 생산고 판정사업을

132) 『내각공보』 1952년 제6호, 123-124쪽.

겸임할것

5. 내각량정국장 및 각도 평양시 인민위원회 위원장은 농작물 실수확고 판정 및 현물세 부과징수 관계부문일꾼들에게 일주일간의 실무강습회를 4월1일부터 조직 실시할 것이다

조선민주주의 인민공화국 내각
수상 김일성
평양시

「별표」

작물별파종면적 및 예상수확고 통보기일표

기작별 작물	구 분	통보기일			
		면에서	군에서	도에서	중앙에서
제1기	작물별 파종면적 (1)	5,1	5,5	5,15	5,25
	예상수확고 (2)	6,10	6,15	6,20	6,25
제2기	(1)	5,20	5,25	6,5	6,15
	(2)	6,30	7,5	7,10	7,15
제3기	(1)	6,10	6,15	6,25	7,5
	(2)	8,10	8,15	8,20	8,25
제4기	(1)	7,20	7,25	8,5	8,15
	(2)	8,31	9,5	9,10	9,15
조기과실	(1)	5,31	6,5	6,15	6,25
	(2)	6,30	7,5	7,10	7,15
만기과실	(1)	5,31	6,5	6,15	6,25
	(2)	8,25	8,30	9,5	9,10

-≪ ≫-

1952년 3월 19일

조선민주주의 인민공화국 군사위원회 결정 제66호[133)]

국가기관 부업경리에 대한 거래세 면제에 관하여

전시하 국가기관에 복무하는 로동자 사무원들의 물질적 생활수준을 향상시키기 위하여 각국가기관의 부업경리에 대한 거래세를 다음과같이 면제할것을 결정한다

1. 각 성 내각직속국 내각직속기관 지방인민위원회에 속한 로동공급기관(후방총국 내무성 사회안전성 산하 군사상점을포함함) 및 기타 국가기관에서 자기종업원들의 물질적 생활수준을 향상시키기 위하여 경영하는 리용시설 및 리용생산 시설중 다음 각호에 해당하는 것에 대하여는 거래세를 면제할것이다
   (1) 식당, 목욕탕, 리발부
   (2) 양복, 구두부
   (3) 두부 콩나물 등 기타 사업 거래세 과세 대상으로 되는 부식물의 자가생산
   (4) 소채[蔬菜] 기타 부식물들에 한하여 종업원에게 원가로 제공하는 수매품

이상 각호의 사업이라도 자기종업원 이외의 판매 또는 봉사 제공수입에 대하여는 해당한 거래세를 징수할 것이다

2. 국가경제기관 정당 사회단체의 로동공급 기관에 대하여서도 제1에 준하여 적용할 것이다
3. 본결정은 1952년 4월 1일부터 실시할것이다

조선민주주의 인민공화국 군사위원회
위원장 김일성
평양시

≪ ≫

133) 『내각공보』 1952년 제6호, 63쪽.

1952년 4월 21일

내각 결정 제67호[134)]

쓰딸린 대원수로 부터 기증한 량곡을 접수 처리할 데 관하여

공화국 농민들은 오늘 전선과 후방에서 소요하는 식량을 공급하기위한 투쟁에서 무한한 헌신성을 계속 발휘하고 있음에도 불구하고 미제 무력침범자들의 야수적인 학살 폭격 방화등 갖은 략탈적인 만행으로 인하여 우리의 농촌은 황폐되었고 농촌 로력과 축력은 대량적으로 감소되었다 뿐만아니라 작년도의 대 수재로 인하여 일부 지역들에서는 농작물의 현저한 감수를 보게된 결과 우리의 식량사정은 곤난한 형편에 처하게 되었다

스딸린 대원수께서는 현하 공화국의 이같은 식량사정을 명찰하시고 4월 14일 밀가루 5만톤을 조선인민들에게 기증하였다 이는 자유와 독립을 위하여 투쟁하고 있는 조선 인민들에게 대한 위대한 쏘련 인민들의 또 하나의 국제주의에 기초한 진정한 형제적 원조의 표현인 것이다

조선 민주주의 인민 공화국 내각은 무한한 환희와 감격으로써 이 기증 량곡을 접수하며 그를 처리할데 대하여 다음과 같이 결정한다

1. 전재민들과 재해농민들의 영농조건을 보장하기 위하여 이들에게 기증 량곡에서 정당하게 무상분배한다
2. 량곡 사정이 완화되므로 말미암아 앞으로 추수기에 납부할 농업현물세중에서 1950년도와 그 이전의 미납량은 일체 이를 면제한다
3. 절량 농민들에 대한 국가 량곡대여는 이를 계속 실시한다.

조선 민주주의 인민 공화국 내각
수상 김일성
평양시

≪ ≫

134) 조선중앙통신사 엮음(1953), 『조선중앙년감 1953』(평양: 조선중앙통신사), 106쪽.

1952년 4월 12일

조선 민주주의 인민 공화국 최고 인민회의 상임위원회 정령[135)]

지방 자치세 개정에 관하여

제1조 조선 민주주의 인민 공화국 령토내에 거주하여 독립 생계를 하는 일체 공민은 본 정령에 의하여 지방 자치세를 납부하여야 한다

제2조 다음 각호에 해당하는 자에게 대하여서는 지방 자치세를 면제한다

(1) 독립적 수입원천이 없이 국가 또는 기타의 부조에 의하여 생활하는자

(2) 인민군 내무성 경비대원 사회 안전성 경위대원 및 학생

(3) 외국 공관 및 외국 상사 대표 기관에 근무하는 외국 공민

(4) 정부의 초빙에 의하여 국가 기관에 복무하는 외국인 전문가 및 기술자

제3조 국가기관 협동단체 및 개인기업체에서 근무하는 로동자 사무원과 문화인 예술가 번역가 및 발명가에게 대하여서는 다음 세률에 의하여 매월 지방 자치세를 징수한다

월소득		세률		
	500원까지			소득액의 0.8%
500원을 초과하여	900원까지	4원에	500원을 초과하는 금액의	1.2%
900원을 초과하여	1,500원까지	8원80전에	900원을 초과하는 금액의	1.4%
1,500원을 초과하여	2,000원까지	17원20전에	1,500원을 초과하는 금액의	1.6%
2,000원을 초과하여	3,000원까지	25원20전에	2,000원을 초과하는 금액의	1.8%
3,000원을 초과하여	4,000원까지	43원20전에	3,000원을 초과하는 금액의	2.0%
4,000원을 초과하여	5,000원까지	63원20전에	4,000원을 초과하는 금액의	2.2%
5,000원을 초과하여	8,000원까지	85원20전에	5,000원을 초과하는 금액의	2.4%
6,000원을 초과하여	9,000원까지	109원20전에	6,000원을 초과하는 금액의	2.6%
9,000원을 초과하여	12,000원까지	187원20전에	9,000원을 초과하는 금액의	2.8%
12,000원을 초과하여	15,000원까지	271원20전에	12,000원을 초과하는 금액의	3.0%
15,000원을 초과하여	21,000원까지	361원20전에	15,000원을 초과하는 금액의	3.4%
21,000원을 초과하여	30,000원까지	505원20전에	21,000원을 초과하는 금액의	3.8%
30,000원을 초과하여	45,000원까지	907원20전에	30,000원을 초과하는 금액의	4.2%
45,000원을 초과하여	60,000원까지	1,530원20전에	45,000원을 초과하는 금액의	4.6%
60,000원을 초과한때		2,227원20전에	60,000원을 초과하는 금액의	5.0%

135) 조선중앙통신사 엮음(1953), 『조선중앙년감 1953』(평양: 조선중앙통신사), 99-101쪽.

제4조 합작사 사원에게 대하여서는 전조의 세률에 의한 세액에 10%를 가산한 지방 자치세를 매월 징수한다

제5조 농민에 대하여서는 매세대별로 다음의 세률에 의하여 매 4분기마다 지방 자치세를 부과 징수한다

기소득		세률	
	2,000원까지	영농비 및 현물세를 제외한 소득의	1.0%
2,000원을 초과하여	3,000원까지	영농비 및 현물세를 제외한 소득의	1.2%
3,000원을 초과하여	4,500원까지	영농비 및 현물세를 제외한 소득의	1.3%
4,500원을 초과하여	6,000원까지	영농비 및 현물세를 제외한 소득의	1.4%
6,000원을 초과하여	9,000원까지	영농비 및 현물세를 제외한 소득의	1.6%
9,000원을 초과하여	12,000원까지	영농비 및 현물세를 제외한 소득의	1.8%
12,000원을 초과하여	15,000원까지	영농비 및 현물세를 제외한 소득의	2.1%
15,000원을 초과하여	21,000원까지	영농비 및 현물세를 제외한 소득의	2.4%
21,000원을 초과하여	30,000원까지	영농비 및 현물세를 제외한 소득의	2.7%
30,000원을 초과하여	45,000원까지	영농비 및 현물세를 제외한 소득의	3.0%
45,000원을 초과하여	60,000원까지	영농비 및 현물세를 제외한 소득의	3.3%
60,000원을 초과하여	90,000원까지	영농비 및 현물세를 제외한 소득의	3.6%
90,000원을 초과하여	120,000원까지	영농비 및 현물세를 제외한 소득의	4.0%
120,000원을 초과하여	150,000원까지	영농비 및 현물세를 제외한 소득의	4.5%
150,000원을 초과하여	300,000원까지	영농비 및 현물세를 제외한 소득의	5.0%
300,000원을 초과한때		영농비 및 현물세를 제외한 소득의	6.0%

제6조 기업가 상인 수공업자 및 기타 독립적 수입원천이 있는자에게 대하여서는 매세대별로 다음의 세률에 의하여 매 4분기마다 지방 자치세를 부과징수한다

기소득		세률		
	1,500원까지		소득액의	1.5%
1,500원을 초과하여	2,000원까지	22원50전에	1,500원을 초과하는 금액의	1.3%
2,000원을 초과하여	3,000원까지	29원에	2,000원을 초과하는 금액의	1.6%
3,000원을 초과하여	4,500원까지	45원에	3,000원을 초과하는 금액의	1.9%
4,500원을 초과하여	6,000원까지	73원50전에	4,500원을 초과하는 금액의	2.2%
6,000원을 초과하여	9,000원까지	106원50전에	6,000원을 초과하는 금액의	2.5%
9,000원을 초과하여	12,000원까지	181원50전에	9,000원을 초과하는 금액의	2.8%
12,000원을 초과하여	15,000원까지	265원50전에	12,000원을 초과하는 금액의	3.2%

15,000원을 초과하여	21,000원까지	361원50전에	15,000원을 초과하는 금액의	3.6%
21,000원을 초과하여	30,000원까지	577원50전에	21,000원을 초과하는 금액의	4.0%
30,000원을 초과하여	45,000원까지	937원50전에	30,000원을 초과하는 금액의	4.4%
45,000원을 초과하여	60,000원까지	1,597원50전에	45,000원을 초과하는 금액의	5.0%
60,000원을 초과하여	90,000원까지	2,347원50전에	60,000원을 초과하는 금액의	6.0%
90,000원을 초과하여	150,000원까지	4,147원50전에	90,000원을 초과하는 금액의	7.5%
150,000원을 초과하여	300,000원까지	8,647원50전에	150,000원을 초과하는 금액의	9.0%
300,000원을 초과하여	450,000원까지	22,147원50전에	300,000원을 초과하는 금액의	11%
450,000원을 초과하여	600,000원까지	38,647원50전에	450,000원을 초과하는 금액의	13%
600,000원을 초과하여	900,000원까지	58,147원50전에	600,000원을 초과하는 금액의	16%
900,000원을 초과하여	1,200,000원까지	100,147원50전에	900,000원을 초과하는 금액의	19%
1,200,000원을 초과하여	1,500,000원까지	168,147원50전에	1,200,000원을 초과하는 금액의	22%
1,500,000원을 초과한때		229,147원50전에	1,500,000원을 초과하는 금액의	25%

제7조 로동자 사무원 문화인 예술가 번역가 발명가 및 합작사 사원에게 임금 또는 문화 로력보수등을 지불하는 자는 그를 지불할 때에 그 급여중에서 지방자치세를 공제하여 지불일로부터 5일 이내에 이를 소관 시 군 구역 재정기관 또는 면인민위원회에 납부하여야 한다

은행거래를하는 급여의 지불자가 급여 지불에 충당할 금액을 은행으로부터 찾을때에는 그와 동시에 지방 자치세를 환치 납부하여야 한다

제8조 전조의 급여지불자는 재정성에서 정하는 양식에 의한 계산서를 지방자치세 납부와 동시에 소관 시 군 구역 재정기관 또는 면 인민 위원회에 제출하여야 한다

제9조 농민 기업가 상인 수공업자 및 기타 독립적 수입원천이 있는 자들에 대한 지방 자치세는 소관 시 군 구역 재정기관 또는 면 인민 위원회에서 이를 부과한다

제10조 농민 기업가 상인 수공업자 및 기타 독립적 수입원천이 있는 지방자치세의 납세 의무자는 매 4분기마다 다음의납기일까지 해당한 분기의 지방자치세를 납부하여야 한다

(1) 제1.4분기 2월 25일

(2) 제2.4분기 5월 25일

(3) 제3.4분기 8월 25일

(4) 제4.4분기 11월 25일

제11조 농민 기업가 상인 수공업자 및 기타 독립적 수입원천이 있는 지방자치세의 납세 의무자는 재정성에서 정하는 양식과 기일에 의하여 소득 실적 보고서를 소관 시 군 구역 재정기관 또는 면인민위원회에 제출하여야 한다

제12조 지방자치세의 납세 의무자가 그 거주소를 이동하는 경우에는 퇴거지 리인민 위원회에서 당년도의 지방자치세 납부 증명서를 받아 이주지 리인민 위원회에 이주후 7일 내에 이를 제출하여야 한다

제13조 지방자치세의 납세 의무자는 자기에게 부과된 세액에 대하여 이의가 있을 경우에는 그가 고지서를 받은 날로부터 10일 이내에 이를 소관 시 군 구역 재정기관 또는 면인민위원회에 그 세금의 재 사정을 요구할수 있다

제14조 지방자치세의 부과 루락에 대한 추가 및 부과 오유에 대한 재사정은 를 발견한 때로 부터 1년 이상 소급하지 못한다

제15조 제7조에 의하여 지방자치세를 공제 납부하는 자가 이를 공제하지 않거나 부정확한 공제를 하거나 또는 소정한 계산서를 기일 내에 제출하지 않을 경우에는 그 기관 책임자 및 경리 책임자에게 각각 1,000원 이하의 벌금을 과한다

제16조 지방자치세의 납세 의무자 또는 제7조에 규정된 지방자치세의 공제납부 의무자가 규정된 기일까지 세금을 납부하지 않은 경우에는 소관재정기관은 납기일을 경과한 미납액에 대하여 매일 1%의 연체료를 징수한다

제17조 지방자치세를 탈세할 목적으로 제11조에 규정된 소득실적 보고서를 기일내에 제출하지 않거나 허위로 신고한자 또는 제12조의 의무를 리행하지 않은 자에 대하여는 그가 납부하여야할 세액의 배액에 해당한 벌금을 과한다

제18조 불의의 재변 또는 기타의 원인으로 말미암아 납세능력을 상실한 개별적 납세 의무자에 대하여 지방자치세의 감면 및 징수를 유예할 권한을 재정상에게 부여한다

제19조 본정령은 1952년 4월 1일 부터 이를 실시한다

제20조 본정령 실시와 동시와 『지방자치세에 관하여』(1949년 10월 29일 정령)는 이를 폐지한다.

조선 민주주의 인민 공화국 최고 인민 회의 상임 위원회
위원장 김두봉
조선 민주주의 인민 공화국 최고 인민 회의 상임 위원회
서기장 강량욱

1952년 4월 12일
평양시

≪ ≫

1952년 5월 21일 [일부]

조선민주주의 인민공화국 내각결정 제98호[136)]

국가 협동 및 기타 기업소 기관 단체들의 부업 경리 발전과 그 생산물 처리에 관하여

전시하 로동자 기술자 사무원들의 실질임금을 제고시키며 식량공급의 보충적 원천을 조성함으로써 그들의 생활수준을 향상시킬 목적으로 국가 협동 및 기타 기업소 기관 단체들에서 자기 종업원들을 위하여 운영하는 부업경리를 더욱 발전시키며 그의 재정적 토대를 공고히 하며 부업경리 생산물 처리를 정확히 하기 위하여 조선 민주주의 인민공화국 내각은 다음과 같이 결정한다 (...)

7. 국고에서 부업경리 기본건설 자금을 지출하는 기관의 부업경리리익금의 10%는 국가예산에 이를 편입할 것이며 그의 나머지는 부업경리의 고정재산을 위하여 적립하고 그를 발전시키는데 충당할 것이다
8. 부업경리의 발란스의 심의와 리윤의 분배는 재정성 또는 지방재정기관의 참가일에 부업경리를 조직한 성 기업소 기관 또는 단체들에서 이를 실시할 것이다
9. 부업경리에 대하여서는 거래세를 면제하며 그 생산품중 소채[蔬菜]류 과실류 감자류의 현물세와 육류수매에 응할 의무를 면제한다 (...)

조선민주주의 인민공화국 내각
수상 김일성
평양시

≪ ≫

136) 『내각공보』 1952년 제10호, 232-235쪽.

1952년 5월 21일 [일부]

조선민주주의 인민공화국 내각결정 제98호 별지[137)]

국가협동 및 기타 기업소 기관 단체들의 부업경리에 관한 규정

제19조 부업경리 농장의 생산물은 다음 각호에 해당한 것을 공제한후 일정한 계획에 의하여 소비한다

농업현물세 및 국가 대여곡물 (종곡 식량)

관개시설 사용료 및 농기계 임경료

다음해 영농에 필요한 종곡 (...)

1952년 5월 21일

≺≪ ≫≻

1952년 6월 20일

내각 결정 제114호[138)]

1952년도 조기작물 현물세를 일부 면제함에 관하여

미제 침략자들의 야수적 략탈 파괴와 무차별 맹폭에 의한 전재 및 작년도의 수재는 공화국 일부 농민들에게 종곡 및 식량부족을 초래케 하였다

공화국정부는 이들에게 부족되는 종곡 식량대여등 제반 국가적 배려와 대책을 강구 실시하였으며 또한 쓰딸린 대원수께서 기증하여 온 밀가루와 중화인민공화국에서 보내준 식량을 급여함으로서 그들의 생활안정과 영농조건을 보장하여 주고 있다

그러나 계속하여 재해를 받은 농민들과 빈농민들의 생활안정을 도모하여 그들의 영농사업을 충분히 보장하기 위하여 조선로동당 중앙위원회는 금년도 조기작물 현물세를 일부 면제할 것을 공화국 내각에 제의하였다

137) 『내각공보』 1952년 제10호, 235-239쪽.

138) 조선중앙통신사 엮음(1953), 『조선중앙년감 1953』, 107쪽.

조선 민주주의 인민 공화국 내각은 조선 로동당 중앙위원회의 제의를 접수하고 금년도 조기 작물 현물세의 일부를 면제할 데 대하여 다음과 같이 결정한다

1. 전재 혹은 수재로 인하여 절량된 농민들과 또한 절량된 빈농민들에 한하여 그들의 경작한 조기작물 중에서 밀 보리는 500평 마령서[馬鈴薯](조생종)는 300평까지의 면적에 대하여서는 각각 그해당한 현물세를 면제한다
2. 내각 량정국장 및 각 도(평양시)인민위원회 위원장들은 조기 작물 현물세의 일부를 면제받을 대상자의 선정 및 현물세 판정부과 사업을 정확히 실시하여 반드시 재해를 입은 농민들과 빈농민들로 하여금 옳게 국가적 혜택을 받도록하며 그들이 영농사업에 더 일층 헌신성을 발휘하도록 조직할것이다

조선 민주주의 인민 공화국 내각
수상 김일성
서기장 강량욱
평양시

≪ ≫

1952년 9월 30일

조선민주주의인민공화국 내각 결정 제161호[139)]

식량이 부족한 빈농민들에게 1952년도 농업현물세와 국가대여곡등을 면제할데 관하여

정의의 조국 해방 전쟁의 가렬한 전투환경 속에서 전체농민들은 온갖 애로와 난관들을 용감하게 극복하면서 식량증산을 위한 애국적 투쟁을 전개한 결과 례년에 드믄 수확을 거두게 되었으며 전선과 후방에서의 식량형편은 개선되고 있다

그러나 조국의 자유와 독립을 위하여 미제 침략자들을 반대하는 전선에 출동하였거나 적들의 만행에 의하여 로력자를 학살당함으로써 로력이 부족하여 영농을 충분히 보장하지 못한 인민군대 후방가족 및 애국렬사 유 족들과 평화적 농촌과 농작물에 대한 미제 공중 비적들의 맹폭으로 피해를 받은 전재농민들 및 전재

139) 조선중앙통신사 엮음(1953), 『조선중앙년감 1953』, 108쪽.

이주민들과 토지가 부족하거나 척박한 토지를 경작하고 있는 일부 빈농민들에게 있어서는 아직도 자기의 소요식량을 충분히 준비하기에 부족한 형편에 있다

조선 민주주의 인민 공화국 내각은 이들의 생활형편을 향상시키며 명년도 영농사업에 지장이 없도록 할 목적으로 인민 군대 후방가족 애국 렬사 유가족등 로력이 부족한 농민들과 전쟁피해를 입은 농민 토지가 부족 또는 척박한 빈농민들에게 1952년 만기작물 현물세와 국가대여곡을 면제할데 대한 조선 로동당 정치위원회의 제의를 접수하고 다음과 같이 결정한다

1. 1952년 만기작물 현물세를 다음에 의하여 면제한다.
   (1) 인민 군대 후방가족과 애국 렬사 유가족으로서 가족 매1인당 년평균 수확량(정곡환산)이 180키로그람에 달하지 못하는 자에게는 해당한 현물세의 전량을 면제한다
   상기 대상자로서 가족 매1인당 년평균 수확량이 180키로그람으로부터 200키로그람에 달하는 때에는 180키로그람에 한하여서는 현물세를 면제하고 181키로그람으로부터 200키로그람 사이의 수확량에 한하여서만 현물세를 징수한다
   (2) 전재농민 및 전재이주민과 토지가 적거나 척박한 빈농민으로서 가족 매1인당 년평균 수확량(정곡환산)이 150키로그람에 달하지 못하는자에게는 해당한 현물세의 전량을 면제한다
   상기 대상자로서 가족 매1인당 년평균 수확량이 150키로그람으로부터 170키로그람에 달하는 때에는 150키로그람에 한하여서는 현물세를 면제하고 151키로그람으로부터 170키로그람 사이의 수확량에 한하여서만 현물세를 징수한다
2. 1952년도 만기작물 현물세를 면제받는 자에게 대하여는 1951년까지의 일체 미납곡물과 1952년 대여종곡 및 대여식량의 전량을 면제한다
3. 농업을 전업으로 하지 않는 자와 과수 및 소채[蔬菜] 전업자는 면제 대상에서 제외한다
4. 현물세의 면제 대상자를 선정함에 있어서 리농민 총회에서 반드시 심의 검토한 후 해당 시군 인민 위원회 위원장의 최종 비준으로 결정한다
5. 내각 량정국장 및 각도 인민 위원회 위원장들은 면제 대상자를 선정함에 있어서 영농사업에서 열성을 발휘하는 인민 군대 후방 가족과 전재 농민 및

식량이 부족한 빈농민들이 국가적 혜택을 옳게 받도록 할것이다

조선민주주의인민공화국 내각
수상 김일성
평양시

—≪ ≫—

1953년 2월 28일 [일부]

조선민주주의인민공화국 내각 결정 제26호[140]

빈농민 및 령세 어민들의 경제 형편 개선 대책에 관하여

ㄱ, 빈농민들의 가축 사양을 장려하기 위하여

(ㄱ) 척박한 토지를 가진 빈농민 령세 이민들이 개인 또는 협동적으로 자기의 경작지의 일부를 사료전으로 리용하려고할 때에는 군 인민위원회 위원장의 승인을 받아 리용하도록 하되 이에 대한 농업 현물세는 육류로서 대납할 수 있으며 그 대납 비률은 별도로 규정하는 바에 의할 것. (...)

—≪ ≫—

1953년 8월 24일 [일부]

내각 결정 제152호[141]

개성지구 민간 인삼포 운영에 관하여

조선의 고유한 특산물로 명성 높은 개성 인삼은 우리 조국이 일제의 식민지 기반으로부터 해방된 이후 리승만 역도들의 략탈 정책과 특히 미제 무력 침범자들과 그 주구들을 반대하는 조국해방전쟁의 3년간에 원쑤들의 끊임 없는 야만적 폭

140) 조선중앙통신사 엮음(1954), 『조선중앙년감 1954-1955』(평양: 조선중앙통신사), 65-66쪽.

141) 조선중앙통신사 엮음(1954), 『조선중앙년감 1954-1955』, 61쪽.

격과 포격 및 략탈적 만행에 의하여 많은 민영 삼포들이 심한 피해를 입었으며 적지 않은 삼포들은 황폐화되었다.

이와 같은 실정에 비추어 조선 민주주의 인민 공화국 정부에서는 민간 삼포운영에 방조를 주며 주인 없는 삼포들에 대하여는 일시 국가 관리하는 시책을 취하여 왔으나 정전과 관련하여 민간 삼포운영의 자유를 허용하여 주며 삼포 운영 연고자들의 희망에 의하여 국가 귀속 삼포들을 그들에게 반환하여 줌으로써 개성지구 인삼 재배의 자유를 보장하여 주기 위하여 조선 민주주의 인민 공화국 내각은 다음과 같이 결정한다. (...)

2, 경공업상 및 개정지구 각급 인민위원회 위원장들은 개성 지구의 민간 인삼재배자들로 하여금 그들이 현물세로 납부하는 수삼은 질적으로 가장 우량한 상등품으로 납부케 할것이며 현물세를 완납한 인삼재배자들에게는 나머지 수삼으로써 제품을 만들어 자유처분하는것을 허용하여 줄 것이다 (...)

≪ ≫

1953년 9월 17일

조선민주주의인민공화국 내각 결정 제161호[142)]

비 무장 지대 분계선 린접 지역의 전재 농민들에게 1953년도 만기 작물 현물세와 국가 대여곡 등을 감면할 데 관하여

위대한 조국 해방 전쟁 과정에서 공화국 북반부 전체 농민들은『식량을 위한 투쟁은 조국을 위한 투쟁이다』라고 가르키신 수령의 호소를 높이 받들고 농업 증산 사업에서 애국적 헌신성을 발휘하였다. 특히 전선 린접 지역 농민들은 적의 야만적 폭격과 기타 중첩된 난관들을 극복하면서 식량 증산을 위하여 용감하게 분투하였다.

그러나 전선 린접 지역들에서는 직접 전투 지역에 린접한 관계로 농작물의 피해가 다른 지방보다 더욱 혹심하며 일부 농민들은 금년도 수확으로서도 식량이 부족한 형편에 처하여 있다.

142) 조선중앙통신사 엮음(1954),『조선중앙년감 1954-1955』, 67쪽.

조선 민주주의 인민 공화국 내각은 군사 분계선 린접 지역 농민들의 생활형편을 급속히 개선 향상키시며 그들의 명년도 영농 사업을 원만히 보장하기 위하여 다음과 같이 결정한다.

1, 개성 지구 판문점 후능리로부터 신흥리, 조강리, 림한리, 덕수리, 대룡리, 도창리, 홍왕리, 평화리, 선적리를 거쳐 강원도 고성군에 이르기까지의 비 무장 지대 분계선에 린접한 전체 『리』들에 경작지를 가진 농민으로서 년간 총 수활걍이 1년 생계를 유지할 수 없는 식량이 부족한 농민들에 대하여는 1953년도의 만기 작물 현물세와 식량 및 종자 대여곡과 또 1952년도까지의 미납곡 (현물세, 식량 및 종자 대여곡) 전량을 면제한다.

2, 분계선 린접 지대를 제외한 기타의 개성 지구는 다른 지역보다 피해가 많았으므로 개성 지구 전체 지역에 거주하는 농민으로서 년간 총 수확량이 1년 생계를 유지할 수 없는 식량이 부족한 농민들에 대하여 1953년도 식량 및 종자 대여곡과 1952년도까지의 미납곡 (현물세, 식량 및 종자 대여곡) 전량을 면제한다.

3, 적이 강점하였던 전체 『섬』들에 대하여는 1953년도의 만기 작물 현물세 식량 및 종자 대여곡과 1952년도까지의 미납곡 (현물세, 식량 및 종자 대여곡) 전량을 면제한다.

4, 감면 대상자가 감면 받을 현물세 기타를 이미 납부하였을 때에는 이를 반환할 것이다.

5, 현물세 감면 대상자를 선정할 때에는 반드시 리 농민 총회에서 심의 검토한 후에 해당 시, 군 인민위원회 위원장의 비준을 얻어 결정할 것이다.

6, 각 도 인민 위원회 위원장은

(1) 이 지역 내의 전체 농민들로 하금 추수를 제때에 실시하며 자급비료 증산과 추경 및 추파 맥류 파종을 성과 있게 보장하는 등으로써 분계선 린접 지역 (섬을 포함) 전체 농민들의 생활을 급속히 향상하도록 제반 대책을 강구할 것.

(2) 본 결정 집행·총결을 (별도 양식) 11월 30일까지 량정국장에게 제출할 것이며 량정국장은 12월 10일까지 내각에 제출할 것.

≪ ≫

1953년 12월 15일

조선민주주의인민공화국 내각 결정 제200호[143)]

1952년도까지의 현물세의 미납량과 기타 각종 국가 수입곡의 미납량을 면제하며 국가 육류 의무 수매제를 폐지할 데 관하여

미제 무력 침범자들과 그 주구들을 반대하는 3년간의 가혹한 조국 해방 전쟁에서 공화국 공민들은 조국의 자유와 독립과 인민 민주주의 제도를 수호하기 위하여 모든 간난 신고를 용감하게 극복하고 식량 증산과 후방 로력에서 애국적 헌신성을 남김 없이 발휘함으로써 전선과 후방에 식량과 육류를 계속 보장하였으며 전쟁 승리에 커다란 공헌을 하였다.

그러나 미제 무력 침범자들의 야수적 만행에 의하여 지난 전쟁 기간에 공화국 농업 경리와 축산업은 무참히 파괴되였으며 농업 생산 능력이 현저히 저하되였으므로 인하여 일부 농민들에게는 전쟁 기간에 현물세 및 기타 각종 국가 수입곡의 미납량이 형성되여 현재 그 들에게 과중한 부담으로되여 있다. 뿐만 아니라 전전 및 전쟁 시기에 현저한 역할을 한 국가 육류 의무 수매제는 축산업이 혹심히 파괴된 현 조건 하에서 농민들에게 적지 않은 부담으로 되어 있다.

조선 민주주의 인민 공화국 내각은 공화국 농업 경리와 축산업을 급속히 복구 발전시키며 이 부분들에서의 생산 능력을 제고시키며 농민들의 생활 형편을 개선하며 그들이 국가 앞에서 가지는 부담을 경감시키기 위하여 다음과 같이 결정한다.

1, 1950년도로부터 1952년도까지의 기간에 현물세, 관개 시설 사용료, 임경료, 식량 및 종다 대여곡, 비료 대여곡의 미납량은 1953년 12월 20일 현재로 이를 일체 면제한다.

2, 현존한 국가 육류 의무 수매제는 1954년 1월 1일부터 이를 폐지한다.

3, 국가 육류 의무 수매제의 폐지와 관련하여『육류 수매에 관한 결정서』(1949년 12월 22일 내각 결정 제189호)『육류 수매에 관하여』(1951년 9월 10일 내각 결정 제328호) 및『육류 수매 공급에 관하여』(1951년 9월 12일 군사 위원회 명령 제169호)와 육류 의무 수매에 관련되는 일체 규정들을 취소한다.

≪ ≫

143) 조선중앙통신사 엮음(1954),『조선중앙년감 1954-1955』, 67-68쪽.

1954년 10월 30일 [일부]

최고인민회의법령 제72호[144)]

조선민주주의 인민공화국 지방주권기관 구성법

제21조 도, 시, 군(구역) 리(읍,노동자구) 인민위원회는 자기 관할지역내에서 다음의 임무를 수행한다.

8. 각종 세금의 정확한 부과 징수 사업을 조직 집행하며 재정규율을 강화하며 엄격한 절약제도의 실시를 보장한다. (...)

1955년 6월 23일 [인용]

법령 미상 (부동산취득세법 폐지)[145)]

"동 6월 23일부로 부동산 취득세를 폐지하였으며"

1955년 6월 23일 [인용]

법령 미상 (상속세법 폐지)[146)]

"동 6월 23일부로 상속세를 폐지하였으며"

144) 중앙정보부 엮음(1974), 『북괴법령집』, 58-61쪽.
145) 조선 중앙 통신사 엮음(1957), 『조선 중앙 년감 1957』, 43쪽.
146) 조선 중앙 통신사 엮음(1957), 『조선 중앙 년감 1957』, 43쪽.

1955년 6월 24일 [일부]

내각 결정 제57호[147)]

농촌경리를 급속히 복구 발전시키기 위한 제 대책에 관하여

조선로동당과 공화국 정부는 전쟁으로 인하여 혹심하게 파괴된 농촌경리의 복구 · 발전을 위하여 1955년에 관개하천 건설에 11억 1,400만원을 투자하였으며 20개소의 뜨락또르 임경소들을 새로 조직하였으며 11만 4,800여톤의 화학비료와 적지 않은 농약들을 공급하였으며 또한 지난해 공화국 일부 지역들에 자연 피해로 인하여 식량 및 종곡이 부족한 농민들에게 국가로부터 14만여톤의 량곡을 대여함으로써 금년도 영농사업을 성과적으로 보장하는 등 농촌경리발전을 위한 일련의 대책들을 강구 · 실시하였다.

그 결과 안주관개 제1단계 공사를 비롯하여 신개답과 토지보호 및 개량면적은 10여만 정보에 달하며 전체 농가의 약 43%가 망라된 1만 1,498개의 농업협동조합들이 조직되였고, 광범한 농민대중 속에서 선진농민방법의 도입과 다수확 쟁취를 위한 투쟁이 군중적 운동으로 진행되고 있다. 이러한 성과들이 있음에도 불구하고 아직까지도 농촌경리는 산업발전의 속도에 비하여 현저히 떨어진 실정에 비추어 조선민주주의인민공화국 내각은 최근 2~3년 내에 농촌경리를 급속히 발전시키며 농민들의 생활수준을 더욱 향상시키기 위하여 다음과 같이 결정한다. (...)

6. 농촌경리부문의 사회주의적 경제조직으로써 장성발전되고 있는 농업협동조합들을 조직 · 경제적으로 더욱 강화하기 위하여
   (1) 농업상 및 각 도인민위원회 위원장들은 금후 농업협동조합의 새로운 조직은 이를 제한하고 조직 · 경제적으로 강화함으로써 그의 경제적 기초를 더욱 튼튼히 하도록 지도사업을 강화할 것.
   (2) 각 도위원회 위원장들은 농업협동조합들에 부족되는 축력을 보충하여 우량 가축들을 공급하기 위하여 인민군대에서 군마 1,800두, 몽고인민들이 보내주는 가축 3만두 및 도영 목장들에서 생산되는 자돈 1만 3,500두와 오리 30만수 이상을 각 농업협동조합들에 염가로 판매하여 줄 것.

147) 정경모 · 최달곤 엮음(1990), 『북한법령집 2』(서울: 대륙연구소), 319-322쪽.

(3) 농업협동조합에 망라된 인민군 하 · 전사들의 가족들에게는 ≪조선인민군 전사, 하사관들의 부양가족 원호에 관하여≫(1949년 5월 9일 내각결정 제45호)에 의한 현물세 감면제도를 폐지하고 그들에게는 따로 제정하는 규정에 의해서 현금으로 혜택을 주도록 할 것. (...)

8. 농민들에 대한 국가적 혜택을 증대함으로써 그들의 물질 · 문화생활 수준을 가일층 향상시키기 위하여

(1) 빈농민들과 후방가족으로서 1954년도까지 미납된 현물세(대납 육류 포함), 각종 대여곡 및 기타 미납곡은 이를 면제한다.

(2) 1953년도까지의 농민은행의 각종 대부금 중 기한경과 대부금, 가축구입 격차금, 연체리자 등은 그 상환이 곤란한 자들에 대하여 이를 면제한다.

(3) 화학비료와 량곡과의 현행 교역비률을 1955년 7월 1일부터 류안 비료 1가마니(40키로그람)에 대하여 백미 27킬로그람이던 것을 21.6킬로그람으로, 석회질소 비료 1가마니(40킬로그람)에 대하여 백미 19.84킬로그람이던 것을 15.9킬로그람으로, 과린산 석회 1가마니(40킬로그람)에 대하여 백미 13.5킬로그람이던 것을 10.8킬로그람으로 각각 저하한다. 그러나 화학비료를 대여받는 농민들에게는 종전의 교역비률을 적용하되 리자량곡은 이를 면제한다.

(4) 영리를 목적하지 않은 자가용 채소전은 매호당 30평(산간지대의 척박한 경지는 50평)까지는 1955년 만기 작물부터 이에 대한 현물세를 면제한다.

(5) 휴한지를 복구함에 있어서 신규개간지와 동일하게 로력이 들었다고 인정되는 경우에 1-3년간 현물세를 면제(1955년 만기 작용부터)하며 산하지대에 있어서 다락 논의 변둑과 밭 가운데 있는 돌각담 등 불경 면적이 7% 이상일 경우에는 그를 기본면적에서 공제한다.

(6) 국가계획위원회 위원장과 수매국장은 건초 수매를 폐지하고 고공품[藁工品] 및 곡초 수매 계획을 축소하여 농민들의 로력적 부담을 경감시키는 동시에 일부 공예작물과 다량적으로 요구되는 수매품 가격을 재사정하여 실시할 것.

(ㄱ) 농업현물세에 대한 비률은 다음과 같이 일부 개정할 것을 최고인민회의 상임위원회에 제의하기로 하기로 한다.

수전 중 수리 불안전답은 27%를 25%로, 고원지대와 산간지대의 수확이 낮은 밭(준화전)은 23%를 15%로. (...)

조선민주주의인민공화국 내각은 공화국 북반부의 전체 농민들의 농촌경리를 급속히 복구 · 발전시키기 위한 조선로동당과 공화국 정부의 시책을 적극 지지하며 그에 고무되면서 최근 2-3년 내에 우리의 농촌경리를 당과 정부가 요구하는 발전 수준에까지 제고시키기 위하여 총궐기하리라는 것을 확신한다.

내각 수상 김일성

≪ ≫

1955년 8월 13일 [인용]

조선민주주의인민공화국 최고인민회의 상임위원회 정령[148)]

로동자 사무원들로부터 징수하는 소득세를 감하함에 관하여

또한 동 10월 6일부 정령에서는 년소득 1만원 이하의 령세한 상 공업자, 수공업자 및 자유 직업자로쿠터 징수하는 세금은 해당 세률에 의하여 산출된 세액에서 50%를 감하하게 되었다. (...)

[소득세] 소득세는 공화국의 령토내에 거주하는 로동자, 사무원, 과학, 문학, 예술 일'군, 생산 및 수산 협동 조합원, 수공업자, 생산 기업가, 상인 및 기타 독립적 소득 원천이 있는 자들이 납부한다

(1) 로동자 사무원들로부터의 소득세는 월 소득이 700원 미만의 로동자 사무원에게는 소득세가 면제되며, 월 소득 700원 이상 1,500원까지의 소득자는 그 소득액의 2.6%의 소득세를 납부하며 이로부터 점차 초과 루진률로 납부한다.

(2) 수공업자 및 자유 직업자들로부터의 소득세는 년 소득에 대하여, 기업가 및 상인으로부터의 소득세는 반년 소득에 대하여 세금을 부과한다. 생산 기업가는 동일한 소득액에 대하여 상인보다 20% 낮은 세금을 부담한다. 월 평균 소득액이 1만원 미만의 령세한 수공협자, 자유직업자, 기업가 및 상인들은 세액의 50%에 해당하는 세금을 납부한다. (..)

1955년 12월 20일

최고인민회의 법령[149]

농업현물세에 관한 법령

조선민주주의인민공화국 최고인민회의는 위대한 조국해방전쟁 기간에 미 제국주의자의 무력침공에 의하여 농촌경제가 몹시 파괴되어 아직 농민의 적지 않은 부분이 전쟁의 피해로부터 완전히 회복되지 못하고 있는 실정에 비추어 농민의 과세부담을 보다 더욱 경감하고 그들의 생활의욕을 일층 제고시킴으로써 농민의 경제상태를 급속히 개선 향상시키기 위하여 농업현물세에 관한 법령을 다음과 같이 개정한다.

제1조 개요 농민 농업협동조합 농업협동조합원 기타 주민 및 각 기관 단체가 경작하는 농경지에서의 농작물 수입에 대해서는 그 토지의 경작자로부터 농업현물세를 징수한다.

제2조 농업현물세는 토지의 평년작 수확을 기본으로하여 부과하고 이를 일정기간 고정시킨다.

제3조 농업현물세는 그 토지의 비옥도에 따라서 다음과 같은 비률로서 부과한다.

1. 답에 대해서는 수확고의 20%, 23%, 25%, 27%
2. 전에 대해서는 수확고의 10%, 12%, 15%, 17%, 20%, 23%
3. 과수원에 대해서는 수확고의 23%, 25%

제4조 농업협동조합원을 일층 격려 발전시키기 위하여 농업협동조합에 대해서는 현물세량의 5%를 감한다.

제5조 다음과 같은 농경지에 대해서는 농업현물세를 감면한다.

1. 농업협동조합원은 개인농민의 자가용경작분에 대해서는 각호당 30평까지 농업현물세를 면제한다.
   단 토지가 협박한 지대에서는 각 농호당 50평까지 면제한다.
2. 자력으로써 농지를 새로 개간하였거나 또는 다년간 경작하지 않았든 휴

148) 조선 중앙 통신사 엮음(1957), 『조선 중앙 년감 1957』, 99쪽.
149) 국토통일원 엮음(1971), 『북괴법령집』(서울: 국토통일원), 273-274쪽.

한지를 복구한 경우에는 1년내지 3년간 농업현물세를 면제한다.

3. 자력으로써 전을 개답한 경우에는 1년내지 3년간은 개답하기 전의 수확을 기준으로하여 농업현물세틀 부과한다.
4. 과수원에 대해서는 최초에 결실할 때로부터 1년간 과물에 대한 농업현물세를 면제한다.

第6조 로력자가 부족하든가 토지가 협박하기 때문에 생활이 특히 곤란한 농가에 대해서는 농업현물세를 면제한다.

第7조 농업현물세를 부과한 후에 피해에 의하여 이미 사정한 수확고보다 현저한 감소를 초래한 경우에는 그 피해정도에 따라서 농업현물세를 감면한다.

第8조 농업현물세의 납부를 기피한 자와 현물세의 계산부과에 있어서 고의로 문서를 위조하든가 기만한 자는 법에 의하여 처치한다.

第9조 본 법령의 시행세칙은 조선민주주의인민공화국 내각이 제정한다.

第10조 본 법령은 1956년 1월 1일부터 이를 실시한다.

第11조 본 법령의 실시와 관련하여 「농업현물세개정에 관한 결정서」(1947년 5월 12일 북조선 인민위원회 법령 제24호)와 「농업현물세 부과비률의 일부개정에 관하여」(1955년 6월 25일 최고인민회의 상임위원회 정령)은 그 효과를 상실한다.

—≪ ≫—

<u>1955년 12월 22일</u>

최고인민회의 상임위원회 법령[150]

주민소득세에 관한 법령

제1장 일반규정

第1조 조선민주주의인민공화국의 영토 내에 거주하는 로동자, 사무원, 문학가, 예술일꾼, 생산 및 수산협동조합원, 수공업자, 생산기업가, 상인 및 기타 독립적 소득원천이 있는 자에게는 본 법령에 의하여 소득세를 부과한다.

150) 국토통일원 엮음(1971)『북괴법령집』, 476-491쪽.

제2조 농업현물세가 부과되는 농업소득세에 대하여는 소득세를 부과하지 않는다.
제3조 다음 각호에 해당하는 자에 대하여는 소득세를 부과하지 않는다.

① 월소득 700원 이하의 로동자, 사무원, 학생, 연구생, 생산 및 수산협동조합원
② 인민군대 및 내무정 경비대의 병사, 하사관, 군관과 내무원
③ 년소득 24,000원 이하의 제1류 및 제2류에 속하는 영예군인과 불구자
④ 외국 대·공사관 및 경제 문화 대표기관에 근무하는 외국공민
⑤ 조선민주주의인인공화국 정부의 초청에 의하여 기관, 기업소에 근무하는 외국인 전문가

제4조 다음 각호에 해당하는 소득에 대하여는 소득세를 부과하지 않는다.

① 국가수훈자가 받는 훈장 년금
② 로동자, 사무원에게 지급하는 려비와 공구에 대한 감가상각 보상금
③ 조선민주주의인민공화국 내각의 특별한 결정 또는 영령에 의하여 지급하는 상금과 보조금
④ 창의, 고안, 발명 및 발견의 공로에 대하여 수여하는 30,000원 이하의 상금 빛 표창금
⑤ 국가공채의 당첨금 및 상환금과 복권당첨금
⑥ 은행에 예치한 저금의 리자
⑦ 국가보험기관의 생명 및 재산보험보상금
⑧ 국가 또는 사회보험의 년금보조금 및 원호금
⑨ 비영업적인 소유재산의 매각금
⑩ 상속재산 또는 기증금
⑪ 리혼에 의한 부양료
⑫ 조선민주주의인민공화국 재외기관에 근무하는 공화국 공민이 외국에서 받는 로력보수

제5조 조선민주주의인민공화국 재정장은 납세능력을 상실한 개별적 혹은 집단적 납세의무자에 대한 세금을 감면 또는 징수유예할 수 있다.

제2장 로동자, 사무원의 로임 생산 및 수산협동조합원의 로력보수에 대한 과세절차

제6조 로동자, 사무원이 받는 로임에 대하여는 다음예 의하여 세금을 징수한다.

월 소 득	세 금 (5,000원초과)	
	소득액의	2.6%
700원을 초과하여 1,500원까지	39원 + 1,500원을 초과하는 금액의	5%
1,500원을 초과하여 2,000원까지	64원 + 2,000원을 초과하는 금액의	6%
2,000원을 초과하여 2,500원까지	94원 + 2,500원을 초과하는 금액의	7%
2,500원을 초과하여 3,000원까지	129원 + 3,000원을 초과하는 금액의	8%
3,000원을 초과하여 4,000원까지	209원 + 4,000원을 초과하는 금액의	9%
4,000원을 초과하여 5,000원까지	299원 + 5,000원을 초과하는 금액의	10%

제7조 로동자 사무원의 월과세 소득구성에는 기본임금, 시간외임금, 도급임금, 가급금, 일시적 로동능력상실에 대한 사회보험보조금, 휴가보상금이 포함된다.

제8조 로동자, 사무원이 기본직장 이외의 직장에서 받는 겸임로임과 림시로임에 대하여는 매 직장별로 세금을 계산한다.

이 경우에 제3조에 의한 면세한도는 적용되지 않으며 그 로임액이 월 700원 이하일 경우에는 2%에 해당하는 소득에 대하여는 제6조에 의하여 세금을 징수한다.

① 학생 및 연구생이 받는 장학금

② 변호사의 법률적 활동에 의한 소득

제10조 다음 각호에 해당하는 소득에 대하여는 제6조에 의하여 산출한 세액에 그 5%를 가산한 세금을 징수한다.

① 생산 및 수산협동조합원이 그 조합으로부터 받는 로력보수

② 로동자, 사무원, 생산 및 수산협동조합원과 그 부양가족이 개인소유자재와 특수설비(재봉기를 제외한 기구와 기재등)를 리용하지 않고 자기집에서 생산한 제품을 국가 및 사회, 협동단체, 기관, 기업소에 납품하고 그로부터 받는 로임

제11조 4명 이상의 부양가족이 있는 로동자, 사무원과 생산 및 수산협동조합원에 대하여는 기본직장에서 납부하는 세액의 40%를 감하한다.

제12조 로동자, 사무원과 생산 및 수산협동조합원으로부터의 세금은 국가 및 사회협동단체, 기관, 기업소 및 개인업자가 그를 계산하며 매월 최종로임 또는 로력보수에서 공제납부한다.

제13조 로동자, 사무원과 생산 및 수산협동조합원의 로임 또는 로력보수로부터 공제하는 세금은 국가 및 사회, 협동단체, 기관, 기업소 및 개인업자가 은행

기관으로부터 로임자금을 받을 때 국가예산에 환치 납부하여야 한다.
은행기관에 거래구좌가 없는 국가 및 사회, 협동단체, 기관, 기업소 및 개인업자는 로동자, 사무원과 생산 및 수산협동조합원에게 로임 또는 로력보수를 지급할 때 공제한 세금을 공제한 날부터 3일 이내에 은행기관을 통해 국가 예산에 납부하여야 한다.

제3장 과학 문학 예술일꾼의 문화 로력보수에 대하여는
다음에 의한 세금을 문화로력보수를 지불하는 지불자별로 징수한다.

년 문화로력보수	세액	
18,000원까지	소득세액	2.6%
18,000원을 초과하여 24,000원까지	468원 + 18,000원을 초과하는 금액의	5%
24,000원을 초과하여 30,000원까지	768원 + 24,000원을 초과하는 금액의	6%
30,000원을 초과하여 36,000원까지	1,128원 + 30,000원을 초과하는 금액의	7%
36.000원을 초과하여 48,000원까지	1,548원 + 36,000원을 초과하는 금액의	8%
48,000원을 초과하여 60,000원까지	2,508원 + 48,000원을 초과하는 금액의	9%
60,000원초과	3,588원 + 60,000원을 초과하는 금액의	10%

제15조 문학가 예술일꾼의 문화로력보수에 대한 세금은 국가 및 사회협동단체 기관, 기업소가 계산하여 문화로력보수를 지불할때마다 공제납부하되 매 지불시마다 루계적 방법으로 계산한다.
제16조 문학가 예술일꾼의 문화로력보수로부터 공제납부하는 세금의 납부절차는 제13조에 준한다.

제4장 수공업자 및 자유직업자의 소득에 대한 과세절차

제17조 수공업자 및 자유직업자의 소득에 대하여는 다음에 의한 세금을 부과한다.
그러나 그소득이 년72만원을 초과하는 경우에는 생산기업가에 준하여 제23조에 의한 세금을 부과한다.

년 문화로력보수	세액
24,000원까지	소득액의 6%
24,000원을 초과하여 36,000원까지	1,440원 + 24,000원을 초과하는 금액의 10%
36,000원을 초과하여 48,000원까지	2,640원 + 36,000원을 초과하는 금액의 12%
48,000원을 초과하여 60,000원까지	4,080원 + 48,000원을 초과하는 금액의 14%
60,000원을 초과하여 72,000원까지	5,760원 + 60,000원을 초과하는 금액의 16%
72,000원을 초과하여 96,000원까지	7,680원 + 72,000원을 초과하는 금액의 19%
96,000원을 초과하여 120,000원까지	12,240원 + 96,000원을 초과하는 금액의 22%
120,000원을 초과하여 144,000원까지	17,520원 + 120,000원을 초과하는 금액의 25%
144,000원을 초과하여 168,000원까지	23,520원 + 144,000원을 초과하는 금액의 28%
168,000원을 초과하여 192,000원까지	30,240원 + 168,000원을 초과하는 금액의 32%
192,000원을 초과하여 240,000원까지	37,920원 + 192,000원을 초과하는 금액의 36%
240,000원을 초과하여 360,000원까지	55,200원 + 240,000원을 초과하는 금액의 40%
360,000원을 초과하여 720,000원까지	103,20원 + 360,000원을 초과하는 금액의 44%

제18조 로동자, 사무원, 생산 및 수산협동조합원과 그 부양가족이 개인소유자재 및 특수설비를 리용하여 자기집에서 생산한 제품을 자유로 판매함으로써 얻는 소득에 대하여는 제17조에 의한 세금을 부과한다.

제19조 제17조 및 제18조에 의한 세금은 그가얻는 일체소득을 소득자별로 합산한 기초위에 부과한다.

과세소득은 현금 및 현물형태의 총수입으로부터 그소득을 얻는데 소요된 일정한 경비를 공제한 차액으로 한다.

제20조 제17조 및 제18조에 의한 세금은 세무의무자의 거주지를 관할하는 시, 군(구역) 재정기관이 부과한다.

그러나 영업 및 생산장소와 거주지가 서로 다른 경우에는 영업 및 생산장소를 관할하는 시 군(구역) 재정기관이 부과한다.

제21조 제17조 및 제18조에 의한 납세의무자는 다음 절차에 의하여 세금을 납부한다.

① 기존납세의무자는 지난년도 소득에 의하여 과세된 년세액을 12등분하여 그를 첫달에는 30일전으로 다음 달부터는 매15일전으로 납부한다.

② 신규납세의무자는 소득예산서에 의하여 예산과세된 세액을 년말까지 남은 월수로 등분하여 그를 첫 달에는 납세고지서를 받은 날부터 15일전으로 다음달부터는 매 15일 전으로 납부한다.

③ 년도가 경과하거나 년도중 소득원천에 현저한 변동이 생긴 경우에는 년간세액을 실지소득에 의하여 재계산한다. 재계산의 결과 차액이 있을 경

우에는 15일이내에 그를 추징 또는 반환하여야 한다.

제22조 생산 및 수산협동조합원이 받는 출자에 의한 리익배당금에 대하여는 제17조에 의하여 계산한 세액에서 10%를 감한것을 제13조에 규정된 절차에 의하여 공제납부한다.

제5장 생산기업가 및 상인의 소득과 그에 준한 소득에 대한 과세절차

제23조 상인의 소득과 그에 준한 소득에 대하여는 다음에 의하여 세금을 부과하며 생산기업가의 소득에 대하여는 다음에 계산한 세액에서 20%를 감하하여 부과한다.

반 년 소	득 세 액	
12,000원까지	소득액의	9%
12,000원을 초과하여 18,000원까지	1,010원 + 12,000원을 초과하는 금액의	16%
18,000원을 초과하여 24,000원까지	2,040원 + 18,000원을 초과하는 금액의	19%
24,000원을 초과하여 30,000원까지	3,180원 + 24,000원을 초과하는 금액의	22%
30,000원을 초과하여 36,000원까지	4,500원 + 30,000원을 초과하는 금액의	25%
36,000원을 초과하여 48,000원까지	6,000원 + 36,000원을 초과하는 금액의	29%
48,000원을 초과하여 60,000원까지	9,480원 + 48,000원을 초과하는 금액의	33%
60,000원을 초과하여 72,000원까지	13,470원 + 60,000원을 초과하는 금액의	37%
72,000원을 초과하여 84,000원까지	17,880원 + 72,000원을 초과하는 금액의	41%
84,000원을 초과하여 96,000원까지	22,800원 + 84,000원을 초과하는 금액의	45%
96,000원을 초과하여 120,000원까지	28,200원 + 96,000원을 초과하는 금액의	49%
120,000원을 초과하여 180,000원까지	39,9600원 + 120,000원을 초과하는 금액의	54%
180,000원을 초과하여 360,000원까지	72,360원 + 180,000원을 초과하는 금액의	59%
360,000원을 초과하여 720,000원까지	178,560원 + 360,000원을 초과하는 금액의	64%
720,000원을 초과하여 1,200,000원까지	408,960원 + 720,000원을 초과하는 금액의	69%
1,200,000원부터	740,160원 + 1,200,000원을 초과하는 금액의	74%

제24조 제23조에 의하여 과세되는 과세소득의 규정은 제19조에 준한다

제25조 제23조에 의한 세금은 제20조에 규정된 구분에 따라 해당 시, 군(구역) 재정기관이 부과한다.

제26조 제23조에 의하여 과세되는 납세의무자는 다음 절차에 의하여 세금을 납부한다.

② 기존납세의무자는 지나간 반년도 소득에 의하여 부과된 반년세액을 6등분하여 그를 첫달에는 30일이전으로 다음달 부터는 매 15일전으로 납부한다.

① 신규납세의무자는 소득예산서에 의하여 예산과세인 세액을 반년말까지 남은 월수로 등분하여 그를 첫달에는 납세고지서를 받은 날부터 15일전으로 다음달부터는 매 15일 전으로 납부한다.

③ 반년이 경과하거나 반년도중 소득원천에 현저한 변동이 생긴 경우에는 반년세액을 실지소득에 의하여 재계산한다.

④ 재계산의 결과 차액이 있을 경우에는 15일 이내에 그를 추징 또는 반환한다.

第27조 탈세 또는 과세 누락된 세금(제4장 및 제5장에 의하여 부과되는 세금에 한한다)은 2년까지의 분을 소급하여 과세하되 과세된 세금은 다음 납기에 의하여 징수한다.

첫 납부기일-납세고지서를 받은 날부터 10일 이내로 한다.

다음 납부기일-첫 납부기일이 경과한 후 10일 이내로 한다.

제6장 소득의 계산절차

第28조 수공업자, 자유직업자, 생산기업가 및 상인의 소득과 그에 준한 소득의 계산은 다음의 문건을 기초로 하여 진행한다.

② 기존납세의무자가 매 반년 첫달 5일(제5장에 의하여 과세되는 납세의무자로부터)과 매년첫달 5일(제4장에 의하여 과세되는 납세의무자로부터)까지 재정기관에 제출하는 소득예산서와 소득실적보고서.

① 납세의무자의 장부와 기타 제자료

第29조 조선민주주의 인민공화국 재정성은 과세소득계산에 리용할 소정경비의 범위 및 기준과 영세한 납세의무자로부터 정액으로 세금을 징수할 데 대한 규정을 규정할 수 있다.

第30조 재정기관책임자와 조세일꾼은 다음의 권한을 가진다.

① 국가 및 사회, 협동단체 기관, 기업소의 과세자료통보서와 그에 관계되는 제 문서의 검열

② 개인업자들의 생산 및 영업활동과 그들이 보유하고 있는 원료, 자료, 시설비품, 상품등의 조사.

③ 국가 및 사회, 협동단체 기관, 기업소 및 개인업자가 가지고있는 세금의 계산부과 및 납부에 관한 일체서류의 검열

④ 과세상 필요한 경우 각종 운수수단의 적재품검사

제7장 납세의무자의 의무와 본법령 위반자에 대한 벌칙

제31조 제17조 제18조 및 제23조에 의하여 과세되는 납세의무자는 다음의 의무를진다.

② 납세의무자, 등록신청서, 소득예산, 소득실적보고서의 정확한 제출과 세금연체료 및 벌금의 정확한 납부

① 재정기관이 정하는 장부의 비치와 그의 정확한 매일별 기입 및 증빙문건의 비치

③ 본법령에 의거하여 재정기관이 부과하는 의무의 정확한 이행

제32조 다음의 경우에는 국가 및 사회협동단체 기관, 기업소의 책임자 및 부기(경리)책임자에게 각각 500원(개인업자에게는 그5배)까지의 벌금을 과한다.

② 로동자, 사무원, 문학가, 예술일꾼, 생산 및 수산협동조합원의 소득으로부터 세금을 공제하지 않았거나 세금공제계획서를 제출하지 않았을 경우

① 과과[課科] 자료통보서를 소정한 절차에 의하여 제기일 내에 제출하지 않았거나 부정확한 내용을 통보하였을 경우

제33조 다음의 경우에는 해당 위반자에게 그가 탈세한 세액의 3배 이하의 벌금을 과하거나 그를 법에 의하여 처벌한다

② 제31조 제1호에 의한 납세의무자 등록의무를 이행하지 않았거나 그. 내용을 기만한 경우

① 제31조 제1호에 의한 소득실적보고서와 소득예산서를 기일 내에 제출하지 않았거나 그를 부정확하게 기재한 경우

③ 제31조 제2호에 의한 장부 및 증빙문건을 비치하지 않았거나 그를 부정확하게 기입한 경우

제34조 제32조 및 제33조에 의한 벌칙은 재정기관책임자가 그를 적용한다.

제35조 제33조에 의하여 부과되는 벌금은 그 납부통지서를 받은 날부터 10일내에 납부하여야 한다.

제36조 본 법령에 의하여 부과되는 세금을 소정기일 내에 납부하지 않는 경우에는 다음과 같은 벌칙을 적용한다.

② 제4장 및 제5장에 의하여 세금이 부과되는 납세의무자로부터는 납부기일이 경과한 미납액에 대하여 매일 1%의 연체료를 징수한다.

① 납부기일이 경과하도록 세금 또는 벌금을 납부하지 않는 경우 재정기관은 체납자의 재산목록을 작성하며 인민재판소의 판정을 받은 후 탈세 또는 체납액에 해당하는 재산을 처분하여 세금연체료 및 벌금에 충당할 수 있다.

세금체납자는 재산기관이 재산목록에 기입한 재산을 임의로 처분할 수 없다.

③ 수차에 걸쳐 세금을 체납하는 경우에는 체납자를 법에 의하여 처벌한다.

第37조 세금과 벌금부과에 대한 이의신청은 그 납세고지서를 받은 날부터 1개월 이내에 해당 시, 군(구역) 재정기관책임자에게 제출하여야 하며 시, 군(구역) 재정기관책임자의 이의신청처리에 대한 재심신청은 시, 군(구역) 재정책임자의 회보를 받은 날부터 1개월이내에 해당도(시) 재정기관책임자에게 제출하여야 한다.

第38조 본 법령에 의한 세금 연체료 및 벌금은 제37조의 이의신청에 구애됨이 없이 소정기일 내에 그를 납부하여야 한다. 만약 이의신청처리의 결과 해당한 세금 연체료 및 벌금의 부과칭수가 확정치 못하다고 인정한 경우에는 그를 결정한 날부터 10일 이내에 반환하여야 한다.

第39조 본 법령에 대한 시행규정은 조선민주주의 인민공화국 재정상이 제정한다.

第40조 본 법령은 1956년 1월 1일부터 그의 효력을 발생한다.

第41조 본 법령실시와 함께 『인민소득세에 관하여』(1953년 1월 10일부 조선민주주의 인민공화국 최고인민회의 상임위원회 정령)와 『로동자 사무원들로부터 징수하는 소득세를 감하함에 관하여』(1955년 8월 13일부 조선민주주의인민공화국 최고인민회의 상임위원회 정령)는 폐지한다.

본법령실시와 함께 생산기업가와 수공업자는 『거래세개정에 관하여』(1949년 12월 29일부 조선민주주의 인민공화국 최고인민회의 상임위원회 정령)의 적용을 받지 않는다.

조선민주주의인민공화국 최고인민회의 상임위원회
위원장 최용건
서기장 강량욱

≺≪ ≫≻

1956년 9월 28일

내각 결정 제100호[151)]

1956년도 농업 현물세와 국가 대여곡 및 과년도 미납곡을 감면할 데 관하여

조선 로동당과 공화국 정부는 전쟁으로 인하여 혹심하게 파괴된 □□경리를 복구 발전시킬 데 대한 □□ 대책들을 부단히 강구 실시한 □□ 우리 나라의 농촌 경리는 급속히 □구 발전되였으며 농민들의 생활은 □저히 향상되였다.

그러나 부분적 농민들과 농업□□조합원들의 생활 형편은 아직 어려운 처지에 있는 실정에 비추어 조선 민주주의 인민 공화국 내각은 농민들의 생활을 더욱 향상시키며 농촌 경리□□일층 발전시키기 위하여 1956년의 농업 현물세와 국가 대여곡 및 □□년도의 각종 미납곡을 감면할 데 □하여 다음과 같이 결정한다.

1, 토지가 척박하여 수확히 현저□□ 낮은 경작지와 생활이 곤란한 빈농□□들과 군사 분계선 비무장 지대 □□경작지에 대하여 1956년도의 농업 현물세를 각각 다음과 같이 감면한다.

1 ≪농업 현물세에 관한 법□□(1955. 12. 22.) 제3조에 의하□ 세률 10% 및 12%에 해당한 현물□가 부과된 농업 협동 조합들의 경작지와 세률 10%에 해당한 현물세□ 부과된 개인 농민들의 경작지에 대□□ 1956년도 만기 작물 현물세 전량□ 면제한다.

2 ≪농업 현물세에 관한 법□□(1955. 12. 22,) 제6조에 의하□ 로력자 부족 또는 기타 조건으로 생활이 곤난하다고 인정되는 빈농가□ 대하여 이미 부과된 1956년도 만□ 농업 현물세 전량 또는 그 일부를 □제한다.

3 군사 분계선의 비무장 지대 내□ 경작지에 대하여 1956년도 만기 작□ 현물세 전량을 면제한다.

2, 영농 토대가 빈약한 농업 협□ 조합들과 개인 농민들중 생활 형□이 곤난하다고 인정되는 제대 군인, 인민 군대 후방 가족, 애국 렬사 □가족, 도시로부터의 이주민, 재해 □민 및 기타 빈농민들에게 1956년도□ 식량 및 종자 대여

151) 조선 중앙 통신사 엮음(1957), 『조선 중앙 년감 1957』, 42-43쪽.

곡과 과년도 미□곡의 전량 또는 그 일부를 면제한다.

3, 금년도에 혹심한 자연 재해□ 인하여 무수확으로 되었거나 수확□가 현저하게 감소된 함경북도 및 □타 일부 지역들에 대하여 1956년□ 농업 현물세를 감면할 것인바 수□량정상 및 해당 도 인민 위원회 위□장들은 피해 정형을 구체적으로 현□ 조사한 후 10월 10일 이전으로 현□세 감면안을 내각에 제출할 것이다.

4, 척박지와 군사 분계선 비무장지대 내 경작지에 대한 현물세 면제량을 제외한 빈농민에 대한 현물세 감면 량과 식량, 종자 대여곡 및 과년도 미납곡의 감면량 총폰드를 2만6,000톤으로 규정하여 별표 제1(생략)과 같이 승인하며, 별지 ≪1956년도의 농업 현물세와 국가 대여곡 및 과년도 미납곡 감면에 관한 시행 세칙≫을 승인한다.

5, 수매 량정상 및 각 도 인민위원회 위원장들은 1956년도 농업현물세와 과년도 미납곡의 감면 대상을 선정함에 있어서 농민들의 생활상 형편을 충분히 조사장악한 기초에서 정확시 적용 실시하되 제대 군인, 인민 군대 후방 가족, 애국 렬사 유가족 및 식량이 부족한 농업 협동 조합들과 빈농민들이 국가적 혜택을 옳게 받도록 할 것이다.

6, 문화 선전상 및 각 도 인민 위원회 위원장들은 농촌 경리를 급속히 복구 발전시키며 농민들의 생활을 안정 향상시킬 데 대한 조선로동당과 공화국 정부의 시책과 끊임 없는 배려에 대하여 본 결정 내용을 결부시켜 전체 농민들에게 광범히 해석 침투시킴으로써 그들로 하여금 영농 사업에 더욱 힘차게 궐기하도록할 것이다.

조선 민주주의 인민 공화국 내각
수상 김일성
수매량정상 오기섭
평양시

≪ ≫

1956년 11월 7일

최고인민회의 결정[152)]

≪주민소득세에 관하여≫의 제3조 제2항에 수정 및 보충을 가함에 관하여

조선민주주의인민공화국 최고인민회의는 다음과 같이 결정한다.

내무원들로부터 징수하는 주민소득세를 면제함에 관한 1956년 11월 3일 조선민주주의인민공화국 최고인민회의 장임위원회 정령을 승인하며 이와 관련하여 1955년 12월 22일 법령 ≪주민소득세에 관하여≫의 제3조 제2항 〈인민군대 및 내무성 경비대의 전사, 하사, 군관과 천방 지구에서 공작하고 있는 내무원〉에 필요한 수정 및 보충을 가하여 이 조항을 다음과 같이 서술한다.

제3조 제2항 〈인민군대 및 내무성 경비대의 병사, 하사관, 군관과 내무원〉

최고인민회의 상임위원회
위원장 김두봉
서기장 강량욱

1957년 4월 1일 [인용]

법령명 미상 (거래세법 개정)[153)]

“거래세법의 개정: 제품의 도매가격 및 료금의 개정실시(1957.4.1)와 관련하여 종래에 실시되여오던 가격 차금 제도는 폐지되고 가격차금으로 국가 예산에 납부되던 부분이 거래세에 통합되였다. 이리하여 거래세는 생산 단위에서 납부하게끔 단일화되였으며 제품별 수익성 수준에 기초하여 차액 또는 틀을 제정하여 잡부하게 함으로써 생산의 증대, 수익성의 제고를 위한 투쟁을 강화하게 되었으며 집과 독립 채산제를 더욱 강화하게 되었다”.

152) 정경모 · 최달곤 엮음(1990), 『북한법령집 2』, 145쪽.

1957년 10월 1일 [인용]

법령명 미상 (리익 공제금 납부 제도 개편)[154)]

"리익 공제금 납부 제도의 개편: 독립 채산제를 가일층 강화하는 방향에서 개편(1957.10.1)되였다. 동시에 10개의 성(국) 산하 기업소들에 대하여는 시, 군(구역) 재정부들에서 재 계산 사업을 실시하도록 함으로써 재 계산의 신속성, 정확성을 기하게 되었다".

1959년 2월 21일

조선 민주주의 인민 공화국 최고 인민 회의 법령

농업 현물세에 관하여[155)]

조선 로동당의 령도하에 놓인 농민 대중의 앙양된 로력 투쟁에 의하여 최근 년간에 우리 나라 농촌 경리는 급속히 발전하였다.

농촌 경리의 협동화가 완성되고 그의 물질 생산적 토대는 현저히 강화되였으며 농업 생산은 급속히 증대되고 농님 대중의 물질 문화 생활 수준은 현저히 향상되였다.

우리 나라 농촌에서는 지금 기술혁명의 과업-수리화, 전기화, 기계화가 성과적으로 진척되고 있다.

우리 나라 농촌 경리의 이와 같은 성과는 오직 로동 계급의 지원, 특히 강력한 사회주의 공업의 적극적인 지원이 있음으로써만 가능하였다.

오늘 급속히 강화 발전되고 있는 사회주의 공업은 농촌 경리에 보다 큰 물질 기술적 지원을 줄 수 있게 되었으며 나라의 경제 토대를 튼튼히 하고 축적을 더

---

153) 조선 중앙 통신사 엮음(1958), 『조선 중앙 년감 1958』(평양: 조선 중앙 통신사), 130쪽.

154) 조선 중앙 통신사 엮음(1958), 『조선 중앙 년감 1958』, 130쪽.

155) 조선 중앙 통신사 엮음(1960), 『조선 중앙 년감 1960』(평양: 조선 중앙 통신사), 149쪽.

욱 증대시킴으로써 농민들의 부담을 가일층 경감시킬 수 있는 조건들을 조성하였다.

로동 계급의 령도 하에 그와 튼튼히 동맹함으로써만 우리 농민들은 행복한 새 생활을 창조할 수 있었으며 보다 유족한 생활을 쟁취할 수 있게 되었다.

조선 민주주의 인민 공화국 최고 인민 회의는 조성된 실정에 비추어 농업 현물세를 현저히 낮춤으로써 농업 협동 조합들의 공동 축적을 더 증대시켜 농촌에서 기술 혁명과 문화 혁명을 일층 촉진시키며 농민들의 물질 문화 생활을 더욱 향상 키키기 위하여 농업 혐눌세에 관한 법령의 다음과 같이 개정한다.

1, 농업 협동 조합, 각 기관, 단체 및 주민들이 경작하는 농경지에서 나는 농작물 수입에 대하여는 그 토지의 경작자로부터 농업현물세를 징수한다.

2, 알곡 수확에 대한 농업현물세의 평균 부과 비률은 22.4%이던 것을 10%로 한다.

알곡을 포함한 모든 농작물 수입에 대한 농업 현물세의 평균 부과 비률은 20.1%이던 것을 8.4%로 한다.

3, 화전으로부터의 농작물 수입에 대한 농업 현물세는 전량을 면제한다.

재해지, 새로 개간한 농경지와 농업 협동 조합원, 로동자, 사무원들이 경작하는 채전으로부터의 농작물 수입에 대한 농업 현물세는 감면한다.

4, 농작물 수입에 대한 농업 현물세의 부과 비률 및 등급은 논과 밭의 비옥도에 따라 작물별로 규정한다.

5, 본 법령에 의하여 부과하는 농업 현물세는 일정한 년간 고정시킨다.

본 법령의 시행 세칙은 조선 민주주의 인민 공화국 내각이 제정한다.

6, 본 법령의 실시와 동시에 법령 ≪농업 현물세에 관하여≫ 1955년 12월 22일는 그의 효력을 상실한다.

조선 민주주의 인민 공화국 최고 인민 회의 상임 위원회
위원장 최용건
조선 민주주의 인민 공화국 최고 인민 회의 상임 위원회
서기장 강량욱
1959년 2월 21일
평양시

≪ ≫

1959년 3월 9일

조선민주주의인민공화국 내각 결정 제24호[156)]

농업현물세에 관한 법령 시행 세칙

제1장 일반규정

제1조 본 세칙은 조선 민주주의 인민 공화국 최고 인민 회의 법령 ≪농업현물세에 관하여≫ 1959년 2월 21일에 의한 농업 현물세를 정확히 부과 징수함을 목적으로 한다.

제2조 농업 협동 조합, 각 기관, 단체 및 주민들이 경작하는 농경지에서 나는 농작물 수입에 대하여 농업 현물세를 부과한다.

제3조 다음과 같은 농경지에서 나는 농작물 수입에 대하여는 농업 현물세를 부과하지 않는다.

(1) 국가 농목장 (과수 농장, 잠업 농장, 양묘장, 채종 농장 포함) 에서 경작하는 농경지

(2) 농업 부문 전문 학교와 대학 및 과학 연구 실험 기관들에서 실습 또는 연구를 위하여 경작하는 농경지

(3) 국가 수매 가축 집결장에서 경작하는 사료전

제2장 농업 현물세의 부과 비률과 등급

제4조 ≪농업 현물세에 관한 법령≫ 제2조와 제4조에 의한 농작물별 수입에 대한 농업 현물세의 부과 비률 등급은 다음과 같다.

부과비률	3%	6%	9%	11%	14%
등급별 정당수확고 작물별	밭 3등급 정당 수확고	밭 2등급 정당 수확고	밭 1등급 정당 수확고	논 2등급 정당 수확고	논 1등급 정당 수확고
논벼				3,000 kg까지	3,001 kg이상
밭알곡	1,000 kg까지	1,001-2,000 kg	2,001 kg 이상		

156) 『로동신문』 1959년 3월 21일.

저류		10,000 kg 까지	10,001 kg 이상		
채소 사탕 무우 포함		30,000 kg 까지	30,001 kg 이상		
공예 작물			전부 9%		
과 실					전부 14%
인 삼					전부 14% 개인 인삼포 23%

제5조 사료전에서 나는 농작물 수입에 대한 농업 현물세를 육류로서 다음과 같이 부과한다.

(1) 밭 알곡에 대한 농업현물세 부과 비률 3-6%에 해당한 농업 협동 조합의 사료 작물 파종 면적 1 정보당 육류 돼지 생채 15 키로그람

(2) 밭 알곡에 대한 농업 현물세 부과 비률 9%에 해당한 농업 현물 조합의 사료 작물 파종 면적 1 정보당 육류 돼지 생채 20 키로그람

제3장 농업 현물세의 면제 및 감면

제6조 화전에서 나는 농작물 수입에 대한 농업 현물세는 전량 면제한다.

제7조 자력으로 막대한 자재와 로력 및 자금을 투하하여 농경지를 개간하였을 경우에는 2년간 농업 현물세를 면제한다.

전 항의 면제 대상은 해당 시, 군 (구역) 인민 위원회 위원장이 결정한다.

제8조 개간하여 조성한 과수원으로부터의 과실 수확에 대하여는 과실이 처음 결실하는 해부터 2년간 그에 대한 농업 현물세를 면제한다.

제9조 논에 전작하여 수확한 농작물과 상전 및 기류전에서 나는 농작물 수입에 대하여는 농업 현물세를 면제한다.

제10조 농업 협동 조합원들의 채전 터전과 경지 포함 에서 나는 농작물 수입에 대하여는 농업 현물세를 다음에 의하여 면제한다.

(1) 밭 알곡에 대한 농업 현물세 부과 비률 3%에 해당한 농업 협동 조합원들의 농호단 채전 면적 50 평까지

(2) 밭 알곡에 대한 농업 현물세 부과 비률 6%, 9%에 해당한 농업 협동 조합원들의 농호당 채전 면적 30평까지

제11조 로동자, 사무원들이 채전 및 기관 부업 경리 경지에서 나는 농작물 수입에 대하여는 다음에 의하여 농업 현물세를 면제한다.

(1) 로동자, 사무원들이 세대당 채전 터전에 한함 면적 50평까지

(2) 기관, 단체들에서 부업 경리로 경작하는 채소전 저류[藷類] 포함 및 과수원 전항의 채소전 저류 포함 및 과수원의 경작 총면적은 그 기관, 단체의 재적 인원 1인당 평균 50평을 초과할 수 없다.

(3) 각급 학교 및 병원, 정류양소, 영예 군인 생산 작업소 및 기타 국가 사회 보장 시설들에서 자체 소비용으로 경작하는 채소전과 과수원

제12조 조선 인민군 각급 부대들과 기관, 단체의 대부업 경리 농목장의 농경지 중 국가로부터 육류 생산 계획을 받은 사료전 (벼는 제외) 에서 나는 농작물 수입에 대하여는 농업현물세를 면제한다.

제13조 도로 주변 변둑 및 집 울타리에 심어 얻은 농작물 수입과 집 주변의 소수 과목에서 나는 과실 수입에 대하여는 농업 현물세를 면제한다.

제14조 농업 현물세를 부과한 이후에 재해로 인하여 년간 총체 수확이 농업 현물세를 부과하는 데 기초로 된 수확고보다 현저히 감소되였을 경우에는 해당도 (평양시, 개성시) 인민 위원회가 내각의 비준을 받아 이미 부과한 농업 현물세를 그 피해의 정도에 따라 감면한다.

제4장 농업 현물세의 부과

제15조 농업 현물세는 1959년 국가농작물 생산 계획 (이하 국가 계획이라 함) 에 의하여 부과함 수량 단위는 키로그람으로 한다.

제16조 농업 현물세의 부과는 매개 납부 의무자별로 국가 계획에 의한 정당 수확고에 의하여 부과하던 그중 면세지 (화전 포함)에 대하여는 해당 면세지 파종 면적의 국가 생산 계획을 공제하고 부과한다.

제17조 인삼 및 호쁘에 대하여는 수확하는 해에 가서 실수확고를 판정하여 해당한 농업 현물세를 부과한다.

제18조 교통이 불편한 지대의 저류[藷類]에 대하여는 일부 알곡 또는 전분으로 환산하여 부과할 수 있으며 채소와 과실에 대하여는 그 농경지에서 생산되는 품종 중 국가적으로 필요한 품종 (종류)에 대하여 조기를 만기로 부과하거나 또는 알곡으로 환산하여 부과할 수 있다

제19조 시, 군 (구역) 인민 위원회 위원장은 농업 현물세 납부 고지서를 매개

납부 의무자별로 매년 4월 20일까지 발부한다.

第20조 시, 군 (구역) 인민 위원회는 농업 현물세의 고정 부과 기간에는 매년 전년과 동일한 농업 현물세 납부 고지서를 발급하되 농업 현물세를 부과한 이후에 농경지가 변동된 다음과 같은 경우에 1959년 국가 계획에 예견된 정량 수확고에 의하여 이를 조절 부과한다.

(1) 밭이 논으로 개답됨으로써 밭알곡을 논'벼로 고쳐서 부과할 경우

(2) 새로 경지가 확장 및 복구되었을 경우

(3) 면세지가 과세지로 되었을 경우

(4) 경작지가 변동되었을 경우

(5) 지목이 변경되였거나 기타 농업 현물세를 부과할 대상이 발생되였을 경우

(6) 농업 현물세를 부과한 경지 일부가 국가 시설 기지로 되었을 경우

제5장 농업 현물세의 징수

第21조 농업 현물세 (기타 국가 납부곡) 포함의 매개 납부 의무자들은 부과된 곡종 (품종) 대신 조기 작물 현물세는 8월 31일까지,만기 작물 현물세 (육류 포함)는 12월 15일까지 완납하여야 한다.

第22조 농업 현물세는 국가 검사 규정에 의한 검사 합격품으로 지정한 국가 량곡 창고에 납부하여야 한다.

그러나 해당 지방이 전반적인 재해로 인하여 품질이 검사 규정에 합격되지 못할 경우에는 시, 군 (구역) 인민 위원회의 승인을 받아 일부 격외품을 납부할 수 있다.

第23조 농업 현물세 포장용 자재는 농업 현물세 납부 의무자가 부담한다.

그러나 도 인민 위원회가 따로 지정한 산간 지대의 만기 마령서[馬鈴薯] 농업 현물세에 대하여는 포장 자재를 국가에서 무상으로 공급한다.

第24조 농업 현물세를 계획적으로 징수하기 위하여 시, 군 구역 인민 위원회는 다음과 같은 사업을 조직 집행하여야 한다.

(1) 농업 현물세를 규정된 기일 내에 납부하기 위하여 량곡의 국가 검사 규정에 부합되도록 건조 사업을 전 군중적으로 조직하여야 한다.

(2) 매개 리 (읍, 구)에 적당한 수의 예비 검사원을 선정하고 농업 현물세 납부 전에 품질, 정선, 건조, 포장 자재 및 포장 방법들에 대하여 예비 검사를 실시하여야 한다.

(3) 농업 협동 조합들이 결산 분배 이전에 우선 농업 현물세 (국가 납부곡 포함) 전량을 국가에 의무적으로 납부하도록 하여야 한다.

第25조 시, 군 구역 인민 위원회는 인삼 및 호쁘에 대한 농업 현물세 부과 고지서를 발부함과 동시에 그에 대하여 무역성 산하 해당 기관에 통보하여야 하며 무역성 산하 기관은 인삼 및 호쁘에 대한 농업 현물세를 직접 수납하고 그의 징수 정형을 매 5일마다 해당 시, 군 (구역) 인민 위원회에 통보하여야 한다.

제6장 기타

第26조 국영 과수원 및 밤나무밭을 농업 협동 조합에 위탁 관리시켰을 경우에는 총수확고의 14%를 국가 수납으로 한다.

第27조 농업 현물세 (국가 납부곡 포함)를 법정 납부 기일 내에 납부하지 않을 경우에는 매일 미납량의 0.1%의 연체료를 징수한다

연체료의 계산 기간은 조기 작물은 9월 30일까지, 만기 작물은 다음해 1월 31일까지로 한다.

≪ ≫

1960년 9월 28일 [일부]

조선민주주의인민공화국 내각 결정 제47호[157)]

농업 협동 조합들의 국가 대부금과 미납곡을 면제할 데 관하여

6, 상업상 및 각 도, 평양시, 개성시 인민 위원회 위원장들은 국가 대여곡과 현물세, 관개 사용료, 농기계 작업료의 미납량에 대한 면제 사업 집행 결과를 1980년 11월 30일까지 내각에 보고할 것이다. (...)

≪ ≫

157) 조선 중앙 통신사 엮음『조선 중앙 년감 1961』(평양: 조선 중앙 통신사), 1961, 95-96쪽.

1964년 3월 26일

조선 민주주의 인민 공화국 최고 인민 회의 법령[158)]

협동 농장들의 경제 토대를 강화하며 농민들의 생활을 향상시킬 데 대하여

조선 로동당 중앙 위원회 제4기 제8차 전원 회의는 우리 나라 사회주의 농촌 문제에 관한 테제를 채택하였다.

김일성 동지의 테제는 사회주의 혁명이 승리한 이후 농촌 문제 해결에 관한 기본 원칙과 수행 방도들을 명시하였다.

테제는 우리 나라 사회주의 건설에서 거대한 의의를 가지는 강령적 문헌이다.

우리 나라에서는 조선 로동당의 정확한 정책과 현명한 령도에 의하여 사회주의 혁명과 사회주의 건설에서 매우 중요하고 복잡한 옹촌 문제, 농업 문제가 성과적으로 해결되고 있다.

농촌에서 력사적인 토지 개혁이 실시되였으며 전후 짧은 기간 내에 농촌 경리의 사회주의적 개조가 완성되었다.

우리 농촌에는 사회주의적 협동 경리 제도가 튼튼히 수립되였으며 생산력은 사.적 소유에 기초한 낡은 생산 관계의 온갖 구속으로부터 완전히 해방되였다.

이것은 조선 로동당의 령도 하에 우리 인민이 달성한 위대한 승리의 하나이다.

당은 승리한 사회주의 협동 경리 제도를 더욱 공고히 하며 농업생산력을 발전시키기 위하여 막대한 노력을 경주하였다.

농촌 경리의 기계화, 전기화, 화학화도 강력히 추진되고 있다.

1963년에 농기계 작업소망은 1958년에 비하여 2배 이상으로 확장되고 경지 면적 100정보당 0.9대 (15 마력 환산)에 해당하는 뜨락또르와 수만 대의 현대적인 농기계들이 농민들의 힘든 로동을 덜어 주고 있으며 전치 농촌 리의 93.3%, 전체 농가의 71%에 전기가 들어 갔다.

지난해 화학 비료의 시비량은 농경지 정보당 300 키로그람에 달하였으며 각종 농약과 살초제의 공급량도 더욱 증가되었다.

농촌 경리의 물질 기술적 토대가 강화되고 집약 농법에 기초한 과학적 영농 체계가 수립되어 가고 있으며 농업 생산을 계속 장성시켰다.

---

158) 『민주조선』 1964. 3. 27.

당은 농촌 경리의 기술적 개조와 함께 농민들의 사상 의식 수준은 기술 문화 수준을 높이기 위한 사업에 심중한 주의를 돌려 왔다.

이미 중등 의무 교육제가 실시되여 도시와 함께 농촌에서도 젊은 세대들이 7년제까지의 일반 지식을 소유할 수 있게 되었다.

기술 의무 교육제 실시를 위한 준비 사업도 성과적으로 진행되고 있다.

수 많은 농촌 청장년들이 일하면서 배울 수 있는 각종 교육 체계를 망라되여 학습하고 있다.

농촌 경리의 기술적 개건과 농민들의 기술 문화 수준을 높이기 위하여 수만 명의 기술 간부들을 농촌에 파견하였다.

오늘 협동 농장에서 일하는 기사, 기수, 전문가 수는 1959년에 비하여 근 6배로 장성하였다.

농민들의 문화 생활에서도 커다란 전변이 일어 났다.

농촌에 수 많은 문화 주택과 문화 후생 시설들이 건설되였으며 매개 농촌 리에 진료소가 설치되였다.

각종 출판물이 대량적으로 농촌에 배포되고 있으며 농촌에서 군중 문화 사업이 활발히 전개되고 있다.

과거에 침체하고 락후하던 우리 농촌이 오늘은 활기 있고 깨끗하고 살기 좋은 새로운 문화 농촌으로 꾸려지고 있다.

농민들 속에서 계급 교양을 기본으로 하는 공산주의 교양과 혁명 전통 교양이 강력히 진행되여 농민들의 각성이 비상히 높아지고 그들의 사상 의식에서 커다란 변화가 일어 났다.

오늘 우리 농민들은 당과 국가에 무한히 충실하고 사회주의 전취물을 수호하며 로동을 사랑하고 서로 돕고 이끌면서 사회주의 농촌 건설에서 높은 열성과 창발성을 발휘하고 있다.

농촌에서 천리마 작업반 운동이 확대 발전되고 있다.

당과 국가는 사회주의 공업에 의거하여 농촌에 대한 물질 기술적 지원을 강화하였다.

농촌 경리의 기술적 개건과 주택 및 문화 후생 시설 건설에 막대한 자금을 투하하였으며 공예 작물과 축산물 수매 가격을 높이고 협동 농장의 대부금 상환과 농업 현물세를 여러 차례에 걸쳐 감면하고 관개 사용료, 농기계 작업료를 인하하였다.

도시의 수 많은 청장년들을 농촌에 파견하였으며 사회적 로력 지원을 강화하였다.

농촌에 대한 국가의 막대한 지원은 농민들의 로력적 열성을 불러 일으키고 농업 생산의 앙양을 촉진시켰으며 협동 농장들을 경제적으로 공고히 하고 농민들의 생활을 향상시켰다.

군은 정치, 경제, 문화의 모든 분야에서 도시와 농촌을 련결시키는 거점이다.

발전하는 현실에 적응하게 군을 개편하고 군 사업을 개선 강화함으로써 도시와 농촌 간의 련계를 더욱 밀접하게 하였으며 농촌 경리 발전에서 군의 역할을 제고하였다.

청산리 정신, 청산리 방법을 관철함으로써 농촌에 대한 국가적 지도에서 우가 아래를 책임적으로 도와주는 사업체계와 군중을 믿고 군중에 의거하는 사업 작풍이 확립되였다.

영농 기술이 발전하고 협동 농장들의 기술적 장비가 강화되고 있는 새 환경에 적응하게 협동 농장을 기업적 방법으로 지도하는 전문적 농업 지도 기관인 군 협동 농장 경영 위원회를 창설하였다.

새로운 농업 지도 체계는 위대한 생활력을 나타내고 있다.

새로 창설된 농업 지도 기관들은 기술 력량과 농촌 경리에 복무하는 국가 기업소들을 통일적으로 장악하고 협동 농장에 대한 국가적 지도에서 개대한 역할을 수행하고 있다.

농업 생산에 대한 기술적 지도와 물질적 방조를 강화하였으며 전 인민적 소유와 협동적 소유 간의 유기적 결합을 실현하며 로농동맹을 강화하고 로동 계급의 령도적 역할을 제고하였다.

당과 정부의 정확한 정책과 농민들의 창조적 로력 투쟁에 의하여 농업 생산은 해마다 증대되였다.

불리한 기후 조건에서도 1963년에 알곡 생산은 풍작을 이루었으며 벼의 수확량이 높아짐으로써 알곡의 질적 구성이 개선되였다.

공예 작물 생산이 현저히 높아지고 축산업 발전의 토대가 튼튼히 닦아졌으며 과실 생산은 가까운 장래에 급속히 장성될 것이 예견된다.

오늘 우리 나라에는 식량과 공업 원료를 자급 자족할 수 있는 식량 기지, 원료 기지가 튼튼히 닦아졌으며 농민들의 생활은 전반적으로 중농 또는 부유 중농의 수준에 도달하였다.

부유하고 문명하게 살 데 대한 농민들의 세기적 숙망은 우리 시대에 와서 실현되여 가고 있다.

사회주의 협동 경리의 공고화, 농업 생산력의 발전, 농민 생활의 향상, 농민들의 앙양된 혁명적 기세 - 이것은 농민 문제, 농업 문제의 정확한 해결을 위한 당 정책의 빛나는 승리이며 농촌에 확립된 사회주의 제도의 무궁무진한 우월성의 위대한 결실이다.

오늘 우리 앞에는 농촌 경리가 더욱 높은 수준에로 발전시키며 우리의 사회주의 농촌을 더 훌륭하게 건설해야할 방대한 과업이 나서고 있다.

협동 농장의 경제 토대가 일층 강화되고 농민들의 생활은 향상되었으며 도시와 농촌 간의 차이는 축소되였으나 아직도 그 차이는 현저하다.

일제로부터 물려 받은 우리 농촌의 세기적 락후성으로 인하여 농촌은 도시에 비하여 뒤떨어졌으며 농민의 생활은 로동자, 사무원들의 생활에 따라 가지 못 하고 있다.

우리는 도시와 농촌 간의 차이를 없애기 위하여 모든 힘을 다하여야 한다.

우리는 농촌 문제 해결에서 맑스-레닌주의 원칙에 철저히 의거하여 자력 갱생의 혁명 정신으로 사회주의 농촌 경리를 계속 발전 시켜야 한다.

로동 계급이 농민을 지도하며 공업이 농업을 방조하며 도시가 농촌을 지원하여야 한다.

군을 튼튼히 꾸리며 사회주의 농촌 건설의 모든 분야에서 군의 역할을 제고하여야 한다.

군 협동 농장 경영 위원회의 기업적 지도 수준을 높이며 농촌 경리 부문에 복무하는 국가 기업수들의 역할을 제고하여 협동 농장에 대한 국가의 물적 기술적 방조를 효과적으로 실형하며 전 인민적 소유와 협동적 소유 간의 련계를 더욱 강화하여야 한다.

농촌 경리에 대한 국가적 투자를 계속 증대시키며 농민들의 물질 문화 생활 수준을 향상시키기 위한 대책을 계통적으로 취하여야 한다.

모든 농촌 마을에 상점과 편의 시설들을 다 갖춘 봉사 단위를 조직하고 생활 필수품을 농촌에 더 많이 공급하며 농민들이 보다 편리하고 문화적으로 생활할 수 있게 하여야 한다.

우리 농업의 발전 전망은 휘황 찬란하다.

우리에게는 나라의 농민 문제, 농업 문제를 해결할 수 있는 온갖 가능성과 충분한 조건이 있다.

조선 로동당의 현명한 령도와 인민 주권이 있으며 더 빨리 전진하려는 인민들의 혁며억 열의가 있으며 농촌 경리에 계속 강력한 지원을 줄 수 있는 튼튼한 공업과 국가적 축적이 있다.

조선 민주주의 인민 공화국 최고 인민 회의는 김일성 동지를 수반으로하는 조선 로동당 중앙 위원회의 현명한 령도에 의하여 농촌 경리 부문에서 달성한 거대한 성과를 만족스럽게 인정하면서 협동 농장들의 물질 기술적 토대를 일층 강화하며 농민들의 생활을 획기적으로 향상시키기 위하여 다음과 같이 결정한다.

1, 협동 농장들이 국가에 납부하는 농업 현물세는 1964년부터 1966년까지 3년간에 걸쳐 완전히 폐지한다.
2, 협동 농장들이 자체 자금으로 진행하던 관개시설, 탈곡장, 축사, 창고, 농촌 발전소, 전기 시설을 비롯한 모든 생산적 건설과 문화 후생 시설의 건설은 국가 투자로 진행한다.
   탈곡기, 사료 분쇄기, 전동기, 양수기, 분무기, 가마니 직조기 등 모든 농기계는 국가가 협동 농장에 무상으로 공급하며 그 수리도 국가 부담으로 한다.
3, 농촌 문화 주택은 년차별 계획에 의하여 국가 부담으로 건설한다. 이미 지어 준 농촌 문화 주택의 건설비도 국가가 부담한다.
4, 협동 농장들의 경제 토대를 강화하며 농민들의 생활을 향상시킬 데 대한 본 법령 실행 대책을 강구할 것을 조선 민주주의 인민 공화국 내각에 위임한다.

전체 인민이 조선 로동당과 공화국 정부의 주위에 철석 같이 단결하여 자력 갱생의 혁명적 기치를 높이 들고 우리 나라 사회주의 농촌 문제에 관한 테제에서 우리의 경애하는 수령 김일성 동지가 제시한 강령적 과업을 철저히 관철함으로써 우리의 사회주의 농촌을 더 빨리, 더 훌륭히 건설하리라는 것을 확신한다.

—≪ ≫—

<u>1964년 11월 26일</u>

내각 결정 第61호[159)]

일부 협동농장들의 농업현물세를 면제할 데 대하여

우리 나라 사회주의 농촌문제에 관한 테제에서는 농업현물제제를 1964년부터 3년 동안에 완전히 폐지할 것을 제기하였다.

---

159) 정경모 · 최달곤 엮음(1990), 『북한법령집 3』, 150-152쪽.

농업현물세제의 폐지는 협동농장들의 경제토대를 강화하고 농민들의 수익성을 증대시키는 중요한 조치일 뿐만 아니라 농민들을 온갖 세납의 부담으로부터 완전히 해방하는 력사적인 사변으로 된다.

오늘 우리 나라 사회주의 공업이 비상히 발전하고 자립적 민족경제토대가 확고히 축성됨으로써 국가는 농촌을 보다 강력히 지원할 수 있게 되었다.

우리 당의 현명한 령도 하에 농촌 경리의 물질 기술적 토대가 일층 강화되고 농업 생산은 해마다 장성되였으여 농민들의 생활은 날로 향상되고 있다.

금년에는 례년에 보기 드문 불리한 기후 조건에서도 전체 농민들이 우리 당의 농업정책을 관철하기 위한 투쟁에 한결같이 궐기한 결과 또다시 풍작을 이룩하였다.

조선민주주의인민공화국 내각은 우리 나라 사회주의 농촌문제에 관한 테제와 최고인민회의 제3기 제3차 회의에서 채택한 법령 ≪협동농장들의 경제토대를 강화하며 농민들의 생활을 향장시킬 데 대하여≫에 근거하여

자강도, 량강도의 모든 시 · 군들

평양시 선교 구역

평안남도 희창군, 신양군

평안북도 삭주군, 동창군, 벽동군

황해남도 신원군

황해북도 린산군, 연산군

강원도 법동군, 세포군, 평강군

함경남도 장진군, 대홍군, 수동군, 허천군

함경북도 연사군, 무산군, 라진군

청진시 부령 구역 내 전체 협동농장들과 이 외 일부 시 · 군 내 643개 협동농장들의 1964년 늦곡식 농업현물세부터 완전히 면제할 것을 결정한다.

조선민주주의인민공화국 내각은 전체 농민들이 당의 농업정책을 높이 받들고 명년도 영농 준비 사업을 빈틈 없이 하며 농업 생산에서 새로운 혁신을 일으켜 당과 정부의 두터운 배려에 보답하리라는 것을 확신한다.

내각 수상 김일성

≪ ≫

1965년 2월 21일

개정된 농업 현물세에 관한 법령[160)]

조선민주주의인민공화국 내각은 개정된 농업현물세에 관한 법령을 다음과 같이 발표하였다.

① 농업협동조합 각 기관, 단체들이 경작하는 농경지에서 생산되는 농작물 수입에 대하여는 그 토지의 경작지로부터 농업현물세로 징수한다.

② 양곡 수확에 대한 농업현물세의 평균 부과비를 22.4%이던 것을 10%로 한다. 양곡을 포함한 모든 농작물에 대한 농업현물세에 평균 부과비률은 20.1%이던 것을 4.4%로 한다.

③ 화전으로부터의 농작물 수입에 대한 농업현물세는 전량을 면제한다. 재해지를 새로 개간한 농경지와 농업 협동조합원, 노동자, 사무원들이 경작하는 채전으로부터의 농작물 수입에 내한 농업현물세는 감면한다.

④ 농작물 수입에 대한 농업현물세의 부과비률 및 등급은 논과 발의 비옥도에 따라 작물별로 규정한다.

⑤ 본 법령의 세칙은 조선민주주의인민공화국 내각이 제청한다.

⑥ 본 법령의 실시와 동시에 법령 「농업현물세에 관하여」(1955년 12월 22일)는 그의 효력을 상실한다.

≪ ≫

1966년 4월 28일

조선 민주주의 인민 공화국 최고 인민회의 법령[161)]
농업 현물세제를 완전히 페지할데 대하여

조선 로동당의 정확한 정책과 령도에 의하여 우리 나라에서 농민 문제, 농업 문제의 해결을 위한 력사적인 혁명 과업은 성과적으로 수행되고 있다.

---

160) 중앙정보부 엮음(1974), 『북괴법령집』, 280쪽.
161) 『로동신문』 1966. 4. 30.

우리 나라 농촌에서 사회주의가 승리한 후 사회주의 농촌건 설에서는 거대한 전진이 이루어졌다.

농촌에서 기술 혁명과 문화 혁명, 사상 혁명이 추진되고 협동 농장들에 대한 국가적 지도와 지원이 강화됨으로써 우리 나라 농촌은 현대적 기술을 가진 사회주의 농촌으로 전변되여 가고 있다. 농촌 경리의 물질 기술적 토대가 강화되였으며 농업생산이 장성되고 농민들의 물질 문화 생활은 현저히 향상되였다.

이러한 성과는 농촌에서 승리한 사회주의 제도의 공고 발전과 농민들의 물질 문화 생활 향상을 위한 조선 로동당과 공화국 정부의 끊임없는 배려의 결과이며 농민들의 헌신적인 로력 투쟁의 결실이다.

금번 농업현물세제의 완전한 페지는 농민들에게 국가적 혜택을 베풀어 주는 조선 로동다으이 또하나의 거대한 인민적 시책으로 된다.

조선 로동당은 해방 직후 토지개혁과 함께 단일한 농업 현물세제를 실시함으로써 농민들을 고률의 소작료와 온갖 가렴자세로부터 해방하였다.

농업현물세제는 도시 주민들에게 식량을 공급하며 공업발전에 필요한 원료와 자금을 충당하는데 지대한 역할을 하였다.

사회주의 공업이 발전되고 민족 경제의 자립적 토대가 축성되여감에 따라 국가는 농민들의 현물세 부담을 덜어주기 위하여 수차에 걸쳐 현물세률을 낮추었으며 일부 협동 농장들에 대하여는 현물세를 감면하여 주었다.

사회주의 공업이 발전되고 민족 경제의 자립적 토대가 축성되여감에 따라 국가는 농민들의 현물세 부담을 덜어주기 위하여 수차에 걸쳐 현물세률을 낮추었으며 일부 협동 농장들에 대하여는 현물세를 감면하여 주었다.

조선 로동당 제4차 대회는 5개년 계획이 성과적으로 수행되고 공업화의 기초가 축성되여 공업과 농업에 대한 지원을 더욱 강화하게된 조건하에서 7개년 계획 기간에 농업 현물세제를 전반적으로 페지할것을 결정하였다. ≪우리나라 사회주의 농촌 문제에 관한 테제≫에서는 1964년부터 1966년까지의 3년간에 걸쳐 현물세를 완전히 페지할것을 제기하였으며 이에 기초하여 이미 대부분의 협동 농장들에 대하여 현물세를 면제하여주었다.

1966년도는 나머지 협동 농장들까지 다 현물세를 면제하여주는 해로 된다.

조선 민주주의 인민 공화국 최고 인민 회의는 조선 로동당 제4차대회의 결정과 ≪우리나라 사회주의 농촌 문제에 관한 테제≫의 정신에서 출발하여 다음과 같이 결정한다.

우리 나라에서 1946년부터 실시하여 오던 농업 현물세제를 완전히 페지한다.

농업 현물세제의 페지는 농민들을 세금 부담에서 영원히 벗어나게하는 력사적 사변으로서 협동 농장의 경제 토대를 강화하고 농민들의 물질 문화 생활을 더욱 향상시키게 될것이다. 그것은 또한 로동 계급의 령도하에 로농 동맹을 일층 강화할것이며 토지와 자유를 위한 남조선 농민들의 투쟁과 전체 남조선 인민들의 해방 투쟁을 힘차게 고무할것이다.

조선 민주주의 인민 공화국 최고 인민 회의는 우리의 협동 농민들이 조선 로동당과 공화국 정부의 거듭되는 배려에 고무되여 농촌 경리 부문 앞에 제기된 혁명 과업을 성과적으로 수행하리라는것을 확신한다.

조선 민주주의 인민 공화국 최고 인민 회의 상임 위원회 위원장 최용건
조선 민주주의 인민 공화국 최고 인민 회의 상임 위원회 서기장 림춘추

≪ ≫

1972년 12월 27일 [일부]

최고인민회의 법령[162)]

조선민주주의인민공화국 사회주의헌법

제2장 경제

제33조 국가는 낡은 사회의 유물인 세금제도를 완전히 없앤다. (...)

1974년 3월 21일

조선민주주의인민공화국 최고인민회의법령

세금제도를 완전히 없앨데 대하여[163)]

인민들을 온갖 착취와 압박에서 영원히 해방하며 그들에게 행복한 물질문화생

162)『로동신문』1972. 12. 28.
163)『로동신문』1974. 3. 22.

활을 마련하는 것은 공산주의자들의 숭고한 혁명임무이며 로동계급의 당과 국가가 혁명과 건설에서 확고히 견지하여야할 근본원칙이다.

혁명투쟁과 건설사업은 사람들이 온갖 예속에서 벗어나 자연과 사회의 주인으로서의 자주적이며 창조적인 생활을 누리게 하기 위한 투쟁이다.

위대한 주체사상을 유일한 지도적 지침으로 삼는 우리 당은 해방후 반제반봉건민주주의 혁명과 사회주의혁명을 승리에로 이끌어 우리 인민을 온갖 착취와 압박에서 영원히 해방하였다.

우리 당과 공화국정부의 올바른 정책과 현명한 령도에 의하여 오늘 우리 나라에서는 근로자들을 자연과 사회의 온갖 구속에서 종국적으로 해방하기 위한 사상, 기술, 문화의 3대혁명이 더욱 심화발전되고있으며 낡은 사회의 잔재와 유물을 없애는 력사적과업이 성과있게 실현되고 있다.

세금제도를 완전히 없애는 것은 근로자들을 낡은 사회의 유물에서 벗어나게하는 하나의 혁명이며 인민들의 세기적숙망을 실현하는 위대한 변혁이다.

국가의 발생과 함께 생겨난 조세제도는 계급사회와 더불어 수천년동안 내려오면서 지배계급의 통치기구를 유지하며 근로인민을 략탈하는 수단으로 리용되어왔다.

지난날 조세제도는 우리 인민의 피땀을 짜내는 략탈도구였다. 특히 일제의 식민지조세제도는 조세력사상 그 류례를 찾아볼수 없는 가장 악랄하고 살인적인것이였으며 우리 인민의 저주와 원한의 대상이였다.

우리 인민은 착취사회의 장구한 력사적과정을 거쳐 가혹한 조세수탈을 반대하여 투쟁하였으며 특히 일제식민지통치의 략탈적인 조세제도를 반대하여 끊임없는 투쟁을 벌리였다. 그러나 우리 인민의 이 투쟁은 주권을 전취하기 위한 정치투쟁과 결합되지 못함으로써 결국 승리를 이룩할수 없었다.

우리 혁명이 주체사상에 의하여 지도된 때로부터 비로소 이 투쟁은 제국주의와 착취제도를 반대하는 혁명 투쟁의 일환으로 되였으며 세금문제의 근본적인 해결의 길에 들어서게 되었다.

영광스러운 항일혁명투쟁 시기에 조선공산주의자들은 조국광복회10대강령에서 밝혀진 혁명적이며 인민적인 조세강령을 받들고 투쟁하였으며 항일유격근거지, 해방지구들에서 그 실현의 빛나는 모범을 보여주었다.

우리 당과 인민정권은 항일혁명투쟁시기에 마련되였고 해방후 20개조정강에서 더욱 구체화된 주체적인 조세강령을 구현하여 일제의 략탈적인 조세제도를 철폐하고 인민적이며 민주주의적인 세금제도를 확립하였다.

새로운 인민적세금제도는 파괴된 경제를 복구발전시켜 자립적민족경제의 토대를 닦으며 도시와 농촌에서 생산관계의 사회주의적개조를 촉진하며 인민들의 복리를 증진시키는데서 큰 역할을 하였다.

공화국정부는 국가의 세금수입을 나라의 경제문화건설을 위한 보충적인 자금원천으로 효과있게 쓰는 한편 자립적민족경제의 토대가 닦아지는데 따라 주민들의 세금부담을 체계적으로 덜어주었다.

우리 나라에서 생산관계의 사회주의적개조가 완정되고 사회주의공업화의 기초가 튼튼히 닦아짐으로써 세금제도를 완전히 없애는 문제가 일정에 오르게 되었다.

공화국 정부는 세금제도를 없애기 위한 조건과 가능성이 성숙되는 데 따라 먼저 농민들이 바치는 농업현물세를 1964년부터 1966년사이에 완전히 없애는 조치를 취하였다.

농업현물세제의 페지는 ≪우리 나라 사회주의농촌문제에 관한 테제≫에 따라 우리 농민들을 세금부담에서 완전히 해방하는 력사적조치였으며 로농동맹을 강화하고 협동농장들의 경제토대를 튼튼히 하며 농민들의 실질소득을 빨리 높일수 있게하는 획기적인 조치였다.

농업현물세제의 페지로 우리 나라에는 소득세와 지방자치세만 남게 되였으며 그것은 국가예산수입에서 보잘것없는 자리를 차지하게 되었다.

오늘 우리 나라의 사회주의제도가 더욱 공고발전되고 자립적민족경제의 위력이 비할바없이 강화된 조건에서 세금을 완전히 없애는것은 충분히 성숙된 문제로 되였다.

조선로동당 중앙위원회 제5기 제8차전원회의에서는 사회경제발전의 성숙된 요구를 반영하여 낡은 사회의 유물인 세금제도를 완전히 없앨데 대하여 토의결정하였다.

그리하여 세금없는 세상에서 살아보려던 인민들의 꿈은 드디어 현실로 되였으며 우리 나라는 세계에서 처음으로 세금없는 나라로 되였다.

사회주의하에서 낡은 사회의 유물인 세금제도를 완전히 없애는것은 합법칙적인것이다.

사회주의제도하에서는 사회주의적 국영경리와 협동경리가 국가의 경제적 기초로 되고있으며 근로인민들의 단결과 협조가 사회관계의 기본을 이루고있다. 사회주의사회의 사회경제적관계는 주민들의 세금부담을 체계적으로 덜며 그것을 종국적으로 없앨 수 있는 기초로 된다,

사회주의하에서 세금제도는 다만 일정한 기간 국가적 및 사회적 수요를 보장하기 위한 보충적인 자금원천으로서, 인민들의 생활수준상차이를 조절하기 위한 보충적인 수단으로서 리용된다.

우리 나라에서의 세금페지는 우리 나라 사회주의제도의 우월성에 기초한것이며 그 발전의 합법칙적 요구에 완전히 맞는것이다.

위대한 주체사상을 전면적으로 구현하고 있는 우리 나라 사회주의제도의 중요한 우월성은 국가가 로동자, 농민을 비롯한 근로인민들의 물질문화생활을 전적으로 책임지고 보장하여주는 데 있다.

우리 나라 사회주의제도하에서 모든 근로자들은 로동의 량과 질에 따라 분배를 받을 뿐 아니라 막대한 국가적 혜택에 의하여 먹고 입고 쓰고사는것으로부터 자녀교육과 병치료, 로동조건과 휴식조건에 이르기까지 기본적인 생활조건을 국가적으로 확고히 보장받고있다.

근로자들에게 돌려지는 국가적 혜택은 우리 나라에서 날로 더욱 확대발전하고 있는 공산주의적분배의 싹으로서 근로자들의 생활을 고르롭게 높이며 모든 사람들이 아무런 근심걱정없이 행복하게 살수 있도록하는 담보로 된다.

혁명과 건설에 요구되는 자금을 사회주의경리로부터의 수입으로 보장할수 있을뿐아니라 방대한 국가자금을 돌려 인민들의 생활을 책임적으로 돌보아주는 우리 나라 사회주의 제도하에서는 국가적 및 사회적 자금수요를 충당하는 보충적수단으로서 주민세금을 받을 필요가 없게 되었다.

착취계급이 이미 오래전에 없어지고 근로가들의 생활수준상차이도 크게 없으며 모든 사람들이 다같이 고르롭게 잘살고있는 우리 나라 사회주의제도하에서는 주민들의 수입을 더 고르롭게 하기 위한 수단으로서의 세금제도를 더는 남겨둘 필요가 없게 되였다.

위대한 주체사장으로 무장되고 우리 나라 사회주의제도하에서 혁명과 건설의 주인으로 자라난 우리의 사회주의근로자들은 국가사업을 자기자신의 일로 여기며 모든 국가사업에 주인답게 자각적으로 참가하고 있다.

국가와 사회의 주인으로서 높은 혁명적각오와 자각적열성으로 사회주의조국앞에 지닌 성스러운 의무를 다하고있는 우리 근로자들에게 낡은 사회의 유물인 세금을 국가에 대한 공민의 의무로 남겨둘 필요는 없게 되였다.

우리 나라에 마련된 위력한 사회주의 자립적민족경제는 세금제도를 완전히 없앨 수 있는 튼튼한 물질적 담보로 된다.

우리 인민은 당의 현명한 령도밑에 자력갱생의 혁명적기치를 높이 들고 자립적민족경제건설로선을 빛나게 관철함으로써 력사적으로 짧은 기간에 강유력한 사회주의 자립적민족경제를 건설하였다.

오늘 우리의 주체공업은 다방연적으로 발전되고 최신기술로 장비된 그리고 자체의 튼튼한 원료기지를 가진 자립적인 현대적공업으로 되였으며 우리 나라 농촌경리는 수리화와 전기화를 실현하고 기계와 화학의 힘으로 농사를 짓는 발전된 사회주의농업으로 되였다.

우리의 자립적 민족경제는 세계적인 경제파동과 경제위기의 그 어떤 영향도 받지 않고 제발로 끊임없이 높은 속도로 발전하고있으며 그에 기초한 우리의 사회주의적국가개정은 더욱 공고한것으로 되고 있다.

우리 나라에 위력한 자립적민족경제와 튼튼한 재정토대가 마련되여있음으로하여 사회주의대건설의 거창한 투쟁을 벌리여 사회운화시책에 계속 큰 힘을 돌리고 나라의 방위력을 한층 더 철벽으로 다지면서도 인민들의 복리를 위하여 공업상품의 값을 대폭 낮추고 세금까지 완전히 없애는 위대한 시책을 실시하게 되었다.

우리 나라에서의 세금제도의 완전한 폐지는 위대한 주제사상의 빛나는 승리이며 주체사장의 요구를 구현한 우리 나라 사회주의제도의 비할바없는 우월성과 우리의 사회주의 자립적민족경제의 위력을 과시하는것이다.

영생불멸의 주체사상과 그 빛나는 승리로하여 우리 인민은 착취와 압박이 없고 세금도 없는 사회주의시장락원에서 더 넉넉하고 보다 자주적이여 창조적인 생활을 누리게 되였다.

세금을 완전히 없애는 우리 당과 공화국 정부의 획기적인 인민적시책은 우리의 로동계급과 전체 근로자들을 6개년계획의 웅대한 강령을 앞당겨 수행하고 사회주의의 더 높은 봉우리를 점령하기위한 사회주의대건설의 장엄한 투쟁에 더욱 힘있게 불러일으킬것이여 그들을 영웅적위훈에로 고무추동할것이다.

세금제도의 완전한 폐지는 류례없는 파쑈적폭압에도 굴하지 않고 민주주의적 자유와 생존의 권리와 조국의 자주적 평화통일을 위하여 억세게 싸우고있는 남조선인민들에게 더욱 큰 희망과 신심을 줄 것이다.

조선민주주의인민공화국 최고인민회의는 조선민주주의인민공화국 사회주의헌법 제33조에 따라 다음과 같이 결정한다.

1. 낡은 사회의 유물인 세금제도를 완전히 없앤다.
2. 조선민주주의인민공화국 정무원은 이 법령을 집행하기 위한 대책을 세울 것이다.
3. 이 법령은 1974년 4월 1일부터 실시한다.

[끝]

찾아보기

ㄱ

가격구조 90, 174, 176-177, 191, 193, 284, 352
가격차금 127, 177, 194, 292-294, 664, 768
가옥세 62, 64-66, 68-69, 155, 241, 246, 460, 475, 505, 549-551, 664, 670-672, 756
개인소득세 71, 74, 82, 131, 257, 353
개인수익세 124, 135, 163-165, 168, 258, 456-457, 461, 464, 475
거래세 11-13, 17, 23, 31, 38, 40, 52, 82, 84, 87-90, 98-99, 108-109, 117-118, 128-131, 135-136, 175-178, 181, 183-185, 188-199, 202, 220, 223, 237, 249, 256-257, 272, 282-286, 288-290, 292-294, 297, 299, 313-317, 333, 341, 343-345, 350, 352-353, 373, 380, 504, 506, 530, 569-570, 588-589, 598-600, 603, 607, 619, 622-626, 664, 667, 669, 673-674, 677-681, 690-692, 694-702, 704, 773, 780-781, 784, 790, 814
거래수입금 129-130, 175, 188-189, 271, 285, 289, 291, 299, 314, 316
건축세 62, 78-79, 130, 135
골패세 62, 81, 130, 135
공사채이자세 62, 75-76, 129, 134-135
관세 35, 62, 66, 78-79, 130, 135, 199, 240-241, 297, 330, 504, 664
관업수입 61
광고세 62, 78-79, 130, 135
광구세 62, 66, 74-77, 129, 135
광세 66, 75, 134
국가계획위원회 127, 181-182, 284, 752, 761, 768, 800
국가계획위원회 (소련) 12, 181
국가납부곡 264, 318
국가대여곡 244, 792-793
국가예산 11, 38-40, 107-108, 113-114, 118, 132, 171, 174-176, 178, 181-182, 188-189, 191, 197, 225, 244, 256-257, 261-262, 264, 283, 285, 293-295, 297, 299, 309, 314-316, 321-332, 335, 341-346, 349, 364, 367-370, 372-378, 383, 385, 664, 779, 780-782, 790, 806, 832
국가종합예산 104, 115, 118, 124, 170, 182-184, 216, 249, 251, 716, 767

국세징수법 63, 518
국영거래세 197, 569, 598
국영은행 37-39, 52, 82-83, 89, 102, 114-115, 167, 178, 181, 189, 214, 344, 350
군사점령 57, 93-94, 220
군표 53, 136, 207, 209-215, 219-220, 226
김덕윤 21, 180, 271, 273, 277, 283, 295-297, 316
김두봉 48, 147, 241
김상학 179, 272, 288
김영희 21, 157-158, 164, 169, 171-172, 262, 276, 316, 319-320, 338
김일성 11, 13, 15, 17, 21, 32-34, 40, 47-48, 52, 63, 99, 105, 110-114, 117, 119-122, 133, 136-138, 142, 144, 148-149, 157-158, 163, 166, 169-171, 174, 180-181, 205, 219-220, 224, 229-232, 234, 238-243, 251, 255-256, 258, 260, 263, 267, 270, 272, 277, 282, 285, 290-291, 293, 295, 298, 304, 308, 309-314, 318-320, 324-326, 328-330, 334-336, 338-343, 345-347, 349
김광진 322-323
김석형 336
김정일 21, 50, 125-126, 302, 305, 334-336, 345, 349
김찬 38, 170, 190, 255

ㄴ

납세증지 198-199, 618-619, 674
내각 (1) 제1기 제14차 전원회의 158, 제24차 전원회의 230; (2) 제4기 제16차 전원회의 311-312; (3) 제5기 제8차 전원회의 335, 346
농업세 35, 52, 82, 86-88, 91-92, 121, 123, 128, 144, 147, 150, 162, 263-264, 302-303, 308, 319, 330, 345
농업현물세 17-19, 23, 31, 36, 41, 52, 56, 84, 86, 88, 92, 107, 109, 113, 119, 123, 128-129, 134-150, 152, 154-155, 157-159, 220, 223, 228-230, 233, 237, 238, 240-241, 244, 247-248, 257-265, 267, 297, 299, 301, 308, 311, 313, 317, 319-321, 326-327, 330, 334-335, 342-343, 345, 349-352, 465-466, 471-473, 475-478, 480, 482-483, 489, 493-494, 497, 499, 503, 566, 567, 571- 577, 584-585, 605-607, 624, 627-628, 630, 739, 742, 744- 746, 750-752, 754, 757, 760, 766, 768, 774-778, 782, 785, 791-792, 800, 802-804, 813, 816-819, 826-829, 832
농촌진흥채권 252
뉴시티, 마이클 (Newcity, Michael A.) 84-85, 87-88, 91-93, 154, 160, 265

ㄷ

단세제도 12, 52, 104, 162, 350
단일농업세 84, 86, 88, 92, 142, 149, 319
단일수익세 177
대지세 246, 506-507, 550, 560-561, 622, 664, 671, 681-683, 756

데이비스, R.W. (Davies, R.W.) 83, 85, 87, 93, 176, 181, 192, 204
도매가격 191-192, 195, 248, 285, 288-289, 292, 294, 636, 814
도축세 506-507, 515, 563, 664, 667
돈세 66
등록세 78-79, 109, 128, 130, 135-136, 172-173, 199-220, 460, 463, 504, 506, 508, 524, 525, 529-530, 548

ㄹ

레닌, 블라디미르 (Lenin, V.I.) 31, 37-38, 51-52, 82, 85-86, 98, 114, 117, 126, 137, 140, 144, 151, 160, 178, 204, 317, 336, 345
리봉수 12, 164
리비, 마가렛 (Levi, Margaret) 19, 29, 41-47, 52-55, 101, 162, 349, 352
리상언 175, 195, 284-285
리석심 287-288, 290
리신진 183, 309
리장춘 104, 130, 135, 216, 251, 267
리주연 125, 273-274, 278, 280
림경학 311, 318

ㅁ

마권세 62, 75-79, 129-130, 135, 505, 558, 600
마오쩌둥 (毛澤東) 34-35, 147, 238, 243, 329
말렌코프, 게오르기 (Malenkov, G.M.) 286-287, 289-290
맑스, 칼 (Marx, Karl) 29, 31-32, 36-38, 91, 159, 286, 299-330
매그스, 피터 (Maggs, Peter B.) 103, 108, 119, 121-125, 206, 390-391
무르친(Morizhin) 212-213
물품세 23, 31, 80-81, 84, 87, 89, 90, 128, 130, 135-136, 184-186, 188, 195, 198, 284, 350-351, 355, 385, 458, 485, 487-488, 496, 532, 547, 590
미즈타 나오마사(水田直昌) 22, 62

ㅂ

박시형 322, 323, 336
배당이자특별세 76
법인세 13, 62, 67, 71, 73-74, 76, 88, 99, 176, 178, 353
법인소득세 68, 74
법인수익세 163, 460, 462
법인자본세 62, 73-74, 76-77, 129, 134-135, 163
보즈네센스키, 니콜라이 (Voznesensky, Nikolai) 248
보충금 61, 65, 67
복권식 농민채권 252
복권식 채권 252-253
복세제도 12, 52, 104, 162, 473-474
부동산취득세 460, 505, 554, 664, 684
부하린, 니콜라이 (Bukharin, N.I.) 144
북조선농민은행 115, 167, 298, 460, 503, 516, 606, 705, 762-763, 765
북조선중앙은행 109, 115, 208, 213, 215-216, 295-296, 298, 503, 516, 548, 606, 762-765
북지사건특별세 70, 76

ㅅ

사금채취세 66
사업세 62, 74–77, 129, 134–135
사회순소득 174–175, 188, 191, 271, 288, 294, 314
사회주의 경리수입 11–12, 52, 125, 127, 129, 136, 174, 180, 189, 223, 248, 256–257, 272, 297, 314–315, 335, 345, 349, 353
산업부흥복권 253–254
산업진흥채권 41, 252
상속세 62, 69, 75–77, 93, 109, 128–130, 134–135, 330, 504, 664, 711–714, 798
상업부가금 192, 285
샤우프, 칼 (Shoup, Carl) 12, 67
설탕기금채권 203, 252
설탕소비세 62, 69, 79–81, 130, 135
세금제도 11, 14–15, 17, 24, 36, 40, 63, 130, 133, 135, 147, 159, 169, 174, 180–181, 194, 198, 228, 299, 301, 304–307, 310–315, 320–325, 327–328, 330, 332–340, 342–343, 345–347, 349–350, 352, 502–503, 588, 600, 634–635, 741, 830–834
세금징수 40, 110–112, 124, 163–164, 166, 168, 205, 456, 495, 518, 689
세무서 69, 102, 104–105, 110, 134, 350, 461–463, 473–475
세입창출 국가장치 23, 86, 101–102, 107, 109–110, 117, 131
세입창출 국가장치 (소련) 108–109, 112, 117
세제정리 63–64, 68, 71, 75–76, 134
소득세 11–12, 15–17, 23, 37, 39–40, 46, 52, 61–62, 64, 66–67, 69, 71, 73–74, 76–77, 82, 84–85, 87–88, 90–92, 98, 101, 106, 108–109, 116–117, 119, 123–124, 128–129, 131–132, 134–136, 138, 159–160, 162–163, 166–168, 170–172, 189, 219–220, 244, 256, 258, 268–271, 273–274, 275–277, 299, 301, 307–308, 312–313, 315, 317, 321, 325, 330, 333, 335, 342–343, 345, 349–353, 503, 506, 508, 515–516, 521, 523, 601, 629–635, 648–661, 663–664, 705, 715, 773, 801, 803–804, 806, 808, 811, 832
소득재산세 160
소련공산당 당대회 (1) 1920년 제9차 대회 140; (2) 1923년 제12차 대회 154; (3) 1934년 제17차 대회 (승리자 대회) 301–303; (4) 1956년 제20차 대회 290; (5) 1959년 제21차 대회 40, 305–306, 342; (6) 1961년 제22차 대회 304; (7) 1971년 제24차 대회 204
소비세 52, 61, 64, 66, 69, 73, 75, 79–81, 84, 86–88, 99, 116–117, 134–135, 176, 184, 195, 315, 353
수득세 73, 76–77, 134–135, 138, 163
수매양정성 320
수익세 61, 66, 68–69, 73–74, 77, 135, 138, 155, 163, 177, 350, 465, 524
수입인지 411, 414, 419, 429, 506, 530, 547–548, 637
스티코프, 테렌티 (Stykov, T.F.) 206, 214

스탈린, 이오시프 (Stalin, J.V.) 51, 52, 59, 92–93, 95, 119, 126, 137, 144, 151, 153, 203, 206–207, 243–244, 248, 255, 264–265, 268–269, 286, 292, 302–303, 785, 791
승리자 대회 (1) 소련공산당 301–303; (2) 조선로동당 50, 301, 303, 318
시면유지세 245, 506–507, 515, 564, 605, 664
시장세 411, 506–507, 561–562, 664, 667

ㅇ

안광즙 21, 189, 257, 268, 286, 291–294, 310, 315–316, 343
양곡기금채권 202–203, 205, 252–253
양정국 113, 131, 149
양정부 146, 350, 465, 478, 489, 498, 566, 572, 574, 576, 578, 584–587, 605–606, 666, 758, 782
양정인민위원부 (소련) 141
어업세 66
어펠, 힐러리 (Appel, Hilary) 5, 39
영업세 62, 68–69, 75–76, 80, 129, 165, 197, 268, 457–458, 460, 463, 524
영업수익세 68, 76
오노 로쿠이치로 (大野綠一郎) 26, 70
외화채특별세 62, 75–76, 129, 135, 163
우방협회 (友邦協會) 26, 67
유산세 76
유통세 12, 61, 66, 73, 78, 135, 195
윤공흠 281
윤형식 373, 607, 619, 622, 624, 667
음식세 130, 505–506, 556, 600, 604
응능원칙 59
이익공제금 11, 17, 23, 38, 40, 52, 82–83, 87–91, 98–99, 108– 109, 126–129, 131–132, 135–136, 167, 174–175, 177–181, 183–184, 192–194, 237, 256–257, 283, 297, 299, 313–316, 343–345, 350, 353, 779, 781
이익배당세 62, 75–77, 130, 134–135
인두세 68, 84, 88, 160
인민경제발전채권 41, 250, 253, 717, 735
인민공채 52, 88, 92–93, 201, 203, 206, 251, 253
인민위원평의회 (소련) 143, 181
인민학교세 245, 268, 505, 559, 604
인지세 62, 78–79, 130, 135
일반소득세 69, 163
임시이득세 62, 74–77, 130, 134–135, 163

ㅈ

자본이자세 62, 68–69, 74–77, 129, 134–135
자유소득세 168, 516, 521, 523–524, 601–602, 620–622, 656
재무국 22, 60, 62–63
재무인민위원부 (소련) 102–103, 114, 125, 154, 230
재산세 12, 37, 52, 69, 73, 82, 84, 91, 93, 116
재스니, 나움 (Jasny, Naum) 175, 284–285
재정국 83, 104, 110–112, 115, 131, 148, 163, 185, 197, 204, 206, 208, 455, 457, 478, 495, 548

재정부 474, 478, 489, 565, 637, 666, 698, 781, 815
재정부문일군협의회 285
재정성 21-22, 104, 115, 118, 124-125, 127, 131, 170, 182-184, 189-190, 192-193, 196, 199-202, 216, 248-249, 251, 277, 281, 297, 299, 322, 342, 618, 626, 630-631, 633-634, 653, 665-666, 669, 674, 676, 680, 686, 691, 698, 706, 716, 718-719, 725, 735-736, 763, 781, 788-790, 809
재정성 (소련) 15, 40, 102-103, 112, 292
재정정리 64-65
저금 248, 295-298, 355, 367, 370, 630, 719-722, 724-725, 729-730, 732-733, 736-737, 763, 804
저우언라이 (周恩來) 239
전기가스세 62, 81, 130, 135
전시이득세 76
정태식 280
제1종소득세 73
제2종소득세 74
제3종소득세 74
조국보위복권 253-255, 298, 761-763, 765, 766
조선로동당 당대회 (1) 1946년 제1차 대회 49; (2) 1948년 제2차 대회 49; (3) 1956년 제3차 대회 49, 290; (4) 1961년 제4차 대회 (승리자 대회) 23, 50, 301, 303-304, 318, 332; (5) 1970년 제5차 대회 50, 346; (6) 1980년 제6차 대회 336
조선로동당 중앙위원회 (1) 제2기 제5차 전원회의 272, 제6차 전원회의 255, 258, 1954년 11월 전원회의 158, 1955년 12월 전원회의 272; (2) 제3기 1958년 6월 전원회의 332; (3) 제4기 제16차 전원회의 311-312; (4) 제5기 제3차 전원회의 17, 제7차 전원회의 335, 제8차 전원회의 335, 346
조세제도 12, 14-17, 20, 22, 24, 31, 33, 36-37, 42, 51-54, 58-60, 63, 68-69, 71, 76, 82, 87, 93, 98-100, 104, 133, 135, 151, 154, 162, 167, 174, 176, 227, 287, 323-324, 326, 333, 339, 343-345, 352-353, 473-474, 831
조세체납 454
주민소득세 84, 123, 125, 128, 131, 136, 172, 267, 271, 274-276, 345, 803, 814
주민지방자치세 373, 377
주세 62, 64-66, 69, 75, 79, 81, 130, 134-135, 198, 202, 458, 539-540, 541-542, 566, 603, 673, 675-676, 678-679, 680, 693-694, 697-698
지나사변특별세 70
지방예산 113, 118, 225, 340-341, 364, 370, 372, 418, 427, 479, 664-665
지방자치세 15, 128, 245-247, 277, 313, 321, 345-346, 352, 686, 788-789, 832
지세 61, 62, 66-69, 71, 74, 76-77, 129, 134-135, 138, 155, 228-229, 458, 462, 465, 475, 740
지조 62, 69, 74-76, 98, 138, 229

직물세 62, 80-81, 130, 135
직물소비세 62, 80-81

ㅊ

차량세 246-247, 505-506, 513, 552-553, 601, 604, 664, 687-689, 756
청량음료세 62, 69, 81, 130, 134-135, 202, 543-544, 604
초과이득세 67
최고인민회의 (1) 제1기 제1차 회의 118, 제3차 회의 170, 183, 제10차 회의 125, 260, 267, 273; (2) 제2기 제5차 회의 260; (3) 제3기 제5차 회의 320; (4) 제5기 제1차 회의 313, 346, 제3차 전원회의 17, 336, 345-346, 제5차 회의 335-336, 340
최고인민회의 (소련) 제5기 제5차 회의 306
최윤수 322
최창익 118, 124, 137, 170-171, 183, 228, 249, 251, 279, 281-282
최창진 21, 36, 120, 152, 155, 157, 257, 260-262, 264, 266-267, 319-321
출항세 62, 79, 135
취인세 62, 78-79, 130, 135, 185
취인소세 62, 74-75, 77, 129, 135
취인소특별세 62, 76
치스챠코프, 이반 (Chistyakov, I.M.) 206-207

ㅋ

카, E.H. (Carr, E.H.) 142-143, 230
카스트로, 피델 (Castro, Fidel) 33
쿨라크 (kulak) 86, 92, 154, 159, 303, 317

ㅌ

톤세 62, 78, 130, 135
통행세 62, 78-79, 130, 135
특별법인세 62, 73-74, 76-77, 129, 134-135, 163
특별수득세 61, 73, 75-77, 138
특별행위세 62, 80-81, 130, 134-135

ㅍ

판매세 89, 188, 190
프라이바일라, 얀 (Prybyla, Jan S.) 122, 202, 206
프레오브라젠스키, 에브게니 (Preobrazhensky, Y.A.) 144, 190-191, 344

ㅎ

한상학 125, 265, 271, 273, 276, 283
허먼, 리온 (Herman, Leon M.) 17, 40
헌법 117-118, 137, 160, 171, 204, 224, 268, 302, 308, 313, 333
호별세 66, 69, 155, 464, 475, 503, 524
홀츠먼, 프랭클린 (Holzman, Fraklyn D.) 82, 88-92, 178-179, 181, 293
홍달선 323
화전민 156-157, 262, 319, 573, 584
화폐개혁 53, 214-217, 219-220
홍쉐즈 (洪學智) 239-240
흐루쇼프, 니키타 (Khrushchev, N.S.) 15, 17, 40, 51, 206, 287, 290, 302, 304-305, 306, 313, 333, 342-343, 345

박 유 현

이화여자대학교 영어영문학과를 졸업하고, 한국외국어대학교 통번역대학원을 거쳐 북한대학원대학교에서 "북한의 조세정치와 세금제도의 폐지, 1945~1974"로 북한학 (정치통일) 박사 학위를 받았다. 한미확대정상회담과 한미일정상회담, 남북정상회담 메인프레스센터 외에도 유엔 총회, 유엔 안보리, APEC, ASEM, ASEAN+3, G-20 등 다수의 다자정상외교 통역 경력이 있으며, 현재 정치외교 학술 분야의 국제회의 통역사로 활동하고 있다.

논문(2017)「북한의 민주개혁과 탈식민적 조세제도의 형성, 1945~1949」, 『현대북한연구』 제20권 제2호.

역서(2017) Soh Jongteg, *Byun Shiji: A Painter of Storms* (Paju: Youlhwadang Publishers).

공저(2018)『북한학의 새로운 시각: 열 가지 질문과 대답 (경남대 극동문제연구소 북한연구 시리즈 52)』, (파주: 역사인).

kesipark@gmail.com

■ 이현서, 『표내』, 2018, 캔버스에 유채, 60x50cm